KB060431

기본권 심사론

김해원

박영사

머리말

기본권심사론

1. 이 책은 기본권침해여부를 판단하는 과정인 기본권심사(Grundrechtsprüfung)의 개념적·논리적·체계적 완성에 다가가기 위한 헌법이론서이다. 하지만 압제에 대한 저항이라는 근대 혁명정신을 오늘날 우리 헌법현실에 정치하게 소환하는 헌법실천서로 읽히길 희망한다. 왜냐하면 혁명을 통해 주권을 찬탈하고 헌법을 제정한 근대인들의 진정한 계승자로서 그들로부터 물려받은 전리품이자 무기인 기본권("기본적 인권")을 공부하고 이를 시퍼렇게 벼리는 것은 구체적 삶의 현장에서 계속되는 권력의 폭거와 무능을 폭로하고, 국가폭력*을 순치시켜 궁극적으로 주권자인 우리의 존엄과 행복을 계속적으로 고양하는 데 있기 때문이다. 뿐만 아니라 (어떤 대상에 관한 지식을 논리적 연관에 따라 하나의 체계로 엮은) 理論과 (일정한 사실이나 형편에 작용하여 그것을 유지 혹은 변혁시키려고 하는 의식적·능동적 활동인) 實踐의 성과에 따라 이상과 현실이 각각 순전히 규정될 수 있다고 하더라도, 이상을 지향하는 理論과 현실을 감당하는 實踐은 애당초 상호 잉태하는 불가분의 중첩적 계기라는 점에서 헌법이론과 헌법실천의 극단적 결렬을 꿈꾸며 오직 헌법이론서로만 이 책을 읽는 것은 그 유용성 여부를 떠나서 애당초 불가능한 독서라고 해도 과언이 아닐 것이다. 부디 이 책이 '개개인의 자유로운 발전이 다른 모든 이들의 자유로운 발전을 위한 조건이 되는 정치공동체로서의 국가',** 즉 헌법국가의 구현을 도모하는 과정에서 토론의 계기가 되고 질정 혹은 극복의 대상이 되었으면 한다.

2. 박사학위 취득 후 발표한 첫 논문(김해원, 「기본권의 잠정적 보호영역에 관한 연구」, 『헌법학연구』 제15권 제3호, 한국헌법학회, 2009)의 첫 문장은 다음과 같다:

---

* Vgl. M. Weber, Politik als Beruf (1919), in: GPS (J.C.B. Mohr, Tübingen) 5. Aufl., 1988, S. 506.

** Vgl. K. Marx/F. Engels, Manifest der Kommunistischen Partei (1848), in: MEW (Dietz Verlag, Berlin) Bd. 4, 1980, S. 482: "An die Stelle […] tritt eine Assoziation, worin die freie Entwicklung eines jeden die Bedingung für freie Entwicklung aller ist."

"인간이 어떤 지식을 얻고 대상(존재자)을 파악하기 위해서는 대상세계의 변화무쌍과 상관없이 일방적으로 고정을 선언해야 한다." 실제로 변화무쌍한 대상세계를 일정한 시간적 공간적 제약조건 아래에서만 마주할 수 있을 뿐인 우리 인간에게 완전한 합리성은 도달할 수 없는 하나의 이상이며, 우리의 사유는 직관적 인식활동인 사고의 개념적 고정 작용으로부터 시작해서 직관으로 마무리될 수밖에 없다. 그럼에도 불구하고 상대적으로 구체화된 언어적 해명과정을 통해서 대상을 분석하고 직관에 대한 통제력을 높여나가는 것은 더 나은 이성적 설득력을 확보하기 위한 끝없는 진보의 과정인 학문의 영역에서는 결코 포기할 수 없는 영원한 과제이다. 바로 이러한 점에서 '이성적 합리성과 분석력에 기초한 직관의 통제'는 소명으로서 학문(Wissenschaft als Beruf)을 추구하는 모든 학자들의 공통된 입각점이 된다.*** 이 책 전체를 관통하고 있는 기본적 문제의식 또한 '기본권심사에서 불가피하게 개입되는 직관적 통찰을 가능한 한 제어하고 더 나은 이성적 설득력을 확보하기 위한 합리적인 논증체계의 구축'에 있다는 점에서, 이 책이 본질적으로 새로운 시도라거나 특별한 내용을 담고 있는 획기적인 저작이 아님은 분명하다. 오히려 소명을 갖고 헌법과 기본권을 진지하게 다루어온 위대한 학자들의 수많은 문헌들과 연구 성과들이 추구하고 있는 학문적 전통에 편입되고자 하는 부족함 많은 연구자의 어설픈 발버둥질일 뿐이다.

3. 그럼에도 불구하고 (기본권이론과 기본권실천의 영역에서는 물론이고, 헌법학 전체를 관통하는 핵심주제인) 기본권심사가 진행되는 전체 사고과정을 섬세하고 체계적으로 분석하여 일관된 논리에 따라 질서정연하게 종합한 깊이 있는 본격적 문헌들이 우리 헌법학계에 의외로 드물다는 점에서 이 책은 나름의 독자적 의미를 가질 수 있을 것으로 본다. 기본권심사를 다루고 있는 기존의 다른 문헌들에 비해서 이 책에서 두드러지거나 차별성이 있다고 생각되는 몇 가지 사항들을 언급한다면 다음과 같다: ① 기본권심사가 행해질 수 있는 규범적 전제조건을《규범충돌상황표》로 제시하고, 헌법규범체계 내에서 정치영역과 사법영역의 분별을 시도했다. ② 기본권심사에서 국가의 '확인의무'는 논증부담의무로, '보장의무'는 형량법칙에 입각한 비례성원칙 준수의무(헌법 제37조 제2항 전단)로, '보호의무'는 우위결정법칙에 입각한 본질내용침해금지 준수의무(헌법 제37조 제2항 후단)로 이해했다. ③ 기본권심사대상인 국가행위에 주목해서 기본권을 방어권적 기본권(대

*** Vgl. M. Weber, Wissenschaft als Beruf (1919), in: GAW (J.C.B. Mohr, Tübingen) 7. Aufl., 1988, S. 582ff., 592.

국가적 부작위요구권)과 급부권적 기본권(대국가적 작위요구권)으로 분별하고, 각각의 경우에 통일적으로 활용할 수 있는 '2단계 심사구조'를 제안했다. ④ 기본권심사대상인 국가행위의 권한·절차·형태를 검토하는 형식적 헌법적합성심사에 대해 많은 지면을 할애하여 상세히 설명하고 관련 심사기준들을 새로운 관점에서 체계화했으며, 그 과정에서 특히 국회와 지방자치단체 상호 간 입법권한 배분기준이 일목요연한 표로 정리되었다. ⑤ 헌법적 논증에서 주관과 객관의 분리에 착안하여 고안한 '분리논증'을 활용하여 실질적 헌법적합성심사의 합리성과 엄밀성을 도모하고 절대적 우위관계가 다투어지는 극단적 경우의 기본권침범문제를 우위결정법칙에 입각해서 통제했다. ⑥ 기본권심사에서 헌법상 평등을 기본권(평등권)이 아니라 독립된 일반적 심사기준으로 구성하고, 심사기준으로서 평등이 활용되는 조건(비교적상의 현존) 및 구조와 강도를 규명할 수 있는 새로운 시각을 제시했다. ⑦ 헌법 곳곳에 흩어져있는 개별적 기본권심사기준들을 체계적으로 정돈하고, (심사기준들 상호 간 중첩 적용과 그로 인한 논증의 중복을 피하기 위해서) 심사기준들 각각의 고유성과 독립성에 주목했다. ⑧ 급부권적 기본권의 침해여부를 판단함에 있어서 심사 1단계(기본권보호영역의 잠정적 확인 단계)에서는 '공권력주체의 작위의무불이행상황'에 대한 적극적 검토를, 심사 2단계(정당성심사 단계)에서는 '심사대상으로 포착된 공권력주체의 부진정부작위'에 대한 작위적 구성을 강조했다. ⑨ 기본권심사의 전 과정과 쟁점들이 일목요연하게 간파될 수 있도록 기본권심사기준들을 기본권심사가 진행되는 논리적 과정에 따라 질서정연하게 배치하고 정돈한 '기본권심사구조도'를 제공했다. 이러한 사항들은 여전히 많은 학문적 토론과 보완 및 다각적 검토를 필요로 하며, 무엇보다도 구체적 사건들과 결부된 실천의 영역에서 타당성이 실증되어야할 필요성이 높다는 점에서 특별한 예리함으로 읽히기를 바란다.

4. 이 책은 대학원 석사과정에 진학할 무렵부터 품었던 헌법학 공부에 대한 막연한 동경으로부터 시작되었다. 하지만 수록된 글들을 위한 본격적인 연구와 집필은 박사학위 취득 후 최근까지, 약 10년 정도의 기간 동안 행해졌다. 실제로 이 책의 대부분은 2009년부터 전문 학술지에 발표해온 저자의 글들을 수정 및 보완한 것으로 채워져 있다. 하지만 처음부터 단행본으로 출간할 것을 염두에 두고 발표한 논문들을 묶은 것이란 점에서 이 책은 지난 10년 간 저자가 쓴 글들이 단순하게 모여 있는 '혼합물'이라기보다는, 합리적인 기본권심사체계의 구축이라는 일관된 공통의 문제의식으로 긴밀하게 결합된 '화합물'이라고 해야 할 것

이다. 다만 전체적 구성과 체계를 일탈하거나 이를 파괴하는 것이 아니라면, 개별적으로 발표된 논문들에 대한 수정과 보완을 최소화하여 논문 각각의 독립성과 고유성이 유지될 수 있도록 했다. 왜냐하면 한 연구자가 일관된 문제의식을 갖고 긴 시간동안 특정 연구대상을 탐구해나가는 과정, 그 자체 또한 학문적 공론의 장에서 성찰의 대상이 되어야 한다고 생각했기 때문이다. 이러한 점에서 이 책은 개인적으로는 그 동안의 연구활동과 연구성과를 종합하고 이를 돌이켜 살피는 반성의 산물이며, 외부적으로는 미흡한 연구능력과 연구과정의 민낯을 공개적으로 드러내는 부끄러운 고백이기도 하다. 이러한 반성과 고백이 더 단정한 공부와 더 나은 연구의 계기가 될 수 있도록 독자들의 따뜻하면서도 날선 비판을 기대한다.

5. 이 책의 대부분은 권력의 무능과 오만함(hybris)으로 점철된 지난 두 정권(17대 대통령 이명박 재임기간: 2008～2013, 18대 대통령 박근혜 재임기간: 2013～2017) 아래에서 집필되었다. 실제로 4대강 대운하 사업, 막대한 국고 손실과 비리로 얼룩진 해외 자원개발사업과 방위사업, 공공영역의 민영화와 양극화를 가속화시킨 경제 및 조세 정책, 천안함 침몰사건, 국가정보원의 대통령선거 불법개입 및 간첩조작사건, 법치주의에 반하는 개성공단폐쇄 사건, OECD 국가 중 자살률 1위, 핍진적인 비정규노동자의 삶과 배제되고 있는 노동, 세월호 침몰사건, 경찰의 과잉진압으로 인한 시위자 사망 사건, 통합진보당 해산사건, 문화예술인들에 대한 소위 블랙리스트 사건과 민간인 불법사찰, 비선실세를 동원한 대통령의 국정농단과 대통령탄핵사건, 대법원(대법원장 양승태)의 사법행정권남용 및 재판거래 의혹, 촛불집회 진압을 위해 계엄령을 검토한 기무사령부의 내란음모 및 군사반란 의혹 등등과 같이 일일이 거론하기 어려울 만큼 많은 어마어마하고 무시무시한 사건들로 헌법현실이 얼룩지고 있을 때, 이 책은 안온한 연구실에서 연구자로서 나름의 실천이라는 허울의 가면을 쓰고 궁리한 흔적에 지나지 않는다. 따라서 이 책의 미흡함은 오로지 저자의 몫이겠지만, 만약 이 책에 뒤따르는 찬사가 있다면 그것은 마땅히 엉망진창인 헌법현실 속에서도 인간의 존엄과 헌법적 가치를 실현하기 위해 권력과 저항하며 이름 없이 묵묵한 근육으로 삶을 지탱해온 수많은 주권자들에게 오롯하게 바쳐져야할 것이다.

6. 이 책을 쓰고 출판하기까지 일일이 밝힐 수 없을 정도로 많은 분들로부터 은혜를 입었다. 무엇보다도 석사과정 첫 학기 첫 세미나에서 헌법해석의 궁극적

목적은 헌법적 논증에서 보다 나은 설득력 확보에 있음을 일깨워주신 조홍석 교수님과 낯선 이방인에게 환대를 가르쳐 주시고 은퇴 후에도 박사학위논문을 세심하게 지도해주신 Jörg-Detlef Kühne 교수님의 넓고 깊은 학은은 갚을 길이 없다. 뿐만 아니라 여러 가지로 부족한 저자를 신뢰하고 배움과 가르침의 기회를 주셨던 영남대학교, 경북대학교, 하노버대학교, 헌법재판소, 전남대학교, 부산대학교의 은사님들과 여러 선생님들로부터 받은 격려와 애정 또한 잊을 수 없다. 아울러 가까이에서 소통할 수는 없었지만 훌륭한 선행연구를 통해서 저자의 공부가 깊어질 수 있는 계기를 마련해주신 국내외의 많은 선생님들께도 감사드린다. 특히 이준일 교수님의 논문들은 저자가 기본권공부를 시작할 무렵부터 큰 도움이 되었음을 밝혀둔다. 그리고 '헌법공부모임'의 여러 선생님들과 전남대학교와 부산대학교에서 저자의 헌법강의에 참여했던 학생들에 대한 고마움도 기록해둔다. 함께하는 공부의 즐거움과 연구와 강의는 별개가 아니라 더불어 성장하는 것임을 경험할 수 있었다. 원고를 교정하는 과정에서는 튀빙겐 대학교에서 곧 박사학위를 취득하게 될 이권일 석사와 라이프치히 대학교에서 막 박사학위과정을 시작한 조채진 석사의 도움을 받았다. 바쁜 가운데에서도 맑고 예리한 눈으로 저자가 간과했던 부분들을 살펴준 수고로움에 고마움을 전한다. 관련하여 오래 전부터 저자의 글들을 읽으며 오탈자는 물론이고 결정적 실수를 밝혀준 전남대학교 법학전문대학원에 재학 중인 나정수 석사와 윤경희 변호사의 도움 또한 함께 기억해둔다. 끝으로 어려운 현실적 조건 아래에서도 출판을 위해 마지막 순간까지 애써준 박영사 박세기 선생님과 김상윤 선생님을 비롯한 편집·조판·제작 및 인쇄 노동자들의 수고로움에도 경의를 표한다.

2018년 7월
저자

큰 목차

제1부 기본권 일반론과 기본권심사의 전제조건

제2부 방어권적 기본권의 심사구조

제3부 급부권적 기본권의 심사구조

제4부 결론: 요약 및 정리

작은 목차

제1부 기본권 일반론과 기본권심사의 전제조건

第2부 방어권적 기본권의 심사구조

제3부 급부권적 기본권의 심사구조

제4부 결론: 요약 및 정리

Fundamental Human Rights

기본권 심사론

■ 기본권("기본적 인권")은 개인이 국가에 대해서 가지는 헌법적 차원의 권리이다. 이러한 점은 "모든 국민은 인간으로서의 존엄과 가치를 가지며, 행복을 추구할 권리를 가진다. 국가는 개인이 가지는 불가침의 기본적 인권을 확인하고 이를 보장할 의무를 진다."라고 명시하고 있는 헌법 제10조 및 "헌법상 보장된 기본권"이라고 표현하고 있는 헌법재판소법 제68조 제1항을 통해서 뚜렷하게 확인된다. 여기서 '헌법적 차원'이란 단순히 기본권이 헌법 제10호로 공포된 대한민국헌법 안에 편입되어 있는 상태 내지는 그 형식을 의미하는데 그치는 것이 아니다. '헌법적 차원'이란 것은 헌법을 만들어내는 권력인 헌법제정권력(주권) 아래에 놓여 있지만, 입법권·행정권·사법권 등과 같이 헌법에 의해서 정당성을 부여받은 모든 권력의 활동보다는 상위에 위치한다는 실질을 갖고 있다. 실제로 헌법상 보장된 기본권을 침해하는 공권력의 행사 또는 불행사는 헌법재판을 통해서 그 효력이 상실 혹은 취소되거나, 새로운 처분으로 대체된다.* 바로 이러한 점에서 기본권은 주권자(헌법제정권자)인 국민이 갖고 있는 "인간으로서의 존엄과 가치"(헌법 제10조 제1문)를 훼손·말살하거나 폄훼하는 모든 권력에 대항할 수 있는 주권자의 무기라고 할 수 있다. 기본권에 관한 이러한 이해는 개인 및 사회에 대한 국가의 절대적 우월성을 강조하는 국가절대주의 내지는 자기 목적적 국가관을 배척하는 것일 뿐만 아니라, "대한민국의 주권은 국민에게 있고, 모든 권력은 국민으로부터 나온다."라고 규정하고 있는 헌법 제1조 제2항에 부합되는 것이다. 왜냐하면 (모든 권력의 원천인 국민이 권력으로부터 존중받지 못하고 지배의 대상으로 전락할 때) 기본권에 기대어 국민 개인이 삶의 보존과 향상 및 존엄과 행복을 위한 수단으로 권력을 통제하고 길들이는 것은 주권자에 걸맞은 대우와 지위를 확보하는 것인바, 이는 헌법 제1조 제2항에 근거하는 국민주권을 실질적으로 관철하는 과정이기 때문이다.

■ 그런데 기본권이 헌법적 차원의 개념이라고 하더라도, 모든 헌법적 차원의 개념이 기본권인 것은 아니다. 기본권 이해에 있어서 간과되어서는 안 될 또 다른 중요한 출발점은 헌법 제2장의 표제어("국민의 권리와 의무")가 노골적으로 드러내고 있듯이 기본권 또한 '권리'라는 점이다. 따라서 기본권에도 권리의 본질적 특성이라고 할 수 있는 '자유'와 '요구'가 함께 내포되어 있다고 해야 한다.** 실제로 헌법 제2장 표제어에 등장하는 "권리"는 廣義의 권리로서 헌법 제10조 "기본적 인권"(기본권)이나 헌법 제37조 "자유와 권리"에 상응하는 표현으로, 헌법 제37

---

* 헌법재판소법 제47조 및 제75조 참조.

** 한편 W.N. Hohfeld는 권리의 개념요소로서 요구(claim)와 자유(liberty) 외에도 권능(power)과 면책(immunity)을 언급하고 있다(W. N. Hohfeld, Some Fundamental Legal Conceptions as Applied in Judicial Reasoning, in: Yale Law Journal 23, 1913, pp. 16–59). 하지만 헌법적 차원에서 문제되는 '권능'과 '면책'은 권리관계가 아니라, 권한관계에서 주목되어야 할 것이다. W. N. Hohfeld의 권리분석이 갖는 의의와 한계를 소개하고 있는 국내 문헌으로는 특히 김도균, 『권리의 문법 — 도덕적 권리·인권·법적 권리』, 박영사, 2008, 3–42쪽 참조.

조 "자유와 권리"는 광의의 권리 속에 내포된 권리보유자의 소극적 지위와 적극적 지위를 각각 의무로부터 해방되어 있음을 의미하는 "자유"와 요구할 수 있음을 의미하는 狹義의 "권리"로 포착한 것으로 이해된다. 그러므로 '특정 기본권을 갖고 있다'라는 것은 한편으로는 기본권주체(기본권보유자)가 특정한 무엇과 관련하여 자유를 향유하고 있다는 것을, 다른 한편으로는 기본권주체(기본권보유자)가 기본권상대방(기본권의무자)에게 특정 무엇과 관련된 일정한 행위를 요구할 수 있는 지위에 있다는 것을 의미한다. 여기서 자유로서의 기본권은 무엇보다도 기본권주체에게 헌법현실 속에서 자신이 처해있는 상태와 상황을 총체적으로 살피게 하여 좋은 선택을 고민하게 하는 중요한 계기라면, 기본권에 내포된 '요구'는 기본권침해를 막아내는 보다 적극적이고 실천적인 계기가 된다. 왜냐하면 허용이라는 당위의 양식으로 포착되는 상태(즉, 무엇을 해도 되고 무엇을 하지 않아도 되는 상태)인 '자유'는 권리의 소극적 측면으로서 권리주체를 의무로부터 해방하는 데 그치지만, '요구'는 권리상대방에게 일정한 의무(금지라는 당위의 양식으로 포착되는 부작위의무 혹은 명령이라는 당위의 양식으로 포착되는 작위의무)를 부과하는 권리의 적극적 측면이기 때문이다.*** 따라서 기본권이론 그 자체가 아니라 구체적 헌법현실에서 기본권의 실제적 구현을 위한 기본권이론과 기본권실천을 염두에 두고 있는 이 책에서는 기본권에 내포된 '자유'보다는 '요구'가 보다 부각될 것이며, 특히 기본권적 요구에 주목해서 포착된 헌법적 차원의 권리의무관계인 기본권관계에서 기본권의무자인 국가의 행위가 합헌적인 기본권제한인지 혹은 위헌적인 기본권침해인지 여부를 판단하기 위한 사고의 과정, 즉 '기본권심사'로 논의가 집중될 것이다.

▩ 우선 기본권 그 자체와 관련된 기본적 개념들을 정리하고 기본권심사의 전제조건을 [제1부 기본권 일반론과 기본권심사의 전제조건]에서 검토한다. 그리고 기본권심사가 행해지는 구조(심사구조)뿐만 아니라, 기본권심사에서 고려되어야 할 내용(심사내용)들인 심사대상·심사기준·심사강도 및 논증도구의 의미가 기본권기능에 따라서 상이하다는 것에 주목하여, 기본권을 대국가적 부작위요구권(금지규범)으로 기능하는 '방어권적 기본권'과 대국가적 작위요구권(명령규범)으로 기능하는 '급부권적 기본권'으로 분별하여 심사구조와 심사내용을 [제2부 방어권적 기본권의 심사구조]와 [제3부 급부권적 기본권의 심사구조]에서 각각 살핀다. 이 책의 마지막 부분인 [제4부 결론: 요약 및 정리]에서는 전체 내용을 간추리고 '기본권심사구조도'를 제안하는 것으로 글을 갈무리한다.

*** 관련하여 H. L. A. Hart는 자유로서의 권리는 요구로서의 권리에 의해서 보호되지 않으면 권리로서 기능할 수 없다는 취지에서 자유의 '보호울타리(protective perimeter)'로서 요구에 주목하고 있으며(H. L. A. Hart, Essay on Bentham: Studies in Jurisprudence and Political Theory, Oxford, 1982, p. 171), W. N. Hohfeld는 요구(claim)를 '가장 엄밀한 의미의 권리(a right in the strictest sense)'로 이해하고 있다(W. N. Hohfeld, 앞의 글, 30쪽).

제 1 부

기본권 일반론과 기본권심사의 전제조건

▩ [제1부 기본권 일반론과 기본권심사의 전제조건]에서는 기본권심사를 본격적으로 논하기 전에 미리 정돈되어야 할 기본개념과 전제조건을 정리한다. 우선 「제1장 기본권 일반론」에서는 기본권에 관한 중요한 일반론을 요약·정리한 "기본권 체계"(법학논고 제32집, 경북대학교 법학연구원, 2010.02.)를 가장 먼저 수록한다(§ 1.). 이를 통해서 기본권의 개념·본질·효력·성격 등에 대한 기본적 이해가 가능해질 것이다. 그리고 이어서 등장한 "객관헌법과 주관헌법"(헌법학연구 제16권 제1호, 한국헌법학회, 2010.03.)은 기본권에 내포된 이중적 성격인 객관성과 주관성에 대한 이해를 보강하기 위한 것이다(§ 2.). 기본권의 이중성은 제2부 제2장에서 본격적으로 설명하게 될 기본권심사구조(특히 정당성심사구조)를 구축함에 있어서 중요한 착안점이 되므로 특별히 주목해서 면밀하게 검토될 필요가 있다. 그리고 「제2장 기본권심사의 전제조건」에서는 기본권심사가 행해질 수 있는 조건을 현실적 측면과 규범적 측면으로 구분해서 탐구한다. 먼저 「제1절 헌법현실적 전제조건: 기본권관계」에서는 두 논문 ― "기본권 원용의 양상과 기본권이론"(헌법학연구 제17권 제2호, 한국헌법학회, 2011.07.)과 "기본권관계에서 국가의 의무"(공법학연구 제12권 제4호, 한국비교공법학회, 2011.11.) ― 을 차례로 수록하여, 기본권문제가 제기될 수 있는 현실적 조건인 기본권관계에서 ① 기본권이 원용될 수 있는 구조와 양상을 파악하고(§ 3.), ② 원용된 특정 기본권에 상응하여 기본권의무자인 국가가 헌법현실에서 이행해야 할 헌법상 의무가 무엇인지를 밝힌다(§ 4.). 수록된 첫 번째 논문은 기본권관계를 수직관계·수평관계·삼각관계로 분별하여 각각의 경우에 기본권이 활용되는 상황에 주목하고 있으며, 두 번째 논문은 헌법이 명시하고 있는 확인의무·보장의무·보호의무 등의 의미를 규명하는데 주목하고 있다. 그런데 헌법현실에서 행해지는 기본권심사상황(즉, 기본권관계에서 심사대상인 국가행위가 합헌적인 기본권제한인지 혹은 위헌적인 기본권침해인지를 자세하게 조사하여 결정해야 하는 현실적 상황)은 헌법규범적으로는 기본권보장규범과 기본권제한규범 상호 간의 충돌상황 속에 심사대상인 국가행위가 놓여있는 상황이라고 말할 수 있다. 왜냐하면 규범충돌 혹은 규범충돌의 의심 없이 오직 기본권보장규범만이 혹은 기본권제한규범만이 심사대상인 특정 국가행위를 평가하는 기준이 된 경우라면, 심사(審査: 자세하게 조사하여 결정)할 필요도 없이 심사대상인 국가행위에 대해서 위헌 혹은 합헌을 선언할 수 있기 때문이다. 요컨대 규범적으로 말한다면 기본권심사는 심사대상인 국가행위가 한편으로는 합헌(혹은 기본권제한)이라는 의심이, 다른 한편으로는 위헌(혹은 기본권침해)이라는 의심이 함께 공존하고 있는 경우에 행해진다는 것이다. 따라서 기본권심사의 전제조건을 헌법 전체적 관점에서 조망하기 위해서는 헌법현실적 전제조건인 기본권관계 뿐만 아니라, 헌법규범적 전제조건인 헌법규범충돌상황 또한 함께 정리되어야 한다. 바로 이러한 맥락에서 제1절에 뒤이어 살펴볼 것이 「제2절 헌법규범적 전제조건: 헌법규범충돌상황」이다. 제1절과 마찬가지로 제2절에서도 두 논문 ― "국가행위의 적헌성 판단에 있어서 헌법규범의 적용방식에 관한 연구"(헌법학연구 제16권 제3호, 한국헌법학회, 2010.09.)와 "헌법적 논증에서 정치와 사법"(법학논고 제36집, 경북대

학교 법학연구원, 2011.06.) — 이 차례로 소개된다. 첫 번째 논문에서는 헌법규범충돌상황에서 심사대상인 국가행위가 위치할 수 있는 모든 경우의 수를 보여주는 《규범충돌상황표》를 제시하고, '각각의 경우에 국가행위를 평가·통제하기 위해서 헌법규범이 어떻게 적용되어야 하는가?'에 대한 대답으로 비례성원칙을 활용한 형량통제와 우위결정통제가 제안된다(§ 5.). 그리고 이렇게 제안된 해결책에 기초해서 정치와 사법이 결렬된 가장 극단적인 규범충돌상황에서 발생될 수 있는 구체적인 기본권사례문제에 대한 풀이와 대답이 두 번째 논문에서 시도된다(§ 6.). 이러한 두 논문을 통해서 기본권심사가 행해지는 규범적 전제조건인 헌법규범충돌상황에서 심사대상인 국가행위의 위헌성 여부를 판단하기 위한 일반론과 특수론 모두에 대한 이해가 가능해질 것이다.

제 1 장

기본권 일반론

§ 1. 기본권 체계

Ⅰ. 시작하는 글
Ⅱ. 기본권 체계 규명의 필요성
Ⅲ. 기본권 체계화의 논의
  1. 서두
  2. 독일에서의 논의
  3. 한국에서의 논의
  4. 소결
Ⅳ. 기본권 체계의 내용
  1. 서두
  2. 자연권과 실정권의 대립
  3. 기본권 보장의 의미
  4. 기본권의 이중성
  5. 기본권과 제도의 문제
Ⅴ. 마치는 글

§ 2. 객관헌법과 주관헌법

Ⅰ. 시작하는 글
Ⅱ. 개념과 분류
  1. 서두
  2. 개념
  3. 분류
Ⅲ. 헌법적 논증과 주 · 객관헌법규범
  1. 논증의 토포스(Topos)와 논거로서의 주 · 객관헌법규범
  2. 헌법적 논증에서 주 · 객관헌법규범의 취급
Ⅳ. 마치는 글

§ 1. 기본권 체계*

Ⅰ. 시작하는 글

일반적으로 체계(體系, System)는 다양성을 갖는 어떤 대상들이 질서를 갖춘 것, 혹은 일정한 원리에 따라 낱낱의 것을 계통을 세워 조직한 지식의 총체로 정의된다.[1] 따라서 체계는 단순한 형식적·방법적 통일이나 지식의 단순한 집합 혹은 집계(Aggregat)가 아니라, 전체는 부분과, 부분은 부분끼리 서로 논리적인 관계를 갖는 조직적 구성을 의미하며, 개별지식의 전체를 관통하는 인식들의 내적 정합이어야 한다.[2] 법학에 있어서도 이러한 체계의 정의는 크게 다르지 않다.[3] 즉, "법질서의 내적인 질서연관을 가치평가론적－목적론적으로 일관성 있게 설명하여 주고 소재 전체에 대하여 통일성을 부여"하는 지식의 총체이다.[4] 따라서 '기본권 체계'라고 하면 기본권규범에 포함된 주요 내용들과 그 관계에 대한 인식의 문제로서[5] 개별 기본권들을 일정한 원리에 따라 조직하고 통일성 있게 설명할 수 있는 '이론적 틀'이라고 정의할 수 있을 것이다. 이러한 점에서 기본권 체계는 새로운 기본권을 전개하거나 기본권 정책을 수행하는데 직접 작용하는 것은 아니지만, 개별 기본권규정에 내재하는 구성요소들 간의 의미관계와 그 원칙들을 밝히는 중요한 일반론의 요약이 되는 것이다.[6] 이하에서는 우선

---

* 이 글의 초고는 2004년 경북대학교 대학원 헌법세미나 수업(담당교수: 조홍석)의 발제 자료로 작성되었다. 이후 해당 초고는 일부 수정·보완되어서 2010년 경북대학교 법학논고에 게재되었는데(김해원, 「기본권 체계」, 『법학논고』 제32집, 경북대학교 법학연구원, 2010, 293－328쪽), 여기서는 이를 다시 수정·보완하여 싣는다.

1) 한국철학사상연구회(編), 『철학대사전』, 동녘, 1994, 1245－1247쪽; 연세대학교 언어정보개발연구원(編), 『연세한국어사전』, 두산동아, 2002, 1813쪽.

2) P. Prechtl/F.－P. Burkard, Metzler Lexikon Philosophie, 3. Aufl., Stuttgart/Weimar, 2008, S. 599; 이러한 점에서 특히 I. Kant는 체계를 "하나의 이념 아래에서 다양한 인식들의 통일"로 이해했다(I. Kant, Kritik der reinen Vernunft, Hamburg, 1956, S. 748 (A 832/B 860)).

3) Vgl. F. Savigny, System des heutigen römischen Rechts, Bd. 1, Berlin, 1840, S. 214; H. Coing, Zur Geschichte des Privatrechtssystems, Frankfurt, 1962, S. 9; C.－W. Canaris, Systemdenken und Systembegriff in der Jurisprudenz: Entwickelt am Beispiel des deutschen Privatrechts, 2. Aufl., Berlin, 1983, S. 18; 김선택, 「기본권체계」, 『헌법논총』 제10집, 헌법재판소, 1999, 133쪽.

4) 김선택, 앞의 글, 134쪽.

5) K. Stern, Idee und Elemente eines Systems der Grendrechte, in: J. Isensee/P. Kirchhof (Hrsg.), Handbuch des Staatsrechts, Bd. V, 2. Aufl., Heidelberg, 2000, S. 63 Rn. 28.

6) K. Stern, 앞의 글(주 5), 63쪽, 65쪽.

기본권 체계정립에 관한 논의가 왜 필요한지를 살펴보고(Ⅱ.), 기본권 체계는 기본권 구체화 과정의 산물임에 주목하여 기본권 체계화에 관한 논의과정들을 조망해볼 것이다(Ⅲ.). 그리고 개별 기본권들 전체에 대하여 이론적 틀 내지는 통일성을 부여할 수 있는 기본권 체계의 내용요소들을 확정하고 이를 검토하고자 한다(Ⅳ.). 여기에서는 특히 기본권의 본질과 효력 및 성격 등이 집중적으로 규명될 것이다.

Ⅱ. 기본권 체계 규명의 필요성

다른 법률들에 비해서 헌법은 규범구조에 있어서 간결성·미완결성을, 규범내용에 있어서는 추상성·불확정성을 특징으로 하는 개방적 규범이다. 그런데 이러한 헌법의 개방적 성격은 특히 기본권 조항에서 극명하게 드러난다.[7] 왜냐하면 정치세력들 간의 타협의 산물인 헌법은 각 세력들 간의 이해관계를 응축하여 추상화하는 방법을 통해서 타협점을 규정하고 정치적 평화를 만들어 가는데, 특히 기본권처럼 실질적 내용규정이면서 동시에 국가 활동을 구속하는 규정에서는 더더욱 정치적으로 다툼이 없을 만한 최소한의 내용을 규정하는 데 만족하고, 그 밖의 것은 그때그때의 구체적 정치상황에 따라 입법자에 의해 구체화될 수 있는 여지를 남겨둘 필요가 있기 때문이다.[8] 따라서 기본권규범과 관련해서는 단순히 기본권조항에 내재하고 있는 의미내용을 해석을 통해 사후에 발견하는 차원을 넘어서서, 기본권조항 그 자체를 사후적으로 완성해나가는 일종의 창조적 작업(즉, 구체화 과정)이 요구되는데,[9] 이때 이를 지도할 수 있는 기본권 전체의 유기적 이해, 즉 기본권 체계를 규명해야 할 필요성이 크다.[10] 한편 우리 헌법은 제2장에서 다양한 개별 기본권들을 규정하고 있으면서도 헌법 제37조 제1항을 통해서 "열거되지 아니한" 기본권들도 보장될 수 있음을 밝히고 있으며,[11] 경우에 따라서는 제2장 이외의 헌법 규정이나 헌법상의 기본제도(객관질서)들을 통해서도

---

7) 홍성방, 『헌법학』, 현암사, 2008, 23쪽.

8) 김선택, 앞의 글, 146－147쪽.

9) Vgl. H. Huber, Über die Konkretisierung der Grundrechte, in: Der Staat als Aufgabe, GS für M. Imboden, Basel/Stuttgart, 1972, S. 195.

10) 김선택, 앞의 글, 147쪽.

11) 특히 성낙인, 「기본권의 개념과 범위 ― 일반이론」, 『기본권의 개념과 범위에 관한 연구』, 헌법재판소(編), 1995, 17－35쪽.

기본권이 도출되기도 한다.[12] 따라서 다양한 개별 기본권들 간의 조화와 조정이 중요한 문제로 등장하는데, 이 경우 개별 기본권들의 고립된 이해를 넘어서서 기본권 전체의 유기적 맥락을 검토하는 것이 필요하다. 뿐만 아니라 다른 기본권에 비해서 유독 권리보장의 본질 내지는 실질에 대한 다툼이 계속되고 있는 사회적 기본권에 대한 올바른 이해를 위해서도 기본권에 대한 통일적·체계적 이해는 중요한 의미를 갖고 있다.[13] 요컨대, 규정의 개방성과 다양성이 부각되는 기본권에서 그 체계를 규명하는 것은 단순한 이론적 관심을 넘어서서 규범해석 및 구체화와 규범들 간의 조화라는 실천적 과제를 위해서도 요청되는 것이다.

Ⅲ. 기본권 체계화의 논의

1. 서두

기본권 체계화에 관한 논의는 헌법제정권자가 결단한 기본권의 형식과 규범구조에 모순되지 않으면서도, 변화하는 시대적 요청에 적응하도록 기본권을 구체화하거나 해석하기 위한 노력의 과정이었다. 이하에서는 기본권체계에 관한 논의가 촉발되고 활발히 전개된 독일에서의 논의 과정을 살펴보고, 우리나라에서의 기본권 체계화에 관한 논의 상황을 조망해볼 것이다.

2. 독일에서의 논의

가. 기본권 체계의 등장

기본권 체계에 관한 논의는 바이마르 공화국 시대에 처음으로 등장했다.[14] 특히 R. Smend가 하나의 완결체 혹은 가치체계로서 기본권 목록상의 내용들을 파악하려는 시도를 하였고,[15] R. Thoma와 C. Schmitt등의 연구를 통해서도 기본권은 그 다양한 내용에도 불구하고 어떠한 방식으로든 내면적으로 상호 관련된

12) 예컨대 헌법 제6장의 헌법재판소에 관한 규정(제111조~제113조)으로부터 헌법소원을 할 수 있는 권리가 헌법상 보장되고 있으며, 헌법 제8조가 규율하고 있는 복수정당제도 및 정당설립의 자유로부터 정당설립과 정당 활동을 할 수 있는 권리가 헌법상 보장되고 있다. 이에 관해서는 정종섭, 『헌법연구 3』, 박영사, 2001, 101-116쪽.

13) 이에 대해서는 Ⅳ. 3.에서 자세히 설명할 것이다.

14) K. Stern, 앞의 글(주 5), 47쪽.

15) Vgl. R. Smend, Verfassung und Verfassungsrecht, in: ders., Staatsrechtliche Abhandlungen und andere Aufsätze, 3. Aufl., Berlin, 1994, S. 119ff. (264).

전체로서 고찰되어야 한다는 시각은 지지되었다.[16] 이러한 관점은 전후 Bonn 기본법의 기본권학을 위한 실질적 토대마련에 기여했고, 이후 기본권의 내적 결합과 지도원리 및 그것들의 배경에 관한 탐구가 독일 국가법학의 확고한 구성요소가 되었다.[17] 특히, G. Dürig는 「인간의 존엄에 관한 기본권조항」이라는 논문과 기본법 주석서를 통해서 헌법상의 기본권 목록들은 기본법 제1조 제1항의 인간존엄을 정점으로 삼고 있는 하나의 완결된 또는 흠결 없는 체계(geschlossen oder lückenlosen Systems)임을 주장했는데[18] 이는 50년대 말에서 60년대의 독일헌법학계의 찬반 논쟁을 불러일으켰다.[19]

나. 기본권 체계 부정론 및 비판

이러한 찬반 논쟁의 근본적인 쟁점은 개별 기본권들을 지도할 수 있는 공통된 준거 내지는 하나의 이론적 틀을 마련할 수 있는지 여부에 있다. 그런데 부정적인 입장은 주로 개별 기본권들의 성립과 관련된 역사 발전적 측면에서 대두되었다. 즉, 기본권들은 개별적으로 또는 그룹으로 그때그때의 특별한 상황 속에서, 나름대로의 고유하고 상이한 역사를 가지고 형성되었으므로, 어떤 추상적 일반원리로부터 개별 기본권들을 도출하거나 모든 기본권들을 하나의 통일적 완결체로 파악하는 것은 원칙적으로 타당하지 않으며, 역사적으로도 지지될 수 없을 것이라고 한다.[20]

그러나 설사 기본권이 점진적인 역사과정 속에서 나타난 개별적인 보장이라고 하더라도, 이것이 기본권이라는 표제 하에서 일정한 내적 연관을 가지는 실정법적 규정들의 체계적 의미를 찾아보려는 시도를 봉쇄하는 것은 아니며,[21] 오히

---

16) Vgl. R. Thoma, Die juristische Bedeutung der grundrechtlichen Sätze der deutschen Reichsverfassung im allgemeinen, in: H. C. Nipperdey (Hrsg.), Die Grundrechte und Grundpflichten der Reichsverfassung, Bd. Ⅰ, Berlin, 1929, S. 1 (3); C. Schmitt, Inhalt und Bedeutung des zweiten Hauptteils der Reichsverfassung, in: G. Anschütz/R. Thoma (Hrsg.), Handbuch des Deutschen Staatsrechts, Bd. Ⅱ, 1932, S. 572ff.

17) K. Stern, 앞의 글(주 5), 49쪽 이하.

18) G. Dürig, Der Grundrechtssatz von der Menschenwürde, in: AöR 81, 1956, S. 117ff.; ders., in: MD, Art. 1, Rn. 5ff.

19) Vgl. H. Peters/J. Salzwedel/G. Erbel, Geschichtliche Entwicklung und Grundfragen der Verfassung, Berlin/Heidelberg, 1969, S. 239; U. Scheuner, Pressefreiheit, in: VVDStRL 22, 1965, S. 42ff.

20) 이러한 입장에 서있는 대표적인 학자가 U. Scheuner이다. Vgl. U. Scheuner, 앞의 글(주 19), 46-47쪽.

21) K. Stern, 앞의 글(주 5), 65쪽.

려 헌법전체의 구성적 의미를 지니는 기본권 상호 간에 일정한 체계적 결합이 존재한다는 견해가 유력하다.[22] 뿐만 아니라 주로 거론되는 기본권 체계에 관한 부정론은 G. Dürig의 '흠결 없는 완결된 체계로서의 기본권 체계'를 비판의 대상으로 삼고 있는데, 반드시 모든 체계가 그 자체로서 완결되고 흠결 없는 순수체계이어야 하는 것은 아니므로 G. Dürig의 견해를 수용하지 않는 것과 기본권 체계화에 관한 논의가 불필요하고 무의미하다는 태도를 동일시할 수 없다.[23] 실제로 기본권체계반대론자들도 기본권의 체계적 고찰의 모든 가능성을 부인하고 있는 것은 아니다.[24]

다. 독일 연방헌법재판소의 결정들

이러한 학설상의 논의들로부터 영향을 받은 독일 연방헌법재판소는 단순한 개별 기본권 낱낱에 대한 인식을 넘어서서 이들을 관통하는 통찰을 보여주기 시작했다. 그리고 이러한 통찰은 시간이 지나면서 기본권규범의 분석적 차원은 물론이고, 헌법 현실적 요청까지 반영하기 시작했다. 연방헌법재판소는 처음에는 기본권을 단지 고전적 의미인 국가에 대한 소극적 방어권이란 측면에서만 바라보거나,[25] 기껏해야 기본법상의 기본권들을 "개인과 공동체와의 대응" 혹은 "인간의 공동체와의 관련성 및 공동체로의 피구속성"이란 차원에서 이해했을 뿐이지만,[26] 그 이후의 결정에서 기본권들 간의 관계설정에 관한 본격적인 시도를 하였고,[27] 특히 기본법 제6조 제1항을 하나의 가치결정원칙규범 및 제도보장으로 이해한 1957년 1월 17일 결정을 통해서 기본권의 다양한 성격과 그들 간의 상호교차관계가 주목되기 시작했다.[28] 그 후 유명한 Lüth 판결에서 "기본권보장의 객관적 가치질서와 기본권적 가치체계"를 명시적으로 언급하여 기본권의 이중적 성격을 긍정하고, 기본권은 일정한 체계로 이해될 수 있음을 명백히 했으며,[29] 1972년 7월 18일의 입학정원제한(numerus clausus)에 관한 판결에서 종래의

22) K. Hesse, Grundzüge des Verfassungsrechts der Bundesrepublik Deutschland, 20. Aufl., Heidelberg, 2000, Rn. 301.
23) 김선택, 앞의 글, 142쪽.
24) U. Scheuner, 앞의 글(주 19), 37-38쪽.
25) BVerfGE 1, 97(104f.).
26) BVerfGE 4, 7(5f.).
27) BVerfGE 6, 32(36ff.)에서 연방헌법재판소는 기본법 제2조 제1항의 기본권을 모든 생활영역에 관한 주된 포괄적 기본권으로 이해하고, 기타의 개별 기본권들에 대해서 일반법적 성격을 가지는 것으로 판단했다.
28) BVerfGE 6, 55(71f.).
29) BVerfGE 7, 198(205).

자유주의적 기본권의 이해를 넘어서서 사회국가적 측면에서도 기본권들을 바라보기 시작했다.[30)]

라. 기본권이론의 등장과 비판

Lüth 판결을 계기로 독일 헌법학은 기본권을 여러 각도로 확장하기 시작했는데, 이러한 확장은 필연적으로 기본권에 대한 체계적 이해의 도모로 연결되어 기본권이론(Grundrechtstheorie)[31)]에 관한 본격적 논의가 촉발되었다.[32)] 기본권이론은 각자의 주관적 기본권이해의 관점에 따라 가치체계로서의 기본권이론, 제도적 측면의 기본권이론, 기능적 측면의 기본권이론, 절차보장으로서의 기본권이론 등으로 다양하게 전개되었다.[33)] 이러한 기본권이론은 하나의 단일명제 하에서 전체 기본권을 파악하는 일면이론(Ein-Punkt-Theorie)과 두 가지 이상의 개별이론을 동시에 적용시켜 기본권의 체계화를 꾀하는 종합이론(kombinierte Theorie)으로 대별할 수 있는데, 오늘날 기본권이론이라 함은 일반적으로 기본권해석에 있어서 상호 관련된 다양한 관점들을 동시에 고려하는 종합이론, 특히 일정한 국가관 또는 헌법이론에 근거하여 자유주의적 기본권이론·제도적 기본권이론·기본권의 가치이론 · 민주적-기능적 기본권이론·사회국가적 기본권이론 등으로 구분하여 설명하고 있는 E.-W. Böckenförde의 견해[34)]가 통용되고 있다.[35)]

하지만 기본권 체계화 과정을 통해서 다양한 기본권이론들이 등장하면서 기본권이해의 폭은 넓혀졌지만 그 유용성[36)]에 대한 의문이 제기되었고, 심지어 기

30) BVerfGE 33, 303(330f.).

31) 헌법규범의 성립, 변천, 효력의 태양 및 실현방법 등을 구체적으로 체계화시켜 궁극적으로 국가 목적의 헌법적 이익실현에 지침을 제공하는 이론이 헌법이론인데 이러한 헌법이론 중에서 기본권적 관점에서 기본권의 성립, 변천 및 효력태양등을 통하여 기본권의 국가적 실현을 체계화시키기 위한 것이 바로 기본권 이론이다(정극원, 「독일에서의 사회국가적 기본권이론의 성립과 내용」, 『공법연구』 29-1, 한국공법학회, 2000, 181쪽).

32) K. Stern, 앞의 글(주 5), 54쪽 이하; 김선택, 앞의 글, 142쪽.

33) 기본권의 객관법적 성격에 관해서는 K. Hesse, 앞의 글(주 22), 방주 301-302; 기본권의 제도적 측면에 관해서는 P. Häberle, Die Wesensgehaltgarantie des Art. 19 Abs. 2 GG, 3. Aufl., Heidelberg, 1983, S. 70; 기본권의 사회적 기능 및 복합적 기능성에 관해서는 N. Luhmann, Grundrechte als Institution, Berlin, 1965, S. 80, 134; 조직과 절차 형성을 위한 준거로서의 기본권에 관해서는 F. Ossenbühl, Grundrechtsschutz im und durch Verfahrensrecht, in: FS für K. Eichenberger, 1982, S. 183ff.

34) E.-W. Böckenförde, Grundrechtstheorie und Grundrechtsinterpretation, in: NJW, 1974, S. 1529ff.; 홍성방, 「기본권의 본질과 기본권이론」, 『공법연구』 27-2, 한국공법학회, 1999, 127쪽 이하.

35) R. Alexy, Theorie der Grundrechte, 3. Aufl., Suhrkamp, 1996, S. 29f.; 그 밖의 다양한 종합이론들을 소개하고 있는 국내 문헌으로는 정극원, 앞의 글, 182쪽 각주 7).

36) 기본권이론은 궁극적으로 기본권의 구체화와 해석을 위한 것이다.

본권이론은 기껏해야 기본권에 대한 상세한 개별연구들에 관한 집계로서의 의미밖에 없다는 비판도 대두되었다.[37] 무엇보다도 기본권을 해석함에 있어서 기본권이론에 과도하게 의존할 경우 기본권이론은 기본권 해석에 영향을 미치는 선입견으로 작용하여, 기본권규정의 의미와 취지를 왜곡할 가능성이 많다.[38] 뿐만 아니라 하나의 기본권규정에 대하여 여러 기본권이론들이 서로 자신이 결정적인 기준임을 내세우는 경우 어느 기본권이론을 선택하느냐의 문제가 생기는데, 이는 결국 해석자의 주관적 결정에 맡겨버리는 결과를 초래한다.[39] 그 밖에도 기본권이론은 기본권규정의 해석을 지도해야 하는데, 기본권이론 그 자체가 벌써 복잡하고 모호한 명제들로 구성되어 있어 다시 해석이 불가피하고, 따라서 그 효용이 의심스럽다는 비판도 받는다.[40]

3. 한국에서의 논의

우리나라에서 기본권 체계에 관한 논의들은 많지 않다. 다만 이러한 논의가 유의미하게 시작된 것은 1968년 김철수 교수가 "기본권의 체계"란 논문을 발표하면서부터였다고 할 수 있다.[41] 그 후 그는 1983년 "기본권의 체계"라는 또 다른 논문에서 본격적으로 자연권적 입장에서 기본권의 체계화를 시도했고,[42] "현행헌법상 기본권의 법적 성격과 체계"라는 논문에서 "자연권은 통일적 체계를 가진 것이다."라고 하면서 기본권들을 이러한 체계에 맞추어 분류하고 있다.[43][44] 그러나 우리 헌법에 있어서 기본권 체계에 관한 깊이 있는 본격적인 논의는 1999년에 발표된 김선택 교수의 "기본권체계"라는 논문이라고 할 수 있다. 여기

37) C. Starck, in: MKS, Bd. 1, Art. 1 Abs. 3, Rn. 108.

38) K. Stern, 앞의 글(주 5), 60쪽.

39) K. Stern, 앞의 글(주 5), 60쪽.

40) K. Stern, 앞의 글(주 5), 60쪽.

41) 김철수, 「기본권의 체계」, 『법학』 10, 서울대학교법학연구소, 1968, 62쪽 이하.

42) 김철수, 「기본권의 체계」, 『고시계』, 1983. 11., 84-88쪽.

43) 김철수, 「현행헌법상 기본권의 법적 성격과 체계, 『헌법논총』 8, 헌법재판소, 1997, 36쪽 이하.

44) 자연권에 입각한 김철수 교수의 기본권 체계론에 대해서는 다음과 같은 비판이 제기되었다(이에 관해서는 김선택, 앞의 글, 136-138쪽): ① 실정 헌법에 수용된 기본권은 자연권이 아니라 실정권이라고 하는 것이 논리적일 터인데, 오히려 이를 자연권이라고 하여 그 실효성 확보에 장애가 되었다는 비판, ② 자유권의 완결적 체계가 자유권의 자연법적 성격으로부터 유지될 수 있는 것이 아니라는 비판, ③ 자연권 사상에 입각한 완결된 기본권체계를 구상한 김철수 교수의 견해에 대해서는 독일의 G. Dürig의 기본권체계에 대한 비판이 그대로 유효하게 적용될 수 있다는 비판, ④ 기본권들을 분류하고 정돈하는 외형에만 너무 치우쳐 있다는 비판.

에서 김선택 교수는 기본권 체계의 의미와」 필요성 및 독일에서의 논의과정을 충실하게 설명하고, 나아가 한국 헌법에서 기본권 체계의 내용요소들의 규명을 시도하고 있다.[45] 그 밖의 연구들은 대체로 헌법관 수준에서 기본권체계를 규명하는데 그치고 있거나,[46] 독일에서의 논의를 주로 소개하는데 중요한 의미를 두고 있는 것으로 보인다.[47]

4. 소결

기본권은 그 개방적인 성격으로 말미암아 해석자의 주관 내지 선입관이 개입될 여지가 큰 영역이어서 해석자(특히 법관)의 자의를 통제할 수 있는 모종의 기준이 필요한데, 기본권 체계에 관한 독일에서의 논의는 기본권과 직접 관련되는 내용을 넘어서서 헌법 이론적 정향을 나타내고 있는 기본권이론에 관한 논의로 진행되었고, 그 결과 실천적 유용성이 의문시되고 해석자의 선이해의 영향에서 자유롭지 못한 한계를 드러내고 있다.[48] 따라서 기본권 체계는 기본권들의 소재를 명확히 하거나 분류하는 외적 체계에 그칠 것이 아니라, 기본적으로 내적으로 연관된 질서이어야 하며, 그 내용은 헌법 외적인 혹은 주관적 가치판단인 국가이론이나 사상체계에 의존하여 논증될 것이 아니라 헌법으로부터 그 내용들이 도출되고 이를 바탕으로 개별 기본권들을 해석하고 구체화할 수 있어야 한다.[49] 요컨대, 기본권 체계에 관한 논의는 단순히 기본권 분류를 지향하는 외적 체계를 탈피해야 하며, 동시에 가치정향을 띈 헌법이론화 경향에서 벗어나서 구체적으로 개별 기본권들을 관통할 수 있는 내용 요소들을 확정하는데 주목해야 한다.

---

45) 김선택, 앞의 글, 133쪽 이하.

46) 계희열, 「헌법관과 기본권이론 ― 기본권의 성격변화에 관한 고찰 ―」, 『공법연구』 11, 한국공법학회, 1983, 11쪽 이하; 허영, 『헌법이론과 헌법』, 박영사, 2006, 313쪽 이하.

47) 홍성방, 앞의 글, 127쪽 이하; G. Jellinek(著)/김효전(譯), 『독일 기본권이론의 이해』, 법문사, 2004, 275－350쪽.

48) 김선택, 앞의 글, 171쪽.

49) 김선택, 앞의 글, 148－151쪽; 물론 이러한 주장이 기본권 체계의 개방성을 부정하는 것은 아니다. 오히려 법질서의 의미통일체로서의 체계는 구체적 법질서의 존재양식에도 참여해야 함으로 개방성을 가진 개별 기본권들의 의미통일체인 기본권 체계 또한 계속적으로 변화를 수용할 수 있는 개방적인 성격 ― 특히 우리헌법은 제37조 제1항이 헌법에 열거되지 않는 기본권을 규정하고 있다는 점에서 개방적 성격은 더욱 요청되고 강조된다. ― 을 가져야 한다(C.－W. Canaris, 앞의 글(주 3), 63쪽 이하).

Ⅳ. 기본권 체계의 내용

1. 서두

결국 실천적 의미에서 기본권 체계에 관한 논의는 개별 기본권들을 일정한 의미통일체로 파악하면서도, 개별 기본권규정들의 해석 및 구체화, 그리고 그들 간의 조정과 조화에 있어서 준거를 마련할 수 있는 기본권 일반론의 요약이어야 한다. 이와 관련하여 (1) 기본권의 본질이 '실정권이냐? 혹은 자연권이냐?'의 문제, (2) 기본권보장의 의미 내지는 기본권효력과 관련하여 '기본권이 구체적 권리이냐? 혹은 추상적 권리이냐?'의 문제, (3) 기본권의 성격과 관련하여 주관성과 객관성의 문제, (4) 제도와 기본권과의 관계 ― 특히 제도 보장과 기본권 보장의 관계 ― 등이 주요한 논점으로 등장한다.

2. 자연권과 실정권의 대립

가. 논의의 쟁점

자연법 내지 자연적 정의의 존재를 인정하는 것과는 별도로 헌법적 차원의 권리인 기본권이 자연권이냐 실정권이냐 하는 다툼이 있다. 하지만 여기에서는 이러한 양자의 대립은 큰 의미가 없음을 주장하고, 기본권 체계의 내용으로서 기본권의 본질을 어떻게 이해하여야 하는지를 설명할 것이다.

나. 자연권설

자연권설은 기본권을 헌법에 의하여 비로소 창설되고 보장되는 권리가 아니라, 생래적 · 천부적 자연권이 문서(헌법)를 통해서 재확인된 것에 지나지 않은 것으로 이해하면서,[50] 현행헌법이 기본권존재설과 자연권설을 따르고 있다고 주장하거나,[51] 「자연권＝전국가적 권리＝초국가적 권리＝국가이전의 권리＝선국가적 권리＝천부인권＝생래적 권리＝초실정적 권리」라고 하면서 우리 헌법상의 기본권도 자연권으로 보아야 한다고 한다.[52] 이러한 견해는 주로 헌법 제10조의 인간으로서의 존엄과 가치, 기본적 인권의 불가침, 국가의 기본권 보장의 의무,

---

50) 정종섭, 앞의 책(주 12), 55쪽, 60쪽.

51) 권영성, 『헌법학원론』, 법문사, 2007, 301쪽.

52) 김철수, 『헌법학신론』, 박영사, 2008, 261쪽; 관련하여 김철수 교수는 같은 책, 같은 쪽, 각주 3)에서 자연권설을 옹호하고 있는 문홍주, 김기범, 한동섭, 한상범, 윤세창, 구병삭, 한태연, 안용교 교수들의 문헌을 소개하고 있다.

제37조 제1항의 “국민의 자유와 권리는 헌법에 열거되지 아니한 이유로 경시되지 않는다.”, 제37조 제2항 후단의 “자유와 권리의 본질적인 내용을 침해할 수 없다.” 등과 같은 헌법규정을 근거로 제시하고 있다.[53]

하지만 기본권은 헌법에 의해서 비로소 창설되고 보장되는 권리가 아니라는 주장의 근거를 헌법규정으로부터 뒷받침하는 것은 논리적으로 타당하지 않을 뿐만 아니라, 무엇보다도 실정헌법이 헌법적 수준에서 기본권으로 보장하고 있는 권리들 중에는 헌법에 의해 창설되거나 인정되어 성질상 자연권이라고 할 수 없는 것이 많고,[54] 특히 사회적 기본권은 국가를 전제로 하여 보장된다는 점에서 헌법상 모든 기본권들을 자연권으로 취급할 수는 없을 것으로 생각된다. 나아가 설사 자연권이 존재한다고 하더라도 실정헌법에 의하여 권리로 규정된 기본권은 개념적으로 자연권과 엄밀히 구별되어야 한다. 기본권은 실정권이 아니라 자연권이라는 자연권설의 명제는 ‘기본권(실정법)에 내재하는 자연법성’이라는 한 요소를 ‘권리자체의 자연법성’과 혼동한 것으로 생각되며, 만약 자연권설이 기본권의 자연법적 성격만을 고집하고 그 실정법성을 부인하는 것이라면 이는 기본권 형식으로 자연적 권리를 실정헌법에 규정한 18세기 말 이전으로 퇴보하자는 것과 다름 아니라고 해야 할 것이다.[55] 그리고 자연권설이 근거로 삼는 헌법 제37조 제2항의 기본권의 본질내용침해금지는 법률에 의한 기본권 제한, 즉 기본권의 실정법성을 전제로 한 것이며, 헌법 제10조가 자연법적－인권적 관념에 기초하고 있다는 점이 기본권이 헌법 속에서조차 반드시 자연권으로 취급되어야 함을 의미하는 것은 아니다.[56] 오히려 기본권을 자연권이니 인권이니 하여 그 모호성과 추상성을 확장할 것이 아니라,[57] 실정 헌법에 구체화된 이상, 실질적인 효력을 가질 수 있도록 해석하는 것이 중요할 것이다.

다. 실정권설

실정권설에 따르면 권리(기본권)는 제정법에 의해서만 창설되고 보장된다고

53) 권영성, 앞의 책, 301쪽. 김철수, 앞의 책, 262－263쪽.

54) 예컨대, 공무담임권(헌법25조), 선거권(헌법24조), 피선거권(헌법25조), 청원권(헌법26조), 노동3권(헌법33조), 형사피해자의 재판절차진술권(헌법27조), 형사보상청구권(헌법28조), 국가배상청구권(헌법29조), 범죄피해자구조청구권(헌법30조), 소비자의 권리(헌법124조), 재판청구권(헌법27조, 101조, 111조) 등등을 언급할 수 있다. 이에 관해서는 정종섭, 「기본권의 개념에 관한 연구」, 『법학』 44－2, 서울대학교, 2003, 23－26쪽.

55) 김선택, 앞의 글, 158－159쪽.

56) 김선택, 앞의 글, 159쪽.

57) 인권과 기본권과의 관계에 대해서는 정종섭, 앞의 글(주 54), 36－39쪽.

한다. 실정권설은 '자연권설에서 두드러진 기본권에 내포된 국가에 대한 저항적 성격은 오늘날 국민주권국가에서는 이미 그 의미가 소멸되었으며 설사 제헌권자가 기본권을 자연법상 권리로 이해했다고 하더라도 기본권이 실정헌법에 규정되어 있는 이상 실정법을 떠나서는 성립할 수 없다는 점'을 강조하면서,[58] 입헌국가에서의 법치국가원칙은 곧 법률국가원칙과 다름 아닌 것으로 이해하고 있다.[59]

하지만 기본권의 방어적·저항적 성격은 오늘날에도 긍정되고 있으며, 모든 국가권력은 기본권 존중이라는 시대정신에 구속되어야 하며,[60] 자유권이 실정법상 조문화되었다고 하더라도 그 자유권의 자연법적 요소를 무시할 수 없는데, 실정권설은 자연권의 자연법적 존재성과 실정법적 권리로서의 기본권의 자연법적 요소를 혼동했다는 비판을 받는다.[61] 뿐만 아니라 오늘날의 헌법국가는 실질적 법치국가원칙을 기반으로 한다는 점에서 법치국가와 법률국가를 동일시한 태도 또한 받아들이기 어렵다고 하겠다.

라. 소결

지금까지 논의한 '기본권이 실정권이냐? 그렇지 않으면 자연권이냐?'하는 논의는 기본권의 속성과 그 존재 형식을 혼동한 것으로부터 비롯된 것으로 보인다. 헌법의 규범력을 확보하고 또 기본권의 실질적인 효력을 위해서는 실정 헌법에 규정된 기본권은 기본적으로 실정권이라고 해야 한다. 다만 자연적인 권리들이 실정법으로 편입된다고 해서 본래 가지고 있었던 자연법적인 성격을 상실하는 것은 아니다. 오히려 권리의 실정화로 인해 당해 권리는 실정법에 정해진 요건의 구체화를 통하여 그 보장범위가 명확해지고 법원에 대하여 재판규범으로서의 원용이 강제되며, 권리가 추상과 이념의 세계로부터 구체적인 법 실무의 세계로 명확하게 이전됨을 통해 권리의 실효성이 확보되는 것이다.[62] 이러한 관점에서 법적으로는 기본권이, 철학적으로는 인권의 의미가 부각될 뿐, 인권이 기본권보다 더 상위의 가치라고 단정해서는 안 되며, 오히려 기본권성이 없는 인권은 대체로 유효성을 결여하고, 현실과 유리되기 쉬울 것이다.[63] 따라서 기본권이 실정권이냐 자연권이냐 하는 양자택일의 물음에서 벗어나서 "실정법적 권리로서 자연법

---

58) 권영성, 앞의 책, 300쪽; 김철수, 앞의 책, 261쪽.

59) 박일경, 『제6공화국 헌법』, 법률출판사, 1990, 245쪽.

60) 권영성, 앞의 책, 300－301쪽.

61) 김선택, 앞의 글, 161쪽.

62) 김선택, 앞의 글, 161－162쪽.

63) K. Stern, Das Staatsrecht der Bundesrepublik Deutschland, Bd. Ⅲ/1, München, 1988, S. 44f.

적 성격을 가진 기본권"[64]과 자연법적 속성이 거의 없는 기본권[65] 내지는 새로운 기본권[66]들을 "새로운 실정법적 권리로서의 기본권"으로 개념을 정리하는 것이 좋을 것이다.

3. 기본권 보장의 의미

가. 논의의 쟁점

기본권은 헌법적 차원의 권리이다.[67] 문제는 헌법적 차원의 권리라는 것이 단순한 보장형식의 측면을 넘어서서 어떠한 실질을 가지고 있느냐 하는 것이다. 이러한 논의는 주로 사회적 기본권의 본질을 어떻게 볼 것이냐 하는 것과 관련하여 문제가 되고 있다.[68] 일반적 의미에서의 기본권은 헌법에 규정이 되어 있기만 하면 구체적인 입법 유무와 상관없이 모든 국가권력을 직접 구속하는 효력을 가지며 재판규범으로서의 효력도 인정된다. 하지만 사회적 기본권은 국가의 사실적이고 적극적인 급부를 요구하는 특징으로 말미암아 그 법적 권리를 부정하는 측면에서는 입법방침설과 헌법위임규정설이, 법적 권리를 옹호하는 측면에서는 추상적 권리설과 구체적 권리설이 제시되고 있다. 이하에서는 이러한 학설들의 태도와 헌법재판소의 결정들을 간략히 살펴보고, 기본권체계 정립에 있어서 유독 사회적 기본권만 다른 성격을 가지는 체계 외적 존재 혹은 예외적인 것에 불과한지를 비판적 관점에서 살핀다.

나. 학설의 태도

입법방침설은 사회적 기본권이 국가 경제력에 전적으로 의존하고 있으며, 경제력이 미치지 못하는 경우에는 단지 장래의 정치적 공약을 선언한 것에 지나지 않고, 헌법 또한 구체적 내용을 규정하고 있지 않다는 점에 주목하여,[69] 헌법상 사회적 기본권은 구체적인 법적 권리가 아니라 국가의 사회정책적 목표 내지 정치적 영역을 선언한 것에 불과하다고 한다.[70] 따라서 이 견해에 의하면 입법

---

64) 김선택, 앞의 글, 162쪽.
65) 예컨대, 사회적 기본권 내지는 각주 54)에서 언급된 기본권들.
66) 예컨대, 환경권, 소비자 권리 등.
67) R. Alexy, 앞의 글(주 35), 258쪽.
68) 정종섭, 앞의 책(주 12), 55쪽.
69) 권영성, 앞의 책, 631쪽.
70) 홍성방, 「헌법재판소결정례에 나타난 사회적 기본권」, 『서강법학』 4, 서강대학교 법학연구소, 2002, 50쪽.

을 할 국가의 정치적·도의적 의무만 주장할 수 있을 뿐,[71] 해당 헌법규정만으로는 국가에 대하여 의무이행을 재판상 청구할 수 없으며, 입법 태만에 대한 사법적 구제도 구할 수 없게 된다.[72]

최근 사회적 기본권의 법적 권리설에 대한 비판으로 등장한 헌법위임규정설은 사회적 기본권을 주관적 권리의 측면이 아닌, 국가의 헌법적 의무라는 객관적 가치차원에서 이해하고자 한다. 이 견해에 따르면 사회적 기본권에 법적 구속력을 인정한다면, 이는 사회형성의 주체가 입법자에게서 헌법재판소로 옮겨짐으로써 우리헌법의 민주적·권력분립적 기능질서와 모순되는 결과를 초래할 것이며, 그렇다고 하여 입법방침설을 택하면, 이는 모든 국가기관이 헌법에 구속된다는 원칙과 모순됨을 지적하면서,[73] 사회적 기본권은 사회국가 원칙이 구체화된 헌법적 표현으로서 헌법위임의 성격을 가짐을 주장한다.[74] 그리고 헌법위임설의 구체적 의미는 첫째, 원칙적으로 입법목적의 선택적 측면에서 자유로운 입법자에게 헌법적으로 입법과정에서 고려해야 할 구속력 있는 국가 목표를 부과하고, 둘째, 이에 따라 입법자에 의한 부작위나 명백한 의무의 해태는 헌법적으로 허용되지 않는데 있다고 한다.[75]

추상적 권리설은 "권리를 가진다."라고 하는 헌법규정으로부터 구체적·법적 권리가 아닌 입법방침설이나 헌법위임설을 도출하는 것은 부당하다고 하면서, 사회적 기본권과 같이 처음부터 정비된 법체계를 가지지 아니한 기본권이 그에 관한 헌법규정만으로 사법상의 권리와 동일한 의미의 구체적 권리가 될 수 없겠지만, 이것이 권리로서 불완전하다는 것을 의미할 수는 있어도, '권리성' 그 자체를 부정할 이유는 없다고 한다.[76] 이러한 견해에 의하면 국가는 사회적 기본권의 보장을 위한 필요한 조치를 강구할 추상적 의무를 지며, 그 권리가 현실적으로 행사되기 위해서는 그 법적인 구체성·권리주체의 확정·법익의 존재·청구방법 등이 명확하게 법률로 제정되어 있어야 하며, 그렇지 않은 경우에는 헌법상 사회적 기본권을 근거로 직접 소송을 통한 권리구제를 주장할 수는 없다고 한다.[77]

---

71) 홍성방, 앞의 글(주 70), 51쪽.

72) 권영성, 앞의 책, 631쪽.

73) 한수웅, 「헌법소송을 통한 사회적 기본권 실현의 한계 — 법적 권리설로부터의 결별 —」, 『인권과 정의』 245, 대한변호사협회, 1997, 89쪽.

74) 한수웅, 앞의 글, 75쪽; 홍성방, 앞의 책(주 7), 263−264쪽.

75) 한수웅, 앞의 글, 75쪽.

76) 권영성, 앞의 책, 631쪽; 홍성방, 앞의 글(주 70), 51쪽.

77) 홍성방, 앞의 글(주 70), 51쪽; 성낙인, 『헌법학』, 법문사, 2004, 481쪽.

반면에 사회적 기본권을 구체적 권리로 이해하는 견해(구체적 권리설)는 사회적 기본권에 관한 헌법규정은 그것을 구체화하는 입법이 별도로 존재하지 아니하는 경우에도 국가에 대해서 직접 효력을 주장할 수 있다고 하면서, 사회적 기본권의 실현을 위한 구체적인 입법적·행정적 조치를 이행하지 않은 국가의 부작위행위에 대해서 사법적 구제를 청구할 수 있는 것으로 이해한다.[78)79)]

다. 판례의 태도

헌법재판소의 태도가 무엇인지는 명확하지 않다.[80)] 사회적 기본권에 대한 헌법재판소의 결정들은 대체로 교육을 받을 권리에 대한 결정,[81)] 근로3권에 대한 결정,[82)] 인간다운 생활을 할 권리에 대한 결정[83)]이 주를 이루고 있다. 헌법재판소는 국가유공자예우등에관한법률 제9조 본문에 관한 헌법소원심판사건[84)]에서 "인간다운 생활을 할 권리로부터는 인간의 존엄에 상응하는 생활에 필요한 최소한의 물질적인 생활의 유지에 필요한 급부를 요구할 수 있는 구체적 권리가 상황에 따라서는 직접 도출될 수 있다."라고 하여 인간다운 생활을 할 권리를 사실상의 급부 요구권으로 이해했다가,[85)] 군인연금법 제16조 제9항 위헌소원사건에서 사회보장, 사회복지에 대하여 광범위한 입법형성의 재량을 인정했다.[86)] 그러다가 1994년 생계보호기준에 대한 헌법소원사건에서 "국가가 인간다운 생활을 보장하기 위한 헌법적인 의무를 다하였는지의 여부가 사법적 심사의 대상이 된 경우에는, 국가가 생계보호에 관한 입법을 전혀 하지 아니하였다든가 그 내용이 현저히 불합리하여 헌법상 용인될 수 있는 재량의 범위를 명백히 일탈한 경우에 한하여 헌법에 위반된다고 할 수 있다."고 하여 입법의 적헌성에 대해서 구체적

---

78) 홍성방, 앞의 글(주 70), 51쪽; 김철수, 앞의 책, 711－712쪽; 한편 권영성 교수는 불완전한 구체적 권리설을 주장했으나(권영성, 앞의 책, 633－634쪽), 이는 사실 추상적 권리설과 별반 다를 것이 없다(김철수, 앞의 책, 711쪽).

79) 그 밖에 R. Alexy의 원칙모델에 기초한 사회적 기본권에 대한 이해는 R. Alexy, 앞의 글(주 35), 454쪽 이하.

80) 홍성방, 앞의 책, 544쪽.

81) 헌재 1991.2.11. 90헌가27; 헌재 1992.11.12. 89헌마88; 헌재 1994.2.24. 93헌마192; 헌재 2000.4.27. 98헌가16.

82) 헌재 1991.7.22. 89헌가106; 헌재 1996.12.26. 90헌바19; 헌재 1998.2.27. 94헌바13.

83) 헌재 1995.7.21. 93헌가14; 헌재 1997.5.29. 94헌마33; 헌재 1998.2.27. 97헌가10; 헌재 1999.12.23. 98헌바33; 헌재 2000.6.1. 98헌마216등.

84) 헌재 1995.7.21. 93헌가14.

85) 정태호, 「사회적 기본권과 헌법재판소의 판례」, 『헌법논총』 9, 헌법재판소, 1998, 605－606쪽.

86) 헌재 1996.10.31. 93헌바55, 판례집 8－2, 457쪽.

심사를 하고 있다.[87] 이러한 헌법재판소의 태도는 사회적 기본권을 기본적으로 구체적 권리로 인식하고 있는 것이라 하겠다. 하지만 2001년 임용결격공무원등에대한퇴직보상금지급등에관한특례법 제6조 등 위헌확인 사건에서 "사회적 기본권의 성격을 가지는 사회보장수급권은 국가에 대하여 적극적으로 급부를 요구하는 것이므로 헌법규정만으로는 이를 실현할 수 없고, 법률에 의한 형성을 필요로 한다. 사회보장수급권의 구체적 내용, 즉 수급요건, 수급권자의 범위, 급여금액 등은 법률에 의하여 비로소 확정된다. 그런데 사회보장수급권과 같은 사회적 기본권을 법률로 형성함에 있어 입법자는 광범위한 형성의 자유를 누린다. 국가의 재정능력, 국민 전체의 소득 및 생활수준, 기타 여러 가지 사회적 · 경제적 여건 등을 종합하여 합리적인 수준에서 결정할 수 있고, 그 결정이 현저히 자의적이거나, 사회적 기본권의 최소한도의 내용마저 보장하지 않은 경우에 한하여 헌법에 위반된다고 할 것이다."라고 하여 사회적 기본권의 권리성을 부정하기도 했다.[88] 또한 헌법재판소는 교육법 제8조의2에 관한 위헌심판결정에서는 교육을 받을 권리를 "직접 행정권과 사법권을 구속하는 것이 아니라 입법의 방향만을 지시하는 것"이라 하였고,[89] 국가유공자예우등에관한법률 제9조 본문 위헌제청 사건[90]에서는 인간다운 생활을 할 권리의 구체적 권리성을 인정하면서도 인간다운 생활을 할 권리는 원칙적으로 법률을 구체화할 때 비로소 인정되는 법률적 권리라는 입장을 취했으며, 근로3권에 관한 판례에서는 근로3권의 자유권성을 부각시킨 판례,[91] 자유권성과 사회적 기본권으로서의 성격을 함께 보유한 복합적 성격을 갖는다고 한 판례,[92] 사회적 기본권으로서의 성격을 강조한 판례[93] 등으로 나누어 고찰해야 할 정도로 일관된 입장을 보여주고 있지 못하다.

라. 소결

학설은 과거에는 추상적 권리설이 다수였으나 점차 구체적 권리설이 다수설화 되어가는 경향에 있고, 판례의 태도는 일정치 않다.[94] 그런데 우리 헌법은 기

---

87) 헌재 1997.5.29. 94헌마33, 판례집 9－1, 543쪽.
88) 헌재 2001.9.27. 2000헌마342, 판례집 13－2, 433쪽.
89) 헌재 1991.2.11. 90헌가27.
90) 헌재 1995.7.21. 93헌가14.
91) 헌재 1996.12.26. 90헌바19.
92) 헌재 1998.2.27. 94헌바13.
93) 헌재 1991.7.22. 89헌가106.
94) 홍성방, 앞의 책, 544쪽.

본권을 규정함에 있어서 원칙적으로 주관주의적 관점에서 권리귀속주체에게 명시적으로 고유한 지위나 내용 등을 "[…] 가진다."라고 표현(능동적 규정양식)하거나 혹은 "[…] 침해받지 아니한다."라고 표현(수동적 규정양식)하고 있는 점을 고려한다면, 헌법상 "~ 권리를 가진다." 혹은 "~ 침해받지 아니한다." 등과 같은 형식으로 되어 있지 않은 규정들(예컨대, "국가는 ~ 의무를 진다.",[95] "국가는 ~ 노력하여야 한다."[96] 혹은 "~ 국가의 보호를 받는다."[97] 등과 같이 규정된 경우들)까지도 사회적 기본권 규정으로 포착하는 것은 타당하지 않다고 생각한다. 이러한 조항들은 법적 권리로 볼 것이 아니라 헌법위임규정 내지는 국가목적조항으로 이해하는 것이 헌법문언의 태도에 부합하기 때문이다. 이러한 점은 사회적 기본권의 일반조항으로 받아들여지는 헌법 제34조를 보면 보다 명확해진다. 즉 헌법이 제34조 제1항에서는 과감히 '권리'라는 표현을 사용하고 바로 이어진 제2항에서는 '노력할 의무'라는 매우 조심스러운 표현을 사용하고 있다는 점에서, '사회보장 및 사회복지의 증진에 관한 국가의 의무가 인간다운 생활을 할 권리의 한 내용이고 그에 따라 국가의 사회보장의무에 대응하는 개인의 권리로서의 사회보장수급권이 보장되는 것으로 이해하는 것'은 무리이기 때문이다.[98] 오히려 헌법 제34조 제2항의 문구는 사회보장, 사회복지증진이 하나의 국가 목표일 뿐 개인의 권리가 아니라는 것으로 이해하는 것이 합리적이다.

결국 면밀한 검토 없이 사회적 기본권의 범주를 넓혀 이것이 어떠한 성격과 효력을 가지는 것인지를 논하기보다는, 사회적 기본권의 범주를 좁혀서 이에 해당하는 것은 다른 기본권들과 마찬가지로 구체적 권리로 평가하여 그 실효성을 높이고, 이러한 범주를 벗어나는 것에 관해서는 사회국가 실현을 위한 국가의 광범위한 입법형성권에 맡겨 우회적으로 해결하도록 하는 것이 바람직할 뿐만 아니라, 헌법의 규정형식에도 부합될 것이며, 개별 기본권들을 관통할 수 있는 일반이론 정립에 관여하는 통일된 기본권 체계를 구축하는 데 도움이 될 것으로 생각한다.

---

95) 헌법 제31조 제2항·헌법 제34조 제2항·헌법 제34조 제4항.

96) 헌법 제32조 제1항·제34조 제3항·제34조 제6항·제35조 제1항·제35조 제3항·제36조 제2항.

97) 헌법 제32조 제5항·제34조 제5항·제36조 제3항.

98) 정태호, 앞의 글, 625쪽.

4. 기본권의 이중성

가. 서두

기본권은 기본권주체에게는 주관적 공권으로 기능하지만, 국가의 기본권적 법질서라는 측면에서는 객관적 성격이 보다 부각된다. 하지만 기본권의 주관성은 적극적으로 "~ 권리를 가진다." 혹은 소극적으로 "~ 침해받지 아니한다." 라고 규정된 명문의 기본권 조항으로부터 분명하게 인식될 수 있음에 반하여, 기본권의 객관성은 그 내용과 기능에 관하여 의견이 분분하다. 따라서 여기에서는 우선 기본권의 객관성에 관한 독일에서의 논의를 살펴보고, 이에 관한 한국에서의 논의를 기본권의 객관성 인정 여부와 그 근거에 주목하여 살펴볼 것이다. 그리고 구체적으로 기본권의 객관성이 가지는 실천적 의미를 비판적으로 검토하고자 한다.

나. 독일에서의 논의

독일에서 기본권의 객관성은 헌법 현실적으로는 기본권의 대국가적 방어권을 넘어서는 법적 효과(예컨대, 기본권의 대사인적 효력)를 도출하기 위한 이론적 매개물, 즉 기본권에 근거한 국가의 사회영역에 대한 개입을 법 이론적으로 뒷받침해주기 위한 시도로서 등장했지만,[99] 규범적으로는 인권은 개인의 주관적 권리인 동시에 공동사회의 객관적 질서의 기초라는 점을 선언한 독일기본법 제1조 제2항[100]의 규정과 관련하여 독일 헌법학에서 전개되었다.[101] 1958년 1월 15일 독일연방헌법재판소의 Lüth 판결은 이러한 논의의 도화선이 되었다. 이 판결에서 연방헌법재판소는 기본권은 일차적으로는 방어권이지만, 동시에 객관적 가치질서임을 분명하게 선언했고,[102] 이후의 결정에서도 "가치결정적 근본규범",[103] "객관법적 가치결정",[104] "지도규범"[105] 등의 용어를 사용하며 기본권의 주관적 성격 — 특히 방어권적 성격 — 이외에 또 다른 성격(객관성)을 부여함으로써 그

99) 서경석, 「기본권의 객관법적 성격」, 『헌법학연구』 9-1, 2003, 311쪽.
100) "따라서 독일국민은 불가침·불가양의 인권을 세계의 모든 인간 공동체, 평화 그리고 정의의 기초로서 인정한다."
101) 정종섭, 앞의 책(주 12), 64쪽.
102) BVerfGE 7, 198(205ff.).
103) BVerfGE 35, 79(112).
104) BVerfGE 49, 89(142).
105) BVerfGE 31, 58(70).

의미를 확장해오고 있다.[106] 이러한 판례의 입장은 학설의 논의를 통해서도 많은 지지를 받았는데, 특히 R. Smend와 그에 동조하는 학자들에 의해 주도되었다.[107] P. Häberle는 기본권의 제도적 이해와 결부시켜 기본권을 단지 주관적 권리의 시각에서 평가하는 것은 법의 객관적 구조와 객관적 측면을 무시한다고 비판하고, 기본권은 개인 권리적 측면과 제도적 측면을 동시에 가지고 있다고 하면서 이러한 두 성격은 서로를 강화시키는 상관관계에 있다고 주장했으며, U. Scheuner는 "기본권규정의 대부분이 객관법적 구성요소, 특히 법제도나 생활영역의 특정한 제도적 형성을 헌법적으로 보장하는 내용을 담고 있다."고 했고, K. Hesse도 기본권을 "객관적 질서의 구성요소"로 파악했다.[108] 하지만 기본권이 이중적 성격을 가진다는 것을 넘어서서, 과연 주관성과 객관성이 어떠한 상호관계에 있는지에 관해서는 여전히 불명확하다.[109] 다만 기본권은 일차적으로 주관적 권리이어야 하며 객관적 원리로서의 기본권의 성질은 원칙적으로 주관적인 권리로서의 기본권의 효력을 강화하는 것이어야 한다는 수준에서 논의가 정리되고 있는 실정이다.[110]

다. 한국에서의 논의

1) 판례와 학설

우리 헌법재판소는 기본적으로 기본권의 이중성을 인정하고 있다. 특히 헌법재판소는 지가공시및토지등의평가에관한법률시행령 제30조 등 위헌확인사건에서 "직업의 선택 혹은 수행의 자유는 […] 주관적 공권의 성격이 두드러진 것이기는 하나, 다른 한편으로는 국민 개개인이 선택한 직업의 수행에 의하여 국가의 사회질서와 경제질서가 형성된다는 점에서 사회적 시장경제질서라고 하는 객관적 법질서의 구성요소이기도 하다."[111]라고 하여 명시적으로 기본권의 이중성(양면성)을 인정하였다. 학설의 지배적 견해 또한 기본권은 국민 개개인의 주관적

---

106) 성정엽, 「기본권의 객관적 성격에 관한 고찰 ― 독일기본법의 판례와 이론을 중심으로―」, 『인제논총』 13, 1997, 411–412쪽.

107) R. Smend, Das Recht der freien Meinungsäußerungen, in: ders., Staatsrechtliche Abhandlungen, 2. Aufl., 1968, S. 89ff. (95ff., 110ff., 112ff.); 서경석, 「스멘트학파와 기본권이론 ― 스멘트, 헷세, 해벌레를 중심으로 ―」, 인하대박사학위논문, 1999, 제2장 제2절 이하.

108) K. Hesse, 앞의 글(주 22), 방주 279 이하; 성정엽, 앞의 글(주 106), 412–413쪽.

109) K. Stern, 앞의 글(주 5), 69쪽.

110) BVerfGE 7, 198(204); BVerfGE 50, 290(337); BVerfGE 57, 295(319); BVerfGE 60, 234(239f.); BVerfGE 61, 1(10f.); BVerfGE 62, 230(244); K. Stern, 앞의 글(주 5), 69쪽.

111) 헌재 1996.8.29. 94헌마113, 판례집 8–2 153–154쪽.

권리인 동시에 객관적 질서라는 점을 긍정하고 있다. 특히 허영 교수는 기본권의 이중성 — 즉, 국민 한사람의 주관적 권리로서의 성격과 정치적 일원체의 객관적 질서로서의 성격 — 은 기능적으로 보완관계에 있으며, 기본권 주체가 기본권을 임의로 포기할 수 없는 것은 바로 이와 같은 기본권의 양면성에 있다고 한다.[112] 그리고 이러한 긍정설은 기본권 주체가 기본권을 임의로 포기할 수 없는 것이나, 국가권력이 기본권에 의해 보호되고 있는 생활영역을 침해할 수 없는 것, 사인간 기본권 효력의 인정 등은 모두 기본권의 이중성에서 도출된다고 하면서 기본권을 자유 내지 권리적 측면이나 제도적 측면만을 일방적으로 강조하는 것을 지양하고 기본권의 본질과 기능, 내용과 성격을 다층구조로 이해하고 있다.[113] 하지만 김철수 교수는 우리 헌법은 독일기본법 제1조 제2항과 같은 규정을 가지고 있지 않을 뿐만 아니라, 기본권은 그 본질이 천부인권으로서의 자연권이며 공권일 뿐, 그것이 객관적 질서의 일부분이라고 볼 수 없으며, 오히려 기본권의 질서규범적 성격을 인정하면 기본권의 권리성을 약화시킬 위험이 있을 뿐만 아니라, 기본권과 제도보장과의 구별을 불명료하게 할 우려가 있다고 하면서 기본권의 객관성을 부정한다.[114]

2) 비판적 검토

기본권의 객관성이 갖는 불명확한 의미에도 불구하고 기본권에 입각해서 국가가 사회영역에 개입해야 할 필요성 때문에 독일에서는 이를 긍정하는 것이 이미 일반적인 내용이 되었고,[115] 한국에서는 독일헌법학의 이러한 성과들을 대체로 수용하는 수준에서 논의가 진행되고 있다. 하지만 기본권의 체계적 이해를 위해서 한국 헌법규범 및 헌법현실 속에서 기본권의 객관성에 관한 문제를 보다 적극적으로 살펴볼 필요가 있다.

기본권의 발생사적 측면에서 보면 영국으로부터 해방을 추구한 독립혁명과정에서 헌법의 성문화를 최초로 달성한 미국에서는 처음부터 국가권력에 대한 개인의 방어권으로서 혹은 국가행위에 대한 제약원리로서 기본권이 주목을 받았던 반면에, 구체제를 극복하고 새로운 질서를 창설하기 위한 혁명의 산물로 헌법과 기본권을 쟁취해낸 프랑스에서는 구체제를 대체하는 새로운 질서를 형성하기

112) 허영, 앞의 책, 353-354쪽.

113) 허영, 앞의 책, 354-355쪽; 정종섭, 앞의 책(주 12), 65쪽.

114) 김철수, 앞의 책, 263-264쪽.

115) Vgl. R. Alexy, Grundrechte als subjektive Rechte und als objektive Normen, in: ders, Recht, Vernunft, Diskurs, Frankfurt, 1995, S. 262, 264.

위한 입법지침으로서의 기본권 내지는 객관적 성격으로서의 기본권이 (개인이 갖는 주관적 공권으로서의 기본권에 비해서) 먼저 전면에 등장했다고 볼 수 있다.[116] 그런데 우리나라의 경우 기본권은 전제정권에 대한 투쟁의 산물 내지는 선재 하는 국가권력에 대한 한계요인으로 이해되기보다는 오히려 해방 후 새로운 질서를 형성하기 위한 법질서의 출발점으로 주목되었으며,[117] 국가질서의 기초이자 국가의 정당성 근거로서 기본권의 역할이 강조되었다.[118] 따라서 우리 헌법현실에서 기본권은 처음부터 객관적 성격이 보다 강하게 부각되었다고 할 수 있다. 뿐만 아니라 권리는 본질적으로 주관적인 것이고, 이런 권리가 실정법에 실정화 되면서 규범이 되고, 객관성을 획득한다는 점을 고려한다면,[119] 기본권이 실정 헌법을 통해 보장되는 권리[120]라는 의미를 직시한다는 것은 기본권의 객관적 성격을 당연히 전제하고 있다는 것과 다름 아니며, 이러한 전제는 '기본권은 권리다'라고 하는 것과도 충돌되지 않는다.[121] 바로 이러한 점에서 결국 쟁점은 기본권의 객관적 성격을 인정해야하는지 여부가 아니라, 기본권의 객관적 성격이 어떠한 내용 내지는 기능을 가지는지를 밝히고 사회적·시대적 요청에 맞게 이 기능을 확장 또는 축소할 것인지 여부라고 하겠다.

라. 기본권의 객관적 성격으로 인해 촉발된 문제

기본권의 객관적 성격이 인정됨으로써 기본권의 이해와 효력범위가 넓혀졌고, 공동체 질서형성을 위한 기본원칙으로서 기본권의 역할이 보다 분명해졌다.[122] 특히 憲法解釋論的으로는 기본권 규정의 적용을 이미 주어져 있는 것의 내용을 확인한다는 의미에서의 '해석'을 넘어서서, 법 창조적 '구체화'로 파악할

---

116) 전광석, 「기본권의 객관적 성격과 헌법이론」, 『고시계』 429, 1992, 77-79쪽.

117) 전광석, 앞의 글, 80쪽.

118) 정태호, 「기본권보호의무」, 『현대헌법학의 재조명』, 김남진교수정년기념논문집, 1997, 389쪽.

119) 정종섭, 앞의 글(주 54), 45쪽.

120) 이에 관해서는 목차 Ⅳ. 2.

121) 이때 기본권이 객관성을 가진다고 하더라도 이것이 전체 기본권 중, 일부는 주관적인 것이고 나머지 일부는 객관적인 것임을 의미하는 것은 아니라는 점(정종섭, 앞의 글(주 54), 45쪽), 기본권의 이중성은 기본권규정이 '주관적 권리'와 '객관법적 내용'을 동시에 포함하고 있다는 의미가 아니라 기본권규정의 보장내용으로서의 기본권이 주관성과 객관성을 갖는다는 점(김명재, 「자유권적 기본권이 본질내용」, 『공법연구』 30-5, 한국공법학회, 2002, 121쪽)에 주의해야한다. 따라서 객관규범과 규범의 객관적 내용을 혼동하면 안 된다. 즉 기본권의 객관적 성격으로부터 보호청구권 같은 권리가 도출될 수 있다고 하더라도, 이렇게 도출된 권리 그 자체는 객관규범이 아니라 오히려 급부권적 성격을 갖는 주관규범이라고 해야 한다(김해원, 「방어권적 기본권의 정당성 심사구조」, 『공법학연구』 10-4, 한국비교공법학회, 2009, 38쪽).

122) 전광석, 앞의 글, 84-85쪽.

수 있는 계기가 보다 풍부해졌다.[123] 國家理論的으로는 국가가 종래의 소극적 기능에서 벗어나 적극적 기능을 담당할 것을 요구하여 국가는 기본권과 관련되어 있는 개인의 생활 영역을 보호하고 형성해야 한다는 점이 중요시되었고,[124] 이에 따라 기본권은 국가와 사인간의 관계를 넘어 법질서의 최고의 원칙으로 고양되었다.[125] 이는 기본권의 대사인적 효력이나 국가의 기본권 보호의무 등과 같은 문제로 표출되고 있다. 그리고 기본권의 객관성을 매개로 해서 헌법재판소가 적극적으로 헌법을 구체화하는 역할로 나아갈 수 있는 계기가 커지게 되는바, 기본권의 객관성에 대한 강조는 國家權力構造와 관련해서 헌법재판소와 입법부와의 갈등 및 헌법재판소를 통한 권력집중 내지는 헌법재판소의 민주적 정당성이라는 문제를 야기하고 있다.[126] 또 基本權理論의 관점에서는 다음과 같은 쟁점들이 본격적으로 토론되고 주목받기 시작했다: ① 기본권이 갖는 객관적 가치질서로서의 성격에 기대어 모든 법 영역에 미치는 기본권의 효력(방사효)에 관한 문제, ② 사법영역에 대한 방사효의 논리적 귀결로서 기본권의 제3자적 효력 또는 수평적 효력에 관한 문제,[127] ③ 기본권주체의 기본권적 법익이 (국가와의 관계에서는 물론이고) 국가 외의 제3자(타인·외국·자연 등등)와의 관계에서도 보호·보장될 수 있도록 해야 할 국가의 의무를 연역해내는 계기로서 기본권이 갖는 기능과 역할,[128] ④ 기본권 보장의 중점이 국가에 의한 기본권침해를 배제하는 것에서 국가를 통한 기본권실현으로 이동하면서 기본권적 가치실현을 위한 국가의 조직 및 절차를 형성하는 활동과 기본권이 맺는 긴밀한 상호관련성[129]에 관한 문제 등.[130]

---

123) 이강혁, 「근본원칙규범으로서의 기본권」, 『공법연구』 19, 한국공법학회, 1991, 86-87쪽.

124) 성정엽, 앞의 글, 420쪽.

125) 이강혁, 앞의 글, 89쪽.

126) 성정엽, 앞의 글, 420-421쪽.

127) 이와 관련된 문제와 이론적 해결방안에 관해서는 특히, 박규환, 「사법질서로의 기본권효력 확장구조와 그 한계」, 『공법연구』 33-3, 한국공법학회, 2005, 115쪽 이하.

128) BVerfGE 39, 1ff.; BVerfGE 46, 160ff.; BVerfGE 49, 89ff.; BVerfGE 79, 174ff.

129) 특히 조직과 절차에 의한 기본권 실현 및 보장이란 관점에서 '참여권(Teilnahmerecht)'에 관한 주목이 본격화 되었다. 이에 관한 국내문헌으로는 특히 곽상진, 「기본권으로서의 참여권」, 『헌법학연구』 9-1, 한국헌법학회, 2003, 61쪽.

130) 정종섭, 앞의 글(주 54), 43-44쪽.

5. 기본권과 제도의 문제

가. 서두

기본권 체계화에 있어서 제도와 기본권과의 관계를 규명할 필요가 있다. 왜냐하면 기본권이론은 기본권과 제도와의 관계를 어떻게 파악하느냐에 따라 전혀 다르게 나타나고 있기 때문이다.[131] 제도와 자유(기본권)와의 관계에서 특히 문제되는 것은 '자유는 제도가 아니다'라는 명제를 강조하면서 '자유'와 '제도'는 다르다는 전제에서 전개되고 있는 이른바 C. Schmitt의 「제도적 보장이론」[132]과 '자유는 제도일 수밖에 없다'라는 시각에서 '자유'와 '제도'의 관련성을 강조하는 P. Häberle의 「제도적 기본권이론」이 그것이다.[133] 이하에서는 이러한 독일에서의 논의를 우리 헌법과 관련하여 비판적으로 분석한 후, 기본권과 제도가 한국헌법에서 어떻게 이해되고 있는지를 살펴본다.

나. 제도적 보장이론

1) 내용과 기능

M. Wolff에 의해 성립[134]되고, C. Schmitt가 체계화한 「제도적 보장이론」은 국가의 근간을 이루는 기존질서의 최소한을 헌법상 보장하여 헌법하위 규범으로부터 그 본질을 수호하고자 하는 이론으로서 궁극적으로는 기본권보장을 목적으로 삼고 있다.[135] 제도적 보장이론은 직접적으로는 바이마르 공화국 당시에 사회주의적 질서의 채택과 같은 혁명적 개혁으로부터 전통적인 개인주의적 · 자유주의적 질서와 제도의 최소한을 수호하려는 것이 본래의 목적이었지만, 간접적으로는 입법부의 자의적·일방적 입법으로 인한 기존제도의 폐지 등과 같은 법률만능주의로부터 기본적 인권을 수호하고자 한 것[136]으로 바이마르 헌법체제를 둘러싼 헌법해석투쟁 과정에서 등장한 이론이다.[137]

---

131) 김주환, 「P. Häberle의 제도적 기본권이론의 기초—특히 M. Hauriou의 제도이론과 제도개념을 중심으로—」, 『고시연구』, 1992, 173쪽.

132) Vgl. C. Schmitt, Verfassungslehre, Berlin 1954, S. 173.

133) P. Häberle, 앞의 글(주 33), 99쪽.

134) M. Wolff, Reichsverfassung und Eigentum, in: FS für W. Kahl, 1923, S. 3ff.

135) C. Schmitt, 앞의 글(주 132), 173쪽; ders., Freiheitsrechte und institutionelle Garantien, in: ders., Verfassungsrechtliche Aufsätze aus den Jahren 1924－1954, Berlin, 1958, S. 143.

136) 권영성, 앞의 책, 187－188쪽.

137) 오동석, 「제도적 보장론 비판 서설」, 『헌법학연구』 6－2, 한국헌법학회, 2000, 52－54쪽.

이런 제도적 보장이론은 기본권과 제도를 철저히 구별하는 것을 바탕으로 하여, '시민적 법치국가'에서의 기본권은 (국가가 법률을 통해 부여한 것이 아니라) '선국가적이고 초국가적인 권리'라는 점을 전제한다. 그리고 철저한 자유중심의 기본권 이해에 터 잡아, 진정한 기본권은 그 본질이 자유의 영역에 개입하는 국가에 대한 방어권으로서의 주관적 공권이라는 점을 강조한다. 따라서 헌법이 권리형식으로 규정하고 있는 것이라고 하더라도 그것이 성질로 보아 자유가 아니라 '공법상의 제도'이거나 혹은 '전통적으로 확립된 전형적인 사법상의 제도'를 헌법이 정하고 있는 것이라면, 이는 진정기본권 규정과는 구별되는 제도보장 규정이라고 한다.[138] 그리고 헌법과 헌법률을 구분하여 헌법으로 보장되는 기본권은 헌법개정을 통해서도 바꿀 수 없는 것이지만, 헌법률에 의해서 보장되는 제도보장은 헌법개정권력을 구속하지 못하고 단지 입법권을 구속할 뿐이라고 이해하는바, 결국 제도보장의 본질은 헌법으로 보장된 기본권을 실현하기 위해서 필요한 중요한 제도가 입법권자에 의해서 폐지되거나 형해화되지 않도록 하고 나아가 입법권자에게 법적으로 구속되는 기본권적합한 제도를 형성하게 하는 의무를 부과하기 위한 사유의 틀이라고 하겠다.[139] 제도보장의 대상이 되는 구체적 제도가 무엇이냐 하는 것에 대해서는 의견이 분분하다. 하지만 일반적으로 의원내각제나 대통령제 등과 같이 헌법규정에 의하여 비로소 창설되는 제도가 아니라, 국가공동체 내에서 역사적으로 형성되어온 기존의 전통적 제도가 그 대상으로 이해되고 있다.[140]

2) 비판적 검토

제도적 보장론의 무용론을 주장하는 견해가 있다. 특히 오동석 교수는 "제도적 보장론 비판 서설"에서 "이 논문은 우리 헌법체계에서 제도적 보장론이 더 이상 발붙일 여지가 없음을 논증하고자 한다."라고 주장하면서 제도적 보장론이 현재 우리 헌법에서 필요치 않다는 주장을 하고 있다.[141] 이러한 무용론의 근거로서 오동석 교수는 (1) 우리나라의 경우에도 제도적 보장의 대상인 제도의 개념은 학자마다 차이가 있고 헌법적 근거가 명확하지 않아서 헌법상 제도가 제도적

---

138) C. Schmitt, 앞의 글(주 132), 150쪽 이하, 157쪽 이하.

139) Vgl. A. Bleckmann, Staatsrecht Ⅱ — Die Grundrechte, 3. Aufl., Köln/Berlin/Bonn/München, 1989, S. 221.

140) Vgl. K. Wawchter, Einrichtungsgarantien als Dogmatische Fossilien, in: Die Verwaltung, 29(1), 1996, S. 60; 오동석, 앞의 글, 59쪽.

141) 오동석, 앞의 글, 50쪽 이하.

보장의 대상인가를 헌법에 근거하여 명쾌히 확정 지을 수 없다는 점, (2) 제도적 보장은 입법부로부터 기존 질서의 최소한을 보장하기 위한 이론인데 우리 헌법의 경우 제도적 보장이 논의된 바이마르 헌법과 달리 헌법개정절차가 국민투표에 의해 확정되도록 규정하고 있으므로, 헌법상 제도를 국회가 단독으로 법률을 통해 폐지할 수는 없다는 점, (3) 기본권은 원칙적으로 모든 국가작용을 직접 구속하는 효력을 가지므로 기본권으로 방어할 수 있는 영역에서 제도적 보장에 의한 보호확장의 효과는 기대할 수 없다는 점, (4) 자연인만 기본권 주체성을 인정한 칼 슈미트의 경우와 달리 제도적 보장의 대상인 정당, 언론기관, 대학교 등은 학설과 판례에서 확인할 수 있듯이 기본권 주체로서 기본권을 통하여 최대한 보장을 향유할 수 있다는 점,[142] (5) 제도적 보장론에서 주로 문제 삼는 규범들을 제도적 보장에 의존하지 않고서도 별무리 없이 그 특징을 가늠할 수 있다는 점, (6) 제도적 보장론은 과거로부터의 구속에서 한 걸음 더 나아가 헌법적으로 예정되거나 암시된 기능에 대해서까지 확장되지만, 이러한 확장은 제도적 보장론 자체의 논리적 결과물이 아니라 헌법해석의 산물이라는 점 등을 들고 있다.[143]

이러한 주장은 설득력 있고 기본적으로 타당하다고 생각한다. 하지만 이러한 무용론에도 불구하고 제도적 보장론은 여전히 의미를 갖고 있다. 왜냐하면 제도적 보장의 가치는 궁극적으로 기본권을 강화 시켜주기 위한 것이고, 객관적 질서의 보장뿐만 아니라 주관적 공권을 강화하는 기능을 가지고 있으므로 그 이론적 발전은 앞으로 계속될 것이며,[144] 제도적 보장은 기본권의 본질적 내용과 제도보장의 핵심영역 비교 등을 통한 헌법이론의 전개[145] 및 기존 제도의 안정화 및 사회통합적인 수단으로서 그 유용성이 완전히 소멸했다고 볼 수 없기 때문이다. 한국헌법상 제도적 보장론의 무용론을 주장하는 오동석 교수 또한 "제도적 보장으로 단순히 엮어져 있는 헌법규범들에 대하여 제도적 보장의 굴레로부터 해방시켜 우리 헌법에 적합한 내용들을 개별적으로 접근해나가는 것이 필요한 시점"이라고 하면서도 "그러한 개별적 접근 이후 무언가 설명의 도구로서 제도적 보장의 공통성이 발견된다면 다시금 제도적 보장론의 발전을 모색하면 될 것

142) 헌재 1992.10.1. 92헌마68등, 판례집 4, 659쪽; 헌재 1991.3.11. 91헌마21, 판례집 3, 91쪽.

143) 오동석, 앞의 글, 63-68쪽.

144) 정극원, 「제도보장론의 성립과 현대적 전개」, 『헌법학연구』 4-3, 한국헌법학회, 1998, 263쪽.

145) 이에 관하여는 특히 김대환, 「제도보장에 있어서 핵심영역의 보호 ― 기본권의 본질적 내용과 관련하여 ―」, 『헌법학연구』 6-4, 한국헌법학회, 2000, 63쪽 이하.

이다."[146]라고 하고 있는바, 오동석 교수의 무용론 또한 기본권 전체의 체계적 분석과 이해의 틀을 위한 설명도구로서 제도적 보장론의 의미를 부정하고 있는 것은 아니라고 하겠다.

다. 제도적 기본권 이론

P. Häberle의 제도적 기본권 이론에 따르면, 자유를 구체화하고 실현시키는 제도 없이는 그 자유는 공허하기 때문에 자유 또한 어디까지나 제도적인 개념으로 파악해야 한다고 한다.[147] 이러한 입장에서 제도는 기본적으로 기본권 실현의 수단이라고 할 수 있으므로, 예컨대 기본권관계에서 법률유보원칙 등과 같은 제도는 기본권 제한적 기능으로서의 측면보다는 기본권 실현을 위한 측면으로 이해하고자 하는 경향이 강하다.[148] 하지만 이러한 제도적 기본권 이론은 권력에 대한 지나친 낙관주의에 빠져있다는 점, 기본권을 단지 법률 속의 자유로 격하시키는 이론이란 점, 극단적인 제도적 기본권이론은 극단적 법실증주의와 다름 아니라는 점, 기본권에 관한 주관적 권리의 측면을 뚜렷이 강조하고, 법률유보인 경우에도 기본권의 본질적 내용을 침해할 수 없도록 규정하고 있는 우리 헌법규정과도 일치될 수 없다는 점 등에서 비판되어야 할 것으로 생각된다.[149]

라. 한국헌법에서 기본권과 제도

1) 융합론, 동일론, 준별론

한국 헌법학에서 기본권과 제도는 주로 기본권의 이중성 문제와 결부되어 논의되는데, 기본권의 이중성을 인정하면서도 기본권을 자연권으로 이해하고 기본권과 제도보장을 구별하는 견해도 있고,[150] 기본권을 자연권이라 보고 기본권에는 주관적 권리로서의 성질만 인정되기 때문에 양자를 구별해야 한다는 견해가 있다.[151] 관련하여 여기에서는 양자를 엄격히 구별하는 '준별론', 서로 융합된 것이라고 보는 '융합론', 서로가 같은 것이라고 보는 '동일론'으로 나누어 살펴보고자 한다.[152]

---

146) 오동석, 앞의 글, 68쪽.
147) P. Häberle, 앞의 글(주 33), 98쪽, 116쪽 이하.
148) P. Häberle, 앞의 글(주 33), 150쪽 이하, 222쪽 이하.
149) 허영, 앞의 책, 349쪽.
150) 권영성, 앞의 책, 180쪽.
151) 김철수, 앞의 책, 189-190쪽.
152) 이러한 분류에 대해서는 특히 정종섭, 앞의 책, 93-100쪽.

준별론은 설사 제도보장과 기본권이 일정한 관련을 가지는 경우에도 성격상으로는 양자는 별개의 것이란 관점에 입각하여 '기본권보장이 최대보장인 데 반해 제도보장은 최소보장이고, 제도보장에서부터 기본권이 도출되면 이 기본권을 근거로 기본권침해를 주장할 수 있지만 객관적인 제도만을 규정하고 있는 제도보장규정 그 자체에 기대어서는 헌법소원심판을 청구할 수 없다'고 한다.[153] 준별론 중에서도 완화된 입장에서는 제도보장과 기본권 보장의 관계를 '제도보장의 기본권수반형', '양자의 보장병립형', '기본권의 제도종속형'으로 나누어 상호관련성이 있는 경우가 있음을 인정하기도 한다.[154] 이 완화된 준별론은 기본권보장규정과 제도보장규정은 원칙적으로 다르지만, 예외적으로 기본권과 제도가 동시에 보장된 헌법조항이나 기본권보장조항과 제도보장조항이 연관성을 가지는 경우에 기본권과 제도보장의 상호관련성을 인정하는 것이다.[155] 헌법재판소는 구 지방공무원법 제2조 제3항 제2호 나목 등 위헌소원사건에서 "헌법 제7조는 [⋯] 공직구조에 대하여 제도적 보장으로서의 직업공무원제도를 마련하도록 규정하고 있다. 제도적 보장은 객관적 제도를 헌법에 규정하여 당해 제도의 본질을 유지하려는 것으로서, 헌법제정권자가 특히 중요하고도 가치가 있다고 인정되고 헌법적으로 보장할 필요가 있다고 생각하는 국가제도를 헌법에 규정함으로써 장래의 법발전, 법형성의 방침과 범주를 미리 규율하려는데 있다. 다시 말하면 이러한 제도적 보장은 주관적 권리가 아닌 객관적 법규범이라는 점에서 기본권과 구별되기는 하지만 헌법에 의하여 일정한 제도가 보장되면 입법자는 그 제도를 설정하고 유지할 입법의무를 지게 될 뿐만 아니라 헌법에 규정되어 있기 때문에 법률로써 이를 폐지할 수 없고, 비록 내용을 제한한다고 하더라도 그 본질적 내용을 침해할 수는 없다. 그러나 기본권의 보장은 [⋯] '최대한 보장의 원칙'이 적용되는 것임에 반하여, 제도적 보장은 기본권 보장의 경우와는 달리 [⋯] '최소한 보장의 원칙'이 적용될 뿐인 것이다."[156]라고 하여 준별론의 입장에 서 있는 것으로 보인다.

융합론은 기본권에는 주관적 권리로서의 성격과 객관적 질서 내지 헌법원칙

---

153) 김철수, 앞의 책, 266쪽.

154) 권영성, 앞의 책, 189－190쪽.

155) 관련하여 권영성 교수는 기본권과 제도보장이 관련이 없는 경우로 직업공무원제, 지방자치제등을 들고 있으며, 제도보장의 기본권수반형으로는 정치적 기본권 실현을 위한 민주적 선거제도를, 양자의 보장병립형으로는 재산권과 사유재산제도의 보장을, 기본권의 제도수반형으로는 복수정당제를 통한 정당설립·가입·탈퇴의 자유 보장을 들고 있다(권영성, 앞의 책, 189－190쪽).

156) 헌재 1997.4.24. 95헌바48.

으로서의 성격이 함께 내포되어 있다는 점(즉 기본권의 이중적 성격)에 주목해서 기본권을 제도라고 볼 수는 없지만 헌법에 의해 형성되는 질서 속에 기본권과 제도 보장이 융합되어 있다는 것을 인정할 수 있다는 입장이다.[157] 제도적보장의 유형에 따라 '주관적 권리'와 '객관적 질서'로서의 내용에 강약의 차이가 있을 따름이라고 하면서 기본권을 다층구조로 이해하는 견해[158]도 기본적으로 융합론의 관점에 입각해있다고 할 수 있다.

동일론은 기본권과 제도보장을 실질적으로 동일한 것으로 파악하는 것으로서 제도적 기본권이론에서 볼 수 있다. '기본권＝제도'로 파악하는 제도적 기본권이론에 기초하고 있는 동일론에서는 헌법적 수준에서 기본권과 제도보장을 구별하는 것은 더 이상 의미가 없게 되어, 기본권이 하나의 제도로 전락해 버린다.[159]

2) 평가

융합론이 기본권과 제도의 관계를 보다 합리적으로 설명하고 있는 것으로 판단된다. 우선 동일론은 기본권을 제도라고 하여 원래 그 의도와는 다르게 기본권이 형해화 될 수 있는 위험이 있다. 그리고 준별론은 기본권의 객관적 성격을 경시하고 있다는 비판으로부터 자유롭기 어렵다. 특히 준별론은 기본권을 도출하고 해석함에 있어서도 큰 취약점을 가지고 있다. 국가의 목적과 국민의 기본권을 보장하는 가치체계인 헌법을 해석·적용함에 있어서 헌법에 내포된 기본권적 가치를 적극적으로 발굴하고 이를 활용하는 것은 헌법국가구현에 중요한 계기가 된다는 점을 고려한다면, 헌법이 개별적 기본권을 명시적으로 정하고 있는 경우 외의 다른 헌법규정들(특히 헌법상의 원리, 원칙, 제도를 정하고 있는 규정들)로부터도 기본권을 도출하려는 시도를 할 수 있을 터인데,[160] 이 경우 「기본권 보장 – 최대보장, 제도보장 – 최소보장」의 틀[161]을 고수하고 있는 준별론에 따를 경우에는 제도보장의 규정에서 기본권을 도출하는 것은 어렵게 된다. 왜냐하면 최소한으로 보장되는 것에서 최대한으로 보장되는 것을 도출하는 것은 논리적으로도

157) 정종섭, 앞의 책, 98쪽.

158) 허영, 앞의 책, 354－355쪽.

159) 정종섭, 앞의 책, 99쪽.

160) 예컨대, 헌법소원제도를 두고 있는 헌법 제111조에서 헌법소원심판을 받을 권리를 도출할 수 있다. 이와 같은 방법으로 도출할 수 있는 기본권들에 관한 상세한 논의는 정종섭, 「기본권조항 이외의 헌법규범으로부터의 기본권 도출에 대한 연구」, 『헌법논총』 5, 헌법재판소, 1994, 239쪽.

161) 헌재 1997.4.24. 95헌바48, 판례집 9－1, 445쪽.

모순이기 때문이다.[162] 오늘날의 기본권민주주의(Grundrechtsdemokratie)[163] 국가에서 헌법상 모든 제도는 기본권 실현에 이바지하도록 한편으로는 통제되고, 다른 한편으로는 활용되어야 한다는 것은 기본권과 제도의 상호작용을 검토함에 있어서도 포기할 수 없는 가장 중요한 입각점이 된다. 바로 이러한 입각점에서도 기본권이 제도를 위한 수단으로 전락될 우려가 있는 동일론과 기본권과 제도를 분별함에 있어서 아주 경직된 입장을 보임으로써 기본권도출을 어렵게 하는 준별론에 비해서는 융합론이 상대적으로 높은 설득력을 가질 수 있을 것으로 본다.

Ⅴ. 마치는 글

이상의 논의들로부터 얻어진 결과를 간략히 정리하면 다음과 같다. (가) 기본권 체계는 개별 기본권들을 일정한 원리에 따라 통일적으로 조직한 지식의 총체로서 궁극적으로 학문과 실무에 있어서 기본권의 해석과 구체화를 위한 역할을 수행해야한다. (나) 이러한 점에서 그동안의 독일과 우리나라에서 진행된 기본권체계화에 관한 논의는 기본권이론화경향으로 인해서 오히려 추상성과 해석자의 자의가 개입할 수 있는 여지를 키워주었고, 그 구체적인 내용에 대해서도 논의가 산만하게 진행되었다. (다) 기본권 체계의 내용으로 기본권이 자연권인가 실정권인가 문제(Ⅳ.2.), 구체적 권리인가 추상적 권리인가 문제(Ⅳ.3.), 기본권의 이중성 특히 객관적 성격이 있느냐 문제(Ⅳ.4.), 제도와 기본권과의 관계(Ⅳ.5.) 등을 고찰했다. 그 결과 기본권은 실정헌법상의 권리이며 구체적 권리로 이해되어야 한다는 점과 개인인 국민이 국가에 대해 특정한 행위를 요구할 수 있는 주관적 권리이면서 동시에 객관적 성격도 함께 지니고 있다는 점 또한 확인했다. 그리고 독일에서 논의된 '제도적 보장'과 '제도적 기본권'의 논의를 정리하면서, 우리 헌법에서는 기본권과 제도의 관계를 융합론적 시각에서 이해하는 것이 합리적이란 점을 밝혔다. 이러한 논의들은 사실 그 하나하나가 큰 주제가 될 만큼 이론적으로 풍부하고 복잡한 내용들을 포함하고 있어서, 각각의 내용들이 별도로 깊이 있게 연구되어야하며, 또 그렇게 연구되고 있는 실정이다. 하지만 기본권

162) 정종섭, 앞의 책, 98쪽.

163) W. Zeh, Parlamentarismus und Individualismus, in: K. Waechter (Hrsg.), Grundrechtsdemokratie und Verfassungsgeschichte, HW, 2009, S. 78f.

구체화의 지침과 해석방향을 통일적으로 마련한다는 관점에서 기본권 체계라는 상위개념을 통해 기본권 일반론의 개별 쟁점들을 살피는 것 또한 간과할 수 없는 중요한 시도라고 생각한다.

§ 2. 객관헌법과 주관헌법*

Ⅰ. 시작하는 글

진리발견을 위한 진지하고 계획적인 탐구를 의미하는 학문[1]은 논리적으로 해명될 수 없는 인간의 의식적·무의식적 과정들의 혼합으로서 주로 인간의 의지적·정서적 측면에 관여하는 예술[2]과는 달리 인간의 이성적 능력 — 즉, 개념적으로 사유하는 능력(사고능력)[3] — 에 기대어 합리적 소통 가능성(논증 가능성)을 추구한다.[4] 그러므로 대상에 대한 개념적·분석적 명료성은 모든 학문의 합리성을 위한 기본조건이 된다.[5] 특히 헌법현실에서 발생하는 각종 문제들에 관한 구체적인 당위판단을 헌법규범(헌법텍스트)으로부터 끌어내고, 그러한 당위판단에 가능한 한 높은 정도의 규범적 설득력을 확보해야만 하는 헌법적 논증에서 사용되는 개념들의 명료성은 헌법의 추상성·최고규범성 및 헌법소송(특히, 위헌법률심판과 헌법소원심판)의 특수성 때문에 일반 법률적 논증의 경우에 비해서 더욱 중요한 의미를 가진다.[6]

---

* 김해원, 「헌법적 논증에서 객관헌법과 주관헌법」, 『헌법학연구』 제16권 제1호, 한국헌법학회, 2010, 169−199쪽에 수록된 글을 수정·보완한 것이다.

1) BVerfGE 35, 79(113).

2) BVerfGE 30, 173(188f.).

3) 사고는 존재세계의 제반 사물과 사태를 반영해 내는 인간 고유의 인식방식으로서, 그 사물과 사태를 개념적으로 인식 — 즉, 고정의 원리에 따라 그 사물과 사태에 대한 개념을 만들어내고, 그 개념을 바탕으로 대상에 대한 관념적 모상을 만들어 가는 것 — 하는 방식을 의미한다(이정호/김성환/홍건영, 『철학의 이해』, 한국방송통신대학교출판부, 2009, 234−235쪽).

4) 학문의 정의에 대해서는 신승환, 「학문」, 『우리말 철학사전 5』, 지식산업사, 2007, 322−328쪽.

5) R. Alexy, Theorie der Grundrechte, Suhrkamp, 3. Aufl., 1996, S. 32.

6) 실천적 의미에서 법적 논증은 특히 소송에서 당사자들 간의 공격과 방어를 통해서 구체적으로 드러난다. 그런데 첨예한 갈등관계의 양 축인 공격자(원고/항소인/상고인 혹은 검사)와 방어자(피고/피항소인/피상고인 혹은 피고인)가 자신의 이해관계에 대해 주된 책임을 지면서 선명하게 대립되는 논증을 펼치는 일반 민·형사재판과는 달리, 헌법재판(특히, 위헌법률심판과 헌법소원심판)에서는 당사자(특히, 위헌법률심판청구 및 헌법소원청구의 상대방)가 분명하게 드러나지 않고(헌법재판소(編), 『헌법재판실무제요』, 2008, 25−28쪽; Vgl. K. Schlaich/S. Korioth, Das Bundesverfassungsgericht: Stellung, Verfahren, Entscheidungen, C. H. Beck, 7. Aufl., 2007, S. 36 Rn. 61), 직접적 이해관계자가 아닌 헌법재판소라는 하나의 소송주체가 논증의 과정을 폭넓게 지배하고 있으며, 직권의 범위 또한 상대적으로 넓다. 뿐만 아니라 헌법재판의 결정은 일반 재판에서 인정되는 확정력을 넘어서서 모든 국가기관을 기속하는 기속력과 일반적 구속력을 가지는 법규적 효력까지 가지고 있다. 이러한 점에서 헌법적 당위판단에는 법률적 당위판단에 비해서 상대적으로 더 강력한 설득력과 폭넓은 납득가능성이 담보될 필요가 있다. 따라서 논증과정에서 사용되는 개념

여기에서는 헌법적 논증에서 빈번하게, 그리고 다양한 표현으로 사용되고 있으면서도 그 의미가 불명확한 객관(규범)과 주관(규범)의 개념을 적극적으로 정의한 후,[7] 구체적으로 어떤 헌법규범이 객관규범 혹은 주관규범에 해당하는지를 살펴보고(Ⅱ.), 합리적이고 설득력 높은 헌법적 논증을 전개함에 있어서 주관규범과 객관규범의 구별은 사활적 의미[8]를 가진다는 점을 헌법재판소 결정들의 비판적 분석을 통해서 밝히고자 한다(Ⅲ.).

Ⅱ. 개념과 분류

1. 서두

객관규범(objektive Norm),[9] 객관적 가치질서(objektive Wertordnung),[10] 객관법적 가치결정(objektivrechtliche Wertentscheidung),[11] 객관원리(objektives Prinzip),[12] 객관법적 기본권차원(objektivrechtliche Grundrechtsdimensionen),[13] 객관헌법(objektives Verfassungsrecht),[14] 객관적 법제도보장(objektive Rechtsinstitutionsgarantie),[15] 객관적 헌법보장,[16] 객관적인 헌법질서,[17] 혹은 객관적 권한배분 내지 객관적 권한질서[18] 등의 표현을 통해서 문맥상 그 의미가 다양한 측면에서 간접적으로 암시될

들의 명료성 또한 법률적 논증에 비해서 헌법적 논증의 경우에 더 중요한 의미를 가진다.

7) 특히 "객관"이란 개념의 불명확성 및 용어의 혼란에 관해서는 R. Alexy, Grundrechte als subjektive Rechte und als objektive Normen, in: ders, Recht, Vernunft, Diskurs, Suhrkmap, 1995, S. 264f.; 이러한 점에서 "객관"의 상대어로 사용되는 "주관"의 개념적 불명확성 또한 마찬가지이다.

8) 헌법적 논증에서 주관규범과 객관규범의 구별이 갖는 사활적 의미는 분리논증을 통해 기본권의 정당성심사구조를 구축하고자 할 때 더욱 분명하게 드러난다. 이에 관해서는 김해원, 「방어권적 기본권의 정당성 심사구조」, 『공법학연구』 10-4, 한국비교공법학회, 2009, 37쪽 이하 참조.

9) BVerfGE 7, 198(205).

10) BVerfGE 7, 198(205).

11) BVerfGE 49, 89(142).

12) BVerfGE 74, 297(323); BVerfGE 57, 295(319f.).

13) H. Dreier, Dimensionen der Grundrechte, 1993, S. 41ff.

14) M. Terwiesche, Die Begrenzung der Grundrechte durch objektives Verfassungsrecht, Dr. Kovač, 1999, S. 21ff.

15) J. Hellermann, Art. 28, in: V. Epping/C. Hillgruber (Hrsg.), Grundgesetz Kommentar, C. H. Beck, 2009, S. 713 Rn. 36.

16) 헌재 2001.9.27. 2000헌마238 결정, 판례집 13-2, 408쪽.

17) 헌재 2001.6.28. 2000헌마111 결정, 판례집 13-1, 142쪽.

18) 헌재 2005.5.26. 2002헌마699 결정, 판례집 17-1, 753쪽.

뿐, 헌법적 논증에서 "객관" 그 자체에 대해서 적극적인 개념정의를 시도한 경우를 찾아보는 것은 쉽지 않다. 이러한 상황은 "객관"의 상대어 내지는 대립항에 해당하는 "주관"의 경우에도 마찬가지이다. 즉, 명확한 정의나 설명 없이 그저 주관법적 요소(subjektivrechtliche Elemente)[19] 내지는 주관법적 내용(subjektivrechtlichen Gehalten),[20] 주관적 권리(subjektives Recht),[21] 주관적 법지위보장(subjektive Rechtsstellungsgarantie),[22] 주관적 권리구제 및 주관적 권리보호이익,[23] 주관적 기본권보장[24] 등과 같이 표현되고 있을 뿐이다.[25] 그런데 이러한 "객관"과 "주관"이란 표현은 성문헌법에 직접 규정되어 있지 않은 — 즉, 강학상의 — 개념이면서도 헌법해석에 큰 영향을 미치며, 경우에 따라서는 헌법적 차원의 권리나 제도 등을 도출하거나 의무를 부과하는 매개개념이 될 뿐만 아니라,[26] 헌법소송의 적법요건과도 깊은 관련이 있다는 점[27]에서 그 의미가 분명하게 정리될 필요가 있다.

---

19) BVerfGE 74, 297(323).

20) K. Stern, Einleitung: Die Hauptprinzipien des Grundrechtssystems des Grundgesetzes, in: ders/F. Becker (Hrsg.), Grundrechte－Kommentar [Die Grundrechte des Grundgesetzes mit ihren europäischen Bezügen], Carl Heymann, 2010, Rn. 32; 기본권의 객관법적 차원(objektiverechtliche Dimension)에 대비해서 주관법적 차원(subjektivrechtliche Dimension)을 언급하고 있는 다른 문헌으로는 특히 V. Epping, Grundrechte, Springer, 4. Aufl., 2010, S. 8 Rn. 20.

21) R. Alexy, 앞의 책(주 7), 267쪽; 헌재 2003.12.18. 2002헌바49 결정, 판례집 15－2(하), 50쪽 이하.

22) J. Hellermann, 앞의 글, 713쪽.

23) 헌재 2003.2.27. 2002헌마106 결정, 판례집 15－1, 225쪽; 헌재 2006.7.27. 2004헌마217 결정, 판례집 18－2, 227쪽.

24) 헌재 2001.9.27. 2000헌마238 결정, 판례집 13－2, 408쪽.

25) 다만 이준일 교수는 헌법규범에서 주관성과 객관성이 가지는 의미를 적극적으로 규명하려는 시도를 하고 있다(이준일, 『헌법학강의』, 홍문사, 2008, 379－380쪽). 아래에서는 이에 관한 비판적 분석이 시도된다.

26) 이러한 경우는 특히 기본권의 이중적 성격에 관한 논의에서 쉽게 찾아볼 수 있다. 예컨대, K. Hesse는 기본권의 객관적 측면에서 국가권력에 대한 소극적 권한조항, 공동체질서의 요소 및 기본권 보장을 위한 절차형성의 의무 등을 도출해내고 있으며(Vgl. K. Hesse, Grundzüge des Verfassungsrechts der Bundesrepublik Deutschland, C. F. Müller, 20. Aufl., 1999, Rn. 290ff.), 우리 헌법재판소도 "객관적 가치질서로서의 기본권은 입법·사법·행정의 모든 국가기능의 방향을 제시하는 지침으로서 작용하므로, 국가기관에게 기본권의 객관적 내용을 실현할 의무를 부여한다."라고 판시한 바 있다(헌재 1995.6.29. 93헌바45 결정, 판례집 7－1, 880쪽). 반대로 객관적인 헌법질서에서 헌법적 차원의 권리("국민의 주관적 기본권")를 도출하고 있는 경우도 있다. 특히 헌법재판소는 "국민의 개별적인 주관적 기본권을 실질적으로 보장하기 위해서는 경우에 따라서는 객관적인 헌법질서의 보장이 전제되지 않으면 안 되는 상황을 상정해 볼 수 있다."라고 하면서 객관적인 헌법질서에 해당하는 우리나라의 공간적 존립기반을 선언한 영토조항에서 "헌법소원의 대상인 기본권의 하나로 간주"될 수 있는 영토에 관한 권리(영토권)를 도출하고 있다(헌재 2001.3.21. 99헌마139 결정, 판례집 13－1, 694－695쪽).

27) 특히 주관적 권리가 아닌 제도적 보장 같은 객관적 법규범이나 객관적 헌법원리 및 헌법질서 등의

2. 개념

'아래에 있는 것(das Daruntergeworfene)'이란 의미를 가지고 있는 라틴어 'subjectum'에서 비롯하는 '주관(Subjekt)'은 오늘날 일반적으로 "인식대상에는 속하지 않고 인식하는 주체에 속하는, 주체에 의해 규정되고 제약되는"이란 의미를 가지고 있고, '건너편에(혹은 앞에) 던져진 것(Gegenwurf/Vorwurf)'이란 뜻의 라틴어 'obiectum'에서 비롯하는 '객관(Objekt)'은 오늘날 "개별 주체와 그 의식으로부터 독립적"이란 의미로 사용되고 있다.[28] 그런데 이렇게 이미 정립된 개념의 이해는 법적 논증의 특수성[29]을 해치지 않는다면, 법학의 영역에 있어서도 기본적으로 존중되어야 한다. 왜냐하면 법의 매개수단이자 헌법국가의 요소인 언어가 법적 논증에 있어서 상호이해의 지평을 벗어나서 유대감과 신뢰성을 잃고 불명확하게 사용된다면 이는 담론공동체(Diskursgemeinschaft)로서의 국가 형성과 유지에 장애사유가 되기 때문이다.[30] 따라서 헌법적 논증에 있어서 '주관'은 '개별 헌법적 논증참여자들에게 속하는, 혹은 그들에 의해서 규정되고 제약되는'이란 의미로, '객관'은 '개별 헌법적 논증참여자들과 상관없이, 외부에 독립된'이란 의미로 이해될 수 있을 것이며, 헌법제정권자가 개별 헌법적 논증참여자들에 관한

훼손에 대한 구제는 탄핵심판·권한쟁의심판·정당해산심판 등과 같은 객관소송을 통해서 이루어지는 것이 원칙이다. 이러한 객관헌법규범의 침해만으로는 기본권(주관적 권리)구제절차에 해당하는 헌법소원심판을 청구하는 것은 원칙적으로 부적법하다. 다만 예외적으로 헌법재판소가 직권주의 심리의 특성을 발휘하여 청구인의 법논리적 구성을 보완하는 의미에서 적법한 청구로 받아들일 수 있는 여지는 존재한다. 이에 관해서는 특히, 김하열, 「입법절차의 하자를 다투는 헌법소원」, 『고려법학』 55, 고려대학교 법학연구원, 2009, 115쪽; 헌법재판소(編), 앞의 책, 52-55, 233쪽; 헌재 1997.4.24. 95헌바48 결정, 판례집 9-1, 435, 444쪽; 헌재 1995.2.23. 90헌마125, 판례집 7-1, 238, 243쪽; 헌재 1998.10.29. 96헌마186, 판례집 10-2, 606쪽 참조.

28) 박이문, 「객관성」, 『우리말 철학사전 5』, 지식산업사, 2007, 37-59쪽(특히, 38쪽); 한국철학사상연구회(編), 『철학대사전』, 동녘, 1989, 40, 1194쪽; P. Prechtl/F.-P. Burkard (Hrsg.), Metzler Lexikon Philosophie, J.B.Metzler, 3. Aufl., 2008, S. 422f., 588f.; 개념사 및 상세한 설명에 관해서는 Vgl. J. Ritter/K. Gründer(Hrsg.), Historisches Wörterbuch der Philosophie, Bd. 6, 1984, S. 1025ff.; ders., Historisches Wörterbuch der Philosophie, Bd. 10, 1988, S. 374ff.

29) 규범적 언명의 정당성을 문제 삼는 법적 논증대화는 기본적으로 일반적 실천적 논증대화와 다르지 않지만, 현행법에 대한 구속, 선례의 고려, 도그마틱 및 소송규칙들에 의한 제약 하에서 이루어진다는 점에서 특수성을 띈다. 이에 관해서는 특히 R. Alexy, Theorie der juristischen Argumentation: Die Theorie des rationalen Diskurses als Theorie der juristischen Begründung, Suhrkamp, 2. Aufl., 1991, S. 261ff.; Vgl. U. Neumann, Juristische Argumentationslehre, Wiss. Buchges., 1986, S. 118.

30) 헌법국가의 요소로서 언어, 담론공동체로서의 국가에 관해서는 Vgl. J. Isensee, Staat im Wort - Sprache als Element des Verfassungsstaates, in: J. Ipsen/H.-W. Rengeling/J. M. Mössner/A. Weber (Hrsg.), Verfassungsrecht im Wandel, Carl Heymanns, 1995, S. 571ff.

한 혹은 그들에게 속한다고 선언한 헌법규범 ― 예컨대, 국민의 권리(기본권)와 의무같이 자연인에게 어떤 주관적 지위를 부여하거나 제한하고 있는 헌법규범 ― 을 '주관헌법규범'으로,[31] 헌법제정권자가 개별 헌법적 논증참여자들의 주관적 인식과 상관없이, 혹은 그 외부에 별도로 독립해서 존재하는 것으로 선언한 헌법규범 ― 예컨대, 자연인에게 어떤 주관적 지위를 부여함 없이, 국가나 지방자치단체 등에게 배타적으로 일정한 권한이나 의무를 부여하고 있는 헌법규범 ― 을 '객관헌법규범'으로 정의할 수 있을 것이다.[32] 이러한 점에서 주관헌법규범은 특정 이익 지향적이고 관계적 성격을 가지고 있으며, 개별화되어 귀속될 수 있는 주체가 존재하는 헌법규범으로서 원칙적으로 해당 규범의 귀속주체에 의해서 구체적인 경우에 그 당위적 내용이 변화될 수 있는 가능성을 내포하고 있는 반면에, 이익 중립적·비관계적이며, 개별주체에게 그의 것으로 귀속될 수 없는 헌법규범이란 특징을 가지는 객관헌법규범은 헌법적 논증참여자(혹은 개인)가 함부로 처분할 수 없는 그 어떤 것이라는 존재론적 의미를 가지게 된다.[33]

한편 규범의 객관성에 관하여 적극적인 개념정의를 시도하고 있는 이준일 교수는 헌법규범의 귀속주체와 관련하여 일반성을 표현한 '보편규범'이 특정 귀속주체에게 한정된 규범문장으로 개별화되어 나타나는 경우, 이러한 '개별규범'

---

31) 한편 '주관헌법규범의 귀속주체에 해당하는 헌법적 논증참여자'는 개인이나 집단을 불문하지만, 국가나 국가기관(혹은 지방자치단체)은 제외되어야 한다. 그렇지 않으면 '국가주관'이란 것이 성립하여 국가도 원칙적으로 법인격 혹은 권리주체성을 가진다는 논거로 사용될 수 있으며, 무엇보다도 이러한 입장은 오늘날의 기본권 민주주의국가(Grundrechtsdemokratie)에서는 용납될 수 없는 H. Kelsen의 자기목적적 국가를 일정부분 승인하는 것과 다르지 않기 때문이다(김해원, 앞의 글(주 8), 35-36쪽; 기본권 민주주의국가에 대해서는 Vgl. W. Zeh, Parlamentarismus und Individualismus, in: K. Waechter (Hrsg.), Grundrechtsdemokratie und Verfassungsgeschichte, HW, 2009, S. 78f.). 그리고 보다 더 엄밀히, 그리고 개인주의적 입장에서 파악한다면 진정한 주체는 행위를 실제로 담당하는 자연인에게 국한될 뿐, 각종 단체나 법인 등은 자연인들의 행위방식에 불과한 것으로서 단지 주체성을 갖는 자연인에 의해서 법기술적으로 구성된 것에 지나지 않는다고 말할 수 있을 것이다(김명재, 「자유권적 기본권의 본질내용」, 『공법연구』 30-5, 한국공법학회, 2002, 112쪽).

32) Vgl. G. Anschütz, Die Verfassung des Deutschen Reiches vom 11. August 1919: ein Kommentar für Wissenschaft und Praxis, 14. Aufl., 1933, S. 514; M. Terwiesche, 앞의 책, 22쪽; 물론 존재론적으로 바라보면 법(규범) 그 자체는 법(규범)적 논증참여자들의 인식과는 상관없이 법제정권자에 의해서 논증참여자들의 외부에 독립해서 던져져 있는 대상이다. 따라서 엄밀하게 말하면 모든 법(규범)은 법적 논증참여자들이 해석하고 논증해야 할 대상(객체)이란 점에서 객관적 존재이다. 이러한 점에서 주관규범과 객관규범이란 표현은 객관적 존재인 '규범'안에서 주관과 객관이란 개념이 논증참여자들과의 관련성에 따라서 어느 정도 상대화된다는 것을 전제로 하고 있다.

33) 관계적 성격에 관해서는 R. Alexy, 앞의 책(주 5), 185-186쪽; A. Kaufmann, Über den Wesensgehalt der Grund- und Menschenrechte, in: ARSP, 1984, S. 393f.; 귀속주체와 관련해서는 김명재, 앞의 글, 111-112쪽, 116쪽.

을 관계적·상대적 성격의 주관(헌법)규범으로,[34] 그리고 이러한 개별규범에서 등장하는 관계적·상대적인 규범의 귀속대상이 추상화·일반화되면 비관계적·객관적 규범이 되는 것으로 이해하고, '객관성'은 "권리나 의무에 있어서 그 주체와 상대방, 그리고 대상을 추상화·일반화한 개념"이라고 정의하고 있다.[35] 하지만 객관성은 인식 주체가 자신의 주관성을 벗어나 대상을 그 자체로서 고찰하는 경우에 성립하며, 보편성은 어떤 생각에 대다수 사람들의 동의가 확보되었을 때 성립한다는 점에서 객관성과 보편성은 엄연하게 다른 개념이며,[36] 어떤 대상의 추상화·일반화를 통해서 그 대상의 귀속주체가 특정 개인에서 집단이나 국민전체 혹은 전체 인류에게까지 확장된다고 하더라도 이는 해당 규범문장의 적용범위가 넓어져서 개인주관성이 집단·단체 혹은 거대주관성으로 확장된 것을 의미할 뿐, 그것이 객관성을 가지는 것은 아니라고 해야 한다.[37] 만약 이준일 교수의 개념정의와 같이 헌법적 논증에 있어서 '객관성'을 규범적 관계의 '보편화', '추상화', '일반화'로 이해한다면, "단체주의의 위험성은 종종 객관주의의 탈을 쓰고 등장하곤 하는데서 더욱 가중된다. 실은 주관적인 이해관계에 불과한데도 불구하고 객관화해서 그와 상충되는 이해관계에 대하여 우선적 지위를 제도적으로 보장해 버리는 일이 없지 않다. 객관적 제도의 모습을 가지고 나타난 사익과 그러하지 못한 사익은 『객관적·공적 제도: 주관적·사적 이익』의 외관을 쓰고 대립하게 된다."라고 지적한 김명재 교수의 주장이 더욱 설득력을 가지게 될 것이며,[38] 결과적으로 현실을 지배자의 관점으로 구축하는데 기여할 가능성이 높아질 것이다.[39] 그러므로 규범의 귀속주체와 상대방 및 대상이 추상화·일반화

34) 이준일, 앞의 책, 379쪽: "기본권이란 개인의 지위에 대한 규범으로서 그 주체가 보편규범의 형태로 일반화될 수도 있고, 개별규범의 형태로 개별화될 수도 있다. 따라서 기본권규범은 보편규범에서 개별규범으로 개별화되면 개인의 주관적 지위를 표현하게 된다."

35) 이준일, 앞의 책, 380쪽: "권리의 주체에서 특정한 주체를 추상화·일반화하고, 권리의 상대방에서도 특정한 상대방을 추상화·일반화하면 객관적 권리가 된다. 이렇게 주체와 상대방이 특정되지 않은 권리가 '비관계적·객관적 권리'가 된다. 의무의 측면에서도 마찬가지이다. […] 권리나 의무에 있어서 그 주체와 상대방, 그리고 대상을 추상화·일반화한 개념이 '객관성'이 된다. 따라서 권리와 의무의 주체와 상대방, 그리고 대상을 추상화한 객관적 권리와 객관적 의무가 '객관적 규범'인 것이다."

36) 예컨대, 코페르니쿠스의 지동설은 그 당시 객관성을 띠었다고 할 수는 있지만, 보편적인 이론은 아니었다. 이에 관해서는 É. Clément et al., 이정우(譯), 『철학사전』, 동녘, 1996, 22쪽.

37) 이정우, 『개념사: 개념 — 뿌리들 2』, 철학아카데미, 2004, 270쪽.

38) 김명재, 앞의 글, 113쪽.

39) 객관성을 보편성과 동일한 것으로 이해하고 있는 C. A. Mackinnon도 특히 성담론과 관련하여 이렇게 이해된 객관성은 결국 현실을 지배자의 관점으로 구축하는데 기여하고 있음을 시인하고 있다(C. A. Mackinnon, Feminism, Marxism, Method, and the State: Toward Feminist Jurisprudence, in:

됨으로써 보편화된 경우, 헌법적 논증에 있어서 상호주관성(Intersubjektivität)이 폭넓게 확보될 수 있는 계기는 되겠지만, 이를 '객관성'으로 이해하는 것은 무리가 있다고 판단된다.[40)]

이렇게 헌법적 논증에 있어서 '객관'과 '주관' 그리고 '객관헌법규범'과 '주관헌법규범'이 정의될 수 있다면, 이제 문제는 과연 어떠한 헌법규범들이 구체적으로 객관헌법규범 혹은 주관헌법규범에 해당하느냐 하는 것이다. 이하에서는 명시적인 경우와 묵시적인 경우로 나누어 이를 살펴보고자 한다.

3. 분류

가. 성문의 객관헌법규범과 주관헌법규범

헌법적 논증에 있어서 그 논증에 참여하는 사람들의 주관적 인식과 상관없이 독립적으로 존재하고, 또 그러한 논증참여자들에게 그 자신의 것으로 귀속될 수 없는 헌법규범이 객관헌법규범이므로, 헌법제정권자가 제헌과정을 지도하기 위해서 혹은 헌법을 총체적으로 지배할 수 있는 지도원리를 마련하기 위해서 결단한 헌법상의 기본원리에 관한 규범들 및 기본제도에 관한 규범들,[41)] 헌법적

K. T. Bartlett/R. Kennedy, ed., Feminist Legal Theory: Reading in Law and Gender, 1991, p. 181).

40) 강진철,「법에서의 객관성과 주관성문제 — 법치주의냐 인치주의냐 —」,『강원법학』7, 강원대학교 비교법학연구소, 1995, 169쪽; 한편 공적 의사소통과정(특히, 헌법적 논증과정)에서 주관과 상호주관의 관계(상호원천적 관계)에 관해서는 P. Mastronardi, Verfassungslehre: Allgemeines Staatsrecht als Lehre vom guten und gerechten Staat, UTB, 2007, S. 32f.

41) 헌법상 기본원리와 기본제도가 무엇이냐에 관해서는 학자들에 따라서 그 의견이 분분하지만, 일반적으로 기본원리에는 법치국가원리·민주국가원리·사회국가원리·평화국가원리·문화국가원리 등이, 그리고 이러한 기본원리들이 구체화되어 나타난 기본제도에는 복수정당제도·선거제도·공무원제도·지방자치제도 등이 중요하게 다루어지고 있으며, 군사제도·교육제도·가족제도 등도 언급되고 있다(관련하여 다양한 학설들의 견해들을 잘 정리해서 뚜렷이 밝히고 있는 문헌으로는 이준일, 앞의 책, 129－130쪽, 230쪽). 그런데 이러한 기본원리와 기본제도 대부분은 우리 헌법상 명문으로 뚜렷이 규정되어 있기보다는, 그 내용 및 개념요소에 해당하는 것들이 헌법전 곳곳에 산재해 있거나, 헌법해석을 통해서 도출되고 있다. 다만, 헌법 전문과 헌법 제1장 총강에서 기본원리와 기본제도의 대강을 확인할 수 있는데, 특히 민주국가원리와 관련해서는 "4·19 민주이념을 계승하고, 조국의 민주개혁과 […] 자유민주적 기본질서를 더욱 확고히 하여 […]"라고 규정된 전문의 문언과 헌법 제1조, 사회국가원리와 관련해서는 전문의 "[…] 각인의 기회를 균등히 하고, […] 국민생활의 균등한 향상을 기하고 […]", 평화국가원리와 관련해서는 전문의 "항구적인 세계평화와 인류공영에 이바지함으로써 […]"와 헌법 제4조~제6조, 공무원제도와 관련해서는 헌법 제7조, 복수정당제와 관련해서는 헌법 제8조, 문화국가원리와 관련해서는 헌법 제9조 등을 성문의 객관헌법규범으로 지적할 수 있겠다. 그 밖에도 헌법 제12조 제4항 제2문의 국선변호인제도, 헌법 제31조 제3항의 의무교육무상제도, 헌법 제32조 제1항 제2문의 최저임금제도, 헌법 제36조 제1항의 가족제도, 헌법 제41조 제1항과 제67조 제1항에 규정된 선거원칙, 헌법 제72조의 국민투표제도, 헌법 제

논증 이전에 이미 객관적 실체로 존재하고 있는 국가[42]의 존재양식[43]이나 국가기관(혹은 지방자치단체)의 권한·조직·구성·수권 및 업무분장과 의사결정 등에 관한 규범들,[44] 국가목적에 관한 규범 및 국가목적 달성을 위해서 국가를 직접적 수범자로 삼고, 국가에 대해서 일정한 행위를 명령·허용·금지하고 있는 규범들,[45] 그리고 특정 절차에 관한 규범들[46]이 헌법 텍스트(성문 헌법전)에 명시적으로 규정되어 있다면 이들을 '명시적(혹은 성문의) 객관헌법규범'이라고 할 수 있을 것이다.[47]

반면에 헌법제정권자가 헌법적 논증참여자들에게 귀속되는 어떤 주관적 지위[48]에 관해서 명시적으로 규정하고 있는 성문의 헌법규범 — 이러한 규범들은 지위보장규범과 지위제한규범으로 나누어 볼 수 있는데, 특히 '헌법 제2장 국민의 권리와 의무'에 집중적으로 규정되어 있다. — 은 바로 '명시적 주관헌법규범'이 된다. 우리 헌법제정권자는 지위보장규범과 관련해서는 원칙적으로 해당 지위의 귀속주체(예컨대, "국민", "누구든지", "형사피고인", "근로자", "여자" 등)에게 특정 지위내용을 "~ 가진다."[49]라고 표현(능동적 규정양식)하거나, 혹은 "~ 침해

106조와 제112조 제3항에 규정된 법관의 신분보장제도, 헌법 제116조 제2항의 선거공영제도 등등도 성문의 객관헌법규범에 해당한다고 볼 수 있을 것이다.

42) 국가는 헌법의 기본적 틀을 이루고 있는 기초이자 국민 전체보다 상위에 있는 존재라는 점에서(명재진, 「헌법학의 토대로서의 국가, 인권 그리고 사회영역의 자율성에 관하여」, 『법학연구』 9-2, 충남대학교법학연구소, 1999, 130, 136쪽), 헌법적 논증에 있어서 논증참여자들 외부에 독립적으로 던져져 있는 객관적 존재가 된다. 그리고 이러한 진술이 헌법주의와 헌법국가원리가 가지는 기본적 인식축인 헌법에 의해서 비로소 국가가 창설된다는 법리(정종섭, 『헌법연구 3』, 박영사, 2001, 101쪽)와 모순되는 것도 아니다. 왜냐하면 헌법적 논증이란 것은 기본적으로 '헌법'을 가지고 행해지는 당위적 대화이므로, 논증참여 이전에 성문의 형태이든, 불문의 형태이든 논증의 규준으로서 '헌법'과 헌법으로부터 기인하는 '국가'가 존재해야만 하기 때문이다.

43) 국가의 구성을 이루는 주권(헌법 제1조 제2항), 국민(헌법 제2조), 영역(헌법 제3조) 등에 관한 규정들이 이에 해당한다.

44) 예컨대, 헌법 제3장 국회(헌법 제40조~제65조), 제4장 정부 제1절 대통령(헌법 제66조~제85조), 제2절 행정부(헌법 제86조~제100조), 제5장 법원(헌법 제101조~제110조), 제6장 헌법재판소(헌법 제111조~제113조), 제7장 선거관리(헌법 제114조~제116조), 제8장 지방자치(헌법 제117조, 헌법 제118조), 제9장 경제 제127조 제3항.

45) 예컨대, 헌법 제2조 제2항, 제10조 제2문, 제11조 제2항·제3항, 제12조 제3항·제5항 제2문·제7항, 제21조 제2항·제3항, 제26조 제2항, 제31조 제3항~제6항, 제32조 제1항 제2문, 제32조 제3항, 제34조 제2항~제4항·제6항, 제35조 제1항 후단·제3항, 제36조 제2항, 제119조~제127조 제1항·제2항.

46) 예컨대, 제10장 헌법개정(헌법 제128조~제130조).

47) 헌법전에서 나타나는 구체적인 경우들에 관해서는 주 41), 43), 44), 45), 46) 참조.

48) 이러한 지위는 "어떤 것에 관한 권리", "자유", "권한"을 모두 다 포섭하는 개념이다. 이에 관해서는 R. Alexy, 앞의 글(주 5), 171쪽 이하.

49) 예컨대, 헌법 제10조 제1문, 제12조 제1항 제1문·제4항 제1문·제6항, 제14조, 제15조, 제19조, 제

받지(혹은 차별을 받지·박탈당하지·소추되지·거듭 처벌받지·경시되지) 아니한다."[50] 라고 표현(수동적 규정양식)하고 있으며,[51] 지위제한규범과 관련해서는 지위의 귀속주체에게 명시적으로 의무를 부과하는 방식[52]을 택하거나,[53] 주관적 지위 그 자체에 대한 일정한 한계를 설정하거나 제한가능성을 열어두는 방식[54]을 취하고 있다.

나. 불문의 객관헌법규범과 주관헌법규범

1) 일반론

성문헌법에 규정되어있는 명시적 객관/주관헌법규범 이외에도 객관헌법규범과 주관헌법규범은 헌법해석을 통해서 도출되기도 한다. 특히 독일연방헌법재판소는 1958년 Lüth판결을 통해서 주관헌법규범인 기본권규정으로부터 객관성을 도출했고,[55] 이후의 결정에서도 기본권의 객관규범성을 인정하면서 그 의미를 확장해오고 있다.[56] 우리 헌법재판소도 일찍이 "기본권은 국가권력에 대한 객관적 규범 내지 가치질서로서의 의미를 함께 갖는다."라고 판시한 바 있고,[57] 최근에도 언론의 자유(헌법 제21조 제1항)의 한 내용에 해당하는 '신문의 자유'에서 객관헌법규범이라고 할 수 있는 '자유신문제도'를 도출하고 있다.[58] 기본권은 인적 구성요건에 해당하는 특정 권리주체에게 특정 물적 구성요건을 헌법적 차원에서

20조 제1항, 제21조 제1항, 제22조 제1항, 제24조, 제25조, 제26조, 제27조 제1항·제3항, 제31조 제1항, 제32조 제1항 제1문, 제33조 제1항·제2항, 제34조 제1항, 제35조 제1항 등.

50) 예컨대, 헌법 제11조 제1항, 제12조 제1항 제2문·제2항·제5항 제1문, 제13조 제1항~제3항, 제16조, 제17조, 제18조, 제27조 제2항, 제32조 제4항, 제37조 제1항, 제39조 제2항 등.

51) 이러한 규정양식 외에도 특정한 주관적 지위를 명시적으로 보장하거나 보호하고 있는 경우로는 헌법 제6조 제2항, 제8조 제1항, 제12조 제7항, 제22조, 제23조, 제27조 제4항·제5항, 제28조, 제29조 제1항, 제30조, 제32조 제5항·제6항, 제34조 제5항, 제36조 제3항 등이 있다.

52) 예컨대, 헌법 제21조 제4항 제1문, 제23조 제2항, 제31조 제2항, 제32조 제2항 제1문, 제35조 제1항, 제38조, 제39조 등.

53) 기본권에 대한 헌법 직접적 제한규범으로서 기본의무에 관해서는 이준일, 앞의 책, 928쪽 이하.

54) 예컨대, 헌법 제8조 제4항, 제21조 제4항, 제29조 제2항, 제33조 제3항, 제37조 제2항 등.

55) BVerfGE 7, 198(205ff.).

56) BVerfGE 25, 256(268); BVerfGE 35, 79(112); BVerfGE 39, 1(41); BVerfGE 49, 89(142); BVerfGE 31, 58(70).

57) 헌재 1995.6.29. 93헌바45 결정, 판례집 7-1, 880쪽.

58) 헌재 2006.6.29. 2005헌마165 결정, 판례집 18-1(하), 385쪽; 한편 자유로운 신문은 사회적 상태일 뿐, 공·사법적 제도는 아니라는 지적이 있다(Vgl. B. Pieroth/B. Schlink, Grundrechte: Staatsrecht Ⅱ, C. F. Müller, 22. Aufl., 2006, S. 19 Rn. 72). 이러한 관점에서는 "객관적 제도로서의 자유 신문"을 명백히 하고 있는 헌법재판소의 표현은 비판받을 수 있을 것이다.

보장하고 있는 권리라는 점[59]에서 주관헌법규범임에는 틀림없지만, 국가의 기본권적 법질서를 구성하는 요소라는 점[60]에서 — 특히 입법·사법·행정의 모든 국가기능의 방향을 제시하는 지침으로서 작용하고, 국가기관에게 기본권의 객관법적 내용을 실현할 의무를 부여하고 있다.[61] — 명시적 규정이 없다고 하더라도,[62] 헌법적 논증참여자들의 주관적 지위관련성과 상관없이 그들 외부에 독립해서, 그리고 국가를 수범자로 삼아서 존재하는 불문의(묵시적) 객관헌법규범들 — 예컨대, 헌법적 차원의 각종 제도/질서, 혹은 국가에 대한 행위규범 등 —[63]을 도출시킬 수 있는 것이다.

마찬가지로 객관헌법규범으로부터 불문의(묵시적) 주관헌법규범이 도출될 수 있다. 특히 정종섭 교수는 "헌법의 원리, 원칙, 제도 규정으로부터의 기본권의 도출"이란 논문을 통해서 문언상의 형식은 객관헌법규범에 해당하는 내용을 명시하고 있지만, 그 규정의 성질상 기본권적인 가치판단을 함유하고 있는 경우에 그 역시 기본권보장규정으로 이해하고, 이렇게 이해된 헌법규정은 헌법소원심판절차에서 심판의 규준이 될 수 있음을 상세하게 논증하고 있다.[64] 그 결과 대법원의 재판을 받을 권리와 헌법소원심판을 받을 권리 등은 불문의 주관헌법규범이 되는 것이다.[65] 특히 헌법재판소는 영토조항인 헌법 제3조

59) 김해원, 「기본권의 잠정적 보호영역에 관한 연구」, 『헌법학연구』 15-3, 한국헌법학회, 2009, 289-291쪽.

60) 김철수, 『헌법학(상)』, 서울, 2008, 372쪽; 김백유, 『헌법학: 기본권론』, 한성대학교출판부, 2009, 35쪽.

61) 헌재 1995.6.29. 93헌바45 결정, 판례집 7-1, 880쪽.

62) 한편 독일의 경우에는 독일기본법 제1조 제2항에 기본권의 객관헌법규범성을 근거지울 수 있는 표현, 즉 "Menschenrechten als Grundlage jeder menschlichen Gemeinschaft(모든 인간공동체의 기초로서의 인권)"이 규정되어 있고, 제1조 제3항에서는 이러한 기본권이 헌법적 논증에 있어서 객관적 실체에 해당하는 국가 — 즉, 입법·행정·사법 — 를 직접 구속하고 있음을 규정하고 있다.

63) 객관규범으로서 기본권은 주관적 권리를 매개로 하여 기본권에 내포되어있는 가치가 실현될 수 있도록 하는 역할을 하는데(전광석, 「기본권의 객관적 성격과 헌법이론」, 『고시계』 429, 2001, 74쪽), 객관규범의 수범자로서의 국가는 방어권적 기본권과 관련해서는 이러한 역할을 부작위라는 방식으로, 급부권적 기본권과 관련해서는 작위란 방식으로 행위 한다(김해원, 앞의 글(주 8), 37-38쪽; Vgl. V. Epping, 앞의 책, 7-8쪽). 이러한 점에서 객관헌법규범은 국가에 대한 행위규범이 되는 것이며, 기본권의 이중성은 엄격히 말하면 기본권규정 그 자체가 '주관적 권리'와 '객관법적 내용'을 동시에 포함하고 있다는 의미가 아니라, 기본권규정의 보장내용이 '주관성'과 '객관성'을 갖는다는 것을 의미한다(김명재, 앞의 글, 121쪽).

64) 이에 관해서는 정종섭, 앞의 책, 77-116쪽(특히, 109-110쪽); 정종섭, 「기본권조항 이외의 헌법규정으로부터의 기본권 도출에 대한 연구」, 『헌법논총』 5, 헌법재판소, 1994, 239쪽 이하.

65) 정종섭, 앞의 책, 78-79쪽, 그 밖의 불문의 주관헌법규범이 도출될 수 있는 구체적인 경우에 관해서는 103-108쪽 참조.

를 주된 근거로 삼아서 헌법소원의 대상이 될 수 있는 국민의 영토권을 인정하고 있는데,[66] 이는 기본권적 가치판단이 포함되어 있다고 보기에는 의심스러울 수 있는 ― 즉, 단지 국가의 존재양식을 규정한 규범이라고 볼 수 있는 ― 객관헌법규범으로부터도 주관헌법규범을 적극적으로 도출하고 있는 무리한 시도라고 평가할 수 있을 것이다.[67] 한편 독일의 학설과 판례도 성문의 객관헌법규범으로부터 주관헌법규범을 도출하는 것에 대해서 기본적으로 긍정하고 있는 듯하다. 특히 독일의 지배적 견해와 연방헌법재판소는 문언의 표현에 따르면 기본권이나 기본권유사적 권리를 포함하고 있지 않고, 오히려 입법자에 대한 위임규정이면서 객관적 제도보장에 해당하는 규정인 독일 기본법 제33조 제5항(직업공무원제도)으로부터 헌법소원으로 관철될 수 있는 공무원의 주관적 지위를 포함시키고 있다.[68] 문제는 객관헌법규범의 수범자인 국가기관의 직무를 담당하고 있는 자연인이 해당 성문객관헌법규범으로부터 직접 주관헌법규범을 도출시키고, 이것을 기초로 헌법소원을 청구할 수 있느냐 하는 것이다. 이 경우에 물론 해당 자연인이 국가기관으로서의 지위가 아니라 사인으로서의 지위에서 자신의 주관헌법규범(기본권)을 원용하는 것은 가능하겠지만, 원칙적으로 국가기관이 기본권 주체가 되어서 헌법소원을 청구할 수는 없다고 해야 한다.[69] 관련하여 우리 헌법재판소도 또한 "모든 공직자는 선거에서의 정치적 중립의무를 부과받고 있으며, 다른 한편으로는 동시에 국가에 대하여 자신의 기본권을 주장할 수 있는 국민이자 기본권의 주체이다. 마찬가지로, 대통령의 경우에도 소속정당을 위하여 정당활동을 할 수 있는 사인으로서의 지위와 국민 모두에 대한 봉사자로서 공익실현의 의무가 있는 헌법기관으로서의 대통령의 지위는 개념적으로 구분되어야 한다."[70]라고 하면서, "대통령도 […] 최소한 전자의 지위와 관련하여는 기본권 주

---

66) 헌재 2009.2.26. 2007헌바35 결정, 판례집 21－1(상) 79－80쪽; 헌재 2001.3.21. 99헌마139 결정, 판례집 13－1, 694－695쪽.

67) 영토권을 적극적으로 도출한 헌법재판소결정에 대한 비판으로는 정문식, 『독일헌법 ― 기본권일반론』, 전남대학교출판부, 2009, 83－84쪽.

68) B. Pieroth/B. Schlink, 앞의 책, 267쪽; U. Battis, Art. 33, in: M. Sachs, Grundgesetz Kommentar, C. H. Beck, 4. Aufl., 2007, Rn. 65; BVerfGE 8, 1(17); BVerfGE 12, 81(87); BVerfGE 43, 154(167); BVerfGE 53, 257(307); BVerfGE 80, 297(308); 비판적 입장으로는 Vgl. J. Masing, Art. 33, in: H. Dreier, Grundgesetz Kommentar, Bd. Ⅱ, Mohr Siebeck, 2. Aufl., 2006, Rn. 71f.

69) 정문식, 앞의 책, 103쪽; 헌재 1995.3.23. 95헌마53 결정, 판례집 7－1, 463쪽; 헌재 1999.5.27. 98헌마214 결정, 판례집 11－1, 675쪽; 헌재 2006.7.27. 2003헌마758등 결정, 판례집 18－2, 190쪽; 국가기관이 기본권의 귀속주체가 될 수 없는 이유에 관해서는 주 31) 참조.

70) 헌재 2004.5.14. 2004헌나1 결정, 판례집 16－1, 638쪽.

체성을 갖는다고 할 수 있다."[71]라고 판단한 바 있다.

2) '재주관화'의 문제

성문주관헌법규범으로부터 도출된 불문객관헌법규범으로부터 다시 불문주관헌법규범을 도출시킬 수 있느냐 하는 문제 ― 이른바, 재주관화(Resubjektivierung)의 문제 ― 를 생각해볼 수 있다. 이는 객관헌법규범이 지속적으로 온전하게 기능하기 위해서는 주관적 권리를 매개해서 이루어지는 사법적 통제 가능성이 존재해야 한다는 요청에 기인하고 있는 것으로서, 결국 사인들이 객관헌법규범에 해당하는 내용을 주관적 권리로서 관철시킬 수 있느냐하는 문제로 집약된다.[72] 그런데 이러한 재주관화에 대해서 여전히 충분한 논의가 진행된 것은 아님에도 불구하고 대체로 긍정하는 경향이 많은 독일과는 달리,[73] 한국헌법에서는 이러한 '재주관화'의 문제는 큰 의미를 가질 수 없을 것이다. 왜냐하면, 주관헌법규범으로부터 도출되는 불문의 객관헌법규범과 관련된 문제(즉, 객관화에 관한 문제)는 주로 기본권의 제3자적 효력과 기본권 보호의무 및 기본권행사의 전제조건들의 보장을 위한 조직과 절차를 확보한다는 차원에서 논의가 진행되고 있는데,[74] 법원의 재판이 헌법소원의 대상에서 제외되고 있는 우리 헌법현실 ― 특히, 헌법소송절차적 측면 ― 에서는 주관헌법규범(즉, 기본권)의 해석을 통해서 도출된 기본권객관성의 한 내용인 '기본권의 제3자효'를 재주관화를 통해서 주관적 권리로 관철시킬 실익이 별로 없고,[75] 성문헌법으로부터 기본권보장(보호)의무를 근거지

---

71) 헌재 2008.1.17. 2007헌마700 결정, 판례집 20-1(상), 159쪽.

72) T. Gostomzyk, Grundrechte als objektiv-rechtliche Ordnungsidee, in: JuS, 2004, S. 952.

73) Vgl. H. Dreier, Vorb., in: ders., Grundgesetz Kommentar, Bd. Ⅰ, 2. Aufl., 2004, Rn. 95; K. Stern, 앞의 글, 37쪽; T. Gostomzyk, 앞의 글, 952쪽; BVerfGE 7, 198(206f.); BVerfGE 35, 79(116); BVerfGE 46, 160(169); BVerfGE 77, 170(214f.); BVerfGE 84, 192(195).

74) T. Gostomzyk, 앞의 글, 951쪽 이하.

75) 왜냐하면, 기본권의 제3자적 효력은 결국 법원의 판결에 대해 기본권적 이의를 제기하는 양상으로 나타나기 때문이다. 이에 관해서는 전광석, 『한국헌법론』, 법문사, 2009, 209-210쪽; 김일환, 「우리나라 헌법상 기본권의 대사인적 효력 논의의 비판적 고찰」, 『헌법학연구』 6-2, 한국헌법학회, 2000, 84쪽; 반면에 박규환 교수는 사법적 분쟁을 판단하는 受訴法院의 판사가 직접 기본권의 제3자적 효력을 사건에 적용할 수 있는 "순기능적 측면에서의 가능성"을 언급하면서 기본권의 제3자효의 실용성을 강조하고 있고, 특히 "헌법재판소가 내린 법률에 대한 위헌 결정을 역행하여 법원이 당해 위헌 법률을 적용하여 판결한 경우에는 예외적으로 재판에 대한 헌법소원을 인정하는 것을 응용한다면 헌법재판소가 판례를 통해 축적한 기본권 침해 여부의 결정에 역행하는 법원의 판결에 대해서는 재판에 대한 헌법소원을 인정할 수 있으므로 일반법원 판사가 사법사건에 있어서 기본권의 제3자적 효력을 적용하여 기본권 침해 여부를 판단할 수 있고 또 이는 결국 국민의 기본권 보장에 더 충실히 기여할 것이라고 본다."라고 주장하면서(박규환, 「사법질서로의 기본권효력 확장구조와 그 한계」, 『공법연구』 33-3, 한국공법학회, 2005, 120-121쪽), 재판의 헌법소원 불

울 수 있는 여지를 마련해두고 있는 우리 헌법에서 굳이 기본권(주관헌법규범)으로부터 불문의 객관헌법규범에 해당하는 국가의 기본권보장(보호)의무를 도출해내고, 이어서 이러한 기본권보장(보호)의무를 '재주관화'하여 구체적인 보장(보호)청구권을 도출하려는 '재주관화'작업을 진행할 필요는 없기 때문이다.[76)77)] 뿐만 아니라 이러한 '재주관화'를 소극적으로 취급하는 태도 ― 물론, 이러한 태도가 '재주관화' 과정이 새로운 기본권들의 산파(Geburtshelferin)임을 부인하는 것은 아니다.[78)] ― 를 통해서 헌법적 논증에 있어서 이론적으로 생각해 볼 수 있는 주관

인정이라는 현실 상황을 고려한 과도적 대안으로서 제한적 의미에서 대법원에 헌법심을 전담하는 헌법재판부를 설치할 것을 제안하고 있다(박규환, 「사법질서와 헌법심사」, 『공법연구』 38-2, 한국공법학회, 2009, 327-329쪽).

76) 성문헌법규정에서 기본권보호의무를 도출하는 것에 대한 반대 견해로는 이부하, 「헌법영역에서 기본권보호의무」, 『공법학연구』 8-3, 한국비교공법학회, 2008, 130-131쪽; 하지만 우리 헌법재판소의 결정에서 나타난 논증들을 살펴보면 헌법 제10조 제2문 혹은 헌법전문, 헌법 제10조·제30조·제37조 제1항을 기본권보호의무의 근거로 들고 있고(헌재 1997.1.16. 90헌마110등 결정, 판례집 9-1, 90, 119-123, 126-127쪽; 헌재 2008.7.31. 2004헌바81 결정, 판례집 20-2(상), 103-104쪽), 성문헌법(특히 헌법 제10조 제2문)에서 기본권의 보호의무의 근거를 구하는 학설들로는 송기춘, 「국가의 기본권보장의무에 관한 연구」, 서울대학교 법학박사학위논문, 1999, 108쪽; 이승우, 「국가의 기본권보호의무」, 『현대공법과 개인의 권익보호』(양승두 교수 화갑기념논문집 I), 홍문사, 1994, 1182쪽; 정문식, 「생명윤리법상 국가의 기본권 보호의무」, 『공법학연구』 8-3, 한국비교공법학회, 2008, 174쪽; 헌법 제10조 제2문을 직접적 근거로 헌법 제21조 제4항·제30조를 간접적 근거로 삼는 견해는 방승주, 「교통사고처리특례법과 국가의 기본권보호의무」, 『헌법소송사례연구』, 박영사, 2002, 463-464쪽; 필자의 생각으로는 헌법 제2조 제2항("국가는 법률이 정하는 바에 의하여 재외국민을 보호할 의무를 진다.")도 헌법 제11조 제1항(평등권)과 결부되어 한국헌법상 기본권보호의무의 근거로 원용될 수 있을 것으로 판단된다. 왜냐하면 합리적 이유 없이 똑같이 국민이란 지위를 가지고 있는 일반국민과 재외국민을 다르게 취급하는 것은 헌법상 평등원칙에 조화될 수 없으므로 헌법 제2조 제2항은 일반 국민에게도 적용되어야 마땅하기 때문이다. 따라서 국가는 재외국민 뿐만 아니라 일반국민도 법률이 정하는 바에 의하여 보호해야하며, 이러한 의무를 해태한다면 ― 즉, 법률을 제정하지 않거나, 제정한 법률이 과소보호금지원칙을 위반한다면 ― 이는 헌법위반에 해당하고, 이 지점에서 '재주관화'가 아닌, '주관화' ― 즉, 국가에게 일정한 행위방식 혹은 의무를 부과하는 성문객관헌법규범으로부터 불문주관헌법규범의 도출 ― 의 문제를 고민할 수 있을 것이다.

77) 기본권의 객관적 성격으로부터 얻어진 불문객관헌법규범으로부터 실체적 기본권보장을 위해 조직과 절차적 측면에서 보호조치를 행해야 할 국가의무를 도출할 수 있는데, 그렇다고 하더라도 이러한 객관적 성격으로부터 일반적으로 특정한 제도·조직 및 절차를 내용으로 하는 청구권이 직접 도출된다고 하는 것은 ― 즉, 재주관화 하는 것은 ― 무리한 해석으로 보인다(전광석, 앞의 책, 213쪽). 그리고 특정 기본권을 위해서 이러한 청구권이 필요한 경우라고 하더라도, 굳이 '재주관화'의 방법을 통해서 주관적 청구권의 근거를 마련하기보다는, 기본권보호의무보다 더 넓은 개념으로 이해되는 헌법 제10조 제2문의 기본권보장의무 ― 기본권이 인정목적에 맞게 실현되도록 하거나 그 내용이 훼손되는 것을 막아야 하는 국가의 의무(허완중, 「기본권보호의무에서 과소보호금지원칙과 과잉금지원칙의 관계」, 『공법연구』 37(1-2), 한국공법학회, 2008, 203쪽) ― 를 통해서 그 근거를 마련하는 것이 더 많은 설득력을 가진다고 판단된다. 왜냐하면 헌법해석으로부터 도출되는 내용을 근거로 삼는 것이 아니라, 성문 헌법전의 규정을 근거로 삼고 있기 때문이다.

78) Pieroth/B. Schlink, 앞의 책, 22쪽.

과 객관의 끊임없는 연쇄적 순환을 단절시키고, 헌법이론의 번잡함을 줄이는 긍정적인 역할을 기대해볼 수도 있을 것이다.[79)]

Ⅲ. 헌법적 논증과 주·객관헌법규범

1. 논증의 토포스(Topos)와 논거로서의 주·객관헌법규범

민주적 헌법국가에서는 국가의 정책적 결정이 국민의 동의에 바탕을 두어야 하는 것과 마찬가지로, 법적 결정 또한 단순히 법에 따른 것이라는 형식적 합법성을 넘어서서 충분한 납득가능성이 담보될 수 있어야만 한다.[80)] 이러한 점에서 오늘날 법적 논거에 의한 판결의 정당화문제를 전면에 내세우고 있는 법적 논증이론이 주목을 받고 있으며,[81)] 구체적인 헌법현실에서 '합리성을 갖춘 규범적 설득력'[82)]을 확보하는 것이 헌법해석 및 헌법적 논증에 있어서 중요한 문제로 부각

---

79) 성문의 헌법규범이 헌법해석의 출발점이란 점에서, 헌법적 판단근거와 성문헌법전 사이의 거리가 멀어지면 멀어질수록 다른 이론적 논거들을 통한 보강이 이루어지지 않는 한, 논증의 힘은 약화될 수밖에 없다. 따라서 가급적 헌법적 주장의 근거를 헌법 이론적 성과를 통해서 마련하기보다는, 성문헌법전 그 자체로부터 직접 도출하려고 노력해야 할 것이다. 특히 위 각주 75), 76), 77)에서 밝혔듯이 독일헌법에서 '재주관화'라는 이론적 시도를 통해서 달성하려는 목표가 우리 헌법에서는 성문규정의 직접적인 해석(혹은 '주관화')을 통해서도 달성될 수 있을 것이다.

80) 김영환, 「법적 논증이론의 전개과정과 그 실천적 의의」, 『현대법철학의 흐름』(심헌섭/오병선 외 12인), 법문사, 1997, 129－130쪽.

81) R. Alexy, 앞의 글(주 29), 259쪽 이하; U. Neumann, 앞의 글, 3쪽 이하; 김영환, 앞의 글, 132－133쪽.

82) 설득은 일반적으로 발신자가 자유로이 선택할 수 있는 권리를 가진 수신자를 상대로 하여 강제적이지 않은 방법을 통해 발신자가 의도하는 방향으로 수신자의 태도나 의지를 변화시키려는 행위 내지는 발신자의 주관적 신념을 수신자로 하여금 수용하게 만드는 과정 혹은 동의를 얻고자 제시하는 주장에 대한 사람들의 동의를 불러일으키거나 증대시키게 해주는 담화기술 등으로 정의된다(송병우, 「설득 담화 속의 개념적 은유」, 『국어국문학』 150, 국어국문학회, 2008, 9쪽; 차근배, 『설득커뮤니케이션 이론 — 실증적 연구입장』, 서울대학교출판부, 1997, 8쪽; R. Amossy(著)/장인봉 외5인(譯), 『담화 속의 논증』, 동문선, 2003, 20쪽). 그런데 이러한 설득은 실제로 합리적·이성적 기반위에서만 행해지는 것이 아니라, 개인 및 집단의 감상이나 호감, 성향, 기질 등과 같은 비합리적 혹은 정서적 기반 위에서도 행해진다. 그러므로 비합리적 혹은 정서적 측면에 대한 분석이나 연구도 중요한 의미를 가질 것이다. 하지만 이들은 합리적 이성의 작용인 논증의 대상으로 삼기에는 적절치 않다(김성룡, 『법적 논증의 기초』, 경북대학교출판부, 2006, 63쪽). 그리고 헌법해석에서도 헌법현실에 대한 고려가 필수적이고 중요한 의미를 가지고 있지만, 헌법정책적 측면이 아니라 구체적 사안에서 합당한 판결이 무엇인지를 지도하고 비판해야 하는 평가적·규범적 측면에서의 헌법학이 지향해야 할 지점은 결국 규범적 차원의 설득력을 확보하는 것이라고 할 수 있을 것이다(규범적 측면의 헌법학에 관해서는 R. Alexy, 앞의 책(주 5), 25쪽). 이러한 점에서 엄밀히 말한다면 헌법적 논증이 달성하려는 '설득력'은 '합리성을 갖춘 규범적 설득력'이 되는 것이다.

되고 있다.[83] 그런데 이러한 설득력을 확보하기 위한 논증(Argumentation)은 "논거를 찾아내고, 찾아낸 논거를 정리하고, 정리된 논거에 언어의 옷을 입히는 것"이라고 비유적으로 표현할 수 있을 만큼,[84] 논거(Argument)[85]가 논증의 전 과정에서 핵심적인 역할을 담당한다.[86] 따라서 헌법적 논증에 있어서도 논거와 논거 발견을 위한 장소, 즉 토포스(Topos)[87]를 면밀하게 살펴보아야만 한다. 그런데 다양한 토포스들(Topoi)[88] 중에서 원칙적으로 성문이든 불문이든 헌법규범에 입각하고 있는 토포스(Topos)에서 도출되는 논거들이 그렇지 않은 논거들에 비해

---

83) 해석과 논증의 관계에 관해서는 김성룡, 앞의 책, 63-65쪽.

84) 양태종, 「키케로의 수사학 교본 *Partitiones oratoriae* 연구」, 『독어학』 10, 한국독어학회, 2004, 30쪽.

85) 논증(Argumentation)은 어떠한 주장이나 판단 등이 옳다는 것을 사리에 맞도록 근거를 제시해서 드러내는 의사소통의 한 방법을 의미하는데, 이 경우 사용되는 개개의 근거 내지 이유를 논거(Argument)라고 한다(김성룡, 앞의 책, 3-4쪽; 다만 김성룡 교수는 논증을 "증명"이라는 카테고리 안에서 이해하고 있는데, 대전제로부터 결론이 필연적으로 추론되는 — 즉, 논리적 필연성을 갖춘 — 증명(Beweis)과는 달리, 논증은 설득할 만한 논거가 제시될 뿐, 결론에 대한 승인여부는 개방되어 있다는 점, 그리고 증명이 수신자의 동의를 얻지 않아도 되는 공리에 근거하고 있는 반면에, 논증은 앞서 동의의 대상이 되어야 하는 전제에 근거하고 있다는 점에서 양자는 기본적으로 다른 개념이다. 이에 관해서는 C. Perelman, Das Reich der Rhetorik: Rhetorik und Argumentation, C. H. Beck, 1980, S. 162f.; R. Amossy(著)/장인봉 외 5인(譯), 앞의 책, 21쪽). 이러한 점에서 설득력 확보를 목적으로 하는 논증은 적절한 논거의 다양한 사용으로 완성되는 것이다(송병우, 앞의 글, 18쪽).

86) 송병우, 앞의 글, 5쪽.

87) 논증의 전제가 되는 논거를 꺼낼 수 있는 곳(창고), 혹은 논거를 발견하기 위한 장소 내지 논거가 숨어있는 곳을 뜻하는 개념인 토포스(Topos)는 원래 장소를 의미하는 그리스어(topos)로서, 라틴어로는 loci, 영어로는 place로 번역되고, 복수형은 topoi, 그리고 topoi의 이론을 Topik이라고 한다(P. Prechtl/F.-P. Burkard, 앞의 책, 617쪽). 우리 언어로는 "공론(R. Barthes(著)/김성택(譯), 「옛날의 수사학」(김현(編), 『수사학』, 문학과지성사, 1985, 81쪽)", "화제(박우수, 『수사적 인간』, 민, 1995, 108쪽)" 등으로 번역되기도 했으나, 원래 topos가 가지고 있는 의미를 고려한다면, "말터(양태종, 「말터(Topos) 나누기」, 『언어와 언어교육』 11, 동아대학교어학연구소, 1996, 83쪽 이하; 김혜숙, 「소피스트 수사학에서 나타나는 인식론 및 언어관」, 『독일어문학』 23, 한국독일어문학회, 2003, 306쪽)" 혹은 "곳/장소(송병우, 앞의 글, 5쪽)"로 번역하는 것이 타당할 것이다. 한편 홍성방 교수는 Topik을 "문제변증법", topisch를 "문제 변증법적인", Topos와 Topoi를 "관점"으로 번역하고 있는데(M. Kriele(著)/홍성방(譯), 『법발견론』, 한림대학교출판부, 1995, 160-161쪽, 206쪽, 210쪽), 이는 topos가 고대 그리스시대에서부터 사상이나 감정 따위의 효과적 전달을 위한 언어의 사용법을 연구하는 학문인 수사학에서 사용되었고, 법정은 수사학의 가장 중요한 무대였던 점을 고려한 번역으로 판단된다.

88) 토포스(Topos)는 여러 가지가 있을 수 있는데, 관련하여 특히 퀸틸리아누스(Quintilian)의 토포스(Topos) 분류가 유명하다. 그는 '사람'과 '일'을 토포스(Topos) 분류의 출발점으로 삼고, 사람의 토포스(loci a persona)에는 출신·출생·고향·성별·나이·교육·신체·운명·신분·본성·직업·선호·과거의 언행·성명 등을 포함시켰고, 일의 토포스(loci a re)에는 동기·장소·시간·가능성·정의·유사·모순·정합성·원인·비교·허구·상황 등을 포함시켰다. 이에 관한 상세한 설명은 송병우, 위의 글, 12-13쪽; M. Kriele, Theorie der Rechtsgewinnung, entwickelt am Problem der Verfassungsinterpretation (SÖR, Bd. 41), Duncker & Humblot, Berlin, 1967, S. 144f.

서 규범적으로 더 우수한 설득력과 공신력을 가져다줄 수 있다.[89] 왜냐하면 해당 사태의 해결을 위해서 제시된 주장과 그 주장을 뒷받침하는 논거들이 아무리 좋은 결과를 발생시킨다고 하더라도, 법적 논증으로서의 헌법적 논증은 그 논증의 범위가 언제나 헌법문언의 가능한 의미 안에서만 행해질 수 있고(소위 "법관의 법(률)에의 구속"),[90] 또 판결의 정당성 여부를 판단하는 가장 확실하고도 기본적인 규준은 바로 헌법규범이 되어야 하기 때문이다.[91]

한편 헌법적 논증에 있어서 (주·객관)헌법규범이 논거발견을 위한 장소(토포스: Topos)라는 사실이, 헌법규범 그 자체를 논거로 사용하는 것을 방해하는 것은 아니다. 오히려 이는 법규범학의 특성상 권장된다고 해야 한다. 비교적 명백하고 간단한 헌법적 논증일수록, 헌법규범을 직접 언명하면서 혹은 특정 헌법규범을 직접적 근거로 삼아서 어떠한 의사를 피력하는 경우가 많을 것이며, 이 경우에 해당 헌법규범은 당위적 언명의 논거이자 동시에 토포스(Topos)가 되는 것이다. 다만 상세한 논증 없이 단지 헌법규범을 언급하는 것으로만 주장의 정당성을 부여해버리는 경우는 마땅히 경계되어야한다. 이러한 경우는 문제된 심판대상에 적용할 헌법조항을 확정하는 과정에서 빈번하게 나타나는데, 특히 우리 헌법재판소는 상세한 논증 없이 그저 헌법 제10조를 언급하면서 "인격권"을 헌법상 기본권으로 평가하고 있다.[92] 하지만 이는 헌법 제10조를 근거로 내세우기만 할 뿐, 소위 인격권이란 것이 구체적으로 어떤 행위나 어떤 상황을 보장하는 권리이

---

89) 물론 "문제중심"의 헌법해석을 강조하고 있는 토픽(Topik)적 사고는 헌법규범에 입각하고 있는 토포스(Topos)도 문제해결을 위한 많은 관점들 중의 하나에 불과하다고 하면서, 다양한 토포스들(Topoi)을 함께 고려하도록 요구한다는 점에서, "실정법중심"으로 헌법해석에 임하는 이러한 전통적인 입장에 찬성하지 않을 것이다(Vgl. T. Viehweg, Topik und Jurisprudenz, C. H. Beck, 5. Aufl., 1974, S. 14; 계희열, 『헌법학(상)』, 박영사, 2004, 75쪽 이하; 이부하, 『헌법학원론』, 신론사, 2008, 48-50쪽; 이준일, 앞의 책, 54쪽; 허영, 『헌법이론과 헌법』, 박영사, 2006, 93-94쪽). 하지만 이러한 토픽(Topik)적 사고는 '법전을 떠난 법의 연구'라는 비판을 받고, 무엇보다도 개방성과 불확정성으로 인해 발생하는 논증참여자들의 자의성 개입에 대한 충분한 방지책을 마련하지 못했다. 그 결과 오히려 합리적·규범적 설득력을 상실할 위험성이 커졌다. 따라서 토픽(Topik)적 사고를 긍정적으로 받아들이는 학자들도 일정한 전제조건을 제시하거나, 어떠한 방법으로 논증참여자들의 주관적 요소의 개입을 제한할 수 있을 것인가의 문제에 대해서 고민하고 있는 실정이다(이에 관해서는 M. Kriele, 앞의 책, 147-148쪽, 151-152쪽; 허영, 같은 책, 94-98쪽; 이부하, 같은 책, 49쪽).

90) 김영환, 앞의 글, 132쪽.

91) 그렇지 않다면, 헌법학은 정치학적 수사학이나 요동치는 세계관적 투쟁의 단순한 도구로 전락할 뿐, 규범학으로서 요청되는 합리적 통제와 당위적 규준을 마련에는 실패할 것이다(Vgl. R. Alexy, 앞의 책(주 5), 38쪽).

92) 특히, 헌재 1990.9.10. 89헌마82 결정, 판례집 2, 310쪽; 헌재 2008.10.30. 2007헌가17 결정, 판례집 20-2, 707쪽; 헌재 2001.10.25. 2000헌바60 결정, 판례집 13-2, 485쪽.

기에 헌법 제10조에서 도출될 수 있는지에 관해서 아무런 이유나 설명을 하고 있지 않다는 점에서 牽强附會의 수단으로서 헌법규범을 사용한 것이라는 의심으로부터 자유롭지 않다. 이와 관련해서 특히 김경제 교수는 "인격권이라는 것이 헌법에 근거하여 논리적으로 입증을 거쳐 정립된 것이 아니라 재판관들이 자기의 생각을 정리하여 일방적으로 만든 것"이라고 강하게 비판하고 있다.[93)]

2. 헌법적 논증에서 주·객관헌법규범의 취급

이처럼 (주·객관)헌법규범이 헌법적 논증의 토대로서 — 즉 논거로서 혹은 토포스(Topos)로서 — 중요한 의미를 가지고 있지만, 실천적 차원에서는 구체적 논증과정에서 주관헌법규범과 객관헌법규범을 어떻게 취급해야 할 것인지에 관해서 대답해야만 한다. 그런데 이와 관련해서 우리 헌법재판소는 헌법적 논증에서 주관규범과 객관규범이 가지고 있는 의미에 대한 통찰이 부족하다.

몇 가지 예들을 살펴보면, 헌법재판소는 형법 제241조 간통죄의 합헌성을 논증하기 위해서 주관헌법규범에 해당할 수 있는 성적 자기결정권 및 사생활의 자유에 객관헌법규범인 일부일처주의·혼인제도를 대립시켰고,[94)] 89헌가106사건에서는 주관헌법규범에 해당하는 근로3권을 객관헌법규범에 해당하는 교육제도와 대응시켰으며,[95)] 99헌바28 사건에서도 주관적·구체적 권리(주관헌법규범)인 "후보자의 공무담임권 및 선거운동의 자유"를 "지방자치의 제도적 보장"이라는 객관헌법규범과 대응시키고 있다.[96)] 그런데 이러한 논의구조는 아무런 설명이나 합리적 근거 없이 서로 차원을 달리하는 규범들 — 특정 이익 지향적이고 관계적 성격을 가지고 있으며, 개별화되어 귀속될 수 있는 주체가 존재하는 주관헌법규범과 이익 중립적·비관계적이며, 개별 주체에게 그의 것으로 귀속될 수 없는 객관헌법규범 — 을 대등하게 대립시켰다는 점에서 비논리적이며, 무엇보다도

93) 김경제, 「간통처벌규정에 대한 합헌결정이 가지는 헌법적 문제점」, 『헌법학연구』 15－2, 한국헌법학회, 2009, 133쪽: 이 논문에서 김경제 교수는 인격권은 구체적인 행위를 보장대상으로 삼는 기본권이 아니므로, 여기에서 도출된다는 성적자기결정권도 원칙적으로 정신적·심적 상태를 규율하는 기본권일 수밖에 없다고 하면서, 상세한 논증 없이 구체적인 "행위"를 규율하는 형법 제241조가 헌법 제10조를 제한한다고 주장하는 헌법재판소의 태도를 비판하고 있다.

94) 헌재 1990.9.10. 89헌마82 결정, 판례집 2, 306, 310, 321－322쪽; 헌재 2008.10.30. 2007헌가17 결정, 판례집 20－2(상), 718쪽; 헌재 2001.10.25. 2000헌바60 결정, 판례집 13－2, 485쪽.

95) 헌재 1991.7.22. 89헌가106 결정, 판례집 3, 387쪽 이하.

96) 헌재 1999.11.25. 99헌바28 결정, 판례집 11－2, 543쪽 이하.

주관과 객관이 뒤섞여 논증될 때 주관적인 것에 비해서 객관적인 것이 가지는 높은 설득력으로 인해서[97], 양자는 상호보완적이거나 동가치한 것으로 평가되기 보다는 '객관'을 보편화 내지는 중심개념화 하고, '주관'을 주변화·특수화하여 배제하는 논리로 쉽게 빠져들게 되며, 그 결과 주관적인 것은 객관적인 것보다 열등하고 특수한 가치로 평가되기 쉽다.[98] 따라서 헌법제정권자가 기본권을 헌법에 규정한 근본취지가 간과되기 쉽고, 주관적 공권으로서의 기본권이 객관화된 제도·질서에 의해 부당하게 훼손될 가능성이 많다. 실재로 위에서 언급된 사건들에서 헌법재판소는 엄격한 논증 없이 해당 각각의 기본권에게 감행된 국가행위(기본권침범: Grundrechtseingriff)가 헌법적으로 정당화된다고 판단했다. 그러므로 헌법적 논증에 있어서 합리성을 갖춘 규범적 설득력을 고양시키기 위해서는 주관주의적 논의구조와 객관주의적 논의구조를 분리해서 각각 검토해야할 것이다.[99] 즉, 위 예들에서 헌법재판소가 만약 주관주의적 논의구조에서 논증을 진행하고자 한다면, 성적 자기결정권 및 사생활의 자유에 간통을 벌하지 않았을 때 발생하는 특정인이나 집단의 불이익 혹은 간통행위 배우자의 가족법상의 지위(예컨대, "배우자와 가족구성원의 유기"[100])를 대립시키거나, 사립학교 교원의 '근로3권'이나 '공무담임권 및 선거운동의 자유'에 각각 이러한 주관적 권리들을 제한하지 않는 경우에 발생하는 구체적인 '공적 불이익 혹은 특정 개인이나 집단의 불이익'을 대립시켜서 형량 했어야 했다.[101] 그리고 객관주의적 논의구조에서 논증을 진행하고자 한다면, 위 예에서 언급된 주관헌법규범인 방어권적 기본권들을 객관화해서, 해당 기본권들로부터 객관적 실체인 국가를 수범자로 하는 일정한 행위규범 ― 즉, 국가에 대한 부작위명령 ― 을 도출시킨 다음, 이를 각각 "일부일처주의·혼인제도", "교육제도", "지방자치의 제도적 보장" ― 이들은 국가에 대한

97) 헌법적 논증, 특히 기본권최대보장자와 기본권최대제한자 간의 논증다툼에서, 논증참여자가 자신에게 직접 관련되고 자신에게 속하는 헌법규범, 즉 주관헌법규범을 가지고 논증에 참여하는 경우보다, 자신의 외부에 독립해서 별도로 존재하는 헌법규범, 즉 객관헌법규범을 논거로 삼는 경우에 제3자나 일반에 대해서 통상 좀 더 손쉽게 더 높은 설득력을 확보할 수 있게 된다. 왜냐하면, 논증다툼에서 자기관련성이 희미해지고, 그 결과 상대적으로 헌법제정권자의 의사를 더 많이 부각할 수 있기 때문이다(김해원, 앞의 글(주 8), 33쪽).

98) 강진철, 앞의 글(주 40), 156－157쪽; 김해원, 앞의 글(주 8), 33－34쪽.

99) 기본권심사에 있어서 주관주의는 기본권주체의 법익에 주목하는 반면, 객관주의적 논의구조는 이를 기본권법과 기본권법에 저촉되는 법규간의 충돌문제로 파악하고, 법체계전체를 해석학적 순환의 방법으로 재구성하여 해결한다(김명재, 앞의 글, 111－119쪽).

100) 헌재 2008.10.30. 2007헌가17결정, 판례집 20－2, 707－708쪽.

101) 한편 이러한 '불이익'에 대해서는 해당 기본권을 제한하고자 하는 자가 논증부담을 져야한다(김해원, 앞의 글(주 8), 50쪽).

작위명령을 그 내용으로 삼고 있는 객관헌법규범이다 — 과 대립시켰어야 했다. 이러한 점에서 헌법적 논증에 있어서 주관헌법규범과 객관헌법규범을 분리시키되, 주관주의적 논의구조와 객관주의적 논의구조를 모두 고려하면서 방어권적 기본권의 정당성 심사구조를 새롭게 형성하고 있는 시도(분리논증)[102]는 의미가 있을 것으로 판단된다.

Ⅳ. 마치는 글

법은 한편으로는 논증참여자들에게 미리 주어진 존재질서로서 다루어지도록 요구하며, 다른 한편으로는 논증참여자들 각각의 주관적 체험과 가치 선택의 가능성에 대해 열려있는, 즉 인간이 자유롭게 원용할 수 있는 대상으로서 다루어지도록 요구한다.[103] 이런 점에서 법은 "이미 주어진 것(Gegebenheiten/Gegebensein)"과 "과제로 주어진 것(Aufgegebensein)", 혹은 "확실성(Gewissheit)"과 "불확실성(Unsicherheit)"이라는 모순되는 존재방식의 팽팽한 긴장감 속에서 존재하고 있다.[104] 여기서 필자는 헌법에서 객관(규범)과 주관(규범)의 개념을 적극적으로 정의하고, 구체적으로 어떠한 규범들이 각각 객관규범 혹은 주관규범에 해당하는지를 밝힌 다음, 헌법적 논증에서 양자를 분리해서 취급할 것을 제안했다. 이러한 제안은 객관성 내지는 확실성을 내세운 인간의 자의로부터 자주 발생하는 주관성 내지는 불확실성의 분별없는 훼손을 방지하고 양자의 팽팽한 긴장관계를 유지하게 하며, 나아가 질서정연하고 합리적이며 설득력 높은 헌법적 논증을 전개하는데 도움이 될 수 있을 것이란 기대에서 비롯된 것이다. 제안된 내용들은 앞으로 더욱 보완되고 구체화되어야 하겠지만, 이러한 시도가 학문공동체의 질정을 거쳐서 헌법적 논증에서 '주관'과 '객관'을 엄격히 취급하고, 논증의 설득력을 고양시키고자하는 후속연구들의 논거 혹은 반대논거로서 기여할 수 있기를 바란다.

---

102) 김해원, 앞의 글(주 8), 37−49쪽; 이러한 점에서 이 글(§ 2. 객관헌법과 주관헌법)은 김해원, 앞의 글(주 8), 33쪽 각주 29)에서 제기된 물음 — 도대체 무엇이 주관·객관헌법규범이며, 양자는 어떻게 상호작용하는가? — 에 적극적으로 대답하고, 이 책 제2부 제2장 제2절 제2관 § 10.에서 본격적으로 설명할 "분리논증"의 이론적 기초를 세우기 위한 시도이다.

103) Vgl. E. Fechner, Rechtsphilosophie: Soziologie und Metaphysik des Rechts, J.C.B. Mohr, 2. Aufl., 1962, S. 189, 212.

104) Vgl. E. Fechner, 앞의 책, 142쪽, 212쪽.

제 2 장

기본권심사의 전제조건

제1절 헌법현실적 전제조건: 기본권관계

제2절 헌법규범적 전제조건: 헌법규범충돌상황

제1절 헌법현실적 전제조건: 기본권관계

§ 3. 기본권관계와 기본권원용의 양상*

Ⅰ. 시작하는 글

기본권 또한 권리라는 점에서 3가지 권리변수 — 권리보유자변수(a)·권리수신인(권리상대방)변수(b)·권리대상(권리내용)변수(G) — 로 이루어진 三價關係의 구조 속에 놓이는바,[1] "a는 b에 대해서 G에 관한 권리를 보유한다."라는 권리일반문장으로 표현될 수 있다.[2] 하지만 기본권은 권리변수 a, b에 각각 기본권 주체인 국민[3]과 기본권 수범자인 국가[4]가 대응하는 헌법적 차원의 권리[5]라는 점에서 그 특수성이 있다. 그리고 이러한 특수성은 모든 개별 기본권들의 목적조항이라고 일컬어지는 헌법 제10조를 통해서도 확인된다.[6] 그런데 기본권규범은 법질서 단계구조에 있어서 최고의 위치를 차지하고 있으면서(기본권규범의 형식적 근본성), 국가와 사회의 규범적 근본구조에 관한 결정을 포함하고 있기 때문에(기본

---

* 김해원, 「기본권 원용의 양상과 기본권이론 — 사법질서에서 기본권의 효력을 중심으로 —」, 『헌법학연구』 제17권 제2호, 한국헌법학회, 2011, 391－430쪽에 수록된 글을 수정·보완한 것이다.

1) 권리의 공통기본구조에 관해서는 김도균, 『권리의 문법 — 도덕적 권리·인권·법적 권리』, 박영사, 2008, 4－5쪽; R. Alexy, Theorie der Grundrechte, Suhrkamp, 3. Aufl., 1996, S. 171f.

2) 김도균, 앞의 책, 5쪽; 한편 R. Alexy는 이러한 권리변수들의 관계를 기호화하여 "RabG"로 표현하고 있다(R. Alexy, 앞의 책, 172쪽).

3) 우리 헌법제정권자는 기본권의 귀속주체(기본권주체)를 대부분의 경우에는 "국민"으로 표현하고 있으나, 경우에 따라서는 "누구든지", "형사피고인", "근로자", "여자" 등으로 나타내기도 한다. 그리고 기본권주체에게 명시적으로 특정한 기본권적 지위내용을 " [⋯] 가진다." 라고 표현(능동적 규정양식)하거나, 혹은 "[⋯] 침해받지(혹은 차별을 받지/박탈당하지/소추되지/거듭 처벌받지/경시되지) 아니한다."라고 표현(수동적 규정양식)하고 있다. 관련 설명과 헌법규정의 적시는 김해원, 「헌법적 논증에서 객관헌법과 주관헌법」, 『헌법학연구』 16－1, 한국헌법학회, 2010, 179－180쪽.

4) 기본권 수범자로서의 국가에 관해서는 조한상, 「기본권의 효력 — 기본권의 수규자, 주장 및 관철의 문제」, 『청주법학』 32－2, 청주대학교 법학연구소, 2010, 6－7쪽.

5) R. Alexy, 앞의 책, 258쪽.

6) 헌법 제10조 제1문("모든 국민은 인간으로서의 존엄과 가치를 가지며 행복을 추구할 권리를 가진다.")은 모든 개별 기본권들의 목적에 해당하는 인간의 존엄과 가치의 귀속주체가 "국민"임을 분명히 하고 있으며, 제2문("국가는 개인이 가지는 불가침의 기본적 인권을 확인하고 이를 보장할 의무를 진다.")은 기본권 수범자가 "국가"임을 확인시켜주고 있다. 유사한 취지로 김주환, 「기본권의 규범구조와 '제3자적 효력'」, 『사법행정』 42－11, 한국사법행정학회, 2001, 16쪽.

권규범의 내용적 근본성),[7] 단순히 기본권 주체인 '국민'과 기본권 수범자인 '국가' 간의 관계(공법관계)에서만 영향을 미치는 것이 아니라, 사법체계를 포함한 전체 법체계에서도 일정한 영향 — 이른바 파급효(Ausstrahlungswirkung) — 을 끼친다.[8] 특히 학설과 판례를 통해서 확인된 기본권의 이중성 — "기본권규범은 국가에 대한 개인의 주관적 방어권을 포함하고 있을 뿐만 아니라 동시에 법의 모든 영역에 대한 헌법적인 근본결단으로서 입법, 행정, 사법에 지침과 동기를 부여하는 객관적 가치질서"로서의 성격을 가진다.[9] — 은 실재하는 이러한 파급효를 이론적으로 뒷받침해주고 있다.[10]

그런데 기본권이 법체계 모든 영역에서 파급효를 가진다는 것, 그 자체만으로는 기본권이 어떠한 구조 속에서 어떠한 방식 및 강도로 법체계에 얼마만큼 영향을 미쳐야만 하는지에 관해서는 아무런 정보를 제공해주고 있지 못하다. 따라서 여기에서는 전체 법체계[11]에서 구체적으로 기본권이 어떠한 양상으로 원용될 수 있는지를 정밀하게 살펴보고 관련 이론들을 검토함으로써 파급효의 상황분석과 그 강도에 관한 규범적 고찰을 시도하고자 한다. 이를 위해서 우선 전체 법체계는 크게 공법체계와 사법체계로 대별될 수 있다는 점[12]에 착안하여, 기본

---

7) 법체계 안에서 기본권규범의 형식적·내용적 근본성에 관해서는 R. Alexy, 앞의 책, 473 – 475쪽.

8) 국가와 국민 간의 관계에 기본권이 미치는 영향을 넘어서서, 사인들 간의 관계를 포함한 전체 법체계에 미치는 기본권의 영향을 독일연방헌법재판소는 "Ausstrahlungswirkung(방사효/파급효)"로 표현하고 있다. Vgl. BVerfGE 7, 198(207); BVerfGE 34, 269(280); "사법상의 법률관계도 직·간접적으로 헌법의 영향을 받게"됨을 명확히 선언하고 있는 우리 헌법재판소의 결정으로는 특히, 헌재 2005.2.3. 2001헌가9, 판례집 17 – 1, 16쪽.

9) BVerfGE 39, 1(41); 기본권의 이중성을 분명하게 나타내고 있는 한국 헌법재판소의 판례로는 특히, 헌재 1995.6.29. 93헌바45, 판례집 7 – 1, 879 – 880쪽.

10) '기본권 이중성'이란 이론이 있다고 해서 존재하지 않았던 기본권의 파급효가 발생하는 것이 아니라, 기본권의 이중성 때문에 파급효(방사효)의 기본권이론적 승인이 용이하게 되는 것이다. 관련하여 특히 홍성방, 『헌법학(上)』, 박영사, 2010, 333쪽: "곧 기본권은 객관적 가치질서이기 때문에 방사효(Ausstrahlungswirkung)가 인정되며, […]"; 전광석, 『한국헌법론』, 법문사, 2010, 209 – 210쪽: "기본권의 객관적 성격에서 기본권은 필연적으로 보편적 효력을 갖는다."; 양건, 『헌법강의』, 법문사, 2011, 219 – 220쪽; Vgl. K. Hesse, Grundzüge des Verfassungsrechts der Bundesrepublik Deutschland, C. F. Müller, 20. Aufl., 1999, Rn. 279ff.; R. Alexy, 앞의 책, 477쪽.

11) 여기서 언급되는 전체 법체계는 헌법의 규범력이 미치는 범위 내의 전체 법체계, 즉 하나의 정치적 공동체 내의 공법체계와 사법체계를 지칭하는 것이다. 따라서 국제법 영역에 기본권 규범이 미치는 파급효는 헌법과 국제법과의 관계에 관한 고찰이 필요한 또 다른 주제라는 점에서 본 연구의 대상이 아님을 밝혀둔다.

12) 오늘날 사회법 같은 중간적 법 영역이 확대·강화되고 있고, "공법과 사법의 혼합" 내지는 양자의 접근현상이 현저하긴 하지만 — 이러한 현상은 보통법(common law)의 전통이 살아 있는 영미법 국가들에서는 더욱 현저하다(정하명, 「미국법에서의 공법과 사법의 구별」, 『공법연구』 37 – 3, 한국공법학회, 2009, 77쪽) — , 법을 공법과 사법 양자로 대별하는 것은 로마법 이래의 전통적인 태

권이 오직 국가와 국민이라는 수직관계에 의존하여 원용되는 경우(Ⅱ.)와 기본권 주체 상호 간이라는 수평관계에서 원용되는 경우(Ⅲ.), 그리고 사인들 상호 간의 관계와 여기에 개입하는 국가라는 삼각관계 속에서 원용되는 경우(Ⅳ.)로 구분하여 논하되, 특히 헌법의 핵에 해당하는 기본권이 수소법원 법관을 통해서 사법영역에 방사해 들어가는 현상(Ⅳ.4.)[13]에 주목하고자 한다.

Ⅱ. 수직관계에서 기본권 원용의 양상

헌법재판소 결정을 통해서 이미 여러 차례 확인된 것처럼 기본권은 “헌법에 의하여 직접 보장된 개인의 주관적 공권”[14]이므로, 공권력의 행사자인 국가와 국민 사이의 관계(수직관계)[15]에서 발생하는 헌법적 차원의 권리이다. 따라서 기본권 주체인 국민은 자신의 기본권을 원용함으로써 기본권 수범자인 국가에게 일정한 행위를 요구할 수 있는데, 방어권적 기본권과 관련해서는 부작위행위를, 급부권적 기본권과 관련해서는 작위행위를 요구할 수 있게 된다.[16] 그런데 이러한 기본권적 주장은 정치적·사실적 방법을 통해서 관철될 수도 있겠지만,[17] 법적·규범적 차원에서는 결국 사법절차를 통해서 기본권이 원용되어질 때 비로소 구체적이고 실천적인 의미를 갖는다. 따라서 구체적 소송에 있어서 기본권 원용의 양상이 우리의 관심사항이 된다.

도이며, 특히 법률효과와 관련해서는 공법과 사법 간의 정확한 구별기준이 요청된다. 이에 관한 상세한 설명 및 구체적인 구별 기준에 관해서는 특히 곽윤직(편집대표), 『민법주해[Ⅰ] 총칙(1)』, 박영사, 2010, 30쪽; 곽윤직, 『민법총칙』, 박영사, 1995, 2－10쪽.

13) 박규환, 「사법질서로의 기본권효력 확장구조와 그 한계」, 『공법연구』 33－3, 한국공법학회, 2005, 116쪽.

14) 헌재 2006.3.30. 2003헌마837, 공보 제114호, 551쪽; 헌재 2001.3.21. 99헌마139, 판례집 13－1, 676쪽, 691－692쪽; 헌재 2004.12.16. 2002헌마579, 판례집 16－2, 568쪽, 575쪽; 헌재 2006.8.31. 2006헌마266, 공보 제119호, 1262쪽.

15) 이준일, 『헌법학강의』, 홍문사, 2008, 430쪽.

16) 이준일, 「기본권의 기능과 제한 및 정당화의 세 가지 유형」, 『공법연구』 29－1, 한국공법학회, 2000, 120쪽; 한편 이준일 교수를 비롯하여 다수의 견해와 판례는 헌법상 평등도 권리로 구성하고 있는바, 이러한 견해에 따르면 국가에 대해서 작위행위 혹은 부작위행위와 관련된 평등한 취급을 요구할 수 있는 권리로서 평등권 또한 방어권적 기본권 및 급부권적 기본권과 함께 언급될 수 있을 것이다. 하지만 필자는 헌법상 평등(헌법 제11조)은 독자적인 헌법상 권리(기본권)가 아니라 헌법원칙 내지는 기본권심사기준이라고 생각한다(이에 관해서는 김해원, 「‘평등권’인가 ‘평등원칙’인가?」, 『헌법학연구』 19－1, 한국헌법학회, 2013, 223－259쪽 참조).

17) 사실적 차원에서 기본권이 원용되는 양상에 관해서는 조한상, 앞의 글, 8－9쪽.

관련하여 수직관계에서도 민사소송·형사소송·행정소송에서 해당 사건의 당사자 혹은 수소법원의 판사가 관련 법률조항을 매개물로 삼아서 — 즉, 간접적으로 — 헌법상의 기본권규범을 원용하는 경우도 있겠지만,[18] 수직관계에서 주관적 공권으로서의 기본권은 원칙적으로 헌법소송, 특히 헌법소원심판이라는 소송구조 속[19]에서 '직접적용'되는 방식으로 원용된다.[20] 그리고 이 경우 기본권규범을

---

18) '국가 : 국민'이라는 수직관계에서 기본권이 민사소송을 통해서 원용될 수 있는 경우로는 특히, 헌법 제29조에 기초하고 있는 국가배상사건을 언급할 수 있을 것이다(현행 소송법체계에서 국가배상사건은 민사소송을 통해서 처리된다). 이 경우 국가배상법 제2조 제1항의 추상적이고 일반적인 구성요건들 — 예컨대, "직무를 집행하면서", "고의 또는 과실로", "법령을 위반하여", "손해를 입히거나" 등 — 을 매개해서 헌법상의 기본권들이 원용될 수 있다. 관련하여 최근 판례로서는 아프가니스탄에서 탈레반 무장 세력에 의해 사망한 자의 부모가 청구한 국가배상사건에서 망인의 기본권인 생명권이 원용된 사례(서울중앙지방법원 2011.4.22 선고 2010가합77120 판결)를 들 수 있다. 형사소송과 관련해서는 형벌 및 보안처분의 부과와 관련해서 형사피고인의 헌법상 기본권이 원용되는 경우(관련하여 특히 성범죄자에 대한 전자감시제도의 법적 성격을 검토하고 있는 대법원 2009.9.10. 선고 2009도6061, 2009전도13 판결 참조)나 공무원이 직무에 관한 범죄행위 — 예컨대, 직권남용(형법 제123조)이나 불법체포(형법 제124조), 폭행·가혹행위(형법 제125조) 등 — 로 국민의 기본권 훼손을 초래한 경우 이를 심판해야 하는 수소법원 판사가 해당 형사구성요건의 해석과정에서 형사피해자의 기본권을 원용해오는 경우를, 행정소송과 관련해서는 취소소송의 원고적격과 관련하여 헌법상의 기본권 조항(예컨대, 환경권)을 원용하여 행정소송법 제12조의 "법률상 이익"을 도출하는 경우(박윤흔, 『행정법강의(상)』, 박영사, 2004, 926쪽; 김백유, 『행정법치론(1)』, 동방문화사, 2010, 1395쪽; 구체적 판례로서는 특히, 학원설립·운영자 및 교습자의 헌법상 사유재산권 및 영업활동의 자유를 언급하면서 학원수강료 조정명령의 위법성을 인정하고 해당 명령위반의 제재로서 행해진 영업정치처분의 취소를 선언한 서울행정법원 2009.7.27. 선고 2009구합3248 판결 참조)나 관련 행정법규의 해석과정에서 기본권이 원용되는 경우(구체적 판례로서는 특히, 일정한 건축물들의 설치행위제한과 관련된 구 국토이용관리법 제15조 제1항 제4호 및 동법 시행령 제14조 제1항 제4호의 취지를 해석하면서 헌법상 환경권을 원용한 대법원 1999.8.19. 선고 98두1857 전원합의체 판결의 보충의견 참조)를 들 수 있을 것이다(수직관계에서 민사·형사·행정소송을 통한 기본권 원용의 양상에 관해서는 조한상, 앞의 글, 11−12쪽 참조). 그런데 수직관계라고 하더라도 헌법소송의 경우와는 달리 민사·형사·행정 소송의 경우에는 당사자가 수소법원 판사에게 헌법상의 기본권규정에 기초하여 재판의 전제가 된 법률에 대해서 위헌제청신청을 하거나, 수소법원 판사가 직권으로 위헌제청결정을 한 경우 — 이 경우에 기본권은 법률의 매개 없이 직접 원용된다(같은 취지로 김하열, 「법률해석과 헌법재판: 법원의 규범통제와 헌법재판소의 법률해석」, 『저스티스』 108, 한국법학원, 2008, 16−27쪽 참조) — 를 제외하고는, 헌법상 기본권 규정들은 당사자에 의해서건, 수소법원 판사에 의해서건 원칙적으로 법률을 매개해서 — 즉, 관련 법률규정들의 해석 속에 잠재되어서 — 간접적으로 원용된다고 해야 한다. 왜냐하면 법률적 쟁송에 있어서 직접 원용될 수 있는 규범은 쟁송의 당사자들이 서로 대치하고 있는 실질적인 법률상의 관계에 의존하기 때문이다(Vgl. K. Hesse, 앞의 책, 방주 353; 관련하여 간접적용설이 타당할 수밖에 없는 우리 헌법상 보다 구체적인 이유들 관해서는 아래 목차 Ⅳ. 4. 다. 참조).

19) 구체적 규범통제를 본연의 목적으로 삼고 있는 객관헌법소송인 위헌법률심판은 국가에 대하여 국민의 주관적 공권으로서의 기본권을 소구하는 고유한 절차는 아니다. 이러한 점은 개인의 주관적 권리보장이 아니라 객관헌법질서의 회복 내지는 수호를 목적으로 하고 있는 탄핵심판, 정당해산심판, 권한쟁의심판의 경우에도 마찬가지이다. 같은 취지로는 조한상, 앞의 글, 13쪽 참조.

20) 헌법소원심판은 공권력의 행사 혹은 불행사로 인하여 헌법상 보장된 기본권을 침해받은 자가 자신

통해서 기본권수범자인 국가의 행위가 통제되는 강도는 기본적으로 헌법소원의 대상이 된 국가행위 — 입법·행정·사법을 불문한다. — 가 무엇인지에 따라 좌우된다. 요컨대 헌법재판소법 제68조 제1항에 의해서 헌법소원의 대상성이 부정되고 있는 법원의 재판에 대해서는 원칙적으로 헌법소원을 통한 기본권적 통제를 기대하기 어려운 상황인 반면에,[21] 법률우위 및 법치행정의 원리가 지배한다는 점에서 '행정'에 대한 기본권적 통제의 강도는 '입법'에 대한 통제의 강도에 비해서 일반적으로 훨씬 더 강하다고 말할 수 있을 것이다.[22] 같은 맥락에서 민주적 정당성에 기초하여 넓은 재량권을 가지고 있는 입법자에 대한 기본권적 통제의 강도는 다른 국가기관(행정부)에 비해서 상대적으로 약하겠지만, 입법자도 헌법이 기본권심사와 관련해서 요구하고 있는 형식적·실질적 헌법적합성 심사기준들[23]을 고려해야 하며, 특히 방어권적 기본권과 관련해서는 과잉금지원칙을, 급부권적 기본권과 관련해서는 과소금지원칙을 준수해야만 한다. 그리고 헌법소원심판을 통한 국가행위에 대한 기본권적 통제의 결과로서 해당 국가행위를 위헌이라고 선언하게 되면, 종국결정의 기속력으로 인해서 모든 국가기관이나 지방자치단체는 헌법재판소의 결정에 모순되는 행위를 할 수 없을 뿐만 아니라,[24] 헌법재판소의 결정에 따라 적극적으로 위헌적 상태를 제거해야하는 실체법적인 의무를 부과받기 때문에 기존의 공법질서에 대한 직접적인 변화가 초래된다.[25] 이러한 점에서 수직관계에서 헌법

의 기본권을 직접 원용해서 헌법재판소에 소를 제기하고, 이에 대해서 헌법재판소 재판관 또한 기본권을 직접 적용해서 해당 국가행위의 위헌성을 판단하는 소송이므로, 기본권의 적용을 매개할 법률이 끼워들 여지가 없다(즉, 입법을 포함한 국가행위가 심사대상이 되며, 심사대상인 국가행위의 위헌성을 판단하는 잣대로서 헌법상 기본권이 원용되는 것이다). 따라서 헌법소원심판에서 기본권은 민사소송·형사소송·행정소송의 경우와는 달리 법률의 매개 없이 직접 적용된다.

21) 하지만 헌법재판소는 예외적으로 헌법재판소가 위헌으로 결정한 법령을 법원이 적용하여 국민의 기본권을 침해한 재판과 관련해서는 부분적이긴 하지만 헌법소원을 인정하는 판결을 내린바가 있다(헌재 1997.12.24. 96헌마172등 병합결정); 아울러 헌법재판소법 제68조 제1항 "법원의 재판" 부분을 새롭게 해석함으로써, 일정한 경우에 법원의 재판도 헌법소원의 대상이 될 수 있다는 논증에 관해서는 아래 목차 Ⅳ. 4. 마. 참조.

22) 홍성방, 앞의 책, 355쪽.

23) 이에 관해서는 김해원, 「방어권적 기본권의 정당성 심사구조」, 『공법학연구』 10-4, 한국비교공법학회, 2009, 30-31쪽.

24) 만약 헌법재판소의 위헌 내지는 헌법소원의 인용결정에도 불구하고 국가기관이 헌법재판소의 결정에 저촉되는 행위를 한 경우에는 헌법재판소 종국결정이 갖는 효력인 기속력 때문에 해당 국가행위는 당연히 효력을 갖지 못한다. 이에 관해서는 정종섭, 『헌법소송법』, 박영사, 2008, 180쪽.

25) 헌법재판소 종국결정의 효력으로서 기속력이 미치는 범위에 관해서는 특히, 허완중, 「헌법재판소결정의 기속력과 결정이유 — 헌재 2008.10.30. 2006헌마1098등 결정에 대한 평석을 중심으로 —」, 『인권과정의』 399, 법조협회, 2009, 20쪽 이하 참조.

소원심판은 기본권이 원용되는 가장 강력하고 전형적인 사법절차적 구조라고 할 수 있다.

Ⅲ. 수평관계에서 기본권 원용의 양상

1. 서두

규범적 측면에서 기본권주체 상호 간에 미치는 기본권의 영향, 즉 기본권의 수평효(Horizontalwirkung)가 함의하고 있는 핵심적인 쟁점은 사인들 상호 간의 관계에서도 기본권이 원용될 수 있는가,[26] 그리고 만약 이러한 원용이 가능하다면 과연 어떤 구조 속에서 어떤 방법 및 강도로 얼마만큼이나 원용될 수 있는가 하는 문제이다.[27] 그런데 앞서 밝힌 것처럼 기본권은 권리보유자변수와 권리수신인변수에 각각 국민과 국가가 대응되는 권리라는 점에서 원칙적으로 기본권주체 상호 간의 관계에서 기본권이 원용되는 것은 적절치 않은 측면이 있긴 하다.[28] 하지만 헌법은 하나의 정치적 공동체의 근본법이자 최고법이란 점에서, 공동체 구성원인 국민 또한 다른 국민과의 관계에서 헌법의 핵에 해당하는 기본권을 존중하고 이에 구속되는 것이 마땅하다는 견해,[29] 1789년 프랑스 인권선언 등에서 엿볼 수 있는 초기 기본권의 형태인 자유권은 외부로부터의 모든 방해에서 벗어나는 것을 본질로 하였다는 측면에 주목한다면, 기본권은 처음부터 국가뿐만 아니라 사인에게도 주장할 수 있는 對世效를 갖고 있었다는 주장 또한 성립한다는 견해,[30] "기본권은 비록 대국가성에 대응하는 정도의 제3자 지향성이 존재하지 않는 점이 있기는 하지만, 대국가적이며 대사인적인 내용을 가지는 것이 원칙"이라고 지적하면서 헌법의 생활규범성을 고려한다면 기본권 역시 사인에 의해서 침해될 가능성이 있고 또한 사인에 대해서 이를 주장할 수 있는 것으

---

26) 김선택, 「사법질서에 있어서 기본권의 효력」, 『고려법학』 39, 고려대학교 법학연구원, 2002, 155쪽; 한편 사인 상호 간의 관계에서 기본권이 문제될 수 있는 경우는 매우 많다. 관련된 구체적인 사례들의 적시는 특히, 이준일,「기본권의 대사인적 효력의 적용」, 『헌법실무연구』 10, 헌법실무연구회, 2009, 158쪽.

27) 이러한 문제의식을 강조하고 있는 문헌으로는 박규환, 앞의 글(주 13), 123쪽, 130쪽.

28) K. Hesse, 앞의 책, 방주 355: "기본권은 일반적으로 사인을 직접 구속할 수 없다."

29) 관련하여 특히 타인의 기본권이나 헌법적 가치들과의 조화를 강조하면서 주장되고 있는 기본권의 내재적 한계에 관한 이론을 언급할 수 있을 것이다. 이에 관한 학설들의 체계적 정리 및 우리 헌법상 기본권의 내재적 한계가 인정될 수 없는 이유에 관해서는 이준일, 앞의 책, 402－405쪽.

30) 조한상, 앞의 글, 14쪽.

로 평가되어야 한다는 견해,[31] 오늘날 국가의 공적 과제가 민영화되고 또 민간 기관에 의해서 수행되는 경향을 띠게 되면서 기본권의 보편성은 더욱 부각되고, 그 결과 기본권은 국가기관 뿐만 아니라 모든 사회구성원들을 수범자로 보아야 한다는 견해,[32] 사인들 간에도 기본권이 원용될 수 있음을 명시적으로 규정하고 있거나 이를 전제로 하고 있는 헌법조항들이 존재한다는 점[33] 등을 고려한다면 사인들 간의 분쟁에서 기본권이 어떠한 방식으로도 원용될 수 없다는 주장 또한 다소 성급한 측면이 있다. 따라서 이하에서는 사인 상호 간의 문제에서 행해지는 법적 논증에서 기본권이 누구에 의해 어떠한 방식과 강도로 원용될 수 있는지를 가상해보되, 우선 대립되는 사인(혹은 사적단체)인 甲과 乙의 관계를 논의의 출발점으로 삼고자 한다.

2. 甲의 기본권적 요구를 乙이 수인하는 경우

특정 기본권 주체인 甲이 (자신의) 기본권을 직·간접적으로 원용하면서 일정한 작위나 부작위 혹은 평등취급을 다른 기본권 주체인 乙에게 요구하는 경우, 타방 상대방인 乙이 자신의 자유의지에 따라서 이를 기꺼이 받아들이고, 甲의 요구에 부응하는 행위를 하는 것은 기본적으로 헌법 제10조 행복추구권의 내용을 이루는 일반적 행동자유권의 보호영역 내의 행위에 속한다.[34] 따라서 예외적인 경우[35]를 제외한다면, 甲의 요구와 이에 부응하는 乙의 행위가 법적 분쟁으로

---

31) 송기춘, 「환경권의 대사인적 효력」, 『공법연구』 28－3, 한국공법학회, 2000, 149쪽.

32) 전광석, 앞의 책, 210쪽; 헌재 2008.7.31. 2004헌바81, 판례집 20－2(상), 103쪽 참조.

33) 구체적 예로는 언론·출판에 의한 명예나 권리 침해가 발생한 경우에 그 배상청구를 규정한 헌법 제21조 제4항 제2문, 사용자와 근로자라는 사인 상호 간의 관계를 전제하고 있는 헌법 제33조 제1항, 국가뿐만 아니라 국민에게도 환경보전을 위해 노력할 의무를 부과하고 있는 헌법 제35조 제1항 제2문과 결부된 헌법 제35조 제1항 제1문의 환경권 등을 언급할 수 있을 것이다.

34) 특히 헌재 2006.7.27. 2005헌바19, 판례집 18－2, 123쪽: "헌법 제10조는 행복을 추구할 권리를 보장하고 있는바, 여기의 행복추구권 속에는 일반적 행동자유권이 들어있고, 이 일반적 행동자유권으로부터 계약의 자유가 파생된다."

35) 예컨대, ① 甲의 요구내용이 권리남용에 해당하거나 사적자치의 한계에 해당하는 경우(민법과 관련해서는 특히 민법 제2조 제2항·제103조·제289조·제608조·제652조 참조), ② 甲의 요구를 수인하는 乙의 자유의지에 일정한 장애 사유가 있는 경우(특히, 민법 제5조·제10조·제13조·제107조~제110조 참조), ③ 甲의 요구나 乙의 행위가 형사법상의 범죄구성요건에 해당하거나 공법적 규제대상이 되는 경우(관련하여 형법 제252조 제2항의 자살방조행위나 행정상 각종 단속규정 등을 예로 들 수 있을 것이다. 단속규정에 관해서는 곽윤직, 앞의 책, 361－364쪽 참조) 등을 들 수 있을 것이다. 그런데 본 연구의 주제와 관련해서 보면 ③의 경우는 결국 앞서 언급한 '국가 : 국민'이라는 수직관계에서의 문제와 다르지 않고, ① 혹은 ②의 경우로 인해서 해당 법률관계가 변동

비화되는 경우는 생각하기 어려울 것이다. 이러한 점에서 수평관계에서 발생되는 기본권 원용의 양상과 관련해서 규범적·사법절차적 측면에서 우리가 주목해야할 것은 결국 아래 목차 '3. 甲의 기본권적 요구를 乙이 수인하지 않는 경우'가 된다.

3. 甲의 기본권적 요구를 乙이 수인하지 않는 경우

甲의 기본권적 요구를 타방 상대방인 乙이 수인하지 않는 경우에 甲이 스스로 乙에게 실력행사를 함으로써 자신의 기본권적 주장을 관철시키는 것은 오늘날의 헌법국가에서는 원칙적으로 허용되지 않는다. 왜냐하면 특정한 영역 내에서 정당한 폭력의 독점(Monopol legitimer physischer Gewaltsamkeit)을 성공적으로 관철시킨 유일한 인간 공동체, 즉 국가만이 이러한 실력을 행사할 수 있기 때문이다.[36] 실제로 이러한 국가의 폭력성이 민주주의 원칙에 따라 정당화 되면서, 동시에 법치주의 원칙에 의해서 통제되는 과정이 오늘날의 헌법국가가 지향하는 기본권민주주의(Grundrechtsdemokratie)[37]의 실현과정인 것이다. 그러나 이러한 사력구제금지에도 불구하고 예외적으로 기본권을 원용한 甲의 실력행사가 민법 제209조의 자력구제나 형법 제20조 정당행위, 제21조 정당방위, 제22조 긴급피난, 제23조 자구행위 등의 요건을 충족하는 경우에는 허용된다고 해야 할 것이다.[38] 하지만 이러한 경우에도 그 실력행사의 여부를 민주적 정당성을 갖춘 입법자가 구체적으로 정하고 있다는 점에서, 엄격하게 말하면 관련될 수 있는 기본권은 법률규정의 매개를 통한 원용, 즉 '간접적용'이란 방식으로 원용될 때 보다 더 구체적이고 실천적인 의미를 획득하게 될 것이다.[39]

(특히, 무효 혹은 취소)되어 甲, 乙 간의 분쟁이 발생하는 경우는 이하 목차 '3. 甲의 기본권적 요구를 乙이 수인하지 않는 경우'와 본질적으로 다르지 않다. 따라서 ①, ②, ③의 경우와 관련된 기본권 원용의 양상에 관해서는 별도로 논하지 않을 것이다.

36) Vgl. M. Weber, Politik als Beruf (Oktober 1919), in: J. Winckelmann (Hrsg.), GPS, J.C.B. Mohr, 5. Aufl., 1988, S. 506.

37) Vgl. W. Zeh, Parlamentarismus und Individualismus, in: K. Waechter (Hrsg.), Grundrechtsdemokratie und Verfassungsgeschichte, HW, 2009, S. 78.

38) 왜냐하면 이러한 실력행사들은 국가 법질서를 통해서 허용된 사력구제이기 때문이다.

39) 왜냐하면 이러한 사력구제가 과잉인지 여부를 따지거나 그 정당성을 평가해야 하는 상황이 된다면, 일차적으로 관련 법률규정의 구성요건이나 그 의미내용을 甲이 충족하고 있는지가 우선 확인되어야 하기 때문이다.

Ⅳ. 삼각관계에서 기본권 원용의 양상

1. 서두: 기본권보장(보호)청구권

예외적인 경우[40]를 제외한다면, 수평관계에서 사인 甲은 자신의 기본권적 가치를 실현하고자 타방 상대방인 사인 乙에게 직접 실력행사를 할 수 없기 때문에, 결국 하나의 정치적 통일체 내에서 폭력을 정당하게, 그리고 합법적으로 독점하고 있는 국가를 상대로 해서 자신의 기본권에 근거한 일정한 보장(보호)을 요구하는 방법[41]을 택해야만 한다.[42] 이러한 甲의 대국가적 보장(보호)요구는 헌법 제10조 제2문에 근거하는 국가의 기본권보장의무 및 헌법 제2조 제2항(국가의 재외국민 보호의무)을 헌법 제11조 제1항(일반적 평등)과 결부시켜 이해할 때 도출될 수 있는 기본권보호청구권을 통해서 그 헌법적 근거를 마련할 수 있게 되며,[43] 그 결과 이제 우리의 논의는 단순한 '사법주체들(甲, 乙) 상호 간의 관계'를 벗어나서 '대립되는 사법주체들(甲, 乙)과 국가'라는 삼각관계 속으로 이동하게 된다.[44] 그

40) 위 목차 Ⅲ. 3. 참조.

41) 예컨대, 입법부에게는 관련 법률의 제·개정을, 행정부에게는 기본권보호를 위한 일정한 행정권의 발동을, 그리고 사법부에게는 기본권을 존중하면서 甲·乙 간의 분쟁을 심판하도록 요구하는 방법 등을 들 수 있을 것이다. 한편 이러한 요구들에 상응하는 국가의 의무에 관해서는 방승주, 「사법질서에 있어서 기본권의 효력: 독일의 이론과 판례를 중심으로」, 『청암정경식박사화갑기념 논문집: 법과 인간의 존엄』, 박영사, 1997, 288쪽; 같은 맥락에서 장영철, 「기본권의 제3자적 효력과 기본권보호의무」, 『공법연구』 29-2, 한국공법학회, 2001, 167쪽.

42) 사법주체 상호 간의 관계에서 국가의 기본권보호의무에 관해서는 특히, 김대환, 「사법질서에서의 기본권의 효력 — 독일에서의 논의를 중심으로 —」, 『헌법학연구』 16-4, 한국헌법학회, 2010, 143쪽; 정태호, 「기본권보호의무」, 『김남진교수 정년기념논문집: 현대공법학의 재조명』, 고려대학교 법학연구소, 1997, 361쪽 이하; Vgl. C.-W. Canaris, Grundrechte und Privatrecht — eine Zwischenbilanz —, de Gruyter, 1999, S. 33ff.

43) 학설의 대체적인 태도는 국가의 기본권보호의무를 기본권의 객관적 성격으로부터 도출하는 견해와 헌법 제10조 제2문의 "보장할 의무"로부터 근거지우는 견해로 나뉜다(관련 학설들의 구체적 적시와 상세한 소개에 관해서는 특히, 허완중, 「기본권보호의무에서 과소보호금지원칙과 과잉금지원칙의 관계」, 『공법연구』 37(1-2), 한국공법학회, 2008, 204쪽). 한편 헌법재판소는 사법질서형성과 관련된 "국가의 적극적인 기본권보호의무"를 헌법 제10조 제2문으로부터 끌어내고 있다(헌재 2008.7.31. 2004헌바81, 판례집 20-2(상), 103쪽). 그런데 권리와 의무 간의 '기우뚱한 대응관계'를 고려한다면(이에 관해서는 김도균, 앞의 책, 22쪽), 이러한 견해들로부터는 국가의 기본권보호의무에 상응하는 국민의 구체적 권리인 '기본권보호청구권'을 직접 도출하기에는 어려움이 많다. 뿐만 아니라 우리 헌법은 국가를 수범자로 삼아서 제2조 제2항에서는 "보호할 의무"를, 제10조 제2문에서는 "보장할 의무"를 각각 규정하고 있는바, 필자는 양자 간의 체계적 해석을 통한 분별이 요구되며, 나아가 구체적인 경우에 양자의 심사기준 또한 달리 적용되어야할 헌법이론적·헌법현실적 필요성이 있다는 생각을 가지고 있다. 하지만 이에 관한 상세한 논증은 아래 목차(§ 4. 기본권관계에서 국가의 의무)에서 다룬다.

44) 이러한 지점에서 국가의 기본권보호의무 내지는 기본권보호청구권에 관한 논의는 사법질서에 있

런데 이러한 삼각관계에서는 甲·乙 간의 사력구제가 원칙적으로 금지되어있음과 동시에, 甲은 국가에게 자신의 기본권보호를 위해서 적극적인 조취를 취할 것을 요구(작위요구)할 수 있는 권리(급부권)를 가지며, 기본권주체인 乙은 이에 상응하여 자신의 방어권에 기대어 국가에게 자신과 甲의 관계에 불개입을 요구(부작위요구)할 수 있는 권리를 보유하고 있으므로, 甲과 乙이라는 사인들 간에서 발생된 문제(수평관계의 문제)는 결국 대국가적 권리차원의 문제(수직관계의 문제)[45]로 귀결될 수밖에 없다.[46] 그리고 이러한 논리적 귀결은 거대기업, 언론사 등과

어서 기본권의 효력 내지는 기본권의 제3자효에 관한 논의와 밀접한 관련을 가진다. 그런데 사인 상호 간의 관계에 발생되는 기본권 침해를 불법행위에 의한 경우와 계약에 의한 경우로 나누어서, 전자의 경우에는 기본권보호의무의 문제로, 후자의 경우에는 기본권의 제3자효에 관한 문제로 구분하여 논의하거나(장영수, 『헌법학』, 홍문사, 2010, 494－495쪽; 한편 장영수 교수는 다른 문헌에서는 기본권의 대사인적 효력과 기본권충돌을 비교하면서, 사인간의 계약에는 기본권의 대사인적 효력의 법리가, 사인간의 불법행위에는 기본권충돌법리가 적용되는 것으로 이해하고 있다. 이에 관해서는 장영수, 「기본권의 대사인적 효력과 기본권의 충돌」, 『고려법학』 38, 고려대학교 법학연구원, 2002, 125쪽), 사인들 간의 발생하는 법적 문제를 크게 민사법적 영역과 형사법적 영역으로 대별한 다음, 전자에서는 기본권의 제3자효가, 후자에서는 기본권보호의무가 문제되는 것으로 이해하는 견해(이준일, 앞의 글(주 26), 155쪽)가 있다. 하지만 기본권보호의무와 기본권의 제3자효는 적어도 수평관계와 이에 개입하는 국가라는 삼각관계구조 속에서는 담당해야할 영역이 각각 분리 내지는 구분되어 있는 것이 아니라, 오히려 기본권보호의무를 통해서 기본권의 제3자효가 설명될 수 있는 계기가 마련된다고 해야 한다(이러한 통찰을 엿볼 수 있는 문헌으로는 특히, 방승주, 헌법실무연구회 제91회 발표회 토론요지, 『헌법실무연구』 10, 헌법실무연구회, 2009, 190쪽: “기본권의 대사인효는 보호의무이론을 사적 영역에서 그것을 끌어다 적용한 것이다.”; 김대환, 앞의 글, 144쪽; Vgl. K. Stern, Das Staatsrecht der Bundesrepublik Deutschland, Bd. Ⅲ/1, C. H. Beck, 1988, S. 1572f.). 그리고 이러한 맥락에서 기본권의 제3자효와 국가의 기본권보호의무의 관계를 이해한다면, 기본권의 제3자효에 관한 법리가 기본권보호의무에 관한 법리로 대체되어 기본권효력의 축소를 가져오고 기본권이론의 발전을 후퇴시킬 것이라는 박규환 교수의 우려(이에 관해서는, 박규환, 앞의 글(주 13), 126－128쪽) 또한 불식될 수 있을 것이다.

45) 같은 맥락에서 R. Alexy는 이를 “3자효와 관련된 대국가적 권리(drittwirkungsrelevanten Rechte gegenüber dem Staat)”의 문제로 이해하고, 방어권적 구성과 급부권적 구성 양자의 상호보완을 강조하고 있으며, 특히 국가의 사법작용에 주목함으로써 방어권적 구성과 급부권적 구성을 조화롭게 설명하기 위한 틀로서 “사법관련적 구성(rechtsprechungsbezogene Konstruktion)”을 제안하고 있다. 이에 관해서는 R. Alexy, 앞의 책, 485－488쪽.

46) 이러한 점에서 수평관계에서 발생하는 기본권적 문제의 본질을 “공권력의 기본권구속성(die Grundrechtsbindung der öffentlichen Gewalt)”으로 이해하고, 사인에 의한 모든 기본권 침범(Eingriff)적 행위를 모조리 공권력에 의한 기본권침범의 문제로 환원시켜 해결하고자 하는 J. Schwabe 견해(Vgl. J. Schwabe, Die sogenannte Drittwirkung der Grundrechte. Zur Einwirkung der Grundrechte auf den Privatverkehr, Goldmann, 1971, S. 16ff., 30, 47, 154ff.)는 여러 비판들(Vgl. K. Stern, 앞의 책. 1550－1551쪽; R. Alexy, 앞의 책, 417쪽 이하, 483쪽)에도 불구하고, 수평관계에서 기본권이 원용되는 기본구조를 이해함에 있어서는 도움이 되는 견해라고 하겠다. 관련하여 J. Schwabe를 비판하고 있는 R. Alexy도 ‘국가에 대한 권리’라는 관념을 통해서 제3자효를 구성하려는 J. Schwabe의 시도 그 자체가 실패한 것은 아님을 분명히 지적하고 있다(R. Alexy, 같은 책, 483쪽).

같은 사회적 강자의 출현으로 인해서 사적자치의 전제조건들의 훼손 및 사인들 간의 힘의 대등성을 전제로 한 수평관계의 왜곡이 심화되고 있는 오늘날의 헌법 현실에서 중요한 의미를 갖게 된다.[47)]

사실 사법질서에 미치는 기본권의 영향은 원칙적으로 삼각관계구조 속에서 국가의 행위를 통해 초래된 현상일 뿐, 대국가적 권리인 기본권이 동시에 국민에 대한 국민의 권리(기본권주체 상호 간의 권리)로서의 성격도 가지게 되었다거나, 기본권 상대방이 국가에서 국민으로 변경되었음을 의미하는 것은 아니다.[48)] 이러한 점에서 앞서 언급한 수평효의 본질은 기본권수범자인 국가가 사법질서의 형성(입법)과 집행(행정) 및 분쟁해결(사법)과 관련하여 기본권적 가치질서를 고려하여 행한 활동이 사인들 간의 권리/의무관계(법률관계)에 미치는 영향을 의미한다고 말할 수 있을 것이다.[49)] 그런데 이러한 국가 활동과 관련하여 헌법은 원칙적으로 사법질서의 형성은 국회(입법부)에게, 형성된 사법질서의 집행은 정부(대통령 및 행정부)에게, 사법질서 관련 분쟁의 해결은 법원(특히, 민사법원)에게 각각 그 업무를 분장하여 담당케 하고 있는바, 이하에서는 전제된 수평관계(甲·乙 관계)에 각각의 기관들이 어떠한 관련을 맺으면서 작동하고 있는지에 주목하여 기본권 원용의 양상 및 그 방식에 관해서 살펴본다.

2. 수평관계(甲·乙 관계)에 관여하는 국회

甲과 乙의 갈등문제에 있어서 국회는 헌법을 통해서 직접 부여받은 권한인 입법권(헌법 제40조)을 활용할 수 있는 지위에 있다.[50)] 따라서 국회는 규범적 매개물 없이 헌법상의 기본권을 '직접적용'하여 법률을 제정·개정·폐지하는 방법으로 기본권적 가치질서에 부합되도록 사법질서를 형성해야 한다.[51)] 이러한 국

47) 이에 관해서는 특히, 방승주, 「사법질서에 있어서 국가의 기본권보호의무 — 최근 독일 연방허법재판소 판례의 분석을 중심으로 —」, 『공법학연구』 7-5, 한국비교공법학회, 2006, 69쪽.

48) Vgl. R. Alexy, 앞의 책, 489쪽.

49) 같은 취지로 이인호 교수는 다음과 같이 언급하고 있다: "기본권의 효력은 사인관계에 미치는 것이 아니라, 그 사인관계에 정부의 행위가 기본권을 제한하는 방향으로 개입되어 있을 때 그 정부행위에 대하여 미치는 것이다." 이에 관해서는 이인호, 「사기업 근로자의 표현의 자유 — 미국의 이론과 판례를 중심으로 —」, 『미국헌법연구』 16-1, 미국헌법학회, 2005, 159쪽.

50) 관련하여 특히 독일은 기본법 제20조 제3항에서 집행과 사법은 법률(Gesetz)과 법(Recht)에 구속된다고 한 반면에, 입법은 별도로 헌법질서에 구속된다는 점을 명확히 하고 있다.

51) 관련하여 M. Sachs는 이러한 입법자의 활동은 "국가의 기본권적 보호의무의 한 표현"임을 분명히 하고 있다: Vgl. M. Sachs, Verfassungsrecht Ⅱ: Grundrechte, 2. Aufl., 2003, S. 65 Rn. 44.

회의 입법활동에 대해서 甲과 乙은 각각 자신의 기본권에 기초해서 헌법소원심판을 제기하는 방식으로 헌법재판소에게 입법권에 대한 통제를 요구할 수 있겠지만,[52] 이 경우 헌법재판소는 기본적으로 국회가 가지고 있는 광범위한 입법형성의 자유를 존중하는 가운데 관련 입법활동의 위헌성을 판단해야만 한다.

3. 수평관계(甲·乙 관계)에 관여하는 정부

甲과 乙의 갈등문제에 있어서 정부는 행정권을 활용하여 관여한다. 그런데 현대 법치국가에서 행정작용은 법률우위와 법률유보를 핵심으로 하는 행정의 법률적합성의 원칙에 입각해야만 한다.[53] 따라서 정부는 원칙적으로 법률이라는 규범적 매개물을 통해서 기본권적 가치질서가 행정활동에서도 구현될 수 있도록 할 수 있을 뿐, 헌법상 기본권을 직접 원용해서 행정활동의 근거로 삼을 수는 없다고 해야 한다.[54] 다만 예외적으로 헌법 제76조의 대통령의 긴급재정·경제명령 및 긴급명령 등과 같이 행정권이 법률을 매개함 없이 직접 발동될 수 있도록 헌법이 규정하고 있는 경우라면, 헌법상의 기본권 규정이 정부에 의해서 직접 원용될 수도 있을 것이다. 한편 이러한 정부의 행정활동에 대해서 수직관계에 놓여있는 甲이나 乙이 취할 수 있는 대응방법으로는 민사소송이나 행정소송 같은 방식도 있겠지만, 가장 전형적이고 강력한 방법은 각자 자신의 기본권을 원용함으로써 헌법재판소에 헌법소원심판을 청구하는 것이다.[55]

4. 수평관계(甲·乙 관계)에 관여하는 법원

가. 서두

국회나 정부 같이 적극성을 띤 국가기관과는 달리, 법원은 기본적으로 사건

52) 물론 관련 법률의 위헌성이 재판의 전제가 된 경우에는 甲과 乙은 당해사건을 담당하는 법원에게 위헌법률심판제청신청을 할 수 있다.

53) 김성수, 『일반행정법 — 행정법이론의 헌법적 원리 —』, 법문사, 2007, 32쪽 이하.

54) 정부가 자신의 활동근거로서 법률을 배제하고 헌법을 직접 원용해온다는 것은 사실상 추상적인 헌법규범을 구체화하는 기능을 정부가 갖게 됨을 의미한다. 이는 입법권의 형해화를 초래한다는 점에서 헌법상의 권력분립원칙에 부합하지 않는다. 관련하여 특히 정태호 교수는 "행정이나 사법이 직접 기본권규범으로부터 결정기준을 이끌어 내어서는 아니되는 것이 — 이는 기본적으로 입법자의 임무이다 — 원칙"임을 명확히 하고 있다(정태호, 앞의 글, 405쪽). 한편 이러한 정태호 교수의 견해에 대한 반대의견으로는 송기춘, 앞의 글, 152쪽.

55) 이에 관해서는 목차 Ⅱ. — 특히 위 주 18) — 참조.

이 성숙되어 있을 때 비로소 개입할 수 있는 소극적인 국가기관이다.[56] 따라서 수평관계(甲·乙 관계)에서 법원의 관여가 본격적으로 문제되는 경우는 기본권주체들과 법원과의 삼각관계 속에서 대립되는 기본권주체들이 소송과정에서 법원에 자신의 기본권을 주장하여 관철시키고자 할 때이다. 하지만 구체적인 경우에 분쟁의 종국적 해결을 담당하고 있는 국가기관이 법원이기 때문에, 수평관계에서 발생된 분쟁의 대부분은 결국 법원 — 특히, 민사법정 — 으로 수렴될 것이다.[57] 따라서 이하에서는 수소법원 법관의 입장에 주목하여[58] 민사법정에서 법

---

56) 사법기관인 법원의 기관 특수성은 사법의 특성 — 사건성, 수동성, 판단의 독립성, 절차의 특수성, 법 기속성, 보수성 — 에서 기인한다. 사법의 특성에 관해서는 허완중, 「헌법재판소의 지위와 민주적 정당성」, 『고려법학』 55, 고려대학교 법학연구원, 2009, 14-15쪽.

57) 이러한 점에서 사법질서에서 기본권의 효력이란 결국 사인간의 법률관계에서 나타나는 전형적인 기본권충돌상황을 *私法*제정자가 사전적으로 조정한 *私法* 규정과 그 해석·적용에 대한 司法적 판단을 구하는 것이라고 하여도 과언은 아닐 것이다. 이에 관해서는 특히, 장영철, 「기본권의 제3자적(대사인적) 효력에 관한 이론적 연구」, 『공법연구』 37-3, 한국공법학회, 2009, 45쪽.

58) 물론 이 경우 법원에 訴를 제기하는 기본권주체인 甲의 입장에 주목해서 기본권 원용의 양상을 고찰할 수도 있을 것이다. 하지만 이러한 관점은 소송법의 관심사항은 될 수 있을지언정, 국가행위의 헌법적합성을 판단해야만 하는 헌법학의 기본적인 관심사항은 아니라고 해야 한다. 따라서 甲에 의한 기본권 원용의 문제는 이곳에서 간략히 언급하는 것으로 갈음한다: 甲에 의한 기본권 원용은 대체로 甲이 자신의 기본권보호영역에 대해 일정한 해를 끼치고 있는 사인 乙을 상대방으로 해서, 해당 기본권적 가치를 사법질서에 매개·구현할 수 있는 법률상의 권리(私權)(혹은 이익)를 근거로 삼아 일정한 방해중지 내지는 손해배상청구의 소를 법원에 제기하는 방법으로 행해지며, 이때 특히 민법 제5장의 불법행위 규정(특히, 제750조, 제751조)들은 헌법상 기본권 규정의 사법상의 진입로(Einbruchstellen)로서 중요한 역할을 수행한다(Vgl. B. Pieroth/B. Schlink, Grundrechte: Staatsrecht Ⅱ, C. F. Müller, 22. Aufl., 2006, S. 45 Rn. 181; I. v. Münch, Grundbegriffe des Staatsrechts, Bd. Ⅰ, 4. Aufl., 1986, Rn. 187; K. Stern, 앞의 책, 1543쪽). 문제는 甲이 관련 법률상의 권리나 이익을 매개하지 않고 헌법상의 기본권규정에 직접 근거해서 乙을 상대방으로 일선 법원에 訴를 제기하는 경우에 발생한다. 이와 관련해서 헌법상 기본권규정에 직접 근거하여 *私法的* 요구를 관철시키고자 하는 기본권주체(甲)의 訴 또한 민사법정에서 받아들여져야 한다는 견해가 있다. 특히 민사법 학자인 송오식 교수는 민법이 보호해야 할 법익의 확대를 지적하면서, 사후적인 손해배상청구권만 인정될 수 있는 민법상의 불법행위책임으로는 기본권보호영역에 대한 예방적 청구 — 특히, 헌법 제35조 제1항 환경권과 관련하여 도출될 수 있는 공해예방·환경보전청구 — 가 받아들여지기 어렵기 때문에 헌법상 기본권으로부터 직접 독자적인 사법상의 권리를 확립하려는 시도를 하고 있으며(송오식, 「환경오염과 사법적 구제」, 『비교사법』 5-2, 한국비교사법학회, 1998, 423-426쪽, 427쪽: "환경권은 헌법 제35조에서 국민의 기본권으로 인정하고 있는 공권이다. […] 하지만 환경권은 사인이 건강한 생활을 할 수 있는 권리로서 환경침해로 인하여 발생하는 재산과 신체 또는 생명을 침해한 자에 대해 손해배상을 청구할 수 있거나 유지를 청구할 수 있는 사권이기도 하다."; 뿐만 아니라 송오식 교수는 사권으로서의 조망권 또한 헌법 제35조 제1항의 환경권으로부터 직접 근거지우고 있다. 이에 관해서는 송오식, 「조망방해와 사법적 구제」, 『비교사법』 14-2, 한국비교사법학회, 2007, 209-210쪽), 헌법학자인 故 권영성 교수는 헌법 제35조 제1항의 환경권과 관련하여 "환경권은 사인 상호 간의 관계에도 직접 적용된다."라고 하면서 "사인에 의하여 오염된 환경으로 말미암아 건강을 훼손당할 경우에, 피해자는 국가에 대해서는 오염된 환경을 배제하여 주도록 청구할 수 있고, 당해 사인에 대해서는 헌법 제

관이 헌법규범인 기본권을 원용할 수 있는 근거(나.)와 방식(다.) 및 원용의 강도(라.) 등에 관해서 설명하고, 아울러 법관이 기본권존중의무[59]를 해태하는 경우에 기본권 주체가 취할 수 있는 수단들(마.)에 관해서 살펴보고자 한다.

나. 수소법원 법관의 기본권 원용의 근거

헌법상 기본권은 기본적으로 국가와 국민 간의 관계를 전제하고 있는 공법규범에 해당한다.[60] 이러한 점에서 우선 공법규범에 해당하는 기본권규범을 사법적 분쟁에서 수소법원 법관이 원용해서 심판할 수 있는가 하는 문제, 즉 수소법원 법관의 기본권원용의 근거를 밝히는 것에서부터 출발해야 한다. 관련하여 우선 국가에 대한 기본권의 행위지도적 기능과 행위평가적 기능에 주목할 수 있을 것이다.[61] 즉, 기본권은 기본적으로 국가와 국민이라는 수직관계에서 국가행

35조 제1항을 근거로 오염의 배제나 손해배상을 청구할 수 있다."라고 주장하고 있다(권영성, 『헌법학원론』, 법문사, 2010, 708쪽). 같은 맥락에서 송기춘 교수 또한 헌법상 기본권인 환경권도 일정한 경우에는 사권으로서 주장할 수 있다는 견해를 피력하고 있다(송기춘, 앞의 글, 154쪽). 하지만 사법질서에서 기본권의 효력이 인정된다고 하여, 그것이 기본권 상대방이 국가에서 국민으로 변경되었음을 의미하는 것은 아닐 뿐만 아니라(R. Alexy, 앞의 책, 489쪽), 무엇보다도 사법입법자가 제정한 법률을 매개함 없이 추상적인 헌법규정(기본권규정)의 직접원용을 통한 사적 권리의 소구를 허용한다면, 이는 결과적으로 재판규범으로서의 법률을 무의미하게 만들고 나아가 입법권의 형해화를 초래할 위험이 크므로 이러한 訴는 배척되어야만 할 것이다(헌법상 기본권 조항으로부터 직접 私權을 이끌어내어 제기한 訴가 배척되어야 한다는 것은 수소법원 법관이 기본권을 '간접적용'이란 방식으로 원용해야한다는 논리와도 부합한다. 관련하여 아래 목차 Ⅳ. 4. 다. 참조). 법원 또한 "헌법상의 권리들은 법률로 구체화되지 않는 한 헌법 조항에만 근거하여 발생된다 할 수 없다."라고 하고 있으며(서울중앙지방법원 2009.7.10. 선고 2009나79295 판결), 특히 대법원은 환경권과 관련하여 "헌법 제35조의 규정이 개개의 국민에게 직접으로 구체적인 사법상의 권리를 부여한 것이라고 보기는 어렵고, 사법상의 권리로서의 환경권이 인정되려면 그에 관한 명문의 법률규정이 있거나 관계법령의 규정취지 및 조리에 비추어 권리의 주체, 대상, 내용, 행사방법 등이 구체적으로 정립될 수 있어야 한다."라고 하면서(대법원 1995.9.15. 선고 95다23378 판결), "사법상의 권리로서의 환경권을 인정하는 명문의 규정이 없는데도 환경권에 기하여 직접 방해배제청구권을 인정할 수는 없다."라고 판시하고 있다(대법원 1999.7.27. 선고 98다47528 판결). 다만 타인의 명예나 권리를 침해한 언론·출판에 대해서 피해자의 피해배상청구권을 명시적으로 규정하고 있는 헌법 제21조 제4항 제2문은 "직접적인 제3자효 있는 기본권규정"으로서 그 실질은 민사법적 규정이며, 여기서 도출되는 주관적 권리도 기본적으로 사법적 성격을 가지고 있는 것이다(M. Sachs, 앞의 책, 64-65쪽). 따라서 헌법 제21조 제4항 제2문에서 비롯되는 피해배상청구권은 원칙적으로 상응하는 해당 (민사)법원의 절차에서 직접 주장될 수 있다고 볼 수도 있을 것이다. 하지만 이 경우에도 우리 입법자는 민법 제750조 및 제751조 등을 통해서 헌법 제21조 제4항 제2문의 내용이 사법질서에서도 구현될 수 있는 길을 열어두고 있는바, 헌법 제21조 제4항 제2문의 피해배상청구권 또한 이러한 법률의 규정을 매개해서 간접적으로 적용된다고 해야 한다(이에 관한 상세한 설명은 이하 목차 Ⅳ. 4. 다. 참조).

59) 이준일, 앞의 글(주 26), 152쪽.

60) 이에 대한 비판적 견해는 송기춘, 앞의 글, 150쪽.

61) 이러한 진술은 법규범의 구조와 기능적 분석에 주목한 결과이다. 이에 관해서는 이상영/김도균,

위의 헌법적합성을 평가하는 "통제규범" 내지는 헌법적 규준임에도 불구하고 수평관계에서의 분쟁 — 즉, 기본권주체인 甲과 乙 간의 분쟁 — 이 (민사)법정으로 수렴되었을 경우에는, 법관에 대해서는 "행위규범"으로서도 기능을 한다.[62] 따라서 국가기관으로서의 수소법원 법관은 민사문제에 있어서도 헌법상의 기본권규범을 고려해서 — 즉, 당사자들의 기본권을 존중해서 — 심판해야만 한다.[63] 이러한 법관의 기본권존중의무는 기본권의 객관적 성격으로부터도,[64] 헌법 제10조 제2문에 규정된 국가의 기본권 '보장의무'로부터도[65] 혹은 헌법 제11조 제1항과 결부되어 이해되어진 헌법 제2조 제2항의 '보호의무'로부터도 도출될 수 있겠지만,[66] 이들은 모든 국가기관에 대한 포괄적이고 추상적인 기본권존중의무의 근거라는 점에서, 구체적 재판에서 법관이 기본권을 포함한 헌법규범을 고려해야만 하는 헌법직접적 근거로서는 무엇보다도 "법관은 헌법과 법률에 의하여 그 양심에 따라 독립하여 심판한다."라고 규정하고 있는 헌법 제103조를 언급할 수 있을 것이다.

『법철학』, 한국방송통신대학교, 2006, 133－135쪽; 김해원, 「국가행위의 적헌성 판단에 있어서 헌법규범의 적용방식에 관한 연구」, 『헌법학연구』 16－3, 한국헌법학회, 2010, 498쪽.

62) "행위규범"과 "통제규범"이라는 기능법적 관념을 통해서 기본권의 실효적 보장영역을 확정하려는 시도에 관해서는 특히, 헌재 1997.5.29. 94헌마33, 판례집 9－1, 553－554쪽; 헌재 2001.4.26. 2000헌마390, 판례집 13－1, 989쪽; 김해원, 앞의 글(주 61), 498－499쪽.

63) Vgl. BVerfGE 7, 198(206): "법관은 헌법의 요구에 따라 자신이 적용해야할 민사법상의 실체법규정이 기술된 방식으로 기본권의 영향을 받고 있는지 심사해야만 한다. 만약 영향을 받고 있다면 법관은 이러한 실체법규정을 해석·적용할 때 이로부터 비롯되는 사법의 수정을 존중해야 한다. 이것이 민사법관들에게도 해당하는 기본권에의 구속(기본법 제1조 제3항)의 의미이다."

64) 특히, 헌재 1995.6.29. 93헌바45, 판례집 7－1, 879－880쪽; 이부하, 「헌법영역에서 기본권보호의무」, 『공법학연구』 8－3, 한국비교공법학회, 2008, 130－131쪽; 기본권의 객관적 측면 또한 사법절차에서 법관이 활용할 수 있는 재판규범이 됨으로 인해서, 발생된 사법기관의 권한확대 현상에 대해서는 E.－W. Böckenförde, Zur Lage der Grundrechtsdogmatik nach 40 Jahren Grundgesetz, Privatdruck(Carl Friedrich von Siemens Stiftung), 1989, S. 63; 서경석, 「기본권의 객관법적 성격」, 『헌법학연구』 9－1, 한국헌법학회, 2003, 332쪽; 성정엽, 「기본권의 객관적 성격에 관한 고찰」, 『인제논총』 13, 인제대학교 법학연구소, 1997, 420－421쪽; 김해원, 앞의 글(주 23), 41쪽.

65) 이승우, 「국가의 기본보호의무」, 『현대공법과 개인의 권익보호』(양승두교수 화갑기념논문집), 홍문사, 1994, 1182쪽; 정문식, 「생명윤리법상 국가의 기본권 보호의무」, 『공법학연구』 8－3, 한국비교공법학회, 2008, 174쪽.

66) 국가의 기본권존중의무를 근거지울 수 있는 헌법적 근거로는 기본권의 객관적 성격, 헌법 제10조 제2문, 평등권과 결부되어서 이해되어진 헌법 제2조 제2항 모두를 언급할 수 있겠지만, 이에 상응하여 국가에게 자신의 기본권을 존중하면서 행동할 것을 요구할 수 있는 권리 내지는 기본권보호청구권의 헌법적 근거와 관련해서는 필자는 위 각주 43)에서 밝힌 바와 같이 특히 헌법 제2조 제2항에 주목하고 있다.

헌법으로부터 비롯되는 이러한 다양한 직·간접적인 근거들로 인해서 수평관계에 관여하여 甲과 乙 간의 분쟁을 심판해야하는 (민사법원의) 법관이 헌법상 기본권규범을 고려해야 하는 것 그 자체는 이제 법관의 재량사항이 아니라, 의무[67]임이 명확해졌다. 그렇다면 이 지점에서 우리의 관심사항은 수소법원 법관이 기본권을 과연 어떠한 방식으로 원용해서 이러한 의무를 이행하느냐 하는 문제로 모아진다.

다. 수소법원 법관의 기본권 원용의 방식

수소법원 법관이 기본권을 원용하는 방식과 관련해서 학설은 크게 직접적용설과 간접적용설로 대별된다.[68] 그런데 기본권은 공권력에 대한 '주관적 공권'일 뿐만 아니라 사인에 대한 '주관적 사권'도 함께 부여하기 때문에 사인 상호 간의 법률관계에서도 법률 혹은 다른 해석적 매개수단을 거치지 않고서도 바로 적용될 수 있다고 보는 직접적용설[69]은 사법의 독자적 가치를 무시[70]하며 사적자치를 파괴[71]한다는 전통적인 비판들 외에도 다음과 같은 이유들 때문에 우리 헌법

67) R. Alexy, 앞의 책, 485쪽; 이준일, 앞의 글(주 26), 152쪽.

68) 물론 사법질서에서의 기본권의 적용 및 효력을 부정하는 입장이 과거 독일에서 주장된 바 있지만, 오늘날 이러한 부인설은 이미 극복된 것으로 평가될 뿐만 아니라(Vgl. W. Leisner, Grundrechte und Privatrecht, C. H. Beck, 1960, S. 309ff.; K. Stern, 앞의 책, 1530쪽; P. Badura, Staatsrecht: Systematische Erläuterung des Grundgesetzes für die Bundesrepublik Deutschland, 1986, S. 80), 법관의 기본권존중의무와 헌법 제103조를 고려한다면 우리 헌법해석에서도 수용될 수 없을 것이다. 관련하여 "간접효력설은 기본권의 대사인적 효력문제를 헌법해석의 차원이 아닌 단지 법률해석, 그것도 사법의 일반조항의 해석차원에서 취급하게 되어 결과적으로 기본권의 효력을 부인할 수 있다는 비판을 면치 못하고 있다."라는 이노홍 교수의 주장(이노홍, 「기본권 대사인적 효력에 관한 미연방대법원의 심사기준 — 공적 기능이론(Public Function theory)을 중심으로 —」, 『미국헌법연구』 15－1, 미국헌법학회, 2004, 164쪽)에 대해서는 법률해석은 헌법합치적으로 행해져야 하는 것이 대원칙이며, 이러한 합헌적 법률해석의 과정에서 헌법적 가치는 스며들 수밖에 없고, 또 스며들어야 한다는 점을 간과했다고 비판할 수 있을 것이다(기본권의 3자효와 합헌적 법률해석의 관계에 관해서는 장영철, 앞의 글(주 41), 168－169쪽). 원칙으로서의 기본권이 가지는 구조적 성격에 주목하고 있는 이준일 교수는 보다 분명하게 "모든 기본권이 민사법적 분쟁을 해결하기 위한 기준으로서 인용될 것을 요청한다."라고 일갈하고 있다(이준일, 앞의 책, 440쪽).

69) Vgl. H. C. Nipperdey, Grundrechte und Privatrecht, FS Erich Molitor zum 75, Geburtstag, C. H. Beck, 1962, S. 15ff.; K. Stern, 앞의 책, 1538쪽; BAGE 1, 185(191 ff.); 김선택, 앞의 글, 159－160쪽; 허영, 『헌법이론과 헌법』, 박영사, 2006, 392쪽.

70) 이와 관련해서 "헌법은 단순한 공법이 아니라 공법과 사법을 아우르는 근본법 또는 최고법"이므로 직접적용설이 공사법 이원체계를 무너뜨리고 사법의 독자적 가치를 무시한다는 비판은 타당하지 않다는 주장이 있다. 이에 관해서는 송기춘, 앞의 글, 150쪽.

71) Vgl. G. Dürig, in: Maunz/Dürig/Herzog/Scholz (Hrsg.), Grundgesetz Kommentar, C. H. Beck, 1994, Art. 1. Rn. 129f.; K. Hesse, 앞의 책, 방주 354－355; 김선택, 앞의 글, 161쪽; 한편 필자는 직접적용설과 관련하여 사적자치의 파괴를 우려하고 있는 기존의 비판적 견해에 대해 근본적인

상 받아들여질 수 없을 것이다: (ⅰ) 헌법 제40조에 의해서 일반적이고 추상적인 법정립권한이 입법자에게 부여되어 있는바, 사인과 사인 간의 분쟁에서 기본권적 가치가 구현되게끔 하는 것은 1차적으로 입법기관인 국회의 권한이다. 심지어 입법자는 헌법이 허용하는 범위 내에서는 사회적 상황을 불균형적으로도 형성할 수 있는 정당한 권한을 가지고 있다.[72] 그런데 법관이 법률을 매개함 없이 추상적인 헌법규범을 직접 구체적인 사안에 적용해서 판단하는 것은 결국 사실상 법원이 입법 활동을 하는 것과 다름없으므로 헌법상 권력분립원칙과도 조화될 수 없을 것이다.[73][74] 특히 법관이 헌법규범의 최고성과 근본성을 주장하면서 구체적인 민사 분쟁에서 법률을 배제하고 기본권을 직접원용해서 심판을 한다면 이는 관련 법률들의 형해화로 귀결될 것이다.[75] (ⅱ) 헌법 제103조는 "헌법 혹은 법률"이라고 규정하고 있지 않고, "헌법과 법률"이라고 규정하고 있는바, 이는 구체적인 분쟁에 있어서 심판해야 하는 법관이 판단의 근거를 헌법이나 법률 어느 하나에 두면 되는 것이 아니라, 반드시 헌법과 법률 양자 모두를 고려해야 한다는 것 ― 이는 주로 법원과 사인의 관계에서 발생하는 합헌적 법률해석의 형태로 나타날 것이다. ― 으로 이해될 수 있다.[76] 그런데 사법상의 분쟁에 대해서 법

의문을 품고 있다. 왜냐하면, 헌법규범의 원용방식 그 자체가 바로 사적자치의 파괴나 제한으로 이어지는 것은 아니기 때문이다. 예컨대, 사적자치의 수정을 의미하는 헌법적 가치 혹은 약자의 기본권을 원용하면 사적자치의 제한이라는 문제가 발생하겠지만, 계약자유 내지는 사적자치의 강화에 기여하는 헌법적 가치 혹은 사회적 강자의 기본권을 원용한다면 오히려 사적자치가 강화될 수 있기 때문이다. 요컨대, 사법질서로의 기본권확장을 통해 사적자치가 제한되느냐의 문제는 직접적용설을 취하느냐, 간접적용설을 취하느냐에 따라서 달라지는 것이 아니라, 어떠한 헌법규범을 원용하느냐에 따라 좌우되는 것이다. 결국 논증의 형식이 아니라 논증의 내용이 문제되는 것이다. 같은 맥락에서 아래 목차 Ⅳ. 4. 라. 참조.

72) B. Pieroth/B. Schlink, 앞의 책, 45쪽, 방주 183.

73) Vgl. A. Guckelberger, Die Drittwirkung der Grundrechte, JuS, 2003, S. 1153.

74) 관련해서 "[…] 사인 간의 모든 기본권 분쟁이 법원의 직접적인 개입에 의하여 해결되게 될 것인데, 이는 법률에 의해서만 기본권을 제한하도록 명령하고 있는 헌법 제37조 제2항에 정면으로 위배된다."라고 쓰고 있는 이인호 교수의 주장 또한 기본적으로 같은 맥락에서 이해될 수 있을 것이다. 이에 관해서는 이인호, 앞의 글, 160쪽.

75) 이러한 경우에는 사실상 재판권과 입법권의 결합을 의미한다. 관련하여 일찍이 Montesquieu는 "재판권이 입법권과 결합하게 되면 시민의 생명과 자유에 대한 권력은 자의적인 것이 될 것이다. 왜냐하면 재판관이 입법자가 되기 때문이다."라고 간파하였다. 이에 관해서는 Montesquie(著)/고봉만(譯), 『법의 정신』, 책세상, 2009, 66쪽.

76) 관련하여 사법의 헌법구속성으로부터 비롯하는 것으로서 헌법과 법률 간의 거리를 해석의 방법을 통해서 메우는 합헌적 법률해석 또한 헌법 제103조를 준수하기 위한 시도라고 볼 수 있다(합헌적 법률해석의 근거와 정당성 및 규범통제적 기능에 관해서는, 김하열, 앞의 글, 19－23쪽); 한편 합헌적 법률해석과 제3자효의 적용방식과 관련하여 장영철 교수는 "일반법원은 사법의 규정을 매개

관이 법률을 매개함 없이 헌법규범인 기본권의 직접적용을 시도한다면, 이는 '헌법에 의하여' 심판하는 것이 될 뿐, "헌법과 법률에 의하여" 심판하는 것이 아니므로, 헌법 제103조의 규정과도 일치하지 않는다.[77] (iii) 헌법 제111조 제1항 제1호("법원의 제청에 의한 법률의 위헌 여부 심판")에 따르면, 민사법정에서 법관이 관련 법률이 위헌이라는 의심을 품더라도 그 위헌성 여부를 가려달라고 헌법재판소에 "제청"할 수 있을 뿐, 해당 법률을 배제하고 헌법을 직접 적용하여 심판할 수 없다는 결론에 이른다. 따라서 사법질서에서의 기본권의 원용과 관련하여 헌법 제111조 제1항 제1호는 기본적으로 직접적용설을 부정하고 간접적용설이 타당하다는 전제에 기초하고 있는 것으로 이해할 수 있을 것이다. 이러한 점에서 우리의 결론은 다음과 같다: 수소법원 법관은 甲·乙 간의 분쟁을 심판함에 있어서 적용될 관련 법률을 매개로 기본권규범을 간접적용해서 해당 분쟁에서 기본권적 가치가 구현되도록 해야만 한다.[78]

그런데 이러한 간접적용은 헌법이 직접 사인들 상호 간에 기본권의 적용을 명시적으로 언급하고 있거나, 이를 전제로 삼고 있는 경우[79]에도 마찬가지 이유에서 원칙적으로 준수되어야 한다. 관련하여 특히 사인 간의 적용을 언급하거나 전제하고 있는 기본권조항들이라고 하더라도 어떠한 구조와 방식으로 사인들 간의 분쟁에 적용될 수 있는지에 관해서는 침묵하고 있는바, 이때 직접적용설을 취

로 기본권을 적용하여야 한다. 즉 사법규정을 매개로 기본권을 해석하는 합헌적 법률해석을 해야 하는 것이다. 따라서 법원과 사인 간의 관계에서 기본권보호의무기능은 원칙적으로 기본권의 간접적 제3자 효력으로 나타난다."라고 하고 있다(장영철, 앞의 글(주 41), 169쪽).

77) 이러한 이해는 헌법우위에 관한 일반적 입장 — 헌법우위는 효력의 우위를 의미할 뿐, 적용의 우위를 의미하는 것은 아니다. — 과도 일치한다(허완중, 「한국헌법에 따른 헌법재판소법 제47조 제2항의 해석」, 『공법연구』 37-4, 한국공법학회, 2009, 237-238쪽 참조). 한편 한수웅 교수는 '헌법에 의한 재판'은 "법원이 모든 법률을 가능하면 헌법에 합치되게 해석해야 할 의무(합헌적 법률해석)와 법률의 해석과 적용에 있어서 헌법, 특히 기본권의 의미를 존중해야할 의무가 있다."는 것으로 이해하고 있는바(한수웅, 『헌법학』, 법문사, 2011, 1270쪽), 이러한 견해는 '헌법에 의한 재판'이라고 하더라도 이는 헌법을 직접적용하는 것을 의미하지 않고, 헌법이 법률을 매개해서 간접적으로 적용되는 것을 전제하고 있는 것으로 판단된다.

78) 그런데 법관이 법률을 매개한 간접적용이란 방법으로 사법적 분쟁에 기본권적 가치를 침투시키고, 그에 따른 종국 판단으로 당사자들 간의 분쟁을 종식한다는 것은, 결국 기본권적 정신에 입각한 법원의 판단에 의해서 사인들(당사자들)에게 일정한 사법상의 권리와 의무가 확정됨을 의미한다. 따라서 기본권규범을 민사문제에 간접적용한 법관의 판결은 필연적으로 당사자에게 일정한 권리의무관계를 직접 확정하게 되는 결과를 초래한다. 이러한 점에서 우리는 "제3자효에 대한 간접효력설은 필연적으로 직접효력설이라는 결과에 이른다."라고 한 R. Alexy의 주장(R. Alexy, 앞의 책, 490쪽)이나, "3자효는 종국적으로는 늘 직접적인 것이 된다."라고 한 W. Leisner의 표현(W. Leisner, 앞의 책, 378쪽)을 이해할 수 있을 것이다.

79) 예컨대, 특히 헌법 제21조 제4항, 헌법 제33조 제1항, 헌법 제35조 제1항 등.

하게 되면 해당 기본권의 구체적 구현을 위한 모든 입법들[80]이 실질적으로 무의미해지는 결과를 초래할 수 있다는 점 또한 고려되어야 할 것이다.[81] 문제는 간접적용이란 방식으로 헌법상 기본권규정을 원용하는 것이 도저히 불가능한 상태로 법률이 존재하고 있거나, 관련 법률이 부존재하는 경우이다. 전자의 경우에는 법관이 헌법 제111조 제1항 제1호에 근거해서 헌법재판소에 해당 법률의 위헌여부를 제청하는 방법으로,[82] 후자의 경우에는 관습법과 조리를 매개물로 삼아서[83] 기본권적 가치가 사법질서에서도 투영될 수 있도록 심판해야 할 것이다.[84]

한편 법관이 기본권을 간접적으로 원용할 수 있다는 것이 '간접적용'이란 방식 내지는 논리를 갖추기만 하면 — 즉, 법률을 매개하기만 한다면 — 무분별하게 기본권을 사인들 간의 분쟁에서도 끌어올 수 있음을 의미하는 것은 아니다. 즉 법관은 합헌적 법률해석을 함에 있어서도 입법자의 입법형성권을 최대한 존중해야 하는바, 원래의 입법자의 의도를 왜곡하는 데까지 이르는 법률적 판단을 해서는 안 되고, 입법자가 미처 예상치 못하여 갈등의 합리적 조정을 위해 원용할 법률을 마련하지 못했다고 하더라도 가능한 한 일반 법률의 해석·적용 및 일반 법원리와 원칙을 통해서 해결책을 찾아보아야 하며, 그럼에도 불구하고 부당한 결과가 나타나는 경우에 비로소 최후수단으로서 관련조항에 기본권의 가치를 투영시키는 방법을 택해야만 하는 것이다.[85]

---

80) 예컨대, 헌법 제21조 제4항 제2문과 관련해서는 언론·출판이 타인의 명예나 권리를 침해한 경우에 피해자는 손해배상을 청구할 수 있는 민사법상의 근거가 되는 민법 제750조 및 제751조를, 헌법 제33조 제1항에 규정된 근로자의 단결권·단체교섭권·단체행동권 등과 관련해서는 특히 노동조합 및 노동관계조정법을 통해서 구체화된 관련 규정들을 언급할 수 있을 것이다.

81) 이러한 점에서 헌법이 스스로 사인간의 기본권 적용을 예정하고 있는 경우에는 해당 기본권들은 직접 적용되는 것으로 이해하고 있는 많은 문헌들(특히, 김철수, 『헌법학신론』, 박영사, 2010, 346쪽; 권영성, 앞의 책, 331－332쪽; 허영, 『한국헌법론』, 박영사, 2010, 266쪽; 이부하, 『헌법학원론』, 신론사, 2008, 237쪽; 김백유, 『헌법학(Ⅱ): 기본권론』, 조은, 2010, 123쪽 참조)의 태도는 수정될 필요가 있다고 판단된다.

82) 방승주, 앞의 글(주 47), 57쪽.

83) 관련하여 민법 제1조, 상법 제1조 참조.

84) 이러한 입장은 법관을 구속하는 헌법 제103조의 "법률"에 관습법이 포함된다는 견해와도 부합한다. 이에 관해서는 전광석, 앞의 책, 650쪽; 이때 적용되는 관습법 또한 위헌성의 의심이 들면 헌법재판소의 위헌법률심판을 통해서 통제될 수 있을 것이다. 이에 관해서는 허완중, 「관습법과 규범통제 — 관습법에 관한 헌법재판소결정과 대법원판결의 정당성을 중심으로 —」, 『공법학연구』 10－1, 한국비교공법학회, 2009, 172－176쪽.

85) 박규환, 「사법질서와 헌법심사 — 법원재판의 헌법심사에 관한 현실진단과 그 대안 그리고 향후과제들 —」, 『공법연구』 38－2, 한국공법학회, 2009, 330쪽.

라. 수소법원 법관의 기본권 원용의 강도

지금까지 수평관계에 관여하는 법원에 주목하면서, 사인 상호 간 법률관계에 침투하는 기본권효력의 확장구조 및 확장방법에 관해서 살펴보았다. 그 결과 '대립되는 사법주체들과 법원'이라는 삼각관계구조 속에서 기본권존중의무에 입각한 법관의 司法활동에 기대어 私法秩序 領域으로 기본권효력의 침투가 행해진다는 점, 그리고 이러한 침투는 우리 헌법상 원칙적으로 법률을 매개해서 간접적용이란 방식으로 이루어져야 한다는 점이 확인되었다. 그런데 이러한 논의들은 '논증의 형식' 내지는 '논증의 방법'에 관한 것일 뿐, '논증의 내용'에 대한 논의는 아니다.[86] 따라서 이제 우리는 실질적인 물음, 즉 국가가 사인들의 관계(甲과 乙의 관계)에서 어떠한 강도로 얼마만큼 개입할 수 있느냐 내지는 기본권의 효력이 어느 정도까지 미칠 수 있느냐 하는 문제에 대해 일정한 규범적 규준을 제시해야만 한다.

그런데 구체적인 사안에서 이러한 규범적 규준은 결국 수소법원 법관이 사적영역에 대한 개입을 통해 달성하고자 하는 헌법적 가치들 — 예컨대, 사적자치의 제한을 통한 공공복리·거래안전 및 경제정의의 실현, 사회적 약자의 기본권보장(甲의 급부권적 기본권 보장) 등등 — 과 사적영역에 대한 불개입을 통해서 달성하고자 하는 헌법적 가치들 — 예컨대, 사적자치의 보장을 통한 사회의 자율성과 자유영역의 확대, 재산권 및 경쟁의 자유의 신장, 사회적 강자의 기본권보장(乙의 방어권적 기본권 보장) 등등 — 간의 형량을 통해서 얻어질 수 있는 것이므로,[87] 기본권 원용의 강도 및 범위와 관련된 규범적 규준으로서 무엇보다도 형량법칙(Abwägungsgesetz)이 주목될 수 있다. 따라서 기본적으로 사적영역에 대한 개입을 통해서 달성하려는 헌법적 가치들과 불개입을 통해서 달성하려는 헌법적 가치들 모두가 가능한 한 최대한 실현될 수 있도록 하되(형량 제1법칙), 이 양자의 가치들 중 어느 하나의 원칙이 충족되는 정도가 높아지면 높아질수록, 그 원칙이 가지고 있는 상대적 중요성(비중)은 낮아지도록 해야 하며(형량 제2법칙), 어떤 하나의 원칙에 대한 비실현 혹은 훼손의 정도가 크면 클수록, 다른 원칙의 비중은 그만큼 더 증대되도록 해야 할 것이다(형량 제3법칙).[88] 관련하여 특히 公法秩序

---

86) 주 71) 참조.

87) 관련하여 R. Alexy는 제3자효를 둘러싼 논쟁이 가지고 있는 결함으로서 사적자치의 제한에 대한 문제는 부각되는 반면에, 사적자치의 보호에 관한 문제는 은폐되어버린다는 점을 지적하고 있다(R. Alexy, 앞의 책, 491쪽 참조).

88) 이러한 형량법칙 도출에 관해서는 N. Jansen, Die Struktur rationaler Abwägungen, in: ARSP

(특히, 기본권)가 私法秩序에 투영되기 위한 전제조건들 — (ⅰ) 사법질서로부터의 확장 요청, (ⅱ) 확장으로 인해 당해 사법규정이 내포한 본질적 기능이 훼손되지 않을 것, (ⅲ) 보충성의 원칙, (ⅳ) 공공복리와의 관련성의 정도, (ⅴ) 문제해결을 위한 사법규정의 부재, (ⅵ) 법치국가질서 유지를 위한 긴급하고도 명백한 요청 등 — 을 언급하면서 이러한 조건들의 충족여부판단을 위해 "점수제"를 제안하고, 사법영역이 가지고 있는 각 법분야 고유의 질서를 함께 고려하고 있는 박규환 교수의 견해[89]는 사법질서영역으로의 기본권효력확대와 관련된 규범적 규준인 형량법칙을 보다 정교하고 구체적으로 만들기 위한 작업으로서 무엇보다도 형량과정에서 불가피하게 개입하는 인간 직관의 팽창에 대한 방어 장치로서 이성적 빗장을 지르는 의미 있는 시도라고 평가할 수 있을 것이다.

다만 예외적으로 기본권적 문제에 있어서 사적영역에 개입을 요구하는 헌법적 가치들 — 예컨대, 甲의 급부권적 기본권(기본권보호청구권) — 과 불개입을 요구하는 헌법적 가치들 — 예컨대, 乙의 방어권적 기본권 — 간의 구체적인 충돌양상이 해당 가치들의 최소치보장(자유와 권리의 본질적인 내용 내지는 핵심영역보장)과 관련된 경우에는 형량법칙이 아니라, 우위결정법칙(Vorrangentscheidungsgesetz)이 적용되는바, 수소법원 법관은 양 가치들 중 최소치에 해당하는 가치에 우위를 부여해야 하며(우위결정 제1법칙: 최소치보장규범 우선의 원칙), 만약 양 가치들 모두 다 동시에 최소치 수준에서 극단적으로 충돌하는 경우라면 불개입을 요구하는 헌법적 가치 — 즉, 乙의 대국가적 부작위요구권(방어권) — 에 우위를 부여해야만 할 것이다(우위결정 제2법칙: 부작위의무 우선의 원칙).[90] 이러한 점에서 우위결정 제

Beiheft 66: Ethische und Strukturelle Herausforderungen des Rechts, 1997, S. 158-166; 김해원, 앞의 글(주 61), 524-525쪽.

89) 박규환, 앞의 글(주 13), 131-133쪽: 박규환 교수는 위 6개의 전제조건들 중에서 3개 이상의 조건들이 충족된다면 기본권효력이 사법질서 속으로 투영될 수 있다고 하면서, "사법질서영역으로의 효력확대 정도는 사법영역이 가지고 있는 각 법분야 고유질서의 상이점으로 같게 평가될 수 없다. 즉, 물권법영역은 그 특질이 객체를 직접적·배타적으로 지배하는 성질을 가지고 특정 상대방 없이도 그 권리가 존속되는 구조를 가지며 물권법정주의에 의해 그 내용이 법으로 확정되어 있으므로 채권법이나 가족법영역보다는 그 효력확대 정도가 약할 수밖에 없다. 반면에 가족법영역은 채권법이나 물권법영역보다는 그 효력확대 정도가 넓게 인정될 수 있다. 그 이유는 헌법이 직접 혼인과 가족에 관한 규정(제36조)과 노인과 청소년 그리고 부녀에 대한 규정(제32조, 제34조)을 가지고 있기 때문이다."라고 언급하고 있다.

90) 우위결정법칙 및 이에 대한 통제에 관해서는 김해원, 앞의 글(주 61), 526-531쪽; Vgl. S. Lenz/P. Leydecker, Kollidierendes Verfassungsrecht: Verfassungsrechtliche Maßstäbe der Einschränkbarkeit vorbehaltloser Freiheite, in: DÖV, 2005, S. 322-325; S. Lenz, Vorbehaltlose Freiheite: Stellung und Funktion vorbehaltloser Freiheite in der Verfassungsordnung, Mohr Siebeck, 2006, S. 293ff.

2법칙이 관철되는 지점은 사법질서로의 기본권효력 확장의 절대적 한계에 해당한다고 말할 수 있을 것이다.

마. 수소법원 법관의 기본권존중의무해태에 대한 구제방안

수소법원 법관이 기본권존중의무를 해태하거나 형량법칙 혹은 우위결정법칙을 위반하여 판단한 경우에는 통상적으로 일반사법의 심급체계를 통해서,[91] 특별한 경우에는 재심절차를 통해서 당사자는 구제받을 수 있을 것이다. 그러나 "법률이 정하는 헌법소원에 관한 심판"이라고 규정하고 있는 헌법 제111조 제1항 제5호를 구체화 하고 있는 헌법재판소법 제68조 제1항이 "법원의 재판"을 헌법소원의 대상에서 제외함으로써, 이러한 구제방안은 일정한 한계를 가질 수밖에 없다.[92] 물론 헌법재판소법 제68조 제1항의 위헌론을 전개하거나 헌법이나 법률개정을 통해서 이러한 한계를 극복하려는 시도 또한 가능하겠지만,[93] 현재의 헌법현실에서 이러한 방법은 요원할 뿐만 아니라,[94] 분석적 작업을 통해 법의 개념적·체계적 완성을 추구하는 것이 법학의 본래적 과제(opus proprium)라는 측면을 고려한다면[95] 가능한 한 기존 규범의 규범력을 승인하면서 발생된 문제는 규범해석적인 방법으로 대안을 모색하고자 하는 것이 더욱 바람직할 것이다. 관련하여 규범통제에 있어서 헌법재판소와 법원 간의 합리적 권한배분이란 관점에서 헌법재판소법 제68조 제1항의 새로운 해석을 시도하고 있는 김하열 교수의 견해는 주목해볼 만하다. 김하열 교수는 법원의 법적 작용인 '재판'[96]에 대한 정밀한 분석 — 즉, (ⅰ) 규범통제작용(여기에는 적용될 법률에 대한 합헌판단·합헌적 법률해석 및 위헌제청이 포함된다), (ⅱ) 일반법률해석, (ⅲ) 구체적 사건에의 적용

---

91) 김선택, 앞의 글, 179쪽.

92) 이러한 관점에서 이준일 교수는 "법관의 기본권존중의무를 본질적 내용으로 하는 기본권의 대사인적 효력을 관철하기 위한 제도적 장치"로서 재판에 대한 헌법소원제도를 강조하고 있다(이준일, 앞의 글(주 26), 156쪽). 이에 대한 비판적 태도로는 특히, 이준상, 헌법실무연구회 제91회 발표회 지정토론문, 『헌법실무연구』 10, 헌법실무연구회, 2009, 175쪽.

93) 헌법재판소법 제68조 제1항의 합헌론과 위헌론 및 절충설에 관한 대립된 학설 및 관련 문헌들의 상세한 적시는 특히, 박규환, 앞의 글(주 85), 326－327쪽.

94) 이러한 헌법현실의 인식과 진단에 관해서는 박규환, 앞의 글(주 85), 327쪽.

95) R. Alexy, 앞의 책, 38쪽.

96) 재판은 재판기관의 관념적 판단이나 의사를 법정의 형식으로 표시한 것으로서 이에 따라 일정한 법적 효과가 발생하는 법원의 소송행위를 의미한다(허완중, 「헌법재판소 종국결정의 본질」, 『영남법학』 30, 영남대학교 법학연구소, 2010, 61쪽). 특히 헌법재판소는 재판을 구체적 사건에 관하여 사실의 확정과 그에 대한 법률의 해석적용을 그 본질적 내용으로 하는 일련의 과정으로 이해하고 있다(헌재 1995.9.28. 92헌가11등, 판례집 7－2, 264, 278쪽 참조).

과 포섭, (ⅳ) 사실인정 ―[97] 을 통해서 다음과 같은 견해를 피력한다: (ⅲ)과 (ⅳ)의 활동은 사실관계 확정에 관한 것일 뿐, 규범해석을 벗어난 단계이므로 '헌법심'을 담당하는 헌법재판소가 관여할 수 없는 온전한 법원의 권한사항이며, (ⅱ)의 활동은 원칙적으로 법원의 관할이지만, 예외적으로 헌법문제화 될 경우에 비로소 한정위헌 또는 한정합헌 같은 합헌적 법률해석을 통해서 헌법재판소가 관여할 수 있는 사항[98]인 반면에, 법원에서 행해지는 (ⅰ)의 활동에 대해서 헌법재판소가 관여하고 법원의 판단을 번복하는 것은 헌법이 부여한 헌법재판소 본연의 권한과 책무에 해당하는 것으로서 헌법재판소법 제68조 제1항에서 규정하고 있는 재판소원금지의 대상에 해당하지 않는다.[99][100] 이러한 김하열 교수의 견해를 기본권의 수평효와 관련해서 사법질서 ― 즉, 甲·乙 관계 ― 에 관여하는 수소법원 법관의 판결에 응용한다면, 다음과 같은 결과를 얻을 수 있다: 만약 수소법원 법관이 기본권존중의무를 해태하면서 관련 법률을 해당사안에 적용했다면, 이는 법률에 대한 규범통제활동(즉 (ⅰ))을 게을리 한 것이 될 텐데, 이러한

---

97) 이러한 분석은 일반법원의 재판작용과 헌법재판소의 헌법재판작용은 사법작용이라는 성질을 공유하고 있고, 사법작용에는 본질상 헌법해석과 법률해석이 수반될 수밖에 없으므로 적어도 해석 작용에 관한 한 법원과 헌법재판소 간에 명확한 영역구분은 불가능하고 또 필요하지도 않다는 입장에서, '헌법재판소와 법원 간의 해석상의 교차가 생겼을 때 그 현상을 어떻게 바라보고, 어떻게 처리할 것인가'하는 문제의식에서 비롯된 것이다. 이에 관해서는 김하열, 앞의 글, 50쪽.

98) 헌법재판소에서 행해지는 (합헌적) 법률해석의 양태와 규범통제에 관해서는 김하열, 앞의 글, 23-33쪽.

99) 김하열, 앞의 글, 39-41쪽: 관련하여 김하열 교수는 (ⅱ)와 (ⅲ), 그리고 때로는 (ⅰ)과 (ⅲ)의 경계가 불명확하긴 하지만, 그럼에도 불구하고 헌법재판소가 보다 좁고 세분된 규범영역인 (ⅳ)에 가까울수록 헌법재판소법에서 금지하고 있는 재판소원에 가깝고, 보다 광범위하고 포괄적인 규범군에 대한 판단에 그치면 이는 헌법재판소에서 심사될 수 있는 규범통제활동으로서의 재판에 가깝다는 점을 지적하고 있다.

100) 한편 독일연방헌법재판소는 소위 'Heck 공식'을 정립한 판결로 평가되고 있는 1964년 특허결정에서 재판절차를 정하거나, 사실관계를 확정하거나, 법률을 해석해서 개별 사안에 적용하는 문제 등은 일반법원 고유한 권한이라고 하였는데(BVerfGE 18, 85(92)), 이런 입장은 그 결론에 있어서 김하열 교수의 견해와 상당히 유사한 것으로 판단된다('Heck 공식'을 소개하고 있는 국내 문헌은 특히, 허영, 『헌법소송법론』, 박영사, 2010, 41-43쪽). 다만 흥미로운 것은 재판소원의 명시적 허용으로 과잉헌법화(Überkonstituionalisierung)의 문제가 크게 부각되고 있는 독일에서 'Heck 공식'은 재판소원에 관한 헌법재판소의 권한을 제한하려는 이론적 시도인 반면에('과잉헌법화'에 관한 독일에서의 논쟁은 특히 2001년도 Würzburg에서 "Vefassungsrecht und einfaches Recht ― Verfassungsgerichtsbarkeit und Fachgerichtsbarkeit"란 주제로 개최된 독일국가법학자협회 총회에서 잘 드러나고 있다. Vgl. R. Alexy/P. Kunig/W. Heun/G. Hermes, Verfassungsrecht und einfaches Recht ― Verfassungsgerichtsbarkeit und Fachgerichtsbarkeit, in: VVDStRL Bd. 61, 2002, S. 5-220), 명시적 재판소원금지규정으로 인해서 '과소헌법화'의 우려가 큰 한국에서 행해진 김하열 교수의 시도는 오히려 재판소원과 관련된 헌법재판소의 심사권한을 확보하려는 이론적 노력이란 점이다.

재판은 헌법재판소법 제68조 제1항에서 규정하고 있는 '법원의 재판'에 해당하지 않으므로, 당사자는 헌법재판소에 헌법소원심판을 청구할 수 있고, 헌법재판소는 이를 심판을 할 수 있게 된다.

이미 헌법재판소도 법률해석과 관련된 법원의 "확립된 판례" — 즉, "상당기간 걸쳐 형성·집적되어 온 법원의 (법률)해석" — 에 대해서는 "헌법재판소가 관여할 만한 법원의 해석"으로 이해하고 있을 뿐만 아니라,[101] '헌법재판소법 제68조 제1항 위헌확인 등'에 관한 사건에서 "헌법재판소법 제68조 제1항 본문의 '법원의 재판'에 헌법재판소가 위헌으로 결정한 법령을 적용함으로써 국민의 기본권을 침해한 재판도 포함되는 것으로 해석하는 한도 내에서, 헌법재판소법 제68조 제1항은 헌법에 위반된다."[102]라고 한정위헌결정을 선고하여 예외적인 범위에서 재판소원의 가능성을 열어두고 있다는 점을 고려한다면, 사법작용의 본질 및 재판에 대한 정밀한 분석을 통해서 헌법재판소법 제68조 제1항 '법원의 재판'을 한정해석하고 있는 김하열 교수의 시도는 현 헌법현실에서 상당히 설득력 있는 현실적 대안으로 판단되며,[103] 무엇보다도 원칙적으로 재판소원이 받아들여지지 않아서 그 실천적 의미가 반감되어온 기본권의 제3자효와 관련된 논의가 활성화될 수 있는 매력적인 계기가 될 수 있을 것으로 보인다.[104]

V. 마치는 글

지금까지 기본권주체(국민)와 기본권수범자(국가)의 관계를 의미하는 '수직관계', 기본권주체들 상호 간의 관계를 의미하는 '수평관계', 그리고 이러한 관계들의 결합 — 즉, 수평관계에 관여하는 국가 — 으로 이루어진 '삼각관계'라는 규범

---

101) 헌재 2010.7.29, 2005헌바89, 판례집22-2(상), 223쪽; 헌재 2008.7.31, 2004헌바81, 판례집 20-2(상), 91-92쪽; 헌재 2003.12.18, 2001헌바91, 판례집 15-2(하), 409쪽; 헌재 2003.11.27, 2002헌바102, 판례집 15-2(하), 259쪽.

102) 헌재 1997.12.24, 96헌마172, 판례집 9-2, 848-849쪽.

103) 다만, 김하열 교수 스스로의 지적과 같이 '사법권한 배분의 기능법적 관점'이란 측면에서의 보완(김하열, 앞의 글, 41-44쪽) 및 보다 풍부한 학문공동체의 논의가 뒷받침되어야할 것으로 보인다.

104) 뿐만 아니라 이러한 시도는 헌법상 평등원칙에 반해 헌법재판소법 제68조 제1항이 위헌이라는 주장 — 즉, 법원의 재판으로 기본권을 침해받은 국민에게 헌법소원이 인정되지 않는 것은 다른 공권력에 의하여 기본권을 침해받은 국민에 비해 합리적 이유 없이 차별취급 하는 것이다(특히, 헌재 1997.12.24, 96헌마172, 판례집 9-2, 851-852, 855-856쪽). — 으로부터도 상당히 벗어날 수 있는 계기 마련에 도움이 될 것이다.

구조 속에서 행해지는 헌법적 논증에서 기본권 원용의 양상 및 원용의 방법, 그리고 그 강도에 관해서 살펴보았고, 특히 기본권이 법관을 통해서 사법영역에 방사해 들어가는 현상에 주목했다. 그 결과 사법질서에 있어서 기본권 효력이란 문제의 중심에는 사법상 분쟁의 심판자로서의 법관이 놓여있다는 점, 그리고 법관은 간접적용이란 방식으로 기본권적 가치가 사법질서에서도 구현될 수 있도록 해야 한다는 점, 그 과정에서 발생되는 불가피한 헌법적 가치들의 충돌문제를 해결할 수 있는 규범적 규준으로서는 형량법칙과 우위결정법칙이 중요하다는 점을 확인하였고, 법관의 기본권존중의무 해태에 대한 구제방안으로서 사법작용의 본질 및 재판에 관한 정밀한 분석에 기초하여 헌법재판소법 제68조 제1항 "법원의 재판"을 전향적으로 해석하는 것이 기본권의 제3자효와 관련된 논의의 실천력을 높이는데 좋은 계기가 될 수 있음을 언급하였다.

이러한 논의들은 기본적으로 기본권적 논증이 행해지는 '담론의 장'을 보다 분명하게 드러내어서, 기본권적 논증의 건전성과 설득력 제고 및 이에 대한 헌법적 통제를 담보하려는 시도에서 비롯되었다. 모든 생활영역에서 기본권적 가치가 존중받고 구현될 수 있는 헌법국가를 실현하는데 이 글이 학문적으로 도움이 될 수 있기를 기대한다. 학문공동체의 더 풍부하고 발전적인 논의 및 아낌없는 질정에 의한 도움이 필요함은 물론이다.

§ 4. 기본권관계에서 국가의 의무*

Ⅰ. 시작하는 글

기본권은 국가생활공동체 내에서 개인의 지위를 국가에 대한 권리를 중심으로 규정하고 있는 헌법규범이면서,[1] 동시에 헌법의 힘으로 국가권력행사에 관하여 일정한 의무를 부과하고 있는 개인의 구체적이고 주관적인 권리이다.[2] 따라서 기본권을 중심으로 형성되는 법관계인 기본권관계는 기본적으로 권리주체인 개인과 권리상대방인 국가가 '헌법적 차원에서 맺고 있는 권리의무관계'라고 할 수 있다.[3] 즉, 기본권관계에서 개인은 국가에 대해서 일정한 행위(작위행위 혹은 부작위행위)를 요구할 수 있는 권리자로 등장하며,[4] 국가는 이에 상응한 의무자가 된다.[5] 이러한 점에서 구체적인 기본권관계에서 발생하는 국가와 국민 간의 분쟁을 헌법적 관점에서 평가하는 작업 — 즉, 기본권심사 — 의 대상에는 관련된 구체적 기본권뿐만 아니라, 해당 기본권적 보호법익에 대해 감행된 구체적인 국가행위 — 즉, 침범(Eingriff) — 도 포함되어야 한다.[6] 헌법재판소 또한 헌법 제111조 제1항에 근거한 구체적 헌법소송에서 기본권관계가 문제 되면 관련 국가기관의 행위가 형식적으로든, 내용적으로든 기본권적 요구에 상응하는 행위인지를 —

---

* 김해원, 「기본권관계에서 국가의 의무 — 확인의무 · 보장의무 · 보호의무를 중심으로 —」, 『공법학연구』 제12권 제4호, 한국비교공법학회, 2011, 85 – 112쪽에 수록된 글을 수정 · 보완한 것이다.

1) 전광석, 『한국헌법론』, 법문사, 2010, 177쪽.

2) B. Pieroth/B. Schlink, Grundrechte: Staatsrecht Ⅱ, 19., Aufl., C. F. Müller, 2003, Rn. 56.

3) '권리의무관계'로서 기본권관계는 허완중, 「기본적 인권을 확인하고 보장할 국가의 의무」, 『저스티스』 115, 2010, 69 – 70쪽; 헌법적 차원(Verfassungsrang)의 권리로서 기본권에 관해서는 R. Alexy, Theorie der Grundrechte, 3. Aufl., Suhrkamp, 1996, S. 258.

4) 이준일, 「기본권의 기능과 제한 및 정당화의 세 가지 유형」, 『공법연구』 29 – 1, 한국공법학회, 2000, 120쪽.

5) 한편 사법관계에 기본권이 일정한 영향을 미친다고 하더라도, 그것이 기본권의 상대방이 국가에서 국민으로 변경되었음을 의미하는 것은 아니다. 이에 관해서는 김해원, 「기본권 원용의 양상과 기본권 이론 – 사법질서에서 기본권의 효력을 중심으로 –」, 『헌법학연구』 17 – 2, 한국헌법학회, 2011, 405 – 406쪽.

6) 기본권심사의 대상인 침범(Eingriff) 또한 기본권구성요건에 해당하므로 기본권심사의 첫 단계인 잠정적 보호영역을 확인하는 단계에서도 검토되겠지만(이에 관한 상세한 설명은 김해원, 「기본권의 잠정적 보호영역에 관한 연구」, 『헌법학연구』 15 – 3, 한국헌법학회, 2009, 293 – 296쪽), 침범이 본격적으로 문제되는 경우는 정당성심사단계라고 할 수 있다(특히 김해원, 「방어권적 기본권의 정당성 심사구조」, 『공법학연구』 10 – 4, 한국비교공법학회, 2009, 29 – 30쪽 참조); Vgl. S. G. Kielmansegg, Die Grundrechtsprüfung, in: JuS 48(1), 2008, 23ff.

즉, 기본권관계에서 국가의무가 준수되었는지를 — 헌법 전체적 관점에서 평가 및 통제하고 있다.[7)8)] 그런데 기본권관계에서 국가의무준수여부를 판단함에 있어서 사용되는 척도(기본권심사기준)들 — 특히, 헌법 제37조 제2항으로부터 비롯되는 비례성원칙, 본질내용침해금지 등 — 에 대해서는 지금까지 비교적 많은 연구가 행해져왔고 그 성과들 또한 상당히 축적되어 있는 데 반하여,[9)] 정작 '국가의무' 그 자체에 관한 연구는 소홀했다.[10)] 따라서 본 글에서는 기본권관계에서 기본권 수범자인 국가가 부담하는 추상화된 헌법상의 일반적인 국가의무에 관해서 논하되,[11)] 특히 기본권심사기준들과의 관계설정에 주목하고자 한다.

이를 위해서 우선 기본권관계에서 국가의무와 기본권심사기준의 관계를 명시적으로 드러내고 있는 헌법재판소결정을 비판적 관점에서 살펴봄으로써 몇 가지 의문들을 제기하고(Ⅱ.), 헌법전의 문리적 표현에 주목[12)]하여 국가의무를 '확

---

7) 구체적으로 문제가 된 기본권관계에서 헌법재판소가 관련 국가행위의 '형식'과 '내용' 모두를 검토해야 하는 것은, 개인(국민)과 국가 간의 지위관계를 규정하고 있는 기본권규범에는 내용적 지위뿐만 아니라, 형식적 지위도 편입되어 있기 때문이다. 특히 법체계에서 기본권규범이 갖는 형식적 지위의 요체는 침범(Eingriff)의 '법률형식구비성'이라고 할 수 있다(Vgl. J. Schwabe, Problem der Grundrechtsdogmatik, Darmstadt, 1997, S. 23; R. Alexy, 앞의 책, 263쪽).

8) 국가행위의 합헌성을 심사하는 헌법재판소의 활동에 있어서 기본권규범의 "통제규범"성에 대한 강조로는 특히, 헌재 1997.5.29. 94헌마33, 판례집 9-1, 553-554쪽; 헌재 2001.4.26. 2000헌마390, 판례집 13-1, 989쪽 참조.

9) 예컨대, 국회전자도서관(http://dl.nanet.go.kr/index.do, 방문일: 2011.7.1.)에서 검색어로 "비례성"과 "기본권"을 동시만족 하도록 하여 — 즉, 검색 명령어로서 "and"를 사용하여 — 검색한 결과 125건의 자료가, "본질적 내용"과 "기본권"을 동시만족(and)하도록 하여 검색한 결과 135건의 자료가 등장한다.

10) 이러한 사실의 지적은 허완중, 앞의 글, 70쪽; 허완중, 「인권과 기본권의 연결고리인 국가의 의무 — 기본권의 의무적 고찰을 위한 토대 —」, 『저스티스』 124, 2011, 한국법학원, 136-137쪽.

11) 물론 특정 기본권관계에서 국가의무는 특정 기본권에 상응하는 구체적인 국가의 (작위 혹은 부작위) 행위의무의 검토를 통해서 밝혀질 수 있을 것이다. 하지만 이러한 개별적·구체적 사안에 대한 관심은 문제해결에 있어서 구체적 타당성을 고양할 수는 있겠지만, 체계를 갖춘 일반이론의 정립을 어렵게 만드는 단점이 있다. 따라서 본 글에서는 구체적이고 개별적인 국가의무들이 헌법제정권자에 의해서 추상화·일반화되어 헌법에 명시된 국가의무들 — 특히, '확인의무', '보장의무', '보호의무' — 을 그 연구대상으로 삼고자 한다. 이런 작업은 개별적이고 구체적인 사례들에 대한 검토와 상호보완 됨으로써 기본권적 논증의 체계성과 합리성을 높이는데 기여할 것으로 생각된다; 한편 모든 기본권관계에서 국가가 준수해야 하는 일반적인 의무들 — 확인의무, 보장의무, 보호의무 — 외에도, 헌법은 특정 기본권과 관련된 개별적인 국가의무들 — 특히, 헌법 제26조 제1항의 규정에 의한 국민의 청원권행사에 대하여 국가에게 "심사할 의무"를 부과하고 있는 헌법 제26조 제2항이나 사회보장 혹은 사회복지의 영역에 있어서 국가에게 "노력할 의무"나 "정책을 실시할 의무"를 부과하고 있는 헌법 제34조 제2항 및 제4항 등 — 을 명시하고 있는 경우도 있다. 하지만 본 글에서는 특정 기본권관계에서 문제되는 개별적 국가의무들에 관한 논의는 다루지 않는다.

12) 헌법분쟁을 해결하기 위해서 실정헌법의 의미를 밝히는 헌법해석학은 무엇보다도 성문 헌법전의 규정과 표현을 기본대상으로 삼고 있다. 이에 관해서는 특히 허완중, 「자유와 권리 그리고 기본적 인권」, 『성균관법학』 20-3, 2008, 성균관대학교 법학연구소, 531-532쪽.

인의무', '보장의무', '보호의무'로 구분하여 각각의 구체적 내용과 기본권심사에서 이들이 갖는 의미를 검토해 본다(Ⅲ.). 그리고 이러한 검토에 기대어 헌법재판소결정으로부터 제기된 의문들에 대한 대답을 정리하는 것으로 글을 갈무리할 것이다(Ⅳ.).

Ⅱ. 헌법재판소 결정의 비판적 분석

기본권관계에서 국가의 의무를 명시적으로 부각하여 논증하고 있는 헌법재판소의 결정은 대국가적 부작위의무를 부과하고 있는 방어권적 기본권의 심사[13]에서도 찾아볼 수 있겠지만,[14] 대국가적 작위의무를 부과하고 있는 급부권적 기본권의 심사 — 즉, 국가의 (진정 혹은 부진정) 부작위에 기인한 기본권침범행위의 헌법적합성심사 — 와 결부해서 집중적으로 나타나고 있다.[15] 특히 '민법 제3조

13) 방어권적 기본권의 심사에서는 국가의 작위행위로 인한 기본권침범행위의 헌법적합성여부가 문제된다.

14) 예컨대, 영리목적으로 의사가 아닌 자가 의료행위를 업으로 한 경우에 단순한 무면허의료행위자에 비하여 가중처벌하는 보건범죄단속에관한특별조치법 제5조의 위헌성 여부가 문제 된 사안에서 "[…], 나아가 그 법정형이 지나치게 가혹하여 인간으로서의 존엄과 가치 및 국가의 기본권보호의무를 보장한 헌법 제10조에 위반되는 것이라고 볼 수도 없다."라고 판시한 헌법재판소의 결정(헌재 2001.11.29. 2000헌바37, 판례집 13-2, 632, 637쪽), "적법한 단결권의 행사 및 단체교섭행위에 제3자가 개입하는 경우까지 형사제재를 과한다면 근로기본권을 규정한 헌법 제33조 제1항과 제10조 후문의 국가의 기본권 보장의무에 위배되고 […]"라고 판단한 노동조합법상의 제45조의2 등 위헌소원사건에서 재판관 김진우·이시윤의 한정합헌의견(헌재 1993.3.11. 92헌바33, 판례집 5-1, 20-31쪽), "본 법률조항에서 과실로 사람을 치상하게 한 자가 구호행위를 하지 아니하고 도주하거나 고의로 유기함으로써 치사의 결과에 이르게 한 경우에 살인죄와 비교하여 그 법정형을 더 무겁게 한 것은 형벌체계상의 정당성과 균형을 상실한 것으로서 헌법 제10조의 인간으로서의 존엄과 가치를 보장한 국가의 의무와 헌법 제11조의 평등의 원칙 및 헌법 제37조 제2항의 과잉입법금지의 원칙에 반한다."라고 하면서 "이 사건 법률조항을 두게 된 입법정책은 가중처벌이라는 형벌위하로써 사회질서를 유지하려는 입법 목적에만 주안을 두었을 뿐 모든 국민은 인간으로서의 존엄과 가치를 가지며 국가는 개인이 가지는 불가침의 기본적 인권을 보장할 의무를 가진다는 헌법의 기본정신에 배치되는 법규라고 아니할 수 없다."라고 판시한 특정범죄가중처벌등에관한법률 제5조의3 제2항 제1호에 대한 헌법소원사건(헌재 1992.4.28. 90헌바24, 판례집 4, 225, 236쪽) 등.

15) 예컨대, 헌재 2008.7.31. 2004헌바81, 판례집 20-2(상), 91-92쪽; 헌재 2009.2.26. 2005헌마764, 판례집 21-1(상), 177쪽 이하; 헌재 2008.7.31. 2006헌마711, 판례집 20-2(상), 359쪽 이하; 헌재 2011.2.24. 2009헌마94, 공보 173, 424쪽 이하; 헌재 1997.1.16. 90헌마110, 판례집 9-1, 93-94쪽; 헌재 2008.12.26. 2008헌마419·423·436, 판례집 20-2(하), 961쪽 이하; 헌재 2002.11.28. 2001헌바50, 판례집 14-2, 668, 678-679쪽; 헌재 2002.5.30. 2001헌바28, 판례집 14-1, 498쪽; 헌재 2006.11.30. 2004헌마431, 공보 122, 1362쪽; 헌재 2008.11.27. 2004헌바54, 판례집 20-2(하), 216-218쪽; 헌재 2006.7.27. 2004헌마655, 판례집 18-2, 253쪽; 헌재 2008.6.26. 2007헌마461, 판례집 20-1(하), 442쪽; 헌재 1991.9.16. 89헌마163, 판례집 3, 506,

등 위헌소원 사건'[16]에서 헌법재판소는 선행 결정인 '교통사고처리특례법 제4조 등에 대한 헌법소원 사건'에서의 판단내용[17]을 인용하면서 기본권관계에서 국가의무 및 기본권심사기준에 관한 주목할 만한, 그러나 논란이 될 만한 입장을 피력하고 있는바, 이하에서는 이 결정을 중심으로 헌법재판소의 입장을 살펴보고 관련된 의문들을 제기한다.

우선 해당 결정에서 헌법재판소는 "우리 헌법은 제10조 제2문에서 '국가는 개인이 가지는 불가침의 기본적 인권을 확인하고 이를 보장할 의무를 진다.'라고 규정함으로써 국가의 적극적인 기본권보호의무를 선언하고 있는바, 이러한 국가의 기본권보호의무 선언은 국가가 국민과의 관계에서 국민의 기본권보호를 위해 노력하여야 할 의무가 있다는 의미뿐만 아니라 국가가 사인 상호 간의 관계를 규율하는 사법(私法)질서를 형성하는 경우에도 헌법상 기본권이 존중되고 보호되도록 할 의무가 있다는 것을 천명한 것이다. 그런데 국민의 기본권에 대한 국가의 적극적 보호의무는 궁극적으로 입법자의 입법행위를 통하여 비로소 실현될 수 있는 것이기 때문에, 입법자의 입법행위를 매개로 하지 아니하고 단순히 기본권이 존재한다는 것만으로 헌법상 광범위한 방어적 기능을 갖게 되는 기본권의 소극적 방어권으로서의 측면과 근본적인 차이가 있다. 국가가 소극적 방어권으로서의 기본권을 제한하는 경우 그 제한은 헌법 제37조 제2항에 따라 국가안전보장·질서유지 또는 공공복리를 위하여 필요한 경우에 한하고, 자유와 권리의 본질적인 내용을 침해할 수는 없으며 그 형식은 법률에 의하여야 하고 그 침해범위도 필요최소한도에 그쳐야 한다. 그러나 국가가 적극적으로 국민의 기본권을 보장하기 위한 제반조치를 취할 의무를 부담하는 경우에는 설사 그 보호의 정도가 국민이 바라는 이상적인 수준에 미치지 못한다고 하여 언제나 헌법에 위반되는 것으로 보기 어렵다. 국가의 기본권보호의무의 이행은 입법자의 입법을 통하여 비로소 구체화되는 것이고, 국가가 그 보호의무를 어떻게 어느 정도로 이행할 것인지는 입법자가 제반사정을 고려하여 입법정책적으로 판단하여야 하는

515쪽; 헌재 2003.5.15. 2000헌마192, 판례집 15-1, 553쪽; 헌재 2007.4.26. 2005헌마1220, 판례집 19-1, 556쪽; 헌재 2009.5.28. 2006헌마285, 판례집 21-1(하), 740쪽; 헌재 2010.10.28. 2009헌라6, 판례집 22-2(하), 9쪽 이하; 헌재 1992.11.12. 89헌마88, 판례집 4, 768쪽; 헌재 1992.7.23. 90헌바2, 판례집 4, 493쪽; 헌재 1991.5.13. 90헌마133, 판례집 3, 238, 249쪽; 헌재 1993.12.23. 92헌가12, 판례집 5-2, 567, 576쪽; 헌재 1996.11.28. 96헌가15, 판례집 8-2, 527, 536쪽; 헌재 2001.12.20. 2001헌바25, 판례집 13-2, 865, 887쪽; 헌재 2006.3.30. 2003헌마806, 판례집 18-1(상), 391쪽 등.

16) 헌재 2008.7.31. 2004헌바81, 판례집 20-2, 91쪽 이하.

17) 헌재 1997.1.16. 90헌마110, 판례집 9-1, 90, 120-123쪽.

입법재량의 범위에 속하는 것이기 때문이다."[18]라고 판시하고 있는바, 다음과 같은 의문이 든다: ① 헌법 제10조 제2문 문언이 "보장할 의무"로 명시되어있음에도 불구하고 헌법재판소가 이를 "보호의무"라고 칭하는 것이 과연 바람직한 것인가?,[19] ② 헌법재판소는 헌법 제10조 제2문으로부터 비롯되는 국가의무 — 헌법재판소는 헌법 제10조 제2문을 "국가의 적극적인 기본권보호의무를 선언"한 규정으로 여기고 있다. — 를 대국가적 작위요구권이 문제되는 '급부권적 기본권

18) 헌재 2008.7.31. 2004헌바81, 판례집 20-2, 103쪽.

19) 이러한 의문은 우리 헌법이 제2조 제2항, 제8조 제3항, 제22조 제2항, 제31조 제2항, 제32조 제4항·제5항, 제34조 제5항·제6항, 제36조 제2항·제3항, 제120조 제2항, 제123조 제1항·제3항·제4항, 제124조 등에서는 "보호"라는 용어를, 제5조 제2항, 제6조 제2항, 제7조 제2항, 제8조 제1항, 제10조, 제21조 제3항, 제23조 제1항, 제31조 제4항, 제32조 제1항·제3항, 제34조 제2항, 제36조 제1항, 제37조 제2항, 제50조 제1항, 제60조 제1항, 제76조 제1항, 제91조, 제109조, 제116조, 제123조 제5항, 제124조 등에서는 "보장"이라는 용어를 사용하고 있으며, 특히 헌법 제2조 제2항은 명시적으로 국가에게 "보호할 의무"를 부과하고 있다는 점을 고려할 때 더욱 부각된다. 왜냐하면 헌법(문언)상 다른 표현인 "보장"과 "보호"는 각각 고유한 특별한 내용을 담아 사용된 것이 아니라 '단지 표현상(혹은 수사적) 차이에 불과한 것' 내지는 '경우에 따라서는 완전히 동일한 것'으로 이해될 수 있음을 논증하고, 헌법 제10조의 "보장할 의무"와 헌법 제2조 제2항의 "보호할 의무" 간의 합리적 설명이 뒷받침되어야만 비로소 헌법재판소가 헌법 제10조의 "보장할 의무"를 "보호의무"로 지칭한 것이 납득될 수 있기 때문이다. 한편 여러 문헌에서도 헌법 제10조 제2문이 규정하고 있는 국가의무를 위 헌법재판소의 결정에서 나타난 표현과 같이 "(기본권)보호의무"라는 용어로 지칭하고 있긴 하지만(이승우, 「국가의 기본권보호의무」, 『현대공법과 개인의 권익보호 — 균재 양승두교수 화갑기념논문집 —』, 홍문사, 1994, 1182쪽; 표명환, 「입법자의 기본권보호의무와 헌법적 통제」, 『헌법학연구』 11-2, 한국헌법학회, 2005, 212쪽; 박규하, 「헌법국가에 있어서의 국가의 기본권보호의무와 입법부작위에 관한 소고 — 헌법소원과 관련하여 —」, 『외법논집』 19, 한국외국어대학교 법학연구소, 2005, 180쪽; 정문식, 「생명윤리법상 국가의 기본권 보호의무」, 『공법학연구』 8-3, 한국비교공법학회, 2007, 174쪽), 김대환 교수는 이를 "보장의무"라고 칭하는 것이 "보다 정확한 용어"임을 분명히 밝히고 있으며(김대환, 「사법질서에서의 기본권의 효력 — 독일에서의 논의를 중심으로 —」, 『헌법학연구』 16-4, 한국헌법학회, 2010, 155쪽), 김상환 판사와 송기춘·방승주 교수 또한 헌법 제10조 제2문이 규정하고 있는 국가의무를 "(기본권)보장의무"라는 용어로 칭하고 있다(김상환, 「국가의 기본권 보장의무와 법원의 역할」, 『헌법학연구』 14-4, 한국헌법학회, 2008, 3쪽; 송기춘, 「국가의 기본권보장의무에 관한 연구」, 서울대학교 법학박사학위논문, 1998, 108쪽; 방승주, 「헌법 제10조」, 『헌법주석서 Ⅰ』, 법제처(編,) 2010, 378쪽 이하). 하지만 "보장의무" 혹은 "보호의무"라는 용어선택과 관련하여 많은 헌법학자들은 양자 간에 의미상의 차이가 없는 단지 표현상의 문제로 바라보고 있는 것 같다. 왜냐하면, 양자 간의 의미내용 및 그 기능상의 차이점에 관해서 구체적 설명을 시도하고 있는 경우를 찾아보기 힘들며, 경우에 따라서는 헌법재판소의 판시와 같이 하나의 문헌 속에 "보장"과 "보호"를 구별 없이 동시에 같은 의미로 사용하기도 하기 때문이다. 물론 "보호의무"보다 "보장의무"를 더 넓은 개념으로 이해하면서, (기본권)보장의무의 구체적 내용에 관해 설명하고 있는 문헌(허완중, 앞의 글(주 2), 74쪽 이하 참조)도 찾아볼 수 있으나, 이 또한 다른 헌법조문에서 사용하고 있는 "보호"와 헌법 제10조 제2문에서 언급하고 있는 "보장"과의 관계를 규명하는 시도를 하고 있지는 않다. 관련하여 필자는 헌법전의 문리적 표현 및 기본권심사에서의 논리성과 헌법의 규범체계에 주목하여 국가의 "보장의무"와 "보호의무"는 개념적으로도 분명히 구별되고, 그 기능에 있어서도 차이가 있다는 점을 여기서 주장할 것이다.

관계'에 국한해서 검토하고 있는바, 과연 국가에 대한 소극적 행위(부작위)를 요구하는 '방어권적 기본권관계'에서 헌법 제10조 제2문에 규정된 국가의무의 이행여부를 심사하는 것은 이론적으로 합당하지 않거나 논리적으로 불가능한 것, 혹은 헌법 제10조 제2문에 규정된 국가의무는 적어도 방어권적 기본권과 관련해서는 국가에게 요구되지 않는 의무인가?, ③ 이 사건에서 헌법재판소가 "국가가 소극적 방어권으로서의 기본권을 제한하는 경우"와 "적극적으로 국민의 기본권을 보장하기 위한 제반조치를 취할 의무를 부담하는 경우"로 구분하여 — 즉, 방어권적 기본권과 급부권적 기본권을 구분하여 — 전자의 경우에는 "헌법 제37조 제2항에 따라" 심사를 해야 하는 것으로, 후자의 경우에는 헌법 제10조 제2항에서 도출시킨 "국가의 기본권보호의무"의 준수 여부를 검토해야 하는 것으로 이해하고 있는바, 이는 명문으로 방어권과 급부권을 포함한 "국민의 모든 자유와 권리"에 대한 제한문제를 규율하고 있는 헌법 제37조 제2항의 문언에 부합하지 않을 뿐만 아니라 헌법 제37조 제2항으로부터 비롯되는 비례성원칙, 본질내용침해금지 같은 기본권심사기준들은 방어권적 기본권관계 뿐만 아니라 급부권적 기본권관계를 심사하는 기준으로서도 원용될 수 있어야 하는 것은 아닌가? 아울러 이 사건에서 헌법재판소는 계속해서 "입법자가 기본권 보호의무를 최대한 실현하는 것이 이상적이지만, 그러한 이상적 기준이 헌법재판소가 위헌 여부를 판단하는 심사기준이 될 수는 없으며, 헌법재판소는 권력분립의 관점에서 소위 '과소보호금지원칙'을, 즉 국가가 국민의 기본권 보호를 위하여 적어도 적절하고 효율적인 최소한의 보호조치를 취했는가를 기준으로 심사하게 된다. 따라서 입법부작위나 불완전한 입법에 의한 기본권의 침해는 입법자의 보호의무에 대한 명백한 위반이 있는 경우에만 인정될 수 있다. 다시 말하면 국가가 국민의 법익을 보호하기 위하여 아무런 보호조치를 취하지 않았든지 아니면 취한 조치가 법익을 보호하기에 명백하게 부적합하거나 불충분한 경우에 한하여 헌법재판소는 국가의 보호의무 위반을 확인할 수 있을 뿐이다."라고 설시하고 있는바, 심사기준과 관련하여 추가로 다음과 같은 두 가지 의문 또한 제기된다: ④ 기본권민주주의(Grundrechtsdemokratie)[20]를 지향하는 헌법국가에서 헌법이 기본권을 보장한 원래의 취지는 기본권을 '가능한 한' 최대한 구현하겠다는 것이므로,[21] 그 기능이 대국가적 부작위요구권(방어권)이든, 대국가적 작위요구권

---

20) Vgl. W. Zeh, Parlamentarismus und Individualismus, in: K. Waechter (Hrsg.), Grundrechtsdemokratie und Verfassungsgeschichte, HW, 2009, S. 78.

21) 같은 맥락에서 법치국가적 헌법의 지향점은 개인의 자유영역의 폭넓은 실현에 있다고 할 수 있다

(급부권)이든 간에 그것이 기본권이라면, 가능한 한 최대한 실현되도록 하는 것이 헌법적 요청에 부합한다. 따라서 기본권심사는 방어권, 급부권 불문하고 해당 기본권이 (가능한 한) 최대한 실현될 수 있는 논증방식을 취하는 것이 합리적이다.[22] 그런데 헌법재판소가 국가에 대한 적극적 행위의무 — 본 사안에서는 입법의 "기본권 보호의무" —를 부과하는 급부권적 기본권의 심사기준으로서 최소치 보장 즉, 국가가 "최소한의 보호조치를 취했는가를 기준"[23]으로 삼는 것은 비합리적이지 않은가?, ⑤ 헌법재판소가 급부권적 기본권과 관련하여 제시하고 있는 심사기준인 "과소보호금지원칙"은 국가가 해당 급부권적 기본권을 위해서 최소한의 작위행위(보호조치)를 했느냐 여부를 검토하는 것이므로, 이는 "국가행위의무의 최소치(Minimum)"에 해당하는 것이라고 할 수 있다.[24] 그렇다면 최소지위보장요구에 해당하는 헌법 제37조 제2항 후단의 본질내용침해금지원칙과 헌법재판소가 언급한 "과소보호금지원칙"은 어떠한 관계가 있는 것인가?[25] 아래 목차(Ⅲ.)에서는 이상의 의문점에 대답하기 위한 기초로서 기본권에 상응하여 국가가 준수해야 하는 헌법적 차원의 의무들을 헌법문언에 주목하면서 살핀다.

Ⅲ. 헌법상 국가의무

1. 서두

기본권관계에서 국가의무를 헌법이 명시적으로 밝히고 있는 경우로는 무엇보다도 "국가는 개인이 가지는 불가침의 기본적 인권을 확인하고 이를 보장할 의무를 진다."라고 규정하고 있는 헌법 제10조 제2문을 언급할 수 있을 것이다. 따라서 우선 헌법 제10조 제2문의 해석을 통해서 "불가침의 기본적 인권"에 대한 국가의 '확인의무'와 '보장의무'의 내용을 규명하면서 기본권심사에서 이들이

(Vgl. E.－W. Böckenförde/R. Grawert, Kollisionfälle und Geltungsproblem im Verhältnis von Bundesrecht und Landesrecht, in: DÖV, 1971, S. 120f.).

22) 이준일, 『헌법학강의』, 홍문사, 2008, 401쪽.

23) 이를 위 결정에서는 "과소보호금지원칙"이라고 칭하고 있다.

24) 이에 관해서는 김해원, 「국가행위의 적헌성 판단에 있어서 헌법규범의 적용방식에 관한 연구」, 『헌법학연구』 16－3, 한국헌법학회, 2010, 513－514쪽.

25) 한편 과소금지원칙을 급부권적 기본권의 심사에서 등장하는 비례성원칙의 한 표현으로 이해하고 있는 견해도 있는바(특히, 이준일, 앞의 글(주 4), 115－118쪽), 과소(보호)금지원칙과 비례성원칙과의 관계 또한 명확하게 정리되어야 할 필요성이 있다고 생각된다. 이에 관해서는 이하 목차 Ⅲ. 3. 나. 참조.

갖는 역할을 살펴볼 것이다(Ⅲ. 2./Ⅲ. 3.). 그리고 헌법 제2조 제2항이 규정하고 있는 재외국민에 대한 국가의 '보호의무'가 기본권관계에서 어떠한 의미를 가질 수 있는지를 검토해보고 기본권심사에서 '보장의무'와의 관계 및 국가의 '보호의무'를 심사하는 기준에 관해서 논하고자 한다(Ⅲ. 4.).

2. 확인의무

가. 확인의 대상

1) 서두

기본권관계에서 국가가 확인해야 할 대상으로서 헌법 제10조 제2문은 "개인이 가지는 불가침의 기본적 인권"을 규정하고 있다. 따라서 이하에서는 우선 "기본적 인권"과 이에 대한 수식어로서 등장하는 "불가침"이 갖는 의미를 살펴보고, "불가침의 기본적 인권"의 주체인 "개인"에 관해서 설명한다.

2) "기본적 인권"

일반적으로 인권은 그 존재의 인정근거 및 효력근거가 실정법이 아니라 자연법에 기초하고 있는 인간의 권리로 이해되고 있지만,[26)] 헌법 제10조 제2문의 "기본적 인권"은 실정헌법에 근거하여 실정적 효력을 갖는 재판규범이란 점[27)]에서 일반적으로 이해되고 있는 인권과는 다른 개념으로 이해되어야 한다. 그뿐만 아니라 실정화가 달성된 헌법규범은 헌법현실에서 (생활)규범력을 갖는 실질적 규범이 되어야 한다는 점[28)]에서 헌법 제10조 제2문의 "기본적 인권"을 추상과

---

26) 이에 관한 자세한 설명 및 관련 문헌의 적시는 허완중, 앞의 글(주 10), 138-140쪽.

27) 헌법실무의 대표자라고 할 수 있는 헌법재판소도 구체적 헌법소송에서 국가행위의 헌법적합성여부를 판단함에 있어서 헌법 제10조 제2문의 "불가침의 기본적 인권"을 원용하여 판단한다(특히, 헌재 2010.2.25. 2008헌가23, 판례집 22-1 (상), 61쪽; 헌재 2004.9.23. 2000헌마138, 판례집 16-2 (상), 559쪽; 헌재 2004.10.28. 2002헌마328, 판례집 16-2 (하), 209쪽; 헌재 2004.12.16. 2002헌마478, 판례집 16-2 (하), 559쪽 등등); 한편 독일헌법(Grundgesetz)은 "세계의 모든 인간공동체, 평화 그리고 정의의 기초"를 의미하는 인권(Menschenrecht)과 "입법, 집행 및 사법을 직접 구속하는 효력"을 가진 기본권(Grundrecht)을 명시적으로 구별하고 있다. 이에 관해서는 Vgl. Art. 1 Abs. 2·Abs. 3 GG; 헌법적 차원의 권리(Rechte von Verfassungsrang)로서 기본권은 R. Alexy, 앞의 책(주 3), 258쪽; 기본권의 실정(헌)법성을 강조해야 하는 이유로는 특히 김선택, 「기본권체계」, 『헌법논총』 10, 헌법재판소, 1999, 158-159, 161-162쪽.

28) 관련하여 허완중 교수는 권리의 실질화를 실정화를 통해서 완성해 나갔던 서양과 달리 한국헌법현실에서 발생되는 권리투쟁은 주로 "실정화한 권리를 실질화하기 위한 투쟁"이라는 점을 분명히 지적하고 있다(허완중, 앞의 글(주 12), 537-538쪽); 헌법의 생활규범력에 관해서는 허영, 『한국헌법론』, 박영사, 2010, 28-30쪽.

이념의 세계 내지는 자연법적 차원에서 언급되는 권리(즉, 인권/Menschenrecht)로 이해하기보다는,[29] 구체적인 (헌)법실무의 세계에 놓여있는 실정 헌법적 차원의 권리[30]로 이해하고, 헌법 제2장 표제어에 등장한 "권리" 혹은 헌법 제37조의 "자유와 권리"의 동의어로서 국가에 대해서 개인이 갖는 헌법적 차원의 개별 권리들을 총칭하는 표현인 기본권으로 새기는 것이 바람직할 것이다.[31]

3) 기본적 인권의 수식어인 "불가침"

헌법 제10조 제2문의 "불가침"은 "기본(적 인)권"의 자연법적 성격(자연권성) 내지는 초국가적 천부인권성을 강조하기 위한 수식어로 이해되기도 한다.[32] 하지만 앞서 언급한 바와 같이 "기본적 인권", 즉 기본권은 실정 헌법상의 권리로 이해하는 것이 바람직하다는 점에서, 수식어인 "불가침" 또한 가능한 한 그 의미가 실정헌법 그 자체를 통해서 규명되어야 할 것이다. 관련하여 필자는 기본권관계에서 헌법 제37조 제2항이 기본권적 보호법익에 대해 감행된 국가의 각종 간섭(Eingriff)들 중에서 용납될 수 있는(즉, 합헌적인) "제한"과 용납될 수 없는(즉, 위헌적인) "침해"를 엄격히 구분해서 표현하고 있음에 주목하여,[33] '침해할 수 없음'을 뜻하는 "불가침"은 '위헌적인 국가작용은 허용될 수 없음'을 의미하는 것으로,

---

29) 기본적 인권을 천부인권 내지는 자연권으로 파악하는 견해는 특히, 김철수, 『헌법학신론』, 박영사, 2006, 205－206쪽; 이에 대한 비판은 김해원, 「기본권 체계」, 『법학논고』 32, 경북대학교 법학연구원, 2010, 303－304쪽.

30) 이러한 권리를 헌법학계와 헌법실무는 헌법전 어디에도 등장하지 않는 용어이긴 하지만 '기본권'으로 칭하고 있다. 한편 허완중 교수는 같은 맥락에서 기본권을 헌법 제10조 제2문 "기본적 인권"의 준말로 이해한다(허완중, 앞의 글(주 12), 550, 555쪽 참조). 이러한 견해에 동의하는 필자는 "기본적 인권"과 기본권을 동의어로 사용한다.

31) 이에 관한 상세한 논증은 허완중, 앞의 글(주 12), 531－558쪽; 한편 이때 기본권의 성격이 대국가적 부작위를 요구하는 것인지 혹은 대국가적 작위를 요구하는 것인지, 그렇지 않으면 이러한 작위와 부작위 간의 동등대우를 요구하는 것인지는 불문한다. 이에 관해서는 이준일, 앞의 글(주 4), 105쪽, 120쪽; 기본권이란 표현을 헌법이 명시적으로 사용하고 있지는 않지만, 헌법재판소법 제68조 제1항 "헌법상 보장된 기본권"은 헌법 제10조 "기본적 인권" 혹은 헌법 제2장 표제어에 등장한 "권리" 혹은 헌법 제37조의 "자유와 권리"의 동의어로 이해된다(김도균, 『권리의 문법 —도덕적 권리·인권·법적 권리』, 박영사, 2008, 3쪽 참조).

32) 관련하여 특히 1980년 6월 5일 헌법개정안요강작성소위원회회의록을 언급하고 있는 방승주, 앞의 글(주 19), 374쪽 참조.

33) 이러한 사실은 특히 헌법 제37조 제2항이 그 전단에서는 "제한할 수 있으며"라는 표현을 사용하고, 후단에서는 "침해할 수 없다."라는 표현을 사용하고 있음을 통해서 분명히 확인된다. 독일헌법 및 헌법학계에서도 개인의 기본권적 보호법익에 대한 각종 불리한 작용을 구상화하기 위해 사용되는 중립적 개념인 간섭/침범(Eingriff)과 합헌적인 제한(Schranken, Bechränkung, Einschränkung), 그리고 위헌적인 침해(Verletzung)를 구분하고 있다. 관련 설명 및 문헌들의 적시는 김해원, 앞의 글(주 6), 293－294쪽 각주 51).

"불가침"에 의해 수식된 "기본적 인권"은 '위헌적인 방법으로 간섭(개입/작위 혹은 불개입/부작위)할 수 없는 기본적 인권'이란 의미로 이해하고자 한다.[34)]

4) 불가침의 기본적 인권의 주체로서 "개인"

"불가침의 기본적 인권"이 자연법적 차원에서 언급되는 인간의 권리가 아니라 국가가 위헌적인 방법으로 간섭할 수 없는 실정헌법적 차원의 권리로 이해되어야 한다는 것은, 그 주체인 "개인" 또한 원칙적으로 '국민인 개인'으로 한정해서 해석되어야 할 것을 요청한다. 왜냐하면 헌법 제2장은 "국민의 권리와 의무"라는 표제를 분명히 하고 있으며, 헌법 제2장 아래에 수록된 거의 모든 권리·의무의 주체는 원칙적으로 "(모든) 국민"이라고 한정되어 있기 때문이다. 물론 판례와 학설의 일반적인 태도는 국민개념의 확장을 통해서 외국인에게도 일정한 범위 내에서 기본권주체성을 인정하고 있지만[35)] "국민"이란 문언에 외국인을 포함시키는 것은 문리해석의 한계를 넘어서는 것일 뿐만 아니라,[36)] 헌법적 차원에서 그 지위가 보장되는 국민과 달리 외국인의 지위보장은 헌법 제6조 제1항 및 제2항에 의해서 국내법질서에서 헌법하위의 서열을 갖는 "국제법과 조약"에 의해 보장되고 있기 때문에[37)]에서 외국인은 원칙적으로 "불가침의 기본적 인권"의 주

34) 헌법국가에서 기본권에 대한 위헌적인 작용은 당연히 허용될 수 없다는 점에서 "불가침"이란 수식어가 굳이 필요한가 하는 의문이 들기도 한다. 하지만 "불가침"이란 수식어는 헌법 제10조의 국가의 '확인의무'와 관련해서 — 특히, "확인"대상의 특정과 관련해서 — 중요한 의미를 갖는다. 왜냐하면 국가는 이제 단순히 "기본적 인권"의 내용과 의미만 확인하는 것으로 족하지 않고, 기본적 인권에 감행된 국가행위가 위헌적인지 여부도 확인해야 할 의무를 지기 때문이다. 이에 관해서는 이하 Ⅲ. 2. (2) 참조.

35) 헌재 1994.12.29. 93헌마120, 판례집 6-2, 480쪽; 헌재 2001.11.29. 99헌마494, 판례집 13-2, 723쪽; 계희열, 『헌법학(중)』, 박영사, 2007, 63쪽; 김승환, 「기본권의 인적 효력범위」, 『공법학연구』 9-4, 한국비교공법학회, 2008, 119-121쪽.

36) 유진오, 『헌법해의』, 일조각, 1959, 57쪽 참조.

37) 헌법은 제2조 제1항에서 "대한민국의 국민이 되는 요건은 법률로 정한다."고 규정하고 있지만, 일단 법률을 통해서 정해진 국민 — 물론 국민의 요건을 법률로 정한다고 하여 입법자에게 무제한적인 형성의 자유가 주어져 있는 것은 아니다. 입법자는 합헌적인 범위 내에서 대한민국 국민이 되는 요건을 규정해야 하는바, 무엇보다도 헌법 제11조 제1항 제2문이 규정하고 있는 평등원칙을 준수하면서 헌법상 다의적으로 사용되고 있는 국민의 개념(즉, 헌법 제1조가 규정하고 있는 '주권자로서의 국민/국가구성원의 총체로서의 국민', 헌법 제130조 제2항, 제72조, 제41조, 제67조 제1항 등으로부터 도출될 수 있는 '주권행사자로서의 국민/능동적 시민의 총체로서의 국민', 헌법 제2장에서 규정하고 있는 기본권 및 기본의무의 주체가 되는 '개인으로서의 국민')에 대해서 유의해야 한다(이에 관해서는 공진성, 「외국인에 대한 지방선거권부여의 헌법합치성」, 고려대학교 석사학위논문, 1998, 8-10쪽) — 에게는 헌법 스스로가 일정한 권리와 의무를 부여하고 있다(이런 점에서 기본권은 국가와 국민 간의 헌법적 차원의 지위설정규범 내지는 국가에 대한 국민의 지위보장규범이 된다. Vgl. K. Hesse, Grundzüge des Verfassungsrechts der Bundesrepublik Deutschland, 20. Aufl., C. F. Müller, 1999, Rn. 280ff.). 반면에 국가와 외국인 간의 지위설정 혹은 외국인의 지위보

체인 "개인"에 해당되지 않는다고 해야 할 것이다.[38][39]

나. 기본권심사에서 확인의무의 의미

사전적으로 "확인"은 "틀림없이 그러한가를 알아보거나 인정함" 혹은 "특정한 사실이나 법률관계의 존속, 폐지를 판단하여 인정함"이란 의미를 갖는다.[40] 그런데 국가가 확인해야할 대상인 "개인이 가지는 불가침의 기본적 인권"은 앞서 살펴본바(목차 Ⅲ. 2. 가.)에 따르면 '위헌적인 방법으로 간섭(개입 혹은 불개입)할 수 없는 국민의 기본(적 인)권'을 뜻하므로, 헌법 제10조 제2문의 확인의무는 국가에게 헌법이 규정하는 개별 기본권 목록들을 구체적인 헌법현실에서 발견·발굴하여 이를 인정해야 할 의무뿐만 아니라, 구체적인 경우 특정 기본권에 대해서 감행된 특정 국가행위의 위헌성 여부까지도 적극적으로 살펴서 관련된 국가행위가 기본권에 대한 합헌적인 간섭을 의미하는 '제한(Schranken)'인지, 아니면 위헌적인 간섭, 즉 '침해(Verletzung)'인지를 논증해야 할 의무[41]까지도 부과하고 있는 것으로 이해되어야 한다. 기본권관계에서 이러한 국가의 논증부담의무

장은 헌법이 "국제법과 조약"적 차원에서 이루어지도록 규율하고 있다. 같은 취지로는 박일경, 『제5공화국헌법』, 일명사, 1983, 175쪽 참조.

38) 다만 해당 권리의 주체를 "누구든지"라고 규정하고 있는 헌법 제11조 제1항 제2문, 제12조 제1항 제2문, 제12조 제4항 제1문, 제12조 제5항 제1문, 제12조 제6항과 "형사피고인"이라고 규정하고 있는 헌법 제27조 제4항, "형사피해자"라고 규정하고 있는 헌법 제27조 제5항, "구금되었던 자"라고 규정하고 있는 헌법 제28조, "근로자"라고 규정하고 있는 헌법 제33조의 경우에는 해석을 통해서 국민을 넘어서서 외국인에게까지 기본권주체성을 확장시킬 수 있는 가능성이 없다고는 할 수 없을 것이다. 하지만 그 밖의 경우에 "국민"의 개념을 확장하여 외국인을 포함시키는 것은 원칙적으로 헌법문언의 가능한 해석의 범위를 넘어서는 것으로 판단된다.

39) 한편 계희열 교수는 외국인의 기본권주체성을 부인하는 것은 시대 역행적이라고 하면서, 헌법에서 규정하고 있는 "국민"을 문구에 따라서만 해석한다면 "엄청나게 많은 문제를 야기하게 될 것"이라고 주장한다(계희열, 앞의 책, 63쪽). 하지만 시대에 부합하는 헌법해석이 중요하다고 하더라도 그것이 헌법 명문의 가능한 해석범위를 넘어설 수 없을 뿐만 아니라, 기본권주체에 외국인을 배제한다고 해서 과연 엄청나게 많은 문제가 야기될 것인지도 의문이다. 설사 많은 문제가 야기될 수 있다고 하더라도 (헌법상 기본권 주체로서 지위를 가지지 못한다고 하여, 그와 유사한 지위를 법률을 통해서 부여하는 것이 당연히 금지되는 것은 아니므로) 법률 등을 통해서 미리 외국인의 지위를 충분히 보장해주면 야기될 문제의 거의 대부분은 해결될 수 있을 것으로 판단된다. 그리고 외국인 외에도 태아, 배아, 死者 그리고 법인 등과 관련해서도 기본권주체성이 세밀하게 검토되어야 한다(관련한 최근의 연구로서 특히 김승환, 앞의 글(주 35), 109쪽 이하 참조). 이에 관한 논의는 '기본권의 인적 구성요건'이란 주제로 진행 중인 연구를 통해서 추후 보완키로 한다. 다만 이 경우에도 무엇보다도 헌법 문언의 표현이 최대한 존중되어야 함이 원칙임을 밝혀둔다.

40) 국립국어원 표준국어대사전(http://stdweb2.korean.go.kr/search/List_dic.jsp, 검색어: 확인, 검색일: 2011.9.27.) 참조.

41) 구체적인 기본권심사에서 국가행위의 헌법적합성을 논증해야 할 의무는 정당성심사단계에서 문제된다. 이에 관해서는 김해원, 앞의 글(주 6), 29－31쪽.

는 일반적인 입증책임법리에도 부합한다. 왜냐하면 원칙적으로 권리의 존재를 주장하는 자는 해당 권리의 성립요건을 비롯한 각종 권리근거사실에 대하여 논증을 부담하고, 그 상대방이 성립된 권리의 변동 및 소멸 등에 관하여 논증을 부담하는바,[42] 헌법을 통해서 존재근거와 권리성이 인정된 기본권에 대해서 제한이라는 일정한 변화를 가하고자 한다면, 원칙적으로 제한하고자 하는 자(즉, 국가)가 해당 제한행위의 헌법적 정당성을 논증해야하기 때문이다.[43]

헌법 제10조 제2문의 확인의무에 대한 이러한 이해는 헌법현실에서 기본권의 발견 및 발굴과 관련하여 일차적으로 기능하는 정책의 대표자인 입법부와 이러한 정책의 집행자인 행정부 ― "불가침의 기본적 인권"에 대한 잠정적 확인의무자인 입법부와 행정부 ― 에게도 중요한 의미를 부여하겠지만,[44] 무엇보다도 "불가침의 기본적 인권"에 대한 종국적 확인의무자이자 헌법적 논증의 대표자인 헌법재판소[45]를 겨냥하고 있다. 왜냐하면 국가기관으로서 헌법재판소는 기본권관련 구체적 헌법소송(특히, 위헌법률심판 혹은 헌법소원심판)에서 단순히 기본권보호영역과 그 내용을 구체화할 것[46]을 넘어서서 기본권심사과정 전체를 주도적으로 논증해야 할 의무를 부담하는바, "청구인의 주장에만 얽매이어 판단을 한정할 것이 아니라 가능한 한 모든 범위에서 헌법상의 기본권침해의 유무를 직권으로 심사"[47]해야 하기 때문이다. 따라서 입법자가 기본권심사가 행해져야 하는 헌법소

---

42) 오석락, 『입증책임론』, 일신사, 1996, 51－57쪽; 이시윤, 『민사소송법』, 박영사, 1999, 572쪽.

43) 김해원, 앞의 글(주 6), 312쪽.

44) 요컨대, "기본(적 인)권"을 "확인"할 의무를 해태하거나 기본권을 전혀 고려하지 않고 입법권 및 행정권을 행사 혹은 불행사한 경우, 이러한 공권력 작동은 헌법소송절차에 따라서 위헌법률심판 혹은 헌법소원심판의 대상이 될 수 있을 것이고, 해당 공권력을 행사한 국가기관의 담당자는 경우에 따라서는 탄핵심판의 대상이 될 수 있다(헌법 제65조 제1항 참조).

45) 정책의 대표자로서의 입법자와 논증의 대표자로서의 헌법재판소에 관해서는 Vgl. R. Alexy, Grundrechte in der demokratischen Verfassungsstaat, Festschrift für A. Peczenik, 1997, S. 27f.

46) 이와 관련하여 방승주 교수는 다음과 같이 설명하고 있다(방승주, 앞의 글(주 19), 377쪽): "헌법재판소는 위헌법률심판이나 헌법소원심판이 청구되면, 그러한 절차에서 기본권의 보호영역과 주체를 확인하게 된다. 국민의 일정한 행위나 생활이 헌법상 보장되는 기본적 인권에 의해서 보호되는 대상인지 여부를 헌법해석을 통하여 확인하여야 한다. 하지만 인간으로서의 존엄과 가치 및 행복추구권, 평등권을 비롯한 많은 기본권보장이 극히 추상적 개념을 내용으로 하고 있기 때문에, 결국 이러한 기본권의 보호영역과 내용은 헌법재판소 재판관에 의해서 구체화되는 과정을 거치지 않을 수 없다. 이러한 구체화과정 역시 기본적 인권의 확인행위라고 할 수 있을 것이다."

47) 헌재 1989.9.4. 88헌마22, 판례집 1, 188쪽; 그 밖에도 특히, 헌재 1993.5.13. 91헌마190, 판례집 15－1, 320쪽: "헌법재판소법 제25조, 제26조, 제30조, 제31조, 제32조, 제37조, 제68조, 제71조 등에 의하면 헌법소원심판제도는 변호사 강제주의, 서면심리주의, 직권심리주의, 국가비용부담 등의 소송구조로 되어 있어서 민사재판과 같이 대립적 당사자간의 변론주의 구조에 의하여 당사자의 청구취지 및 주장과 답변만을 판단하면 되는 것이 아니고, 헌법상 보장된 기본권을 침해받은 자가

송을 완전한 당사자주의로 변경하고자 하는 시도를 한다면 이는 원칙적으로 헌법 제10조 제2문의 확인의무에 반하여 위헌이라는 평가를 피하기 어려울 것이다.

3. 보장의무

가. 서두

기본권관계에서 국가가 보장할 대상 또한 헌법 제10조 제2문의 "개인이 가지는 불가침의 기본적 인권"인바, 이는 앞서 설명한 국가의 확인의무의 대상과 동일하다. 따라서 이하에서는 보장의무의 의미를 기본권심사에 주목해서 살펴본다.

나. 기본권심사에서 보장의무의 의미

"보장(保障)"은 사전적으로 "어떤 일이 어려움 없이 이루어지도록 조건을 마련하여" 돌본다는 의미를 갖는바,[48] 헌법 제10조 제2문에 규정된 "기본적 인권"을 "보장할 의무"라고 함은 '기본권 — 대국가적 부작위요구권인 방어권적 기본권이건, 대국가적 작위요구권인 급부권적 기본권이건 불문한다.[49] — 이 헌법현실에서 인정목적에 맞게 구현되도록 할 국가의무'라고 해석할 수 있을 것이다.[50] 그런데 헌법은 기본권보장규범이면서 동시에 기본권제한규범이란 점[51]에서 헌법제정권자의 기본권 인정목적은 헌법현실에서 기본권적 가치의 절대적·무제한적 관철이라고 볼 수 없고, 구체적인 기본권관계에서 관련 기본권을 "법적 사실적 가능성에 따라 상대적으로 가능한 한 최대한 실현(최적화: Optimierung)"[52]하

변호사의 필요적 조력을 받아 그 침해된 권리의 구제를 청구하는 것이므로 소송비용과 청구양식에 구애되지 않고 청구인의 침해된 권리와 침해의 원인이 되는 공권력의 행사 또는 불행사에 대하여 직권으로 조사 판단하는 것을 원칙으로 하고 있다. […] 따라서 헌법재판소는 청구인의 심판청구서에 기재된 피청구인이나 청구취지에 구애됨이 없이 청구인의 주장요지를 종합적으로 판단하여야 하며 청구인이 주장하는 침해된 기본권과 침해의 원인이 되는 공권력을 직권으로 조사하여 피청구인과 심판대상을 확정하여 판단하여야 하는 것이다."

48) 국립국어원 표준국어대사전(http://stdweb2.korean.go.kr/search/List_dic.jsp, 검색어: 보장, 검색일: 2011.10.3.) 참조.

49) 위 주 31) 참조; 한편 방어권적 기본권, 급부권적 기본권을 막론하고 기본권이기만 하면 모두 '보장'의 대상이 되어야 한다는 점에 관해서는 아래 주 63), 65) 참조.

50) 관련하여 특히, 허완중, 「기본권보호의무에서 과소보호금지원칙과 과잉금지원칙의 관계」, 『공법연구』 37-1/2, 한국공법학회, 2008, 203쪽 주 4) 참조.

51) 이러한 헌법의 상반구조(Gegenstruktur)에 관해서는 허영, 앞의 책, 30쪽.

52) 최적화에 관해서는 특히, R. Alexy, 앞의 책(주 3), 75쪽; 한편 최적화의 개념을 R. Alexy보다 폭넓게 이해하고 있는 문헌으로는 이준일, 「법학에서 최적화」, 『법철학연구』 3-1, 한국법철학회, 2000, 101-130쪽.

기 위함이라고 이해되어야 한다. 이러한 이해는 국가는 "국민의 모든 자유와 권리", 즉 기본권을 오직 "필요한 경우에 한하여" — 헌법 제37조 제2항 문언 "필요한 경우에 한하여"는 '형량을 핵심적 가치로 삼는 비례적합한 경우에 한하여'로 해석된다.[53) — 제한할 수 있음을 표현하고 있는 헌법 제37조 제2항 전단을 통해서도 뒷받침된다. 왜냐하면 복수의 목적에 관계하는 특정 수단을 평가할 때 사용되는 논증도구(심사기준)이자 복수의 목적에 특정 수단을 관련시키는 正序방식인 비례(적합)성원칙(Verhältnismäßigkeitsgrundsatz)[54)]은 상대적 우위관계 속에 기본권이 놓여있을 경우, 해당 기본권의 최적실현을 달성하는데 필수적인 법적·사실적 가능성의 테두리를 정해주면서 동시에 달성하고자 하는 목적과 훼손되는 목적 사이의 균형점이 '형량'이란 방법을 통해서 도출될 수 있는 계기를 마련해주기 때문이다.[55)] 따라서 기본권심사에서 국가의 기본권보장의무가 갖는 의미는 「기본권관계에서 심사대상인 국가의 적극적인 작위행위 혹은 소극적인 부작위행위가 관련 기본권을 구체적인 헌법현실에서 '최적 실현(즉, 법적·사실적 가능성의 테두리 안에서 상대적으로 최선의 것을 선택하여 실현)'[56)]되는데 도움 되는 행위인지 여부를 평가하는데 있다」고 할 수 있는바, 이를 심사하는 기준이자 논증도구로서 헌법 제37조 제2항 "필요한 경우에 한하여"로부터 도출되는 비례성원칙과 상대적 우위관계에서 헌법규범이 적용되는 방식인 형량이 주목되어야 할 것이다.[57)]

결국 상대적 우위가 문제 되는 구체적 기본권관계에서 특정 기본권에 관련하는 국가의 작위/부작위가 "필요한 경우에 한하여"라는 요건을 준수하지 않았다면 — 즉, 비례적합한 수단을 사용하지 않았다면 —, 이는 헌법 제37조 제2항에

---

53) 비례성원칙의 근거로 법치국가원칙·본질내용침해금지규정·헌법상 평등·기본권본질·기본권의 원칙적 성격 등이 제안되고 있으나(Vgl. A. v. Arnauld, Die normtheoretische Begründung des Verhältnismäßigkeitsgrundsatzes, in: JZ, 2000, S. 276ff.), 우리 헌법에서 (상대적 우위관계가 문제 되는) 기본권심사에서 사용할 수 있는 기준인 비례성원칙은 헌법 제37조 제2항의 "필요한 경우에 한하여"의 해석을 통해서 도출될 수 있을 것이다(전광석, 앞의 책, 299쪽; 헌재 1998.11.26. 97헌바58, 판례집 10－2, 682쪽 이하).

54) 이준일, 「기본권제한에 관한 결정에서 헌법재판소의 논증도구」, 『헌법학연구』 4－3, 한국헌법학회, 1998, 276－277쪽; 이준일, 「헌법상 비례성원칙」, 『공법연구』 37－4, 2009, 한국공법학회, 26쪽.

55) '최적화'와 '비례성원칙'의 관련성 및 연결통로에 대해서는 이준일, 「'원칙'으로서의 기본권과 비례성 '명령'」, 『공법연구』 28－1, 1999, 한국공법학회, 86－87쪽; 이준일, 앞의 글(주 54), 277－278쪽; 한편 절대적 우위관계에서 논증도구로서 비례성원칙이 사용된다면, 충돌되는 목적가치들의 우위관계는 '형량(Abwägung)'이 아니라 '우위결정(Vorrangentscheidung)'을 통해서 해소된다. 이에 관한 상세한 논증은 김해원, 앞의 글(주 24), 513－514쪽, 526－530쪽.

56) 이준일, 앞의 글(주 55), 86쪽.

57) 상대적 우위관계에서 법규범의 적용방식으로 등장하는 형량 및 형량통제에 관해서는 김해원, 앞의 글(주 24), 514쪽, 521－525쪽.

서 규정하고 있는 기본권제한의 정당성 요건을 충족하지 못한 것이면서 동시에 헌법 제10조 제2문이 규정한 기본권보장의무 또한 준수하지 않은 것으로서 위헌적인 국가행위라고 평가되어야할 것이다. 그리고 이러한 평가에서 사용되는 기준인 비례(적합)성원칙은 제한되는 기본권의 기능에 따라 '과잉금지원칙'과 '과소금지원칙'으로 구체화된다는 점[58]에서 해당 국가행위가 대국가적 부작위 요구권인 방어권적 기본권과 관련될 때는 국가의 작위가 너무 과하면 안 된다는 의미에서 '과잉금지원칙'이, 해당 국가행위가 대국가적 작위요구권인 급부권적 기본권과 관련될 때에는 국가의 작위가 너무 적으면 안 된다는 의미에서 '과소금지원칙'이 각각 구체화된 심사기준으로 등장하는바, 이 경우 '과잉금지원칙'과 '과소금지원칙'이 지니고 있는 상이한 권한법적·권력분립적 의미에 주의해서 형량이 행해져야만 한다.[59]

4. 보호의무

가. 기본권관계에서 보호의무의 근거

헌법 제2조 제2항은 "국가는 법률이 정하는 바에 의하여 재외국민을 보호할 의무를 진다."라고 규정하여 '재외국민'에 대한 국가의 '보호의무'를 명시하고 있다. 그런데 재외국민 또한 기본권주체인 국민이란 점에서 이 조항을 기본권관계에서 이해한다면, 국가는 재외국민의 기본권을 "법률이 정하는 바에 의하여" "보호할 의무를 진다."라고 해석할 수 있을 것이다.[60] 그리고 이 조항을 헌법 제11

---

58) 이준일, 「헌법상 비례성원칙」, 『공법연구』 37-4, 한국공법학회, 2009, 35-37쪽.

59) 구체적 헌법소송에서 소극적 측면에서의 국가활동규제를 의미하는 '과잉금지원칙'이란 심사기준을 사용하는 경우에 비해서, 적극적 측면에서의 국가활동규제를 의미하는 '과소금지원칙'이라는 심사기준을 사용할 경우에는 기본권영역과 관련된 국가의 목표지향적 과제 — 이러한 과제의 구체적 구현은 전형적인 정치의 소관사항이다. — 가 실질적으로 헌법재판소에 의해 구체적으로 구현됨을 의미하는바, 이는 강한 자기폐쇄적 구조를 가진 사법절차에 의한 민주적인 정치과정의 대체 내지는 변질을 의미한다(이에 관해서는 서경석, 「국가의 기본권보호의무 비판」, 『헌법학연구』 9-3, 한국헌법학회, 2003, 417쪽 참조). 따라서 심사기준으로 '과잉금지원칙'이 아니라, '과소금지원칙'이 사용되는 경우에는 형량과정에 있어서 입법자의 형성권에 대한 훨씬 높은 존중과 고려가 있어야만 할 것이다. 물론 이러한 고려와 존중이 과소금지원칙의 의미를 최소치보장수준으로 전락시키는 것으로 오해(특히, 헌재 2008.7.31. 2004헌바81, 판례집 20-2, 103-104쪽; 헌재 1997.1.16. 90헌마110, 판례집 9-1, 90, 121-122쪽 참조)되어서는 안 될 것이다. 왜냐하면 '형량'은 최소치보장을 상회하는 규범충돌상황 — 즉, 상대적 우위관계가 문제되는 경우 — 에서 헌법규범이 적용되는 방식이기 때문이다(이에 관해서는 김도균, 「법적 이익형량의 구조와 정당화문제」, 『법학』 48-2, 서울대학교 법학연구소, 2007, 65쪽; 김해원, 앞의 글(주 24), 517-518쪽).

60) 물론 국가와 국민 간의 법적 관계에서 국가가 보호해야 할 대상에는 일정한 사실상황이나 국민이 갖는 법률적 차원의 권리 등도 포함될 수 있다는 점(이에 관해서는 특히, 헌재 1993.12.23. 89헌마

조의 '평등'과 결부해서 이해한다면 비록 헌법이 명시하고 있지는 않지만 국내거주국민에 대한 국가의 보호의무 또한 당연히 긍정된다고 해야 한다.[61] 이러한 점에서 우리 헌법은 제10조 제2문을 통해서 국가의 '확인의무'와 '보장의무'를 규정한 것과는 별도로, 제2조 제2항을 통해서 기본권관계에서의 국가의 '보호의무'에 관한 명시적 근거 또한 마련하고 있는 것으로 판단된다.[62] 따라서 이하에서는 앞서 언급한 기본권관계에서 국가의 '확인의무'나 '보장의무'와는 구별되는 국가의 '보호의무'가 갖는 의미를 기본권심사에 주목해서 규명한다.

나. 보호의 대상

기본권관계에서 국가의무준수여부를 판단함에 있어서 적용되는 일반규정이라고 할 수 있는 헌법 제37조 제2항이 제한할 수 있는(혹은 침해할 수 없는) 대상으로 "국민의 모든 자유와 권리"를 명시하고 있다는 점에서, 원칙적으로 기본권관계에서 국가가 보호해야 할 대상에는 국민의 급부권적 지위뿐만 아니라 방어권적 지위 또한 당연히 포함되는 것으로 이해해야 한다.[63] 이러한 이해는 "보호"

189, 판례집 5-2, 646쪽 참조)에서 헌법 제2조 제2항에서 규정하고 있는 국가보호의무의 대상에는 오직 (재외)국민이 갖는 헌법적 차원의 권리, 즉 '기본권'만이 해당된다고 주장하는 것은 다소 성급한 측면이 있다. 하지만 "법적 관계에 있어서 가장 중요한 것은 법단계의 최상위에 있는 헌법을 중심으로 형성되는 헌법관계"란 점에서(허완중, 앞의 글(주 3), 69쪽), 국가와 국민 간의 관계에서 가장 핵심적이고 본질적인 관계는 헌법적 차원의 권리의무관계, 즉 '기본권관계'라고 할 수 있다. 따라서 헌법 제2조 제2항의 "재외국민을 보호할 의무"에는 '재외국민의 기본(적 인)권을 보호할 의무'가 당연히 포함되는 것으로 새겨야 한다. 이러한 점에서 헌법 제2조 제2항의 국가의 재외국민 보호의무를 "국가가 하는 외교적 보호와 국외 거주 국민에 대하여 정치적인 고려에서 특별히 법률로써 정하여 베푸는 법률·문화·교육 기타 제반영역에서의 지원"으로 국한시키고 있는 헌법재판소의 태도(헌재 1993.12.23. 89헌마189, 판례집 5-2, 646쪽; 헌재 2001.12.20. 2001헌바25, 판례집 13-2, 887쪽)는 비판받아야 할 것이다.

61) 요컨대 헌법 제11조와 결부됨으로써 헌법 제2조 제2항은 국외에 거주하고 있어서 상대적으로 기본권보호에 취약한 재외국민을 위한 특별규정이라는 의미뿐만 아니라, '재외국민에 대해서도 국가는 보호할 의무를 지는데, 하물며 국내 거주하는 국민에 대해서 국가가 보호할 의무를 부담하지 않는 것은 어불성설이란 점(헌법상 평등에 부합하지 않는다는 점)'에서 모든 국민에 대한 국가의 보호의무를 근거지우는 일반규정의 성격도 함께 갖게 된다. 한편 범죄인인도법 제3조의 위헌여부가 다투어진 사건에서 권성 재판관은 "국민은 국가의 창설과 존속의 당연한 전제"라는 점에서 헌법상 국가의 국민보호의무는 논리 필연적으로 인정됨을 강조하고 있다(헌재 2003.1.3. 2001헌바95, 판례집 15-1, 78쪽; 장용근, 「헌법 제2조」, 『헌법주석서 Ⅰ』, 법제처(編), 2010, 104쪽 참조).

62) 헌법이 명시적으로 "보장"과 "보호"란 표현을 구분해서 별도로 사용하고 있음에도 불구하고, 학설과 판례는 이를 주목하고 있지 못하다(이에 관해서는 위 주 19) 참조). 하지만 헌법해석의 출발점은 결국 헌법의 문언으로부터 시작되어야 한다는 점에서 이러한 실무와 학계의 경향은 비판받아야 할 것이다.

63) 한편 같은 이유에서 앞서 언급한 것처럼 '확인의무'나 '보장의무'의 대상 또한 국민의 모든 기본권이라고 할 수 있다(위 목차 Ⅲ. 2. 가. / Ⅲ. 3. 가. 참조). 따라서 관련 기본권이 어떠한 기능을 하

를 "위험이나 곤란 따위가 미치지 아니하도록 잘 보살펴 돌봄"이라는 적극적 행위의 표현뿐만 아니라, 동시에 "잘 지켜 원래대로 보존되게 함"이라는 소극적 행위의 표현으로도 사용하고 있는 — 즉, 국가의 작위/부작위 모두를 아우를 수 있는 표현으로 "보호"를 사용할 수 있는 — 우리의 언어생활에도 잘 부합될 뿐만 아니라,[64] 무엇보다도 구체적 기본권관계에서 국가가 '확인', '보장', '보호'해야 할 대상인지 여부는 기본적으로 관련 기본권구성요건으로부터 추단되는 기본권보호영역을 통해서 판단할 수 있는 것이지, 해당 기본권이 헌법현실에서 어떠한 기능을 하는지에 따라 결정되는 것은 아니라는 점을 통해서도 뒷받침된다.[65] 따라서 헌법전의 면밀한 문리적 해석에서부터 출발하지 않고 성급하게 기본권관계에서

느냐 — 즉, 대국가적 부작위요구권(방어권)이냐, 대국가적 작위요구권(급부권)이냐, 혹은 이러한 작위와 부작위에 있어서 동등한 취급을 요구하는 것이냐 — 에 상관없이 기본권관계에서 국가는 확인의무, 보장의무, 보호의무 모두를 이행해야 한다. 다만 보호의무의 대상과 관련해서 여기서 '원칙적으로'라는 표현을 사용한 것은 다음과 같은 이유 때문이다: 기본권관계에서 국가의 '보장의무'가 준수되었는지 여부는 '형량을 통한 관련 기본권적 가치의 최적화(가능한 한 최대한 실현)여부'로(이에 관해서는 위 목차 Ⅲ. 3. 나.), '보호의무'가 준수되었는지 여부는 '우위결정을 통한 관련 기본권적 가치의 최소치 관철여부'로 판단한다면(이에 관해서는 아래 목차 Ⅲ. 4. 다.), 예외적으로 기본권의 최소지위들 간의 충돌상황에서는 특정 기본권 — 특히, 급부권적 기본권 — 의 최소지위가 보호될 수 없는 극단적인 경우가 발생한다(관련하여 구체적인 사례와 해결방법에 관해서는 특히, 김해원, 앞의 글(주 6), 48-49쪽; 김해원, 앞의 글(주 24), 526-531쪽 참조).

64) 국립국어원 표준국어대사전(http://stdweb2.korean.go.kr/search/List_dic.jsp, 검색어: 보호, 검색일: 2011.10.11.) 참조; 한편 헌법적 논증에 있어서 언어의 중요성에 관해서는 Vgl. J. Isensee, Staat im Wort — Sprache als Element des Verfassungsstaates, in: J. Ipsen/H.-W. Rengeling/J. M. Mössner/A. Weber (Hrsg.), Verfassungsrecht im Wandel, Carl Heymanns, 1995, S. 571ff.; 김해원, 「헌법적 논증에서 객관헌법과 주관헌법」, 『헌법학연구』 16-1, 한국헌법학회, 2010, 174쪽.

65) 기본권관계, 특히 방어권적 기본권관계에서 국가에게 요구되는 부작위행위는 그저 아무것도 하지 않고 있으라는 의미에서의 부작위 — 즉, 행위의 의미 값이 영(0)인 부작위 — 가 아니라, 해당 기본권관계에서 문제 되는 특정한 법익 내지는 기본권적 가치를 달성하기 위한 수단으로서의 부작위를 의미한다(같은 취지로는 김일환, 「사회적 기본권의 법적 성격과 보호범위에 관한 고찰」, 『헌법학연구』 4-3, 한국헌법학회, 1998, 141-142쪽; 이준일, 앞의 글(주 3), 108쪽; 김해원, 앞의 글(주 6), 306쪽 참조). 따라서 급부권적 기본권관계에서 국가가 작위행위를 통해서 "보장" 및 "보호"해야 할 대상(기본권)이 있는 것처럼, 방어권적 기본권관계에서도 국가는 부작위행위를 통해서 "보장" 및 "보호"해야 할 어떤 대상(기본권)이 존재한다. 이러한 점에서 엄밀하게 말하면 기본권관계에서 국가가 "보장할" 대상이나 "보호할" 대상은 국가의 행위방식(작위 혹은 부작위) 그 자체가 아니라, 해당 행위를 통해서 달성하려는 목적이라고 할 수 있다. 그러므로 작위 혹은 부작위 같은 국가의 행위는 국가의 '보장의무' 혹은 '보호의무'를 이행하기 위한 방식/수단이란 점에서, 기본권의 기능적 상이함 — 즉, 기본권이 대국가적 작위요구권(급부권)이냐 대국가적 부작위요구권(방어권)이냐 하는 점 — 은 해당 행위의 정당성심사에서 일정한 차이를 발생시키겠지만(관련하여 특히 위 주 59) 참조), 그 기능적 상이함이 기본권관계에서 국가가 보장 혹은 보호해야 할 대상을 결정짓는 것은 아니라고 해야 한다. 이러한 점은 헌법 제37조 제2항외에도 우리 헌법이 제2장에서 기본권을 생활영역 내지는 보호법익에 주목해서 목록화 하고 있는 것으로부터도 지지받을 수 있을 것이다.

국가가 "보호할" 대상을 특별한 근거 없이 급부권적 기본권으로 한정하거나, 기본권의 기능적 측면의 상이함을 강조하면서 '보호의무'를 이행하기 위한 방법에는 국가의 적극적인 작위행위(특히, "입법자의 입법행위")만이 해당되는 것으로 이해하고 있는 헌법재판소의 태도는 교정되어야 마땅하다.[66]

다. 기본권심사에서 보호의무의 의미

헌법 제11조와 결부된 헌법 제2조 제2항은 기본권관계에서 "국가는 법률이 정하는 바에 의하여" 국민의 기본권을 "보호할 의무를 진다."라고 이해되는바, 국가는 '기본권보호를 위한 입법활동(법률의 제정·개정·폐지 등)'을 해야 할 뿐만 아니라, 이러한 입법활동에 근거해서 기본권보호를 위한 집행/사법활동을 해야 한다.[67] 그런데 이러한 국가활동은 급부권적 기본권과 관련해서는 '작위'행위가

---

66) 특히 위에서(목차 Ⅱ.) 언급한 헌재 2008.7.31. 2004헌바81, 판례집 20-2, 103쪽 참조. 물론 이 판례에서는 헌법재판소가 "기본권보호의무"라는 용어를 사용하면서도, 그 근거를 "보장"이란 용어를 사용하고 있는 헌법 제10조 제2문으로부터 구하고 있다는 점 또한 비판할 수 있을 것이다. 한편 독일 연방헌법재판소의 판결에서 비롯되어 독일에서 논의되고 있는 이른바 '국가의 기본권보호의무(die grundrechtliche Schutzpflicht des Staates)' — 이는 기본권이 보호하는 법익을 기본권주체인 제3자(혹은 외국이나 자연재해 등)의 위해로부터 보호해야 할 국가의 작위의무를 지칭한다(Vgl. M. Ruffert, Art. 12 GG, in: V. Epping/C. Hillgruber, Grundgesetz Kommentar, C. H. Beck, 2009, S. 360 Rn. 19; K. Stern, Einleitung: Die Hauptprinzipien des Grundrechtssystems des Grundgesetz, in: ders/F. Becker (Hrsg.), Grundrechte-Kommentar, Carl Heymann, 2010, S. 15 Rn. 27; D. Jarass, Vorb. vor Art. 1, in: D. Jarass/B. Pieroth, GG-Kommentar, 8. Aufl., 2006, S. 27 Rn. 29f.). — 를 한국 헌법상 근거지우기 위해서 지금까지 학설과 판례는 다양한 시도들을 해오고 있다(이런 시도에 해당하는 학설과 판례들에 관한 상세한 적시는 특히, 허완중, 앞의 글(주 50), 204쪽 주 5) 참조). 그런데 이러한 시도들은 기본적으로 헌법현실의 문제를 해결함에 있어서 무엇보다 우선해서 우리 헌법규범으로부터 해결의 근거와 방법을 찾으려는 노력을 소홀히 한 채, 빌려온 외국(독일)의 이론을 근거지우기 위해 한국헌법규범을 검토하고 있다는 점에서 방법론적 엄밀성이 결여되어 있을 뿐만 아니라, 무엇보다도 헌법상 명시된 국가의 "보장할 의무" 혹은 "보호할 의무"에 관한 우리의 논의를 풍부하게 만들지 못하고 이를 단지 독일적 맥락에서 사용되는 '국가의 기본권보호의무'에 관한 논의로 축소해버리는 결과를 초래했다는 점에서 비판받아야 할 것이다. 왜냐하면 앞서 살펴본 바와 같이 기본권관계에서 국가가 "보장할" 혹은 "보호할" 대상에는 국민의 모든 자유와 권리(즉 모든 기본권)가 해당되는바, 국가의 '보장의무'와 '보호의무'의 준수 여부를 검토함에 있어서 심사되어야 할 대상에는 (급부권적 기본권에 대한 침범(Eingriff)으로서) '제3자로부터 야기된 위험을 전제한 국가부작위' — 독일적 논의의 영향으로 이러한 국가부작위는 소위 '국가의 기본권보호의무'라는 주제로 검토되고 있다. — 뿐만 아니라 '기본권적 법익에 대해 위해를 가하는 제3자를 전제로 하지 않는 국가부작위'도 포함될 수 있으며, 나아가 (방어권적 기본권에 대한 침범으로서) 국가의 작위행위도 포함될 수 있다는 점에서, 우리 헌법상 "보장할 의무" 혹은 "보호할 의무"는 독일적 맥락에서 사용되는 '국가의 기본권보호의무' 보다도 훨씬 폭넓게 사용할 수 있는 개념이기 때문이다. 한편 허완중 교수는 기본권에 대한 위해주체에 주목해서 '기본권보호의무'와 '국가의 보호의무'를 구별한다(허완중, 앞의 글(주 3), 85쪽).

67) 물론 급부권적 기본권과 관련해서는 특히 국가의 입법활동이, 방어권적 기본권과 관련해서는 특히 국가의 집행활동이 상대적으로 더 많이 주목받게 될 것이다.

부존재하거나 미흡할 때, 그리고 방어권적 기본권과 관련해서는 '작위'행위가 존재하거나 과도할 때 문제 되는바, 기본권관계에서 국가의 보호의무 준수 여부에 관한 헌법적합성 판단에서 사용될 수 있는 고유한 심사기준 내지는 보호수준이 문제 된다.[68] 관련하여 필자는 보장의무와 구별되는 보호의무의 독자적 심사기준으로서 헌법 제37조 제2항 후단의 본질내용침해금지를 주목하고자 한다.

요컨대 헌법현실에서 기본권적 가치의 무제한적 관철은 규범적으로도, 현실적으로도 불가능하다는 전제에서 출발하여, 국가에게 구체적인 경우에 기본권이 상대적으로 가능한 한 최대한 실현(최적화: Optimierung)될 수 있도록 행위(작위/부작위)할 것을 요구하는 '보장의무'는 기본권관계에서 국가행위의 상한에 관련되는 것으로서, 그 준수여부의 판단에 있어서는 헌법 제37조 제2항 전단 "필요한 경우에 한하여"로부터 도출되는 '과잉금지원칙'과 '과소금지원칙'이 각각 방어권적 기본권관계와 급부권적 기본권관계에서 핵심적인 심사기준으로 등장하는 관계로 헌법규범의 적용방식으로서 '형량(Abwägung)'이 특별한 의미를 갖는 반면에,[69] "법률이 정하는 바에 의하여" 기본권적 가치의 훼손은 원칙적으로 가능하다는(혹은 불가피할 수밖에 없다는) 전제에서 출발하지만, 그럼에도 불구하고 이 경우 국가에게 해당 기본권적 가치의 최소치(Minimum)는 절대적으로 구현될 수 있도록 행위(작위/부작위)할 것을 요구하는 '보호의무'는 기본권관계에서 국가행위의 하한에 관련되는 것으로서, 그 준수 여부의 판단에 있어서는 헌법 제37조 제2항 후단의 '본질내용침해금지'가 방어권적 기본권관계든, 급부권적 기본권관계든 불문하고 핵심적인 심사기준으로 등장하는바, '우위결정(Vorrangentscheidung)'이란 헌법규범의 적용방식이 특별한 의미를 갖는다.[70][71] '보장', '보호' 모두 '무엇을 돌봄'이라는 의미를 갖고 있지만, 그 말맛(뉘앙스)에 일의 달성 내지는 실현이 내포되어

---

68) '보호의무'와 별도로 '보장의무'를 규정하고 있는 우리 헌법에서, 국가의 보호의무 준수여부를 판단할 수 있는 고유한 심사기준을 논하는 것은 기본권심사에서 보장의무와 구별되는 보호의무의 독자적 의미를 밝힌다는 의미를 갖는다.

69) 이에 관한 상세한 설명은 위 목차 Ⅲ. 3. 나. 참조.

70) 상대적 우위관계가 문제되는 경우에 헌법규범의 적용방식인 '형량'과 절대적 우위관계가 문제 되는 경우의 헌법규범의 적용방식인 '우위결정', 그리고 형량과 우위결정의 형식적 통제장치이자 논증도구인 비례성원칙과 형량과 우위결정 각각의 실질적 통제장치로 등장한 형량법칙과 우위결정법칙에 관해서는 김해원, 앞의 글(주 24), 515－531쪽 참조.

71) 다만 기본권관계에서 국가의 보호의무 준수여부, 즉 최소한의 보호조치를 국가가 취하고 있는지 여부(혹은 기본권의 본질내용이 침해되었는지 여부)의 판단은 당해 법률조항 내지는 문제 된 당해 국가행위에만 의할 것이 아니라, 해당 기본권관계에 관한 법체계 및 국가활동 전반을 고려하여 판단해야 한다(관련하여 헌재 2002.11.28. 2001헌바50, 판례집 14－2, 668－669쪽 참조).

있는 '보장'은 "어떤 일이 어려움 없이 이루어지도록" 돌본다는 의미를 갖는 반면에, '보호'는 "위험이나 곤란 따위가 미치지 아니하도록" 혹은 "잘 지켜 원래대로 보존(간수)"되도록 돌본다는 점에서 차이가 있는바,[72] 기본권관계에서 '보장'과 '보호'를 통한 돌봄의 정도 내지는 수준을 구별하여 이해하고 있는 필자의 이러한 견해는 '보장'과 '보호' 간의 구별을 등한시해온 기존의 판례와 학설의 태도[73]에 비해서 우리의 언어생활 및 헌법의 문리적 태도에 보다 더 부합할 뿐만 아니라, 무엇보다도 헌법제정권자가 헌법에서 달리 표현하고 있는 국가의무를 기본권심사과정에서 각각의 고유한 의미와 내용을 갖게 하여 기본권적 논증의 합리성을 제고하는데 도움이 될 수 있으리라 생각한다.[74]

Ⅳ. 마치는 글

결국, 모든 기본권관계에서 국가는 논증부담의무로 이해되는 '확인의무'를 준수해야 하며(Ⅲ. 2. 나.), 해당 국가행위의 상한과 관련해서는 '보장의무'를(Ⅲ. 3. 나.), 국가행위의 하한과 관련해서는 '보호의무'를 각각 준수해야 한다(Ⅲ. 4. 다.). 따라서 국가의 '확인의무', '보장의무', '보호의무'가 각각 준수되었는지 여부는 모든 기본권관계에서 공통적으로 심사되어야 할 사항이다.[75] 그리고 이러한 심사

72) 국립국어원 표준국어대사전(http://stdweb2.korean.go.kr/search/List_dic.jsp, 검색어: 보장·보호·보존·돌보다, 검색일: 2011.10.18.) 참조.

73) 관련문헌의 적시는 위 각주 19) 참조.

74) 특히 기본권관계에서 '보호의무'의 근거를 법률유보와 결부되어있는 헌법 제2조 제2항 ― 헌법 제2조 제2항은 "국가는 법률이 정하는 바에 의하여" […] "보호할 의무를 진다."라고 규정하고 있다. ― 에서 구하면서, 동시에 그 보호의 수준을 헌법 제37조 제2항 후단의 '본질내용침해금지'에 상응시키고 있는 이러한 견해는 법률유보가 한계에 도달하는 지점(이에 관한 상세한 설명 및 이 경우 기본권심사의 방법과 구체적 사례해결의 例는 김해원, 앞의 글(주 6), 47-49쪽; 김해원, 「헌법적 논증에서 정치와 사법 ― 헌법재판에서 사법심사의 가능성과 한계를 중심으로 ―」, 『법학논고』 36, 경북대학교 법학연구원, 2011, 21-22쪽)에서는 기본권의 본질내용 또한 훼손될 수 있음을 예정하고 있는 헌법 제37조 제2항 ― 독립된 조문에서 매우 강력한 표현으로 기본권의 '본질내용침해금지'를 규정하고 있는 독일 기본법 제19조 제2항과 달리 우리 헌법 제37조 제2항은 '본질내용침해금지'를 법률유보와 결부시켜 규정하고 있다는 점에서, 해석상 법률유보가 한계에 도달하는 지점에서는 기본권의 본질내용 또한 훼손될 수 있는 여지를 남겨두고 있다(이에 관해서는 김해원, 앞의 글(주 6), 48-49쪽) ― 과도 잘 부합된다는 점에서 더욱 설득력을 가질 수 있을 것이다.

75) 따라서 이제는 이러한 국가의무준수여부를 판단하는 구조와 단계가 문제 된다. 관련하여 방어권적 기본권과 관련해서 김해원, 앞의 글(주 6), 29쪽 이하 참조; 한편 방어권적 기본권의 경우와 달리 급부권적 기본권은 대국가적 작위요구권이란 점에서 기본권관계에서 국가의무준수여부를 검토함에 있어서 '보호의무'준수여부(즉, 기본권의 최소지위 준수여부 혹은 기본권의 본질내용침해여부)

에서 사용될 심사기준으로서는 특히 헌법 제37조 제2항이 주목되는바, '상대적 우위관계에서 기본권적 가치의 가능한 한 최대한 보장'을 의미하는 '보장의무'의 준수 여부는 헌법 제37조 제2항 전단에 규정된 "필요한 경우에 한하여"로부터 도출되는 '형량을 핵심적 가치로 삼는 비례성원칙 ― 이 경우 비례성원칙은 방어권적 기본권과 관련해서는 과잉금지원칙으로, 급부권적 기본권과 관련해서는 과소금지원칙으로 구체화된다. ― 을 통해서, '절대적 우위관계에서 기본권적 최소지위의 관철'을 의미하는 '보호의무'의 준수여부는 헌법 제37조 제2항 후단이 규정하고 있는 기본권의 본질내용침해금지 ― 본질내용침해금지는 '우위결정을 핵심적 가치로 삼는 비례성원칙'의 준수를 의미한다.[76] ― 를 통해서 심사되는 것으로 이해할 수 있다.[77]

이러한 이해에 기대어 앞서 언급한 헌법재판소의 판시사항으로부터 제기된 의문들(Ⅱ.)에 대한 대답을 정리하면 다음과 같다: ① 헌법재판소가 헌법 제10조 제2문의 "보장할 의무"를 보호의무로 지칭한 것은 오해의 소지가 많을 뿐만 아

가 '보장의무'준수여부(즉, 헌법현실에서 기본권적 가치가 가능한 한 최대한 실현되었는지 여부)보다 먼저 검토되는 것이 합리적이라고 생각한다.

76) 논증도구로서 비례성원칙은 (상대적 우위관계가 문제 되는 경우 헌법규범의 본질적인 적용방식인) '형량'의 형식적 통제장치이기도 하지만, (절대적 우위관계가 문제되는 경우에 헌법규범의 본질적인 적용방식으로 등장하는) '우위결정'의 형식적 통제장치로도 기능한다. 이에 관해서는 김해원, 앞의 글(주 24), 521－524쪽, 526－528쪽 참조.

77) 한편 헌법 제37조 제2항이 "국민의 모든 자유와 권리는 국가안전보장·질서유지 또는 공공복리를 위하여 필요한 경우에 한하여 법률로써 제한할 수 있으며, 제한하는 경우에도 자유와 권리의 본질적인 내용은 침해할 수 없다."라는 규정을 마련하고 있다는 점에서 설사 헌법이 기본권관계에서 "보장할 의무"와 "보호할 의무"를 명시적으로 규정하고 있지 않더라도 특정 기본권관계에서 행해지는 기본권적 주장에는 대국가적 '보장'요구와 '보호'요구가 당연히 포함된다고 해야 한다. 그리고 생활영역 내지는 보호법익에 따라 목록을 이루고 있는 헌법상 기본권 규정은 기본권이 어떠한 기능을 하고 있는지 혹은 기본권에 감행된 위해발생이 국가의 직접적 행위에 의해 초래된 것인지 혹은 제3자에 의해 야기된 것인지 등과는 무관하게 규정되어 있다는 점에서, 원칙적으로 기본권주체는 모든 기본권관계에서 기본권적 가치의 구현을 국가에게 요구할 수 있는 헌법적 차원의 권리를 갖고 있는 것으로 이해되어야 할 뿐만 아니라, 헌법상 명시된 "보장할 의무"와 "보호할 의무"는 단순히 기본권주체에 대해 제3자로부터 야기된 위법한 위해에 대한 국가행위의무로 국한되는 것이 아니라, 모든 기본권관계에서의 국가행위의무를 포괄하는 것으로 새겨야 한다(이에 관해서는 위 각주 66) 참조). 따라서 필자는 '기본권보호의무'를 독일적 맥락과 같이 '기본권적 보호법익을 기본권주체인 제3자의 위법한 위해로부터 혹은 타국이나 자연재해 등으로 인한 위해로부터 보호하거나 그 위해를 예방하거나 그로 인한 피해발생을 방지할 국가의 의무'라고 정의하면서(허완중, 앞의 글(주 50), 203쪽), 이에 상응하는 기본권보호청구권을 별도의 헌법조항이나 헌법이론 등을 통해서 근거를 마련하고자 하는 시도(관련 설명은 특히, 이부하, 「헌법영역에서 기본권보호의무」, 『공법학연구』 8－3, 한국비교공법학회, 2007, 131－132쪽)는 한국헌법에서는 큰 실익이 없다고 생각한다. 왜냐하면 관련되는 특정 기본권의 원용 속에는 당연히 기본권보호청구권 또한 포함되어 있기 때문이다.

니라, 별도로 "보호할 의무"를 규정하고 있는 우리 헌법규정과 부합되기 어려운 표현이라는 점에서 부적절한 것으로 판단된다. ② "보장할 의무"를 규정하고 있는 헌법 제10조 제2문으로부터 비롯되는 국가의무 ― 이를 헌법재판소는 "기본권 보호의무"로 칭하고 있다. ― 의 준수여부를 대국가적 작위(적극적 행위)요구권이 문제 되는 급부권적 기본권관계에 국한해서 검토하고 있는 헌법재판소의 태도는 받아들이기 어렵다.[78] 왜냐하면 "보장할 의무"와 "보호할 의무"는 관련되는 기본권을 돌보는 수준에서 차이가 있을 뿐, 양자 모두가 모든 기본권관계에서 준수되어야 할 국가의무이기 때문이다. 실제로 이러한 헌법재판소의 태도가 일관성이 있는 것도 아니다. 즉, 헌법재판소는 다른 결정에서는 헌법 제10조 제2문의 국가의무를 방어권적 기본권관계에서도 국가가 준수해야 하는 것으로 판단하고 있다.[79] ③ 방어권적 기본권의 제한은 헌법 제37조 제2항에 따라 행해져야 하는 것으로, 급부권적 기본권의 제한은 헌법 제10조 제2문(으로부터 도출되는 국가의 기본권보호의무)의 이행여부로 각각 구분하여 판단하고 있는 헌법재판소의 태도는 국민의 "모든 자유와 권리"에 대한 제한문제를 규율하고 있는 헌법 제37조 제2항 문언과도 부합되기 어려울 뿐만 아니라, 무엇보다도 (방어권적 기본권, 급부권적 기본권 불문하고) 모든 기본권관계에서 준수되어야 할 '일반적 국가의무에 관한 근거규정' ― '보장의무'는 헌법 제10조 제2문이, '보호의무'는 헌법 제11조와 결부되어서 이해된 헌법 제2조 제2항이 각각 근거규정이다. ― 과 '국가의무준수 여부의 심사기준에 관한 규정' ― 기본권관계에서 국가행위의 상한을 검토하는 보장의무준수 여부의 판단에 있어서는 헌법 제37조 제2항 전단이, 국가행위의 하한을 검토하는 보호의무준수 여부의 판단에 있어서는 헌법 제37조 제2항 후단이 심사기준에 관한 핵심적인 규정이다. ― 상호 간의 혼동에서 비롯된 것으로 판단된다. 따라서 (방어권적 기본권관계든, 급부권적 기본권관계든 불문하고) 모든 기본권관계에서 국가는 헌법 제37조 제2항에서 비롯되는 심사기준들을 준수해야만 한다. ④ 헌법재판소가 대국가적 적극적 행위(작위) 요구권인 급부권적 기본권을 심사함에 있어서 "최소한의 보호조치"를 취했는지 여부(즉, 보호의무준수 여부)만을 심사기준으로 삼은 것은 헌법현실에서 기본권적 가치의 가능한 한 최대한 실현이라는

78) 앞서 각주 66)에서 언급한 바와 같이, 이러한 헌법재판소의 태도는 독일적 맥락에서 논의되고 있는 소위 '국가의 기본권보호의무(die grundrechtliche Schutzpflicht des Staates)'를 우리 헌법상 성급하게 근거지우려는 시도에서 비롯된 것은 아닌가 하는 의혹이 있다.

79) 방어권적 기본권과 관련해서 헌법 제10조 제2문의 "보장할 의무"를 원용해서 해당 국가행위의 헌법적합성을 판단하고 있는 경우로는 특히, 헌재 1992.4.28. 90헌바24, 판례집 4, 236쪽; 헌재 2001.11.29. 2000헌바37, 판례집 13-2, 632, 637쪽 등.

기본권이념에 부합되지 않는다. 따라서 구체적인 헌법현실적 조건에서 "최소한의 보호조치"를 넘어서서 특정 급부권적 기본권이 법적·사실적 가능성에 따라 최적화될 수 있도록 국가가 행위하고 있는지 여부(즉, 보장의무준수 여부)가 추가적으로 심사되어야 한다. 다만 이 경우 최소한의 보호조치를 초과하는 국가의 특정 작위(적극적 행위)가 최적화 실현에 있어서 너무 부족하다면 안 된다는 의미에서의 '과소금지원칙'이 구체화된 심사기준으로 등장하는바, 과소금지원칙에 의한 형량과정에 있어서 국회의 입법형성권에 대한 특별히 높은 존중과 고려가 있어야 한다.[80] ⑤ 헌법 제37조 제2항 후단의 "본질적인 내용"은 절대적으로 준수되어야 하는 기본권적 가치의 최소치를 의미한다.[81] 따라서 기본권관계에서 국가행위의무의 최소치 준수 여부를 심사하는 기준은 헌법재판소가 언급하고 있는 "과소(보호)금지원칙"이 아니라, 헌법 제37조 제2항 후단의 '본질내용침해금지'로 이해해야 한다. 오히려 과소금지원칙은 과잉금지원칙과 마찬가지로 기본권적 가치의 최소치초과를 전제로 해서(즉, 상대적 우위가 문제 되는 구체적 기본권관계를 전제로 해서) 헌법현실에서 기본권적 가치의 최적화를 위한 심사기준으로 이해된다.[82]

---

80) 관련해서는 특히 위 각주 59) 참조.

81) 김해원, 앞의 글(주 6), 42쪽; 한편 헌법 제37조 제2항 후단이 규정하고 있는 "본질적인 내용"의 의미를 상대설적 관점에서 파악하는 견해(이준일, 앞의 책(주 22), 420-422쪽)에서는 기본권의 "본질적인 내용"을 '절대적으로 준수되어야 하는 기본권적 가치의 최소치'로 이해할 수는 없을 것이다. 하지만 필자는 다수설 및 헌법재판소의 기본적 입장과 동일하게 절대설적 관점을 지지한다(관련 학설과 판례의 태도에 관한 상세한 소개로는 김대환, 『기본권제한의 한계』, 법영사, 2003, 78-110쪽, 150쪽 이하).

82) 관련해서는 특히 위 각주 58) 참조.

제2절 헌법규범적 전제조건: 헌법규범충돌상황

§ 5. 일반론: 헌법규범충돌과 헌법규범의 적용방식*

Ⅰ. 시작하는 글

규범으로서 헌법은 명령·허용·금지라는 당위의 양식을 통해서 국가에 대한 행위지도적 기능과 행위평가적 기능을 수행한다.[1] 즉, 헌법은 한편으로는 국가에게 일정한 과제나 권한을 부과하고 이에 상응하는 행위 — 작위, 부작위를 불문한다. — 를 명령·허용·금지한다는 점에서 "행위규범"으로서 작동하며, 다른 한편으로는 국가의 특정한 행위가 헌법이 요구하는 당위적 요청에 부합되는지 여부를 심사하는 "통제규범"으로서 기능한다.[2] 물론 이러한 행위규범과 통제규범이라는 관념은 사실 동전의 양면과도 같은 것이어서 혼연일체로 작동하는 것이고, 엄격하게 분리되어 존재하는 것은 아니겠지만, 국가행위의 헌법적합성(적헌성)을 심사해야만 하는 사법판단에 있어서는 통제규범으로서의 성격이 상대적으로 부각될 것이다.[3] 그런데 구체적인 국가행위의 적헌성을 판단함에 있어서 헌법적 논증참여자들이 원용할 수 있는 헌법규범이나 헌법적 가치들이 상호충돌하거나 대립되지 않고 비교적 명확하게 특정될 수 있는 경우도 있겠지만, 대개의 경우에는 하나의 특정한 국가행위에도 상충하는 여러 헌법규범(혹은 헌법적 가치)들이 중복되어 관련성을 가지게 되고,[4] "통제규범" 내지는 심사기준으로서 어떠

---

* 김해원, 「국가행위의 적헌성 판단에 있어서 헌법규범의 적용방식에 관한 연구」, 『헌법학연구』 제16권 제3호, 한국헌법학회, 2010, 497－538쪽에 수록된 글을 수정·보완한 것이다.

1) 법규범의 구조와 유형 및 기능에 관해서는 이상영/김도균, 『법철학』, 한국방송통신대학교, 2006, 133－135쪽.

2) 특히 "행위규범"과 "통제규범"이라는 기능법적 관념을 통해서 기본권의 실효적 보장영역을 확정하려는 시도는 헌재 1997.5.29. 94헌마33 결정, 판례집 9－1, 553－554쪽; 헌재 2001.4.26. 2000헌마390 결정, 판례집 13－1, 989쪽; 한편 이러한 헌법재판소의 시도가 부적절한 맥락에서 사용되었다는 지적은 정태호, 「사회적 기본권과 헌법재판소의 판례」, 『헌법논총』 제9집, 헌법재판소(編), 1998, 635－637쪽.

3) 헌재 1997.5.29. 94헌마33 결정, 판례집 9－1, 553－554쪽; 헌재 2001.4.26. 2000헌마390 결정, 판례집 13－1, 989쪽.

4) 이러한 중복관련성이 헌법에서 특히 문제가 되는 것은 헌법의 체계미완결한 상반규범성 및 추상성과 개방성 때문이다(Vgl. K. Hesse, Grundzüge des Verfassungsrechts der Bundesrepublik Deutschland, C. F. Müller, 20. Aufl., 1995, S. 11).

한 헌법규범을 원용하느냐(혹은 어떠한 헌법적 가치를 부각시키느냐)에 따라 해당 국가행위에 대한 상이한 헌법적 평가에 도달하게 된다.[5] 여기에서는 이러한 각각의 경우에 헌법규범이 적용되는 방식이 상이하다는 것을 밝히고, 특히 특정한 국가행위에 대해서 그것을 평가하는 헌법규범들(혹은 헌법적 가치들) 간의 충돌이 존재하지 않는 경우에는 포섭(Subsumtion)이, 그렇지 않은 경우에는 충돌양상에 따라서 형량(Abwägung) 혹은 우위결정(Vorrangentscheidung)이 헌법규범의 본질적인 적용방식이 된다는 것을 논증하고자 한다.

이를 위해서 우선 대국가적 행위규범으로서 헌법이 국가에게 요구하는 행위는 어떠한 의미를 가지고 있는지를 살펴본 다음(Ⅱ.), 이러한 국가행위를 평가하는 통제규범으로서의 헌법규범들이 충돌하지 않는 경우(Ⅲ.)와 상충하거나 모순적 상황을 내포하고 있는 경우(Ⅳ.)로 나누어서 각각의 경우에 헌법규범의 적용방식과 설득력 확보방안에 관해서 살펴볼 것이다.

Ⅱ. 헌법규범의 대국가적 행위규범성

헌법규범들 중에서 국가에 대한 행위지도적 기능을 뚜렷하게 드러내고 있는 것은 무엇보다도 '국민의 권리와 의무'에 관한 규정들이다. 우선 국가에 대한 개인의 주관적 지위(소극적·적극적·능동적 지위)를[6] 헌법적 차원에서 보장하고 있는 기본권보장규범은 기본권 주체에게는 '허용(P)'이라는 당위의 양식을 통해서 자유를 부여해주지만,[7] 수범자인 국가에게는 적극적이든, 소극적이든 일정한 행위의무[8]를 부과하고 있다.[9] 즉, 방어권적 기본권과 관련해서는 '금지(F)'라는 당위

5) 중복 관련된 규범들 상호관계에 관한 올바른 이해가 전제되지 않는다면, 아무리 해당 규범의 문언적 의미를 잘 파악하여도 합리적인 법해석과 적용이 이루어지지 않는다(김학태, 「법률해석의 한계 — 판례에서 나타난 법해석방법론에 대한 비판적 고찰 —」", 『외법논집』 22, 한국외국어대학교 법학연구소, 2006, 185쪽).

6) 기본권과 지위의 관계는 G. Jellinek, System der subjektiven öffentlichen Rechte, Mohr, 2. Aufl., 1905(Neudruck 1979), S. 86ff.; G. Jellinek의 지위이론에 대한 비판적 보완은 R. Alexy, Theorie der Grundrechte, Suhrkamp, 3. Aufl., 1996, S. 243ff.

7) 기본권규범과 당위의 양식 '허용'의 관계는 R. Alexy, 앞의 책, 208쪽; '허용'과 자유와의 관계는 R. Alexy, 앞의 책, 185쪽, 202쪽.

8) 적극적 행위(작위)와 소극적 행위(부작위) 이외에도, 헌법상 평등조항(특히, 헌법 제11조)에 근거하여 제3의 국가행위유형으로서 평등한 분배 내지는 평등취급을 언급할 수도 있을 것이다. 하지만 이러한 '평등'은 작위·부작위와는 그 범주를 달리한다. 즉 국가행위로서 '평등한 분배'는 독립해서 별도로 존재하는 것이 아니라, 항상 작위행위 또는 부작위행위에 포함되어 등장한다. 따라서 방어

의 양식으로 표현되는 '부작위'의무(소극적 행위의무)가, 급부권적 기본권과 관련해서는 '명령(O)'이라는 당위의 양식으로 표현되는 '작위'의무(적극적 행위의무)가 국가에게 부과되어 있다.[10] 이러한 국가의 행위의무는 헌법 제10조 제2문을 통해서도 명시적으로 확인된다. 그리고 기본권제한규범은 원칙적으로 국가에게 '명령'과 '금지'를 내용으로 하는 의무를 부과하고 있는 것이 아니라,[11] '허용'이란 당위의 양식으로 국가(특히 입법자)에게 '기본권 제한'을 설정하는 권한/권능(Kompetenz/rechtliches Können)을 부여하고 있다.[12] 즉, 국가는 "[…] 제한할 수

권에 있어서의 평등(소극적 행위가 평등한 분배의 대상이 되는 경우) 혹은 급부권에 있어서의 평등(적극적 행위가 평등한 분배의 대상이 되는 경우)이 문제 될 뿐이다(이에 관해서는 이준일, 「기본권의 기능과 제한 및 정당화의 세 가지 유형」, 『공법연구』 29-1, 한국공법학회, 2000, 102-105쪽; 이준일, 『헌법학강의』, 홍문사, 2008, 364쪽).

9) 기본권도 권리이다. 따라서 권리보유자인 기본권주체는 원칙적으로 '요구(claim/right)', '자유(liberty/privilege)', '권한/법적 능력(power/legal ability)', '면제(immunity)'라는 법적 개념들이 포함된 지위를 향유할 수 있다. 그리고 기본권수범자인 국가는 이러한 권리개념요소에 각각 대응하여 '의무(duty)', '불요구(no-claim/no-right)', '권한에 대한 복종(liability)', '무권한/무권능(disability)'에 해당하는 지위에 놓이게 된다. 이러한 분석은 W. N. Hohfeld, Fundamental Legal Conceptions as Applied in Judicial Reasoning, New Haven/Lodon, Yale Univ. Press, 1966, p. 63; 한편 R. Alexy는 "어떤 것에 관한 권리(Recht auf etwas)", "자유(Freiheit)", "권한/법적 능력(Kompetenz/rechtliches Können)"이라는 개념요소로서 권리자의 지위를 3분하여 설명한다(R. Alexy, 앞의 책, 171쪽 이하).

10) 이준일, 앞의 글, 102-105쪽; 한편 허용의 부정은 '명령'과 '금지'를 의미 ─ 작위행위의 허용을 부정하면 금지(Fp = df ¬Pp), 부작위행위의 허용을 부정하면 명령(Op = df ¬P¬p)이다. ─ 하며, 이러한 '명령'과 '금지'는 의무가 부과된 상태를 뜻한다(이준일, 앞의 책, 376-378쪽; R. Alexy, 앞의 책, 182쪽 이하; 소흥렬, 「당위명제의 논리적 관계」, 『철학』 제17집 봄호, 한국철학회, 1982, 160-161쪽); 당위연산자와 명령(O: Gobotsoperator), 금지(F: Verbotsoperator), 허용(P: Erlaubnisoperator), 및 자유방임(I: Freistellungsoperator/ Indifferenzoperator) 간의 논리적 상호관계는 M. Herberger/D. Simon, Wissenschafts für Juristen: Logik, Semiotik, Erfahrungswissenschaften, Alfred Metzner Verlag, 1980, S. 7ff., 183ff.; C. Weinberger/O. Weinberger, Logik, Semantik, Hermeneutik, C. H. Beck, 1979, S. 104, 209f.

11) 물론 국가의 기본권제한행위가 헌법으로부터 불가피하게 강제된 경우도 있다. 특히 국가행위의무들이 충돌하는 상황 ─ 예컨대, 특정인의 급부권적 기본권의 보장을 위한 국가의 작위의무이행이 다른 특정인의 대국가적 부작위요구권(즉, 방어권적 기본권)을 제한하는 결과를 가져오는 경우 ─ 이 그러하다(이러한 규범충돌상황에서 헌법규범의 적용방식에 관해서는 목차 Ⅳ. 2.). 그럼에도 불구하고, 기본권제한규범의 원칙적인 형태는 법률유보이다. 왜냐하면 국가기관이 법률적 수권을 매개하지 않고 직접 헌법유보에 근거해서 기본권제한행위를 감행하는 것은 원칙적으로 허용되지 않으며 ─ 헌법유보가 법률유보를 대체할 수 없다(H. Bethge, Der Grundrechtseingriff, in: VVDStRL 57, 1988, S. 51). ─, 헌법유보는 '극단적 경우(① 법률유보가 한계에 도달한 경우, ② 법률유보가 강제된 상황에서 입법권자가 법률제정을 해태하고 있는 경우)'에만 실천적인 의미를 가지기 때문이다(헌법유보와 법률유보의 관계 및 '극단적 경우'에 관한 상세한 설명은 김해원, 「방어권적 기본권의 정당성 심사구조」, 『공법학연구』 10-4, 한국비교공법학회, 2009, 47-49쪽).

12) 국가의 기본권제한행위를 정당화해주는 권한규범으로서의 기본권제한규범에 관한 설명은 R. Alexy, 앞의 책, 254쪽; 권한과 허용의 구별 및 권한의 법적 양식을 당위의 양식(명령, 허용, 금지)

있으며, […]"라고 규정된 헌법 제37조 제2항 문언의 표현대로 기본권제한에 상응하는 행위를 할 수도 있고 하지 않을 수도 있는 것이다. 다만 국가가 '허용'된 기본권제한행위를 "법률로써" 달성하고자 하는 경우에 헌법은 일정한 조건들[13]을 준수하도록 '명령'하고 있으며,[14] 이 경우 해당 기본권의 최소치보장 — 즉, "본질적인 내용" — 과 관련해서는 헌법 제37조 제2항 후단이 "[…] 침해할 수 없다."라는 표현으로 '허용'을 부정 — 즉, 방어권적 기본권과 관련해서는 부작위의무를, 급부권적 기본권과 관련해서는 작위의무를 부과 — 하고 있다.[15][16] 국가에 대한 개인의 수동적 지위를 표현하고 있는 기본의무규범[17]도 '허용'이란 당위의 양식으로 국가의 행위를 지도하고 있다고 해야 한다.[18] 왜냐하면 헌법상 (국민의) 기본의무규범[19] 그 자체는 원칙적으로 자동집행력을 갖지 못하고, 전적으로 국가(입법자)에 의한 구체화 — 이 경우에 국가는 구체적 상황을 고려하면서, 또 평

으로 환원하려는 시도는 R. Alexy, 앞의 책, 212쪽 이하.

13) "국가안전보장 · 질서유지 또는 공공복리"라는 기본권제한의 목적과, "필요한 경우에 한하여"로부터 도출되는 비례성원칙(전광석, 『한국헌법론』, 법문사, 2009, 299쪽; 헌재 1998.11.26. 97헌바58, 판례집 10-2, 682쪽 이하)을 준수해야만 한다.

14) 헌법 제37조 제2항 전단을 통해서 국가는 헌법으로부터 기본권제한을 '명령'받거나 '금지'받은 것이 아니라, 가중법률유보라는 조건하에 '허용'받은 것이라고 평가할 수 있다(헌법 제37조 제2항을 일반적 가중법률유보조항으로 이해하는 견해는 계희열, 『헌법학(中)』, 박영사, 2004, 138쪽; 홍성방, 『헌법학(上)』, 박영사, 2010, 407쪽). 그리고 국가가 '허용'받은 기본권 제한에 상응하는 행위를 함에 있어서는 가중법률유보라는 조건을 준수해야만 한다는 점에서 이는 작위의무가 부가된 상태를 의미하는 당위양식 '명령(O)'에 해당한다고 볼 수 있다.

15) "[…], 제한하는 경우에도 자유와 권리의 본질적인 내용을 침해할 수 없다."라고 하여 제한의 허용을 명시적으로 부정하고 있는 헌법 제37조 제2항 단서는 방어권적 기본권의 본질내용과 관련해서는 당위의 양식 '금지(F)'를 통해서 국가에게 부작위의무를, 급부권적 기본권의 본질내용과 관련해서는 당위의 양식 '명령(O)'을 통해서 국가에게 작위의무를 부과하고 있는 것으로 이해될 수 있다.

16) 물론 방어권적 기본권과 급부권적 기본권의 "본질적인 내용"이 상충하는 극단적인 경우에는 법률유보의 방식이 아니라, 헌법유보의 방식으로 국가는 예외적으로 기본권의 "본질적인 내용"도 훼손할 수 있을 것이다. 이에 관한 상세한 논증은 김해원, 앞의 글(주 11), 45쪽 이하.

17) G. Jellinek, 앞의 책, 86쪽; G. Jellinek와는 달리 부작위를 요구하는 기본의무는 소극적 지위로, 작위를 요구하는 기본의무는 적극적 지위로, 참여를 요구하는 기본의무는 능동적 지위로 이해하는 입장은 Vgl. R. Stober, Grundpflichten und Grundgesetz, Duncker & Humblot 1979, S. 50f.

18) 국가는 국민에게 헌법상 규정된 기본의무를 부과해야만 하는 것(명령)도 아니고, 부과하면 안 되는 것(금지)도 아니다. 또한 권리가 있으면 항상 그에 상응하는 의무가 존재하지만, 의무가 있다고 해서 항상 그에 상응하는 권리가 존재하는 것은 아니다(이런 권리-의무 간의 '기우뚱한 대응관계 (asymmetrical correlativity)'는 김도균, 「법적 권리에 대한 연구(I)」, 『법학』 43-4, 서울대학교법학연구소, 2002, 192쪽). 따라서 국민의 기본의무 조항으로부터 당연히 '국가의 권리'라는 것이 도출되지는 않는다.

19) 교육의 의무(제31조 제2항), 근로의 의무(제32조 제2항), 환경보전의무(제35조 제1항), 납세의 의무(제38조), 국방의 의무(제39조) 등.

등부담의 원칙을 준수하면서 원칙적으로 능력 있는 모든 국민에게 의무를 부과할 수 있다. ―가 필요하기 때문이다.[20] 또한, 헌법제정권자가 제헌과정을 지도하기 위해서 혹은 구현되어야할 헌법국가의 기본바탕을 마련하기 위해서 결단한 헌법상의 기본원리·기본제도에 관한 규정들과 국가목적에 관한 규정들도 국가에 대한 행위지도적 기능을 수행하고 있다. 물론 이러한 규정들[21]은 대체로 국가에게 넓은 형성의 여지를 부여할 뿐, 국가과제의 개별적 실현에 관해서는 법률에 위임하거나 침묵하고 있으므로, 원칙적으로 해당 규정들을 통해서 충분히 구체적인 국가행위의무를 끌어낼 수는 없을 것이다.[22] 그럼에도 불구하고 이 규정들은 국가에게 일정한 과제를 부과하고 있다는 점에서, 적어도 헌법상의 기본원리·기본제도 및 국가목적규정의 '최소치보장'과 관련해서는 '명령' 내지는 '금지'라는 당위의 양식으로 국가에게 행위의무를 부과하고 있으며,[23] '최소치초과보장'과 관련해서는 '허용'이란 당위의 양식으로 국가행위를 지도하는 것으로 이해되어야 할 것이다.[24] 그 밖에도 헌법은 국가 혹은 국가기관의 구성·존재양식·의사결정 및 조직법적 수행권한(관할: Zuständigkeit)[25]과 절차법적 내용에 관해서도 규정하고 있다. 하지만 이러한 규정들[26]은 대부분 국가행위에 대한 실체적 진술을 포함하고 있지 않으며, 기껏해야 조직적 통일체의 일정한 사무수행과 관련

20) 홍성방, 「국민의 기본의무 ― 독일에서의 논의를 중심으로 ―」, 『공법연구』 34-4(1), 한국공법학회, 2006, 323-324쪽; J. Isensee, Die verdrängten Grundpflichten, in: DÖV, 1982, S. 613.

21) 해당하는 구체적인 헌법규정들의 적시는 김해원, 「헌법적 논증에서 객관헌법과 주관헌법」, 『헌법학연구』 16-1, 한국헌법학회, 2010, 178-179쪽.

22) S. Lenz/P. Leydecker, Kollidierendes Verfassungsrecht: Verfassungsrechtliche Maßstäbe der Einschränkbarkeit vorbehaltloser Freiheite, in: DÖV, 2005, S. 845; 헌법재판소도 헌법 제9조로부터 "전통문화의 계승·발전과 민족문화의 창달에 노력할 국가의무"를 인정하면서도 이로부터 "국가 및 지방자치단체에게 초·중등교육 과정에 지역어 보전 및 지역의 실정에 적합한 기준과 내용의 교과를 편성할 구체적인 의무"를 도출할 수는 없다고 판시하였다(헌재 2009.5.28. 2006헌마618, 판례집 21-1(하), 747쪽).

23) 헌법상 기본원리·기본제도 및 국가목적규정들은 대체로 국가에게 '명령'이란 당위의 양식을 통해서 작위행위를 지도하겠지만, 기본제도 혹은 제도적 보장에 해당하는 제도의 최소치를 국가(특히 입법자)가 폐지하는 것을 '금지'한다는 의미에서 국가의 부작위행위와도 관련을 가진다.

24) S. Lenz/P. Leydecker, 앞의 글, 845-846쪽; 국가과제(Staatsaufgabe)의 개념에 관해서는 W. Weiß, Privatisierung und Staatsaufgaben: Privatisierungsentscheidung im Lichte einer grundrechtlichen Staatsaufgabenlehre unter dem Grundgesetz, Mohr Siebeck, 2002, S. 26f.; 국가목적규정들로부터 기본권에 대한 국가의 침범행위를 직접 근거지우는 시도는 김해원, 앞의 글(주 11), 46-47쪽.

25) 조직법적 수행권한과 법적 권능으로서의 권한(주 12)의 구별은 H. J. Wolff/O. Bachof, Verwaltungsrecht Ⅱ: Organisations- und Dienstrecht, 4. Aufl., C. H.Beck, 1976, S. 15.

26) 해당하는 구체적인 헌법규정들의 적시는 김해원, 앞의 글(주 21), 178-179쪽.

한 내용을 담고 있을 뿐이다. 따라서 이들로부터 직접 국가행위를 근거지우는 것은 쉽지 않다.[27] 다만, 형식적 측면에서 국가나 국가기관이 준수해야만 하는 최소한의 지침과 절차 및 전제조건, 그리고 국가기관들 간의 관계설정에 관한 기본규준들은 도출될 수 있을 것이다. 결국 이러한 규정들은 국가 혹은 국가기관으로 하여금 자신의 관할범위와 일정한 형식적 규준을 지키면서 행위 하도록 '명령' 혹은 이에 벗어나는 행위를 '금지'하는 규범으로 이해될 수 있을 것이다.[28]

한편 헌법상 '허용', '명령', '금지'라는 당위의 양식은 모두 국가행위를 지도한다는 점에서 공통점을 갖지만, 대국가적 '명령'규범과 '금지'규범은 국가에게 일정한 '행위의무(국가의무)'[29]를 부과하는 반면에,[30] 대국가적 '허용'규범은 국가에게 일정한 '자유의 공간'을 허락해주고 있다는 점에 주목할 필요가 있다.[31] 왜냐하면 이러한 자유의 공간에서 이루어지는 국가행위는 원칙적으로 적헌성이 심사되어야만 하는 '사법적 판단'의 대상으로 취급하기보다는, 가급적 민주주의 원칙에 따라 결정되어지는 '정치적 판단'의 대상으로 다루어야할 필요성이 높기 때문이다.[32] 특히 규범충돌이 없는 경우에 행해지는 국가행위의 적헌성 판단과 관련해서는 원칙적으로 국가에 대한 작위/부작위 의무를 부과하고 있는 명령/금지

---

27) S. Lenz/P. Leydecker, 앞의 글, 845쪽.

28) 우리 헌법재판소도 조직법적 규정이라고 할 수 있는 헌법 제40조("입법권은 국회에 속한다.")를 통해서 국가행위의 남용여부를 심사한 바가 있다(헌재 2008.11.13. 2006헌바112, 판례집 20-2(하), 5쪽). 한편 권한쟁의심판을 통해서 헌법상 권한(관할) 및 업무분장에 관한 규정을 위반한 국가행위의 적헌성 여부가 보다 적극적으로 다루어지기도 한다. 예컨대, 헌법재판소는 국회의장이 야당의원들에게 개의일시를 통지하지 않음으로써 출석의 기회를 박탈한 채 본회의를 개의하고 법률안을 가결 처리한 행위는 국회의원의 법률안 심의·표결권한을 침해한다고 판시한 바 있다(헌재 1997.7.16. 96헌라2, 판례집 9-2, 154쪽).

29) Vgl. B. Steinacher, Staatspflichten und Grundgesetz — Eine verfassungstheoretische Untersuchung —, Attempto Verlag, 1986, S. 11ff.

30) 명령규범은 작위의무를, 금지규범은 부작위의무를 부과한다(이준일, 앞의 책(주 8), 376-378쪽; R. Alexy, 앞의 책, 182쪽 이하).

31) 허용규범과 자유와의 관계에 대해서는 R. Alexy, 앞의 책, 185쪽, 202쪽; 규범사각형에서 '허용(P)'은 작위행위의 허용(적극적 허용: Pp)과 부작위행위의 허용(소극적 허용: P¬p)으로 나타나는데, 이 두 종류의 '허용'을 결합(∧)하면 법으로부터 자유로운 영역(rechtsfreier Raum) 내지 자유방임(Ip)이 도출된다(Ip=df Pp∧P¬p). 이에 관해서는 C. Winberger/O. Weinberger, 앞의 책, 104쪽; M. Herberger/D. Simon, 앞의 책, 184쪽; L. Philipps, Sinn und Struktur der Normlogik, in: ARSP 53, 1966, S. 204; 한편 R. Alexy는 "Ip"을 "Lp"로 나타내고 있다(R. Alexy, 앞의 책, 185쪽).

32) 민주주의적 관점에서 정치의 사법화를 비판하고 있는 문헌은 특히, 차동욱, 「정치·사회적 관점에서 본 헌정 60년 — 개헌의 정치와 '헌정공학'의 타당성」, 『법과 사회』 34, 법과사회이론학회, 2008, 57쪽; 이국운, 「자유민주주의의 정상화 문제(Ⅱ) — 참여자의 관점 —」, 『법과 사회』 34, 법과사회이론학회, 2008, 49쪽; 정치와 사법의 관계에 대한 면밀한 검토는 박은정, 「'정치의 사법화'와 민주주의」, 『법학』 51-1, 서울대학교법학연구소, 2010, 19-23쪽.

규범이 통제규범으로서 주목받을 것이고, 대국가적 행위허용규범 그 자체는 큰 의미를 가지지 않을 것이다.[33] 그러나 규범충돌이 존재하는 경우에는 대국가적 허용규범도 국가행위의 심사기준(통제규범)으로서 중요한 의미를 가지게 된다. 왜냐하면 특정 국가행위에 대해서 명령/금지규범과 허용규범 간의 갈등 — 예컨대, 국가에게 일정한 행위의무를 부과하고 있는 기본권보장규범과 이에 대한 제한을 허용하고 있는 기본권제한규범 간의 갈등 — 이 발생하는 상황은 헌법이 한편으로는 국가에게 자유의 공간을 열어두고, 또 다른 한편으로는 의무를 강제하고 있음을 의미하는바, 이 경우에는 구체적인 상황 속에서 허용규범으로 달성하고자 하는 헌법적 가치(법익)와 명령/금지규범으로 달성하고자 하는 헌법적 가치(법익) 간의 우위관계 혹은 비중을 따져야 하기 때문이다. 결국 규범충돌이 없는 경우에는 대국가적 명령규범 혹은 금지규범의 적용이 문제가 될 것이고, 규범충돌상황에서는 다음 두 가지 경우의 해결을 위해서 헌법규범의 적용이 문제 될 것이다: ① 대국가적 '자유의 공간'을 의미하는 허용규범과 대국가적 '의무부과'를 의미하는 명령/금지 규범 간의 갈등을 해결하는 것, ② 국가행위의무 상호 간 충돌상황(의무충돌상황) — 특히, 국가에게 작위행위의무를 부과하는 명령규범과 부작위행위의무를 부과하는 금지규범 간의 충돌 — 을 해결하는 것. 이하에서는 규범충돌이 없는 경우와 규범충돌이 존재하는 경우를 구분하여 각각의 경우에 헌법규범이 어떻게 적용되는지를 살펴본다.

Ⅲ. 규범충돌이 없는 경우

특정한 국가행위에 대해서 '통제규범'으로 작동할 수 있는 헌법규범(혹은 헌법적 가치)들 간의 충돌과 갈등이 존재하는 경우에는 해당 사안과 관련해서 일단 고려의 대상이 되는, 상충하는 추상적인 헌법규범(혹은 헌법적 가치)들 및 그로부터 도출되는 상반되는 효과들 중에서 무엇이 해당되는 구체적 사안에서 적용되고 효력을 가져야만 하는지를 판정하는 작업이 필요하겠지만,[34] 규범충돌이 없

---

33) 왜냐하면 주 31)에서 설명한 바와 같이 허용규범은 원칙적으로 국가에게 법으로부터 자유로운 영역, 즉 "법적으로 규율되었지만, 그러나 법적으로 평가되지 않는 영역"을 제공하므로, 이곳 안에서의 행위는 "합(헌)법적이나 또는 위(헌)법적인 것으로 올바로 평가될 수 없는 행위"이기 때문이다 (A. Kaufmann(著)/김영환(譯), 『법철학』, 나남, 2007, 481-483쪽).

34) 목차 Ⅳ. 참조.

는 경우에는 이러한 복잡한 판단활동이 불필요하므로, 헌법규범 또한 통상적인 법규범의 적용방식에 따른다. 즉, 구체적인 개별적 사안들을 유형화시켜 귀납적인 추론과정을 거쳐 추상적인 문언의 형식으로 고정된 것이 법의 본질적인 모습이므로, 이를 다시 구체적인 사안에 적용시키기 위해서는 추상적인 법문 의미를 구체적인 개별사안에 관련시키는 작업 — 특히, 확정된 사실관계가 구체적으로 해석된 법규범에 해당된다고 판단한 후, 그 법규범 아래에 해당 사실관계를 예속시키는 포섭[35] — 이 필수적으로 요청된다.[36] 따라서 특정한 국가행위의 적헌성을 판단함에 있어서 심사기준으로 원용될 수 있는 헌법규범들이 충돌하지 않고 비교적 명확하게 특정될 수 있는 경우[37]에는 구체적인 법적 사태에 해당하는 국가행위가 심사기준에 해당하는 헌법규범의 표지에 포섭될 수 있는지 여부를 파악하는 작업이 헌법규범의 본질적인 적용방식이 된다.[38]

그런데 이러한 포섭활동은 이성적으로 통제 불가능한 완전한 직관의 영역에 머물러 있는 것도 아니고, 단순한 법적 감정에 의해 좌우되는 개괄적인 판단으로 존재하는 것도 아니다.[39] 즉, 구체적인 사실관계(즉, 국가행위)를 확정하는 사실인정과 이 사실관계에 적용할 (헌)법규범의 선택 및 해석[40]이 행해진 후,[41] 선택된 헌법규범을 대전제로, 심사의 대상이 되는 특정 국가행위를 소전제로 삼아서 결론에 해당하는 새로운 명제인 법적 판단을 추론[42]해나가는 과정을 의미하는 법적 삼단논법(juristischer Syllogismus)[43]에 따라 행해지는 형식논리적인 절차 속

---

35) 김도균, 「법적 이익형량의 구조와 정당화문제」, 『법학』 48-2, 서울대학교법학연구소, 2007, 45쪽; C. Creifelds/K. Weber, Rechtswörterbuch, C. H. Beck, 2004, S. 1282.

36) 김학태, 앞의 글, 182쪽.

37) 여기서 "헌법규범들이 충돌하지 않고 비교적 명확하게 특정"될 수 있다는 것은 잠정적·상대적 의미이다. 즉, 처음에는 특정 국가행위가 규범충돌상황에 놓여있는 것이 아니라는 평가를 받았어도, 논증과정에서 그에 대한 반대논증이 설득력을 얻게 된다면, 해당 국가행위는 규범충돌상황에서 평가받게 된다.

38) 김영환, 『법철학의 근본문제』, 홍문사, 2008, 247-248쪽.

39) 김영환, 앞의 책, 248쪽.

40) 해석이란 법 적용과정에서 일반적 법규범의 의미를 구체화하여 구체적 사안에 적용할 수 있도록 하는 작업을 의미한다(김도균, 앞의 글(주 35), 45쪽). 따라서 해석은 항상 포섭절차 이전에 이루어진다(김영환, 앞의 책, 249쪽).

41) 田中成明(著)/박병식(譯), 『현대법 이론』, 동국대학교출판부, 2007, 332-333쪽.

42) 추론의 개념과 법적 추론의 독특성은 김혁기, 「법적 추론의 기능에 대한 고찰」, 『법철학연구』 13-1, 한국법철학회, 2010, 9-10쪽.

43) 법적 삼단논법의 근거와 비판은 양천수, 「삼단논법적 법률해석론 비판 — 대법원 판례를 예로 하여 —」, 『영남법학』 28, 영남대학교 법학연구소, 2009, 7-8쪽, 15-22쪽; 양천수, 「법적 추론과 논증」, 『사회과학연구』 30-1, 영남대학교 사회과학연구소, 2010, 202-204쪽; 법적 삼단논법에

에 위치하고 있다.[44] 예컨대, 감사원장 임명동의안의 처리가 국회에서 무산된 후 대통령이 국회의 동의 없이 감사원장서리를 임명한 행위가 헌법적으로 정당화될 수 있는지 여부가 문제 된 사안에서, 합헌의견도 위헌의견도 모두 헌법 제98조 제2항("원장은 국회의 동의를 얻어 대통령이 임명하고, […]")을 대전제로, 해당 사안에서 발생한 대통령의 감사원장서리 임명행위를 소전제로 삼은 다음에, 소전제에 해당하는 사실이 대전제인 헌법 제98조 제2항이 지칭하는 법적 표지에 종속(포섭/포함)될 수 있는지 여부를 판단하고 있다.[45] 하지만 이러한 포섭활동은 <대전제 — 소전제 — 결론>에 이르는 법적 삼단논법 과정 속에 부수적으로 묻어 들어가 있는 단순한 절차에 지나지 않는 것이 아니라, 법해석이나 사실관계 확정과는 분명히 구별되면서도 법적 결론 도출에 있어서 이들 못지않은 핵심적인 기능을 담당하고 있다. 즉, 대전제와 관련해서 중요한 작업인 법해석 및 법구체화 활동 — 즉, 법규범에 포함된 개념의 의미를 풀이하거나 흠결을 보충(법형성: Rechtsfortbildung)[46]하여 대전제와 소전제를 매개해줄 중간전제들을 획득하기 위한 활동 —[47] 은 법적 결론 도출에 직접적이고 최종적으로 관여하는 법적용방

관한 전통적인 설명은 심헌섭, 『분석과 비판의 법철학』, 법문사, 2003, 307-320쪽; 이준일, 『법학입문』, 박영사, 2004, 173-175쪽; 이상영/김도균, 앞의 책, 140-141쪽; 김영환, 앞의 책(주 38), 246-252쪽; 법적 논증은 진리명제가 아니라 의견명제에서 출발하여 하나의 의견명제를 다른 의견명제가 지지하는 방식으로 수행되는 추론들의 연속이란 점에서, 법적 삼단논법을 생략삼단논법으로 이해하는 입장은 이계일, 「수사학적 법이론의 관점에서 본 법적 논증의 구조」, 『법철학연구』 13-1, 한국법철학회, 2010, 59-67쪽.

44) 김영환, 앞의 책(주 38), 248쪽; 법적 삼단논법의 구조는 심헌섭, 앞의 책, 278쪽 이하; 이로써 법적 삼단논법은 형식적 포섭통제장치가 된다. 특히 법규범(대전제)과 법적 사실(소전제)로부터 일정한 결론을 도출해내는 추론구조인 법적 삼단논법은 진리의 엄격한 증명을 요구하는(즉, 진리명제에 관여하는) 고전적·논리철학적 정언삼단논법이 주장의 신뢰성 및 설득력 확보를 다투는(즉, 의견명제에 관여하는) 법적 논증을 위해서 변형 내지는 차용된 것이란 점을 고려한다면, 법규범(대전제)의 내용을 법적 사실(소전제)과 무관하게 기계적으로 구체화하는 작업으로 파악하는 엄격한 연역적 관점에서는 물론이고, 법 적용과정에서 해석자의 선이해가 개입될 수밖에 없음을 인식하고 법규범(대전제)과 구체적 사실(소전제) 간의 "상호 수렴"을 강조하는 법해석학적 관점에서도 법적 삼단논법은 유효한 (형식적) 포섭통제장치가 된다. 왜냐하면, 이러한 상호 수렴 내지는 상응의 마지막 귀결점도 결국은 한 언어가 가지는 의미내용이 다른 언어가 가지는 의미내용 안에 예속될 수 있는지 여부에 관한 검토, 즉 포섭활동일 수밖에 없기 때문이다.

45) 이 사건(헌재 1998.7.14. 98헌라2 결정, 판례집 10-2, 39-73쪽)에 대해서 ① 재판관 김용준의 각하의견, ② 재판관 조승형·고중석의 각하의견, ③ 재판관 정경식·신창언의 각하의견, ④ 재판관 김문희·이재화·한대현의 인용의견, ⑤ 재판관 이영모의 기각의견으로 나뉘었는데, 관여 재판관의 과반수인 5인의 결론이 각하의견이어서, 헌법재판소는 각하결정을 하였다. 여기서는 헌법규범의 적용과 관련하여 유의미한 진술을 포함하고 있지 않은 각하의견을 제외하고, 해당 국가행위의 위헌성을 논증한 재판관 김문희·이재화·한대현의 인용의견과 합헌성을 논증한 재판관 이영모의 기각의견에 주목하였다.

46) 이에 관해서는 심헌섭, 앞의 책, 221-225쪽; 이상영/김도균, 앞의 책, 145-151쪽.

식은 아니며, 소전제와 관련해서 중요한 작업인 법적 사태의 확정 — 즉, 일정한 사실관계에 포함되어 있는 정치적·도덕적·사회경제적 요인 등을 법적 사고의 시야 밖으로 축출시켜 법적 세계의 자립성을 확보하는 활동 —[48] 은 기본적으로 경험적·사실적 판단에 해당하는 것으로서 법률가의 고유한 일거리라고 할 수 없는 반면에,[49] 결론 도출을 위해서 행해지는 포섭활동은 자신의 주장이 법적 의미체계에 편입가능한지 여부를 암묵적으로 심사[50]하는 규범적 판단 내지는 규범논리적 활동이란 점[51]에서 그 특수성과 중요성이 있다.[52] 특히 위 사례는 합헌을 주장하든 위헌을 주장하든 포섭이 국가행위의 적헌성을 판단함에 있어서 결정적인 계기로 작동하고 있다는 점을 분명하게 보여주고 있다. 왜냐하면 대통령의 감사원장서리 임명행위와 관련하여 "헌법상 정당성이 있다."라는 이영모 재판관의 합헌의견(기각의견)도 포섭활동 — 즉, 해당 행위가 헌법 제98조 제2항의 "(흠을 보충하는) 합리적인 해석범위내의 행위"라는 판단(즉, 헌법 제98조 제2항에 포함(포섭)된다는 판단) — 에 기인하여 얻어진 결론이며,[53] 해당 임명행위가 "명백히 헌법 제98조 제2항에 위반된 행위이다."라는 김문희·이재화·한대현 재판관의 위헌의견(인용의견)도 포섭활동 — 즉, 대통령의 감사원장서리 임명행위는 국회

---

47) 이는 대전제에 해당하는 일반법규범이 구체적 법명제로 전환됨을 의미한다. 중간전제들이 획득되는 구체적인 과정에 대해서는 김도균, 앞의 글(주 35), 42쪽－45쪽; 한편 이준일 교수는 이러한 "법규범에 포함된 의미내용을 해석규칙을 동원하여 개별적이고 구체적 사안에 적용할 수 있을 정도로 세밀하게 분석해가는 과정"을 포섭이라고 하면서 법적 삼단논법과 포섭을 거의 같은 차원에서 이해하고 있다(이준일, 「헌법재판의 법적 성격 — 헌법재판소의 논증도구인 비례성원칙과 평등원칙을 예로 —」, 『헌법학연구』 12－2, 한국헌법학회, 2006, 315쪽).

48) 田中成明(著)/박병식(譯), 앞의 책, 35쪽.

49) 김영환, 앞의 책(주 38), 247쪽.

50) 이계일, 앞의 글, 86쪽.

51) 한편 이준일 교수는 포섭을 "규범적 과정"이 아니라 "분석적 과정"으로 이해하고 있는데(이준일, 앞의 글(주 47), 315쪽), 이는 포섭과 법적 삼단논법의 개념상의 오해에서 비롯된 것으로 보인다. 왜냐하면 법적 삼단논법이라는 구조 속에서 행해지는 포섭활동의 합리성을 제고하기 위해서 대전제에 해당하는 추상적 법규범을 세밀하게 분석하는 과정(분석적 과정)이 전제되어야 하는 것이지, 포섭 그 자체가 이러한 분석적 과정은 아니기 때문이다. 오히려 포섭은 분석이 한계에 도달한 지점에서 일정한 사태가 해당 분석의 결과에 해당함을 드러내 보이는 설득의 수단 내지는 심리적 강제에 가깝다.

52) 대전제, 소전제, 포섭 간의 구분은 T. Riehm, Abwägungsentscheidungen in der praktischen Rechtsanwendung: Argumentation — Beweis — Wertung, C. H. Beck, 2006, S. 25f., 40ff., 246.

53) 이런 결론을 도출함에 있어서 이영모 재판관은 법형성적 해석을 통해서 대전제에 해당하는 헌법 제98조 제2항의 의미를 구체화하여 중간전제 — 즉, "특수한 경우에 한하여 예외적으로 대통령은 국회의 동의를 얻지 않고 감사원장서리를 임명할 수 있다." — 를 도출시킨 후, 해당 사건에서 대통령의 감사원장서리 임명행위(소전제)를 이러한 중간전제에 포섭시키고 있다(헌재 1998.7.14. 98헌라2 결정, 판례집 10－2, 43쪽, 67－72쪽).

의 사전동의를 요하는 헌법 제98조 제2항의 "임명"에 포섭될 수 없는 행위라는 판단 — 에 기인하여 얻어진 결론이기 때문이다.[54)]

이처럼 특정 국가행위에 대해서 그것을 평가하는 헌법규범들(혹은 헌법적 가치들) 간의 충돌이 존재하지 않는 경우에는 합헌주장이든 위헌주장이든 법적 삼단논법이라는 추론구조 속에서 행해지는 포섭활동이 헌법규범의 가장 핵심적인 적용방식이 되므로, 해당 법적 판단에 대한 설득력을 높이기 위해서는 무엇보다도 포섭이 가지고 있는 심리적 강제력[55)]을 극대화시켜서 포섭활동의 신뢰성과 수긍가능성을 높이는 실질적 포섭통제활동이 필요하다. 그런데 설득의 수단으로서 포섭은 기본적으로 변론인이 주장하고자 하는 바를 수신인이 가지고 있는 전제[56)]아래에 종속시킴으로써, 해당 전제가 타당하다고 믿는 수신인이 변론인의 논지를 받아들이지 않을 수 없도록 하는 방식으로 이루어지므로, 변론인에게는 자신의 논지를 지지할 수 있는 전제를 수신인의 사고 속에서 찾아내는 것이 관건이 된다.[57)] 따라서 법학에 있어서도 논리적·이성적 측면(Logos)의 검토뿐만 아니라, 논증자의 신뢰가능성이란 측면(Ethos)과 논증 상대방의 감성적 측면(Pathos)에 대한 검토 또한 주목될 필요가 있을 것이다.[58)]

---

54) 헌재 1998.7.14. 98헌라2 결정, 판례집 10－2, 41쪽, 60－67쪽: "헌법 제98조 제2항은 […] '반드시 사전'에 국회의 동의를 얻어야 함을 분명히 밝히고 있다. […] 국회의 동의 없이 감사원장을 임명하였다면 그 임명행위는 명백히 헌법에 위배되고, 이러한 법리는 감사원장 대신 '감사원장서리'라는 이름으로 임명하였다고 하여 달라지는 것이 아니다."

55) Vgl. W. Gast, Die sechs Elemente der juristischen Rhetorik: Das Modell rhetorischer Kommunikation bei der Rechtsanwendung, in: R. Soudry (Hrsg.), Rhetorik: Eine interdisziplinäre Einführung in die rhetorische Praxis, C. F. Müller, 2. Aufl., 2006, S. 39; 법적 논증의 가장 기본적인 형태이자 가장 강력한 형태로 포섭이 언급되는 이유는 논증이 포섭의 형태를 띠고 그 대전제가 수신인이 수긍할만한 것일 때 수신인이 결론을 받아들이지 않을 수 없게 만드는 심리적 강제 때문이다(이계일, 앞의 글, 70쪽).

56) 헌법적 논증은 기본적으로 논증참여자들 간에 있어서 대전제에 해당하는 헌법규범에 대한 승인을 전제로 행해진다. 따라서 실제로는 대전제인 헌법규범 그 자체가 아니라, 헌법규범의 해석을 통해서 얻어질 중간전제들의 합리성과 타당성이 주로 문제될 것이다. 이러한 점에서 포섭의 사전 단계인 법해석활동의 중요성 또한 간과해서는 안 될 것이다. 그뿐만 아니라 법해석 과정이 엄밀할수록 포섭에 개입되는 직관의 크기가 줄어들 것이고, 그로 인해 논증의 합리성과 이성적 설득력이 높아질 것이다.

57) 이계일, 앞의 글, 71쪽.

58) 상세한 논증은 이계일, 앞의 글, 75－80쪽.

Ⅳ. 규범충돌의 경우

1. 서두

국가행위의 적헌성 판단과 관련하여 헌법규범(혹은 헌법적 가치)들 간의 충돌이 존재하지 않아서 구체적 사실관계에 적용되어야 할 헌법규범이 무엇인지가 명확하게 특정될 수 있는 경우에는 지금까지 논의한 바와 같이 법적 삼단논법이라는 추론 구조 속에서 행해지는 포섭활동이 헌법규범의 본질적인 적용방식이 된다. 하지만 규범충돌상황에서는 이러한 포섭활동 이전에 구체적 사안에서 종국적·확정적으로 적용되어야할 헌법규범(혹은 헌법적 가치)이 무엇인지를 선별하는 과정이 필수적으로 요청되는데, 이는 결국 구체적 국가행위와 관련해서 충돌하는 규범이나 가치들 간의 우위관계를 판정하는 문제로 집약된다. 왜냐하면 해당 충돌상황에서 적용우위에 있다고 판단된 헌법규범 혹은 헌법적 가치가 종국적으로 적용될 것이고, 이러한 판단을 통해서 규범충돌상황은 자연스럽게 해소되기 때문이다. 따라서 이러한 우위관계를 판단하기 위해서 헌법규범을 적용하는 방식이 바로 규범충돌상황에서 헌법규범의 본질적인 적용방식이 된다.[59)]

그런데 이러한 우위관계는 어느 한 쪽이 언제나 비중의 우위성을 가지는 "절대적(무조건적) 우위관계"와 그때그때의 조건에 따라서 어느 한 쪽이 비중의 우위성을 가지는 "상대적(조건적) 우위관계"로 나누어 살펴볼 수 있는데,[60)] 이는 규범충돌의 양상과 밀접한 관련을 가지고 있다. 즉 규범충돌이 국가행위의무의 최소치(Minimum) 내지는 헌법이 국가에게 요구하고 있는 최소지위(Mindestposition)[61)]

---

59) 따라서 이하에서 논의할 규범충돌상황에서 헌법규범이 적용되는 두 가지 방식인 '형량'과 '우위결정'은 결국 해당사안에 적용할 수 있을 정도로 구체적인 구성요건과 법률효과를 갖춘 확정적 법규범을 도출하여 포섭에 바탕을 둔 법적 삼단논법이 진행될 수 있도록 하는데 그 목표가 있는 것이다. 특히 "형량"과 관련하여 이러한 설명은 김도균, 앞의 글(주 35), 46－47쪽, 56쪽: "이익형량의 산물은 확정적 법규범이며 이렇게 획득된 확정적 법규범은 해당 사안에서 법적 삼단논법의 대전제로 활용되어 구체적인 결론에 이르게 된다."; 김혁기, 앞의 글, 11쪽: "인지적 차원에서 법적 사고가 정도판단의 속성을 갖는다 하더라도, 법적 결론은 전부 아니면 전무의 형태로 내려져야 한다."; 이러한 관점에서 "형량"과 "포섭"은 법적용에 있어서 양자택일적인 방식이 아님을 명확히 밝히면서, 형량이 전통적 포섭모델로 편입된다는 견해는, H.－J. Koch, Die normtheoretische Basis der Abwägung, in: R. Alexy u.a. (Hrsg.), Elemente einer juristischen Begründungslehre, Nomos, 2003, S. 235; T. Riehm, 앞의 책, 2쪽, 6－7쪽.

60) 김도균, 앞의 글(주 35), 46쪽; R. Alexy, 앞의 책, 82쪽: 규범을 원칙과 규칙으로 대별하는 R. Alexy는 원칙충돌의 경우에는 항상 상대적 우위관계가 문제 된다고 한다.

61) 헌법제정권자가 국가에게 부담 지우는 타협할 수 없는 최소요청(Minimalforderung) 내지는 국가행위와 관련된 최소수준(Mindeststandard), 혹은 헌법이 국가에게 요구하는 의무이행의 '최소한도'를 의미하는 것으로서, 헌법 제37조 제2항에 규정된 기본권의 "본질적인 내용"이나 헌법상의 기본

와 관련하여 발생하는 경우에는, 이러한 최소치 이행과 관련해서 타협하거나 양보할 수 있는 그 어떤 무엇도 더 이상 국가에게 남겨져 있지 않고, 그 효력 또한 양자택일의 경우 — "전부 아니면 무의 방식(all or nothing fashion)" 내지는 "실현되거나 실현되지 않거나(nur entweder erfüllt oder nicht erfüllt)"의 경우 — 로만 발생[62]하기 때문에 절대적 우위관계가 문제되는 반면에, 규범충돌이 이러한 국가행위의무의 최소치를 상회하는 부분과 관련해서 발생한다면, 구체적인 조건과 관계적 상황 속에서 중요성을 평가받을 수 있는 상대적 우위관계가 문제 된다. 그리고 이러한 규범충돌의 양상과 관련하여 전자의 경우에는 '우위결정'이, 후자의 경우에는 '형량'이 헌법규범의 본질적인 적용방식으로 등장한다.[63] 이하에서는 우선 규범충돌상황의 개관을 통하여 '형량'과 '우위결정'이 문제 되는 경우를 구체적으로 살펴본 다음, 이들의 설득력과 합리성 확보방안(형량통제와 우위결정통제)에 관해서 논한다.

2. 규범충돌상황과 헌법규범의 적용방식

헌법이 가지고 있는 대국가적 당위규범성 — 특히, '금지규범'과 '명령규범'의 의미는 각각 국가에게 '부작위의무'와 '작위의무'를 부과하는 것이고, 이러한 행위의무는 헌법이 국가에게 요구하고 있는 '최소지위보장'과 관련된 경우와 '최소지위초과보장'과 관련된 경우로 구분하여 살펴볼 수 있다는 점, 그리고 국가에게 일정한 자유의 공간을 마련해주고 있는 '허용규범'은 국가행위에 있어서 일정한 재량을 부여한다는 점 —[64]에 주목한다면, 규범충돌상황은 아래 표와 같이 나타낼 수 있다.

원리·기본제도 및 국가목적규정의 최소치가 여기에 해당한다(Vgl. S. Lenz, Vorbehaltlose Freiheite: Stellung und Funktion vorbehaltloser Freiheite in der Verfassungsordnung, Mohr Siebeck, 2006, S. 293ff.; 김해원, 앞의 글(주 11), 42쪽).

62) R. Dworkin, Taking Rights Seriously, Harvard Uni. Press, 1977, p. 24; R. Alexy, 앞의 책, 76쪽; 김해원, 앞의 글(주 11), 42쪽.

63) 이에 대해서는 이하에서 상술한다. 다만 형량이 상대적 우위관계에서 적용된다는 것은 R. Alexy, 앞의 책, 83쪽; 최소지위와 관련된 충돌에서 헌법규범의 적용방식으로서 우위결정이 사용된 경우는 김해원, 앞의 글(주 11), 48-49쪽; S. Lenz, 앞의 책, 293-305쪽.

64) 목차 Ⅱ. 참조.

• 규범충돌상황표

<table>
<tr><th colspan="3">당위양식</th><th colspan="2">금지규범(α)</th><th colspan="2">명령규범(β)</th><th>허용규범(γ)</th></tr>
<tr><th colspan="3">의미</th><th colspan="2">부작위의무</th><th colspan="2">작위의무</th><th>행위재량</th></tr>
<tr><th>당위양식</th><th>의미</th><th>내용 / 내용</th><th>최소지위 보장</th><th>최소지위초과보장</th><th>최소지위 보장</th><th>최소지위초과보장</th><th></th></tr>
<tr><td rowspan="2">금지규범(δ)</td><td rowspan="2">부작위의무</td><td>최소지위 보장</td><td>A-1</td><td>A-2</td><td>B-1</td><td>B-2</td><td>C-1</td></tr>
<tr><td>최소지위 초과보장</td><td>A-3</td><td>A-4</td><td>B-3</td><td>B-4</td><td>C-2</td></tr>
<tr><td rowspan="2">명령규범(ε)</td><td rowspan="2">작위의무</td><td>최소지위 보장</td><td>D-1
(B-1)</td><td>D-2
(B-3)</td><td>E-1</td><td>E-2</td><td>F-1</td></tr>
<tr><td>최소지위 초과보장</td><td>D-3
(B-2)</td><td>D-4
(B-4)</td><td>E-3</td><td>E-4</td><td>F-2</td></tr>
<tr><td>허용규범(ζ)</td><td>행위재량</td><td></td><td>G-1
(C-1)</td><td>G-2
(C-2)</td><td>H-1
(F-1)</td><td>H-2
(F-2)</td><td>I</td></tr>
</table>

위 <규범충돌상황표>를 통해서 우선 다음과 같은 결론을 얻을 수 있다: ① 국가에게 일정한 자유의 공간을 부여해주고 있는 허용규범들이 만나는 I영역에서는 국가행위의 적헌성 심사와 관련해서 헌법규범들 간의 충돌은 발생하지 않는다.[65] ② 대국가적 금지규범 — 국가에게 부작위의무를 부과하는 헌법규범 — 들 간의 충돌을 의미하는 A영역에서도 현실적으로는 규범충돌상황이 발생하지 않는다. 왜냐하면 부작위들 간의 양립불가능한 상황(예컨대, 방어권적 기본권들 간의 충돌)은 존재하지 않기 때문이다.[66] ③ 대국가적 명령규범 — 국가에게 작위의무를 부과하는 헌법규범 — 들 간의 충돌(예컨대, 급부권적 기본권들 간의 충돌)을 의미하는 E영역도 원칙적으로는 문제가 되지 않을 것이다. 왜냐하면 국가는 각각의 헌법규범이 요구하는 작위행위를 각각 이행하여 모든 헌법적 명령에 부응

---

65) 오히려 특정 국가행위가 온전히 대국가적 허용규범으로서만 통제(심사)되는 영역에 속해있다면, 이는 원칙적으로 '사법적 판단'의 대상이 아니라, '정치적 판단'의 대상이라고 해야 할 것이다(목차 Ⅱ.).

66) 설사 대국가적 금지규범들 간의 충돌이 존재하는 것처럼 보이는 경우가 있다고 하더라도, 국가가 하나의 금지규범을 준수하여 특정 부작위의무를 이행한다면, 이는 동시에 다른 특정 부작위의무(금지규범)를 이행한 것과 다르지 않다.

할 수 있기 때문이다.[67][68] 따라서 ④ 원칙적으로 국가행위의 적헌성 판단과 관련하여 규범충돌이 문제가 되는 상황은 특정 국가행위가 명령규범과 금지규범이 충돌하는 영역(B영역과 D영역)이나, 허용규범과 금지규범 혹은 허용규범과 명령규범이 충돌하는 영역(C영역과 G영역 혹은 F영역과 H영역)에 해당하는 경우라고 할 수 있다.[69]

그런데 형량[70]은 헌법적 논증참여자들이 '가능한 한 최대한 실현'을 주장할 수 있는, 그러나 동시에 최대한 실현될 수는 없으며 어느 쪽도 절대적 우위관계에 있지 않은 규범충돌상황(원칙충돌상황)을 해결하는 법적용 방식으로서,[71] 양자

---

67) 이러한 경우는 규범충돌이 아니라, 국가에게 작위의무가 각각 부과된 경우로 이해해야 할 것이다.

68) 다만, 예외적으로 재정적 한계 혹은 기타의 사실적 사유로 인해서 국가가 헌법상의 작위의무를 동시에 각각 이행할 수 없는 헌법규범과 헌법현실 간의 괴리가 발생한 상황(작위의무충돌상황)에 처해진다면, E영역에 관한 논의가 실제적 의미를 갖는다(이런 상황에 대처하는 국가의 자세에 따라 헌법은 "명목적" 혹은 "장식적" 규범이 된다: Vgl. K. Loewenstein, Verfassungslehre, 4. Aufl., J.C.B. Mohr, 2000, S. 152f.). 이 경우에는 국가가 (β)를 이행하든지, 아니면 (ε)을 이행하든지 간에 헌법에 합치하지 않는 상황이 발생함으로, 국가는 무엇보다도 위헌적인 헌법현실의 해소에 노력해야만 한다. 그러나 이런 위헌적 현실이 지속되고 있는 상황이라면 국가는 위헌성의 정도를 가능한 한 최소화시키는 방향 — 즉, 가능한 현실적 조건하에서 국가는 (β)와 (ε)에 따라서 적극적으로 행위 하되, 최소지위보장과 최소지위초과보장이 문제가 되는 경우에는 최소지위보장을 우선적으로 관철시키고(E−2영역에서는 (ε)의 최소치를, E−3영역에서는 (β)의 최소치를 각각 우선적으로 이행하고), E−1영역에서는 (β)와 (ε)이 요구하는 작위행위의 최소치들 중 적어도 어느 하나는 이행될 수 있도록 노력해야하며, E−4영역에서는 (β)와 (ε)이 요구하는 대국가적 작위의무를 가능한 현실적 조건에서 최대한 이행하는 방향 — 으로 작위행위를 해야 한다. 특히 E−4 영역에서 국민의 급부권적 기본권과 관련하여 국가에게 작위행위의무가 부과된 경우라면, 국가는 헌법상 "평등"의 요청을 준수하면서 이러한 작위행위를 해야 할 것이다. 하지만 이런 국가의 노력에도 불구하고, 해당 국가행위는 '덜 위헌적'이라고 평가될 수는 있을지언정, 합헌적으로 평가받을 수는 없다. 왜냐하면, 여전히 국가에게는 헌법규범과 헌법현실 간의 위헌적인 괴리를 해소해야만 하는 헌법적 의무가 존재하기 때문이다. 한편 국가의 노력에도 불구하고 가까운 장래에 이런 규범과 현실 간의 괴리상황이 도저히 참을 수 없는 지경이라면, 정치적 공동체의 근본법에 해당하는 헌법의 규범력 고양을 위해서 보다 적극적인 활동을 할 필요가 있다. 즉, 해당 명령규범의 적용범위나 적용시점을 한정하는 해석 — 관련하여, 헌법 제3조의 영토조항과 헌법 제4조의 평화통일조항이 충돌하는 경우를 해결하기 위해서 등장한 학설 및 판례의 태도를 주목해볼 필요가 있다(이에 관해서는 이준일, 앞의 책(주 8), 122−127쪽; 홍성방, 앞의 책, 71−74쪽; 전광석, 앞의 책, 171−173쪽). — 을 통해서도 이러한 문제 상황으로부터 벗어날 수 없다면, 최후의 수단인 헌법 개정을 고려해볼 수도 있을 것이다.

69) B영역과 D영역, C영역과 G영역, F영역과 H영역은 그 내용이 각각 완전히 동일하다.

70) 여기서 말하는 형량은 헌법적 가치나 법익들과 관련해서 진행되는 좁은 의미의 형량 내지는 원리형량을 의미한다. 넓은 의미로 이해되는 형량은 법적용과정의 모든 차원, 즉 법적 삼단논법의 과정에서 행해지는 대전제의 형성과 해석과정, 사실관계확정 및 수집된 증거판단과정, 법적 구성요건지표 하에 사태의 평가적 귀속(포섭), 심지어는 형의 양정과정에서도 행해진다. 넓은 의미의 형량에 관해서는 T. Riehm, 앞의 책, 54−56쪽.

71) 김도균, 앞의 글(주 35), 65쪽; 한편 법적용방식으로서 '(좁은 의미의) 형량'이 가지고 있는 이러한 성격 때문에, 규범을 가능한 한 최대한 실현, 즉 "최적화명령"을 의미하는 원칙/원리(Prinzip)와

택일의 엄격한 법적용 방식인 우위결정 — 충돌되는 규범들 중에서 어느 한 규범을 전적으로 통용되도록(für alle Fälle geltende) 하여 충돌상황을 종식시키는 법적용 방식 — 이 행해지지 않는 상황에서는 항상 적용되지만,[72] 절대적 가치나 지위가 문제 되는 곳에서는 적용될 수 없다. 따라서 <규범충돌상황표>에서 살펴본다면, 형량이 행해질 수 있는 영역은 대국가적 작위의무를 부과하는 명령규범과 대국가적 부작위의무를 부과하는 금지규범이 해당 규범을 통해서 달성하고자 하는 헌법적 법익 내지는 가치들의 최소치를 초과하는 수준에서 충돌하고 있는 경우[73]인 B-4영역(혹은 D-4영역)과 헌법이 국가에게 부과하고 있는 행위의무의 최소치를 초과하는 수준에서, 국가에게 가능한 한 더 많은 부작위를 혹은 가능한 한 더 많은 작위를 요구하고 있는 금지규범 혹은 명령규범이 각각 대국가적 행위허용규범과 충돌하고 있는 경우인 C-2영역(혹은 G-2영역)[74]과 F-2영역(혹은 H-2영역)[75]이라고 할 수 있다. 반면에 법적용 방식으로서 우위결정이 행해지는 규범충돌상황은 헌법 제37조 제2항의 기본권의 "본질적인 내용" 혹은 헌

"사실적·법적 가능성의 테두리 안에서 확정된 것을 포함"하고 있어서 "실현되거나 실현되지 않거나"의 방식으로 적용되는 규칙(Regel)으로 대별하는 진영(대표적으로 R. Alexy, 앞의 책, 75-76쪽; 이준일, 앞의 책(주 43), 127쪽 이하)에서 원칙규범의 전형적인 적용방식을 '형량'이라고 주장한 것은 전적으로 타당하다(특히, 명시적인 표현으로는 이준일, 앞의 책, 193쪽). 하지만 규칙의 형태로 되어 있는 법규범을 해석하고 적용하는 전형적인 방식이 '포섭'이란 주장(명시적인 표현으로는 이준일, 앞의 책, 173쪽; 이준일, 앞의 글(주 47), 314-315쪽)은 주의를 요한다. 왜냐하면 규칙규범들 간의 충돌이 존재하는 경우에는 아래에서 살펴볼 '우위결정'이 본질적인 법적용방식이 되며, '포섭'은 원칙규범이든 규칙규범이든 규범충돌상황이 해소된 경우에 행해지는 가장 일반적인 법적용방식이기 때문이다(주 59). 따라서 법규범의 적용 방식을 '형량'과 '포섭'으로 대별시키기 보다는, 규범충돌이 없을 경우에는 '포섭'이, 규범충돌이 존재하는 경우에는 그 충돌양상에 따라서 '형량'과 '우위결정'으로 대별시키고, 이들은 전체 법적용과정이란 측면에서 전통적인 포섭모델 안으로 통합될 수 있다고 해야 한다('형량'과 관련하여 이러한 취지로는 특히, T. Riehm, 앞의 책, 6쪽).

72) N. Jansen, Die Struktur rationaler Abwägungen, in: ARSP Beiheft 66: Ethische und Strukturelle Herausforderungen des Rechts, 1997, S. 152.

73) 예: 특정인의 급부권적 기본권의 최소지위를 상회하는 부분(이는 '가능한 한 최대한 실현을 요구'하고 있는 대국가적 명령규범이다.)을 보장하기 위한 국가작위행위가 다른 특정인의 방어권적 기본권을 제한하는 결과를 초래하지만, 해당 방어권적 기본권의 최소지위에 해당하는 헌법 제37조 제2항 후단의 "본질적인 내용"을 훼손하지는 않는 경우.

74) 예: 기본권제한규범 혹은 국가목적의 최소치 초과이행과 관련된 대국가적 허용규범에 근거한 국가의 작위행위가 대국가적 부작위의무부과 규범인 방어권적 기본권을 제한하는 결과를 초래하지만, 이러한 국가의 작위행위가 해당 방어권적 기본권의 최소지위에 해당하는 헌법 제37조 제2항 후단의 "본질적인 내용"을 훼손하지는 않는 경우.

75) 예: 기본권제한규범 혹은 국가목적의 최소치 초과이행과 관련된 대국가적 허용규범에 근거한 국가의 부작위행위가 대국가적 작위의무부과 규범인 급부권적 기본권을 제한하는 결과를 초래하지만, 이러한 국가의 부작위행위가 해당 급부권적 기본권의 최소지위에 해당하는 헌법 제37조 제2항 후단의 "본질적인 내용"을 훼손하지는 않는 경우.

법상의 기본원리 · 기본제도 및 국가목적의 최소치와 관련된 국가의 행위의무, 헌법이 설정한 국가 및 국가기관의 행위 방식과 절차 및 존재양식에 등에 관한 최소규준 준수의무 등과 같이 절대적 준수가 요청[76]되는 영역인 B－1(D－1) · B－2(D－2) · B－3(D－3) · C－1(G－1) · F－1(H－1)영역과 밀접한 관련을 가지고 있다.[77] 특히 최소지위보장으로서 부작위명령과 최소지위보장으로서 작위명령이 충돌하는 B－1(D－1)영역[78]은 이른바 과잉금지와 과소금지가 한 지점에서 만나는 곳[79]으로서 국가행위의무의 극단적 충돌상황을 의미한다.[80]

3. 형량통제와 우위결정통제

가. 논의의 필요성

<규범충돌상황표>를 통해서 법적용 방식으로서 형량과 우위결정이 관여하는 상황조건들이 분명하게 드러났다면, 이제 남은 쟁점은 구체적 상황에서 행해지는 형량 혹은 우위결정이 보다 높은 설득력과 합리성을 갖도록 하는 문제, 즉 형량통제 내지 우위결정통제로 집약된다. 이와 관련해서는 무엇보다도 앞서 언급한 「규범충돌이 없는 경우에 규범이 적용되는 본질적이고 전형적인 방식인 '포섭'이 법적 삼단논법이라는 규범 논리적 구조 속에서 행해짐으로써 법적용 과정에서 불가피하게 개입하는 우리의 직관과 감정이 통제될 수 있는 계기가 마련되었던 것」처럼, 규범충돌상황에서 규범이 적용되는 본질적이고 전형적인 방식인 형량과 우위결정 또한 일정한 규범적 구조 속에서 행해질 때 비로소 논증의 합리성과 설득력이 제고될 수 있다는 점을 지적할 수 있을 것이다.[81] 아울러 법적 논증이 법

---

76) 해당하는 헌법규범들의 설명에 관해서는 목차 Ⅱ.

77) 이러한 영역들 중에서 진정한 의미에서의 '우위결정'이 문제되는 경우는 B－1(D－1)영역뿐이다. 이에 관한 상세한 설명은 아래 주 104).

78) 예: 포로로 잡힌 범죄자의 침묵 때문에 다른 국민의 생명이 박탈될 것이라는 매우 절박한 위험상태에 처해있고, 고문행위가 그 국민의 생명을 구하는데 기여할 수 있는 유일한 상황(구조고문(Rettungsfolter) 상황)인 경우(구조고문의 개념은 G. Wagenländer, Zur strafrechtliche Beurteilung der Rettungsfolter, Duncker & Humblot, 2005, S. 25ff.; 이부하, 「인간의 존엄에 관한 논의와 개별적 문제에의 적용」, 『헌법학연구』 15－2, 한국헌법학회, 2009, 392쪽).

79) S. Lenz/P. Leydecker, 앞의 글, 849쪽.

80) 이러한 극단적인 경우의 해결을 위한 시도로는 김해원, 앞의 글(주 11), 48－49쪽.

81) 규범적·분석적 틀 없이 개괄적·추상적 사고과정으로서만 존재하는 '형량' 혹은 '우위결정'은 무분별한 법적용을 행할 수 있는 하나의 허울 좋은 명목에 지나지 않는다. 물론 논증의 합리성을 확보하고 설득력을 높이는 것은 늘 진행되어가는 과정으로 남겨져 있는 것이지, 그 끝이 존재하는 것은 아니다. 가치와 평가의 영역에서는 100%의 합리성과 100%의 설득력은 존재하지 않기 때문이다. 그럼에도 불구하고 규범에 근거한 각종 판단에 대한 합리적 통제와 경험적 사실에 대한 방법

을 빙자한 폭력이 되지 않고 합리적인 대화와 설득의 과정이 되기 위해서는 결론을 이끌어내는 논거의 질과 합리성에 대한 요구 또한 매우 중요한 의미를 가진다는 점을 부인할 수 없을 터인데, 형량과 우위결정이 행해지는 구조나 단계 그 자체는 어떠한 내용적 판별기준을 제시하고 있지 않다는 점에서 형식적 통제기준을 제공해줄 뿐이다. 따라서 추론과정에 관계하는 논거의 질 내지는 논거의 합리성을 판단할 수 있는 규준을 마련하는 실질적 통제기준에 관한 문제 또한 별도로 검토되어야 한다.[82] 이하에서는 이들에 관해서 논한다.

나. 형량통제

1) 형식적 통제

가) 구조

앞서 살펴본 것처럼, 형량이 문제 되는 상황은 특정한 국가행위에 대해서 그것을 평가하는 복수의 헌법규범들이 최소지위를 초과하는 수준에서 충돌하는 경우이다. 그런데 이러한 상황은 두 개의 목적과 한 개의 수단이 이루는 세 개의 관계를 전제로 하고 있다는 점에서 비례성원칙이 적용될 수 있는 구조에 놓여있다.[83] 왜냐하면 심사의 대상인 특정 국가행위가 바로 한 개의 수단에 해당하고, 이를 평가할 충돌하는 헌법규범(혹은 헌법적 가치)들이 두 개의 목적에 해당하기 때문이다.[84] 뿐만 아니라, 비례성원칙은 기본권제한과 관련해서는 헌법 제37조 제2항의 "필요한 경우에 한하여"라는 문언에 직접 근거하고 있으며,[85] 그 밖의 국가행위와 관련해서도 법치국가원리나 국가행위의 합리성 원칙 등으로부터도 도출될 수 있는 헌법적 차원의 원칙이란 점에서,[86] 법적용 방식으로서의 '형량'

론적 통제는 법학의 분야에서는 포기할 수 없는 영원한 과제라고 할 수 있다. 이와 관련해서 R. Alexy는 특히 "개념적–분석적 명료성"을 강조한다(R. Alexy, 앞의 책, 32쪽).

82) 이와 유사한 관점에서 형량의 정당성 판단기준을 분류하고 있는 경우로는 김도균, 앞의 글(주 35), 66쪽.

83) 비례성원칙에 관한 이러한 설명은 특히, 이준일, 「기본권제한에 관한 결정에서 헌법재판소의 논증도구」, 『헌법학연구』 4–3, 한국헌법학회, 1998, 276–277쪽.

84) 심사의 대상인 특정 국가행위가 한 개의 수단이라면, B–4영역에서는 명령규범(β)와 금지규범(δ), D–4영역에서는 금지규범(α)와 명령규범(ε), C–2영역에서는 허용규범(γ)와 금지규범(δ), G–2영역에서는 금지규범(α)와 허용규범(ζ), F–2영역에서는 허용규범(γ)와 명령규범(ε), H–2영역에서는 명령규범(β)와 허용규범(ζ)가 각각 두 개의 목적에 해당한다.

85) 전광석, 앞의 책, 229쪽; 이준일, 앞의 글(주 83), 279–282쪽; 헌재 1998.11.26. 97헌바58 결정, 판례집 10–2, 682쪽 이하.

86) 비례성원칙의 헌법적 근거에 관해서는 특히 A. v. Arnauld, Die normtheoretische Begründung des Verhältnismäßigkeitsgrundsatzes, in: JZ, 2000, S. 276ff.

을 비례성원칙이라는 규범구조 속에 위치시켜 논증의 합리성과 설득력을 높일 수 있는 계기를 마련하는 것은 그리 어렵지 않다. 결국 문제는 비례성원칙이란 구조 속에서 형량행위가 어떻게 통제되는가 하는 점이다.

주지하다시피 비례성원칙은 일정한 목적을 실현하는데 적합한 수단을 사용하도록 요구하는 적합성원칙, 일정한 목적을 실현함으로써 훼손되는 다른 목적에 대한 피해를 최소화하도록 요구하는 필요성원칙, 일정한 목적과 그것을 실현함으로써 훼손되는 다른 목적이 서로 균형적으로 구현될 수 있도록 요구하는 상당성원칙이라는 세 가지 부분원칙으로 구성되어 있으며,[87] 특히 상당성원칙은 적합성심사단계와 필요성심사단계를 모두 거쳐서 확인된 가능한 한 다양한 수단들이 적합성원칙의 달성정도와 필요성원칙의 달성정도에 있어서 모두 상이한 평가를 받으면서도, 적합성심사단계와 필요성심사단계에서 확인된 양 원칙 달성정도서열이 상호 일치하지 않은 것으로 확인된 경우에만 적용될 수 있다.[88] 그런데 구체적 상황에서 충돌하는 목적들 간의 상대적 우위관계를 평가하는 형량은 경험적 판단을 본질적인 내용으로 하는 적합성·필요성원칙의 심사에서가 아니라, 규범적 판단을 본질적 내용으로 하는 상당성원칙의 심사에서 행해진다.[89] 따

87) 이준일, 「헌법상 비례성원칙」, 『공법연구』 37−4, 한국공법학회, 2009, 26쪽; 비례성원칙의 구조 및 부분 원칙들에 관한 상세한 논의는 L. Clérico, Die Struktur der Verhältnismäßigkeit, Nomos, 2001, S. 28ff., 74ff., 140ff.; 우리 헌법재판소와 대법원은 이 3가지 부분 원칙들 중 하나라도 저촉되면 위헌(헌재 1990.9.10. 89헌바82 결정; 대판 1994.3.8. 92누1728)이라고 판단하지만, 이러한 부분 원칙들을 심사강도와 관련하여 등급화 하여 적용하려는 시도도 있다(공진성, 「최적화명령으로서 비례성원칙과 기본권심사의 강도」, 『3사논문집』 53, 육군3사관학교, 2001, 279쪽); 한편 비례성원칙과 함께 자주 거론되는 목적의 정당성은 그 자체가 비례성원칙의 구성부분은 아니겠지만(이준일, 같은 글, 26−28쪽), 비례성심사 이전에 반드시 검토되어야 할 요소이다. 이에 관해서는 H. Dreier, Grundgesetz Kommentar, Bd. I, Mohr, 2. Aufl., 2004, Vorb. Rn. 146; L. Michael, Grundfälle zur Verhältnismäßigkeit, in: JuS 7, 2001, S. 655; M. Kloepfer, Die Entfaltung des Verhältnismäßigkeitsprinzips, in: E. Schmidt−Aßmann u.a. (Hrsg.), FS 50 Jahre Bundesverwaltungsgericht, Heymanns, 2003, S. 334.

88) 상세한 논증은 이준일, 앞의 글(주 47), 322−325쪽; 결과적으로 이준일 교수는 다음과 같은 경우에는 상당성원칙이 적용될 수 없음을 분명히 하고 있다: "① 적합성심사의 단계에서 가능한 수단이 오로지 한 가지밖에 존재하지 않는 것으로 확인된 경우, ② 적합성심사의 단계에서 적합성의 정도가 동일하게 최대인 수단이 다수가 존재하는 것으로 확인되었지만 필요성심사의 단계에서 필요성의 정도가 최소인 수단은 오로지 하나인 것으로 확인된 경우, ③ 필요성심사의 단계에서 필요성의 정도가 동일하게 최소인 수단이 다수가 존재하는 것으로 확인되었지만 적합성심사의 단계에서 적합성의 정도가 최대인 수단은 오로지 하나인 것으로 확인된 경우, ④ 적합성심사의 단계에서 가능한 다양한 수단들이 적합성의 정도에 있어서 상이한 것으로 확인되고, 또한 필요성심사의 단계에서도 가능한 수단이 필요성의 정도에 있어서 상이한 것으로 확인되었지만 그 각각의 단계에서 확인된 순위가 일치하는 경우"

89) 이준일, 앞의 글(주 47), 328−329쪽; 사실 비례성원칙에서 상당성심사와 형량판단은 불가분적 개

라서 비례성원칙이라는 구조 속에 위치하고 있는 형량은 적합성심사와 필요성심사를 모두 거친 후, 상당성원칙이 적용될 수 있는 상황에서만 비로소 행해질 수 있다. 이러한 점에서 형량이 행해지는 구조로서 비례성원칙은 형량활동의 범위를 보다 적극적으로 통제한다는 의미를 가진다. 왜냐하면 이제부터 형량은 위 <규범충돌상황표>에서 언급된 B－4영역(혹은 D－4영역), C－2영역(혹은 G－2영역), F－2영역(혹은 H－2영역)에 놓여있는 국가행위의 적헌성 심사에서 항상 적용될 수 있는 것이 아니라, 구체적 상황에서 해당 영역에 놓여있는 국가행위가 적합성심사단계와 필요성심사단계를 다 거친 후, 상당성원칙이 적용될 수 있는 상황에 속해있어야 하기 때문이다. 결국 형량이 적용되는 구조로서 비례성원칙이 가지고 있는 의미는 무엇보다도 법적용자의 주관적 평가가 비교적 많이 개입될 수 있는 형량[90]의 적용범위를 엄격하게 통제하여 형량판단의 합리성과 설득력을 높이는데 있다고 할 수 있다.

나) 단계(과정)

비례성원칙이라는 구조 속에서, 그리고 상당성심사와 관련되어서 행해지는 형량 그 자체는 다음과 같은 과정(단계)로 진행된다: i) 형량대상의 식별을 통해서 고려되어야 할 관점들의 선택, ii) 관점들의 추상적·일반적 중요성 판단, iii) 관점들의 구체적·개별적 중요성 판단.[91] 이러한 일련의 과정에서 진행되는 판단들의 설득력과 합리성을 담보하는 문제는 결국 실질적 통제의 중요한 관심사항이겠지만, 형량이 요청되는 곳임에도 불구하고 형량 그 자체를 하지 않거나, 형량과 관련해서 반드시 고려해야 할 사항(사실관계 및 법익) 및 단계들을 누락하고 행해진 형량은 그 논증의 내용과 상관없이 이미 형식적으로도 정당화되기 어렵다는 점에서,[92] 이에 대한 검토 또한 형량에 대한 형식적 통제의 중요한 내용이 된다.

2) 실질적 통제

형량의 실질적 통제와 관련해서는 무엇보다도 형량의 대상이 되는 규범들의 원칙적 성격에 주목해서 도출된 형량법칙(Abwägungsgesetz)을 준수하는 것이 중

넘으로서 형량은 상당성심사의 본질이다(이준일, 앞의 글(주 87), 40쪽; Vgl. R. Alexy, 앞의 책, 100쪽 이하).

90) 충돌하는 법원리나 가치들 간의 상대적 비중을 판단하는 형량과정에는 필연적으로 정치철학적, 도덕철학적, 사회과학적 판단과정이 개입한다(김도균, 앞의 글(주 35), 66쪽).

91) T. Riehm, 앞의 책, 10쪽, 57쪽 이하, 247－248쪽; D. Buchwald, Konflikte zwischen Prinzipien, Regeln und Elemente im Rechtssystem, in: B. Schilcher u.a. (Hrsg.), Regeln, Prinzipien und Elemente im System des Rechts, Verl. Österreich, 2000, S. 102.

92) 대판 1997.9.26. 96누10096 참조; 김도균, 앞의 글(주 35), 67－68쪽.

요하다. 즉 형량은 헌법적 논증참여자들이 '가능한 한 최대한 실현'을 주장할 수 있는 규범 — 즉, 원칙(Prinzip) — 들 간의 충돌상황에서 행해지므로, 형량을 행하는 추론과정 및 그 과정에서 사용되는 논거의 합리성을 판단하는 기준은 무엇보다도 관련된 규범적 가치나 내용들이 '가능한 한 최대한 실현'되도록 하는데 기여하고 있는지 여부가 될 것이다(형량 제1법칙: 규범 극대화의 법칙).[93] 또한, 형량의 합리성 내지는 설득력의 문제는 결국 충돌하는 원칙들 사이의 '조건부 우열관계'를 얼마나 납득가능하게 확정시킬 수 있는가 하는 문제로 집약된다는 점을 고려하면,[94] 형량 제1법칙은 "충돌하는 원칙들 중에서 어느 하나의 원칙이 충족되는 정도가 높아지면 높아질수록, 그 원칙이 가지고 있는 비중은 낮아진다."라는 형량 제2법칙으로 구체화될 수 있을 것이다.[95] 그리고 이러한 형량 제1법칙과 형량 제2법칙으로부터 다음과 같은 형량 제3법칙을 끌어낼 수 있다: "어떤 하나의 원칙에 대한 비실현 혹은 훼손의 정도가 크면 클수록, 다른 원칙의 비중은 그만큼 더 증대한다."[96]

이러한 형량법칙에 따라 형량을 구체적인 상황에서 실질적으로 통제함에 있어서, 특히 독일 연방헌법재판소는 규범충돌상황에서 국가행위를 통해서 달성하려는 원칙, 훼손되는 원칙, 해당 국가행위의 강도에 주목함으로써 그 통제의 합리성을 꾀하고 있으며,[97] 법경제학적 진영에서는 경제학에서 비롯된 효용성 기준들을,[98] R. Alexy는 훼손되는 원칙과 달성되어야 할 원칙 간의 상대적 중요성을 측정하는 공식(중요도 공식: Gewichtsformel)을 제안하고 있다.[99]

---

93) N. Jansen, 앞의 글, 158쪽.

94) R. Alexy, 앞의 책, 144쪽.

95) 형량 제2법칙의 도출은 N. Jansen, 앞의 글, 159-166쪽.

96) N. Jansen, 앞의 글, 166쪽; 한편 R. Alexy는 이러한 '형량 제3법칙'을 "형량법칙(Abwägungsgesetz)"으로 부른다(R. Alexy, 앞의 책, 146쪽).

97) Vgl. H. W. Kim, Schranken und Schrankenschranken grundrechtlicher Abwehrrechte: Ein rechtsvergleichende Studie über die Verfassungsmäßigkeit von Eingriffen des Gesetzgebers im deutschen und südkoreanischen Verfassungsrecht, Logos, 2009, S. 131ff.; BVerfGE 7, 198(212); BVerfGE 11, 30(42f.); BVerfGE 17, 306(314); BVerfGE 20, 150(159); BVerfGE 27, 344(351); BVerfGE 29, 260(267); BVerfGE 39, 210(225); BVerfGE 30, 336(351); BVerfGE 40, 196(227); BVerfGE 41, 378(395).

98) 파레토 최적성(Pareto-Optimum), 칼도어-힉스-기준(Kaldor-Hicks-Kriterium) 등이 여기에 해당한다. 이에 관한 상세한 내용 및 비판은 K. Mathis, Eiffizienz statt Gerechtigkeit?, Duncker & Humblot, 2. Aufl., 2006, S. 43ff.; L. Clérico, 앞의 책, 111-119쪽; F. Müller, Ökonomische Theorie des Rechts, in: S. Buckel u.a. (Hrsg.), Neue Theorien des Rechts, UTB, 2. Aufl., 2009, S. 356f.

99) R. Alexy(著)/정종섭·박진완(譯), 「중요도 공식」, 『법학』 제44권 제3호(서울대학교 법학연구소,

다. 우위결정통제

1) 형식적 통제

국가행위의무의 최소치와 관련되어 있어서 양자택일의 엄격한 법적용 방식을 요구하는 우위결정 또한 그 판단에 있어서 설득력과 합리성이 구비되어야함은 당연하다. 하지만 형량은 규범충돌상황에서 '가능한 한 최대한 실현'이라는 원칙에 입각하여 상대적 비중을 따져 묻는 과정이므로 충돌하는 규범이나 가치들의 실현에 있어서 어느 정도의 상호접근이나 대안 제시 등이 가능하지만, 우위결정은 그러한 과정 자체가 존재하지 않는다는 점에서 합리성통제를 위한 구조화 내지는 단계화 작업[100]을 하거나, 정밀한 통제기준을 마련하는 것이 오히려 더 난해한 측면이 있다.[101] 그럼에도 불구하고 우위결정 또한 기본적으로는 '목적'에 해당하는 두 규범들이 충돌하는 상황에서 '수단'에 해당하는 하나의 국가행위에 대한 판단문제라는 점에서, 하나의 수단과 상충하는 복수의 목적들 간의 관계설정에서 기능하는 (변형된) 비례성원칙을 통한 형식적 통제(구조적·단계적 통제)가 가능할 것이다.[102] 따라서 최소지위보장과 관련된 규범충돌상황에 특정 국가행위가 놓여있다고 하더라도 우위결정이라는 법적용 방식이 바로 행해지는 것이 아니라, 우선 관련된 해당 목적들의 정당성심사를 전제한 후, 첫 번째 단계에서는 해당 국가행위가 달성하고자 하는 목적(이행하고자 하는 규범)과의 관계에 있어서 적합한 수단인지 여부에 관한 경험적 판단(적합성심사)을 하고, 두 번째 단계에서는 이러한 목적을 달성함으로써 훼손되는 다른 목적에 대한 피해를 최소화할 수 있는 수단인지 여부를 경험적으로 판단(필요성심사)해야만 한다. 그런 다음에야 비로소 달성하려는 목적(이행하고자 하는 규범)과 이로 인해 피해를 보는 다른 목적(훼손되는 다른 규범) 간의 규범적 우위관계가 우위결정이란 법적용 방식을

2003), 327쪽 이하.

100) 형량과 관련하여 등장하는 대표적인 단계화 작업으로는 직업의 자유와 관련하여 등장한 단계이론을 언급할 수 있을 것이다. 이에 관해서는 BVerfGE 7, 377(377ff.); 헌재 1990.10.15. 89헌마178결정, 판례집 2, 380-381쪽.

101) 물론 상충하는 규범들 간의 상호접근이나 조화가 가능한 형량은, 구체적 판단과 관련하여 법관의 판단영역 안에서 변질될 위험성이 더 크다는 지적 또한 타당하다(S. Lenz/P. Leydecker, 앞의 글, 846쪽).

102) '비례성'은 '관계'를 의미하는 'Verhältnis'에 '적합한'이란 뜻을 가진 형용사 'mäßig'가 더해진 다음, 명사형 어미 '-keit'가 붙어서 만들어진 독일어 'Verhältnismäßigkeit'의 번역어이다(이준일, 앞의 글(주 83), 276쪽). 따라서 비례성원칙이라고 하면 그 구체적 내용이 무엇이든지 간에 수단과 목적 간에 적용되어야 할 광범위한 원칙 내지는 규준으로 이해될 수 있을 것이다. 필자는 비례성(원칙)이란 용어를 이러한 맥락에서 사용한다.

통해서 해결될 수 있는 계기가 마련되는 것이다.[103] 그러므로 결국 비례성원칙이라는 구조 속에서 행해지는 법적용 방식으로서의 '우위결정'은 실제로는 단지 B－1(D－1)영역에 해당하는 국가행위의 적헌성을 판단하는 경우에만 기능하게 된다.[104]

이러한 점에서 비례성원칙은 헌법규범들 간의 절대적 우위관계가 문제 되는 상황에서도 본격적인 우위결정이 행해지기까지의 사고과정을 질서정연하게 만들어주고 경험적 판단이 필요한 부분과 규범적 판단이 필요한 부분을 뚜렷하게 구분하는 틀을 제공함으로써, 우위결정을 통해서 논증되어야 할 대상이 무엇인지를 분명하게 보여주는 중요한 형식적 통제장치가 되는 것이다.

2) 실질적 통제

형량과 마찬가지로 우위결정 또한 헌법규범에 근거한 합리적 판단이어야 하지, 헌법적 논증참여자(특히, 법관)들의 의지가 반영된 결단이나 결심이 되어서는

---

103) S. Lenz와 P. Leydecker는 독일 기본법상 유보 없이 보장되는 기본권의 최소지위에 감행된 국가의 침범행위와 관련하여 비례성원칙의 변형을 통해서 국가행위의 적헌성 여부를 심사하고 있다. 변형된 비례성원칙의 특수성은 상당성심사와 관련해서는 형량이 포기될 수 있다는 점이다(S. Lenz/P. Leydecker, 앞의 글, 847－848쪽); 비례성원칙 심사단계에 관해서는 이준일, 앞의 글(주 47), 322－325쪽 참조.

104) 위 <규범충돌상황표>에서 B－2(D－2)·B－3(D－3)·C－1(G－1)·F－1(H－1)영역에서 (α)와 (δ), (β)와 (ε)의 '최소지위를 훼손하면서도, 이들에 대한 피해를 최소화할 수 있는 수단'－ 사실, 이는 형용모순이다.－은 존재하지 않으므로, 이에 대한 필요성원칙이 심사되는 상황에 국가행위가 놓여있다면, 그 국가행위는 바로 위헌적인 것으로 평가받을 것이고, 마지막 단계인 '우위결정'에 대한 검토는 발생하지 않을 것이다. 또 위 영역에서 (α)와 (δ), (β)와 (ε)의 최소지위를 이행할 수 있는 국가행위가 단 하나뿐이라면, 오직 그 행위를 이행하는 국가행위만 합헌이고, 나머지는 전부 위헌이 될 것이다. 따라서 이 경우에는 마지막 단계인 '우위결정'에 대한 검토는 물론 두 번째 단계인 필요성심사도 불필요하다. (α)와 (δ), (β)와 (ε)의 최소지위를 이행할 수 있는 국가행위가 여러 가지가 있다면(이 경우는 최소지위를 요구하는 규범이 가진 규칙적 성격－ 효력은 '전부 실현되거나, 실현되지 않거나'의 양자택일로만 존재한다.－ 때문에 복수의 수단이 존재한다고 하더라도 적합성 달성에 관한 등급(서열)은 형량에서와는 달리, 복수의 수단들 간에 있어서 모두 동일하다.), 이러한 여러 가지의 국가행위들 중에서 충돌하는 최소지위초과보장을 요구하는 국가의무규범－(α), (δ), (β), (ε)－을 가장 덜 훼손하는 국가행위만 합헌이라고 평가받고, 나머지 국가행위는 모두 위헌이라고 평가받게 되므로(필요성심사), 이 경우에도 마지막 단계인 '우위결정'에 대한 검토는 행해지지 않을 것이다. 그리고 (α)와 (δ), (β)와 (ε)의 최소지위를 요구하는 국가행위와 (γ) 혹은 (ζ) 간의 규범충돌상황에서, 허용규범(γ, ζ)과 관련된 필요성심사는 무의미하므로(왜냐하면 허용규범이 적용되는 영역은 원칙적으로 국가의 재량을 의미하기 때문이다.), (α), (δ), (β), (ε)의 최소지위에 부응할 수 있는(적합한) 국가행위는 모두 합헌으로 판단되고, 그렇지 않은 국가행위는 위헌으로 판단된다. 그러므로 이 경우에도 마지막 심사단계에 해당하는 '우위결정'은 실제로 행해지지 않을 것이다. 결국 법적용 방식으로서의 진정한 의미의 '우위결정'이 행해지는 영역은 B－1(D－1)영역 뿐이다. 이러한 경우에 구체적인 해결방법에 관해서는 목차 Ⅳ. 3. 다. 2); 한편 이와 유사한 관점에서 형량이 적용되는 구조로서의 비례성원칙이 적용되는 단계에 관한 상세한 설명은 이준일, 앞의 글(주 47), 322－325쪽.

안 된다. 그런데 형량과 달리 우위결정은 타협 없이, 충돌하는 규범들 중 어느 하나의 규범적 가치나 의미가 절대적으로 관철된다는 점에서 판단의 합리성과 납득가능성에 대한 요청은 더욱 높은 반면에, 이를 통제할 수 있는 실질적 규준을 마련하는 문제에 대해서는 논의가 많지 않은 실정이다.[105] 이하에서는 구체적이고 개별적인 우위결정에 있어서 이를 평가할 수 있는 일반적 규준 내지는 우위결정의 합리성과 설득력을 높이기 위한 실질적 통제기준 ― 필자는 이를 앞서 언급한 형량법칙에 대응하여 '우위결정법칙'이라고 부를 것이다. ― 을 제시해보고자 한다.

우선 우위결정의 대상이 되는 최소지위보장을 요구하는 규범들은 '관철되거나 관철되지 않거나'의 양자택일의 경우로만 효력이 발생하는 규범(즉, 규칙: Regel)이란 점에서, 최소지위보장을 요구하는 규범과 최소지위초과보장을 요구하는 규범간의 충돌이 발생한 경우에는 무조건 최소지위보장규범을 관철시켜야 한다(우위결정 제1법칙: 최소지위보장규범 우선의 원칙). 예컨대, 위 <규범충돌상황표>의 B－2(D－2)·B－3(D－3)영역의 경우처럼 '최소지위보장'과 '최소지위초과보장'이 충돌하는 경우에는 '최소지위보장'을 요구하는 규범적 의무를 이행하면서, 동시에 충돌하는 '최소지위초과보장'을 요구하는 다른 규범을 가능한 한 가장 덜 훼손하는 국가행위를 합헌이라고 평가해야 하며, C－1(G－1)·F－1(H－1)영역처럼 '최소지위보장'을 요구하는 규범과 허용규범이 충돌하는 경우에는 '최소지위보장'과 관련된 규범적 의무에 부응하는 국가행위를 합헌이라고 평가해야 한다.[106] 문제는 '최소지위보장'으로서의 부작위명령과 '최소지위보장'으로서의 작위명령이 충돌하여, 국가가 헌법으로부터 양립 불가능한 최소지위보장을 동시에

105) 헌법에 합치하는 합리적인 우위결정의 통제기준이 정립되지 못한 결과, 우위결정의 문제가 형량문제화 ― 즉, 구체적인 문제 상황(예컨대, 위 주 78)에서 언급한 구조고문)에서 국가의무의 최소치에 해당하여 형량이 불가능하다고 해야 함에도 불구하고, 이를 형량의 방식을 통해서 해결하려는 시도가 있다(Vgl. R. Zippelius/T. Würtenberger, Deutsches Staatsrecht, 32. Aufl., C. H. Beck, 2008, Rn. 58f.; F. Wittreck, Menschenwürde und Folterverbot ― zum Dogma von der ausnahmslosen Unabwägbarkeit des Art. 1 Abs. 1 GG ―, in: DÖV 56, 2003, S. 873ff.; W. Brugger, Vom unbedingten Verbot der Folter zum bedingten Recht auf Folter?, in: JZ 55, 2000, S. 169). ― 되거나, "법으로부터의 자유로운 영역" ― 이러한 영역을 인정함으로써 국가는 헌법이 요구하고 있는 절대적 부작위의무로부터 도피할 수 있는 계기가 마련된다(Vgl. J. F. Lindner, Die Würde des Menschen und Sein Leben ― Zum Verhältnis von Art. 1 Abs. 1 Satz 1 GG und Art. 2 Abs. 2 Sätze 1 und 3 GG, in: DÖV 59, 2006, S. 577ff., 587f.). ― 에 해당하는 문제로 취급되어버리는 경우가 발생한다.

106) B－2(D－2)·B－3(D－3)·C－1(G－1)·F－1(H－1)영역에 놓인 국가행위의 적헌성 판단의 구체적 사고과정에 대해서는 위 주 104).

요구받는 극단적인 경우, 즉 B−1(D−1)영역[107]에 해당하는 국가행위를 어떻게 심사할 것이냐 하는 것이다.[108] 이 경우 국가는 작위와 부작위 중에서 어느 하나의 행위를 선택할 수밖에 없고, 또 어떠한 선택이든지 간에 헌법적 비난으로부터 자유롭지 못하다.[109] 그런데 비난받을 행위에 적극적으로 가담한 경우(작위)에 비해서, 자연적 인과과정을 받아들이는 것(부작위)은 인과과정을 적극적으로 유발시키지 않았다는 점에서 그 불법성과 비난 가능성이 적다고 할 수 있을 것이다.[110] 따라서 이 경우 국가는 최소지위와 관련된 부작위명령을 이행해야만 할 것이다.[111] 이러한 관점에서 우리는 다음과 같은 결론을 도출할 수 있다: '최소치보장'으로서의 명령규범과 '최소치보장'으로서의 금지규범이 충돌하는 경우에는 국가는 금지규범을 이행해야 한다(우위결정 제2법칙: 부작위의무 우선의 원칙).

V. 마치는 글

지금까지 국가행위의 적헌성 판단에 있어서 헌법규범의 적용과 관련하여 일반적이고 체계적인 이론을 구성하고자 하였다. 이러한 시도는 특히 규범 논리학

---

107) B−1(D−1)영역은 진정한 의미에서의 우위결정이 문제되는 영역이다. 그 이유는 위 주 104).

108) 예컨대, '대도시 곳곳에 뇌관이 활성화된 폭탄이 숨겨진 상황에서 폭탄은닉장소를 알아내기 위한 다른 모든 방법이 좌절된 경우 국가가 시민의 생명보호를 위해 테러범의 기본권의 본질내용을 침해하는 고문을 감행할 수 있는가?' 혹은 '고장으로 도시 한 가운데 있는 원자로가 폭발될 상황에 처해있는데, 시민들의 생명과 재산을 보호하기위해서 국가가 특정인에게 죽음을 무릅쓰고 원자로 안에 들어가서 수리하도록 강제할 수 있느냐?' 하는 문제들을 생각해볼 수 있을 것이다(S. Lenz, 앞의 책, 296쪽 이하); 김해원, 앞의 글(주 11), 48−49쪽.

109) S. Lenz, 앞의 책, 296−297쪽, 303쪽; 김해원, 앞의 글(주 11), 49쪽.

110) 특히, S. Lenz는 주로 형법학의 부작위범과 관련해서 거론되는 작위행위와 부작위행위간의 동치성 및 반가치성(불법성)에 관한 논의들을 공법 영역의 특수성을 고려한 부분적 전용을 통해서 이러한 결론을 도출하고 있다(S. Lenz, 앞의 책, 304−305쪽); 김해원, 앞의 글(주 11), 49쪽.

111) 즉, 위 주 108)에 언급된 예에 대해서 답한다면, 국가는 고문을 해서도, 특정인을 강제로 원자로 안에 투입시켜서도 안 된다. 물론 그 결과 국가는 시민들의 기본권을 보호할 의무를 해태했고, 그로 인해 시민들의 기본권의 본질적 내용이 침해 — 이 경우 발생하는 침해는 헌법 제37조 제2항 후단의 본질내용침해금지규정과 상관없이 우리 헌법상 합헌적인 국가행위이다(이에 관한 상세한 논증은 김해원, 앞의 글(주 11), 29쪽 이하). — 되겠지만, 그러한 국가의 해태 그 자체가 바로 새로운 악을 야기하는 것은 아니기 때문이다(S. Lenz, 앞의 책, 296−299쪽). 다만, 다수의 생명보호를 위한 작위행위의 불가피성을 주장하는 국가의 이유 있는 항변은 해당 국가행위에 대한 위헌이라는 사법적 판단과는 별개로, 정치적 행위를 통해서 옹호될 수 있을 것이다. 특히 우리 헌법이 예정하고 있는 "법치주의의 자기 교정적 기능"이자 정치를 통한 사법적 판단의 교정수단이라고 할 수 있는 사면제도는 이러한 경우에 큰 의미를 가질 것이다(사면제도의 존재의미는 박진애, 「헌법에 합치하는 사면제도의 모색」, 『헌법학연구』 15−3, 한국헌법학회, 2009, 341−342쪽).

적 분석에 기초를 두고 경험적 차원에서 인식되는 다양한 국가행위들을 빠짐없이 설명할 수 있게 하는 규범 구조적 틀을 세우는 데 초점을 맞추고 있으며, 궁극적으로는 헌법적 논증과정의 합리성과 설득력을 높이려는 의도에서 비롯되었다. 여기에서 행해진 각종 이론적 구상들은 보다 많은 보완과 다각적 검토를 필요로 하며, 무엇보다도 구체적 사례를 통한 실증적 검증을 통해서 더욱 단정해질 수 있을 것이다.[112] 이는 일차적으로는 필자의 과제이겠지만, 학문공동체의 아낌없는 질정과 도움을 통해서 촉진될 것이다.

112) 구체적 사례에서의 적용에 관해서는 김해원, 「헌법적 논증에서 정치와 사법 — 헌법재판에서 사법심사의 가능성과 한계를 중심으로」, 『법학논고』 36, 경북대학교 법학연구원, 2011, 21쪽.

§ 6. 특수론: 헌법적 논증에서 정치와 사법*

Ⅰ. 시작하는 글

우리 헌법현실에서 헌법재판이 본격화된 이후 대통령의 긴급권 행사,[1] 대통령 탄핵,[2] 국군의 외국파병,[3] 행정수도이전,[4] 입법과정에서 발생한 갈등[5] 등 세간의 이목을 집중시킨 많은 정치 내지는 정책[6] 관련 사건들이 사법기관인 헌법재판소에 의해서 해결되거나 조정되는 경향이 많아지고 있다.[7] 그런데 이러한 현상에 대해서는 '정치'의 입장에서도, '사법'의 입장에서도 비판적인 목소리가 많다. 즉, 민주정치 고유의 가치수호를 강조하는 측면에서는 국가의 중요한 정책결정이 민주적 정당성에 바탕을 둔 정치과정이 아니라 비선출직 법복관료의 논리에 의존한 사법과정으로 해소되고 있다는 점에서 "정치의 사법화"[8]를 문제 삼고 있으며,[9] 사법작용 고유의 이상을 강조하는 측면에서는 정치인들의 무능과

---

* 김해원, 「헌법적 논증에서 정치와 사법 ― 헌법재판에서 사법심사의 가능성과 한계를 중심으로 ―」, 『법학논고』 제36집, 경북대학교 법학연구원, 2011, 1－28쪽에 수록된 글을 수정·보완한 것이다.

1) 헌재 1996.2.29. 93헌마186.

2) 헌재 2004.5.14. 2004헌나1.

3) 헌재 2004.4.29. 2003헌마814.

4) 헌재 2004.10.21. 2004헌마554·556 병합.

5) 특히 소위 미디어법을 둘러싸고 발생한 국회의원과 국회의장 간의 권한쟁의사건(헌재 2009.10.20. 2009헌라8·9·10 병합)을 주목해볼 만하다.

6) 개념에 관해서는 양천수, 「경제정책에 대한 사법심사 가능성, 기준 및 한계 ― 헌법재판을 예로 본 법이론적 분석―」, 『공법학연구』 11－1, 한국비교공법학회, 2010, 110－111쪽.

7) 물론 이와 유사한 성격의 사건들(정치 내지는 정책 관련 사건들)은 일반법원 및 대법원에서도 다루어지고 있다. 특히 대통령의 계엄선포행위를 다루고 있는 대법원 1964.7.21. 64초6; 대법원 1979.12.7. 79초70, 국회 특별위원회 의결의 사법심사여부를 다루었던 서울고등법원 1966.2.24. 65구246 제1특별재판부 판결, 군사반란과 내란행위를 취급한 대법원 1997.4.17. 96도3376 전원합의체 판결, 북한에의 송금행위를 문제 삼았던 대법원 2004.3.2. 2003도7878 판결 등을 거론할 수 있을 것이다.

8) 김종철, 「'정치의 사법화'의 의의와 한계 ― 노무현정부전반기의 상황을 중심으로 ―」, 『공법연구』 33－3, 한국공법학회, 2005, 235쪽; 박명림, 「헌법개혁과 정치개혁 ― '헌법'과 '정치'의 연결지점에 대한 심층 분석과 대안」, 『역사비평』 90, 역사비평사, 2010, 407쪽; 오승용, 『한국 민주주의의 위기와 법의지배: 정치의 사법화를 중심으로」, 『민주주의와 인권』 10－3, 전남대학교 5·18 연구소, 2010, 171－173쪽; 박은정, 「'정치의 사법화'와 민주주의」, 51－1, 서울대학교 법학연구소, 2010, 1쪽 이하.

9) 민주주의적 관점에서 정치의 사법화를 비판하고 있는 문헌은 특히, 차동욱, 「정치·사회적 관점에서 본 헌정 60년 ― 개헌의 정치와 '헌정공학'의 타당성」, 『법과 사회』 34, 법과사회이론학회,

의회기능의 마비 및 정치의 실종으로 인하여 정치권에서 해결되어야 할 민감한 사안들이 헌법재판소에 떠맡겨짐으로 인해서 초래된 "사법기관의 정치기관화" 내지는 "사법의 정치화" 현상을 지적하면서, 정치적 영향에 의한 재판을 우려하고 있다.[10] 그런데 '정치의 사법화'와 '사법의 정치화'는 동전의 양면과도 같은 것이어서 동일한 현상을 다른 관점에서 문제 삼고 있는 것이라고 하겠다.[11] 따라서 이러한 문제는 '정치'와 '사법'의 경계를 어디에 긋느냐 하는 것과 본질적으로 다르지 않고, 특히 헌법적 논증의 대표자이자 특별한 법원인 헌법재판소[12]에서 행해지는 사법심사와 관련해서는 그 한계가 무엇인지에 관한 문제로 집약되어 등장하게 된다.

여기서는 사법심사를 염두에 둔 헌법적 논증(헌법재판)에 있어서 정치 고유의 영역과 사법 고유의 영역을 뚜렷이 밝힘으로써, 앞으로 헌법재판소가 사법과 정치의 긴장관계 속에 놓여있는 헌법문제를 취급함에 있어서 정치진영에서 제기될 수 있는 '정치의 사법화'라는 비판, 그리고 사법진영에서 제기될 수 있는 '사법의 정치화'라는 비판으로부터 벗어나서 논증의 합리성과 설득력을 높이고, 나아가 헌법재판의 공신력을 확보할 수 있는 계기 마련에 이바지하고자 한다. 이를 위해서 우선 사법심사의 한계와 관련하여 논의되어온 기존의 학설 및 판례의 태도를 비판적 관점에서 검토한 다음(Ⅱ.), 헌법으로부터 적극적으로 사법심사의 한계에 해당하는 '정치영역'과 사법심사가 행해져야 하는 '사법영역'을 도출해 볼 것이다(Ⅲ.).

2008, 57쪽; 이국운, 「자유민주주의의 정상화 문제(Ⅱ) — 참여자의 관점」, 『법과 사회』 34, 법과사회이론학회, 2008, 49쪽; "사법 쿠데타"라는 극단적인 용어 사용을 통해서 정치의 사법화 현상에 대한 비난으로는, 특히 조선일보, 2004.11.12자 기사 "수도이전 위헌결정은 사법 쿠데타"(http://www.chosun.com/politics/news/200411/200411120108. html, 검색일: 2011.4.2.) 참조.

10) 김배원, 「국가정책, 관습헌법과 입법권에 대한 헌법적 고찰 — 신행정수도건설특별법 위헌확인결정 2004헌마554·566(병합)사건을 중심으로—」, 『공법학연구』 5−3, 한국비교공법학회, 2004, 147쪽; 함재학, 「헌법재판의 정치성에 대하여 — 헌법적 대화 모델을 위한 제언 —」, 『헌법학연구』 16−3, 한국헌법학회, 2010, 617−618쪽.

11) 정치의 사법화와 사법의 정치화의 관계에 대해서는 오승용, 「민주화 이후 정치의 사법화에 관한 연구」, 『기억과 전망』 20, 민주화운동기념사업회, 2009, 285쪽.

12) 헌법적 논증의 대표자로서의 헌법재판소에 대한 언급으로는 이준일, 「헌법재판소가 이해하는 명확성원칙의 비판적 재구성」, 『헌법학연구』 7−1, 한국헌법학회, 2001, 274쪽; R. Alexy, Grundrechte in der demokratischen Verfassungsstaat, in: A. Aarnio/ders./G. Bergholtz (Hrsg.), Justice, Morality and Society, Festschrift für Aleksander Peczenik, Lund, 1997, S. 27f.; 특별한 법원으로서의 사법기관인 헌법재판소의 지위에 관해서는 특히, 허완중, 「헌법재판소의 지위와 민주적 정당성」, 『고려법학』 55, 고려대학교 법학연구원, 2009, 13쪽 이하.

II. 기존 논의들의 검토와 비판

1. 서두

'정치의 사법화' 내지는 '사법의 정치화'와 관련한 헌법적 논의의 대부분은 정치에 대한 사법심사 가능성의 문제(즉, 헌법재판의 한계문제)[13]에 주목하면서 주로 "통치행위" 내지는 "정치문제"라는 이름으로 행해지고 있다.[14] 이러한 논의는 "고도의 정치성을 띤 국가최고기관의 행위로서 그 성질상 사법심사의 대상으로 삼기에 부적합한 행위"[15] 내지는 "고도의 정치적 결단에 해당하여 사법심사를 자제하여야 하는" 행위[16]라고 정의할 수 있는 통치행위(정치문제)의 법리를 인정할 수 없다는 견해(부정설, 즉 사법심사가 행해져야 한다는 견해)와 인정할 수 있다는 견해(긍정설, 즉 사법심사가 부정될 수 있다는 견해)로 대별되며, 특히 긍정설을 취할 경우에는 필연적으로 사법심사의 대상에서 배제되는 통치행위(정치문제)의 범위확정에 관한 문제가 뒤따른다. 이하에서는 우선 관련 학설들과 판례의 태도를 간단히 살펴보고, 기존 논의의 문제점을 지적하고자 한다.

---

13) 김선화, 「통치행위의 인정여부와 판단기준 소고」, 『공법연구』 33－1, 한국공법학회, 2004, 246쪽.

14) 논의들의 다수는 "통치행위"라는 용어를 선호하는 것 같다. 관련하여 2000년대 이후의 문헌들을 살펴보면, 고문현, 「통치행위에 관한 소고」, 『헌법학연구』 10－3, 한국헌법학회, 2004, 367쪽 이하; 강현호, 「통치행위에 대한 소고」, 『토지공법연구』 28, 한국토지공법학회, 2005, 133쪽 이하; 김선화, 앞의 글, 245쪽 이하; 김백유, 「통치행위와 사법심사의 한계」, 『성균관법학』 16－1, 성균관대학교 법학연구소, 2004, 357쪽 이하; 정연주, 「통치행위에 대한 사법심사」, 『저스티스』 95, 한국법학원, 2006, 29쪽 이하; 김철수, 「통치행위」, 『고시계』 48－3, 2003, 3쪽 참조; "통치행위"와 "정치문제"라는 용어를 병렬적으로 사용하고 있는 문헌으로는 박승호, 「이른바 통치행위(정치문제)에 대한 헌법재판」, 『헌법학연구』 16－3, 한국헌법학회, 2010, 653쪽 이하; 한편 "통치행위"라는 용어의 부적절성을 지적하면서 "정치문제"라는 표현을 사용하는 것이 바람직하다는 견해로는 김선택, 「통치행위의 법리와 사법적 구제가능성」, 『고시연구』 32－1, 고시연구사, 2005, 223쪽 주 1) 참조; 또한 장영수 교수는 국내에서 사용되는 "통치"라는 개념이 전체 국가기능을 포괄하는 것으로 사용함으로 인하여 큰 혼란을 낳고 있다고 하면서 "입법, 집행, 사법을 포괄하는 (종래 통치작용으로 불러왔던) '국가기능'과 집행기능의 일부로서의 정치적 지도작용 내지 '통치작용', 그리고 통치작용의 (극히 적은) 일부로서 고도의 정치성 때문에 사법심사가 배제되는 '통치행위'를 분명하게 구별"해야 함을 지적하고 있다. 이에 관해서는 장영수, 『헌법학』, 홍문사, 2010, 1030쪽; 여기서는 "통치행위"와 "정치문제"를 같은 개념으로 이해하고 기본적으로 양자를 같이 병렬적으로 사용할 것이다. 한편 헌법재판소에서는 "통치행위"라는 표현을 선호하는 것 같다. 명시적으로 "통치행위"를 언급하고 있는 예로는 헌재 1996.2.29. 93헌마186, 판례집 8－1, 111쪽; 헌재 2009.5.28. 2007헌마369, 판례집 21－1 하, 769쪽 참조.

15) 박승호, 앞의 글, 656쪽; 한편 고문현 교수는 통치행위에 관한 국내학자들의 다양한 개념정의들을 일일이 언급한 후, 이를 종합하여 "통치행위란 국정의 기본방향이나 국가적 차원의 정책결정을 대상으로 하는 고도의 정치적 성격을 띤 집행부최고수반의 행위로서, 사법적 심사의 대상으로 하기에 부적합한 성질의 행위"라고 정의하고 있다. 이에 관해서는 고문현, 앞의 글, 369－371쪽.

16) 헌재 2009.5.28. 2007헌마369, 판례집 21－1 하, 769쪽.

2. 학설과 판례의 태도

통치행위(정치문제)의 개념 그 자체의 인정 여부와 상관없이,[17] 실질적 법치주의가 지배하는 헌법국가에서는 모든 국가작용은 (헌)법의 구속을 받으므로 고도의 정치성을 띠는 최고 국가기관의 행위라고 해서 법의 구속으로부터 벗어난다고 일반적으로 말할 수 없을 뿐만 아니라, 모든 국민에게 재판청구권(헌법 제27조 제1항)이 기본권으로서 보장되어 있고 개괄주의에 바탕을 둔 행정소송제도(행정소송법 제1조)뿐만 아니라 헌법재판제도 까지도 마련되어 있다는 점에서 통치행위(정치문제)의 법리를 동원해서 사법심사의 대상이 되지 않는 국가작용을 도출하려는 시도에 관해서 학설은 기본적으로 부정적인 태도를 가지고 있는 것으로 보인다.[18] 그럼에도 불구하고 학설은 헌법 정책적 내지는 헌법 현실적 사유로 인해서 통치행위(정치문제)의 존재를 불가피하게 인정할 수밖에 없다는 점을 지적하고 사법심사의 대상에서 배제되는 범위를 최소화하도록 하는 것이 중요하다는 점을 강조하고 있다.[19] 그리고 이처럼 제한적이기는 하지만 사법심사의 대상에서 배제될 수 있는 통치행위(정치문제)를 긍정하고 있는 입장들은 그 논거로서 권력분립설,[20] 사법 내재적 한계설(통치행위독자성설),[21] 재량행위설,[22] 사법자

---

17) 통치행위(정치문제)의 개념을 인정하는 입장(권영성, 『헌법학원론』, 법문사, 2009, 848쪽 이하; 허영, 『한국헌법론』, 박영사, 2009, 997쪽)이 지배적이다. 하지만 통치행위(정치문제)의 개념을 인정한다고 하여 그것이 당연히 사법심사의 대상에서 제외된다는 것을 의미하는 것은 아니다(김학성, 『헌법학원론』, 박영사, 2011, 830쪽). 한편 통치행위(정치문제)의 개념을 처음부터 인정하지 않겠다(김철용, 「우리 헌법과 통치행위」, 『법정』, 1964, 54쪽 이하.)는 것은 관련 사안을 당연히 사법심사의 대상에 포함시키겠다는 의미와 다르지 않다.

18) 김선화, 앞의 글, 248쪽; 고문현, 앞의 글, 372쪽; 정연주, 앞의 글, 33−34쪽; 박승호, 앞의 글, 653쪽.

19) 김철수, 『헌법학개론』, 박영사, 2010, 1577쪽; 김선화, 앞의 글, 248쪽; 성낙인, 『헌법학』, 박영사, 2004, 931쪽 이하; 김학성, 앞의 책, 830쪽: "국가작용 중에는 고도의 정치적 성격을 지니고 있어 사법기관이 판단하기에 부적절하거나 감당하기에 너무 무겁고 중한 국가작용이 존재할 수 있고, 이에 대한 법원의 판단으로 정치적 혼란 및 심각한 국론분열 등이 초래되어 국가적 손실이 발생할 수 있으며, 사법기관의 관여로 인해 사법기관이 정치문제 속으로 휘말려 들어가게 되어 사법권의 독립이 크게 위협될 수 있는 점 등을 감안할 때, 통치행위는 매우 제한적이어야 하지만 긍정될 수밖에 없다."

20) 통치행위(정치문제)는 입법부나 행정부의 전속적 권한이므로 권력분립 원칙상 사법부가 개입할 수 없음을 지적하는 견해.

21) 통치행위(정치문제)는 정치적으로 책임이 없는 사법부가 심사하기에는 부적절하고, 이러한 점에서 성질상 사법권의 내재적 한계에 해당하여 사법심사가 불가능 하다는 견해.

22) 통치행위(정치문제)는 민주적 정당성에 바탕을 둔 대통령이나 국회의 자유재량이므로 사법부가 심사할 수 없다는 견해.

제설[23] 등을 복합적으로 내세우면서,[24] 보통 이러한 통치행위(정치문제)에 해당하는 국가행위로 대통령의 외교에 관한 행위, 긴급권 발동 및 계엄 선포와 해제, 사면권의 행사, 영전의 수여, 법률안 거부권의 행사, 국가중요정책의 국민투표 부의권 행사 등과 국회의 자율권에 관한 사항 등을 언급하고 있다.[25][26]

한편 통치행위(정치문제)를 바라보는 헌법재판소의 입장 또한 이러한 학설의 태도와 기본적으로 다르지는 않다.[27] 즉, 개념상으로 통치행위(정치문제)의 존재 자체는 인정하되, 사법심사의 대상이 될 수 있는 통치행위(정치문제)[28]와 그렇지

---

23) 사법권의 독립을 위해서 사법부 스스로가 정책적으로 통치행위(정치문제)에 관해서 심사를 자제해야 한다는 견해; 한편 사법자제의 원리는 그 개념이 너무 막연하고, 구체적인 사건의 경우에 재판관이 원하는 어떠한 기준이나 원칙을 제시해주지 못한다는 점을 지적하고 있는 견해로는 특히, 이부하, 「헌법재판에 있어서 사법적 자제 — 입법자와 헌법재판소간의 권한획정과 관련하여 —」, 『공법연구』 33－3, 한국공법학회, 2005, 267쪽.

24) 학설 각각의 내용과 설명에 관해서는 정연주, 앞의 글, 31－32쪽; 고문현, 앞의 글, 373－ 375쪽; 김선화, 앞의 글, 251쪽; 김철수, 앞의 책, 1574－1575쪽.

25) 김백유, 앞의 글, 393쪽; 고문현, 앞의 글, 376쪽; 통치행위에 해당하는 국가행위들에 대한 언급과 이러한 언급에 대한 구체적 문헌들의 적시로는 특히, 김철수, 앞의 책, 1578쪽.

26) 통치행위(정치문제)에 관한 최근의 주목할 만한 연구들을 살펴보면, 정연주 교수는 "통치행위라도 그것이 헌법과 법률에의 위반이 문제가 되고, 그에 대한 사법심사의 헌법과 법률적 잣대와 사법절차가 마련되어 있다면 당연히 사법심사의 대상이 되어야"하겠지만, 그렇지 않다면 "사법심사의 대상이 될 수 없거나 각하될 수밖에 없을 것인데, 이때 사법심사의 대상이 될 수 없는 이유는 그것이 통치행위이기 때문이 아니라 사법심사의 요건을 결했기 때문이라고 보아야 할 것이다."라고 하면서 사법심사의 한계로서의 통치행위(정치행위)의 문제를 헌법재판에서의 적법요건 문제로 치환시켜서 설명하고 있다(정연주, 앞의 글, 33－36쪽). 그런데 고도의 정치성으로 인해서 사법심사를 할 수 없는 행위라는 의미에서 통치행위(정치문제)를 이해하고 있는 전통적인 입장을 견지한다고 하더라도 통치행위의 적법성을 따지는 소송은 결론적으로 부적법하여 각하된다는 입장을 취할 수밖에 없으므로, 통치행위의 문제를 적법요건으로 치환시켜 이해하는 정연주 교수의 입장과 전통적인 기존의 관점이 본질적으로 다른 것은 아니라고 생각된다. 한편 박승호 교수는 사법심사에서 배제되는 행위라는 의미에서의 통치행위 — 즉, 고도의 정치성의 띤 최고국가기관의 행위 — 를 인정할 수는 없겠지만, 이를 심사할 법적 기준이 없거나 법적 기준에 따라 심사를 한 후에 더 이상 사법기능이 개입할 수 없는 정치영역의 고유문제에 대해서는 사법이 그 기능상 더 이상 심사를 할 수 없다고 하면서, 통치행위(정치문제)를 헌법재판의 기능법적 한계라는 관점에서 이해하고 있는데(박승호, 앞의 글, 668－669쪽), 헌법재판의 기능법적 한계라는 것은 결국 "헌법재판소는 헌법이 위임한 기능의 범위를 준수하여야 한다. 헌법재판소는 그 본질상 여타 국가기관을 통제함에 있어서 다른 기관의 기능까지 행사하여서는 안 된다. 즉, 스스로 입법자가 되거나 스스로가 정부 대신에 정치적 결정을 내리거나, 또는 스스로 일반법원 대신에 민사소송을 판결하여서는 안 된다." 라는 의미(이에 관해서는 K. Hesse(著)/계희열(譯), 「헌법재판의 기능적 한계」, 『헌법의 기초이론』, 박영사, 2001, 219쪽; Vgl. K. Schlaich/S. Korith, Das Bundesverfassungsgericht, 7. Aufl., Beck, 2007, Rn. 317f., 465f.)이므로, 박승호 교수의 입장 또한 종래의 통치행위(정치문제)를 긍정하는 입장들이 내세우는 논거인 '권력분립설'과도 본질적인 차이점은 없는 것으로 판단된다.

27) 대법원의 입장도 기본적으로 이와 마찬가지라고 하겠다. 특히 대판 2004.3.26. 선고, 2003도7878 (소위 대북송금사건과 남북정상회담 판결) 참조.

28) 특히, 신행정수도의건설을위한특별조치법위헌확인사건(헌재 2004.10.21. 2004헌마554·566 병합,

않은 통치행위(정치문제)[29]를 구별하려는 시도 — 이러한 시도가 얼마나 납득가능한지에 관해서는 의문이다. — 를 하고 있다. 예컨대, '2007년 전시증원연습 등 위헌확인 사건'[30]에서 헌법재판소는 적법요건에 관한 판단을 하면서 "통치행위란 고도의 정치적 결단에 의한 국가행위로서 그 결단을 존중하여야 할 필요성이 있어 사법적 심사의 대상으로 삼기에 적절하지 못한 행위"라고 개념을 정의 한 다음, "국민 내지 국익에 영향을 미치는 복잡하고도 중요한 문제로서 국내 및 국제정치관계 등 제반 상황을 고려하여 미래를 예측하고 목표를 설정하는 등 고도의 정치적 결단이 요구되는 사안에 관하여, 현행 헌법이 채택하고 있는 대의민주제 통치구조 아래에서 대의기관인 대통령과 국회가 내린 결정은 가급적 존중되어야 할 것"이라는 논거를 내세우면서 통치행위(정치문제)의 법리가 인정될 수 있음을 논증한 후, 이 사건에서 문제가 된 한미연합 군사훈련을 위한 "연습결정이 새삼 국방에 관련되는 고도의 정치적 결단에 해당하여 사법심사를 자제하여야 하는 통치행위에 해당된다고 보기 어렵다."라고 판단하여 사법심사의 대상이 됨을 인정했다.[31] 반면에 '일반사병 이라크파병 위헌확인 사건'[32]에서는 "이 사건 파견결정은 그 성격상 국방 및 외교에 관련된 고도의 정치적 결단을 요하는 문제로서, 헌법과 법률이 정한 절차를 지켜 이루어진 것임이 명백하므로, 대통령과 국회의 판단은 존중되어야 하고 우리 재판소가 사법적 기준만으로 이를 심판하는 것은 자제되어야 한다."라고 하여 해당 파견결정은 사법심사의 대상이 되지 않는다는 관점에서 청구인의 심판청구를 각하하였다.[33]

판례집 16-2(하), 1쪽 이하); 헌법재판소는 대통령의 긴급재정경제명령 등 위헌확인 사건에서도 통치행위를 "대통령의 고도의 정치적 결단에 의하여 발동되는 행위로서 그 결단을 존중하여야할 필요성이 있는 행위"라고 하면서도 "비록 고도의 정치적 결단에 의하여 행해지는 국가작용이라고 할지라도 그것이 국민의 기본권침해와 직접 관련되는 경우에 당연히 헌법재판소의 심판대상이 될 수 있다."라고 판시했다(헌재 1996.2.29. 93헌마186, 판례집 8-1, 111-115쪽).

29) 일반사병 이라크파병 위헌확인 사건에서는 파병결정의 문제 또한 통치행위에 해당함을 인정한 다음, 권력분립에 기초한 사법자제적 태도와 이라크 파병결정과정에 있어서의 절차적 정당성이 확보되었는지 여부 등을 살피면서 사법심사를 부정하여 해당 청구에 대해서 각하결정을 했다(헌재 2004.4.29. 2003헌마814, 판례집 16-1, 601쪽 이하.).

30) 헌재 2009.5.28. 2007헌마369.

31) 헌재 2009.5.28. 2007헌마369, 판례집 21-1 하, 774-775쪽.

32) 헌재 2004.4.29. 2003헌마814.

33) 헌재 2004.4.29. 2003헌마814, 판례집 16-1, 607쪽.

3. 비판적 검토

소위 "통치행위" 내지는 "정치문제"라는 이름으로 행해지고 있는 이상의 논의들은 앞서 목차 'Ⅰ. 시작하는 글'에서 제기한 문제의식, 즉 "정치의 사법화" 내지는 "사법의 정치화"와 관련된 문제를 평가하는데 유의미한 실질적인 규준을 제시해주고 있지 못하다. 왜냐하면, 이상의 논의들은 기본적으로 '정치'와 '사법'의 경계를 어디에 그어야 하는지에 관한 물음 ― 즉, 헌법재판소가 심사할 수 있는 영역인 '사법의 영역'은 어디까지이며, 심사의 한계에 해당하는 '정치의 영역'은 어디서부터 시작되는지, 혹은 헌법적 논증에 있어서 구체적으로 각각의 영역을 어떻게 범주화 내지는 획정할 수 있는지에 관한 물음 ― 에 대해서는 침묵하고, 단지 '통치행위(정치문제)'는 '사법심사가 부정되는 영역'이라는 식으로 대답하면서,[34] 정치문제에 관해서 사법심사가 부정될 수 있는 논거(즉, 통치행위인정의 타당근거)[35]들을 내세우고 있을 뿐이기 때문이다.[36] 뿐만 아니라 이러한 논의들은 헌법재판소의 결정이 '정치의 사법화' 내지는 '사법의 정치화'로 비판받아야 할 것인지 여부에 관해서도 아무런 평가규준을 제시하고 있지 못하다.[37] 그 결과 구체적 문제해결에 있어서도 과연 무엇이 "고도의 정치성" 혹은 "고도의 정치적 결단"이 필요한 사안인지, 그리고 어떠한 행위가 사법심사의 대상에서 벗어날 수 있는 것인지에 관해서 합리적 대화를 시작할 수 있도록 하는 계기를 마련해주지 못하고, 오히려 분석적[38]이고 합리적인 법적 논증의 대화로 채워져야 할 헌법적 논증의 장을 "정치학적 수사나 이리저리 요동치는 세계관적 투쟁"[39]의

---

34) 물론 "고도의" 같은 한정어 내지는 "결단"등과 같은 용어를 사용하여 통치행위(정치문제)를 "고도의 정치성" 내지는 "고도의 정치적 결단" 등과 같이 표현하고 있긴 하지만(관련된 표현으로는 특히, 박승호, 앞의 글, 656쪽; 고문현, 앞의 글, 369－371쪽; 헌재 2009.5.28. 2007헌마369, 판례집 21－1(하), 774쪽 참조), 이러한 표현들이 '정치'와 '사법'의 경계 지움에 있어서 실천적으로 유의미한 정보를 제공해주고 있는 것은 아니다.

35) 이에 관해서는 위 각주 20) ~ 24) 참조.

36) 즉, '정치의 사법화' 내지는 '사법의 정치화'에 대한 비판과 관련해서 정치의 영역과 사법의 영역을 분명히 분별해줄 유의미한 기준을 제시하는데 실패했다.

37) 요컨대, 기존의 학설과 판례에서의 논의들은 "정치의 사법화" 내지는 "사법의 정치화"의 현상을 "통치행위(정치문제)"라는 방식으로 드러낸 것일 뿐, "정치의 사법화" 내지는 "사법의 정치화" 현상을 평가할 수 있는 아무런 규준을 제시하고 있지 못하다.

38) 법학의 학문성의 정도는 본질적으로 (실정)법의 개념적·체계적 완성을 목표로 하는 분석적 차원에서 도달한 수준에 의존한다고 말할 수 있을 것이다. 이에 관해서는 R. Alexy, Theorie der Grundrechte, 3. Aufl., Suhrkamp, 1996, S. 23, 37f.

39) R. Alexy, 앞의 책, 38쪽.

장으로 변질시키는 데 일조하고 있다는 비판으로부터 자유롭기 어려울 것이다.

이러한 지점에서 이제 우리는 정치와 사법의 긴장 관계 속에서 사법심사의 한계에 해당하는 국가행위를 규명하기 위한 새로운 틀을 마련하는 것이 필요하며, 이를 위해서 "통치행위(정치문제)"로 대별되는 기존 논의의 지평을 넘어서는 '사고의 대전환'이 요구된다. 다만 헌법적 논증이란 헌법의 규범력을 승인하고 이루어지는 법적 논증이란 점에서 이러한 '사고의 대전환' 또한 성문의 헌법규범을 그 출발점으로 삼아야 함은 물론이다.

Ⅲ. 헌법으로부터 정해지는 정치영역과 사법영역

1. 서두

정치는 경우에 따라서는 "통치기술", "공적 업무", "타협과 합의", "권력과 자원배분"등을 위한 기술 내지는 장치로도 이해될 수 있겠지만,[40] 일반적으로 정책결정과정이라는 토대 위에서 행해지는 "사회적 제가치의 권위적 배분"으로 정의되며,[41] 사법은 어떤 구체적인 법적 분쟁에 대해서(사건성) 쟁송이 제기되었을 때(수동성), 독립된 기관이(판단의 독립성) 마련되어 있는 절차에 따라서(절차의 특수성) 법을 적용해서(법기속성) 분쟁을 해결하여 현존하는 법질서의 유지·보존(보수성)을 꾀하는 국가작용으로 이해되고 있다.[42] 따라서 정치에 대해서 헌법재판소가 사법심사를 한다는 것은 "사회적 제가치의 권위적 배분"에 관여하는 국가작용[43]에 대한 분쟁이 발생하여 쟁송이 제기된 경우에 독립된 기관인 헌법재판소가 헌법소송절차에 따라서 헌법이나 법률[44]을 적용하여 해당 분쟁을 해결한다는 의미를 지니게 된다.[45] 그런데 실질적 법치주의가 지배하는 오늘날의 헌법

---

40) Andrew Heywood(著)/조현수(譯), 『정치학 — 현대정치의 이론과 실천』, 성균과대학교 출판부, 2009, 24−25쪽.

41) D. Easton, The Political System, New York: Alfred A. Knopf, 1971, p. 129; 이정희 외, 『정치학이란』, 인간사랑, 2005, 13쪽; 양천수, 앞의 글, 111쪽.

42) 사법의 개념요소에 관해서는 특히, 허완중, 「헌법재판소 종국결정의 본질」, 『영남법학』 30, 영남대학교 법학연구소, 2010, 56쪽.

43) 예외적으로 헌법재판소에서 행하는 정당해산심판은 국가행위가 대상이 아니라 정당의 행위가 대상이다.

44) 헌법재판은 대부분 그 심사기준으로서 헌법이 문제가 되지만, 권한쟁의심판과 탄핵심판의 경우에는 법률이 심사기준으로서 사용되기도 한다. 관련해서는 헌법재판소법 제48조와 제61조 제1항 참조.

45) 물론 정치의 개념이 "사회적 제가치의 권위적 배분"이라고 폭넓게 받아들여 지고 있으므로, 사실

국가에서 모든 국가작용은 (헌)법에 구속되어야 하므로, 설사 그 국가작용이나 국가행위가 고도의 정치적인 것이라고 하더라도 당연히 사법심사가 긍정되어야 함이 원칙이다.[46] 다만 예외적으로 헌법이 스스로 사법심사의 대상이 되지 않는 국가행위를 직·간접적으로 규정하고 있거나, 헌법해석을 통해서 사법심사의 한계영역(정치영역)이 도출되는 경우라면, 여기에 해당하는 특정 국가행위에 대해서는 헌법적으로 사법심사가 허용되지 않는다고 해야 할 것이다. 그리고 이러한 지점에서 우리는 '사법(영역)'과 '정치(영역)'의 헌법상의 경계점을 찾아볼 수 있을 것이며, 사법심사의 한계에 해당하는 국가행위(정치행위)는 어떠한 것인지를 설명할 수 있을 것이다. 요컨대, 어떤 국가행위가 사법심사의 대상이 되는지 여부를 판단하는 기준은 해당 국가행위의 '정치성의 정도' 내지는 성격이 아니라, 헌법이 되어야만 한다. 왜냐하면 사법작용의 근거이자 심사기준인 헌법은 비록 '정치'[47]로부터 태동되긴 하지만, 다시 '정치'[48]를 규제하는 법이기 때문이다.[49] 뿐만 아니라 만약 헌법으로부터 사법심사의 대상성 여부를 판단할 수 없다면, 특정 국가행위에 대해서 사법심사를 감행할지 안 할지를 결정하는 것 그 자체가 규범적

상 국가가 행하는 거의 모든 활동은 그 정도의 차이는 있겠지만 직접적으로든 간접적으로든 정치활동에 해당한다고 말할 수 있을 것이다. 이러한 관점에서 사법부(법원과 헌법재판소)의 재판 또한 그 정도의 차이는 있겠지만 '정치적'일 수밖에 없다. 하지만 우리는 사법심사의 한계에 해당하는 국가행위를 규명하기 위해서, 사법심사가 행해지는 영역(사법영역) 안에 놓여있는 국가행위와 사법심사가 행해지지 않은 영역(정치영역)에 속하는 국가행위 ― 이러한 국가행위를 순수한 정치행위라고 칭할 수 있을 것이다. ― 를 분별해야만 한다. 이하에서 '정치' 내지는 '정치영역'이라고 사용되는 표현들은 모두 이러한 의미에서의 '순수한 정치' 내지는 '순수한 정치영역'을 의미한다.

46) 박승호, 앞의 글, 653쪽; 독일에서도 정치문제의 중요성이 연방헌법재판소 재판에 장해요인이 될 수 없다는 점을 전제하고 있을 뿐만 아니라, 소위 미국식의 정치문제이론이 연방헌법재판소에 이식될 수 없다는 데에도 널리 합의가 이루어져 있다. Vgl. R. Zuck, Political Question Doktrin, Judicial Self−restraint und das Bundesverfassungsgericht, in: JZ, Heft 29, 1974, S. 364; K. Schlaich/S. Korith, 앞의 책, 방주 469.

47) 헌법제정권력에 의한 가치의 권위적 배분으로서의 정치를 의미한다.

48) 헌법에 의해서 만들어진 권력, 즉 통치권 ― 입법권, 행정권, 사법권 등 ― 에 의한 가치의 권위적 배분으로서의 정치를 의미한다.

49) 여기서 헌법을 태동시키는 '정치'는 헌법제정권력을 통한 가치의 권위적 배분, 즉 헌법창설행위를 의미한다. 그런데 이러한 의미에서의 정치는 기존 헌법의 규범력에 대한 승인을 전제로 해서 이루어지는 법적 논증의 장인 헌법재판에서는 그 심사의 대상으로 삼을 수 없음이 명확하다. 왜냐하면 헌법제정권력으로부터 만들어지는 헌법이 헌법제정권력을 심사하겠다는 것인데, 이는 헌법현실적으로도 불가능하고 법리적으로도 가능하지 않다. 따라서 헌법재판에서 이루어지는 법적 논증에서 문제가 되는 것은 결국 헌법에 의해 규제되는 '정치'이다. 그런데 헌법으로부터 규제대상인 '정치'의 범위 내지는 한계가 정해지지 않고, 규제대상인 정치에 의해서 헌법이 규제할 수 있는 정치의 범위 내지는 규제여부가 확정된다고 함은 논리적 모순이다.

판단이 아니라, 정치적 분별력에 의존케 될 것인데, 이는 결과적으로 정치에 의한 헌법재판 내지는 정치적 판단 기관으로서의 헌법재판소를 받아들이는 것과 다름 아니다.[50]

이하에서는 헌법이 사법심사의 한계를 명시적으로 규정하고 있는 경우(성문헌법적 한계/명시적 한계)와 사법심사의 한계가 헌법해석을 통해서 도출될 수 있는 경우(불문헌법적 한계/묵시적 한계)로 나누어서 헌법재판에서의 사법심사의 한계를 살펴보고, 이를 통해 (순수한) 정치영역을 확인코자 한다.

2. 사법심사의 성문헌법적 한계

가. 사법심사한계의 헌법유보

우리 헌법은 제111조 제1항에서 헌법재판소가 관장하는 사항들 — 즉, 위헌법률심판, 탄핵심판, 정당의 해산 심판, 권한쟁의심판, 헌법소원심판 — 을 규정하고 있다. 그런데 이러한 사항들에 해당하는 헌법소송을 헌법재판소가 수행함에 있어서 (사법)심사의 대상이 되지 않는 국가행위를 헌법 스스로가 직접 명시적으로 규정하고 있는 조항은 존재하지 않는다. 다만 관련하여 무엇보다도 국회에서 행한 국회의원의 자격심사, 징계 및 제명이라는 처분에 대해서 법원에 제소를 금지하고 있는 헌법 제64조 제4항을 언급할 수는 있을 것이다.[51] 하지만 비판적인 견해[52] — 이하에서는 '포함설'로 칭한다. — 에도 불구하고 헌법 제64조 제4항의 "법원"에 헌법재판소는 포함되지 않는 것으로 해석하여, 헌법재판소에 의한 사법심사는 일정한 경우에는 가능하다고 함이 타당할 것이다. 왜냐하면 포함설은 국회의 자율권과 독자성을 강조하면서 헌법 제64조 제4항의 "법원"의 의미를 헌법재판소를 비롯한 광의의 사법기관을 총괄하는 개념으로 이해하고, 만약 헌법재판소를 헌법 제64조 제4항의 "법원"에서 제외시킨다면, 이는 사실상 국회의 제명처분 등에 대한 일체의 사법심사를 배제하겠다는 헌법규정의 취지에 반한다는 점을 논거로 삼고 있는데,[53] 이는 헌법이 명시적으로 "법원" 외에 "헌법재판소"

50) 박승호, 앞의 글, 664쪽.

51) 헌법 제64조는 제2항에서 "국회는 의원의 자격을 심사하며, 의원을 징계할 수 있다.", 제3항에서 "의원을 제명하려면 국회재적의원 3분의 2 이상의 찬성이 있어야 한다."라고 규정하고, 제4항에서 "제2항과 제3항의 처분에 대하여는 법원에 제소할 수 없다."라고 하고 있다.

52) 특히, 정연주, 앞의 글, 37쪽.

53) 정연주, 앞의 글, 37쪽.

를 별도의 헌법기관으로 규정하고 있다는 점에서 헌법의 규정형식 및 문언에 합치하는 해석이 아니기 때문이다. 뿐만 아니라 헌법 제64조 제4항의 "법원"에 헌법재판소를 포함시키는 것은 헌법 제111조 제1항 제4호의 규정에도 부합하지 않는다. 왜냐하면, 국회의원의 자격심사, 징계 및 제명과 관련된 국회의 처분에 관한 사실관계의 인정과 그에 대한 판단은 별론으로 하더라도, 처분에 이르는 절차에 있어서 관련 국회의원들의 표결권이나 발언권 등과 같은 의사참여 및 의사형성에 관한 헌법과 법률상의 권한이 침해되었다면, 해당 국회의원들은 헌법 제111조 제1항 제4호에 근거하여 헌법재판소에게 권한쟁의심판을 청구할 수 있기 때문이다.[54][55]

나. 사법심사한계의 법률유보

헌법재판에서의 사법심사를 헌법이 직접적이지는 않지만 간접적인 방법으로 — 즉, 법률을 통해서 — 한계를 지우고 있는 대표적인 경우는 헌법 제111조 제1항 제5호에 근거해서 마련된 헌법재판소법 제68조 제1항 제1문 후단의 재판소원금지규정("[…] 법원의 재판을 제외하고는 헌법재판소에 헌법소원심판을 청구할 수 있다.")을 들 수 있을 것이다.[56] 그 밖에도 헌법 제113조 제3항("헌법재판소의 조직과 운영 기타 필요한 사항은 법률로 정한다.")에 근거하고 있는 헌법재판소법은 헌법재판소의 조직과 운영 외에도 심판절차에 관한 여러 규정들(특히, 헌법소송의 적법요

54) 같은 취지로는 특히, 장영수/김수갑/차진아, 『국가조직론』, 법문사, 2010, 166쪽 참조; 국회의원의 권한쟁의심판의 당사자능력 인정과 관련해서는 헌재 1997.7.16. 96헌라2, 판례집 9-2, 154쪽 이하; 헌재 2006.2.13. 2005헌라6, 판례집 18-1(상), 82쪽 이하; 헌재 2008.4.24. 2006헌라2, 판례집 20-1(상), 438쪽 이하; 헌재 2009.10.29. 2009헌라8, 판례집 21-2(하), 14쪽 이하.

55) 한편 정종섭 교수는 국회의원에 대한 자격심사 및 징계나 제명의 경우에 헌법재판소에 헌법소원심판을 제기해서 다툴 수 있는 것으로 이해하고 있다(정종섭, 『헌법학원론』, 박영사, 2010, 1100-1101쪽). 하지만 국회의원에 대한 자격심사 및 징계나 제명은 원칙적으로 국회의원이란 권한법적 지위 — 권한은 "주관적 권리의무가 아니라 국가나 지방자치단체 등 공법인 또는 그 기관이 헌법 또는 법률에 의하여 부여되어 법적으로 유효한 행위를 할 수 있는 능력 또는 그 범위"를 의미한다(헌법재판소(編), 『헌법재판실무제요』, 2008, 324쪽). — 의 부정 및 제약이란 점에서 관련 국회의원이 국가기관으로서 권한쟁의심판으로 이를 다투는 것은 별론으로 하더라도, 원칙적으로 국가기관인 국회의원은 기본권 주체로서 헌법소원을 청구할 수는 없다고 해야 한다. 이와 같은 취지로는 김해원, 「헌법적 논증에서 객관헌법과 주관헌법」, 『헌법학연구』 16-1, 한국헌법학회, 2010, 183쪽.

56) 물론 헌법재판소법 제68조 제1항 그 자체의 위헌성 여부 및 재판소원금지의 적용범위와 관련해서는 여전히 논란이 분분하다. 특히 헌법재판소는 헌법재판소법 제68조 제1항의 "법원의 재판"에 헌법재판소가 위헌으로 결정한 법령을 적용함으로써 국민의 기본권을 침해한 재판도 포함되는 것으로 해석하는 한도 내에서는 헌법재판소법 제68조 제1항의 효력이 상실된다고 한정위헌결정을 내린 바 있다. 특히, 헌재 1997.12.24. 96헌마172, 판례집 9-2, 842쪽 참조.

건과 관련된 규정들)[57]을 마련해두고 있는바,[58] 이들도 헌법재판소의 사법심사권을 제한하는 법률유보규정이라고 해야 한다. 왜냐하면 이러한 소송 절차적 규정들은 한편으로는 헌법이 마련하고 있는 헌법재판제도를 구체화 내지는 형성하는 법률유보의 성격을 가지고 있지만, 다른 한편으로는 사법심사의 대상에 있어서 일정한 시간적·방법적 요건과 조건들 — 예컨대, 청구기간, 보충성 원칙 등등 — 을 부과해서 본안판단 이전에 헌법재판소의 사법심사권을 제한하고 있는 법률규정이기 때문이다. 따라서 헌법재판소의 사법심사권을 제한하고 있는 이러한 헌법소송 관련 규정들, 그 자체에 대해서 일정한 절차를 거쳐서 위헌법률심판권을 행사하는 것은 별론으로 하더라도, 기본적으로 헌법재판소는 스스로의 취약한 민주적 정당성을 자각하고 사법심사 과정에 있어서 헌법과 법률에 대한 구속, 그리고 엄격한 재판절차에 대한 준수를 바탕으로 자신의 결정이 정치적인 결단이 아니라, 헌법과 법률의 테두리 안에서 머물고 있음을 철저히 논증해야만 하는 것이다.[59]

3. 사법심사의 불문헌법적 한계

헌법이 헌법재판소에서 행해지는 국가행위의 헌법적합성(적헌성) 판단, 즉 헌법재판소의 사법심사와 관련하여 그 한계를 직접적이든 혹은 간접적이든 명시적으로 규정하고 있지는 않지만, 헌법규정의 의미를 통해서 사법심사의 헌법 묵시적 한계(불문헌법적 한계)를 살펴볼 수는 있을 것이다. 관련하여 본 연구에서는 규범으로서 헌법은 명령·허용·금지라는 당위의 양식을 통해서 대국가적 행위지도적 기능과 행위평가적 기능을 수행한다는 점에 주목하고자 한다.[60]

우선 특정한 국가행위가 국가에게 일정한 '행위의 재량' 내지는 '자유의 공간'을 열어두고 있는 헌법적 허용규범[61]으로서만 온전히 평가될 수 있다면, 이러

---

57) 예컨대, 위헌법률심판과 관련해서는 헌법재판소법 제41조, 탄핵심판과 관련해서는 헌법재판소법 제48조, 정당해산심판과 관련해서는 헌법재판소법 제55조, 권한쟁의심판과 관련해서는 헌법재판소법 제61조, 제62조, 제63조, 헌법소원심판과 관련해서는 헌법재판소법 제68조, 제69조 등.

58) 헌법재판소법의 목적규정인 제1조는 다음과 같이 규정하고 있다: "이 법은 헌법재판소의 조직 및 운영과 그 심판절차에 관하여 필요한 사항을 정함을 목적으로 한다."

59) 허완중, 앞의 글(주 12), 30쪽.

60) 이에 관해서는 김해원, 「국가행위의 적헌성 판단에 있어서 헌법규범의 적용방식에 관한 연구」, 『헌법학연구』 16－3, 2010, 498쪽 이하; 법규범의 구조와 유형 및 기능에 관해서는 이상영/김도균, 『법철학』, 한국방송통신대학교, 2006, 133－135쪽.

61) 대국가적 허용규범에 해당하는 헌법규범으로는 헌법 제37조 제2항 전단의 기본권제한규범, 국민의 기본의무규범, 그리고 헌법상의 기본원리·기본제도 및 국가목적 관련 헌법규정들의 규범적 의미

한 국가행위는 원칙적으로 적헌성이 심사되어야만 하는 사법적 판단의 대상이 되지 않고, 민주적 정당성에 기초하여 결정되는 정치적 판단의 대상이 된다.[62] 왜냐하면 대국가적 허용규범은 원칙적으로 국가에게 법으로부터 자유로운 영역, 즉 "법적으로 규율되었지만, 그러나 법적으로 평가되지 않는 영역"을 제공함으로, 이곳 안에서의 행위는 "합(헌)법적이나 또는 위(헌)법적인 것으로 올바로 평가될 수 없는 행위"이기 때문이다.[63] 따라서 이러한 헌법적 허용규범영역 안에서의 국가행위에 대해서 헌법재판소는 사법심사를 할 수 없게 된다.[64] 하지만 실제로 헌법재판에서 특정 국가행위가 헌법적 허용규범으로만 온전히 평가받을 수 있는 경우는 거의 생각할 수 없을 것이다. 왜냐하면 일견 헌법적 허용규범으로만 규율될 수 있는 것처럼 보이는 국가행위라고 하더라도 헌법규범이 가지고 있는 상반규범성으로 인해서 대국가적 의무부과 규범에 해당하는 기본권보장규범 내지는 또 다른 헌법적 명령 혹은 금지규범과의 갈등이 잠재되어 있을 수밖에 없는데, 헌법재판은 이러한 갈등상황이 성숙된 경우에 대립되거나 관련되는 헌법규범들을 고려해서 해당 국가행위에 대한 일정한 규범적 판단을 내리는 사법작용이기 때문이다. 따라서 이하에서는 헌법규범들 간의 충돌상황을 집약한 아래 "규범충돌상황표"[65]를 통해서 사법심사의 불문헌법적 한계, 즉 (순수한) 정치의 영역에 해당하는 국가행위를 확인코자 한다.

가 최소지위초과보장과 관련될 경우 해당 헌법규범들은 대국가적 허용규범으로 기능하게 된다. 이에 관한 상세한 설명 및 명령·금지라는 당위의 양식에 대응하는 헌법규범들에 대한 예시에 관해서는 김해원, 앞의 글(주 60), 500－505쪽 참조.

62) 김해원, 앞의 글(주 60), 505－506쪽.

63) A. Kaufmann(著)/김영환(譯), 『법철학』, 나남, 2007, 481－483쪽; 김해원, 앞의 글(주 60), 506쪽 주 33).

64) 반면에 대국가적 작위의무를 부과하고 있는 헌법적 명령규범 혹은 대국가적 부작위의무를 부과하고 있는 헌법적 금지규범으로 평가될 수 있는 국가행위는 헌법적 의무위반성을 검토하는 사법심사의 대상이 된다. 따라서 해당 국가행위가 합헌적인지 혹은 위헌적인지가 일정한 절차에 따라서 헌법재판소를 통해서 결정될 수 있다. 헌법적 명령규범과 금지규범의 의미와 관련 헌법조항들에 관해서는 김해원, 앞의 글(주 60), 500－505쪽.

65) 이에 대한 자세한 설명은 김해원, 앞의 글(주 60), 515쪽 이하.

당위양식			금지규범(α)		명령규범(β)		허용규범(γ)
	의미		부작위의무		작위의무		행위재량
당위양식	의미	내용 / 내용	최소지위 보장	최소지위 초과보장	최소지위 보장	최소지위 초과보장	
금지규범(δ)	부작위의무	최소지위 보장	A-1	A-2	B-1	B-2	C-1
		최소지위 초과보장	A-3	A-4	B-3	B-4	C-2
명령규범(ε)	작위의무	최소지위 보장	D-1 (B-1)	D-2 (B-3)	E-1	E-2	F-1
		최소지위 초과보장	D-3 (B-2)	D-4 (B-4)	E-3	E-4	F-2
허용규범(ζ)	행위재량		G-1 (C-1)	G-2 (C-2)	H-1 (F-1)	H-2 (F-2)	I

위 <규범충돌상황표>에서 우선 D영역, G영역, H영역은 각각 B영역, C영역, F영역과 완전히 겹치는 동일 의미영역이다. 그리고 국가에게 부작위의무를 부과하는 대국가적 금지규범들 간의 충돌(금지규범 'α'와 'δ' 간의 충돌)을 의미하는 A영역에서는 부작위들 간의 양립불가능한 상황은 논리적으로 존재할 수 없기 때문에, 현실적으로 규범충돌상황이 발생하지 않는다. 설사 A영역처럼 대국가적 금지규범들 간의 충돌이 존재하는 것처럼 보이는 경우가 있다고 하더라도, 국가가 하나의 금지규범을 준수하여 특정 부작위의무를 이행한다면 이는 동시에 다른 특정 부작위의무를 이행한 것이 되기 때문에, 실제로는 국가에게 하나의 부작위 의무가 부과되어있는 것과 다르지 않다.[66] 따라서 A영역에서의 국가행위는 헌법적 금지규범에 대한 위반 여부를 검토 받아야 한다는 측면에서 사법심사의 대상이 되며, 만약 심사결과 그 위반이 인정되지 않는다면 합헌적인 국가행위로, 그렇지 않다면 위헌적인 국가행위로 평가받게 된다.

E영역에서의 국가행위도 정상국가라면 이론적으로는 문제없이 사법심사의 대상이 된다. 왜냐하면 국가는 각각의 헌법규범이 요구하는 작위행위들(명령규범 'β'와 'ε')을 각각 이행하여 모든 헌법적 명령에 부응할 수 있을 터인데,[67] 이를

66) 김해원, 앞의 글(주 60), 516쪽.
67) 김해원, 앞의 글(주 60), 516쪽.

해태하였다면 그러한 국가의 부작위행위는 위헌적인 국가행위로 평가받아야만하기 때문이다. 다만, 예외적으로 재정적 한계 혹은 기타의 사실적 사유로 인해서 국가가 헌법상의 작위의무를 동시에 각각 이행할 수 없는 헌법규범과 헌법현실 간의 괴리가 발생한 상황(작위의무충돌상황)에서는 E영역에 놓여있는 국가행위에 대한 사법심사가 문제 될 수 있을 것이다.[68] 하지만 이 경우에도 해당 국가행위는 그에 대한 정치적 평가나 판단과 상관없이 사법심사의 대상이 된다고 해야 한다. 왜냐하면 규범(당위)을 만들어내고 현실(사실)을 적극적으로 형성시켜나감으로써 규범(당위)과 현실(사실) 간의 괴리를 메우는 것이 원칙적으로 '정치'의 몫이라면, 만들어진 규범(당위)을 현실(사실)에 적용하여 '만들어진 규범(당위)'이 무엇인지를 선언하는 것이 바로 '사법'의 기본적인 역할일터인데, 헌법규범과 헌법현실 간의 괴리가 존재한다고 하더라도 그러한 상황 속에서 그 괴리를 메우기 위해서 적극적으로 활동해야 하는 정치의 역할과는 상관없이, 법적 정합성과 논리성에 기대어 무엇이 헌법규범인지를 밝혀 선언하는 사법활동 또한 포기될 수는 없는 일이기 때문이다.[69] 설사 헌법현실적인 이유로 인해서 헌법재판소에서 행한 사법심사의 판단결과에 대한 집행이 불가능하다고 하더라도, 이러한 사정이 사법활동의 포기 내지는 사법심사의 불가능성을 징표하고, 해당 행위를 사법심사에서 배제되는 (순수한) 정치행위로 둔갑시키는 것은 아니다.[70] 요컨대, 헌법

68) 이와 같이 헌법규범과 헌법현실 간의 괴리가 발생한 경우에 대처하는 국가의 자세에 따라 헌법은 "명목적" 혹은 "장식적" 규범이 된다. 이러한 관점에서 헌법의 분류를 시도하고 있는 경우로는 Vgl. K. Loewenstein, Verfassungslehre, 4. Aufl., J.C.B. Mohr, 2000, S. 152f.

69) 물론 '정치'와 '사법'이 역할과 기능 및 작동방식에 관해서는 구별되긴 하지만, 공히 서로 다른 방향에서 함께 한 지점, 즉 헌법국가실현으로 수렴하기 위해 노력하는 관계에 있음은 당연하다.

70) 사실 집행력 그 자체는 사법의 개념징표도 아니다. 우리 헌법재판소법은 제60조에서 "정당의 해산을 명하는 헌법재판소의 결정은 중앙선거관리위원회가 정당법의 규정에 의하여 이를 집행한다."라고 하여 정당해산심판과 관련해서만 명시적으로 집행력을 규정하고 있을 뿐, 다른 경우에는 명시적인 규정을 두고 있지 않다. 바로 이러한 규정상의 취약성으로 인해서 허영교수는 "헌법재판소의 종국결정의 내용은 강제집행에 의하여 실현할 수 있는 집행력이 없다."라고 하면서 집행력의 부존재를 헌법재판의 특성으로 설명하고 있으며(허영, 『헌법소송법론』, 박영사, 2010, 176－177쪽), 정종섭 교수는 독일 연방헌법재판소법을 인용하면서, "헌법재판에서도 헌법재판의 실효성과 관련하여 집행력을 확보하는 것이 필요하다."라는 주장을 하고 있을 뿐이다(정종섭, 『헌법소송법』, 박영사, 2008, 183쪽). 물론 입법자는 헌법재판소법 제40조의 준용규정을 통하여 "헌법재판의 성질에 반하지 아니하는 한도 내에서" 민사소송이나 형사소송에 관한 법령 혹은 행정소송법을 준용함을 통해서 집행력의 문제도 해결할 수 있는 실마리를 남겨두긴 하였다. 하지만 예컨대, 헌법소원의 효력과 관련하여 헌법재판소법 제75조 제4항은 "헌법재판소가 공권력의 불행사에 대한 헌법소원을 인용하는 결정을 한 때에는 피청구인은 결정취지에 따라 새로운 처분을 하여야 한다."라고 규정하고 있는데, 만약 피청구인이 이를 하지 않는다면 그 결정의 집행은 누가 어떻게 행사해야 하는지에 관하여 여전히 의문이다(신평, 『헌법재판법』, 법문사, 2007, 248쪽). 요컨대, 헌법소송관련

규범이 국가에게 요구하는 작위의무를 헌법현실에서 모두 달성할 수 없는 작위의무충돌상황에서는 국가가 'β'를 이행하든지, 아니면 'ε'을 이행하든지 간에 헌법에 합치하지 않는 상황이 발생함으로, 국가는 무엇보다도 위헌적인 헌법현실의 해소를 위해서 정치력을 발휘해야 할 것이다. 그러나 국가의 노력에도 불구하고 이러한 위헌적 현실이 지속되고 있는 상황이라면 국가는 위헌성의 정도를 가능한 한 최소화시키는 방향 — 즉, 가능한 현실적 조건하에서 국가는 'β'와 'ε'에 따라서 적극적으로 행위 하되, 최소지위보장과 최소지위초과보장이 문제가 되는 경우에는 최소지위보장을 우선적으로 관철시키고(E－2영역에서는 'ε'의 최소치를, E－3영역에서는 'β'의 최소치를 각각 우선적으로 이행하고), E－1영역에서는 'β'와 'ε'이 요구하는 작위행위의 최소치들 중 적어도 어느 하나는 이행될 수 있도록 노력해야하며, E－4영역에서는 'β'와 'ε'이 요구하는 대국가적 작위의무를 가능한 현실적 조건에서 최대한 이행하는 방향 — 으로 작위행위를 하는 것이 바람직할 것이며, 특히 E－4영역에서 국민의 급부권적 기본권과 관련하여 국가에게 작위행위의무가 부과된 경우라면, 국가는 헌법상 '평등'의 요청을 준수하면서 이러한 작위행위를 해야 할 것이다.[71] 하지만 이러한 국가의 정치적 노력에도 불구하고 여전히 국가에게는 헌법규범과 헌법현실 간의 위헌적인 괴리를 해소해야만 하는 헌법적 의무가 존재하고 있다는 점에서, 해당 국가행위는 여전히 사법심사의 대상이 되며, 단지 '덜 위헌적'이라고 평가될 수는 있을지언정, 합헌적으로 평가받을 수는 없는 위헌적인 국가행위라고 판단해야 할 것이다.[72] 다만 국가의 노력에도 불구하고 가까운 장래에 이런 규범과 현실 간의 괴리상황이 도저히 참을 수 없는 지경이라면, 정치적 공동체의 근본법에 해당하는 헌법의 규범력 고양을 위해서 보다 적극적인 활동을 할 필요가 있다. 즉, '사법'활동의 측면에서는 해당 명령규범의 적용범위나 적용시점을 한정하는 해석을,[73] 그리고 이러한 해석의 방법이 한계에 도달하는 지점에서는 '정치'활동의 측면에서 헌법

규정들의 정비를 통해서 헌법재판 결정효력의 집행력을 확보하는 것이 필요하다는 논의는 또 다른 논의인 것이고, 단지 그러한 집행력이 확보되어있지 않다고 해서 헌법재판소의 재판활동이 기본적으로 사법작용이 아니라고 말할 수는 없을 것이다. 헌법재판소는 그 효력의 집행력과 상관없이 여전히 사법심사기관인 것은 분명하다.

71) 김해원, 앞의 글(주 60), 516－517쪽 주 68).

72) 김해원, 앞의 글(주 60), 516－517쪽 주 68).

73) 이와 관련해서는 특히 헌법 제3조의 영토조항과 헌법 제4조의 평화통일조항이 충돌하는 경우를 해결하기 위해서 등장한 학설 및 판례의 태도를 주목해 볼 필요가 있다(이와 관련해서는 이준일, 『헌법학강의』, 홍문사, 2008, 122－127쪽; 홍성방, 『헌법학(上)』, 박영사, 2010, 71－74쪽; 전광석, 『한국헌법론』, 법문사, 2009, 171－173쪽).

개정을 고려해볼 수도 있을 것이다.[74][75]

최소치보장 수준을 상회하는 국가목적 혹은 헌법원리 조항들 간의 긴장관계 속에서 국가의 선택을 의미하는 경우가 대부분인 I 영역은 일견 대국가적 허용규범들 간의 충돌영역으로 보이지만, 허용규범은 국가에게 일정한 행위의 재량 내지는 자유의 공간을 부여하고 있으므로 실제로는 충돌이 발생하지 않는다.[76] 즉 이 영역에서의 국가의 선택과 그에 따른 행위는 그것이 작위·부작위 상관없이 항상 헌법적 테두리 안에 머물러있는 합헌적인 국가행위일 수밖에 없고, 그러한 선택과 행위는 단지 정치적 판단 내지는 정치적 분별력으로써 평가될 수 있는 것일 뿐이다.[77] 따라서 I 영역에서 국가의 선택과 행위에 대해서는 통상적으로는 선거나 국민투표 혹은 여론형성을 통한 견제 등과 같은 민주주의적인 방식으로, 비상시에는 주권자의 헌법제정권력의 발동 내지는 저항권 행사를 통해서 통제될 수 있을 뿐, 사법심사는 무의미하거나 불가능할 것이다.[78]

B－4(D－4)·C－2(G－2)·F－2(H－2)영역은 대립되는 규범들 간의 상대적 우위가 문제되는 곳으로서,[79] 이 영역에 해당하는 국가행위는 충돌·대립하는 복수의 헌법규범들과의 관계맺음을 정서하는 논증도구인 비례성원칙에 따른 심사(비례성심사: Verhältnismäßigkeitsprüfung)[80]를 통해서 헌법적합성 여부가 판단된다. 그리고 이 경우에 헌법규범이 적용되는 본질적인 방식은 '형량'이 된다.[81] 따라

74) 김해원, 앞의 글(주 60), 516－517쪽 주 68).

75) 물론 이러한 정치활동으로서의 헌법개정 움직임 또한 헌법 제10장에 규정된 헌법개정절차조항을 준수하는 과정에서 행해져야 한다.

76) 김해원, 앞의 글(주 60), 516쪽.

77) 물론 이러한 정치적 활동의 과정에서 헌법이 요구하는 절차적 혹은 형식적 요구조건에 대한 충족 여부는 별개의 헌법적 검토 — 즉, 사법심사 — 를 거쳐야 한다. 즉, 헌법이 요청하는 절차와 형식의 최소한에 관해서 국가는 준수해야 할 의무가 있기 때문에, 이 경우에는 C영역(G영역)이나 F영역(H영역)과 같이 헌법적 허용규범과 헌법적 명령규범 내지는 헌법적 금지규범 간의 충돌이 문제가 된다.

78) 하지만 헌법의 상반규범성으로 인해서 실제 헌법재판에서 특정 국가행위가 헌법적 허용규범만으로 온전히 평가받을 수 있는 경우는 드물 것이다.

79) 즉, 이 영역에서는 대립되는 헌법규범들의 충돌은 어느 쪽도 절대적 우위에 있지 않으면서도, 동시에 최대한 실현될 수는 없는 원칙충돌의 양상을 띤다. 이에 관해서는 김해원, 앞의 글(주 60), 514쪽, 517쪽; 한편 이러한 영역에는 기본권의 최소치보장을 초과하는(혹은 기본권의 본질내용을 건드리지 않는) 범위에서 발생하는 기본권들 간의 충돌상황 혹은 기본권제한과 관련된 통상적인 경우가 해당될 것이다.

80) 이념형으로서 두 개의 목적과 한 개가 수단이 이루는 세 개의 관계를 전제로 하고 있는 비례성 원칙의 이러한 의미에 관해서는, 이준일, 「기본권제한에 관한 결정에서 헌법재판소의 논증도구」, 『헌법학연구』 4－3, 한국헌법학회, 1998, 276－277쪽.

81) 형량 결과의 합리성과 설득력 확보차원에서 형량에 대한 형식적·실질적 통제가 중요하다. 이에 관

서 이 영역에 국가행위가 놓여있는 경우에는 '형량법칙'[82]준수 여부가 해당 국가행위에 관한 사법심사의 핵심이 된다.

최소지위보장과 관련된 헌법규범들 간의 충돌이 문제가 되는 B－1(D－1)·B－2(D－3)·B－3(D－2)·C－1(G－1)·F－1(H－1)영역에 국가행위가 놓여있는 경우에도 해당 국가행위는 사법심사의 대상이 된다. 즉, 최소지위보장 규범들은 '관철되거나 관철되지 않거나'[83]의 양자택일의 경우로만 효력이 발생하는 규칙(Regel)적 성격의 규범이므로 이 경우 관련 헌법규범들은 해당 국가행위와의 관련속에서 '우위결정'이란 방식으로 적용되며,[84] '우위결정법칙'[85]을 준수했는지 여부가 해당 국가행위에 관한 사법심사의 핵심이 되는 것이다. 그런데 '정치영역'과 '사법영역'의 분별과 관련해서 이 지점에서 특히 주목해야 할 곳은 극단적인 충돌 ― 최소지위보장규범들 간의 충돌 ― 의 양상을 보여주고 있는 B－1(D－1)영역이다. 관련하여 다음과 같은 사례를 들 수 있을 것이다.

한 상세한 설명과 형량통제에 관해서는 김해원, 앞의 글(주 60), 521－525쪽.

82) 이러한 규범충돌상황은 결국 해당 규범들이 가능한 한 최대한 실현을 요구하는 원칙규범이란 점에서, 다음과 같은 3가지의 형량법칙이 도출된다. 형량 제1법칙: 규범 극대화(최적화)의 법칙. 형량 제2법칙: 충돌하는 원칙들 중에서 어느 하나의 원칙이 충족되는 정도가 높아지면 높아질수록, 그 원칙이 가지고 있는 비중(상대적 중요성)은 작아진다. 형량 제3법칙: 어떤 하나의 원칙에 대한 비실현 혹은 훼손의 정도가 크면 클수록, 다른 원칙의 비중은 그만큼 더 증대한다. 이러한 형량법칙에 관한 정리는 김해원, 앞의 글(주 60), 524－525쪽; 형량법칙의 도출에 관해서는 특히, N. Jansen, Die Struktur rationaler Abwägungen, in: ARSP Beiheft 66: Ethische und Strukturelle Herausforderungen des Rechts, 1997, S. 158－166; R. Alexy, 앞의 책, 1996, 144－146쪽.

83) "전적으로 통용되거나(für alle Fälle geltende), 전적으로 통용되지 않거나" 혹은 "실현되거나 실현되지 않거나(nur entweder erfüllt oder nicht erfüllt)" 내지는 "전부 아니면 무의 방식(all or nothing fashion)"이란 문구 또한 엄격한 양자택일을 요구하는 최소지위보장규범이 실현되는 방식에 관한 또 다른 표현이다. 이에 관해서는 각각 N. Jansen, 앞의 글, 152쪽; R. Alexy, 앞의 책, 76쪽; R. Dworkin, Taking Rights Seriously, Harvard Uni. Press, 1977, p. 24.

84) 우위결정 및 우위결정통제에 관해서는, 김해원, 앞의 글(주 60), 526－531쪽.

85) 이러한 규범충돌상황에서는 결국 어느 하나의 최소지위를 선택할 수밖에 없다는 점에서 다음과 같은 우위결정법칙이 도출된다. 즉, 우위결정 제1법칙: (최소지위보장규범과 최소지위초과보장규범 간의 충돌일 경우) 최소지위보장규범 우선의 원칙, 우위결정 제2법칙: (최소지위보장규범과 최소지위보장규범 간의 충돌 ― B－1(D－1)영역 ― 의 경우) 금지규범 우선의 원칙. 이에 관한 상세한 설명 및 인과관계이론에 주목해서 우위결정법칙을 도출하고 있는 시도는 김해원, 앞의 글(주 60), 529－530쪽.

사 례

10명의 승객을 태우고 대도시 상공을 비행하고 있는 대형 비행기가 기체고장으로 인해서 30초 후 추락을 피할 길이 없는데, 확실시되는 추락지점이 대규모 화학공장 안에 있는 원자력 연구소이다. 따라서 비행기 추락으로 인해서 화학공장의 유독물질과 방사선 등이 분출되어서 도시 사람들의 대부분이 사망에 이르는 것을 피할 수 없는 상황이며, 다른 대안도 없는 상황이다. 이 경우 국가최고수뇌부에서 해당 비행기를 격추하라는 명령을 내리는 것은 헌법적으로 정당화될 수 있겠는가?[86]

위 사례에서 비행기격추명령이란 수단은 추락지점에 있는 다수 사람들의 급부권적 기본권으로서의 생명권에 대한 최소지위(본질내용)를 보호하기 위한 불가피한 작위적 행위이지만, 다른 한편으로는 비행기 안에 탑승하고 있는 조종사와 승객 10명의 방어권적 기본권으로서의 생명권에 대한 최소지위(본질내용)에 대한 침해를 의미한다. 이러한 양자택일 이라는 극단적인 선택을 강요받고 있는 국가행위에 대해서 헌법규범은 '우위결정'이란 방식으로 적용되는바,[87] 국가는 우위결정 제2법칙인 금지규범 우선의 원칙에 따라서 부작위 의무를 이행해야만 한다.[88] 따라서 위 사안에서 만약 국가최고수뇌부가 비행기격추명령을 내린다면, 이는 적어도 (정치적 분별력이 법적 정합성과 합리성을 뛰어넘을 수 없는) 사법적 판단으로는 헌법상 정당화될 수 없는 위헌적인 국가권력의 행사에 해당하게 될 것이

86) 이 사례는 2009년 Thomas Jauch 감독이 제작한 항공재난영화인 "Crashpoint — 90 Minuten bis zum Absturz, Crash Point: Berlin"에 등장한 내용을 재구성한 것이다. 그 밖에 이러한 극단적인 충돌의 양상과 관련하여 주로 많이 언급되는 사례로는 구조고문(Rettungsfolter)이 있다. 구조고문의 개념에 관해서는 G. Wagenländer, Zur strafrechtliche Beurteilung der Rettungsfolter, Duncker & Humblot, 2005, S. 25ff.

87) 하지만 지금까지 헌법에 합치하는 합리적인 우위결정의 통제기준이 정립되지 못한 결과, 우위결정의 문제가 형량문제화 되어버리거나(이러한 시도에 관해서는 특히, Vgl. R. Zippelius/T. Würtenberger, Deutsches Staatsrecht, 32. Aufl., C. H. Beck, 2008, Rn. 58f.; F. Wittreck, Menschenwürde und Folterverbot — zum Dogma von der ausnahmslosen Unabwägbarkeit des Art. 1 Abs. 1 GG —, in: DÖV 56, 2003, S. 873ff.; W. Brugger, Vom unbedingten Verbot der Folter zum bedingten Recht auf Folter?, in: JZ 55, 2000, S. 169), "법으로부터의 자유로운 영역"의 인정을 통해서 헌법이 요구하고 있는 절대적 부작위의무로부터 국가가 도피할 수 있는 계기가 마련되기도 했다(관련해서는 특히, Vgl. J. F. Lindner, Die Würde des Menschen und Sein Leben — Zum Verhältnis von Art. 1 Abs. 1 Satz 1 GG und Art. 2 Abs. 2 Sätze 1 und 3 GG, in: DÖV 59, 2006, S. 577ff., 587f.). 이러한 점에서 우위결정의 통제기준으로서 우위결정법칙을 도출하려는 시도에 관해서는 김해원, 앞의 글(주 60), 528-531쪽.

88) 위 각주 83) 참조; 이 경우 금지규범이 우선시 되어야 하는 이유는 인과관계에 따른 비난가능성의 정도 때문이다. 이에 관한 상세한 설명은 Vgl. S. Lenz, Vorbehaltlose Freiheite: Stellung und Funktion vorbehaltloser Freiheite in der Verfassungsordnung, Mohr Siebeck, 2006, S. 304f.

다.[89] 다만, 이러한 사법적 판단에 대해서 정치적 판단은 달라질 수 있을 것이다. 즉, 다수의 생명보호를 위한 작위행위(비행기격추명령)의 불가피성을 주장하는 국가의 이유 있는 항변은 해당 국가행위가 위헌이라는 사법적 판단과는 별개로, 정치적 결단을 통해서 옹호될 수 있다는 것이다.[90] 관련해서 특히 우리 헌법이 예정하고 있는 "법치주의의 자기 교정적 기능"[91]이자 "법체계의 불완전성 시정을 위한 장치"[92]로서 정치를 통한 사법적 판단의 교정수단이라고 할 수 있는 사면제도[93]는 이러한 경우에 큰 의미를 가질 것이다.[94] 바로 이러한 지점에서 헌법국가실현 과정에서 '사법'과 '정치'는 헌법 안에서 분별되면서도 통합될 수 있는 가능성이 열려있는 것이다.

Ⅳ. 마치는 글

처음 목차 'Ⅰ. 시작하는 글'에서 밝힌 것처럼, 사법심사를 염두에 둔 헌법적 논증, 즉 헌법재판에서 정치고유의 영역과 사법고유의 영역을 뚜렷이 분별함으로써 (헌법재판소에서 행하는) 사법심사의 한계를 밝혀보는 것이 본 연구의 기본적인 목표였다. 이상의 논의들을 통해서 얻어진 결론은 다음과 같이 정리될 수 있을 것이다: ① 민주적 헌법국가에서 모든 국가행위는 (헌)법에 구속되어야 한다는 주장이 타당하다고 하더라도, 이러한 주장으로부터 모든 국가행위에 대해서 사법심사가 예외 없이 긍정되어야만 한다는 주장을 당연히 이끌어 낼 수는 없다. 왜냐하면 사법심사의 대상성을 인정하느냐, 아니면 사법심사에서 제외하느냐의 여부 또한 헌법을 통해서 정해지기 때문이다. 이러한 점에서 정치영역도, 사법영

---

89) 따라서 이 경우, 사법심사에서 국가행위가 합헌적이라고 평가되기 위해서는 국가는 부작위 의무를 이행해야만 한다. 한편 이러한 국가의 부작위 의무이행으로 인해서 다수 도시민의 생명권의 최소지위(본질내용)이 훼손될 수 있음에도 불구하고, 이러한 훼손은 우리 헌법체계상 — 특히, 헌법 제37조 제2항의 해석을 통해서 — 정당화될 수 있음을 상세하고 논증하고 있는 문헌으로는 김해원, 「방어권적 기본권의 정당성 심사구조」, 『공법학연구』 10－4, 한국비교공법학회, 2009, 29쪽 이하.

90) 김해원, 앞의 글(주 60), 530쪽 주 111).

91) 박진애, 「헌법에 합치하는 사면제도의 모색」, 『헌법학연구』 15－3, 한국헌법학회, 2009, 341－342쪽.

92) 송기춘, 「헌법상 사면권의 본질과 한계」, 『공법연구』 30－5, 한국공법학회, 2002, 201－202쪽: 이 글에서 송기춘 교수는 특히 "법체계가 불완전한 한, 정의를 추구하는 법체계에는 사면이 필요한 것이다."라고 역설하고 있다.

93) 헌법 제79조의 사면·감형·복권을 아우르는 개념으로 사용했다.

94) 물론 사면여부에 관한 (정치적) 판단 그 자체는 사법심사의 대상이 안 되겠지만, 사면권 행사의 절차·과정에 대한 사법적 통제는 가능할 것이다.

역도 헌법으로부터 정해지는 것이다.[95] ② 성문헌법적인 사법심사의 한계로서는 우선 헌법유보와 관련해서 헌법 제64조 제4항을 언급할 수 있을 것이다. 하지만 권한쟁의심판의 형식으로 국회가 행하는 국회의원의 자격심사, 징계 및 제명에 관한 처분 또한 헌법재판소에서 다툴 수 있다는 점에서, 이러한 국회의 행위를 사법심사가 배제되는 완전한 정치의 영역이라고 말할 수는 없을 것이다. 다만, 이러한 국회의 처분과 관련한 사실관계의 인정과 그에 대한 판단의 실체적 내용에 관해서는 사법심사가 불가능한 순수한 정치행위라고 말할 수 있을 것이다. ③ 헌법 제113조 제3항에 근거하여 법률의 형식으로 제정된 헌법재판의 적법요건에 관한 관련 소송절차법적 규정들은 사법심사한계의 법률유보라고 말할 수 있을 것이다. 다만, 이 경우에도 해당 법률 그 자체의 위헌성여부에 관해서는 헌법소원심판이나 위헌법률심판의 형식으로 헌법재판소에서 사법심사가 가능하다. ④ 사법심사의 불문헌법적 한계와 관련해서는 무엇보다도 대국가적 행위규범으로서 헌법규범이 가지는 당위적 의미를 파악하는 것이 중요한데, 원칙적으로 헌법규범의 의미내용이 허용이란 당위의 양식으로 국가에게 일정한 행위지도적 기능을 하는 경우에는, 관련 국가행위에 대해서는 사법심사는 원칙적으로 불가능할 것이다. 하지만 헌법규범이 갖는 상반규범성으로 인해서 헌법재판에서 특정 국가행위가 헌법적 허용규범만으로 온전히 평가될 수 있는 경우는 거의 존재하지 않을 것이다. ⑤ 헌법규범들 간의 충돌상황에 놓여있는 국가행위는 기본적으로 사법심사의 대상이 된다. 다만 (위 '규범충돌상황표'에서 B－1·D－1영역이 문제되는) 극단적인 경우에는 사법적 판단뿐만 아니라 정치적 분별력 내지는 정치적 결단을 통해서 헌법국가를 실현할 수 있는 길을 우리 헌법은 함께 열어두고 있다. 그리고 이 지점에서 사법의 영역과 정치의 영역, 그리고 사법적 판단과 정치적 결단이 뚜렷하게 구별되면서도, 이들이 헌법의 개방성과 추상성 및 상반규범성을 통해서 함께 공존할 수 있게 되는 것이다.

(헌법)재판을 통한 사법심사는 결국 (실질적) 법치주의를 구현하기 위한 수단이며, 오늘날의 정치활동은 결국 민주주의의 실현과정이어야 한다. 그리고 비록 동적원리인 민주주의와 정적원리인 법치주의가 상호갈등관계에 있긴 하지만, 양자는 공존할 수밖에 없는 헌법적 이념들이다.[96] 그런데 본 연구를 통해서 얻어

95) 요컨대, 민주적 헌법국가에서 어떤 사안에 대해서 사법심사를 할 수 있는지 여부는 해당 사안이 가지고 있는 정치성이나 전문성 등에 의해서 좌우되는 것이 아니라, 해당 사안과 관련된 헌법규범의 규정형식으로부터 정해진다.

96) 실제로 민주주의와 법치주의는 기본적으로 대립하는 가치들이긴 하지만, 민주주의의 경우에는 방

진 결론 ①~⑤을 고려한다면, 우리 헌법은 적어도 사법심사와 관련해서는 통상적인 경우에는 민주주의에 대한 법치주의의 우위를, 극단적인 경우에는 법치주의에 대한 민주주의의 우위를 통해서 사법심사의 문제를 교정하는 방법으로 헌법국가실현을 달성하려는 것으로 이해할 수 있을 것이다. 이러한 점에서 여기서 전하고자 하는 실천적 메시지는 다음과 같이 일갈할 수 있다: '사법은 사법의 길을, 정치는 정치의 길을 가라. 그러나 헌법의 울타리 안에서!'

어적 민주주의와 같이 실질적인 어떤 내용적 요소들을 포함함으로써, 법치주의는 실질적 법치주의로의 의미변화를 꾀함으로써 상호 접근하고 있다.

제 2 부

방어권적 기본권의 심사구조

■ 인간은 변화무쌍한 대상 세계를 일정한 시간적·공간적 제약조건 아래에서만 마주할 수 있을 뿐이다. 따라서 완전한 합리성은 도달할 수 없는 하나의 이상이며, 우리의 사유는 결국 직관으로부터 시작해서 직관을 통해서 마무리될 수밖에 없다. 그럼에도 불구하고 상대적으로 구체화된 언어적 해명과정을 통해서 대상을 분석하고 직관을 통제할 수 있는 힘을 기르는 것은 보다 폭넓은 이성적 설득력을 확보하기 위한 학문의 영역에서는 포기할 수 없는 영원한 과제이다. [제2부 방어권적 기본권의 심사구조] 또한 기본권적 논증에 있어서 이러한 과제를 수행하기 위한 연장선이다. 다만 여기에서는 무엇보다도 '기본권을 통해서 규율되는 생활영역에 감행된 국가의 작위행위가 합헌적인 기본권제한인지 혹은 위헌적인 기본권침해인지 여부를 밝히는 심사과정'이 심사자의 직관이나 자의에 좌우되는 심리적 결심이나 정치적 결단의 산물이 아니라 합리적인 법적 논증과정으로 평가되도록 하는 데 이바지하기 위한 사고의 틀을 제시하고, 헌법이 마련해두고 있는 국가행위통제규준인 각종 기본권심사기준들을 보다 정밀하고 정교하게 벼리고자 하는 노력들이 행해진다. 이러한 노력들은 국가행위에 대한 헌법적 통제가능성을 높여서 궁극적으로 기본권보장과 헌법국가구현에 이바지하기 위한 이론적 활동 그 자체이기도 하지만, 보다 직접적으로는 기본권심사에서 기본권심사기준들이 각각의 고유성을 잃고 중첩적용 되어 논증의 효율성이 저해되거나 혹은 심사과정에서 누락되어 잘못된 판단으로 이를 가능성이 커지는 것을 방지할 수 있는 체계적이고 합리적이며 통일된 논리구조를 제공하여 헌법적 논증참여자들을 보다 높은 이성적 설득력이 담보될 수 있는 논증대화로 안내하려는 실천 그 자체이다.

■ 「제1장 보호영역의 잠정적 확인」에서는 기본권심사 또한 인간의 직관적 인식활동인 사고의 개념적 고정 작용으로부터 출발할 수밖에 없다는 점을 확인하고, 이러한 활동에 있어서 직관을 통제하고 합리성을 제고하기 위한 계기를 '기본권구성요건'과 '구성요건이론'에 기대어 모색해 본 "기본권의 잠정적 보호영역에 관한 연구"(헌법학연구 제15권 제3호, 한국헌법학회, 2009.09.)를 소개하였다(§ 7.). 그 과정에서 기본권심사의 첫 단계에서 검토되어야 할 실체적 사항은 물론이고, 합리적인 논증대화를 위한 절차적 사항인 논증부담의 문제 또한 함께 언급되었다. 그리고 「제2장 정당성심사」에서는 기본권침범의 허용 가능성을 살피는 영역(제한영역)과 허용된 기본권침범의 헌법적합성여부를 검토하는 영역(제한의 한계영역)으로 구분하여 각각의 영역에서 활용될 수 있는 기본권심사기준들을 논증의 합리성과 효율성에 주목해서 정돈하고 이를 바탕으로 기본권심사의 두 번째 단계인 정당성심사의 전 과정을 체계적으로 구조화하였다. 그 구체적인 내용은 아래와 같이 개관된다.

〈1〉 헌법적 차원의 권리인 기본권에 부정적으로 관여하는 국가의 행위(기본권침범)가 구체적인 기본권관계에서 기본권의 보호영역을 잠정 확인하는 과정(「제1장 보호영역의 잠정적 확인」)을 통해서 특정되었다면, 특정된 기본권침범이 헌법상 정당한 것인지 여부를 판단하기 위한 심사

(「제2장 정당성심사」)에서 가장 먼저 살펴야 할 것은 해당 기본권침범이 헌법적 차원에서 허용될 수 있는 가능성이 존재하는지 여부이다. 왜냐하면 애당초 헌법적으로 허용될 수 있는 가능성조차 없는 기본권침범은 그 자체로서 이미 위헌인 기본권침해로 확정되는바, 이에 대한 헌법적합성여부에 관한 판단은 무의미하기 때문이다. 그런데 기본권침범이 헌법적으로 허용될 수 있는 가능성이 있다는 것은 해당 기본권침범에 대한 근거가 헌법으로부터 마련될 수 있다는 것과 다르지 않다. 바로 이러한 맥락에서 「제2장 정당성심사」「제1절 제한영역: 기본권침범의 허용가능성」에서는 심사대상인 기본권침범을 헌법간접적 근거에 의한 침범(법률유보)과 헌법직접적 근거에 의한 침범(헌법유보)으로 구분하여 각각의 내용을 살펴보았으며, 그 과정에서 제기되는 법률유보와 헌법유보 상호 간 경합의 문제를 논증의 우선순위에 주목해서 정리했다(§ 8.).
〈2〉 기본권침범의 헌법적 근거가 확인되었다고 하더라도, 그 자체만으로는 해당 기본권침범이 헌법상 정당화된다고 말할 수는 없다. 왜냐하면 심사대상인 기본권침범이 정당화되기 위해서는 형식적 차원에서도, 실질적 차원에서도 헌법이 요청하는 각종 심사기준들을 위반하지 않아서 헌법적합성을 인정받을 수 있어야 하기 때문이다. 바로 이러한 맥락에서 「제2장 정당성심사」「제2절 제한의 한계영역: 허용된 기본권침범에 대한 헌법적합성심사」는 「제1관 형식적 헌법적합성심사」와 「제2관 실질적 헌법적합성심사」로 구분하여 검토하였다. 특히 전자(「제1관 형식적 헌법적합성심사」)와 관련해서는 6편의 논문 ㅡ ① "기본권심사에서 형식적 헌법적합성심사에 관한 연구: 법률에 의한(durch Gesetz) 규율을 중심으로"(헌법학연구 제21권 제1호, 한국헌법학회, 2015.03.), ② "기본권관계에서 '대통령을 수반으로 하는 정부'에게 입법권을 수권하는 법률에 대한 권한법적 통제: 수권법률제정권자의 피수권기관 및 피수권규범 특정에 관한 헌법적 통제를 중심으로"(법학논총 제35권 제1호, 전남대학교 법학연구소, 2015.04.), ③ "수권법률에 대한 수권내용통제로서 의회유보원칙: 기본권심사를 중심으로"(공법학연구 제16권 제2호, 한국비교공법학회, 2015.05.), ④ "수권법률에 대한 수권방식통제로서 포괄위임금지원칙: 기본권심사를 중심으로"(헌법학연구 제21권 제2호, 한국헌법학회, 2015.06.), ⑤ "독립행정기관에게 입법권을 수권하는 법률에 대한 헌법적합성심사로서 권한법적 통제"(법학연구 제23권 제3호, 경상대학교 법학연구소, 2015.07.), ⑥ "국회와 지방자치단체 상호 간 입법권한배분에 관한 헌법적 검토: 국회의 입법권 수권행위에 대한 헌법적 통제를 중심으로"(지방자치법연구 제16권 제2호, 한국지방자치법학회, 2016.06.) ㅡ 을 수정·보완하고 재구성한 후 새로운 내용들을 추가한 글을 수록하였다. 이를 통해서 그동안 전체 기본권심사구조 안에서 크게 주목받지 못했던 기본권침범의 형식(권한·절차·형태)에 대한 헌법적합성심사가 보다 체계적이고 논리적으로 행해질 수 있는 계기가 마련되었을 뿐만 아니라, 특히 입법권수권행위와 관련하여 헌법상 마련된 권한법적 차원의 국가행위통제규준들(피수권기관 및 피수권규범 특정에 대한 헌법적 통제규준들과 수권내용에 대한 헌법적 통제규준인 의회유보원칙, 수권방식에 대한 헌법적 통제규준인 포괄위임금지원칙 등)이 기본권심사기준으로 언제 어떻게 활용될 수 있는지가 뚜렷하게 규명되었다고 본다(§ 9.). 후자(「제2관 실질적 헌법적합성심사」)와 관련해서는 우선 "방어권적 기본권의 정당성 심사구조"(공법학연구 제10권 제4호, 한국비교공법학회, 2009.11.)라는 논문을 통해서 실질적 헌법적합성심사를 지도할 수 있는 새로운 논증방법인 분리논증을 제안하고 제안된 논증방법에 따라서 헌법 제37조 제2항으로부터 도출될 수 있는 일반적 기본권심사기준들(목적의 정당성·비례성원칙·본질내용침해금지)이 활용되는 방식을 설명했으며(§ 10.), 이어서 그동안 깊이 있게 다루지 않았던 일반적 심사기준인 자기책임의 원칙(헌법 제13조 제3항)을 별도의 목차로 독립시켜서 정리했다(§ 11.). 그리고 "기본권심사에서 법치국가원칙의 의미"(헌법학연구 제23권 제1호, 한국헌법학회, 2017.03.), "'평등권'인가 '평등원칙'인가?"(헌법학연구 제19권 제1호, 한국헌법학회, 2013.03.), "일반적 평등원칙의 심사구조와 심사강도"(공법학연구 제14권 제2호, 한국비교공법학회, 2013.05.) 등과 같은 논문에 기대어 또 다른 일반적 기본권심사기준인 명확성원칙·소급효금지원칙·(좁은 의미의) 신뢰보호원칙 등의 산파로 기능하는 불문헌법적 가치인 법치국가원칙(§ 12.)과 비교적·상대적 관점에서 국가행위를 통제하는 일반적 기본권심사기준인 평등원칙(§ 13.)을 상세하게 검토했다. 아울러 (모든 기본권관계에서 검토될 수 있는 일반적 심사기준들이 아닌) 특별한 기본권관계에서 추가적으로 검토될 수 있는 개별적 심사기준들을 기본권적 보호법익과 결부된 것(헌법 제21조 제2항: 허가 혹은 검열 금지, 헌법 제23조 제3항: 정당보상의무, 헌법 제41조 제1항 및 제67조 제1항: 보통·평등·직접·비밀 선거원칙, 헌법 제26조 제1항: 심사 및 통지의무)과 기본권침범에 결부된 것(헌법 제12조 제1항 및 제3항: 적법절차원칙, 헌법 제12조 제3항 및 제16조: 영장주의, 헌법 제12조 제5항: 고지의무·통지의무, 헌법 제12조 제2항 및 제7항: 신문행위와 관련된 통제규준으로서 고문 및 형사상 불리한 진술의 강요 금지와 자백의 증거능력 및 증명력 제한, 헌법 제13조 제1항: 이중처벌금지원칙, 헌법 제27조 제4항: 무죄추정원칙)으로 분별하여 그 각각의 내용을 새로운 관점에서 정돈하고 체계화했다(§ 14.). 이러한 정돈에는 특히 "기본권심사에서 실질적 헌법적합성심사의 구조와 개별적 심사기준의 체계화에 관한 연구: 기본권적 보호법익과 결부된 심사기준을 중심으로"(헌법학연구 제23권 제2호, 한국헌법학회, 2017.06.), "헌법상 적법절차원칙과 영장주의: 문재인 정권의 공법적 과제와 관련하여"(공법학연구 제18권 제3호, 한국비교공법학회, 2017.08.) 등과 같은 논문이 활용되었다.

제 1 장

보호영역의 잠정적 확인

§ 7. 기본권의 잠정적 보호영역*

Ⅰ. 시작하는 글

인간이 어떤 지식을 얻고 대상(존재자)을 파악하기 위해서는 대상세계의 변화무쌍과 상관없이 일방적으로 고정을 선언해야 한다.1) 즉, 시공 속에서 끊임없이 변화, 유동하고 엉켜있는 대상 자체로서의 존재자는 사고의 대상이 되는 순간 추상작용을 통해 고정된 개념으로서의 존재자가 되는 것이고,2) 우리는 이 개념을 논리적 보편타당성을 지향하는 사고의 일관된 내부규칙3)에 따라 정돈해서 판단과 추리 및 증명의 고리를 형성하고, 사물과 사태에 대한 관념적 모상을 만들어 간다.4)

존재론적 내용을 인간 인식의 형식에 적합하도록 확정하고 기초를 세우고자 하는 이러한 논리 철학적 작업5)은 헌법적 논증, 특히 개별적이고 구체적인 상황 속에서 특정 기본권을 통해 확정적으로 보호될 수 있는 생활영역이 어디까지인지를 결정하고, 해당 기본권에 대한 각종 간섭들의 합헌성 여부를 가리고자 하는 기본권심사에서도 유효하다. 즉, 가변적이고 동태적인 헌법현실 속에서6) 구체적인 경우에 "어떤 기본권('X 기본권'이라고 하자.)이 확정적으로 보장된다."라고 주장

---

* 김해원, 「기본권의 잠정적 보호영역에 관한 연구」, 『헌법학연구』 제15권 제3호, 한국헌법학회, 2009, 279－320쪽에 수록된 글을 수정 · 보완한 것이다.

1) 물론, 인간은 시공 속에 주어진 대상 자체를 시간성까지 포함하여 총체적으로 파악할 수 있는 인식주관의 능력(즉, 직관)을 가지고 있다. 그리고 이러한 대상 자체와의 총체적 합일로서의 직관(예컨대, 노자의 "道可道는 非常道요 名可名은 非常名")은 사고가 좌초하는 국면에서 오히려 진실을 드러내는 고유한 측면을 가지고 있다. 하지만 시간성과 운동성을 제거하는 추상작용에 바탕을 둔 고정의 원리는 존재세계에 대한 가장 권위 있는 앎의 기초이며, 사고를 가능케 하는 원리이다(이정호/김성환/홍건영, 『철학의 이해』, 한국방송통신대학교, 2009, 326－327쪽).

2) 이정호/김성환/홍건영, 앞의 책, 324－325쪽.

3) 논리적 사고를 위한 기본 공리로서 동일률, 모순율, 배중률이 있다. 특히 고정의 원리에 바탕을 두고 있는 동일률은 논리적 사고의 성립을 위한 전제이자, 그 출발점으로서 대상을 잠정적으로 정립시킨다. 이러한 측면에서 J. G. Fichte처럼 동일률을 정립의 원리(Prinzip der Position)로 이해해도 될 것이다(L. Geldsetzer, Logik, Aalen, 1987, S. 59).

4) L. Geldsetzer, 앞의 책, 9쪽.

5) L. Geldsetzer, 앞의 책, 9쪽.

6) 헌법규범과 헌법현실과의 관계에 대해서는 특히, 윤재만, 「헌법과 현실의 관계 소고」, 『사회과학연구』 1, 대구대학교 사회과학연구소, 1995, 1쪽 이하; 박진완, 「가변적이고 예측 불가능한 상황에서의 헌법해석 — 헌법재판소 92헌바6 결정을 중심으로」, 『헌법실무연구』 2, 헌법실무연구회, 2001, 617쪽 이하.

하기 위해서 무엇보다 우선적으로 행해져야 할 작업은 일련의 조작을 통해 'X 기본권'에 해당하는 속성들과 그 'X 기본권'이 놓여 있는 구체적 상황들을 일반적인 것으로 추출하여 특정한 고정치[7]로 추상화 혹은 개념화하고,[8] 그 개념들의 연관을 나타내는 판단으로써 'X 기본권'의 잠정적 보호영역을 확인해야 한다. 그런 다음, 'X 기본권'에 감행된 각종 침범(Eingriff)[9]들에 대한 헌법적 정당성 심사[10]를 거치고 나서야 비로소 구체적이고 개별적인 상황에서의 'X 기본권'의 확정적 보호영역이 드러나는 것이다.[11] 헌법상 기본권 규정은 그 자체가 확정적 권리를 보장하는 것이 아니라 잠정적 권리를 보장하는 것이며,[12] 헌법재판소 또한 구체적 사건을 해결함에 있어서 헌법적 정당성심사 이전에 명시적으로든 묵시적으로든 잠정적 보호영역을 상정하고 있다.[13]

---

7) 이러한 고정치를 일반적으로 지칭하는 용어는 다양하게 혹은 문맥에 따라서 다른 뉘앙스를 가지면서 사용되고 있다(이에 관해서는 아래 주 17 및 18 참조). 하지만 이 논문에서는 종국적·확정적 보호영역을 도출하기 위해 논리 철학적으로 전제된 이 고정치를 기본권의 잠정적 보호영역이라고 하고, 이러한 잠정적 보호영역을 확인하기 위해 지표가 되는 요인들을 기본권 구성요건이라고 부를 것이다(자세한 것은 아래 목차 Ⅱ. 참조).

8) 이러한 추상화 작업은 고정의 원리, 즉 사고의 개념적 고정작용을 의미한다. 이에 관해서는 이정호/김성환/홍건영, 앞의 책, 324−325쪽.

9) 이것의 개념과 내용에 관해서는 아래 주 51) 및 목차 Ⅲ. 2. 다. 이하.

10) 한편 이준일 교수는 기본권 논증체계를 "구성요건—제한—정당화"라는 3단계로 구축하면서 제한단계에서 침범/제약(Eingriff)의 근거규범을 묻고, 정당화 단계에서는 비례성원칙, 본질내용침해금지원칙 및 법치국가적 요청들을 포함시키고 있다(이준일, 「기본권논증체계의 새로운 구성 — 기본권에 관한 3단계(구성요건—제한—정당화) 논증체계 —」, 『고시계』 626, 2009, 6쪽 이하). 하지만, 본 논문에서 헌법적 정당화 심사는 다음 두 영역을 포괄하는 개념이다: ① 침범(Eingriff)의 근거, 즉 기본권 제한의 허용성(Zulässigkeit einer Beschränkung von Grundrechten)을 심사하는 영역: 제한영역(Schrankenbereich)과 ② 합헌적 근거를 가진 제한규범의 적헌성(Verfassungsmäßigkeit der Einschränkungsnorm)을 심사하는 영역: 제한의 한계영역(Schrankenschranken−bereich). 그리고 제한영역에서는 헌법유보와 법률유보가, 제한의 한계영역에서는 개별적 법률 금지원칙·비례성원칙·본질내용침해금지원칙 및 법치국가적요청 등이 검토된다(V. Epping, Grundrechte, Springer, 3. Aufl., 2007, S. 16; C. Degenhart, Klausurenkurs im Staatsrecht, C. F. Müller, 4. Aufl., 2007, S. 11f.; R. Schmidt, Grundrechte sowie Grundzüge der Verfassungsbeschwerde, Dr. Rolf Schmidt, 10. Aufl., 2008, S. 45f., 63).

11) 독일 연방헌법재판소는 기본권의 실체가 먼저 규명된 후, 비로소 법치국가적으로 납득 가능한 제한들이 확정될 수 있음을 지적하고 있는데(BVerfGE 32, 54(72)), 기본권의 잠정적 보호영역을 확인한다는 것은 구체적 사항에서 관련된 기본권의 실체를 규명하는 작업과 다르지 않다. 그리고 여기에 기초해서 기본권에 감행되어진 각종 조치들의 합헌성 여부를 판단할 수 있으며, 그 결과 기본권의 확정적 보호영역이 도출될 수 있다.

12) Vgl. M. Borowski, Prizipien als Grundrechtsnormen, in: ZÖR 53, 1998, S. 322f.

13) 우리 헌법재판소가 기본권심사에서 "잠정적 보호영역" 혹은 "확정적 보호영역"이란 표현을 명확히 사용한 경우를 찾는 것은 쉽지 않다. 하지만 특정 기본권의 "확정적 보호영역"은 일반적으로 확인될 수 없고 오직 개별적이고 구체적인 심사과정을 거친 후 헌법재판소의 결정을 통해서 비로소 드

필자는 기본권 기능에 따라서 각기 다른 심사단계를 구축해오고 있는 종래의 기본권심사체계를 대신해서,[14] 기본권최대보장자(기본권을 최대한 보장하고자 하는 자)와 기본권최대제한자(기본권을 최대한 제한하고자 하는 자) 상호 간의 논증다툼에 주목한 통일적인 2단계 심사구조(① 고정의 원리에 근간하여 잠정적 보호영역을 확인하는 단계, ② 정당성 심사를 통해서 확정적 보호영역을 도출하는 단계)를 제안하고자 한다. 이러한 제안은 물론 기본권적 논증에 있어서 보다 높은 설득력과 합리성 및 실용성을 담보하기 위함이다. 여기에서는 이러한 제안의 일환으로써 우선 기본권의 잠정적 보호영역에 관한 문제를 기본권 일반이론의 관점에서[15] 논하고자 한다. 우선 인접 개념들과의 비교를 통해 잠정적 보호영역의 의미와 성격 및 존재론적 실익을 살펴보고(Ⅱ.), 잠정적 보호영역을 인식하는데 지표가 되는 요인들은 무엇이며, 이러한 요인들을 어떻게 취급할 것인지에 관하여 방어권적 기본권을 중심으로 논할 것이다(Ⅲ.). 그리고 보충적으로 급부권적 기본권과 평등(권)에서 기본권의 잠정적 보호영역의 문제를 검토한 다음(Ⅳ. Ⅴ.), 잠정적 보호영역과 논증부담의 문제를 언급할 것이다(Ⅵ.).

러나는 것이다. 그러므로 헌법재판소가 단순히 "보호영역"이란 표현을 사용하고 있어도, 그것이 정당화 심사이전에 검토되어졌거나, 당연히 전제되어 있는 것이라면, 그것은 "잠정적 보호영역"을 의미한다고 보아야한다. 관련하여, 헌법재판소는 국가공무원법 제33조 제1항 제5호 등 위헌확인에 관한 논증에서 우선적으로 헌법 제25조의 공무담임권의 (잠정적)보호영역에 관한 논의를 한 후 과잉금지 원칙의 위반여부를 논하고 있다(헌재 2003.10.30. 2002헌마684·735·763 병합결정); 자동차 운전자에게 좌석안전띠를 착용하도록 하고, 이를 위반했을 때 범칙금을 납부하도록 통고하는 것이 양심의 자유를 침해하는지의 여부에 관한 심사에서 헌법재판소는 해당 규제가 양심의 자유의 보호영역에 속하는지 여부를 우선적으로 살피고 있다(헌재 2003.10.30. 2002헌마518 결정); 그 외에도 명시적으로 보호영역을 언급하고 있는 것은 헌재 2002.4.25. 98헌마425, 99헌마170·498 병합결정; 헌재 2003.9.25. 2003헌마293결정; 헌재 2003.6.26. 2002헌마677 결정; 헌재 2002.8.29. 2001헌마788, 2002헌마173 병합결정 등.

14) 기본권심사체계와 관련해서 다양한 시도에도 불구하고 현재까지 보편타당한 기본권 도그마틱은 존재하지 않는다(A. Katz, Staatsrecht — Grundkurs im öffentlichen Recht, C. F. Müller, 17. Aufl., 2007, S. 310). 하지만 독일의 지배적 표현에 따르면 방어권적 기본권은 3단계(보호영역 — 침범 — 헌법적 정당화)로, 급부권적 기본권은 1단계(국가의 조치(급부)가 관계된 기본권에 근거하여 요구될 수 있는지 여부를 심사)로, 평등권은 2단계(차별여부 확정 — 정당성 심사)로 심사 된다(B. Pieroth/B. Schlink, Die Grundrechte. Staatsrecht Ⅱ, C. F. Müller, 24. Aufl., 2008, S. 3; Rolf Schmidt, 앞의 책, 45쪽, 147쪽; C. Degenhart, 앞의 책, 11쪽 이하.). 한편 Alfred Katz는 방어권 심사를 3단계로 구축하지만, 보호영역 심사단계에서 침범을 다루며, 다수설이 정당화 심사에서 취급하는 두 가지 영역, 즉 제한영역과 제한의 한계영역을 분리하고 있다: 보호영역 — 제한영역 — 제한의 한계영역. 이에 관해서는 A. Katz, 같은 책, 325쪽.

15) 한편 강학상 개념인 기본권 각론은 개별 기본권들의 잠정적 보호영역 확인이라는 문제에 주목하여, 개별 기본권들의 속성 및 구성요건과 해당 기본권들이 주로 문제 되는 전형적인 사태들에 대해서 논하고 있다.

II. 잠정적 보호영역의 의미와 가치

일반적으로 전체 규율영역(Regelungsbereich) 중에서 기본권으로 보호되는 일정한 생활영역을 '기본권 보호영역(Grundrechtsschutzbereich)'이라고 한다.[16] 그러나 이러한 생활영역을 지칭하는 표현은 문맥 따라 미묘한 차이를 가지면서 혼란스러울 정도로 다양하게 등장하고 있다. 어떤 경우에는 보장영역(Garantiebereich/Gewährleistungsbereich), 규범영역(Normbereich), 효력영역(Wirkungsbereich), 기본권구성요건(Grundrechtstatbestand), 유효영역(Geltungsbereich), 적용영역(Anwendung-sbereich), 보호대상(Schutzgegenstand) 혹은 보호법익(Schutzgut) 등으로 표현되기도 하고,[17] 때로는 이러한 용어들이 서로 구별되기도 한다.[18] 특히 "보호영역"과

---

16) R. Schmidt, 앞의 책, 49쪽; B. Pieroth/B. Schlink,, 앞의 책, 49쪽.

17) S. U. Pieper, Verfassungsrecht der Bundesrepublik Deutschland, Kommunal- und Schul-Verlag, 2008, S. 125; W. Höfling, Grundrechtstatbestand — Grundrechtsschranken — Grundrechtsschrankenschranken, Jura 1994, S. 170; H. Dreier, Vorb., in: ders. (Hrsg.), Grundgesetz Kommentar Bd. 1, Mohr Siebeck, 2. Aufl., 2004, S. 115; K. Hesse, Grundzüge des Verfassungsrechts der Bundesrepublik Deutschland, C. F. Müller, 20. Aufl., 1995, S. 139; I. v. Münch, Vorb. Art. 1-19, in: ders./P. Kunig (Hrsg.), Grundgesetz-Kommentar Bd. 1, C. H. Beck, 5. Aufl., 2000, S. 48; R. Zippelius/T. Würtenberger, Deutsches Staatsrecht, C. H. Beck, 32. Aufl., 2008, S. 204; H. D. Jarass, Vorb. vor Art. 1, in: ders./B. Pieroth, Grundgesetz für die Bundesrepublik Deutschland Kommentar, C. H. Beck, 10. Aufl., 2009, S. 24; 특히 보호대상(Schutzgegenstand)로 표현하는 경우는 M. Sachs, Verfassungsrecht II Grundrechte, Springer, 2. Aufl., 2003, S. 94; 효력영역(Wirkungsbereich)에 관한 표현으로는 BVerfGE 32, 54(72); 보호법익이란 표현을 사용하는 경우는 D. Rauschnig, Aussprache, in: Der Grundrechtseingriff, VVDStRL 57, 1998, S. 114.

18) 독일 문헌들의 인용을 통해서 보호영역을 설명하고 있는 국내 문헌들에서도 용어사용의 혼란스러움과 불일치는 확인된다. 즉, 기본권의 보호영역, 규범영역, 구성요건을 모두 같은 개념으로 파악하는 입장(강태수, 「기본권의 보호영역, 제한 및 제한의 한계」, 『한국에서의 기본권이론의 형성과 발전—정천허영박사화갑기념논문집』, 박영사, 1997, 103쪽), 기본권의 보호영역과 구성요건을 동일한 의미로 이해하는 견해(최갑선, 「자유권적 기본권의 침해여부 판단구조 및 판단기준」, 『헌법논총』 10, 헌법재판소, 1999, 389쪽), 기본권구성요건을 규범영역으로 일컫는 입장(김철수, 『헌법학신론』, 박영사, 2008, 304쪽), 기본권으로 보호되는 생활영역을 '기본권 보호범위' 또는 '기본권구성요건'이라고 지칭하는 입장(김일환, 「기본권의 제한과 침해의 구별필요성에 관한 고찰」, 『공법연구』 27-2, 한국공법학회, 1999, 318쪽) 등이 있는 반면, 기본권구성요건과 보호영역을 구별하면서 기본권구성요건은 기본권 규범이 적용되기 위한 최소한의 조건이라고 하는 입장(성정엽, 「기본권규범의 법적 구조 — 기본권의 구성요소, 제한, 보호영역」, 『인제논총』 9-1, 1993, 207쪽)도 있고, 기본권구성요건과 보호영역은 기본적으로 상이한 개념이지만, 기본권 규범을 통한 잠정적 보장이라는 공통점을 가지고 있다는 견해(윤재만, 「기본권구성요건 개념」, 『헌법학연구』 9-1, 한국헌법학회, 2003, 100-102쪽)가 주장되기도 한다. 또 보호영역과 실제적 보장영역을 구분하면서 기본권 제한 이전에 기본권의 보호기능 일반이 발휘되는 영역을 보호영역이라고 하는 입장(정태호, 「자유권적 기본권의 제한에 관한 고찰 — 이른바 사실상의 기본권제약을 중심으로—」, 『헌법논총』 13, 헌법재판소, 2002, 565-566쪽)도 있다.

"구성요건"이라는 용어 사용과 관련해서 국내 문헌들을 살펴보면, 양자를 동일한 의미로 이해하는 경우도 있고,[19] 구별해서 사용하는 입장도 있으며,[20] 양자는 대체로 일치하는 개념이지만, 기본권 규범이 어떠한 종류인지에 따라서 달리 취급될 수 있음을 강조하는 견해도 있다.[21] 여기에서는 이러한 표현상의 혼란함을 피하고, 기본권심사라는 실천적 의미에 주목하여 기본권 보호영역(기본권에 의해서 보호되어지는 일정한 생활영역)을 이해할 것이다. 즉, 기본권적 논증에 참여하는 자들이 특정 기본권과 그 기본권이 관여하는 개별적이고 구체적인 상황들을 포착한 후, 사고의 개념적 고정작용을 통해서 만들어낸 관념적 모상 혹은 이를 바탕으로 일단(一旦) 확인되어진 보호영역을 기본권의 잠정적 보호영역으로, 또 이러한 잠정적 보호영역을 기초로 해서 정당성 심사를 거친 후 해당 구체적 상황에서 특정 기본권으로서 인정된다고 종국적으로 선언된 생활영역을 기본권의 확정적 보호영역[22]이라고 정의하고, 기본권 보호영역이란 개념 안에서 잠정적 보호영역과 확정적 보호영역을 대립시킬 것이다.[23] 그리고 기본권의 잠정적 보호영역이 성립하기 위한 실질적인 전제조건들이자, 잠정적 보호영역을 확인함에 있어서 지표가 되는 사태들의 총체를 기본권 구성요건이라고 정의할 것이다.[24]

---

19) 강태수, 앞의 글, 103쪽; 최갑선, 앞의 글, 389쪽; 김일환, 앞의 글, 318쪽.

20) 성정엽, 앞의 글, 207쪽.

21) 윤재만 교수는 R. Alexy의 견해(R. Alexy, Theorie der Grundrechte, Suhrkamp, 2. Aufl., 1994, S. 273ff.)를 인용하면서 기본권적 허용규범의 경우에는 양자는 일치하지만, 방어권을 보장하는 규범의 경우에는 양자가 달리 취급될 수 있음을 지적하고 있다(윤재만, 앞의 글(주 18), 102－104쪽); 같은 취지로 이준일, 『헌법학강의』, 홍문사, 2008, 391－392쪽.

22) 구체적 경우에 확정적 보호영역에 감행된 침범은 더 이상 합헌적일 수 없다는 관점에서, G. Lübbe－Wolff는 실제적 보장영역(effektiver Garantiebereich der Grundrechte)이라고 표현하고 있다(G. Lübbe－Wolff, Die Grundrechte als Eingriffsabwehrrechte, Nomos, 1998, S. 26).

23) 이러한 태도는 두 영역을 명확히 구별하고 있지 않은 기존의 보호영역론에 비해서 논증의 합리화에 도움을 주고, 기본권심사를 소극적으로 구성(즉, 보호영역에 감행된 국가적 침범의 합헌성여부에 주목)하는 태도에서 탈피하여, 전체 기본권심사를 확정적 보호영역을 발견하는 적극적 과정으로 재구성할 수 있다는 장점이 있다; 한편, 다른 맥락에서 기본권규범을 "규칙/원칙 모델"로 이해하고 있는 R. Alexy에게도 보호영역에 대한 "잠정적(prima facie)"이란 표현은 기본권심사와 관련하여 특별한 의미를 가진다. 즉, 기본권은 우선적으로 형량이 필요한 잠정적 성격의 원칙이지만, 형량이 된 이후에는 확정적 성격의 규칙으로 전환될 수 있다고 한다(R. Alexy, 앞의 책, 121쪽).

24) 한편, '기본권 구성요건'과 '기본권 보호영역'을 같은 의미 내지는 대등한 관념으로 사용하는 경우(주 18 참조)도 있는데 이는 정확한 용어의 사용이 아니라고 생각한다. 원래 구성요건(Tatbestand)이란 말은 특정한 관점에서 유의미하게 주어진 것들의 총체를 의미하는 것으로서(M. Wermke/K. Kunkel－Razum/W. Scholze－Stubenrecht (Hrsg.), Das Bedeutungswörterbuch, Duden, 3. Aufl. 2002, S. 880), 통상 사실의 내용(상황) 혹은 사태 등으로 번역된다. 법학에서 구성요건의 개념은 특히 형법학에서 중요한 의미를 가지고 발달했다(M. Sachs, 앞의 책, 90쪽). 중세 이탈리아의 corpus delicti(증명된 사실)을 뜻하는 단어를 Klein이 Tatbestand로 번역하고, 여기에 위법성과 책

고정의 원리라는 인간 인식활동에 의해서 확인될 수 있는 기본권의 잠정적 보호영역은 구체적 문제 해결에 있어서 중요한 의미와 실용적인 가치를 가지고 있다. 즉, 기본권 조항을 구체적 사례에 적용하는 경우 그 첫 단계로서 기본권에 연관된 경우와 그렇지 않은 경우를 가능한 한 초기에 구별하여 기본권의 적용을 배제시킬 것인가, 아니면 기본권 보장이라는 법적 결과를 낳게 하는 최소한의 조건이 충족되었는가를 살펴보아야만 하는데[25] 기본권의 잠정적 보호영역에 관한 논의는 바로 이 경우에 판단의 척도를 제시한다. 또한 기본권 일반론과 관련된 주제들은 대부분 기본권의 보호방법에 그 초점이 맞추어져 있는데,[26] 이러한 보호방법에 앞서서 논의되어야 할 것은 기본권의 보호대상을 규명하여 보호영역을 잠정적으로 확인하는 일이다. 뿐만 아니라 기본권심사는 항상 관련된 기본권의 잠정적 보호영역을 확인하는 일로부터 출발한다. 왜냐하면, 처음부터 기본권의 보호영역이 잠정적으로라도 관련되어 있지 않다면 기본권심사는 이미 부정되며, 이러한 경우에 기본권에 감행된 각종 침범들의 정당성여부를 검토하는 것은 비논리적이고 무의미하기 때문이다.[27] 결국 기본권심사에 있어서 해당 기본권의 잠정적 보호영역을 확인한다는 것은 기본권 규범을 올바르게 해석하게 하는 관념적 틀을 만들고, 나아가 기본권 조항의 적용 과정을 단계적으로 체계화한다는 의미를 지닌다.[28] 또한, 구체적인 사안을 개방적이고 추상적인 기본권 규정에 포섭시키는 과정에서 사례해결의 예견 가능성을 제공하고 기본권 침범자의 자의적인 해석을 통제함으로써 개인의 자유와 권리를 보장하게 하며, 각각의 기본권 주체들에게는 잠정적으로라도 기본권 보호영

임까지 포함시켜 범죄구성요건(Verbrechenstatbestand), 즉 형벌을 과하는데 필요한 요소들의 총체라는 의미를 부여했으나, 현재에는 형벌을 과하는 근거가 되는 행위유형을 추상적으로 기술한 것으로 형법에 규정된 금지의 자료를 뜻하며, 따라서 구성요건에 해당한다는 것은 위법성과 실질적 불법에 대한 종국적 판단이 아니라 일반적 잠정적 판단을 의미하는 것으로 사용되고 있다(이재상, 『형법총론』, 박영사, 1995, 91-94쪽). 따라서 기본권 보호영역에서 구성요건이라고 함은 잠정적인 법적 효과(혹은 잠정적 보호영역 확인)를 위한 필수적인 전제조건들의 총체로 이해하면 될 것이다(M. Sachs, 같은 책, 90쪽; R. Alexy, 앞의 책, 276쪽).

25) 강태수, 앞의 글, 110-111쪽.

26) 예컨대 기본권 일반이론 중 기본권 효력론은 기본권 효력이 미치는 대상을 다룸으로써 기본권을 누구로부터 보호할 것인가의 문제를 다루며, 기본권 제한론은 기본권 제한의 한계를 설정함으로써 자의적인 기본권 침해로부터 기본권을 보호하려는 이론이다(성정엽, 앞의 글, 201쪽).

27) 최갑선, 앞의 글, 404쪽; M. Sachs, Der Gewährleistungsgehalt der Grundrechte, in: K. Stern, Das Staatsrecht der Bundesrepublik Deutschland, Bd.Ⅲ/2, C. H. Beck, 1994, § 77, S. 57f.; BVerfGE 32, 54(72).

28) 강태수, 앞의 글, 110-111쪽.

역에 속하지 않는 행위를 사전에 배제하도록 하여 권리남용을 방지하는 역할도 한다.[29)]

그런데 기본권 규범을 통해서 보호되는 생활영역은 국가적 영역과 사회적 영역 모두에 걸쳐있고,[30)] 그것이 어떠한 영역에 해당하느냐에 따라 그 의미와 내용이 달라진다.[31)] 따라서 기본권의 잠정적 보호영역을 확인하는 작업 또한 국가적 영역과 사회적 영역 사이에서 기본권이 어떠한 기능을 하느냐에 따라 달리 취급되어질 수 있을 것이다. 따라서 이하에서는 국가영역으로부터 사회영역의 침투와 간섭을 막는 방어권적 기본권, 일정한 국가목적과 헌법정신의 구현을 위해 사회영역에 대한 국가의 적극적 개입·확장을 요구하는 급부권적 기본권으로 구분해서 잠정적 보호영역을 살펴볼 것이다. 그리고 헌법상 평등을 권리로 바라보는 입장 — 한편 필자는 헌법상 평등은 평등권이 아니라 평등원칙으로 이해되어야 하므로, 평등을 권리로 구성하는 것에 반대한다는 점을 미리 밝혀둔다(이에 관해서는 아래 § 13. 참조). — 에서 평등(권)과 관련된 잠정적 보호영역에 관한 문제 또한 간단히 언급할 것이다.

Ⅲ. 방어권적 기본권의 잠정적 보호영역

1. 논점의 정리

방어권으로 기능하는 기본권은 기본권보호영역에 간섭하는 공권력작용을 배제할 수 있는 법적인 힘을 내포하고 있는바, 방어권적 기본권은 단순히 자유로운 상태를 보장하는 것을 넘어 국가의 개입에 대해 개인의 자유영역을 방어하는 권

---

29) M. Kloepfer, Grundrechtstatbestand und Grundrechtsschranken in der Rechtsprechung des Bundesverfassungsgerichts, Bd. Ⅱ, in: C. Starck (Hrsg.), Bundesverfassungsgericht und Grundgesetz, J. C. B. Mohr, 2. Aufl., 1976, S. 406.

30) 물론 이러한 표현은 국가와 사회를 구별하는 것을 전제로 하는 것이다. 양자를 구별하지 않는 일원론도 있으나 자유민주주의 국가에서는 양자를 구별하는 이원론이 지지되며, 특히 양자를 교차적인 이원관계로 보는 것이 일반적이다(명재진, 「헌법학의 토대로서의 국가, 인권 그리고 사회영역의 자율성에 관하여」, 『법학연구』 9-2, 충남대학교 법학연구소, 1999, 15쪽). 우리 헌법도 해석상 국가와 사회를 구별하고 있음이 인정되고, 두 영역의 상호관련성이 뚜렷하다(김승환, 「국가와 사회의 구별」, 『공법연구』 26-1, 한국공법학회, 1998, 451-453쪽).

31) 왜냐하면, 국가적 영역은 조직화된 영역, 지배의 영역이나 사회적 영역은 자기발현·자기책임·자기결정을 특징으로 하는 영역이어서 이곳에서의 통제는 조직되지 않은 자기통제이고 개인의 자유로운 지위에 상응하여 다원주의적 다양성과 인격의 자유로운 발현이 우선적으로 강조되는 영역이기 때문이다(김승환, 앞의 글, 447-448쪽).

리로서의 성격을 갖고 있다.[32] 따라서 이러한 방어권은 구체적으로 방해(간섭)라는 국가의 작위적 행위를 중지할 것을 청구하는 것(방해중지청구권)[33]으로 나타난다. 그러므로 방어권적 기본권의 잠정적 보호영역을 확인하는 것은 "① 누구의(인적 보호요소) ② 무엇에 대한(물적 보호요소) ③ 어떤 방해(침범: Eingriff)를 중단하도록 일단(一旦) 요구할 수 있느냐?" 하는 물음으로 집약된다. 여기 언급된 이 3가지 요인들이 바로 기본권 구성요건을 이루며, 이러한 요인들을 어떻게 취급할 것인지에 관한 논의가 기본권 구성요건이론이다.

2. 기본권구성요건

가. 서두

기본권구성요건은 기본권의 잠정적 보호영역을 징표 하는 총체적 사태를 의미한다.[34] 그리고 여기에 해당하는 인적·물적 요소들은 잠정적으로 기본권에 의해 보호되는 법익을 구성한다.[35] 이러한 기본권적 보호법익은 1차적으로 헌법해석을 통해 얻어지겠지만, 경우에 따라서는 구체적인 사항이 입법을 통해서 형성되는 경우도 있을 것이다.[36] 이하에서는 이러한 기본권적 보호법익을 인적 측면과 물적 측면으로 나누어 개관한 후, 여기에 감행되어지는 국가의 침범(기본권침범: Grundrechtseingriff)도 기본권 구성요건에 포함되어야 하는 이유를 설명할 것이다.

---

32) H. Maurer, Staatsrecht, C. H. Beck, 1999, S. 270.

33) 국가의 작위적인 방해의 중지를 요구하는 것이므로 넓은 의미의 부작위청구권에 해당하는 것이고 국가의 적극적인 행위를 요구하는 급부권과 달리 소극적 행위(부작위)를 청구하는 권리이다(이런 관점에서 설명은 특히, 이준일, 「기본권의 기능과 제한 및 정당화의 세 가지 유형」, 『공법연구』 29-1, 한국공법학회, 2000, 103-104쪽).

34) 주 24) 참조.

35) 보호법익(Schutzgut/Schutzinteresse)을 기본권적 보호대상(Schutzgegenstand)이라고 표현하면서, 인적 구성요건을 제외하고, 단지 각각의 기본권 규정에서 언급되어있는 물적 구성요건으로만 설명하기도 한다(M. Sachs, 앞의 책(주 17), 93-94쪽). 하지만 개별적이고 구체적인 기본권 문제에서 기본권이 보호하고자 하는 법익은 보호대상 그 자체로서 존재하는 것이 아니라, 항상 기본권 주체를 의미하는 인적 구성요건과의 결부를 통해서 드러난다고 해야 한다. 따라서 본 논문에서는 기본권을 통해서 보호되는 "누구의 무엇" 즉, 인적·물적 구성요건 모두를 기본권 보호법익의 개념요소로 이해할 것이다.

36) 기본권 형성적 법률유보를 뜻함. 예컨대 재산권의 내용과 한계를 법률로 정한다는 헌법 제23조 제1항, 환경권의 내용과 행사에 관하여 법률로 정한다는 헌법 제35조 제2항.

나. 보호법익

1) 인적 구성요건

인적 구성요건은 '누가 관련된 기본권의 보호를 받을 수 있느냐'하는 문제로 보통 '기본권주체'라는 이름으로 논의된다.[37] 헌법은 대부분의 경우에 기본권의 인적 보호의 범위를 "모든 국민"이라고 하고 있다. 하지만, 헌법 제33조의 근로3권에서는 "근로자"라고 명시하고 있으며, 그 밖에 "누구든지"라고 명시한 경우(헌법 제12조 제1항 제2문, 제12조 제4항 제1문, 제12조 제5항 제1문, 제12조 제6항) 혹은 "형사피고인"(헌법 제27조 제4항), "형사피해자"(헌법 제27조 제5항), "구금되었던 자"(헌법 제28조) 등과 같이 명시한 경우도 있다. 한편 외국인의 경우에는 우리 헌법이 "국제법과 조약이 정하는 바에 의하여 그 지위"를 보장하고 있다는 점에서(헌법 제6조 제2항), 원칙적으로 외국인을 헌법적 차원의 권리인 기본권을 보유하고 있는 국민과 동일하게 취급할 수는 없을 것이다. 하지만 헌법이 기본권의 인적 구성요건(기본권주체)을 "국민"이라고 명시하고 있지 않은 경우에는 국민이 아닌 외국인이나 무국적자에 대해서도 기본권주체성을 확장할 수 있는 여지가 봉쇄되어 있는 것은 아니라고 하겠다.[38][39]

2) 물적 구성요건

기본권에 의해서 보호되는 개인의 자유와 행동들(집회, 의사표현, 직업행사 등), 단순한 상태 및 공간(헌법 제16조의 "주거"공간), 법적 지위(헌법 제23조 제1항에 의거한 재산권) 등이 여기에 포함되며, 특히 보호되는 행위에는 작위·부작위가 모두 속한다.[40] 그리고 이러한 자유·상태·지위는[41] 기본권 주체의 자기결정을 의미하는 주관적 보호이익과 이를 둘러싸고 있는 조건이나 실체를 뜻하는 객관적 보

---

37) 최갑선, 앞의 글, 389쪽; 이준일, 앞의 책(주 21), 393쪽.

38) 그 밖에 국가기관이 갖고 있는 헌법상 지위, 예컨대 "국회의원"을 인적 구성요건으로 삼고 있는 헌법 제44조 제1항의 불체포 특권이나 헌법 제45조 면책 특권 등도 주목해볼 수 있겠지만, 국회의원의 면책 특권과 불체포 특권 등은 의회의 자주성과 독립성을 확보하기 위하여 인정되는 법적 지위로서(특히, 정만희, 「국회의원의 면책특권」, 『동아법학』 10, 동아대학교법학연구소, 1990, 2-6쪽), 기본권과 같은 권리가 아니라 권한법적 차원에서 고찰되어야 할 것이다. 물론 이 경우에도 구체적 상황에서 면책·불체포 특권을 가지고 있음을 주장하려면, 우선 헌법 제44조 제1항과 제45조의 인적·물적 구성요건을 살펴보아야함은 당연하다.

39) 기본권의 인적 구성요건을 헌법이 명시하고 있는 표현을 넘어서서 외국인이나 법인 혹은 태아 등에게까지 확장하는 논의에 관해서는 특히, 김승환, 「기본권의 인적 효력범위」, 『공법학연구』 9-4, 한국비교공법학회, 2008, 114쪽 이하 참조.

40) 최갑선, 앞의 글, 389쪽.

41) R. Alexy, 앞의 책, 253쪽.

호이익 모두를 아우르고 있다.[42)]

3) 보호법익과 헌법해석

가) 일반론

명시적인 헌법 조문이 헌법해석론의 출발점이자 한계점이다.[43)] 기본권의 잠정적 보호영역을 파악하는 것 또한 1차적으로는 개별기본권 조항의 해석을 통해서,[44)] 보호법익의 내용을 이루는 인적·물적 구성요건을 조사하는 것에서부터 출발한다. 이 경우에 개별 기본권 규정에 부가된 명문의 조건이나 사태들 — 예컨대, 헌법 제33조의 근로3권은 "근로조건의 향상을 위하여"라는 조건에서 인정되는 것이며, 헌법 제26조의 청원할 권리는 "문서"를 통하도록 규정되어있다. — 을 고려해야 한다.[45)] 그리고 기본권 규범의 해석에 있어서도 마땅히 다른 기본권 및 그 밖의 헌법규정과의 체계적 연관성도 고려되어야 한다.[46)]

나) 기본권 형성적 법률유보의 경우

헌법상의 기본권 문언은 추상적이고 불확정적이며, 다의적 법 개념을 담고 있는 일반 조항으로서의 성격이 강해서 이를 구체화 시킬 필요성이 크다. 이런 필요성에 부응하여 기본권제한적 법률유보는 기본권의 한계를 구체화하고, 기본권형성적 법률유보는 기본권의 내용을 구체화하는 것으로 이해되고 있다.[47)] 하지만 기본권제한적 법률유보와 기본권형성적 법률유보는 각각 분리

42) J. Isensee, Das Grundrecht als Abwehrrecht und als staatliche Schutzpflicht, in: ders./P. Kirchhof (Hrsg.), Handbuch des Staatsrechts der Bundesrepublik Deutschland, Bd. Ⅴ., C. F. Müller, 2. Aufl., 2000, S. 166.

43) 신우철, 『헌법과학: 새로운 방법론의 탐색』, 동현출판, 2002, 87쪽.

44) 강태수, 앞의 글, 107쪽.

45) 강태수, 앞의 글, 108쪽.

46) 강태수, 앞의 글, 108－109쪽: 예컨대, 신체의 자유가 헌법 제12조와 제13조 제1항에 걸쳐 규정되어 있고, 국회의원이란 공직에 취임할 수 있는 권리는 헌법 제25조의 공무담임권과 헌법 제41조, 제42조의 국회의원 선거 및 임기에 관한 조항과 연관해서 드러나며, 헌법상 부여받은 공적인 권한을 행사하는 범위에서 국회의원은 국가에 대한 기본권 주체자로서 활동하는 것이 아니므로, 방어권적인 기본권을 직접 주장하여 헌법소원을 제기할 수 없다(헌재 1997.7.16. 96헌라2 결정).

47) 김승환, 「기본권제한적 법률유보와 기본권형성적 법률유보」, 『현대법의 이론과 실재－금랑김철수교수화갑기념 논문집』, 박영사, 1993, 437쪽; 한편 홍성방 교수는 법률유보를 기본권제한적 법률유보, 기본권형성적 법률유보, 기본권구체화적 법률유보 등과 같이 3가지로 나누는 것을 지지하면서 재산권·참정권·청구권·절차권적 기본권에 규정되어 있는 법률유보는 기본권구체화적 법률유보라고 한다(홍성방, 『헌법학』, 현암사, 2004, 335쪽－336쪽). 그러나 기본권형성적 법률유보는 입법자에게 기본권의 내용을 구체화하는 권한이 부여된 경우이므로 기본권구체화적 법률유보를 굳이 따로 분류할 실익은 없다고 생각한다. 헌법재판소도 양자를 구별하고 있지 않는 것으로 보인다(헌재 1993.7.29. 92헌바20 결정; 헌재 1993.3.11. 92헌마48 결정 참조).

될 수 있는 다른 것이 아니라, 기본권관계를 규율하는 하나의 법률이 갖고 있는 다른 두 성격에 주목한 표현일 뿐이다. 왜냐하면 내용과 한계는 분리될 수 없는 상호 규정적 개념이란 점(즉 기본권의 한계에 대한 구체화는 기본권의 내용을 구체화하는 것이며, 기본권의 내용에 대한 구체화는 기본권의 한계를 구체화하는 것과 다르지 않다는 점)에서, 결국 모든 기본권제한적 법률유보는 그 자체로서 기본권형성적 법률유보이며, 모든 기본권형성적 법률유보 또한 그 자체로 기본권제한적 법률유보이기 때문이다. 따라서 모든 기본권에 대해서 기본권제한적 법률유보를 허용하고 있는 현행 헌법(특히 헌법 제37조 제2항 "모든 자유와 권리")은 결국 모든 기본권에 대해서 기본권형성적 법률유보 또한 허용하고 있는 것으로 이해된다.[48]

그런데 기본권제한적 법률유보의 문제는 논리적으로 기본권의 잠정적 보호영역이 확정된 다음, 정당화 심사에서 고려해야할 사항이다. 따라서 여기에서 문제가 되는 것은 기본권형성적 법률유보이다. 생각건대, 기본권형성적 법률에 의해 규정된 것들은 당연히 기본권의 잠정적 보호영역을 확인하기 위한 기초로 삼아야 한다. 왜냐하면, 이런 경우에는 입법자에게 기본권의 보호영역을 정하는데(특히 확장하는 경우에) 폭넓은 형성권을 주는 것이고, 그 보호영역의 범위는 헌법개정 없이도 법률에 의해서 새롭게 정해질 수 있기 때문이다.[49] 다만, 이러한 기본권형성적 법률유보는 모든 기본권을 그 적용대상으로 하며, 그것이 헌법상 명문으로 존재하든 안 하든 상관없이 기본권의 모든 행사를 조장하는 기능을 하는 것[50]이므로 기본권의 잠정적 보호영역 확인에 있어서 당연히 그 범위에 포함되는 최소한도의 구성요건적 표지로 이해되어야 할 것이다. 즉, 단순히 그런 표지가 형성적 법률로서 구체화되지 않았다고 해서 잠정적 보호영역 확인을 위한 심사과정에서 제외시키거나, 성급하게 기본권으로서 보호되는 대상이 아니라고 판단하면 안 될 것이다. 결국, 헌법상 기본권규범의 구체화를 꾀하는 기본권형성적 법률유보는 기본권의 인적·물적 구성요건의 대상을 보충하거나 쉽게 인식되도

---

48) 김승환, 앞의 글(주 47), 437쪽; 특히 헌법상 명문으로 인정한 것은 헌법 제23조 제1항의 "재산권의 내용과 한계는 법률로 정한다." 헌법 제22조 제2항의 "저작자 발명가 과학기술자와 예술가의 권리는 법률로써 보호한다." 헌법 제35조 제2항의 "환경권의 내용과 행사에 관하여는 법률로 정한다." 헌법 제24조 "모든 국민은 법률이 정하는 바에 의하여 선거권을 가진다." 헌법 제25조는 "모든 국민은 법률이 정하는 바에 의하여 공무담임권을 가진다." 그리고 헌법에서 규정하고 있는 청구권 및 사회적 기본권 조항들에서도 찾아볼 수 있다.

49) 강태수, 앞의 글, 107쪽.

50) 김승환, 앞의 글(주 47), 438쪽.

록 하며, 나아가 잠정적 보호영역을 확장시키는 기능을 하므로 기본권의 잠정적 보호영역 확인을 위한 해석의 기초로 삼아야 한다.

다. 보호법익에 대한 침범

국가에 의해 감행되는 개인의 기본권적 보호법익에 대한 각종 불리한 작용들을 구상화하기 위해 사용되는 중립적 개념인 침범(Eingriff)[51]이 기본권 구성요건에 포함되는지가 문제 된다. 기본권 구성요건은 잠정적인 법적 효과를 위한 실질적인 전제조건들을 완벽하게 종합해야 할 임무가 있다.[52] 따라서 기본권 규범으로부터 얻을 수 있는 인적·물적 구성요건(혹은 보호법익)만으로도 정당화 심사를 위한 모든 준비작업(즉, 잠정적 보호영역 확인)이 온전하게 설명될 수 있다면, 침범은 기본권 구성요건에 포함될 필요가 없을 것이다. 하지만 침범이 기본권의 잠정적 보호영역을 확인하는데 실질적인 의미를 지니고, 경우에 따라 침범의 관점에서 잠정적 보호영역이 결정되어진다면,[53] 침범을 기본권 구성요건에 포함시켜야 할 것이다.

이러한 문제와 관련하여 독일 연방헌법재판소의 1971년 수공업자결정[54]을 주목해볼 필요가 있다. 이 결정에서 독일연방헌법재판소는 기본법 제13조 제1항의 '주거의 자유'와 관련하여 주거 개념에는 작업실(Arbeitsräume), 사무실

51) "제약", "침익", "침투" 혹은 "제한" 등의 다양한 표현으로 달리 번역되고 있지만, 기본적으로 "Eingriff"는 이러한 중립적 의미로서 이해되고 있다. 특히, 정태호, 앞의 글, 566쪽; 허완중, 「기본권보호의무에서 과소보호금지원칙과 과잉금지원칙의 관계」, 『공법연구』 37-1(2), 한국공법학회, 2008, 202쪽; 이준일, 앞의 책(주 21), 392쪽; 송석윤, 『헌법과 사회변동』, 경인문화사, 2007, 47쪽; 이욱한, 「국가에 의한 정보제공행위의 기본권심사구조와 법률유보」, 『공법학연구』 10-1, 한국비교공법학회, 2009, 107쪽; 한편 윤재만 교수는 Eingriff를 침해(侵害)라고 번역하고 있다(윤재만, 앞의 글(주 18), 105쪽). 그런데 통상 침해는 해치다, 위반하다, 불법적으로 경계를 넘어서다, 침입하다 등의 의미를 가진 verletzen의 명사형인 Verletzung을 번역한 것으로, 기본권에 대한 용납되지 않는 위헌적인 국가 작용을 의미한다. 독일 기본법 제2조 제1항과 제19조 제4항 제1문의 "verletzt"도 '침해하다'라는 의미로 번역하는 것이 타당할 것이다. 또 "Eingriff"는 제한(Schranke, Beschränkung, Einschränkung)으로 번역되기도 하지만, 기본권에 대한 침범, 제한, 침해는 구별되어야한다. 즉, "침범(Eingriff)"은 적헌성 판단 이전에 중립적으로 사용되는 개념인 반면, 이러한 침범이 기본권심사과정을 통해서 합헌적인 것으로 판단되면 그것은 기본권 "제한"이고, 만약 위헌적인 것으로 판단되면 기본권 "침해"가 되는 것이다. 사실 이들을 구별하고 독립된 의미로서 침범을 사용하는 이유는, 기본권에 대한 국가의 합헌적 간섭을 의미하는 제한이 되기 위해서 갖추어야 할 요건들 — 특히 헌법 제37조 제2항의 형식적, 실질적 요건들 — 을 검토하기 이전의 상태를 논리적으로 표현하기 위함이다. 기본권적 논증에 있어서 합리성과 건전성을 담보하고, 불필요한 오해를 피하기 위해서도 이들 개념은 엄격히 구분해서 사용되어야 할 것이다.

52) R. Alexy, 앞의 책, 276쪽.

53) B. Pieroth/B. Schlink,, 앞의 책, 56쪽.

54) BVerfGE 32, 54.

(Betribsräume), 영업장(Geschäftsräume)까지 포함시키면서, 제13조 제3항[55]의 침범들(Eingriffe)의 경우와 관련해서는 사적 주거와 다른 공간들 — 작업실, 사무실, 영업장 — 을 다르게 취급했다. 즉, 한편으로는 주거의 개념을 극도로 넓게 해석한 반면에, 다른 한편으로는 침범의 개념을 좁게 해석하여 수공업법상의 방문과 시찰을 침범이라고 파악하지 않았다.[56] 이것은 보호법익으로서의 구성요건(즉, 주거의 자유)이 폭넓게 이해되었음에도 불구하고 침범이 좁게 해석되어서 결과적으로 기본권의 잠정적 보호영역이 축소되어 버렸음을 의미한다.[57] 왜냐하면 기본권적 방어권은 일정한 보호법익에 감행되는 국가의 작위적 행위(즉, 보호법익에 대한 침범)에 대해서 방해중지를 요구하는 권리인데, 수공업법상의 방문과 시찰 같은 행태들이 개념적으로 침범의 범주에서 제외되었으므로 기본권 권리자는 이러한 행태들에 대해서 방해중지를 요구할 잠정적 권리를 처음부터 가지지 않은 것으로 평가되기 때문이다. 그리고 침범의 범주에서 제외된 이러한 행태들에 대해서는 기본권심사를 통해 정당한 침범인지 아닌지 여부를 고찰할 필요도 없게 된다. 결국 국가는 이러한 행태들을 매개물로 해서 쉽게 생활영역에 개입할 수 있게 되고, 그러한 범위에서 기본권 보호영역이 축소된다. 여기에서 우리는 다음과 같은 결론에 도달할 수 있다: 기본권에서 잠정적·원칙적으로 보호되는 영역은 보호법익의 범위뿐만 아니라 침범의 범위에 따라서도 좌우되므로, 침범도 당연히 잠정적 보호영역 확인을 위한 구성요건에 포함되어야 한다.[58]

보호법익의 인식이란 측면에서도 침범을 기본권 구성요건에 포함시킬 필요가 있다. 왜냐하면, 통상 기본권적 보호법익은 기본권 규정(특히, 인적·물적 구성요건)의 적극적인 해석을 통해서 얻어질 수 있겠지만, 보호법익을 적극적으로 확인하는 것이 매우 어려운 경우(특히, 헌법 제10조의 "인간으로서의 존엄과 가치")에 침범을 통해서 보호법익이 좀 더 구체적으로 인식될 수 있기 때문이다.[59] 또 헌법규범에 대한 인식이 헌법현실을 따라가지 못할 경우, 거꾸로 침범적인 국가작용

---

55) 현재는 개정되어 독일 기본법 제13조 제7항에 있다.

56) BVerfGE 32, 54(68ff.).

57) R. Alexy, 앞의 책, 276쪽.

58) 이런 점에서 R. Alexy도 기본권 구성요건을 보호법익-구성요건(Schutzgut-Tatbestand)으로 구성하지 않고, 보호법익/침범-구성요건(Schutgutz/Eingriff-Tatbestand)으로 구성할 것을 주장하고 있다(R. Alexy, 앞의 책, 276쪽).

59) 이러한 경우라 하더라도 침범은 보호법익과 함께 나란히 잠정적 보호영역을 징표 하는 사태들의 총체인 기본권구성요건의 내용이 되는 것이지, 보호법익의 개념요소로 오해되면 안 된다. 기본권 규범의 해석을 통해서 얻어지는 보호법익과 이에 대한 국가의 부정적 작용인 침범은 개념적으로 구분된다.

이 있으면 이를 통해 반사적으로 기본권의 보호법익이 확인될 수도 있다. 예컨대, 사이버(cyber) 공간에서 캐릭터에 대한 국가의 모욕이나 훼손 같은 침범이 행해질 때, 그것에 대한 대응 논리로서 사이버(cyber) 공간의 캐릭터도 인격권(혹은 행복추구권)의 보호대상이 될 수 있다는 주장이 그것이다. 이러한 측면에서 침범은 그 자체로서 직접 잠정적 보호영역을 인식하게 만드는 것이 아니라, 오히려 소극적·간접적으로 새로운 보호법익을 인식하게 하고, 정당성 심사의 대상에 포함되지 않아서 손쉽게 기본권을 훼손할 수 있는 국가의 행위를 심사의 대상으로 옮겨 놓겠다는 의미에서 잠정적 보호영역의 구성요건이 된다.

3. 구성요건이론

가. 논의의 실익

지금까지 기본권의 잠정적 보호영역을 확인하기 위한 필수적인 모든 지표들, 즉 기본권 구성요건들에 대해서 살펴보았다. 그런데 잠정적 보호영역을 확인함에 있어서 이러한 구성요건들은 단지 인식대상들이 될 뿐, 그 자체로서는 아무런 당위적 규준을 제시해주지 않는다. 이 지점에서 기본권적 논증에 참여하는 자들은 '획득된 구성요건들을 어떠한 태도를 가지고 취급해야 하는가?'라는 문제를 고민해야만 한다. 구성요건이론은 바로 이러한 고민에 대답하기 위한 시도이다.

일반적으로 구성요건이론은 넓은 구성요건이론과 좁은 구성요건이론으로 대별된다. 합리적인 기본권심사자라는 관점에서 살펴보면 기본권 구성요건들을 넓게 이해해서 잠정적 보호영역을 폭넓게 설정하려는 태도(넓은 구성요건이론)는 정당성 심사단계에서 가급적 폭넓은 제한을 받아들여서 잠정적 보호영역의 많은 부분들을 제거시킨 후, 확정적 보호영역을 얻고자하는 경향으로 나아가는 반면에, 기본권 구성요건들을 좁게 해석해서 처음부터 잠정적 보호영역을 좁힌 상태로 출발하려는 태도(좁은 구성요건이론)는 정당성 심사단계에서 제한의 폭 또한 축소시켜 가급적 잠정적 보호영역과 확정적 보호영역을 일치시키고자 하는 경향이 있다.[60] 왜냐하면 잠정적 보호영역이 폭넓게 설정될수록 타인의 권리나 공익들과 충돌하는 경우가 많아서 더 많은 제한의 필요성이 요구되는 반면에, 애당초 잠정

---

60) 물론 합리적인 기본권심사자라는 관점이 아니라 기본권을 최대한 보장하려는 자와 최대한 제한하려는 자 간의 논증다툼에 주목한다면, 당연히 최대보장자는 넓은 구성요건이론을 취하면서도 가급적 제한을 좁게 받아들여서 가능한 한 넓은 확정적 보호영역을 확보하고자 할 것이며, 반대로 최대제한자는 좁은 구성요건이론을 넓은 제한에 결합시키고자 할 것이다. R. Alexy, 앞의 책, 279쪽; 최갑선, 앞의 글, 391-395쪽 참조.

적 보호영역이 좁다면 제한의 필요성 또한 줄어들기 때문이다.[61] 이하에서는 관련된 견해들을 간략히 살펴보고, 넓은 구성요건이론이 타당함을 주장할 것이다.

나. 학설과 판례

1) 좁은 구성요건이론

F. Müller의 사항적 유효범위(sachliche Reichweite)이론과 W. Rüfner의 일반적 법률(allgemeines Gesetz)에 의한 한계이론이 대표적인 좁은 구성요건이론들이다. F. Müller는 모든 기본권은 이미 자신의 법적 특질에서 기인하는 일정한 한계를 가진다고 하면서,[62] 만약 어떤 행위가 기본권과 구조적으로 특수한 필연적·본질적 연관성을 가지고 있다면 ― 즉, 해당 기본권으로부터 암시된 "사항에 특수한 양식"이라면 ― 그 행위는 해당 기본권과 관련된 규범영역의 "사항적-규범적 범위"[63] 즉, (잠정적) 보호영역에 속하겠지만,[64] 그렇지 않다면 처음부터 해당 기본권 규범에 의해서 보호되지 않는 것으로 생각했다.[65] 그리고 행위 상황의 교환가능성을 통해서 "사항에 특수한 양식"[66]인지 아닌지 여부를 판단하고 있다.[67] 한편 W. Rüfner는 일반적 법률에 근거해서 구성요건의 제한을 시도한다.[68] 그는 헌법적으로 무한한 자유의 보장은 불가능하기 때문에 기본권 또한 일반적 법질

61) 강태수, 앞의 글, 112쪽: 이러한 측면에서 강태수 교수는 "(잠정적) 보호영역의 범위와 기본권제한의 범위는 비례관계에 있다."라고 한다.

62) F. Müller, Die Positivtät der Grundrechte, Duncker & Humblot, 1969, S. 32, 40f.

63) F. Müller, 앞의 책, 32쪽.

64) F. Müller, 앞의 책, 88쪽, 99-100쪽; 강태수, 앞의 글, 112쪽.

65) 이런 점에서 R. Alexy는 F. Müller의 입장을 좁은 구성요건이론으로 평가하고 있다(R. Alexy, 앞의 책, 281쪽).

66) F. Müller, 앞의 책, 101쪽.

67) 관련하여 F. Müller는 교차로에서 그림을 그리는 화가의 예를 들고 있다: 다른 장소에서 그림을 그릴 수 있는 행위상황의 교환 가능성이 있다면, 그림을 그리기 위해 교차로에 머무는 것은 기본권 행사에 특수한 방식이 아니다. 따라서 교차로에서 그림을 그리는 화가의 행위는 예술의 자유의 보호영역에 처음부터 속하지 않는다(F. Müller, 앞의 책, 73쪽; ders., Freiheit der Kunst als Problem der Grundrechtsdogmatik, Duncker & Humblot, 1969, S. 59).

68) 일반적 법률의 개념에 대해서는 문헌마다 다소 차이가 있다. R. Smend나 P. Häberle의 경우와 달리, 좁은 구성요건을 지지하는 W. Rüfner에게 있어서 일반적 법률의 개념은 구체적인 경우에 있어서 해당 기본권의 행사와 관련되지 않는 법률을 뜻한다. 그러므로 해당 기본권 행사와 관련되어 있지 않은 일반적 법률은, 논리적으로 기본권의 보호영역을 다치게 할 수 없으며, 단지 해당 기본권의 규범영역의 외부에 있는 행위를 대상으로 하는 것이다. 따라서 W. Rüfner에 따르면 기본권과 일반법률은 서로 교차하지 않고, 오직 기본권이 사리적으로 한계를 갖는 곳에서 일반적 법질서가 시작된다고 한다.(W. Rüfner, Grundrechtskonflikte, in: C. Starck (Hrsg.), Bundesverfassungsgericht und Grundgesetz, Bd. 2, Mohr, 1976, S. 458).

서로부터 특권을 가진 것은 아니며, 따라서 기본권을 행사하는 경우에는 일반적 법률이 준수되어져야 하고 또 그렇게 될 수 있다고 주장하면서, 일반적 법률에 의해서 제한되는 내용은 잠정적 보호영역에서 제외시키고 있다.[69] 즉, 어떤 기본권의 행사로 보이는 행위가 해당 기본권과 무관한 일반 법률에 의해서 제한되는 부분까지 침투하여 일반적 법질서로부터 특권을 가지게 된다면, 그러한 행위는 애당초 기본권으로서 보호되는 행위가 아니라고 이해하고 있다.

독일 연방헌법재판소는 글리콜(Glykol) 결정에서 국정의 주도적 운영이란 관점에서 일정한 조건들[70]을 구비한 국가의 정보제공행위는 설사 그것이 기본법 제12조 제1항이 보장하고 있는 직업의 자유나 경쟁의 자유에 일정한 영향을 끼친다고 하더라도, 그러한 국가행위는 처음부터 해당 기본권의 보호영역에 대한 침범이 아니라고 판단했고, 따라서 기본권 침해는 존재할 수 없다고 결정했다.[71] 이러한 입장은 기본권 구성요건들 중 특히 "침범"에 해당하는 사태들을 좁게 취급하여, 결국 기본법 제12조 제1항에 해당하는 기본권의 보호영역에는 일정한 국가의 정보제공행위를 제거/배제하도록 요구할 수 있는 방어권적 권리가 처음부터 포함되지 않게 되고, 그러한 지점에서 해당 기본권의 보호영역이 정당화 심사 이전부터 축소되었다.

2) 넓은 구성요건이론

넓은 구성요건이론은 기본권 규범을 통해서 일단 보호하려는 모든 사태들을 구성요건의 범주 안에 속하게 하려는 이론이다.[72] 특히 R. Alexy는 기본권심사에 있어서 실체적으로 올바른 결정에 도달하기 위해서는 넓은 구성요건 이론을 택해야 한다고 주장하면서,[73] 넓은 구성요건이론의 두 가지 징표를 말하고 있다: ① 구성요건에 포섭되기 충분한 속성을 보여주는 것이 하나라도 있다면, 설사 그와 관계없는 다른 속성이 있다 하더라도 일단은 해당 기본권의 보호영역이 징표된다고(즉, 해당 기본권의 구성요건에 합치한다고) 이해할 것, ② 구성요건 개념의

---

69) W. Rüfner, 앞의 글, 456-457쪽.

70) 이러한 조건들로서 국가의 과제가 존재할 것, 정보의 정확성과 적절성이 요구될 것 등을 언급하고 있다. 이에 관해서는 BVerfGE 105, 252(268f.).

71) BVerfGE 105, 252(273f.); 연방헌법재판소는 오쇼(Osho) 결정(BVerfGE 105, 279)에서도 글리콜 사건과 유사한 관점에서 국가의 일정한 행위는 애당초 기본법 제4조 종교의 자유의 보호영역에 대한 침범이 아니라고 보았다. 이러한 판결들에 대한 비판적인 입장으로는 특히, J. F. Lindner, Grundrechtseingriff oder grundrechtswidriger Effekt, in: DÖV, 2004, S. 765.

72) 성정엽, 앞의 글, 209쪽.

73) R. Alexy, 앞의 책, 299쪽.

의미가 넓게 해석되어질 것.[74)]

출판의 자유는 "진지한(seriöse)" 출판에만 국한되는 것은 아니라고 하면서, 이런 넓은 해석이 모든 경우에 동일한 방식으로 기본권의 보호를 부여해야 한다는 것을 뜻하는 것은 아니고, 구체적인 출판의 자유와 헌법상 보장되는 다른 법익 간의 형량을 통해서 그 보호의 정도를 결정할 수 있다고 판시한 독일 연방헌법재판소의 태도는 기본적으로 넓은 구성요건이론에 터 잡아서 가급적 기본권의 잠정적 보호영역을 확대한 다음, 정당성 심사를 통해서 잠정적 보호영역을 축소하여 상황 적합한 확정적 보호영역을 도출하려는 것으로 평가할 수 있을 것이다.[75)]

3) 절충설

좁은 구성요건이론과 넓은 구성요건이론이 가지고 있는 각각의 장·단점들 때문에 양자의 간극을 줄여보려는 이론적 시도가 있다. 이들은 대체로 넓은 구성요건이론에 서서 몇 가지 문제 되는 사태들을 처음부터 보호영역의 범위에서 제외시켜 버림으로써 그 구성요건의 범위를 축소하려는 시도를 한다. 기본권 보호를 위해서 가급적 보호영역을 넓게 설정하려는 경향이 바람직하지만 무제한적으로 넓은 보호영역에 대한 이해는 기본권 체계에 부합하지 않는다고 하면서, 타인의 법익에 대한 방해(Beeinträchtigung)를 넘어서는 과도한 훼손(Inanspruchnahme)의 경우에는 처음부터 기본권 보호대상이 아니고, 따라서 충돌하는 법익과의 형량 자체도 불필요하다는 견해,[76)] 보호영역을 과도하게 확정하는 것도 협소하게 해석하는 것도 기본권 문제를 해결하는 데 도움이 되지 않는다고 전제하면서, 기본권은 초국가적이지만, 타인과의 공동생활을 전제로 한다는 점에서 초사회적이지 않기 때문에 공동체 존립의 전제가 되는 기본요소를 파괴하는 물리적 폭력은 모든 기본권의 보호영역에서 벗어난 행위라는 견해,[77)] 보호영역을 너무 넓게 혹은 너무 좁게 예측하는 태도 모두를 반대하고, 각각의 개별 기본권들의 보호

---

74) R. Alexy, 앞의 책, 291쪽.

75) BVerfGE 34, 269(283); 독일연방헌법재판소가 폐점법(Ladenschlußgesetz) 사건에서 상점 문 닫는 시각의 규제는 일반적 행동의 자유에 대한 침범에 해당하는 것으로 보았다. 이는 일반적 행동 자유권에 대한 침범의 범위를 넓게 파악했다는 점에서, 넓은 구성요건이론의 관점에서 지지될 수 있는 판결로 보인다(BVerfGE 13, 230(232f.)).

76) G. Manssen, Staatsrecht Ⅰ: Grundrechtsdogmatik, Vahlen, 1995, S. 80f.: 낙태하는 행위는 양심의 자유의 보호영역에, 책을 훔치는 것은 학문의 자유의 보호영역에, 타인의 벽에 분무기로 물감을 살포하는 것은 예술의 자유의 보호영역에 처음부터 해당하지 않는 것이라고 한다.

77) 강태수, 앞의 글, 113쪽; Vgl. BVerfGE 32, 54(71); 39, 1(38); 51, 97(110).

영역은 일반적인 법해석론에 의해서 올바르게 정해져야 함을 강조하는 견해 등이 있다.[78]

4) 비판 및 결론

넓은 구성요건이론은 너무 많은 기본권적 보호를 시도하여 입법을 마비시키며, 국가 기능을 심각하게 제약한다는 평가를 받으며,[79] 기본권 규정을 진지하게 받아들이지 않고, 먼저 그 보호영역에 있어서 보호된다고 한 권리를 나중에 기본권 제한을 통해서 제외시키므로 정직하지 못하다는 비판도 받는다.[80] 그리고 이 이론은 잠정적으로 보호되는 영역을 넓게 보기 때문에 기본권 규범에 관련된 경우의 수가 많아지고, 그 결과 기본권 경합과 기본권 충돌의 수 또한 많아지게 되며,[81] 이러한 지점에서 넓은 구성요건이론은 결국 모든 권리의 기본권화 내지는 헌법 문제화로 인도하여 이를 관장하는 헌법재판소의 권한이 확대될 위험을 가지고 있다는 비판을 받는다.[82]

그러나 넓은 구성요건이론이 반드시 좁은 구성요건이론보다 더 많이 기본권을 최종적으로 보호하는 결과를 낳는 것은 아니다. 확대되는 것은 확정적 보호가 아니라 단지 잠정적 보호이다.[83] 그리고 넓은 구성요건에 터 잡아서 잠정적 보호영역을 넓게 이해하면 충돌되는 기본권이나 법익의 양이 늘어날 수 있겠지만, 오히려 이것은 제기되는 법익 충돌을 희미하게 하지 않고 가시화하여 명확히 밝히는 것이고, 이로써 보호영역이 명백하게 설정되는 장점이 있으며,[84] 헌법재판소의 사법권이 부당하게 확대된다는 비판 또한 넓은 구성요건이론에서만 문제가 되거나 혹은 넓은 구성요건이론이 이를 필연적으로 결부시키는 것은 아니다. 특히 R. Alexy는 헌법재판소의 권한확대 여부는 논증의 구조에 달려있는 것이 아니라, 관련된 기본권들, 즉 논증의 내용에 달려있는 것이라고 하면서, 설사 좁은 구성요건이론이 어떤 사항에 대하여 처음부터 사법적 결정을 제외하여 헌법재판소의 권한 확대를 막을 수 있다 하더라도, 이는 헌법적 보장이 필요한 부분을 아무런 고려 없이 제외시킬 수 있다는 위험성을 항상 가지고 있음을 지적하고 있

---

78) B. Pieroth/B. Schlink, 앞의 책, 55쪽.

79) W. Rüfner, 앞의 글, 456쪽.

80) J. Isensee, Wer definiert die Freiheitsrecht? Selbstverständnis der Grundrechtsträger und Grundrechtsauslegung des Staates, C. F. Müller, 1980, S. 31.

81) R. Alexy, 앞의 책, 294쪽.

82) C. Starck, Die Grundrechte des Grundgesetzes, in: JuS, 1981, S. 245f.

83) R. Alexy, 앞의 책, 295쪽.

84) 최갑선, 앞의 글, 393－394쪽.

다.[85] 한편, 공동체 존립의 전제가 되는 것을 파괴하는 경우나 타인의 법익 침해의 경우에는 기본권의 잠정적 보호영역에서 제외되어야 한다는 절충설은 그 내용이 모호하고, 타인의 법익을 과도하게 훼손(혹은 침해)하는 경우와 단순하게 방해(혹은 제한)하는 경우가 뚜렷이 구별될 수 없는 경우도 많아서 악용될 소지가 많다. 더군다나 이러한 구별은 기본권의 보호영역이 가지는 유효범위의 한계를 의미하는 기본권의 내재적 한계에 관한 논의[86]로 귀결될 것인데,[87] 우리 헌법상 기본권의 내재적 한계를 부인하는 견해[88]를 택한다면 이와 같은 절충설의 태도는 더욱 받아들이기 어려울 것이다.

앞서 언급했듯이 기본권 구성요건이론의 입각점은 '획득된 구성요건들을 어떠한 태도를 가지고 취급해야 하는가?'이다. 그런데 이러한 문제의식은 엄밀히 말하면 헌법 텍스트를 통해서 이루어지는 직접적인 헌법해석의 문제라기보다는, 헌법해석에 영향을 끼치는 기본권을 바라보는 태도 내지 가치관에 관한 문제이다. 헌법의 개방성과 추상성, 역사성 및 反가치절대주의적 성격을 고려할 때, 또 헌법해석의 궁극적 목적이 헌법적 주장에 있어서 더 우수한 설득력 확보라는 점을 고려해본다면, 어떠한 구성요건이론을 택해야 할지는 분명해진다. 즉, 설득력은 대립되는 논거와 사항들에 대한 정밀한 반대 논거와 문제점들을 밝히는 논증을 통해서 얻어질 수 있는 것인데, 이러한 논증과정(즉, 확정적 보호영역 도출을 위한 정당화 심사과정)이 부담이 된다고 해서 이를 회피하거나, 처음부터 어떤 상황을 '터무니없는 것'이라고 단정하여 이들을 배제하는 것은 매우 거친 주장이다. 따라서 비록 헌법을 해석하고 적용하는 국가기관이나 학자들에게 해석과 논증에 있어서 어려움과 부담이 많아진다고 하더라도, 넓은 구성요건 이론에 입각해서 가급적 정당성 심사의 대상에서 누락되는 주장들이 없도록 기본권심사체계를 구축하는 것이 타당하다고 생각한다. 논쟁자체를 하지 말자는 것은 진리를 밝히지 말자는 것에 다름 아니며,

85) R. Alexy, 앞의 책, 298-299쪽.

86) 이에 관한 논의로는 특히, 김백유, 「기본권의 내재적 한계」, 『성균관법학』 13-2, 성균관대비교법연구소, 2001, 125쪽.

87) 그 이유에 관해서는 권영성, 『헌법학원론』, 법문사, 1997, 314-315쪽: "타인의 권리의 불가침·도덕률의 준수·헌법질서의 존중 등은 […] 국가적 공동생활을 위하여 기본권에 필연적으로 내재하는 한계적 요소라고 할 수 있다."; 허영, 『헌법이론과 헌법』, 박영사, 2003, 415-418쪽 참조.

88) 무엇보다도 기본권의 내재적 한계는 일반적 법률유보 조항을 가지고 있는 우리 헌법체계와는 조화되기 어려우며, 자칫하다간 제37조 제2항 후단의 본질적 내용침해금지를 공허하게 만들 위험성이 많다(허영, 앞의 책, 421쪽).

진리라는 것은 진리가 아닌 것과의 치열한 논쟁 속에서 더 분명해지기 때문이다.

다. 보론: 침범(Eingriff) 범위의 확장에 관한 문제

고전적인 의미에서의 침범은 보통 의도성·직접성·법적작용(법적행위)·명령성을 그 개념 요소로 하는 것으로서, 기본권에 대한 제약을 '직접적으로' 야기하는 '의도적이고 강제적인 법적 행위'를 의미한다.[89] 이러한 고전적인 침범 개념은 국가의 기본권 제약적인 행위가 사실적일 뿐만 아니라 법적이어야 함을 의미하므로,[90] 기본권에 대한 침범을 좁게 파악하는 입장이다. 그런데 헌법상 보장되는 기본권들은 특정한 유형의 사항들로부터만 보호되는 것이 아니며, 이러한 고전적인 개념은 오늘날 많은 국가행위들[91]을 기본권 침범으로 파악하기에는 충분치 못하다.[92] 뿐만 아니라, 우리 헌법의 기본권 규정들도 고전적인 침범의 유형만을 상정하고 있지도 않다.[93] 그 밖에도 기본권 규범의 개방성과 급부행정의 팽창으로 인해 국가가 개인을 조종할 수단들이 증대되고 있는 상황 등에 비추어 기본권적 법익의 실효적 보장을 위해서는 침범 개념의 확장이 불가피한 것으로 되었다.[94] 그 결과 오늘날에는 침범 개념이 확대되어 잠정적 보호영역 확인 단계에서 고려해야 할 구성요건의 범위 또한 넓어지게 되었다.

하지만, 구체적·개별적으로만 확정될 수 있고, 결과를 예측하는 것이 어려운 사실상의 침범들[95]을 일반적이고 추상적이며 명확성을 요구하는 법률을 통해서 미리 규정하기가 어렵다는 점에서,[96] 또 다른 문제점들을 야기하고 있다. 즉, 이러한 침범들을 통해서 일정한 목적을 실현하고자 하는 국가는 침범들이 가급적 합헌적으로 취급되기를 원하겠지만, 사실상의 침범들을 정당화해줄 법률유보

---

89) BVerfGE 105, 279(300); G. Lübbe-Wolff, 앞의 책, 42쪽 이하.

90) 김일환, 앞의 글, 323쪽.

91) 특히 사실행위를 통한 제약, 이익의 부여 또는 불이익 부과를 통한 행태의 자유에 대한 제약, 간접적 기본권제약(사인인 제3자를 통한 제약, 타국에 의한 기본권제약)등을 고전적인 침범의 범주에서 고찰하기 어렵다. 정태호 교수는 이러한 것들을 "여타의 제약"이라고 칭하면서 상세한 설명을 하고 있다(정태호, 앞의 글, 581-594쪽).

92) 김일환, 앞의 글, 324쪽.

93) 예컨대, 제12조의 신체의 자유와 제16조의 주거의 자유에서는 체포, 구속, 압수, 수색, 심문, 고문 등과 같은 사실행위로부터 개인의 기본권의 자유를 보호하고자 한다(정태호, 앞의 글, 595쪽).

94) 정태호, 앞의 글, 595-597쪽.

95) 특히 행정의 영역에서 간접적·사실적으로 효력을 미치는 비정형적 행정행위 — 예컨대, 특정 사안에 대한 국가의 정보제공 혹은 경고와 비판 등 — 가 대표적이다.

96) P. M. Huber, Allgemeines Verwaltungsrecht, C. F. Müller, 2. Aufl., 1997, S. 80.

의 문제를 해결하기가 쉽지 않은 것이다.[97] 이러한 지점에서 최근 독일 연방헌법재판소는 아예 국가의 정보제공 행위와 같은 간접적·사실적 방해 행위를 침범의 범주에서 제외시켜버림으로써 법률유보의 문제를 회피해버렸다.[98] 한편 침범의 범위 확장으로 인하여 그 개념의 명료성이 상실되고, 국가가 자신의 활동을 정당화 하여야 할 논증의 부담을 증대시켜 국가 기능의 부분적 마비를 가져올 수 있다는 문제[99]가 있어서 헌법적 정당화를 필요로 하는 제약과 그렇지 않는 여타의 제약을 구분하여 원칙적으로 의도성이 있거나 적어도 객관적으로 예측가능한 기본권 제약의 경우에만 나중에 헌법적 정당화가 요구되는 침범으로 취급하자는 견해가 있다.[100] 그러나 이러한 견해는 설득력이 부족하다. 왜냐하면 ① 결과의 예견 가능성이라는 기준에 따라 기본권보호의 상대성을 허용해도 좋다는 근거는 헌법 어디에도 존재하지 않으며, 무엇보다도 입법권자는 결과의 예측 불가능성과는 무관하게 단지 국가의 행위에 대한 정당화 근거로서 법률을 마련해야만 하고,[101] ② 입법자가 미래에 발생할 구성요건을 다 포섭할 수 없어서 미리 명확성이 요구되는 법률을 제정할 수 없다는 이유로 아예 법률유보를 거부하기보다는, 명확성원칙을 완화해서 일반규정형식을 통한 규범화를 꾀하는 것이 바람직하기 때문이다.[102][103] 그러므로 고전적 침범개념으로부터 확대된 오늘날의 침범 개념이 국가에게 정당화 부담을 많이 지우므로, 다시 침범의 범위를 축소하고자 하는 시도는 배격되어야 할 것이다.

---

97) 이욱한, 앞의 글, 120쪽.

98) 글리콜 결정(BVerfGE 105, 252)과 오쇼 결정(BVerfGE 105, 279)이 대표적이다. 이에 관해서는 앞의 목차 Ⅲ. 3. 나. 1) 참조; 이 결정들에 대한 평석으로는 특히, 이욱한, 앞의 글, 105쪽 이하 참조.

99) B. Weber-Dürler, Der Grundrechtseingriff, in: VVDStRL 57, 1998, S. 76.

100) 정태호, 앞의 글, 598쪽, 621쪽.

101) P. M. Huber, Die Informationstätigkeit der öffentlichen Hand — ein grundrechtliches Sonderregime aus Karlsruhe?, in: JZ, 2003, S. 295; J. H. Klement, Der Vorbehalt des Gesetzes für das Unvorhersehbare, in DÖV, 2005, S. 511.

102) J. H. Klement, 앞의 글, 514쪽; P. M. Huber, 앞의 글, 294쪽 이하.

103) 이욱한, 앞의 글, 122쪽 이하.

Ⅳ. 급부권적 기본권의 잠정적 보호영역

1. 서두

급부권은 국가의 부작위를 요구하는 권리인 방어권에 대척되는 개념으로서 국가의 적극적 행위를 요구할 수 있는 권리를 뜻한다.[104] 따라서 급부권적 기본권이 보호하고자 하는 법익에 대한 침범은 국가의 소극적 행위(진정부작위·부진정부작위)를 통해서 이루어진다.[105] 또 방어권이 국가의 목적설정과 달성방식에 한계를 설정하지만 그 목적 자체에 대해서는 침묵하고 있는 데 반하여 국가에 대해 적극적 권리를 요구할 수 있는 급부권은 국가가 추구해야 하는 목적을 겨냥하고 있다.[106] 문제는 이러한 차이점에도 불구하고 과연 "급부권적 기본권에서도 잠정적 보호영역을 인정할 수 있는가?"하는 것이다.

2. 급부권의 잠정적 보호영역 존재여부

가. 부정설

부정설의 주요한 논거는 국가의 작위에 의해서 제한되는 방어권은 국가의 적극적 행위 이전의 상태인 잠정적 보호영역이 존재하지만, 급부권은 국가의 작위를 통해서 실현될 수 있으므로, 국가의 적극적 행위 이전의 고유한 잠정적 보호영역이 존재하지 않는다는 것이다. 특히 지배적 견해에 따르면, 급부권에서는 국가의 작위가 관련 있는 기본권에 의해서 요구될 수 있는지(즉, 법적 효과가 기본권규범에 내포된 청구권에 포함되어 있는지) 여부를 묻는 단일단계의 심사구조로 이루어진다.[107] 따라서 이런 급부권은 개인이 국가에 대하여 확정적으로 요구할 수 있는 것만을 포함하고 있을 뿐, 자유권적 기본권처럼 정당화 요건을 충족하면서 제한할 수 있는 부분이 없다고 한다.[108]

나. 긍정설

긍정설은 국가의 부작위에 대한 부정설의 이해가 철저하지 못함을 비판한

---

104) 정태호, 「사회적 기본권과 헌법재판소의 판례」, 『헌법논총』 9, 헌법재판소, 1998, 614쪽; 이러한 급부권적 기본권은 통상 보호권, 조직 및 절차형성에 대한 권리, 사실적 급부권(협의의 사회적 기본권) 등으로 분류 된다(R. Alexy, 앞의 책, 405쪽).

105) 이준일, 앞의 글(주 33), 102－109쪽.

106) 정태호, 앞의 글(주 104), 614쪽.

107) B. Pieroth/B. Schlink, 앞의 책, 3쪽.

108) 정태호, 앞의 글(주 18), 566쪽.

다. 즉, 급부권적 기본권에서 문제가 되는 국가의 부작위는 단순한 '부작위' 그 자체가 아니라 헌법상 요구되는 작위 의무를 '하지 않은 혹은 불완전하게 행한 특정한 작위'를 의미한다고 한다.109) 왜냐하면, 헌법상 의미 있는 부작위는 그저 아무것도 하지 않고 있는 것이 아니라, 헌법이 '해야 할 어떤 것'을 명했음에도 불구하고 하지 않는 경우의 부작위를 뜻하기 때문이다.110) 따라서 구체적인 급부권의 심사에서는, 가장 먼저 헌법이 국가에게 명하는 '해야 할 어떤 것'을 확정하는 작업이 필요한데, 헌법해석을 통해 '해야 할 어떤 것'이 1차적이고 잠정적으로 정해진다면, 그것이 바로 급부권적 기본권의 잠정적 보호영역을 징표하는 것이다.

다. 검토

급부권에서 '부작위'의 의미를 정확하게 이해하고 있는 긍정설이 타당하다. 또한 방어권적 기본권과의 비교를 통해서 급부권의 잠정적 보호영역을 부인하고 있는 부정설은 논리 철학적 측면에서도 타당하지 않다. 왜냐하면 확정적 보호영역 도출을 위한 개념적 전제 혹은 사고의 시초로서 고정의 원리에 근간하여 인정되는 관념적 모상인 잠정적 보호영역의 존재에 관한 문제와, 존재하는 잠정적 보호영역의 성격에 관한 문제를 혼동했기 때문이다. 실제로 헌법에 규정된 급부권 관련 구성요건적 지표들이 일정한 사태들과 결합할 때, 기본권 권리자는 일단 국가에게 그 어떤 무엇을 요구할 수 있게 되는데, 이러한 지점에서 해당 급부권의 잠정적 보호영역이 확인될 수 있다. 그러므로 급부권에 있어서 잠정적 보호영역을 확인하는 문제도 침범이 국가의 부작위로 행해진다는 점을 제외하고는, 기본적으로 방어권의 그것과 다르지 않다. 따라서 급부권의 구성요건에는 기본권적 보호법익뿐만 아니라 침범도 포함되어야 하고, 그 범위 또한 넓게 이해되어야 한다.

3. 구성요건과 헌법해석

가. 보호법익과 헌법해석

급부권에서 기본권적 보호이익은 '헌법이 국가에게 일정한 작위를 하도록 명령하여 국가가 해야만 하는 그 무엇'을 의미한다. 이러한 보호법익을 밝히는 작업은 명시적인 헌법조문을 통해서 출발하겠지만, 급부권에서는 국가기관의 형

109) 김일환, 「사회적 기본권의 법적 성격과 보호범위에 관한 고찰」, 『헌법학연구』 4-3, 한국헌법학회, 1998, 141-142쪽.

110) 이준일, 앞의 글(주 33), 108-109쪽.

성과 재량의 자유가 특히 큰 의미를 지닌다.[111] 헌법재판소도 "시혜적 조치를 할 것인가를 결정함에 있어서는 […] 입법자에게 보다 광범위한 입법형성의 자유가 인정된다."[112]라고 결정했다. 그러므로 급부권적 보호법익을 인식하기 위한 헌법해석에 있어서 이러한 광범위한 입법형성권을 존중해야 한다. 우리 헌법은 규범적 차원에서의 급부권적 기본권(특히, 조직 및 절차 형성과 관련된 기본권)으로서의 성격을 보다 강하게 징표하고 있는 제24조 선거권, 제25조 공무담임권, 제26조 청원권, 제27조 제1항의 재판을 받을 권리와 제2항의 형사피해자의 재판절차진술권, 제28조의 형사보상청구권, 제29조의 국가배상청구권, 제30조 범죄피해자국가구조청구권 등의 경우에 관련 보호법익의 구체적 형성을 법률에 맡겨두고 있다.

나. 침범과 헌법해석

급부권적 기본권의 보호법익인 '국가가 해야만 하는 그 무엇'에 대한 침범은 국가의 부작위를 통해 이루어지게 된다. 그리고 이러한 국가의 부작위는 그 형태가 헌법의 작위적 명령에 국가가 아예 아무런 조치도 행하지 않은 진정부작위적 침범과 작위적 조치를 했는데 그것이 미흡하다고 다투어지는 부진정부작위적 침범으로 나누어 볼 수 있을 것이다. 구체적인 경우에 국가에 대한 특정한 작위요구가 기본권적 급부권의 내용이 된다는 기본권 권리자의 논증이 성공한다면, 진정부작위적 침범은 특단의 경우가 아닌 한 원칙적으로 위헌으로 판단되겠지만, 부진정부작위적인 침범인 경우에는 정당성 심사로 나아가야 한다.[113]

4. 보론: 방어권과 급부권의 잠정적 보호영역 특성 비교

방어권적 기본권의 해석을 통해서 얻어진 잠정적 보호영역은 확정적 보호영역보다 그 영역의 크기가 더 크고, 확정적으로 보장되는 영역의 최대치 내지는 상한선의 의미를 가지고 있어서, 정당성 심사를 통해서 항상 축소될 가능성을 내

---

111) 이발래, 「국회입법형성권의 한계와 통제에 관한 연구 ― 헌법재판소 판례를 중심으로 ―」, 건국대학교 대학원 박사학위논문, 1999, 27쪽.

112) 헌재 1998.11.26. 97헌바67결정.

113) 급부권적 기본권의 심사 및 심사구조에 관해서는 이 책 목차 제3부에서 상세하게 다룬다. 다만 여기에서는 급부권적 기본권의 침해여부가 문제 된 대부분의 경우에, 잠정적 보호영역 확인 단계에서 진정부작위가 심사대상으로 포착되는 경우는 그리 많지 않을 것이란 점만을 미리 밝혀둔다. 왜냐하면 우선 국가는 헌법이 요구하고 있는 작위적 명령에 일정한 방식으로 행위를 했거나, 조건이 허락하는 범위에서 최선의 노력을 했다는 주장을 통하여 손쉽게 부작위 그 자체가 없었다는 주장을 반박할 수 있기 때문이다.

포하고 있다. 반면에 급부권적 기본권으로부터 얻어진 잠정적 보호영역은 확정적 보호영역의 최소치 내지는 하한선의 의미를 가지고 있어서, 정당성 심사를 통해서 더 많은 영역이 확정적으로 보장받을 수 있는 가능성이 있다.

V. 평등(권)과 잠정적 보호영역

1. 서두

헌법상 평등을 권리로 구성하고 있는 다수의 입장에 따르면, 평등권은 통상 국가로부터 부당하게 차별대우를 받지 않고 국가에 대해 평등한 처우를 요구할 수 있는 권리로 정의되며, 단순한 평균적 정의의 실현이라는 형식적·법적 평등을 넘어서서 실질적 평등, 그리고 배분적 정의에 입각한 상대적 평등으로 이해되고 있다.[114] 따라서 오늘날의 평등권은 비교적·상대적·사회적인 권리이다.[115] 우리 헌법재판소도 "헌법 제11조 제1항의 평등의 원칙은 결코 일체의 차별적 대우를 부정하는 절대적 평등을 의미하는 것이 아니라 법의 적용이나 입법에 있어서 불합리한 조건에 의한 차별을 하여서는 안 된다는 상대적 평등을 뜻한다."라고 판시하였다.[116] 그런데 문제는 (헌법상 평등을 권리로 구성하는 것을 받아들인다고 전제할 경우에) 과연 이러한 평등권의 상대적 성격에도 불구하고 고유한 보호영역을 확인할 수 있느냐 하는 것이다.[117]

2. 평등(권)의 보호영역 인정 여부

가. 긍정설

평등권에도 고유한 보호영역을 인정할 수 있다는 견해가 있다. 그리고 이러

---

114) 권영성, 앞의 책, 315쪽, 353쪽.

115) P. Westen, "The empty Idea of Equality", Hav. L. Rev. Vol. 95., 1982, p. 537.

116) 헌재 1996. 11. 28. 96헌가13결정.

117) 필자는 여러 가지 이유에서 우리 헌법상 평등은 권리가 아니라 원칙(특히 심사기준)으로 이해되어야 한다고 생각하는바, 평등과 관련해서 기본권의 보호영역을 논하는 것은 애당초 무의미한 것이라고 생각한다. 평등권이 아니라 평등원칙으로 헌법상 평등을 이해하고 기본권심사에서 심사기준으로 평등이 원용되는 구조와 강도 등에 관해서는 이 책 목차 제2부 제2장 제2관 § 13.에서 상세하게 논한다. 다만 여기에서는 평등을 권리로 구성하는 다수의 입장을 전제하고 평등(권)의 보호영역에 관한 문제를 검토한다. 이러한 검토는 오히려 평등이 권리로 구성되는 것이 적절치 않다는 점을 드러내는 계기가 될 것이다.

한 견해는 대체로 평등권의 고유한 보호영역의 내용으로서 '정의'를 들고 있다.[118] 특히 허영 교수는 평등의 판단 기준을 논하면서 "결국 평등의 문제는 평균적인 동시대인의 정의감정에 비추어 판단할 수밖에 없다고 할 것이다. […] 스위스연방대법원의 유명한 판시에 따라 '평등은 정의를 뜻하고, 정의에 반하는 것은 자의'라고 인식할 수밖에 없다고 생각한다. […] 결국 평등과 정의는 이처럼 상호 불가분한 표리의 관계에 있기 때문에 평균적인 동시대인의 정의감정을 해치는 진지성의 정도에 따라 평등권의 침해 여부를 결정할 수밖에 없다고 할 것이다."라고 하면서 만약 입법자의 어떠한 조치가 정의감정을 해치는 정도가 크면 평등권의 침해를 인정해야 하겠지만, 정의감정을 해치는 정도가 약하면 평등권 침해를 부인해야 한다고 한다.[119] 이러한 태도는 평등권의 보호영역은 동시대의 정의관념을 중심으로 형성되는 것이며 동시대의 정의관념을 해치면 이는 평등권의 보호영역에 침범한 것이고, 이러한 정의관념을 해하는 정도가 헌법적으로 수인 될 수 있으면 합헌적인 제한이 되겠지만, 그렇지 않으면 위헌적인 침해가 된다는 입장으로 평등권의 고유한 보호영역을 긍정하는 입장이라 하겠다.

나. 부정설

하지만 평등 그 자체는 실체적 내용이 없는 비어있는 개념,[120] 혹은 중립적인 개념으로서 그것이 어떠한 의미를 가지기 위해서는 '무엇에 있어서의 평등' 혹은 '평등한 무엇' 같은 어떤 실체와 결합되어야 한다.[121] 결국 평등권 그 자체는 아무런 내용이 없고 다만, 결합되는 어떤 실체가 방어권이라면 국가의 소극적 행위가 평등한 분배의 대상이 되며 국가의 적극적 행위가 평등권에 대한 침범으로 나타나는 것이고, 결합되는 실체가 급부권이라면 국가의 적극적 행위가 평등한 분배의 대상이 되며 국가의 소극적 행위가 평등권에 대한 침범으로 나타난다.[122] 따라서 평등권 그 자체는 보호해야 할 특정한 자유영역을 가지고 있지 않으며,[123] 특정한 부담을 지지 않을 권리 혹은 특정한 급부를 요구할 권리도 발생시키지 않고 단지 앞서 논의한 방어권 혹은 급부권과 결합되어, 평등에 위반되는

118) 이준일, 「평등원칙」, 『안암법학』 8, 안암법학회, 1998, 18쪽.

119) 허영, 『한국헌법론』, 박영사, 2003, 326–327쪽.

120) P. Westen, 앞의 글, 577–578쪽.

121) 이러한 점에서 P. Westen는 평등권은 어딘가 다른 곳에서 창설된 도덕적 법적 명제의 내용을 진술하기 위한 형식이라고 하였다(P. Westen, 앞의 글, 577–578쪽).

122) 이준일, 앞의 글(주 33), 105쪽, 118–119쪽.

123) 이욱한, 「자유권과 평등권의 사법적 심사구조」, 『사법행정』 44–3, 한국사법행정학회, 2003, 12쪽.

규율을 제거하거나 현재의 규율에 의하여 포착되지 않는 경우들에까지 그 규율을 확장함으로써 "평등에 반하는 결정을 평등에 합치하는 결정으로 대체하여줄 것을 요구할 수 있는 권리"만을 발생시킬 뿐이라고 해야 한다.[124)]

다. 검토

물론 평등과 정의가 불가분의 표리관계에 있다고 하여도 '정의'라는 개념은 매우 막연할 뿐만 아니라, 그 실체에 대한 파악은 사실 영원한 과제이어서 평등을 그러한 불확정적이고 모호한 정의라는 일반가치와 연관시키는 것은 결국 그 내용을 공허하게 만드는 것이다.[125)] 뿐만 아니라 무엇보다도 평등의 상대적인 성격으로 인해서, 평등의 여부는 독자적으로 드러나는 것이 아니라 다른 상황과의 비교를 통해서 판단될 수 있다. 그러므로 헌법상 평등이 문제 된다 하더라도, 정작 우리의 인식작용은 "평등" 그 자체를 고정시킬 수 없고, 오직 비교할 대상 — 즉, 비교하는 기본권과 비교되어지는 기본권: 복수의 방어권 혹은 복수의 급부권 — 을 고정시켜 놓고, 국가에 대하여 평등한 취급을 주장할 수 있을 뿐이다. 이러한 점에서 평등은 독자적 기본권이라기보다는 정당화 심사단계에서 검토될 수 있는 심사기준 내지는 논증부담규칙으로서 이해될 수 있는 것이다.[126)] 결국 헌법상 평등을 권리로 구성해서 평등권 그 자체의 고유한 (잠정적) 보호영역을 확인하는 것은 존재하지도 않는 보호영역을 확인하려는 시도라는 점에서 애당초 불필요하고 무의미한 과정이라고 생각한다.

Ⅵ. 잠정적 보호영역과 논증부담

기본권심사의 제1단계로서 인간 사고의 개념적 고정 작용이 일정한 상황 속에서 기본권 구성요건들(보호법익과 침범)과 부닥쳐서 만들어내는 관념적 모상, 즉 기본권의 잠정적 보호영역을 확인한다는 것은 확정적 보호영역 도출을 목적으로

124) 정태호, 「일반적 평등권 침해여부의 심사」, 『고시계』 547, 2002, 18쪽.

125) 허영, 앞의 책(주 119), 326쪽.

126) 논증부담규칙에 관해서는 R. Alexy, 앞의 책, 317쪽; 이준일, 앞의 글(주33), 106쪽; 한편 우리 헌법의 규정형식을 살펴보면 대부분의 기본권들은 권리자의 적극적 측면에서 "[…] 권리를 가진다."라고 규정하거나 소극적 측면에서 "[…] 침해받지 아니한다."라고 규정된 반면, 모든 기본권의 이념적 기초로써 평가되는 평등은 "모든 국민은 법 앞에 평등하다."라고 규정하고 있다. 이러한 규정형식은 평등 그 자체는 보호영역을 가지지 않고, 다른 기본권의 확정적 보호영역 도출과정(정당화 심사과정)에서 준수되어야 할 헌법적 기준으로써 사용될 수 있음을 암시하고 있는 것이다.

하는 정당성 심사를 위한 대상들을 낱낱이 밝혀 드러내는 작업이란 점에서, '대상심사'라고 불러도 좋을 것이다. 그리고 이러한 심사에서 작동하는 헌법규범의 전형적인 해석과 적용방식은 포섭이다.[127] 즉 일정한 사실적 상황을 규범적 차원으로 끌어들여서 주장하고자 하는 사태가 헌법상 기본권적 보호법익 혹은 구성요건에 해당하는 것인지, 혹은 일정한 국가적 행위가 이러한 보호법익에 부정적 영향을 미치고 있는지를 논증하는 것이다.

그리고 기본권심사는 잠정적 보호영역의 확인으로부터 시작한다는 점에서, 잠정적 보호영역을 확인하는 문제는 확정적 보호영역 도출을 목적으로 하는 정당성 심사가 성립될 수 있는 전제이자 요건이다. 그런데 일반적으로 권리의 존재를 주장하는 자는 해당 권리의 성립요건을 비롯한 각종 권리근거사실에 대하여 논증부담을 지고, 그 상대방이 권리장애사실, 권리행사저지사실, 권리소멸사실에 대하여 논증을 부담한다.[128] 따라서 기본권을 최대한 보장하려는 자(기본권최대보장자)는 우선 헌법상 인정되는 특정 기본권적 보호법익이 구체적인 국가의 침범으로 인해 훼손당하고 있음을 논증해야 할 것이다.[129] 그러면 이에 맞서서 기본권을 최대한 제한하려고 하는 자(기본권최대제한자)는 ① 기본권최대보장자가 논증하는 것이 헌법상 기본권적 보호법익에 해당하는 것이 아니라고 하거나 침범이 존재하지 않음을 논증하여 기본권심사를 종식시키거나, 혹은 ② 소극적으로 그러한 침범의 합헌성을 면밀하게 따져보는 두 번째 심사인 헌법적 정당화 단계(정당성 심사단계)로 나아갈 것을 주장할 수 있다. 하지만 앞서 논한 것처럼, 넓은 구성요건이론이 바람직하므로, 기본권최대제한자의 첫 번째 논증이 성공하는 경우는 많지 않을 것이다. 이러한 점에서 잠정적 보호영역을 확인하는 제1단계 심사에서 기본권최대보장자는 논증다툼의 선재 공격자로서 기본권의 보호영역에

---

127) 이러한 점에서 원칙적으로 형량(Abwägung)이, 그리고 이러한 형량이 한계에 부닥치는 지점에서는 우위결정(Vorrangsentscheidung)이 헌법규범의 전형적인 적용방식으로 등장하는 정당화 심사와는 구별된다. 형량과 우위결정에 관해서는 S. Lenz, Vorbehaltlose Freiheitsrechte, Mohr Siebeck, 2006, S. 284ff.

128) 오석락, 『입증책임론』, 일신사, 1996, 51－57쪽; 이시윤, 『민사소송법』, 박영사, 1999, 572－573쪽 참고.

129) 만약 이러한 권리근거사실에 대한 논증이 실패한다면, 그것은 구체적 상황에서 기본권으로 보호될 수 있는 영역이 잠정적으로도 존재하지 않는다는 의미이다. 따라서 해당 구체적 상황에서 주장할 수 있는 기본권적 권리는 애당초 성립하지 않게 된다. 실재 헌법소송절차에서 이러한 논증이 실패하면, 그것은 성립요건과 관련된 흠결을 의미함으로, 그 소는 부적법하여 각하될 것이다(헌법재판소(編), 『헌법재판실무제요』, 2008, 303쪽 참조). 반면에 이러한 논증이 성공하여 그 소가 적법한 것으로 판단된 경우, 헌법재판의 효력은 원칙적으로 정당화 심사를 통해서 도출되는 확정적 보호영역을 기초로 발생할 것이다.

해당되는 구체적 생활사태가 국가의 침범으로 인해서 방해받고 있음을 적극적으로 주장하는 반면에, 기본권최대제한자는 이러한 주장에 대해 반대논증을 하는 방어자로 등장한다.

Ⅶ. 마치는 글

사고의 개념적 고정 작용이라는 인간 인식활동에 기초하여, 전체 기본권심사과정 속에서 잠정적 보호영역이 가지는 위상을 정립시키고, 넓은 구성요건이론에 입각하여 일단 기본권으로 보호되는 생활영역을 가급적 폭넓게 인정하려는 태도는 무엇보다도 직관에 의존한 결정과 정당화 심사대상의 부당한 누락을 방지하기 위함이다. 이러한 작업은 직관을 통제하여 기본권적 논증의 건전성을 높이는 데 도움이 될 것으로 본다.

제 2 장

정당성심사

제1절 제한영역: 기본권침범의 허용가능성

§ 8. 법률유보와 헌법유보

Ⅰ. 시작하는 글

기본권은 헌법적 차원의 권리이다. 따라서 기본권적 보호법익에 부정적으로 관여하는 국가의 행위, 즉 기본권침범이 기본권관계에서 기본권의 보호영역을 잠정 확인하는 과정을 통해서 구체적으로 특정되었다면,[1] 특정된 기본권침범이 헌법상 정당한 것인지 여부를 판단하기 위한 심사(정당성심사)에서 가장 먼저 살펴보아야 할 것은 해당 기본권침범이 헌법적 차원에서 허용될 가능성이 존재하는지 여부이다. 왜냐하면 헌법적으로 허용될 가능성조차 없는 기본권침범은 그 자체로서 이미 위헌인 기본권침해로 확정되며 이에 대한 헌법적합성여부에 관한 판단은 무의미해지기 때문이다. 기본권의 잠정적 보호영역을 확인한 후, 행해지는 기본권심사과정인 정당성심사에서 심사대상인 기본권침범에 대한 헌법적 허용가능성을 살피는 영역을 '제한영역(Schrankenbereich)'이라고 칭하면서, 이를 심사대상인 기본권침범에 대한 헌법적합성여부를 논증하는 영역인 '제한의 한계영역(Schrankenschranken－bereich)'에 앞서서 검토하는 것은 독일헌법학계에서도 일반적인 입장이다.[2]

그런데 기본권은 독립된 단일한 정치적 공동체인 국가 내에 존재하는 최고규범인 헌법을 통해서 보장되는 권리라는 점을 고려한다면, 헌법상 기본권보장의무가 있는 기본권수범자인 국가가 행하는 기본권에 대한 부정적 관여(기본권침범: Grundrechtseingriff)가 헌법적으로 허용될 가능성이 있다는 것은 결국 해당 기본권침범에 대한 근거 또한 최고규범인 헌법으로부터 마련될 수 있다는 것을 의미한다. 따라서 기본권침범의 허용 가능성에 대한 검토는 기본권침범근거에 대한 검토와 본질적으로 다르지 않다고 하겠다. 그리고 허용 가능한 기본권침범의 근거는 크게 헌법 그 자체가 바로 기본권침범의 근거로 원용되는 경우(헌법직접

1) 자세한 내용은 김해원, 「기본권의 잠정적 보호영역에 관한 연구」, 『헌법학연구』 15－3, 한국헌법학회, 2009, 279－320쪽 참조.

2) Vgl. H. Gersdorf, Grundversorgung im Öffentlichen Recht: Verfassungsprozessrecht und Verfassungsmäßigkeitsprüfung, C. F. Müller, 2. Aufl., 2005, S. 63ff.; S. G. Kielmansegg, Die Grundrechtsprüfung, in: JuS 48(1), 2008, S. 26.

적 근거에 의한 기본권침범)와 헌법이 헌법하위규범을 통해서 간접적으로 기본권침범의 근거를 마련해주는 경우(헌법간접적 근거에 의한 기본권침범)로 대별해서 살펴볼 수 있을 것인데, 주로 전자는 '헌법유보', 후자는 '법률유보'라는 개념을 통해서 설명되고 있다.[3] 여기에서는 논의의 편의상 후자(헌법간접적 근거에 의한 기본권침범: 법률유보)를 먼저 검토하고(Ⅱ.), 이어서 전자(헌법직접적 근거에 의한 기본권침범: 헌법유보)를 살핀다(Ⅲ.). 그리고 전자와 후자가 경합하는 경우에 양자의 조정문제를 간단히 언급하도록 한다(Ⅳ.).

Ⅱ. 헌법간접적 근거에 의한 침범: 법률유보

우리 헌법은 제37조 제2항에서 "국민의 모든 자유와 권리는 […] 법률로써 제한할 수 있으며, […]"라고 명시하고 있는바, 원칙적으로 "법률로써" 모든 기본권들이 제한될 수 있는 가능성을 헌법은 열어두고 있다. 이를 '기본권관계에서의 법률유보원칙'이라고 한다.[4] 여기서 "법률"은 형식적 의미에서의 법률은 물론이고, 실질적 의미에서의 법률(법률적 서열의 규범) 또한 포함되는 것으로 이해된다. 따라서 헌법 제76조 제1항 및 제2항이 규정하고 있는 "법률의 효력을 가지는 명령"(소위 법률대위명령)은 물론이고, 헌법 제6조가 명시하고 있는 "헌법에 의하여 체결·공포된 조약"과 "일반적으로 승인된 국제법규" 중에서 법률적 (혹은 법률 이상의) 서열에 해당하는 규범이 있다면,[5] 이러한 규범 또한 헌법 제37조 제2

---

3) 이에 관해서는 이부하, 「헌법유보와 법률유보」, 『공법연구』 36-3, 한국공법학회, 2008, 201쪽 이하 참조.

4) 바로 이러한 맥락에서 통상 헌법 제37조 제2항은 일반적 법률유보조항으로 이해되고 있다. 한편 모든 기본권을 법률로써 제한할 수 있는 가능성을 열어두고 있는 우리 헌법과는 달리 독일 기본법은 기본권제한과 관련된 일반적 법률유보조항을 갖고 있지 않을 뿐만 아니라, 모든 개별 기본권들마다 제한 가능성을 빠짐없이 언급하고 있는 것은 아니다. 바로 이러한 점에서 독일에서는 헌법이 제한 가능성을 명시하고 있지 않은 기본권들(즉, 유보 없는 기본권들: Vorbehaltlose Grundrechte)에 대한 제한 가능성에 관한 문제가 어려운 헌법해석의 문제로 취급되고 있다(특히 Vgl. S. Lenz, Vorbehaltlose Freiheitsrechte: Stellung und Funktion vorbehaltloser Freiheitsrechte in der Verfassungsordnung, Mohr Siebeck, 2006).

5) 헌법 제6조에 명시된 "헌법에 의하여 체결·공포된 조약" 중에서 국회의 동의를 받아서 정립된 조약 — 관련하여 특히 헌법은 제60조 제1항에서 국회동의가 필수적인 조약을 명시하고 있다. — 은 법률적 서열의 조약으로 평가할 수 있을 것이다. 하지만 헌법 제6조 "일반적으로 승인된 국제법규" 중에서 어떤 것이 법률적 서열 혹은 법률 이상의 효력을 갖는 규범인지여부를 판단하는 것은 아주 까다로운 문제라고 하겠다. 왜냐하면 관련하여 특별한 명시적 정보를 헌법이 제공하고 있지 않기 때문이다. 다만 기본권보장이란 관점에서 기본권침범근거로서 받아들일 수 있는 규범의 범위

항이 명시하고 있는 기본권제한근거규범으로서의 "법률"에 해당될 수 있을 것이다. 그리고 한국어 "로써"는 어떤 대상의 '수단'이나 '원료'를 뜻하는 격조사라는 점에서,[6] 헌법 제37조 제2항의 "법률로써"의 의미에는 법률적 차원의 수단이 직접 활용되는 규율 — 법률(적 서열의 규범)에 의한 규율: durch Gesetz — 은 물론이고, 간접적으로 매개되는 경우 즉, 법률적 서열의 규범을 원료로 활용한 규율 — 법률(적 서열의 규범)에 근거한 규율: auf Grund eines Gesetzes — 까지도 모두 내포되어 있는 것으로 이해하는 것이 자연스러운 문리해석의 결과라고 하겠다. 이러한 해석은 헌법재판소의 판례를 통해서도 지지되고 있다.[7] 따라서 일정한 기본권관계에서 구체적으로 특정된 기본권침범을 정당화하려는 자(예컨대 기본권적 논증에 있어서 기본권최대제한자)는 무엇보다도 해당 기본권침범이 법률(적 서열의 규범)에 의해서 혹은 법률(적 서열의 규범)에 근거해서 행해진 것이라는 점을 우선 논증해야만 한다.[8] 이러한 논증이 실패한다면, (헌법유보를 검토해야 하는 특단의 경우가 아닌 한) 심사대상으로 특정된 기본권침범은 종국적으로 위헌적인 기본권침해로 확정되고, 기본권심사는 종료하게 된다. 하지만 이러한 논증이 성공하여 해당 기본권침범이 헌법상 허용된 것이란 점을 확인하게 된다면, 계속해서 정당성심사의 두 번째 영역 즉 제한의 한계영역에서의 심사(허용된 기본권침범에 대한 헌법적합성심사)로 나아가야 한다.

한편 법률유보원칙은 기본적으로 국회입법권이 미칠 수 있는 영역에서 적용될 수 있는 원칙이란 점에서, 지방의회유보원칙이 관철되어야 하는 영역 등과 같이 예외적으로 국회입법권이 미치지 않는 영역에서는 헌법 제37조 제2항에 근거하는 법률유보원칙이 당연히 적용된다고 볼 수 없으므로, 이러한 영역에서는 예외적으로 법률적 서열이 아닌 규범 또한 기본권침범근거가 될 수 있는 가능성이

는 가급적 엄격하게 통제되는 것이 바람직할 것인바, 헌법이 허용하고 있는 기본권침범근거로 인정될 수 있는 "일반적으로 승인된 국제법규"의 범위는 가급적 축소하여 이해하려는 태도를 갖는 것이 바람직하다고 본다.

6) 국립국어원, 표준국어대사전: http://stdweb2.korean.go.kr/search/View.jsp, 검색어: 로써, 검색일: 2018.3.30.

7) 헌재 2005.2.24. 2003헌마289, 판례집 17-1, 269쪽; 헌재 2006.5.25. 2003헌마715 등, 판례집 18-1(하), 121-122쪽: "국민의 기본권은 헌법 제37조 제2항에 의하여 국가안전보장·질서유지 또는 공공복리를 위하여 필요한 경우에 한하여 이를 제한할 수 있으나, 그 제한의 방법은 원칙적으로 법률로써만 가능하고 제한의 정도도 기본권의 본질적 내용을 침해할 수 없으며 필요한 최소한도에 그쳐야 한다. 여기서 기본권제한에 관한 법률유보원칙은 '법률에 근거한 규율'을 요청하는 것이므로, 그 형식이 반드시 법률일 필요는 없다 하더라도 법률상의 근거는 있어야 한다 할 것이다."

8) 기본권심사에 있어서 논증부담에 관해서는 김해원, 앞의 글(주 1), 312-313쪽; 김해원, 「방어권적 기본권의 정당성 심사구조」, 『공법학연구』 10-4, 한국비교공법학회, 2009, 50쪽.

열려있다고 하겠다.[9)]

Ⅲ. 헌법직접적 근거에 의한 침범: 헌법유보

헌법적 차원의 권리인 기본권을 통해서 규율되는 생활영역에 개입하는 국가의 기본권침범을 정당화하기 위한 근거로서 다른 규범적 매개물 없이 헌법에 유보되어 있는 기본권침범 가능성(헌법유보)에 주목하여 최고규범인 헌법을 직접 원용하는 것이 논리적으로 불가능한 것은 아니다. 물론 이 경우 국가에게 작위를 명령·허용하고 있는 헌법규범은 방어권적 기본권에 대한 침범근거로, 부작위를 명령·허용하고 있는 헌법규범은 급부권적 기본권에 대한 침범근거로 원용될 수 있게 된다.[10)]

관련하여 일반적으로 국가의 기본권침범행위가 헌법체계상 인정되는 근본적인 이유는 헌법원리에 있다고 하면서, 헌법원리와 헌법원리가 체계화된 헌법질서를 기본권침범에 대한 합헌성심사에서 구속력 있는 법규범으로 받아들이고 있다.[11)] 헌법재판소 또한 기본적으로 이러한 입장이다.[12)] 하지만 '(헌)법원리에 의한 (헌)법보충'을 통해서 국가의 기본권침범행위를 근거지우려는 이러한 시도는 과도한 법원리주의로 치달을 위험성을 항상 내포하고 있으며,[13)] 무엇보다도 너무 추상적이고 막연해서 구체적으로 보장되는 헌법적 차원의 권리인 기본권의

9) 이에 관해서는 김해원, 「국회와 지방자치단체 상호 간 입법권한 배분에 관한 헌법적 검토 ― 국회의 입법권 수권행위에 대한 헌법적 통제를 중심으로 ―」, 『지방자치법연구』 16－2, 한국지방자치법학회, 2016, 330－331쪽, 338－340쪽; 이 책 목차 제2부 제2장 제2절 제1관 § 9. Ⅱ. 다. (5) (나) ③ 및 ⑥ 참조.

10) Vgl. S. Lenz/P. Leydecker, Kollidierendes Verfassungsrecht: Verfassungsrechtliche Maßstäbe der Einschränkbarkeit vorbehaltloser Freiheite, in: DÖV, 58(20), 2005, S. 843.

11) 이러한 이해는 주로 불문헌법유보를 도출하는 과정에서 많이 사용된다. 특히 정극원, 「헌법질서에 의한 기본권제한」, 『공법연구』 30－2, 2001, 250－253쪽, 259쪽; 한편 변재옥 교수는 일찍이 헌법원리 즉 헌법에 내재하는 가치의 객관성을 발견하여 그것을 통해 심사하는 것은 통일성 있고 조화로운 헌법문제의 해결을 위해서도 필요할 뿐만 아니라, 심지어 이를 헌법재판담당기관의 의무로 이해했다(변재옥, 「헌법재판권」, 『법학연구』 6－2, 1963, 247쪽); Vgl. H. J. Wolff, Rechtsgrundsätze und verfassunggestaltende Grundentscheidungen als Rechtsquellen, in: Forschungen und Berichte aus dem öffentlichen Recht － GS für W. Jellinek, Isar－Verl., 1955, S. 33ff.; BVerfGE 1, 14(32f.); BVerfGE 3, 225(237).

12) 헌재 1996.4.25. 92헌바47, 판례집 8－1, 380쪽; Vgl. BVerfGE 34, 269(288).

13) 법원리주의에 관해서는 김도균, 「법적 이익형량의 구조와 정당화문제」, 『법학』, 48－2, 서울대학교 법학연구소, 2007, 39쪽 참조.

침범근거로서는 적절치 못하다. 따라서 국가의 기본권침범행위는 가능한 한 구체적인 형태로 성문헌법 규정과의 관련성을 가져야 한다. 이와 관련해서 첫째, 헌법 제10조 제2문(국가의 기본권보장의무)을 언급할 수 있다.[14] 즉, 기본권이 인정목적에 맞게 실현되도록 하거나 그 내용이 훼손되는 것을 막아야 할 의무[15]가 헌법상 국가에게 주어져 있으므로, 국가는 타인의 기본권(급부권)보장을 위한 작위행위(의무이행)를 통해서 부작위요구권인 방어권에 대한 헌법적 침범근거를 마련하게 된다.[16] 둘째, 국가목적규정들[17]도 검토될 수 있다. 물론 국가목적규정들은 국가에게 넓은 형성의 여지를 부여할 뿐, 국가과제의 개별적 실현에 관해서는 법률에 위임[18]하거나 침묵하고 있으므로, 원칙적으로 해당 규정들을 통해서 충분히 구체적인 국가행위(기본권침범)를 끌어낼 수는 없을 것이다.[19] 그럼에도 불구하고 이 규정들은 국가에게 일정한 임무를 부과하고 있으므로, 어떤 구체적인 기본권침범으로서의 국가행위가 국가목적규정의 '최소치'보장에 관련된다면 해당 침범은 직접 헌법을 통해서 근거 지울 수 있을 것이다.[20][21]

Ⅳ. 법률유보와 헌법유보 상호 간 경합문제

지금까지의 논의를 통해서 기본권심사가 행해지는 기본권적 논증 다툼에 있어서 기본권침범의 근거를 법률유보뿐만 아니라 헌법유보에 주목해서도 마련할

---

14) 기본권보장의무와 「기본권보호의무의 구별여부 및 헌법 제10조 제2문과의 관계에 대해서 의견이 분분하지만(허완중, 기본권보호의무에서 과소보호금지원칙과 과잉금지원칙의 관계」, 『공법연구』 37-1(2), 2008, 203-204쪽, 주 4)·5) 참조), 이러한 논란도 국가행위의무 그 자체의 근거를 헌법 제10조 제2문의 명확한 문언에서 찾는 것을 방해하지는 못한다.

15) 허완중, 앞의 글, 203쪽.

16) 물론 이 경우 타인이 헌법 제10조 제2항에 근거하여 구체적인 기본권(기본권보장청구권)을 가질 수 있는지 여부는 별개의 문제이다. 하지만, 위 상황을 다음의 삼각관계로 거칠게 표현할 수 있을 것이다: 국가에 대한 부작위요구권자(방어권적 기본권의 주체, 가해자) — 국가(방어권침범자/급부권보장자) — 국가에 대한 작위요구권자(급부권적 기본권의 주체, 피해자); 국가행위의무에 주목하여 기본권침범근거를 마련하는 견해에 관해서는 특히 S. Lenz, 앞의 책, 264쪽 이하 참조.

17) 헌법은 역사성을 띠고 거의 모든 생활영역에서 일정한 역할·과제를 국가에게 부여하고 있다. 구체적 조항들은 헌법전 곳곳에 산재해 있으나, 특히 전문, 제1장, 제9장 참조.

18) 예컨대 헌법 제122조, 제126조 등.

19) S. Lenz/P. Leydecker, 앞의 글, 845쪽 참조.

20) S. Lenz/P. Leydecker, 앞의 글, 845-846쪽.

21) 김해원, 앞의 글(주 8), 45-46쪽.

수 있다는 점이 확인되었다. 바로 이 지점에서 '기본권관계에서 기본권제한의 근거로서 법률유보와 헌법유보가 경합할 경우에 무엇을 우선적으로 검토해야 하는가?'하는 문제가 발생한다. 물론 기본권을 가능한 한 최대한 제한하고자 하는 진영('기본권최대제한자'의 입장)에서는 법률유보보다는 헌법유보에 기초해서 심사대상인 기본권침범을 정당화하는 작업이 훨씬 매력적일 것이다. 왜냐하면 헌법규범이 갖고 있는 추상성과 개방성 및 상반규범성으로 인해서 헌법현실에서 발생되는 거의 모든 기본권침범의 근거로서 헌법적 가치나 규정을 손쉽게 원용해올 수 있을 뿐만 아니라, 무엇보다도 헌법에 근거한 기본권침범을 정당화하는 과정에서는 "법률로써" 기본권을 제한할 경우에 준수하도록 헌법이 마련해두고 있는 각종 기본권심사기준들 — 예컨대, 의회유보원칙·포괄위임금지원칙·헌법 제37조 제2항으로부터 도출되는 목적의 정당성 및 본질내용침해금지 등등 — 을 무력화시킬 수 있기 때문이다. 하지만 기본권심사가 행해지는 논증다툼에서는 다음과 같은 이유에서 법률유보가 우선적으로 검토되어야 하며, 헌법유보는 법률유보가 한계에 도달하는 지점에서 혹은 극단적인 경우에 예외적으로 검토될 수 있을 뿐이다: (1) 기본권침범을 근거지울 수 있는 법률(기본권제한적 법률)이 존재함에도 불구하고 해당 법률을 무시하고 기본권침범의 근거로서 바로 헌법조항이나 헌법적 가치를 원용해오는 것은 국회의 법률정립권한을 침해하는 것일 뿐만 아니라, 권력분립원칙에도 위반되는 논증이다. 왜냐하면 법률보다 헌법이 상위규범이란 이유로 국회가 정립한 법률을 도외시하고 헌법을 직접 원용하게 되면 국회의 입법권이 무력화될 뿐만 아니라, 헌법을 직접 원용하는 자에 의한 권력집중현상을 초래하기 때문이다. 특히 사법적 판단과정에서 법관이 법률을 무시하고 바로 헌법을 원용해서 심사대상인 기본권침범의 위헌성 여부를 판단하는 것은 "법관은 헌법과 법률에 의하여 [···] 심판한다."라고 규정하고 있는 헌법 제103조를 위반한 위헌적인 재판이 된다.[22) (2) 규범효력에 있어서 관철되어야 하는 법률에 대한 헌법우위가 규범적용에 있어서 법률에 대한 헌법우위로 오해해서는 안 된다. 따라서 설사 기본권침범근거법률에 대해서 위헌이라는 의심이 있다고 하더라도 이러한 의심을 이유로 기본권침범근거로 기능해야 할 법률을 도외시하고 기본권침범근거로 헌법을 직접 원용하는 것은 허용되지 않는다. 이러한 헌법직접원용은 위헌법률심판과 헌법소원에 관한 심판을 규율하고 있는 헌법 제107

---

22) 법관이 행하는 심판의 근거는 헌법과 법률에 동시 존재해야 한다는 원칙으로서 헌법 제103조 및 이에 대한 예외에 관해서는 김해원, 「기본권 원용의 양상과 기본권이론 — 사법질서에서 기본권의 효력을 중심으로 —」, 『헌법학연구』 17－2, 한국헌법학회, 2011, 414－417쪽 참조.

조 제1항 및 헌법 제111조 제1항의 취지에도 부합되지 않는다. (3) 기본권침범을 근거지울 수 있는 법률이 부존재한다고 하더라도, 원칙적으로 기본권침범근거로서 헌법을 직접 원용해올 수는 없다. 왜냐하면 이러한 원용은 국회의 규율선점권한을 침해하는 것일 뿐만 아니라, 법률공백상태에서 국회가 행사해야 할 입법활동의 실질이 기본권침범근거로서 헌법을 원용하는 자에 의해서 대체되는 것이기 때문이다. 법률공백으로 발생될 수 있는 기본권보장의 흠결 등과 같은 문제점이 있다면, 이는 국회의 입법부작위를 대상으로 하는 헌법소원심판이나 권한쟁의심판 등을 통해서 교정될 일이다. (4) 헌법상 기본권규범에는 실체적 지위뿐만 아니라 형식적 지위도 편입되어 있다는 점,[23] 법률유보는 입법부에게는 활동의 여지를[24] 국민에게는 방어권적 기본권의 사전방어선 역할을 한다는 점,[25] 기본권제한요건을 구체화하고 있지 않은 헌법유보에서 오히려 기본권 훼손 우려가 더 크다는 점,[26] 헌법이 일반적 법률유보체계를 취하고 있다는 점[27] 등 때문에 헌법유보라고 하더라도 원칙적으로 법률유보를 대체할 수 없으며,[28] 특히 헌법이 국가에게 기본권침범행위를 '허용'하고 있는 범위, 즉 국가목적의 '가능한 한 최대한 실현'이 추구되는 범위에서는 기본적으로 입법권자의 형성의 자유가 존중되어야 한다.[29] (5) 다만, 헌법이 기본권보장(보호)의무·국가목적규정의 '최소치' 보장과 관련해서 기본권침범행위를 '명령'하고 있음에도 불구하고 입법권자가 해당 기본권침범행위의 근거법률정립을 懈怠하고 있는 경우, 명령된 기본권침범행위는 헌법으로부터 직접 근거 지워질 수 있을 것이며,[30] 구체적인 기본권관계에

---

23) 법체계에서 기본권규범의 형식적 지위는 침범의 법률형식구비성에 있다(J. Schwabe, Problem der Grundrechtsdogmatik, Darmstadt, 1997, S. 23; R. Alexy, Theorie der Grundrechte, Nomos, 1985, S. 263).

24) 따라서 일반적 법률유보체계에서 법률에 근거하지 않은 타 국가기관의 기본권침범행위는 입법부의 권한을 훼손하는 것이다(Vgl. S. Lenz/P. Leydecker, 앞의 글, 849쪽 참조).

25) 법률유보는 침범종류·범위를 고지해준다(Vgl. U. Di Fabio, Grundrechte im präzeptoralen Staat am Beispiel hoheitlicher Informationstätigkeit, in: JZ, 1993, S. 691).

26) 강태수, 「기본권의 보호영역, 제한 및 제한의 한계」, 『한국에서의 기본권이론의 형성과 발전(정천허영박사화갑기념논문집)』, 박영사, 1997, 126쪽.

27) 한편 개별적 유보제한체계를 취하고 있는 독일기본법은 법률의 매개 없이 직접 행정이 기본권을 제한할 수 있도록 한 유보규정(기본법 제13조 제7항)을 가지고 있다.

28) H. Bethge, Der Grundrechtseingriff, in: VVDStRL 57, 1998, S. 51.

29) 김해원, 앞의 글(주 8), 47쪽.

30) 이 경우 법률에 근거 없이 행정부나 다른 국가기관이 행한 기본권침범의 정당성이 문제 된다. 필자는 이를 '극단적 경우(Ⅱ)'라고 칭하고 김해원, 앞의 글(주 8), 47-49쪽에서 상세하게 논한 바 있다(이 책에서는 아래 목차 제2부 제2장 제2절 제2관 § 10. Ⅳ. 4. 나. 2) 참조).

서 법률유보에 주목해서 우선적으로 행해진 기본권심사가 한계에 도달한 경우라면 비로소 헌법에 직접 근거한 기본권침범(헌법유보)에 주목한 기본권심사로 전환될 수 있을 것이다.[31)]

---

31) 이에 관한 상세한 설명 및 구체적인 사례에 관해서는 이 책 목차 제2부 제2장 제2절 제2관 § 10. Ⅳ. 4. 가. 및 나. 참조; 김해원, 앞의 글(주 8), 47–48쪽; 한편 앞서 제안한 <규범충돌상황표>에서 살펴본다면, 헌법유보가 검토될 수 있는 경우는 B–1(D–1), B–3(D–2), H–1(F–1) 영역이 된다. 이에 관해서는 이 책 목차 제1부 제2장 제2절 § 5. Ⅳ. 2. 및 §. 6. Ⅲ. 3. 참조.

제2절 제한의 한계영역: 허용된 기본권침범에 대한 헌법적합성심사

제1관 형식적 헌법적합성심사

§ 9. 침범형식(권한 · 절차 · 형태)에 대한 헌법적합성심사*

Ⅰ. 시작하는 글

가변적이고 동태적인 헌법현실 속에서 구체적인 경우에 '어떤 기본권 ― 'X 기본권'이라고 하자 ― 이 확정적으로 보장된다.'라고 주장하기 위해서는 우선 일련의 조작을 통해서 'X 기본권'에 해당하는 속성들과 그 'X 기본권'이 놓여있는 구체적 상황들을 일반적인 것으로 추출하여 특정한 고정치로 추상화 혹은 개념화하고, 그 개념들의 연관을 나타내는 판단으로써 'X 기본권'의 보호영역을 잠정적으로 확인해야 하며(제1단계: 잠정적 보호영역 확인), 이어서 'X 기본권'에 감행된 각종 침범(Eingriff)들에 대한 정당성심사를 거쳐 구체적이고 개별적인 상황에서 'X 기본권'의 확정적 보호영역이 발견될 수 있도록 해야 한다(제2단계: 정당성심사).[1)]

---

* 이 글은 저자가 발표한 6개의 논문(①「기본권심사에서 형식적 헌법적합성심사에 관한 연구 — 법률에 의한(durch Gesetz) 규율을 중심으로 —」, 『헌법학연구』 제21권 제1호, 한국헌법학회, 2015, 237－267쪽; ②「기본권관계에서 "대통령을 수반으로 하는 정부"에게 입법권을 수권하는 법률에 대한 권한법적 통제 — 수권법률제정권자의 피수권기관 및 피수권규범 특정에 관한 헌법적 통제를 중심으로 —」, 『법학논총』 제35권 제1호, 전남대학교 법학연구소, 2015, 119－144쪽; ③「수권법률에 대한 수권내용통제로서 의회유보원칙 — 기본권심사를 중심으로 —」, 『공법학연구』 제16권 제2호, 한국비교공법학회, 2015, 85－104쪽; ④「수권법률에 대한 수권방식통제로서 포괄위임금지원칙 — 기본권심사를 중심으로 —」, 『헌법학연구』 제21권 제2호, 한국헌법학회, 2015, 159－193쪽; ⑤「독립행정기관에게 입법권을 수권하는 법률에 대한 헌법적합성심사로서 권한법적 통제」, 『법학연구』 제23권 제3호, 경상대학교 법학연구소, 2015, 75－100쪽; ⑥「국회와 지방자치단체 상호 간 입법권한 배분에 관한 헌법적 검토 — 국회의 입법권 수권행위에 대한 헌법적 통제를 중심으로 —」, 『지방자치법연구』 제16권 제2호, 한국지방자치법학회, 2016, 321－356쪽)을 수정·보완하고 재구성한 후 새로운 내용들을 추가한 것이다.

1) 물론 기본권심사 및 심사구조와 관련하여 다양한 시도들이 있었음에도 불구하고 현재까지 일반적으로 승인된 보편타당한 기본권 해석상의 이론적 체계(기본권도그마틱: Grundrechtsdogmatik)가 정립되어 있는 것은 아니다(A. Katz, Staatsrecht ― Grundkurs im öffentlichen Recht, C. F. Müller, 17. Aufl., 2007, S. 310; 허영/조소영, 『사례헌법학』, 신조사, 2013, 4쪽: "기본권사례를 해결하는 데는 아직은 통일된 하나의 방법론이 확립되지 않았기 때문이다."). 다만, 독일의 지배적인 입장은 방어권적 기본권과 관련해서는 3단계(보호영역—침범—정당성), 급부권적 기본권과 관련해서는 1단계(국가의 급부가 관계된 기본권에 근거하여 요구될 수 있는지 여부에 대한 심사), 그리

그런데 기본권은 헌법적 차원에서 보장되는 권리[2)]라는 점에서 기본권에 대해 감행된 국가의 구체적 침범행위가 헌법적 정당성을 획득하려면 우선 해당 기본권침범(Grundrechtseingriff)이 헌법적 차원에서 허용되고 있는지 여부(즉, 침범의 헌법적 근거)를 확인하고,[3)] 이어서 허용된 구체적 기본권침범이 모든 관점에서 — 즉, 형식적/외형적으로도 실질적/내용적으로도 — 헌법적합성을 인정받을 수 있는지 여부가 검토되어야 한다.[4)] 따라서 기본권심사에 있어서 정당성심사는 다음 두 영역을 포괄하는 개념이다: ① 기본권침범이 존재할 수 있는(혹은 허용될 수 있는) 헌법적 근거를 확인하는 영역(제한영역: Schrankenbereich), ② 기본권침범의 형식적(Formelle)·실질적(Materielle) 헌법적합성(Verfassungsmäßigkeit)을 심사하는 영역(제한의 한계영역: Schrankenschrankenbereich).[5)] 이러한 점에서 전체 기본권심사구

고 평등과 관련해서는 2단계(차별여부의 확정—정당성심사) 심사를 지지하는 것으로 보이며(Vgl. B. Pieroth/B. Schlink, Die Grundrechte. Staatsrecht Ⅱ, C. F. Müller, 24. Aufl., 2008, S. 3; R. Schmidt, Grundrechte sowie Grundzüge der Verfassungsbeschwerde, Dr. Rolf Schmidt, 10. Aufl., 2008, S. 45, 147; C. Degenhart, Klausurenkurs im Staatsrecht Ⅱ, C. F. Müller, 5 Aufl., 2010, S. 15ff.), 우리의 경우에도 기본권심사의 전형으로는 특히, 방어권적 기본권에 주목해서 기본적으로 3단계 논증과정을 택하고 있는 것으로 생각된다(특히, 이준일, 『헌법학강의』, 홍문사, 제5판, 2013, 342－343쪽). 하지만 필자는 기본권 기능에 따라서 각기 다른 심사단계를 구축해오고 있는 이러한 지배적인 기본권심사체계를 비판하고, 기본권적 논증에 있어서 더 나은 합리성과 실용성을 담보할 수 있는 통일적인 2단계 심사체계 — 모든 기본권심사를 크게 2단계('기본권의 보호영역을 잠정적으로 확인하는 단계'와 '정당성심사단계')로 구성한 다음, 두 번째 단계인 정당성심사단계를 '제한영역'과 '제한의 한계영역'으로 분별하고, 제한의 한계영역을 다시 기본권침범의 '형식적 헌법적합성을 검토하는 단계'와 '실질적 헌법적합성을 검토하는 단계'로 구분해서 검토하는 기본권심사체계 — 를 제안해오고 있다(이에 관해서는 특히, 김해원, 「기본권의 잠정적 보호영역에 관한 연구」, 『헌법학연구』 15－3, 한국헌법학회, 2009, 281－283쪽).

2) R. Alexy, Theorie der Grundrechte, Nomos, 1985, S. 258.

3) 이러한 확인이 이루어지는 영역을 독일 문헌들은 보통 '제한영역(Schranken－Bereich)'이라고 칭하며, 주로 기본권침범의 헌법직접적 근거로서 헌법유보와 헌법간접적 근거로서 법률유보에 해당하는 내용들을 언급하고 있다(Vgl. A. Katz, 앞의 책, 310쪽; 김해원, 「방어권적 기본권의 정당성심사구조」, 『공법학연구』 10－4, 한국비교공법학회, 2009, 29－30쪽, 43－47쪽).

4) 김해원, 앞의 글(주 3), 29－30쪽; 김해원, 「급부권적 기본권의 심사구조 — 국회입법부작위를 중심으로」, 『공법학연구』 13－2, 한국비교공법학회, 2012, 264－265쪽; 한편 침범의 헌법적합성심사가 행해지는 영역을 독일문헌들은 보통 '제한의 한계영역(Schrankenschranken－Berich)'이라고 칭한다(Vgl. A. Katz, 앞의 책, 311쪽); 김주환, 「입법절차상 하자에 대한 헌법재판소의 통제」, 『강원법학』 39, 강원대학교 비교법학연구소, 2013, 254쪽.

5) 기본권심사를 3단계(구성요건－제한－정당화)로 구축하면서, 기본권제한의 허용가능성을 "제한단계"에서 다루고, "정당화단계"에서는 침범의 헌법적합성만 다루는 견해도 있다(이준일, 「기본권논증체계의 새로운 구성」, 『고시계』 626, 고시계사, 2009, 6쪽 이하; 이준일, 앞의 책, 342－343쪽). 하지만 어떤 조치의 규범적 근거에 관한 물음은 해당 조치의 정당성 판단의 중요한 기준이며, 기본권의 정당성심사는 항상 침범근거에 관한 물음에서 출발해야 하므로(S. G. Kielmansegg, Die Grundrechtsprüfung, in: JuS 48(1), 2008, S. 26), 기본권 제한의 허용성도 정당성심사의 내용으로 이해되어야 한다. 방어권적 기본권의 심사를 3단계(보호영역－침범－정당성)로 구성하는 독일의

조 속에서 '기본권침범의 형식적 헌법적합성심사'는 '기본권침범의 실질적 헌법적합성심사'와 함께 정당성심사의 두 번째 범주(Kategorie), 즉 제한의 한계영역(Schrankenschrankenbereich)에 위치하게 된다.[6)]

그런데 기본권침범의 형식적 헌법적합성 여부를 심사한다는 것은 기본권적 보호법익과 기본권침범 간의 관계에 주목하기보다는 헌법현실에서 구체적으로 등장하여 문제가 되고 있는 기본권침범(Grundrechtseingriff)의 '외적 특성의 총체' 내지는 '존재방식', 그 자체에 주목해서 행해지는 헌법적 판단을 뜻하는 것으로서, 기본권침범의 실질적 내용(알맹이)을 담아내고 있는 형식(껍데기)이 헌법상 '정당한 권한 있는 자의 정당한 권한범위 안'에서 '정당한 절차'에 따라 '헌법이 요구하고 있는 형태'로 만들어져 있는지 여부(즉, 침범의 권한·절차·형태와 관련된 헌법적합성여부)를 면밀하게 살펴본다는 것을 의미한다.[7)] 따라서 기본권심사의 수월성과 경제성 및 논증의 합리성을 고려한다면, 형식적 헌법적합성심사는 원칙적으로 헌법이 요청하고 있는 헌법적합성 판단의 실질적 심사기준들(예컨대, 비례성원칙·본질내용침해금지·평등원칙·법치국가적 요청 등등) — 이러한 기준들은 심사대상인 기본권침범이 기본권의 인적·물적 구성요건을 의미하는 기본권적 보호법익에 미치는 영향에 특히 주목하고 있다. — 이 준수되고 있는지 여부를 검토하는 실질적 헌법적합성심사 이전에 행해지는 것이 바람직할 것인바, 원칙적으로 제한의 한계영역에 대한 검토에서 가장 먼저 고려되어야 할 사항이라고 해야 할 것이다.[8)] 하지만 전체 기본권심사과정 중에서 기본권침범의 형식적 헌법적합성

다수견해도 정당성심사단계에서 '기본권제한의 허용성(Zulässigkeit einer Beschränkung von Grundrechten)'과 허용된 국가행위의 '헌법적합성(Verfassungsmäßigkeit)' 여부를 모두 검토하는 것이 일반적이다(R. Schmidt, 앞의 책, 45–46쪽; B. Pieroth/B. Schlink, 앞의 책, 3쪽, 59쪽 이하; R. Zippelius/T. Würtenberger, Deutsches Staatsrecht, C. H. Beck, 32. Aufl., 2008, S. 204; V. Epping, Grundrechte, Springer, 3. Aufl, 2007, S. 11, 16); 김해원, 앞의 글(주 3), 30쪽.

6) 요컨대, 기본권침범이 존재할 수 있는(행해질 수 있는) 헌법적 근거, 즉 '침범(존재)근거에 대한 확인'은 정당성심사의 '제한영역'에서 행해지는 심사에 상응하는 활동이며, 제한영역에서 확인된 침범근거에 기초하여 구체적으로 등장된 '기본권침범의 외형에 대한 헌법적 검토'는 정당성심사의 '제한의 한계영역 중에서 형식적 헌법적합성심사'에, '기본권침범의 내용에 대한 헌법적 검토'는 '제한의 한계영역 중에서 실질적 헌법적합성심사'에 각각 상응하는 활동이다.

7) 이준일, 앞의 책, 334–335쪽 참조; Vgl. H. Gersdorf, Grundversorgung im Öffentlichen Recht: Verfassungsprozessrecht und Verfassungsmäßigkeitsprüfung, C. F. Müller, 2. Aufl., 2005, S. 50ff., 66.

8) 사실 엄밀한 의미에서 (행위)형식과 (행위)내용은 서로 모순되고 대립하는 동시에 서로 규정하고 작용하는 불가분의 관계로 존재한다(임석진 외 40인, 『철학사전』, 중원문화, 2012, 1105쪽). 하지만 구체적으로 검토되어야 할 대상(심사대상)으로서의 행위내용은 행위형식을 통해서만 발현될 수 있다는 점에서 일반적으로 (심사자와 우선적으로 맞닥뜨리는) 행위형식에 관한 검토가 행위내

심사에 관한 체계적 연구는 그 중요성에도 불구하고, 그동안 실질적 헌법적합성 심사에 관한 연구들에 비해서 상대적으로 등한시되어 온 경향이 짙은 것으로 생각된다.[9] 여기에서는 전체 기본권심사구조 속에서 국가의 작위행위로 인해서 야기된 기본권침범(즉, 방어권적 기본권에 대한 침범)의 형식적 헌법적합성 여부에 관한 판단을 논리적이고 체계적으로 행할 수 있는 기초를 마련하고자 한다. 이를 위해서 우선 심사대상인 기본권침범의 헌법적 근거 내지는 허용가능성에 주목해서 '헌법이 다른 하위 규범에게 기본권침범적 내용을 담아내고 있는 껍데기로 기능할 수 있도록 수권해주고 있는 경우(헌법간접적 근거에 의한 기본권침범이 문제되는 경우)'와 '헌법 스스로가 직접 기본권침범적 내용을 담아내고 있는 껍데기로서의 역할이 검토되어야 하는 경우(헌법직접적 근거에 의한 기본권침범(소위 헌법유보)이 문제 되는 경우)'로 구분하여 논의를 진행하도록 한다.[10]

용에 관한 검토보다 선재 되는 것이 보다 논리적이고 자연스럽다고 하겠다. 뿐만 아니라 구체적인 헌법현실에서 심사대상인 국가행위는 형식적 측면이건, 실질적 측면이건 간에 어느 한 측면이라도 헌법이 요구하는 규준에 부합되지 않는다면 위헌적인 국가행위로 평가될 수밖에 없다는 점에서, 형식심사와 실질심사 중에서 비교적 수월하고 안전하며, 상대적으로 이해관계가 복잡하게 얽혀있지 않다고 생각되는 심사부터 먼저 진행하여 그 위헌성 여부를 가리는 것이 논증의 효율성 및 합리성 제고에도 부합된다고 할 수 있을 터인데, 관련하여 특히 다음과 같은 점을 지적해둔다: '기본권침범의 권한·절차·형태가 검토되는 형식적 헌법적합성심사에 비해서 실질적 헌법적합성심사에서는 상대적으로 계량화·객관화하기 어려운 가치적/규범적 갈등이 본격적으로 드러날 뿐만 아니라, 이러한 갈등관계에서 활용되는 심사기준들(예컨대, 비례성원칙, 평등원칙, 법치국가적 요청 등)은 구체적인 헌법현실적 조건과 가치관적 입장에 따라서 강화 혹은 완화될 수 있는 유동성이 크다. 따라서 일반적으로 형식적 헌법적합성심사에 비해서 실질적 헌법적합성심사에서는 특정 가치에 관한 직관적 호오판단이 기본권심사라는 이름으로 은폐될 수 있는 위험성이 비교적 높을 뿐만 아니라, 대립되는 헌법적 논증참여자들 간의 다툼의 양상 또한 상대적으로 복잡하게 얽혀있다.'

9) 실제로 기본권심사에서 심사대상인 국가행위를 기본권적 보호법익과의 관련성에 주목해서 검토하는 실질적 헌법적합성심사와 관련된 연구들은 기본권이론의 중추를 이루면서 많은 내용과 의미를 가지고 다양하게 전개되고 있는 반면에(김명재, 「자유권적 기본권의 본질내용」, 『공법연구』 30-5, 한국공법학회, 2002, 109쪽), 기본권관계에서 심사대상인 국가행위를 기본권수범자들의 관계나 행위에 주목해서 검토하는 기본권침범의 형식적 헌법적합성심사에 관한 연구는 주로 포괄위임금지원칙이나 의회유보원칙 등과 같은 개별 쟁점들 차원에서 산발적으로 행해지고 있을 뿐, 전체 기본권심사구조와의 관련 속에서 이를 체계적으로 고찰하고 있는 연구는 다소 미흡한 것으로 생각된다.

10) 이렇게 세분하여 검토하는 이유는 "우리 헌법상 기본권제한의 구조는 헌법규정에 의해 직접 명시적인 기본권제한이 가해지는 경우(이른바, 헌법유보 또는 헌법직접적 기본권제한)와 헌법규정에 의해 수권되는 헌법하위규범에 의한 기본권제한(이른바, 헌법간접적 기본권제한)"으로 대별될 뿐만 아니라(이부하, 「헌법유보와 법률유보」, 『공법연구』 36-3, 2008, 한국공법학회, 209쪽; Vgl. R. Alexy, 앞의 책, 258쪽 이하), 무엇보다도 기본권침범의 헌법적 근거(혹은 허용근거)를 어디에서 구하느냐에 따라서 기본권침범의 형식적 헌법적합성심사에서 검토되어야 할 대상이 달라지기 때문이다. 예컨대, 기본권침범의 헌법적 근거를 소위 헌법유보라고 일컬어지는 '헌법직접적 근거'에서 찾게 된다면, 해당 기본권침범의 존재방식(외형)은 '헌법'이 되겠지만, 기본권침범의 헌법적 근거를 헌법간접적 방식으로 기본권침범의 가능성을 열어두고 있는 헌법 제37조 제2항으로부터

II. 헌법간접적 근거에 의한 침범

1. “법률로써” 개입하는 경우

가. 서두

헌법 제37조 제2항 전단은 “국민의 모든 자유와 권리”는 일정한 요건 하에 “법률로써” 제한될 수 있음을 규정하고 있는바,[11] 국가는 헌법을 직접 기본권침범의 근거로 내세우지 않고 “법률”을 기본권침범근거로 활용하여(즉, 헌법간접적인 방법으로)[12] 헌법적 차원의 권리의무관계인 ‘기본권관계’[13]에 일반적으로 개입할 수 있다.[14] 그런데 기본권관계에 “법률로써” 개입하는 경우는 법률이란 수단

도출시킨다면, 해당 기본권침범의 존재방식(외형)은 ‘법률’이 되어야 하는바, 각각의 경우에 기본권침범의 외형에 대한 헌법적합성심사(즉, 형식적 헌법적합성심사)는 달리 검토되어야 한다.

11) 헌법 제37조 제2항 전단의 주어는 “국민의 모든 자유와 권리”인바, 술어에 해당하는 “법률로써 제한할 수 있으며”라는 표현은 ‘법률로써 제한될 수 있으며’라는 의미로 이해되어야 할 것이다.

12) 헌법직접적 기본권침범(헌법유보)은 헌법간접적 기본권침범이 한계에 도달한 지점에서 혹은 지극히 비상적인 헌법현실에서 비로소 검토될 수 있으므로(김해원, 앞의 글(주 3), 47쪽 참조), 헌법간접적인 기본권침범이 기본권제한의 원칙적인 태도라고 할 수 있다.

13) 이에 관해서는 특히, 김해원, 「기본권관계에서 국가의 의무 — 확인의무·보장의무·보호의무를 중심으로 —」, 『공법학연구』 12-4, 한국비교공법학회, 2011, 85쪽.

14) 물론 헌법 제37조 제2항이 규정하고 있는 “법률”은 한편으로는 국가의 기본권침범을 가능하게 하는 허용조건으로 기능하지만, 동시에 다른 한편으로는 국가행위에 대한 제한조건이라는 의미도 갖고 있는바(관련하여 전광석, 한국헌법론, 집현재, 2014, 247쪽 참고), 특히 허용된 국가행위의 헌법적합성여부를 평가하는 사법심사의 관점에서는 기본권관계에서의 법률유보원칙(즉, 기본권침범근거는 “법률로써” 마련되어야 한다는 헌법원칙)을 규율하고 있는 헌법 제37조 제2항이 내포하고 있는 국가행위에 대한 제한조건설정규범(통제규범)으로서의 성격에 주목해야 할 것이다(행위규범과 통제규범에 관해서는 특히, 헌재 1997.5.29. 94헌마33, 판례집 9-1, 553-554쪽). <u>그런데 기본적으로 헌법 제37조 제2항이 규율하고 있는 “법률유보는 단지 법률에 의한 수권의 존재만을 요구할 뿐”이란 점에서</u>(한수웅, 「본질성이론과 입법위임의 명확성원칙」, 『헌법논총』 14, 헌법재판소, 2003, 573쪽; 물론 허완중, 「법률과 법률의 효력」, 『공법학연구』 11-1, 한국비교공법학회, 2010, 204-205쪽: “[…] 법률유보는 행정권이 기본권을 제한할 때에 법률의 수권을 요구함으로써 기본권침해를 예방하는 역할을 담당하였다. 그러나 이때에 법률의 수권은 구체적인 방법이 아닌 수권여부만을 요구하였고, […]. 이제 법률유보는 […] 국가의 본질적 법규범에 속하는 사항은 의회가 스스로 결정하여야 한다는 ‘의회유보’로 발전하였다.” 혹은 헌재 1999.5.27. 98헌바70, 판례집 11-1, 633, 643쪽: “오늘날 법률유보원칙은 단순히 행정작용이 법률에 근거를 두기만 하면 충분한 것이 아니라, 국가공동체와 그 구성원에게 기본적이고도 중요한 의미를 갖는 영역, 특히 국민의 기본권실현에 관련된 영역에 있어서는 행정에 맡길 것이 아니라 국민의 대표자인 입법자 스스로 그 본질적 사항에 대하여 결정하여야 한다는 요구까지 내포하는 것으로 이해하여야 한다(이른바 의회유보원칙).” 등과 같이 법률유보원칙의 발전된 모습으로서 의회유보원칙을 이해하거나 법률유보원칙과 의회유보원칙을 거의 같은 개념으로 취급하려는 입장도 있다. 하지만 법률유보원칙은 공권력발동과 관련된 허용조건 내지는 제한조건의 문제라면, 의회유보원칙은 의회에서 행사되어야 할 입법사항 내지는 입법권한의 범위와 관련된 문제란 점(이에 관해서는 목차 Ⅱ. 1. 나. 1)

을 통해서 국회가 기본권침범에 스스로 직접 참여하는 경우 — 즉, 법률에 의한(durch Gesetz) 규율 — 뿐만 아니라, 법률에 법률하위입법권자가 개입할 수 있는 근거를 마련하는 방식으로 관여하는 경우 — 즉, 법률에 근거한(auf Grund eines Gesetzes) 규율 — 까지도 포함하고 있는 것으로 해석되어야 하는바,[15] 기본권관

참조)에서 양자는 기본적으로 다른 차원의 문제이다. 뿐만 아니라 한국 헌법상 법률유보원칙과 의회유보원칙, 양자는 상이한 헌법상 근거에 기초하고 있는 것으로 보인다. 즉, 기본권관계에서 법률유보원칙은 일반적으로 "국민의 모든 자유와 권리는 […] 법률로써 제한할 수 있으며, […]."라고 규정하고 있는 헌법 제37조 제2항에 근거하고 있는 것으로 이해되나, 의회유보원칙은 무엇보다도 "입법권은 국회에 속한다."라고 규정하고 있는 헌법 제40조로부터 직접 도출된다(방승주, 「법률유보와 의회유보: 헌법실무연구회 제89회(2008.11.14) 발표문」, 『헌법실무연구』 10, 헌법실무연구회, 2009, 23쪽; 헌재 2001.4.26. 2000헌마122, 판례집 13－1, 971쪽: "[…], 우리 헌법 제40조의 의미는 적어도 국민의 권리와 의무의 형성에 관한 사항을 비롯하여 국가의 통치조직과 작용에 관한 기본적이고 본질적인 사항은 반드시 국회가 정하여야 한다는 것이다."). 아울러 법률유보원칙과 의회유보원칙을 분별하여 이해하는 것은 보다 체계적인 기본권심사구조의 구축이란 측면에서도 장점을 갖고 있다. 왜냐하면 법률유보원칙은 기본권심사단계 중 '제한영역'에서, 의회유보원칙은 '제한의 한계영역', 특히, 권한법적 측면에서의 행해지는 형식적 헌법적합성심사에서 각각 활용될 수 있는 심사기준이기 때문이다. 이러한 점에서 필자는 법률유보원칙과 의회유보원칙을 별개의 각각 독립된 헌법원칙으로 분별하여 정교하게 활용하는 것이 마땅할 뿐만 아니라, 그러한 활용과정을 통해서 이들 각각이 겨냥하고 있는 헌법적 가치가 헌법현실에서 보다 충실하게 구현될 수 있는 계기가 마련될 수 있을 것으로 생각한다. 한편 이준일 교수는 의회유보원칙을 "(법치주의원리에서 도출되는) 법률유보원칙을 민주주의원리에 의하여 보완하는" 원칙이라고 하면서, "좁은 의미의 법률유보원칙"으로 이해하고 있다(이준일, 「사회보장 영역에서 법률유보원칙 — 의회유보원칙을 중심으로 —」, 『사회보장법학』 3－1, 사회보장법학회, 2014, 7－9쪽): "형식적 의미의 법률에 근거하는 것만으로도 충분히 실현되는 넓은 의미의 법률유보원칙은 반드시 형식적 의미의 법률에 의하도록 요구하는 좁은 의미의 법률유보원칙인 의회유보원칙을 포함한다."), 헌법 제37조 제2항의 "법률로써"에 주목하여 기본권관계에서 국가행위를 통제하는 활동(즉, 기본권침범을 허용하는 규범적 근거를 확인하여 법률유보원칙의 위반여부를 검토하는 활동)과 이러한 활동으로 확인된 구체적 법률에 대한 형식적·실질적 헌법적합성에 대한 검토는 엄격한 의미에서는 별개의 사고과정이라고 할 수 있는바 — 이러한 점은 법률대위적 규칙(gesetzesvertretende Verwaltungsvorschriften)에 의한 기본권침범이 문제 되는 경우와 같이 애당초 기본권침범을 근거 지울 수 있는 법률적 규율이 전혀 존재하지 않는 경우에 발생된 기본권침범상황에서 뚜렷하게 확인된다(관련하여 특히, 김중권, 「성전환자의 성별정정허가신청사건 등 사무처리지침'의 문제점」, 『법률신문』 제3493호, 2006.09.25 참조). 왜냐하면 이 경우에는 법률유보원칙의 준수여부만 검토될 것이고, 기본권침범적 법률에 대한 형식적·실질적 헌법적합성 여부에 대한 검토는 그 심사대상의 부존재로 말미암아 원천적으로 불가능하기 때문이다. —, 정당성심사에서는 양자를 분리하여 전자는 '제한영역(Schrankenbereich)'에서, 후자는 '제한의 한계영역(Schrankenschrankenbereich)'에서 각각 검토하는 것이 합리적이라고 판단된다 (Vgl. H. Gersdorf, 앞의 책, 63－71쪽; 위 주 6) 참조). 한편 헌법은 "국민의 모든 자유와 권리"를 대상으로 하고 있는 헌법 제37조 제2항뿐만 아니라, 개별 기본권 조항에서 "법률"이란 형식을 통한 기본권침범의 가능성을 열어두고 있는 경우가 있다(예: 헌법 제12조 제1항). 하지만 '일반적 법률유보조항'인 헌법 제37조 제2항의 "법률"이 검토되었다면, 적어도 기본권침범의 형식적 헌법적합성심사와 관련해서 '개별적 법률유보조항'의 "법률"을 추가로 검토하는 것은 큰 실익이 없을 것이다.

15) 헌재 2006.5.25. 2003헌마715 등, 판례집 18－1(하), 121－122쪽: "국민의 기본권은 헌법 제37조 제2항에 의하여 국가안전보장·질서유지 또는 공공복리를 위하여 필요한 경우에 한하여 이를 제한할 수 있으나, 그 제한의 방법은 원칙적으로 법률로써만 가능하고 제한의 정도도 기본권의 본질적

계에 "법률로써" 개입하는 국가의 기본권침범행위에 대한 형식적 헌법적합성심사와 관련해서 전자(즉, 법률에 의한 규율)의 경우에는「구체적 사안에서 기본권침범허용근거로 등장한 특정 법률이 헌법상 '권한'을 부여받은 입법권자의 합헌적인 '권한'범위 안에서 정당한 '절차'를 준수하여 성립된 후, 헌법이 요구하고 있는 '형태'를 갖추고 있는지 여부가 검토」되어야 하며,[16] 후자(즉, 법률에 근거한 규율)의 경우에는「전자의 경우와 마찬가지로 *母法*인 법률과 관련된 권한·절차·형태

내용을 침해할 수 없으며 필요한 최소한도에 그쳐야 한다. 여기서 기본권제한에 관한 법률유보원칙은 '법률에 근거한 규율'을 요청하는 것이므로, 그 형식이 반드시 법률일 필요는 없다 하더라도 법률상의 근거는 있어야 한다 할 것이다."; 헌재 2005.2.24. 2003헌마289, 판례집 17-1, 269쪽; 방승주, 앞의 글, 1-2쪽; Vgl. K. Hesse, Grundzüge des Verfassungsrechts, Rn. 314; 만약 헌법 제37조 제2항 "법률로써"의 의미 속에 '법률에 근거한 규율'이 포착될 수 없다면, 법률제정권자인 국회는 기본권제한과 관련하여 중요하고 기본적인 사항(즉, 본질사항)이 아닌 세부적이고 전문적·기술적이면서 변화무쌍한 헌법현실의 기민한 반영이 지속적으로 요구되는 모든 사항들까지도 직접 법률로 규율해야만 하는 과중한 업무를 부담하게 되어 정작 신중하고 세심하게 심의·결정해야 할 기본권관계에서의 본질적인 사안에 전념하기 어렵게 되며, 나아가 상황의 변화에 따라 빈번하게 법률을 개정해야 할 필요성에 직면케 됨으로써 결국 법률에 대하여 요청되는 법적 안정성과 지속성의 효과가 현저하게 감소되는 것을 피할 수 없게 될 것이다(헌재 2003.7.24. 2002헌바82, 판례집 15-2(상), 141쪽). 뿐만 아니라 한국어 "로써"는 어떤 대상의 '수단'이나 '원료'를 의미하는 격조사라는 점에서(국립국어원, 표준국어대사전: http://stdweb2.korean.go.kr/search/View.jsp, 검색어: 로써, 검색일: 2014.1.10.), 헌법 제37조 제2항 "법률로써"의 의미에는 법률이란 수단이 직접 활용되는 규율(법률에 의한 규율)은 물론이고, 간접적으로 매개되는 경우 — 즉 법률이란 원료를 활용한 규율(법률에 근거한 규율) — 까지도 모두 내포되어 있는 것으로 이해하는 것이 자연스러운 문리해석의 결과라고 볼 수 있으며, 무엇보다도 이러한 이해는 입법권과 관련하여 국회와 다른 기관들 간의 기능적 분업관계를 규율하고 있는 헌법 제75조·제95조·제108조·제113조 제2항·제114조 제6항·제117조 제1항 등과 같은 명시적 규정을 통해서도 뒷받침되고 있다. 한편 이부하 교수는 "법률유보는 '법률에 의한 규율'과 '법률에 근거한 규율'로 구별할 수 있다."라고 하면서, 전자(durch Gesetz)는 "입법자가 기본권보장의 한계를 스스로 설정하며, 그 실현을 위해 또 다른 집행행위를 필요로 하지 않는다."는 점에서 "입법자가 다른 집행기관 또는 사법기관의 행위에 의하여 기본권보장의 한계가 설정되고 실현될 것을 전제조건으로" 삼고 있는 후자(auf Grund eines Gesetzes)와는 구별된다는 입장을 피력하고 있는데(이부하, 앞의 글, 218쪽), 이러한 입장은 법률에 대한 헌법소원심판에서 중요한 의미를 갖는 '기본권침범의 직접성'이라는 적법요건을 '법률에 의한 규율'과 '법률에 근거한 규율'의 분별기준으로 주목한 것에 기인하는 것으로 보인다. 하지만 법률의 위헌성여부를 다투는 방법이 (처분에 대한 재판절차에서 간접적으로 다투는 방법과 처분과 무관하게 법률 자체를 심판 대상으로 하여 직접적으로 다투는 방법으로) 이원화되어있음에 따라, 법률의 위헌성을 다투는 경우에 어떠한 방법을 선택해야 할 것인지를 구분하기 위한 판단기준으로서 등장한 '직접성'이란 개념(이에 관해서는 황도수,『헌법재판실무연구』, 지구촌, 2003, 72-74쪽; 김현철,『판례 헌법소송법』, 전남대출판부, 2012, 416쪽 이하 참조)이 별다른 설명 없이 법률유보방식을 분류하는 기준(즉, '법률에 의한 규율'과 '법률에 근거한 규율'을 구분하기 위한 기준)으로 활용되는 것이 타당할지는 의문이다. 오히려 '법률에 의한 규율'과 '법률에 근거한 규율'을 구분함에 있어서는 별도로 집행행위가 요청되는지 여부가 아니라, 법률이 법률하위규범제정을 위한 입법행위를 별도로 요청하고 있는지 여부에 주목해야 할 것으로 생각된다.

16) 이준일, 앞의 책, 334-335쪽 참고.

에 대한 심사는 물론이고, 대개의 경우 한 걸음 더 나아가 *母法*인 법률로부터 수권 받아 제정된 규범(*子法*)과 관련된 권한·절차·형태까지도 검토」[17]되어야 할 것이다. 이하에서는 이를 구분하여 살펴본다.[18]

나. 법률에 의한 규율

1) 권한심사

'법률'의 형식으로 된 규범의 제정은 국회의 고유한 권한이라고 할 수 있

17) 이러한 검토는 다음과 같은 이유들 때문에 *母法*과 *子法*의 순서로 행해지는 것이 합리적이다: ① *子法*(모법의 위임을 받은 하위법령)이 위헌이라고 하더라도, 그로 인해 *母法* 그 자체가 당연히 위헌으로 되는 것은 아니다(헌재 2001.9.27. 2001헌바11, 판례집 13-2, 332쪽, 337쪽). ② 형식적 헌법적합성심사에서 *母法*인 법률, 그 자체가 위헌이라는 판단을 받게 되면, 위헌인 *母法*에 근거하여 제정된 *子法*에 대한 심사는 실질적 의미를 갖기 어렵다(허영/조소영, 앞의 책(주 1), 15쪽: "기본권과 조화될 수 없는 상위법을 근거로 한 하위법은 그것이 비록 상위법과는 조화되더라도 결코 합헌적이라고 볼 수 없기 때문이다. 수권규범인 상위법의 기본권침해가 확인되면 그 상위법을 근거로 한 하위법의 내용도 기본권을 침해하게 된다."). 따라서 이 경우 *子法*에 대한 심사는 긴요하지 않다.

18) 물론 입법의 세부 '절차'에서 관련된 국가기관의 '권한'이 함께 문제 되거나(*例*: 국회 외에도 국회 구성기관인 국회의원이나 국회(부)의장 및 헌법 제4장의 정부 등도 전체 법률정립과정에서 일정한 권한을 가지고 개입할 수 있으며(헌법 제52조, 제53조, 제89조 참조), 특히 법률안의 심의·의결과 관련하여 국회의원과 국회의장간의 권한다툼이 종종 문제 된다.), 혹은 헌법이 특정 입법'절차'에서 특정한 '형태'를 갖출 것을 요구하는 경우가 있다는 점에서(*例*: 입법절차의 한 부분이라고 할 수 있는 대통령의 법률안 거부권 행사는 대통령의 국법상 행위라는 점에서 헌법 제82조가 규정하고 있는 문서 및 국무총리와 관계 국무위원의 부서라는 외형을 갖추어야 한다), 형식적 헌법적합성심사와 관련하여 검토되어야 할 규범(특히, 법률)의 '권한', '절차', '형태'란 개념은 서로 명확하게 구분될 수 있는 것이 아닐 뿐더러, 무엇보다도 이들 모두가 헌법에 부합되어야 한다는 점에서 구체적인 기본권심사에서 그 각각을 명확하게 분별해야 할 큰 실익이 있는 것은 아니다. 하지만 검토되어야 할 쟁점들을 체계적이고 빠짐없이 살펴볼 수 있는 계기를 마련하고 논의의 편의라는 관점에서 본 글에서는 다음과 같이 구분하여 살핀다: 국회중심의 입법원칙을 규정하고 있는 것으로 해석되는 헌법 제40조와 헌법상 법률안 의결권은 국회의 독점권한(헌법 제53조 제1항 및 제4항)이란 점을 고려한다면(법률정립의 본질적 내용으로서 국회의 의결에 관해서는 허완중, 앞의 글, 188쪽; 김주환, 앞의 글, 257쪽) "법률의 형식으로 된 법규범의 제정은 국회만이 가지는 고유한 권한에 해당한다."라고 이해해도 별 무리가 없을 것이므로(이준일, 앞의 책, 838쪽; 양건, 『헌법강의』, 법문사, 2013, 903쪽), "법률로써" 개입하는 기본권침범에 대한 형식적 헌법적합성심사와 관련하여 (법률정립)권한을 논하는 부분(아래 목차 Ⅱ. 1. 나. 1); Ⅱ. 1. 다. 1))에서는 무엇보다도 심사대상인 법률이 본질적으로 국회입법권한의 산물로 평가받을 수 있는지 여부와 국회입법권한의 산물로 평가된 법률을 둘러싸고 발생되는 '국회'와 '국회 밖의 다른 기관' 간의 권한갈등에 특히 주목할 것이다. 반면에 '법률안의 제출·심의·의결·공포'로 진행되는 전체 법률정립과정을 구성하는 각각의 개별 단계에서 불거질 수 있는 권한법적 갈등에 관한 문제는 시간적 흐름에 주목하여 입법절차 상의 하자 내지는 흠결을 검토하는 부분, 즉 (법률정립)절차를 논하는 부분(아래 목차 Ⅱ. 1. 나. 2); Ⅱ. 1. 다. 2))에서 설명한다. 같은 맥락에서 규범정립과정에서 요청되는 특정한 외형(형태)이 구비되었는지 여부에 관한 문제 또한 '절차'를 논하는 부분(아래 목차 Ⅱ. 1. 나. 2); Ⅱ. 1. 다. 2))에서 언급하고, '형태'에 관한 심사(아래 목차 Ⅱ. 1. 나. 3); Ⅱ. 1. 다. 3))에서는 공포 또는 공고되어 최종적으로 드러난 외형을 심사대상으로 삼아서 논한다.

다.[19] 따라서 '법률'이란 명칭으로 공포되었다고 하더라도 국회가 아닌 다른 기관에 의해서 제정되었거나 혹은 국회에 의해서 제정되었다고 하더라도 정상적인 국회입법권한이 외부적 강압 등에 의해서 중대하게 훼손된 상황에서 정립된 규범이라면, 이는 원칙적으로 합헌적인 국회입법권한의 산물이라고 할 수 없으므로, 이에 기초하여 행해진 기본권침범적 국가행위는 설사 일응 헌법 제37조 제2항이 규정하고 있는 "법률로써"라는 조건에 부합되는 것처럼 보인다고 하더라도, 헌법 제40조를 위반한 위헌적인 기본권침해라고 평가되어야 할 것이다.[20] 그

19) 이준일, 앞의 책, 838쪽; 양건, 앞의 책, 903쪽; 위 주 18) 참조.

20) 관련하여 현재 우리 헌법현실에서는 무엇보다도 박정희를 중심으로 한 5·16 군사쿠데타 일당이 아무런 법적 근거 없이 만든 '국가재건최고회의'와 '12·12 군사반란'을 통해서 권력을 장악한 전두환을 중심으로 한 군사쿠데타 세력이 1980년 헌법의 부칙을 통해서 발족시킨 '국가보위입법회의' (특히 김영수, 『한국헌법사』, 학문사, 2001, 502-509쪽, 616-627쪽; 이승우, 『헌정사의 연구방법론』, 두남, 2011, 119-120쪽, 134-136쪽; 헌재 1995.1.20. 94헌마246, 판례집 7-1, 59쪽 참조)에서 정립한 규범들 중에서 '법률'로 공포된 후, 현재까지 폐지되지 않고 있는 규범들(例: 집회및시위에관한법률, 폭력행위등처벌에관한법률, 정당법, 소송촉진등에관한특례법, 국가보안법 등등)이 특히 문제가 된다. 헌법재판소는 국가보위입법회의에서 제정된 사회보호법과 소송촉진등에관한특례법, 그리고 전부 개정된 국가보안법의 위헌성여부를 심사하면서 일관되게 현행 헌법 부칙 제5조를 언급하면서 "[…] 국가보위입법회의에서 제정된 법률의 내용이 현행 헌법에 저촉된다고 하여 다투는 것은 별론으로 하되 현행 헌법하에서도 국가보위입법회의에서 제정되었다는 제정절차에 위헌적인 하자가 있음을 다툴 수는 없다."라는 취지의 판단을 거듭 내리고 있다(특히, 헌재 1996.11.28. 95헌바20, 판례집 8-2, 582-583쪽; 헌재 1995.1.20. 90헌바1, 판례집 7-1, 8쪽; 헌재 1994.4.28. 91헌바15,19(병합), 판례집 6-1, 335-336쪽; 헌재 1997.1.16. 89헌마240, 판례집 9-1, 73-74쪽). 하지만 헌법 부칙 제5조는 "이 헌법시행 당시의 법령과 조약은 이 헌법에 위배되지 아니하는 한 그 효력을 지속한다."라고 규정하고 있는바, '법률' 형태의 규범이 국회에 의해 제정되지 않았다면 이는 결국 현행 헌법 제40조에 위배되는 것으로 평가될 수 있을 터이고, 그렇다면 국민의 대표자로 구성된 국회가 아닌 '국가재건최고회의'나 '국가보위입법회의'에서 정립된 '법률' 형태의 규범은 입법권한과 관련하여 — 한편 헌법재판소는 법제정기관으로서 국가보위입법회의에 주목하면서도 입법권한이 아니라 입법절차("제정절차")를 언급하고 있다는 점에서, 입법기관 내지는 입법주체에 관한 문제(즉, 권한법적 문제)와 권한 있는 입법기관에서 준수해야 할 입법과정상의 문제(즉, 절차법적 문제)를 혼동하고 있는 것으로 판단된다. — (현행 헌법 제40조에 부합되기 어려운) 위헌적인 하자가 있음을 주장할 수 있는 여지가 충분할 것으로 생각된다(특히, 헌재 1994.4.28. 89헌마221, 판례집 6-1, 278쪽(재판관 변정수의 반대의견): "정당한 입법기관도 아닌 국가재건최고회의(중앙정보부의 경우) 또는 국가보위입법회의(안전기획부의 경우)에서 만든 법률"; 민병로, 「국가보안법의 과거, 현재, 그리고 미래」, 『법학논총』 19, 전남대학교 법학연구소, 2000, 345쪽: "현행 국가보안법은 […] 법률이다. 이것은 「입법권은 국회에 속한다」는 헌법 제40조와, 「모든 권력은 국민으로부터 나온다」는 헌법 제1조2항에 위반된다 할 수 있다."). 다만, 국가재건최고회의 및 국가보위입법회의에서 정립되어 현재까지도 존속하고 있는 규범들의 형식적 헌법적합성 차원에서의 위헌성 내지는 헌법불합치성 여부를 판단함에 있어서는 다음과 같은 사항들 또한 함께 고려되어야 할 것으로 보인다: ① 문제 되는 규범들의 상당부분이 현행 헌법체제 하에서 정당한 권한 있는 입권자인 국회를 통하여 개정 및 변화되었다는 점에서 국회입법권과 관련된 권한법적 하자의 치유를 주장할 수 있을 것인지?, ② 현행 헌법 전문의 마지막 부분에서 '[…] (새로운) 헌법을 제정한다.'라고 하지 않고 "[…] 1948년 7월 12일에 제정되고 8차에 걸쳐 개정된 헌

런데 이러한 다른 기관에 의한 국회입법권한의 대체 내지는 중대한 훼손은 정상적인 헌법국가에서는 발생되기 어려운 현상이라고 할 수 있을 것인바, 오히려 헌법현실에서 법률에 의한(durch Gesetz) 기본권침범과 관련하여 권한법적 차원에서 문제 되는 것은 무엇보다도 입법권자인 국회가 헌법상 부여된 자신의 법률정립권한을 남용하여 다른 기관의 헌법상 권한에 개입하는 경우[21]와 국회가 규범내용의 본질적이고도 중요한 사항을 누락한 법률을 제정함으로써 헌법에 의해 부여받은 자신의 법률정립권한을 스스로 形骸化 혹은 潛脫하고 있는 경우(즉, 헌법 제40조로부터 근거지울 수 있는 의회유보원칙[22]을 위반하는 경우)라고 할 수 있을 것이다. 전자의 경우는 지금까지 주로 기본권침범적 법률에 대한 실질적 헌법적합성심사과정 속에서 해당 법률이 국가기관들 간의 권한배분의 원칙이라고 할 수 있는 권력분립원칙에 위배되거나 사법권의 독립 및 법관의 판단권한(특히, 양형선택/재량권)을 침해하는지 여부와 관련해서 제한적으로 검토되고 있으나,[23] 기

법을 이제 국회의 의결을 거쳐 국민투표에 의해서 개정한다."라고 선언하고 있는바, 이는 우리 헌정사에서 위헌성 시비로부터 자유롭지 못한 과거 헌정체제가 갖고 있는 권한법적·절차법적 하자를 현행 헌법을 통해서 치유하겠다는 헌법제정권자의 결단으로 이해할 수 있는 것인지?, 그리고 ③ 법적 근거와 관련하여 국가재건최고회의와 국가보위입법회의 간의 상이한 특성 ㅡ 즉, '국가재건최고회의'는 애당초 아무런 법적 근거도 없이 태동되었을 뿐만 아니라, 사후에 근거마련을 위해서 국가재건최고회의령 제42호로 제정된 국가재건비상조치법은 제24조에 "헌법의 규정중 이 비상조치법에 저촉되는 규정은 이 비상조치법에 의한다."라는 규정을 둠으로써 당시 1961년 헌법과의 관계에서도 위헌성이 강하게 의심받고 있는 것에 반하여, '국가보위입법회의'는 적어도 1980년 헌법에 근거하여 발족되었다는 점에서 법적 근거와 관련하여 양자 간의 차이가 있다. ㅡ 에 주목하여 국가재건회고회의에서 제정한 '법률'과 국가보위입법회의에서 제정한 '법률'을 달리 평가해야 할 것인지?

21) 이 경우 구체적인 헌법소송에서는 권한쟁의심판과 기본권심사가 행해지는 헌법소원심판/위헌법률심판 간의 실질적 충돌 내지는 경합이 문제될 수 있다(특히 차진아, 「권한쟁의심판과 위헌법률심판의 충돌에 관한 고찰」, 『헌법학연구』 15－1, 한국헌법학회, 2009, 389－391쪽 참조).

22) 의회유보원칙의 근거로서 헌법 제40조에 관해서는 특히, 방승주, 앞의 글, 23쪽; 한수웅, 앞의 글, 569쪽; 이준일, 앞의 글(주 14), 17쪽; 박진완, 「위임입법·인간다운 생활을 할 권리」, 『고시계』 58－4, 고시계사, 2013, 49쪽; 헌재 1998.5.28. 96헌가1, 판례집 10－1, 509, 515－516쪽.

23) 기본권심사가 행해지는 전형적인 소송형태라고 할 수 있는 헌법소원심판에서 헌법재판소가 심사대상인 법률이 청구인들의 기본권을 침해하여 위헌인지 여부를 논증함에 있어서, 법률로 인해서 불거지고 있는 권한법적 사항을 기본권침해여부판단(위헌여부판단)의 논거로서 검토하고 있는 구체적 경우로는 특히 다음의 사건들을 예로 들 수 있겠다: ① 형사피고인의 신속·공정한 재판을 받을 기본권(헌법 제27조 제1항 및 제3항)의 침해여부가 문제가 된 '소송기록 송부지연 등에 대한 헌법소원심판사건'에서 헌법재판소는 본안판단에서 심사대상인 "이 사건 법률조항 ㅡ 구 형사소송법(법률 제4796호) 제361조 제1항 및 제2항을 말한다. ㅡ 으로 인하여 피고인의 헌법상 기본권이 침해받는지 여부에 관한 판단"을 함에 있어서 뜬금없이 헌법 제101조, 제103조, 제106조를 언급하면서 이 사건 법률조항이 법원과 검찰청 분리의 원칙, 법관의 재판상 독립에 위반되는지 여부까지도 함께 검토하고 있다(헌재 1995.11.30. 92헌마44, 판례집 7－2, 665－670쪽). ② 통고처분제도를 규정하고 있는 도로교통법 제118조 본문에 대한 헌법소원심판사건에서 헌법재판소는 청구인들

본권침범적 법률이 사법기관뿐만 아니라 다른 국가기관의 헌법상 권한을 침해하여 기본권심사과정에서 위헌으로 판단될 가능성도 배제할 수 없으며,[24] 무엇보다도 기본권심사에서 행해지는 이러한 권한법적 차원에서의 검토는 심사대상인 국가행위를 (기본권의 인적·물적 구성요건을 의미하는) '기본권적 보호법익'[25]과 결부해서 평가하는 활동이 아니라, 기본권수범자인 국가기관들 간의 관계설정에 주목해서 평가하는 활동이란 점에서, 실질적 헌법적합성심사과정이 아닌, 형식적 헌법적합성심사과정에서 독립적으로 다루어지는 것이 기본권심사 체계상 바람직할 것으로 생각된다.[26] 그리고 후자의 경우는 "법률에 근거한(auf Grund eines

---

의 재판청구권 침해여부를 논증하면서, 갑자기 "사법권을 법원에 둔 권력분립원칙에 위배"되는지 여부도 함께 검토하고 있다(헌재 2003.10.30. 2002헌마275, 판례집 15-2, 182-184쪽). ③ "한나라당 대통령후보 이명박의 주가조작 등 범죄혐의 진상규명을 위한 특별검사의 임명 등에 관한 법률"로 인하여 자신의 평등권, 신체의 자유, 공정한 재판을 받을 권리 등이 침해받는다는 주장과 함께 제기된 헌법소원심판사건에서 헌법재판소는 대법원장으로 하여금 특별검사 후보자 2인을 추천하고 대통령은 그 추천후보자 중에서 1인을 특별검사로 임명하도록 규정하고 있는 이 사건 법률 제3조가 청구인들의 헌법상 공정한 재판을 받을 권리 및 불법적인 심문을 받지 않은 권리를 침해하는지 여부를 판단하는 과정에서 소추기관과 심판기관의 분리원칙 및 권력분립의 원칙의 위반여부를 함께 검토하고 있다(헌재 2008.1.10. 2007헌마1468, 판례집 20-1(상), 32-34쪽, 49-50쪽). ④ 새마을금고법상 기부행위금지조항 위반죄로 법원으로부터 선고받는 벌금의 액수에 상관없이 벌금형을 선고받기만 하면 임원직에서 당연 퇴임되도록 하고 있는 새마을금고법 제21조 제1항 제10호가 과잉금지원칙 중 최소침해성의 요건을 충족하지 못하여 청구인들의 직업선택의 자유를 침해하고 있는지 여부를 판단하기 위한 논거로서 헌법재판소는 당연퇴임을 규정하고 있는 해당 조항이 법관의 양형재량의 여지를 비합리적으로 축소시키고 있는지 여부를 검토하고 있다(헌재 2010.10.28. 2008헌마612, 2009헌마88(병합), 판례집 22-2(하), 198쪽, 207-208쪽).

24) 물론 이런 사안에서 기본권관계가 아니라 국가기관들 간의 권한갈등이 헌법현실에서 주목된다면, 구체적 헌법소송에서는 기본권심사가 이루어지는 헌법소원심판(혹은 위헌법률심판)이 아니라, 권한쟁의심판의 형태로 등장할 가능성이 많을 것이다. 관련하여 헌법소송상의 충돌 문제 또한 고려되어야 할 것이다(특히 차진아, 앞의 글, 389-391쪽).

25) 이에 관해서는 김해원, 앞의 글(주 1), 290-291쪽.

26) 관련하여 기본권심사에서 행해지는 권한법적 차원에서의 헌법적합성판단은 기본권주체인 국민과 기본권수범자인 국가가 맺는 관계(즉, 기본권관계) 속에서 기본권적 보호법익에 대한 훼손에 주목하여 행해지는 헌법적 통제(즉, 실질적 헌법적합성심사)라기 보다는, 기본권수범자인 국가기관들 간의 관계 속에서 '어떤 국가기관이 어느 정도의 권한'을 갖고 '어떠한 과정'을 거친 다음, '어떤 형태'로 기본권관계에 개입하고 있는지에 주목해서 행해지는 헌법적 통제(즉, 형식적 헌법적합성심사)의 한 부분이란 점을 기억할 필요가 있다. 그리고 원칙적으로 기본권수범자인 국가기관들 상호간 권한배분관계에서 문제 되는 갈등상황, 그 자체가 기본권적 보호법익의 훼손과 실질적/내용적 관련성을 직접 갖고 있다고 평가하기에는 어렵다는 점 — 예컨대, '특정 기본권침범적 내용이 국회입법(例: 법률)으로 근거가 마련되느냐?, 정부입법(例: 대통령령)으로 근거가 마련되느냐? 혹은 법원입법(例: 대법원규칙)으로 근거가 마련되느냐?'에 관한 문제는 국회·정부·법원 간의 권한배분과 관련해서는 중요한 문제일 것이나, 만약 기본권침범적 내용이 모두 동일하다면, 기본권침범의 근거가 법률로 정립되건, 대통령령으로 정립되건, 혹은 대법원규칙으로 정립되건 간에 기본권의 인적·물적 구성요건(즉, 기본권적 보호법익)에 대한 훼손 정도 내지는 영향은 본질적으로 다르지 않을 것이므로, 기본권관계에서 기본권수범자들인 국가기관들 중에서 어떤 국가기관이 얼마만큼의

Gesetzes) 규율"과 관련하여 의회유보원칙의 준수 여부를 검토하면서(즉, 국회가 법률하위입법권자에게 수권해줄 수 있는 대상이 무엇인지를 확정하는 문제와 결부되어서) 주로 논의가 되고 있을 뿐,[27)] "법률에 의한(durch Gesetz) 규율"과 관련해서는 거의 논의되고 있지 않은 것으로 보인다. 하지만 법률에 입법관련 수권사항을 담고 있지 않은 '법률에 의한' 기본권침범의 경우에도 입법권자인 국회가 의회유보원칙을 위반하여 중요사항이 누락된 법률을 제정한다면, 이는 결국 법률의 의미를 해석하여 구체적으로 집행해야 하는 처분권자(행정기관) 및 구체적 분쟁과정에 무엇이 '법'인지를 선언해야 할 사법권자(법관)에 의해서 해당 법률의 중요사항(혹은 본질적 사항)이 구체적으로 형성되어 버릴 가능성이 높아짐을 의미하며,[28)] 그 결과 입법권자(국회)의 역할이 실질적으로 처분권자(행정기관)나 사법권자(법관)에 의

권한을 어떤 절차를 통해서 행사하고 있느냐 하는 문제, 그 자체는 원칙적으로 기본권적 보호법익에 관여하는 강도 내지는 양과는 직접적인 관련성이 없다고 해야 한다. — 을 고려한다면, 권한법적 내용이 기본권심사와 관련해서 실질적 헌법적합성심사에서 검토되는 것은 단순히 '체계적이지 않다' 혹은 '논리구조적 순수성의 훼손을 초래했다' 등과 같은 논증형식적 차원의 비판을 넘어서서, 기본권적 보호법익과의 관련성이 상대적으로 멀거나 혹은 이질적인 내용(즉, 권한법적 차원의 내용)이 기본권적 보호법익과의 관련성이 강한 다른 내용들과 함께 실질적 헌법적합성심사의 논거로 활용되는 과정에서 논리적 비약을 유발시키고 논리정연성의 훼손을 통해 논증의 질적 저하 및 논증의 설득력 확보에 장애사유가 될 수 있음에 주목해야 한다. 특히 '새마을금고법 제21조 제1항 제10호 등 위헌확인'을 구하는 헌법소원심판사건(위 주 23)에서 언급한 헌법소원심판사건 ④)에서 헌법재판소는 당연퇴임과 결부된 벌금형의 하한을 정하지 않음으로써 벌금액수와 상관없이 벌금형의 선고를 받기만 하면 새마을금고 임원직에서 당연퇴임 되도록 하고 있는 법률조항이 이 사건에서 문제가 된 기본권적 보호법익인 직업선택의 자유를 과도하게 침해하는 것은 아니라는 점(즉, 비례성원칙의 부분 원칙 중 하나인 "침해의 최소성"원칙이 준수되었음)을 주장하는 과정 — 이러한 과정은 전형적인 실질적 헌법적합성심사에 해당한다. — 에서, '하한 없는 벌금형이 법관의 양형재량의 여지를 비합리적으로 축소하고 있지 않다'는 점을 논거 중 하나로 제시하고 있는데(헌재 2010.10.28. 2008헌마612, 2009헌마88 병합, 판례집 22-2(하), 198쪽, 207-208쪽), 이는 법관의 양형재량/선택권이 덜 축소된다면, 직업선택의 자유가 덜 훼손될 수 있는 가능성(예컨대, 법률에 당연퇴임과 결부된 벌금형의 하한이 별도로 규정되어 있는 경우라면, 법관은 당연퇴임과 결부된 벌금형의 하한 보다 더 낮은 금액의 벌금형을 선택할 수 있어서 당사자를 당연퇴임으로부터 구제해 주는 양형을 선고할 수 있는 가능성)을 이 사건에서 생각해볼 수 있기 때문에, 헌법재판소가 이 사건에서 법관의 양형재량/선택권에 관한 문제를 기본권침해최소성원칙의 준수여부와 결부해서 검토한 것으로 이해될 수는 있겠으나, 법관의 양형재량권이 커졌다는 그 사실이 바로 청구인들의 직업선택의 자유에 대한 덜 위해적인 조치라고 보는 것(혹은 전제하는 것)은 기본권수범자인 국가기관들 간의 권한법적 차원의 문제(즉, 법관의 양형재량/선택권에 관한 문제)가 엄밀한 검토 없이 바로 실질적 헌법적합성심사의 내용(즉, 기본권침해최소성원칙의 준수여부의 문제)으로 전환되었음을 의미하는바, 이는 기본적으로 논리적 비약이라고 하겠다. 같은 맥락에서 위 주 23)에서 언급한 다른 헌법소원심판사건들(①, ②, ③) 또한 논증의 형식적 차원에서도 논증의 질적 차원에서도 비판될 수 있음은 물론이다.

27) 이와 관련해서 상세한 설명은, 아래 목차 Ⅱ. 1. 다. 2) 참조.

28) 물론 구체적인 재판과정에서 해당 수소법원 법관이 헌법재판소에 위헌법률심판을 제청할 수 있는 가능성(헌법 제111조 제1항 제1호)이 없는 것은 아니다.

해서 대체되어버리는 위헌적 상황이 야기될 수 있음을 의미하는바, 이에 대한 심사 또한 간과해서는 안 될 것이다.[29)]

2) 절차심사

헌법 제37조 제2항은 국민의 모든 자유와 권리(기본권)를 "법률로써" 제한할 수 있도록 하고 있지만, 그 법률은 내용에 있어서 뿐만 아니라[30)] 정립 과정에 있어서도 헌법질서와 헌법규정에 부합되어야 하는바,[31)] 헌법이 요구하는 절차에 위반하여 정립된 법률에 의한(durch Gesetz) 기본권침범이라면, 이에 대한 실질적 헌법적합성심사를 행할 필요도 없이 곧바로 해당 기본권침범은 국민의 기본권을 "침해"하는 위헌적인 공권력 활동임이 확정된다.[32)] 따라서 기본권심사에서 '법률안의 제출·심의·의결·공포'로 진행되는 전체 법률정립과정[33)]을 대상으로 하여,[34)] '헌법위반에 해당하는 절차적 하자'[35)]가 있는지 여부에 대한 판단 ― 이러

29) 물론 의회유보원칙에 위반한 국회의 법률정립으로 인해서 해당 법률의 본질적이고도 중요한 사항이 누락되어 결국 법문의 의미가 불명확하게 되었다는 점에 주목한다면, 대체로 이러한 경우에는 실질적 헌법적합성심사 ― 특히, 법치국가원리에서 비롯되는 명확성원칙의 준수여부에 대한 검토 ― 과정에서도 그 위헌성 여부가 통제되어야 할 것이다. 하지만 실질적 헌법적합성심사에서 검토되는 '명확성원칙'의 판단기준은 '기본권주체의 입장에서 해당 법문이 명확한지 여부'라면, 형식적 헌법적합성심사에서 행해지는 권한법적 통제과정에서 주목되어야하는 법문의 불명확함의 문제는 해당 법률을 구체적인 경우에 해석/적용해야 할 '국가기관의 입장에서 명확한지 여부'라는 점에서 근본적인 차이가 있다. 이에 관한 상세한 설명은 아래 목차 Ⅱ. 1. 다. 2) 참조.

30) 기본권심사에서 기본권침범적 법률(Eingriffsgesetz)의 내용 및 의미에 대한 헌법적 통제는 기본적으로 실질적 헌법적합성심사에서 행해진다.

31) 법률의 정당성 확보조건으로서의 입법절차에 관해서는 특히, 차진아, 「공포는 법률의 효력발생요건 인가? ― 헌재 2001.4.26. 98헌바79등 결정에 대한 평석 ―」, 『저스티스』 99, 한국법학원, 2007, 265–266쪽: "일반적으로 구속력 있는 가치체계가 상실된 현대 산업사회에서 (입법을 통한) 정의실현은 기본적으로, 선재하는 보편적인 정의를 인간의 이성에 의해 객관적으로 인식함을 통해서가 아니라, 다양한 정의관념의 병존 및 대립과 갈등을 상호존중과 관용의 기초 위에서 공정한 절차에 따라 조정하고 그 결과에 대해 잠정적으로 정당성을 추정하는 절차적 정의를 통해 이루어진다고 볼 수 있다. 그러므로 입법을 통한 정의실현의 문제는 상당부분 공정한 입법절차의 형성과 운용에 달려 있다고 볼 수 있다. 이렇게 볼 때 입법절차의 정당성이 전제되지 않으면, 그 결과물인 법률의 정당성도 확보될 수 없다고 할 수 있다. 그것은 비단 입법절차의 구체적인 형성 및 운용이 그 결과물인 법률의 내용적 정당성에도 영향을 미친다는 점 때문만은 아니다."

32) 김하열, 「입법절차의 하자를 다투는 헌법소원」, 『고려법학』 55, 고려대학교 법학연구원, 2009, 123쪽.

33) 이에 관한 상세한 설명은 임종훈/박수철, 『입법과정론』, 박영사, 2006, 125–297쪽 참조; Vgl. H. Maurer, Staatsrecht Ⅰ, C. H. Beck, S. 541 Rn. 53.

34) 일반적으로 입법권한과 관련된 헌법적합성 문제는 '입법과 관련하여 어떤 국가기관이 참여할 수 있는지'와 '이렇게 참여하는 특정 국가기관의 힘이나 세력이 미치는 범위'에 대한 헌법적 통제에 관한 문제라면, 입법절차와 관련된 헌법적합성 문제는 입법을 함에 있어서 거쳐야 하는 순서나 방법에 대한 헌법적 통제를 의미한다고 볼 수 있겠다. 하지만 헌법현실에서 입법권한과 입법절차에 관한 문제가 항상 뚜렷하게 구별되어 포착되는 것은 아니라고 하겠다. 본 글에서 법률정립과 관련

한 판단의 기준으로는 헌법 제12조 제1항 후문 및 제3항(적법절차의 원칙),[36] 헌법 제47조(국회의 집회에 관한 규정), 제49조(의결정족수, 다수결원칙),[37] 제50조(의사공개의 원칙),[38] 제51조(회기계속의 원칙), 제52조(법률안 제출),[39] 제53조(법률안 이

된 권한법적 문제와 절차법적 문제의 분별에 관해서는 위 주 18) 참조.

35) 기본권심사는 기본권으로 규율되는 일정한 생활영역(기본권보호영역)에 감행된 특정 국가행위(기본권침범: Grundrechtseingriff)를 헌법을 기준으로 평가하여 그 위헌성 여부(즉, 합헌적인 "제한"인지, 위헌적인 "침해"인지)를 판단하는 활동을 의미하는바(김해원, 앞의 글(주 1), 281쪽; Vgl. S. G. Kielmansegg, 앞의 글, 23쪽 이하), 기본권심사의 한 부분인 형식적 헌법적합성심사에서 문제되는 절차적 하자는 단순한 법률적 차원의 하자가 아닌, 헌법적 차원의 하자이어야 한다(이에 관한 상세한 설명 및 절차적 하자를 판단하는 기준에 관해서는 김하열, 앞의 글, 115－119쪽).

36) 헌법재판소는 "헌법 제12조 제1항 후문과 제3항에 규정된 적법절차의 원칙은 형사절차상의 제한된 범위뿐만 아니라 국가작용으로서 모든 입법 및 행정작용에도 광범위하게 적용된다."라고 함으로써 입법절차의 위헌여부를 판단하는 기준으로 활용하고 있다(특히, 헌재 2009.6.25. 2007헌마451, 판례집 21－1(하), 883－884쪽; 헌재 1992.12.24. 92헌가8, 판례집 4, 876－877쪽). 하지만 헌법 제12조에 근거하는 적법절차원칙을 광범위하게 활용하는 것이 바람직할 것인지가 의문이며, 무엇보다도 입법절차의 절차적 정당성이란 결국 의회민주주의의 절차적 정당성과 다름 아니라는 점에서, 입법절차의 하자를 판단하는 심사기준으로서 적법절차원리는 헌법의 기본원리에 해당하는 의회민주주의원리와 기능상 중복되고 있는바, 이를 별도로 검토하는 것은 불필요하다고 생각된다(김하열, 앞의 글, 119쪽). 헌법재판소도 실제로는 입법절차에서 적법절차 위반이 문제가 된 경우에는 비교적 소극적으로 판단하고 있다(홍완식, 「헌법재판소에 의한 입법절차 통제」, 『공법학연구』 12－2, 한국비교공법학회, 2011, 255쪽; 헌재 1994.12.29. 94헌마201, 판례집 6－2, 528－530쪽; 헌재 2001.2.22. 99헌마613, 판례집 13－1, 367－368쪽; 헌재 2005.11.24. 2005헌마579등, 판례집 17－2, 519－521쪽; 헌재 2006.4.27. 2005헌마1190, 판례집 18－1(상), 662－663쪽).

37) 헌재 2009.10.29. 2009헌라8등, 판례집 21－2(하), 18－19쪽: "헌법 제49조가 천명한 다수결의 원칙은 국회의 의사결정 과정의 합리성 내지 정당성이 확보될 것을 전제로 한 것이고, 국회의원의 법률안 표결권은 국회의 구성원으로서 자신과 다른 국회의원의 표결권이 모두 정당하게 행사되고 확인되는 과정을 거쳐 국회의 최종 의사로 확정되는 국회입법권의 근본적인 구성요소이다. 따라서 법률안에 대한 표결의 자유와 공정이 현저히 저해되고 이로 인하여 표결 결과의 정당성에 영향을 미칠 개연성이 인정되는 경우라면, 그러한 표결 절차는 헌법 제49조 및 국회법 제109조가 규정한 다수결 원칙의 대전제에 반하는 것으로서 국회의원의 법률안 표결권을 침해한다."

38) 헌재 2010.12.28. 2008헌라7등, 판례집 22－2(하), 567쪽: "[…] 피청구인이 청구인들의 출입을 봉쇄한 상태에서 이 사건 회의를 개의하여 한미 FTA 비준동의안을 상정한 행위 및 위 동의안을 법안심사소위원회에 심사회부한 행위는 헌법 제49조의 다수결의 원리, 헌법 제50조 제1항의 의사공개의 원칙과 이를 구체적으로 구현하는 국회법 제54조, 제75조 제1항에 반하는 위헌, 위법한 행위라 할 것이고, […]"; 아울러 헌법 제50조의 취지 및 위원회중심주의로 운영되는 오늘날의 국회운영의 경향을 고려한다면 국회의 본회의 외에도 각종 위원회에서 행해지는 회의에서도 헌법 제50조가 적용되어야 할 것인바(특히 헌재 2000.6.29. 98헌마443등, 판례집 12－1, 886쪽: "헌법 제50조 제1항은 '국회의 회의는 공개한다'라고 하여 의사공개의 원칙을 규정하고 있는바, 이는 단순한 행정적 회의를 제외하고 국회의 헌법적 기능과 관련된 모든 회의는 원칙적으로 국민에게 공개되어야 함을 천명한 것으로서, 의사공개원칙의 헌법적 의미, 오늘날 국회기능의 중점이 본회의에서 위원회로 옮겨져 위원회중심주의로 운영되고 있는 점, 국회법 제75조 제1항 및 제71조의 규정내용에 비추어 본회의든 위원회의 회의든 국회의 회의는 원칙적으로 공개되어야 하고, 원하는 모든 국민은 원칙적으로 그 회의를 방청할 수 있다."), "정보위원회의 회의는 공개하지 아니한다."라고 규정하고 있는 국회법 제54조의2 제1항 제1문은 회의 공개의 가능성을 애당초 차단하고 있다는

송·환부·재의결·공포 등),[40)41)] 제82조(대통령의 서명, 국무총리와 관계 국무위원의 부서),[42)] 제89조 제3호(국무회의의 심의) 등과 같은 명시적 헌법조문 외에도, 헌법의 기본원리로부터 도출될 수 있는 절차적 요청들(예컨대, 의회주의원리로부터 도출될 수 있는 '국회 입법절차의 본질적인 부분 내지는 핵심절차'에 해당하는 국회의 심의절

점에서 위헌의 의심이 있다.

39) 헌법 제52조는 "국회의원과 정부는 법률안을 제출할 수 있다."라고 규정하고 있다. 이와 관련해서는 특히 국회의원 "10인 이상의 찬성으로 의안을 발의"할 수 있도록 규정함으로써 국회의원의 법률안 제출권한을 축소하고 있는 국회법 제79조 제1항의 위헌여부가 부가 문제된다. 국회의원 개개인이 각각 개별적 헌법기관이란 점에 주목하여 위헌임을 주장하는 견해로는 김윤정, 「입법과정에 대한 헌법적 고찰」, 『서강법학』 8, 서강대학교 법학연구소, 2006, 228쪽. 반면에 국회의 기능수행력 확보란 관점에서 합헌성을 옹호하는 견해는 김주환, 앞의 글, 256쪽; Vgl. C. Winterhoff, Das Verfahren der Bundesgesetzgebung, in: JA, 1998, S. 667.

40) 국회의장이 국회에서 의결된 법률안을 수정하여 정부에 이송하고 이를 대통령이 공포한 사건과 관련하여, 특히 헌재 2009.6.25. 2007헌마451, 판례집 21－1(하), 874쪽(재판관 이공현, 재판관 조대현, 재판관 송두환의 일부위헌의견): "국회에서 의결한 '게임산업진흥에 관한 법률' 일부개정법률안의 문안은 '환전·환전알선·재매입을 업으로 하는 행위'만 금지하는 것인데, 이 사건 법률조항의 문안에 의하면 '업으로 하지 않는 단순한 환전·환전알선 행위'까지 금지되는 것으로 해석되고, 다수의견과 같이 이 사건 법률조항의 문안을 국회에서 의결된 법률안의 문안과 동일하게 '업으로 하는 환전·환전알선 행위'만 금지하는 것이라고 해석하는 것은 문언해석의 한계를 넘는다. 결국, 이 사건 법률조항은 국회가 의결한 내용과는 다른 내용, 즉 국회가 의결한 내용보다 금지되는 행위의 범위가 더 넓혀진 내용으로 공포된 것이고, '업으로 하지 않는 단순한 환전·환전알선 행위'를 금지하는 부분은 국회에서 의결된 바 없는데도 법률로서 공포된 것이다. 그렇다면, 이 사건 법률조항 중 '업으로 하지 않는 단순한 환전·환전알선 행위'에 관한 부분은 "입법권은 국회에 속한다."고 선언한 헌법 제40조 및 '법률은 국회의 의결을 거쳐서 공포되어야 함'을 규정한 헌법 제53조에 위반된 것이라 하지 않을 수 없고, 비록 대통령에 의하여 법률로서 공포되었다고 하더라도 법률로서의 효력을 가질 수 없다 할 것이므로, 이를 확인하는 의미에서 헌법에 위반된다고 선언하여야 한다."

41) 한편 법률공포시점과 관련하여 헌법 제53조 제1항이 규정하고 있는 "15일 이내"의 기산점이 '법률안을 국회에서 의결한 날'인지, 그렇지 않으면 '법률안이 정부로 이송된 날'인지가 명확하지 않다. 하지만 헌법 제53조 제5항이 "대통령이 제1항의 기간 내에 공포나 재의의 요구를 하지 아니한 때에도 그 법률안은 법률로서 확정된다."라고 규정하고 있는바, 만약 제1항의 "15일 이내"의 기산점을 '법률안을 국회에서 의결한 날'로 삼게 되면, 법률안을 정부에 이송하도록 하고 있는 헌법규정의 의미가 무의미해질 수 있다는 점에서 '법률안이 정부로 이송된 날'이 기산점으로 해석되어야 할 것으로 생각된다. 다만, 국회에서 의결된 법률안이 언제까지 정부에 이송되어야 하는지에 관해서 헌법과 국회법 모두 아무런 규정이 없어서 논란이 되고 있다(김윤정, 앞의 글, 236쪽).

42) 헌법 제82조가 규정하고 있는 문서주의와 부서제도에 위반한 대통령의 국법상 행위의 효력에 관해서는, 정종섭, 『헌법학원론』, 박영사, 2016, 1310－1314쪽 참조; 한편 대통령의 서명과 국무총리와 관계 국무위원의 부서가 행해지는 순서와 관련하여 부서 후에(nach Gegenzeichung) 대통령의 서명이 행해져야 함을 규정하고 있는 독일 기본법(Art. 82 Abs. 1 GG)과는 달리, 헌법은 '서명'과 '부서'가 행해지는 순서에 관해서 침묵하고 있다. 따라서 국무총리와 관계 국무위원의 부서가 대통령의 서명보다 先行하고 있는 현재 입법실무(법제업무편람: http://edu.klaw.go.kr/StdInfInfoR.do?astClsCd=700103&astSeq=347, 검색일: 2014.4.30.)는 "[…], 대통령이 서명한 후 […] 국무총리와 관계 국무위원이 부서한다."라고 규정하고 있는 '법령 등 공포에 관한 법률' 제5조 제1항에 반하여 위법하다고 할 수 있겠지만, 이러한 입법실무를 바로 위헌이라고 평가할 수는 없을 것이다.

차)[43] 또한 주목되어야 한다. — 또한 형식적 헌법적합성심사과정에서 행해져야 할 것이다.[44]

3) 형태심사

'법률에 의한(durch Gesetz)' 기본권침범과 관련하여 행해져야 할 형식적 헌법적합성심사에서는 지금까지 논의한 법률정립과 관련된 권한법적 측면과 절차법적 측면에 대한 검토는 물론이고, 정립된 규범의 형태가 '법률'인지 여부 또한 확인해야만 한다. 왜냐하면 헌법이 (법률제정과 관련한 '권한' 및 '절차'에 관한 규정들을 마련해두고, 그 형태를 드러내는 방식으로써 '공포'[45]를 언급하면서도) 정작 기본권침

---

43) 헌재 2009.10.29. 2009헌라8, 판례집 21-2(하), 50쪽 참조; 김주환, 앞의 글, 257쪽: "헌법에 명시적 규정은 없지만, 헌법 제49조의 의결은 사전 심의를 전제로 한 것이기 때문에 법률안 심의를 완전히 배제하는 것은 허용되지 않는다."; Vgl. NdsStGH, Urteil vom 14. 2. 1979 — StGH 2/77 —, DVBl. 1979, S. 507f.

44) 한편 입법절차의 하자를 둘러싼 법적 분쟁과 관련하여 헌법재판소는 무엇보다도 국회의원과 국회의장 간의 갈등에 주목하여 법률안의 심의·표결과정에서 불거지는 절차적 하자를 권한쟁의심판에서 다루거나(특히, 입법절차의 위법성을 인정한 판례로는 헌재 1997.7.16. 96헌라2; 헌재 2009.10.29. 2009헌라8), 혹은 위헌법률심판에서도 입법절차의 하자를 다룰 수 있음을 전제하는 판단을 한 적이 있지만(헌재 1998.8.27. 97헌마8, 판례집 10-2, 442쪽), 기본권심사가 행해지는 가장 전형적인 소송형태인 헌법소원심판에서는 입법절차의 하자를 다투는 헌법소원을 받아들이지 않고 있다(헌재 1998.8.27. 97헌마8, 판례집 10-2, 442-443쪽). 하지만 권한쟁의심판이나 위헌법률심판이 가능하다고 하여 입법절차의 하자를 다투는 헌법소원의 가능성을 원천적으로 봉쇄할 근거는 없다. 따라서 절차상 (헌법적 차원의) 하자가 있는 법률이 만약 기본권침범적 내용을 담고 있고 — 즉, 입법절차의 하자를 다투는 헌법소원의 적정한 형태는 절차적 행위 자체를 다투는 헌법소원이 아니라, 그러한 절차를 거쳐 정립된 법률을 다투는 헌법소원이다. —, 그 법률과 관련하여 청구인이 자기관련성을 비롯하여 헌법소원심판에서 요구되는 각종 적법요건들을 충족하고 있다면, 해당 법률에 대한 헌법소원심판청구는 받아들여져야 하는바(이에 관한 상세한 논증은 특히, 김하열, 앞의 글, 101쪽 이하, 123쪽; 김주환, 앞의 글, 266-267쪽; 허영, 『헌법소송법론』, 박영사, 2012, 381쪽), 이러한 헌법소원심판청구를 헌법재판소는 적법요건판단에서 각하해버릴 것이 아니라, 본안판단(특히, 형식적 헌법적합성 심사과정)에서 그 위헌성 여부를 면밀하게 검토해야 할 것이다.

45) 한편 독일에서도 법률정립과 관련하여 '공포'를 규율하고 있는 기본법 제82조 제1항 제1문("기본법의 규정에 따라 성립된 법률은 부서 후 연방대통령이 서명하고 연방법률공보에 공포된다.")을 입법절차(Gesetzgebungsverfahren)의 한 부분, 특히 종결절차로 다루는 것이 일반적이나(Vgl. H. Maurer, Staatsrecht Ⅰ: Grundlagen · Verfassungsorgane · Staatsfunktionen, 6. Aufl., C. H. Beck, 2010, S. 541 Rn. 53; C. Creifelds/K. Weber, Rechtswörterbuch, C. H. Beck, 2004, S. 1427), 기본법 제82조 제1항 제1문을 공포되어 등장한 규범의 외형에 주목해서 검토할 경우에는 '공포'를 입법절차와는 분리하여 형태(Form)라는 별도의 심사관점에서 논의하기도 한다(Vgl. H. Gersdorf, 앞의 책, 55쪽). 이러한 관점에서 본다면, 「대통령이 "법률안"(헌법 제53조 제1항) 혹은 "확정된 법률"(헌법 제53조 제6항)을 공포하는 행위 또한 헌법 제82조가 규정하고 있는 "대통령의 국법상 행위"에 해당하므로, 관보에 게재된 법률공포문이 대통령의 서명과 국무총리 및 관계 국무위원의 부서라는 외형을 갖추지 못하면 위헌이 아닌가?」하는 의문이 들 수 있다. 하지만 헌법 제82조의 "국법상 행위"는 대통령의 모든 국법상 행위를 의미하는 것이 아니라, 국법에서 명시적으로 근거를

범적 법률로써 갖추어야 할 외형(형태) 그 자체에 대해서는 비록 침묵하고 있음에도 불구하고,[46] 명시적으로 "법률"이란 용어를 사용하고 있다는 점에서 규범의 외형이 다른 어떠한 것도 아닌, 오직 "법률"로 인식될 수 있어야만 하기 때문이다.[47] 따라서 설사 합헌적인 법률제정권자의 합헌적 권한범위 내에서 합헌적 절차에 따라 정립되었다고 하더라도 그 규범외형이 예컨대, '○○○규칙' 혹은 '○○○령' 등으로 포착될 수밖에 없다면, 그러한 규범에 의한 기본권침범은 형식위반으로서 위헌이라고 보아야 할 것이다. 그리고 바로 이러한 점에서 법률형태심사와 관련하여 고민해야 할 현실적 과제는 '무엇을 통해서 특정 규범의 외형이 법률인지 아닌지 여부를 판단할 수 있겠는가?' 하는 물음으로 모아진다. 생각

두고 있는 「대통령의 직무행위(대통령의 직무행위에 관해서는 이승우, 대통령의 국법상 행위의 유형과 책임에 관한 연구」, 『헌법학연구』 14-2, 한국헌법학회, 2008, 442-445쪽) 중에서 성질상 "문서로써" 행해질 수 있는 것에 한정되는 것으로 해석될 수 있다는 점 — 예컨대, 대통령이 국회에 "출석"하여 "발언"하는 행위(헌법 제81조)는 그 행위의 성질상 "문서로써" 이루어지기가 곤란할 것으로 생각된다. — , 그리고 무엇보다도 헌법 제82조가 규정하고 있는 '문서주의'의 취지는 대통령·국무총리·국무위원 등의 행위에 근거를 남겨서 물적 증거를 확보하고 책임소재를 명확히 하기 위함이란 점(이에 관해서는 박찬주, 「법률의 효력발생과 효력상실」, 『저스티스』 118, 한국법학원, 2010, 149-150; 김상겸, 「헌법 제82조」, 『헌법주석서 Ⅲ』, 법제처(編), 2010, 593쪽)을 고려한다면, 문서로써 행해져야 할 대상은 '대통령의 국법상 행위 그 자체'가 아니라, '대통령의 국법상 행위의 근거'라고 이해될 수 있을 것인바, 공포대상 법률을 관보에 게재하는 前 단계에서 해당 법률공포에 대한 근거가 대통령의 서명과 국무총리 및 관계 국무위원의 부서가 포함된 문서(혹은 전자문서)로써 마련되었다면, 설사 관보에 게재된 법률공포문에 이러한 서명과 부서가 함께 수록되어 있지 않다고 하여 바로 해당 법률이 헌법이 요구하는 외형을 갖추지 않아 위헌이라고 평가할 수는 없을 것으로 생각된다. 다만 국정의 대표자로서 대통령이 행하는 법률공포행위는 주권자인 국민에게 공포대상 법률을 널리 보고하는 행위이므로, 보고받는 국민이 인지할 수 있는 공포문에 대통령의 서명과 국무총리 및 관계 국무위원의 부서가 수록되는 것이 바람직하다고 할 것인바, 이러한 서명과 부서가 누락되어 관보에 게재되고 있는 현재 법률공포문의 외형은 헌법적 가치에 잘 부합되는 형태라고 볼 수는 없을 뿐만 아니라, 무엇보다도 이러한 외형은 "법률 공포문의 전문에는 국회의 의결을 받은 사실을 적고, 대통령이 서명한 후 대통령인을 찍고 그 공포일을 명기하여 국무총리와 관계 국무위원이 부서한다."라고 규정하고 있는 「법령 등 공포에 관한 법률」 제5조에 반하여 위법한 것으로 판단된다. 따라서 법률공포문의 관보게재와 관련하여 서명과 부서를 누락하고 있는 실무의 관행은 조속히 시정되어야 할 것으로 생각된다.

46) 한편 기본권침범적 법률이 갖추어야 할 외형과 관련하여 독일헌법은 법률이 기본권의 해당 조항을 적시해야 함을 명시적으로 규정하고 있는바(Art. 19 Ⅰ 2 GG), 이러한 적시조항(Zitiergebot)의 준수여부를 여러 독일 문헌들은 전체 기본권심사과정 중 형식적 헌법적합성심사의 한 부분에 해당하는 형태(Form)심사를 검토하는 부분에서 다루고 있다(Vgl. H. Sodan/J. Ziekow, Grundkurs Öffentlichen Recht, C. H. Beck, 2005, S. 132; S. G. Kielmansegg, 앞의 글, 29쪽; C. Degenhart, 앞의 책, 16-17쪽).

47) 헌법상 무엇이 법률인지는 실질적으로 정의될 수 없고, 오직 형식적으로만 정의될 수 있다는 점에서(이에 관해서는 허완중, 앞의 글, 188-189쪽), 어떤 규범이 법률로 인식될 수 있는지 여부는 원칙적으로 형식적 차원에서의 검토 — 권한, 절차, 형태에 관한 심사 — 에 의존할 수밖에 없을 것이다.

건대, 이러한 판단은 법률의 제명 — 법률의 제명은 통상「○○법」 또는「○○에 관한 법률」이란 이름으로 붙여지고 있긴 하지만, 이에 관한 일반적이고 통일된 기준이 마련되어 있는 것은 아니다.[48] — 이 아니라, 법률공포를 위해서 사용된 관보나 일간신문[49]에 수록된 공포번호(즉, '법률 제○○○○호')를 대상으로 행해지는 것이 타당할 것이다. 왜냐하면 헌법이 명시적으로 제시하고 있지 않은 법률외형판단기준이 「법령 등 공포에 관한 법률」제10조를 통해서 구체화되고 있는 것으로 이해될 수 있을 뿐만 아니라,[50] 무엇보다도 헌법현실에서 공포를 요하는 규범의 외적 정체성은 '규범종류와 함께 명기된 번호'인 공포번호를 통해서 드러나기 때문이다.[51]

다. 법률에 근거한 규율

1) 서두

'법률에 의한' 기본권침범이 아니라, 기본권침범의 基底根據로서 기능하는 법률로부터 (직·간접적으로) 수권 받은 법률하위규범[52]이 특정 기본권침범의 觸發根據(혹은 기본권침범 그 자체)로 등장하는 경우 — 즉, '법률에 근거한 규율'이 문제되는 경우 — 에는 *母法*인 법률과 *子法*인 법률하위규범 각각에 대한 헌법적 정당성여부가 검토되어야 한다.[53] 그런데 형식적 헌법적합성심사와 관련

48) 법제처(編), 법령 입안·심사 기준, 2012, 602쪽.

49) 법령 등 공포에 관한 법률 제11조 제2항 참조.

50) 법령 등 공포에 관한 법률 제10조(법령 번호) ① 법률, 대통령령, 총리령 및 부령은 각각 그 번호를 붙여서 공포한다. ② 제1항의 번호는 법률, 대통령령, 총리령 및 각 부령별로 표시한다. 다만, 국회의장이 공포하는 법률의 번호는 국회규칙으로 정하는 바에 따라 따로 표시하되, 대통령이 공포한 법률과 구별할 수 있는 표지(標識)를 하여야 한다.

51) 실제로 시간적 관점에 주목한다면, 법률제·개정과정 등을 통하여 *法律題名*이 동일하지만, 서로 구별되어야 하는 법률들이 존재하고 있음이 손쉽게 확인된다. 바로 이러한 이유 때문에 헌법재판소도 법률이 심사대상인 경우 거의 대부분 심사대상인 법률의 제명과 함께 공포번호 또한 명기하고 있는 것으로 생각된다. 같은 맥락에서 우리는 제명이 '민법률'이 아니라 '민법'으로 되어있음에도 현행 민법이 '법률 제12881호'로 공포되어 있다는 점에서 이를 법률로 인식하고 있는 것이며, '민법'과 마찬가지로 제명이 '법'으로 끝나고 있는 '대한민국헌법'을 법률이 아니라 헌법으로 인식하는 일차적 이유도 '헌법 제10호'라는 명칭으로 공포되었기 때문이라고 해야 할 것이다.

52) 헌법이 명시적으로 예정하고 있는 법률하위서열에 해당하는 규범으로는 다음을 언급할 수 있다: 대통령령(헌법 제75조), 총리령 및 부령(헌법 제95조), 국회규칙(헌법 제64조 제1항), 대법원규칙(헌법 제108조), 헌법재판소규칙(헌법 제113조 제2항), 중앙선거관리위원회규칙(헌법 제114조 제6항), 지방자치단체가 제정하는 자치에 관한 규정(헌법 제117조 제1항), 국회의 동의를 필요로 하지 않는 조약(헌법 제6조 제1항 및 제60조 제1항 참조) 등.

53) 같은 취지로 헌재 1997.4.24. 95헌마273, 판례집 9-1, 495쪽; 홍석한, 「위임입법의 헌법적 한계에 관한 고찰 — 헌법재판소의 위헌심사기준에 대한 분석 및 평가를 중심으로 —」, 『공법학연구』

하여 母法인 법률 그 자체에 주목하여 권한·절차·형태를 살펴보는 것은 '법률에 의한 규율'을 검토하면서 이미 행해졌으므로,[54] 이하에서는 주로 母法인 법률과 子法인 법률하위규범의 관계에 주목해서 母法과 子法을 각각 검토하도록 한다.

2) 母法인 법률에 대한 형식적 헌법적합성심사

가) 권한심사

(1) 서두

규율대상 및 규율범위와 관련해서 法律制定權者는 法律下位規範制定權者에 대해서 '규율선점권' 및 '규율대체권'을 그 내용으로 하는 '규율우선권'을 확보하고 있을 뿐만 아니라, 제정된 법률과 법률하위규범 상호 간 해석·적용상의 갈등은 '상위규범우위의 원칙' — 법률은 법률하위규범에 대해서 '적용명령'과 '위반금지'를 내용으로 하는 효력차원에서의 '우위적 효력'을 확보하고 있다. — 에 따라 정돈된다는 점에서,[55] '법률에 근거한' 기본권침범에서 母法인 법률과 子法인 법률하위규범의 관계는 기본적으로 母法制定權者인 법률제정권자가 법률하위규범 제정권자에게 법률로 규율할 수 있는 사항에 대한 규율권한을 부여하는 권한위임관계(즉, 授權關係)를 어떻게 형성하느냐에 따라 좌우된다고 할 수 있다. 그런데 이러한 권한관계를 母法인 법률은 헌법 — 특히, 헌법상 권력분립원리 — 에 부합되도록 형성해야만 하므로,[56] '母法인 법률에 대한 형식적 헌법적합성심사'에서 다루어져야 할 권한법적 관점에서의 검토는 단순히 모법(법률)을 통한 수권의 존재여부를 확인하는 것에 머물지 않고,[57]「심사대상인 법률(보다 정확히는 법률제정

11-1, 한국비교공법학회, 2010, 217쪽: "위임입법의 한계는 그 수범자를 기준으로 하여, 수권법률을 제정하는 입법권자에 대한 것과 수권법률에 따라 법규명령을 제정하는 수임자에 대한 것을 모두 의미하게 된다."

54) 위 목차 Ⅱ. 1. 나. 참조.

55) 허완중, 앞의 글, 194-204쪽 참조.

56) 이러한 권한위임관계는 특히 "헌법 이론적으로 볼 때에 그 자체가 권력분립원리와의 갈등문제를 야기할 수 있어 법적 정당화 근거가 문제" 되는바, "헌법에서 위임입법의 존재나 그 가능성을 규정하여 놓는 것이 일반적"이다(유지태,「행정입법과 헌법재판: 헌법실무연구회 제54회(2005. 4. 1) 발표문」,『헌법실무연구』 6, 헌법실무연구회, 2005, 340쪽).

57) 만약 수권의 존재여부에만 주목하여 법률적 차원의 수권만 있으면 위임입법의 법적 문제 — 특히, 모법인 법률의 위헌성문제 — 는 특별하게 제기되지 않는다는 입장을 취하게 되면, 법률제정절차상 존재하는 정치적 갈등이나 경제현실적 문제 등으로 인하여 복잡한 입법절차보다는 비교적 간편하게 마련될 수 있는 행정부에 의한 행정입법이 선호되는 경향이 증대될 것이고, 나아가 이러한 경향이 일반적인 모습으로 헌법현실에서 자주 등장한다면, 극단적인 경우에는 1933년 독일 나치

권자)이 '누구'에게(被授權機關) '어떤 법률하위규범'의(被授權規範) 정립을 수권하고 있으며, 이러한 수권은 '어떤 사항'에 대하여(授權內容) '어떤 방식'으로(授權方式) 이루어지는가?」라는 물음에 주목해서 행해지는 헌법적합성심사로 전개되어야 한다.[58] 이하에서는 논의의 편의상 우선 심사대상인 법률(母法)이 '헌법 제4장 정부 아래에 편성·조직되는 국가기관들'에게 규범정립권한을 부여해주고 있는 경우를 중심으로 被授權機關·被授權規範·授權內容·授權方式 등과 관련된 헌법적 규준을 면밀하게 검토한 다음, 이를 기초로 하여 그 밖의 다른 경우(즉, 수권대상으로 국회·법원·헌법재판소·중앙선거관리위원회· 지방자치단체 및 공공단체 등이 거론되는 경우)들 또한 살펴본다.

(2) 정부가 수권대상인 경우

(가) 서두

일반적으로 정부 — 예컨대, 헌법 전문에 등장한 정부("대한민국임시정부의 법통") — 는 입법·행정·사법 등을 담당하는 모든 국가기관을 통칭하는 개념 혹은 정치제도 전반을 지칭하는 개념(최광의 개념으로서의 정부)으로 이해되지만,[59] 여기서 검토될 정부는 '광의의 개념으로서의 정부', 즉 헌법 제4장 표제어로 등장하는 '정부'이다.[60] 그런데 권한법적 관점에 주목한다면, '광의의 개념으로서의 정부'에 대해 입법권을 수권하는 경우는 크게 다음 두 가지로 구분해서 살펴볼 수 있다: ㉠ "대통령을 수반으로 하는 정부"(헌법 제66조 제4항의 정부: '협의의 개념으로서의 정부'[61])를 구성하는 국가기관에게 입법권을 수권하는 경우, ㉡ '대통령을 수반으로 하지 않는 정부'에 해당되는 국가기관 — 소위, (헌법 제4장에 소속된) 독

시대의 授權法(Ermächtigungsgesetz) 제정 등과 같은 현상으로 귀착됨으로써 궁극적으로 법률과 법률하위규범(특히, 행정입법)의 구분이 실체적 관점에서 상실될 우려 또한 배제할 수 없게 된다(유지태, 앞의 글, 339−340쪽 참고). 뿐만 아니라 의회는 단지 골격입법만을 행하고, 실질적인 입법내용이 행정부에 의해 정립된다는 것은 결국 의회를 중심으로 하는 국가 법질서의 심각한 훼손을 의미하는바, 審議 民主主義(deliberative democracy)를 채택하고 있는 헌법의 이념과 권력분립 원칙에도 부합되지 않으며(이명웅, 「위임입법의 위헌심사기준 및 위헌결정사례 분석」, 『저스티스』 96, 한국법학원, 2007, 65쪽 참고), 무엇보다도 수권관계형성과 관련하여 주목되어야 하는 헌법 제40조, 제75조, 제95조 등등과 같은 헌법적 차원에서 마련된 권한법적 한계가 무시된다는 점에서도 받아들이기 어려울 것이다.

58) 한편 子法과의 관련 없이 母法인 법률 그 자체에 대한 권한법적 측면에서의 검토는 앞서 논의한 내용(위 목차 Ⅱ. 1. 나. 1))으로 갈음할 수 있을 것이다.

59) 전광석, 앞의 책, 666쪽; 김소연, 『독립행정기관에 관한 헌법학적 연구』, 경인문화사, 2013, 15쪽 참고.

60) 성낙인, 『헌법학』, 법문사, 2014, 519쪽.

61) 아울러 '협의의 개념으로서의 정부'를 "제4장 제1절 대통령"과 "제4장 제2절 행정부"로 구분하여, 후자를 '최협의의 개념으로서의 정부'라고도 이해할 수도 있을 것이다.

립행정기관 — 에게 입법권을 수권하는 경우.[62)63)] 다만, 헌법 명시적 근거규정(헌법 제66조 제4항)을 통해서 뒷받침되는 전자(㉠)와는 달리, 후자(㉡)의 경우에는 과연 헌법 제4장 정부에 소속되어 있으면서도 대통령을 수반으로 하지 않는 독립된 국가기관(독립행정기관)을 국회가 법률로 창설 혹은 형성할 수 있을 것인지에 관한 헌법적 판단이 전제되어야 한다.[64)] 이하에서는 양자를 구분해서 각각 살핀다.

(나) 대통령을 수반으로 하는 정부

① 서두: 헌법 제66조 제4항

헌법 제66조 제4항 "대통령을 수반으로 하는 정부"가 무엇을 의미하는지, 그리고 *母法制定權者*인 *法律制定權者*로부터 입법권을 수권 받고 있는 국가기관(被授權機關)들 중에서 구체적으로 어떠한 기관들이 이러한 협의의 개념으로서의 정부 아래에 속해있는지를 판단하기 위해서는 무엇보다도 국가기관 상호 간 통제·지배관계 속에서 "수반"이 갖고 있는 규범적 의미가 해명될 필요가 있다. 왜냐하면 "수반"은 그 자체가 이미 지배관계를 전제하고 있는 개념일 뿐만 아니라 — 수반의 사전적 의미는 班列가운데 우두머리 내지는 중심이 되어 집단이나 단

---

62) "대통령을 수반으로 하는 정부"와 '대통령을 수반으로 하지 않는 정부'로 구분하여 검토하는 것은 무엇보다도 입법권의 수권과 관련하여 헌법 제75조 및 제95조의 적용범위를 설명함에 있어서 중요한 의미를 갖는다(이에 관해서는 아래 목차 Ⅱ. 1. 다. 2) 가) (2) (나) ② 참조). 뿐만 아니라 이러한 구분방식은 다른 헌법기관의 이해에도 활용될 수 있다. 즉 헌법 제66조 제4항과 헌법 제101조 제1항 문언 상호 간 유사성에 주목한다면, "정부"라는 상위개념 하에 "대통령을 수반으로 하는 정부"(헌법 제66조 제4항)와 '대통령을 수반으로 하지 않는 정부'를 상정하여 대별시킨 것처럼, "법원"이라는 상위개념 하에 "법관으로 구성된 법원"(헌법 제101조 제1항)외에도 '법관으로 구성되지 않는 법원' — '법관으로 구성되지 않는 법원'이 합헌적으로 존재할 수 있는 가능성은 헌법 제110조 제1항을 통해서도 명시적으로 뒷받침된다(관련하여 군사법원법 제22조 및 헌재 1996.10.31. 93헌바25, 판례집 8-2, 451-452쪽 참조). — 을 상정하여 대별시킬 수 있을 것이다.

63) 한편 성낙인 교수는 광의의 개념으로서의 정부("넓은 의미의 정부")를 권한법적 관점이 아니라, 헌법 외견상 집행권이 "제4장 제1절 대통령"과 "제4장 제2절 행정부"로 이원화되어 있음에 주목하여 대통령을 제외한 부분("제4장 제2절 행정부")을 "좁은 의미"의 정부(협의의 정부)로 이해하고 있다(성낙인, 앞의 책, 519쪽).

64) 왜냐하면, '국회가 후자(㉡)의 경우를 법률로 형성하는 것은 헌법상 권력분립원칙 및 헌법 제66조 제4항 등에 저촉되어 위헌이 아닌가?'하는 의문을 규명해야하기 때문이다. 아울러 법문을 이해함에 있어서도 헌법 제66조 제4항 "대통령을 수반으로 하는 정부" — 이는 '협의의 개념으로서의 정부'이다. — 라는 부분을 *勿論解釋*하여 광의의 개념으로서의 정부에는 협의의 개념으로서의 정부 외에도 '대통령을 수반으로 하지 않는 정부' 또한 물론 포함되는 것으로 해석되어야 하는 것인지, 그렇지 않으면 해당 부분을 *反對解釋*해서 대통령을 수반으로 하지 않는 특정 조직체는 광의의 개념으로서의 정부(즉, 헌법 제4장 정부)에 포착될 수 없다고 해석되어야 하는 것인지에 관한 의문도 해소되어야 한다.

체를 지배·통솔하는 지위를 뜻한다.[65)] ㅡ, 무엇보다도 헌법은 대통령의 지위와 관련하여 "수반"(헌법 제66조 제4항)과 의미가 유사한 "원수"(헌법 제66조 제1항)라는 표현을 분별하여 사용하고 있기 때문이다.[66)]

우선 국가기관들 상호 간 조직·권한법적 차원에서의 통제·지배관계(管轄關係)는 일반적으로 다음 3가지 형태로 유형화하여 구분할 수 있다: ⓐ 동일 기관 내부의 계층성의 원리가 적용되어서 개개의 구체적 사안에 대해 특정 국가기관(A)이 다른 국가기관(B)의 업무 및 의사결정 과정에 시시콜콜 직접 개입·관할할 수 있는 경우(直轄關係), ⓑ 특정 국가기관(A)이 다른 국가기관(B)의 업무에 대해 '개별적·구체적 지시권'을 통상적으로 행사하는 것은 억제되어 있지만, '일반적·추상적 지휘·감독권'의 직·간접적 행사를 통해서 B의 해당 업무를 지배·통제·구속할 수 있는 경우(統轄關係),[67)] ⓒ 특정 국가기관(A)이 다른 국가기관(B)의 업무 그 자체에 대해서는 개별적·구체적 지시권이나 일반적 지휘권을 행사할 수 없지만, A가 보유하고 있는 국가기관 조직·구성권 ㅡ 관련하여 임명권 등과 같은 인사에 관한 권한이 대표적으로 언급되고 있다.[68)] ㅡ 을 통해서 간접적·사실적으로 B의 업무에 영향을 미칠 수 있는 경우(所轄關係).[69)] 그런데 헌법이 명시하고

---

65) 국립국어원, 표준국어대사전(http://stdweb2.korean.go.kr/search/View.jsp), 검색어: 수반, 검색일: 2014.7.10.

66) '으뜸'을 뜻하는 '원(元)'과 (우두)머리를 뜻하는 '수(首)'가 합쳐서 '원수'라는 단어가 형성된다는 점에서, '수반'과 '원수' 모두 '우두머리', '으뜸'이란 의미를 내포하고 있다.

67) 요컨대, 통할관계에는 일반적·추상적 지휘·감독권을 A가 B에 대해서 직접 행사할 수 있는 관계뿐만 아니라, 간접적으로 행사할 수 있는 관계 ㅡ 즉, 階序秩序상 A와 B 사이에 위치하는 다른 국가기관(중간기관)을 A가 지휘·감독함으로써 A의 일반적 의지가 (중간기관을 매개해서) B에게 관철될 수 있는 관계 ㅡ 또한 포함된다고 할 것이다. 헌법상 명시적으로 "통할"이라는 단어가 사용된 제86조 국무총리에 의한 행정각부의 "통할" 또한 이러한 맥락에서 해석될 수 있겠다.

68) 특히 대통령의 임명권과 관련해서는 장영수, 「현행헌법상의 정부형태와 대통령의 지위 및 권한에 관한 연구」, 『공법학연구』 9-1, 한국비교공법학회, 2008, 183쪽.

69) 이와 유사한 설명으로는 유진식, 「대통령직속기관의 설치와 직무범위 ㅡ 헌재 1994.4.28. 89헌마221 [각하·합헌]을 소재로 하여 ㅡ」, 『공법연구』 30-1, 한국공법학회, 2001, 440-441쪽; 김소연, 앞의 책, 231쪽 참고(참고로 여기서 사용된 '직할관계', '통할관계', '소할관계'란 표현에 대해서는 다음과 같은 부연설명을 해둔다: 바퀴가 수레에서 벗어나지 않도록 통제·지배하는 못(즉, 굴대 머리 구멍에 끼우는 못: 비녀장)을 의미하는 '轄'에 수식어 '直' 혹은 '統'이 각각 붙어 형성된 '直轄'과 '統轄'의 사전적 의미에 주목한다면 한 기관(A)이 곧바로 직접 다른 기관(B)의 업무를 관할(통제·지배·관장)함으로써 발생되는 관계를 '직할관계', A가 B를 거느리거나 다스림을 통해서 B의 업무가 관할(통제·지배·관장)되는 관계를 '통할관계'라고 할 수 있을 것이나, 所轄은 단지 '관할하는 바'를 의미할 뿐이란 점에서 ㅡ 여기서 의존명사 '바'는 앞에서 말한 내용 그 자체를 그대로 대상화하여 이르는 단어이다 ㅡ , 소할관계는 (A가 B의 업무를 곧바로 직접 관할(통제·지배·관장)하는 것도, B를 다스려서 B의 업무를 관할(통제·지배·관장)하는 것도 아니라) A 자신이 관할(통제·지배·관장)하는 업무 그 자체로 인해서 B의 업무에 끼치는 간접적·사실적 얽힘 내지는 상호관계를 의미하는

있는 대통령의 지위와 관련하여 '외교 및 의전상의 필요에 주목하여 가능한 한 상징적·형식적 차원에서 이해되어야 할' 헌법 제66조 제1항 "국가의 원수"로서의 지위와는 달리,[70] 헌법 제66조 제4항 "수반"으로서의 지위는 기본적으로 규범적·실질적인 것으로 이해 ─ 즉, 대통령은 "집행에 관한 최종결정권을 갖는 것"[71]으로 이해 ─ 되고 있다는 점을 고려한다면,[72] 대통령이 특정 국가기관의 조직 및 구성 혹은 예산편성 등에 관여하는 방식으로 해당 국가기관의 업무(방향)에 간접적·사실적 차원에서 영향을 미칠 수는 있다고 하더라도, 적어도 규범적 차원에서는 해당 업무 그 자체와 관련해서 대통령의 지휘·통제로부터 벗어나도록 설계된 국가기관(즉, 대통령과 所轄關係에 있을 뿐, 대통령이 直轄 혹은 統轄할 수 없는 국가기관)[73]에 대해서까지 "수반"으로서의 권한과 책임을 갖는 것으로 이해

것으로 이해된다(국립국어원, 표준국어대사전(http://stdweb2.korean.go.kr/search/View.jsp), 검색어: 관할·직할·통할·소할·바, 검색일: 2014.7.10.). 한편 유진식 교수와 김소연 헌법연구관은 直轄이라는 용어 대신에 直屬이라는 표현을 사용하고 있다. 하지만 동사 "속하다" ─ "【…에】 관계되어 딸리다"라는 뜻이다 ─ 의 어근인 '屬'은 지배관계를 의미하기 보다는 특정 개념·범주에 해당하는 것을 포착하기 위해 일반적으로 사용되는 표현이다(例: 사과는 과일에 속한다. 보험료는 세금에 속하지 않는다). 따라서 直屬은 조직법적 차원에서 '직접적으로 속하여 있음' 또는 '그런 소속'을 의미하는 것으로 새기고, 국가기관들 간의 권한·지배관계를 징표할 경우에는 直屬이 아니라, 直轄을 사용하는 것이 보다 적절해 보인다).

70) '국가원수'로서의 대통령의 지위(헌법 제66조 제1항)를 가능한 한 형식적·상징적 차원으로 국한하여 해석해야만 하는 이유에 관해서는 김선택, 「대통령'직'의 헌법적 의무 ─ 차기정부의 헌법적 과제에 대한 총론적 조망 ─」, 『헌법학연구』 19－1, 한국헌법학회, 2013, 119쪽; 이준일, 앞의 책, 877－878쪽; 허영, 『한국헌법론』, 박영사, 2013, 981쪽; 관련하여 특히 김종철 교수의 다음과 같은 지적을 기억해둘 필요가 있다(김종철, 「대통령의 헌법상의 지위와 권력비판의 올바른 방향」, 『언론과 법』 4－2, 『한국언론법학회』, 2005, 7－8쪽, 16쪽): "대통령의 헌법상 지위는 의전적 국가원수로서의 지위, 행정권 수반으로서의 지위, 국민 전체 대표기관으로서의 지위, 정치지도자로서의 지위를 들 수 있다. 이 중 국가원수의 지위를 의전적 지위가 아닌 삼권을 초월하는 우월적 지위로 인식하는 것이 헌법학계의 일반적 해석론이었다. 또한 정치지도자로서의 대통령의 지위를 인정하지 아니하고 중립적 국정조정자로서의 지위를 강조하는 것이 전통적 헌법해석론이었다. 그러나 이러한 전통적 견해는 유신헌법 이후 고착화된 초입헌주의적 헌법해석의 유산으로 '권력의 의인화'를 통한 전체주의적 국가관으로 흐를 수 있는 위험성을 내포하고 있다. […] 권력분립의 원칙에 충실하고 다원주의에 입각한 정당중심적 민주주의를 제도화한 헌법정신에 따라 대통령의 헌법상의 지위는 헌법에 부여된 국가 권력의 한 담당자로 정확하게 자리매김 되어야 하고 대통령의 책임론도 그에 대응하는 수준으로 조정되어야 한다.", "정부형태와 무관하게 국가원수는 의전상의 필요에 의해 전체국가를 대표하는 형식적 지위로 이해하는 것이 헌법정신에 부합한다."

71) 허영, 앞의 책(주 70), 982쪽.

72) 김종철, 앞의 글, 17쪽: "행정권을 책임지고 수행하는 지위가 행정권수반으로서의 지위이다."; 허영, 앞의 책(주 70), 982쪽: "우리 헌법은 […] 대통령은 행정권을 총괄하는 행정부수장으로서의 지위를 갖는다는 점을 분명히 밝히고 있다."; 김선택, 앞의 글, 121쪽; 이준일, 앞의 책, 878쪽.

73) 물론 이러한 국가기관을 법률로 형성/창설할 수 있느냐에 관한 문제는 행정권 수반으로서의 대통령의 지위를 규정하고 있는 헌법 제66조 제4항의 위반여부와 결부하여 별개로 검토되어야 한다. 이에 관해서는 아래 목차 Ⅱ. 1. 다. 2) 가) (2) (다) 참조.

하는 것은 "수반"이 갖고 있는 문언의 의미와도 부합되기 어려울 뿐만 아니라, 무엇보다도 헌법이 달리 규정하고 있는 국가원수와 정부수반이라는 대통령의 이중적 지위의 분별을 해칠 수 있다는 점에서 바람직해 보이지도 않는다.[74)]

따라서 헌법현실에서 특정 국가기관이 "대통령을 수반으로 하는 정부"에 해당되는지 여부는 헌법적 차원에서 해당 국가기관의 역할(기능)이나 의미 및 타 국가기관(특히, 대통령)과의 지배관계에 주목해서 개개의 경우 구체적으로 판단해야 하겠지만, 일반적으로는 다음과 같이 말할 수 있을 것이다: 「ⓐ 헌법 제4장 제1절에서 규율되고 있는 '대통령'과 ⓑ '대통령에 의하여 소관업무가 일원적·통일적으로 관장될 수 있는 — 즉, 상급기관인 대통령과 직할관계 혹은 통할관계에 있는 — 헌법 제4장 소속하에 있는 국가기관',[75)] 그리고 ⓒ 대외적으로 구속력 있는 의사결정권과 표시권을 가지지는 못하지만, 헌법 제4장 소속으로 편제되어 대통령이나 대통령과 직할 혹은 통할관계에 있는 기관을 보조·보좌함으로써[76)] 이들(ⓐ와 ⓑ)의 의사형성 및 행정권행사에 직·간접적으로 기여하고 있는 국가기관들[77)]이 "대통령을 수반으로 하는 정부"를 구성한다.」

이하에서는 대통령을 수반으로 하는 정부에 해당되는 국가기관들(ⓐ, ⓑ, ⓒ)[78)]에게 법률하위규범의 정립권한을 위임하는 법률(즉, 授權法律 혹은 委任法

---

74) 만약 대통령(A)이 인사권이나 예산/조직 편성권 등을 통해서 다른 특정 국가기관(B)의 업무에 단지 간접적/사실적 측면에서 영향을 미칠 수 있다고 하여, A가 B를 통솔하는 것(즉, B에 대해서 A가 '수반' 내지는 우두머리의 지위에 있는 것)으로 이해한다면, 대통령에 의해서 임명되는 대법원장이나 헌법재판소장 또한 대통령에 의해 통솔되는 국가기관으로 평가될 수 있을 터인데, 이러한 이해는 헌법상 권력분립의 기본적 취지 및 사법권의 독립과도 부합되지 않는다. 오히려 所轄關係에서 발생되는 갈등은 대등한 기관들 간의 견제와 균형의 원리를 실현하는 과정으로 이해되는 경우가 많을 것이다. 따라서 대통령과 소할관계에 있는 행정기관은 설사 조직 편제상 헌법 제4장의 "정부"에 속해있다고 하더라도, "대통령을 수반으로 하는 정부"에 해당하는 기관으로 이해하는 것은 적절치 않을 것이다. 한편 헌법 제4장의 "정부"에 속해있으면서도 대통령과 소할관계에 있는 기관으로는 무엇보다도 아래 목차 Ⅱ. 1. 다. 2) 가) (2) (다)에서 살펴볼 독립행정기관을 언급할 수 있겠다.

75) 여기에 해당하는 헌법기관으로는 국무총리(헌법 제86조 제2항), 행정각부의 장(헌법 제94조, 제95조)이 있다.

76) 보조기관과 보좌기관의 구별 문제에 관해서는 최영규, 「행정기관의 개념과 종류 — 행정조직법의 기초개념 재검토 —」, 『행정법연구』 37, 행정법이론실무학회, 2013, 147－148쪽.

77) 여기에 해당하는 헌법기관으로는 국무위원(헌법 제87조 제2항), 국무회의(헌법 제88조 제1항), 국가원로자문회의(헌법 제90조), 국가안전보장회의(헌법 제91조), 민주평화통일자문회의(헌법 제92조), 국민경제자문회의(헌법 제93조) 등이 있다.

78) 이러한 국가기관들의 설치·조직과 직무범위의 대강은 국가행정조직에 대한 일반법인 정부조직법을 통해서 구체화되어 있는바, 특별한 규정이 없다면 통상 ⓑ에 해당하는 중앙행정기관은 부·처 및 청 등의 명칭으로, 그리고 이들을 보조/보좌하는 기관들 — 이러한 국가기관들은 ⓒ에 해당한다고 볼 수 있을 것이다. — 은 차관(보)·차장·실장·국장 및 과장 등의 명칭을 통해서 일단 확인

律)[79]을 정립함에 있어서 준수해야 하는 헌법적 규준 — (사법심사의 관점에서 표현하면) '모법인 수권법률을 심사 대상으로 하여 행해지는 헌법적 통제' — 에 관해서 본격적으로 논하되, 이러한 수권법률의 정립이 헌법 제75조 및 제95조를 통하여 명시적으로 예정되어 있다는 점에서[80] 무엇보다도 이들 조항의 해석론을 검토할 것이며, 아울러 입법권의 일부를 기본적으로 행정권력기관으로 설계된 정부 소속 국가기관에게 위임해주는 이러한 수권법률은 한편으로는 입법권자인 국회 스스로 자신의 권한을 잠탈하는 통로로,[81] 다른 한편으로는 행정권력의 배분 및 행사에 부당하게 영향을 미칠 수 있는 계기로 활용될 수 있다는 점[82]에서 수권법률이 국회와 정부 간의 권력분립원칙 및 '대통령을 수반으로 하는 정부' 내의 헌법적 차원의 계서질서와 조화될 수 있는지 여부 또한 주목될 것이다.

② 被授權機關 및 被授權規範 특정에 대한 헌법적 통제

"대통령은 법률에서 구체적으로 범위를 정하여 위임받은 사항과 법률을 집행하기 위하여 필요한 사항에 관하여 대통령령을 발할 수 있다."라고 규정하고 있는 헌법 제75조와 "국무총리 또는 행정각부의 장은 소관사무에 관하여 법률이나 대통령령의 위임 또는 직권으로 총리령 또는 부령을 발할 수 있다."라고 규정

할 수 있을 것이다(정부조직법 제2조 제3항·제5항).

79) 여기서 수권법률 혹은 위임법률이라고 함은 각각 수권하는 법률, 위임하는 법률을 의미한다. 그런데 수권받는 법률 혹은 위임받는 법률을 각각 수권법률, 위임법률로 지칭하여도 한국어 문법에는 어긋나지 않는다. 이러한 어법상의 문제 때문에 특히 위임입법 혹은 위임규정이란 표현을 두고 여러 문헌에서 혼란 — 예컨대, 행정권에게 위임해주는 국회입법에 대한 한계이자 그 통제의 준거로서 헌법 제75조가 규율하고 있는 포괄위임금지원칙을 정극원 교수는 다음과 같이 표현하고 있다(정극원, 「헌법재판에서의 포괄적 위임입법금지 원칙의 적용」, 『헌법학연구』 15-3, 한국헌법학회, 2009, 464쪽): "포괄적 위임입법금지의 원칙은 곧 행정입법에 대한 한계이자 그 통제의 준거가 되는 것이다." — 이 발생되고 있다(이러한 문제의식에 관해서는 특히 오수정, 「입법권위임의 헌법적 한계에 관한 연구」, 중앙대학교 석사학위논문, 2006, 2쪽). 이와 관련하여 한수웅 교수는 위임된 입법권에 의하여 이루어진 입법은 '입법위임'으로, 입법권을 위임하는 법률은 '위임법률 또는 수권법률'로 구분하여 명칭하고 있다(한수웅, 『헌법학』, 법문사, 2011, 1181쪽).

80) 유지태, 앞의 글, 346쪽.

81) 특히 입법권자인 국회가 스스로 정립해야만 하는 입법권의 핵심사항("본질적 사항")을 타 국가기관이 정립하도록 수권하는 것은 헌법 제40조에 근거하는 의회유보원칙에 위반된다고 할 것이다. 이에 관해서는 아래 목차 Ⅱ. 1. 다. 2) 가) (2) (나) ③ 참조.

82) 행정은 일반·추상적인 규범에서 규정한 요건이 충족되면 그 규범의 내용을 구체적 사안에 적용·집행하는 활동을 의미함으로(김성수, 『일반행정법 — 일반행정법이론의 헌법적 원리 —』, 홍문사, 2014, 9쪽), 수권법률이 특정 행정기관에게 특정 영역과 관련된 법률하위규범의 정립을 위임함으로써 수권법률제정권자로부터 특정되지 못한 다른 행정권력기관은 해당 영역과 관련하여 자신의 행정권을 발동/행사하기가 어려워지거나, 수권법률에 의해 법률하위규범의 정립을 위임받은 특정 행정기관이 위임받은 법률하위규범정립작용을 통해서 다른 행정기관의 행정권력작용과 갈등을 초래할 가능성이 발생한다.

하고 있는 헌법 제95조의 명시적 표현으로부터 「법률제정권자인 국회는 기본적으로 '대통령', '국무총리', '행정각부의 장'이라는 국가기관(피수권기관)에게 각각 '대통령령', '총리령', '부령'이라는 법률하위규범(피수권규범)의 정립권한을 위임해주는 법률을 제정할 수 있음」에 대해서는 논란의 여지가 없는바, 구체적인 경우에 母法인 수권법률이 특정하고 있는 피수권기관 및 피수권규범과 관련된 헌법적 쟁점은 결국 국회중심입법원칙을 규정하고 있는 것으로 이해되고 있는 헌법 제40조와의 관계 속에서 헌법 제75조 및 제95조가 명시하고 있는 피수권기관들 및 피수권규범들을 열거된 것으로 이해해야 할 것(열거설)인지 혹은 예시된 것으로 이해해야 할 것(예시설)인지에 관한 해석다툼으로 집약되고 있다.

이와 관련하여 조세감면의 대상이 되는 업종의 분류를 대통령·국무총리·행정각부의 장이 각각 발하는 대통령령·총리령·부령의 형식이 아니라 통계청장에 의해 정립되는 고시(통계청 고시)인 한국표준산업분류로 정하도록 위임하고 있는 조세특례제한법 제2조 제3항의 위헌성 여부가 문제된 사건(헌재 2005헌바59)에서 헌법재판소의 다수의견(법정의견)은 비록 "고시와 같은 형식으로 입법위임을 할 때에는 적어도 행정규제기본법 제4조 제2항 단서에서 정한 바와 같이 법령이 전문적·기술적 사항이나 경미한 사항으로서 업무의 성질상 위임이 불가피한 사항에 한정된다."라는 단서를 곁들이고 있긴 하지만, "오늘날 의회의 입법독점주의에서 입법중심주의로 전환하여 일정한 범위 내에서 행정입법을 허용하게 된 동기가 사회적 변화에 대응한 입법수요의 급증과 종래의 형식적 권력분립주의로는 현대사회에 대응할 수 없다는 기능적 권력분립론에 있다는 점 등을 감안하여 헌법 제40조와 헌법 제75조, 제95조의 의미를 살펴보면, 국회입법에 의한 수권이 입법기관이 아닌 행정기관에게 법률 등으로 구체적인 범위를 정하여 위임한 사항에 관하여는 당해 행정기관에게 법정립의 권한을 갖게 되고, 입법자가 규율의 형식도 선택할 수 있다 할 것이므로, 헌법이 인정하고 있는 위임입법의 형식은 예시적인 것으로 보아야 할 것이고, 그것은 법률이 행정규칙에 위임하더라도 그 행정규칙은 위임된 사항만을 규율할 수 있으므로, 국회입법의 원칙과 상치되지도 않는다."라고 하면서 명시적으로 예시설을 지지하고 있는 반면에,[83] 소수의견은 "우리 헌법은 제40조에서 국회입법의 원칙을 천명하면서, 다만 헌법 제75

83) 헌재 2006.12.28. 2005헌바59, 판례집 18-2, 601-602쪽, 610-611쪽; 同旨의 판례들로는 헌재 2008.7.31. 2005헌마667, 2006헌마674(병합), 판례집 20-2(상), 286-287쪽; 헌재 2008.7.31.2007헌가4, 판례집 20-2(상), 39쪽; 헌재 2004.10.28. 99헌바91, 판례집 16-2(하), 119쪽; 헌재 2012.2.23. 2009헌마318, 판례집 24-1(상), 273쪽 등등.

조, 제95조, 제108조, 제113조 제2항, 제114조 제6항에서 법률의 위임을 받아 발할 수 있는 법규명령으로 대통령령, 총리령과 부령, 대법원규칙, 헌법재판소규칙, 중앙선거관리위원회규칙 등을 한정적으로 열거하고 있다. 그런데 우리 헌법은 경성헌법이므로 헌법 문언에 의해 규정된 원칙에 대하여는 헌법 자신이 인정하는 경우에 한하여 예외가 있을 수 있는 것이지 법률 또는 그 이하의 입법형식으로써 헌법상 원칙에 대한 예외를 인정할 수는 없다. 즉 우리 헌법과 같이 법규명령의 형식이 헌법상 확정되어 있고 구체적으로 법규명령의 종류·발령주체·위임범위·요건 등에 관한 명시적인 규정이 있는 이상, 법률로써 그와 다른 종류의 법규명령을 창설할 수 없고, 더구나 그러한 법규사항을 행정규칙에 위임하여서는 아니 된다 할 것이다. 결국 법률이 행정규칙에 위임할 수 있는 사항은 집행명령(헌법 제75조 후단)에 의하여 규정할 수 있는 사항 또는 법률의 의미를 구체화하는 사항에 한정되어야 하는 것이고 새로운 입법사항이나 국민의 새로운 권리·의무에 관한 사항이 되어서는 아니 된다."라고 하면서 열거설의 입장을 분명히 하고 있다.[84] 그리고 이러한 헌법재판소의 다수의견(예시설)과 소수의견(열거설)은 각각 학계의 다수입장과 소수입장에 의해서 지지를 받고 있는 것으로 보인다.[85]

필자는 다음과 같은 이유들 때문에 헌법 제75조 및 제95조는 피수권기관 및 피수권규범을 구체적으로 열거하고 있는 것으로 이해하는 견해(열거설)가 보다 설득력 있는 타당한 헌법해석이라고 생각한다. 첫째, 오늘날 일반적으로 지지를 받고 있는 현대적·기능적 권력분립의 관점에 따르면 헌법 제40조는 입법권의 국회독점이 아니라 국회입법이 '원칙'이라는 점을 선언한 규정으로 이해되며, 이러한 맥락에서 (대통령을 수반으로 하는 정부를 구성하는 국가행정권력기관들에게도 일정한 경우에 입법권을 행사할 수 있는 가능성을 열어주고 있는) 헌법 제75조 및

84) 헌재 2006.12.28. 2005헌바59, 판례집 18-2, 619쪽; 同旨의 판례들로는 헌재 2008.7.31. 2005헌마667, 2006헌마674 병합, 판례집 20-2(상), 297쪽; 헌재 2008.7.31. 2007헌가4, 판례집 20-2(상), 43쪽; 헌재 2004.10.28. 99헌바91, 판례집 16-2(하), 129-130쪽; 헌재 2012.2.23. 2009헌마318, 판례집 24-1(상), 279쪽 등등.

85) 예시설과 열거설 중에서 어떠한 견해가 타당한 것인지에 관하여 본격적으로 논증하기보다는 단지 헌법재판소의 태도를 소개하는 정도로 그친 문헌들이 많다. 하지만 뚜렷하게 예시설을 지지하는 입장으로는 성낙인, 앞의 책, 560쪽; 한수웅, 앞의 책, 1180쪽; 박찬주, 「행정명령」, 『법학논고』 31, 경북대학교 법학연구원, 2009, 504쪽; 박균성, 『행정법강의』, 박영사, 2013, 130쪽; 조성규, 「행정규칙의 법적 성질 재론」, 『행정법연구』 31, 행정법이론실무학회, 2011, 149쪽; 전광석, 앞의 책, 692-693쪽; 명시적으로 열거설을 지지하는 입장으로는 고영훈, 「행정상의 고시의 법적 문제점과 개선방향에 관한 연구」, 『공법연구』 29-1, 한국공법학회, 2000, 292쪽; 유지태, 앞의 글, 371쪽.

제95조는 적어도 입법권과 관련해서는 헌법 제40조의 예외규정으로 이해된다.[86] 그런데 원칙규정과는 달리, 예외규정은 그 적용범위가 엄격하게 통제되어야 한다. 왜냐하면 예외규정의 적용범위에 대한 통제가 실패한다면, 실질적으로 예외가 원칙으로 둔갑하고 원칙이 예외로 변질되어, 규범에 대한 체계적·논리적·통일적 이해가 붕괴될 것이기 때문이다.[87] 따라서 규범적 차원에서 구체적인 경우에 국회입법원칙에 대한 예외적 주장 — 즉, 국회 외의 다른 국가기관에 의해 행사되는 입법작용을 옹호/지지하는 주장 — 이 설득력을 갖기 위해서는 단순히 이러한 주장을 뒷받침할 수 있는 헌법적 차원의 (명시적 혹은 묵시적) 근거를 제시하는 것[88]만으로는 충분치 않고, 한 걸음 더 나아가 해당 주장(즉, 국회입법원칙에 대한 예외적 주장)은 이를 뒷받침하기 위해서 제시된 헌법적 근거규정의 적용범위를 엄격하게 축소해석한 결과라는 점을 성공적으로 논증해야 할 것이다. 그러므로 국회가 헌법 제75조 및 제95조에 근거하여 '대통령을 수반으로 하는 정부'에 해당되는 국가기관에게 입법권을 부여해주는 행위 또한 헌법상 권력분립원칙 및

86) 국회중심의 입법원칙, 즉 '헌법하위서열에 해당하는 규범정립권(입법권)의 행사는 국회가 담당하는 것이 원칙이므로 입법권의 핵심영역은 반드시 국회가 행사해야 하겠지만, 국회입법권의 핵심영역에 해당하지 않으면서 국회입법권을 형해화하지 않는다면 예외적으로 다른 국가기관들 또한 입법권을 행사할 수 있다는 점'에 대해서는 예시설과 열거설 모두 긍정하고 있다. 이러한 점에서 예시설과 열거설은 국회입법권과 관련하여 원칙조항(헌법 제40조)이 아닌, 예외조항이라고 할 수 있는 헌법 제75조 및 제95조의 해석을 둘러싸고 벌어지는 논쟁이라고 하겠다.

87) 개별적인 규범을 독립적으로 파악하지 않고, 다른 규범과의 맥락에 주목해서 해석하는 체계해석에 관해서는 특히, 김영환, 『법철학의 근본문제』, 홍문사, 2012, 285쪽; 관련하여 유지태, 앞의 글, 348-349쪽: "헌법해석의 원칙상, 헌법규정은 개별 규정만으로 이해되어서는 안 되며, 항상 그 규정이 놓여있는 전체적 관련성 아래에서 통일적으로 해석되어야 한다. 이를 헌법의 통일성의 원리라고 하는바, 이를 통하여 헌법제정권자의 기본적 결단을 통일적으로 이해할 수 있게 될 것이다. 현행 헌법은 […] 국회입법의 원칙의 예외의 모습을 비교적 구체적으로 표현하고 있다. 대통령령, 총리령, 부령, 중앙선거관리위원회 규칙은 이러한 현행 헌법상의 국회입법원칙에 대한 예외적 모습이며, 헌법상의 이러한 행정입법 유형의 표현방식은 앞에서 보았듯이 다른 나라의 경우에서는 찾을 수 없는 독특한 방식으로 보인다. 따라서 현행 헌법의 이러한 상세한 규정방식에 비추어 이를 통일적으로 해석하는 한, 그 내용은 예시적인 것으로 볼 수 없으며, 한정적인 규정으로 이해되어야 할 것이다. 만일 이를 예시적인 경우로 이해한다면, 현행 헌법과 같이 일일이 열거하고 있는 규정방식과 배치되는 해석을 하게 될 것이다."

88) 국회입법원칙이 헌법적 차원의 가치라는 점에서, 이러한 원칙에 대한 예외적 주장 또한 헌법에 근거해야만 할 것이다. 다만 이러한 근거는 일차적으로는 헌법 제75조, 제95조, 제108조, 제113조 제2항, 제114조 제6항, 제117조 제1항 등과 같이 개별적으로 특별히 마련되어 있는 조항으로부터 확인될 수 있겠지만, 입법권자인 국회가 스스로 특정 사항을 직접 규율하지 않고 자신이 보유하고 있는 입법권을 특정 기관에게 수권하는 행위 또한 입법권행사의 일환이란 점에 주목한다면 헌법이 별도로 특별 조항을 마련하고 있지 않은 경우 — 이러한 경우에 관해서는 특히 아래 목차 Ⅱ. 1. 다. 2) 가) (2) (다) 참고 — 에 행해지는 국회의 입법권수권행위(Rechtsetzungsdelegation)의 근거로서는 헌법 제40조가 언급될 수 있을 것으로 생각된다(이에 관해서는 아래 주 125) 참조).

국회입법원칙을 수정하는 예외적 행위라는 점에 주목하여 가급적 엄격하게 취급되어야 함은 당연하다고 하겠다.[89] 더군다나 다른 어떤 국가기관들보다도 엄격한 계서질서 속에서 적극적·능동적 성격의 공권력을 구체적이고 일사불란하며 다양한 방식으로 행사할 수 있는 '대통령을 수반으로 하는 정부'의 구성기관이 일반적이고 추상적인 규범정립권한까지도 함께 행사하게 될 경우에는 다른 국가기관이 입법권을 행사할 경우에 비해서 권력분립원칙을 훼손하거나 국민의 기본권에 대한 중대한 위협이 될 가능성이 상대적으로 더 높을 수밖에 없다는 점[90]에서 헌법 제75조 및 제95조에 근거한 입법권의 수권은 특히 엄격하게 통제될 필요성이 있는바, 기본권관계에서 '법률이 대통령을 수반으로 하는 정부에 해당하는 기관들 중에서 대통령·국무총리·행정 각부의 장이 아닌 기관에게 법률하위규범의 정립을 직접 수권하는 경우' 혹은 '대통령·국무총리·행정 각부의 장에게 각각 대통령령·총리령·부령이 아닌 법률하위규범 — 예컨대, 고시·훈령·예규·공고 등등 — 의 정립을 법률이 직접 수권하는 경우'라면, 해당 수권법률은 (별도의 헌법적 정당화근거를 통해서 합헌성이 설득력 있게 논증되지 않는 한)[91] 기본적

89) 같은 의견으로는 고영훈, 앞의 글(주 85), 292쪽: "독일과 비교하여 볼 때 우리 헌법에 있어서는 법규명령의 제정권자를 제한적으로 명시하고 있다고 보아야 할 것이다. 의회가 국민을 구속하는 규범인 법률을 제정하는 것은 주권자인 국민이 자발적으로 스스로 구속할 수 있는 규범정립권한을 국민대표기관인 의회에 위탁하였기 때문이고, 행정권이 국민을 구속하는 행정입법을 하는 것은 국민의 대표인 의회가 국민이 만든 헌법을 근거로 법률로써 그 입법권을 부분적으로 행정권에 위임하였기 때문이다. 행정입법은 국회입법의 예외인 것은 분명하며, 예외는 엄격하게 해석해야 하는 것이 원칙이기 때문에 헌법에 근거하지 않은 행정입법을 인정하는 것은 옳지 않다고 생각된다."; 문상덕, 「법령의 수권에 의한 행정규칙(고시)의 법적 성격과 그 통제」, 『행정법연구』 1, 행정법이론실무학회, 1997, 154쪽 주 6): "권력분립주의하에서의 의회입법의 원칙상 행정입법과 같은 예외적인 입법형식은 헌법에 근거가 있어야만 하는 것으로, 헌법이 일정한 입법형식과 그 제정권자를 명시해 둔 것은 적법한 제정기관에 의해 그러한 형식으로 제정된 행정입법들만이 헌법이나 법률처럼 국민과 행정권 또는 법원을 구속할 수 있다는 의미일 것이다."

90) 실제로 절대군주에게 집중된 권력을 쪼개고 분화시켜 입법권과 사법권을 독립시켜나간 것이 권력분립의 역사라고 할 수 있을 것이며, 기본권이 갖고 있는 항의적 성격 또한 집행권을 행사하는 정부를 겨냥하는 것에서부터 출발하였다(Vgl. P., Kyu－hwan, Die Drittwirkung der Grundrechte des GG im Vergleich zum koreanischen Verfassungsrecht, Diss., 2004, S. 157).

91) '법률이 대통령을 수반으로 하는 정부에 해당하는 기관들 중에서 대통령·국무총리·행정각부의 장이 아닌 기관에게 법률하위규범의 정립을 직접 수권하는 경우'가 예외적으로 헌법상 정당화될 수 있는 경우로는 무엇보다도 입법권을 수권하는 법률이 (정부에 속하는 국가기관이라고 할 수 있는) 국립대학을 피수권기관으로, 해당 국립대학에서 정립된 학칙을 피수권규범으로 삼는 것을 생각해 볼 수 있겠다. 왜냐하면 헌법이 명시적으로 "교육의 자주성·전문성·정치적 중립성 및 대학의 자율성"을 보장하고 있다는 점에서(헌법 제31조 제4항), 입법자인 국회는 대학자치 업무가 대통령을 수반으로 하는 엄격한 행정계서질서의 영향으로부터 벗어나 자율적으로 행해질 수 있도록 대학자치 업무와 관련된 사항들이 대통령·국무총리·행정각부의 장 등이 정립하는 규범(특히, 대통령령·총리령·부령 등)의 관여 없이 바로 해당 대학의 학칙 등으로 정할 수 있도록 입법권을 수권하는 법

으로 헌법에 반한다고 판단해야 할 것이다. 둘째, 만약 헌법 제75조 및 제95조에 명시된 피수권기관들이 예시된 것이라면 법률제정권자인 국회는 대통령을 수반으로 하는 정부를 구성하는 기관들 중 대통령·국무총리·행정각부의 장 ― 이들을 이하에서는 '상위행정기관'이라 통칭한다. ― 이 아닌, 이들의 지배를 받아야 하는(즉, 대통령·국무총리·행정 각부의 장에 의해 직할 혹은 통할되어야 하는) 행정기관 ― 이하에서는 '하위행정기관'이라고 칭한다. 여기에 해당하는 구체적 예로는 차관·차장·실장·국장·과장·국가정보원장·국무조정실장·법제처장·국세청장·경찰청장·검찰청장·통계청장 등등을 언급할 수 있겠다. ― 에게도 상위행정기관의 매개 없이 입법권을 직접 수권할 수 있는 가능성이 열리게 된다. 그런데 이러한 가능성이 현실화되어 법률로부터 직접 소위 차관령·청장령·국장령·위원회령 등과 같은 규범의 발동근거가 마련되는 것은 (국가권력통제를 통한 국민의 기본권보장이라는 이념 하에 권력을 쪼개어 특정 국가기관에게 소극적으로는 공권력 남용을 통한 타 기관의 권한에 대한 자의적 개입을 방지하는 역할을, 적극적으로는 자신에게 부여받은 권한에 상응하는 책임을 다하여 국가기능의 합리적·효율적 실현을 요청하고 있는) 헌법상 권력분립원칙 및 정부 내부의 계서질서와 부합되기 어렵다는 점에서 용납되어서는 안 될 것으로 생각된다.[92] 왜냐하면 한편으로는 정부와 상호견제관계에 있는 국회가 상위행정기관을 제쳐놓고 직접 하위행정기관에게 특정 사안과 관련하여 일정한 규범정립권한을 배타적으로 부여할 경우, 해당 사안에 대해 입법권을 수권 받지 못한 상위행정기관은 입법활동과 관련해서 하위행정기관을 지배(직할 혹은 통할)하기가 곤란할 뿐만 아니라, 입법을 구체적으로 구현하는 활동이 행정이라는 점에서 오히려 상위행정기관이 하위행정기관에 의해 정립된 규범에 기속되어 그 규범의 의미를 구체적으로 구현하는데 직·간접적으로 이바지해야

률을 정립할 수 있는 것으로 해석될 수 있기 때문이다. 물론 헌법 제31조 제4항의 취지를 적극 존중하여 국회가 법률을 통해서 국립대학과 같은 교육기관들을 '대통령을 수반으로 하는 정부'의 계서질서로부터 벗어나 있는 독립행정기관으로 형성하는 것이 보다 바람직할 것이다(이에 관해서는 아래 목차 Ⅱ. 1. 다. 2) 가) (2) (다) ② 참조).

92) 헌재 2008.1.10. 2007헌마1468, 판례집 20－1(상), 33쪽; 특히 강승식, 「정부형태 평가기준으로서의 권력분립」, 『법학논총』 23－2, 국민대학교 법학연구소, 2011, 101쪽: "요컨대 권력분립은 자의적인 공권력 행사를 방지하는 기능을 수행하며, 이는 역으로 각 부에게는 권한을 공공의 이익을 위해 합리적으로 행사할 것을 요청하는 것으로 볼 수 있다. 권력분립의 이러한 기능과 관련한 예로 권력분립으로부터 권한위임금지원칙(non－delegation doctrine)이 도출되고 권한위임을 예외적으로 정당화하는 포괄위임금지원칙이 도출된다. 이렇게 보면 권한위임 또는 포괄적 권한위임을 금지하는 취지는 권력집중을 억제하는 데 있다기보다는 각 부의 권한행사에 대한 책임소재를 명확히 하여 이에 대해 국민이 보다 용이하게 정치적 책임을 물을 수 있도록 하는 데 있다고 보는 것이 정확하다."

하는 상황에 봉착될 수 있으며, 나아가 엄격한 계서질서를 바탕으로 상호 협력하여 국회를 견제해야 할 행정기관들의 상호관계가 견제대상인 국회에 의해 교란 및 분열 — 국회에 의해 헌법기관충실원칙(Grundsatz der Verfassungsorgantreue)이 훼손 — 될 수 있기 때문이며,[93] 다른 한편으로는 여러 가지 이유들로 인해서 자신의 업무로 삼기에 곤혹스러운 특정 사안에 대해 법적·정치적 책임을 회피하고 싶은 상위행정기관의 의지에 부응하여 국회가 해당 사안과 관련된 입법권을 위임함에 있어서 상위행정기관을 배제하고 하위행정기관에게 배타적 규범정립권을 부여함으로써 실질적으로 상위행정기관을 책임으로부터 자유로운 권력기관으로 변질시킬 수 있기 때문이다.[94] 따라서 대통령을 수반으로 하는 정부를 구성하는 기관들 중에서, 법률이 직접 입법권을 수권할 수 있는 기관은 (헌법으로부터 독립행정기관과 유사한 성격을 부여받을 수 있는 특별한 경우를 제외하고는)[95] 대통령·국무총리·행정 각부의 장으로 한정되어 있다고 새겨야 할 것이다. 그러므로 설사 하위행정기관이 일정한 경우에 입법권을 행사해야 할 불가피한 필요성이 있다고 하더라도, 이러한 하위행정기관을 피수권기관으로 삼는 입법권의 수권은 원칙적으로 국회가 직접 스스로 할 수 없고 국회로부터 입법권을 수권 받은 상위행정기관의 입법활동을 매개해서만(즉, 상위국가기관의 의사가 반영되는 단계적 재수권을

---

93) 특히, 이러한 교란 및 분열은 입법권을 수권함에 있어서 국회가 대통령을 수반으로 하는 정부에 속하긴 하지만, 경찰청장이나 검찰총장 등과 같이 법률에 의해서 임기가 보장된 행정기관을 피수권기관으로 특정하는 경우에 더욱 심각해질 우려가 있다. 만약 정부 내부의 권한질서가 국회에 의해 교란 및 분열됨으로써(특히, 정부 내부 기관들 간의 권한갈등이 발생함으로써) 국회와 정부의 상호견제관계가 변질되고 국회에 대한 정부의 견제기능이 무력화된다면, 이는 우리 헌법이 예정치 않은 권력구조의 변동을 초래하는 것이라고 하겠다. 그리고 이러한 국회의 입법권행사는 "모든 헌법기관이 서로 존중하고 배려하고 협조하는 방식으로 행위를 하여야 한다."는 헌법기관충실원칙에도 부합되지 않을 것으로 보인다(관련하여 허완중, 「헌법기관충실원칙」, 『공법연구』 42-2, 한국공법학회, 2013, 30쪽; Vgl. BVerfGE 90, 286(337f.); N. Achterberg/M. Schulte, Art. 44, in: H. v. Mangoldt/F. Klein/C. Starck (Hrsg.), Kommentar zum Grundgesetz, 5. Aufl., 2005, Rn. 52).

94) 예컨대 다음과 같은 가능성을 생각해볼 수 있겠다: 세월호 사건을 계기로 대규모 해양사고가 발생할 경우 그 수습과 관련된 업무에 관하여 정치적·법적 책임을 지는 것에 대해 대통령을 비롯한 상위행정기관이 부담을 느끼고 있다고 짐작한 국회가 '해양사고 방지 및 수습에 관한 법률(가칭)'을 제정하면서 상위행정기관의 관여를 의도적으로 배제하고 구체적인 내용을 오직 해양경찰청장이 정하도록 하는 수권법률을 제정했고, 이 법률 제정 이후 발생된 해양사고에 대한 미흡한 대처가 실제로 문제가 되고 있다고 가정해보자. 이 경우 대통령을 비롯한 상위행정기관은 해양사고수습과 관련된 책임을 해양경찰청장에게 돌리면서, 자신의 무책임성을 항변하기 위한 도피처로서 해당 수권법률과 수권법률의 위임을 받아서 해양경찰청장이 정립한 행정입법을 활용할 수 있게 된다. 이러한 행태는 권력의 크기에 상응하는 책임을 면탈하기 위한 방편이란 점에서 권력분립원칙에 부합되기 어렵다고 본다.

95) 예컨대, 헌법 제31조 제4항에 근거하여 국립대학은 독립행정기관과 유사한 성격을 부여받아야 한다고 주장할 수 있겠다(이에 관해서는 위 주 91); 아래 목차 Ⅱ. 1. 다. 2) 가) (2) (다) ② 참조).

통해서만) 가능하다고 해야 할 것이며, 이러한 매개 가능성을 차단하면서 직접 하위행정기관에게 입법권을 수권하는 법률은 원칙적으로 위헌이라고 해야 할 것이다. 뿐만 아니라 헌법 제75조 및 제95조가 규정하고 있는 상위행정기관에게 국회가 법률로써 입법권을 수권하는 경우에도 해당 수권법률은 대통령을 수반으로 하는 정부의 계서질서와 부합되는 방향으로 해석될 수 있어야 하는바, 만약 법률이 특정사안과 관련하여 행정 각부의 장에게 입법권을 수권하면서도 해당 사안과 관련하여 행정 각부의 장보다 민주적 정당성이 높은 상위행정기관 — 즉, 국무총리 혹은 대통령 — 의 입법적 개입을 부정하고 있다면, 이러한 수권법률 또한 위헌이라고 평가되어야 할 것이다.[96] 셋째, 만약 헌법 제75조 및 제95조에 명시된 피수권규범들이 예시된 것이라면 국회는 법률을 통해서 대통령령·총리령·부령이 아니면서도 기본권관계를 직/간접적으로 규율하는 규범들 — 이러한 행정입법[97]들은 강학상 일반적으로 "행정규칙형식의 법규명령(혹은 명령유사적 규칙)"으로 불리고 있으나,[98] '법규'라는 강학상 개념 그 자체에 대한 무용론이 제기되고 있을 뿐만 아니라,[99] 실제로는 (단지 행정기관의 내부규범으로 기능할 뿐인) 고유한

---

96) 예컨대 국회가 특정 사안과 관련하여 보건복지부 장관의 부령으로 규율할 수 있도록 보건복지부 장관에게 입법권을 수권하는 법률을 제정한 경우에, 이러한 법률은 기본적으로 대통령을 수반으로 하는 정부 내에서 보건복지부 장관보다 민주적 정당성이 높은 상위행정기관인 대통령이나 국무총리 또한 당연히 해당 사안을 대통령령 혹은 총리령의 형태로 규율할 수 있음을 전제하고 있는 것으로 해석되어야 한다. 따라서 만약 이러한 합헌적 법률해석의 가능성이 불가능하다면, 해당 법률은 불가피하게 위헌으로 평가되어야 한다고 본다. 물론 국회가 특정 사안에 대해서 특정 행정 각부의 장에게 입법권을 수권했으므로 해당 사안과 관련하여 국회로부터 특정되지 않은 국가기관이 입법권을 행사하는 것은 (설사 특정된 행정 각부의 장보다 민주적 정당성이 높은 상위행정기관 — 대통령 혹은 국무총리 — 이라고 할지라도) 국회의 입법권한을 침해한 것은 아닌가 하는 의문이 들 수는 있겠지만, 국회의 입법권 또한 헌법으로부터 부여받은 권한이란 점에서 헌법상 대통령을 수반으로 하는 정부의 계서질서와 조화될 수 있는 방향에서 해석되어야 함이 마땅할 것이다. 같은 맥락에서 법률이 국무총리에게 입법권을 수권하고 있는 경우라면, 이에 관해서 대통령 또한 당연히 대통령령을 발할 수 있는 것으로 이해되어야 함은 물론이다. 이러한 이해는 무엇보다도 정부의 수반인 대통령의 지위(헌법 제66조 제4항) 및 국무총리의 국정통할권(헌법 제86조 제2항) 등과 같은 규정을 통해서도 뒷받침된다.

97) 행정입법의 개념에 관해서는 특히 홍정선, 『행정법특강』, 박영사, 2014, 117쪽; 정호경, 「행정규칙의 헌법소원 대상성: 헌법실무연구회 제77회(2007. 7. 6) 발표문」, 『헌법실무연구』 8, 헌법실무연구회, 2007, 519쪽.

98) 고영훈, 「법규명령형식의 행정규칙'과 '행정규칙형식의 법규명령'의 문제점과 개선방안」, 『공법학연구』 5-3, 한국비교공법학회, 2004, 472쪽; 이철환, 『행정법 일반이론』, 전남대출판부, 2011, 249쪽; 김중권, 「행정규칙과 헌법소원심판: 헌법실무연구회 제77회(2007. 7. 6) 발표문」, 『헌법실무연구』 8, 헌법실무연구회, 2007, 487쪽 주 19), 501, 503쪽; 유지태, 앞의 글, 363쪽 이하 참조.

99) 특히 정호경, 앞의 글, 520-524쪽; 박정훈, 「헌법실무연구회 제54회(2005. 4. 1) 발표회 지정토론문」, 『헌법실무연구』 6, 헌법실무연구회, 2005, 384-385쪽.

의미의 행정규칙과 분별없이 훈령·예규·공고·고시 등등과 같은 다양한 명칭으로 법제화되어 있는바,[100] 이하에서는 이를 '고시 등'으로 통칭한다.[101] — 의 정립권한을 대통령·국무총리·행정 각부의 장에게 직접 수권할 수 있는 가능성이 열리게 된다. 그런데 이러한 가능성을 적극적으로 현실화해서 헌법에 근거하여 법률 다음의 위상을 차례대로 확보하고 있는 대통령령·총리령·부령 등을 헌법상 등장하지도 않는 '고시 등'과 같은 규범으로 대체해버리면, 한편으로는 기본권관계에서 대통령령·총리령·부령(소위 법규명령)을 정립할 경우에 준수되어야 하는 헌법상 혹은 법률상 절차와 형식이 무의미해지고,[102] 타기관의 심사·수정·통제·감시 혹은 국민에 의한 토론·수정·견제·반대 등에 봉착함 없이 은연중에 정립될 수 있는 고시 등과 같은 형식으로 기본권관계가 실질적으로 규율될 가능성이 높아질 것이며,[103] 다른 한편으로는 헌법기관으로서 대통령·국무총리·행정 각부의 장이 보유하고 있는 입법에 관한 권한(소위 법규명령정립권한)이 국회에 의해 변질될 뿐만 아니라,[104] 헌법이 전제하고 있는 규범서열체계의 혼란이 야기

---

100) 특히, 행정규제기본법 제4조 제2항 및 동법 시행령 제2조 제2항 참조.

101) 기본권심사와 관련해서는 특정 행정입법이 강학상 '행정규칙이냐 혹은 법규명령이냐' 여부가 실천적인 의미를 갖는 것이 아니라, 문제 되는 행정입법의 명칭여하를 불문하고 구체적 상황에서 실질적으로 '기본권침범 가능성이 있느냐? 혹은 기본권심사가 행해지는 헌법재판(특히, 헌법소원심판)의 적법요건을 갖추고 있느냐?' 여부가 중요하다. 관련하여 정호경 교수는 다음과 같이 일갈하고 있다(정호경, 앞의 글, 539쪽): "법규명령과 행정규칙의 구분 또한 법규 개념에 기반한 독일 법체계상의 개념으로서, 그 구별기준조차 명확하지 아니한 오늘날 헌법소원심판의 대상으로서 공권력 행사성 여부에 대한 판단을 그에 의존할 필요가 없다." 한편 헌법재판소는 재량권 행사의 준칙인 (행정)규칙이 되풀이 시행됨으로써 상대방에 대한 관계에서 자기구속을 당하게 되어 대외적 구속력을 가지게 되면 헌법소원심판의 대상성이 된다는 입장을 피력하고 있는 반면에(헌재 2005.5.26. 2004헌마49, 판례집 17-1, 761쪽), 대법원은 고시가 다른 집행행위의 매개 없이 그 자체로서 직접 국민의 구체적인 권리의무나 법률관계를 규율하는 성격을 가질 때에는 행정소송의 대상이 되는 행정처분으로 판단한 바 있다(대법원 2004.5.12. 2003무41 결정). 행정입법에 대한 사법심사와 관련된 문제는 특히 김하열, 「명령·규칙에 대한 사법심사 — 헌법재판의 관점에서 본 —」, 『헌법판례연구』 9, 한국헌법판례연구학회, 2008, 267쪽 이하; 허완중, 「명령·규칙에 대한 법원의 위헌·위법심사권」, 『저스티스』 135, 한국법학원, 2013, 41쪽 이하.

102) 고영훈, 앞의 글(주 85), 295-297쪽; 특히 대통령령을 정립하기 위해서는 국무회의의 심의를 거쳐야하며(헌법 제89조 제3호), 대통령령·총리령·부령은 그 정립과정에서 행정절차법상의 입법예고, 예고된 입법안에 대한 의견제출 기회 및 공청회 개최 등의 절차가 마련되어 있으며(행정절차법 제41조~제45조), 공포라는 절차를 거쳐야 비로소 효력이 발생한다(법령 등 공포에 관한 법률 제11조~제13조의 2). 그런데 예시설을 취하게 되면 이러한 절차규정들을 무의미하게 하려는 의도에서 국회가 대통령·국무총리·행정 각부의 장에게 대통령령·총리령·부령을 대신하여, 의도적으로 고시 등과 같은 규범의 정립권한을 법률로써 수권하는 행위에 대해 대응하는 것이 어렵게 된다.

103) 헌재 2008.7.31. 2007헌가4, 판례집 20-2(상), 43쪽; 박찬주, 앞의 글(주 85), 507쪽.

104) 물론 대통령·국무총리·행정 각부의 장이 갖고 있는 법규명령정립권한은 국회가 정립한 법률에 의해 수권 받은 입법권의 행사이다. 하지만 헌법 제75조 및 제95조의 문언은 입법권을 수권하는

될 수 있을 것이다.[105] 따라서 기본권관계에서 대통령령·총리령·부령 등을 배

국회의 피수권규범선택행위에 주목하고 있다기보다는, 오히려 국회로부터 위임받은 입법권을 행사하는 피수권기관이 정립할 수 있는 규범을 명시하는 방식으로 조문화되어 있다. 즉 헌법 제75조와 제95조는 각각 "대통령은 법률에서 […] 위임받은 사항과 […]에 관하여 대통령령을 발할 수 있다.", "국무총리 또는 행정 각부의 장은 소관사무에 관하여 법률 […] 위임 […]으로 총리령 또는 부령을 발할 수 있다."라고 규정되어 있다. 따라서 입법권한을 수권할 것인지 여부는 국회의 권한이지만, 해당 입법사항을 어떠한 형식의 규범으로 정립할 것인지 여부는 국회의 독점적 권한이라고 단정하기 어려운 측면이 있고, 오히려 문언상으로는 입법권을 위임받은 대통령·국무총리·행정 각부의 장이 각각 대통령령·총리령·부령을 발할 수 있는 헌법상 권한을 보유하고 있는 것으로 해석하는 것이 보다 자연스럽다. 이러한 점에서 입법권을 위임해주는 국회가 위임받아서 정립되는 규범의 형식 또한 스스로 결정할 수 있는 것이 원칙이라고 하더라도, 이러한 원칙에 대해서 한계를 정하고 있는 것이 바로 헌법 제75조 및 제95조 등과 같은 조항이라고 볼 수 있을 것이다. 일반적으로 각종 문헌들 또한 헌법 제75조와 제95조를 국회가 대통령을 수반으로 하는 정부를 활용해서 자신이 갖고 있는 입법권(헌법 제40조)을 확장한다는 의미에서 서술하고 있기보다는, 국회입법원칙(헌법 제40조)의 예외로서 대통령·국무총리·행정 각부의 장이 보유하고 있는 입법에 관한 권한에 주목해서 설명하고 있다(허영, 앞의 책(주 70), 1001－1009쪽; 이준일, 앞의 책, 895쪽, 905쪽, 912쪽; 권영성, 『헌법학원론』, 법문사, 2010, 1009쪽, 1035쪽, 1053쪽 참조). 이러한 맥락에서 예시설을 뒷받침하기 위해서 헌법재판소의 법정의견이 피력하고 있는 "입법자가 규율의 형식을 선택할 수도 있다."라는 주장(특히, 헌재 2006.12.28. 2005헌바59, 판례집 18－2, 610쪽; 헌재 2008.7.31. 2005헌마667, 2006헌마674(병합), 286쪽)은 무비판적으로 당연하게 수용될 것은 아니라고 하겠다.

105) 헌법에 등장하는 성문규범들 간의 서열관계는 상위규범부터 차례대로 다음과 같은 계층구조를 이루고 있다(허완중, 앞의 글(주 101), 56쪽 참조): 1. 헌법, 2. 법률(제52조, 제53조)·법률대위명령(제76조 제1항: 긴급재정경제명령, 제2항: 긴급명령)·국회의 동의를 요하는 조약(제6조 제1항, 제60조 제1항)·법률의 효력이 있는 일반적으로 승인된 국제법규(제6조 제1항), 3. 대통령령(제75조)·국회규칙(제64조 제1항)·대법원규칙(제108조)·헌법재판소규칙(제113조 제2항)·내부규율에 관한 중앙선거관리위원회규칙(제114조 제6항), 4. 총리령, 5. 부령, 6. 자치에 관한 규정(제117조 제1항)·선거/국민투표관리 또는 정당사무에 관한 중앙선거관리위원회 규칙(제114조 제6항). 그런데 헌법 제75조 및 제95조가 명시하고 있는 피수권규범들을 예시된 것으로 이해하여 국회가 기본권관계에서 대통령령·총리령·부령 외에도 헌법이 명시하고 있지 않은 '고시 등'과 같은 규범(소위, 행정규칙형식의 법규명령)의 정립을 대통령·국무총리·행정각부의 장에게 수권할 수 있다고 해석한다면, 규범형식과 규범실질의 혼동 및 交錯이 발생되고 그로인해서 소위 행정규칙의 위상과 관련된 여러 가지 복잡한 의문들(예컨대, 기본권관계에서 '법률의 명시적 수권을 받아서 행정각부의 장이 정립한 고시와 부령은 동등한 규범서열에 있는 것인가? 그렇지 않다면, 양자 중에서 어떠한 규범을 상위규범으로 보아야 할 것인가?', '법률의 위임에 의해서 대통령이 정립한 고시와 총리령 혹은 부령 간의 서열관계는 어떻게 이해되어야 하는가?', '법률의 명시적 수권을 받아서 행정각부의 장이 정립한 고시와 훈령 간의 서열관계는 어떻게 되며, 이러한 고시 또는 훈령과 자치에 관한 규정(헌법 제117조 제1항) 상호 간 서열관계는 어떻게 이해되어야 하는가?', '만약 부령에 의해서 규율되는 것이 바람직하다고 여겨지는 사안임에도 국회가 수권법률을 통해서 해당 사안을 행정각부의 장이 고시 혹은 훈령으로 정하도록 하였다면, 이 경우 이렇게 정립된 고시 혹은 훈령은 실질적으로 부령으로 이해되어야 하는 것은 아닌가?' 등등과 같은 의문들)이 제기되면서 규범서열체계에 혼란이 발생한다. 이러한 규범서열체계상의 혼란과 의문은 무엇보다도 규범통제가 행해지는 사법심사에서 상위규범이 하위규범의 심사기준이 된다는 점에서 해소되어야 할 긴요한 실익이 있음에도 불구하고, 그 해결책과 관련해서는 공법학계에서도 폭넓은 설득력이 확보되지 않고 있는 대표적인 영역으로서 그 논의의 난맥상은 가히 카오스적이다(특히 김중권, 앞의 글(주 98), 482쪽 이하).

제하고(혹은 매개하지 않고) 직접 '고시 등'과 같은 규범을 피수권규범으로 삼고 있는 수권법률은 원칙적으로 위헌이라고 해야 할 것이며, 만약 수권법률이 피수권규범으로 특정하고 있는 것이 '고시 등'인지 혹은 대통령령·총리령·부령 등인지가 분명치 않은 경우라면, 헌법합치적 법률해석에 주목하여 원칙적으로 심사대상인 해당 수권법률은 입법사항을 후자(즉, 대통령령·총리령·부령 등)에 위임한 것으로 보아야 할 것이다.[106] 넷째, "규율대상이 매우 다양하고 세부적, 기술적, 가변적 사항으로서 고도의 전문지식에 의해 판단해야 하는 전문적, 기술적 영역에 관해서는 탄력적으로 대응할 필요가 크기 때문에"[107] 법률이 바로 고시 등의 형식으로 입법위임하는 것도 허용되어야 한다는 취지의 주장을 하고 있는 헌법재판소의 법정의견(예시설)[108]은 문제의 상황과 그 해결책을 잘못 결부시키고 있다. 왜냐하면 고시 등과 같은 형식으로 입법위임할 수 있는 사항으로 법정의견이 거론하고 있는 "전문적·기술적 사항이나 경미한 사항으로서 업무의 성질상 위임이 불가피한 사항"[109]은 엄격하게 말하면 행정입법을 허용하게 된 헌법정책적 동기일 수는 있어도, 허용된 행정입법의 형식이 열거설이 아닌 예시설로 이해되어야 함을 뒷받침하는 근거라고 볼 수는 없기 때문이다.[110] 그리고 무엇보다도

---

106) 관련하여 헌법재판소는 96헌가1 사건에서 법률이 입법위임을 할 경우에 대통령령·총리령·부령 등과 같은 법규명령에 위임한 것인지 혹은 행정규칙에 위임한 것인지 분명치 않다면, 그 법률의 위임입법의 한계 일탈 여부를 판단함에 있어서 보다 엄격하게 심사해야 한다는 취지의 판단을 한 바 있지만(헌재 1998.5.28. 96헌가1, 판례집 10-1, 518쪽), 의료보험법 제29조 제3항 위헌소원 사건에서는 보다 분명하게 "[…], 심판대상법조항이 요양급여의 방법·절차·범위·상한기준 등 요양급여의 기준을 '보건복지부 장관이 정한다'고 한 뜻은, '보건복지부의 법규명령'으로 정한다는 의미로 해석하여야 한다. '보건복지부의 행정규칙'에 위임할 수 있는 헌법상 근거가 없기 때문이다. 입법론으로서는 '보건복지부령이 정한다'라고 규정하였으면 더욱 분명하고 좋았을 것이다."라고 같이 판단하였다(헌재 2000.1.27. 99헌바23, 판례집 12-1, 73-74쪽); 홍석한, 앞의 글, 235쪽 참조.

107) 헌재 2008.7.31. 2005헌마667, 2006헌마674(병합), 판례집 20-2(상), 298쪽.

108) 위 주 83) 참조.

109) 헌법재판소의 법정의견은 무제한적인 예시설을 주장하고 있는 것이 아니다. 즉, 행정규제기본법 제4조 제2항 단서에서 명시하고 있는 "전문적·기술적 사항이나 경미한 사항으로서 업무의 성질상 위임이 불가피한 사항"을 근거점으로 삼아서 고시와 같은 형식으로 입법위임할 수 있는 경우를 한정하고 있다(헌재 2008.7.31. 2005헌마667, 2006헌마674(병합), 판례집 20-2(상), 286-287쪽; 정남철, 「헌법소원의 대상으로서 소위 법령보충적 행정규칙」, 『헌법논총』 16, 헌법재판소(編), 2005, 470쪽). 하지만 이러한 헌법재판소의 논증은 마치 법률인 행정규제기본법을 근거 내지는 기준으로 삼아서 헌법 제75조 및 제95조의 해석을 시도하고 있다는 의혹을 불러일으키는바, 비판되어야 할 것이다. 따라서 우선 행정규제기본법 제4조 제2항 단서의 위헌성 여부가 검증되어야 한다. 관련하여 특히 유지태, 앞의 글, 373-374쪽; 고영훈, 앞의 글(주 97), 483-484쪽; 홍준형, 『행정법총론』, 한울아카데미, 2001, 589쪽.

110) 오히려 달리 생각해보면 기본권관계에서 국회가 특정 입법사항을 대통령·국무총리·행정각부의 장이 각각 발하는 대통령령·총리령·부령 이외의 형식으로 입법위임할 수 있다는 예시설은 해당

구체적 전문성과 기민한 대응이 정부에 비해서 상대적으로 미흡하다고 할 수 있는 국회가 수권법률을 정립함에 있어서 갖게 되는 곤혹스러움 내지는 어려움은 피수권기관 및 피수권규범을 특정하는 문제와 결부된 것이라기보다는, 수권내용 및 수권방식과 관련해서 발생되는 문제 — 즉, 후술할 의회유보원칙 및 포괄위임금지원칙 등과 같은 심사기준을 완화함으로써 상당 부분 해결될 수 있는 문제—[111] 라는 점을 예시설은 간과하고 있다. 설령 예시설을 관철시킴으로써 부응할 수 있는 어떤 헌법현실적 요청 내지는 필요가 존재한다고 하더라도, 이는 헌법재판소 소수의견(열거설)에서 피력한 바와 같이 층을 달리하는 규범들 간의 서열질서를 존중하는 가운데 행해지는 再授權(즉, "헌법합치적 단계적 위임")을 통해서도 충분히 해결할 수 있다는 점에서,[112] 헌법 제75조 및 제95조를 예시설의 관점에서 이해할 경우 '단계를 밟아 입법해야 하는 성가심으로부터 도피할 수 있다는 점 혹은 법치행정이 아니라 고시행정이라는 의심이 생길 만큼 뒤죽박죽 잘못 정착되어 버린 현재의 입법관행 및 행정입법체계를 정당화한다는 점'[113] 외에는 별다른 실천적인 실익을 기대하기 어려울 것으로 생각된다.[114]

결론적으로 기본권관계에서 행정규제기본법 제4조 제2항 단서[115]에 등장하

입법사항에 대해서 국회가 적어도 대통령·국무총리·행정각부의 장에 비해서 더 높은 전문성과 식견을 가지고 있다는 전제에서 요청될 수 있는 견해라고 할 수 있겠다. 왜냐하면 전문성이 부족한 대통령·국무총리·행정각부의 장 등과 같은 기관의 번거롭고 불필요한 도움 내지는 부적절한 관여를 배제하고, 문제 되는 특정 입법사항과 관련하여 상대적으로 대통령·국무총리·행정각부의 장에 비해 높은 전문가적 안목과 식견을 갖추고 있는 국회가 자신의 전문성을 활용하여 헌법현실에서 해당 입법사항을 가장 적절하게 규율할 수 있는 최고의 전문기관을 찾아내거나 형성한 다음, 이 기관에게 바로 입법권을 수권하기 위한 이론적 근거로서 예시설을 옹호할 수 있기 때문이다.

111) 이에 관해서는 아래 목차 Ⅱ. 1. 다. 2) 가) (2) (나) ③ 및 ④ 참조.

112) 헌재 2008.7.31. 2005헌마667, 2006헌마674(병합), 판례집 20-2(상), 298쪽; 홍석한, 앞의 글, 235쪽.

113) 이에 관해서는 특히, 고영훈, 앞의 글(주 97), 476, 484쪽.

114) 물론 열거설을 취하게 되면 현실적으로 존재하는 다수의 '행정규칙형식의 법규명령'에 대하여 위헌/무효를 선언하게 됨으로써 규율공백상황의 초래 및 이에 따른 법제정비작업에 소요되는 많은 시간과 비용, 그리고 입법의 능률성 저하 등과 같은 문제점들로부터 완전히 자유로울 수는 없을 것이다(관련하여 정남철, 앞의 문헌, 463쪽; 박종보, 「법령에 대한 헌법소원」, 서울대학교 박사학위논문, 1994, 78-79쪽). 그러나 이러한 문제점들에 대해서는 구체적인 헌법재판에서 (심사대상인 수권법률이 개선될 수 있는 일정한 기한까지 그 효력지속의 가능성을 열어두고 있는) 헌법불합치결정 등을 적극적으로 활용하여 규율공백상황에 대처하는 방법 등을 모색해보아야 할 것이다. 왜냐하면 실무상·현실상의 문제점 등으로 인하여 열거설을 폐기하고 위헌적인 입법을 방치하거나 재생산한다면, 이는 결국 헌법침해로 귀결되기 때문이다(헌법침해에 관해서는 홍성방, 『헌법학(상)』, 박영사, 2010, 48쪽).

115) "규제는 법률에 직접 규정하되, 규제의 세부적인 내용은 법률 또는 상위법령(上位法令)에서 구체적으로 범위를 정하여 위임한 바에 따라 대통령령·총리령·부령 또는 조례·규칙으로 정할 수 있다. <u>다만, 법령에서 전문적·기술적 사항이나 경미한 사항으로서 업무의 성질상 위임이 불가피한</u>

는 "법령"을 '법률과 명령' ― 즉, "고시 등"의 근거가 법률과 명령(대통령령 · 총리령 · 부령)에 함께 존재해야 한다는 관점에서 법률과 법률로부터 수권 받아 정립된(혹은 법률에 근거를 둔) 명령 ― 이 아니라, '법률 또는 명령'으로 이해하여 (행정규제기본법 제4조 제2항 단서가 규율하고 있는) 일정한 입법사항에 대해서는 법률이 직접 '고시 등'으로 바로 위임할 수 있는 것으로 새기는 것은 층을 달리하고 있는 헌법상 규범서열체계 및 국회와 정부 간의 권한배분질서를 혼란케 할 뿐만 아니라, 무엇보다도 헌법 제40조(국회입법원칙)와의 관련 속에서 이해되어야 하는 헌법 제75조 및 제95조의 의미와 부합되기 어려운 해석이라고 해야 할 것인바,[116] 행정규제기본법 제4조 제2항 단서를 매개물로 삼아서 "전문적 · 기술적 사항이나 경미한 사항으로서 업무의 성질상 위임이 불가피한 사항"에 해당하는 입법사항을 대통령령 · 총리령 · 부령이 아닌 '고시 등'과 같은 형식의 피수권규범에게 직접 위임(수권)하고 있는 법률의 합헌성을 긍정하고 있는 헌법재판소의 법정의견[117]은 변경되어야 할 것이며, 이러한 맥락에서 만약 국회가 헌법 제4장 정부에 속하는 특정 행정기관을 임의로 적시하면서, 이 기관에게 '고시 등'과 같은 형식으로 특정 입법사항을 규율할 수 있는 배타적 권한을 대통령령 · 총리령 · 부령의 매개 없이 직접 수권하는 법률을 제정한다면, 이러한 수권법률은 특별한 경우(즉, 수권법률이 독립(행정)기관 내지는 이에 준하는 기관을 피수권기관으로 삼고 있는 경우)[118]를 제외하고는 위헌이라고 판단해야 할 것이다.[119]

사항에 관하여 구체적으로 범위를 정하여 위임한 경우에는 고시 등으로 정할 수 있다."

116) 실제로 행정규제기본법 제4조 제2항 단서에 대해서는 합헌론과 위헌론이 대립되고 있다(이러한 대립된 견해에 관한 설명은 김봉채, 「행정입법에 대한 소고」, 『공법연구』 37(1-2), 한국공법학회, 2008, 249-250쪽). 관련하여 특히 위헌론에 관한 주장으로는 정남철, 「고시형식의 법규명령의 내용 및 법적 문제점」, 『고시연구』, 고시연구사, 2006. 7., 24쪽; 김기진, 「행정입법의 정비에 관한 연구」, 『헌법판례연구』 13, 한국헌법판례연구학회, 2012, 308쪽: "법률로서 행정입법제정권을 위임받은 행정기관이 그 규정하여야 할 사항에 대하여 전문적이고 기술적 사항 또는 경미한 사항으로 판단하여 법률에서 정하고 있는 법규명령형식을 포기하고 행정규칙인 고시로 제정할 수 있는 선택권을 개괄적으로 부여하고 있는 것은 개괄적, 포괄적 위임입법금지의 원칙에 위반된다는 비판을 면하기 어렵다고 할 것이다."

117) 위 주 83) 참조.

118) 아래 목차 Ⅱ. 1. 다. 2) 가) (2) (다) 참조.

119) 한편 입법권위임과 관련하여 내각책임제국가와 대통령제국가는 달리 조명되어야 한다는 점 ― 특히, 내각책임제국가에서의 수상과는 달리 우리의 대통령은 국민의 직선으로 선출된다는 점에서 높은 민주적 정당성을 확보하고 있다. ― 을 지적하면서, 헌법 제75조 및 제95조가 규율하고 있는 피수권기관 및 피수권규범을 열거된 것으로 해석하는 것은 행정입법의 이해에 있어서 과도한 엄격주의라고 비판하는 견해가 있다(김중권, 앞의 글(주 98), 503쪽). 하지만 정부(내각)가 의회로부터 태동되는 내각책임제국가와는 달리, 정부가 의회와 별개로 태동하는 대통령제국가에서는 정부의 활동이 의회의 관여로부터 보다 자유롭다는 점에서 행정입법에 대한 의회의 통제는 더욱 강조될 필

③ 授權內容에 대한 헌법적 통제: 의회유보원칙

㉮ 서두

입법권자인 국회는 자신이 보유하고 있는 입법권을 일정한 경우에 타 기관에게 수권할 수 있다고 하더라도, 수권내용과 관련하여 무제약적인 처분권한을 갖고 있는 것은 아니다. 왜냐하면 입법기관으로서 국회 스스로 정립해야 할 핵심사항(혹은 본질적 사항)이 아무런 통제 없이 타 기관으로 이관되어 이에 대한 규율정립권이 실질적으로 국회 아닌 타 기관(즉, 피수권기관)에 의해 행사된다면, 이는 국회 스스로가 헌법으로부터 부여받은 입법권을 내팽개침으로써 "입법권은 국회에 속한다."라고 규정하고 있는 헌법 제40조의 의미(특히, "국가의사의 근본적 결정권한이 국민의 대표기관인 의회에 있다고 하는 의회민주주의의 원리"[120]에서 비롯되는 국회중심의 입법원칙)를 잠탈한 것이며, 나아가 입법기관으로 설계되지 않은 피수권기관으로 하여금 국회의 기능을 갈음케 하는 계기를 마련한다는 점에서 헌법상 권력분립원칙 및 (실질적) 법치주의와도 부합되지 않기 때문이다.[121] 따라서 헌법 제37조 제2항에 근거하여 기본권관계를 "법률로써" 규율하려는 국회는 규율내용과 관련해서는 무엇보다도 헌법 제40조에 주목하여 자신이 스스로 직접 정립해야 할 위임금지(Delegationsverbot)사항 — 즉, 법률에 의한(durch Gesetz) 규율이 관철되어야 하는 사항(법률직접적 규율사항) — 과 피수권기관에게 입법위임할 수 있는 사항 — 즉, 법률에 근거한(auf Grund eines Gesetzes) 규율이 가능한 사항(법률간접적 규율사항) — 을 분별한 다음, 수권법률을 정립함에 있어서 위임금지사항이 수권내용에 포함되지 않도록 해야만 한다. 그런데 입법권자인 국회의 기능 확보 및 국회중심의 입법원칙을 실질적으로 구현하려는 의도에서 위임금지사

요가 있으며, 무엇보다도 연립정부 등의 형태로 정부(내각)에 다양한 정파들이 함께 들어와서 구성될 가능성이 높은 내각책임제국가와는 달리 대통령을 정점으로 정부가 일원적으로 조직되는 대통령제국가에서 행해지는 행정입법은 의회입법 — 본래 의회입법권은 다양한 이해집단의 토론과 반대토론의 산물이다. — 을 왜곡시킬 우려가 더 크다는 점, 그리고 행정부 수반으로서 대통령이 갖고 있는 독립된 민주적 정당성은 엄격히 말하면 '입법'이 아니라 '집행'에 관한 것인 점 등을 고려한다면, 오히려 내각책임제국가에 비해서 대통령제국가에서 행정입법은 훨씬 엄격하게 통제되어야 할 것으로 생각된다.

120) 헌재 1999.5.27. 98헌바70, 판례집 11-1, 643-644쪽.

121) 홍석한, 앞의 글, 219쪽; 방승주, 앞의 글, 17-18쪽: "[…] 입법위임이 무제약적으로 이루어지게 되는 경우, 의회가 의회로서의 기능과 권한을 상실하게 될 수 있다는 것이다. 따라서 이러한 의회유보원칙은 의회의 입법권한을 유지하게 하는 데 그 목적이 있다고 할 수 있으며, 결국 민주주의 원리에 그 기반을 두고 있는 것이다. […] 의회유보원칙의 기능은 이와 같이 의회기능이 행정부로 송두리째 이관되지 못하도록 하게 하는 데에도 그 목적이 있다고 볼 수 있다."

항과 위임가능사항의 분별을 통하여 국회(의사결정)권한을 통제해야 한다는 헌법적 요청을 학설과 판례는 일반적으로 '의회유보원칙(Parlamentsvorbehalt)' 혹은 '본질성이론(Wesentlichkeitstheorie)'이란 용어로 포착하고 있는바,[122)123)] 국회의 입법

---

122) 한수웅, 앞의 글, 578－582쪽; 송동수, 「중요사항유보설과 의회유보와의 관계」, 『토지공법연구』 34, 토지공법학회, 2006, 103－110쪽; 박영도, 「의회유보·행정유보의 의미와 입법적 시사점」, 『월간 법제』, 법제처(編), 2010. 12., 84－85쪽; 이명웅, 「입법원칙으로서 법률유보·의회유보·비례의 원칙」, 『월간 법제』, 법제처(編), 2004. 11., 10－11쪽: "[…] 위임입법이 불가피하지만, 법률에 골격만 정해놓고 중요한 모든 내용을 행정부가 정하도록 한다면 이는 법률유보원칙을 사실상 형해화시키는 것이 된다. 따라서 위임입법을 허용하면서도 어떻게 법률유보원칙의 본질을 훼손하지 않을 것인지의 문제가 부각되며, 여기서 특정 사안은 위임할 수 없고 직접 입법부가 법률로써 규정하여야 하는 최소한의 내용을 '의회유보'라는 개념으로 강조하게 되었다."; 헌재 1999.5.27. 98헌바70, 판례집 11－1, 643쪽; 헌재 2009.2.26. 2008헌마370 등, 판례집 21－1(상), 309－310쪽; 한편 1976년 Oppermann 교수의 논문에서 최초로 사용된 본질성이론/중요사항유보설(Wesentlichkeitstheorie)이란 용어는(Vgl. T. Oppermann, Gutachten C, in: Verhandlungen des 51. Deutschen Juristentages, 1976, Bd. Ⅰ, S. C 51.), 1990년 Josefine Mutzenbacher사건(BVerfGE 83, 130(152))을 통하여 독일연방헌법재판소에 의해서도 명시적으로 언급되기 시작했다. Vgl. T. Oppermann, Die erst halb bewältigte Sexualerziehung, in: JZ, 1978, S. 289; F. Ossenbühl, Vorrang und Vorbehalt des Gesetzes, in: J. Isensee/P. Kirchhof (Hrsg.), Handbuch des Staatsrechts, Bd.3, 2. Aufl., 1996, Rn. 39; BVerfGE 47, 46(55); BVerfGE 83, 130(152).

123) 한편 기본권관계에 있어서 의회유보원칙과 법률유보원칙을 분별하지 않거나, 법률유보원칙의 한 내용으로서 의회유보원칙을 언급하는 경우가 많다(예컨대, 헌재 1999.5.27. 98헌바70, 판례집 11－1, 643쪽: "헌법은 법치주의를 그 기본원리의 하나로 하고 있으며, 법치주의는 행정작용에 국회가 제정한 형식적 법률의 근거가 요청된다는 법률유보를 그 핵심적 내용의 하나로 하고 있다. 그런데 오늘날 법률유보원칙은 단순히 행정작용이 법률에 근거를 두기만 하면 충분한 것이 아니라, 국가공동체와 그 구성원에게 기본적이고도 중요한 의미를 갖는 영역, 특히 국민의 기본권실현에 관련된 영역에 있어서는 행정에 맡길 것이 아니라 국민의 대표자인 입법자 스스로 그 본질적 사항에 대하여 결정하여야 한다는 요구까지 내포하는 것으로 이해하여야 한다(이른바 의회유보원칙)."). 물론 의회유보를 "위임금지로서의 법률유보"로 인식하거나(이부하, 앞의 글, 216쪽), "형식적 의미의 법률에 근거하는(auf Grund eines Gesetzes) 것만으로도 충분히 실현되는 '넓은 의미의 법률유보원칙'은 반드시 형식적 의미의 법률에 의하도록(durch Gesetz) 요구하는 '좁은 의미의 법률유보원칙'인 의회유보원칙을 포함한다."라고 이해할 수도 있겠지만(이준일, 「사회보장 영역에서 법률유보원칙 — 의회유보원칙을 중심으로 —」, 『사회보장법학』 3－1, 한국사회보장법학회, 2014, 8－9쪽), 적어도 기본권심사와 관련해서는 가능한 한 법률유보원칙과 의회유보원칙을 엄격히 분별하는 것이 바람직하다고 생각된다. 왜냐하면 우선 양자는 주목하고 있는 지점 및 헌법상 근거가 상이할 뿐만 아니라 — 기본권관계에 개입하는 국가행위에 대한 법률적 근거마련에 주목하고 있는 법률유보원칙의 대표적 근거는 무엇보다도 헌법 제37조 제2항(특히, "법률로써 제한할 수 있으며")이라고 할 수 있는 반면에, 행정입법으로 위임금지에 초점을 맞추고 있는 의회유보원칙은 헌법 제40조의 해석으로부터 도출되는 원칙으로 이해된다(방승주, 앞의 글, 16－18쪽, 21－23쪽; 그 밖의 문헌으로는 위 주 22) 참조). — , 무엇보다도 국가행위를 통제하기 위한 심사기준으로서 양자를 각각 활용하여 심사의 정밀성과 합리성을 높이기 위해서는 양자의 분별이 전제되어야 하기 때문이다. 이러한 맥락에서 수권내용에 관한 헌법적 통제로서 위임금지에 주목하고 있는 의회유보원칙(혹은 본질성이론)과 위임가능사항을 위임하는 방식(즉, 수권방식)에 관한 헌법적 통제인 포괄위임금지원칙을 동일한 심사기준으로 이해하고 있는 견해(한수웅, 앞의 글, 636쪽) 또한 비판되어야 할 것으로 생각된다(포괄위임금지원칙에 관해서는 아래 목차 Ⅱ. 1. 다. 2) 가) (2) (나) ④ 참조).

권 수권행위를 심사함에 있어서 요청되는 수권내용에 관한 헌법적 통제의 요체는 다음 두 가지 사항을 규명하는 문제로 집약되고 있다: 의회유보원칙(혹은 본질성이론)의 규범적 의미 및 활용방식, 위임금지사항과 위임가능사항의 분별기준(즉, 과연 무엇이 타 기관의 규율정립권에 예속되지 않고 반드시 의회에게 유보되어야 하는 사항 혹은 반드시 의회 스스로 정립해야 할 입법의 본질적 사항에 해당하는가?). 이하에서는 이들 각각에 관해서 살펴본다.

㈏ 의회유보원칙의 규범적 의미 및 활용방식

우선 의회유보원칙은 '관철되느냐, 관철되지 않느냐'의 양자택일의 선택을 일률적으로 요구하는 규칙(Regel)적 성격의 규준이 아니라, 구체적인 경우에 형량을 통해서 대립되는 가치들 — 특히, 국회입법권의 실질적 보장과 형식적 보장 — 상호 간 조화로운 실현을 꾀하고 있는 헌법적 차원의 원칙(Prinzip)이란 점에 대해서는 의문이 없어 보인다.[124] 왜냐하면 의회유보원칙의 근거조항인 헌법 제40조("입법권은 국회에 속한다.")로부터 한편으로는 (국회의 광범위한 의사결정권한의 통제를 통한 국회입법권의 실질적 보장에 주목하여) 위임가능사항의 무분별한 확대가 초래할 국회입법권의 형해화에 저항해야 한다는 당위적 요청을 도출할 수 있겠지만, 동시에 다른 한편으로는 (헌법문언의 표현 및 형식적 입법권자로서 국회가 갖는 위상에 주목하여) 위임금지사항의 분별없는 확대로 인해서 야기될 수 있는 국회의 자율적인 의사결정권한의 축소를 경계해야 한다는 당위적 요청 또한 함께 끌어낼 수 있기 때문이다.[125] 따라서 기본권심사에서 의회유보원칙이란 심사기준을

---

124) 이러한 점에서 기본권심사기준으로서 의회유보원칙은 일종의 탄성공식이라고 할 수 있겠다. 원칙(Prinzip)과 규칙(Regel)의 분별에 관해서는, R. Alexy, 앞의 책, 75-76쪽.

125) "입법권은 국회에 속한다."라고 규정하고 있는 헌법 제40조는 한편으로는(즉, 형식적 차원에서는) 입법권자인 국회가 '어떤 사항을 규율할 것인지', 그리고 규율하는 경우에도 '규율사항을 직접 정립할 것인지' 혹은 '규율사항의 정립을 다른 기관에게 넘겨주는 방식으로 정립(Rechtsetzungsdelegation) 할 것인지' 등에 관해서 광범위한 결정의 자유(Entscheidungsfreiheit)를 보유하고 있다는 주장의 근거로 활용될 수 있겠지만, 다른 한편으로는(즉, 실질적 차원에서는) 국회는 헌법을 통해서 부여받은 자신의 입법권한을 실질적으로 행사해야만 하는 의무를 부과받고 있다는 점에 주목하여 입법권위임과 관련된 국회의 결정권한(판단재량)을 축소(die Entscheidungsfreiheit des parlamentarischen Gesetzgebers über Rechtsetzungsdelegationen einzuschränken)하는 근거로서도 이해될 수 있다(Vgl. M. Kloepfer, Der Vorbehalt des Gesetzes im Wandel, in: JZ, 1984, S. 690). 이러한 관점에서 본다면 위임금지사항과 위임가능사항의 분별을 통해서 국회입법권의 실질적 보장을 꾀하고 있는 의회유보원칙(혹은 본질성이론)은 기본적으로 입법권자인 국회로 하여금 헌법(제정권력)으로부터 수권 받은 입법권을 스스로 직접 행사하도록 하는 의무를 부과함으로써 입법권을 수권하고자 하는 국회의 의사결정권한을 제한한다는 의미를 특별히 부각시키고 있는 헌법원칙으로 이해될 수 있겠지만(한수웅, 앞의 글, 582쪽 참고), 이러한 의회유보원칙을 지나치게 엄격한 잣대로 적용하면 자칫 입법자의 형성의 자유가 훼손될 소지가 있으며, 나아가 의회유보원

활용하여 국회의 권한을 통제함에 있어서는 국회가 자신의 과제와 기능을 고려치 않고 자의적으로 입법권한을 타 기관(특히, 대통령과 행정부)으로 무분별하게 이관하고 있지는 않은지에 관한 면밀한 검토 못지않게, 민주화된 입법권자가 갖고 있는 정당한 위임입법권한에 대한 신뢰와 존중 또한 간과해서는 안 될 것인바,[126] 결국 의회유보원칙의 준수여부에 관한 판단은 헌법 제40조에 근거하여 국회가 보유하고 있는 두 지위, 즉 '실질적 입법권자로서의 지위'와 '형식적 입법권자로서의 지위' 상호 간 긴장관계 속에서 개별적·구체적으로 행해지는 형량을 통해서 얻어질 수 있는 것이라 하겠다. 헌법재판소도 또한 "국민의 대표자인 입법자 스스로 그 본질적 사항에 대하여 결정하여야 한다는 요구, 즉 의회유보 원칙"의 준수여부와 관련하여 "입법자가 형식적 법률로 스스로 규율하여야 하는 사항이 어떤 것인가는 일률적으로 획정할 수 없고 구체적인 사례에서 관련된 이익 내지 가치의 중요성, [⋯] 등을 고려하여 개별적으로 결정할 수 있을 뿐"이란 점을 분명히 밝히고 있다.[127]

㉰ 위임금지사항과 위임가능사항의 분별기준

그런데 국가행위를 평가·통제하는 심사기준으로서 의회유보원칙(혹은 본질성이론)은 구체적·개별적 사안에서 형량이란 방식으로 활용될 수 있는 헌법원칙이란 점[128]에서 위임금지사항과 위임가능사항의 분별 또한 일률적으로 정할 수 없고 구체적·개별적 상황 속에서 행해질 수밖에 없을 것인바, 일반적으로 무엇이 '위임금지사항'이라고 뚜렷하게 제시하는 것은 거의 불가능해 보인다. 실제로 여러 문헌에서 위임금지사항을 입법자인 의회가 스스로 결정해야 할 "중요한 것" 혹은 "본질적인 것" 등과 같은 모호하고 동어반복적인 표현으로 갈음하고 있

칙을 활용해서 입법권을 통제하는 사법기관에 의한 의회입법형성의 자유가 좌우될 가능성 또한 염두 해야 할 것이다(방승주, 앞의 글, 19쪽).

126) 방승주, 앞의 글, 19쪽 참조; 관련하여 한수웅 교수의 다음과 같은 지적 또한 주목된다(한수웅, 앞의 글, 608쪽): "입법권의 위임은 입법자의 지위와 기능을 약화시키는 것이 아니라, 입법자의 업무를 경감하여 입법자가 공동체의 중요한 정치적 결정에 전념케 함으로써 입법권의 의미 있는 사용을 가능하게 하는 것이다. 행정입법은 의회의 입법을 대체하는 것이 아니라, 정치적으로 결정되어야 할 사안이 아닌 전문적·기술적 세부사항의 규율을 통하여 입법자의 업무를 경감하고자 하는 것이다. 따라서 입법영역에서의 입법자와 행정부 사이의 과제배분은 불가피하며, 다만 입법권의 위임과 관련된 위험(입법권의 포기)을 방지하여 입법자의 책임과 기능을 확보하는 것이 중요하다."

127) 헌재 2009. 2. 26. 2008헌마370 등, 판례집 21-1(상), 309쪽; 같은 취지의 판례들로는 헌재 1999.5.27. 98헌바70, 판례집 11-1, 644쪽; 헌재 2008.2.28. 2006헌바70, 판례집 20-1(상), 261쪽 참조.

128) 이러한 점에서 의회유보원칙은 일종의 유동적 공식이라고 할 수 있겠다.

다는 점을 고려할 때, 의회유보원칙(혹은 본질성이론)은 정밀성과 객관적 기준이 결여된 "공허한 공식" 혹은 "허구적 이론"이라는 비판으로부터도 자유롭기 어려운 측면이 있다.[129] 하지만 우리가 '입법권의 형해화' 혹은 '위임입법의 완전한 금지'를 받아들일 것이 아니라면, 위임금지사항과 위임가능사항의 분별을 지도할 수 있는 일반적 규준을 제시하고 그러한 규준들이 활용되는 구체적 사례들의 축적에 기초한 귀납적 유형화를 통해서라도 심사기준으로서 의회유보원칙이 의미를 갖도록 하려는 시도는 계속되어야 할 것인바,[130] 심사기준으로서 의회유보원칙을 구체화하고 그 도구성을 부여하려는 여러 시도들[131]은 존중되어야 마땅하다. 다만 헌법 문언의 분명한 표현으로 헌법상 의회(국회) 스스로 결정해야 할 사항(즉, 위임금지사항)이 무엇인지가 명확하게 확인될 수 있는 경우가 아니라면,[132]

---

129) Vgl. R. Herzog, Gesetzgebung und Einzelfallgerechtigkeit, in: NJW, 1999, S. 26; H.-J. Papier, Der Vorbehalt des Gesetzes und seine Grenzen, in: V. Götz/H. Klein/C. Stark (Hrsg.), Die öffentlcihe Verwaltung zwischen Gesetzgebung und richterlicher Kontrolle, 1985, S. 43; 이부하, 앞의 글, 216쪽; 송동수, 앞의 글, 110쪽; 의회유보원칙을 신념의 문제로 이해하는 견해로는 김연태, 「자금조성에 있어서 법률유보」, 『안암법학』 4, 안암법학회, 1996, 415쪽.

130) 위임금지사항과 위임가능사항의 분별을 지도할 수 있는 일반적 규준 마련이 좌절된다는 것은 다른 한편으로는 의회가 스스로 규율해야 할 중요사항 혹은 본질적 내용이 무엇인지를 구체적 사안에서 종국적으로 판단·심사해야 하는 사법기관(특히, 헌법재판소)을 통제할 수 있는 이론적 도구의 상실을 뜻하기도 하는바, 결국 의회유보라는 개념도구가 실질적으로는 사법부유보로 변질될 우려가 있다. 관련하여 특히 김민호 교수는 다음과 같은 지적을 하고 있다(김민호, 「법률유보의 한계와 위임입법」, 『공법연구』 28-4(2), 한국공법학회, 2000, 215쪽): "결국 본질성론은 의회로 하여금 본질적 사항을 결정하도록 함으로써 의회의 전속적 권한을 강조하였지만, 사실은 의회의 책임을 사법부에 전가해 버리는 결과를 초래한 것이다."

131) 위임가능사항과 위임금지사항의 분별기준을 제시함으로써 의회유보원칙의 규율범위를 한정하려는 국내외의 시도들에 대한 소개 및 분석은 특히 박영도, 앞의 글, 89쪽 주 17); 한수웅, 앞의 글, 594-605쪽 참고.

132) 사실 "(명시적으로) 헌법이 직접 입법자에게 규율하도록 한 경우"에 해당하는 사항에 대해서는 위임이 허용되지 않는다는 주장(특히 이명웅, 앞의 글(주 57), 73쪽)은 지극히 당연하고 타당하다. 그러나 우리 헌법상 헌법이 '직접' 입법자에 의해서 규율되어야 한다고 명시하고 있는 규정은 존재하지 않고, 헌법은 다만 특정 사항들을 (필요적) 법률유보사항으로 규율하고 있을 뿐이다. 그런데 이러한 규율의 경우에도 헌법의 명시적 표현 내지는 문언을 통해서 위임금지사항과 위임가능사항을 분별하거나 뚜렷한 분별기준을 제시하는 것은 쉽지 않아 보인다. 왜냐하면 우리 헌법이 (필요적) 법률유보사항을 언급하면서 사용하고 있는 대표적인 문언의 표현방식은 "법률로 정(한다)" — 헌법은 다음과 같은 사항은 "법률로 정(한다)"라고 명시하고 있다: 헌법 제2조 제1항 "국민이 되는 요건"·제21조 제3항 "통신·방송의 시설기준과 신문의 기능을 보장하기 위하여 필요한 사항"·제23조 제1항 "(재산권의) 내용과 한계"·제31조 제6항 "교육제도와 그 운영, 교육재정 및 교원의 지위에 관한 기본적인 사항"·제32조 제2항 "근로의 의무의 내용과 조건"·제32조 제3항 "근로조건의 기준"·제35조 제2항 "환경권의 내용과 행사"·제41조 제2항 "국회의원의 수"·제41조 제3항 "국회의원의 선거구와 비례대표제 기타 선거에 관한 사항"·제59조 "조세의 종목과 세율"·제61조 제2항 "국정감사 및 조사에 관한 절차 기타 필요한 사항"·제67조 제5항 "대통령의 선거에 관한 사항"·제74조 제2항 "국군의 조직과 편성"·제79조 제3항 "사면·감형 및 복권에 관한 사항"·제

결국 헌법해석을 통해서 위임금지사항과 위임가능사항의 일반적 분별기준을 제

85조 "전직대통령의 신분과 예우"·제90조 제3항 "국가원로자문회의의 조직·직무범위 기타 필요한 사항"·제91조 제3항 "국가안전보장회의의 조직·직무범위 기타 필요한 사항"·제92조 제2항 "민주평화통일자문회의의 조직·직무범위 기타 필요한 사항"·제93조 제2항 "국민경제자문회의의 조직·직무범위 기타 필요한 사항"·제96조 "행정각부의 설치·조직과 직무범위"·제100조 "감사원의 조직·직무범위·감사위원의 자격·감사대상공무원의 범위 기타 필요한 사항"·제101조 제3항 "법관의 자격"·제102조 제3항 "대법원과 각급법원의 조직"·제105조 제4항 "법관의 정년"·제107조 제3항 "행정심판의 절차"·제110조 제3항 "군사법원의 조직·권한 및 재판관의 자격"·제113조 제3항 "헌법재판소의 조직과 운영 기타 필요한 사항"·제114조 제7항 "각급 선거관리위원회의 조직·직무범위 기타 필요한 사항"·제117조 제2항 "지방자치단체의 종류"·제118조 제2항 "지방의회의 조직·권한·의원선거와 지방자치단체의 장의 선임방법 기타 지방자치단체의 조직과 운영에 관한 사항" 등 — 와 "법률이 정(하는 바에 의하여)" — 헌법은 다음과 같은 사항들은 "법률이 정(하는 바에 의하여)" 규율되는 것으로 명시하고 있다: 국가의 재외국민보호의무(제2조 제2항)·공무원의 신분과 정치적 중립성(제7조 제2항)·정당에 대한 국가의 보호 및 정당운영에 필요한 자금보조(제8조 제3항)·국선변호인제도(제12조 제4항)·체포 또는 구속을 당한 자의 가족 등에 대한 통지제도(제12조 제5항)·선거권(제24조)·공무담임권(제25조)·청원권(제26조 제1항)·재판절차진술권(제27조 제5항)·형사보상청구권(제28조)·국가배상청구권(제29조 제1항)·범죄피해자국가구조청구권(제30조)·교육을 받게 할 의무(제31조 제2항)·교육의 자주성·전문성·정치적 중립성 및 대학의 자율성(제31조 제4항)·최저임금제(제32조)·국가유공자/상이군경 및 전몰군경의 유가족에 대한 우선적 근로기회부여(제32조 제6항)·공무원인 근로자의 근로3권 주체성(제33조 제2항)·주요방위산업체에 종사하는 근로자의 단체행동권(제33조 제3항)·생활능력이 없는 국민에 대한 국가의 보호(제34조 제5항)·납세의 의무(제38조)·국방의 의무(제39조)·국회의원이 겸할 수 없는 직(제43조)·국회 정기회 절차(제47조 제1항)·국회 비공개회의 내용의 공표(제50조 제2항)·법률이 정한 탄핵소추대상자(제65조)·대통령권한대행과 관련된 국무위원의 순서(제71조)·대통령의 국군통수(제74조 제1항)·대통령의 계엄선포(제77조 제1항)·비상계엄이 선포된 경우 할 수 있는 특별한 조치(제77조 제3항)·대통령의 공무원 임면(제78조)·대통령의 사면/감형 또는 복권(제79조 제1항)·대통령의 훈장/영전 수여(제80조)·대통령이 겸할 수 없는 직(제83조)·대법원에 둘 수 있는 대법관이 아닌 법관(제102조 제2항)·대법관의 연임(제105조 제2항)·법관의 연임(제105조 제3항)·심신상의 장해로 인한 법관의 퇴직(제106조 제2항)·헌법소원에 관한 심판(제111조 제1항 5호)·헌법재판관의 연임(제112조 제1항)·정당 또는 후보자에게 부담시킬 수 있는 선거에 관한 경비(제116조 제2항)·광물 기타 중요한 지하자원 등에 대한 채취/개발 또는 이용에 대한 특허(제120조 제1항)·불가피한 사정으로 발생하는 농지의 임대차와 위탁경영(제121조 제2항)·국토의 효율적이고 균형있는 이용/개발과 보전을 위하여 과하는 제한과 의무(제122조)·소비자보호운동(제124조) 등등 — , 그리고 "법률로써" — 헌법이 "법률로써" 규율하도록 명시하고 있는 사항들은 다음과 같다: 지적재산권자의 권리보호(제22조)·공공필요에 의한 재산권의 수용/사용/제한 등의 경우에 행해지는 보상(제23조 제3항)·기본권제한(제37조 제2항) 등 — 라고 할 수 있는데, 이러한 세 가지의 경우(즉, "법률로 정(한다)", "법률이 정(하는 바에 의하여)", "법률로써") 모두 다 문리적으로는 해당 법률유보사항이 '법률에 의한(durch Gesetz) 규율이 관철되어야 하는 경우(즉, 법률직접적규율사항 내지는 위임금지사항)' 뿐만 아니라, 동시에 '법률에 근거한(auf Grund eines Gesetzes) 규율이 가능한 경우(즉, 법률간접적규율사항 내지는 위임가능사항)'로도 해석될 수 있기 때문이다. 따라서 설사 국회에 의해 창설된 (임의적) 법률유보사항을 규율하는 경우에 비해서 헌법에 근거가 마련된 (필요적) 법률유보사항을 규율하는 법률을 심사함에 있어서 의회유보원칙이라는 심사기준이 보다 엄격하게 활용되어야 한다고 하더라도, 헌법에 근거를 둔 법률유보사항 그 자체가 위임금지사항과 위임가능사항을 분별할 수 있는 기준을 제시하는 것은 아니라고 해야 할 것이다. 이러한 점에서 결국 우리 헌법에서 위임금지사항과 위임가능사항을 분별하는 문제는 헌법문언을 통해서 손쉽게 확인될 수 있는 것이 아니라, 헌법해석을 통해서 규명되어야 하는 까다로운

시하고, 이에 기대어 구체적으로 분별을 시도해야 할 것인바, 이와 관련해서는 무엇보다도 권력분립원칙과 함께 민주적인 정책형성과정에 있어서 국회가 갖는 기능적 특성이 주목되어야 할 것으로 생각된다.[133] 왜냐하면 특정 규율내용이 (다른 기관에 의해 정립된 규범 — 예컨대, 대통령령·총리령·부령 등 — 에 의해 규율되어서는 안 되고) 오직 국회 스스로에 의해서 직접 규율되어야 한다는 주장을 가장 설득력 있게 할 수 있는 헌법해석상의 결정적 근거는 바로 타 기관과 구별되는 국회의 기능적 특성[134]과 국회입법절차가 갖고 있는 '공개성' 및 이를 통한 '이익조정기능'이기 때문이다.[135] 따라서 법률유보사항들 중에서 헌법현실에서 일반적·추상적·정책형성적 성격이 특별히 주목되고 공개성(혹은 여론환기성)·정치쟁점적 중요성(혹은 이익조정기능) 및 법적 안정성에 대한 요청이 강하게 요구되는 사항일수록 — 즉, 국회입법절차에서 규율되어야 할 필요성이 높으면 높을수록 — 국회가 스스로 직접 규율해야 하는 위임금지사항이라고 평가되어야 하겠지만,[136] 국회에서 조정된 이익/갈등관계를 구체적으로 표현하거나 단순절차형성적·세부적·지엽적 성격이 강하면서 헌법현실의 변동에 따라 미래지향적으로 신속·기민하게 대응해야 할 필요성이 큰 사항들은 상대적으로 국회입법절차의 장점을 살리기가 어렵다는 점[137]에서 원칙적으로 행정권력기관에게 입법위임할 수 있는 사항(위임가능사항)으로 분류될 수 있을 것으로 생각된다.[138] 그런데 학설

문제라고 할 수 있겠다.

133) 즉, 국회 스스로가 규율해야 할 중요사항(혹은 본질적 사항)인지 여부는 국회와 다른 국가기관 간의 기능·권한법적 관계에서 검토되어야 한다는 것이다. Vgl. BVerfGE 68, 1(86); 박영도, 『위임입법에 관한 연구』, 한국법제연구원, 1999, 430쪽; 한수웅, 앞의 글, 597쪽; 조태제, 「법률의 유보원칙 — 본질성이론에 근거한 의회유보를 중심으로 —」, 『한양법학』 1, 한양법학회, 1990, 25쪽: "의회유보의 타당근거와 그 적용범위는 의회법률의 기능, 의회의 헌법상 지위 및 그 이행능력 등을 종합적으로 고려하여 결정되어야 할 것이다."

134) 관련하여 무엇보다도 상대적으로 우월한 민주성·투명성·다원성·정치성 등을 언급할 수 있겠다. 특히 한수웅 교수는 기능적 관점에 의한 권력분립원칙에 기초하여 다음과 같이 적시하고 있다(한수웅, 앞의 글, 597쪽): "의회유보의 요청은 헌법상 權限·機能秩序에 비추어 의회가 그 구성이나 기능, 절차에 있어서 공동체의 중요한 결정을 내리기에 가장 적합한 국가기관이라는 데 그 근거를 두고 있다."

135) 이에 관한 상세한 논증은 한수웅, 앞의 글, 594－599쪽.

136) 수권하고자 하는 내용이 입법권의 본질내용에 해당하여 위임금지사항으로 평가되어야 하는지 여부를 판단함에 있어서 주목되어야 하는 의회의 기능 내지는 특성은 박영도, 앞의 글(주 122), 85－87쪽; 헌재 2004.3.25. 2001헌마882, 판례집 16－1, 454쪽 참조.

137) 국회입법절차의 장점을 살리기 어려운 경우로는 한수웅, 앞의 글, 602－604쪽.

138) 실제로 앞서 언급한 바와 같이 위임금지사항과 위임가능사항이 무엇인지를 일률적으로 언급할 수 없는바, 결국 위임금지사항과 위임가능사항의 분별과 관련해서는 유동적·탄력적 기준을 제안할 수밖에 없을 것이다. 다만 이렇게 제시된 유동적·탄력적 기준을 기초로 해서 헌법현실에서 구체

과 헌법재판소는 기본권심사에서 의회유보원칙이라는 심사기준을 활용하여 심사대상인 수권법률의 위헌성 여부를 판단함에 있어서 위임금지사항과 위임가능사항을 분별하는 기준으로 헌법상 권력배분원리와 민주적인 정책형성과정에 있어서 국회가 갖고 있는 기능적 특성에 기초하여 제안될 수 있는 '국회입법절차에서 규율되어야 할 고도의 필요성'이라는 관점 외에도 규율대상과 관련된 '기본권적 중요성'이라는 관점을 함께 활용하고 있다.[139][140][141] 하지만 기본권적 연관성과

적·개별적으로 위임금지사항을 특정하고 확인하는 노력은 행정입법이 남발되고 있는 우리 헌법현실에서는 매우 중요하면서도 시급한 문제라고 생각된다. 따라서 헌법현실에 존재하는 법률하위의 각종 규범들이 규율하는 사항들 중에서 의회유보대상(위임금지사항)에 속하는 것이어서 법률로의 전환이 필요한 구체적 사례들 — 즉, 의회유보원칙 위반 사례들 — 을 분류하는 방대하고도 실증적인 연구가 체계적으로 진행될 필요가 있을 것이다. 이러한 문제의식으로는 송동수, 앞의 글, 116-117쪽.

139) 예컨대, 한수웅, 앞의 글, 600쪽: "[…], 기본권의 실현에 있어서의 중요성, 즉 기본권적 중요성도 의회유보의 범위를 판단하는 일차적 기준이다. 그렇다면, 의회유보의 규율대상을 확정하는 중요한 기준은 무엇보다도 '규율대상의 기본권적 중요성'과 의회절차의 공개성과 이익조정기능에 비추어 '입법절차에서 규율되어야 할 고도의 필요성'으로 요약될 수 있다."; 헌재 2004.3.25. 2001헌마882, 판례집 16-1, 454쪽: "[…], 적어도 국민의 헌법상 기본권 및 기본의무와 관련된 중요한 사항 내지 본질적인 내용에 대한 정책 형성 기능만큼은 주권자인 국민에 의하여 선출된 대표자들로 구성되는 입법부가 담당하여 법률의 형식으로써 수행해야 하지, 행정부나 사법부에 그 기능을 넘겨서는 안 된다(헌재 1996.10.31. 93헌바14, 판례집 8-2, 422, 432 참조). 국회의 입법절차는 국민의 대표로 구성된 다원적 인적 구성의 합의체에서 공개적 토론을 통하여 국민의 다양한 견해와 이익을 인식하고 교량하여 공동체의 중요한 의사결정을 하는 과정이며, 일반국민과 야당의 비판을 허용하고 그들의 참여가능성을 개방하고 있다는 점에서 전문관료들만에 의하여 이루어지는 행정입법절차와는 달리 공익의 발견과 상충하는 이익간의 정당한 조정에 보다 적합한 민주적 과정이기 때문이다. 그리고 이러한 견지에서, 규율대상이 기본권적 중요성을 가질수록 그리고 그에 관한 공개적 토론의 필요성 내지 상충하는 이익간 조정의 필요성이 클수록, 그것이 국회의 법률에 의해 직접 규율될 필요성 및 그 규율밀도의 요구정도는 그만큼 더 증대되는 것으로 보아야 한다."

140) 기본권관련사항은 헌법 제37조 제2항에 의해서 법률유보사항이라고 할 수 있지만, 그렇다고 하여 기본권관련사항이 바로 의회유보사항이 된다고는 할 수 없다. 왜냐하면 헌법 제37조 제2항에 근거하여 법률유보로 규율되어야 할 사항은 '법률에 의한(durch Gesetz) 규율'이 관철되어야 하는 사항(의회유보사항, 즉 위임금지사항) 뿐만 아니라, '법률에 근거한(auf Grund eines Gesetzes) 규율'이 가능한 사항(피수권기관에게 입법위임할 수 있는 사항, 즉 위임가능사항)까지도 포함하고 있기 때문이다.

141) 경우에 따라서 헌법재판소는 의회유보원칙의 준수여부를 판단하지 않거나 혹은 이를 위임의 필요성이란 개념으로 대체함으로써 의회유보원칙이라는 헌법적 통제장치를 무력화시키는 만행을 저지르기도 한다. 예컨대, 살처분한 가축의 소유자에게 지급해야 할 보상금을 대통령령으로 정하도록 위임하고 있는 구 가축전염병예방법 제48조 제1항의 위헌여부가 문제된 사건(헌재 2014.4.24. 2013헌바110, 판례집 26-1(하), 95쪽)에서 헌법재판소는 이 사건 보상금 금액이 국회입법절차에서 규율되어야만 할 것인지 여부(즉, 위임금지사항인지 혹은 위임가능사항인지 여부)에 관해서는 아무런 검토도 하지 않은 채, 단지 "살처분 보상금의 금액은 살처분으로 인한 경제적 가치의 손실을 평가하여 결정되어야 하는 등 기술적 측면이 있고, 소유자의 귀책사유, 살처분 보상금의 지급수준에 따른 소유자의 방역 협조의 경향, 전염병의 확산 정도, 당해년도의 가축 살처분 두수, 국가 및 지방자치단체의 재정 상황 등을 고려하여 그때그때 탄력적으로 정하여질 필요가 있다. 이와 같

중요성을 갖지 아니한 국가행위를 찾아보기 어려운 오늘날의 헌법현실에서 '기본권적 중요성'이란 관점은 위임금지사항과 위임가능사항의 분별기준으로서 실질적 의미를 갖기 어려울 뿐만 아니라, 무엇보다도 기본권심사에서 '기본권적 중요성'에 관한 본격적인 판단은 형식적 헌법적합성심사가 아닌, 실질적 헌법적합성심사(특히, 비례성심사)를 통해서 규명될 사항이란 점에서, 아직 심사되지 않은 실질심사의 판단을 선취하여 이를 형식심사의 기준으로 활용한다는 점에서 비판되어야 할 것인바, (형식적 헌법적합성심사의 한 과정으로서 검토되는) 의회유보원칙의 준수여부를 판단하는 기준으로서 규율대상의 기본권적 중요성이란 요소는 제거되어야 할 것이다.[142]

④ 授權方式에 관한 헌법적 통제: 포괄위임금지원칙

㉮ 서두

기본권제한은 "법률로써" 규율되어야 하고(헌법 제37조 제2항 전단), 또 이러

이 살처분 보상금의 구체적 금액을 법률에서 일률적으로 정하는 것보다는 행정부에서 여러 가지 요소를 종합적으로 고려하여 구체적 금액을 정하도록 하는 것이 적정한 보상을 위하여 더 효과적일 수 있다. 그러므로 살처분 보상금의 금액을 대통령령으로 정하도록 위임할 필요성이 인정된다." 라는 판단을 한 다음, 바로 심판대상법률조항에서 나타난 입법위임 방식(수권방식)에 관한 검토 — 즉, 포괄위임금지원칙의 준수여부에 관한 검토 — 를 행하고 있을 뿐인바, 결국 헌법재판소는 합리적 논증 없이 의회유보원칙의 준수여부에 관한 검토를 위임의 필요성여부에 관한 검토로 변질시켜 버렸다.

142) 실제로 구체적 사례해결에 있어서 의회유보원칙의 준수여부에 관한 판단이 '기본권적 중요성'이란 관점에서 설명되기 어렵다는 점은 의회유보원칙과 관련하여 대표적인 판례라고 할 수 있는 '한국방송공사법 제35조 등 위헌소원'사건에서도 확인된다(헌재 1999.5.27. 98헌바70, 판례집 11-1, 633쪽 이하, 644-646쪽). 즉 이 사건에서 헌법재판소는 의회유보원칙을 "헌법상 보장된 국민의 자유나 권리를 제한할 때에 그 제한의 본질적인 사항에 관한 한 입법자가 법률로써 스스로 규율하여야 할 것"을 의미하는 것으로 이해하면서도, 정작 방송수신료가 자체가 기본권 제한의 본질적인 사항에 해당하는지 여부에 관해서는 본격적인 논증을 행하고 있지 않다(이러한 헌법재판소의 태도에 대한 본격적인 분석과 비판은 특히 이욱한, 「한국방송공사법 제35조등 위헌소원판결에 관한 소고」, 『사법행정』 45-4, 한국사법행정학회, 2004, 17쪽, 21쪽: "헌법재판소는 본 사안에서 방송의 자유에 대한 논증없이 의회유보위반으로 방송수신료금액책정의 위헌성을 도출함으로써 논리의 비약이라는 비난과 더불어 방송영역에서의 법률유보 내지 의회유보에 대한 오해를 유발시켰다는 비판을 면하기 어려울 것 같다."). 그리고 위임금지사항과 위임가능사항의 분별 내지는 의회유보의 범위를 판단하는 기준과 관련하여 '규율대상의 기본권적 중요성'이란 관점을 제시하고 이를 특별히 강조하고 있는 한수웅 교수조차도 '기본권적 중요성'이란 개념이 갖고 있는 불확실성 및 한계를 노골적으로 지적하면서, '기본권적 중요성'이란 관점이 '의회에서의 공개토론을 통한 이익조정의 필요성'이란 관점에 의해 보완되어야 함을 지적하고 있다(한수웅, 앞의 책, 241쪽). 필자는 이러한 한수웅 교수의 견해에서 한 걸음 더 나아가 의회유보(혹은 위임금지사항)의 범위를 판단함에 있어서 애당초 '기본권적 중요성'이란 관점이 제거되는 것이 논증의 실질적 측면에서도 논증의 형식적 측면에서도 바람직할 것으로 생각한다. 요컨대 의회유보원칙의 준수여부는 '국회입법권한 및 국회의 기능과 국회입법절차의 특수성'이란 관점에 집중해서 판단되어야 한다.

한 규율에 있어서 헌법 제40조로부터 도출되는 의회유보원칙이 준수되어야 하므로 국회는 자신이 보유하고 있는 입법권의 본질적 사항(즉, 위임금지사항)은 반드시 법률을 통해서(durch Gesetz) 스스로 직접 규율해야만 하겠지만, 만약 입법사항이 국회입법권의 본질적이고도 핵심적인 사항이 아닌 경우(즉, 비본질적 사항 혹은 위임가능사항)라면 해당 내용이 피수권기관에 의해 정립될 수 있는 근거를 법률에 마련해두는 방식(즉, 법률에 근거한 규율: auf Grund eines Gesetzes)을 선택할 수 있다.[143] 그런데 국회가 후자(즉, 법률에 근거한 규율)를 선택하여 헌법 제66조 제4항 "대통령을 수반으로 하는 정부"에 해당하는 기관에게 입법권을 수권할 경우에 헌법은 추가적으로 수권방식(혹은 입법권위임방식)과 관련하여 국회에게 "구체적으로 범위를 정하여 위임"해야 할 것을 명시적으로 요구하고 있는바,[144][145] 이러한 헌법적 요청을 학설과 판례는 일반적으로 "포괄위임(입법)금지원칙"으로 명명하고 있다.[146]

143) 요컨대 헌법 제37조 제2항("국민의 모든 자유와 권리는 [···] 법률로써 제한할 수 있으며, [···].")이 선언하고 있는 '기본권관계에서의 일반적 법률유보원칙'은 위임금지사항과 관련해서는 '법률에 의한(durch Gesetz) 규율'로 구현되어야 하는 반면에, 위임가능사항과 관련해서는 '법률에 근거한(auf Grund eines Gesetzes) 규율'이란 형태로도 구현될 수 있는 것이다.

144) 이러한 요구는 일단 대통령령이 피수권규범으로 활용될 경우에 확인된다(헌법 제75조). 그러나 입법권수권과 관련하여 국회가 대통령령을 피수권규범으로 삼는 경우에 준수해야 할 수권방식에 관한 헌법적 통제는 대통령보다 민주적 정당성이 낮으며 대통령에 의해 통할되는 기관들에 의해 정립된 규범인 총리령 혹은 부령을 피수권규범으로 삼는 경우에도 마땅히 준수되어야 할 것인바, 헌법 제95조가 규율하고 있는 총리령 혹은 부령이 피수권규범으로 활용될 경우에도 수권법률은 해당 수권내용을 "구체적으로 범위를 정하여 위임"해야만 하는 것으로 해석해야 할 것이다. 이러한 관점에서 헌법재판소 또한 "헌법 제75조, 제95조가 정하는 포괄위임입법금지"라는 표현을 서슴없이 사용하고 있다(헌재 2006.3.30. 2005헌바31, 판례집 18－1(상), 367쪽; 헌재 2001.4.26. 2000헌마122, 판례집 13－1, 962쪽). 그리고 만약 이러한 수권방식에 관한 헌법적 통제가 없다면 국회는 규율의 대상과 범위를 구체적으로 확정하지 않고 매우 추상적인 차원에서 규율하고 있는 수권법률을 통해서 행정입법이 남용될 수 있는 계기를 열어줌으로써, 결과적으로 입법과 행정의 상호견제는 물론이고 상호균형의 이념마저 위태롭게 만들고 법적안정성과 예측가능성을 저하시켜 결국 권력분립과 법치주의의 궁극적 목표인 국민의 기본권보장에 위협을 가할 수 있게 된다(홍석한, 앞의 글, 219쪽).

145) 바로 이러한 점에서 포괄위임금지원칙은 행정권에게 입법권을 수권하는 국회입법에 대한 헌법적 한계이자 통제의 준거가 된다. 따라서 포괄위임금지원칙을 "행정입법에 대한 한계이자 그 통제의 준거"로 이해하는 일부의 견해(특히 정극원, 앞의 글, 464쪽)는 오해에서 비롯된 것으로 보인다.

146) 예컨대, 헌재 2010. 10. 28. 2008헌바74, 판례집 22－2(하), 41쪽; 헌재 2014.4.24. 2013헌바110, 판례집 26－1(하), 94－95쪽; 헌재 2013.8.29. 2011헌바390, 공보 제203호, 1155쪽; 헌재 2006.4.27. 2004헌가19, 판례집 18－1(상), 470－471쪽; 성낙인, 앞의 책, 257쪽, 933쪽; 이준일, 앞의 책, 142쪽, 807－808쪽; 한수웅, 앞의 책, 1183－1184쪽; 허영, 앞의 책(주 70), 1005쪽; 전광석, 앞의 책, 693－694쪽; 한편 방승주 교수는 용어사용과 관련하여 "헌법 제75조는 구체적으로 범위를 정하여 위임받은 사항에 대하여 대통령령을 발할 수 있다는 것이기 때문에 위임금지라고 하기보다는 위임이 허용된 것을 전제로 그 위임이 어떻게 이루어져야 할지를 나타내 주는 헌법조항"이라는 점에 주목하여 "포괄위임입법금지의 원칙이라고 하기 보다는 '구체적 위임원칙'의 개념

그런데 기본권심사기준으로서 포괄위임금지원칙의 준수여부 또한 의회유보원칙의 경우와 마찬가지로 헌법 제40조로부터 비롯되는 국회입법권의 형식적 보장과 실질적 보장이라는 대립되는 가치들[147] 간의 긴장관계 속에서 구체적으로 판단될 수 있는 유동적 공식이란 점[148]에서 「대통령·국무총리·행정각부의 장에게 입법권을 수권하는 국회가 (수권)법률에서 "구체적으로 범위를 정하여" 특정 수권사항을 대통령령·총리령·부령으로 위임하고 있는지 여부」는 획일적·일률적으로 정할 수 없고, 항상 개별적·구체적으로 검토되어야 하는 정도의 문제라고 할 수 있을 것이다. 다만 실질적 법치주의를 지향하는 민주적 헌법국가에서 이러한 정도의 문제(즉, 입법권을 수권하려는 국회는 얼마나 구체적으로 범위를 정해야 하는가의 문제)는 근본적으로 입법권의 본질 및 기능, 그리고 입법부(국회)와 정부(피수권기관인 대통령·국무총리·행정 각부의 장) 간의 권한배분에 관한 판단으로부터 출발하는 것이므로,[149] 포괄위임금지원칙의 위반여부는 권한배분의 두 당사자인 수권기관(국회)과 피수권기관(대통령·국무총리·행정각부의 장)의 관계 속에서 권한배분의 목적물인 입법사항(수권내용/규율대상)을 고려하여 개별적·구체적으로 검토되어야 할 것이다.[150] 이하에서는 개별적·구체적으로 행해져야 할 포괄위임

을 사용하는 것이 보다 정확하다."는 입장을 피력하고 있다(방승주, 앞의 글, 27-28쪽).

147) 국회 입법권의 형식적 보장과 실질적 보장의 근거로서 헌법 제40조에 관해서는 위 주 125) 참조.

148) "구체적으로 범위를 정하여"를 완화해서 이해한다는 것은 입법권수권과 관련하여 국회가 담당해야 할 실질적 역할을 가급적 축소하여 국회로 하여금 입법권수권을 용이하게 함으로써 국회가 보유하고 있는 입법권자로서의 형식적 지위를 보강한다는 의미를 갖게 된다. 반면에 "구체적으로 범위를 정하여"를 엄격하게 취급한다는 것은 기본적으로 입법권자로서 국회의 실질적 관여/개입을 강조하는 것인바, 결국 실질적 입법권자로서 국회의 지위를 보강한다는 의미를 갖게 된다. 그런데 (국회입법권의 형식적 보장에 주목하여) 수권방식과 관련된 헌법적 통제를 너무 완화하면 "구체적으로 범위를 정하여"라는 헌법규정이 실질적으로 무의미하게 될 우려가 높은 반면에, (국회입법권의 실질적 보장에 주목하여) "구체적으로 범위를 정하여"를 너무 엄격하고 까다로운 기준으로 활용하여 국회입법권한을 통제한다면 결과적으로 국회의 입법권수권행위 그 자체가 사실상 봉쇄되어 버린다는 점에서, 수권방식과 관련된 헌법적 통제를 '극단적으로 완화하는 것(ⓐ)'뿐만 아니라, '극단적으로 강화하는 것(ⓑ)' 또한 긴장관계에 있는 형식적 입법권과 실질적 입법권 양자의 조화를 내포하고 있는 헌법 제40조와 포괄위임금지원칙의 헌법적 근거이자 위임입법의 헌법적 허용 및 한계 근거인 헌법 제75조 및 제95조 — 헌법 제75조 및 제95조는 한편으로는 국회입법권을 수권하는 법률(수권법률)의 한계조항이지만, 다른 한편으로는 수권법률의 근거조항이기도 하다(관련하여 특히 헌재 2003.7.24. 2002헌바82, 판례집 15-2(상), 141쪽: "헌법 제75조는 "대통령은 법률에서 구체적으로 범위를 정하여 위임받은 사항과 법률을 집행하기 위하여 필요한 사항에 관하여 대통령령을 발할 수 있다."고 규정함으로써 위임입법의 근거를 마련함과 동시에 입법권의 위임은 "구체적으로 범위를 정하여" 하도록 하여 입법위임의 명확성을 요구하고 있다."). — 에 부합되기 어렵다. 따라서 포괄위임금지원칙은 ⓐ와 ⓑ 사이를 유동하는 가운데에서 구체적으로 활용되어야 하는 심사기준이자 헌법원칙이라고 하겠다.

149) 홍석한, 앞의 글, 236쪽.

금지원칙의 준수여부에 관한 판단을 지도할 수 있는 일반적 규준으로서 포괄위임금지원칙의 심사기준(심사관점)과 심사강도에 관해서 설명한다.

㉯ 포괄위임금지원칙의 심사관점

기본권관계에서 헌법이 입법권을 수권하는 법률(수권법률)을 정립하는 국회에게 (불명확하고 추상적이며 소위 백지위임과 같은 포괄적인 방법이 아니라) 반드시 "구체적으로 범위를 정하여 위임"할 것을 요구하고 있는 이유는 무엇보다도 수권법률(에서 나타난 수권방식)의 추상성과 포괄성으로 말미암아 피수권기관인 행정

---

150) 포괄위임금지원칙은 특정 사항(즉, 수권내용)의 규율권한(즉, 입법권)을 피수권기관(대통령·국무총리·행정각부의 장)에게 수권하는 방식에 관하여 수권기관인 국회를 통제하는 헌법원칙이란 점에서, 입법권을 위임하는 입법자와 이를 위임받는 행정부의 관계가 주된 문제이다(한수웅, 앞의 글, 618쪽). 따라서 포괄위임금지원칙의 준수여부를 심사함에 있어서 수권관계의 당사자인 수권기관(국회)과 피수권기관(대통령·국무총리·행정 각부의 장)의 권한관계를 특히 주목해야 하겠지만, 권한배분의 목적물인 수권내용에 대한 고려 또한 함께 행해져야할 것으로 생각된다. 물론 수권내용과 수권방식은 각각 수권과 관련한 내용과 형식이란 점에서 양자는 개념상 분별되므로 수권방식에 대한 헌법적 통제강도를 조정함에 있어서 수권내용(규율대상)을 고려하는 것에 대하여 비판적인 태도를 취할 수도 있을 것이다. 하지만 내용은 형식을 통해서만 드러날 수 있고, 형식은 내용의 존재방식이자 그 자체가 바로 침전된 내용이 된다는 점 - 형식과 내용은 상관적 변증법을 반복한다. — 에서 수권내용과 수권방식의 완전한 분리는 애당초 불가능할 것인바, 수권방식에 관한 헌법적 통제인 포괄위임금지원칙의 준수여부를 판단할 때 수권내용에 대한 고려가 간과되어서는 안될 것으로 판단된다. 실제로 입법권수권과 관련해서 수권기관인 국회가 수권하려는 내용이 무엇이냐에 따라 피수권기관의 예측가능성 및 규범구체화능력이 달라질 수밖에 없다는 점에서 수권내용에 따라 수권방식 — 즉, "구체적으로 범위를 정하여 위임"하는 방식 — 이 영향을 받을 수밖에 없다는 사실을 부인하기는 어려울 것이다(구체적 예로는 특히, 아래 주 166) 참고). 다만 수권내용에 대한 통제(의회유보원칙)와 수권방식에 관한 통제(포괄위임금지원칙)를 동일시하는 견해(한수웅, 앞의 책, 1211쪽: "헌법 제75조의 입법위임의 명확성원칙은 '본질적인 것에 관하여는 입법자가 스스로 정해야 한다'는 본질성이론의 요청과 동일한 정도로 입법자의 위임권한을 제한하는 성격을 가진다. […] 입법위임의 명확성원칙이 제기하는 문제는 본질성이론의 쟁점과 동일하다고 할 수 있다.")는 배척되어야 할 것으로 생각된다. 왜냐하면 의회유보원칙과 포괄위임금지원칙 양자는 국회입법행위의 통제와 관련하여 서로 겨냥하고 있는 지점이 다를 뿐만 아니라, 무엇보다도 헌법적 근거가 상이한 양자를 동일하게 사용한다는 것은 국가행위의 헌법적합성을 판단하는 헌법적 차원의 심사기준들 중 하나를 유명무실하게 만드는 결과를 초래하기 때문이다(이에 관한 상세한 설명은 아래 목차 Ⅱ. 1. 다. 2) 가) (2) (나) ⑤ 참조). 뿐만 아니라 헌법에 근거하는 국가행위통제기준(국가행위의 정당성심사기준)들 상호 간 분별이 설사 어렵다고 하더라도, 분석력을 발휘하여 가능한 한 이들을 분별해냄으로써 국가행위에 대한 헌법적 통제의 수준을 높이고 보다 폭넓은 설득력 및 논증의 엄밀성을 확보해나가는 것은 포기될 수 없는 헌법학(특히, 기본권이론)의 과제이기 때문이다(실제로 법학으로서 헌법학의 학문성의 정도는 본질적으로 분석적 차원에서 도달된 수준에 의존하고 있다. 이에 관해서는 R. Alexy, 앞의 책, 38쪽). 헌법재판소 또한 반드시 국회가 스스로 법률로 규율해야할 본질적인 내용에 주목하고 있는 의회유보원칙과 수권법률과 관련된 위임의 명확성으로 이해되고 있는 포괄위임금지원칙 양자를 기능적으로 분리하여 각각 판단하고 있다(이에 관해서는 헌재 2007.4.26. 2003헌마947, 판례집 19-1, 514쪽; 헌재 2009.2.26. 2008헌마370, 판례집 21-1(상), 292쪽; 헌재 2009.12.29. 2008헌바48, 판례집 21-2(하), 777쪽; 전종익, 「포괄위임금지원칙의 심사기준」, 『아주법학』 7-3, 아주대학교 법학연구소, 2013, 25-26쪽 참조).

권력기관(대통령 · 국무총리 · 행정각부의 장)이 어떠한 피수권규범을 정립해야 할 것인지에 관해서 구체적이고 명확한 행위지침을 제공받을 수 없게 되어[151] 결국 피수권규범이 수권기관(국회)의 의사와 유리된 채 피수권기관의 자의에 좌우됨으로써 국회입법이 실질적으로 행정입법에 의해 대체되어 버릴 것을 경계했기 때문이다.[152] 따라서 헌법 제75조 및 제95조로부터 도출되는 포괄위임금지원칙은 입법권을 수권하는 법률이 피수권규범정립활동을 하는 피수권기관(대통령 · 국무총리 · 행정각부의 장)에 대해 행위규범으로서 충분한 행위지도적 기능을 수행하고 있는지 여부를 검토하는 헌법적 통제장치라고 할 수 있는바, 포괄위임금지원칙의 준수여부를 판단함에 있어서는 국회가 정립한 수권법률에 근거하여 법률하위규범정립행위를 하는 피수권기관인 행정권력기관(대통령 · 국무총리 · 행정각부의 장)의 입장을 객관적으로 고려하여 수권법률이 "구체적으로 범위를 정하여 위임"하고 있는지 여부(즉, 위임의 명확성 · 구체성 · 예측가능성을 담보하고 있는지 여부)를 검토해야 한다.[153]

그런데 포괄위임금지원칙의 준수여부를 판단함에 있어서 헌법재판소는 기본적으로 "행정부에 의한 입법권의 행사는 수권법률이 명확하다는 전제하에서만 가능한 것이다. 헌법 제75조는 행정부에 입법을 위임하는 수권법률의 명확성원칙에 관한 것으로서, 법률의 명확성원칙이 행정입법에 관하여 구체화된 특별규정이다."라는 이해에서 출발하면서도,[154] 정작 (헌법 제75조가 갖고 있는 특별한 점에 주목하는 것이 아니라) 명확성원칙에 관한 일반론의 관점에서 "누구라도" 당해 (수권)법률로부터 피수권규범인 행정입법에 규정될 내용의 대강을 예측할 수 있어야 한다고 일관되게 설시하고 있는바,[155] 이러한 헌법재판소의 입장은 수권법

151) 바로 이러한 점에서 "포괄위임금지의 원칙은 행정부에 입법을 위임하는 수권법률의 명확성원칙에 관한 것"으로 취급하는 헌법재판소의 태도(특히, 헌재 2012.2.23. 2011헌가13, 판례집 24-1(상,) 42쪽; 헌재 2003.7.24. 2002헌바82, 판례집 15-2(상) 141-142쪽; 헌재 2011. 2. 24. 2009헌바13, 공보 173, 361쪽, 366쪽 등 참조)를 이해할 수 있을 것이다.

152) 관련하여 전종익, 앞의 글, 30쪽; 한수웅, 앞의 글, 618쪽; 홍석한, 앞의 글, 219쪽 참조.

153) 전종익, 앞의 글, 27-28쪽, 31쪽: "입법을 위임하는 법률의 경우 그 직접적인 수범자는 행정청이다. 행정청은 당해 사항과 관련된 전문가와 법전문가들로 구성되어 있고, 행정법령의 통제 측면에서 보더라도 당해 규정을 해석, 적용해야할 주체는 법관이다. 그러한 의미에서 입법을 위임하는 법률이 행정청과 법관에게 적절한 범위를 제시해줄 수 있는지 여부에 의하여 헌법 제75조 위반을 판단하는 것이 적절하며, […]."; 한수웅, 앞의 글, 620쪽: "입법위임이 명확한가의 판단에 있어서는 '국민의 관점에서 공권력행위가 예측가능한지'의 기준에서 일방적으로 의존하는 것으로부터 벗어나, 헌법 제75조의 규정내용을 입법자와 행정부 사이의 규율권한의 배분의 문제로 파악하여 규율대상의 의미, 중요성 및 특성을 고려하는 실체적 기준이 함께 제시되어야 한다."

154) 특히, 헌재 2003.7.24. 2002헌바82, 판례집 15-2(상), 141쪽.

률이 과연 얼마만큼 "구체적으로 범위를 정하여 위임"해야 하는지에 관한 판단을 피수권기관(행정권력기관)의 관점이 아니라, 일반국민의 관점에서 구하고 있다는 점에서 포괄위임금지원칙의 본질을 곡해하고 있다는 비판으로부터 자유롭기 어렵다.[156] 뿐만 아니라 포괄위임금지원칙의 준수여부에 관한 판단을 일반국민의 입장에서 바라보는 헌법재판소의 태도는 입법자와 행정부 상호 간 문제인 헌법 제75조 및 제95조의 요청을 입법자와 국민 상호 간 문제로 변질시킨다는 비판을 받고 있으며,[157] 무엇보다도 법에 대한 전문적 능력을 보유하고 있는 피수권기관(대통령·국무총리·행정 각부의 장)의 관점이 아니라, 법에 대한 전문적인 사전 지식과 훈련이 부족한 보통의 상식을 가진 일반국민의 관점에서 "구체적으로 범위를 정하여 위임"하고 있는지 여부를 검토하게 한다는 점에서 포괄위임금지원칙이 요청하고 있는 수권법률의 구체성 및 명확성의 정도를 보다 높은 수준으로 끌어올리는 계기가 되어,[158] 결국 수권기관인 국회에게 과도한 입법부담을 지

---

155) 헌재 2003.7.24. 2002헌바82, 판례집 15-2(상), 141-142쪽: "헌법 제75조는 행정부에 입법을 위임하는 수권법률의 명확성원칙에 관한 것으로서, 법률의 명확성원칙이 행정입법에 관하여 구체화된 특별규정이다. 법률의 명확성원칙은 '법률의 수권은 그 내용, 목적, 범위에 있어서 충분히 확정되고 제한되어 있어서 국민이 행정의 행위를 어느 정도 예측할 수 있어야 한다'는 것을 의미한다. 헌법재판소의 판례도 일관되게 헌법 제75조의 명확성원칙과 관련하여, '법률에서 구체적으로 범위를 정하여 위임받은 사항이라 함은 법률에 이미 대통령령으로 규정될 내용 및 범위의 기본사항이 구체적으로 규정되어 있어서 누구라도 당해 법률로부터 대통령령에 규정될 내용의 대강을 예측할 수 있어야 함을 의미한다'고 하여 예측가능성의 이론에서 출발하고 있다."; 관련하여 헌재 2014.7.24. 2013헌바169, 공보 214, 1260-1261쪽; 헌재 2014.4.24. 2012헌바412, 판례집 26-1(하), 73쪽; 헌재 2014.4.24. 2013헌바110, 판례집 26-1(하), 94-95쪽; 헌재 2012.2.23. 2010헌바206, 판례집 24-1(상), 139쪽; 헌재 2012.7.26. 2009헌바328, 판례집 24-2(상), 84쪽; 헌재 2006.7.27. 2006헌바18등, 판례집 18-2, 184쪽; 헌재 1996.8.29. 95헌바36, 판례집 8-2, 99쪽 등등 참조.

156) 헌법 제75조 및 제95조에 근거하고 있는 포괄위임금지원칙은 기본적으로 권력분립원리의 실현을 통한 의회입법기능을 보장하기 위한 것이므로 일반국민이 이와 직접적으로 관련되어 있다고 볼 수 없다(전종익, 앞의 글, 30쪽). 관련하여 한수웅, 앞의 글, 620쪽; 오수정, 「입법권위임의 헌법적 한계에 관한 연구」, 중앙대 석사논문, 2006, 142쪽: "입법권위임이 명확한가의 판단에 있어서 '국민이 관점에서 공권력행위가 예측가능한지'의 기준에 일방적으로 의존하는 것은 부당하며, 헌법 제75조의 규정내용을 입법자와 행정부 사이의 규율권한의 배분의 문제로 파악하여 규율대상의 의미, 중요성 및 특성을 고려하는 실체적 기준이 함께 제시되어야 할 것이다."

157) 한수웅, 앞의 글, 635쪽.

158) 원칙적으로 피수권기관들은 구체적으로 법을 집행하는 행정기관으로서 당해 분야에 관하여 적어도 일반인들에 비해서는 훨씬 높은 전문성을 갖추고 있는 자들로 평가될 수 있을 것인바, 수권법률이 다소 추상적이고 포괄적이라고 하더라도 규범과 규범현실에 대한 전문적인 이해에 터 잡아서 해당 수권법률의 의미와 그 범위를 확정해낼 수 있는 능력이 일반인들보다는 탁월하다고 볼 수 있을 것이다. 따라서 이들의 입장에서 수권법률의 명확성을 요구하지 않고 일반인들의 입장에서 수권법률의 명확성을 요구하게 되면, 포괄위임금지원칙의 심사강도는 상대적으로 강화될 수밖에 없을 것이다.

우며, 그로 인하여 오늘날 헌법현실에서 증가하고 있는 규범의 수요에 대한 국회의 적실한 대응을 어렵게 한다는 점[159]에서도 문제가 있다.[160] 아울러 "위임의

---

159) 바로 이러한 헌법현실적 어려움으로 인해서 의회주권사상에 기초하여 의회가 입법권을 위임하는 데 있어서 어떠한 제한도 있을 수 없다는 전통을 갖고 있는 영국은 물론이고, 이러한 전통을 계수하고 있는 미국에서는 의회의 포괄위임에 대해 아주 관대하게 취급하는 판례법리가 발달하고 있으며(예컨대, Chevron, U.S.A., Inc. v. Natural Resources Defense Council, Inc., 467 U.S. 837 (1984)), 심지어 역사적 반성에 기초하여 포괄위임금지원칙의 법리를 태동시키고 발전시켜왔던 독일에서도 오늘날 포괄위임금지원칙의 엄격성을 완화하려는 경향(Vgl. T. Mann, Art. 80, in: M. Sachs (Hrsg.), Grundgesetz Kommentar, 6. Aufl., C. H. Beck, 2011, S. 1646(Fn. 77))을 보여주고 있는 것으로 생각된다(포괄위임금지원칙에 대한 비교법적 차원에서의 검토로는 박재윤, 「위임명령을 통한 행정의 통제와 조종 — 헌법재판소 2011.6.30. 선고 2008헌바166등 결정 —」, 『공법연구』 41－3, 한국공법학회, 2013, 371－374쪽 참조). 실제로 우리 헌법재판소 또한 포괄위임금지원칙을 심사함에 있어서 일반국민의 관점에서 예측가능성 및 명확성을 기준으로 한다는 일반적인 설시를 거듭하면서도(구체적 증거로는 위 주 155) 참조), 정작 구체적 판단에서는 「(법에 대한 전문적 능력이 부족한 일반국민도 충분히 예측할 수 있는 수준의 명확성의 정도를 규명하지 않고) "법조항 전체를 유기적·체계적으로 종합 판단" 혹은 "체계적·목적적 해석방법을 통하여 판단" — 이러한 판단은 법에 대한 전문지식이 없는 일반국민들로서는 어려운 사고과정이라고 할 수 있을 것이다. — 해야 한다는 등의 표현을 통하여, 결국 "법조항 전체를 유기적·체계적으로 종합 판단"(혹은 "체계적·목적적 해석방법을 통하여 판단")할 수 있는 법전문가들이 법률규정을 통해 의미를 해석해내면 헌법 제75조의 명확성원칙(포괄위임금지원칙)이 준수되었다는 취지의 판단」을 하고 있는 것으로 보인다(이러한 헌법재판소의 태도를 보여주는 사례로는 매우 많지만, 특히 최근 판례로는 헌재 2014.4.24. 2013헌바110, 판례집 26－1(하), 94－95쪽: "헌법은 제75조에서 '대통령은 법률에서 구체적으로 범위를 정하여 위임받은 사항 [···]에 관하여 대통령령을 발할 수 있다.'고 규정함으로써 위임입법의 근거를 마련함과 동시에, 입법상 위임은 '구체적으로 범위를 정하여' 하도록 함으로써 그 한계를 제시하고 있다. 여기서 '구체적으로 범위를 정하여'라 함은 법률에 대통령령 등 하위법령에 규정될 내용 및 범위의 기본사항이 가능한 한 구체적이고도 명확하게 규정되어 있어서 누구라도 당해 법률 그 자체로부터 대통령령 등에 규정될 내용의 대강을 예측할 수 있어야 함을 의미한다고 할 것이고, 다만 그 예측가능성의 유무는 당해 특정조항 하나만을 가지고 판단할 것은 아니고 관련 법조항 전체를 유기적·체계적으로 종합 판단하여야 하며, 각 대상 법률의 성질에 따라 구체적·개별적으로 검토하여야 한다."; 그 밖에도 헌재 2013.10.24. 2012헌바368, 판례집 25－2(하), 209쪽; 헌재 2003.7.24. 2002헌바82, 판례집 15－2(상), 141－142쪽; 헌재 2010.12.28. 2008헌가27 등, 판례집 22－2(하), 525쪽; 헌재 2012.11.29. 2011헌마827, 판례집 24－2(하), 263쪽 등등). 그런데 이러한 헌법재판소의 태도는 헌법재판소 스스로가 전제하고 있는 포괄위임금지원칙에 관한 이론적 이해와 그 구체적 적용이 상호 모순되고 있다는 점에서 비판되어야 할 것이다(이와 같은 인식으로는 특히 전종익, 앞의 글, 27쪽 참조). 왜냐하면 헌법재판소는 포괄위임금지원칙(위임의 명확성)과 관련하여 기본적으로 "누구라도" 당해 법률 그 자체로부터 피수권규범에 규정될 내용의 대강을 예측할 수 있어야 한다고 전제하면서도, 정작 구체적으로 그 예측가능성의 유무를 판단함에 있어서는 법에 대한 전문적인 사전지식과 훈련이 부족한 보통 상식을 가진 일반국민의 관점이 아니라, (해당 규범 및 규범현실에 대하여) 전문적 능력이 있어야 가능한 "법조항 전체를 유기적·체계적으로 종합 판단"(혹은 "체계적·목적적 해석방법을 통하여 판단")할 것을 요구하고 있기 때문이다. 따라서 포괄위임금지원칙의 준수여부를 심사하는 기준을 일반인의 관점이 아닌, 피수권기관의 관점으로 전환해야 할 것이다. 이러한 전환은 포괄위임금지원칙의 본질 — 포괄위임금지원칙은 기본적으로 수권기관인 국회와 피수권기관 상호 간의 권력분립을 충실히 구현하기 위한 헌법적 장치이다(전종익, 앞의 글, 15쪽) — 에도 잘 부합될 뿐만 아니라, 헌법현실적 요청에도 잘 부응되는 헌법해석이라고 판단된다.

명확성원칙”(혹은 “수권법률의 명확성원칙”)으로 이해되고 있는 포괄위임금지원칙의 준수여부를 일반인의 관점에서 파악하고 있는 헌법재판소의 태도는 형식적 헌법적합성심사기준인 포괄위임금지원칙(“입법을 위임하는 수권법률의 명확성원칙”)과 실질적 헌법적합성심사기준인 법치국가적 명확성원칙 간의 분별[161] — 형식적 헌법적합성심사기준으로서 활용되는 포괄위임금지원칙에서 요구되는 위임의 명확성원칙의 판단은 법률전문가인 피수권기관의 입장에서 행해지는 반면에, 실질적 헌법적합성심사기준으로서 활용되는 법치국가적 명확성원칙의 판단은 기본권주체인 국민의 입장에서 행해져야 한다는 점에서 양자는 뚜렷하게 분별된다.[162] — 을 어렵게 하여 체계적인 기본권심사를 방해하는바, 기본권심사를 위한 논증과정상의 합리성이란 측면에서도 (국회의 입법권수권행위와 관련하여 수권방식에 관한 권한법적 통제장치인) 포괄위임금지원칙의 준수여부는 일반인의 관점이 아니라, 피수권기관인 행정권력기관(대통령 · 국무총리 · 행정각부의 장)의 규범인식가능성 내

160) 한수웅, 앞의 책, 1180쪽.

161) 기본권관계에서 행해지는 형식적 헌법적합성심사는 심사대상인 국가행위(기본권침범)의 실질적 내용(알맹이)을 담아내고 있는 형식(껍데기)이 헌법상 ‘정당한 권한 있는 자의 정당한 권한범위 안’에서 ‘정당한 절차’에 따라 ‘헌법이 요구하고 있는 형태’로 만들어져 있는지 여부를 면밀하게 살펴보는 활동을 의미하는 반면에, 형식적 헌법적합성심사 다음에 행해지는 실질적 헌법적합성심사는 심사대상인 기본권침범이 기본권의 인적·물적 구성요건을 의미하는 기본권적 보호법익에 미치는 영향에 주목하여 헌법이 마련해둔 심사기준들의 준수여부를 살펴보는 활동이라고 할 수 있다(이에 관해서는 김해원, 「기본권심사에서 형식적 헌법적합성심사에 관한 연구 — 법률에 의한(durch Gesetz) 규율을 중심으로 —」, 『헌법학연구』 21－1, 한국헌법학회, 2015, 241쪽). 따라서 입법권을 수권 받는 기관(피수권기관)이 국회가 정립한 수권법률의 규율내용을 명확하게 알 수 있는지 여부에 주목하고 있는 포괄위임금지원칙(위임의 명확성원칙 내지는 “입법을 위임하는 수권법률의 명확성원칙”: 헌재 2012.2.23. 2011헌가13, 판례집 24－1(상) 42쪽)은 수권기관과 피수권기관 상호 간 권한배분관계 속에서 행해지는 수권방식에 관한 헌법적 통제라는 점에서 형식적 헌법적합성심사에서 활용되는 심사기준이라고 하겠다. 반면에 (피수권기관의 인식가능성 내지는 예측가능성에 주목하고 있는 ‘위임의 명확성’이 아니라) 기본권주체(즉, 기본권의 인적 구성요건)의 입장에서 기본권침범에 대한 인식가능성 내지는 예측가능성 차원에 주목하고 있는 법치국가적·일반적 명확성원칙은 실질적 헌법적합성심사에서 활용되는 심사기준이라고 할 것인바, 위임의 명확성으로 일컬어지는 포괄위임금지원칙과 일반적 명확성원칙은 기본권심사구조 안에서도 분별된다.

162) 실제로 일반국민은 무엇이 금지되는 행위이고 무엇이 허용되는 행위인지를 위임하고 있는 법률만을 보고 판단하는 것이 아니다. 설사 일반국민이 수권법률 그 자체만으로는 도저히 해당 규범의 의미를 파악할 수 없다고 하더라도, 하위법령에 금지나 허용여부가 명확하게 규정되어 있고 그에 따라 집행이 이루어진다면 (일반국민이 하위법령에 접근하고 이를 확인하기가 어려운 경우가 아닌 한) 일반국민의 입장에서 규범에 대한 예측가능성 및 명확성원칙(즉, 법치국가적 명확성원칙)이 충족되기 때문이다(이에 관해서는 전종익, 앞의 글, 27쪽). 따라서 기본권심사에서 실질적 헌법적합성심사기준으로서 활용되는 법치국가적 명확성원칙은 형식적 헌법적합성심사기준으로서 수권법률의 명확성원칙(위임의 명확성원칙)을 의미하는 포괄위임금지원칙과는 뚜렷하게 구별되어야 할 것이다. 관련하여 한수웅 교수 또한 “법치국가적 명확성의 사고를 헌법 제75조의 요청에 그대로 적용하는 것이 타당한지에 대한 의문”을 제기하고 있다(한수웅, 앞의 글, 571쪽).

지는 예측가능성의 관점에서 검토되어야 할 것이다.

㉰ 포괄위임금지원칙의 심사강도

피수권기관인 행정권력기관의 규범인식가능성 내지는 예측가능성의 관점에서 국회가 "구체적으로 범위를 정하여 위임"하고 있는지 여부를 판단하여 국회의 수권법률제정행위를 통제한다고 하더라도, '구체적인 경우에 이러한 통제의 강도를 어떻게 결정할 것인가?'하는 문제는 여전히 남아있다. 이러한 문제는 헌법규범과 헌법현실의 상호참조 속[163]에서 특히, 포괄위임금지원칙의 수범자인 국회의 입장 및 능력에 주목해서 검토되어야 할 것으로 생각된다. 왜냐하면 '법은 불가능한 것을 요구할 수 없다.'라는 것은 법치주의의 최소한의 내용이자 합리적인 법체계가 반드시 갖추어야할 기본적 전제인바,[164] 규범수범자가 요구된 (원칙)규범을 따르는 것에 대한 사실상의 어려움이 크면 클수록(즉, 규범준수에 대한 현실적 기대가능성이 낮으면 낮을수록) 해당 규범을 통해서 규범수범자를 통제하는 강도는 상대적으로 완화되는 방향으로 전개되어야하기 때문이다.[165] 따라서

163) 헌법학 연구의 두 대상은 헌법규범과 헌법현실이다. 하지만 "헌법규범의 실효성은 헌법규범이 어느 정도 헌법현실을 규율하는가의 문제로 파악"될 수 있음에도 불구하고, "헌법의 본질은 규범성에 있으며 치자 및 피치자에 대한 당위의 규준으로서 현실적인 기능을 영위하는 것"으로 이해되는 바(헌법규범과 헌법현실의 관계에 관해서는 김철수, 「헌법규범과 헌법현실 — 대한민국헌법의 규범력에 관하여 —」, 『저스티스』 9-1, 한국법학원, 1965, 23-24쪽), 결국 법학의 관점에서 본다면 헌법규범이 헌법해석의 가장 중요한 대상이자 그 출발점이라고 하겠다. 따라서 포괄위임금지원칙의 심사강도를 조정함에 있어서도 무엇보다 우선하여 헌법규범이 고려되어야 한다. 관련하여 죄형법정주의(헌법 제13조 제1항)나 조세법률주의(헌법 제59조)의 등과 같이 헌법이 별도로 강화된 국회입법원칙을 선언하고 있는 영역을 규율하는 수권법률 — 특히, 처벌·제재·조세 등의 부과와 결부된 수권법률 — 을 심사대상으로 삼아서 포괄위임금지원칙의 준수여부를 판단함에 있어서는 (그렇지 않은 영역과 관련된 입법권한을 수권해주는 법률을 심사대상으로 삼는 경우에 비해서) 상대적으로 그 심사강도를 강화하는 것(즉, '엄격심사'하는 것)이 정당화될 수 있을 것으로 생각된다. 왜냐하면 처벌·제재·조세 등의 부과와 관련된 상한과 하한을 수권법률이 구체적으로 정해서 위임해야 한다는 주장은 죄형법정주의나 조세법률주의 등과 같은 헌법원칙의 논리적 귀결 혹은 뒷받침을 통해서 보완·보강될 수 있기 때문이다(관련하여 박재윤, 앞의 글, 390쪽: "처벌법규나 제재법규, 조세법률 등에 있어서는 상한과 하한을 정하는 것과 같이 엄격한 위임이 필요할 수 있을 것이다. 그러나 이는 헌법 제75조 자체보다는 죄형법정주의나 조세법률주의와 같은 강화된 헌법원칙에 따른 귀결이라고 보아야할 것이다.").

164) 이에 관해서는 L.L.Fuller, The Morality of Law, Yale Univ. Press, 1964, p. 85-93.

165) 원칙규범의 개념에 관해서는 R. Alexy, 앞의 책, 75-76쪽; 한편 규칙규범이 규범수범자에게 불가능한 것을 요구하고 있는 경우도 생각해볼 수 있을 것이다. 이 경우 만약 해당 규칙규범이 법률적 차원이라면 헌법상 법치주의원리에 반해서 위헌을 면하기 어려울 것이다. 하지만 만약 불가능한 것을 요구하는 규칙규범이 헌법적 차원의 것이라면 이는 헌법규범충돌상황 속에서 제기되는 헌법규범과 헌법현실 간의 괴리문제로 접근해야 할 것이다(이에 관한 체계적 정리는 김해원, 「국가행위의 적헌성 판단에 있어서 헌법규범의 적용방식에 관한 연구」, 『헌법학연구』 16-3, 한국헌법학회, 2010, 515-520쪽).

헌법이 "구체적으로 범위를 정하여 위임"하라는 수권방식과 관련된 '정도의 의무'를 규범수범자인 국회에게 부과했지만, 만약 구체적인 경우에 위임내용(수권내용/규율대상)에 관해서 국회의 전문성 내지는 규율능력을 기대하는 것이 상대적으로 어렵거나 국회입법기술상 구체성이 강화된 규율방식으로는 해당 수권목적을 달성하는 것에 대한 곤란함이 큰 경우 — 예컨대 수권내용 그 자체가 상대적으로 추상적·관념적 성격을 많이 갖고 있거나,[166] 국회가 수권내용을 규율함에 있어서 피수권기관이 보유하고 있는 전문성·기술성 및 민주적 정당성에 의존해야 할 필요성이 큰 경우,[167] 혹은 수권내용이 헌법현실의 변화무쌍 속에서 요동치거

166) 관련하여 올림픽대회를 위해서 100미터 빨리 달리기 잘하는 사람(달리기선수)을 선발하는 기준을 규율하는 입법을 국회가 대통령에게 수권하는 경우와 국제성악대회의 대표로서 예술성 높은 노래를 잘하는 사람(혹은 성악가)을 선발하는 기준을 규율하는 입법을 국회가 대통령에게 수권하는 경우를 가정해보자. 후자의 기준(예술성이 뛰어난 노래를 잘하는 기준)은 수치화할 수 있는 전자의 기준(100미터 빨리 달리기 잘하는 기준)에 비해서 더 추상적이고 관념적이다. 따라서 전자에 비해서 후자를 국회가 수권내용으로 삼고 있는 경우에, 포괄위임금지원칙이라는 심사기준을 활용하여 국회의 입법권(특히, 수권방식)을 통제하는 강도는 상대적으로 보다 더 완화될 수 있을 것으로 판단된다. 왜냐하면 전자의 경우는 '무엇이 빠른가?'라는 관점에서 예컨대 '100미터 달리기기록이 20초 이내인 사람들 중에서 대통령이 정하는 기준' 등과 같이 비교적 명확하고 구체적으로 국회가 대통령에게 수권할 수 있을 것이나, 이러한 정도의 구체화를 '무엇이 예술성이 높은가?'라는 추상적이고 관념성이 높은 의문에 대한 대답을 요구하고 있는 후자의 경우에도 똑같이 요구하여 전자와 같은 수준으로 수치화 혹은 계량화를 통해 명확화·구체화를 달성하도록 국회에게 요구하는 것은 국회의 입법권행사를 과도하게 통제하는 것 혹은 애당초 기대가능하지 않는 것을 요구하는 것으로 평가될 수 있기 때문이다.

167) 이와 관련해서는 무엇보다도 수권기관인 국회의 역할(임무)과 피수권기관의 규율능력 및 조직법적 특성이 주목되어야 한다. 특히 박재윤 교수는 다음과 같은 입장을 피력하고 있다(박재윤, 앞의 글, 390–391쪽): "법률과 위임명령의 구별은 기능적, 조직적으로 누가 더 해당영역 및 대상에 대한 규율을 잘 할 것인가의 관점에서 접근하여야 한다. 이와 관련하여 입법자는 실체적인 법률의 정의규정들과 절차적·조직적 예방책의 형태로 법률요건의 상이한 구조를 만드는 임무가 있다." 같은 맥락에서 국회로부터 '입법권을 수권 받는 기관(피수권기관)'의 조직·구성상의 민주적 정당성이 강화될수록 '피수권기관이 자치적으로 결정할 수 있거나 자치적으로 결정하는 것이 바람직한 사항을 정립할 수 있는 입법권한을 수권하는 법률(수권법률)'에 대한 규범구체화의 요청은 그렇지 않은 경우에 비해서 상대적으로 완화될 수 있을 것으로 생각된다. 왜냐하면 민주적으로 조직·구성된 피수권기관이 민주적 방식으로 정립한 자치규범을 통해서 스스로 자치적 사항을 규율할 경우에 그 규율의 전문성 및 정당성이 강화될 가능성이 상대적으로 높을 것인바, 이 경우 국회는 해당 사항을 규율하는 입법권을 피수권기관에게 수권하는 법률(수권법률)을 정립을 함에 있어서 상대적으로 피수권기관의 전문적 능력 및 의사결정과정에서의 민주적 정당성에 의존해야 할 필요성이 높아지기 때문이다. 예컨대, A라는 (자치)단체에만 영향을 미치는 업무와 관련된 사항을 규율하는 입법을 전체 국민의 대표기관인 국회가 결정한다면, 이는 해당 (자치)단체의 업무와 무관한 혹은 별다른 영향이 없는 자들의 의사에 의해서 (자치)단체의 업무가 결정되는 계기가 마련되는바, 이러한 의사결정과정은 구성원들의 자기지배에 기초하고 있는 민주주의 원리 내지는 민주적 정당성의 일부 후퇴로 이해될 수 있다(민주주의 원리의 본질로서 '자기지배'에 관해서는 특히, Vgl. K. Hesse, Grundzüge des Verfassungsrechts der Bundesrepublik Deutschland, C. F. Müller, 20. Aufl., 1995, Rn. 131). 따라서 이러한 경우와 관련된 입법을 하는 국회는 다른 경우에 비해서 상대적으

나 피수권기관에게 탄력적이며 기민한 대응을 강하게 요청하는 경우[168] — 라면, 그렇지 않은 경우에 비해서 포괄위임금지원칙이라는 심사기준을 통해서 수권방식과 관련된 국회의 입법행위를 통제하는 강도는 상대적으로 완화될 수 있을 것이다. 그리고 이러한 견해는 입법권을 수권하는 국회에게 "구체적으로 범위를 정하여 위임"할 것을 요구하고 있는 헌법원칙(즉, 포괄위임금지원칙)을 "행정부에 입법을 위임하는 수권법률의 명확성"(즉, 위임의 구체성 · 명확성 · 예측가능성)으로 이해하고 있는 헌법재판소[169]의 다음 결정들을 통해서도 지지되고 있다: 즉, 헌법재판소는 「"위임의 구체성 · 명확성의 요구 정도는 그 규율대상의 종류와 성격에 따라 달라질 것"[170]이라고 전제하면서, 수권내용(규율대상)과 관련된 피수권기관의 전문성과 수권기관인 국회의 예측가능성 및 입법기술상의 어려움, 그리고 수권내용을 통해서 달성하려는 목적(수권목적)[171] 등을 고려하여 "고도로 전문적이고 기술적이어서 그 속성상 형식적인 국회입법보다 탄력성이 있는 행정입법을

로 해당 (자치)단체의 전문성 및 민주적 의사결정과정에 의존해야 할 필요성이 높아질 것이며, 이에 상응하여 국회의 전문성 및 규율능력을 기대하는 정도는 상대적으로 낮아질 수 있을 것으로 생각된다. 이러한 경우는 입법권을 수권하는 법률에서 '지방자치단체의 의회가 정립하는 조례' 혹은 '공공단체가 자치적으로 정립한 정관'을 피수권기관 및 피수권규범으로 특정하고 있는 경우에 보다 뚜렷하게 나타난다. 심지어 헌법재판소는 "조례에 대한 법률의 위임" 및 "법률이 정관에 자치법적 사항을 위임한 경우"에는 포괄적으로 위임할 수 있다는 입장을 피력하고 있다(이러한 헌법재판소의 입장과 이에 대한 비판에 관해서는 아래 목차 Ⅱ. 1. 다. 2) 가) (2) (다) ⑤ 참조).

168) 이러한 경우에는 특히 '국회입법과정의 신속성의 정도'는 물론이고 '피수권기관에 의한 입법과정의 신속성의 정도' 등과 관련된 헌법현실 및 헌법규범에 대한 고려가 함께 행해져야 할 것이다. 관련하여 박영도, 「독일의 위임입법제도에 관한 연구」, 『외법논집』 7, 한국외국어대학교 법학연구소, 1999, 20－21쪽; 유은정, 「소위 수익적 법률에서 위임입법의 헌법적 한계 — 특수임무수행자보상에 관한 법률 제2조 및 동법 시행령 제2조를 중심으로 —」, 『공법학연구』 14－3, 한국비교공법학회, 2013, 279쪽: "[…] '다양하고 급속한 경제적 · 사회적·기술적 변화에 대응하여 신속하게 법제정을 하는 것이 요구되나 의회의 입법절차로서는 그것을 실현할 수 없는 영역이 존재'하는지, '규제가 장소적, 시간적, 기술적으로 세분화되어 있어서 국가에게 본질적인 문제를 결정하여야 하는 의회에는 시간적 여유'가 없는지, […] 등의 문제를 고려할 수 있다."

169) 특히, 헌재 2003.7.24. 2002헌바82, 판례집 15－2(상) 141－142쪽; 헌재 1995.11.30. 93헌바32, 판례집 7－2, 607쪽; 헌재 2013.8.29. 2011헌가19 등, 판례집 25－2상, 360쪽.

170) 특히, 헌재 1997.2.20. 95헌바27, 판례집 9－1, 164쪽; 헌재 2003.7.24. 2002헌바82, 판례집 15－2(상), 142쪽: "수권법률의 명확성의 정도에 대한 요구는 일반적으로 확정될 수 있는 성질의 것이 아니라, '규율하고자 하는 생활영역이 입법자로 하여금 어느 정도로 상세하고 명확하게 규정하는 것을 가능하게 하는가' 하는 규율대상의 특수성 및 수권법률이 당사자에 미치는 규율효과에 따라 다르다."

171) 헌재 2003.7.24. 2002헌바82, 판례집 15－2(상), 143쪽: "입법권을 위임하는 법률이 충분히 명확한지의 여부는 당해 법률조항만이 아니라 그 규범이 위치하는 법률 전체를 포함한 관련법조항의 체계적인 해석을 통하여 판단해야 하는데, 특히 이 경우 수권의 목적으로부터 수권의 내용이 구체화될 수 있고, 이로써 수권의 범위가 어느 정도 예측될 수 있기 때문에, 수권의 목적, 즉 당해 법률조항의 입법목적은 중요한 의미를 가진다."

활용할 필요성이 크다."고 판단되거나,[172] "사회적·경제적 여건에 따라 적절히 대처할 필요가 있다거나 입법기술상 법률로써 대강의 기준이라도 정하기가 어렵다."고 생각되는 경우[173] 혹은 "다양한 사실관계를 규율하거나 사실관계가 수시로 변화될 것이 예상될 때"[174]」에는 위임의 명확성(즉, 포괄위임금지원칙)의 심사강도는 그렇지 않은 경우에 비해서 상대적으로 완화되어야 한다는 입장을 피력하고 있다.

다만 포괄위임금지원칙의 심사강도를 결정함에 있어서 기본권적 보호법익 및 기본권침범에 주목하여 「"침해적 행정입법에 대한 수권의 경우에는 급부적 행정입법에 대한 수권의 경우보다 그 수권이 보다 명확해야"한다」거나,[175] 또는 「"국민의 기본권을 직접적으로 제한하거나 침해할 소지가 있는 법규에서는 구체성·명확성의 요구가 강화되어 포괄위임금지원칙의 준수여부가 보다 엄격하게 검토되어야" 하는 반면에,[176] "규율내용이 기본권제한을 완화시켜주려는 것이거나 원칙적 금지를 일정한 요건 하에서 해제하여 허가하는 것을 내용으로 하는 경우에는 포괄위임금지원칙의 심사강도는 완화되어야"한다[177]」는 입장을 피력하고 있는 헌법재판소의 태도는 무엇보다도 아래와 같은 이유들 때문에 배척되어야 할 것으로 생각된다: 첫째, 포괄위임금지원칙의 심사강도를 조정함에 있어서 (수권내용을 수권기관이나 피수권기관의 관계 속에서 주목하는 차원을 벗어나서) 수권내용으로 인해서 훼손되는 기본권적 보호법익(기본권의 인적·물적 구성요건)과의 관련성을 고려하고 있는 헌법재판소의 태도는 (입법권을 수권하는 입법자인 국회와 이를 수권 받는 행정부 상호 간 권한배분질서를 정서하여 입법자의 정치적 책임과 기능 및

---

172) 특히, 헌재 1999.2.25. 97헌바63, 판례집 11－1, 140쪽; 헌재 2010.3.25. 2008헌가5, 판례집 22－1(상), 389－390쪽 참조.

173) 특히, 헌재 2004.7.15. 2003헌가2, 판례집 16－2(상), 10쪽; 헌재 2010.5.27. 2009헌바183, 판례집 22－1(하), 269쪽; 헌재 2009.3.26. 2008헌바105, 판례집 21－1상, 469쪽 참조.

174) 특히, 헌재 1991.2.11. 90헌가27, 판례집 3, 29－31쪽; 헌재 2003.7.24. 2002헌바82, 판례집 15－2(상), 142쪽: "다양한 형태의 사실관계를 규율하거나 규율대상인 사실관계가 상황에 따라 자주 변화하리라고 예상된다면 규율대상인 사실관계의 특성을 고려하여 명확성에 대하여 엄격한 요구를 할 수 없다. 이러한 경우, 복잡·다양하고 변화하는 상황에 따른 합리적인 해결이 가능하도록 입법권을 위임받는 행정부에 어느 정도 자유공간을 인정할 필요가 있다."

175) 헌재 2003.7.24. 2002헌바82, 판례집 15－2(상), 131쪽.

176) 헌재 1994.6.30. 93헌가15 등, 판례집 6－1, 576쪽.

177) 헌재 2004.10.28. 2002헌바41, 판례집 16－2(항), 138쪽; 헌재 2003.7.24. 2002헌바82, 판례집 15－2(상), 144쪽: "이 사건 법률조항은 그 자체로서 기본권을 제한하는 규정이 아니라 기본권의 제한을 완화시켜주고자 하는 규정이라는 점에서도, 위임의 명확성에 대한 요구는 상대적으로 완화되어야 한다."

민주국가적 기능질서의 보장을 의도하고 있는 헌법원칙으로 이해되어야 하는)[178] 포괄위임금지원칙의 본질에 대한 오해로부터 비롯된 것일 뿐만 아니라, 포괄위임금지원칙의 활용을 통해서 간접적으로 달성될 수 있는 효과인 국민의 기본권 보장과 관련된 측면[179]을 포괄위임금지원칙을 활용하기 위한 심사강도결정기준으로 직접 고려하고 있다는 점에서 논리적 비약과 오류를 내포하고 있다. 둘째, 헌법재판소의 태도는 미리 기본권심사의 결론을 예단한 다음, 이를 바탕으로 기본권심사과정에서 활용되는 심사기준인 포괄위임금지원칙의 심사강도를 노골적으로 조정하고 있다는 의심으로부터 자유롭기 어렵고, 무엇보다도 실질적 헌법적합성심사(특히, 비례성심사)를 통해서 확인될 수 있는 사항인 '기본권적 보호법익에 대한 훼손정도 내지는 기본권제한의 정도'에 관한 판단결과를 미리 선취하여 형식적 헌법적합성심사기준인 포괄위임금지원칙의 판단에서 활용하고 있다는 점에서 논리적 선후관계를 혼동한 것이다.[180]

㉱ 소결

헌법 제75조 및 제95조에 근거하여 「국회(수권기관)가 입법권을 대통령·국무총리·행정각부의 장(피수권기관)에게 수권하는 법률(수권법률)이 수권내용(규율대상)을 "구체적으로 범위를 정하여 위임"하고 있는지 여부(즉, 포괄위임금지원칙의 준수여부)에 관한 판단은 (일반인의 관점이 아니라, 법에 대해 전문적 능력을 갖추고 있는) 피수권기관의 규범인식가능성 내지는 예측가능성의 관점에서 객관적으로 검토하되,[181] 수권내용에 관하여 수권기관인 국회의 전문성 내지는 규율능력을 기

178) 한수웅, 앞의 글, 617－618쪽: "즉 헌법 제75조의 주된 목적은 국민의 권리보호가 아니라 입법자의 정치적 책임과 기능의 보호에 있으며, […]"; 전종익, 앞의 글, 15쪽: "기본적으로 헌법 제75조는 규율대상의 특성 및 전문성 등에 따른 기능적 필요에 의하여 일정범위에서 의회입법의 원칙을 완화하는 규정으로서 의회와 행정기관간의 권력분립을 충실히 구현하기 위한 것이다."

179) 전종익, 앞의 글, 16쪽: "입법위임관계는 '입법자－행정부－국민'의 3자관계이며 국민은 행정입법에 대한 통제를 통해 기본권 보장이라는 간접적인 효과를 받는 위치에 있을 수밖에 없다."

180) 이는 전체 기본권심사구조 속에서 포괄위임금지원칙의 체계적 위상에 대한 헌법재판소의 이해 부족을 드러낸 것이다. 관련하여 형식적 헌법적합성심사 다음에 실질적 헌법적합성심사가 행해져야 하는 이유에 관해서는 김해원, 앞의 글(주 161), 241쪽 참조.

181) 물론 이러한 검토는 당해 특정사항 하나만을 가지고 행할 것이 아니라 관련 법조항 전체를 유기적·체계적으로 종합하여 판단해야 하며, 각 심사대상 법률의 성질에 따라 구체적·개별적으로 행해져야 한다(헌재 1996.8.29. 94헌마113, 판례집 8－2, 164쪽). 관련하여 헌법재판소는 수권법률의 수권조항 그 "자체에서 위임의 구체적 범위를 명확히 규정하고 있지 않다고 하더라도 당해 법률의 전반적 체계와 관련규정에 비추어 이 사건 위임조항의 내재적인 위임의 범위나 한계를 객관적으로 분명히 확정할 수 있다면 이를 일반적이고 포괄적인 백지위임에 해당하는 것으로 볼 수는 없다[헌법재판소 1994.7.29. 선고, 93헌가12 결정; 1995.11.30. 선고, 94헌바40, 95헌바13 결정(병합) 참조]."라고 판단한 바 있다(헌재 1996.10.31. 93헌바14, 판례집 8－2, 434쪽).

대하는 것이 어렵거나 국회입법기술상 구체성이 강화된 규율방식으로는 해당 수권목적을 달성하는 것에 대한 곤란함 내지는 피수권기관에 대한 의존성이 크면 클수록 포괄위임금지원칙을 심사하는 강도(심사강도)는 그렇지 않은 경우에 비해서 상대적으로 완화되어야 한다. 그리고 "구체적으로 범위를 정하여" 일정한 사안의 규율권한을 위임하려는 수권법률정립권자(국회)가 '구체성'의 정도를 아주 높은 수준으로 달성할 수 있다고 하더라도, 이러한 달성이 규범으로서 갖추어야 할 추상성의 완전한 파괴로 귀결되어서는 안 될 것이다. 왜냐하면 수권법률이 갖고 있는 추상성이 '0'으로 수렴되는 지점에서는 피수권기관(정부)이 부여받은 입법권(즉, 일반적이고 추상적인 규범정립권한)은 껍데기로만 존재하게 되고, 경우에 따라서는 해당 사안과 관련하여 피수권기관(정부)이 수권기관(국회)의 단순한 심부름꾼으로 전락하게 됨으로써 헌법상 부여받은 행정권 또한 유명무실해질 수 있기 때문이다. 바로 이러한 점에서 위임의 명확성을 의미하는 포괄위임금지원칙은 포기될 수 없는 헌법적 가치이면서, 동시에 무제한적으로 관철될 수 없는 헌법원칙(Verfassungsprinzip)이라고 하겠다.

⑤ 補論: 의회유보원칙과 포괄위임금지원칙의 상호관계

전체 기본권심사구조에서 의회유보원칙과 포괄위임금지원칙은 형식적 헌법적합성심사에서 행해지는 권한법적 통제의 일환이란 점에서 공통점을 갖고 있으나, 기본적으로 의회유보원칙은 수권내용을, 포괄위임금지원칙은 수권방식을 겨냥하고 있다는 점에서 기능상 일정한 차이가 있다. 이러한 양자 간의 상이점은 특히 '기본권관계에서의 법률유보원칙' — 기본권관계에 개입되는 국가행위는 지극히 예외적인 극단적 경우[182]를 제외하고는 직접적이건 간접적이건 간에 반드시 법률에 그 근거가 마련되어 있어야 한다는 헌법적 요청이 바로 '기본권관계에서의 법률유보원칙'이라고 할 수 있다.[183] 이는 무엇보다도 일반적 법률유보조항으로 일컬어지는 헌법 제37조 제2항의 "법률로써"라는 명시적 규정으로부터 직접 도출된다. — 에 주목하면 보다 분명하게 드러난다. 즉, 법률유보원칙은 국회가 스스로 직접 특정 사항을 법률로 규율하는 것을 의미하는 '법률에 의한 규율(durch Gesetz)'과 국회가 기본권관련사항이 다른 기관에 의해서 규율될 수 있도록 법률적 근거를 마련해주는 경우를 의미하는 '법률에 근거한 규율(auf Grund

182) 이른바 헌법유보가 문제되는 경우로서 이에 관한 상세한 논의는 김해원, 앞의 글(주 3), 47-48쪽.

183) 전체 기본권심사구조에서 본다면, 법률유보원칙의 준수여부는 정당성심사의 제한영역(Schrankenbereich)에서 검토된다. 이에 관해서는 특히 김해원, 앞의 글(주 3), 30쪽; H. Gersdorf, 앞의 책, 63-64쪽; S. G. Kielmansegg, 앞의 글, 26쪽.

eines Gesetzes)'이라는 두 형태 모두를 다 포괄하고 있는 것으로 이해되는데,[184] 이때 전자와 후자를 구별하고, 반드시 국회 스스로가 정립한 법률에 의해서 규율되어야 할 사항과 그렇지 않은 사항을 분별하여 국회 입법권의 실질적 보장을 꾀하는 헌법적 요청이 바로 의회유보원칙인바,[185] 의회유보원칙은 법률유보원칙이 구현되는 한 형태인 '법률에 의한(durch Gesetz) 규율'이란 요청이 형해화되는 것을 막는 헌법적 빗장이라고 할 수 있겠다. 반면에 일정한 입법사항을 특정 피수권기관에게 수권하는 것을 전제로 삼고 있는 포괄위임금지원칙 — 따라서 포괄위임금지원칙은 의회유보원칙의 차원을 이미 떠난 것이다.[186] — 은 법률유보원칙이 구현되는 또 다른 한 형태인 '법률에 근거한(auf Grund eines Gesetzes) 규율'을 국회가 선택했을 경우에, 피수권기관(대통령 · 국무총리 · 행정각부의 장)에 의해 국회입법권이 형해화되는 것을 막는 헌법적 빗장으로서의 의미를 갖고 있다.[187] 아울러 의회유보원칙은 헌법 제40조로부터 도출되는 데 반해서, 포괄위임금지원칙의 근거는 헌법 제75조 및 헌법상 법치국가원칙이라는 점[188]에서도 양자는 뚜렷하게 구분된다.[189]

---

184) 이에 관해서는 헌재 2005. 2. 24. 2003헌마289, 판례집 17-1, 269쪽; 방승주, 앞의 글, 1-2쪽; 위주 15) 참조.

185) 자세한 내용은 위 목차Ⅱ. 1. 다. 2) 가) (2) (나) ③ 참조.

186) 방승주, 앞의 글, 26쪽.

187) '국회가 (국회입법권의 본질적인 사항에 대해서만 스스로 법률을 통하여 규율하고) 국회입법권의 비본질적 사항에 대해서 법률하위입법권자에게 소위 백지위임의 방식으로 입법권을 수권하는 행위'를 용납한다는 것은 결과적으로 국회입법권의 비본질적 사항(즉, 위임가능사항)에 대해서는 국회 스스로 실질적 입법권자로서의 지위를 완전히 포기할 수 있음을 받아들이는 것과 다름 아닌바, 이는 헌법 제75조 및 제95조는 물론이고, 위임가능사항과 위임금지사항에 대한 분별없이 단지 "입법권은 국회에 속한다."라고 규정하고 있는 헌법 제40조의 실질적 의미와도 부합되기 어렵다고 하겠다.

188) 한편 헌법재판소는 포괄위임금지원칙의 적용범위와 관련하여 헌법 제75조 및 헌법 제95조에만 주목함으로써, 포괄위임금지원칙이 일반적으로 활용될 수 있는 심사기준이라는 사실을 방해하고 있다. 관련하여 헌재 2001.4.26. 2000헌마122, 판례집 13-1, 972-973쪽: "법률이 정관에 자치법적 사항을 위임한 경우에는 헌법 제75조, 제95조가 정하는 포괄적인 위임입법의 금지는 원칙적으로 적용되지 않는다고 봄이 상당하다. […] 그러나 공법적 기관의 정관 규율사항이라도 그러한 정관의 제정주체가 사실상 행정부에 해당하거나, 기타 권력분립의 원칙에서 엄격한 위임입법의 한계가 준수될 필요가 있는 경우에는 헌법 제75조, 제95조의 포괄위임입법금지 원칙이 적용되어야 할 것이다."; 헌재 1995. 4. 20. 92헌마264등, 판례집 7-1, 572쪽: "조례의 제정권자인 지방의회는 선거를 통해서 그 지역적인 민주적 정당성을 지니고 있는 주민의 대표기관이고, 헌법이 지방자치단체에 대해 포괄적인 자치권을 보장하고 있는 취지로 볼 때 조례제정권에 대한 지나친 제약은 바람직하지 않으므로 조례에 대한 법률의 위임은 법규명령에 대한 법률의 위임과 같이 반드시 구체적으로 범위를 정하여 할 필요가 없으며 포괄적인 것으로 족하다고 할 것이다."

189) 한편 한수웅 교수는 기본적으로 의회유보원칙과 포괄위임금지원칙을 동일한 법원리로 이해하고

(다) 대통령을 수반으로 하지 않는 정부(독립행정기관)

① 서두

여기에서는 「조직/편제상 헌법 제4장 정부에 소속되어 있으면서도 "대통령을 수반으로 하는 정부"의 계서질서로부터 벗어나있는 기관」(이하에서는 '독립행정기관'이라 한다)에게 국회가 일정한 규범정립권을 부여하는 법률(수권법률)을 정립한 경우, 이러한 수권법률에 대한 형식적 헌법적합성심사에서 검토되어야 할 권한법적 통제에 관해서 살펴본다. 그런데 헌법상 독립행정기관에 관한 명시적 규정이 없다는 점에서,[190] 무엇보다도 국회가 법률을 통해서 특정 독립행정기관을

있는 것으로 보인다(한수웅, 앞의 글, 633－634쪽: "의회유보와 입법위임의 명확성원칙 모두 '무엇을 입법자가 스스로 규율해야 하고 무엇이 행정부에 위임될 수 있는지', '법률이 어느 정도로 상세하고 명확해야 하는지'에 관한 문제라는 점에서 그 기능이 일치하며, […], 위 두 가지 헌법적 요청의 기준은 근본적으로 같다. 따라서 입법권의 위임여부와 위임권한의 행사방법을 구분하여 각 본질성이론과 입법위임의 명확성원칙에 귀속시키는 것은 바람직하지 않으며, 본질성이론에 의한 심사와 명확성원칙에 의한 심사의 2단계 심사는 동일한 기준에 의한 중복적 판단으로서 불필요하다."). 하지만 의회유보원칙(혹은 본질성이론)은 위임과 무관하게 법률제정권자가 준수해야만 하는 사항이나, 포괄위임금지원칙은 일정한 사항을 위임하는 입법권자가 준수해야 하는 원칙이란 점에서 근본적으로 상이한 바, 양자는 단계적으로 적용될 수 있는 원칙으로 이해되어야 할 것이다(이와 관련하여 특히 송동수, 앞의 글, 113쪽: "포괄적 위임을 금지하고 있는 헌법 제75조는 그 자체가 의회유보의 원칙 아래 순수한 법률이 아닌 법규명령으로의 위임이 가능한 사항에 한해서만 적용될 수 있는 것이므로, 의회유보의 원칙이 먼저 적용된 이후에 적용될 수 있는 조항이다. 어째든 의회유보의 원칙이든 포괄적 위임금지든 양자는 근본적으로 의회의 기본적인 권한이 공동화(Aushöhlung)되는 것을 방지하기 위한 것으로, 의회유보가 포괄적 위임금지보다 우위에 있는 개념이다."; 방승주, 앞의 글, 28쪽). 관련하여 의회유보원칙과 포괄위임금지원칙의 관계에 관하여 동일설과 상이설의 관점이 대립하고 있는 독일에서도 기본적으로 양자는 별개의 독자적인 법원리로 이해하는 것이 일반적인 태도로 보인다(이에 관해서는 방승주, 앞의 글, 26－28쪽; 김철용/홍준형/송석윤, 「위임입법의 한계에 관한 연구」, 『헌법재판연구』 8, 헌법재판소, 1996, 81－81쪽; Vgl. B. Busch, Das Verhältnis des Art. 80 Abs. 1 S. 2 GG zum Gesetzes － und Parlamentsvorbehalt, SÖR 610(Duncker & Humblot, Berlin), 1992, S. 118f.; B. Wolff, Die Ermächtigung zum Erlaß von Rechtsverordnung nach dem Grundgesetz, in: AöR 78, S. 195f.; BVerfGE 40, 237(249f.)). 한편 김진곤 교수 또한 의회유보원칙과 포괄위임금지원칙 양자를 동일시하는 한수웅 교수의 견해에 대해 비판적인 입장을 피력하고 있으나, 기본적으로 법률유보원칙과 의회유보원칙을 분별하고 있지 않는바(김진곤, 「사회보장법영역에서 포괄위임입법금지원칙의 적용과 그 한계」, 『사회보장법학』 3－1, 한국사회보장법학회, 2014, 45－47쪽), (체계적이고 논리적인 기본권심사구조의 구축이란 측면에서 본다면) 또 다른 오해의 소지를 내포하고 있는 것으로 생각된다(기본권심사구조에 있어서 법률유보원칙과 의회유보원칙 상호 간 분별에 관해서는 김해원, 「수권법률에 대한 수권내용통제로서 의회유보원칙 — 기본권심사를 중심으로 —」, 『공법학연구』 16－2, 한국비교공법학회, 2015, 96－97쪽).

190) 헌법은 독립행정기관은 물론이고 조직/편제상 헌법기관 아래에 놓여 있지 않는 기관(즉, 무소속기관)에 관해서도 침묵하고 있다. 현재 헌법현실에서 확인되는 무소속기관으로는 무엇보다도 상설기관인 국가인권위원회(국가인권위원회법 제3조)와 비상설기관인 특별검사(특별검사의 임명 등에 관한 법률 제1조)를 언급할 수 있다. 그리고 주민들로부터 직접 선출되어 시·도의 교육·학예에

창설 혹은 형성할 수 있는지 여부에 관한 헌법적 판단이 선행되어야 한다.[191] 그런 다음 심사대상인 수권법률이 국회입법행위로 등장한 독립행정기관을 被授權機關으로, 해당 독립행정기관에 의해서 정립된 특정 규범을 被授權規範으로 삼는 것에 대한 헌법적 평가(즉, 피수권기관 및 피수권규범에 관한 헌법적 통제)가 이루어져야 할 것이며, 이어서 授權內容과 授權方式에 대한 헌법적합성여부(즉, 수권내용 및 수권방식에 관한 헌법적 통제) 또한 따져보아야 할 것이다. 이하에서는 이러한 쟁점들을 차례로 검토하되, 지금까지의 논의("대통령을 수반으로 하는 정부"에 소속된 기관에게 입법권을 수권하는 법률에 대한 형식적 헌법적합성심사)[192]와 구별될 수 있는 사항들에 대해서 특히 주목할 것이다.

② 법률을 통한 독립행정기관 창설의 가능성과 그 한계

㉮ 서두

독립행정기관은 편제상 헌법 제4장 정부에 소속되어 있지만, 자신의 본연의 업무가 대통령을 수반으로 하는 정부의 계서질서로부터 벗어나 있는 행정기관 — 구체적으로 현행 헌법질서 아래에서 입법자인 국회는 헌법기관인 감사원을 법률을 통해서 독립행정기관으로 형성하고 있으며,[193] 공정거래위원회[194]·방송통신위원회[195]·금융위원회[196]·국민권익위원회[197]·원자력안전위원회[198] 등등과 같은 기관들[199]을 창설하여 그 독립성을 법률을 통해서 보장하고 있다.[200] — 이

관한 사무를 집행하는 기관인 교육감(지방교육자치에 관한 법률 제18조) 또한 대통령 통제 하에 일원적으로 구성되어 있는 기관이 아니라는 점에서 독립기관으로 평가될 수 있을 것이며(강승식, 「대통령제와 복수 행정부제 결합의 문제점과 그 한계」, 『미국헌법연구』 21-1, 미국헌법학회, 2010, 32쪽; 김소연, 앞의 책, 16-17쪽), 영화 및 비디오물의 진흥에 관한 법률 제71조에 근거가 마련되어 있는 영상물등급위원회 또한 법률상 그 소속기관이 명시되어 있지 않다는 점에서 무소속 기관이라는 의심으로부터 자유롭지 않을 것으로 생각된다.

191) 이러한 이유에 관해서는 위 주 64) 참조.

192) 위 목차 Ⅱ. 1. 다. 2) 가) (2) (나).

193) 헌법 제97조~제100조; 감사원법 제2조.

194) 독점규제 및 공정거래에 관한 법률 제35조.

195) 방송통신위원회의 설치 및 운영에 관한 법률 제1조 및 제3조.

196) 금융위원회의 설치 등에 관한 법률 제3조.

197) 부패방지 및 국민권익위원회의 설치와 운영에 관한 법률 제11조 및 제16조.

198) 원자력안전위원회의 설치 및 운영에 관한 법률 제2조 및 제3조.

199) 이러한 기관들은 정부조직법 제2조 제2항에 해당하는 중앙행정기관이다(이에 관해서는 김소연, 앞의 책, 186-187쪽).

200) 여기서 예로 언급된 기관들은 독립행정기관이라는 잠정적 판단에 따른 것이다. 이러한 기관들이 독립행정기관으로 확정되기 위해서는 헌법현실에서 관련 규범들의 검토를 통해서 개별적으로 논

라고 정의할 수 있다.[201] 그런데 독립행정기관의 창설 및 형성에 관한 헌법상 명시적 금지규정이 없을 뿐만 아니라, 주권자인 국민으로부터 직접 민주적 정당성을 획득하고 있는 국회는 헌법 제40조로부터 도출되는 의회유보원칙에 부응하여 국가 통치조직과 작용에 관하여 기본적이고 본질적인 사항을 스스로 직접 정해야 한다는 점[202]에서 국회가 법률로써 독립행정기관을 창설/형성하는 것은 기본적으로 헌법상 허용될 수 있는 행위로 생각된다.[203][204] 다만 전통적인 행정계서

증되어야 함은 물론이다(독립적 위원회의 행정기관성 여부에 관한 개별적 논증으로는 헌재 2008.6.26. 2005헌마506, 판례집 20-1(하), 411-415쪽; 김배원, 「언론·출판의 자유와 사전검열금지원칙」, 『공법학연구』 16-1, 한국비교공법학회, 2015, 80-81쪽 참조). 한편 정부조직법 제5조 및 행정기관 소속 위원회의 설치·운영에 관한 법률 제5조 제1항에 따른 합의제행정기관에 해당하는 행정위원회들(예: 규제개혁위원회, 소청심사위원회, 무역위원회, 복권위원회, 전기위원회, 보훈심사위원회 등)도 함께 고려해볼 수 있겠으나, 이들은 단지 소속된 행정기관의 소관업무를 독립적으로 처리하기 위하여 그 행정기관에 부수하여 설치되는 기관이란 점에서 기존 행정조직으로서의 색채가 강한바, 정부조직법 제2조 제2항에 해당하는 중앙행정기관과는 그 독립성에 있어서 근본적인 차이를 갖고 있다고 잠정 판단할 수 있겠다(이에 관해서는 김소연, 앞의 책, 187-188쪽 참조).

201) 독립행정기관의 정의에 관한 다양한 의견들이 존재함에도 불구하고, '독립성'과 '행정청'이란 요소를 기본개념요소로 삼고 있는 것에는 이견이 없는 것으로 보인다(자세한 설명은 김소연, 앞의 책, 185-186쪽 참조).

202) 헌법 제40조에 근거하는 의회유보원칙(혹은 본질성이론)으로 말미암아 국가의 통치조직과 작용에 관한 기본적이고 본질적인 사항은 반드시 국회가 스스로 직접 법률로 정해야 하는바(특히, 허영, 『한국헌법론』, 박영사, 2008, 866-867쪽; 헌재 2006.3.30. 2005헌바31, 판례집 18-1상, 363쪽), 원칙적으로 국회가 정립한 법률의 근거 없이 특정 국가기관을 창설/형성할 수는 없다고 해야 할 것이다. 따라서 만약 특정 독립행정기관이 국회가 정립한 법률에 근거하지 않고, 특정 기관(대통령, 대법원장, 혹은 국회의장 등등)에 의해서 임의로 창설 혹은 형성되어 있다면, 이러한 독립행정기관은 그 존재자체가 헌법에 부합되기 어려울 것이다.

203) 한편 국회가 법률을 통하여 독립행정기관을 창설/형성할 수 있다는 헌법상 근거는 헌법 제96조의 물론해석을 통해서도 근거 지울 수 있을 것으로 생각된다. 즉 대통령을 수반으로 하는 정부의 계서질서 하에 예속되어 있는 기관인 행정각부도 국회가 법률로 설치하고 그 조직과 직무범위를 정하도록 헌법 제96조가 규율하고 있다는 점에서, 이러한 계서질서에 예속되어 있지 않는 기관(즉, 대통령을 수반으로 하지 않는 정부의 기관)이라고 할 수 있는 독립행정기관의 설치·조직과 직무범위에 관해서도 국회는 당연히 법률로 정할 수 있는 것으로 해석될 수 있기 때문이다. 같은 맥락에서 헌법 제86조 제2항에도 불구하고 국회가 국무총리의 통할을 받지 않는 대통령 직속의 특정기관을 창설할 수 있다고 판단한 헌법재판소 결정도 이해될 수 있을 것이다(헌재 1994.4.28. 89헌마221, 판례집 6-1, 263쪽; 김해원/조홍석, 「헌법상 대통령의 겸직금지에 관한 고찰 — '국가과학기술위원회 개편방안'을 중심으로 —」, 『한양법학』 46-2, 한양법학회, 2014, 122-124쪽 참조).

204) 한편 대통령제하에서 행정을 담당하는 기관을 대통령을 수반으로 하는 정부의 계서질서로부터 분리하는 방식에 관해서는 일반적으로 다음 4가지의 경우들이 언급되고 있다(이에 관해서는 김소연, 앞의 책, 16-22쪽): ① 대통령의 통제 하에 행정부를 일원적으로 구성하지 않고, 그 중 일부의 수장을 별도 선거를 통해 선출함으로써 다원적으로 구성하는 방식(복수행정부제), ② 헌법 제4장 정부가 아닌 다른 헌법기관(국회나 법원 등)에 소속된 특별조직을 설치하거나 어떠한 헌법기관 아래에 소속되어 있지 않는 별도의 무소속 기관을 설치하는 방식, ③ 행정기능의 민영화, ④ 헌법 제4

질서 외부에 놓여있는 독립행정기관을 적극적으로 창설/형성하는 국회입법행위는 헌법상 권력분립원칙 및 헌법 제66조 제4항의 의미를 형해화함으로써 헌법이 예정치 않았던 권력구조상의 변화를 초래할 수 있다는 점에서 무제한적으로 용납되어서는 안 될 것인바,[205] 국회입법행위를 통해서 독립행정기관의 설립이 허용될 수 있는 요건(독립행정기관을 성립시키는 입법에 대한 헌법적 통제)과 설립이 허용된 독립행정기관이 합헌적으로 존속될 수 있는 요건(독립행정기관의 조직/구성 및 운영과 관련된 입법에 대한 헌법적 통제)들이 검토되어야 할 것이다.[206]

㈏ 독립행정기관 창설에 대한 헌법적 통제

첫째, 독립행정기관은 일차적으로 행정권의 핵심영역이 아닌 업무를 담당하는 경우에만 그 성립이 헌법상 허용될 수 있을 것이다(소극적 요건: 행정권의 핵심영역에 관한 업무를 담당하지 않을 것). 왜냐하면 독립행정기관은 대통령을 수반으로 하는 정부의 계서질서에서 벗어나 있는 행정기관이란 점에서 우선, 국회에 의한 독립행정기관의 창설/형성이 헌법 제66조 제4항("행정권은 대통령을 수반으로 하는 정부에 속한다.")에 위반되지 않아야 하기 때문이다. 즉 헌법 제40조("입법권은 국회에 속한다.")의 의미가 입법권에 대한 국회의 독점을 의미하는 것이 아닌 것처럼, 헌법 제66조 제4항의 의미가 "대통령을 수반으로 하는 정부"가 모든 행정권을

장 정부에 속해 있으면서도 기존의 계서질서로부터 독립성을 갖는 기관(독립행정기관)의 설치.

205) 법률을 통한 독립행정기관의 설치는 기본적으로 헌법에 부합되지 않는다는 주장(위헌론)은 무엇보다도 다음과 같은 인식에 기초하고 있는 것으로 생각된다: ① 전통적·고전적 권력분립의 관점에 기초하여 헌법이 이미 정해놓은 범주(Kategorie)에 의하지 않은 채, 헌법상 권력행사주체인 기관과 행사되는 권력 간의 불일치가 발생하면 이는 곧 헌법상 권력분립원칙에 위배된다는 인식(김소연, 앞의 책, 23쪽), ② 행정권을 행사하면서도 대통령을 수반으로 하는 정부의 계서질서로부터 독립된 기관을 설치하는 것은 헌법이 예정하고 있지 않은 위헌적 상태라는 인식(김소연, 앞의 책, 24쪽), ③ 독립행정기관은 무책임하고 불명확한 기관이라는 인식(강승식, 「미국에서의 독립규제위원회와 권력분립」, 『한양법학』 13, 한양법학회, 2002, 293쪽), ④ 독립행정기관은 대통령·국무총리·국무위원·직업공무원으로 연결되는 행정조직을 무시한 것이라는 인식(박정훈, 「공정거래법의 공적 집행: 행정법적 체계정립과 분석을 중심으로」, 『공정거래와 법치』(권오승 編), 법문사, 2004, 1005쪽), ④ 독립행정기관은 헌법 제86조 제2항이 규정하고 있는 행정에 관한 국무총리의 통할권을 훼손한 것이라는 인식(이석연, 정부조직법이 사문화되고 있다, 매일경제, 2004.7.22.), ⑤ 국정에 관한 실질적 심의기관인 국무회의를 형해화하여 헌법에 의한 정상적인 국정운영을 위협할 것이라는 인식(김상겸, 「정부자문위원회에 관한 헌법적 연구」, 『헌법학연구』 11－2, 한국헌법학회, 2005, 292쪽). 이러한 위헌론에 대한 반론으로는 아래 주 209) 참조.

206) 왜냐하면 만약 국회가 독립행정기관의 설치와 조직/구성 및 운영에 관한 헌법적 요청(즉, 성립가능요건 및 존속요건)을 위반하면서 특정 기관을 독립행정기관으로 정립했다면, 이렇게 정립된 기관은 헌법에 부합되지 않는 독립행정기관이라고 할 것인바, 이러한 기관에게 입법권을 수권하는 법률의 위헌성 여부에 대한 추가적인 심사는 무의미해질 것이기 때문이다.

독점한다는 의미로 이해될 수 없는바,[207)208)] 행정권의 핵심영역에 해당하는 업무는 "대통령을 수반으로 하는 정부"에 속해야만 하겠지만, 본질적으로 행정권의 핵심영역에 해당하지 않는 업무를 담당하는 기관은 입법권자인 국회가 법률을 통해서 독립기관으로 창설·형성할 수 있다는 것이다.[209)210)] 관련하여 기존 행정

207) 이러한 이해는 사법권의 경우에도 통용될 수 있다. 즉 "사법권은 법관으로 구성된 법원에 속한다." 라고 규정하고 있는 헌법 제101조 제1항의 의미 또한 사법권이 "법관으로 구성된 법원"에게 독점된 것으로 이해될 수 없다는 것이다. 실제로 사법권 행사의 한 형태인 헌법재판권은 법원이 아니라 헌법재판소가 관장하고 있으며(헌법 제111조 제1항), 국회에서 행해지는 국회의원의 자격심사, 징계 및 제명 — 이들은 실질적 의미의 사법권에 해당하는 것으로 생각된다. — 은 법원에 제소할 수 없는 국회의 권한으로 규정하고 있다(헌법 제64조 제2항~제4항). 뿐만 아니라 헌법은 법관으로 구성되지 않는 법원 또한 존재할 수 있는 근거를 마련해두고 있다. 즉 헌법은 제110조 제1항("군사재판을 관할하기 위하여 특별법원으로서 군사법원을 둘 수 있다.")에서 특별법원의 근거조항을 마련해두고 있으며, 군사법원법은 이를 구체화하고 있다(특히 군사법원법 제22조, 제23조, 제24조 참조).

208) 만약 헌법 제66조 제4항을 아주 엄격하고 경직된 방식으로 해석하여 "대통령을 수반으로 하는 정부"만이 행정권을 행사할 수 있다고 한다면, 국회·법원·헌법재판소·중앙선거관리위원회 혹은 지방자치단체의 장 등과 같은 다른 헌법기관에서 행하는 구체적인 법률의 집행활동을 설명할 수 없게 될 뿐만 아니라, 국가 외에도 행정권의 주체가 있음에 착안하여 국가 이외의 행정주체를 총칭하는 개념인 "공공단체"를 명시하고 있는 헌법의 태도(헌법 제29조 제1항 및 제2항, 제46조 제3항)와도 부합되지 않는다(공공단체의 의미에 관해서는 최영규, 「행정주체 및 공공단체의 개념과 범위 — 공공단체의 개념과 행정주체성을 중심으로 —」, 『공법학연구』 5-1, 한국비교공법학회, 2004, 348쪽 참조).

209) 대통령 및 기존 행정조직으로부터 독립한 행정기관을 창설/형성하는 것이 권력분립원칙에 반하는 것 아닌가 하는 의문과 관련하여, 무엇보다도 권력분립원칙은 그 자체가 목적이 아니라 기본권보장 및 헌법국가구현을 위한 수단이란 점을 기억해야 할 것이며(오동석, 「국가인권위원회의 민주주의적 정당성과 그 정당화 과제」, 『아태공법연구』 9, 아·태공법학회, 2001, 129-130쪽 참조), 아울러 현대적·기능적 권력분립의 관점에서 다음과 같은 점 또한 함께 주목되어야 한다(이에 관해서는 김소연, 앞의 책, 27-30쪽, 203-205쪽 참조): ① 강력한 대통령제 국가에서 법원과 의회는 대통령의 권한을 실질적으로 통제하지 못하는 경우가 많으며, 이에 따라 관료제를 통한 견제방식인 독립행정기관의 설치가 오히려 더 효과적일 수 있다. ② 사회복지국가를 지향하는 현대국가에서 행정부의 업무영역이 과다해지고 그 영향력이 커지고 있다는 점을 고려한다면, 의회가 (법률을 통해서 대통령과 행정부의 권한을 일부 잠식하는 측면이 있는) 독립행정기관을 창설/형성하는 것은 오히려 오늘날의 헌법현실에서 견제와 균형의 원리가 실현되어 가는 과정으로 이해될 수 있다. ③ 우리보다 더 엄격한 삼권분립체제를 취하고 있는 미국 헌법체제에서도 미국 대법원은 삼권분립원칙에 의해서 독립행정기관의 설립 및 증대가 봉쇄되는 것은 아니라는 취지의 판단을 하고 있다(343 U.S. 470 (1952)). ④ 권력분립원칙은 기본권보장을 위한 수단이라는 점에서 기본권보장에 역행할 우려를 불식시킬 수 있는 안전장치가 마련되어 있다면, 단순히 독립행정기관의 창설/형성 그 자체가 권력분립원칙에 위배된다는 주장은 성급한 판단이다. ⑤ 독립행정기관의 창설/형성을 통한 입법·행정·사법 권한의 일부 융합 내지는 재편성이 정부기능의 효율성에 크게 기여할 수 있다면 이를 백안시할 필요가 없을 뿐만 아니라, 이러한 권력의 일부 융합현상은 오히려 효과적인 권력간 통제를 보장하는 측면이 있다. ⑥ 입법기술상 헌법에 국가질서를 구성하는 모든 국가조직을 규정하는 것은 거의 불가능한바, 헌법에 명시적으로 독립행정기관의 근거조항이 없다는 이유만으로 독립행정기관의 창설/형성을 위헌이라고 볼 수는 없을 것이며, 오히려 독립행정기관의 창설/형성에 관한 헌법상 명시적 금지규정이 없다는 점에서 헌법의 기본적 가치에 입각하여 입법자는 독

기관의 업무를 감시·감독하거나 (대통령을 수반으로 하는 정부 내부에서 발생된) 이해관계의 충돌을 조정해야하는 업무,[211] (정치적 결정에 복종하여 행해지는 일사불란한 업무집행에 대한 강조보다는) 정치적 의도에 의한 오염으로부터 청정하게 유지되어야 할 필요성이 강조되어야 하는 업무,[212] 혹은 고도의 전문성·자율성 등이 요청되어서 "대통령을 수반으로 하는 정부"의 계서질서라는 전통적 구조 속에서는 해당 업무의 목적을 달성하기가 어려운 업무[213] 등과 같이 전통적 행정업무

립행정기관을 창설/형성할 수 있다고 보는 것이 타당하다. 따라서 헌법이 보장하는 기본적 가치에 근거하여 입법된 독립행정기관을 "대통령을 수반으로 하는 정부"에 부속하지 않는다는 이유만으로 위헌이라고 평가하는 것은 적절치 않다. ⑦ 독립행정기관이 헌법 제86조 제2항이 규정하고 있는 행정에 관한 위계질서 및 국무총리의 통할권을 훼손하여 위헌이라는 논란은 헌법재판소의 89헌마221 결정을 통하여 이미 종식되었다고 볼 수 있는바(이에 관해서는 헌재 1994.4.28. 89헌마221, 판례집 6-1, 239쪽 이하 참조), 행정조직의 위계질서를 벗어나는 독립행정기관을 법률로 창설/형성하는 것 그 자체가 바로 위헌으로 평가되는 것은 아니다.

210) 바로 이러한 점에서 "[…] 행정권은 헌법상 대통령에게 귀속되고, […]"라는 헌법재판소의 표현(헌재 1994.4.28. 89헌마221, 판례집 6-1, 261쪽)은 헌법상 국가행정사무는 대통령을 정점으로 하는 행정조직에 원칙적으로 귀속된다는 일반적 표현으로 이해되어야 할 것이며, 보다 정확한 표현을 사용하고자 할 경우에는 '[…] 행정권의 핵심영역은 헌법상 대통령에게 귀속되고, […]'라는 표현이 활용되어야 할 것으로 생각된다.

211) 정부 내부에서 발생되는 이해관계의 충돌은 다음 두 가지 측면에서 고찰할 수 있다: ① 특정 국가기관이 자기 자신과 관련된 업무를 수행하게 되는 경우 — 예컨대, 검찰총장의 범죄행위를 검찰총장의 지휘를 받는 검사가 수사하는 경우 — 에 발생되는 이해관계의 충돌이 있다. 이러한 이해관계의 충돌을 회피하여 실질적으로 자기 사건을 자기가 처리하지 않도록 하는 것은 법치주의의 본질적 내용이자 헌법상 권력분립의 정신이라고 할 수 있는바(정종섭, 『헌법연구 5』, 박영사, 2005, 293-294쪽; 김소연, 앞의 책, 38쪽), 이러한 이해관계의 충돌을 조정하는 업무가 "대통령을 수반으로 하는 정부" 내부의 계서질서 하에서 처리되어야 할 행정권의 핵심영역에 해당한다고 평가되기는 어려울 것이다. 관련하여 현행 헌법질서 하에서는 무엇보다도 무소속 독립기관인 특별검사를 주목할 수 있겠다. ② 대통령을 수반으로 하는 정부에 속하는 기관들 상호 간 이해관계 충돌이 있다. 이러한 이해관계의 충돌은 행정기관들 간의 계서질서를 통해서 달성하려는 업무의 일사불란함 내지는 질서정연함에 대한 훼손 내지는 균열이 이미 발생했음을 확인시켜주는 사태라고 할 수 있는바, 이러한 사태를 조정·해결하는 것은 미래지향적인 활동이 아니라 이미 훼손된 "대통령을 수반으로 하는 정부" 내부의 계서질서의 회복 내지는 복원을 꾀하는 활동이라고 하겠다. 따라서 이러한 활동은 일반적이고 추상적으로 정립된 규범을 구체적 현실에서 개별적 미래지향적으로 집행·형성하는 권한이라고 할 수 있는 행정권의 핵심영역에 해당하지 않는 것으로도 이해될 수 있을 것이다(행정의 개념에 관해서는 류지태/박종수, 『행정법신론』, 박영사, 2011, 12쪽). 뿐만 아니라 해당 행정목적달성이란 측면에서도 이미 훼손된 기존의 전통적 행정계서질서 내부에 속해있는 기관이 아니라, 그러한 계서질서로부터 벗어나 있는 외부의 별도 기관을 통해서 교정되는 것이 효과적이고 바람직할 것으로 생각된다. 관련하여 현행 헌법질서 하에서는 독립행정기관이라고 할 수 있는 감사원에서 행해지는 회계검사 및 직무감찰 업무를 주목할 수 있겠다.

212) 관련하여 선거관리업무를 언급할 수 있을 것이다. 물론 선거와 국민투표의 관리 및 정당에 관한 사무를 처리하기 위하여 설치된 선거관리위원회는 헌법상 헌법 제4장 정부에 소속되어 있지 않은 독립된 별도의 헌법기관이란 점에서, 여기에서 다루고 있는 독립행정기관(즉, 조직/편제상 헌법 제4장 정부에 소속되어 있으면서도 대통령을 수반으로 하는 정부의 계서질서로부터 벗어나 있는 기관)과는 구별된다.

와는 다른 특성 — 즉, 업무의 비전형성과 중립성 및 독립성 — 을 강하게 요청하는 업무일수록, 이러한 업무를 담당하는 기관은 국회가 법률을 통해서 독립행정기관화 할 수 있는 헌법적 가능성이 높아진다고 할 수 있겠다.[214] 둘째, 타 기관의 지배나 구속을 받지 않고 자기 스스로의 원칙에 따라 어떤 일을 할 수 있도록 헌법이 특정 업무와 관련해서 특별히 업무의 자주성[215]·자율성[216] 내지는 독립성을 명시적으로 보장하고 있거나 업무의 중립성을 명시적으로 강조하고 있는 경우에는 설사 그러한 업무가 행정권의 핵심영역에 해당한다고 하더라도 이러한 헌법규정은 행정권의 귀속에 관한 일반원칙 규정인 헌법 제66조 제4항에 대한 특별규정으로 이해될 수 있는바, 이러한 업무를 담당하는 기관을 국회가 독립행정기관으로 창설·형성하는 행위는 헌법상 권장되거나 적어도 허용될 수 있을 것으로 생각된다(적극적 요건: 헌법으로부터 특별히 독립행정기관을 근거지울 수 있는 경우).[217] 관련하여 헌법은 제31조 제4항에서 명시적으로 "교육의 자주성·전문성·정치적 중립성"을 규정하고 있으며, 특히 대학의 경우에는 한 걸음 더 나아가 "자율성" — 자율성은 '자기 스스로의 원칙에 따라 어떤 일을 하거나 자기 스스로 자신을 통제하여 절제하는 성질이나 특성'을 의미한다.[218] — 을 강조하고 있다.[219][220] 따라서 대학에 대한 교육부장관의 포괄적이고 전면적인 지배 장치를

213) 실제로 금융, 시장경쟁, 원자력 등 각종 전문분야에 대해서 업무독자성을 인정하여 기존행정조직 외부에 별도로 조직을 꾸리는 것은 세계적 현상이기도 하다.

214) 김소연, 앞의 책, 37–40쪽 참고.

215) "자주"는 "남의 보호나 간섭을 받지 아니하고 자기 일을 스스로 처리"한다는 뜻이다(국립국어원 표준국어대사전, http://stdweb2.korean.go.kr/search/View.jsp, 검색어: 자주, 검색일: 2015.3.10.).

216) 남의 지배나 구속을 받지 않고 스스로의 원칙에 따라 어떤 일을 하는 것이 자율이다(국립국어원 표준국어대사전, http://stdweb2.korean.go.kr/search/View.jsp, 검색어: 자율, 검색일: 2015.3.10.).

217) 물론 이러한 기관들을 국회가 독립기관으로 창설·형성하지 않는 것, 그 자체가 바로 위헌이라고 할 수는 없을 것이다. 다만 헌법이 업무의 자주성·자율성·중립성·독립성 등을 명시적으로 언급하고 있는 기관들을 "대통령을 수반으로 하는 정부"의 계서질서 아래에 엄격히 예속시키는 방식으로 기관조직법을 창설·형성하는 입법(행위)는 위헌의 의심으로부터 자유롭기 어려울 것이다.

218) 국립국어원 표준국어대사전, http://stdweb2.korean.go.kr/search/View.jsp, 검색어: 자율성, 검색일: 2015.3.30.

219) 한편 국가의 안전보장과 국토방위를 주된 업무로 함고 있는 국군과 관련하여 헌법 제5조 제2항에서는 명시적으로 "정치적 중립성"을 강조하고 있으나, 헌법 제74조 제1항에서 명시적으로 대통령에게 국군 통수권을 부여하고 있다는 점에서 국군의 핵심적 업무를 독립행정기관에게 이전시키는 것은 헌법에 부합되지 않는다고 해야 할 것이다.

220) 특히 헌법재판소는 대학의 자율성은 헌법 제22조 제1항이 보장하고 있는 학문의 자유의 확실한 보장수단으로 꼭 필요한 것으로서 대학에게 부여된 헌법상의 기본권으로 이해하고 있다(헌재 1992.10.1. 92헌마68등, 판례집 4, 670쪽; 헌재 2006.4.27. 2005헌마1047등, 판례집 18–1(상), 601쪽).

마련해두고 있는 현재의 규범 상황[221]을 개선하여 적어도 국립대학과 같은 국가 고등교육기관은 국회가 법률을 통해서 독립기관으로 창설·형성하는 것이 바람직할 것이며,[222] 설사 독립기관화 하지 않는다고 하더라도, 적어도 이러한 기관이 자신의 본질적 업무와 관련해서 자율성과 독립성이 충분히 존중받을 수 있는 방향으로 국가의 조직·권한법질서를 재편해야만 할 것으로 생각된다.[223][224]

---

221) 기본적으로 국립대학은 정부조직법 제28조의 규정상 직접 교육부 아래에 있는 기관이 아니고, 동법 제4조에 의한 부속기관으로서 교육훈련기관에 해당되는 것으로 이해된다. 그런데 정부조직법 제19조 제5항은 "교육부장관은 교육·사회 및 문화 정책에 관하여 국무총리의 명을 받아 관계 중앙행정기관을 총괄·조정한다."라고 명시하고 있으며, 고등교육법 제5조 제1항은 "학교는 교육부장관의 지도·감독을 받는다."라고 규정한 다음, 같은 법 제60조 이하에서 대학의 위반행위에 대해 교육부장관이 시정이나 변경을 명하고 이러한 명령에 위반할 경우 그 위반행위를 직접 취소하거나 정지할 수 있으며, 나아가 학교를 폐쇄하거나 학교의 장 등을 형사 처벌할 수 있는 강력한 통제장치도 마련해두고 있다. 이와 관련하여 특히 정훈, 「고등교육법상 교육부장관의 국립대학에 대한 지도·감독조치의 정당성에 관한 행정법적 고찰」, 『공법연구』 42-2, 한국공법학회, 2013, 389-391쪽.

222) 헌법상 보장된 "대학의 자율성"이 헌법현실에서 심각한 위기를 맞이하고 있는 점을 뚜렷하게 보여주는 구체적 사례들로는 무엇보다도 국립대학에서 선출된 총장 후보에 대해서 교육부가 뚜렷한 이유 제시도 없이 단지 제청을 거부한 사건들(예컨대 http://www.hankyung.com/news/app/newsview.php?aid=201502138468g; http://news.sbs.co.kr/news/endPage.do?news_id=N1002782875&plink=ORI&cooper=NAVER 등을 참조)을 언급할 수 있겠다(관련하여 헌재 2006.4.27. 2005헌마1047등, 판례집 18-1(상), 613-614쪽: "대학자치는 학문활동을 수행하는 교수들로 구성된 교수회가 누려오는 것이었고, 현행법상 국립대학의 장 임명권은 대통령에게 있으나, 1990년대 이후 국립대학에서 총장 후보자에 대한 직접선거방식이 도입된 이래 거의 대부분 대학 구성원들이 추천하는 후보자 중에서 대학의 장을 임명하여 옴으로써 대통령이 대학총장을 임명함에 있어 대학교원들의 의사를 존중하여 온 점을 고려하면, 청구인들에게 대학총장 후보자 선출에 참여할 권리가 있고 이 권리는 대학의 자치의 본질적인 내용에 포함된다고 할 것이므로 결국 헌법상의 기본권으로 인정할 수 있다."). 아울러 국립대학이 독립성을 부여받지 못하고 있을 뿐만 아니라 대학에 대한 국가의 획일적 규제와 과도한 감독으로 인해 대학 자치가 유명무실하다는 현재의 규범 상황에 대한 지적 및 대학의 자율성 보장을 위한 구체적 방안들에 관해서는 특히 배영길, 「대학의 법적 지위와 국가감독의 한계」, 『공법학연구』 3-1, 한국비교공법학회, 2004, 206-208쪽 참조.

223) 관련하여 국회는 국립대학 등과 같은 교육기관에게 자율성이 요청되는 업무 — 이러한 업무가 '대외적으로 영향을 미치는지 여부' 혹은 '기본권침범적 사항을 담고 있는지 여부'는 불문한다. — 와 관련된 규범(예컨대, 학교교칙 등)의 정립권한을 대통령·국무총리·행정각부의 장을 매개하지 않고 직접 수권할 수 있을 것으로 생각된다. 따라서 "학교의 장은 법령의 범위에서 학교규칙을 제정하거나 개정할 수 있다."라고 규정하고 있는 현재의 고등교육법 제6조 제1항을 "학교는 법률의 범위에서 학교규칙을 제정하거나 개정할 수 있다."라고 개정하여 대통령령·총리령·부령 등과 같은 명령 제정권자의 개입을 통한 대학 자율성의 훼손을 억제하는 방향으로 나아가는 것이 헌법 제31조 제4항의 취지에 보다 잘 부합된다고 판단된다. 아울러 이러한 입장은 헌법 제75조 및 제95조에서 언급된 기관들(대통령·국무총리·행정각부의 장) 및 규범들(대통령령·총리령·부령)이 열거된 것이라고 이해하는 견해(열거설)를 지지하는 입장(이에 관해서는 위 목차 Ⅱ. 1. 다. 2) 가) (2) (나) ② 참조)에서도 받아들여질 수 있을 것으로 생각된다. 왜냐하면 무엇보다도 다음 두 가지 이유 때문이다: 첫째, 헌법 제75조 및 제95조는 기본적으로 대통령을 수반으로 하는 정부의 엄격한 계서질서 하에 놓여있는 기관의 규범정립권한에 관하여 적용되는 조항이라고 해석될 수 있다는 점

㈐ 독립행정기관의 조직·구성·운영에 대한 헌법적 통제

법률을 통한 독립행정기관의 창설·형성이 허용되는 영역이라고 하더라도, 구체적으로 등장된 독립행정기관이 헌법상 합헌적인 기관으로서 정당화되기 위해서는 독립행정기관의 조직·구성 및 운영에 있어서 독립된 권한과 그러한 권한행사에 상응하는 책임성이 담보되어야만 한다(성립된 독립행정기관의 존속요건). 왜냐하면 독립행정기관이 갖고 있는 기본적 의미 — 독립행정기관은 "대통령을 수반으로 하는 정부"의 비대화 현상에 대한 견제장치로서의 의미를 갖고 있다. — 를 도외시한 체, 국회가 독립행정기관의 구성 및 운영에 관한 자신의 입법권한을 교묘하게 활용하여 특정 분야와 관련된 업무를 외견상 독립행정기관으로 이관시키면서도 해당 업무와 관련된 실질적 권한을 부여하지 않거나 형해화하는 방법을 통하여 결국 해당 업무와 관련하여 다른 기관 — 특히 대통령 등과 같이 "대통령을 수반으로 하는 정부"에 속하는 기관 — 의 무책임성을 뒷받침해주기 위한 위장기관으로 운영되게끔 한다면, 이러한 입법은 헌법상 권력분립원칙에 부합된다고 할 수 없기 때문이다.[225] 요컨대 특정 업무와 관련하여 일정한 책임을 추궁하기 위해 특정 기관을 형식적으로 독립시켰을 뿐 그러한 독립성에 상응

에서 '대통령을 수반으로 하지 않는 정부'(즉, 독립행정기관)에 해당하는 기관이나 대학과 같이 헌법이 명시적으로 자율성을 강조하고 있는 기관의 규범정립활동에는 적용되지 않을 수 있다는 논리가 가능하다. 둘째, 일반적으로 큰 권한에는 작은 권한이 포함되어 있다고 볼 수 있는바, (행정권의 귀속에 관한 일반원칙 규정인 헌법 제66조 제4항에 대한 특별규정으로 이해될 수 있는) 헌법 제31조 제4항에 근거해서 국립대학 등과 같은 교육기관을 법률을 통해서 "대통령을 수반으로 하는 정부"의 계서질서로부터 벗어나 있는 독립기관으로 창설·형성할 수 있는 일반적 권한을 보유하고 있는 국회는 비록 국립대학 등과 같은 교육기관을 명시적으로 독립기관으로 규율하지 않는다고 하더라도, 이러한 기관의 본질적 업무가 대통령을 수반으로 하는 정부의 간섭으로부터 영향을 덜 받게 할 의도로 법률을 통해서 (대통령·국무총리·행정각부의 장 등의 중간 개입을 허락하지 않고) 직접 국립대학 등과 같은 교육기관에게 일정한 규범정립권을 수권할 수 있는 권한은 여전히 보유하고 있는 것으로 이해된다.

224) 한편 사립대학과 관련해서도 국가(특히, 입법기관)는 사립대학이 공권력으로부터도 혹은 설립자나 재단의 이사회 등과 같은 사적 권력으로부터도 대학본연의 업무 — 예컨대, 학문과 교육 등 — 에 대한 부당한 간섭을 받지 않고, 헌법 제31조에서 규율하고 있는 "교육의 자주성·전문성·정치적 중립성 및 대학의 자율성"을 발휘하게끔 법질서를 형성하여 이에 따라 집행 및 분쟁을 해결해야 할 헌법상 의무가 있음은 물론이다.

225) 김소연, 앞의 책, 31쪽: "독립행정기관의 독립성 보장은 권력분립에 반하는 것이 아니라 오히려 권력분립이론과의 조화를 위한 필수적인 요소라고 생각된다. 보다 쉬운 이해를 위하여 독립성이 취약한 독립행정기관을 상정하여 본다. 이 경우 대통령 및 기존 행정관청은 외부적으로는 독립적이지만 내부적으로는 종속적인 기관을 활용하여 손쉽게 정치적 책임을 회피하는 자의적 결정을 내릴 수 있다. 즉 국민의 기본권에 관한 중요한 사항을 명목상 독립적인 기관의 권한으로 상정하고 해당 기관의 형식적인 의결절차를 밟은 다음 국민의 여론에 호소하는 방식을 통해 입법부의 통법부화를 초래하고 결국 행정의 비대화를 초래할 수 있다."

하는 권한이나 자율성을 실질적으로 부여하지 않고 있다면, 이러한 조직·권한질서는 책임에 상응하는 권한을 요청하고 있는 권력분립원칙에 부합되기 어렵다는 것이다.[226] 같은 맥락에서 특정 기관을 독립기관으로 만들고 소관 업무와 관련하여 실질적 권한과 자율성을 부여하면서도, 정작 그러한 권한에 상응하는 책임으로부터 자유로운 기관을 창설/형성하는 국회의 입법행위 또한 권한만 갖고 통제받지 않는 무책임한 기관을 정립하는 행위라는 점에서 헌법상 권력분립원칙에 부합되기 어렵다고 하겠다.[227] 따라서 특정 독립행정기관을 창설·형성하려는 국회는 해당 업무의 성격에 부합되는 독립적인 권한을 독립행정기관이 자율적으로 행사할 수 있고, 그러한 권한행사에 상응하는 책임을 독립행정기관이 부담하도록 관련 법제를 정비해야만 한다.[228][229]

---

226) 따라서 만약 국회가 특정 업무를 담당하는 기관을 독립행정기관으로 창설·형성한다고 하면서도 해당 업무의 구체적 수행과 관련된 입법사항의 정립권한을 대통령(혹은 국무총리나 행정각부의 장 등)에게 부여하여 결과적으로 대통령령(혹은 총리령이나 부령 등)이 정하는 범위나 방식에 따라 해당 업무가 집행될 수 있도록 하면서, 동시에 그 집행을 담당하기 위해 창설·형성된 독립행정기관의 구성이 전적으로 대통령(혹은 국무총리나 행정각부의 장 등)에 의해 좌우되게끔 하고 — 관련하여 해당 독립행정기관이 독임제일 경우에는 해당기관의 수장(예컨대, 대학 총장)을, 합의제일 경우에는 합의체의 의결정족수에 해당하는 위원들이 대통령(혹은 국무총리나 행정각부의 장 등)에 의해서 임명·지명되게끔 한 경우를 생각해볼 수 있겠다. — , 나아가 그러한 집행에 대한 감시·감독 및 징계권 행사 등과 같은 통제수단이 대통령(혹은 국무총리나 행정각부의 장 등)의 의사에 따라 행해지도록 법률을 정립했다면, 이러한 국회의 법률정립활동은 입법권을 남용 내지는 부적절하게 행사한 것 — "대통령을 수반으로 하는 정부"에 해당하는 기관을 형식적으로 독립행정기관이라는 허명(껍데기)을 씌운 다음, 실질적으로는 대통령 혹은 국무총리나 행정각부의 장 등과 같은 "대통령을 수반으로 하는 정부"에 속하는 특정 기관의 무책임성 및 권한 확장을 꾀한 것 — 이라고 비판받아야 할 뿐만 아니라, 경우에 따라서는 특정 업무와 관련하여 헌법이 요청하고 있는 자주성·자율성·중립성 등을 무시했다거나(특히 헌법 제31조 제4항 참조) 헌법상 권력분립원칙에도 위반하여 위헌적인 입법권의 행사라고까지 평가될 수 있을 것이다.

227) 권력분립원칙은 권력(권한)에 상응하는 책임을 요구한다. 권력에 상응하는 책임의 부존재는 권력통제의 계기 및 근거를 마련하기 어려울 뿐만 아니라, 무엇보다도 무책임성을 발판으로 권력남용을 가져오고, 이러한 권력남용을 바탕으로 권력집중을 초래할 위험성이 크다는 점에서 법치주의 및 권력분립원칙과 부합되기 어려울 것으로 생각된다. 이에 관한 노골적인 헌법현실적 지적으로는 특히 김종서, 「세월호 사건을 계기로 본 헌법학의 과제」, 『저스티스』 146－3(2015.2. 한국법률가대회 특집호Ⅱ), 한국법학원, 2015, 285쪽: "문제는 박근혜 정권하에서 이러한 사태가 도무지 개선될 기미가 보이지 않는다는 것이다. 뿐만 아니라 모든 사태의 책임을 다른 누군가에게 떠 넘겨 버리는 대통령으로 말미암아 대한민국은 권력은 존재하되 권력에 대한 통제는 사라지고 없는, 말하자면 '현대판 군주국가'가 되고 말았다."

228) 독립행정기관이 갖추어야 할 독립적 권한과 그러한 권한에 상응하는 책임을 부과하기 위한 제언으로는 특히 김소연, 앞의 책, 30－34쪽 참고.

229) 관련하여 필자는 독립행정기관이 명실상부하게 독립적으로 주어진 업무를 수행할 수 있도록 하고, 아울러 그러한 업무수행에 대한 책임을 해당 독립행정기관에게 물을 수 있기 위해서는 무엇보다도 다음 세 가지 사항이 중요할 것으로 생각한다: 첫째, 법률로써 독립행정기관에 대한 업무의 독립성 및 신분보장 방안 마련(물적·인적 독립성 제고). 둘째, 독립행정기관이 자신의 본연의 업무와 관련

㉱ 정리

독립행정기관의 성립가능요건과 존속요건을 충족하는 가운데 국회가 합헌적인 절차와 형식에 따라 독립행정기관을 창설·형성했다면, 이렇게 등장한 독립행정기관은 합헌적인 국가기관이라고 평가할 수 있을 것이다. 그렇다면 이제 우리는 합헌적인 국가기관으로 평가되는 독립행정기관에게 입법권을 수권하는 법률(母法)을 심사대상으로 삼고, 이에 대한 권한법적 차원에서의 (형식적) 헌법적합성 심사를 본격적으로 검토하기로 한다.

③ 被授權機關 및 被授權規範 특정에 대한 헌법적 통제

국회의 입법권수권행위는 "대통령을 수반으로 하는 정부"에 속하는 기관(특히, 대통령·국무총리·행정각부의 장 등)에게 입법권을 수권하는 경우(헌법 제75조 및 제95조) 혹은 "법관으로 구성된 법원"에 속하는 기관(특히, 대법원)에게 입법권을 수권하는 경우(헌법 제108조) 등등과 같이 헌법이 특별한 조항을 마련해두고 있는 경우[230]에는 해당 규정의 해석을 통해서 국회가 정립한 수권법률에 대한 권한법적 통제가 이루어져야 하겠지만,[231] 그러한 특별조항이 적용될 수 있는 영역이 아닌 경우에는 무엇보다도 기본으로 돌아와서 헌법상 입법권에 관한 원칙적·일반적 조항이라고 할 수 있는 헌법 제40조의 해석에 기초하여 국회의 입법권수권행위를 평가해야만 할 것이다.[232] 그런데 입법권과 관련하여 헌법이 별도로 마련

된 입법권을 "대통령을 수반으로 하는 정부"에 속하는 기관들의 개입 내지는 관여 없이 행사할 수 있도록 국회가 관련 입법권을 직접 독립행정기관에게 수권하는 법률 마련(법률에 직접 근거한 독립입법권의 보장). 셋째, 국회에 대한 독립행정기관의 책임성 제고 및 국회의 감시기능 강화(관련하여 김소연 헌법연구관은 우리나라의 독립행정기관들은 "대통령, 행정부 및 정치권으로부터의 독립성, 의회에서의 책임성을 중시할 필요가 크다."는 의견을 피력하고 있다(김소연, 앞의 책, 193쪽).

230) 관련하여 헌법 제75조 및 제95조, 제108조 외에도 헌법 제113조 제2항, 제114조 제6항, 제117조 제1항 등을 언급할 수 있겠다.

231) 왜냐하면 국회의 입법권수권행위는 한편으로는 입법권분배라는 측면(즉, 권력분립의 기능)도 있지만, 다른 한편으로는 원칙적으로 국회 스스로 해야 할 규범정립활동을 국회가 (애당초 입법기관으로 설계되어 있지 않은) 다른 국가기관을 활용하여 행한다는 의미에서 국회 자신의 권한확장 및 해당 국가기관의 업무와 책임을 과중한다는 의미 또한 함께 갖고 있으므로, 헌법기관들에 대한 국회의 입법권수권행위는 애당초 헌법적 차원의 복합적인 권한갈등문제를 내포하고 있는바, 이에 관하여 헌법이 특정한 헌법기관들(특히, 대통령·국무총리·행정각부의 장·대법원·헌법재판소·중앙선거관리위원회·지방자치단체 등)과 관련하여 예외적으로 (입법권 행사주체에 관한 일반조항이라고 할 수 있는 헌법 제40조와는 별도로) 특별조항을 마련해두고 있는 경우에는 무엇보다도 해당 규정의 엄격한 해석을 통해서 국회의 입법권수권행위가 통제되는 것이 마땅하기 때문이다. 관련하여 "대통령을 수반으로 하는 정부"에게 입법권을 수권하는 법률에 대한 권한법적 차원에서의 형식적 헌법적합성 통제에 관해서는 위 목차 Ⅱ. 1. 다. 2) 가) (2) (나) 참조.

232) 왜냐하면 헌법하위서열에 해당하는 규범정립권(입법권)의 행사는 국회가 담당하는 것이 원칙이므

해둔 특별조항(예컨대, 헌법 제75조, 제95조, 제108조, 제113조 제2항, 제114조 제6항, 제117조 제1항 등)에 의해서 규율되는 영역을 벗어나서 입법권을 수권하는 법률(즉, 수권법률)을 정립하려는 국회는 어떤 기관과 어떤 규범을 각각 피수권기관과 피수권규범으로 특정할 것인지에 관해서 (헌법이 별도로 규정하고 있는 특별조항에 의해 규율되는 경우에 비해서 상대적으로) 보다 폭넓은 권한을 갖고 있는 것으로 이해할 수 있겠다.[233] 왜냐하면, 국회입법원칙(헌법 제40조)에 대한 특별규정(혹은 예외규정)으로 언급할 수 있는 조항들(헌법 제75조, 제95조, 제108조, 제113조 제2항, 제114조 제6항, 제117조 제1항 등)은 명시적으로 피수권기관(대통령·국무총리·행정각부의 장·대법원·헌법재판소·중앙선거관리위원회·지방자치단체)과 피수권규범(대통령령·총리령·부령·규칙·규정)을 적시하고 있는 반면에, 헌법 제40조는 단지 "입법권은 국회에 속한다."라고만 규정하고 있는바, 헌법 제40조가 적용되는 영역에서 국회는 피수권기관 및 피수권규범 특정과 관련하여 자신이 보유하고 있는 입법권을 보다 폭넓게 활용할 수 있는 가능성을 갖고 있기 때문이다.[234] 따라서 (특정 기관에게 법률하위규범의 정립권한을 부여하는 구체적인 국회의 수권행위 그 자체에 대한 철회 및 통제에 관한 권한을 여전히 수권기관인 국회가 보유하고 있고,[235] 수권내용과 수권방식에 관한 헌법적 통제가 관철됨으로써 헌법 제40조의 실질적 의미가 구현되고 있다면[236]) 국회는 기

로 입법권의 핵심영역 및 핵심사항은 반드시 국회가 정립한 법률을 통해서 규율되어야 하겠지만 — 이는 헌법 제40조의 실질적 의미에 주목한 해석이다. — , 국회입법권의 핵심영역에 해당하지 않으면서 국회입법권을 형해화하지 않는다면 국회는 기본적으로 헌법상 권한질서를 교란시키지 않는 범위에서 자신의 규범정립권한을 다른 기관에게 수권하는 규범(즉, 수권법률)을 정립할 수 있다는 점 — 이는 헌법 제40조의 형식적 의미에 주목한 해석이다. — 에서, 헌법상 예외적이고 특별하게 특정 국가기관들이 입법권을 행사할 수 있는 근거가 마련되어 있는 경우에는 해당 조항의 해석을 통해서, 그렇지 않은 경우에는 헌법 제40조를 통해서 국회의 입법권수권행위가 규율되어야 함이 마땅하기 때문이다.

233) 한편 입법권과 관련하여 일반적·원칙적 조항(헌법 제40조)에 근거한 국회의 활동에 비해서 특별/예외조항(헌법 제75조, 제95조, 제108조, 제113조 제2항, 제114조 제6항, 제117조 제1항 등)에 근거한 국회의 활동이 상대적으로 엄격하게 통제되어야 하는 것으로 이해하는 것은 원칙이 예외로, 예외가 원칙으로 둔갑되는 것을 경계한다는 의미 또한 함께 내포하고 있다.

234) M. Kloepfer, 앞의 글(주 125), 690쪽 참조; 바로 이러한 점에서 헌법 제75조 및 제95조, 그리고 제108조, 제113조 제2항, 제114조 제6항, 제117조 제1항 등은 기본적으로 헌법 제40조에서부터 비롯되는 국회의 광범위한 입법형성권을 보강·강화 내지는 확인하는 규정이 아니라, 국회가 보유하고 있는 광범위한 입법권한을 특정 영역과 관련해서 축소 내지는 통제하는 성격을 갖는 규정으로 이해된다.

235) 실제로 국회는 수권법률로써 특정 기관에게 법률하위규범의 정립권한을 넘겨주었다고 하더라도, 여전히 자신이 보유하고 있는 법률정립권한을 활용하여 해당 수권법률을 폐지하거나 개정하는 방식 등을 통해서 문제되는 수권행위 그 자체를 철회하거나 혹은 통제할 수 있는 권한을 기본적으로 보유하고 있는 것으로 보인다.

236) 이에 관한 상세한 논증은 아래 목차 Ⅱ. 1. 다. 2) 가) (2) (다) ④ 및 ⑤ 참조.

본적으로 '입법사항을 직접 정립할 것인지' 혹은 '입법사항의 정립을 다른 기관에게 넘겨주는 방식으로 정립(Rechtsetzungsdelegation)할 것인지' 등에 관한 광범위한 결정권한을 헌법 제40조로부터 부여받고 있는 것으로 이해해야 한다.[237)]

그런데 헌법은 독립행정기관에게 국회가 입법권을 수권할 것을 겨냥하여 별도의 특별한 규정을 마련하고 있지 않다. 물론 독립행정기관 또한 편제상 헌법 제4장 정부(광의의 개념으로서의 정부)에 속하는 행정기관이란 점에서 독립행정기관에 대한 국회의 입법권수권행위를 평가함에 있어서 헌법 제75조 및 제95조의 적용가능성을 일차적으로 타진해볼 수는 있겠지만, 기본적으로 해당 조항들은 헌법 제66조 제4항 "대통령을 수반으로 하는 정부"(협의의 개념으로서의 정부)에 속하는 행정기관에 대해 입법권을 수권하는 경우에 적용될 수 있는 조항으로 설계되어 있을 뿐만 아니라,[238)] 무엇보다도 앞서 논증한 바와 같이 해당 조항들에서 언급되고 있는 피수권기관들(즉, 대통령·국무총리·행정각부의 장) 및 피수권규범들(즉, 대통령령·총리령·부령)은 예시된 것이 아니라 열거된 것으로 이해되어야 하기 때문에,[239)] 독립행정기관에게 입법권을 수권하는 법률을 심사대상으로 삼아서 행해지는 피수권기관 및 피수권규범에 관한 헌법적 통제에서 헌법 제75조 및 제95조를 준거점 혹은 심사기준으로 활용하는 것(즉, 헌법 제75조 및 제95조에 근거해서 피수권기관 및 피수권규범과 관련하여 심사대상인 수권법률을 엄격히 통제하는 것)은 타당하지 않을 것이다. 따라서 피수권기관 및 피수권규범의 특정과 관련하여 독립행정기관에게 입법권을 수권하는 법률에 대한 헌법적 통제와 관련해서는 무엇보다도 헌법상 입법권에 관한 일반조항(혹은 원칙조항)인 헌법 제40조("입법권은 국회에 속한다.")의 형식적 의미[240)]에 주목하여 국회의 폭넓은 형성권한을 존중하는 것에서부터 출발해야 한다.

더군다나 "대통령을 수반으로 하는 정부"에 해당되는 헌법기관에게도 일정한 요건 하에 국회가 입법권을 수권할 수 있는 근거조항(즉, 헌법 제75조 및 제95조)을 마련해두고 있는 헌법의 태도를 고려한다면, (대통령을 수반으로 하는 정부 내

237) M. Kloepfer, 앞의 글(주 125), 690쪽 참조.

238) 헌법상 정부의 의미 및 광의의 개념으로서의 정부와 협의의 개념으로서의 정부에 관한 설명은 위 목차 Ⅱ. 1. 다. 2) 가) (2) (가) 참조.

239) 헌법 제75조 및 제95조는 협의의 개념으로서의 정부(즉, 헌법 제66조 제4항 "대통령을 수반으로 하는 정부")와 관련하여 활용되는 조항이라는 점과 해당 조항에서 등장하는 피수권기관들 및 피수권규범들은 열거된 것으로 이해되어야 하는 이유에 관해서는 위 목차 Ⅱ. 1. 다. 2) 가) (2) (나) ② 참조.

240) 이에 관해서는 위 주 125) 참조.

부의 엄격한 계서질서로부터 벗어나서 자율적·독립적으로 특정 업무가 집행될 수 있게끔 할 의도로) 헌법의 특별한 요청[241]에 적극 부응하여 혹은 합헌적 범위[242] 안에서 국회에 의해 창설/형성된 독립행정기관을 피수권기관으로, 그리고 이러한 독립행정기관에 의해 정립된 특정 규범을 피수권규범으로 삼는 국회의 수권법률정립행위를 최대한 존중하는 것이 헌법제정권자의 의사에 부합되는 방향이라고 해야 할 것이며,[243] 무엇보다도 다른 행정기관(특히, 대통령·국무총리·행정각부의 장 등)의 매개나 간섭 없이 국회로부터 직접 해당 업무수행과 관련된 규범정립권한을 수권 받아서 일정한 규율을 정립토록 하고 그에 따라 자율적·독립적으로 집행활동이 이루어질 수 있도록 하는 것은 독립행정기관의 창설/형성 목적 — 즉, 특정 업무가 다른 (행정)기관의 간섭 없이 독립된 기관에 의해서 자율적으로 수행되도록 할 목적 — 을 달성한다는 측면에서 오히려 권장될 필요가 있을 것으로 생각된다.[244]

따라서 입법권 수권과 관련하여 특정 독립행정기관을 피수권기관으로, 그러한 독립행정기관에 의해 정립된 규범을 피수권규범으로 삼고 있는 수권법률 — 例: ㊀ 금융산업의 구조개선에 관한 법률(법률 제12663호) 제10조 제2항은 금융위원회에게 적기시정조치를 위한 기준 및 내용을 고시하도록 규정하고 있는바,[245] 이는 독립행정기관이라고 할 수 있는 금융위원회를 피수권기관으로, 금융위원회에 의해 정립되는 고시를 피수권규범으로 삼아서 입법권을 수권하고 있는 법률조항이다.[246] ㊁ 표시·광고의 공정화에 관한 법률(법률 제12380호) 제4조 제1항은

---

241) 관련하여 특히 헌법 제31조 제4항이 주목될 수 있겠다.

242) 독립행정기관의 창설 및 형성과 관련된 헌법상 허용요건 및 정당성요건에 관해서는 위 목차 Ⅱ. 1. 다 2) 가) (2) (다) ② 참조.

243) 관련하여 국회에 의해 창설/형성된 독립행정기관에 대해서는 애당초 국회 스스로 비교적 폭넓고 다양한 통제수단을 마련해둘 수 있다는 점에서 대통령을 수반으로 하는 정부에 해당하는 헌법기관(특히, 대통령·국무총리·행정각부의 장 등)에 비해서 국회에게 상대적으로 덜 위협적이고 헌법적 차원의 심각한 권한갈등문제를 덜 야기한다는 점 또한 함께 주목되어야 할 것이다. 즉 국회가 자신에게 훨씬 더 위협적인 견제상대라고 할 수 있는 대통령을 수반으로 하는 정부에 속하는 헌법기관들에게도 입법권한을 부여해줄 수 있는바(관련하여 특히 헌법 제75조 및 제95조 참조), 상대적으로 덜 위협적이고 심지어 '독립성'여부가 국회에 의해 좌우될 수 있는 독립행정기관에게 입법권한을 수권해주는 것은 보다 손쉽게 긍정될 수 있다는 것이다.

244) 실제로 특정 국가기관이 스스로 자신의 사무에 관한 규범을 제정할 수 있도록 하는 것은 해당 국가기관의 '자율성' 보장에 핵심적 의미를 갖고 있다. 이에 관해서는 허완중, 앞의 글(주 93), 46쪽 참조.

245) 금융산업의 구조개선에 관한 법률 제10조(적기시정조치) 제2항: 금융위원회는 제1항에 따른 조치(이하 "적기시정조치"라 한다)를 하려면 미리 그 기준 및 내용을 정하여 고시(告示)하여야 한다.

246) 한편 헌법재판소는 적기시정조치와 관련하여 금융위원회의 전신인 금융감독위원회를 피수권기

공정거래위원회에게 소비자 보호 또는 공정한 거래질서 유지를 위하여 일정한 입법사항(즉, 중요정보와 표시·광고의 방법)을 고시할 수 있도록 규정하고 있는 바,[247] 이는 독립행정기관이라고 할 수 있는 공정거래위원회를 피수권기관으로, 공정거래위원회 고시를 피수권규범으로 삼아서 입법권을 수권하고 있는 법률조항이다.[248] — 은 특단의 사정이 있거나 대단히 기이한 경우[249]가 아니라면 적어

관으로, 금융감독위원회에서 정립한 고시를 피수권규범으로 삼고 있었던 구 금융산업의구조개선에관한법률(법률 제5549호) 제10조 제2항이 헌법에 위반되지 않는다고 판단한 바 있다(헌재 2004.10.28. 99헌바91, 판례집 16－2(하), 104쪽 이하 참조). 하지만 이 사건에서 피수권기관 및 피수권규범의 특정과 관련하여 수권법률 조항(금융산업의구조개선에관한법률 제10조 제2항)을 대상으로 행해진 헌법적합성판단에서 보여준 헌법재판소의 논증(특히, 헌재 2004.10.28. 99헌바91, 판례집 16－2(하), 116－122쪽)은 비판되어야 할 것이다. 왜냐하면 헌법재판소는 입법권수권과 관련하여 "대통령을 수반으로 하는 정부"(헌법 제66조 제4항)와 대통령을 수반으로 하지 않는 정부(즉, 독립행정기관)를 분별하려는 시도 등을 통하여 헌법 제75조 및 제95조의 적용범위에 관한 일정한 규준을 제시하려는 노력을 하고 있지 않을 뿐만 아니라 — 그 결과 독립행정기관에게 입법권을 수권하는 법률에 대한 위헌성여부를 판단함에 있어서 아무런 의심 없이 헌법 제75조 및 제95조가 심사기준으로 활용되었다. — , 무엇보다도 국회의 입법권수권행위와 관련하여 헌법 제75조 및 제95조에서 언급되고 있는 피수권기관들 및 피수권규범들이 예시된 것으로 이해되었기 때문이다(헌법 제75조 및 제95조에서 언급되고 있는 피수권기관들 및 피수권규범들은 예시된 것이 아니라, 열거된 것으로 이해되어야 하는 상세한 이유에 관해서는 위 목차 Ⅱ. 1. 다. 2) 가) (2) (나) ② 참조).

247) 표시·광고의 공정화에 관한 법률 제4조(중요정보의 고시 및 통합공고) 제1항: 공정거래위원회는 상품 등이나 거래 분야의 성질에 비추어 소비자 보호 또는 공정한 거래질서 유지를 위하여 필요한 사항으로서 다음 각 호의 어느 하나에 해당하는 사항인 경우에는 사업자 등이 표시·광고에 포함하여야 하는 사항(이하 "중요정보"라 한다)과 표시·광고의 방법을 고시(인터넷 게재를 포함한다. 이하 같다)할 수 있다. 다만, 다른 법령에서 표시·광고를 하도록 한 사항은 제외한다. 1. 표시·광고를 하지 아니하여 소비자 피해가 자주 발생하는 사항 2. 표시·광고를 하지 아니하면 다음 각 목의 어느 하나에 해당하는 경우가 생길 우려가 있는 사항 가. 소비자가 상품 등의 중대한 결함이나 기능상의 한계 등을 정확히 알지 못하여 구매 선택을 하는 데에 결정적인 영향을 미치게 되는 경우 나. 소비자의 생명·신체 또는 재산에 위해(危害)를 끼칠 가능성이 있는 경우 다. 그 밖에 소비자의 합리적인 선택을 현저히 그르칠 가능성이 있거나 공정한 거래질서를 현저히 해치는 경우

248) 관련하여 헌법재판소는 표시、광고의 공정화에 관한 법률 제4조 제1항이 '표시·광고에 포함하여야 할 사항과 방법'을 공정거래위원회 고시에 직접 위임한 것이 헌법에 위반되지 않는다고 판단한 바 있다(헌재 2012.2.23. 2009헌마318, 판례집 24－1(상), 272－274쪽, 278쪽 참조). 필자는 이러한 헌법재판소의 결론에는 동의한다. 하지만 해당 결론을 도출하기 위해 헌법재판소가 아무런 의심 없이 독립행정기관이라고 할 수 있는 공정거래위원회에게 입법권을 수권하는 법률조항(표시、광고의 공정화에 관한 법률 제4조 제1항)에 대한 헌법적합성판단에서 헌법 제75조 및 제95조를 심사기준으로 활용한 점과 헌법 제75조 및 제95조에 언급된 피수권기관들 및 피수권규범들을 예시된 것으로 이해한 것은 배척되어야 할 것이다(위 주 237) 및 위 목차 Ⅱ. 1. 다. 2) 가) (2) (나) ② 참조).

249) 예컨대 입법권수권과 관련하여 국회가 특정 독립행정기관을 피수권기관으로 삼으면서도 피수권기관인 독립행정기관에 의해 정립될 피수권규범으로 법률·대통령령·총리령·부령 등과 같은 규범을 명시하고 있는 경우를 가상해볼 수 있겠다. 이러한 국회의 입법권수권행위는 결국 해당 피수권기관(독립행정기관)에게 법률·대통령령·총리령·부령 등과 같은 규범정립권한을 부여하는 것인바, 국회·대통령·국무총리·행정각부의 장 등과 같은 헌법기관의 권한을 침해하는 것이어서 위헌이라

도 피수권기관 및 피수권규범의 특정과 관련해서는 권한법적 차원에서의 별다른 위헌성의 문제를 야기하지 않을 것으로 생각되는바,[250] 이러한 수권법률에 대한 권한법적 차원에서의 헌법적 통제에 관한 문제는 이제 아래에서 계속 검토될 수권내용 및 수권방식에 관한 통제문제로 이동케 된다.

④ 授權內容에 대한 헌법적 통제: 의회유보원칙

우선 특정 독립행정기관에게 국회가 수권할 수 있는 입법사항은 기본적으로 해당 독립행정기관의 업무와 관련된 것이어야 함을 간과해서는 안 될 것이다. 만약 국회에 의해 창설/형성된 특정 독립행정기관의 업무와 전혀 무관한 사항에 대하여 국회가 해당 독립행정기관에게 일정한 규범을 정립할 수 있도록 권한을 부여한다면, 이는 (입법자인 국회는 그가 선택한 가치기준을 법질서를 형성함에 있어서 일관되게 존중해야 할 것 — 이른바, 입법자의 자기구속성 — 을 요청하고 있는)[251] 헌법상 체계적합성(Systemgemäßigkeit) 원칙[252]에 부합되기 어렵기 때문이다.

그리고 "대통령을 수반으로 하는 정부"에게 입법권을 수권하는 국회의 수권법률정립행위에 대한 권한법적 차원의 내용통제(즉, 수권내용통제)로서 앞서 검토했던 의회유보원칙 또한 국회가 독립행정기관에게 입법권을 수권할 경우에도 마

고 해야 할 것이다.

250) 한편 피수권기관인 독립행정기관, 그 자체에 대한 위헌성 문제가 제기될 수 있겠지만, 이러한 문제는 피수권기관 및 피수권규범에 관한 헌법적 통제 이전에 해당 독립행정기관의 창설/형성에 관한 헌법적 통제의 문제(이에 관해서는 위 목차 Ⅱ. 1. 다. 2) 가) (2) (다) ② 참조)로 분리하여 검토하는 것이 논리적일 것이다. 왜냐하면 존재 그 자체가 이미 위헌적 기관이라면, 합헌적 기관을 전제로 하고 행해지는 권한부여에 관한 헌법적 검토는 애당초 무의미하기 때문이다.

251) 전광석, 앞의 책, 294쪽.

252) 체계정당성(Systemgerechtigkeit) 원칙으로 일컬어지기도 하는 체계적합성 원칙은 "국가공권력에 대한 통제와 이를 통한 국민의 자유와 권리의 보장을 이념으로 하는 법치주의원리로부터 도출되는 것"으로서 일반적으로 "규범 상호 간의 구조와 내용 등이 모순됨이 없이 체계와 균형을 유지하도록 입법자를 기속하는 헌법적 원리" 혹은 "동일 규범 내에서 또는 상이한 규범 간에 (수평적 관계이건 수직적 관계이건) 그 규범의 구조나 내용 또는 규범의 근거가 되는 원칙 면에서 상호 배치되거나 모순되어서는 안 된다는 하나의 헌법적 요청" 등으로 이해되고 있는바, 입법권자로서 국회가 갖는 폭넓은 형성권한에 대한 헌법적 한계로 이해될 수 있을 것이다. 이에 관해서는 헌재 2004.11.25. 2002헌바66, 판례집 16-2, 333쪽; 헌재 2010.6.24. 2007헌바101 등, 판례집 22-1(하), 433쪽; 홍완식, 「체계정당성의 원리에 관한 연구」, 『토지공법연구』 29, 토지공법학회, 2005, 461-462쪽; 조재현, 「헌법상 연령차별의 문제와 극복방안」, 『공법학연구』 5-3, 한국비교공법학회, 2004, 14쪽; Vgl. C. Degenhart, Systemgerechtigkeit und Selbstbindung des Gesetzgebers als Verfassungspostulat, C. H. Beck, 1976, S. 1f.; 한편 규범통제척도로서 기능을 갖고 있긴 하지만, 그 내용과 범위를 확정하기가 곤란할 뿐만 아니라 자의적으로 활용될 우려가 크다는 점에서 "체계정당성 원칙은 헌법적 요청이 아니다(Systemgerechtigkeit ist kein Verfassungspostulat.)." 라고 이해하는 입장으로는 Vgl. F.-J. Peine, Systemgerechtigkeit, Nomos, 1985, S. 313.

찬가지로 준수되어야 한다. 왜냐하면 수권법률정립과 관련하여 위임금지사항와 위임가능사항을 분별하여 국회 스스로 직접 규율해야할 본질사항이 법률하위입법권자에 의해 정립되지 않도록 할 것을 요청하는 의회유보원칙은 피수권기관 및 피수권규범과 상관없이 준수되어야 하는 수권내용에 관한 헌법적 통제기준(심사기준)이기 때문이다.[253] 관련하여 특히 "입법권은 국회에 속한다."라고 규정하고 있는 헌법 제40조로부터 의회유보원칙이 도출된다는 점[254]은 의회유보원칙이 특정한 피수권기관 및 피수권규범과 결부된 헌법원칙이 아니라, 국회 입법권과 관련하여 일반적으로 준수되어야 하는 헌법원칙이라는 점을 뚜렷하게 뒷받침해준다.

그런데 의회유보원칙이라는 심사기준을 활용해서 독립행정기관에게 입법권을 수권하는 법률을 심사하는 강도(즉, 심사강도)와 관련해서는 무엇보다도 독립행정기관이 갖고 있는 특수성이 주목되어야 할 것이다. 왜냐하면 합헌적인 범위 안에서 법률로써 독립성 및 자율성을 부여한 독립행정기관에게 국회가 해당 독립행정기관 스스로 자기 사무에 관한 규범을 정립할 수 있도록 함으로써 자율권 및 독립권을 확보토록 한 것은 독립행정기관을 창설/형성한 본래의 취지를 달성하기 위함이라고 할 수 있을 터인데,[255] 만약 의회유보원칙이란 이름하에 독립행정기관의 고유사무와 관련된 규범정립권한을 수권하고 있는 법률에 대한 통제강도를 아주 강력하게 하여 독립행정기관에 의한 규범정립권한의 근거를 손쉽게 상실케 하는 방향으로 심사를 한다는 것은 결과적으로 해당 독립행정기관을 외견상 독립시켰을 뿐, 그 실질적 권한을 무의미하게 함으로써 독립행정기관을 국회의 위장기관으로 전락시켜버리는 것으로 귀결될 것이기 때문이다.[256] 아울러

253) 형식적 헌법적합성심사에서 행해져야 할 권한심사의 한 내용으로서 수권내용에 관한 헌법적 통제장치로서의 의회유보원칙에 관한 일반론에 관해서는 위 목차 Ⅱ. 1. 다. 2) 가) (2) (나) ③ 참조.

254) 위 주 22), 123) 참조.

255) 기존의 행정 계서질서로부터 벗어나 대통령 및 행정부에의 권력 집중현상을 완화하고, 전통적인 행정영역을 벗어나서 행해져야 할 필요성이 높은 업무(예컨대, 정부 내부의 이해관계가 충돌하거나 특정 부서의 결정을 신뢰하기 어려운 경우, 혹은 업무의 특성상 전문기술성·자율성 등이 담보되어야 할 필요성이 높은 업무)가 청정하고 효율적으로 행해질 수 있도록 하는 것이 대통령제 국가에서 독립행정기관을 창설/형성하는 본래의 취지라고 할 수 있겠다(김소연, 앞의 책, 3쪽; 위 목차 Ⅱ. 1. 다. 2) 가) (2) (다) ② 참조).

256) 한편 헌법상 자율성을 부여받고 있는 것으로 해석될 수 있는 기관(특히, 헌법 제31조 제4항의 "대학")이 법률로써 뚜렷하게 독립행정기관으로서의 지위를 확보하고 있지 못하고 조직형식상 "대통령을 수반으로 하는 정부" 아래에 편제되어 있다고 하더라도, 해당 기관의 자치법규로서 기능하는 규범을 해당 기관이 스스로 정립할 수 있는 권한은 헌법기관의 본질에서 도출되는 기본적 권한이라고도 할 수 있는바, 이러한 규범정립권한을 국회가 해당 기관에게 전혀 수권하지 않고 의회유보

특정 규율내용이 오직 국회에 의해서 직접 규율되어야 한다는 주장(혹은 의회유보원칙이 관철되어야 한다는 주장)을 가장 설득력 있게 할 수 있는 헌법해석상의 결정적 근거는 바로 타 기관과 구별되는 국회의 기능적 특성(특히, 타 기관에 비해서 상대적으로 우월한 민주성·투명성·다원성·여론환기성·정치성)과 국회입법절차가 갖고 있는 공개성 및 이를 통한 이익조정 기능인바,[257] 만약 구체적으로 문제되는 피수권기관인 특정 독립행정기관이 그 구성에 있어서 높은 수준의 다양성 및 민주성을 갖추고 있으며, 의사결정과정(특히, 규범정립과정)에 있어서 공개성·여론환기성 및 이익조정기능이 우수해서 국회가 다른 국가기관에게 입법권을 수권할 경우에 비하여 국회의 기능적 특성 및 국회입법절차가 갖고 있는 장점에 대한 훼손이 상대적으로 적다면, 이러한 독립행정기관을 피수권기관으로, 해당 독립행정기관에 의해 정립된 규범을 피수권규범으로 특정하고 있는 수권법률을 의회유보원칙이라는 심사기준을 통해서 통제하는 강도는 그렇지 않은 경우(특히, 수권법률이 대통령을 수반으로 하는 엄격한 계서질서에 기초하고 있는 대통령·국무총리·행정각부의 장 등과 같은 국가기관을 피수권기관으로, 이들에 의해 정립된 대통령령·총리령·부령 등을 피수권규범으로 특정하고 있는 경우)에 비해서 상대적으로 완화되어야 할 것으로 본다.

⑤ 授權方式에 대한 헌법적 통제: 포괄위임금지원칙

지금까지의 논의를 통해서 우리는 의회유보원칙이 준수되는 범위라면, 국회는 특정 독립행정기관의 업무와 관련된 일정한 사항을 수권내용으로 삼아서 이와 관련된 규범정립권한을 해당 독립행정기관에게 수권할 수 있다는 점을 확인하였다. 그렇다면 이제 남은 쟁점은 '국회가 특정 독립행정기관에게 위임가능사항을 수권하는 법률(즉, 수권법률)을 정립함에 있어서 준수해야만 하는 수권방식과 관련된 헌법적 통제 내지는 심사기준'에 관한 문제이다.

관련하여 ("대통령을 수반으로 하는 정부"에 해당하는 기관들인 대통령·국무총리·행정각부의 장 등을 피수권기관으로 특정하고 있는 수권법률에 대한 수권방식통제로서의 의미를 갖고 있는) 포괄위임금지원칙은 '대통령을 수반으로 하지 않는 정부'(독립행

원칙이라는 이름하에 시시콜콜 법률로써 모두 직접 규율하는 것은 헌법의 취지에 부합된다고 볼 수 없을 것이다(허완중, 앞의 글(주 93), 46-47쪽 참조). 이러한 맥락에서 헌법상 자율성을 부여받고 있는 것으로 해석될 수 있는 기관을 피수권기관으로, 이러한 피수권기관에 의해 정립된 자치규범을 피수권규범으로 특정하고 있는 수권법률을 의회유보원칙이라는 심사기준에 따라 통제하는 강도(심사강도) 또한 그렇지 않은 경우에 비해서 상대적으로 완화되어야 할 것으로 생각된다.

257) 위 주 134), 136) 참조.

정기관)에 해당되는 기관을 피수권기관으로 특정하고 있는 수권법률에 대한 수권방식통제로서도 활용될 수 있을 것으로 생각된다. 왜냐하면 포괄위임금지원칙은 (오직 헌법 제75조 "법률에서 구체적으로 범위를 정하여 위임"이라는 문언으로부터만 근거지울 수 있는 헌법원칙이 아니라,) 법치국가원칙으로부터 도출되는 위임의 명확성원칙(혹은 "수권법률의 명확성원칙")[258]의 한 표현으로서도 이해될 수 있기 때문이다. 즉, 국회가 입법권을 어떤 기관에게 수권하고 있는지 여부 — 예컨대, 헌법 제66조 제4항 "대통령을 수반으로 하는 정부"에 해당하는 기관에게 수권하고 있는지, 혹은 '대통령을 수반으로 하지 않는 정부'(독립행정기관)에 해당되는 기관에게 수권하고 있는지 여부 — 와 상관없이 수권내용이 아주 추상적·포괄적이어서 피수권기관이 도대체 어떠한 것을 규율해야 할 것인지를 도저히 알 수 없을 지경이라면, 이러한 수권법률 및 수권법률정립행위는 수권방식(혹은 위임방식)과 관련하여 "확정적이고 객관적인 행동기준을 정립해야 한다는 법치주의"[259]로부터 도출될 수 있는 '명확성' 내지는 '규범구체화의 요청'의 한 표현으로서의 '수권법률의 명확성원칙(혹은 포괄위임금지원칙)'에 위반되는 것으로 평가해야 한다는 것이다.[260]

결론적으로 헌법상 포괄위임금지원칙은 (이를 명시적으로 뒷받침하고 있는 헌법 제75조의 적용범위를 넘어서서) 입법권을 수권하는 법률의 헌법적합성여부를 심사함에 있어서 일반적으로 적용되어야 하는 헌법적 차원의 심사기준으로 이해되어야 할 것인바, 독립행정기관을 피수권기관으로 특정하고 있는 수권법률에 대한 수권방식통제에 있어서도 검토되어야 하는 심사기준이 된다. 다만 이를 심사하는 강도는 수권내용(위임내용)과 피수권기관의 조직법적 특성 및 전문성 등을 고려하여 개별적·구체적 사안별로 적절하게 조정되어야 함은 물론이다.[261]

---

258) 헌법재판소는 포괄위임금지의 원칙을 "수권법률의 명확성원칙"으로 이해하고 있다(특히, 헌재 2012.2.23. 2011헌가13, 판례집 24-1(상,) 42쪽; 헌재 2003.7.24. 2002헌바82, 판례집 15-2(상) 141-142쪽; 헌재 2011.2.24. 2009헌바13, 공보 173, 361쪽, 366쪽 등 참조).

259) 이준일, 앞의 책, 117쪽.

260) 법의 이념에 해당하는 법적 안정성을 추구하는 법치주의는 법문언의 표현과 관련해서는 명확성원칙을 그 내용으로 삼고 있다. 이와 관련해서는 이준일, 앞의 책, 120-132쪽.

261) 포괄위임금지원칙의 심사강도에 관해서는 위 목차 Ⅱ. 1. 다. 2) 가) (2) (나) ④ 참조; 한편 피수권기관의 조직법적 특성에 따라 포괄위임금지원칙의 심사강도가 조정되어야 한다는 입장은 '대통령을 수반으로 하지 않는 정부'에 해당하는 기관(독립행정기관)에게 입법권을 수권하는 법률을 심사함에 있어서 더욱 주목될 필요가 있다. 왜냐하면 "대통령을 수반으로 하는 정부"에 해당하는 기관들은 행정부 내부의 엄격한 계서질서라는 일정한 조직법적 특성을 공유하고 있는 반면에, '대통령을 수반으로 하지 않는 정부'에 해당하는 기관들은 그 소속 및 구성의 다양성으로 말미암아 조직법적 특성들 또한 다채로울 가능성이 크기 때문이다. 뿐만 아니라 수권법률정립권자인 국회에게 포괄위임금지원칙의 준수를 아주 강력하고 엄격하게 요구하는 것은 결국 피수권기관인 독립행정

(3) 국회가 수권대상인 경우

(가) 서두

여기에서는 기본권관계에서 심사대상으로 등장한 법률(수권법률: 母法)이 헌법 제3장 '국회' 혹은 '국회 내부의 국가기관(국회내부기관)' — 국회내부기관에 해당하는 구체적 예로는 국회의원(헌법 제41조)·국회의장 및 (국회)부의장(헌법 제48조 및 제53조 제6항)·위원회(헌법 제62조 제1항 및 제2항) 등과 같은 헌법기관들뿐만 아니라, 국회의원의 입법활동을 지원하는 보좌직원[262] 및 국회의장 소속기관이라고 볼 수 있는 국회사무처·국회도서관·국회예산정책처·국회입법조사처 등과 같은 기관들[263]과 이러한 기관들의 내부기관들[264]을 언급할 수 있겠다. — 에게 규범정립권한을 수권하고 있을 경우에 검토해야 할 권한법적 차원의 헌법적 규준을 살펴보되,[265] 설명의 중복을 피하기 위하여 지금껏 기술한

기관의 규범정립권한 내지는 자율성의 축소를 의미한다는 점 또한 함께 고려되어야 한다.

262) 「국회의원수당 등에 관한 법률」 제9조 제1항

263) 이러한 기관들이 국회의장 소속기관이라고 볼 수 있는 근거로는 「국회사무처법」 제2조, 「국회도서관법」 제4조 제3항, 「국회예산정책처법」 제2조 및 제4조 제3항, 「국회입법조사처법」 제2조 제1항 및 제4조 제3항 등을 참조.

264) 국회사무처는 사무총장·차장·의장비서실·대변인 및 각종 보조/보좌 기관들로 구성되어 있으며(「국회사무처법」 제4조~제7조), 국회도서관에는 관장, 국회도서관발전자문위원회 및 각종 보조/보좌 기관들이 있다(「국회도서관법」 제4조, 제5조 및 제10조). 그리고 국회예산정책과 국회입법조사처는 처장과 각종 보조/보좌 기관들로 이루어져 있다(「국회예산정책처법」 제4조 및 제7조, 「국회입법조사처법」 제4조 및 제6조).

265) 물론 국회규칙을 비롯한 각종 국회내부법규는 기본적으로 국회 자신의 자율권에 기초하여 정립되는 것인바, 그 규율범위는 원칙적으로 국회내부질서에 국한되어야 한다. 따라서 엄밀히 표현한다면 외부적 효력을 발생시키지 않고 오직 국회내부질서에 국한하여 적용될 수 있는 규범만이 국회내부법규로 명명될 수 있을 것이며, 동시에 어떤 규범을 국회내부법규로 명명한다는 것은 해당 규범의 외부적 효력을 부정한다는 의미로 이해하는 것이 마땅해 보인다. 그리고 이러한 맥락에서는 '국회내부법규' 혹은 '국회내부법규를 피수권규범으로 특정 하는 수권법률'이 각각 혹은 서로 결합하여 기본권관계에서 심사대상으로 등장하는 경우를 생각하기는 어려울 것이다. 그러나 실제로는 구체적 헌법현실에서 국회내부법규로 이해되고 있는 몇몇 규범들의 국회 외부에 대한 구속력이 논란되는 경우가 종종 발견된다. 특히 국회내부 구성원들에 대한 임면·징계·인원배치·근무시간·사무감독 등을 규율하는 규범은 당사자들의 직업의 자유·공무담임권·근로3권 등과 같은 기본권과 갈등을 일으킬 수 있을 것이며, 국회청사의 출입과 회의장 방청 및 청원과 진정 등과 같은 민원업무에 관한 사항 등을 규율하는 규범들(예컨대, 국회방청규칙, 국회청사관리규정, 진정처리에관한규정, 국회교통관리규정 등등)은 그 효력이 단순히 국회 내부에만 국한되는 것으로 이해하기에는 어려울 것인바(이러한 문제는 통상 "국회내부법규의 외부적 효력"이란 이름으로 논의되고 있다. 특히 박재유, 「국회내부법규에 관한 공법적 고찰 — 국회규칙·국회규정·국회내규를 중심으로 —」, 고려대학교 법학석사학위논문, 2011, 93-95쪽 참조), 이러한 규범들 및 이러한 규범들을 피수권규범으로 특정하고 있는 수권법률은 구체적인 기본권관계에서 기본권적 이의제기의 대상(즉, 심사대상)으로 등장할 수 있을 것이다.

내용[266)]으로 갈음 혹은 준용될 수 있는 사항들에 대한 세세한 논의는 생략하면서 被授權機關·被授權規範·授權內容·授權方式 등과 관련하여 추가적으로 언급될 필요가 있다고 생각되는 쟁점들을 간략히 언급하도록 한다.

그런데 국회중심의 입법원칙(헌법 제40조)과 국회가 독점하고 있는 법률안 의결권한(헌법 제53조 제1항 및 제4항), 그리고 "국회는 법률에 저촉되지 아니하는 범위안에서 의사와 내부규율에 관한 규칙을 제정할 수 있다."라고 명시하고 있는 헌법 제64조 제1항의 의미를 고려한다면, 「입법권을 수권하려는 국회가 "의사와 내부규율에 관한" 사항을 수권내용으로 삼고, '자기 자신'인 국회와 '자기 자신인 국회에 의해 정립된 규칙'(이하에서는 '국회규칙'이라고 한다.)[267)]을 각각 피수권기관과 피수권규범으로 특정 하는 법률(즉, 수권법률)을 정립할 수 있다는 점」에 대해서는 의문의 여지가 없을 것인바,[268)] 결국 여기에서는 다음과 같은 쟁점들이 특

---

266) 위 목차 Ⅱ. 1. 다. 2) 가) (2) 참조.

267) 한편 국회규칙을 법률과 같은 서열의 규범으로 이해하는 견해가 있다(박찬주, 「국회규칙의 성격에 관한 몇 가지 문제」, 『법학』 51-4, 서울대학교 법학연구소, 2010, 131-134쪽, 145쪽). 하지만 국회규칙의 근거조항인 헌법 제64조 제1항은 "법률에 저촉되지 아니하는 범위안에서"라는 조건을 명시적으로 언급하고 있을 뿐만 아니라, 엄격하게 본다면 법률은 국회와 정부의 협력을 통해서 정립된다는 점에서 국회가 단독 정립권자인 국회규칙과는 그 성격을 달리한다고 하겠다. 따라서 국회규칙은 국회가 정립할 수 있는 규범들 중에서 법률(혹은 법률적 수준의 조약)보다 하위에 놓여 있는 규범으로 이해되어야 할 것이다.

268) 물론 헌법이 국회의 "의사와 내부규율에 관한" 사항을 법률의 매개 없이도 바로 국회가 자율적으로 정립한 규칙(국회규칙)으로써 규율할 수 있게끔 제64조 제1항을 통하여 그 근거를 마련해주고 있는 이유는 무엇보다도 국회의 내부적 사안의 규율과 관련하여 다른 헌법기관을 통한 영향력 행사의 가능성 — (심지어 국회의 독점적 의결권한의 행사를 통해서 성립되는) 법률로써 국회내부사안을 규율할 경우에도 정부와 대통령은 법률안 제출권 및 법률안거부권 등을 통하여 국회에 대해 영향력을 행사할 가능성을 배제할 수 없다. — 을 제약하여 국회의 자율권을 보장하기 위함이라고 볼 수 있겠다(박재유, 앞의 글, 22쪽). 하지만 법률은 국회규칙의 상위규범일 뿐만 아니라, 무엇보다도 헌법 제64조 제1항은 명시적으로 "법률에 저촉되지 아니하는 범위안"이라고 표현하고 있는바, 국회내부사항을 (그 정립과정에 있어서 정부 혹은 대통령의 직접적 영향력 행사로부터 벗어나 있는 국회규칙이 아니라) 법률로써 규율 — 즉, '법률에 의한(durch Gesetz) 규율' 혹은 '법률에 근거한 규율(auf Grund eines Gesetzes) 규율' — 한다고 하더라도 그러한 행위 그 자체가 바로 금지되어 있다고 볼 수는 없을 것이다. 오히려 국회내부사항에 국한된다고 잠정 판단된 사항도 구체적 헌법현실에서 국민의 자유와 권리에 대한 부정적 영향을 유발할 수 있을 것인바, 이러한 사항이 (국회자율권 등의 이유로 말미암아 어떤 특정 사안에 대한 규율권한을 '법률정립권자로서의 국회'가 행사할 수는 없고 — 헌법 제53조 제2항 및 제6항은 법률정립권자로서 국회가 행사하는 권한에 대해서 법률안에 대한 공포 혹은 재의요구 등을 통한 대통령의 개입을 허용하고 있다 —, 오직 '국회규칙제정권자로서의 국회'만이 행사할 수 있는 것으로 보아야 하는 특단의 예외적 경우가 아님에도 불구하고) 만약 법률의 직·간접적 근거 없이 오직 헌법 제64조 제1항의 규칙(국회규칙)에 의해서만 근거지울 수 있다면, 해당 국회규칙은 헌법 제37조 제2항 "법률로써"로부터 도출되는 기본권관계에서의 법률유보원칙에 위반되는 것으로 평가해야 할 것이다. 관련하여 특히 법률의 위임 없이 본회의 의결로 제정된 국회방청규칙상의 조항들 중에서 방청인에 대하여 모자·외투 착용금지 및

히 주목되어야 할 것이다: ① 국회가 수권법률을 통하여 국회 그 자체가 아닌 국회내부기관을, 그리고 국회규칙이라고 할 수 없는 다른 형식의 규범을 각각 피수권기관과 피수권규범으로 직접(즉, 국회규칙을 매개하지 않고) 특정할 수 있는가? ② 국회 혹은 국회내부기관에게 입법권을 수권함에 있어서 국회는 헌법 제64조 제1항이 언급하고 있는 "의사와 내부규율"에 해당하지 않는 사항도 수권할 수 있는가? ③ 국회가 자기 자신 혹은 자기 자신의 내부기관(국회내부기관)에게 입법권을 수권할 경우에 수권내용 및 수권방식과 관련하여 특별히 고려해야 할 사항은 무엇인가?

(나) 검토

① 헌법은 "입법권은 국회에 속한다."라고 규정하고 있는바(헌법 제40조), 헌법에 위반되지 않는 범위 내에서 국회는 '무엇을, 어떻게, 어떤 형태로 규율할 것인지', 그리고 규율하는 경우에도 그 내용 · 방식 · 형태를 '직접 정립할 것인지' 혹은 '타 기관에게 정립권한을 수권할 것인지' 등에 관하여 기본적으로 광범위한 결정의 자유를 보유하고 있는 것으로 이해된다.[269] 또 법률정립권자로서의 국회(헌법 제53조 제1항 및 제4항)와 국회규칙제정권자로서의 국회(헌법 제64조 제1항)는 각각 별개의 상이한 기관이 아니라 동일한 하나의 기관이란 점에서 국회가 헌법 제64조 제1항의 규칙(국회규칙)을 매개하지 않고 국회 또는 국회내부기관에게 직접 입법권을 수권하는 법률을 정립한다고 하더라도, 이러한 국회의 (수권법률)정립활동 그 자체가 국회규칙제정권자로서의 국회의 권한을 침해하여 위헌이라고 평가할 수는 없을 것이다.[270] 따라서 국회는 원칙적으로 (자기 자신인 국회는 물론이고) 국회내부기관을 피수권기관으로, 이러한 기관들에 의해 정립된 규범을 피수권규범으로 특정하여 헌법 제64조 제1항이 언급하고 있는 소정의 사항(즉, "의사와 내부규율에 관한" 사항)에 대한 규범정립권한을 법률을 통해 직접(즉, 국회규칙의 매개 없이) 수권할 수 있을 것 — 관련하여 실정법상으로는 특히 국회법 제169조 제2항 및 국회사무처법 제14조 등을 주목할 수

부피가 있는 물품의 휴대금지 혹은 신문 열독금지 등과 같은 규정(제14조 제1호, 제2호, 제4호)은 국회법 제153조 및 제154조의 규정을 집행하기 위해 필요한 내용을 규율한 것으로도 이해하기 어려울 것인바, 기본권관계에서의 법률유보원칙에 위반된 것이라는 의심이 든다.

269) 특히 위 주 88) 및 125) 참조.

270) 이러한 점에서 여기서 논하고 있는 '국회규칙제정권자로서의 국회에게 입법권을 수권하는 법률'에 대한 권한법적 차원에서의 헌법적 통제와 앞서 언급한 '대통령을 수반으로 하는 정부에게 소속된 기관에게 입법권을 수권하는 법률'에 대한 권한법적 차원에서의 헌법적 통제(위 목차 Ⅱ. 1. 다. 2) 가) (2) (나) ②)는 큰 차이점을 갖게 된다.

있겠다.[271] — 으로 생각된다. 다만 이러한 수권이 실질적으로 국회 자신이 보유하고 있는 헌법상 권한(특히, 입법권)의 形骸化 혹은 潛脫을 의미하거나, 국회의 내·외부에 존재하는 다른 헌법기관들의 헌법상 권한을 침해하는 것이 될 경우에는 위헌적인 공권력활동(입법활동)으로 평가되어야 할 것인바, 만약 헌법 제3장 국회 및 국회내부기관들에게 규범정립권한을 수권하는 법률이 국회 그 자체 혹은 국회내부의 헌법기관인 국회의원·국회의장 및 부의장·위원회 등이 각각 보유하고 있는 헌법상 권한을 존중하지 않는 경우라면, 해당 수권법률은 위헌의 의심으로부터 자유롭기 어려울 것이다.[272]

② 헌법 제64조 제1항은 국회가 "의사와 내부규율에 관한" 사항을 "규칙"으로 제정할 수 있음을 명시하고 있는바, 국회가 "의사와 내부규율"에 해당되지 않는 사항을 국회규칙으로 규율할 수 있도록 하는 수권법률을 정립하는 것은 원칙적으로 허용될 수 없는 입법행위라고 판단된다. 같은 맥락에서 국회외부에 위치하고 있는 타 국가기관과 밀접한 관련이 있거나 국회내부업무를 벗어난 사항을 수권내용으로 삼아서 국회규칙으로 규율할 수 있는 권한을 부여해주는 법률 또한 위헌의 의심으로부터 자유롭기 어려울 것이다.[273]

③ 국회가 '반드시 법률이라는 형식을 통해서 스스로 규율해야 할 내용을 규율하지 않고 이를 법률 아닌 다른 형식의 규범으로 규율할 수 있게끔 수권하는 법률'을 정립하거나, 혹은 '수권할 수 있는 사항이라고 하더라도 피수권기관에게 규범정립과 관련된 구체적이고 명확한 행동기준을 제공하지 않는 수권법률'을 정립했다면, 해당 수권법률정립행위 또한 합헌적으로 평가할 수는 없다는 원칙(즉, 의회유보원칙 및 포괄위임금지원칙)은 수권법률이 특정하고 있는 피수권기관 및 피수권규범이 무엇인지와 상관없이 헌법 제40조 및 법치국가원칙으로부터 각각 도출될 수 있는 원칙이다. 따라서 이러한 원칙은 국회와 국회규칙을 각각 피수권

---

271) 왜냐하면 이들 규정은 '국회'와 '국회에 의해 정립된 규칙(국회규칙)'을 각각 피수권기관과 피수권규범으로 특정하여 입법권을 수권하는 법률이 아니라, '위원회가 정립하는 운영규칙' 혹은 '(국회)의장이 국회운영위원회의 동의를 얻어 정립하는 규칙'의 형식 — 이러한 형식의 규범은 규범서열체계상 헌법 제64조 제1항에 근거를 두고 있는 국회규칙보다는 하위의 규범으로 이해되어야 할 것이다. — 으로 규범을 정립할 수 있는 근거를 마련해주고 있는 수권법률이기 때문이다.

272) 예컨대 만일 국가의 안전보장을 위하여 국회의 회의를 비공개할 수 있는 구체적 사유를 국회 부의장이 발하는 지침 혹은 국회사무처장이 발하는 국회내규 등으로 정하게끔 수권하고 있는 법률이 있다면, 이러한 수권법률은 헌법 제50조 제1항 제2문 후단이 규율하고 있는 국회의장의 권한을 존중하지 않는 위헌적 법률로 평가될 수 있을 것이다.

273) 이러한 국회의 규범정립활동은 국회가 보유하고 있는 자율권의 한계를 벗어난 것으로도 평가될 수 있겠다(특히 이성호, 「국회규칙에 관한 연구」, 건국대 박사학위논문, 2012, 27쪽 참조).

기관과 피수권규범으로 특정하여 입법권을 수권하는 경우에도 준수되어야 할 것이다. 다만 의회유보원칙 및 위임의 명확성원칙(포괄위임금지원칙)의 준수여부를 심사하는 강도는 개별적·구체적 사항을 고려하여 적절하게 조정되어야 하며, 이러한 강도결정기준에 있어서 특히 국회의 기능적 특성이 아주 중요한 잣대로 활용된다는 점에서,[274] 만약 국회가 수권기관이면서 동시에 피수권기관의 지위에 해당할 경우[275]에는 의회유보원칙 및 위임의 명확성원칙(포괄위임금지원칙)의 준수여부에 대한 심사강도는 피수권기관이 국회가 아닌 경우에 비해서 상대적으로 완화될 수 있을 것으로 생각된다.[276]

(4) 법원·헌법재판소·선거관리위원회가 수권대상인 경우

국회중심의 입법원칙(헌법 제40조)과 국회가 독점하고 있는 법률안 의결권한(헌법 제53조 제1항 및 제4항), 그리고 "대법원은 법률에서 저촉되지 아니하는 범위 안에서 소송에 관한 절차, 법원의 내부규율과 사무처리에 관한 규칙을 제정할 수 있다."라고 규정하고 있는 헌법 제108조의 의미를 고려한다면, 원칙적으로 입법권을 수권하려는 국회는 "소송에 관한 절차" 혹은 "법원의 내부규율과 사무처리에 관한" 사항을 수권내용으로 삼고, 대법원과 대법원에 의해 정립되는 규칙(이하에서는 '대법원규칙'이라고 한다)을 각각 피수권기관과 피수권규범으로 특정하는 (수권)법률을 정립할 수 있는 것으로 해석해야 할 것이다.[277] 그리고 被授權機關·被

---

274) 특히 김해원, 「수권법률에 대한 수권내용통제로서 의회유보원칙 — 기본권심사를 중심으로 —」, 『공법학연구』 16－2, 한국비교공법학회, 2015, 93쪽; 김해원, 「수권법률에 대한 수권방식통제로서 포괄위임금지원칙 — 기본권심사를 중심으로 —」, 『헌법학연구』 21－2, 한국헌법학회, 2015, 189쪽 참조.

275) 예컨대 국회가 법률을 통해서 일정한 사항에 관한 규범정립권한을 수권함에 있어서 국회 자기 자신을 피수권기관으로, 국회에 의해 정립되는 국회규칙을 피수권규범으로 특정하는 경우를 생각해 볼 수 있겠다.

276) 같은 맥락에서 만약 국회 자율권에 관한 사항 — 특히 헌법 제64조 제1항 "의사와 내부규율" — 을 규율하는 입법권을 국회가 수권할 경우에는 수권내용 및 수권방식에 관한 사법기관의 심사강도는 그렇지 않은 경우에 비해서 상대적으로 완화되는 것이 헌법상 권력분립원칙에 보다 부합될 것으로 생각된다.

277) 그 이유는 다음과 같다: "소송에 관한 절차, 법원의 내부규율과 사무처리에 관한" 대법원의 입법권한(규칙제정권한)은 헌법 제108조에 근거한다. 그런데 헌법 제108조가 대법원의 규칙제정권한과 관련하여 "법률에서 저촉되지 아니하는 범위 안에서"라는 조건을 마련하고 있는바, 국회에 의해 정립되는 법률의 형식으로도 "소송에 관한 절차, 법원의 내부규율과 사무처리에 관한" 사항이 규율될 수 있다는 점을 헌법이 전제하고 있는 것으로 이해해야 한다(바로 이러한 점에서 헌법 제108조 소정의 사항을 법률이 규율할 수 없는 대법원규칙의 전속사항이라고 할 수는 없을 것이다. 이에 관해서는 김호정, 「대법원의 규칙제정권」, 『공법학연구』 10－4, 한국비교공법학회, 2009, 313－314쪽). 그리고 소송에 관한 절차, 법원의 내부규율과 사무처리에 관한 사항을 법률로써 규율할 수 있는 국회가 해당 사항의 규율권한을 (헌법 제108조에 의해 "법률에 저촉되지 아니하는

授權規範·授權內容·授權方式 등과 관련하여 검토되어야 할 그 밖의 대부분의 쟁점들은 앞서 살펴본 내용들을 준용함으로써 해결될 수 있을 것으로 생각된다.[278] 따라서 여기서는 앞선 논의를 준용하여 다음과 같은 사항들을 거듭 확인해둔다: 첫째, 국회가 수권법률을 통하여 대법원 그 자체가 아닌 '각급법원' 혹은 '(대)법원의 내부기관'을 피수권기관으로, '대법원규칙[279]이라고 할 수 없는 규범'을 피수권규범으로 특정하여 직접 입법권을 수권하는 행위는 원칙적으로 허용될 수 없을 것이다. 왜냐하면 헌법 제5장 법원에서 행해지는 입법활동과 관련해서 헌법은 대법원이 정립하는 대법원규칙만을 알고 있을 뿐만 아니라, 무엇보다도 국회가 대법원이 제정하는 대법원규칙을 배제하고(혹은 매개하지 않고) 예컨대 '고등법원이 정하는 내규', '대법원장의 훈령', '(대)법관의 지침' 혹은 '등기소장의 명

범위 안에서" 일정한 입법권을 부여받고 있는 대법원에게) 수권하는 것 또한 자신의 입법권한 내의 행위이므로 원칙적으로 허용될 수 있는 행위라고 해야 할 것이다. 다만 국회의 이러한 수권활동이 헌법상 대법원의 자율권 — 특히 대법원의 대법원규칙제정권 — 을 침해 혹은 형해화하는 수준까지 이르게 된다면 이는 권한법적 차원에서 용납될 수 없을 것으로 생각된다(이러한 경우는 앞서 서술한 '국회가 헌법상 부여된 자신의 법률정립권한을 남용하여 다른 기관의 헌법상 권한에 개입하는 경우'에 해당하는바, 위 목차 Ⅱ. 1. 나. 1) 참조).

278) 특히 위 목차 Ⅱ. 1. 다. 2) 가) (2) 참조.

279) 헌법상 "규칙"이란 표현은 여러 곳에서 등장한다. 일반적으로 헌법문언에 나타난 제정주체에 주목하여 헌법에 등장하는 "규칙"을 통상 국회규칙(제64조)·대법원규칙(제108조)·헌법재판소규칙(제113조 제2항)·선거관리위원회규칙(제114조 제6항) 등으로 명명하고 있다. 물론 헌법이 제정주체를 특정하지 않고 "규칙"이라는 표현을 사용한 경우(제107조 제2항)도 있지만, 헌법 제107조 제2항의 규칙은 국회규칙(제64조)·대법원규칙(제108조)·헌법재판소규칙(제113조 제2항)·선거관리위원회규칙(제114조 제6항) 등을 모두 포괄하는 개념으로 볼 수 있겠다. 그리고 헌법에 등장하는 이러한 규칙은 그 규범서열상 적어도 법률하위에 있음은 분명하다. 왜냐하면 이러한 규칙은 "법률에 저촉되지 아니하는 범위안에서"(헌법 제64조 제1항, 제108조, 제113조 제2항, 제114조 제6항 후단) 혹은 "법령의 범위 안에서"(헌법 제114조 제6항 전단) 제정될 수 있으며, 무엇보다도 헌법 제107조 제2항은 규칙에 대한 규범통제의 기준으로서 법률을 명시하고 있기 때문이다. 문제는 헌법에 등장하는 이러한 "규칙"이 무엇이냐 하는 것이다(이러한 문제는 헌법상 "규칙"의 인식근거 즉, '우리가 어떤 규범을 일응 헌법상 규칙으로 인식할 때, 그러한 인식의 근거는 무엇인가?' 혹은 '어떤 근거에서 특정 규범을 일응 규칙으로 포착할 수 있는가?' 하는 물음과 다르지 않다). 물론 헌법이 직접 규칙을 언급하는 이상 규칙의 개념 또한 헌법 자체에서 찾아야 함이 마땅하다. 관련하여 헌법이 스스로 규칙으로 규율될 수 있는 사항을 언급하고 있는 경우도 있긴 하지만(예컨대 제64조, 제108조, 제113조 제2항, 제114조 제6항), 규칙을 규정짓는 사항이나 대상 내지는 개념요소를 밝히고 있는 것은 아니다. 심지어 규칙제정절차에 관해서도 헌법은 침묵하고 있다. 따라서 헌법상 "규칙"은 일단 제정주체 및 규범의 위상이란 측면에서 정의할 수밖에 없을 것으로 생각된다. 이러한 관점에서 본다면 그 명칭여하를 불문하고 '대법원에 의해 제정된 법률하위의 규범들 중에서 규범서열상 가장 상위에 해당하는 규범'이라면 일응 헌법 제108조의 "규칙"(즉, 대법원규칙)에 해당하는 것으로 이해할 수 있을 것이다. 왜냐하면 헌법은 제108조에 근거한 규칙제정권한 외에 대법원이 행사할 수 있는 입법권한을 알고 있지 못하며, 무엇보다도 헌법 제108조가 명시적으로 "대법원"에게 규칙제정권한을 부여하고 있기 때문이다.

령' 등등의 형식으로 일정한 사항에 대한 규범정립권한을 직접 수권하는 법률을 정립할 수 있다는 것은 헌법상 부여받은 대법원의 대법원규칙제정권한이 국회에 의해 무의미해지거나 혹은 법원 내부질서가 국회에 의해 교란되어 권력분립원칙이 훼손될 수 있는 계기가 마련되었음을 의미하기 때문이다.[280] 둘째, 대법원과 대법원이 정립한 대법원규칙을 각각 피수권기관과 피수권규범으로 특정하여 입법권을 수권함에 있어서 원칙적으로 국회는 헌법 제108조에서 언급하고 있는 소정의 사항(즉, "소송에 관한 절차, 법원의 내부규율과 사무처리에 관한" 사항)에 해당하지 않은 사항을 수권내용으로 삼을 수는 없을 것으로 생각된다. 왜냐하면 국회 외의 국가기관에서 행하는 입법권행사는 국회입법원칙에 대한 예외사유라고 할 것인바, 대법원이 대법원규칙으로 규율할 수 있는 사항으로 명시하고 있는 헌법 제108조 소정의 사항들은 (국회의 수권여부와 상관없이) 엄격하게 축소해석 되어야 하기 때문이다. 설사 헌법 제108조에서 언급되고 있는 소정의 사항들이 열거된 것이 아니라 예시된 것으로 이해될 수 있다고 하더라도,[281] 실제로 헌법 제108조에서 언급되고 있는 소정의 사항(즉, "소송에 관한 절차, 법원의 내부규율과 사무처리에 관한" 사항)에 해당하지 않는 것은 순수한 법원 내부업무에 국한된 사항이라고 평가하기 어려울 것인바, 만약 '법원내부업무를 벗어난 사항들이 대법원이 정립하는 대법원규칙으로 규율될 수 있도록 수권하는 법률'은 결국 다른 헌법기관의 권한을 훼손하여 위헌적 법률로 평가될 가능성이 높을 것으로 생각된다. 셋째, 수권내용과 관련된 헌법적 한계로서 헌법 제40조로부터 도출될 수 있는 의회유보원칙과 수권방식과 관련된 헌법적 한계로서 법치국가원칙으로부터 도출될 수 있는 위임의 명확성원칙(혹은 포괄위임금지원칙)은 수권대상으로 헌법 제5장 법원이 등장한 경우에도 준수되어야 함이 마땅하다.[282]

같은 맥락에서 "헌법재판소는 법률에 저촉되지 아니하는 범위 안에서 심판에 관한 절차, 내부규율과 사무처리에 관한 규칙을 제정할 수 있다."라고 규정하고 있는 헌법 제113조 제2항의 의미를 고려한다면, 입법권을 수권하려는 국회가 「"심판에 관한 절차" 혹은 "내부규율과 사무처리에 관한" 사항을 수권내용으로 삼고, 헌법재판소와 헌법재판소에 의해 정립되는 규칙(이하에서는 '헌법재판소규칙'이라 한다)을 각각 피수권기관과 피수권규범으로 특정하고 있는 법률」을 정립할

280) 관련된 상세한 논증은 위 목차 Ⅱ. 1. 다. 2) 가) (2) (나) ②의 논의를 참조.

281) 이에 관해서는 김호정, 앞의 글, 314-315쪽 참조.

282) 물론 의회유보원칙과 포괄위임금지원칙의 심사강도는 마땅히 사안에 따라 개별적으로 조정되어야 한다.

수 있음은 분명해 보인다. 하지만 이 경우에도 의회유보원칙과 포괄위임금지원칙이 준수되어야 함은 물론이다. 그리고 만약 국회가 '헌법 제113조 제2항에서 열거된 소정의 사항(즉, "심판에 관한 절차" 혹은 "내부규율과 사무처리에 관한" 사항)에 해당하지 않는 내용을 헌법재판소규칙으로 정립할 수 있도록 수권하는 법률' 혹은 '헌법재판소에 의해 정립된 헌법재판소규칙을 매개하지 않고 (혹은 배제하고) 헌법재판소 그 자체가 아닌 헌법재판소 내부기관 — 예컨대, 헌법재판소의 장·사무처장 혹은 헌법재판연구원장 등등 — 을 피수권기관으로, 헌법재판소규칙[283]이라고 할 수 없는 규범을 피수권규범으로 특정하여 일정한 규범정립권한을 수권하는 법률'을 정립했다면, 이러한 법률들은 원칙적으로 모두 위헌의 의심으로부터 자유롭기 어려울 것으로 생각된다. 왜냐하면 전자의 법률은 헌법 제113조 제2항이 규율하고 있는 헌법재판소 입법권한(즉, "심판에 관한 절차" 혹은 "내부규율과 사무처리에 관한" 사항에 대한 입법권한)의 범위를 넘어서는 사항을 수권함으로써 다른 헌법기관의 권한을 훼손할 가능성이 많을 것이며, 후자의 법률은 헌법재판소 내부질서가 국회에 의해 교란되는 계기로 활용될 가능성이 많기 때문이다.

마찬가지로 헌법 제114조 제6항은 "중앙선거관리위원회는 법령의 범위 안에서 선거관리·국민투표관리 또는 정당사무에 관한 규칙을 제정할 수 있으며, 법률에 저촉되지 아니하는 범위 안에서 내부규율에 관한 규칙을 제정할 수 있다."라고 규정하고 있는바, 국회는 "선거관리·국민투표관리 또는 정당사무" 및 "내부규율"에 관한 규범정립을 중앙선거관리위원회가 제정하는 규칙(이하 '중앙선거관리위원회규칙'이라 한다)에게 수권하는 법률을 정립할 수는 있겠지만, 이 경우에도 의회유보원칙과 포괄위임금지원칙은 마땅히 준수되어야 한다. 그리고 국회가 수권법률을 정립하면서 (중앙선거관리위원회규칙을 매개하지 않고) 중앙선거관리위원회의 내부기관 혹은 각급 선거관리위원회를 직접 피수권기관으로 특정하거나, 혹은 헌법 제114조 제6항에서 열거된 소정의 사항에 해당하지 않는 것을 수권내용으로 삼아서 중앙선거관리위원회규칙으로 수권하는 행위 또한 헌법이 예정하고 있는 권한질서의 변질을 초래할 수 있다는 점에서 원칙적으로 허용되지 않는 행위로 평가해야 할 것이다.

283) 그 명칭여하를 불문하고 '헌법재판소에 의해 제정된 법률하위의 규범들 중에서 규범서열상 가장 상위에 해당하는 규범'이라면 일응 헌법 제113조 제2항의 "규칙"(즉, 헌법재판소규칙)에 해당하는 것으로 이해할 수 있겠다(이에 관한 설명은 위 주 279) 참조).

(5) 지방자치단체가 수권대상인 경우

(가) 被授權機關 및 被授權規範 특정에 대한 헌법적 통제

국회중심의 입법원칙을 선언하고 있는 헌법 제40조와 국회의 법률정립권한(특히, 헌법 제52조 및 제53조), 그리고 "지방자치단체는 주민의 복리에 관한 사무를 처리하고 재산을 관리하며, 법령의 범위 안에서 자치에 관한 규정을 제정할 수 있다."라고 규정하고 있는 헌법 제117조 제1항을 고려한다면, 원칙적으로 국회는 「"지방자치단체"로 하여금 자치에 관한 "규정"을 제정할 수 있도록 입법권한을 부여해주는 법률(즉, 수권법률)」을 정립할 수 있을 것으로 생각된다.[284] 문제는 헌법이 지방자치단체의 기관으로서 "지방의회"와 "지방자치단체의 장"을 알고 있음에도 불구하고 입법권행사와 관련하여 지방자치단체의 특정 기관을 명시적으로 언급하지 않고 단지 "지방자치단체는 […] 자치에 관한 규정을 제정할 수 있다."라고 함으로써 헌법 제117조만으로는 구체적인 헌법현실에서 지방자치단체의 어떤 기관이 수권법률을 통해서 직접 피수권기관으로 특정될 수 있는지가 명확하지 않다는 것이다. 특히 헌법 제117조 제2항 "지방자치단체의 종류"와 제118조 제2항 "지방자치단체의 조직과 운영"을 구체적으로 형성하고 있는 지방자치법이 지방의회와 지방자치단체의 장 모두에게 일정한 입법권을 부여하고 있다는 점 — 지방자치법은 지방의회에게 "조례"에 대한 독점적 의결권한을, 지방자치단체의 장에게 "규칙"을 제정할 수 있는 권한을 부여하고 있다.[285] — 을 고려한다면, 국회가 지방자치단체의 어떤 기관에게 입법권을 수권할 수 있는지와 관련해서 헌법 제117조 제1항이 갖고 있는 불명확함의 문제가 해석을 통해서 해소되어야 할 필요성이 크다고 하겠다. 생각건대 헌법 제118조 제1항이 (입법활동을

284) 왜냐하면 헌법 제117조 제1항이 "지방자치단체는 […], 법령의 범위 안에서 자치에 관한 규정을 제정할 수 있다."라고 명시하고 있는바, "법령"의 형식으로도 "자치에 관한" 사항이 규율될 수 있기 때문이다. 다만 여기에서 법령(법률·명령)이 "자치에 관한" 모든 사항을 직접 규율 혹은 지방자치단체에게 수권할 수 있는 것으로 이해하는 것은 성급한 주장이라고 하겠다. 왜냐하면 만약 헌법해석을 통해서 어떤 특정 사항이 (지방자치단체가 보유하고 있는 자치입법권의 핵심 내지는 본질 등에 해당하여) 국회가 개입할 수 없는 지방자치단체의 고유한 혹은 배타적 입법사항으로 평가될 수 있다면(지방자치단체의 고유사무에 관해서는 특히 조성규, 「지방자치단체의 고유사무」, 『공법학연구』 5-2, 한국비교공법학회, 2004, 101쪽 이하), 이러한 사항을 국회가 법률로써 규율하여 지방자치단체의 입법권행사의 범위를 제약할 수는 없을 것이며, 같은 맥락에서 자신이 규율할 수 없는 사항을 다른 대상(기관)에게 규율하도록 수권하는 행위 또한 (단순히 타 기관의 입법권한을 확인하고 있는 골격입법이 아닌 한) 원칙적으로 허용될 수 없기 때문이다(이에 관한 상세한 논의는 아래 목차 Ⅱ. 1. 다. 2) 가) (5) (나) ② 및 ③ 참조).

285) 「지방자치법」 제22조, 제23조 및 제39조 제1항 제1호 참조.

그 본연의 업무로 하는 대의기관이라고 할 수 있는) 의회를 지방자치단체에 두어야 하는 필수적 헌법기관으로 규율하고 있다는 점에서 적어도 "자치에 관한"[286] 지방자치단체의 입법의사는 해당 지방자치단체의 의회(즉, 헌법 제118조 제2항 "지방의회")가 대표한다고 보아야 할 것인바,[287][288] 입법권을 수권하려는 국회는 수권법률을 통해서 지방의회를 피수권기관으로, 지방자치단체의 의회에 의해 정립된 자치에 관한 "규정"을 피수권규범으로 특정할 수 있는 것으로 이해해야 할 것이다. 따라서 만약 국회가 지방자치단체의 의회(지방의회)에 의해 정립된 "자치에 관한 규정"을 매개하지 않고 바로 지방자치단체 내부의 다른 기관 — 특히, 지방자치단체의 장 혹은 교육감 등 — 에게 "자치에 관한 규정"의 정립권한을 배타적으로 부여해주는 법률을 정립했다면,[289] 이러한 수권법률은 헌법으로부터 입법

286) "자치에 관한"의 의미는 아래 목차 Ⅱ. 1. 다. 2) 가) 2) (나) ②, 특히 주 295) 참조.

287) 국민에 의해 선출된 의원으로 구성된 합의체 국가기관인 의회(국가의 의회), 즉 국회는 입법작용을 담당하는 것을 그 본연의 업무로 삼고 있는바, 국가의 입법의사를 대표하는 기관이라는 점에 대해서는 의문의 여지가 없을 것이다(헌법 제40조 참조). 이러한 점을 고려한다면 (「지방자치법」 제30조 및 제39조 제1항 등을 통해서도 뚜렷하게 확인될 수 있는 것처럼) 헌법이 명시하고 있는 지방자치단체의 의회인 "지방의회"가 담당하고 있는 본연의 업무는 지방자치 수준에서의 입법활동이라고 할 수 있을 것이며, 지방자치단체의 입법의사는 지방의회가 대표하는 것(혹은 지방의회에 의해서 결정되는 것)으로 이해하는 것이 합리적이라고 생각된다.

288) 관련하여 지방자치단체의 부분 기관인 지방자치단체의 장에게 지방자치단체를 대표할 권한을 부여하고 있는 지방자치법 제101조("지방자치단체의 장은 지방자치단체를 대표하고, 그 사무를 총괄한다.")에 대해서 위헌의 의심이 있다. 왜냐하면 헌법이 지방자치제를 보장하고 있는 중요한 이유가 단계화된 민주주의(gegliederte Demokratie)의 구현에 있다는 점과(Vgl. BVerfGE 52, 95(111)), 헌법 제118조 제2항이 "지방자치단체의 장의 선임방법"에 관한 사항은 법률로 정하도록 하고 있다는 점 등을 고려해볼 때, 지방자치단체의 의사는 (국가기관인 국회에서 행해지는 입법활동(즉, 법률개폐)을 통해서 중앙정부로부터 임명되거나 혹은 지방의회로부터 선임될 수도 있는 "지방자치단체의 장"이 아니라) 주민에 의해 선출된 대표자로 구성된 합의제기관인 "지방의회"가 대표하는 것으로 이해하는 것이 헌법의 의미에 보다 부합할 것이기 때문이다. 요컨대 주민자치를 요체로 하는 지방자치를 구현하기 위한 헌법기관인 지방의회는 주민의 대의기관이며(관련하여 지방자치법 제30조 참조), 지방자치단체의 장은 주민이 선출하지만 기본적으로 집행기관으로 이해되어야 한다는 것이다(관련하여 "집행기관"이라는 표제어아래에 지방자치단체의 장을 규율하고 있는 「지방자치법」 제6장 집행기관 제1절 지방자치단체의 장 참조). 따라서 적어도 지방자치단체의 장이 지방자치단체의 입법의사까지 대표하는 것으로 지방자치법 제101조를 해석하는 것은 위헌이라고 해야 할 것이다. 그러므로 만약 자치입법권 행사를 둘러싸고 국회와 (지방자치단체의 입법의사를 대표한다고 할 수 있는) 지방의회 상호 간 권한다툼이 발생한다면, 이는 국가기관과 지방자치단체 내부기관 상호 간 권한다툼이 아니라, 국가기관과 지방자치단체간의 권한다툼으로 이해하여 헌법재판소가 관장하는 "권한쟁의에 관한 심판"으로 해결해야 할 것으로 생각한다(헌법 제111조 제1항 제4호). 관련하여 김하열 교수는 권한분쟁에 관한 현행법상 관할의 흠결을 지적하면서 '국가기관'과 '지방자치단체의 기관' 상호 간의 권한분쟁도 권한쟁의심판사항으로 규정함이 입법론적으로 바람직하다는 견해를 피력하고 있다(이에 관해서는 김하열, 『헌법소송법』, 박영사, 2014, 536쪽).

289) 이러한 수권법률이 헌법현실에서 실제로 존재하고 있는지에 관해서는 면밀하고도 광범위한 추가적 조사가 필요한 사항임을 밝혀둔다.

권을 부여받지 못한 기관에게 국회가 법률로써 일정한 입법권을 부여해준 것일 뿐만 아니라,[290] 무엇보다도 헌법기관인 지방의회가 보유하고 있는 권한을 훼손하고 지방자치단체 내부질서를 교란시키는 계기가 될 수 있다는 점[291]에서 원칙적으로 허용되어서는 안 될 것으로 생각한다. 관련하여 특히 "지방자치단체의 장은 법령이나 조례가 위임한 범위에서 그 권한에 속하는 사무에 관하여 규칙을 제정할 수 있다."라고 규정하고 있는 지방자치법 제23조에 대해서 위헌의 의심이 있다. 왜냐하면 지방자치법 제23조는 '법령과 조례가 위임한 범위에서'라고 하지 않고, "법령이나 조례가 위임한 범위에서"라고 명시함으로써, 지방자치단체의 의회(지방의회)에서 의결되는 조례를 매개함 없이 국회가 법률을 통해서(보다 정확하게는 법령제정권자가 법령을 통해서) 직접 지방자치단체의 장에게 일정한 규범정립권한(즉, 규칙제정권한)을 부여할 수 있는 것으로 해석될 수 있기 때문이다. 따라서 지방자치법 제23조의 "법령이나 조례" 부분을 '법령과 조례'로 변경하거나, 아예 "법령이나" 부분을 삭제하여 '지방자치단체의 장은 조례가 위임한 범위에서 그 권한에 속하는 사무에 관하여 규칙을 제정할 수 있다'라고 개정하는 것이 바람직할 것으로 생각된다.

한편 지방자치단체 차원에서의 입법의사는 지방자치단체의 의회(즉, "지방의회")가 대표하는 것으로 이해하는 것이 바람직하다는 점에 동의한다면, 다음과 같은 점 또한 받아들일 수 있겠다: 「"자치에 관한 규정"을 "지방자치단체"가 "제정할 수 있다."는 것(헌법 제117조 제1항)」은 결국 「"자치에 관한 규정"이 (헌법 제118조 제1항 및 제2항에서 명시하고 있는) "지방자치단체의 의회", 즉 "지방의회"의 의결을 통해서 정립되어야 한다는 것」과 본질적으로 다르지 않다.[292] 따라서 지

---

290) 반면에 지방자치단체의 의회(헌법 제118조 제2항 "지방의회")는 적어도 입법의사와 관련하여 지방자치단체를 대표하는 기관(혹은 지방자치단체의 입법의사를 결정짓는 기관)으로 볼 수 있을 것인바, "자치에 관한 규정"을 제정할 수 있는 헌법 제117조 제1항의 "지방자치단체"를 지방의회로 이해하는 것은 합리적이라고 할 것이다(위 주 287) 참조).

291) 이러한 경우는 특히 지방의회와 지방자치단체의 장이 대립하고 있는 국면에서 국회가 지방자치단체의 장을 지원하고자 하는 경우에 더욱 심각해질 것이다.

292) 이러한 이해는 헌법으로부터 국가차원에서의 입법의사를 대표하도록 권한을 부여받은 국회(특히, 헌법 제40조 "입법권은 국회에 속한다.")라고 하더라도, 헌법다음서열의 규범인 법률의 제정과 관련한 모든 권한을 보유하고 있는 것이 아니라 (가장 핵심적 권한이라고 할 수 있는) '법률안 의결권한'을 독점적으로 행사할 수 있도록 규율하고 있는 헌법의 태도(헌법 제53조 제1항 및 제4항)와도 잘 부합된다고 생각한다. 왜냐하면 국가차원에서의 입법권자인 국회에게 헌법다음서열에 해당하는 법률의 제정과정에서 법률안에 대한 독점적 의결권한을 헌법이 명시적으로 부여하고 있는 점(헌법 제53조 제1항 및 제4항)을 고려한다면, 지방자치단체 차원에서의 입법권자라고 할 수 있는 지방의회에게 자치에 관한 규정의 제정과정에서 해당 규정안에 대한 독점적 의결권한을 부여하려는 것이 입법과정에서의 권한배분과 관련된 헌법제정권자의 의사라고 추정할 수 있기 때문이

방자치단체에게 입법권을 수권하는 법률(즉, 수권법률)을 정립함에 있어서 국회는 "지방의회"에서 의결된 자치에 관한 "규정"을 被授權規範으로 특정해야 할 것이다. 그런데 헌법 제117조 제1항 "규정"에 관해서 헌법이 명시적으로 개념을 밝히고 있지 않아서 과연 어떤 형식의 규범을 국회는 피수권규범으로 특정할 수 있을 것인지가 모호한 측면이 있다. 하지만 그 명칭여하를 불문하고[293] 특정 규범

다. 물론 헌법 제117조 제1항의 "제정"에 주목하여 해당 조항을 아주 엄밀하게 해석한다면, 헌법 제118조 제2항의 "지방의회"(혹은 헌법 제118조 제1항 "지방자치단체의 의회")와 헌법 제117조 제1항 "지방자치단체"를 등치시켜서 '지방의회가 헌법 제117조 제1항 자치에 관한 규정의 제정권자'라고 주장하는 것은 성급한 측면이 있다. 왜냐하면 다음과 같은 이유 때문이다: 「헌법 제117조 제1항은 "지방자치단체는 […] 자치에 관한 규정을 제정할 수 있다."라고 하고 있다. 그런데 "제정"은 '(제도나 법률 따위를) 만들어 정한다.'의 의미인바(국립국어원, 표준국어대사전(http://stdweb2.korean.go.kr/search/View.jsp), 검색어: 제정, 검색일: 2015.12.14.), 만약 만들어 정하는 행위를 하는 주체가 복수로 존재할 경우에, 특정 주체만을 제정권자라고 부르는 것은 오해의 소지가 많을 뿐만 아니라 엄밀한 언어사용이 아니기 때문이다. 예컨대 법률제정은 '법률안의 제출·심의·의결·이송·공포'로 진행되는 일련의 과정을 통해서 이루어지는바, 원칙적으로 국회의 의결행위(헌법 제53조 제1항 및 제4항) 뿐만 아니라 국무회의의 심의(헌법 제89조 제3호)와 대통령의 공포(헌법 제53조 제1항) 등과 같은 행위의 도움을 필요로 한다. 따라서 아주 엄밀하게 본다면 (법률제정과정에 국회만이 참여하는 것이 아니라 대통령·국무회의 등과 같은 헌법기관이 함께 참여하고 있다는 점에서) '국회가 법률제정권자다'라는 진술은 적확한 표현이 아닐 수 있다는 것이다. 다만 법률제정과정에서 가장 핵심적인 활동인 의결이 국회에 독점되어 있다는 취지에서 일반적으로 우리는 법률제정권자로 국회를 인식하고 있을 뿐이다. 이러한 관점에서 본다면 헌법 제118조 제1항 "지방자치단체의 의회"(혹은 헌법 제118조 제2항의 "지방의회")가 지방자치단체의 입법의사를 대표하는 것으로 이해하는 것이 합리적인 헌법해석의 결과라고 하더라도, 헌법 제117조 제1항의 "지방자치단체"를 "지방자치단체의 의회"(혹은 "지방의회")로 바로 등치시키는 것은 성급한 측면이 있음을 부인하기는 어렵다. 실제로 헌법 제117조 제2항 및 제118조 제2항에 근거하여 지방자치단체의 종류와 조직 및 운영에 관한 사항을 규율하고 있는 지방자치법은 헌법 제117조 제1항 "자치에 관한 규정"에 해당된다고 할 수 있는 "조례"의 제정과 관련하여 지방의회에게 조례안에 대한 의결권한을 부여하고 있지만, 지방자치단체의 장에게도 재의요구권한 및 공포권한을 부여하고 있다(지방자치법 제26조 참조).」 하지만 일반적으로 우리가 법률제정권자로서 국회를 인식하는 것처럼, "자치에 관한 규정"을 정립함에 있어서 핵심적인 역할인 의결을 지방자치단체의 의회(즉, 지방의회)가 독점하고 있다는 전제에서, 지방의회를 헌법 제117조 제1항 "자치에 관한 규정"의 제정권자로서 인식하는 것이 큰 문제를 야기한다고 생각되지는 않는다. 설사 「지방자치단체, 그 자체가 아닌 지방자치단체의 부분기관에 불과한 지방의회를 "자치에 관한 규정"의 제정권자로 볼 수 없다.」라는 점을 받아들인다고 하더라도, "자치에 관한 규정"이 정립되는 과정에서 지방자치단체 차원에서의 입법의사를 대표하는 지방의회에게 독점적 의결권한을 인정하는 것이 헌법 제117조 제1항의 의미에 보다 잘 부합된다는 것을 부정할 수는 없을 것이다.

293) 헌법에는 헌법·법률·명령·대통령령·총리령·부령·규칙·조약·국제법·국제법규·국내법 등과 같은 각종 이름을 갖고 있는 규범들이 곳곳에 등장한다. 그런데 이들과는 달리 헌법상 "규정"은 특정 규범의 명칭이나 존재본질 혹은 제정주체를 드러내는 명사가 아니라, 특정한 맥락에서 모든 규범(특히 헌법이나 법률)의 조항 내지는 조문의 특정 부분을 지칭할 수 있는 대명사로서(예컨대 헌법 제49조 "헌법 또는 법률에 특별한 규정이 없는 한", 헌법 제53조 제6항 "제4항과 제5항의 규정에 의하여", 헌법 제53조 제7항 "법률은 특별한 규정이 없는 한", 헌법 부칙 제4조 제2항 "제1항 단서의 규정에 불구하고", 헌법 부칙 제4조 제3항 "중임제한에 관한 규정은" 등의 경우를 참

이 '지방자치단체의 입법의사를 대표하는 지방의회에서 의결된 규범이라면 일응 헌법 제117조 제1항의 "규정"에 해당될 수 있다고 잠정 판단한 다음,[294] 그러한 규범을 피수권규범으로 특정하고 있는 수권법률을 심사대상으로 삼아 수권내용 및 수권방법과 관련된 헌법적 통제를 계속 진행해나가는 것이 합리적이라고 생각된다.

(나) 授權內容에 대한 헌법적 통제

① 서두

아래에서는 국회가 법률로써 지방자치단체에게 입법권을 수권하고자 할 경우에 어떠한 사항들을 수권내용으로 삼을 수 있는지 여부와 관련된 헌법적 통제기준(즉 수권내용 특정과 관련된 심사기준)들을 살펴본다.

② "자치에 관한" 규정일 것

지방자치단체는 "자치에 관한 규정"을 제정할 수 있으므로(헌법 제117조 제1항), 원칙적으로 국회는 지방자치단체에게 입법권을 수권함에 있어서 "자치에 관한" 사항(즉, "지방공동체에 뿌리를 두고 있거나 지방공동체와 특유한 관련을 가지는 사무")[295]을 수권내용으로 특정하고 있는 수권법률을 제정할 수 있을 것이다. 하지

조), 혹은 헌법 제117조 제1항 "자치에 관한 규정"의 경우와 같이 규율내용에 주목하여 특정 규범을 지칭하기 위한 대명사로서 헌법제정권자에 의해 선택된 단어로 보인다. 따라서 헌법 제117조 제1항 "자치에 관한 규정"은 규범의 이름이 아니라, 자치에 관한 사항을 규율하고 있는 규범을 지칭하는 것으로 해석해야 할 것이다.

294) 따라서 지방자치법상의 "조례"(「지방자치법」 제22조)나 혹은 지방자치법 제43조에 근거하여 지방의회가 정할 수 있는 "의회규칙"은 일응 헌법 제117조 제1항의 "규정"에 해당할 수 있겠지만, 지방자치단체의 장이 제정하는 "규칙"(「지방자치법」 제23조) 및 교육감이 제정할 수 있는 "교육규칙"(「지방교육자치에 관한 법률」 제25조) 등은 헌법 제117조 제1항 "규정"에는 해당되기 어렵다고 판단할 수도 있겠다.

295) BVerfGE 79, 127(151); Vgl. BVerfGE 50, 195(201); BVerfGE 52, 95(120); BVerfGE 8, 122(134): "Angelegenheiten des örtlichen Wirkungskreises sind nur solche Aufgaben, die in der örtlichen Gemeinschaft wurzeln oder auf die örtliche Gemeinschaft einen spezifischen Bezug haben und von dieser örtlichen Gemeinschaft eigenverantwortlich und selbständig bewältigt werden können."; '지방(地方)'은 중앙에 상대하여 이르는 말이며, '자치(自治)'는 자기 스스로 다스리는 것, 즉 자신의 일에 대하여 자기 책임으로 스스로 결정하는 것을 일컫는바, 결국 헌법 제8장 "지방자치"는 지방의 사무처리에 있어서 중앙권력(국가권력)으로부터의 지시나 명령으로부터 독립된 자율적 결정 및 자기책임성을 지방이 보장받아야 한다는 개념이라고 할 수 있다(방승주, 「중앙정부와 지방자치단체와의 관계 — 지방자치에 대한 헌법적 보장의 내용과 한계를 중심으로 —」, 『공법연구』 35-1, 한국공법학회, 2006, 83-84쪽). 그런데 여기서 지방이 자신의 권력, 특히 입법권력을 활용해서 스스로 결정할 수 있는 대상, 즉 (헌법 제117조 제2항이 규정하고 있는) "자치에 관한" 것이 과연 무엇인지를 판별하는 것은 쉬운 일이 아니다. 실제로 헌법현실에서 지방자치단체는 자치에 관한 사무(자치사무 혹은 고유사무)뿐만 아니라, 일정한 국가사무도 위임받아 처리하고 있

만 “자치에 관한 규정”이 아니라 단지 국가사무 혹은 다른 지방자치단체의 사무에 속하는 사무를 규율하기 위한 규범의 정립권한을 지방자치단체에게 수권하는 법률은 헌법에 근거가 없을 뿐만 아니라, 지방자치단체를 국가에게 예속되게 하고 국가의 관료체제에 이용당하게 하는 계기를 마련한다는 점에서 원칙적으로 허용되어서는 안 될 것으로 생각한다.[296] 관련하여 헌법현실에서는 특히 위임조례의 위헌성여부가 문제된다. 즉 지방자치법 제9조 제1항은 “지방자치단체는 관

다는 점에서 자치에 관한 것과 그렇지 않은 것, 혹은 자치사무와 국가사무의 분별이 중요함에도 불구하고, 그러한 분별은 구체적이고 개별적으로 검토되어야 할 까다로운 문제로 인식되고 있을 뿐(예컨대 홍정선, 『新지방자치법』, 박영사, 2013, 441쪽: “자치사무와 위임사무의 구분은 개별적인 사무 그 자체로부터 자명하게 이루어지는 것이 아니다.”; 조성규, 앞의 글, 107쪽: “지방자치단체에게는 헌법상 지방자치의 보장을 통해 자기책임에 의해 처리할 수 있는 고유사무로서의 지역적 사무가 보장되지만, 모든 지방자치단체에게 보장되는 지역적 사무의 객관적 목록은 존재하지 않으며, 이는 항상 개별적 심사를 필요로 한다는 것이다.”), 분별과 관련된 확립된 일반적 기준이 존재하는 것도 아니다. 관련하여 독일연방헌법재판소는 지방자치단체의 행정력이 아니라, 해당 사무가 시민의 참여를 목표하고 있는지 여부에 주목하면서(Vgl. BVerfGE 79, 151), 무엇보다도 역사적 발전 및 자치행정의 다양한 역사적 발현형태를 고려해서 특정 사무가 자치사무에 해당되는 것인지 여부를 판단해야 한다는 입장을 피력하고 있다(Vgl. BVerfGE 11, 266(274); BVerfGE 59, 216(226)). 하지만 특정 사무가 지방자치단체에게 귀속되는 것(자치사무)인지 혹은 국가에게 귀속되는 것(국가사무)인지 여부가 역사적 발전과정에서 유동해왔을 뿐만 아니라, 오늘날 지역공동체와 광역공동체 혹은 국가가 동일하게 관심을 가지며 참여하는 사무들이 증가하고 있다는 점에서 독일연방헌법재판소가 피력한 자치사무와 국가사무의 분별기준 또한 실제 적용에 있어서는 어려움이 적지 않다(Vgl. E. Schmidt-Aßmann, Kommunalrecht, in: ders. (Hrsg.), Besonderes Verwaltungsrecht, 11. Aufl., 1999, S. 18f. Rn. 16ff.; 조성규, 앞의 글, 121-122쪽). 한편 우리 대법원은 “법령의 규정 형식과 취지를 우선 고려하여야 할 것이지만 그 외에도 그 사무의 성질이 전국적으로 통일적인 처리가 요구되는 사무인지 여부나 그에 관한 경비부담과 최종적인 책임귀속의 주체 등도 아울러 고려하여 판단하여야 한다.”는 것을 기본적인 입장으로 삼고 있는 듯하다(대판 2008.6.12. 2007추42; 대판 2010.12.9. 2008다71575 참고). 하지만 “자치에 관한”은 헌법 제117조 제1항에 등장하는 헌법상 개념인바, 어떤 사무가 “자치에 관한” 것인지 여부를 판별함에 있어서는 대법원이 “우선 고려하여야 할 것”으로 언급하고 있는 “법령의 규정 형식과 취지”를 검토하기에 앞서서 무엇보다도 먼저 이를 판별할 수 있는 보다 명확한 헌법적 차원의 규준이 정립되어야 할 것이며, 이러한 규준에 따라서 관련 법령에 대한 헌법적 통제(규범통제)가 먼저 행해져야 할 것이다. 이러한 판별규준을 헌법에 기초하여 보다 구체적이고 예측가능하게 정립해나가기 위해서는 무엇보다도 헌법 제117조 제1항 문언에 주목하여 ‘주민의 복리에 관한 사무’, ‘재산관리’, ‘자치에 관한 규정 제정’ 등이 갖고 있는 의미를 규명하는 것에 집중해야하겠지만(관련하여 헌법재판소는 강남구청과 대통령간의 권한쟁의가 문제된 사건에서 “헌법이 규정하는 이러한 자치권 가운데에는 자치에 관한 규정을 스스로 제정할 수 있는 자치입법권은 물론이고, 그 밖에 그 소속 공무원에 대한 인사와 처우를 스스로 결정하고 이에 관련된 예산을 스스로 편성하여 집행하는 권한이 성질상 당연히 포함된다. 다만, 이러한 헌법상의 자치권의 범위는 법령에 의하여 형성되고 제한된다.”라고 판시한 바 있다. 이에 관해서는 헌재 2002.10.31. 2001헌라1, 판례집 14-2, 370-371쪽), 헌법 전체적 체계 내에서 지방자치제도가 가지는 민주주의와 권력분립원칙의 실현 및 주민의 기본적 인권을 신장하는 기능 또한 함께 고려해야 할 것이다(방승주, 위의 글, 76-77쪽).

296) 이기우, 『지방자치이론』, 학현사, 1996, 10쪽; 조성규, 앞의 글, 108쪽.

할 구역의 자치사무와 법령에 따라 지방자치단체에 속하는 사무를 처리한다."라고 규율함으로써 지방자치단체의 사무를 자치사무와 위임사무로 분별하고 있는데, 여기서 "관할 구역의 자치사무"가 아닌 "법령에 따라 지방자치단체에 속하는 사무"를 규율하는 소위 위임조례는 그 본질이 헌법 제117조가 규율하고 있는 "자치에 관한 규정"이 아니라 '국가사무 혹은 다른 지방자치단체의 사무에 관한 규정'인바,[297] 위임조례의 근거가 되는 법령은 물론이고 해당 위임조례 그 자체 또한 위헌의 의심으로부터 자유롭기 어렵다고 하겠다.[298]

③ 지방의회유보원칙

국회입법권 행사와 관련된 최외곽 한계선으로서의 지방의회유보원칙: 자치에 관한 사항에 대한 규율권한을 국회가 지방자치단체에게 수권할 수 있다는 것은 우선 국회 스스로가 해당 사항에 대한 규율권한을 보유하고 있음을 전제로 한 것이다.[299] 그런데 과연 국회는 자치에 관한 것이면, 그 구체적 내용이 무엇이든지 간에 상관없이 해당 사항을 규율할 수 있는 권한을 갖고 있는 것인가?[300] 물론 지방자치단체가 "법령의 범위 안에서" "자치에 관한" 규정을 제정할 수 있다는 것(헌법 제117조 제1항)은 자치에 관한 사항이 법령(법률·명령)의 형식으로도 규율될 수 있음을 전제하고 있는 것임을 부정할 수는 없다.[301] 하지만 이러한 전제로부터 '국회가 법률로써 자치에 관한 모든 사항들을 직접 규율할 수 있다거나 혹은 이 모든 사항들을 수권할 수 있는 것'으로 이해하는 것은 성급한 해석으로

297) 조성규, 앞의 글, 109쪽: "위임사무란 지방자치단체가 법령에 의하여 국가 또는 다른 자치단체로부터 위임받아 행하는 사무를 말한다. 위임사무는 법령에 의하여 지방자치단체에 속하는 사무이긴 하지만, 사무의 본질상 국가 또는 다른 지방자치단체의 사무가 된다. 따라서 지방자치단체에 처리의무를 부담시키는 것이므로 법적 근거를 요한다."

298) 관련하여 행정법학자인 조성규 교수는 특히 헌법현실에서 지방자치단체가 수행하는 사무의 대다수를 차지하고 있는 기관위임사무에 주목한 다음, 현행 법령상 기관위임사무로 되어 있는 사항들은 본질적으로 지방자치의 이념에 부합하기 어려울 뿐만 아니라, 지방자치단체의 독립성 및 자율성을 저해하므로 궁극적으로 자치사무로 전환될 필요가 있음을 지적하고 있다(조성규, 앞의 글, 110쪽).

299) 왜냐하면 자신이 보유하고 있지도 않은 권한을 다른 대상에게 넘겨줄 수 있다는 것은 無에서 有를 근거 지울 수 있다는 주장과 다름 아니라는 점에서 그 논리적 타당성이 의심스러울 뿐만 아니라, 법리적으로는 월권에 해당된다고 평가될 수 있기 때문이다.

300) 여기서 이러한 의문을 제기하는 것은 다음과 같은 맥락에 기인한다: 만약 자치에 관한 사항들 중에서도 국회가 규율할 수 없는 것이 있다면, 이러한 부분에 대한 규율정립권한을 국회가 법률로써 지방자치단체에게 수권하는 행위 또한 원칙적으로 허용될 수 없을 것인바(위 주 299) 참조), 지방자치단체에게 입법권을 수권하는 법률(수권법률)에 대한 내용통제의 일환으로써 자치에 관한 영역에 침투하는 국회입법권에 대한 헌법상 차단막이 미리 확인될 필요가 있다.

301) 위 주 284), 277) 참조.

생각된다. 왜냐하면 만약 자치에 관한 특정 사항이 지방자치단체가 제정할 수 있는 "자치에 관한 규정"보다 규범서열체계상 상위에 놓여 있는 규범인 "법령"에 의해 규율됨으로써[302] 헌법이 직접 보장하고 있는 지방자치단체의 자치(입법)권한 — 지방자치단체의 자치권한 중에서 특히 본 글에서 주목하고 있는 "자치입법권은 실질적인 지방자치제도의 구현을 위하여 반드시 보장되어야 할 가장 중요한 자치고권"으로서 헌법 제117조 제1항으로부터 직접 수권 받아 "법령의 범위 안에서 자치에 관한 규정"을 제정할 수 있는 지방자치단체의 고유한 입법권한이다.[303] — 의 형해화로 귀결될 수밖에 없다면, 적어도 해당 사항에 대한 규율권한 만큼은 지방자치단체(보다 구체적으로는 지방의회)에게 전속하는 것으로 해석하는 것이 헌법상 보장된 "지방자치"의 의미 및 자치입법권을 보장하고 있는 헌법 제117조 제1항에 부합되는 것이기 때문이다.[304] 요컨대 헌법이 어떤 규정을 마련하여 일정한 제도를 설치하거나 어떤 사항을 규율하면서 그 제도 혹은 규율사항의 구체적인 내용의 형성을 입법권자인 국회에게 맡겼다고 하더라도 그러한 경우에 입법권자인 국회가 갖고 있는 형성권한은 일정한 한계가 있으며, 특히 그 어떠한 경우에도 헌법상 제도나 규율사항 그 자체를 유명무실하게 만드는 입법을 할 수 없고 가능한 한 헌법이 규율하는 내용이 헌법현실에서 잘 구현될 수 있도록 해야 할 의무를 부담한다는 것은 헌법의 규범적 효력(즉, 헌법의 최고규범성과 효력우위)으로부터도 당연히 도출될 수 있는 것인바,[305] 지방자치권은 지

302) 헌법 제117조 제1항은 지방자치단체가 "법령의 범위 안에서 자치에 관한 규정을 제정"할 수 있도록 규율하고 있는바, 지방자치단체의 입법권한을 "법령의 범위 안"으로 제약하고 있다(관련된 상술은 아래 목차 Ⅱ. 1. 다. 2) 가) (2) (나) ⑤ 및 ⑥ 참조).

303) 김진한,「지방자치단체 자치입법권의 헌법적 보장 및 법률유보 원칙과의 관계 — 헌법재판소 결정례의 비판적 분석을 중심으로 —」,『헌법학연구』18-4, 한국헌법학회, 2012, 106쪽, 특히 124쪽: "지방자치단체의 자율적 권한 가운데 가장 중요한 것이 입법고권이다. 지방자치단체의 자기책임성은 해당 지방자치단체의 주민과 지역이 당면한 문제에 관하여 지역적 특성에 맞는 규율을 스스로 찾아내고 이를 규범으로 정립할 수 있을 때 가능할 수 있기 때문이다."; 김명식,「지방자치의 본질과 자치입법권에 관한 재고찰」,『공법학연구』16-4, 한국비교공법학회, 2015, 85쪽.

304) 이러한 결론은 해당 사항이 국민의 자유와 권리, 즉 기본권과 관련되어 있다고 하더라도 달라지는 것은 아니라고 생각한다. 왜냐하면 헌법 제37조 제2항에 근거하는 법률유보원칙이라고 하더라도 지방자치단체가 보유하고 있는 헌법적 차원의 권한인 자치입법권의 형해화를 초래할 정도로 관철될 수는 없는 것이기 때문이다. 관련하여 김진한 교수는 다음과 같이 지적하고 있다(김진한, 앞의 글, 133-134쪽): "기본권 제한의 법률유보의 원칙을 규정하고 있는 헌법 제37조 제2항은 국민의 자유와 권리를 제한하는 경우에는 국회가 법률을 제정하는 방법으로 하여야 한다는 법률유보의 원칙을 규정하고 있다. 지방의회가 국민의 자유와 권리를 제한하는 조례를 제정하는 경우에는 헌법 제37조 제2항의 법률유보 원칙을 통하여 보장하고자 하는 이익과 헌법 제117조 제1항에 의한 지방자치제도와 지방자치단체의 자치입법권을 충분하게 보장하여야 할 이익이 충돌한다."

305) 김진한, 앞의 글, 116쪽; 방승주, 앞의 글(주 295), 86쪽.

방자치의 본질을 침해하지 않는 한도 내에서 법률유보하에 놓여 있을 수 있는 것이라고 해야 한다.[306] 따라서 이 지점에서는 국회의 입법권한은 멈추어야 할 것인바,[307] 만약 국회가 "법률로써" 「지방자치단체가 스스로 규율여부를 결정해야 할 자치(입법)권의 본질 내지는 핵심영역에 해당하는 사항」[308]을 직접 규율하

306) 조성규, 앞의 글, 115쪽; 관련하여 특히 윤재만 교수는 헌법 제117조 제1항의 "법령의 범위 안에서"라는 문언에 주목하여 다음과 같은 의문을 던지고 있다(윤재만, 「자치입법권의 국가입법권에 의한 제한」, 『공법학연구』 14-1, 한국비교공법학회, 2013, 250-251쪽): "[…], 헌법은 지방자치단체가 오직 법령의 범위 안에서 자치에 관한 규정을 제정할 수 있다(제117조 제1항)고 규정하고 있다. 그러나 이 헌법규정이 반드시 법령이 무슨 내용을 규정하든 법령의 규정을 통하여 지방자치권을 무한축소시킬 수 있고, 형해화시킬 수도 있다는 의미일까? 만약 이렇게 헌법이 규정해 놓은 지방자치권을 법령으로 얼마든지 무한축소하여 형해화시킬 수 있다는 의미라면 헌법이 굳이 지방자치제도를 헌법에 규정해 놓을 필요가 있었을까? 법령으로 얼마든지 형해화시킬 수 있는 지방자치제도를 헌법이 보장한다고 하는 것은 […] 실제로는 헌법이 지방자치제도를 보장하지 않음을 의미하지 않을까?"

307) 관련하여 조성규, 앞의 글, 124쪽: "법률유보는 그 한계가 설정되지 않는다면, 자치행정보장에 대해 아킬레스건으로 작용할 수 있는 결과, 법률유보의 한계를 설정하는 것이 중요한 문제가 된다."

308) 국가로부터 훼손되어서는 안 되는 자치(입법)권의 본질(Wesensgehalt) 혹은 핵심사항(Kernbereich) — K. Stern의 견해를 차용한다면, 지방자치권의 본질 혹은 핵심사항이라 함은 지방자치제도의 구조 내지 전형적인 형태를 변경하지 않고서는 제거할 수 없는 사항이라고 할 수 있겠다(Vgl. K. Stern, Das Staatsrecht der Bundesrepublik Deutschland, Bd. Ⅰ, 2. Aufl., 1984, S. 416). — 이 무엇인지를 규명하는 것은 지방자치단체의 입법영역에 침투하는 국회입법권 행사에 대한 최외곽의 한계(die äußerste Schranke)를 설정한다는 점에서 중요한 의미를 갖고 있다(Vgl. M. Nierhaus, in: M. Sachs (Hrsg.), Grundgesetz Kommentar, 4. Aufl., 2007, Art. 28 Rn. 64). 하지만 이러한 규명활동은 헌법 제37조 제2항 "자유와 권리의 본질적인 내용"이 무엇인지를 규명하는 것에 대비될 수 있을 만큼 아주 어려운 작업으로 생각된다(지방자치권의 핵심영역 파악에 대한 어려움에 대해서는 홍정선, 앞의 책(주 295), 73쪽). 물론 헌법의 구체적 해석을 통해서 지방자치제도의 핵심내용과 윤곽은 그려질 수 있을 것인바(방승주, 앞의 글(주 295), 87쪽), 이를 바탕으로 자치영역에 대한 아주 극단적이거나 자의적인 국회입법권의 침투에 대해서는 '지방자치권의 본질 혹은 핵심영역'이라는 관념 그 자체가 절대적인 차단벽으로서 유효하게 기능할 수도 있겠지만, 일반적으로 지방자치단체가 보유하고 있는 자치(입법)권의 핵심사항(혹은 본질내용)이 보다 구체적으로 규명되지 않고서는 자치(입법)권 보장에 효과적인 역할을 기대하기는 어려울 것이다(Vgl. Schmidt-Aßmann, 앞의 책, 21쪽, 방주 21; 조성규, 앞의 글, 125쪽). 관련하여 지방자치권의 본질 혹은 핵심영역을 규명하기 위한 방법으로서 독일연방행정법원으로부터 공제방법(Subtraktionsmethode)이 제안된바 있지만(Vgl. BVerwGE 6, 19 (25); BVerwGE 6, 342 (345)), '지방자치영역에 대한 국가의 개입 이후에 지방자치단체에게 어떠한 활동가능성이 잔존하는가?'라는 발상을 통해서 지방자치권한의 핵심영역을 확인하고자 하는 공제방법 내지는 공제이론은 결국 지방자치단체에게 잔존하는 권한이 더 이상 남아있지 않은 경우 혹은 잔존하는 권한이 사라지기 직전에 비로소 의미를 가질 뿐이란 점에서 비판된다(Vgl. W. Löwer, in: I. v. Münch/P. Kunig (Hrgs.), Grundgesetz-Kommentar, 3. Aufl., 1995, Art. 28 Rn. 48; 조성규, 앞의 글, 125쪽). 뿐만 아니라 근본적으로 지방자치단체에게 자치입법권을 부여하고 있지 않은 독일 기본법 — 독일 기본법(Grundgesetz)은 주(Land)에게는 명시적으로 입법권한을 부여하고 있지만(Art. 30, 70ff. GG), 광역자치단체라고 할 수 있는 크라이스(Kreis)나 기초자치단체에 해당된다고 할 수 있는 게마인데(Gemeinde) 혹은 이들의 의회에게 입법권을 부여하고 있지는 않다(관련하여 윤재만, 앞의 글, 166쪽 참조). — 에 터 잡아서 등장한 각종 판례 및 학설들(이에 관

거나 혹은 그 규율권한을 지방자치단체에게 수권했다면, 이러한 국회의 규율행위는 (단순히 지방자치단체의 입법권한을 확인해주는 정도에 그치는 것이 아닌 한) 원칙적으로 "주민에 의한 자기통치의 실현"을 달성하기 위한 헌법기구인 지방자치단체(특히, 지방의회)의 입법기능을 형해화하고 나아가 자치입법에 기초한 자치사무의 보장을 거덜 낼 수 있는 위헌적인 권한남용으로 평가되어야 할 것이다.[309] 헌법재판소 또한 "지방자치의 본질적 내용인 핵심영역(자치단체·자치기능·자치사무의 보장)은 어떠한 경우라도 입법 기타 중앙정부의 침해로부터 보호되어야 한다는 것"을 여러 판결들을 통해서 확인해오고 있으며,[310] 학설 또한 기본적으로 이

한 국내의 분석 및 소개로는 특히 방승주, 앞의 글(주 295), 58-72쪽 참조)이 헌법상 지방자치단체의 입법권한을 명시적으로 규정하고 있는 우리 헌법해석을 위해서 얼마나 유용할 것인지도 의문이다. 지방자치(입법)권의 본질 혹은 핵심영역이 무엇인지를 규명하는 작업과 관련하여 여러 가지 어려움과 비판이 존재하고 있긴 하지만, 그럼에도 불구하고 필자는 지방자치(입법)권의 본질 혹은 핵심영역에 대한 관념을 포기하거나 이를 상대화하려는 시도는 극복되어야 할 것으로 생각된다. 왜냐하면 지방자치영역의 본질 내지는 핵심에 대한 중앙정부의 개입을 차단할 수 있는 중요한 이론적 근거를 포기하지 않는 것이 독립된 별도의 장을 통해서 지방자치를 직접 규율하고 있는 헌법의 태도와도 보다 잘 부합될 뿐만 아니라, 다원화된 분권국가를 지향해야 할 현실적 과제 수행을 위해서도 바람직하다고 판단하기 때문이다.

309) 지방의회의 입법기능이 형해화된다는 것은 결국 자치입법에 기초한 자치사무의 보장 — 헌법재판소는 "자치사무의 보장"을 "지방자치의 본질적 내용인 핵심영역"으로 언급하고 있다(헌재 2014.1.28. 2012헌바216, 판례집 26-1(상), 94쪽 참조) — 또한 형해화됨을 의미하며, 결국 지방자치단체는 국가의 입법의사를 집행하는 중앙정부의 하수인 내지는 수족과도 같은 지위로 전락할 수 있는 계기가 마련되는 것이다. 따라서 만약 자치에 관한 모든 사항(내용)이 오직 법률을 통해서 직접 규율되도록 하거나 혹은 모든 사항에 대해 반드시 법률의 위임이 있어야만 비로소 지방자치단체가 입법권을 행사할 수 있도록 하는 법률을 제정했다면, 이러한 국회의 입법행위는 실질적으로 자치입법권을 무의미하게 하고 지방의회의 존재를 유명무실하게 하거나 국회의 하수인으로 전락시키는 것과 다르지 않다는 점에서 헌법이 보장하고 있는 지방자치단체의 자치권 및 지방의회를 형해화하는 위헌적 법률이라고 해야 할 것이다.

310) 헌재 2014.1.28. 2012헌바216, 판례집 26-1(상), 94쪽; 같은 취지의 판례로는 헌재 1998.4.30. 96헌바62, 판례집 10-1, 385쪽; 헌재 2006.2.23. 2004헌바50, 판례집 18-1(상), 182쪽; 헌재 2014.6.26. 2013헌바122, 판례집 26-1(하), 566쪽; 헌재 1999.11.25. 99헌바28, 판례집 11-2, 551-552쪽: "지방자치제도의 헌법적 보장은 국민주권의 기본원리에서 출발하여 주권의 지역적 주체인 주민에 의한 자기통치의 실현으로 요약할 수 있으므로, 이러한 지방자치의 본질적 내용인 핵심영역은 입법 기타 중앙정부의 침해로부터 보호되어야 함은 헌법상의 요청인 것이다. 중앙정부와 지방자치단체 간에 권력을 수직적으로 분배하는 문제는 서로 조화가 이루어져야 하고, 이 조화를 도모하는 과정에서 입법 또는 중앙정부에 의한 지방자치의 본질의 훼손은 어떠한 경우라도 허용되어서는 안되는 것이다."; 헌재 2010.10.28. 20007헌라4, 판례집 22-2(상), 780-781쪽: "법령에 의하여 지방자치단체의 지방자치권을 제한하는 것이 가능하다고 하더라도, 지방자치단체의 존재 자체를 부인하거나 각종 권한을 말살하는 것과 같이 그 제한이 불합리하여 지방자치권의 본질적인 내용을 침해하여서는 아니된다. 따라서 국회의 입법에 의하여 지방자치권이 침해되었는지 여부를 심사함에 있어서는 지방자치권의 본질적 내용이 침해되었는지 여부만을 심사하면 족하고, 기본권침해를 심사하는 데 적용되는 과잉금지원칙이나 평등원칙 등을 적용할 것은 아니다."

러한 헌법재판소의 입장을 지지하고 있는 것으로 보인다.[311] 같은 맥락에서 해당 사항에 대한 규율권한을 지방의회가 타 기관 — 특히 지방자치단체 장 혹은 교육감 등 — 에게 수권했다면, 이는 지방의회 스스로가 규율해야 할 본질적인 내용(핵심영역)을 지방의회 스스로가 규율하지 않음으로써 헌법 제117조 제1항에 근거하는 자신의 규율권한을 스스로가 잠탈한 것인바, (헌법 제40조로부터 도출될 수 있는 의회유보원칙에 상응하여)[312] 지방의회유보원칙에 위반된다고 말할 수 있겠다.

④ 보충성원칙

자치사무와 관련된 국회입법권 행사의 제1차적 차단막으로서의 보충성원칙: 자치에 관한 사항들 중에서 자치입법권의 핵심에 해당하는 것이어서 반드시 지방의회에 의해 규율되어야 할 사항(즉, 지방의회유보원칙이 관철되어야 하는 사항)이 아니라면, 과연 국회는 규율내용과 관련하여 아무런 헌법적 한계 없이 법률로써 이를 직접 규율하거나, 그렇지 않으면 지방자치단체에게 수권할 수 있는가? 또 이러한 국회의 입법권행사를 통제할 수 있는 권한법적 차원에서의 헌법적 규준 내지는 심사기준은 없는 것인가? 이러한 의문에 대답하기 위해서는 무엇보다도 자치입법영역에 대한 국회입법권한의 침투와 관련하여 (앞서 언급한 국회입법권 행사의 최외곽 한계선이라고 할 수 있는 지방의회유보원칙 외의) 또 다른 헌법적 차원의 차단막 내지는 국회입법권을 제한할 수 있는 헌법적 근거로서 보충성원칙[313]이 주목될 수 있을 것이다.[314] 왜냐하면 '공동체 내에서 개인이나 더 작은 혹은 하급 조직단위가 자신의 능력만으로 자신의 과제를 완수할 수 없는 경우에만 더

---

311) 방승주, 앞의 글(주 295), 102쪽: "과잉금지의 원칙과 상관없이 지방자치권의 본질내용이나 핵심영역은 그 어떠한 한이 있더라도 침해되어서는 안 된다는 원칙이 일반적으로 받아들여지고 있다."

312) 의회유보원칙에 관해서는 위 목차 Ⅱ. 1. 다. 2) 가) (2) (나) ③ 참조.

313) 헌법 제40조에 근거하는 국회입법권을 통제 혹은 심사하는 기준으로서 보충성원칙이 활용될 수 있으려면, 무엇보다도 보충성원칙 또한 헌법적 차원의 규범이라는 점이 확인되어야 한다. 우리 헌법이 명시적으로 보충성원칙을 언급하고 있는 것은 아님에도 불구하고, 보충성원칙이 헌법으로부터 도출될 수 있는 심사기준 내지는 헌법상의 일반원칙이란 점에 대해서는 학설과 판례 모두 긍정하고 있는 것으로 보인다(특히 홍완식, 「헌법과 사회보장법에 있어서의 보충성의 원리」, 『공법연구』 28-4(2), 한국공법학회, 2000, 178-182쪽; 정극원, 「헌법상 보충성의 원리」, 『헌법학연구』 12-3, 2006, 189쪽; 홍성방, 「헌법상 보충성의 원리」, 『공법연구』 36-1, 한국공법학회, 2007, 618-619쪽; 허영, 『한국헌법론』, 박영사, 2008, 794쪽: "지방자치는 헌법상의 일반원칙인 '보충의 원리'(Subsidiaritätsprinzip)를 실현하기 위한 중요한 헌법상의 제도라는 점이 강조되어야 한다."; 헌재 1989.12.22. 88헌가13, 판례집 1, 378쪽: "토지거래허가제는 헌법이 정하고 있는 경제질서와도 아무런 충돌이 없다고 할 것이므로 이를 사적자치의 원칙이나 헌법상의 보충의 원리에 위배된다고 할 수 없다.").

314) 윤재만, 앞의 글, 268-269쪽.

큰 혹은 상급 조직단위가 그 과제의 수행에 착수해야 한다는 것'을 내용으로 하는 보충성원칙[315]은 지방자치를 헌법규범 안으로 밀어 넣도록 만든 정당화 근거 내지는 당위성에 관한 논리이면서 동시에 국가와 지방자치단체 상호 간 헌법적 차원의 권한·기능 분배규준이기 때문이다.[316] 따라서 국가행위의 헌법적합성여부를 판단하는 잣대인 보충성원칙에 주목하여 우리는 다음과 같이 말할 수 있을 것이다: 「국가의 개입 없이도 헌법현실에서 지방자치단체가 순조롭게 잘 처리할 수 있는 자치에 관한 사항을 국가차원에서의 입법권자인 국회가 법률로써 직접 규율하거나 규율권한을 수권함으로써 피수권자인 지방자치단체의 입법권행사에 직·간접적으로 개입한다면, 이러한 국회의 입법행위 및 그 입법의 산물인 법률은 (단순히 지방자치단체의 입법권한을 확인 혹은 지원해주는 것에 그치는 것이 아닌 한) 보충성원칙에 합치되지 않아 위헌이라고 평가해야 할 것이며,[317] 같은 맥락에서 "자치에 관한" 사항들 중에서도 지방자치단체의 업무처리능력을 기대할 수 없거나 기대하기 어려운 경우 혹은 그 기대치가 낮을수록 그에 비례하여 광역지방자치단체나 중앙정부 및 국회가 개입할 수 있는 여지가 커질 수 있을 것이다.」 그리고 바로 이러한 지점에서 지방자치단체와 국가 상호 간 권한·기능 분배규준으로 작동하는 보충성원칙은 지방자치단체의 업무처리능력에 주목하여 자치영역에 개입하는 국가행위를 통제하기 위한 헌법적 빗장 내지는 심사기준일 뿐만 아니라, 지방자치단체의 자기책임성을 담보할 수 있는 헌법적 장치로서 그 의미를 뚜렷하게 드러낸다.[318] 한편 '자치에 관한 특정 사항을 해당 지방자치단체가 스스로 잘 처리할 수 있고, 해당 지방의회가 이를 잘 규율할 수 있는지 여부(즉, 지방자치단체의 업무처리능력)에 관한 판단'은 지방자치단체의 행정력이나 재정적 여

---

315) 홍성방, 앞의 글, 601쪽

316) 헌법이 제8장에서 지방자치 및 지방의회를 규율하고 있는 이유는 지역적 차원에서 이루어지는 아래로부터 위로의 단계화된 민주주의의 구현과 이러한 민주성에 기초하여 중앙정부와 지방정부 상호 간의 권한배분, 즉 분권화를 달성하기 위함이란 점을 고려한다면, 분권화된 사무배분을 위한 실체적 규준이라고 할 수 있는 보충성원칙은 헌법 제8장에 내재되어 있는 헌법적 차원의 규준이라고 할 수 있겠다(관련하여 조성규, 「지방자치제의 헌법적 보장의 의미」, 『공법연구』 30-2, 한국공법학회, 2001, 422쪽 참조).

317) 홍성방, 앞의 글, 619쪽: "법규범이 보충성의 원리에 합치되지 않는 한 그 법규범은 위헌임을 면하지 못할 것이다."

318) 지방자치영역에 개입하는 국가행위를 평가함에 있어서 지방자치단체의 업무처리능력에 주목하는 견해로는 특히 방승주, 앞의 글(주 295), 83-84쪽; 옥무석/최승원, 「국가와 지방자치단체와의 관계 — 중앙과 지방간의 행정의 일관성과 독자성」, 『지방자치법연구』 2-2, 한국지방자치법학회, 2002, 52쪽; Vgl. D. Ehlers, Die verfassungsrechtliche Garantie der kommunalen Selbstverwaltung, in: DVBl, 2000, S. 1305.

건, 면적 및 구조나 소속된 주민의 수 등과 같은 헌법현실과 (규율대상에 해당하는) 자치에 관한 특정 사항이 갖고 있는 광역적·국가적 공익과의 관련성 등을 고려해서 구체적으로 행해져야 하겠지만,[319] 일반적으로 규율대상에 해당하는 자치에 관한 사항이 광역적·국가적 공익과의 관련성이 높으면 높을수록, 그리고 지방자치단체의 업무처리능력이 낮으면 낮을수록, 보충성원칙에 기초해서 국가개입을 통제할 수 있는 심사강도는 상대적으로 낮아진다고 할 수 있을 것이다.[320] 그러나 단순히 행정 간소화나 일반적인 경제성·효율성 및 절약의 원칙에 근거한 사무박탈 및 입법적 개입은 가급적 억제 혹은 금지되어야 할 것이다.[321] 그리고 구체적 사안에서 규율대상인 자치에 관한 사항과 관련하여 지방자치단체가 업무처리능력을 보유하고 있는지 여부에 관한 입증책임은 보충성원칙의 취지를 고려한다면 원칙적으로 자치영역에 개입하는 국가가 부담해야 하겠지만,[322] "자치에 관한" 사항·업무이면서도 동시에 초지역적 내지는 국가 전체적 관점에서의 공공복리 및 질서유지와 관련된 사무로서의 성격이 강한 경우[323]에는 해당 지방자치단체가 자신의 업무처리능력을 입증하는 것이 합리적이라고

---

319) 관련하여 윤재만 교수는 "국가입법권이 자치입법권을 보충할 경우는 지방자치단체의 자치입법권에 의하여 입법할 경우보다 국가입법권에 의하여 입법할 경우 주민의 기본권을 보다 신장하여 보장할 수 있는 경우라고 할 수 있을 것"이라고 하면서 기본권적 관점에서 보충성원칙의 위반여부를 판단하고 있다(윤재만, 앞의 글, 268쪽). 하지만 이러한 견해는 권한행사의 가능성 내지는 조건에 관한 문제와 권한행사의 결과에 관한 문제를 혼동하고 있다는 점에서 논리적 타당성이 의심스럽다.

320) 방승주, 앞의 글(주 295), 90쪽.

321) 조성규, 앞의 글(주 284), 115쪽; 같은 취지로 특히 방승주, 앞의 글(주 295), 85쪽: "오늘날의 산업사회에서는 지방자치의 고유사무의 개념이 상대화되어 가고 있는 점을 고려하여, 보다 효율적으로 사무처리를 할 수 있는 기관에게 이러한 사무처리권한을 부여하고, 기존의 지방자치단체는 그러한 사무처리과정에 협력하고 동참할 수 있도록 하자는 의미의 소위 기능적 자치이론이나 그와 유사한 여러 시도들이 가능할 수 있겠으나, 문제는 그와 같은 사무처리의 효율성 및 사무처리 능력의 관점에서 보게 되면 점차로 중앙집권화 될 수밖에 없다고 하는 점이며, 따라서 이것은 [···] 권력분립(Gewaltenteilung)과, 분권(Dezentralisation)의 이념에 부합하지 않기 때문에 문제가 있다고 보인다."

322) 홍성방, 앞의 글, 619쪽: "소규모단체와 대규모단체 사이에 법규범에 명문근거가 없는 권한에 대하여 다툼이 있는 경우에 대규모 단체가 그 권한이 자신의 권한이라는 것을 입증하지 못하는 한, 보충성의 원리에 의하여 소규모단체의 권한으로 의제될 것이다."

323) 사실 자치사무와 국가사무 간에는 폭넓은 점이지대가 존재할 것으로 보인다. 왜냐하면 지역의 주민은 동시에 국가의 국민이며, 지역주민이 복리에 관한 사무는 국가의 공공복리와 관련된 내용일 수도 있기 때문이다(방승주, 앞의 글(주 295), 83쪽). 그런데 이러한 점이지대에 놓여있는 업무라고 하더라도 지방자치단체가 해당 업무를 잘 수행할 수 있고 또 그러한 수행으로 인하여 국가의 공공복리를 저해하거나 질서유지에 해악을 초래하는 것이 아니라면, 원칙적으로 지방자치단체가 이를 담당(즉, 입법·집행)해야 하는 것으로 해석하는 것이 헌법이 지방자치제를 보장하고 있는 취지에 보다 잘 부합될 것으로 생각된다(관련하여 방승주 앞의 글(주 295), 90쪽 참조).

생각된다.[324)]

⑤ 법률우위원칙

충돌하는 규율권한의 조정원리로서 법률우위원칙: 지방자치권의 본질 내지는 핵심영역에 해당하지 않는 자치에 관한 사항들 중에서 헌법현실상 지방자치단체가 스스로의 힘으로는 잘 수행하기가 어렵거나 곤란한 문제들에 대한 규율권한은 원칙적으로 국회와 지방의회가 함께 공유한다.[325)] 따라서 규율권한을 둘러싸고 법률유보원칙에 기초한 국회와 "자치에 관한 규정"유보원칙 — 이를 '조례유보원칙'이라고 불러도 좋을 것이다. — 에 기초한 지방자치단체(지방의회) 상호 간 권한충돌이 발생할 수 있다. 그리고 이러한 충돌은 특히 동일한 규율대상을 국회의 "법률"과 지방자치단체의 "자치에 관한 규정"이 달리 규정하고 있을 때 극대화될 것이다. 하지만 이러한 충돌은 "법령의 범위 안에서"라는 헌법 제117조 제1항 문언에 근거하여 도출될 수 있는 「"자치에 관한 규정"에 대한 "법령"우위원칙(특히, 법률우위원칙)」이 관철됨으로써 규범적 차원에서는 해결될 수 있을 것이다.[326)][327)] 물론 이러한 규범충돌이 본격화되기 이전에 국회는 스스로

---

324) 왜냐하면 '능력 없음'에 대한 입증보다 '능력 있음'에 대한 입증이 일반적으로 훨씬 수월할 뿐만 아니라, 어떤 사실의 성립 및 존재는 그것을 주장하는 자가 논증을 부담하며, 이미 성립 혹은 존재가 확인된 사실의 변화 및 소멸은 그러한 변화 및 소멸을 주장하는 자가 논증을 부담하는 것이 일반적인 입증책임의 법리에 부합되기 때문이다.

325) 자치권의 본질 내지는 핵심영역에 해당하는 사항이라면, (지방자치단체가 해당 사항을 잘 수행할 수 있는지 여부와 상관없이) 이에 대한 규율권한은 지방자치단체(혹은 지방의회)에게 전속적·배타적으로 귀속되는 것으로 해석하는 것이 헌법규범의 의미(특히, 지방의회유보원칙)에 부합된다고 생각한다. 따라서 헌법해석으로부터 얻어진 자치권의 핵심영역에 해당하는 것임에도 불구하고 헌법현실적으로 지방자치단체 차원에서 스스로 이를 잘 처리하거나 규율할 수 없다면, 이는 원칙적으로 헌법현실과 헌법규범 간의 괴리문제로서 헌법현실을 변화시키거나 개헌 등의 방법을 모색함으로써 대처해야 할 사안이라 할 것이다. 물론 이 경우 국회나 중앙정부는 지방자치단체로 하여금 자치권의 핵심영역에 해당하는 사항을 잘 처리(혹은 규율)할 수 있도록 간접적으로 지원하거나 도움을 줄 수는 있겠지만, 해당 사항을 규범적 차원에서 자신의 업무로 삼거나 규율권한을 주장할 수는 없을 것이다. 그리고 만약 '자치권의 본질 내지는 핵심영역에 해당하지 않는 자치에 관한 사항들 중에서 헌법현실상 지방자치단체가 스스로의 힘으로 잘 수행할 수 있는 사항'이라면, 이 경우에는 앞서 언급한 보충성원칙이 준수되어야 하므로 원칙적으로 해당 사항에 대한 국회의 규율권한은 멈추어야 할 것이다. 결국 자치에 관한 사항들 중에서 헌법 제117조 제1항 "법령"으로 규율될 수 있는 경우는 '지방자치권의 본질 내지는 핵심영역에 해당하지 않는 자치에 관한 사항들 중에서 헌법현실상 지방자치단체가 스스로의 힘으로는 잘 수행하기가 어렵거나 곤란한 경우'에 국한되는 것으로 생각된다.

326) 이에 관해서는 특히 정종섭, 앞의 책(주 42), 1010쪽: "헌법은 조례제정에서 「법령우위의 원칙」을 정하고 있다. 이러한 것이 헌법이 정하는 조례의 범위이다."

327) 한편 헌법 제117조 제1항 "법령의 범위 안에서"의 의미는 "자치에 관한 규정"에 대한 법령우위원칙을 선언하고 있다는 점에 대해서는 의심의 여지가 없으나, 해당 문구로부터 "자치에 관한 규정"

"자치에 관한" 사항과 관련된 입법적 개입을 가급적 자제하는 것이 바람직할 것이며, 실제로 규범충돌상황이 발생한 경우라고 하더라도 상위규범인 "법령"을 심사기준으로, 하위규범인 "자치에 관한 규정"을 심사대상으로 삼아서 손쉽게 자치에 관한 규정에 대해 법령위반을 선언하기보다는, 가급적 "자치에 관한 규정"을 법령합치적으로 해석해서 자치에 관한 사항을 규율하고 있는 지방자치단체(지방의회)의 의사가 가능한 한 관철될 수 있도록 하는 해석방법을 모색하는 것이 보다 타당하다고 하겠다.[328] 왜냐하면 헌법은 "자치에 관한" 사항과 관련된 제1차적 규율정립권자로서 "지방자치단체"를 예정하고 있기 때문이다.

⑥ 보론

헌법 제117조 제1항 "법령의 범위 안에서"의 의미와 지방자치법 제22조 제2문의 위헌성 여부: 헌법 제117조 제1항 "법령의 범위 안에서"의 의미는 "자치에 관한 규정"에 대한 법령우위원칙을 선언하고 있다는 점에 대해서는 의심의 여지가 없으나, 해당 문구로부터 "자치에 관한 규정"은 반드시 법령의 위임을 필요로 한다는 것인지, 아니면 단순히 '법령의 범위'를 벗어나지 않으면 충분하고 반드시 법령의 위임을 필요로 하는 것은 아니라는 의미인지에 관해서 논란이 있다.[329] 만약 전자의 해석이 타당하다면 지방자치법 제22조[330] 제2문을 위헌이라고 의심하기는 어렵겠지만, 후자의 해석이 타당하다면 헌법으로부터 근거한 지방의회의 조례제정권이 법률규정, 즉 지방자치법 제22조 제2문에 의해서 부당하게 축소되었다는 의심을 받게 된다.[331] 생각건대 지방의회의 조례제정권은 헌법에 근거한

은 반드시 법령의 위임을 필요로 하는 것인지 여부에 관해서 논란이 있다. 이러한 논란은 특히 헌법 제37조 제2항 "법률로써"의 해석론 및 지방자치법 제22조 제2문의 위헌성 여부와 결부하여 다소 복잡한 논의를 유발시키고 있다. 이에 관해서는 아래 보론(목차 Ⅱ. 1. 다. 2) 가) (2) (나) ⑥)에서 상세하게 살펴볼 것이다.

328) 같은 맥락에서 김진한 교수는 다음과 같이 언급하고 있다(김진한, 앞의 글, 129쪽): "헌법 제117조 제1항의 규정취지와 법치주의 원칙에 근거하고 있는 우리 헌법상 통치구조, 그리고 지방자치제도 보장 취지를 통일적·규범조화적으로 해석한다면 조례제정권이 제한되는 범위를 가급적 좁게 해석할 필요가 있다. 그리하여 조례와 충돌하는 법률 또는 행정기관의 명령이 있는 경우에도 당연히 조례에 우선하는 것으로 판단하기보다는 그와 같은 규범이 지방자치 입법권의 본질적인 침해에 해당하거나 자치입법권을 비례의 원칙에 위반하여 침해하는 것인지 여부를 반드시 먼저 심사할 필요가 있다."

329) 이준일, 『헌법학강의』, 홍문사, 2015, 276쪽; 관련하여 대립되는 견해들에 대한 적시는 특히 방승주, 앞의 글(주 295), 96쪽 주 166) 참조.

330) 지방자치법 제22조(조례) 지방자치단체는 법령의 범위 안에서 그 사무에 관하여 조례를 제정할 수 있다. 다만, 주민의 권리 제한 또는 의무 부과에 관한 사항이나 벌칙을 정할 때에는 법률의 위임이 있어야 한다.

331) 지방자치법 제22조 제2문의 위헌성여부와 관련하여 합헌설과 위헌설에 관한 상세한 설명 및 위헌

권한이므로 자치사무에 관한 조례제정권은 법령의 위임이 필요하지 않다고 보아야 할 것인바,[332] 지방의회는 원칙적으로 법령의 범위를 벗어나지 않는 한(법령에 위반되지 않는 한)[333] 법령의 위임이 없어도 자치사무에 관한 조례를 자율적으로 제정할 수 있는 권한을 갖는다고 보아야 할 것이다.[334][335] 특히 지방자치가 본래부터 국가로부터의 독립성(단체자치)과 자율성(주민자치)을 보장받기 위한 것임을 상기한다면, 자치입법권에 대해서는 기본적으로 법률우위원칙이 적용될 뿐 법률유보원칙은 적용되지 않는 것으로 이해하는 것이 바람직하다고 하겠다.[336] 물론

설의 입장에서 합헌설을 비판하고 있는 견해로는 특히 김배원, 「헌법적 관점에서의 지방자치의 본질」, 『공법학연구』 9－1, 한국공법학회, 2008, 241－245쪽 참조; 한편 헌법재판소와 대법원은 지방자치법 제22조 제2문이 합헌이라는 입장을 취하고 있다(특히 헌재 1995.4.20. 92헌마264; 대법원 1995.5.12. 94추28; 대법원 1997.4.25. 96추251).

332) 뿐만 아니라 자치법규로서 기능하는 규범의 제정권은 헌법기관의 본질에서 도출되는 지방자치단체의 기본적 권한이라고도 볼 수 있다. 이에 관해서는 허완중, 앞의 글(주 93), 46쪽 참조.

333) "법령의 범위 안에서"를 법령에 위반되지 않는 범위 내로 해석하는 것이 합당하다는 견해로는 특히 조정환, 「자치입법권 특히 조례제정권과 법률우위와의 관계문제」, 『공법연구』 29－1, 한국공법학회, 2000, 384쪽; 방승주, 앞의 글(주 295), 96쪽; 한편 대법원 판례 또한 "법령의 범위 안에서"를 법령에 위반되지 않는 범위 내로 해석하고 있다. 이에 관해서는 특히 대법원 2009.4.9. 2007추103 참조.

334) 이준일, 앞의 책(주 329), 276쪽.

335) 바로 이러한 점에서 (헌법이 분명하게 구체적이고 개별적인 위임과 수권이 있어야 발할 수 있는 것으로 규정하고 있어서) 법률우위원칙 뿐만 아니라 법률유보원칙 또한 준수되는 가운데 발해져야만 하는 대통령령·총리령·부령 등과 같은 행정입법권(헌법 제75조 및 제95조)과 지방자치단체가 보유하고 있는 자치입법권(헌법 제117조 제1항)은 분명히 구별된다고 하겠다(김성호, 「조례제정권의 범위와 한계」, 『법과 정책연구』 4－1, 한국법정책학회, 2004, 118쪽). 오히려 헌법 제117조 제1항 "자치에 관한 규정"은 헌법이 명시적으로 "법률에 저촉되지 아니하는 범위 안에서" 제정될 수 있는 규범으로 언급하고 있는 국회규칙(헌법 제64조 제1항)·대법원규칙(헌법 제108조)·헌법재판소규칙(헌법 제113조 제2항)·내부규율에 관한 중앙선거관리위원회규칙(헌법 제114조 제6항 후단) 등과 유사한 성격을 갖고 있는 것으로 생각된다. 물론 중앙선거관리위원회의 규칙제정권과 관련하여 헌법 제114조 제6항은 "법령의 범위 안에서" 제정될 수 있는 선거관리·국민투표관리 또는 정당사무에 관한 규칙과 "법률에 저촉되지 아니하는 범위 안에서" 제정될 수 있는 내부규율에 관한 규칙을 분별하고 있다는 점에 주목하여 "법령의 범위 안에서" 제정될 수 있는 자치입법권을 "법률에 저촉되지 아니하는 범위 안에서" 제정될 수 있는 규칙제정권과 유사하게 이해하는 것은 헌법의 취지에 부합되지 않는다는 주장도 일견 가능해 보인다(이승환, 「지방자치단체 자치권의 본질과 범위」, 『지방자치법연구』 11－3, 한국지방자치법학회, 2011, 11쪽). 하지만 이러한 주장에 대해서는 다음과 같은 비판이 가능할 것이다(김명식, 앞의 글, 84쪽): "선거관리·국민투표관리 또는 정당사무관리 등과 같이 전국적으로 통일된 기준과 절차에 따라 처리되어야 할 사안에 대해 국가법령에 의한 통제를 받게 하는 것이 어떻게 보면 당연한 요청임에 반해, 선거관리위원회의 내부규율을 정함에 있어서는 보다 자율적이고 재량적으로 할 수 있도록 하기 위한 것"이다. 따라서 헌법 제114조 제6항이 "법령의 범위 안에서"와 "법률에 저촉되지 아니하는 범위 안에서"를 분별하고 있는 점에 주목하여, 헌법 제117조 제1항 "법령의 범위 안에서"를 '법령에 저촉되지 아니하는 범위 안에서'로 이해할 수 없다는 견해는 배척되어야 할 것이다.

336) 김명식, 앞의 글, 84쪽.

"주민의 권리 제한 또는 의무 부과에 관한 사항이나 벌칙을 정할 때에는 법률의 위임이 있어야 한다."라고 규정하고 있는 지방자치법 제22조 제2문은 기본권제한에 있어서 법률유보원칙을 선언하고 있는 헌법 제37조 제2항 "국민의 모든 자유와 권리는 [···] 법률로써 제한할 수 있으며, [···]."을 확인한 것이므로 헌법에 위반되지 않는다는 견해가 있다.[337] 하지만 헌법 제37조 제2항에 근거하는 법률유보원칙은 (무제한적으로 관철될 수 있는 것이 아니라) 기본적으로 국회 입법권한이 미치는 범위 내에서 활용될 수 있는 규준이라고 할 것이므로,[338] 헌법 제117조 제1항에 근거한 지방자치단체의 입법권과 헌법 제40조에 근거하는 국회의 입법권 상호 간 권한다툼에서는 헌법이 요청하고 있는 규준 — 특히, 앞서 언급한 지방의회유보원칙과 보충성원칙 — 에 따라 국회입법권한이 일정부분 후퇴되어야 할 터인데,[339] 이렇게 국회입법권한이 후퇴하는 영역에서까지 헌법 제37조 제2

---

337) 이러한 견해들에 대한 구체적 적시로는 방승주, 앞의 글(주 295), 97쪽 주 172) 참조.

338) 헌법(특히, 헌법은 제37조 제2항에서 "국민의 모든 자유와 권리는 [···] 법률로써 제한할 수 있으며, [···]."라고 규정하고 있다.)은 입법권을 행사하는 국회가 기본권을 제한하고자 한다면, 반드시 "법률로써"하도록 규정하고 있다. 이러한 기본권관계에서의 법률유보원칙을 선언하고 있는 헌법 제37조 제2항 및 국회중심의 입법원칙을 선언하고 있는 것으로 이해되고 있는 헌법 제40조 등으로부터 기본권관계에 대한 규율권한이 원칙적으로 국회에게 있다고 볼 수 있겠으나, 기본권관계를 규율하는 입법권한을 국회만이 배타적으로 독점해야 하는 것이 헌법제정권자의 의사라고 평가할 수는 없을 것이다. 실제로 헌법은 "법률"의 위임 없이도 기본권관계에 영향을 미칠 수 있는 규범들(예컨대, 헌법 제60조 "국민에게 중대한 재정적 부담을 지우는 조약", 헌법 제76조 제1항 및 제2항 "법률의 효력을 가지는 명령", 그리고 헌법 제27조 제1항 "재판을 받을 권리"에 밀접한 영향을 미칠 수 있는 소송에 관한 절차를 규율하는 대법원 규칙(헌법 제108조)과 심판에 관한 절차를 규율하는 헌법재판소 규칙(헌법 제113조 제2항), 참정권이나 결사의 자유(혹은 정당의 자유)에 영향을 미치는 선거관리·국민투표관리 또는 정당사무에 관한 중앙선거관리위원회의 규칙(헌법 제114조 제6항), 지방자치단체 주민의 기본권에 영향을 미칠 수 있는 "자치에 관한 규정"(헌법 제107조 제1항) 등)을 함께 알고 있다. 요컨대 기본권제한 등과 같은 일정한 사안들을 "법률로써" 규율하는 것이 원칙이라는 법률유보원칙으로부터 국회입법권한이 추정될 수는 있겠지만, 해당 사안에 대해서 국회만이 입법권을 갖는다고 보는 것은 논리적 비약이다. 오히려 논리적으로는 국회입법권한이 먼저 존재한 다음 그러한 권한에 기초해서 국회가 어떤 사항을 법률로써 규율할 수 있다는 점에서, 국회입법권한이 미치는 영역에서 법률유보원칙이 관철될 수 있는 것이다. 따라서 법률유보원칙의 관철을 주장하기 이전에, 입법권한을 둘러싼 헌법기관들 간의 관할문제가 먼저 정리되어야 할 것이다.

339) 관련하여 이기우 교수는 다음과 같은 의견을 피력하고 있다(이기우, 「부담적 조례와 법률유보에 관한 비판적 검토」, 『헌법학연구』 13-3, 한국헌법학회, 2007, 380쪽): "지방자치를 보장하고 있는 헌법 제117조 제1항은 단순히 국가에 대한 지방자치단체의 권한을 설정하는 국가와 지방자치단체의 관계를 규정하는데 그치는 것이 아니고 지방자치단체와 그 구성원인 주민과의 관계에 대한 권한을 규정하고 있는 관할의 규정라고 볼 수 있다. 헌법 제40조가 국회에게 입법권부여하고 헌법66조가 행정권을 [···] 국가기관에게 부여하여 국민에 대한 관할권을 부여하는 것과 마찬가지 의미에서 헌법 제117조 제1항은 지방자치단체에게 입법권과 행정권을 부여하여 주민에 대한 관할권을 부여한 것이라고 볼 수 있다. 따라서 입법권의 관점에서 본다면 헌법 제117조 제1항은 헌법 제40

항에 근거한 법률유보원칙이 절대적으로 관철되어야 한다고 볼 수 없을 것인바, 규율영역과 관련하여 국회의 입법권과 지방자치단체의 입법권은 원칙과 예외의 관계(즉, 지방자치단체에게 입법권을 부여하고 있는 헌법 제117조 제1항은 국회입법권을 규정한 헌법 제40조 혹은 기본권관계에서의 법률유보원칙을 규율하고 있는 헌법 제37조 제2항 등에 대하여 헌법 스스로가 설정한 헌법적 예외)로 파악되어야 할 것이다.[340] 이러한 관점에서 지금까지의 논의를 종합하여 지방자치법 제22조 제2문의 위헌성 여부를 다음과 같이 말할 수 있을 것이다: 「'지방자치권의 본질 내지는 핵심에 해당하는 영역' 및 '지방자치권의 핵심영역이라고 할 수는 없지만, 지방자치단체

조에 의한 국회의 입법권에 대한 예외로서 지방자치단체의 입법권을 설정한 것으로서 헌법에 의해 직접 부여된 지방자치단체의 고유한 입법권이라고 할 수 있다."

340) 문상덕, 「조례와 법률유보 재론 — 지방자치법 제22조 단서를 중심으로 —」, 『행정법연구』 19, 행정법이론실무학회, 2007, 13쪽; 관련된 특히 김배원, 앞의 글(주 331), 244쪽: "합헌설에서는 헌법 제37조 제2항과 헌법 제117조 제1항을 상하관계로 보고 있는데, 오히려 원칙과 예외로 파악할 수는 없는지 하는 관점에서 접근을 시도해 볼 수 있을 것이다. 우선 지방자치단체의 권력(권한)도 헌법 제1조 제2항에 의거하여 국민으로부터 유래하는 것이고, 기본권은 모든 국가권력을 구속하고 최대보장이어야 한다는 점에서는 지방자치단체의 입법권도 예외는 아니다. 기본권 제한의 일반적 법률유보조항인 헌법 제37조 제2항은 기본권의 제한은 '형식적 의미의 법률'로써 하도록 하고 그러한 법률의 제정은 국회의 전권사항으로 하고 있다. 다만, 기본권 제한의 규범형식으로 볼 때, 형식적 의미의 법률 외에도 법률과 동등한 효력을 가지는 긴급명령·긴급재정경제명령 및 조약과 하위 법규범인 법규명령, 규칙, 조례로도 기본권의 제한이 가능하다. 그리고 '행정규칙'조차도 법규명령으로 기능하는 경우에는 법규명령적 성격을 지닌다는 것이 판례이다. 이와 관련하여 헌법은 i) 법률과 동일한 효력을 갖는 기본권의 제한에 대하여는 국회의 승인이나 동의를 얻도록 하며(제76조, 제60조), ii) 법률 하위의 경우에 a) 법률의 집행을 주 임무로 하는 행정부가 원칙적으로 인적·물적·공간적 사항의 제한이 없는 일반적인 행정입법을 함에 있어서는 구체적 위임을 요하고(제75조), b) 사항적 한계 또는 사항적·지역적 한계를 동시에 지니는 규칙이나 조례의 제정에 있어서는 '법률에 저촉되지 아니하는 범위 안에서' 또는 '법령의 범위 안에서'라는 제한을 두어 예외적으로 입법을 할 수 있도록 하였다고 보면, 특히 헌법 제37조 제2항과 제117조 제1항을 상하관계에 둘 이유는 없을 것이고 원칙과 예외관계로 파악할 수 도 있지 않을까 싶다. 수평적 권력분립관계에서 인정되는 규칙제정권 — 조례와는 달리 민주적 정당성이 결여되어 있음에도 불구하고 — 에 대하여 법률우위의 원칙을 논할 뿐 법률유보의 원칙에 대하여는 논하는 바가 거의 없음에도 불구하고, 유독 수직적 권력분립관계로 설명하는 지방자치단체의 조례제정권에 있어서 법률유보 논쟁이 격렬한 것은 의식적이든 무의식적이든 국가와 지방자치단체의 관계를 은연중에 상하관계로 파악하는 상황도 한몫을 한 것은 아닐지 모르겠다."; 김명식, 앞의 글, 88쪽: "헌법 제117조 제1항이 헌법 제37조 제2항보다 하위에 있는 것이 아니라 후자가 원칙적 규정이고 전자는 예외적 규정으로 관계를 설정함으로써 기본권 최대한 보장의 이념과 지방자치의 자주성과 민주성의 요청을 조화롭게 실현할 수 있다고 본다. 즉, 헌법은 제37조 제2항에서 기본권제한의 형식을 원칙적으로 '형식적 의미의 법률'로써 하도록 하고 있으나, 여러 규칙제정권에서 보는 바와 같이 '법령의 범위 안에서'나 '법률에 저촉되지 않는 범위 안에서' 예외적으로 법률의 수권이 없이도 기본권제한의 효과를 가지는 법규를 창설할 수 있도록 하고 있는바, 자치입법권 또한 이러한 예외의 하나로 본다면 법령의 개별적 수권 없이도 주민의 권리를 제한하거나 의무를 부과할 수 있다는 해석도 얼마든지 가능하다고 본다. 다만, 이러한 경우라 하더라도 헌법에서 규율하고 있는 실질적인 의미에서의 기본권 침해 심사기준 […]은 당연히 적용되어야 할 것이다."

가 스스로 잘 처리할 수 있는 자치에 관한 영역'은 각각 지방의회유보원칙과 보충성원칙에 의해서 국회입법권한이 침투할 수 없는 영역인바,[341] 이러한 영역에서 발생되는 주민의 권리 제한 또는 의무 부과 등에 대해서는 원칙적으로 헌법 제37조 제2항 "법률로써"로부터 도출될 수 있는 기본권관계에서의 법률유보원칙이 관철되지 않는다. 따라서 이러한 경우에는 (헌법 제37조 제2항에 근거하는 법률유보원칙의 예외로써) 헌법 제117조 제1항에 근거하여 법률의 위임 없이도 지방의회가 조례를 제정하여 주민의 권리 제한 또는 의무 부과의 근거를 마련할 수 있을 것인바,[342] 만약 이 경우에도 지방자치법 제22조 제2문이 관철되어야 하는 것으로 해석될 수밖에 없다면 지방자치법 제22조 제2문은 헌법 제117조 제1항에 의해서 부여받은 자치입법권을 부당하게 축소하는 위헌규정으로 판단해야 할 것이다.[343] 그러나 지방자치법 제22조 제2문을 "자치에 관한 규정"에 대해 "법령"의 우위가 관철될 수 있는 영역(즉, 지방자치단체가 잘 처리하기 어려운 자치에 관한 영역)[344]에서 적용되는 조항으로 국한해서 해석하는 한, 이는 헌법 제37조 제2항에 근거하는 기본권관계에서의 법률유보원칙을 확인하는 조항으로서 헌법에 위반되

---

341) 위 목차 Ⅱ. 1. 다. 2) 가) (2) (나) ③ 및 ④ 참조.

342) 물론 헌법 제117조 제1항에 근거해서 지방자치단체가 제정한 "자치에 관한 규정"이 기본권관계를 규율하게 될 경우에 헌법 제37조 제2항에 근거를 둔 법률유보원칙이 적용되지 않을 수 있다는 것이지, 헌법 제37조 제2항에서 근거를 찾을 수 있는 다른 기본권심사기준들(예컨대 목적의 정당성, 비례성원칙, 본질내용침해금지원칙 등) 또한 "자치에 관한 규정"에 의한 기본권침범의 경우에는 적용되지 않는다고 해석할 수 있는 것은 아니다. 왜냐하면 권력기관들 간의 권한배분(특히, 입법권한배분)에 관한 문제에서 적용되는 심사기준과 기본권적 보호법익과 관련해서 준수되어야 하는 심사기준들은 기본적으로 다른 차원의 문제라는 점 — 즉, 기본권심사에서 전자는 기본권침범근거법률의 권한·절차·형태에 대한 심사(형식적 헌법적합성여부를 심사)에 있어서 검토되어야 할 사항이며, 후자는 실질적 헌법적합성 여부를 판단함에 있어서 검토되어야 할 사항이다. — 에서 이들을 결부시키는 것은 논리적 비약이기 때문이다. 뿐만 아니라 "법률로써" 행해지는 기본권제한에서 헌법이 마련해두고 있는 심사기준들은 헌법에서 특별한 규정이 없는 한 법률보다 하위에 있는 규범인 "자치에 관한 규정"에 근거해서 행해지는 기본권제한의 경우에도 준수되어야 하는 것으로 해석하지 않는다면, 이는 결국 법률하위의 효력을 갖고 있는 "자치에 관한 규정"에 기초한 기본권침범이 법률에 근거한 기본권침범보다 손쉽게 기본권심사를 통과하여 합헌으로 취급될 수 있음을 의미하게 된다는 점 또한 헌법해석에서 고려되어야 할 것이다. 요컨대 법률유보원칙은 기본권제한의 허용성 내지는 기본권침범의 근거와 관련된 원칙이며, 목적의 정당성, 비례성원칙, 본질내용침해금지원칙 등등은 허용된 기본권침범에 대한 실질적 헌법적합성심사를 위한 심사기준이란 점에서 법률유보원칙에 대한 예외인정이 바로 다른 심사기준들에 대한 예외인정으로 귀결된다는 것은 너무 성급한 주장이며, 기본권의 최대보장이라는 이념 및 법률우위원칙에도 부합되기 어렵다고 하겠다.

343) 물론 헌법현실에서는 지방자치법 제27조에 의해서 조례를 위반한 행위에 대하여 조례로써 1천만원 이하의 과태료를 부과·징수하는 것이 가능하므로 다른 제재수단을 확보하기 위하여 지방자치법 제22조 제2문의 한계를 넘어서는 조례가 인정될 필요성이 그리 크지 않다고 볼 수 있겠다(이러한 인식으로는 장영수, 『헌법학』, 홍문사, 2015, 340쪽).

344) 위 목차 Ⅱ. 1. 다. 2) 가) (2) (나) ⑤ 참조.

지 않는다고 평가할 수 있을 것이다.[345]」

⑦ 소결

헌법 제117조 제1항 문언의 표현에 따라서 지방자치단체가 제정한 "자치에 관한 규정"에 대해서 국가가 제정한 "법령"의 우위를 인정하되, 국가가 "법령"으로 규율할 수 있는 범위 내지는 영역을 축소 혹은 한정해석 함으로써 — 즉, 국가는 지방의회유보원칙이 관철되어야 할 자치권의 핵심영역에 해당하는 사항을 "법령"으로 규율할 수 없으며, 설사 이러한 핵심영역에 해당하는 사항이 아니라고 하더라도 보충성원칙을 준수해야 하므로 자치에 관한 사항들 중에서 지방자치단체가 스스로 잘 처리할 수 있는 사항도 "법령"으로 규율할 수 없게 된다.[346] —, 지방자치영역에 침투하는 국가권력행위에 대한 차단막을 구축하려는 시도는 헌법문언과 모순되지 않으면서도 지방분권이라는 헌법현실적 과제를 수행함에

---

345) 한편 김진한 교수는 "지방의회가 국민의 자유와 권리를 제한하는 조례를 제정하는 경우에는 헌법 제37조 제2항의 법률유보 원칙을 통하여 보장하고자 하는 이익과 헌법 제117조 제1항에 의한 지방자치제도와 지방자치단체의 자치입법권을 충분하게 보장하여야 할 이익이 충돌한다."라고 하면서 "법률유보 원칙에 의하여 확보하고자 하는 기본권을 보장하는 상태에서 지방자치제도를 보장하는 것이 가장 바람직한 해결책"이라는 견해를 피력하고 있다(김진한, 앞의 글, 133-134쪽). 하지만 법률유보 원칙을 통하여 확보하고자 하는 이익도 지방자치단체의 자치입법권 보장을 통해서 달성하려는 이익도 궁극적으로는 모두 기본권보장이란 점에서 기본권보장과 지방자치제도보장을 대립된 가치로 대응시킨 다음, 양 가치의 조화를 꾀하는 김진한 교수의 해결책의 타당성에 대해서 의문이 든다. 설사 이러한 대응관계가 타당하다고 하더라도 기본권보장정도에 관한 것은 기본권심사의 결론 내지는 적어도 실질적 헌법적합성심사를 통해서 확인될 수 있는 문제란 점에서 미리 심사의 결론을 선취하고 있다는 점에서도 비판될 수 있을 것으로 본다. 오히려 필자는 지금까지 위 본문에서 논의한 것처럼 헌법 제37조 제2항 법률유보원칙에 기초한 국회의 입법권한과 헌법 제117조 제1항에 기초한 지방자치단체의 입법권한 상호 간의 권한갈등 내지는 대립구도 속에서 양자의 조화 내지는 적절한 해결책을 모색하려는 시도가 더 합리적이라고 생각한다.

346) 이처럼 "자치에 관한" 사항들 중에서 법령으로 규율될 수 있는 것은 원칙적으로 헌법현실에서 지방자치단체가 스스로의 힘으로 잘 처리/해결하기 어려운 사항으로 국한하여 해석하는 것은 헌정사적 맥락에서 나타난 헌법제정권자의 의사와도 잘 부합될 것으로 본다. 왜냐하면 역사적으로 지방분권이 먼저 달성된 상태에서 이를 통합하는 과정에서 연방제 형태로 국가를 정립시킨 독일과는 달리, 일제강점기를 벗어난 후 종래의 중앙집권적 국가권력구조에서 탈피하여 보다 다원화된 지방분권국가를 이룩하기 위한 지향점으로서 제헌헌법이 지방자치를 별도의 장으로 규정한 이래, 군부쿠데타에 의해서 실질적으로 지방자치가 유명무실해졌던 시기를 극복하고 지방자치의 실효적 보장과 그 내용을 확충·보완해온 과정이 바로 지방자치에 관한 우리 헌정사의 흐름인바(헌법상 지방자치조항에 대한 연혁적 고찰에 관해서는 김명식, 앞의 글, 80-83쪽 참조), 군부 쿠데타를 종식시키면서 등장한 현행헌법 제117조 제1항이 지방자치단체에게 "자치에 관한 규정"을 제정할 수 있는 권한을 주면서, 그 권한을 "법령의 범위 안에서" 행사할 수 있도록 하고 있는 취지는 지방자치단체의 입법권한을 축소하고 보다 더 중앙집권화된 국가로 나아가기 위함이 아니라, 지방자치제가 완전히 정착되지 못한 헌법현실을 고려하여 국회 및 중앙정부의 입법적 개입의 가능성을 열어두고 이를 통해서 지방자치단체를 지원하기 위함으로 이해하는 것이 보다 합리적이라고 생각하기 때문이다.

있어서 도움이 될 수 있을 것으로 생각된다. 왜냐하면 이러한 시도는 헌법재판소 및 대법원 판례의 태도변화 — 헌법재판소와 대법원은 '최소한 보장의 원칙'이 적용된다고 하는 제도적 보장이론에 입각해서 지방자치권에 개입하는 국가권력의 위헌성여부에 관한 심사를 핵심내용(혹은 본질적 내용)의 침해 여부로 국한하고 있는 경향을 보여주고 있다.[347] — 를 촉구할 수 있는 이론적 매개물로도 활용될 수 있을 것이기 때문이다. 지금까지의 내용은 다음의 표를 통해 일목요연하게 정리할 수 있다.

---

347) 특히 헌재 2006.2.23. 2005헌마403, 판례집 18－1(상), 334－335쪽: "지방자치제도는 제도적 보장의 하나로서(헌재 1994.4.28. 91헌바15등, 판례집 6－1, 317, 339; 헌재 1998.4.30. 96헌바62, 판례집 10－1, 380, 384),「제도적 보장은 객관적 제도를 헌법에 규정하여 당해 제도의 본질을 유지하려는 것으로서, 헌법제정권자가 특히 중요하고도 가치가 있다고 인정되고 헌법적으로 보장할 필요가 있다고 생각하는 국가제도를 헌법에 규정함으로써 장래의 법발전, 법형성의 방침과 범주를 미리 규율하려는 데 있다. 다시 말하면 이러한 제도적 보장은 주관적 권리가 아닌 객관적 법규범이라는 점에서 기본권과 구별되기는 하지만 헌법에 의하여 일정한 제도가 보장되면 입법자는 그 제도를 설정하고 유지할 입법의무를 지게 될 뿐만 아니라 헌법에 규정되어 있기 때문에 법률로써 이를 폐지할 수 없고, 비록 내용을 제한한다고 하더라도 그 본질적 내용을 침해할 수는 없다. 그러나 기본권의 보장은 […] '최대한 보장의 원칙'이 적용되는 것임에 반하여, 제도적 보장은 기본권 보장의 경우와는 달리 그 본질적 내용을 침해하지 아니하는 범위 안에서 입법자에게 제도의 구체적인 내용과 형태의 형성권을 폭넓게 인정한다는 의미에서 '최소한 보장의 원칙'이 적용」된다(헌재 1997.4.24. 95헌바48, 판례집 9－1, 435, 444－445)."; 대법원 1996.7.12. 선고 96추22 판결: "내무부장관이 지방자치단체의 과세면제 등 일정한 사항에 관한 조례제정에 한하여 사전 허가제도를 통하여 전국적으로 이를 통제·조정함으로써 건전한 지방세제를 확립하기 위하여 마련한 규정이 지방자치단체의 조례제정권의 본질적 내용을 침해하는 규정으로서 지방자치단체의 조례제정권을 규정한 헌법 제117조 제1항, 제118조에 위반되거나 지방자치법 제9조, 제35조 제1항 제1호와 저촉되는 규정이라고 할 수 없다."; 그 밖에 관련된 헌법재판소와 대법원의 판례 및 그러한 판례의 경향에 대해서는 특히 방승주, 앞의 글(주 295), 102－109쪽 참조.

[규율내용에 따른 국회와 지방자치단체(지방의회) 상호 간 입법권한 배분기준]

[그림]

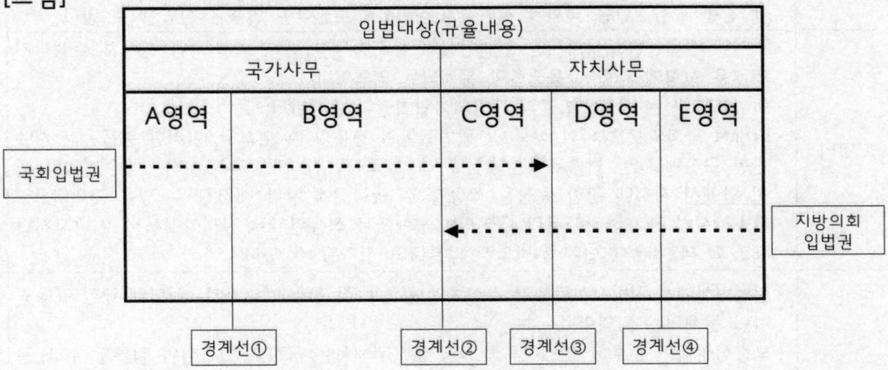

입법대상(규율내용)

국가사무 / 자치사무

A영역 B영역 C영역 D영역 E영역

국회입법권

지방의회 입법권

경계선① 경계선② 경계선③ 경계선④

[설명]

경계선①	• 반드시 국회가 스스로 직접 규율해야 할 사항(A영역)과 그렇지 않은 사항을 분별하기 위한 경계선 • 결정기준(도출근거): 의회유보원칙(헌법 제40조)
경계선②	• 국가사무와 자치사무의 분별을 위한 경계선 • 지방의회입법권 행사의 최외곽 한계선(자치입법권 개입의 한계선) • 결정기준(도출근거): 헌법 제117조 제1항 "자치에 관한"의 해석론
경계선③	• 자치영역에 침투하는 국회입법권 행사에 대한 제1차적 차단막 • 경계선②와 경계선④ 사이를 유동한다. • 결정기준(도출근거): 헌법('제8장 지방자치')에 내포된 보충성원칙 • 지방자치단체의 업무처리능력이 높아지면 높아질수록 보충성원칙에 따른 국회입법권을 통제하는 강도가 강화될 것이며, 이러한 통제강도(심사강도)가 강화되면 강화될수록 경계선③은 점차적으로 경계선②로 접근하는바, 결국 D영역의 확장을 가져온다.
경계선④	• 반드시 지방의회가 스스로 직접 규율해야하는 사항(E영역)과 그렇지 않은 사항을 분별하기 위한 경계선 • 자치영역에 침투하는 국회입법권 행사에 대한 최외곽 한계선 • 결정기준(도출근거): 지방의회유보원칙(헌법 제117조 제1항) • 경계선④는 자치영역에 개입하려는 국가로부터 주민에 의한 자치('자기지배')의 본질을 수호하기 위한 최후의 방어선인바, 국회입법권이 보충성원칙을 준수하면서 자치영역에 침투하더라도 넘을 수는 없는 한계선이다.
A영역	• A영역에 해당되는 사항들은 반드시 국회 스스로가 직접 규율해야만 하는 국가사무이다. • 만약 국회가 A영역에 해당되는 사항들을 스스로 규율하지 않거나, 타 기관에게 이를 규율할 수 있도록 수권하는 법률을 정립했다면, 해당 (수권)법률은 의회유보원칙에 위반되어 위헌으로 평가되어야 한다.
B영역	• B영역에 해당되는 사항들은 국가사무이긴 하지만, 반드시 국회가 스스로 직접 규율해야만 하는 사항은 아니다. • 따라서 국회는 원칙적으로 헌법 제75조 및 제95조가 규율하고 있는 소정의 요건들을 준수한다면 B영역에 해당되는 사항들에 대한 규율권한을 대통령·국무총리·행정각부의 장에게 수권할 수 있는 법률을 정립할 수 있으며, 헌법 제108조·제113조 제2항·

	제114조 제6항이 규율하고 있는 소정의 사항적 한계들을 준수한다면 대법원·헌법재판소·중앙선거관리위원회 등에게도 규율권한을 수권하는 법률을 정립할 수 있다. • 그러나 B영역에 해당되는 규율대상은 "자치에 관한" 것이 아니라 국가사무이므로, 이에 관한 규율권한을 국회가 지방자치단체에게 수권하는 법률은 정립할 수 없다.
C영역	• 자치에 관한 것이긴 하지만 헌법현실에서 지방자치단체가 스스로의 힘으로 수행하기 어려운 사항에 대한 규율권한이 문제되는 영역이다. • 이 영역에서는 국회입법권과 지방의회입법권이 공존한다. • 따라서 국회와 지방의회 상호 간 입법권한이 충돌할 수 있으나, 이러한 충돌은 자치에 관한 규정에 대한 법령우위원칙(헌법 제117조 제1항 "지방자치단체는 […] 법령의 범위 안에서 자치에 관한 규정을 제정할 수 있다.")에 따라 해결될 수 있을 것이다. • 지방자치법 제22조 제2문이 C영역에 국한해서 적용된다는 전제하에서는, 지방자치법 제22조 제2문은 헌법에 위반되지 않는다고 평가될 수 있다.
D영역	• 헌법현실에서 지방자치단체가 스스로의 힘으로 잘 처리할 수 있는 사항에 대한 규율권한이 문제되는 영역이다. • 보충성원칙이 준수되어야 하므로 D영역에 대해서는 국회의 입법권이 침투할 수 없는바, 지방자치단체가 입법권을 독점한다. • 유동하는 경계선③이 경계선②에 수렴될수록 D영역이 확대되는바, 지방자치단체의 독점적 입법권한은 확장된다. • D영역이 확장되면 확장될수록 이에 상응하여 상대적으로 보충성원칙에 따라서 국회입법권을 통제하는 강도는 완화되는 경향성을 띤다.
E영역	• 자치사무의 본질적 내용 혹은 핵심에 해당하는 사항으로서 반드시 지방의회가 스스로 규율해야만 하는 영역이다. • E영역은 지방자치단체가 자치업무를 수행할 수 있는 현실적 능력이 있는지 여부와 상관없이 지방의회의 독점적 입법권인 인정되어야 한다.

(다) 授權方式에 대한 헌법적 통제

① 서두

지방자치권의 본질 내지는 핵심영역에 해당하지 않는 자치에 관한 사항들 중에서 헌법현실에서 지방자치단체가 스스로의 힘으로 잘 수행하기가 어렵거나 곤란한 문제들에 대해서 국회는 이를 법률로써 스스로 규율할 수도 있을 뿐만 아니라, 이에 대한 규율권한을 지방자치단체에게 수권하는 법률을 정립할 수도 있을 것이다. 그런데 후자의 경우에 수권방식과 관련하여 법치국가원칙으로부터 도출되는 위임의 명확성원칙으로서의 포괄위임금지원칙이 (국회가 대통령을 수반으로 하는 정부에게 소속된 기관에게 입법권을 수권할 경우에서와 마찬가지로)[348] 준수되어야 하는지 여부가 문제 — 물론 이러한 문제는 국회 입법권과 지방자치단체 입법권이 공존하는 영역(위 목차 Ⅱ. 1. 다. 2) 가) (2) (나) ⑦에서 C영역)에 국한해서

348) 이에 관해서는 위 목차Ⅱ. 1. 다. 2) 가) (2) (나) ④ 참조.

발생될 수 있을 것이다. — 된다.[349)]

② 판례와 학설의 태도

헌법재판소는 초기 판례에서 "조례의 제정권자인 지방의회는 선거를 통해서 그 지역적인 민주적 정당성을 지니고 있는 주민의 대표기관이고, 헌법이 지방자치단체에 대해 포괄적인 자치권을 보장하고 있는 취지로 볼 때 조례제정권에 대한 지나친 제약은 바람직하지 않으므로 조례에 대한 법률의 위임은 법규명령에 대한 법률의 위임과 같이 반드시 구체적으로 범위를 정하여야 할 필요가 없으며 포괄적인 것으로 족하다."라고 함으로써 국회가 지방자치단체(특히, 지방의회)에게 입법권을 수권할 경우에 포괄위임금지원칙을 준수하지 않을 수 있다는 취지의 입장을 피력한 바 있으며,[350)] 이러한 입장은 일부 학설들을 통해서 옹호되고 있다.[351)] 하지만 이러한 헌법재판소의 입장에 대해 조심스러운 태도 혹은 비판적 태도를 취하고 있는 견해들도 쉽게 확인되며,[352)] 무엇보다도 근래의 헌법재판소

---

349) 이러한 문제는 헌법이 대통령을 수반으로 하는 정부에 소속된 기관을 대상으로 하여 행해진 국회의 입법권수권행위와 관련하여 "구체적으로 범위를 정하여"라는 조건을 명시하고 있는 데 반하여(헌법 제75조), 지방자치단체에게 자치입법권을 국회가 수권함에 있어서는 어떤 범위 내에서 어떤 기준에 의하여 수권할 수 있는지에 관하여 아무런 규정을 두고 있지 않음(헌재 2004. 9. 23. 2002헌바76, 판례집 16-2(상), 507쪽)에 기인하다.

350) 헌재 1995. 4. 20. 92헌마264 등, 판례집 7-1, 572쪽; 대법원 또한 같은 입장으로 생각된다(특히 대법원 199. 8. 27. 선고 90누6613 선고: "법률이 주민의 권리의무에 관한 사항에 관하여 구체적으로 아무런 범위도 정하지 아니한 채 조례로 정하도록 포괄적으로 위임하였다고 하더라도, 행정관청의 명령과는 달라, 조례도 주민의 대표기관인 지방의회의 의결로 제정되는 지방자치단체의 자주법인 만큼, 지방자치단체가 법령에 위반되지 않는 범위 내에서 주민의 권리의무에 관한 사항을 조례로 제정할 수 있는 것이다.").

351) 정종섭, 앞의 책(주 42), 1012쪽: "조례의 제정에서 법률유보가 필요하다고 하더라도 법률에서 조례에 위임을 하는 경우에 항상 구체적으로 범위를 정하여 위임하여야 하는 것은 아니다."; 김철수, 『헌법학신론』, 박영사, 2013, 1565쪽: "지방의회는 선거를 통해서 그 지역적인 주민의 민주적 대표성을 지니고 있는 주민의 대표기관이고, 헌법이 지방자치단체에 포괄적인 자치권을 보장하는 취지로 볼 때 조례에 대한 법률의 위임은 포괄적인 것으로 족하다."

352) 특히 이준일, 앞의 책(주 329), 276쪽: "국민의 기본권을 제한하는 조례의 제정에서 법률의 위임이 필요하다고 하면서도 그 범위는 포괄적일 수 있다면 사실상 법률의 위임이 불필요하다는 논리이기 때문에 조례에 대한 법률의 위임은 행정입법과 마찬가지로 구체적이어야 한다."; 전광석, 앞의 책, 696쪽: "행정입법의 수임기관의 조직법적 성격은 위임의 구체성을 판단하는 데에 어느 정도 영향을 미친다. 예컨대 수임기관이 지방의회와 같이 민주적인 정당성을 갖는 합의체기관인 경우에는 위임의 구체성의 정도가 완화되고 포괄적인 위임이 가능하다는 것이 법원과 헌법재판소의 입장이다. 그러나 이 경우 포괄적인 위임이 허용된다는 견해는 너무 단정적이며 헌법에 충실한 태도는 아니다."; 한수웅, 『헌법학』, 법문사, 2015, 1322쪽: "헌법재판소는 행정입법에 입법권을 위임하는 경우에 대하여 제기되는 헌법 제75조의 엄격한 요건을 조례에 입법권을 위임하는 경우에는 적용되지 않는다고 한다. 입법자가 조례제정권을 위임하는 경우 헌법 제75조의 포괄위임금지의 원칙이 직접 적용되는 것은 아니지만, 그럼에도 포괄적인 위임은 허용되지 않는다. [...] 조례에 입법권을

판례에서는 ("조례에 대한 법률의 위임은 법규명령에 대한 법률의 위임과 같이 반드시 구체적으로 범위를 정하여 할 필요가 없으며 포괄적인 것으로 족하다."[353]라고 판시한 기존의 입장을 인용하면서도) "조례에 위임할 사항은 헌법 제75조 소정의 행정입법에 위임할 사항보다 더 포괄적이어도 헌법에 반하지 않는다고 할 것이다."라는 표현을 덧붙이고 있는바, 조례에 입법권한을 수권하고 있는 법률(수권법률)의 위헌성 여부를 판단함에 있어서 포괄위임금지원칙의 적용을 배제하기보다는 그 적용의 강도를 완화하려는 것 같은 태도를 보여주기도 한다.[354]

③ 사견: 포괄위임금지원칙의 적용여부와 그 심사강도

수권법률에 대한 수권방식통제로 기능하는 포괄위임금지원칙은 "입법을 위임하는 수권법률의 명확성원칙"이라고 할 수 있는바,[355] (헌법 제75조 뿐만 아니라) 헌법이 전제하고 있는 법치국가원칙으로부터도 당연히 도출될 수 있는 법률통제기준이다.[356] 따라서 (대통령을 수반으로 하는 정부에게 입법권한을 수권하는 법률에 대한 심사뿐만 아니라) 지방자치단체(특히, 지방의회)에게 입법권한을 수권하고 있는 법률(수권법률)의 헌법적합성여부를 판단함에 있어서도 포괄위임금지원칙의 준수여부는 마땅히 심사되어야 하는바, "조례에 대한 법률의 위임은 […] 구체적으로 범위를 정하여 할 필요가 없으며 포괄적인 것으로 족하다."라는 판례의 입장[357]은 배척되어야 할 것으로 생각한다. 문제는 포괄위임금지원칙의 준수여부를 심사할 경우에 이를 지도할 수 있는 헌법적 규준을 어떻게 마련할 것인가 하는 점이다. 물론 포괄위임금지원칙의 준수여부에 관한 판단은 구체적 헌법현실에서 규율대상에 대한 수권기관의 규범구체화능력과 피수권기관의 규범인식능력(예측

위임하는 법률의 명확성은 행정입법에 입법권을 위임하는 경우와 비교할 때 다소 위임의 명확성이 완화될 수 있으나 헌법 제75조의 요건에서 너무 멀어져서는 안 된다."

353) 헌재 1995.4.20. 92헌마264 등, 판례집 7-1, 572쪽.

354) 헌재 2004.9.23. 2002헌바76, 판례집 16-2(상), 507쪽; 헌법재판소가 조례에게 입법권한을 수권하고 있는 법률을 통제함에 있어서 포괄위임금지원칙의 적용을 배제하는 입장(적용부인설)인지 혹은 그 적용의 강도를 헌법 제75조가 적용되는 경우에 비해서 상대적으로 완화해야 한다는 입장(적용완화설)인지 여부는 명확치 않다. 물론 헌법재판소가 적용부인설(헌재 1995.4.20. 92헌마264)에서 적용완화설(헌재 2004.9.23. 2002헌바76 사건)로 그 입장을 변경한 것 같은 태도를 보여주긴 하지만, 헌법재판소법 제23조 제2항 제2호에 따라 재판관 6인 이상의 찬성이란 요건을 갖추어 판례가 변경된 것은 아니다.

355) 헌재 2003.7.24. 2002헌바82, 판례집 15-2(상), 141쪽.

356) 김해원, 앞의 글(주 274), 183쪽; 바로 이러한 점에서 헌법 제75조가 명시하고 있는 "구체적으로 범위를 정하여 위임"이란 표현은 법치국가원칙으로부터 도출되는 포괄위임금지원칙을 명시한 조항으로도 평가할 수 있을 것이다.

357) 헌재 1995.4.20. 92헌마264 등, 판례집 7-1, 572쪽.

가능성) 등을 고려하여 그 심사강도를 적절히 조정하는 과정을 통해서 얻어지는 것이므로 수권법률이 포괄위임금지원칙에 위배되는지 여부에 관한 헌법적 규준을 일률적으로 설정하는 것은 거의 불가능하다고 할 것이다.[358] 하지만 지방자치단체(지방의회)에게 입법권한을 수권하고 있는 법률이 포괄위임금지원칙을 위반하고 있는지 여부를 심사함에 있어서 그 심사강도를 지도할 수 있는 일반적 규준을 다음과 같이 언급할 수는 있을 것이다: 「일반적으로 '주민의 복리와 재산관리 및 지방공동체에 뿌리를 두고 있거나 지방공동체와 특유한 관련을 갖는 사항(자치사무)에 대한 규율권한을 지방자치단체에게 수권해주는 법률'이 심사대상인 경우는 '국가에 관한 사항(국가사무)에 대한 규율권한을 대통령을 수반으로 하는 정부에게 수권해주는 법률'이 심사대상인 경우에 비해서 그 심사강도가 상대적으로 완화된다고 보아야 할 것이다. 왜냐하면 규율대상이 자치사무인 경우에는 국가사무인 경우에 비해서 국가의 의회인 국회가 보유하고 있는 전문성 및 규범구체화능력이 발휘되기가 어려울 가능성이 상대적으로 높을 뿐만 아니라, 무엇보다도 자치에 관한 사항에 대한 규율권한을 국회가 수권함에 있어서 다소 불명확하거나 추상성이 높은 표현을 사용했다고 하더라도 헌법현실에서 이를 이해하고 어떻게 구체화하여 규율할 것인지에 관하여 전문성을 갖고 있는 해당 지방자치단체의 판단능력 내지는 예측력이 존중되어야 하기 때문이다.[359]」 물론 자치

---

358) 법치국가원칙으로부터 비롯되는 포괄위임금지원칙은 수권자와 피수권자 상호 간 준수되어야 할 위임의 명확성원칙에 관한 것인바, 수권자(국회)의 구체화능력 및 피수권자(지방자치단체)의 규범인식가능성(혹은 예측가능성)의 관점에서 검토되어야 한다(상세한 설명은 김해원, 앞의 글(주 274), 173－178쪽 참조).

359) 이러한 필자의 견해는 기본적으로 수권기관인 국회의 규범구체화능력과 피수권기관인 지방자치단체(특히 지방의회)의 규범인식능력에 기초하고 있다는 점에서 자치입법이 갖고 있는 민주적 정당성에 주목하여 '조례제정권에 대한 지나친 제약은 바람직하지 않다'라고 하면서 포괄위임금지원칙의 적용을 배제 혹은 완화하려는 헌법재판소의 태도(특히 헌재 1995.4.20. 92헌마264 등, 판례집 7－1, 572쪽; 헌재 2004.9.23. 2002헌바76, 판례집 16－2(상), 507쪽 참조)와는 일정한 차이가 있다고 하겠다. 뿐만 아니라 필자는 자치입법이 갖고 있는 민주적 정당성에 주목하여 가급적 폭넓은 조례제정권을 보장하려는 관점에서 포괄위임금지원칙의 적용을 배제 혹은 완화하려는 헌법재판소의 태도는 포괄위임금지원칙의 오해에서 비롯된 논리적 비약이라고 평가한다. 왜냐하면 포괄위임금지원칙은 기본적으로 피수권규범과 관련된 심사기준이 아니라, 수권법률에 대한 헌법적 통제/심사기준이기 때문이다. 뿐만 아니라 규범논리적으로는 「헌법 제117조 제1항 "자치에 관한 규정"을 피수권규범으로 특정한 수권법률」에 대한 포괄위임금지원칙의 위반여부를 엄격하게 심사하면 할수록, 자치입법권이 확대된다고 평가해야 하는 것은 아닌가 하는 생각이 든다. 그 이유는 다음과 같다: 「포괄위임금지원칙은 수권하는 법률을 통제하는 심사기준이다. 따라서 포괄위임금지원칙을 엄격하게 적용해서 수권하는 법률(수권법률)을 위헌으로 선언한다면, 해당 수권법률은 효력을 상실하게 된다. 그런데 지방자치단체는 법령에 규정이 없어도 법령에 위반되지 않으면 자치에 관한 규정을 제정할 수 있는 것으로 이해되고 있는바, 지방자치단체에게 자치에 관한 규정의 제정권한을 수권하고 있는 법률(수권법률)에 대한 포괄위임금지원칙 위반여부를 엄격하게 심사하여 위헌이

사무에 대한 규율권한을 지방자치단체에게 수권하고 있는 수권법률이 아주 추상적이고 불명확하여 (자치에 관한 문제에 있어서 상대적으로 높은 경험과 전문성·기술성 및 주민과 밀착된 민주적 정당성을 보유하고 있는) 지방자치단체의 입장에서도 어떠한 사항을 수권받고 있는지 여부를 도저히 알 수 없는 지경이라면, 이러한 수권법률은 위임의 명확성원칙으로서의 포괄위임금지원칙에 위배되어 위헌이라고 판단해야 할 것이다. 하지만 지방자치단체에게 자치에 관한 사항의 규율권한을 수권하는 법률을 심사함에 있어서 포괄위임금지원칙에 따른 심사를 기본적으로 완화하려는 경향성은 헌법기관충실원칙[360] 및 헌법 제117조 제1항의 태도 — 헌법 제117조 제1항은 법령의 범위 안에서 자치에 관한 규정을 제정할 수 있는 입법권자로서 지방자치단체를 언급하면서도 (헌법 제75조와는 달리) "구체적으로 범위를 정하여 위임"이라는 요건을 명시하고 있지 않다. — 와도 잘 부합될 것으로 생각한다.[361]

(6) 무소속 국가기관이 수권대상인 경우

여기에서는 국회가 기본권관계에 영향을 미치는 일정한 규범을 정립할 수

라고 선언함으로써 그 효력을 상실케 하여도 해당 수권법률로부터 수권 받아서 정립된 지방자치단체의 조례가 당연히 효력을 잃는다고 볼 수는 없기 때문이다. 오히려 수권법률이 위헌으로 판단되지 않으면 해당 수권법률의 범위 안에서 지방자치단체는 자치에 관한 규정을 제정할 수 있을 뿐이나, 해당 수권법률이 위헌으로 판단되면 수권법률이 마련한 범위의 제약으로부터 지방자치단체는 벗어날 수 있게 된다.」 물론 헌법현실에서 헌법재판소가 지방자치단체에게 입법권한을 수권하는 법률에 대해서 포괄위임금지원칙의 심사를 엄격하게 하여 그 통제강도를 높인다면, 위헌을 모면하고자 하는 국회는 수권법률을 아주 구체적으로 정립하게 될 터이고, 그 결과 수권법률의 범위 안에서 자치에 관한 규정을 제정해야 하는 지방자치단체의 자치입법권한이 축소될 수는 있겠다.

360) 요컨대 자치법규로 기능하는 규범의 제정권은 헌법기관의 본질에서 도출되는 기본적 권한이라고 할 수 있는바, 국회가 상위의 규범인 법률을 제정할 수 있는 권한이 있다고 하더라도 자치입법권을 무력화할 정도로 해당 사무에 관한 자세하고 구체적인 내용을 시시콜콜 법률로써 제정하는 것은 헌법기관인 지방자치단체에게 규범제정권을 부여한 헌법의 취지에 부합되기 어렵다고 하겠다 (관련하여 허완중, 앞의 글(주 93), 46쪽 참조).

361) 요컨대 '지방자치단체의 조례 혹은 공공단체의 정관에게 해당 단체의 자율적 업무와 관련된 사항을 규율하는 입법권한을 위임하고 있는 법률(수권법률)을 심사대상으로 하여 행해지는 포괄위임금지원칙 위반여부에 관한 심사'는 '헌법 제75조 및 제95조로 규율되는 영역에서 행해지는 포괄위임금지원칙 위반여부에 관한 심사'에 비해서 그 심사의 강도를 완화하는 것이 원칙적으로 바람직할 것이다. 관련하여 전광석, 앞의 책, 696-697쪽: "행정입법의 수임기관의 조직법적 성격은 위임의 구체성을 판단하는 데에 어느 정도 영향을 미친다. […] 수임기관이 지방의회이고, 규범형식이 조례인 경우에는 위임의 구체성의 정도가 어느 정도 완화되어야 한다는 것은 옳다. 다음과 같은 이유에서이다. 첫째, 지방의회는 합의체기관이며, 의원 간의 자유로운 토론과 표결을 통하여 조례가 제정되기 때문에 위임입법권이 남용될 가능성이 적다. 둘째, 지방의회는 헌법상 자치입법권이 보장되어 있다. 이에 비해서 지방의회가 민주적 정당성을 갖는다는 사실은 위임의 구체성의 정도를 완화하는 이유가 되지 못한다. 이와 같은 논리라면 대통령령에 대한 포괄위임도 허용되어야 하는데, 헌법 제75조는 이를 부인하고 있기 때문이다."

있는 권한을 헌법 제3장 국회·제4장 정부·제5장 법원·제6장 헌법재판소·제7장 선거관리위원회·제8장 지방자치단체 등과 같은 헌법기관 아래에 조직/편제되어 있지 않는 국가기관(즉, 무소속 국가기관)[362]에게 수권할 경우에 준수되어야 할 권한법적 차원에서의 헌법적 규준을 간단히 언급해둔다. 그런데 헌법이 무소속 국가기관에 관해서 아무런 규정을 마련해두고 있지 않다는 점에서 국회가 법률을 통해서 무소속 국가기관을 자유롭게 창설할 수 있는지 여부가 우선 확인되어야 한다. 법률을 통한 무소속 국가기관 창설의 위헌성 여부와 관련해서는 특히 '국가인권위원회 설립 당시 치열하게 전개 되었으나, 논란을 거쳐서 국가인권위원회를 지금과 같은 상설 무소속 국가기관으로 정립하기에 이르렀다는 점'을 기억할 필요가 있겠다.[363] 헌법재판소 또한 "어디에도 소속되지 아니한 독립기관"[364]인 국가인권위원회가 합헌적 기관이라는 전제하에 국가인권위원회가 관련된 헌법재판사건들에 대해서 심판하고 있다.[365] 국회는 헌법적 정책의 제1차적 대표자로서 광범위한 입법형성권을 보유하고 있다는 점을 고려한다면, 다른 헌법기관의 권한을 침해하지 않으면서 기존의 헌법기관으로부터 벗어나서 독립하여 처리되어야 할 국가업무가 있는 경우(예컨대 헌법기관이 담당하기에는 적절치 않거나 헌법기관들 간 이익충돌문제가 발생하는 경우 등)에 이러한 국가업무를 담당할 기관을 국회가 법률을 통해서 무소속 국가기관으로 창설하는 것이 헌법상 완전히 금지되어 있다고 볼 것은 아니라고 생각한다. 뿐만 아니라 창설된 무소속 독립기관이 국회나 다른 국가기관의 위장기관으로 전락하지 않고 부여받은 고유 업무를 원활하고 효율적이며 독립적으로 수행하는데 필요한

---

362) 관련하여 현재의 헌법현실에서는 상설 무소속기관인 국가인권위원회(국가인권위원회법 제3조)와 비상설 무소속기관인 특별검사(특별검사의 임명 등에 관한 법률 제1조)를 주목할 수 있을 것이며, 영화 및 비디오물의 진흥에 관한 법률 제71조에 의해서 그 근거가 마련되어 있는 영상물등급위원회 또한 법률상 그 소속기관이 명시되어 있지 않다는 점에서 무소속 기관이라는 의심으로부터 자유롭지 않다(위 주 190) 참조).

363) 이에 관한 상세한 내용은 백운조, 「대한민국 국가인권위원회법의 입법과정에 관한 연구」, 인하대학교 대학원 법학과 박사학위논문, 2002, 136-140쪽 참조.

364) 특히 헌재 2010.10.28. 2009헌라6, 판례집 22-2(하), 9-10쪽.

365) 특히 국가인권위원회는 공권력을 행사하는 주체에 해당한다고 하거나 이를 전제한 후 국가인권위원회의 진정각하결정 혹은 진정기각결정 등에 대한 헌법소원심판사건을 기각한 헌법소원심판청구사건들(헌재 2009.9.24. 2009헌마63, 판례집 21-2상, 873쪽 이하; 헌재 2008.11.27. 2006헌마440, 공보 제146호, 1803쪽 이하; 헌재 2011.4.28. 2010헌마576, 판례집 23-1하, 157쪽 이하; 헌재 2010.12.28. 2010헌마101, 공보 제171호, 222쪽 이하 등등)과 법률에 의하여 설치된 국가기관인 국가인권위원회에게 권한쟁의심판의 당사자능력이 인정되는지 여부가 문제된 사건(헌재 2010.10.28. 2009헌라6, 판례집 22-2하, 1쪽 이하) 참조.

경우라면, 국회는 자신이 보유하고 있는 입법권을 해당 무소속 독립기관의 독립성을 고려하여 수권할 수 있는 권한 또한 함께 보유하고 있다고 해야 할 것이다. 다만 이 경우(합헌성을 인정받은 무소속 독립기관에게 국회가 일정한 입법권을 수권하는 경우)에도 수권내용 및 수권방식과 관련된 헌법적 한계는 준수되어야만 할 것인바, 헌법 제40조로부터 비롯되는 의회유보원칙 및 법치국가원칙으로부터 도출될 수 있는 포괄위임금지원칙 등과 같은 심사기준 또한 준수되어야 함은 물론이다. 이러한 심사기준들이 적용되는 구조 및 강도 등은 해당 무소속 국가기관이 담당하는 업무의 성격과 내용에 따라 달라지겠지만, 기본적으로 독립행정기관에게 입법권을 수권할 경우에 논한 사항들이 준용될 수 있을 것으로 생각한다.[366)]

(7) 공공단체 등이 수권대상인 경우

헌법은 국가나 지방자치단체와는 별개로 공적활동을 담당하는 독립체로서 공공단체를 알고 있다(특히 헌법 제29조 제1항 및 제2항, 제46조 제3항). 이러한 공공단체는 통상적으로 공법상의 사단(예컨대 농지개량조합, 변호사회, 국민건강보험공단 등등)·공법상의 영조물(예컨대 「공공기관의 운영에 관한 법률」상의 기관인 한국산업은행, 한국조폐공사, 대한주택공사, 한국토지공사 등등)·공법상의 재단(예컨대 한국연구재단) 등으로 세분화되어 각각의 특성과 법률관계 등이 설명되고 있으나,[367)] 다른 헌법기관들의 권한을 잠탈하거나 침해하는 것이 아니라면 헌법적 정책의 제1차적 대표자로서 국회는 원칙적으로 법률을 통해서 공공단체가 담당해야 할 업무와 공공단체의 조직 및 형태 등을 결정하는 것은 물론이고 심지어 공공단체를 정립하고 존속시킬 수 있는 폭넓은 권한까지도 보유하고 있다고 해야 할 것이다.[368)] 다만 공공단체를 창설 및 형성함에 있어서는 국가업무를 국가 스스로 행하지 않고 다른 법적 주체를 통해서 담당하게 하는 것과 관련하여 헌법적 정당성 여부가 면밀하게 검토되어야 한다. 왜냐하면 공공단체의 창설과 형성이 국가나 지방자치단체의 권한 및 책임성을 약화시키는 것은 물론이고 경우에 따라서는 일정한 공적 업무의 민영화를 위한 사전 단계가 될 수 있기 때문이다.[369)] 따

---

366) 이에 관해서는 위 목차 Ⅱ. 1. 다. 2) 가) (다) 참조.

367) 김성수, 앞의 책, 137쪽; 최영규, 앞의 글(주 208), 345－355쪽; 임현, 「행정주체의 개념과 유형에 대한 재검토」, 『토지공법연구』 제24집, 한국토지공법학회, 2004, 666－670쪽.

368) 특히 헌법은 제123조 제5항에서 “국가는 농·어민과 중소기업의 자조조직을 육성하여야” 한다고 하고 있는바, 이러한 영역에서 국회의 공공단체 형성권한은 더욱 발양될 수 있을 것이다.

라서 국가성이 강한 업무를 수행하기 위한 공공단체를 창설·형성하는 경우에는 그렇지 않은 경우에 비해서 헌법적 통제의 강도는 상대적으로 높아져야 할 것으로 생각된다.

하지만 여기에서는 국회가 법률을 통해서 공공단체에게 일정한 입법권을 수권하는 경우에 준수되어야 할 헌법적 통제에 관한 점들만 지금까지의 논의에 기대어 간략히 정리해둔다. 우선 공공단체에게 부여된 업무의 내용과 성격을 고려해서 개별적으로 살펴야 하겠지만, 기본적으로 독립행정기관에게 입법권을 수권할 경우에 준수해야 할 권한법적 통제규준들에 관한 사항들[370]이 이 경우에도 준용될 수 있을 것이다. 따라서 국회는 합헌성을 인정받은 특정 공공단체 내부의 권한·기능질서를 존중하는 가운데 해당 공공단체의 정관이나 내부 규정으로 담당 업무와 관련된 일정한 사항에 대한 규율권한을 수권할 수 있겠지만, 수권내용과 관련하여 의회유보원칙을 준수해야만 한다. 왜냐하면 오직 국회가 스스로 규율해야만 하는 사항에 대해서까지 규율권한을 수권해주는 것은 국회 스스로 헌법 제40조로부터 부여받은 자신의 입법권한을 형해화 내지는 잠탈하는 것이기 때문이다. 그리고 의회유보원칙에 위반되지 않는 범위에서 일정한 사항에 대한 규율권한을 공공단체에게 수권하는 경우에도 국회는 수권방식과 관련해서 포괄위임금지원칙을 준수해야만 한다. 왜냐하면 국회로부터 일정한 입법권을 수권받은 공공단체의 입장에서 어떠한 사항에 대해 규율할 수 있는 권한을 부여받았는지를 도저히 알 수 없을 정도로 수권법률이 불명확하다면, 이는 법치국가원칙으로부터 도출되는 (위임의) 명확성원칙에 위반되는 것이기 때문이다. 바로 이러한 점에서 법률이 자치적인 사항을 공법적 단체의 정관으로 정하도록 위임한 경우 "헌법상의 포괄위임입법금지의 원칙이 원칙적으로 적용되지 않는다."고 판단하고 있는 헌법재판소의 태도는 수정되어야 할 것으로 생각한다.[371]

---

369) 물론 반대의 경우, 즉 사적 영역에서 영위되어야 할 업무를 과도하게 국가나 공공단체로 이전하는 것 또한 사적 영역의 과도한 축소와 국가영역의 과도한 확장을 가져온다는 점에서 헌법적 통제의 대상이 된다는 점 또한 함께 고려되어야 한다. 관련하여 특히 "국방상 또는 국민경제상 긴절한 필요로 인하여 법률이 정하는 경우를 제외하고는, 사영기업을 국유 또는 공유로 이전하거나 그 경영을 통제 또는 관리할 수 없다."라고 규정하고 있는 헌법 제126조가 주목될 수 있을 것이다. 하지만 국가나 지방자치단체의 영역을 공공단체의 영역으로 이전하는 문제, 심지어 이를 민영화로 이전하는 문제를 통제하는 헌법 명시적인 규정은 뚜렷하게 확인되지 않는다. 바로 이러한 점에서 헌법이론을 통한 민영화 내지는 민영화 과정에 대한 통제규준을 마련하기 위한 헌법적 근거를 찾는 것부터 헌법해석을 통해서 뒷받침되어야 할 까다로운 활동이라고 하겠다.

370) 이에 관해서는 위 목차 Ⅱ. 1. 다. (다) 참조.

371) 헌재 2001.4.26. 2000헌마122, 판례집 13-1. 751-975쪽(특히 973쪽) 참조.

한편 국회가 법률을 통해서 입법권을 (법령에 의하여 행정권을 수탁 받아 자신의 이름으로 공권력을 행사하는 주체인) 공무수탁사인이나 민간단체(혹은 민간인)에게 수권하는 경우도 생각해볼 수 있을 것이다. 특히 후자와 관련해서는 공적 과제가 민간을 통해서 이루어진다는 점에서 민영화와 관련된 헌법적 한계의 일탈여부가 별도로 검토되어야 할 것이다. 이에 관해서는 헌법학과 행정법학이 함께 고민해야할 별도의 중요하고도 까다로운 주제라는 점만을 밝혀두고,[372] 이들에 관한 상세한 검토는 추후 연구의 과제로 남겨두기로 한다.

나) 절차심사·형태심사

*母法*으로 기능하는 법률의 정립과 관련된 절차 및 그 형태에 대한 심사는 앞서 논의한 내용(위 목차 Ⅱ. 1. 나.)과 다르지 않다.

3) *子法*인 법률하위규범에 대한 형식심사

지금까지 살펴본 쟁점들의 검토를 통해서 *母法*인 수권법률이 형식적 차원에서 헌법적합하다는 점이 확인되었다면, 이어서 행해져야 할 것은 모법인 법률로부터 수권 받아서 정립된 *子法*인 법률하위규범의 형식(권한·절차·형태)에 대한 심사이다.[373] 물론 법률로 규율되어야 하는(즉, 국회입법권한이 미치는) 기본권관련 영역이라고 하더라도 *子法*인 법률하위규범의 정립권자는 *母法*인 법률(授權法律)의 범위 안에서 혹은 입법권을 수권하고 있는 법률에 위반(혹은 저촉)되지 않는 범위에서는 일정한 규율정립권한을 행사할 수 있다.[374] 하지만 이러한 범위를 벗어나거나 혹은 위반(혹은 저촉)하여 일정한 사항을 *子法*이 규율하고 있다면, 해당 *子法*은 법률의 근거가 없다는 점에서 해당 *子法*은 물론이고 해당 *子法*에 근거하

---

372) 김소연, 앞의 책, 19-20쪽 참조.

373) *母法*인 수권법률에 대한 위헌여부에 대한 판단이 *子法*의 위헌여부에 대한 검토보다 선행되는 것이 합리적이다. 왜냐하면 법률조항 자체에는 헌법에 위반되는 사유가 들어있지 않고 단지 그 위임에 따라 법률하위규범이 규정한 내용이 헌법에 위반되는 경우에 (그 법률하위규범이 위헌으로 되는 것은 별론으로 하더라도) 정당하고 적법하게 입법권을 위임한 수권법률인 법률조항이 위헌으로 되는 것은 아니지만(헌재 1996.6.26. 93헌바2, 판례집 8-1, 537쪽; 헌재 2011.12.29. 2010헌바205 등, 판례집 23-2하, 640쪽), 입법권을 수권하고 있는 법률의 조항(모법조항)이 헌법에 위배된다면, 위헌인 법률에 따라 정립된 법률하위규범 또한 위헌이 되기 때문이다(헌재 2012.2.23. 2009헌마318, 판례집 24-1(상), 273쪽 참조). 요컨대 *母法*인 수권법률이 헌법에 부합되지 않아서 위헌이라면 *子法*인 법률하위규범은 위헌 법률에 근거하고 있다는 점에서 당연히 위헌성이 인정될 수 있으나, *子法*인 법률하위규범이 헌법에 위반된다고 하여 해당 법률하위규범의 근거가 되는 법률조항이 당연히 헌법에 위반되는 것은 아니라는 것이다.

374) 특히 헌법 제64조, 제75조, 제95조, 제108조, 제113조 제2항, 제114조 제6항 전단, 제117조 등 참조.

여 행해진 기본권침범까지도 법률유보원칙에 위반되어 위헌이라고 해야 할 것이다.[375] 이 경우 해당 子法의 정립권자는 자신이 행사할 수 있는 입법권한을 유월하여 권한법적 질서를 문란케 했다는 비판으로부터 자유롭지 않게 된다. 그리고 같은 맥락에서 子法인 법률하위규범정립권자는 해당 규범을 정립함에 있어서 상위규범이 요구하는 절차와 형태 또한 준수해야 함은 물론이다. 이러한 권한·절차·형태를 위반해서 정립된 子法인 법률하위규범은 (실질적인 규율내용 — 특히, 문제된 기본권관계에서 기본권적 보호법익에 대한 훼손정도 등 — 과는 무관하게) 형식적 측면에서의 헌법적 정당성을 인정받을 수 없을 것인바, 子法인 법률하위규범은 물론이고 해당 규범에 근거해서 행해진 기본권침범 또한 위헌인 기본권침해라고 보아야 할 것이다.

2. 법률 이외의 규범으로 개입하는 경우

헌법은 국민의 모든 자유와 권리가 "법률로써" 제한될 수 있음을 규정하고 있다(특히 헌법 제37조 제2항). 여기서 법률은 형식적 의미에서의 법률만이 아니라, 실질적 의미에서의 법률(법률적 서열의 규범) 또한 포함되는 것으로 이해된다. 관련하여 우리 헌법은 제76조 제1항에서 "대통령은 내우·외환·천재·지변 또는 중대한 재정·경제상의 위기에 있어서 국가의 안전보장 또는 공공의 안녕질서를 유지하기 위하여 긴급한 조치가 필요하고 국회의 집회를 기다릴 여유가 없을 때에 한하여" 법률의 효력을 가지는 명령(긴급재정·경제명령)을 발할 수 있다고 규정하고 있으며, 제76조 제2항에서는 "대통령은 국가의 안위에 관계되는 중대한 교전상태에 있어서 국가를 보위하기 위하여 긴급한 조치가 필요하고 국회의 집회가 불가능한 때에 한하여" 법률의 효력을 가지는 명령(긴급명령)을 발할 수 있다고 명시하고 있다. 따라서 헌법 제76조가 명시하고 있는 "법률의 효력을 가지는 명령"(소위 법률대위명령)에 의해서 혹은 이러한 명령에 근거한 기본권침범 또한 허용되어 있다고 보아야 한다. 다만 이 경우에도 "법률의 효력을 가지는 명령"은 (실질적 규율내용 — 특히, 문제된 기본권관계에서 기본권적 보호법익에 대한 훼손

---

375) 헌재 2014.9.25. 2012헌마1029, 판례집 26-2(상), 585쪽; 헌재 2012.5.31. 2010헌마139 등, 판례집 24-1하, 612쪽: "기본권 제한에 관한 법률유보원칙은 '법률에 근거한 규율'을 요청하는 것이므로, 그 형식이 반드시 법률일 필요는 없다 하더라도 법률상의 근거는 있어야 한다 할 것이다(헌재 2006.5.25. 2003헌마715, 판례집 18-1하, 112, 121-122). 따라서 모법의 위임범위를 벗어난 하위법령은 법률의 근거가 없는 것으로 법률유보원칙에 위반된다(헌재 2010.4.29. 2007헌마910, 판례집 22-1하, 97, 106-107)."

여부나 훼손정도 등 ― 과는 무관하게) 적어도 대통령이 헌법 제76조가 규율하고 있는 각종 요건들을 준수하면서 명령의 형태로 정립한 것이어야 형식적 차원에서의 헌법적합성을 확보할 수 있게 된다. 물론 헌법 제76조의 "법률의 효력을 가지는 명령"이 그 성립에 있어서 헌법에 적합했다고 하더라도 계속 합헌적으로 존속하기 위해서는 "지체없이 국회에 보고"되어서 "승인을 얻어야" 하는바(헌법 제76조 제3항 및 제4항), 이러한 요건 또한 갖추어야 형식적 헌법적합성이 지속적으로 유지될 수 있다.

아울러 헌법은 제6조에서 "헌법에 의하여 체결·공포된 조약과 일반적으로 승인된 국제법규는 국내법과 같은 효력을 가진다."라고 규정하면서, 특히 조약과 관련하여 제73조에서 대통령에게 "조약을 체결·비준"하는 권한을, 제89조 제3호에서 조약안에 대해 국무회의의 심의를 거쳐야 함을, 그리고 제60조 제1항에서 "상호원조 또는 안전보장에 관한 조약, 중요한 국제조직에 관한 조약, 우호통상항해조약, 주권의 제약에 관한 조약, 강화조약, 국가나 국민에게 중대한 재정적 부담을 지우는 조약 또는 입법사항에 관한 조약"의 체결·비준에 대한 국회의 동의권을 명시하고 있다. 따라서 헌법이 정한 조약 체결·비준권자(원칙적으로 대통령, 대통령이 궐위되거나 사고로 인하여 직무를 수행할 수 없을 때는 헌법 제71조가 규정하고 있는 대통령 권한대행자)가 헌법이 정한 절차(특히 헌법 제89조 제3호)를 준수하면서 체결·비준한 조약으로서 국회의 동의를 받은 규범인지 여부는 기본권침범근거로서 원용된 조약에 대한 권한·절차·형태를 심사(형식적 헌법적합성심사)하기 위한 중요한 기준이 된다.[376] 한편 "일반적으로 승인된 국제법규"와 관련해서 헌법은 단지 국내법과 동등한 효력을 갖는다고만 규정하고 있을 뿐, 일반적으로 승인된 국제법규를 정립할 수 있는 권한이 있는 자가 누구인지 또 어떠한 정립절차를 준수하면서 어떠한 형태로 정립해야 하는지 등에 관한 통제규준은 물론이고, 일반적으로 승인된 국제법규들 중에서 어떠한 것들이 법률적 서열의 규범으로 평가될 수 있는지에 관해서도 아무런 규준을 제시하고 있지 않다. 따라서 기본권침범근거로서 일반적으로 승인된 국제법규가 원용된 경우에, 과연 어떠한 기준에 따라서 형식적 헌법적합성여부를 심사해야 할 것인지는 아주 까다로운 문제라고 하겠다. 다만 여기에서는 일정한 국제법규가 일반적으로 승인되었는지

---

376) 한편 헌법 제60조 제1항이 규정하고 있는 조약 이외에도 국회가 동의권을 갖고 있는지 여부에 관한 논의는 별론으로 하더라도, 일정한 조약이 국내에서 적어도 법률적 서열의 규범으로서 효력을 갖기 위해서는 국회의 동의절차가 필수적이라고 생각한다. 왜냐하면 조약의 체결·비준에 대한 국회의 동의는 '대통령의 권한을 통제'하면서 동시에 법률적 효력을 갖추기 위한 '민주적 정당성을 부여'하는 기능을 갖고 있기 때문이다(이에 관해서는 이준일, 『헌법학강의』, 홍문사, 제6판, 2015, 188쪽).

여부는 물론이고 그러한 국제법규가 갖는 국내법적 서열에 대한 판단은 결국 해당 국제법규를 적용하는 법원 및 국제법규를 통제하는 헌법재판소에게 있다는 점[377]에 주목하여 다음과 같은 점만을 간단히 언급해둔다: 국회를 통해서 별도의 승인 내지는 동의를 받지 않은 일반적으로 승인된 국제법규에 대한 통제강도를 낮춘다는 것은 민주적 정당성이 취약한 사법기관이 입법기관인 국회를 통하지 않고 스스로 재판규범을 확보한 것이란 점에서 국회의 입법권한을 훼손할 우려가 높을 뿐만 아니라, 무엇보다도 기본권침범근거로 원용된 일반적으로 승인된 국제법규에 대한 통제강도를 낮추게 되면 국민의 기본권을 보장하는 데 부정적인 영향을 초래할 가능성이 커지게 된다.

Ⅲ. 헌법직접적 근거에 의한 침범(헌법유보)

기본권심사에서 헌법직접적 근거에 의한 기본권침범(헌법유보)[378]은 헌법간접적 근거에 의한 기본권침범(법률유보)에 대한 검토가 애당초 불가능하거나, 그러한 검토가 한계에 도달한 경우(즉, 극단적인 경우)에 비로소 문제될 수 있다.[379] 따라서 실제 헌법현실에서 법률을 배제하고 기본권침범근거로서 헌법이 직접 원용되는 경우는 아주 드물 것이며, 설사 헌법이 원용된다고 하더라도 이 경우 행해지는 형식심사는 헌법 그 자체를 대상으로 한다는 점에서 헌법정립권력의 남용이나 쿠데타 혹은 외세에 의한 침략 등과 같은 비정상적 방식으로 등장한 헌법이 아니라면 특별히 문제되기는 어려울 것으로 생각한다. 왜냐하면 이 경우에 행해지는 형식적 헌법적합성심사는 결국 기본권침범근거로 원용된 헌법 그 자체가 '정당한 헌법정립권자가 헌법이 정하고 있는 헌법개정절차를 준수하면서 정립한 규범으로서 헌법의 형태를 갖고 있는가?'라는 물음에 대한 대답과 다름 아니기 때문이다.[380]

---

377) 이준일, 앞의 책(주 376), 192쪽 참조.

378) 헌법유보를 헌법에 의한 직접적인 기본권제한으로 이해하고 있는 견해로는 특히, 권영성, 『헌법학원론』, 법문사, 346쪽; 헌법유보 개념과 관련해서는 한수웅, 『헌법학』, 법문사, 442－443쪽 참고.

379) 법률유보에 대한 검토가 애당초 불가능하거나, 법률유보에 주목해서 행해진 심사가 한계에 도달한 경우에 관해서는 김해원, 앞의 글(주 3), 48쪽 참조.

380) 이와 관련해서 기본권침범근거로서 관습헌법이 원용될 수 있는지 여부에 관한 문제를 고민해볼 수 있겠다. 물론 이러한 고민은 관습헌법의 존재와 인정여부에 관한 판단은 물론이고, 관습헌법이 인

Ⅳ. 마치는 글

구체적 헌법현실에서 문제되는 기본권침범의 '외적 특성의 총체' 내지는 '존재방식', 그 자체에 주목해서 행해지는 헌법적 판단인 기본권침범의 형식적 헌법적합성 여부를 심사한다는 것은 기본권침범의 실질적 내용(알맹이)을 담아내고 있는 형식(껍데기)이 헌법상 '정당한 권한 있는 자의 정당한 권한범위 안'에서 '정당한 절차'에 따라 '헌법이 요구하고 있는 형태'로 만들어져 있는지 여부(즉, 침범의 권한·절차·형태와 관련된 헌법적합성여부)를 면밀하게 살펴보는 활동을 의미한다. 따라서 기본권심사의 수월성과 경제성 및 논증의 합리성을 고려한다면, 형식적 헌법적합성심사는 헌법이 요청하고 있는 헌법적합성 판단의 실질적 심사기준들(예컨대, 비례성원칙·본질내용침해금지·평등원칙·법치국가적 요청 등등)이 준수되고 있는지 여부를 검토하는 실질적 헌법적합성심사 이전에 행해지는 것이 바람직할 것인바, 원칙적으로 제한의 한계영역에 대한 검토에서 가장 먼저 고려되어야 할 사항이라고 해야 할 것이다. 하지만 전체 기본권심사과정 중에서 기본권침범의 형식적 헌법적합성심사에 관한 체계적 연구는 그 중요성에도 불구하고, 그 동안 간과되어 왔거나 실질적 헌법적합성심사에 관한 연구들에 비해서 상대적으로 소홀히 취급되어 왔다. 지금까지의 논의가 전체 기본권심사구조 속에서 기본권침범의 형식적 헌법적합성 여부에 관한 판단을 체계적이고 논리적이며 합리적으로 행하는데 기여할 수 있기를 기대한다.

정될 수 있다고 하더라도 과연 어떤 기준에 의해서 무엇을 관습헌법이라고 할 수 있을 것인지 또 누가 관습헌법을 확인할 수 있을 것인지 등과 같은 문제들 또한 함께 해명될 것을 요청한다. 다만 기본권제한에 요구되는 법적 명확성과 법적 안정성 등을 고려한다면, 기본권을 제한하기 위해서 관습헌법과 같은 불문헌법을 원용하는 것은 엄격하게 통제되어야 할 것으로 생각한다. 관련하여 허완중, 「관습법과 규범통제」, 『공법학연구』 10-1, 한국비교공법학회, 2009, 176-184쪽, 특히 179쪽 참조; 반면에 관습헌법 인정에 적극적인 입장으로는 특히 홍강훈, 「관습헌법의 성립영역으로서의 헌법외적 관습헌법 — 태극기와 애국가는 관습헌법인가? —」, 『공법연구』 43-3, 한국공법학회, 2015, 255쪽 이하 참조.

제2관 실질적 헌법적합성심사

§ 10. 심사구조 · 분리논증 · 헌법 제37조 제2항*

Ⅰ. 시작하는 글

국가에 의해서 감행된 기본권에 대한 각종 불리한 작용들, 즉 침범(Eingriff)[1]에 집중해서 기본권심사과정을 소극적으로 구성하는 경우[2]뿐만 아니라, 기본권에 의해 보호되는 생활영역, 즉 보호영역에 주목하여 심사과정을 적극적으로 구성하는 경우[3]에도 관련된 침범들의 헌법적 정당성을 검토하는 것은 기본권심사의 중핵을 이룬다. 왜냐하면 정당성심사 이전 단계에서 얻어진 결론은 단지 하나의 잠정적 판단(prima－facie－Verdikt)일 뿐이며,[4] 구체적인 정당성심사를 통해서 해당 침범이 합헌적인 '제한'인지, 위헌적인 '침해'인지가 밝혀질 수 있고, 관련된 기본권의 확정적 보호영역이 개별 사안별로 도출될 수 있기 때문이다.[5] 그런데 기본권은 헌법적 차원에서 보장되는 권리[6]이므로 이에 대한 구체적 침범이 정당화되려면(합헌적인 '제한'이 되려면), 무엇보다 우선해서 기본권제한이 헌법적 차원에서 허용되는지 여부를 검토해야 한다.[7] 그런 다음, 해당 침범이 모든 관점에서 — 즉, 형식적으로도 실질적으로도 — 합헌성(헌법적합성)을 인정받을 때 비로소 정당하다고 평가될 수 있다.[8] 따라서 기본권심사에 있어서 정당성심사는 다음

---

* 김해원, 「방어권적 기본권의 정당성 심사구조」, 『공법학연구』 제10권 제4호, 한국비교공법학회, 2009, 29－55쪽에 수록된 글을 수정 · 보완한 것이다.

1) "침범"이란 용어 사용에 관해서는 김해원, 「기본권의 잠정적 보호영역에 관한 연구」, 『헌법학연구』 15－3, 한국헌법학회, 2009, 293－294쪽(주 51) 참조.

2) Vgl. S. G. Kielmansegg, Die Grundrechtsprüfung, in: JuS 48(1), 2008, S. 23ff.

3) 김해원, 앞의 글, 283쪽.

4) S. G. Kielmansegg, 앞의 글, 25쪽.

5) 김해원, 앞의 글, 281－282쪽.

6) R. Alexy, Theorie der Grundrechte, Nomos, 1985, S. 258.

7) 기본권제한의 허용성을 묻는 것은 침범의 규범적 근거를 묻는 것과 다르지 않다(Vgl. V. Epping, Grundrechte, Springer, 3. Aufl., 2007, S. 16).

8) H. Sodan/J. Ziekow, Grundkurs Öffentliches Recht, C. H. Beck, 2. Aufl., 2007, S. 185; H. Gersdorf, Grundversorgung im Öffentlichen Recht: Verfassungsprozessrecht und Verfassungsmäßigkeitsprüfung, C. F. Müller, 2. Aufl., 2005, S. 65; C. Hillgruber/C. Goos, Verfassungsprozessrecht, C. F. Müller, 2. Aufl., 2006, S. 73; S. G. Kielmansegg, 앞의 글, 27쪽; BVerfGE 13, 181(190); BVerfGE 29, 402(408).

두 영역을 포괄하는 개념이다: ① 침범근거, 즉 기본권제한의 허용성을 심사하는 영역, ② 침범의 형식적·실질적 합헌성을 심사하는 영역.[9] 기본권제한의 허용성은 헌법유보와 법률유보로 대별되고,[10] 형식적 합헌성에서는 침범의 권한·절차·형태가 심사된다.[11] 따라서 헌법유보인 경우에는 헌법제·개정권자가 헌법에 규정된 헌법개정 절차를 준수하면서 만든 형식적 의미에서의 헌법인지가,[12] 법률유보인 경우에는 헌법과 법률에 규정된 입법절차에 따라 입법권자에 의해 성립된 후, 효력발생요건을 충족한 형식적 의미에서의 법률인지가 문제된다.[13] 그리고 실질적 합헌성과 관련해서는 기본권심사에 있어서 헌법이 요청하고 있는 적헌성 판단의 실질적 심사기준들(例: 법치국가적 요청, 평등원칙, 비례성원칙, 본질내용침해금지 등등)이 준수되었는지 여부가 검토된다.[14]

---

9) 기본권심사를 3단계("구성요건-제한-정당화")로 구축하면서, 기본권제한의 허용성을 "제한단계"에서 다루고, "정당화단계"에서는 침범의 헌법적합성만 다루는 견해도 있다(이준일, 「기본권논증체계의 새로운 구성」, 『고시계』 626, 고시계사, 2009, 6쪽 이하; 이준일, 『헌법학강의』, 홍문사, 2008, 422-424쪽). 하지만 어떤 조치의 규범적 근거에 관한 물음은 해당 조치의 정당성 판단의 중요한 기준이며, 기본권의 정당성심사는 항상 침범근거에 관한 물음에서 출발해야 하므로(S. G. Kielmansegg, 앞의 글, 26쪽), 기본권 제한의 허용성도 정당성심사의 내용으로 이해되어야 할 것이다. 방어권적 기본권의 심사를 3단계(보호영역-침범-정당성)로 구성하고 있는 독일의 다수견해도 정당성심사단계에서 '기본권제한의 허용성'과 '합헌성(헌법적합성)'을 함께 설명하고 있다(R. Schmidt, Grundrechte sowie Grundzüge der Verfassungsbeschwerde, Dr. Rolf Schmidt, 10. Aufl., 2008, S. 45f.; B. Pieroth/B. Schlink, Die Grundrechte. Staatsrecht Ⅱ, C. F. Müller, 24. Aufl., 2008, S. 3, 59ff.; R. Zippelius/T. Würtenberger, Deutsches Staatsrecht, C. H. Beck, 32. Aufl., 2008, S. 204; H. Sodan/J. Ziekow, 앞의 책, 195쪽; V. Epping, 앞의 책, 11쪽, 16쪽).

10) 전광석, 『한국헌법론』, 법문사, 2009, 215쪽.

11) 이준일, 앞의 책, 413쪽; H. Gersdorf, 앞의 책, 50쪽 이하, 66쪽.

12) 이준일, 앞의 책, 414쪽; 헌법개정절차는 헌법 제10장(제128조~제130조) 참조.

13) 헌법 제40조·제52조·제53조 참조; 이준일, 앞의 책, 414쪽: 입법권한과 관련한 예외로 위임입법이 있지만, 이 경우에도 의회유보원칙 및 포괄위임금지원칙이 준수되어야 한다. 한편 헌법재판소는 입법절차가 헌법에 위반된다는 사유만으로 헌법소원을 청구할 수 없다고 하면서, 이는 권한쟁의심판을 통해서 해결할 사항이라고 판단했다(헌재 1997.1.16. 92헌바6; 헌재 1998.8.27. 97헌마8 참조). 그리고 입법형태(Form) 심사와 관련해서 이준일 교수는 법률의 일반성·명확성·불소급원칙을 다룬다(이준일, 앞의 책, 414쪽, 424쪽). 하지만 헌법상 평등·권력분립 및 법치국가적 원칙에서 도출되는 이러한 원칙들은 경우에 따라서 강화 혹은 완화될 수 있는 실체적 내용을 포함하고 있으므로, 실질적 합헌성 심사에서 취급하는 것이 타당할 것이다. 독일에서도 이러한 원칙들은 실질적 합헌성 심사에서 다루며(H. Sodan/J. Ziekow, 앞의 책, 137쪽; R. Schmidt, 앞의 책, 68-69쪽; F. Schoch, Übungen im Öffentlichen Recht Ⅰ, de Gruyter, 2000, S. 24), 형식심사인 입법형태(Form)와 관련해서는 보통 성립된 법률에 대한 부서·연방대통령의 서명·연방법률공보에 공고하는 기본법 제82조의 문제(H. Gersdorf, 앞의 책, 55쪽)와 적시명령(기본법 제19조 제1항 제2문)을 다룬다(H. Sodan/J. Ziekow, 같은 책, 137쪽; S. G. Kielmansegg, 앞의 글, 29쪽). 하지만 법률의 서명·공고 등을 입법절차에 관한 문제로 보는 견해(H. Maurer, Staatsrecht Ⅰ, C. H. Beck, 5. Aufl., 2007, S. 541)도 있고, 적시명령을 실질적 합헌성심사에서 취급하는 견해(H. Gersdorf, 같은 책, 69쪽)도 있다.

14) S. G. Kielmansegg, 앞의 글, 29쪽; R. Schmidt, 앞의 책, 68-69쪽.

이러한 정당성심사에 관한 논의들 — 특히, 실질적 헌법적합성에 관한 논의들 — 은 기본권 이론의 중추를 이루면서, 각각 많은 내용과 의미를 가지고 다양하게 전개되고 있다.[15] 하지만 여기에서는 정당성심사의 개별 내용보다는 논증방식에 주목하여 방어권적 기본권의 정당성심사구조[16] 그 자체를 새롭게 구축하고 심사기준으로서 헌법 제37조 제2항이 활용되는 방식을 설명하고자 한다.[17] 이를 위해서 우선 헌법재판소 결정 — 특히 형법 제241조(간통죄)의 합헌성심사 — 에서 나타난 정당성심사를 논증의 합리성과 설득력이란 관점에서 비판적으로 분석한 다음(Ⅱ.), 새로운 논증방식을 제안할 것이다(Ⅲ.). 그리고 침범근거 및 합헌성에 관한 내용들이 제안된 논증방식을 통해서 어떻게 배치·조직되고 정돈될 수 있는지를 헌법 제37조 제2항이 규율하고 있는 심사기준들(침범목적의 정당성·비례성원칙·본질내용침해금지)에 주목하여 살펴보고(Ⅳ.), 아울러 논증부담의 문제를 간략히 언급할 것이다(Ⅴ.).

Ⅱ. 헌법재판소 결정의 비판적 분석

정당성심사구조와 관련된 헌법재판소 논증의 문제점은 특히 형법 제241조가 헌법에 위반되지 아니한다고 판시한 헌법재판소결정에서 압축적으로 잘 드러나고 있다.[18] 헌법재판소는 해당 법률조항에 의해서 헌법 제10조에 근거를 두고 있는 성적자기결정권과 헌법 제17조의 사생활의 비밀과 자유가 제한된다고 하면서,[19] "선량한 성도덕과 일부일처주의·혼인제도의 유지 및 가족생활의 보장을

---

15) 김명재, 「자유권적 기본권의 본질내용」, 『공법연구』 30－5, 한국공법학회, 2002, 109쪽.

16) '가옥구조'라는 단어에서처럼 구조(構造/Struktur)는 단순히 부분이나 요소가 어떤 전체를 짜 이룬 얼개 혹은 그 형태를 뜻하기도 하지만, 일반적으로 일정한 정합성을 부여하기 위해 부분이나 요소를 조직·배치하는 양식을 뜻한다(Encyclopedia Britannica online: http://preview. britannica.co.kr/bol/topic.asp?article_id＝b02g2259a, 검색일 2009.10.20.). 따라서 정당성심사에서 '심사구조'라 함은 정당성심사의 요소나 내용들 — 특히 심사기준들 — 을 조직·배치하고 정돈시키는 양식(방식)이라고 정의하면 될 것이다.

17) 물론 기본권 이론 및 기능에 관한 논의와 통일성 있는 기본권심사구조 구축에 관한 문제는 모든 기본권 전반에 대한 검토를 통해서 이루어져야 한다. 따라서 여기에서는 방어권적 기본권의 심사구조를, 이 책의 제3부에서는 급부권적 기본권의 심사구조를 각각 살핀다.

18) 특히, 김명재, 앞의 글, 113－121쪽; 김경제, 「간통처벌규정에 대한 합헌결정이 가지는 헌법적 문제점」, 『헌법학연구』 15－2, 한국헌법학회, 2009, 111－152쪽 참조.

19) 헌재 2008.10.30. 2007헌가17, 판례집 20－2, 707쪽; 헌재 1990.9.10. 89헌마82, 판례집 2, 306, 310, 321－322쪽; 헌재 2001.10.25. 2000헌바60, 판례집 13－2, 485쪽 참조.

위하여서나 부부간의 성적성실의무의 수호를 위하여, 그리고 간통으로 인하여 야기되는 사회적 해악의 사전예방을 위하여, 간통행위를 규제하고 처벌"[20]하는 것은 과잉금지원칙에 위배되거나 헌법에 반하지 않는다고 했다.[21] 위헌의견도 심사기준의 적용과 활용이란 면에서 차이가 있을 뿐,[22] 심사기준이 적용되는 심사구조에 있어서는 기본적으로 차이가 없다. 특히 성적 자기결정권 및 사생활의 자유라는 기본권과 형법 제241조를 통해 보호하고자 하는 "일부일처제에 터 잡은 혼인제도 및 부부간 성적 성실의무" 사이에서 처벌의 합헌성을 비례성(과잉금지)원칙이라는 심사기준을 통해서 판단하고 있다는 점에서,[23] 기본권침범상황을 정돈시키는 방식은 양자가 기본적으로 동일하다. 다만 송두환 재판관은 형법 제241조를 통해 보호하고자 하는 것에 "사적 보복을 금하는 법체계"를 추가적으로 언급하고 있을 뿐이다.[24] 요컨대 "형법(1953. 9. 18. 법률 제293호로 제정된 것) 제241조는 헌법에 위반되지 아니한다."라고 결정한 헌법재판소결정문에서 나타난 정당성심사구조는 "성적자기결정권·사생활의 비밀과 자유"같은 개인의 주관적 공권으로서의 기본권(a)을 '귀속주체 — 개인과 집단을 불문한다. — 와 내용이 구체적으로 확정되고 특정된 주관적 법익(b)'에 대응시키지 않고, 헌법으로부터 도출되는 사회형성에 관한 객관법적 질서 내지 규범(B) — 예컨대 "일부일처주의·혼인제도" 혹은 "사적보복을 금하는 법체계" — 이나, 주관적이긴 하지만 불명확하고 추상적인 "부부간 성적 성실의무" 혹은 "사회적 해악의 사전예방"이라는 법익과 직접 대립시키고 있으며, 이러한 대립상황을 해결하기위한 심사기준으로서 비례성원칙을 사용하고 있다. 하지만 논증과정에 있어서 성실성 문제는 차치하더라도,[25] 이러한 심사구조는 무엇보다도 다음 두 가지 이유들 때문에 비판받아야 한다.

---

20) 헌재 1990.9.10. 89헌마82, 판례집 2, 306쪽; 헌재 2008.10.30. 2007헌가17, 판례집 20-2, 707-710쪽 참조; 헌재 2001.10.25. 2000헌바60, 판례집 13-2, 485쪽.

21) 헌법재판소는 간통행위를 처벌하는 형법 제241조에 대해서 네 차례 합헌판단을 했으나(헌재 1990.9.10. 89헌마82; 헌재 1993.3.11. 90헌가70; 헌재 2001.10.25. 2000헌바60; 헌재 2008.10.30. 2007헌가17), 그 후 판례를 변경하여 위헌판단을 했다(헌재 2015.2.26. 2009헌바17등, 판례집 27-1상, 20쪽 이하). 여기서 살펴볼 분석대상판례는 형법 제241조에 대해서 합헌판단을 한 4개의 헌법재판소결정이다.

22) 헌재 2008.10.30. 2007헌가17, 판례집 20-2, 712-719쪽; 헌재 2001.10.25. 2000헌바60, 판례집 13-2, 487쪽 이하; 헌재 1990.9.10. 89헌마82, 판례집 2, 315쪽 이하 참조.

23) 헌재 2008.10.30. 2007헌가17, 판례집 20-2, 718쪽.

24) 헌재 2008.10.30. 2007헌가17, 판례집 20-2, 724쪽.

25) 특히 김경제, 앞의 글, 121쪽, 140쪽, 143-149쪽.

첫째, 논의구조에 있어서 주관주의와 객관주의의 무분별한 혼합이다.[26] 즉, 특정 이익 지향적이고 관계적 성격을 가지고 있으며, 개별화되어 귀속될 수 있는 주체(개인이든 집단이든 불문한다.)[27]가 존재하는 주관규범인 a와 b를 서로 대립시키지 않고, a를 이익 중립적·비관계적이며, 개별주체에게 그의 것으로 귀속될 수 없는 객관규범인 B와 대립시키고 있다.[28][29] 아무런 설명이나 합리적 근거 없이 서로 차원을 달리하는 규범들을 맞대응시켜놓고 심사를 감행하고 있다는 점에서 비논리적이며, 무엇보다도 주관과 객관이 뒤섞여 논증될 때 주관적인 것에 비해서 객관적인 것이 가지는 높은 설득력으로 인해서,[30] 양자는 상호보완적이거나 동가치한 것으로 평가되기보다는 '객관'을 보편화 내지는 중심개념화하고, '주관'을 주변화하고 특수화하여 배제하는 논리로 쉽게 빠져들게 되며, 그 결과 주관적인 것은 객관적인 것보다 열등하고 특수한 가치로 평가되기 쉽다.[31] 따라서 헌법제정권자가 기본권을 헌법에 규정한 근본취

---

26) 기본권심사에 있어서 주관주의는 기본권주체의 법익에 주목하는 반면, 객관주의적 논의구조는 이를 기본권법과 기본권법에 저촉되는 법규간의 충돌문제로 파악하고, 법체계전체를 해석학적 순환의 방법으로 재구성하여 해결한다(김명재, 앞의 글, 111-119쪽).

27) 이정우, 『개념 — 뿌리들 2』, 철학아카데미, 2004, 267-268쪽.

28) 관계적 성격에 관해서는 R. Alexy, 앞의 책, 185-186쪽; A. Kaufmann, Über den Wesensgehalt der Grund-und Menschenrechte, in: ARSP, 1984, S. 393f.; 귀속주체와 관련해서는 김명재, 앞의 논문, 112쪽, 116쪽 참조.

29) 이러한 진술이 좀 더 엄밀해지기 위해서는 도대체 무엇이 주관·객관규범인지, 양자는 어떻게 상호작용하며, 그 과정에서 생기는 갈등은 어떻게 해결될 수 있는지 등에 관하여 상세한 논의가 전제되어야 한다. 이러한 논의들이 본 논문에서 일부분 언급되겠지만(특히, 주 30) 참조), 이에 관한 본격적인 검토는 이 책 목차 제1부 제1장 § 2. 참조.

30) "주관적(subjektiv)"이란 의미는 "인식대상에는 속하지 않고 인식하는 주체에 속하는·주체에 의해 규정되고 제약되는"이란 의미이고, "객관적(objektiv)"은 "개별 주관(주체)과(와) 그 의식으로부터 독립적"이란 의미이다(한국철학사상연구회(編), 『철학대사전』, 동녘, 1989, 40, 1194쪽). 이러한 맥락에서 원칙적으로 헌법제정권자가 개별 헌법적 논증참여자들에 관한한 혹은 그들에게 속한다고 선언한 헌법규범(例: 주관적 공권으로서의 기본권)을 주관헌법규범으로, 개별 헌법적 논증참여자들의 주관적 인식과 상관없이, 혹은 그 외부에 별도로 독립해서 존재한다고 선언한 헌법규범(例: 객관적 실체인 국가(기관)를 직접적 수범자로 삼고, 국가에게 일정한 행위방식에 관하여 명령·허용·금지한 규범 혹은 국가의 존재양식·조직·구조에 관한 규범 및 헌법원리)을 객관헌법규범으로 이해하면 될 것이다. 따라서 기본권 최대보장자와 최대제한자간의 논증다툼에 있어서, 논증참여자가 자신에게 직접 관련되고 속하는 헌법규범, 즉 주관헌법규범을 가지고 논증에 참여하는 경우보다, 자신의 외부에 독립해서 별도로 존재하는 헌법규범, 즉 객관헌법규범을 논거를 삼는 경우에 제3자나 일반에 대해서 통상 좀더 손쉽게 더 높은 설득력을 확보할 수 있게 된다. 왜냐하면 논증다툼에서 자기관련성이 희미해지고, 그 결과 상대적으로 헌법제정권자의 의사를 더 많이 부각시킬 수 있기 때문이다.

31) 강진철, 「법에서의 객관성과 주관성 문제」, 『강원법학』 7, 강원대학교 비교법학연구소, 1995, 156-157쪽.

지[32]가 간과되기 쉽고, 주관적 공권으로서의 기본권이 객관화된 제도·질서에 의해 부당하게 훼손될 가능성이 많다. 주관규범과 객관규범간의(특히 기본권과 제도간의) 불가분의 관계를 인정하는 융합론[33]의 입장에서서 객관·주관규범이 상호 간 도출근거가 될 수 있다[34]고 해도 이러한 비판은 여전히 타당하다. 왜냐하면 헌법재판소의 논증방식은 결과적으로 주관적인 것(b)을 제도화·객관화(B)라는 방식을 통해서 대립되는 주관적인 것(a)에 대하여 우위를 부여하면서도, 마찬가지로 대립되는 주관적 권리(a)에 결부되어 도출될 수 있는 어떤 객관규범(A)[35]에 대해서는 아무런 언급을 하고 있지 않기 때문이다. 뿐만 아니라 위 사건들에서 나타난 논증방식은 지금까지 헌법재판소와 학설들이 구축해온 제도적 보장론[36]과 관련해서도 문제가 있다. 즉, 종래의 일반적 견해는 기본권은 "최대한 보장의 원칙"이 적용되는 반면에, 제도적 보장은 "최소한 보장의 원칙"이 적용되며[37] 개인의 기본권을 보충·강화하는 것이어야지 주관적 공권인 기본권의 내용을 대립적으로 약화·제한시키면 안 된다고 하는데,[38] 이 사건에서는 객관규범(B), 즉 혼인·가족제도를 제도적 보장으로 이해

32) 기본권의 근본적 의미는 개인의 주관적 권리보장이다. 헌법도 주관주의적 관점에서 기본권을 규정하고 있다. 즉, 적극적으로 "모든 국민은 […] 자유/권리를 가진다."라고 하거나, 소극적으로 "모든 국민은 […] 자유를 침해받지 아니한다."라고 조문화되어있다.

33) 융합론에 관해서는 정종섭, 「기본권조항 이외의 헌법규범으로부터의 기본권 도출에 대한 연구」, 『헌법논총』 5, 헌법재판소, 1994, 239쪽 이하 참조.

34) 사실 헌법재판소도 성적자기결정권에 대립하는 부부간의 성적 성실의무를 "사회제도"인 혼인관계에서 도출시키고 있다(헌재 2008.10.30. 2007헌가17, 판례집 20－2, 707쪽).

35) 이러한 기본권의 객관내용은 기본권적 국가과제·목적을 국가에게 부여·할당하고 있다(M. Dolderer, Objektive Grundrechtsgehalte, Duncker & Humblot, 2000, S. 275ff., 411). 따라서 기본권인 '성적자기결정권(a)'에서 예컨대, '성적문제 무간섭 원칙(A)'같은 객관규범이 도출될 수 있을 것이다(김명재, 앞의 글, 115쪽 참조). 객관규범으로서의 기본권에 관해서는 M. Terwiesche, Die Begrenzung der Grundrechte durch objektives Verfassungsrecht, Dr. Kovač, 1999, S. 22; R. Alexy, Grundrechte als subjektive Rechte und als objektive Normen, in: Der Staat, Bd. 29, 1990, S. 49; BVerfGE 7, 198(205); BVerfGE 30, 173(188); BVerfGE 42, 64(73) 참조.

36) 우리 헌법에서 제도적 보장론의 무용론을 주장하는 견해도 있으나(오동석, 「제도적 보장론 비판 서설」, 『헌법학연구』 6－2, 한국헌법학회, 2000, 50쪽 이하), 기본권 보장이라는 근본 목적을 위해서 판례(헌재 2000.12.14. 99헌마112등; 헌재 1997.4.24. 95헌바48 참조)와 학설은 일반적으로 이를 인정하고 있다. 특히 제도적 보장론은 현재의 상황에 맞게 새롭게 해석되고 기능할 수 있는 이론이며(김세진, 「헌법과 제도」, 『공법연구』 34－4(2), 한국헌법학회, 2006, 280쪽), 기본권의 객관적 측면과 관련한 탁월한 법 개념이다(김대환, 「제도보장에 있어서 핵심영역의 보호」, 『헌법학연구』 6－4, 한국헌법학회, 2000, 63쪽). 여기에서도 이러한 관점에서 논의를 전개할 것이다.

37) Vgl. BVerfGE 50, 291(337); 헌재 1997.4.24. 95헌바48, 판례집 9－1, 445쪽.

38) 권영성, 『헌법학원론』, 법문사, 1997, 277－281쪽; 정극원, 「제도보장론의 성립과 현대적 전개」, 『헌법학연구』 4－3, 한국헌법학회, 1998, 245쪽.

하면서도[39] 치밀한 논증 없이 B에 의한 기본권(a)의 제한을 정당화시키고 있다.

둘째, 논의구조에 있어서 구체적 주관과 추상적 주관의 대립이다. 헌법재판소는 주관주의와 객관주의의 분별없는 혼합이라는 첫 번째 비판을 피할 수 있는 논증구도, 즉 개인 주관적인 것("성적자기결정권·사생활의 비밀과 자유")과 집단 주관적인 것("사회적 해악의 사전예방")의 대립구도를 보여주기도 한다.[40] 하지만 이 경우에도, 개인이든 집단이든 그 귀속주체와 내용이 구체적으로 확정되고 특정된 법익들(즉, a와 b)간의 대립이 아니라, a를 b가 상위개념으로 추상화되어 나타날 수 있는 "사회적 해악의 사전예방"이라는 막연한 공익 ― 실재로는 b의 존재여부에 관해서도 검토하지 않았다.[41] ― 에 직접 대립시켰다는 점에서 비판받아야한다. 왜냐하면 공익이라는 이름 중에는 결국 개별주체에게 귀속될 수 있는 성질의 것으로서의 사익을 실체로 하는 것이 있는데, 헌법논증을 함에 있어서 공익의 실체와 그 귀속주체에 관한 분석을 게을리했기 때문이다.[42] 그 결과 구체적인 a에 대립되어야하는 것의 내용은 흐려지고, 그 범주는 넓어졌다. 흐려진 대립관계로 인해 이익들 간의 엄정하고 치밀한 논증이 어렵게 되었고, 넓어진 공익의 범주로 인해 구체적·주관적 권리인 a가 손쉽게 훼손되어버렸다. 뿐만 아니라 국

---

39) 헌재 2008.10.30. 2007헌가17, 판례집 20－2, 710쪽; 헌재 2002.3.28. 2000헌바53, 판례집 14－1, 159, 165쪽 참조.

40) 특히, 헌재 1990.9.10. 89헌마82, 판례집 2, 306쪽; 헌재 2008.10.30. 2007헌가17, 판례집 20－2, 707－708쪽 참조; 여기에서 대립된 양자는 귀속주체가 개인인지 집단인지에 관해 차이가 있을 뿐, 모두 주관성을 띄고 있다(김명재, 앞의 글, 112쪽 참조. 다만, 김명재 교수는 귀속주체가 될 수 있는 단체에 국가를 포함시키고 있다. 하지만, 규범이 국가의 행위방식을 정할 수 있고, 또 그와 관련하여 객관소송(권한쟁의심판)에서 국가의 당사자성이 인정되는 것과는 별개로, 주관규범의 귀속주체로서의 국가는 부정되어야 한다. 그렇지 않으면 '국가주관'이란 것이 성립하며, 무엇보다도 국가에게도 법인격 혹은 권리주체성이 원칙적으로 인정된다는 것을 받아들이는 것과 다름 아니기 때문이다. 이러한 점에서 국익은 허울 좋은 구호일 뿐이며, 국가는 이익의 담지자가 아니라 객관적 실체로 존재할 뿐이다).

41) 다만, "배우자와 가족구성원의 유기"를 매우 미약하게 언급하고 있을 뿐이다(헌재 2008.10.30. 2007헌가17, 판례집 20－2, 707－708쪽).

42) 김명재, 앞의 글, 113쪽; 한편 이러한 비판은 헌법재판소가 "성적자기결정권"과 "부부간 성적 성실의무"를 대립시킨 점에 대해서도 유효하다. "부부간 성적 성실의무"는 부부라는 생활관계 속에서 특정될 수 있는 의무의 귀속주체를 확인할 수 있으므로, 귀속주체와 관련한 별도의 분석은 요구되지 않겠지만, 그 실체는 법익의 관점에서 구체적으로 분석되어야 한다. 왜냐하면 구체적·주관적 권리인 "성적자기결정권"(a)에 대응되어야할 것은 "부부간 성적 성실의무" 그 자체가 아니라, 그러한 의무를 해태했을 때 발생할 수 있는 타방 배우자의 구체적인 어떤 불이익(b)이기 때문이다. 실제 헌법재판소는 이러한 분석을 게을리 함으로써 귀속주체는 특정되어있되, 법익관련성이 모호한 주관적 규범인 "부부간 성적 성실의무"를 실체도 귀속주체도 막연한 주관적 가치인 "공익"으로 논증 없이 치환한 다음, 이를 성도덕 및 혼인과 가족제도라는 객관의 탈을 씌워놓고 합헌의견을 이끌어내고 있다(헌재 2008.10.30. 2007헌가17, 판례집 20－2, 709－710쪽).

가가 막연한 목적 — 예컨대, 헌법보호 혹은 사법의 기능효율성 등 — 을 설정하여 행한 기본권침범은 위헌임을 고려한다면,[43] 정당성심사에 있어서도 주관적·구체적 기본권에 대응해서 기본권침범의 목적에 위치시키고자 하는 것들은 가능한 한 주관화·구체화시킬 필요가 있다. 따라서 그것이 설사 객관성을 띄고 있다고 하더라도 — 특히 헌법 제37조 제2항의 "국가안전보장·질서유지" 같은 객관적인 것에 해당할 수 있다고 하더라도 — 그러한 객관성 이면에 숨겨져 있는 주관적 의도와 내용을 철저하게 밝혀서 드러내야하며,[44] 추상적이고 막연한 공익 — 특히 헌법 제37조 제2항의 "공공복리" — 이라면 누구의 혹은 어떤 집단의 어떤 이익인지를 구체적으로 특정하여야 한다.

그런데 비단 위 간통죄 사건뿐만 아니라 다른 헌법재판소 결정들을 통해서도 무분별하게 주관주의와 객관주의가 혼합된 경우 혹은 구체적 기본권에 대립되는 가치가 막연하고 추상적으로 설정된 경우를 어렵지 않게 찾아볼 수 있다.[45] 이는 헌법재판소가 이와 같은 문제들을 엄격하게 다루고 있지 않음을 반

---

43) S. Lenz/P. Leydecker, Kollidierendes Verfassungsrecht: Verfassungsrechtliche Maßstäbe der Einschränkbarkeit vorbehaltloser Freiheite, in: DÖV, 58(20), 2005, S. 848; BVerfGE 77, 240(254); BVerfGE 81, 278(293).

44) 이러한 주관화 작업에 실패한다는 것은 결국 H. Kelsen의 자기목적적 국가를 받아들인다는 것인데, 이는 오늘날의 기본권민주주의(Grundrechtsdemokratie) 국가에서는 용납되기 어려울 것이다(Vgl. W. Zeh, Parlamentarismus und Individualismus, in: K. Waechter (Hrsg.), Grundrechtsdemokratie und Verfassungsgeschichte, HW, 2009, S. 78f.). 그리고 무엇보다도 이러한 주관화 작업은 특히 기본권심사과정을 기본권최대보장자와 기본권최대제한자간의 논증다툼으로 구성할 때 사활적인 의미를 가진다. 왜냐하면 기본권최대보장자와 기본권최대제한자는 놓여있는 공통상황(기본권침범적 상황)에 대해 구체적인 실존적 상황이 대립하는 존재들이다. 따라서 구체적인 실존상황에서 주어지는 선이해(Vorverständnis)와 선구조(Vorstruktur)가 다를 수밖에 없는데, 해석이란 것은 결코 주어진 것에 대한 무전제적 파악이 아니라 본질적으로 先有(Vorhabe)·先見(Vorsicht)·先取(Vorgriff)에 기초하고 있으므로(M. Heidegger, Sein und Zeit, 14. Aufl., Max Niemeyer, 1977, S. 150), 합리적인 논증을 위해서는 이들을 회피할 것이 아니라 — 회피할 수도 없다. — , 가시화하고 의식하게 만들어서 통제해야하기 때문이다(Vgl. A. Kaufmann, Die Geschichtlichkeit des Rechts im Lichte der Hermeneutik, in: Beiträge zur Juristischen Hermeneutik sowie weitere rechtsphilosophische Abhandlungen, 2. Aufl., Carl Heymanns, 1993, S. 52).

45) 주관규범과 객관규범이 혼합되어 논증된 경우: 헌재 1994.7.16. 95헌가6, 13(병합)에서는 객관규범인 동성동본금혼의 위헌성은 논증하기 위해 "헌법상 혼인제도·가족제도"라는 객관규범 외에도 "인간으로서의 존엄과 가치 및 행복추구권" 같은 주관적 권리를 사용했다. 헌재 1991.7.22. 89헌가106에서는 사립학교 교원의 근로3권과 대응하는 공공의 이익을 교원의 근로3권을 제한하지 않는 경우에 발생하는 구체적인 공적 불이익과 대응하여 심사한 것이 아니라, 객관법적 질서인 교육제도와 대응시키고 있다; 구체적 주관과 추상적 주관이 대립하고 있는 경우: 헌재 2004.4.29 2003헌마814에서는 파견군인의 생명·신체의 안전과 추상적인 "국익"을 서로 대립시킨 후, 파병문제는 고도의 정치적 결단이라고 하면서 사법적 판단을 자제하며 청구인의 주장을 각하했다; 한 사건에

증하는 것이다. 하지만 이러한 두 비판들이 가지고 있는 공통된 문제의식은 결국 해석자의 자의 개입 및 그로인한 상당 수준의 기본권 훼손을 방지하고, 논증의 엄밀성과 합리성을 담보하여 궁극적으로 기본권심사에 있어서 더 많은 설득력을 확보하기 위함이란 점에서, 헌법재판소의 공신력 확보와도 직결된 문제이다. 그렇다면 이제 우리는 적극적으로 '이러한 문제들을 어떻게 해결할 것인가?'하는 물음을 던져야 한다.

Ⅲ. 새로운 논증구도: 분리논증

1. 논점의 정리

필자는 기본권침범의 정당성심사에서 주관적인 것과 객관적인 것을 분리시키고, 주관주의적 논의구조 안에서 다시 구체적인 것과 추상적인 것을 분리시켜 논증할 것 ─ 이를 "분리논증"이라고 칭할 것이다. ─ 을 제안한다. 이하에서는 우선 이러한 이중의 분리가 각각 헌법적으로 어떠한 의미와 내용을 가지고 있는지를 설명한 다음, 분리논증의 규범적·권력구조적 가치를 논하고자 한다.

2. 객관규범과 주관규범의 분리

객관규범과 주관규범의 분리를 위해서는 우선 기본권심사에서 무엇이 객관규범이고 무엇이 주관규범인지를 밝혀야한다. 이를 위해서 방어권적 기본권과 그것에 감행되는 침범(E)의 규범구조적 분석이 필요하다. 우선 기본권은 인적 구성요건에 해당하는 특정 권리주체에게 특정 물적 구성요건을 헌법적 차원에서 보장하고 있는 권리 ─ 특히 방어권에서는 국가에 대한 부작위청구권[46] ─ 라는 점[47]에서 일차적으로 특정인의 주관적 공권(주관규범)을 의미하지만, 국가의 기본

서 주관/객관 그리고 구체적/추상적인 것의 혼합이 같이 나타나는 경우: 헌재 1999.11.25. 99헌바28에서는 주관적·구체적 권리인 "후보자의 공무담임권 및 선거운동의 자유"를 "지역주민의 의사에 따른 자치의 실질화와 적극적인 참여분위기"라는 매우 추상적인 공익뿐만 아니라, "지방자치의 제도적 보장"이라는 객관규범과도 대응시키고 있다.

46) 이준일, 「기본권의 기능과 제한 및 정당화의 세 가지 유형」, 『공법연구』 29-1, 한국공법학회, 2000, 103쪽.

47) 김해원, 앞의 글, 289-291쪽.

권적 법질서를 구성하는 요소라는 점에서 객관규범이기도 하다.[48] 이러한 객관규범으로서 기본권은 주관적 권리를 매개로하여 기본권에 내포되어있는 가치가 실현될 수 있도록 하는 역할을 하는데,[49] 특히 방어권적 기본권과 관련하여 객관규범의 수범자로서의 국가[50]는 이러한 역할을 부작위라는 방식으로 행한다.[51] 요컨대, 침범(E: '형법 제241조')에 대한 방해중지청구를 내용으로 하는 주관규범(a: 방어권으로서의 '성적자기결정권' 및 '사생활의 비밀과 자유')은 국가에게 해당 기본권에 대한 부작위명령, 즉 침범금지를 내용으로 하는 객관규범(A: '성적문제 무간섭의 원칙')과 결부되어있다.[52] 한편 민주적 법치국가에서 모든 국가작용은 그 목적이 있으며, 또 그 목적에 비추어 합리적이고 정당한 수단만이 용납되기 때문에,[53] 국가는 아무런 이유 없이 혹은 오직 개인의 기본권을 훼손할 의도만으로 기본권 침범을 감행할 수 없다. 따라서 원칙적으로 침범을 통해서 달성하려는 다른 개인이나 집단의 구체적 이익(b: 예컨대 '배우자와 가족구성원의 유기 방지')이 존재해야만 하고,[54] 이러한 주관적 법익들은 헌법의 통일성 및 전체 국가법질서라는 측면에서 객관헌법규범(B: '일부일처주의·혼인제도·사적보복을 금하는 법체계')에 부합해야만 한다. 이러한 객관규범(B)은 국가에게 방어권적 기본권에 대한 침범 — 작위행

48) R. Alexy, 앞의 글, 49쪽 이하; 권영성, 앞의 책, 274쪽; 이강혁, 「근본원칙규범으로서의 기본권」, 『공법연구』 19, 한국공법학회, 1991, 83-84쪽; 헌재 1995.7.21. 94헌마125, 판례집 7-2, 155, 162쪽; 헌재 2002.4.25. 2001헌마614, 판례집 14-1, 410, 427쪽.

49) 전광석, 「기본권의 객관적 성격과 헌법이론」, 고시계 429, 고시계사, 2001, 74쪽.

50) 주 30) 참조.

51) 여기서 자유권과 방어권의 혼동을 주의해야한다. 양자는 일치하지 않고, 서로 차원을 달리한다. 즉, 기본권 내용에 따른 분류(행복추구권·평등권·자유권·경제적 기본권·정치적 기본권·청구권적 기본권·사회적 기본권 등: 권영성, 앞의 책, 277-281쪽; 김철수, 헌법학신론, 박영사, 2003, 198-202쪽)와 기능에 따른 분류(즉, 방어권·급부권)는 구별된다. 예컨대, 헌법 제35조의 환경권은 그 내용적 측면으로는 사회적 기본권이라고 할 수 있겠지만, 기능적으로 분석한다면, 방어권인 환경침해배제청구권과 급부권인 환경조성청구권이라는 2개의 기본권으로 나누어 고찰이 가능할 것이다(조홍석, 「헌법상 환경권 논쟁」, 『헌법학연구』 12-1, 한국헌법학회, 1996, 210-217쪽 참조). 여기서는 기본권의 방어권적 측면, 즉 대국가적 부작위요구규범으로서의 측면에 주목한다. 기본권의 급부권적 측면, 즉 대국가적 작위요구규범으로서의 측면에 관해서는 이 책 목차 제3부에서 논한다.

52) 이러한 기본권의 이중성은 기본권규정이 "주관적 권리"와 "객관법적 내용"을 동시에 포함하고 있다는 의미가 아니라, 기본권규정의 보장내용으로서의 기본권이 주관성과 객관성을 갖는다는 점을 말한다(김명재, 앞의 글, 121쪽). 따라서 '객관규범'과 규범의 '객관적 내용'을 혼돈하면 안 된다. 기본권의 객관적 성격으로부터 보호청구권, 참여권 등이 도출 될 수 있다고 하더라도, 이는 해당 기본권의 '객관적 내용'일 수는 있어도 그 자체가 '객관규범'은 아니며, 오히려 이들은 급부권적 성질을 가진 '주관규범'이다.

53) 이명웅, 「비례의 원칙과 판례의 논증방법」, 『헌법논총』 9, 헌법재판소, 1998, 676쪽.

54) 침범의 목적이 객관성을 띈 경우에도 마찬가지이다. 이에 관해서는 주 44) 참조.

위 ― 을 '명령'하거나 '허용'하는 행위규범이므로,[55] 침범의 실체법적 근거가 된다는 점에서 침범목적을 의미하는 주관규범(b)과는 구별된다.

결국 이렇게 드러난 객관규범과 주관규범을 통해서 a와 b가 대응되는 국면과, A와 B가 대응되는 국면으로 분리하여 각각의 경우에 우열과 조화가능성을 살필 수 있는 계기가 마련된다.

3. 구체적 주관과 추상적 주관의 분리

구체적 주관과 추상적 주관의 분리는 결국 구체적·주관적 기본권(a)에 직접 대립시킬 대상 또한 구체적·주관적인 것(b)으로 특정하기 위함이다. 이를 위해서 침범목적의 정당성심사를 2단계로 구성할 필요가 있다. 즉, 구체적 침범상황에서 해당 침범을 통해서 달성하려는 이익의 귀속주체와 내용을 구체적으로 특정한 다음(1단계), 이것이 헌법 제37조 제2항에 규정된 기본권제한목적에 부합하는지 여부를 검토해야한다. 예컨대 도로교통법 제118조 위헌확인사건에서 헌법재판소는 구체적 기본권(운전자의 행복추구권)에 대한 침범(도로교통법 제118조)목적이 교통사고사상자의 축소 및 공동체의 불이익·비용부담감소에 있음을 국내외 통계자료 등을 통해서 구체적으로 실증(1단계)한 다음, 이러한 침범목적들이 헌법 제37조 제2항의 공공복리에 해당함을 밝히고 있으며(2단계),[56] 주택건설촉진법 제32조의3 제4항 위헌소원사건에서 해당법률은 청구인들의 행복추구권과 재산권에 대한 침범임을 밝힌 후, 그 목적이 "다수의 입주예정자들 보호"라는 구체적·주관적 법익임을 설명(1단계)하고, 이어서 그러한 법익은 "공공복리"를 위한 것(2단계)이라고 판단했다.[57] 한편 헌법 제37조 제2항에 규정된 기본권제한목적들 중에서 추상적이지만 명백하게 주관성을 띄고 있는 "공공복리"의 경우에는 이를 구체화하는 것으로 해결되겠지만,[58] "국가안전보장·질서유지"같이 객관성을 띄고 있는 것은 그 이면에 담겨있는 주관적 의도와 내용을 가능한 한 밝혀서 드러내야한다.[59] 하지만 전반적으로 이러한 문제의식에 대해서 우리 헌법재판소

---

55) S. Lenz/P. Leydecker, 앞의 글, 845쪽 참조.

56) 헌재 2003.10.30. 2002헌마518, 판례집 15-2 (하), 196-200쪽.

57) 헌재 2002.2.28. 2001헌바73, 판례집 14-1, 149-150쪽.

58) 엄격히 말하면 "공공복리"를 구체화시키는 것이 아니라, 1단계검토를 통해서 얻어낸 구체적 주관을 추상화시켜서, 그것이 공공복리에 기여하는지를 심사(2단계)한다.

59) 그 이유에 관해서는 주 30), 44) 참조. 한편 강진철, 앞의 글, 157쪽에서는 "[…] 객관성의 주장에 담겨져 있던 불순한 의도를 탐구해 내야한다."라고 강조하고 있다; 한편 주 58)처럼 이 경우에도

는 철저하지 못하며, 침범목적으로 구체적·주관적 이익을 특정(1단계)했다고 하더라도, 이것이 헌법 제37조 제2항에 규정된 기본권제한목적에 해당하는지 여부(2단계)를 검토하지 않은 경우도 많다.[60]

하지만 침범목적을 구체화하는 것은 단순히 논증구도상의 문제를 넘어서서, 비례성심사와 관련하여 기본권과 비교·형량할 대상들을 선명히 만드는 것이기 때문에,[61] 매우 중요한 의미를 가진다. 이러한 구체화의 노력을 간과한다면, 결국 다양한 기본권침범상황에서 다양한 기본권들은 항상 동일하게 "국가안전보장·질서유지·공공복리"와 직접적으로 비교·형량될 것이고, 그 결과 오랫동안 이론적으로 구축해왔던 '목적의 정당성심사'는 아무짝에도 쓸모없게 될 것이며, 형량은 形骸化되어버릴 것이다.

4. 분리논증의 규범적·권력구조적 의미

분리논증은 기본권심사에 있어서 그간 특별한 문제의식 없이 주관주의와 객관주의가 혼합되고, 구체적인 것과 추상적인 것이 뒤섞여버림으로써 논증의 엄밀성이 훼손된 것에 대한 반성적 계기를 마련해주고, 무엇보다도 논증의 합리화를 위해 새롭게 구축될 기본권심사구조의 뼈대를 이룬다는 점[62]에서 중요하다. 하지만 이러한 논증 과정상의 의미뿐만 아니라 규범적·권력구조적 가치도 간과할 수 없다.

우선 기본권심사는 인식된 기본권침범상황에서 잠정적 보호영역을 확인한 다음, 정당성심사를 거쳐서 확정적 보호영역을 구체적으로 도출하는 과정으로

엄밀히 말하면, "국가안전보장·질서유지"의 이면에 담겨있는 주관적인 것을 탐구하는 것이 아니라, 1단계검토를 통해서 얻어낸 주관적 이익이 국가안전보장 혹은 질서유지에 긍정적인 영향을 미칠 수 있는지 여부를 심사(2단계)한다.

60) 예컨대, 남한주민이 북한주민과 접촉하려면 통일부장관의 승인을 얻도록 규정한 남북교류협력에관한법률 제9조 제3항의 위헌소원사건에서 헌법재판소는 해당 규제가 헌법 제37조 제2항의 국가안전보장과 자유민주적 기본질서를 위한 것이라고 하면서, 해당 규제가 없을 때 특정인이나 집단의 이익에 해가될 주관적인 것들 — 즉, 접촉과정에서 유발될지 모르는 사회적 긴장, 무절제한 경쟁적 접촉으로 인한 피해, 접촉 당사자들의 목적달성 및 안전, 접촉이 필요한 민간부문의 교류·협력의 지속적 지원 등 — 을 암시하거나 명확히 밝히고 있다. 하지만 이 경우에도 헌법재판소는 언급한 주관적인 내용들을 국가안전보장·질서유지와 병렬적으로 다루고 있을 뿐, 이러한 주관적 내용들이 어떻게 국가안전보장·질서유지에 긍정적으로 기여하는지에 관한 설명이나 논거가 부족하다(헌재 2000.7.20. 98헌바63, 판례집 12-2, 52쪽 이하(특히 63-65쪽)참조); 헌재 2000.7.20. 98헌바63; 헌재 1995.7.21. 92헌마144; 헌재 1992.2.25. 89헌가104 참조.

61) Vgl. R. Dechsling, Das Verhältnismäßigkeitsgebot, Vahlen, 1989, S. 79.

62) 이에 관해서는 Ⅳ. 참조.

이해할 수 있는데,[63] 잠정적 보호영역의 확인은 특정인의 기본권적 보호법익에 대한 침범여부를 문제 삼는 주관적 관점에서 이루어지기 때문에, 법발견을 위한 객관적 고려를 소홀히 하는 측면이 있다.[64] 하지만 정당성심사에서 분리논증을 통하여 — 주관적 기본권에 결부된 객관성을 침범에 결부된 객관성에 대립시킴으로써 — 미흡했던 객관적 고려가 보완될 수 있다.[65] 또 분리논증은 기본권의 객관성 인정으로 초래될 수 있는 헌법이 예정치 않은 권력구조상의 변화를 저지하는데 기여할 수 있다. 즉 헌법재판소가 기본권의 객관성을 적극적으로 취급하여 결과적으로 자신의 권한확대를 초래하고 입법부와의 갈등 및 민주적 정당성 문제를 발생시킬 우려가 있는데,[66] 이 경우 분리논증은 헌법재판소에게 기본권의 객관성에 대립되는 또 다른 헌법적 가치로서의 객관규범을 고려하도록 요구하여 무분별한 권한확대에 진지한 반성의 기회를 제공해줄 것이다.

Ⅳ. 분리논증과 정당성 심사구조

1. 논점의 정리

제안된 분리논증은 결국 기본권심사에 있어서 논증의 합리성과 엄밀성을 담보하기 위함이지만, 그것은 단지 정당성심사를 위한 하나의 '논증 틀'이 될 수 있을 뿐, 그 자체가 어떠한 실질적 역할을 하는 것은 아니다. 따라서 분리논증 속에서 정당성심사의 내용들 — 특히 심사기준들 — 이 어떻게 조직되고 정돈될 수 있는지가 계속 검토되어야 한다. 바로 분리논증을 통한 정당성심사구조[67]의 구축이 문제되는 것이다. 이를 위해서 우선 기본권침범상황을 개관한 후, 침범근거에 따라서 심사구조를 형성시켜볼 것이다.

---

63) 김해원, 앞의 글, 283쪽.

64) Vgl. P. Wichert, Zum Problem der Kunstfreiheitsgarantie: Art. 5 Abs. 3 GG als Grundrecht, Diss., Uni. Heidelberg, 1973, S. 43; 정극원, 「헌법규범의 근거로서의 타인의 권리」, 『헌법학연구』 6－2, 한국헌법학회, 2000, 119쪽 참조.

65) 특히 아래 목차 Ⅳ. 4. 나. 참조.

66) E.－W. Böckenförde, Zur Lage der Grundrechtsdogmatik nach 40 Jahren Grundgesetz, Privatdruck(Carl Friedrich von Siemens Stiftung), 1989, S. 63; 서경석, 「기본권의 객관법적 성격」, 『헌법학연구』 9－1, 한국헌법학회, 2003, 332쪽; 성정엽, 「기본권의 객관적 성격에 관한 고찰」, 인제논총 13, 인제대학교, 1997, 420－421쪽.

67) 개념에 대해서는 주 16) 참조.

2. 분리논증과 기본권침범상황

어떤 기본권규범을 'X', 기본권침범상황에서 구체적으로 주장되어진 X의 주관적 측면을 'a', a에 결부되어있는 객관헌법규범을 'A', a에 대한 국가의 침범을 'E', E를 통해서 기여할 수 있는 개인·집단의 구체적 이익을 'b', b와의 관련 속에서 E라는 국가의 작위를 명령·허용하는 실체적 근거인 객관헌법규범을 'B'[68], 헌법 제37조 제2항에 열거된 추상적인 기본권제한목적들을 'O'라고 하면, 기본권침범상황은 분리논증의 관점에서 다음 그림처럼 개관될 수 있을 것이다.[69]

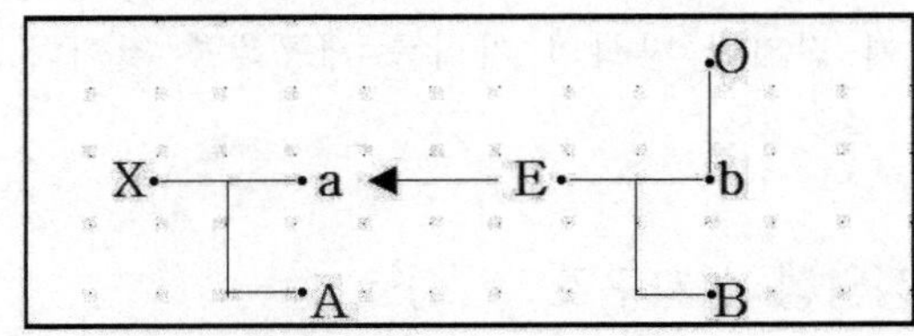

위 그림에서 특히 a, A, B는 헌법적 차원에서 보장되는 규범들이다.[70] 따라서 이들이 가능한 한 최대한 실현될 수 있도록 해석하는 것이 중요하다. 하지만 헌법은 규범적으로 체계미완결한 상반규범이며,[71] 현실적으로도 헌법규범들 간 충돌과 갈등이 잦기 때문에, 헌법규범의 '최대한 실현'이라는 이념은 구체적 상황에서 후퇴할 수밖에 없다. 그럼에도 불구하고 각각의 최소치(a: 헌법 제37조 제2항 후단의 "본질적인 내용", A: 부작위명령/작위금지의 최소지위, B: 작위명령/부작위금지의 최소지위)보장은 확정적 명령이다.[72] 따라서 정당성심사에 있어서 '가능한 한 최

---

68) 목차 Ⅳ. 4. 가. 참조.

69) 아래 목차 Ⅲ. 2. 및 Ⅲ. 3. 참조; 한편 앞서 언급한 간통죄 관련 헌법재판소결정들을 참조하면, X: 헌법 제10조 제1문, a: 간통행위자의 성적자기결정권, A: 성적문제 무간섭의 원칙, E: 형법 제241조, b: 배우자의 가족법상 지위보호, B: 헌법상 가족·혼인제도, O: 공공복리라고 다소 거칠게 말할 수 있을 것이다. 하지만 헌법재판소는 정당성심사 이전에 심사대상이 될 규범(X, a)발견에 있어서 철저하지 못했다(김경제, 앞의 글, 129－140쪽).

70) 물론 경우에 따라서 b에 타인의 기본권(급부권)이 해당될 수 있지만, b가 항상 헌법규범을 징표하는 것은 아니다.

71) Vgl. K. Hesse, Grundzüge des Verfassungsrechts der Bundesrepublik Deutschland, C. F. Müller, 20. Aufl., 1999, S. 11.

72) 이러한 관점은 법규범을 법률효과실현이란 측면에서 "확정적 명령"과 "가능한 한 최대한 실현의 요청"으로 구분하여 살펴본 것이다. 이러한 '최소치'는 더 물러날 곳이 없다는 점에서 그 효력발생

대한 실현'이 요청되는 경우('Ⅳ. 3.-②': 헌법 제37조 제2항 전단), '최소치'보장이 '명령'되는 경우('Ⅳ. 3.-③': 헌법 제37조 제2항 후단) 혹은 '금지'와 '명령'이 '최소치' 수준에서 충돌하는 경우(Ⅳ. 4. 나. 2): 극단적인 경우) 각각 적용될 심사기준은 달라질 수밖에 없다. 이하에서는 이러한 점들을 고려하면서 정당성심사과정과 그 결과를 간략히 살펴보고자 한다.

3. 법률유보

방어권적 기본권과 관련해서 법률유보는 헌법이 간접적으로(즉, 법률에 의해서 혹은 법률에 근거해서) 국가에게 기본권침범으로서의 작위를 명령·허용하고 있는 경우이다. 따라서 우선 기본권침범근거법률에 주목해서 해당 법률이 헌법이 요청하는 형식(즉, 입법의 권한·절차·형태)을 갖추고 있는지를 살핀 후, 이어서 심사대상인 기본권침범이 법치국가적요청(명확성·신뢰보호원칙 및 소급금지원칙)[73]과 평등원칙[74] 및 헌법 제37조 제2항에 근거하고 있는 침범목적의 정당성, 비례성원칙, 본질내용침해금지 등등을 비롯한 각종 실질적 정당성심사기준에 위배된 것은 아닌지 여부를 검토해야 한다.[75][76] 관련하여 특히 헌법 제37조 제2항이 규율하고 있는 정당성심사기준의 준수여부에 대한 검토는 다음과 같이 진행된다:

은 "전부 아니면 무의 방식(all or nothing fashion)" 즉, 단지 실현되거나 실현되지 않거나(nur entweder erfüllt oder nicht erfüllt)의 두 경우로 행해진다는 점에서 "확정적"이며, '최소치보장'의 당위적 양식은 허용도 금지도 아닌 "명령"이다(R. Dworkin, Taking Rights Seriously, Harvard Uni. Press, 1977, p. 24; R. Alexy, 앞의 책, 76쪽; 한편 R. Alexy의 R. Dworkin의 비판에 관해서는 특히 R. Alexy, Recht, Vernunft, Diskurs, Suhrkamp, 1995, S. 188-192, 201-202; 김도균, 「법적 이익형량의 구조와 정당화문제」, 『법학』 48-2, 서울대학교 법학연구소, 2007, 33-36쪽); 한편 기본권본질내용보장을 상대설로 해석한다면 이를 '최소치보장'을 위한 확정적 명령으로 이해하기는 어렵겠지만, 필자는 절대설을 따른다(김대환, 『기본권제한의 한계』, 법영사, 2001, 292쪽 이하 참조).

73) R. Zippelius/T. Würtenberger, 앞의 책, 119쪽 이하 참조.

74) 특히 명시적 규정(제19조 제1항 제1문)이 있는 독일헌법과 달리, 우리 헌법에서는 법률의 일반성원칙은 헌법상 평등(제11조 제1항)을 통해서 근거지울 수 있을 것이다(헌재 1996.2.16. 96헌가2, 판례집 8-1, 69쪽).

75) 물론 침범근거 그 자체와 형식이 헌법적으로 정당화되지 못하면 침범관련상황(구체적인 기본권침범상황)에서의 실질적 정당성 심사는 무의미한 것이 된다(위 주 13) 참조).

76) 물론 개별 기본권과 결부된 특유한 심사기준들(예컨대 허가 혹은 검열 금지, 정당한 보상, 선거원칙, 심사 및 통지의무, 적법절차원칙, 영장주의, 고지 및 통지의무, 고문 및 형사상 불리한 진술의 강요금지, 자백의 증거능력 및 증명력 제한, 이중처벌금지, 무죄추정원칙 등)이 문제되는 경우라면, 이러한 개별적 심사기준들의 준수여부 또한 함께 검토되어야 한다(이에 관해서는 이 책 목차 제2부 제2장 제2절 제2관 § 14. 참조).

① E가 b에 기여하고 b는 O에 기여하는지 여부 심사[77] ⇒ ② a−E−b에서 비례성심사[78] ⇒ ③ E가 a의 본질내용을 침해했는지 여부 심사(헌법 제37조 제2항 단서)[79] ⇒ ④ A와 B의 최소지위가 유지되고 있는지 여부에 관한 보충적·소극적 검토. 즉 ① 단계에서 심사대상을 정렬시킨 후, 주관주의적 국면에서의 심사

---

77) 침범목적의 정당성을 비례성원칙보다 먼저 심사함으로써 침범수단과 침범목적을 뚜렷하게 드러낼 수 있다(Vgl. L. Michael, Grundfälle zur Verhältnismäßigkeit, in: JuS 7, 2001, S. 655; M. Kloepfer, Die Entfaltung des Verhältnismäßigkeitsprinzips, in: E. Schmidt−Aßmann/D. Sellner/G. Hirsch/G.−H. Kemper/H. Lehmann−Grube (Hrsg.), Festgabe 50 Jahre Bundesverwaltungsgericht, Heymanns, 2003, S. 334).

78) 비례성원칙의 헌법적 근거로 법치국가원칙·본질내용침해금지규정·헌법상 평등·합리적 국가행위명령·기본권본질·기본권의 원칙적 성격 등이 제안되고 있다(Vgl. A. v. Arnauld, Die normtheoretische Begründung des Verhältnismäßigkeitsgrundsatzes, in: JZ, 2000, S. 276ff.). 하지만 우리 헌법에서 비례성원칙은 헌법 제37조 제2항의 "필요한 경우에 한하여"의 해석을 통해서 도출시킬 수 있을 것이다(전광석, 앞의 책, 229쪽; 헌재 1998.11.26. 97헌바58, 판례집 10−2, 682쪽 이하). 한편 비례성원칙은 E−b에서 적합성, E−a에서 필요성, a−b간의 균형성 심사로 구성되는데(이들의 구조에 관해서는 Vgl. L. Clérico, Die Struktur der Verhältnismäßigkeit, Nomos, 2001, S. 28ff., 74ff., 140ff.), 우리 헌법재판소와 대법원은 이 3요소 중 하나에라도 저촉되면 위헌이라고 한다(헌재 1990.9.10. 89헌마82; 대판 1994.3.8. 92누1728; 홍성방, 『헌법학』, 현암사, 2005, 337쪽). 그러나 '비례성원칙'의 이러한 내용들 그 자체가 바로 명시적 헌법규범은 아니다. 이들을 헌법 제37조 제2항의 "필요한 경우에 한하여"의 해석과정에서 고안된 심사기준으로 이해할 때, 경우에 따라 신축성 있게 사용될 수 있는 여지는 충분히 있다. 우리 헌법에서 적합성을 최대화명령, 필요성을 최소화명령 그리고 균형성을 최적화명령으로 이해하는 견해(이준일, 「원칙으로서의 기본권과 비례성 명령」, 『공법연구』 28−1, 한국공법학회, 1999, 85쪽)는 침범이 비례성원칙의 다른 모든 요소들을 충족한다고 하더라도, 다른 최적화 수단이 있다면 그 침범은 위헌으로 취급되기 때문에 매우 엄격한 심사기준이다(공진성, 「최적화명령으로서 비례성원칙과 기본권심사의 강도」, 『3사논문집』 53, 육군3사관학교, 2001, 296−297쪽). 따라서 이를 획일적으로 적용하여 입법작용을 통제하는 것은 입법기관의 형성의 자유를 지나치게 제한하는 측면이 있다(김주환, 「입법자의 평등에의 구속과 그에 대한 통제」, 『헌법논총』 11, 헌법재판소, 2000, 444쪽 참조). 이것은 우리의 미래를 민주적 정당성이 취약한 사법관료에게 맡긴다는 점에서 바람직하지 못하다. 그러므로 원칙적으로 입법자의 예단·평가·차별 등에 있어서 우선권과 넓은 형성의 자유를 인정하고, 이런 영역에서는 명백성통제(Vgl. BVerfGE 36, 1; BVerfGE 40, 196)나 납득가능성통제(Vgl. BVerfGE 25, 1; BVerfGE 39, 210)를, 기본권의 실현과 향유에 중대한 영향을 끼치는 경우에는 내용통제(Vgl. BVerfGE 39, 1; BVerfGE 45, 187)를 하고, 시간적응이 필요한 경우 적응의무나 개선의무를 부과하는 독일연방헌법재판소의 태도(방승주, 「독일 연방헌법재판소의 입법자에 대한 통제의 범위와 강도」, 『헌법논총』 7, 헌법재판소, 1996, 303−310쪽, 312−314쪽, 347−348쪽 참조)나 최적수단의 선정가능성을 기준으로 비례성심사강도를 4개의 등급(① 적합성심사, ② 적합성·균형성심사, ③ 적합성·필요성·균형성심사, ④ 최적화심사)으로 세분화하여 적용하려는 시도(공진성, 같은 논문, 210, 279쪽 참조)는 의미가 크다고 하겠다. 다만 이러한 모든 시도들은 비례성원칙의 3요소들 간의 양보와 조정을 통해 얻어질 수 있다는 점에서, 이들 모두를 통일성 있게 설명해주는 도구는 비례성원칙이라고 하겠다. 따라서 새로운 심사도구의 창설이 중요한 것이 아니라, 이미 확고하게 확립되어 있는 심사기준인 비례성원칙의 적용과 활용에 있어서 합리성을 어떻게 담보할 것인지가 중요한 문제라고 하겠다(Vgl. M. Heintzen, Die einzelgrundrechtlichen Konkretisierungen des Grundsatzes der Verhältnismäßigkeit, in: DVBl., 119(12), 2004, S. 721ff.).

79) 독자적 심사기준으로서 본질내용침해금지에 관해서는 전광석, 앞의 책, 233−234쪽 참조.

(②, ③)를 통해 E의 합헌성 여부 및 해당 사안에서 a의 확정적 보호영역의 윤곽을 가늠해본 다음, 이것이 헌법질서 전체적 측면에서의 고찰을 의미하는 객관주의적 국면에서의 심사(④)를 통해서 보충 내지 수정될 가능성을 살펴보는 것이다.[80] 이렇게 진행된 심사의 결과는 다음 4가지의 경우로 나타난다.

(가) E가 ①을 통과하지 못하면 E는 아무런 정당한 목적 없이 a의 훼손만을 위한 것이 된다. 따라서 E는 위헌적인 기본권침해로 확정되고, 심사는 종료된다.

(나) ②, ③의 심사에서 E가 합헌으로 평가되면, 보충적인 ④의 검토에서도 A와 B의 최소지위는 유지된다.[81] 따라서 E의 제약을 받는 범위에서 a는 확정적으로 보장되며, E는 합헌적인 기본권제한이 되어서 심사가 종료된다.

(다) ②, ③의 심사에서 잠정적으로 E를 위헌·무효라고 판단해도, ④에서 B가 유명무실해지지 않고 그 최소지위가 유지되고 있다면, 주장되어진 a는 확정적으로 보장되며 E는 위헌적인 기본권침해로 선언되고 기본권심사는 종료된다.

(라) ②, ③의 심사에서 E가 위헌으로 판단되고, 그 결과 ④에서 B의 최소지위가 더 이상 유지될 수 없다면, B에 근거한 a의 침범 즉, 국가의 작위를 요구하는 객관헌법에 근거한 헌법 직접적 침범(헌법유보)의 문제가 발생한다.[82]

4. 헌법유보

가. 의미

방어권적 기본권과 관련해서 헌법유보는 헌법이 직접 국가에게 기본권침범으로서의 작위를 명령·허용하고 있는 객관헌법규범(B)이다.[83] 따라서 법률유보

---

80) 한편, 객관주의적 국면의 심사(A－B)보다 주관주의적 국면의 심사(a－E－b)가 선행되어야 하는 이유는 다음과 같다: i) 규범논리적 측면: 객관주의적 국면을 먼저 심사한 후 주관주의적 국면을 검토하여 객관적인 것을 수정·보충하겠다는 것은, 객관헌법규범이 주관헌법규범에 의해서 변화될 수 있음을 의미한다. 하지만 이러한 결과는 객관헌법규범(주 30) 참조)의 개념모순이다. ii) 규범기능적 측면: 구체적이고 개별적인 주관주의적 국면의 심사를 선행하지 않고, 추상적이고 일반적인 객관주의적 국면의 심사를 적극적으로 감행하는 것은 결국 사법의 본질(소극성·수동성)에 반하며, 헌법재판소의 부당한 권한확대를 초래할 것이다. iii) 헌법실체법·소송법적 측면: 헌법 제37조 제2항은 주관주의적 국면에서의 심사를 원칙으로 삼고 있으며(즉, "필요한 경우에 한하여"에서 도출되는 비례성원칙은 주관적 이익들 간의 형량을 요체로 하며, 본질내용보장대상은 주관적 권리로 이해된다(다수설).), 주관헌법소송(특히, 헌법소원심판)이 원칙적으로 청구권자의 자기관련성을 요구하고 있는 점도 심사에 있어서 주관주의적 국면의 원칙성·우선성을 징표 한다.

81) a의 본질내용이 침해되지 않았으므로 적어도 A의 최소지위는 관철되고 있으며, ②와 ③에서 E(국가의 작위행위)가 합헌으로 판단되므로 B(작위명령)의 최소지위도 유지된다.

82) 이러한 경우를 필자는 "극단적인 경우(Ⅰ)"라고 부르고, 아래에서(목차 Ⅳ. 4. 나.) 논한다.

83) S. Lenz/P. Leydecker, 앞의 글, 845쪽 참조.

의 경우와는 달리 정당성심사에서 침범근거의 형식적 합헌성이 문제되는 경우는 드물겠지만, 국가의 기본권침범행위가 헌법 어디에 근거하는지는 구체적으로 밝혀야한다. 이와 관련해서 주로 규범존재형식에 주목하여 성문헌법유보와 불문헌법유보로 나누어 설명한다.[84] 그러나 이러한 방식은 기본권보장규범과 충돌하는 헌법규범이 내포하고 있는 가치와 기능을 부각시키지 못하며, 분리논증을 통해 재구성된 기본권침범상황을 이해함에 있어서도 유의미한 정보를 주지 못한다. 따라서 기본권침범에 해당하는 국가행위와 그 목적에 주목해서 살펴볼 필요가 있다.

일반적으로 국가의 기본권침범행위가 헌법체계상 인정되는 근본적인 이유는 헌법원리에 있다고 하면서, 헌법원리와 헌법원리가 체계화된 헌법질서를 기본권제한입법의 합헌성심사에서 구속력 있는 법규범으로 받아들이고 있다.[85] 헌법재판소 또한 기본적으로 이러한 입장이다.[86] 하지만 '(헌)법원리에 의한 (헌)법보충'을 통해서 국가의 기본권침범행위를 근거지우려는 이러한 시도는 과도한 법원리주의로 치달을 위험성을 항상 내포하고 있으며,[87] 무엇보다도 너무 추상적이고 막연해서 헌법상 구체적으로 보장되는 기본권의 침범근거로서는 적절치 못하다. 따라서 국가의 기본권침범행위는 가능한 한 구체적인 형태로 성문헌법규정과의 관련성을 가져야 한다. 이와 관련해서 첫째, 헌법 제10조 제2문(국가의 기본권보장의무)을 언급할 수 있다.[88] 즉, 기본권이 인정목적에 맞게 실현되도록 하거나 그 내용이 훼손되는 것을 막아야할 의무[89]가 헌법상 국가에게 주어져 있으므로, 국가는 타인의 기본권(급부권)보장을 위한 작위행위(의무이행)를 통해서 부작위요구권인 방어권에 대한 헌법적 침범근거를 마련하게 된

84) 이준일, 앞의 책, 424-425쪽; R. Alexy, 앞의 책, 258-263쪽.

85) 이러한 이해는 주로 불문헌법유보를 도출하는 과정에서 많이 사용된다. 특히 정극원, 「헌법질서에 의한 기본권제한」, 『공법연구』 30-2, 한국공법학회, 2001, 250-253, 259쪽; 한편 변재옥 교수는 일찍이 헌법원리 즉 헌법에 내재하는 가치의 객관성을 발견하여 그것을 통해 심사하는 것은 통일성 있고 조화로운 헌법문제의 해결을 위해서도 필요할 뿐만 아니라, 심지어 이를 헌법재판담당기관의 의무로 이해했다(변재옥, 「헌법재판권」, 『법학연구』 6-2, 1963, 247쪽); Vgl. H. J. Wolff, Rechtsgrundsätze und verfassunggestaltende Grundentscheidungen als Rechtsquellen, in: Forschungen und Berichte aus dem öffentlichen Recht - GS für W. Jellinek, Isar-Verl., 1955, S. 33ff.; BVerfGE 1, 14(32f.); BVerfGE 3, 225(237).

86) 헌재 1996.4.25. 92헌바47, 판례집 8-1, 380쪽; Vgl. BVerfGE 34, 269(288).

87) 법원리주의에 관해서는, 김도균, 앞의 글, 39쪽 참조.

88) 기본권보장의무와 기본권보호의무의 구별여부 및 헌법 제10조 제2문과의 관계에 대해서 의견이 분분하지만(허완중, 「기본권보호의무에서 과소보호금지원칙과 과잉금지원칙의 관계」, 『공법연구』 37-1(2), 한국공법학회, 2008, 203-204쪽, 주 4)·5) 참조), 이러한 논란도 국가행위의무 그 자체의 근거를 헌법 제10조 제2문의 명확한 문언에서 찾는 것을 방해하지는 못한다.

89) 허완중, 앞의 글, 203쪽.

다.[90] 둘째, 국가목적규정들[91]도 검토해야 한다. 물론 국가목적규정들은 국가에게 넓은 형성의 여지를 부여할 뿐, 국가과제의 개별적 실현에 관해서는 법률에 위임[92]하거나 침묵하고 있으므로, 원칙적으로 해당 규정들을 통해서 충분히 구체적인 국가작위행위(기본권침범)를 끌어낼 수는 없을 것이다.[93] 그럼에도 불구하고 이 규정들은 국가에게 일정한 임무를 부과하고 있으므로, 어떤 구체적인 기본권침범으로서의 국가작위가 국가목적규정의 '최소치'보장에 관련된다면 해당 침범은 직접 헌법을 통해서 근거지울 수 있을 것이다.[94] 그리고 이러한 헌법유보로서의 객관헌법규범(B)의 내용들이 개별사안에서 법률을 매개로 주관화·구체화된다면 이것은 앞서 개관한 기본권침범상황도에서 b·O에 해당할 수 있을 것이다.

그런데 성문헌법유보라고 하더라도 예외적인 경우[95]를 제외하면, 침범의 주체·방식 등에 관해서 헌법은 침묵하고 있다. 따라서 법률적 수권 없이 행정부나 다른 국가기관이 헌법유보에 근거하여 직접 기본권침범을 감행할 수 있는지가 문제된다. 하지만 헌법상 기본권규범에는 실체적 지위뿐만 아니라 형식적 지위도 편입되어 있다는 점,[96] 법률유보는 입법부에게는 활동의 여지를,[97] 국민에게는 방어권적 기본권의 사전방어선 역할을 한다는 점,[98] 기본권제한요건을 구체화하고 있지 않은 헌법유보에서 오히려 기본권훼손우려가 더 크다는 점,[99] 헌법

---

90) 물론 이 경우 타인이 헌법 제10조 제2항에 근거하여 구체적인 기본권(기본권보장청구권)을 가질 수 있는지 여부는 별개의 문제이다. 하지만, 위 상황을 다음의 삼각관계로 거칠게 표현할 수 있을 것이다: 국가에 대한 부작위요구권자(방어권적 기본권의 주체, 가해자) – 국가(방어권침범자/급부권보장자) – 국가에 대한 작위요구권자(급부권적 기본권의 주체, 피해자); 국가행위의무에 주목하여 기본권침범근거를 마련하는 견해에 관해서는 S. Lenz, Vorbehaltlose Freiheitsrechte: Stellung und Funktion vorbehaltloser Freiheitsrechte in der Verfassungsordnung, Mohr Siebeck, 2006, S. 264ff. 참조.

91) 헌법은 역사성을 띠고 거의 모든 생활영역에서 일정한 역할·과제를 국가에게 부여하고 있다. 구체적 조항들은 헌법전 곳곳에 산재해 있으나, 특히 전문, 제1장, 제9장 참조.

92) 예컨대 헌법 제122조, 제126조 등.

93) S. Lenz/P. Leydecker, 앞의 글, 845쪽 참조.

94) S. Lenz/P. Leydecker, 앞의 글, 845–846쪽.

95) 헌법 제8조 제4항(위헌정당해산규정) 참조.

96) 법체계에서 기본권규범의 형식적 지위는 침범의 법률형식구비성에 있다(J. Schwabe, Problem der Grundrechtsdogmatik, Darmstadt, 1997, S. 23; R. Alexy, 앞의 책, 263쪽).

97) 따라서 일반적 법률유보체계에서 법률에 근거하지 않은 타 국가기관의 기본권침범행위는 입법부의 권한을 훼손하는 것이다(Vgl. S. Lenz/P. Leydecker, 앞의 글, 849쪽 참조).

98) 법률유보는 침범종류·범위를 고지해준다(Vgl. U. Di Fabio, Grundrechte im präzeptoralen Staat am Beispiel hoheitlicher Informationstätigkeit, in: JZ, 1993, S. 691).

99) 강태수, 「기본권의 보호영역, 제한 및 제한의 한계」, 『한국에서의 기본권이론의 형성과 발전』(정천허영박사화갑기념논문집), 박영사, 1997, 126쪽.

이 일반적 법률유보체계를 취하고 있다는 점[100] 등 때문에 헌법유보라고 하더라도 원칙적으로 법률유보를 대체할 수 없으며,[101] 특히 헌법이 국가에게 기본권침범행위를 '허용'하고 있는 범위, 즉 국가목적의 '가능한 한 최대한 실현'이 추구되는 범위에서는 기본적으로 입법권자의 형성의 자유가 존중되어야 한다. 하지만, 헌법이 기본권보장(보호)의무·국가목적규정의 '최소치'보장과 관련해서 국가에게 기본권침범행위를 '명령'하는 경우, 즉 법률유보가 강제되어있는 경우에 입법권자가 이를 懈怠한다면,[102] 명령된 기본권침범행위는 헌법으로부터 직접 근거 지워져야 할 것이다.[103]

나. 심사

1) 통상의 경우

헌법유보에 해당한다고 하더라도 침범은 원칙적으로 법률에 근거해야한다. 따라서 근거법률 없이 감행된 국가의 침범행위는 원칙적으로 위헌이며, 법률이 있다면 위 Ⅳ. 3.에서 언급된 방식에 따라서 심사가 진행되어야 한다.

2) 극단적인 경우

극단적인 경우는 객관헌법규범(B)의 최소치보장을 위해서 직접 B에 근거하여 기본권(a)에 대한 침범을 감행하는 경우로서 독립적으로 발생하지 않고, 오직 법률유보에 주목해서 행해진 심사가 한계에 도달한 경우(제Ⅰ식: 'Ⅳ. 3.-(라)')[104]이거나, 불가능한 경우(제Ⅱ식: 헌법상 최소치보장명령·입법의 부존재, 그리고 방어권적 기본권에 대한 다른 국가기관의 구체적 침범이 동시에 발생한 경우)에 발생할 수 있다. 결국 이 상황에서 국가는 법률이라는 중간지대 없이 서로 충돌하는 객관헌법규범들, 즉 부작위명령규범(A)과 작위명령규범(B)의 동시 준수를 요구받는 모순적 상황에서 자신의 작위적 기본권침범행위를 평가받게

---

100) 한편 개별적 유보제한체계를 취하고 있는 독일기본법은 법률의 매개 없이 직접 행정이 기본권을 제한할 수 있도록 한 유보규정(기본법 제13조 제7항)을 가지고 있다.

101) H. Bethge, Der Grundrechtseingriff, in: VVDStRL 57, 1998, S. 51.

102) 물론 이러한 국가의 (입법)부작위는 방어권적 기본권에 대한 침범은 아니다. 다만 경우에 따라서 급부권적 기본권에 대한 침범이 문제될 수 있을 것이다.

103) 이 경우 법률에 근거 없이 행정부나 다른 국가기관이 행한 기본권침범의 정당성이 문제된다. 필자는 이것을 "극단적인 경우(Ⅱ)"라고 칭하고 아래에서(Ⅳ. 4. 나. 2)) 논한다.

104) 例(S. Lenz, 앞의 책, 296쪽 이하 참조): 대도시 곳곳에 뇌관이 활성화된 폭탄이 숨겨진 상황에서 폭탄은닉장소를 알아내기 위한 다른 모든 방법이 좌절된 경우, 국가가 시민의 생명보호(b)를 위해서 테러범의 기본권(a: 인간으로서의 존엄과 가치)의 본질내용을 침해하는 고문(E)을 감행할 수 있도록 규정한 고문법의 법률조항은 합헌인가?

된다.[105] 그런데 헌법 제37조 제2항(특히, "필요한 경우에 한하여", "본질적인 내용")으로부터 비례성원칙·본질내용침해금지라는 심사기준을 도출할 수 있었던 법률유보의 경우와는 달리, 이러한 '극단적인 경우'에 사용될 수 있는 심사기준에 관해서 헌법은 침묵하고 있다. 따라서 지금까지 고안된 여러 가지 기본권심사기준들의 적용을 고려해볼 수 있겠지만, 여기에서는 특히 우위결정원칙에 따라 심사결과를 도출할 것이다.[106]

먼저 제 I 식에서 '최소지위초과보장'으로서의 부작위명령인 A와 '최소지위보장'으로서의 작위명령인 B가 충돌하는 경우(E가 단지 'Ⅳ. 3.-②'의 심사를 통과하지 못한 경우)에는, 가능한 한 최대한 실현이라는 A의 이념이 후퇴하고 B에 우위가 부여된다.[107] 하지만 객관주의적 국면의 심사에서 B에 우위가 인정되었다 하더라도, 이미 주관주의적 국면의 심사에서 위헌이라고 판단된 E를 다시 합헌이라고 할 수는 없다. 이 경우에 헌법재판소는 E에 대해 법률개선촉구결정이 포함된 헌법불합치결정을 하여, 일단 B의 최소지위를 잠정적으로 유지시키고 헌법적합한 구체적 실현방안은 입법자에게 맡겨두는 것이 타당할 것이다. 문제는 '최소지위보장'으로서의 부작위명령(A)과 '최소지위보장'으로서의 작위명령(B)이 충돌하여, 국가가 헌법으로부터 양립 불가능한 최소지위보장을 동시에 요구받을 때(E가

---

105) 여기에서 B는 항상 최소지위보장명령으로서의 성격을 가지나, 제 I 식에서 E가 본질내용을 침해하지 않아도 비례성심사를 통과하지 못하여 위헌으로 판단되는 경우가 있으므로 A의 명령이 항상 최소지위보장을 요구하는 것은 아니다.

106) 비례성(과잉금지·과소보호금지)원칙, 본질내용침해금지원칙 외에도 법익의 중요성을 고려한 심사기준들(명백성통제·납득가능성통제·강화된 내용통제 등), 실제적 조화의 원칙(praktische Konkordanz: Vgl. K. Hesse, 앞의 책, 142쪽) 및 경제학에서 비롯된 효율성기준들(Effizienz-Kriterium: 파레토 최적성(Pareto-Optimum)·칼도어-힉스-기준(Kaldor-Hicks-Kriterium): Vgl. F. Müller, Ökonomische Theorie des Rechts, in: S. Buckel/R. Christensen/A. Fischer-Lescano (Hrsg.), Neue Theorien des Rechts, 2. Aufl., UTB, 2009, S. 356f.; L. Clérico, 앞의 책, 111-119쪽; K. Mathis, Eiffizienz statt Gerechtigkeit?, 2. Aufl., Duncker & Humblot, 2006, S. 44ff.)과 우위결정원칙(Vorrangsentscheidung: Vgl. S. Lenz, 앞의 책, 291-305쪽; C. Spielmann, Konkurrenz von Grundrechtsnormen, Nomos, 2008, S. 42ff.)들이 제안되어있다. 하지만 이러한 심사기준들에 대한 분석·비판은 추후 다른 지면을 통해서 논하기로 하고, 여기서는 심사구조에 주목할 것이다. 다만 '극단적인 경우'는 헌법이 심사기준에 관해서 침묵하고 있으므로, 법률유보에 비해서 규범구조화의 정도가 훨씬 취약하다. 따라서 법관의 판단영역을 통제해야 할 필요성이 더 많은데, 형량을 강조하는 심사기준들은 이 경우 법관의 판단영역 안에서 변질될 위험이 매우 크다(S. Lenz/P. Leydecker, 앞의 글, 846쪽). 그리고 본질내용침해금지원칙은 헌법 제37조 제2항의 문언상 법률유보와 결부되어 있다는 점 ― 한편 독일은 독립된 조문에서 매우 강력한 표현으로 본질내용침해를 어떠한 경우에도 금지시키고 있다(독일 기본법 제19조 제2항: "In keinem Falle darf […] angetastet werden."). ― 에서 이 경우에 당연히 적용되는 심사기준이라고 할 수는 없다.

107) S. Lenz, 앞의 책, 293-296쪽 참조.

'Ⅳ. 3.-③'의 심사를 통과하지 못한 경우)이다. 이 경우 결국 국가는 작위와 부작위 중에서 어느 하나의 행위를 선택할 수밖에 없고, 또 어떠한 선택이든지 간에 헌법적 비난으로부터 자유롭지 못하다.[108] 그런데 비난받을 행위에 적극적으로 가담한 경우(작위)에 비해서, 자연적 인과과정을 받아들이는 것(부작위)은 인과과정을 적극적으로 유발시키지 않았다는 점에서 그 불법성과 비난가능성이 적다.[109] 따라서 국가는 부작위명령을 이행해서, 결과적으로 방어권적 기본권의 최소지위를 관철시켜야만할 것이다.[110][111] 한편 제Ⅱ식의 경우는 제Ⅰ식의 심사에 준하여 판단하되, 법률 없이 감행된 국가기관의 기본권침범이란 점에서 추가적으로 사안의 긴급성·절박성을 요구해서, 이를 엄격하게 심사해야 할 것이다.[112]

Ⅴ. 논증의 부담

기본권심사를 기본권최대보장자와 기본권최대제한자 간의 논증다툼으로 구성할 때, 기본권침범상황의 존재여부가 문제되는 (잠정적) 보호영역 확인단계에서는 원칙적으로 최대보장자에게 논증부담이 있지만,[113] 이미 확인된 보호영역의 축소·변경을 판단하는 정당성심사에서는 원칙적으로 최대제한자가 기본권침범의 합헌성에 관해서 논증을 부담해야한다. 다만 'Ⅳ. 3.-④'에서는 주관주의적 국면의 심사로 얻어진 추정을 깨려는 자가 논증을 부담하고, 국가에게 작위명령과 부작위명령의 동시 준수를 요구하는 극단적인 경우(제Ⅰ식·제Ⅱ식)에는 인과관계의 적극적 창설(국가의 작위행위)을 주장하는 자가 논증을 부담해야한다

108) S. Lenz, 앞의 책, 296-305쪽 참조; 이러한 확정적 법규범들의 논리적 모순의 해소는 우위결정이 유일하다(C. Spielmann, 앞의 책, 43쪽; 김도균, 앞의 글, 37쪽 참조).

109) 특히 S. Lenz는 주로 형법학의 부작위범과 관련해서 거론되는 작위행위와 부작위행위간의 동치성 및 반가치성(불법성)에 관한 논의들을 공법의 영역의 특수성을 고려한 부분적 전용을 통해서 이러한 결론을 도출하고 있다. 관련하여, S. Lenz, 앞의 책, 304-305쪽; 임웅, 『형법총론』, 법문사, 2002, 535쪽 참조.

110) 그러므로 위 주 104)의 例에서 언급된 고문법의 법률조항은 위헌이 될 것이다. 물론 국가는 폭탄테러에 대응해서 시민들의 기본권을 보호할 의무를 懈怠했지만, 이러한 국가의 懈怠가 그 자체로서 새로운 악을 야기한 것은 아니기 때문이다(S. Lenz, 앞의 책, 296-299쪽 참조).

111) 이러한 결론은 이 책 목차 제1부 제2장 제2절 § 5.와 § 6.에서 제안한 <규범충돌상황표>의 B-1 영역에서 행해진 우위결정법칙에 따라서 도출된 것이다.

112) 이러한 기본권침범행위가 헌법 제76조의 긴급재정·경제명령과 긴급명령에 해당하면, 이것은 법률의 효력을 가지므로, 위 목차 Ⅳ. 3.에서 언급된 방식으로 심사가 진행되어야한다.

113) 김해원, 앞의 글, 312-313쪽 참조.

Ⅵ. 마치는 글

여기서 제안된 분리논증은 방어권적 기본권의 정당성심사에서 고려해야 할 요소들을 빠짐없이, 그리고 질서정연하게 검토할 수 있게 하는 심사체계를 마련하고, 궁극적으로 헌법적 논증의 설득력과 합리성을 제고하기 위한 노력의 일환이다. 논증의 엄밀성을 위하여 제안된 분리논증을 기초로 삼고 국가행위의무에 주목하여 새롭게 구축된 정당성심사구조는 여전히 많은 보완과 다각적 검토를 필요로 하며, 무엇보다도 개별 사례검토를 통해서 구체적 타당성이 실증될 필요가 있다.[114] 이는 일차적으로 필자의 과제이겠지만, 학문공동체의 아낌없는 질정과 도움을 통해서 촉진되길 바란다.

114) 분리논증에 기반한 규범구조 분석의 틀을 구체적으로 활용하고 있는 문헌으로는 특히 고민수, 「SNS를 이용한 선거운동에 대한 헌법재판소 결정의 논증구조분석－헌법재판소 결정(2007헌마1001) 논증구조에 대한 비판적 분석을 중심으로－」, 『헌법학연구』 18－3, 한국헌법학회, 2012, 294쪽 이하 참조.

§ 11. 일반적 심사기준으로서 자기책임의 원칙

Ⅰ. 근거와 의미

헌법은 제13조 제3항에서 "모든 국민은 자기의 행위가 아닌 친족의 행위로 인하여 불이익한 처우를 받지 아니한다."라고 규정하고 있다. 일반적으로 이 조항을 근대 형법의 이념인 자기책임의 원칙(연좌제금지원칙)[1]을 헌법적으로 정하고 있는 것으로 이해하고 있다.[2] 하지만 헌법이 "형벌"이라고 하지 않고, "불이익한 처우"라고 명시하고 있다는 점에서, 헌법 제13조 제3항의 "불이익한 처우"에는 형벌은 물론이고 형벌 이외에 국가로부터 받을 수 있는 모든 종류의 불이익한 처우가 포함되는 것으로 이해되어야 한다.[3] 그리고 헌법 제11조 제1항 평등규정을 고려한다면, 헌법 제13조 제3항 "친족의 행위"는 민법상의 친족에 한정되는 것이 아니라, '자기의 행위가 아닌 타인의 행위'도 포함되는 것으로 이해해야 한다. 왜냐하면 친족의 행위에 대해서조차 책임을 지지 아니하는데 하물며 친족도 아닌 타인의 행위에 대해서 책임을 지울 수 있다는 것[4]은 같은 것은 같게, 다른 것은 다르게 취급해야 한다는 헌법상 평등요청에 부합되지 않기 때문이다.[5] 따라서 헌법 제13조 제3항은 (신체의 자유의 보호대상인) '신체'와 같은 특정 기본권적 보호법익에 국한된 불이익을 금지하는 것이 아니라, 자신의 행위가 아닌 타인의 행위를 이유로 국가로부터 받게 되는 일체의 불이익한 처우를 원칙적으로 용납하지 않겠다는 헌법제정권자의 의사표현으로 이해되어야 할 것이다. 바로 이러한 점에서 헌법 제13조 제3항에 근거하는 자기책임의 원칙은 모든 기본권침해

---

1) 연좌제는 엄격히 따져 본다면 '連坐制'와 '緣坐劑'로 구별할 수 있겠지만, 헌법 제13조 제3항에 의해 금지되는 것은 일정범위의 친족에게 연대책임을 지우는 緣坐劑뿐만 아니라, 친족 이외의 특정인에게 연대책임을 지우는 連坐制도 포함되는 것으로 이해된다(이에 관해서는 계희열, 『헌법학(중)』, 박영사, 2007, 299-300쪽).

2) 정종섭, 『헌법학원론』, 박영사, 2016, 523쪽; 허영, 『한국헌법론』, 박영사, 2015, 379쪽; 성낙인, 『헌법학』, 법문사, 2018, 1112쪽.

3) 이러한 이해는 학설을 통해서도 지지되고 있다. 예컨대 계희열, 앞의 책, 300쪽; 이준일, 『헌법학강의』, 홍문사, 2015, 490쪽; 전광석, 『한국헌법론』, 집현재, 2018, 316쪽; 정종섭, 앞의 책, 523쪽; 허영, 앞의 책, 379쪽; 성낙인, 앞의 책, 1112쪽.

4) 허영, 앞의 책, 379-380쪽.

5) 정종섭, 앞의 책, 523쪽; 계희열, 앞의 책, 300쪽; 헌재 2005.12.22. 2005헌마19, 판례집 17-2, 799쪽.

여부를 심사함에 있어서 검토되어야 하는 일반적 심사기준이라고 하겠다. 헌법재판소 또한 재산권이나 공무담임권의 침해여부가 문제된 사건들에서도 심사대상인 공권력의 행사가 헌법 제13조 제3항에 위반되는지 여부를 살피고 있다.[6)]

한편 전광석 교수는 "헌법 제10조 행복추구권에서 인정되는 자기책임의 원칙은 자신의 행위가 아닌 다른 사람의 행위로 인하여 책임이 부과되어서는 안된다는 내용을 갖는다.[7)] 따라서 연좌제금지의 원칙은 헌법 제10조에서 이미 도출

---

6) 재산권 내지는 재산과 관련된 불이익 부과와 관련해서 헌법재판소가 자기책임의 원칙 위반여부를 검토한 사건으로는 2인 이상이 공동으로 문서를 작성한 경우, 그 작성자는 당해 문서에 대한 인지세를 연대하여 납부하도록 규정한 인지세법 제1조 제2항의 위헌여부를 검토한 헌재 2007.5.31. 2006헌마1169, 판례집 19-1, 781쪽; 특수 용도에 제공되어 담배소비세가 면제된 담배를 공급받은 자가 그 담배를 당해 용도에 사용하지 않은 경우 담배를 공급한 제조자에게 담배소비세 및 그 가산세를 납부하도록 부담시키는 것이 자기책임의 원리에 반하는지 여부를 검토한 헌재 2004.6.24. 2002헌가27, 판례집 16-1, 714-718쪽; 국회의원과 그 이해관계인이 보유한 직무관련성 있는 주식의 매각 또는 백지신탁을 명하고 있는 구 공직자 윤리법 제14조의4 제1항 본문 제1호 및 제2호 가목 본문 중 제10조 제1항 제1호의 '국회의원' 부분이 연좌제 금지원칙에 반하지 아니한다고 본 헌재 2012.8.23. 2010헌가65, 판례집 24-2(상), 388-389쪽; 친일반민족행위자 후손의 재산 중 그 후손 자신의 경제적 활동으로 취득하게 된 재산이라든가 친일재산 이외의 상속재산 등을 단지 그 선조가 친일행위를 했다는 이유만으로 국가로 귀속시키는 것은 아니므로, 연좌제금지원칙에 반한다고 할 수 없다고 판단한 헌재 2011.3.31. 2008헌바141등, 판례집 23-1(상), 312쪽; 친족의 재산까지도 반국가행위자의 재산이라고 검사가 적시하기만 하면 증거조사 없이 몰수형이 선고되도록 하고 있는 반국가행위자의처벌에관한특별조치법 제8조의 궐석재판에 의한 재산몰수에 대해서 헌법 제13조 제3항의 위반을 인정한 헌재 1996.1.25. 95헌가5, 판례집 8-1, 21쪽; 공무담임권의 침해여부와 관련하여 자기책임의 원칙 위반여부가 검토된 사건으로는 특히 헌재 2005.12.22. 2005헌마19, 판례집 17-2, 792-794쪽; 헌재 2010.3.25. 2009헌마170, 판례집 22-1(상), 544쪽; 헌재 2011.9.29. 2010헌마68, 692쪽 이하 참조; 헌재 2009.10.29. 2009헌마350 등, 판례집 21-2(하), 433쪽: "이 사건의 쟁점은, 비례대표국회의원 당선인이 선거범죄로 비례대표국회의원직을 상실하여 비례대표국회의원에 결원이 생긴 경우에 소속 정당의 비례대표국회의원 후보자명부에 기재된 순위에 따른 의원직 승계를 인정하지 않는 내용의 심판대상조항이 대의제 민주주의 원리 및 자기책임의 원리에 위배하여 정당의 비례대표국회의원 후보자명부상의 차순위 후보자인 청구인들의 공무담임권을 침해하는지의 여부이다."; 한편 헌법재판소는 헌재 2011.9.29. 2010헌마68 사건에서 배우자가 선거범죄로 300만 원 이상의 벌금형을 선고받은 경우 그 선거구 후보자의 당선을 무효로 하는 공직선거법(2010.1.25. 법률 제9974호로 개정된 것) 제265조가 헌법 제13조 제3항에 위반되는 것인지 여부를 검토하면서 "'친족인 배우자의 행위와 본인 간에 실질적으로 의미 있는 아무런 관련성을 인정할 수 없음에도 불구하고 오로지 배우자라는 사유 그 자체만으로' 불이익한 처우를 가하는 것이 아니라, 후보자와 불가분의 선거운명공동체를 형성하여 활동하게 마련인 배우자의 실질적 지위와 역할을 근거로 후보자에게 연대책임을 부여한 것이므로, 헌법 제13조 제3항에서 금지하고 있는 연좌제에 해당하지 아니하고, 자기책임의 원칙에도 위배되지 아니한다."라고 판단했으나(헌재 2011.9.29. 2010헌마68, 판례집 23-2상, 692쪽, 700-702쪽), 그 판단의 합리성이 의심스럽다. 이 사건 법정의견에 대한 비판으로는 무엇보다도 해당 사건에서 재판관 4인의 반대의견(특히 헌재 2011.9.29. 2010헌마68, 판례집 23-2상, 709-711쪽 참조) 및 아래 목차 Ⅱ. 참조.

7) 예컨대 헌재 2010.9.2. 2009헌가11, 22-2(상), 495쪽 이하 참조.

되며, 이 점에서 보면 헌법 제13조 제3항은 선언적 규정이라고 볼 수 있다."라고 한다.[8] 하지만 기본권(여기서는 헌법 제10조 행복추구권)으로부터 기본권적 보호법익이 아니라 별도의 독립된 객관적 규준인 기본권심사기준을 도출하는 것이 가능한지 혹은 바람직한지 여부에 관한 문제는 차지하더라도, 헌법이 명시하고 있는 사항을 단순히 선언적으로 치부할 것은 아니라고 본다. 나아가 기본권심사기준의 분별없는 창설은 바람직하지 않을 뿐만 아니라, 무엇보다도 기본권심사에서 심사자가 심사대상인 국가행위를 통제하고 평가하기 위해서 활용하는 심사기준이 헌법문언으로부터 멀리 떨어져 있으면, 떨어져있을수록 해당 심사기준을 활용한 논증의 설득력은 취약해질 것인바,[9] 기본권심사기준으로서 자기책임의 원칙(혹은 책임주의)을 법치주의 같은 헌법원리 혹은 헌법 제10조와 같은 추상적이고 포괄적인 기본권을 통해서 도출해내기보다는 헌법 제13조 제3항으로부터 도출해내는 것이 보다 합리적이라고 생각한다.[10]

---

8) 전광석, 앞의 책, 315쪽; 헌법재판소의 태도 또한 전광석 교수의 입장과 기본적으로 다르지 않다고 생각한다. 이에 관해서는 특히 헌재 2010.3.25. 2009헌마170, 판례집 22-1(상), 544-545쪽: "개인의 존엄과 자율성을 인정하는 바탕 위에 서 있는 우리 헌법질서하에서는 자기의 행위가 아닌 타인의 행위에 대하여 책임을 지지 않는 것이 원칙이다(헌재 2005.12.12. 2005헌마19, 판례집 17-2, 785, 792). 어떠한 행위를 법률로 금지하고 그 위반을 어떻게 제재할 것인가 하는 문제는 원칙적으로 위반행위의 성질, 위반이 초래하는 사회적 경제적 해악의 정도, 제재로 인한 예방효과 기타 사회적 경제적 현실과 그 행위에 대한 국민의 일반적 인식이나 법감정 등을 종합적으로 고려하여 입법자가 결정하여야 할 분야이나, 법적 제재가 위반행위에 대한 책임의 소재와 전혀 상관없이 이루어지도록 법률이 규정하고 있다면, 이는 자기책임의 범위를 벗어나는 제재로서 헌법위반의 문제를 일으킨다. 헌법 제10조가 정하고 있는 행복추구권에서 파생되는 자기결정권 내지 일반적 행동자유권은 이성적이고 책임감 있는 사람의 자기의 운명에 대한 결정·선택을 존중하되 그에 대한 책임은 스스로 부담함을 전제로 한다. 자기책임의 원리는 이와 같이 자기결정권의 한계논리로서 책임부담의 근거로 기능하는 동시에 자기가 결정하지 않은 것이나 결정할 수 없는 것에 대하여는 책임을 지지 않고, 책임부담의 범위도 스스로 결정한 결과 내지 그와 상관관계가 있는 부분에 국한됨을 의미하는 책임의 한정원리로 기능한다. 이러한 자기책임의 원리는 인간의 자유와 유책성, 그리고 인간의 존엄성을 진지하게 반영한 원리로서 그것이 비단 민사법이나 형사법에 국한된 원리라기보다는 근대법의 기본이념으로서 법치주의에 당연히 내재하는 원리로 볼 것이고, 헌법 제13조 제3항은 그 한 표현에 해당하는 것으로서 자기책임의 원리에 반하는 제재는 그 자체로서 헌법위반을 구성한다고 할 것이다(헌재 2003.7.24. 2001헌가25, 판례집 15-2상, 1, 22 ; 헌재 2004.6.24. 2002헌가27, 판례집 16-1, 706, 714-715 참조)."

9) 이에 관해서는 김해원, 기본권심사에서 실질적 헌법적합성심사의 구조와 개별적 심사기준의 체계화에 관한 연구 —「기본권적 보호법익과 결부된 심사기준을 중심으로 —」, 『헌법학연구』 23-2, 한국헌법학회, 2017, 238-239쪽 참조.

10) 헌법 제10조나 법치주의로부터 자기책임의 원리를 도출해내고 있는 헌법재판소의 구체적인 입장과 이에 대한 비판적 고찰에 관해서는 김해원, 「기본권심사에서 법치국가원칙의 의미」, 『헌법학연구』 23-1, 한국헌법학회, 2017, 126-128쪽.

Ⅱ. 심사대상과 심사강도

구체적인 기본권관계에서 국가의 "불이익한 처우"로서의 기본권침범은 원칙적으로 헌법 제13조 제3항에 근거하는 자기책임의 원칙을 통해서 평가되어야 할 대상(심사대상)이 된다. 즉 기본권관계에서 '자기의 행위가 아닌 타인의 행위로 인하여' 국가로부터 불이익한 처우를 받게 된다면, 해당 불이익한 처우는 헌법 제13조 제3항에 근거하는 자기책임의 원칙에 위반되는 위헌적인 공권력의 행사 혹은 불행사가 된다는 것이다. 다만 헌법 제13조 제3항은 '자기의 행위가 아닌 행위로 인하여 불이익한 처우를 받지 아니한다'라고 규정하고 있는 것은 아니라는 점에서, 병역부과 등과 같이 타인의 행위조차도 매개되지 않는 경우에 과해지는 불이익을 통제하는 심사기준으로 당연히 원용될 수 있는 것은 아니라고 보아야 할 것이다.

헌법 제13조 제3항의 해석과 관련하여 특히 문제되는 것은 과연 무엇이 "자기의 행위" 혹은 '자기의 행위가 아닌 타인의 행위'인가 하는 점이다. 공동체 속에서 개인이 행하는 결정과 행위는 다른 개인들과의 관계나 이를 둘러싸고 있는 정치·경제·사회·문화적 조건이나 자연환경 등에 의해서 제약 혹은 발양되거나 직·간접적 영향을 받기 때문에, '엄밀하고 완전한 의미에서의 자기결정' 혹은 '엄밀하고 완전한 의미에서의 자기행위'는 허구이거나 과장된 개념일 수밖에 없다.[11] 따라서 구체적인 어떤 행위를 헌법 제13조 제3항이 명시하고 있는 "자기의 행위" 혹은 (타인의 행위를 포함하는 개념으로서의) "친족의 행위"로 포착하는 것은 물리적 관점에 전적으로 의존해서 행해질 수 있는 활동이 아니라, 해당 행위가 놓여 있는 상황에 대한 종합적 이해에 기초한 규범적 판단의 도움에도 기대어야 하는 활동이 된다. 물론 합리적인 법적 논증은 논증현실을 둘러싸고 있는 비본질적인 자연적·정치적·도적적·사회적·경제적 요인들을 법적 사고의 시야 밖으로 축출시킨 후 법적 세계의 자립성이 확보된 가운데에서 행해지는 것임을 고려한다고 하더라도,[12] 헌법 제13조 제3항의 "자기의 행위가 아닌 친족의 행위"는 자연적 혹은 물리적 차원의 개념이 아니라, 규범적 관점에서 재정의 되어

---

11) 관련된 가장 뚜렷한 통찰은 무엇보다도 K. Marx/F. Engels, Die Deutsche Ideologie, MEW 3, Dietz Verlag, Berlin, 1978, S. 27: "Nicht das Bewußtsein bestimmt das Leben, sondern das Leben bestimmt das Bewußtsein(의식이 삶을 규정하는 것이 아니라 삶이 의식을 규정한다).", S. 30f.: "Das Bewußtsein ist also von vornherein schon ein gesellschaftliches Produkt […] (의식은 처음부터 이미 하나의 사회적 산물이며 […])."

12) 田中成明(編)/박병식(譯), 『현대법이론』, 동국대학교출판부, 2007, 35쪽 참조.

야할 대상이란 점은 변하지 않는다.[13] 바로 이러한 관점에서 살핀다면, 문제된 어떤 행위에 대한 특정 기본권주체의 지배가능성 내지는 지배능력이 높으면 높을수록 해당 행위는 해당 기본권주체 자신의 행위로 평가될 가능성이 많다고 해야 할 것이다. 그리고 같은 맥락에서 기본권심사기준으로 자기책임의 원칙을 원용하여 심사대상인 국가행위를 통제하는 정도(심사강도)는 기본권관계에서 "불이익한 처우"의 원인이 된 행위에 대한 기본권주체의 지배능력 내지는 지배가능성이 높으면 높을수록 완화된다고 할 수 있을 것인바, 이 경우에는 상대적으로 심사대상인 국가행위(기본권침범: "불이익한 처우")는 자기책임의 원칙에 위반되지 않았다고 판단될 가능성이 높아진다고 하겠다. 관련하여 배우자가 선거범죄로 300만 원 이상의 벌금형을 선고받은 경우 그 선거구 후보자의 당선을 무효로 하는 공직선거법(2010. 1. 25. 법률 제9974호로 개정된 것) 제265조가 헌법 제13조 제3항의 연좌제금지원칙에 위반되는지 여부가 다투어진 헌법소원심판사건에서 헌법재

---

13) 관련하여 헌재 2013.12.26. 2009헌마747, 판례집 25-2(하), 755-756쪽: "제3자가 작성·제작한 글 또는 동영상을 인터넷에 게시한 경우, 게시한 사람이 해당 표현물에서 문제되는 부분을 직접 적시한 것으로 보아 명예훼손의 책임을 지는지 문제된다. 제3자의 표현물을 인터넷에 게시한 행위에 대해 명예훼손의 책임을 인정하기 위해서는 헌법상 자기책임의 원리에 따라 게시자 자신의 행위에 대한 법적 평가가 있어야 할 것이다. 인터넷에 제3자의 표현물을 게시하는 행위의 태양은 매우 다양하여, 출처를 밝히고 원문의 존재를 밝히고 있는지, 제3자가 작성한 표현물을 인용하는 것에 불과한지, 제3자의 표현물에 더하여 적극적으로 자신의 표현을 추가하였는지, 제3자의 표현물의 내용에 대해 동조하거나 비판하는 의견을 개진하였는지, 제3자의 표현물을 그대로 게시하였는지 아니면 변형을 가하였는지, 제3자의 표현물을 게시한 공간의 성격은 어떠한지, 제3자의 표현물을 어떤 범위의 사람들에게 공개하였는지 등 구체적인 사정이 다를 수 있고, 현재에는 예측할 수 없는 방식으로 제3자의 표현물을 게시하게 될 수도 있을 것이다. 따라서 제3자의 표현물을 게시한 행위가 전체적으로 보아 단순히 그 표현물을 인용하거나 소개하는 것에 불과한 경우에는 명예훼손의 책임이 부정되고, 제3자의 표현물을 실질적으로 이용·지배함으로써 제3자의 표현물과 동일한 내용을 직접 적시한 것과 다름없다고 평가되는 경우에는 명예훼손의 책임이 인정되어야 할 것이다."; 헌재 2010.9.30. 2010헌가61, 공보 제168호, 1645-1646쪽: "법인의 종업원 등의 위반행위가 인정되면 곧바로 영업주인 그 법인에 대하여 책임을 묻는 양벌규정은 다른 사람의 범죄에 대해 그 책임 유무를 묻지 않고 형벌을 부과하는 것이어서 법치국가의 원리 및 죄형법정주의로부터 도출되는 책임주의의 원칙에 반하여 헌법에 위반된다고 할 것이지만, 법인의 대표자의 위반행위가 인정되는 경우 영업주인 그 법인에 대하여 책임을 묻는 양벌규정을 이와 같이 볼 수는 없다. 법인의 대표자의 행위와 종업원 등의 행위는 달리 보아야 한다. 법인의 행위는 법인을 대표하는 자연인인 대표기관의 의사결정에 따른 행위에 의하여 실현되므로, 자연인인 대표기관의 의사결정 및 행위에 따라 법인의 책임 유무를 판단할 수 있다. 즉, 법인은 기관을 통하여 행위를 하므로 법인이 대표자를 선임한 이상 그의 행위로 인한 법률효과는 법인에게 귀속되어야 하고, 법인 대표자의 범죄행위에 대하여는 법인 자신이 자신의 행위에 대한 책임을 부담하는 것이다. […] 결국, 법인 대표자의 법규위반행위에 대한 법인의 책임은, 법인 자신의 법규위반행위로 평가될 수 있는 행위에 대한 법인의 직접책임으로서, 대표자의 고의에 의한 위반행위에 대하여는 법인 자신의 고의에 의한 책임을, 대표자의 과실에 의한 위반행위에 대하여는 법인 자신의 과실에 의한 책임을 부담하는 것이다."

판소는 후보자에게 일정한 "불이익한 처우"를 해야 할 현실적 필요성을 강조할 뿐,[14] 정작 구체적인 배우자의 선거범죄행위에 대한 후보자의 지배능력 내지는 지배가능성에 주목해서 해당 범죄행위를 후보자 '자기의 행위'로 포착할 수 있는지 여부를 검토하지 않았다는 점에서 비판되어야 한다. 즉 이 사건에서 헌법재판소는 배우자에 대한 후보자의 역할이나 능력(즉 행위지배가능성이나 행위지배능력)에 주목하여 배우자의 행위를 후보자 "자기의 행위"로 볼 수 있는지 여부를 가린 후 배우자의 행위에 대해 후보자에게 연대책임(당선무효라는 불이익한 처우)을 부과하는 것이 헌법 제13조 제3항에 위반되는 것인지 여부를 판단했어야 함에도 불구하고, 거꾸로 (불이익한 처우를 받을 위험이 있는 후보자의 역할이나 능력이 아니라) 배우자의 역할이나 능력에 주목한 후[15] "후보자와 불가분의 선거운명공동체를 형성하여 활동하게 마련인 배우자의 실질적 지위와 역할을 근거로 후보자에게 연대책임을 부여한 것이므로, 이 사건 법률조항은 헌법 제13조 제3항에서 금지하고 있는 연좌제에 해당하지 아니하고, 자기책임의 원리에도 위배되지 아니한다."[16]라는 결론을 내림으로써, 결국 연좌제금지원칙(혹은 자기책임의 원칙)의 위반여부를 논증함에 있어서 논결과 논거가 서로 부합하지 않게 되었다. 생각건대 이 사건 심판대상인 공직선거법 제265조가 선거범죄로 300만 원 이상의 벌금형을 선고받은 배우자의 선거범죄행위에 대한 후보자의 상당한 지배능력 내지는 지배가능성이 인정되는 구체적인 경우에 한하여 후보자에게 당선무효라는 불이익한 처우를 부과하는 법률조항으로 해석될 수 있다면, 그 범위에서는 공직선거법 제265조는 헌법 제13조 제3항의 연좌제금지원칙(자기책임의 원칙)에 위반되지 않는다고 선언될 수 있다고 본다.[17] 그리고 이 사건에서 후보자가 배우자의 행

---

14) 헌재 2011.9.29. 2010헌마68, 판례집 23-2(상), 701쪽: "후보자의 가족 등이 선거의 이면에서 음성적으로 또한 조직적으로 역할을 분담하여 불법·부정을 자행하는 경우가 많은 우리 선거의 현실에 비추어 이러한 불법·부정을 근절하고 공명하고 깨끗한 선거풍토를 확립하기 위해서는 후보자의 선거에 관여하는 가족 등과의 연대책임을 강화하는 것이 절실하며, […]"

15) 헌재 2011.9.29. 2010헌마68, 판례집 23-2(상), 701쪽: "배우자는 후보자와 일상을 공유하는 자로서 선거에서는 후보자의 최측근에서 수시로 후보자와 협의할 수 있고, 후보자와 유기적으로 역할을 분담하여 당선에 유리한 여러 활동을 할 수 있으며, 선거사무장, 선거사무소의 회계책임자 등에 대하여 실질적인 지시를 할 수 있는 등 후보자의 분신과도 같은 역할을 하게 되기 때문이다."

16) 헌재 2011.9.29. 2010헌마68, 판례집 23-2(상), 702쪽.

17) 같은 맥락에서 "임원과 과점주주에게 연대책임을 부과하는 것 자체가 위헌이 아니라 부실경영에 기여한 바가 없는 임원과 과점주주에게도 연대책임을 지도록 하는 것이 위헌이라는 점에서 연대책임을 지는 임원과 과점주주의 범위를 적절하게 제한함으로써 그 위헌성이 제거될 수 있을 뿐만 아니라, […] 가급적이면 위 법규정의 효력을 유지하는 쪽으로 이를 해석하는 것이 바람직하다. 따라서 이 사건 법률조항은 '부실경영의 책임이 없는 임원'과 '금고의 경영에 영향력을 행사하여 부

위를 지배할 수 있는 능력 내지는 가능성이 높으면 높을수록, 그러한 능력 내지는 가능성을 보유한 기본권주체인 후보자에게 행해지는 국가의 불이익한 처우를 통제하는 심사기준인 자기책임의 원칙을 원용하여 심사대상인 국가행위(공직선거법 제265조)를 통제하는 정도(심사강도)는 그렇지 않은 경우에 비해서 상대적으로 완화된다고 해야 할 것이다.

실의 결과를 초래한 자 이외의 과점주주'에 대해서도 연대채무를 부담하게 하는 범위 내에서 헌법에 위반된다."라고 판단한 헌법재판소의 입장(헌재 2002.8.29. 2000헌가5 등, 판례집 14-2, 128-129쪽)을 주목할 수 있겠다.

§ 12. 일반적 심사기준으로서 법치국가원칙*

Ⅰ. 시작하는 글

구체적 현실에서 발생되는 법적 문제의 해결을 위해서는 “법문의 가능한 의미” 안에서 이루어지는 법조문의 구체화 작업(법 해석)뿐만 아니라, ‘법의 일반원칙’ 내지는 ‘법질서의 정신’ 등과 같은 법원리에 기대어 법문으로 표출되지 않은 법제정권자의 의사를 확인·실현하는 활동(법의 흠결을 보충하는 활동) 또한 행해질 필요가 있다.[1] 하지만 법적 논증 및 논결을 위해서 제시된 논거[2]가 명시적 법문으로부터 멀어지면 멀어질수록, 그리고 제시된 논거의 추상성이 높아지면 높아질수록 해당 주장의 설득력은 취약해지고 불확실성은 증대하며 정당성에 대한 의심은 깊어진다.[3] 따라서 법적 논증에 참여하는 자들은 주장의 설득력과 확실성을 높이기 위해서 가급적 자신의 논증 및 논결을 명시적 법문에 가능한 한 밀착시켜야 하며,[4] 부득이 불문법적 규준에 기대어야 하는 경우라고 하더라도 해당 규준을 활용할 수밖에 없는 현실적 불가피성 및 규범적 근거를 뚜렷하게 밝히고 그 내용을 가급적 구체화함으로써,[5] 자신의 법적 판단이 심리적 결심 내지는 정치적 결단 혹은 자의적인 결정이 아니라 엄격한 법적 추론과정의 산물임을

---

* 김해원, 「기본권심사에서 법치국가원칙의 의미」, 『헌법학연구』 제23권 제1호, 한국헌법학회, 2017, 115－157쪽에 수록된 글을 수정·보완한 것이다.

1) 법의 해석과 법의 흠결에 대한 보충에 관해서는 특히 김영환, 『법철학의 근본문제』, 홍문사, 2006, 244쪽 및 272쪽 이하.

2) 법적 논증, 법적 논결, 법적 논거 등에 관해서는 김성룡, 『법적 논증의 기초』, 경북대학교출판부, 2006, 4쪽.

3) 관련하여 특히 김영환, 앞의 책, 230쪽: “‘법문의 가능한 의미’ 안에서 이루어지는 법문의 구체화는 항상 허용되는 해석인 반면, 이를 넘어서는 법흠결의 보충은 그의 정당성을 심사해야 하는 법형성이다.”; 아울러 법문이 추상적이면 추상적일수록 그 의미가 갖고 있는 불확실성이 증대되므로(명료성이 떨어지므로), 그러한 불확실성에 기초한 주장의 확실성 또한 취약해질 수밖에 없다는 것 또한 당연하다고 하겠다.

4) 이러한 활동은 입법자에 비해서 상대적으로 민주적 정당성이 취약한 사법관료(특히 법관이나 헌법재판관)에게는 중요한 의미를 갖는다. 왜냐하면 자신의 판단이 민주적 정당성에 기초한 입법자의 의사와 다르지 않음을 나타냄으로써 사법권행사의 정당성을 높일 수 있기 때문이다. 바로 이 지점에서 가능한 한 법문에 밀착하여 법의 해석·적용활동에 참여하는 것, 그 자체 또한 사법의 민주화를 실현해나가는 과정으로 평가될 수 있겠다.

5) 법적 논증과정에서 구체적이고 명확한 법문을 소홀히 하고, 추상적이고 포괄적인 법 규정이나 불문법적 규준으로 도피하려는 경향이 강화될수록, 해당 논증은 자의적이라는 의심을 받을 가능성이 높을 뿐만 아니라, 국가권력 구조적 차원에서는 법적 논증의 대표자라고 할 수 있는 법관의 권력강화로 귀결될 가능성이 농후하다.

끊임없이 입증해나가야 한다. 그런데 헌법적 논증의 대표자라고 할 수 있는 헌법재판소[6]는 구체적인 기본권관계[7]에 관여하는 국가행위 — 작위·부작위를 불문한다 — 가 합헌적인 기본권제한인지, 위헌적인 기본권침해인지 여부를 판단함에 있어서 (헌법전 곳곳에 산재되어 있는 명시적 조항으로부터 직접 도출될 수 있는 각종 규준들뿐만 아니라,) 대한민국 헌법전 어디에도 명시되어 있지 않은 불문의 추상적 개념인 법치주의(혹은 법치국가)를 심사대상인 국가행위의 위헌성 여부를 판단하기 위한 기준(기본권심사기준)으로 자주 활용하면서도,[8] 정작 법치주의의 헌법적 근거와 그 내용 및 (헌법명시적 근거를 갖고 있는 다른 기본권심사기준들에 의해서 대체될 수 없는) 독자적이고 특유한 기본권심사기준으로 법치주의가 원용되어야 할 필요성 등에 관해서는 충분한 설명을 못하고 있는 것으로 생각된다.

따라서 필자는 우선 기존의 연구 성과에 기대어 논의의 전제에 해당하는 기본권심사·기본권심사구조·기본권심사기준 등의 개념을 정리하고, 전체 기본권심사구조와의 관련 속에서 헌법 명시적 규정으로부터 도출될 수 있는 각종 기본권심사기준들을 체계적으로 일별해볼 것이다(Ⅱ.). 그리고 기본권심사기준으로서 법치주의를 적극적으로 활용하고 있는 헌법재판소 결정들의 검토를 통해서 헌법재판소의 기본적 태도를 확인하고 관련된 몇 가지 의문들을 제기할 것이다(Ⅲ.). 이어서 본격적으로 헌법적 논증에서 '법치주의'를 논거로 활용할 수 있는 근거 내지는 이유를 밝히고(Ⅳ.), 현행 헌법체계 안에서 법치주의가 기본권심사기준으로서 어떠한 내용과 의미를 가져야 하는지를 구체적으로 살펴본 다음(Ⅴ.),[9] 모든 논의의 결과들을 종합 및 정리하는 것으로 글을 갈무리하고자 한다(Ⅵ.).

---

6) 이준일, 「헌법재판소가 이해하는 명확성원칙의 비판적 재구성」, 『헌법학연구』 7-1, 한국헌법학회, 2001, 274쪽 주 11) 참조; Vgl. R. Alexy, Grundrechte in der demokratischen Verfassungsstaat, in: A. Aarnio/ders./G. Bergholtz (Hrsg.), Justice, Morality and Society, FS für A. Peczenik, Lund, 1997, S. 27f.

7) 이에 관해서는 김해원, 「기본권관계에서 국가의 의무: 확인의무·보장의무·보호의무를 중심으로」, 『공법학연구』 12-4, 한국비교공법학회, 2011, 85쪽; 허완중, 「기본적 인권을 확인하고 보장할 국가의 의무」, 『저스티스』 115, 한국법학원, 2010, 69-70쪽.

8) 2017년 2월 14일 현재 헌법재판소 헌법재판정보 판례검색시스템에서 검색어에 "법치"를 입력하면 968건의 판례가 확인되며, 기본권심사가 행해지는 전형적인 사건형태인 헌마형 사건으로 검색범위를 축소해도 274개의 판례가 확인된다.

9) 여기에서는 '법치주의' 그 자체에 주목해서 법치주의의 헌법적 근거를 마련하고 기본권심사기준으로서 법치주의의 고유한 의미를 정초하는데 집중하고자 한다. 따라서 특정한 기본권심사기준이 법치주의로부터 파생될 수 있다면 그러한 이유와 근거가 무엇인지에 관해서는 살펴보겠지만, 법치주의로부터 파생될 수 있는 각종 심사기준들 — 예컨대 명확성원칙, 소급효금지원칙, 신뢰보호원칙 등등 — 그 자체에 대한 면밀한 분석과 검토 및 비판에 대해서는 추후의 연구과제로 남겨둔다.

II. 기본권심사구조와 기본권심사기준

기본권이 규율하는 생활영역(기본권보호영역: Grundrechtsschutzbereich)에 감행된 특정 국가행위(기본권침범: Grundrechtseingriff)[10)]가 합헌적인 기본권제한(Grundrechtsschranken)인지, 그렇지 않으면 위헌적인 기본권침해(Grundrechtsverletzung)인지 여부를 판단하는 활동을 '기본권심사(Grundrechtsprüfung)'라고 하며,[11)] 어떤 현상이나 문제를 판단하는 데 기본이 되는 표준 내지는 준거를 '기준(基準/Kriterium)',[12)] 일정한 정합성을 부여하기 위해 부분이나 요소를 조직·배치하는 방식 혹은 부분이나 요소가 어떤 전체를 짜 이룬 형태 그 자체를 '구조(構造/Struktur)'라고 한다.[13)] 그러므로 기본권심사에서 심사대상인 국가행위의 위헌성 여부를 판단하기 위해 헌법이 마련해둔 각종 준거를 '기본권심사기준'으로, 기본권심사기준을 비롯하여 기본권심사에서 고려되어야 할 각종 요소나 내용들을 헌법에 모순되지 않게 조직·배치하여 정돈하는 방식 내지는 짜임새(얼개)를 '기본권심사구조'라고 정의할 수 있을 것이다.[14)]

그런데 기본권심사는 크게 기본권의 보호영역을 잠정적으로 확인하는 단계(심사 제1단계)와 확인된 기본권의 잠정적 보호영역에 감행된 각종 침범들이 헌법상 정당화될 수 있는지 여부를 검토하는 단계(심사 제2단계)로 구조화될 수 있는 바,[15)] 결국 기본권심사기준은 전체 기본권심사구조에서 심사 제2단계, 즉 정당성

---

10) 제한(Schrnaken)이나 침해(Verletzung)와는 구별되는 개념인 독일어 'Eingriff'의 번역어로 선택된 '침범'의 의미와 내용에 관해서는 김해원, 「기본권의 잠정적 보호영역에 관한 연구」, 『헌법학연구』 15-3, 한국헌법학회, 2009, 293-294쪽, 주 51).

11) Vgl. S. G. Kielmansegg, Die Grundrechtsprüfung, in: JuS 48(1), 2008, S. 23ff.; R. Schmidt, Grundrechte sowie Grundzüge der Verfassungsbeschwerde, Dr. Rolf Schmidt, 10. Aufl., 2008, S. 45f.; A. Katz, Staatsrecht — Grundkurs im öffentlichen Recht, C. H. Beck, 17. Aufl., 2007, S. 308ff.; V. Epping, Grundrechte, Springer, 3. Aufl., 2007, S. 11ff.; 김해원, 「방어권적 기본권의 정당성 심사구조」, 『공법학연구』 10-4, 한국비교공법학회, 2009, 30-31쪽.

12) 국립국어원 표준국어대사전, http://stdweb2.korean.go.kr/search/View.jsp, 검색어: 기준, 검색일: 2016.6.9.

13) 김해원, 「급부권적 기본권의 심사구조 - 국회입법부작위를 중심으로 —」, 『공법학연구』 13-2, 한국비교공법학회, 2012, 263-264쪽.

14) 기본권심사구조는 기본권심사가 진행되는 전체 과정을 거시적 차원에서 조망하고 체계적이고 단계적으로 구체적 사례를 검토할 수 있는 계기를 제공하는 반면에, 기본권심사기준은 기본권심사구조 안에서 행해지는 미시적 차원의 각종 논증다툼을 지도하는 규준으로서 기본권적 논증의 질을 담보할 수 있는 실질적 규준으로 기능한다는 점에서 양자는 일정한 차이가 있다.

15) 기본권심사구조를 정립하는 작업과 관련하여 다양한 시도들(이에 관한 문헌들의 적시는 특히, 김해원, 앞의 글(주 10), 283쪽, 주 14) 참고)이 있어왔음에도 불구하고 현재까지 합의된 보편타당한 기본권 도그마틱(Dogmatik: "법해석학상 이론적 체계")이 확립되어 있는 것은 아니다(Vgl. A.

심사단계에서 활용되는 국가행위통제규준이라고 할 수 있다. 그리고 정당성심사 또한 기본권침범이 헌법상 허용되어 있는지 여부 내지는 기본권침범의 헌법적 근거가 무엇인지를 검토하는 영역(즉, 제한영역: Schrankenbereich)과 허용된 기본권침범이 형식적으로도 실질적으로도 헌법에 적합한지 여부를 검토하는 영역(즉, 제한의 한계영역: Schrankenschrankenbereich)으로 분별 될 수 있다는 점을 고려한다면,[16] 전체 기본권심사구조와의 관련 속에서 헌법 명시적 문언으로부터 도출될 수 있는 각종 기본권심사기준들은 다음과 같이 일별할 수 있겠다:

[전체 기본권심사구조와 헌법 명시적 규정으로부터 도출되는 기본권심사기준]

Ⅰ. 심사 제1단계: 기본권 보호영역의 잠정적 확인[17]

Ⅱ. 심사 제2단계: 정당성심사[18]

Ⅱ-1. 기본권침범의 근거/허용가능성
- 법률유보원칙(헌법 제37조 제2항 "법률로써")
- 기본권침범근거로서 헌법을 직접 원용할 가능성(헌법유보)

Ⅱ-2. 헌법적합성심사
(1) 형식적 헌법적합성심사[19]
① 권한과 관련된 심사기준
- 피수권기관/피수권규범 특정을 위한 기본원칙(헌법 제75조 및 제95조)[20]
- 수권내용에 관한 통제로서 의회유보원칙(헌법 제40조)[21]
- 수권방식에 관한 통제로서 포괄위임금지원칙(헌법 제75조 "구체적으로 범위를 정하여")[22]
② 절차 · 형태와 관련된 심사기준[23]
- 국회의 집회에 관한 규정(헌법 제47조)
- 의결정족수, 다수결원칙(헌법 제49조)
- 의사공개의 원칙(헌법 제50조)

Katz, 앞의 책, 310쪽). 하지만 사고의 진행과정을 고려한다면 일반적으로 기본권심사는 두 단계(① 기본권의 잠정적 보호영역의 확인, ② 정당성심사)로 분별 될 수 있다는 것이다(이에 관해서는 김해원, 앞의 글(주 13), 264－265쪽).

16) 기본권은 헌법적 차원의 권리(Vgl. R. Alexy, Theorie der Grundrechte, Nomos, 1985, S. 258)라는 점에서 기본권에 감행된 국가의 구체적 침범행위가 정당하다는 평가를 받기 위해서는 우선 해당 국가행위가 헌법적 차원에서 허용될 수 있어야 하며(기본권침범의 헌법적 근거 내지는 허용가능성에 대한 검토), 이어서 허용된 기본권침범이 모든 관점에서 — 즉, 형식적으로도 실질적으로도 — 헌법적합성을 인정받을 수 있어야 한다(특히 김해원, 앞의 글(주 10), 29－30쪽; 김해원, 앞의 글(주 13), 264－265쪽 참고).

- 회기계속의 원칙(헌법 제51조)
- 법률안 제출(헌법 제52조)
- 법률안 이송 · 환부 · 재의결 · 공포 등(헌법 제53조)
- 대통령의 국법상 행위와 관련된 문서주의 및 부서주의(헌법 제82조)
- 법률안에 대한 국무회의의 심의(헌법 제89조 제3호)

(2) 실질적 헌법적합성심사

① 일반적 심사기준

- 목적의 정당성(헌법 제37조 제2항: "국가안전보장 · 질서유지 또는 공공복리를 위하여")
- 비례성원칙(헌법 제37조 제2항: "필요한 경우에 한하여")
- 본질내용침해금지원칙(헌법 제37조 제2항 후단)
- 자기책임의 원칙(헌법 제13조 제3항)
- 평등원칙(헌법 제11조 제1항)[24)]

② 개별적 심사기준

- 적법절차원칙(헌법 제12조 제1항 및 제3항)
- 고문금지(헌법 제12조 제2항)
- 영장주의(헌법 제12조 제3항 및 제16조)
- 체포 · 구속 관련 고지 및 통지제도(헌법 제12조 제5항)
- 자백의 증거능력 제한 및 자백보강법칙(헌법 제12조 제7항)
- 범죄행위 소추와 관련하여 행위시법원칙(헌법 제13조 제1항 전단)
- 이중처벌금지원칙(헌법 제13조 제1항 후단)
- 소급입법에 의한 참정권의 제한 및 재산권 박탈의 금지(헌법 제13조 제2항)
- 무죄추정원칙(헌법 제27조 제4항)
- 언론 · 출판의 자유와 관련하여 허가 및 검열금지(헌법 제21조 제2항)
- 집회 · 결사의 자유와 관련하여 허가금지(헌법 제21조 제2항)
- 재산권 관련하여 정당보상의무(헌법 제23조 제3항)
- 선거권 관련하여 선거원칙(헌법 제41조 제1항 및 제67조 제1항)

---

17) 김해원, 앞의 글(주 10), 281쪽 이하.

18) 김해원, 앞의 글(주 11), 29쪽 이하.

19) 김해원, 「기본권심사에서 형식적 헌법적합성심사에 관한 연구 — 법률에 의한(durch Gesetz) 규율을 중심으로 —」, 『헌법학연구』 21-1, 한국헌법학회, 2015, 237쪽 이하.

20) 김해원, 「기본권관계에서 "대통령을 수반으로 하는 정부"에게 입법권을 수권하는 법률에 대한 권한법적 통제 — 수권법률제정권자의 피수권기관 및 피수권규범 특정에 관한 헌법적 통제를 중심으로 —」, 『법학논총』 35-1, 전남대학교 법학연구소, 2015, 119쪽 이하.

21) 김해원, 「수권법률에 대한 수권내용통제로서 의회유보원칙 — 기본권심사를 중심으로 —」, 『공법학연구』 16-2, 한국비교공법학회, 2015, 85쪽 이하.

22) 김해원, 「수권법률에 대한 수권방식통제로서 포괄위임금지원칙 — 기본권심사를 중심으로 —」, 『헌법학연구』 21-2, 한국헌법학회, 2015, 159쪽 이하.

23) 김해원, 앞의 글(주 19), 255-262쪽 이하.

24) 김해원, 「'평등권'인가 '평등원칙'인가?」, 『헌법학연구』 19-1, 한국헌법학회, 2013, 223쪽 이하.

Ⅲ. 헌법재판소에서 활용되는 심사기준으로서 법치주의

1. 서두: 법치주의에 대한 헌법재판소의 일반적 이해

헌법재판소는 기본권심사(특히, 심사 제2단계: 정당성심사)과정에서 앞서 일별해본 명시적 헌법규정으로부터 도출되는 각종 심사기준들 외에도 헌법적 근거가 불명확한 법치주의(혹은 법치국가)를 심사기준으로 자주 원용하고 있다.25) 물론 헌법재판소가 "어떠한 공권력도 법의 지배를 받아야" 한다는 것을 법치주의라는 개념으로 포착한 후,26) 이를 헌법의 "기본원리"이자,27) 동시에 "국가권력의 남용으로부터 국민의 기본권을 보호"해야 한다는 "헌법적 가치를 구현"하기 위한 "수단"으로 이해하고,28) 「단순히 법에 명시된 사항에 국가권력을 예속시키고자 하는 "형식적 법치"의 이념」뿐만 아니라, 「법의 제정 및 내용과 관련해서도 국가권력(특히, 입법권)을 통제함으로써 "실질적 법치"를 실현해야 한다는 이념」 또한 법치주의의 개념 속에 함께 포함시키고 있는 것29)은 영국에서 유래하는 법의 지

---

25) 위 주 8) 참조.

26) 헌재 2004.10.21. 2004헌마554등, 판례집 16-2(하), 35쪽: "국가긴급권의 발동, 국군의 해외파견 등과 같이 대통령이나 국회에 의한 고도의 정치적 결단이 요구되고, 이러한 결단은 가급적 존중되어야 한다는 요청에서 사법심사를 자제할 필요가 있는 국가작용이 우리 헌법상 존재하는 것은 이를 인정할 수 있다. 그러나 우리 헌법의 기본원리인 법치주의의 원리상 대통령, 국회 기타 어떠한 공권력도 법의 지배를 받아야 하고, 모든 국가작용은 국민의 기본권적 가치를 실현하기 위한 수단이라는 데에서 나오는 한계를 반드시 지켜야 하는 것이며, 헌법재판소는 헌법의 수호와 국민의 기본권보장을 사명으로 하는 국가기관이므로, 비록 고도의 정치적 결단에 의하여 행해지는 국가작용이라고 할지라도 그것이 국민의 기본권침해와 직접 관련되는 경우에는 당연히 헌법재판소의 심판대상이 될 수 있다(헌재 1996.2.29. 93헌마186, 판례집 8-1, 111, 115-116 참조)."; 공권력 중 사법권력과 관련해서는 헌재 2006.4.27. 2005헌마1119, 판례집 18-1(상), 644-645쪽: "헌법 제27조 제1항은 "모든 국민은 [⋯] 법률에 의한 재판을 받을 권리를 가진다."라고 규정하여 법원이 법률에 기속된다는 당연한 법치국가적 원칙을 확인하고, [⋯]"

27) 헌법이 "법치주의를 그 기본원리의 하나"로 하고 삼고 있음을 명시적으로 밝히고 있는 경우로는 특히 헌재 2008.2.28. 2006헌바70, 판례집 20-1(상), 261쪽; 헌재 2009.12.29. 2008헌바48, 판례집 21-2(하), 784쪽.

28) 헌재 1992.4.28. 90헌바24, 판례집 4, 230쪽: "우리 헌법은 국가권력의 남용으로부터 국민의 기본권을 보호하려는 법치국가의 실현을 기본이념으로 하고 있고 [⋯].; 헌재 2016.4.28. 2016헌마33, 결정문 3-4쪽; 헌재 1997.12.24. 96헌마172등, 판례집 9-2, 859-860쪽: "결국, 그러한 판결은 헌법의 최고규범성을 수호하기 위하여 설립된 헌법재판소의 존재의의, 헌법재판제도의 본질과 기능, 헌법의 가치를 구현함을 목적으로 하는 법치주의의 원리와 권력분립의 원칙 등을 송두리째 부인하는 것이라 하지 않을 수 없는 것이다."; 헌재 1994.6.30. 92헌가18, 판례집 6-1, 567쪽: "주지하다시피 입헌주의적 헌법은 국민의 기본권 보장을 그 이념으로 하고 그것을 위한 권력분립과 법치주의를 그 수단으로 하기 때문에 국가권력은 언제나 헌법의 테두리 안에서 헌법에 규정된 절차에 따라 발동되지 않으면 안 된다."

29) 헌재 1992.4.28. 90헌바24, 판례집 4, 230쪽: "우리 헌법은 국가권력의 남용으로부터 국민의 기본

배(the rule of law)와 독일에서 유래하는 법치국가(Rechtsstaat)의 전통[30]을 헌법현실의 변화[31] 속에서 종합적으로 수용하여 헌법국가(Verfassungsstaat)를 구현하고자 하는 우리 학계의 기본적 태도와도 본질적으로 다르지 않아 보인다.[32] 하지만 헌법재판소는 법치주의를 헌법적 차원의 규준 내지는 가치로 받아들이면서도, 법치주의를 정초할 수 있는 헌법(논증)적 근거에 관해서는 침묵하고 있다.[33] 그리고 (설사 법치주의의 헌법적 근거를 구체적으로 제시할 수 있다고 하더라도) 헌법에 명시적으로 등장하지도 않는 추상적 개념인 법치주의가 구체적인 헌법적 논증에

권을 보호하려는 법치국가의 실현을 기본이념으로 하고 있고 그 법치국가의 개념에는 헌법이나 법률에 의하여 명시된 죄형법정주의와 소급효의 금지 및 이에 유래하는 유추해석금지의 원칙 등이 적용되는 일반적인 형식적 법치국가의 이념뿐만 아니라 법정형벌은 행위의 무거움과 행위자의 부책에 상응하는 정당한 비례성이 지켜져야 하며, 적법절차를 무시한 가혹한 형벌을 배제하여야 한다는 자의금지 및 과잉금지의 원칙이 도출되는 실질적 법치국가의 실현이라는 이념도 포함되는 것이다. 이는 국회의 입법재량 내지 입법정책적 고려에 있어서도 국민의 자유와 권리의 제한은 필요한 최소한에 그쳐야 하며, 기본권의 본질적인 내용을 침해하는 입법은 할 수 없는 것을 뜻한다. 형벌을 가중하는 특별법의 제정에 있어서도 형벌위협으로부터 인간의 존엄과 가치를 존중하고 보호하여야 한다는 헌법 제10조의 요구와 그에 따른 입법상의 한계가 있는 것이며 나아가 입법자가 법관들에게 구체적 양형을 선고함에 있어서 그 책임에 알맞은 형벌을 선고할 수 있도록 형벌개별화(刑罰個別化)의 원칙이 적용될 수 있는 폭넓은 범위의 법정형을 설정하여 실질적 법치국가의 원리를 구현하여야 하는 헌법적 제약이 불가피하다고 할 것이다."

30) 이준일, 「법치국가원리의 '이론적' 이해」, 『안암법학』 10, 안암법학회, 1999, 25쪽; 영미법상의 '법의 지배(the rule of law)'와 대륙법계의 '법치국가(Rechtsstaat)'는 그 발생사적 배경과 상이한 법문화로 인해서 일정한 차이를 갖고 있으나(이에 관해서는 특히 최종고, 『법철학』, 박영사, 2009, 483쪽), 양자는 법치를 실질적으로 파악하고 있는 오늘날 많은 부분에서 동일한 가치를 갖는 것으로 이해되고 있다(이에 관해서는 Silkenat/Hickey Jr./Barenboim (eds.), The Legal Doctrines of the Rule of Law and the Legal State (Rechtsstaat), Springer, 2014, p. 289; 이헌환, 「21세기 법치주의의 신경향」, 『공법연구』 44-1, 한국공법학회, 2015, 63쪽).

31) 헌법현실에서 법치주의의 변화 및 발전단계에 관해서는 최대권, 『법치주의와 민주주의』, 서울대학교출판문화원, 256쪽; 이헌환, 앞의 글, 63쪽 이하; 박규환, 「기본권 기능의 발전과정 분석을 통한 법치주의 이론의 재구성」, 『공법학연구』 5-1, 한국비교공법학회, 2004, 191쪽 이하 참조.

32) 한수웅, 『헌법학』, 법문사, 2016, 232-236쪽; 최선, 「사법권력의 증대와 통제 — 민주주의와 법치주의의 관계를 중심으로 —」, 『헌법학연구』 21-1, 2015, 171쪽: "국내에서 흔히 사용되고 있는 법치주의라는 개념이 그것만의 고유한 역사적 발전경로를 가지고 이어져 내려온 것이라기보다는, 영·미의 '법의 지배(the rule of law)'와 독일의 '법치국가(Rechtsstaat)'의 개념이 혼합되어 사용되는 것이며, 그에 더하여 '입헌주의(constitutionalism)' 개념까지 겹쳐진 것이기 때문이다."; 성정엽, 「민주적 법치국가의 관점에서 본 기본권의 의미와 기능」, 『민주법학』 52, 민주주의 법학연구회, 2013, 89쪽: "형식적 법치국가로 명명되는 전통적인 법치국가는 의회의 법률에 의해 지배되는 법률국가(Gesetzstaat)이었던 데 반하여 기본법하의 소위 실질적 법치국가는 헌법에 의하여 지배되는 입헌국가(Verfassungsstaat)를 의미하는 것이다."

33) 이러한 점은 학설 또한 마찬가지인 것으로 보인다. 다만 이준일 교수는 "문제는 어떤 헌법조항에서 법치국가원리를 도출할 것인지 하는 것이다."라고 하면서 규범이론적으로 법치국가원리를 논증함으로써 헌법의 어디에 법치국가원리가 기초하고 있는지를 드러내려는 시도를 하고 있다(이준일, 앞의 글(주 30), 26쪽).

서 독자적 의미를 갖고 활용될 필요성이 있는지에 관해서도 별다른 언급이 없다. 예컨대 헌법재판소의 견해와 같이 법치주의가 "국가권력의 남용으로부터 국민의 기본권을 보호"하기 위한 수단이라면, 국가의 기본권보장의무를 명시하고 있는 헌법 제10조나 기본권제한의 일반적 한계를 규정하고 있는 헌법 제37조 제2항 등과 같은 헌법 명시적 조항들을 직접 원용하거나 이들 조항의 해석 혹은 구체화를 통해서 얻어질 수 있는 구체적 규준을 원용함으로써 보다 헌법에 밀착된 방식으로 자신의 주장을 뒷받침할 수 있을 터인데, '왜 헌법재판소는 명시적 조항이 있음에도 불구하고 헌법적 논결의 근거로서 굳이 더 추상화되고 그 근거도 불명확한 법치주의를 원용하는 것인지?' 혹은 '법치주의를 활용할 경우 어떤 구체적인 실익 내지는 필요성이 있는 것인지?' 등과 같은 의문이 든다는 것이다. 이러한 의문을 염두에 두고 우선 헌법재판소가 기본권심사에서 심사대상인 국가행위를 평가하기 위한 기준(기본권심사기준)으로서 법치주의를 명시해서 적극적으로 원용한 경우들[34]을 구체적으로 확인해본다.

2. 법치주의로부터 파생된 규준들을 기본권심사기준으로 활용한 경우

가. 서두

헌법재판소는 대체로 법치주의 그 자체를 기본권심사기준으로 직접 활용하기 보다는 "책임주의원칙", "명확성원칙", "신뢰보호원칙", "비례의 원칙(과잉금지원칙)" 등등과 같은 규준들을 법치주의로부터 파생시킨 다음, 파생된 원칙들을 독자적인 기본권심사기준으로 활용하고 있다.

나. 책임주의원칙("자기책임의 원리")

정신보건법위반 피의사건과 관련하여 검사의 기소유예처분의 취소를 구하는 헌법소원심판청구에 대해서 헌법재판소는 기소유예처분의 근거가 되는 정신보건법 제58조의 위헌여부를 확인하는 과정에서 "'책임 없는 자에게 형벌을 부과할 수 없다'는 형벌에 관한 책임주의는 형사법의 기본원리로서 헌법상 법치국가의 원리에 내재하는 원리인 동시에 헌법 제10조의 취지로부터 도출되는 원리"라고 전제한 다음, 문제가 된 정신보건법 제58조는 "아무런 비난받을 만한 행위를 한 바 없는 자에 대해서까지 다른 사람의 범죄행위를 이유로 처벌하는 것으로서 형

---

34) 위 주 8)에서 언급한 274개의 판례들 중에서 기본권심사에서 헌법재판소가 각종 심사기준들을 적극적으로 활용하여 국가행위를 통제한 경우들을 집중적으로 살펴보기 위해서 본 글에서는 종국결과가 '각하'나 '기각' 혹은 '합헌'인 경우를 제외한 58개의 판례들에 대해서 특별히 주목하였음을 밝혀둔다.

벌에 관한 책임주의에 반하는 것"이라고 하면서 "헌법상 법치국가의 원리 및 죄형법정주의로부터 도출되는 책임주의원칙에 위반된다."라고 판시한 바 있다.[35)] 그리고 선거범죄로 인하여 당선이 무효로 된 때를 비례대표지방의회의원의 의석승계 제한사유로 규정한 공직선거법 제200조 제2항 단서 중 '비례대표지방의회의원 당선인이 제264조(당선인의 선거범죄로 인한 당선무효)의 규정에 의하여 당선이 무효로 된 때' 부분(이하 '심판대상조항'이라 한다)이 궐원된 비례대표지방의회의원 의석을 승계받을 후보자명부상의 차순위후보자(이하 '청구인'이라 한다)의 공무담임권을 침해하는지 여부가 문제된 사건에서는 "헌법 제10조가 정하고 있는 행복추구권에서 파생되는 자기결정권 내지 일반적 행동자유권은 이성적이고 책임감 있는 사람의 자기의 운명에 대한 결정·선택을 존중하되 그에 대한 책임은 스스로 부담함을 전제로 한다. 자기책임의 원리는 이와 같이 자기결정권의 한계논리로서 책임부담의 근거로 기능하는 동시에 자기가 결정하지 않은 것이나 결정할 수 없는 것에 대하여는 책임을 지지 않고 책임부담의 범위도 스스로 결정한 결과 내지 그와 상관관계가 있는 부분에 국한됨을 의미하는 책임의 한정원리로 기능한다. 이러한 자기책임의 원리는 인간의 자유와 유책성, 그리고 인간의 존엄성을 진지하게 반영한 원리로서 그것이 비단 민사법이나 형사법에 국한된 원리라기보다는 근대법의 기본이념으로서 법치주의에 당연히 내재하는 원리로 볼 것이고 헌법 제13조 제3항은 그 한 표현에 해당하는 것으로서 자기책임의 원리에 반하는 제재는 그 자체로서 헌법위반을 구성한다고 할 것이다."[36)]라고 판단한 선례를 그대로 인용하면서 "심판대상조항은 대의제 민주주의 원리 및 자기책임의 원리에 반하는 것으로서, 청구인의 궐원된 비례대표지방의회의원직 승계를 통한 공직취임의 기회를 자의적으로 배제하여 헌법상 보장된 공무담임권을 침해한 것"이란 결론을 도출하였다.[37)]

이러한 판례들은 헌법재판소가 법치주의로부터 책임주의원칙을 도출시킨 다음, 이를 기본권침해여부를 판단하기 위한 심사기준으로 활용하고 있음을 뚜렷하게 보여주는 것이라 하겠다. 다만 헌법재판소는 "법치주의에 당연히 내재하는 원리"라고만 하고 있을 뿐, 법치주의로부터 어떻게 책임주의원칙 내지는 자기책

---

35) 헌재 2015.3.26. 2014헌마1089, 판례집 27-1상, 405쪽; 같은 취지의 판례로는 특히 헌재 2015.2.26. 2013헌마789, 판례집 27-1(상), 224-225쪽; 헌재 2013.5.30. 2012헌마850, 공보 제200호, 708쪽; 헌재 2010.7.29. 2009헌가25, 판례집 22-2(상), 192쪽; 헌재 2010.7.29. 2009헌가18, 판례집 22-2(상), 176쪽.

36) 헌재 2004.6.24. 2002헌가27, 판례집 16-1, 714-715쪽.

37) 헌재 2009.6.25. 2007헌마40, 판례집 21-1(하), 864-869쪽.

임의 원리가 도출될 수 있는 것인지에 관해서는 상세한 설명을 못하고 있다. 뿐만 아니라 헌법이 명시하고 있는 조항(즉, 제13조 제3항 모든 국민은 자기의 행위가 아닌 친족의 행위로 인하여 불이익한 처우를 받지 아니한다.)으로부터 직접 책임주의원칙(혹은 자기책임의 원리)을 도출시켜 보다 헌법밀착적인 주장을 할 수 있다는 점을 고려한다면,[38] 헌법에 명시적으로 등장하지 않고 더 추상적이어서 더 많은 구체화가 요청되는 개념인 법치주의를 굳이 언급할 필요가 있을 것인지도 의문이다.

다. 명확성원칙

헌법재판소는 일찍이 "명확성원칙은 헌법상 내재하는 법치국가원리로부터 파생될 뿐만 아니라, 국민의 자유와 권리를 보호하는 기본권보장으로부터도 나온다."라고 판단한 바 있으며,[39] 특히 전문과목을 표시한 치과의원은 그 표시한 전문과목에 해당하는 환자만을 진료하여야 한다고 규정한 의료법 제77조 제3항(이하 '심판대상조항'이라 한다.)이 명확성원칙에 위배되어 청구인들의 직업수행의 자유를 침해하는지 여부를 판단함에 있어서 "법치국가원리의 한 표현인 명확성원칙은 기본적으로 모든 기본권제한 입법에 대하여 요구된다. 규범의 의미내용으로부터 무엇이 금지되는 행위이고 무엇이 허용되는 행위인지를 수범자가 알 수 없다면 법적 안정성과 예측가능성은 확보될 수 없게 될 것이고, 또한 법집행 당국에 의한 자의적 집행이 가능하게 될 것이기 때문이다."라고 하였다.[40] 이러한 판단에서 우리는 무엇보다도 헌법재판소가 ① 별다른 설명 없이 법치주의(혹은 법치국가)를 헌법상 내재하는 원리로 이해 혹은 전제한 다음, 명확성원칙을 ② 법치국가원리로부터 도출시킨 후, 이를 ③ 모든 기본권제한 입법과 관련하여 검토되어야 하는 일반적 심사기준으로 활용하고 있음을 확인하게 된다.[41]

---

38) 이러한 점은 헌법재판소 스스로도 인식하고 있는 것으로 보인다. 왜냐하면 헌법재판소는 헌법 제13조 제3항을 법치주의에 당연히 내재하는 자기책임의 원리의 한 표현으로 이해하고 있기 때문이다(헌재 2009.6.25. 2007헌마40, 판례집 21-1(하), 864쪽).

39) 헌재 2001.6.28. 99헌바34, 판례집 13-1, 1264쪽.

40) 헌재 2015.5.28. 2013헌마799, 판례집 27-1(하), 370쪽; 같은 취지의 판례로는 특히 헌재 2016.3.31. 2013헌마585 등, 공보 제234호, 606쪽; 헌재 2002.1.31. 2000헌가8, 판례집 14-1, 8쪽; 헌재 1996.11.28. 96헌가15, 판례집 8-2, 533쪽 참조.

41) 물론 헌법재판소는 명확성원칙을 법치주의로부터만 근거 지우는 것은 아니다. 예컨대 헌법재판소는 심사대상 법률이 명확성원칙에 반해서 표현의 자유를 침해하고 있는지 여부가 쟁점이 된 사건에서 "명확성의 원칙은 민주주의·법치주의 원리의 표현으로서 모든 기본권제한입법에 요구되는 것이며, 죄형법정주의, 조세법률주의, 포괄위임금지와 같은 원칙들에도 명확성의 요청이 이미 내재되어 있다."라고 판단한 바 있다(헌재 2002.6.27. 99헌마480, 판례집 14-1, 627-628쪽).

이러한 헌법재판소의 태도와 관련하여 다음과 같은 의문을 제기해본다: ① 법치주의의 헌법적 근거에 관한 물음, 즉 법치주의는 헌법 어디에 내재하는 원리인가? ② 명확성원칙의 원천으로서 법치주의에 관한 물음, 즉 법치주의의 어떠한 측면으로부터 명확성원칙이 도출될 수 있는가?[42] ③ 일반적 기본권심사기준으로서 법치주의로부터 파생된 명확성원칙은 전체 기본권심사구조 안에서 언제 검토되는 것인가?[43]

라. 신뢰보호원칙

"신뢰보호원칙은 법치국가원리에 근거를 두고 있는 헌법상 원칙"[44] 혹은 "신뢰보호원칙은 헌법상 법치국가의 원칙으로부터 도출"[45] 등과 같은 표현과 함께 헌법재판소는 신뢰보호원칙을 과거의 시점에 주목하여 "특정한 법률에 의하여 발생한 법률관계는 그 법에 따라 파악되어야 하고 과거의 사실관계가 그 뒤에 생긴 새로운 법률의 기준에 따라 판단되지 않는다는 국민의 신뢰를 보호하기 위한 것"[46]이라고 하거나, 혹은 미래의 시점에 주목하여 "법률의 제정이나 개정 시 구법 질서에 대한 당사자의 신뢰가 합리적이고도 정당하며 법률의 제정이나 개정으로 야기되는 당사자의 손해가 극심하여 새로운 입법으로 달성하고자 하는 공익적 목적이 그러한 당사자의 신뢰의 파괴를 정당화할 수 없다면, 그러한 새로운 입법은 신뢰보호의 원칙상 허용될 수 없다는 것"[47]으로 이해하면서, "일반적

---

42) 이러한 물음과 관련하여 특히 헌법재판소가 별다른 설명 없이 명확성원칙을 도출할 수 있는 근거로서 민주주의·죄형법정주의·조세법률주의·포괄위임금지 등을 법치주의와 같은 차원에서 함께 나열하고 있는 태도를 보이는 것 — 예컨대 공공의 안녕질서 또는 미풍양속을 해하는 내용의 통신을 금하는 전기통신사업법 제53조 제1항이 명확성의 원칙에 위배하여 표현의 자유를 침해하는지 여부가 문제된 사건에서 헌법재판소는 "명확성의 원칙은 민주주의·법치주의 원리의 표현으로서 모든 기본권제한입법에 요구되는 것이며, 죄형법정주의, 조세법률주의, 포괄위임금지와 같은 원칙들에도 명확성의 요청이 이미 내재되어 있다."라고 판단하였다(헌재 2002.6.27. 99헌마480, 판례집 14-1, 627-628쪽). — 은 헌법재판소 스스로 '명확성원칙을 도출할 수 있는 헌법상 근거로서의 법치주의'를 확고하게 정초하고 있지 못함을 보여주는 것이라 생각된다.

43) 관련하여 헌법재판소가 형식적 헌법적합성심사기준이라고 할 수 있는 포괄위임금지원칙의 본질을 일관되게 "입법을 위임하는 수권법률의 명확성원칙"으로 이해하고 있다는 점을 지적할 수 있겠다(헌재 2003.7.24. 2002헌바82, 판례집 15-2(상), 141쪽; 헌재 2012.2.23. 2011헌가13, 판례집 24-1(상), 42쪽 참조). 즉 '형식적 헌법적합성심사기준으로서 명확성원칙은 명문의 규정인 헌법 제75조 "법률에서 구체적으로 범위를 정하여"로부터 근거 지울 수 있으므로, 법치주의로부터 도출되는 명확성원칙은 실질적 헌법적합성심사에 국한해서 활용하는 것이 보다 바람직한 것 아닌가?' 하는 의문이 든다는 것이다.

44) 헌재 2012.11.29. 2011헌마786등, 판례집 24-2(하), 221쪽.

45) 헌재 2015.6.25. 2011헌마769등, 판례집 27-1(하), 534쪽.

46) 헌재 2012.11.29. 2011헌마786등, 판례집 24-2(하), 221쪽.

으로 국민이 어떤 법률이나 제도가 장래에도 그대로 존속될 것이라는 합리적인 신뢰를 바탕으로 하여 일정한 법적 지위를 형성한 경우 국가는 그와 같은 법적 지위와 관련된 법규나 제도의 개폐에 있어서 법치국가의 원칙에 따라 국민의 신뢰를 최대한 보호하여 법적 안정성을 도모하여야 한다."[48]라고 판단하고 있는바, 그 입장을 다음과 같이 요약할 수 있겠다: ① 신뢰보호원칙은 "헌법상 법치국가의 원칙"(혹은 법치주의)에 근거하는 "헌법상 원칙"이다. ② 신뢰보호원칙은 "법적 안정성을 도모"하기 위한 것이다.

이러한 헌법재판소의 견해와 관련하여 무엇보다도 법치주의로부터 신뢰보호원칙이 어떻게 도출될 수 있는지에 관하여 보강된 논거가 제시되어야 한다는 점, 그리고 법치주의·신뢰보호원칙·법적 안정성 상호 간의 관계가 보다 뚜렷하고 질서정연하게 규명될 필요가 있다는 점을 지적할 수 있겠다. 아울러 헌법재판소는 공직선거법 제200조 제2항 단서 위헌확인사건에서 "헌법 제13조 제2항은 모든 국민은 소급입법에 의하여 참정권의 제한을 받지 아니한다고 규정하고 있다. 과거의 사실관계 또는 법률관계를 규율하기 위한 소급입법의 태양에는 이미 과거에 완성된 사실·법률관계를 규율의 대상으로 하는 이른바 진정소급효의 입법과 이미 과거에 시작하였으나 아직 완성되지 아니하고 진행과정에 있는 사실·법률관계를 규율의 대상으로 하는 이른바 부진정소급효의 입법이 있고, 헌법 제13조 제2항이 금하고 있는 소급입법은 전자, 즉 진정소급효를 가지는 법률만을 의미하는 것으로서, 기존의 법에 의하여 형성되어 이미 굳어진 개인의 법적 지위를 사후입법을 통하여 박탈하는 것 등을 내용으로 하는 진정소급입법은 개인의 신뢰보호와 법적 안정성을 내용으로 하는 법치국가원리에 의하여 헌법적으로 허용되지 아니하는 것이 원칙이다."[49]라고 하고 있는바, 신뢰보호원칙의 한 표현이라고 할 수 있는 소급효금지원칙의 헌법적 근거로서 법치주의와 헌법 제13조 제1항 및 제2항의 관계가 보다 뚜렷하게 설명되어져야 할 것이다. 왜냐하면 신뢰보호원칙 내지는 소급효금지원칙의 헌법적 근거로서 헌법 제13조 제1항 및 제2항 같은 헌법 명시적 조항을 원용할 수 있다면 굳이 '법치주의'와 같은 불문법적 가치가 헌법적 근거로 원용되어야 할 필요가 없기 때문이다.

---

47) 헌재 2015.6.25. 2011헌마769 등, 판례집 27-1(하), 534쪽.

48) 헌재 2004.12.16. 2003헌마226 등, 판례집 16-2하, 590쪽.

49) 헌재 2009.6.25. 2008헌마413, 판례집 21-1(하), 942쪽; 관련 판례로는 특히 헌재 1989.3.17. 88헌마1, 판례집 1, 17-18쪽; 헌재 1989.12.18. 89헌마32등, 판례집 1, 355쪽; 헌재 1996.2.16. 96헌가2등, 판례집 8-1, 87-88쪽; 헌재 1998.9.30. 97헌바38, 판례집 10-2, 539쪽 참조.

마. 비례성원칙

헌법재판소는 공직선거및선거부정방지법 제53조 제3항 위헌확인 사건에서 헌법재판관 9인 전원이 일치하여 "이 사건 조항은, 선거일 전 60일까지 사퇴하면 되는 다른 공무원과 비교해 볼 때 지방자치단체장의 사퇴시기를 현저하게 앞당김으로써 청구인들의 공무담임권(피선거권)에 대하여 제한을 가하고 있는 규정이므로, 이 사건 규정은 법치국가원리로부터 도출되는 기본권제한에 관한 비례의 원칙(과잉금지원칙)을 준수하여야 한다. 즉, 입법목적이 정당하여야 하고(입법목적의 정당성), 입법자가 선택한 수단이 의도하는 입법목적을 달성하고 촉진하기에 적합해야 하며(방법의 적절성), 입법목적을 달성하기에 똑같이 효율적인 수단 중에서 가장 기본권을 존중하고 적게 침해하는 수단을 사용해야 하고(침해의 최소성), 법률에 의하여 국민에게 야기되는 효과인 기본권침해의 정도와 법률에 의하여 실현되는 공익의 비중을 전반적으로 비교형량하였을 때 양자사이의 적정한 비례관계가 성립해야 한다(법익의 균형성)."[50]라고 판단하고 있다. 즉 헌법재판소는 기본권(공무담임권) 침해여부를 판단하기 위한 심사기준으로서 비례의 원칙(과잉금지원칙)을 활용하면서, 그 근거로 법치국가원리를 언급하고 있는 것이다. 하지만 헌법재판소는 또 다른 판례(특히, 소송기록 송부지연 등에 대한 헌법소원심판사건)에서 "우리 재판소는 이미 수회에 걸쳐 법치국가의 원리에서 당연히 추출되는 확고한 원리로서 헌법 제37조 제2항에서 그 취지를 규정하고 있는 '과잉금지의 원칙'을 기본권제한의 한계로 제시하고 있다."[51]라고 판단하고 있는바, 다음과 같은 의문이 제기된다: ① 헌법이 명시하고 있는 헌법 제37조 제2항에 의해 법치국가원리가 헌법상 가치로 추단될 수는 있어도 헌법이 명시하지 않은(혹은 헌법적 근거가 의심스러운) 법치국가원리에서 헌법 제37조 제2항이 추출되는 것으로 이해하는 것은 헌법적 논증의 출발점이라고 할 수 있는 성문의 헌법규정을 경시한 논리적 비약 내지는 논리적 오류가 아닌가? ② 설사 법치국가원리로부터 헌법 제37조 제2항이 추출될 수 있다고 하더라도 비례의 원칙이 헌법 제37조 제2항으로부터 도출될 수 있다면, 기본권심사에서 굳이 비례의 원칙의 헌법적 근거로서 법치국가원리(혹은 법치주의)를 언급할 필요성 내지는 실익은 없는 것 아닌가?

---

50) 헌재 2003.9.25. 2003헌마106, 판례집 15-2(상). 532-533쪽.

51) 헌재 1995.11.30. 92헌마44, 판례집 7-2, 688-667쪽; 같은 취지로는 특히 헌재 1990.9.3. 89헌가95, 판례집 2, 259-260쪽 참조.

바. 기타

헌법재판소는 '법률유보원칙' 및 '의회유보원칙' 등과 같은 기본권심사기준을 법치주의로부터 도출시키기도 한다.[52] 특히 방송법 제64조 등 위헌소원사건에서 다음과 같이 판시하고 있다: "헌법은 법치주의를 그 기본원리의 하나로 하고 있으며, 법치주의는 행정작용에 국회가 제정한 형식적 법률의 근거가 요청된다는 법률유보를 그 핵심적 내용으로 하고 있다. 그런데 오늘날 법률유보원칙은 단순히 행정작용이 법률에 근거를 두기만 하면 충분한 것이 아니라, 국가공동체와 그 구성원에게 기본적이고도 중요한 의미를 갖는 영역, 특히 국민의 기본권실현에 관련된 영역에 있어서는 행정에 맡길 것이 아니라 국민의 대표자인 입법자 스스로 그 본질적 사항에 대하여 결정하여야 한다는 요구까지 내포하는 것으로 이해하여야 한다(이른바 의회유보원칙). 그런데 입법자가 형식적 법률로 스스로 규율하여야 하는 사항이 어떤 것인가는 일률적으로 획정할 수 없고 구체적 사례에서 관련된 이익 내지 가치의 중요성, 규제 내지 침해의 정도와 방법 등을 고려하여 개별적으로 결정할 수 있을 뿐이나, 적어도 헌법상 보장된 국민의 자유나 권리를 제한할 때에는 그 제한의 본질적인 사항에 관한 한 입법자가 법률로써 스스로 규율하여야 할 것이다."[53] 그런데 기본권심사에 있어서 법률유보원칙이나 의회유보원칙 등은 각각 헌법 제37조 제2항 "법률로써" 혹은 헌법 제40조 등과 같은 헌법명문의 규정을 통해서 그 근거를 뚜렷하게 마련할 수 있다는 점에서,[54] 해당 명시적 규정을 근거로 원용하지 않고 법치주의를 법률유보원칙 혹은 의회유보원칙의 근거로 원용하는 것이 어떠한 장점 내지는 실익이 있는지가 의문이다.

---

52) 한편 헌법재판소는 법치주의로부터 체계정당성원리를 도출하기도 한다(헌재 2010.6.24. 2007헌바101 등, 판례집 22-1(하), 433쪽; 헌재 2004.11.25. 2002헌바66, 판례집 16-2(하), 333쪽). 하지만 "일반적으로 일정한 공권력작용이 체계정당성에 위반한다고 해서 곧 위헌이 되는 것은 아니고, 그것이 위헌이 되기 위해서는 결과적으로 비례의 원칙이나 평등의 원칙 등 일정한 헌법의 규정이나 원칙을 위반하여야 한다."라고 판단하거나(헌재 2010.6.24. 2007헌바101등, 판례집 22-1(하), 433-434쪽), "일반적으로 일정한 공권력작용이 체계정당성에 위반한다고 해서 곧 위헌이 되는 것은 아니다. 즉 체계정당성 위반(Systemwidrigkeit) 자체가 바로 위헌이 되는 것은 아니고 이는 비례의 원칙이나 평등원칙위반 내지 입법의 자의금지위반 등의 위헌성을 시사하는 하나의 징후일 뿐이다."라고 판단하고 있는바(헌재 2004.11.25. 2002헌바66, 판례집 16-2(하), 333-334쪽), 체계정당성원리를 독립된 기본권심사기준으로 판단하고 있는 것은 아니라고 하겠다.

53) 헌재 2008.2.28. 2006헌바70, 판례집 20-1(상), 261쪽.

54) 의회유보원칙의 근거로서 헌법 제40조에 관해서는 김해원, 앞의 글(주 21), 89-90쪽.

3. 법치주의 그 자체를 기본권심사기준으로 활용한 경우

헌법재판소는 때로는 불문의 추상적 개념인 법치주의(혹은 법치국가) 그 자체를 기본권심사기준으로 활용하거나, 특별한 설명이나 논증 없이 특정한 가치들을 법치주의(혹은 법치국가)의 "이념" 내지는 "요청"이라고 하면서 이를 기본권심사기준으로 원용하기도 한다. 예컨대 전자와 관련해서는 국제그룹해체에 의한 기업정리의 헌법적합성여부를 검토하면서 "국제그룹해체를 위하여 한 일련의 공권력의 행사는 헌법상 법치국가의 원리, 헌법 제119조 제1항·제126조·제11조의 규정을 어겨 청구인의 기업활동의 자유와 평등권을 침해한 것이므로 헌법에 위반된 것임"을 확인한 사건이나,[55] 법원의 수사서류 열람·등사 허용결정에도 불구하고 검사가 청구인들에게 열람·등사를 거부한 작위행위(공권력의 행사)가 청구인들의 기본권(신속·공정한 재판을 받을 권리 및 변호인의 조력을 받을 권리 등)을 침해하는지 여부를 검토하면서 "법치국가와 권력분립의 원칙상 검사로서는 당연히 법원의 그러한 결정에 지체 없이 따라야 할 것이다."라고 하면서 "법원의 열람·등사 허용 결정에도 불구하고 검사가 이를 신속하게 이행하지 아니하는 경우에는 해당 증인 및 서류 등을 증거로 신청할 수 없는 불이익을 받는 것에 그치는 것이 아니라, 그러한 검사의 거부행위는 피고인의 열람·등사권을 침해하고, 나아가 피고인의 신속·공정한 재판을 받을 권리 및 변호인의 조력을 받을 권리까지 침해하게 되는 것이다."라고 판단한 사건 등이 언급될 수 있을 것이며,[56] 후자와 관련해서는 "형사보상의 결정에 대한 불복을 금지하는 것이 분쟁의 신속한 해결을 통한 법적 안정성의 확보에만 매몰되어 재판의 적정성이라는 법치주의의 또 다른 이념을 현저히 희생함으로써 형사보상청구권의 실현을 위한 기본권으로서의 재판청구권의 본질을 심각하게 훼손하는 등 입법형성권의 한계를 일탈한 것이 아닌지를 검토"한 다음 심사대상 법률조항인 형사보상법 제19조 제1항이 헌법에 위반된다고 선언한 사건이나,[57] 법원의 재판을 헌법소원심판의 대상에서 제외하고 있는 헌법재판소법 제68조 제1항이 헌법 제27조에 보장된 국민의 재판청구권을 침해한다는 주장을 배척함에 있어서 "되도록이면 흠결없는 효율적인 권리구제절차의 형성을 요청하는 법치국가원칙에 위반"되는지 여부를

---

55) 헌재 1993.7.29. 89헌마31, 판례집 5-2, 120쪽.
56) 헌재 2010.6.24. 2009헌마257, 판례집 22-1(하), 638쪽.
57) 헌재 2010.10.28. 2008헌마514 등, 판례집 22-2(하), 191-192쪽.

검토한 사건,[58] 혹은 공무담임권 침해 여부가 문제된 1999년도 공무원채용시험 시행계획의 위헌여부를 판단하면서 관여 재판관 전원이 일치하여 "지방고등고시의 응시상한연령(33세)의 기준일이 되는 최종시험시행일을 예년보다 늦추어 연도 말인 1999. 12. 14.로 정함으로써 청구인의 연령이 응시상한연령을 5일 초과되게 하여 청구인이 제2차 시험에 응시할 수 있는 자격을 박탈한 것은 청구인의 정당한 신뢰를 해한 것일 뿐 아니라, 기본권 제한의 비례성의 원칙과 법치주의의 한 요청인 예측가능성의 보장을 위반하여 청구인의 공무담임권을 침해한 것에 해당"한다고 판단한 사건 등이 언급될 수 있겠다.[59]

이러한 헌법재판소의 판단이 정당하고 합리적인지 여부와 관련해서는 무엇보다도 헌법재판소가 헌법에 명시적으로 등장하지도 않는 추상적 개념인 법치주의를 면밀한 구체화 과정 없이 기본권심사기준으로 직접 원용해서 상대적으로 더 우월한 민주적 정당성에 기초하고 있는 국가기관의 행위를 적극적으로 통제하고 있다는 점을 주목해야 할 것이다. 보다 구체적으로 말하자면 「헌법재판소 판례에서 심사대상으로 등장한 '국제그룹해체를 위하여 한 일련의 공권력의 행사'나 '검사가 청구인들에게 열람·등사를 거부한 행위' 등이 헌법상 법치국가원리를 위반해서라기보다는, 헌법 제37조 제2항 "법률로써"에 근거하는 법률유보원칙을 위반해서 청구인들의 관련 기본권들을 침해했다는 결론을 도출하는 것」이 보다 헌법에 밀착된 논증이란 점에서 더 합리적이고 설득력 있다는 것이다. 같은 맥락에서 헌법재판소가 추상적인 법치주의 그 자체를 바로 원용하지 않고 "법치주의의 또 다른 이념" 혹은 "법치주의의 한 요청" 등과 같은 표현과 함께 법치주의의 내용요소들로서 "재판의 적정성", "흠결없는 효율적인 권리구제절차의 형성", "예측가능성의 보장" 등을 언급하고 있는 점 또한 비판할 수 있겠다. 「왜 "재판의 적정성", "흠결없는 효율적인 권리구제절차의 형성", "예측가능성의 보장" 등이 법치주의의 내용이 될 수 있는지?」에 관한 면밀한 해명이 없기 때문이다. 특히 헌법재판소가 거의 모든 기본권심사기준들을 도출해낼 수 있는 "실질적 법치국가의 이념"을 명시적으로 받아들이고 있는 점을 고려한다면,[60] 엄격하

---

58) 헌재 1997.12.24. 96헌마172 등, 판례집 9-2, 858-859쪽.

59) 헌재 2000.1.27. 99헌마123, 판례집 12-1, 88쪽.

60) 특히 헌재 1992.4.28. 90헌바24, 판례집 4, 230쪽; 헌재 2002.11.28. 2002헌가5, 판례집 14-2, 607쪽: "단지 반국가적 범죄를 반복하여 저질렀다는 이유만으로 다시 범한 죄가 국가보안법 제7조 제5항, 제1항과 같이 비교적 경미한 범죄라도 사형까지 선고할 수 있도록 한 것은 그 법정형이 형벌체계상의 균형성을 현저히 상실하여 정당성을 잃은 것이고, 이러한 형의 불균형은 반국가적 범죄로부터 국가 및 국민을 보호한다는 위와 같은 입법목적으로도 극복할 수는 없는 것이다. 그러므로

고 면밀한 논증과정이나 합리적 설명 없이 일방적으로 법치주의의 구체적 내용을 선언하다시피하고 있는 헌법재판소의 태도는 헌법에 명시된 보다 구체적 규준들이 기본권심사기준으로 주목받는 것을 방해하고 명시적 헌법조항에 대한 면밀하고 예리한 검토를 등한시 하는 계기를 마련하여 결국 '법치주의'를 매개하여 기본권심사기준들의 내용을 자의로 창설할 위험성과 모든 기본권심사기준들을 '법치주의'로 일원화할 가능성을 증대시킨다는 점에서 우려된다. 이러한 맥락에서 본다면 적어도 기본권심사에서 "재판의 적정성", "흠결없는 효율적인 권리구제절차의 형성" 등과 같은 가치는 (법치주의로부터 도출될 수 있는) 기본권심사기준으로 이해하기보다는 차라리 헌법 제27조 제1항에 근거하는 재판청구권의 보호영역에 해당하는 것으로서 구체적 사안에서 재판청구권을 제한함으로써 달성하려는 가치들과 형량(Abwägung)되어야 할 대상으로 이해하는 것이 합리적이라고 생각되며, "예측가능성의 보장"은 어떠한 이유에서 법치주의로부터 도출될 수 있는지, 그리고 헌법재판소가 이미 법치주의로부터 도출시켜 독립된 기본권심사기준으로 활용하고 있는 신뢰보호원칙이나 명확성원칙 등과는 어떠한 관련을 갖고 있는 것인지 등에 대한 종합적인 검토 후에 비로소 독립된 기본권심사기준으로 사용될 수 있는지 여부가 결정되어야 할 것으로 생각된다.

4. 보론

한편 헌법재판소는 헌법소원심판사건에서 법치주의(혹은 법치국가)를 기본권심사기준이 아니라 국가의 기본권침범을 정당화하기 위한 논거로 활용하기도 하며, 대국가적 작위요구권이라고 할 수 있는 급부권적 기본권이 문제된 경우 국가의 작위의무를 도출하기 위한 논리적 매개물로도 활용하고 있다.

전자와 관련해서는 헌법재판소가 "심판대상조항에 의한 선거권 박탈은 범죄자에 대해 가해지는 형사적 제재의 연장으로서 범죄에 대한 응보적 기능을 갖는다. 나아가 심판대상조항이 집행유예자에 대하여 그가 선고받은 자유형과는 별도로 선거권을 박탈하는 것은 집행유예자 자신을 포함하여 일반 국민으로 하여금 시민으로서의 책임성을 함양하고 법치주의에 대한 존중의식을 제고하는 데도 기여할 수 있다. 심판대상조항이 담고 있는 이러한 목적은 정당하다고 볼 수 있

이 사건 법률조항은 법정형의 종류와 범위를 정할 때는 인간의 존엄과 가치를 존중하고, 형벌이 죄질과 책임에 상응하도록 정하여야 한다는 실질적 법치국가의 이념에 반한다."

고, 집행유예자의 선거권 제한은 이를 달성하기 위한 효과적이고 적절한 방법의 하나이다. 따라서 심판대상조항은 입법목적의 정당성과 수단의 적합성은 갖추고 있다고 볼 수 있다."[61]라고 판단한 공직선거법 제18조 제1항 제2호 위헌확인 사건이나, "국가의 존립과 기능은 국민의 국법질서에 대한 순종의무를 그 당연한 이념적 기초로 하고 있다. 특히 자유민주적 법치국가는 모든 국민에게 사상의 자유와 법질서에 대하여 비판할 수 있는 자유를 보장하고 정당한 절차에 의하여 헌법과 법률을 개정할 수 있는 장치를 마련하고 있는 만큼 그에 상응하여 다른 한편으로 국민의 국법질서에 대한 자발적인 참여와 복종을 그 존립의 전제로 하고 있다. 따라서 헌법과 법률을 준수할 의무는 국민의 기본의무로서 헌법상 명문의 규정은 없으나 우리 헌법에서도 자명한 것이다."[62]라고 판단한 준법서약제 및 가석방심사등에관한규칙 제14조 제2항 위헌확인 사건 등을 언급할 수 있겠다. 그런데 이러한 판례에서 나타난 헌법재판소의 태도는 '법에 의한 지배를 의미하는 법치주의의 수범자는 국민이 아니라 국가 내지는 국가권력기관이란 점'을 간과했을 뿐만 아니라, '기본적으로 권력통제의 문제인 법치주의를 준법 내지는 법질서 확보의 문제로 오해하고 있다는 점'에서 비판되어야 한다.[63] 특히 오늘날 일반적으로 받아들여지고 있으며 헌법재판소도 수용하고 있는 실질적 법치국가는 국민의 국법질서에 대한 복종을 그 존립의 전제로 하는 것이 아니라, 국법질서를 내세우는 국가권력에 대한 감시 및 저항과 통제를 그 존립의 전제로 삼고 있는 것으로 생각된다. 아울러 기본권심사에서 기본권 주체에 대한 준법정신 — 헌법재판소 표현을 빌리자면, "국민의 국법질서에 대한 자발적인 참여와 복종" — 의 강조를 통해서 기본권의 보호영역을 축소하려는 시도는 기본권의 내재적 한계를 부인하는 견해들과도 조화를 이루기가 어렵다고 본다.[64]

그리고 후자와 관련해서는 무엇보다도 행정입법부작위가 기본권을 침해하고 있는지 여부가 문제된 헌법소원심판사건에서 헌법재판소가 법치주의를 활용하고 있는 방식에 대해서 주목해볼 수 있겠다. 헌법재판소는 기본적으로 "행정입법의 부작위에 대한 헌법소원이 인정되기 위하여는 첫째, 행정청에게 헌법에서 유래하는 행정입법의 작위의무가 있어야 하고 둘째, 상당한 기간이 경과하였음에도

---

61) 헌재 2014.1.28. 2013헌마105, 판례집 26-1(상), 199쪽.

62) 헌재 2002.4.25. 98헌마425 등, 판례집 14-1, 363쪽.

63) 같은 취지로는 특히 최대권, 앞의 책(주 31), 152쪽.

64) 기본권의 내재적 한계에 관한 주요 학자들의 견해 및 기본권의 내재적 한계를 긍정하는 입장에 대한 비판으로는 특히 이준일, 『헌법학강의』, 홍문사, 2015, 337-341쪽.

불구하고 셋째, 행정입법의 제정(개정)권이 행사되지 않아야 한다."[65]라는 입장을 전제한 다음, 피청구인인 행정청에게 "헌법에서 유래하는 행정입법의 작위의무"가 있음을 논증하기 위한 논리적 매개물로서 "법치국가" 혹은 "법치행정" 등과 같은 개념을 활용하고 있다. 예컨대 노동부장관이 평균임금을 결정·고시하는 내용의 규정이 산업재해보상보험법 및 대통령령인 근로기준법시행령에 있음에도 불구하고 노동부장관이 이에 따른 행정입법권을 행사하지 아니하고 있는 부작위의 기본권침해 여부를 판단함에 있어서 헌법재판소는 "이 사건에 있어서 노동부장관의 작위의무는 산업재해보상보험법 및 근로기준법시행령에 의하여 부여된 것이고, 직접 헌법의 명문규정에 의하여 부여된 것은 아니다. 그러나 삼권분립의 원칙, 법치행정의 원칙을 당연한 전제로 하고 있는 우리 헌법하에서 행정권의 행정입법의무는 헌법적 의무라고 보아야 한다. 왜냐하면 법률이 행정입법을 당연한 전제로 규정하고 있고 그 법률의 시행을 위하여 그러한 행정입법이 필요함에도 불구하고 행정권이 그 취지에 따라 행정입법을 하지 아니함으로써 법령의 공백상태를 방치하고 있는 경우에는 행정권에 의하여 입법권이 침해되는 결과가 되기 때문이다."라고 하였으며,[66] '구 군법무관임용법 제5조 제3항 및 군법무관임용등에관한법률 제6조가 군법무관의 봉급과 그 밖의 보수를 법관 및 검사의 예에 준하여 지급하도록 하는 대통령령을 제정할 것을 규정하였는데, 대통령이 해당 대통령령을 제정하지 않는 것이 청구인들(군법무관들)의 기본권(특히 재산권)을 침해하는지 여부가 문제된 헌법소원심판사건'의 본안판단에서 헌법재판소는 "우리 헌법은 국가권력의 남용으로부터 국민의 기본권을 보호하려는 법치국가의 실현을 기본이념으로 하고 있고, 근대 자유민주주의 헌법의 원리에 따라 국가의 기능을 입법·행정·사법으로 분립하여 상호 간의 견제와 균형을 이루게 하는 권력분립제도를 채택하고 있다. 따라서 행정과 사법은 법률에 기속되므로, 국회가 특정한 사항에 대하여 행정부에 위임하였음에도 불구하고 행정부가 정당한 이유 없이 이를 이행하지 않는다면 권력분립의 원칙과 법치국가 내지 법치행정의 원칙에 위배되는 것이다."[67]라는 판단과 함께 약 37년간 행정입법 부작위의 상태가 지속되고 있는 것은 해당 행정입법을 제정하거나 필요한 조치를 함에 있어서

---

65) 헌재 2002.7.18. 2000헌마707, 판례집 14-2, 75쪽; 같은 취지의 판례들로는 특히 헌재 2004.2.26. 2001헌마718, 판례집 16-1, 320쪽; 헌재 1996.6.13. 94헌마118등, 판례집 8-1, 500쪽; 헌재 1998.7.16. 96헌마246, 판례집 10-2, 306쪽 참조.

66) 헌재 2002.7.18. 2000헌마707, 판례집 14-2, 76쪽.

67) 헌재 2004.2.26. 2001헌마718, 판례집 16-1, 320쪽.

요청되는 상당한 기간 내의 지체라고 볼 수 없다는 입장[68]을 피력한 후 결과적으로 "대통령이 정당한 이유 없이 해당 시행령을 만들지 않아 그러한 보수청구권이 보장되지 않고 있다면 이는 재산권의 침해에 해당된다고 볼 것이다."[69]라고 하면서 해당 행정입법부작위가 위헌임을 확인한 바 있다. 그런데 헌법재판소가 '행정청이 행정입법을 해야 할 헌법상 근거'가 있음을 논증하기 위한 논리적 매개물로서 '법치주의'를 활용하고 있긴 하지만, 이것이 기본권심사기준으로서 법치주의가 활용된 경우로 볼 수는 없을 것이다.[70] 왜냐하면 기본권심사기준은 기본권의 잠정적 보호영역에 대한 확인 후, 해당 영역에 감행된 각종 침범들이 헌법상 정당화될 수 있는지 여부를 검토하는 단계, 즉 정당성심사에서 활용되는 국가행위통제규준이기 때문이다.

5. 소결

지금까지의 검토를 통해서 기본권심사기준 혹은 특정 기본권심사기준을 도출하는 근거로 법치주의를 원용함에 있어서 헌법재판소가 보여준 논증 상의 미흡함은 무엇보다도 다음 두 가지로 집약할 수 있다: ① 헌법재판소는 헌법적 논증에서 법치주의를 활용할 수 있는 이유 내지는 헌법적 근거를 뚜렷하게 제시하고 있지 못하다. ② 헌법재판소는 기본권심사기준으로서 법치주의라는 불문의 추상적 개념이 기본권심사에서 언제 어떠한 내용을 가지고 활용될 수 있는지에 관해서 객관적이고도 납득가능한 규준을 제시하고 있지 못하다. 그리고 이러한 논증상의 미흡함은 결국 헌법이 명시하고 있는 규정이나 그로부터 도출될 수 있는 규준들이 합리적인 이유나 설명 없이 손쉽게 불문의 추상적 개념인 '법치주의'로 대체될 수 있는 가능성을 높이고, 나아가 민주적 정당성이 취약한 헌법재

---

68) 헌재 2004.2.26. 2001헌마718, 판례집 16-1, 323쪽.

69) 헌재 2004.2.26. 2001헌마718, 판례집 16-1, 323쪽.

70) 즉 헌법재판소는 급부권적 기본권의 심사와 관련하여 '심사대상인 행정청의 부작위(행정입법부작위)가 특정된 후, 해당 부작위의 헌법적 정당성여부를 판단하는 규준'으로서 '법치주의'를 활용한 것이 아니라, 심사대상인 국가부작위를 특정하기 위한 활동(즉, '작위의무불이행상황'에 대한 검토과정)과 관련하여 '행정청이 행정입법을 해야 할 헌법상 근거'가 있음을 논증하기 위한 논리적 매개물로서 '법치주의'를 활용하고 있는 것에 지나지 않는다. 따라서 법치주의를 활용해서 국가의 작위의무를 헌법상 근거 짓는 것이 타당할 것인지 여부에 관한 논란은 차치하더라도, 행정청의 행정입법부작위와 관련하여 행정청이 해당 입법을 해야 할 (헌법상) 의무가 있는지 여부에 관한 판단은 (해당 급부권적 기본권의 보호영역에 대한 잠정적 확인과정이라고 할 수 있는바) 본안판단에서가 아니라, 적법요건판단에서 행해졌어야 한다. 이러한 비판과 관련된 보다 상세한 논증은 특히 김해원, 앞의 글(주 13), 265-278쪽.

판관들이 법치주의의 구체적 내용을 자의적으로 형성한 다음, 이를 상대적으로 우월한 민주적 정당성에 기초하고 있는 다른 국가기관의 공권력활동을 적극적으로 통제하는 규준으로 사용할 수 있는 계기로 귀결될 것이라는 의심을 유발시킨다. 따라서 이하에서는 보다 합리적인 기본권심사에 기여하기 위해서 우선 헌법적 논증에서 법치주의를 활용할 수 있는 근거를 적극적으로 밝혀볼 것이며, 이어서 헌법제정권자가 성문헌법규정을 통해서 마련해둔 혹은 그러한 규정으로부터 도출될 수 있는 기본권심사기준들 외에 별도로 법치주의라는 기본권심사기준을 활용해야 할 필요성 내지는 실익[71]에 주목하여 독자적인 기본권심사기준으로서 법치주의가 갖고 있는 의미를 살펴본다.

Ⅳ. 헌법적 논증의 전제조건으로서 법치주의

'법치(法治/rule of law)'[72]에 대한 가장 기초적인 합의는 '법에 의한 지배'이다.[73] 따라서 '법치주의'는 지배의 근거 내지는 정당성의 기초를 법에 정초시키고자 하는 사유체계 내지는 이념이라고 할 수 있으며, 법치의 구현을 중요한 목표로 설정하고 있는 국가를 '법치국가(Rechtsstaat)'라고 명명할 수 있겠다.[74] 그런데 학설과 판례는 헌법이 명시하고 있지도 않은 법치주의(혹은 법치국가)를 별다른 주저함 없이 혹은 당연히 헌법적 차원의 규준 내지는 가치로 받아들이고 이를 기본권심사기준으로 원용하면서도, 기본권심사에서 법치주의(혹은 법치국가)를

---

71) 이러한 필요성 내지는 실익을 규명하는 것은 특히 법치주의가 헌법에 명시적으로 등장하지 않는 불문법적 개념이란 점에서 특히 중요한 의미를 갖는다. 왜냐하면 불문규범들은 무엇보다도 규범정립권자가 계획했던 내용이 법문에 제대로 실현되지 않은 경우, 즉 규범의 흠결이 있는 경우에 현실적 실익과 필요성이 높아지기 때문이다(이러한 취지로는 특히 김영환, 앞의 책, 272쪽 참조).

72) 여기서 '법치'를 '예치(禮治)'에 대비되는 개념으로서 활용된 동아시아적 맥락에서 이해하는 것은 적절치 못하다. 이에 관해서는 김정오/최봉철/김현철/신동룡/양천수, 『법철학: 이론과 쟁점』, 박영사, 2012, 208–209쪽.

73) '법치'를 "법이 통치한다."라고 이해하고, 실제로는 사람이 통치하는 것이지 법이 통치할 수 없다는 점에서 '법치'를 수사적 은유에 불과하다고 볼 여지가 있긴 하다(성정엽, 앞의 글, 84쪽). 하지만 '법치'에서 '법'은 지배의 주체가 아니라 지배의 수단이다.

74) 김정오/최봉철/김현철/신동룡/양천수, 앞의 책, 206–208쪽: "우리나라에서 법치주의라는 개념을 사용하는 사람이나 법치국가라는 개념을 사용하는 사람이나 그 개념이 뜻하는 바에 대해서는 거의 비슷하게 이해하고 있다. 대체로 법치주의를 설명할 때 영국의 법의 지배 개념과 독일의 법치국가 개념을 포괄하는 개념으로 이해하거나 그 개념과 같은 의미를 갖는 개념으로 이해하는 것이 일반적이다. […] 법치주의라는 용어는 동아시아에서 서양의 법과 제도를 수용하던 시기에 rule of law 혹은 Rechtsstaat의 개념에 해당하는 번역어로 성립하였던 것이다."

심사기준으로 원용할 수 있는 헌법적 이유나 근거에 대해서는 침묵하거나 상세한 설명을 생략하는 경우가 많다.[75] 하지만 헌법이 명시하고 있지 않더라도 '법에 의한 지배'로서 법치주의(혹은 법치국가)는 헌법적 논증의 당연한 전제조건으로 이해되어야 한다. 왜냐하면 헌법해석 내지는 헌법적 논증 또한 헌법에 의한 지배를 실현하기 위한 수단 내지는 과정인바, 헌법을 해석·적용하거나 헌법적 논증에 참여하는 자들은 기본적으로 '헌법의 규범력에 대한 승인'을 공통된 전제조건 내지는 출발점으로 삼을 수밖에 없는데, 헌법 또한 법이기 때문이다. 그리고 바로 이러한 지점에서 우리는 적어도 헌법적 차원에서는 법률에 의한 지배를 의미하는 형식적 법치주의(법률국가: Gesetzesstaat)가 아니라, 헌법에 의한 지배를 의미하는 실질적 법치주의(헌법국가: Verfassungsstaat)를 지극히 당연한 것으로 받아들일 수 있게 된다.[76] 요컨대 현행 헌법에 의한 지배를 부정하면서 새로운 헌법질서를 주창하거나 (헌)법에 의한 지배를 자의·폭력·자본·종교 등에 의한 지배로 대체하자는 주장이 개헌이나 혁명의 과정에서 가능할 수 있는지 여부는 차치하더라도, 적어도 헌법현실에서 현행 헌법의 가치를 구현하고 그 규범력을 높이기 위해서 행해지는 합리적인 법적 논증대화로서의 헌법적 논증에 참여하는 자들이 (헌)법에 의한 지배를 받아들이지 않는다는 것은 법적 논증대화의 기초를 허물어뜨리는 자기모순이라는 것이다. 따라서 (헌)법에 의한 지배로서의 법치주의(혹은 법치국가)는 모든 헌법적 논증의 전제조건이자 헌법적 논증참여자들이 공유하고 있는 입각점이 된다. 아울러 같은 맥락에서 헌법제정권자가 설사 법치주의(혹은 법치국가)를 명시적으로 헌법에 조문화하고 있지 않다고 하더라도, (헌)법에 의한 지배로서의 법치주의(혹은 법치국가)는 헌법에 당연히 내재된 헌법적 차원의 규준으로 평가될 수밖에 없는 것이다. 만약 이러한 평가를 부정한다는 것은 '헌법이 헌법에 의한 지배를 배척하는 자기 부정적 규범체계'임을 받아들이는 것과 다름 아니다.

---

75) 법치주의(혹은 법치국가) 원칙을 헌법에 정초하려는 시도 및 그 어려움에 관해서는 특히 위 주 33) 참조.

76) 형식적 법치에 기초한 법률국가(Gesetzesstaat)와 실질적 법치에 기초한 헌법국가(Verfassung-sstaat)에 관해서는 성정엽, 앞의 글, 89쪽 참조; 법치주의는 '법을 위한 지배'가 아니라 '법에 의한 지배'이다. 따라서 오늘날 법에 의한 지배의 목적(법의 목적/이념)을 도외시하는 형식적 법치주의는 허구의 개념이거나, '법의 목적/이념'을 은폐하기 위한 수단이 될 가능성이 많다고 하겠다.

V. 독립된 기본권심사기준으로서 법치주의

1. 서두

정작 문제는 (헌)법에 의한 지배로서의 법치주의(혹은 법치국가)가 헌법적 논증의 전제조건이자 헌법적 차원의 규준임을 받아들인 다음에 발생한다. 즉, 기본권심사가 행해져야 하는 구체적인 헌법적 논증에 있어서 '(실질적) 법치주의(혹은 법치국가)' 그 자체는 동어반복의 공허한 개념이란 것이다. 왜냐하면 심사대상인 국가행위가 헌법에 의한 지배를 위반했는지 여부 혹은 헌법에 의한 지배의 결과물인지 여부(즉, '(실질적) 법치주의(혹은 법치국가)'에 위반된 것인지 여부)에 관한 판단은 결국 심사대상인 국가행위가 헌법상 정당화될 수 있는지 여부(특히, 헌법적합성여부)를 판단하는 행위와 다르지 않기 때문이다. 따라서 '법치주의'를 정치적 구호 내지는 법적 수사로 활용하는 것을 넘어서서 사법심사에서 국가행위의 위헌여부를 평가할 수 있는 실질적 규준으로 원용하기 위해서는 무엇보다도 법치주의의 내용을 보다 구체적으로 확정해야 한다. 그리고 '법치주의'가 헌법이 마련해두고 있는 다른 기본권심사기준들과는 독립된 독자적 의미를 획득할 수 있는 것인지 여부 또한 고려되어야 한다. 왜냐하면 다른 기본권심사기준들과 중첩된다면 굳이 불문의 심사기준으로서 법치주의를 원용해 올 실익이 없기 때문이다. 전자와 관련해서는 무엇보다도 '법치'를 통해서 달성하고자 하는 것, 즉 법의 이념(혹은 법의 목적)에 대한 검토가 있어야 하며, 후자와 관련해서는 다른 심사기준들과의 중첩회피를 위한 경계설정이 주목되어야 한다.

2. 기본권심사기준으로서 법치주의의 구체적 내용

가. 법이념으로부터 채워질 수 있는 법치주의의 내용

기본권심사기준으로서 '법치주의(혹은 법치국가)'가 추상적이고 피상적인 개념으로 머물러있지 않고 국가행위를 통제 · 심사하는 기준으로서 객관적 유용성을 갖춘 실천적 수단으로 활용되기 위해서는 무엇보다도 구체적인 규준들이 법치주의의 내용으로 확보될 수 있어야 하는데, 이와 관련하여 특히 법이념(법의 목적)이 주목될 필요가 있다. 왜냐하면 자의 · 폭력 · 자본 · 종교 등에 의한 지배가 아니라, 법에 의한 지배를 의미하는 '법치' 그 자체는 목적적 가치가 아니라 법이념(법의 목적)을 규범현실에서 달성하기 위한 수단이기 때문이다.[77] 그런데 일반적으로 법이념은 정의·합목적성·법적 안정성으로 분석될 수 있는바,[78] 기본권심사에서 정의·합목적성·법적 안정성을 구현하기 위한 구체적 규준들은 일응 법치주의의 내용으로 포착될 수 있겠다. 다만 기본권심사에서 정의·합목적성·법적 안정성을 도모하기 위한 구체적 규준들이라고 하더라도 이들이 명시적 헌법규정으로부터 충분히 도출될 수 있다면, 해당 규준들을 굳이 불문의 추상적 개념인 법치주의로부터 연역해낼 실익은 없을 것이다.

이러한 관점에서 검토한다면 우선 기본권심사에서 '정의'를 추구한다는 것은 결국 기본권심사를 질서정연하고 엄밀하게 하라는 것 혹은 기본권최대보장자와 기본권최대제한자 상호 간의 논증다툼을 질서정연하게 구성하라는 것과 다름 아닐 것이며,[79] 개별적·구체적 상황에서의 정의를 의미하는 '합목적성'에 대한 요청은 헌법 제37조 제2항 "필요한 경우에 한하여"로부터 도출되는 기본권심사기준인 비례성원칙을 통해서 달성될 수 있을 것으로 생각된다.[80][81] 따라서 독립된

---

77) 이러한 점은 '왜 법에 의한 지배를 해야 하는가?'라는 물음 앞에서 뚜렷해진다. 실제로 '지배' 그 자체가 목적일 수는 없다.

78) F. Saliger(著)/윤재왕(驛), 『라드브루흐 공식과 법치국가(Radbruchsche Formel und Rechtsstaat)』, 세창출판사, 2011, 10－20쪽; 김영환, 앞의 책, 41쪽, 63쪽 이하; 최종고, 앞의 책, 42쪽: "라드브루흐는 정의, 합목적성, 법적 안정성이라는 그의 유명한 법이념 3요소설(Trias der Rechtsidee)을 천명한 것이다. 이 이론은 널리 알려져 오늘날 법이념론에 관한 통설적 지위를 차지하고 있다."

79) 이러한 입장은 실체이론(theory of substance)의 관점이 아니라, 논증참여자들 상호 간의 합의에 바탕을 둔 과정과 절차를 통해서 '정의'의 실체에 접근할 수 있다는 절차이론(theory of procedure)의 관점에서 보다 쉽게 이해될 수 있을 것이다(관련해서는 이준일, 『법학입문』, 박영사, 2004, 13－15쪽 참조). 한편 실체이론의 관점에서 법이념으로서 정의가 무엇인지를 보다 구체적으로 규명하려는 시도와 관련하여 특히 주목되고 있는 시각은 "정의의 본질은 평등에 있는 것"이라는 입장이다(특히 최종고, 앞의 책, 63쪽). 이러한 입장에 따른다고 하더라도 기본권심사기준으로서 정의의 본질에 해당하는 평등은 헌법 제11조로부터 근거 지울 수 있으므로 굳이 법치주의를 원용할 실익은 없다고 본다(기본권심사기준으로서 헌법상 평등에 관해서는 특히 김해원, 앞의 글(주 24), 223쪽 이하).

80) 합목적성과 비례성원칙에 관해서는 이준일, 앞의 책(주 79), 215－217쪽; 헌법 제37조 제2항이 비례성원칙의 헌법적 근거라는 것에 대해서는 특히 이준일, 「기본권제한에 관한 결정에서 헌법재판소의 논증도구」, 『헌법학연구』 4－3, 한국헌법학회, 1998, 279－282쪽 참고.

81) 한편 이준일 교수는 비례성원칙을 법치주의 혹은 법치국가원칙으로부터 도출하려는 것에 대해서는 "미리 법치국가원리의 부분원칙으로 전제하고 그런 부분원칙들을 도출하는 것은 논증의 결과를 논증의 전제로 삼는 순환의 논리가 은폐되어 있다."고 비판한다(이준일, 앞의 글(주 79), 282－282쪽). 하지만 법치주의는 모든 법적 논증의 전제조건이자 법적 논증참여자들의 공통된 기본적 입각점이라는 점에서 법치주의의 내용을 논증도구로 활용하는 것이 순환의 논리라고 평가할 수는 없을 것으로 생각된다. 다만 기본권심사와 관련해서는 우리 헌법 제37조 제2항 "필요한 경우에 한하여"의 해석론으로부터도 충분히 비례성원칙을 근거지울 수 있기 때문에, 굳이 불문법적 내용인 법치주의를 원용한 다음 법치의 목적인 법이념을 고려해서 법치주의로부터 각종 규준들을 도출하려는 이론적 시도를 할 실익이 없다는 것이다. 따라서 권한쟁의심판이나 탄핵심판 등과 같은 기본권심사가 아닌 헌법적 논증과정 — 이러한 논증에서는 헌법 제37조 제2항으로부터 도출될 수 있는 규준들을 바로 원용할 수는 없다 — 에서 비례성원칙을 원용하기 위해서는 비례성원칙의

기본권심사기준으로서 법치주의를 활용할 경우에 특별히 주목해야 할 것은 '법적 안정성'에 대한 요청을 달성하기 위한 규준이라고 하겠다. 이에 관해서는 목차를 바꾸어 살핀다.

나. '법적 안정성' 구현을 위한 규준으로서 명확성원칙과 신뢰보호원칙

'법적 안정성'은 법 그 자체의 안정성을 전제로[82] 법에 의해 규율되는 생활관계의 안정성을 도모하고자 하는 가치이념이라고 할 수 있다. 그런데 우리 인간의 삶은 기본적으로 변화무쌍한 시공간에 속에 내맡겨져 있다는 점[83]에서 우리가 삶에서 확실성까지는 아니더라도 안정성을 누리기 위해서는 어느 정도의 예측가능성 만큼은 담보될 수 있어야 한다.[84] 이러한 예측가능성을 담보하는 계기로서 법이 일정한 역할을 담당할 수 있어야 한다는 요청으로부터 공간적 차원에서의 예측가능성(즉, 규율대상에 대한 예측가능성) 담보를 위한 규준이라고 할 수 있는 '명확성원칙'과 시간적 차원에서의 예측가능성(즉, 효력범위에 대한 예측가능성) 확보를 위한 규준이라고 할 수 있는 '신뢰보호원칙' — 이러한 신뢰보호원칙은 특히 과거의 시간과 관련된 신뢰를 보호하기 위한 '소급효금지원칙'과 미래의 시간과 관련된 신뢰를 보호하기 위한 '좁은 의미의 신뢰보호원칙'을 함께 포괄하는 개념이다.[85] — 을 우리는 법치주의(혹은 법치국가)로부터 도출될 수 있는 국가행위 통제규준 내지는 심사기준으로 삼을 수 있게 된다.[86]

물론 헌법명시적인 뚜렷한 근거를 발견하기가 어려운 '좁은 의미의 신뢰보

근거로서 법치주의(혹은 법치국가)가 주목될 수 있을 것이다.

82) 이준일, 앞의 글(주 6), 267쪽.

83) 실제로 현존재(Dasein), 즉 인간은 그 스스로에게 내맡겨진 가능존재이며, 철저하게 내던져진 가능성이다: Vgl. SZ(= M. Heidegger, Sein und Zeit, Tübingen, 1993), S. 144: "das Dasein ist ihm selbst überantwortetes Möglichsein, durch und durch geworfene Möglichkeit."

84) 물론 이러한 불확실성 속에서 비로소 인간은 선택의 여지가 생기고 자유를 갖게 된다는 점에서 '확실성'은 자유의 무덤이라고 할 수 있겠다.

85) 소급효금지원칙은 과거 행위를 현재의 법규범으로 규율해서는 안 된다는 요청의 표현이라면, 좁은 의미의 신뢰보호원칙은 현재의 법규범이 미래에도 계속 적용될 것이라는 신뢰를 보호해야 한다는 요청이라고 할 수 있겠다.

86) 이준일, 앞의 글(주 6), 267쪽: "법규범 자체의 안정성이란 공간적 안정성과 시간적 안정성으로 구분할 수 있는데 공간적 안정성은 법규범이 적용되는 공간적 범위(규율대상)가 확정적일 것을 의미하고, 시간적 안정성은 법규범이 적용되는 시간적 범위(효력범위)가 확정적일 것을 의미한다."; 한수웅, 앞의 책, 260-261쪽: "법적 안정성의 요청은 헌법에 명시적으로 언급되어 있지 않으나, 법치국가원리를 구성하는 본질적인 요소이다. 법치국가는 이중적인 의미에서 법적 안정성을 요청한다. 법질서는 한편으로는 개인으로 하여금 국가작용을 예측할 수 있고 자신의 행위를 그에 맞출 수 있도록 명확해야 하며, 다른 한편으로는 개인에게 행위의 기준으로 삼을 수 있는 신뢰할만한 근거를 제공해야 한다."

호원칙'과는 달리, "범죄를 구성하는 행위"와 관련하여 행위시법주의를 규정하고 있는 헌법 제13조 제1항과 "모든 국민은 소급입법에 의하여 참정권의 제한을 받거나 재산권을 박탈당하지 아니한다."라고 규정하고 있는 헌법 제13조 제2항에 주목하면서 소급효금지원칙을 법치주의로부터 도출할 필요성에 관하여 의문을 제기할 수는 있을 것이다. 하지만 일반적으로 헌법 제13조 제1항 및 제2항은 헌법상 절대적 소급효금지의 대상을 규율하고 있는 것으로서 '진정소급입법으로서 범죄구성요건과 관련된 것'이거나 '진정소급입법을 통한 참정권의 제한 혹은 재산권의 박탈'에 국한하여 활용되는 규정으로 이해되는바,[87] 헌법 제13조 제1항 및 제2항의 적용범위가 아닌 영역에서 행해지는 국가행위에 대한 통제수단으로서 소급효금지원칙의 헌법적 근거를 마련하기 위해서는 여전히 법치주의(혹은 법치국가)가 주목되어야 할 것으로 생각한다. 같은 맥락에서 헌법 제75조 "구체적으로 범위를 정하여 위임"으로부터 도출되는 포괄위임금지원칙 또한 명확성원칙을 징표하고 있는 조항으로 이해되긴 하지만, 이는 국회로부터 입법권을 수권 받는 피수권기관의 관점에서 법률을 명확하게 인식할 수 있는지 여부(즉, "위임의 명확성")[88]를 심사하는 형식적 헌법적합성심사기준으로 이해되어야 할 것인바,[89] 기본권관계에서 기본권주체가 심사대상인 기본권침범적 법률조항의 의미를 예측가능하고 명확하게 이해할 수 있는지 여부를 심사하는 기준(즉, 실질적 헌법적합성심사기준)으로 활용하기 위한 명확성원칙은 법치주의(혹은 법치국가원칙)으로부터 도출되는 것으로 이해할 필요가 있을 것이다. 그리고 바로 이러한 지점에서 '명

87) 소급효금지원칙과 관련하여 기존의 일반적 이해 및 그러한 이해에 대한 헌법재판소의 이질적인 판례에 대한 비판적 검토로는 특히 최호동/정주백, 「진정소급입법 금지원칙의 예외 — 친일재산귀속법상 귀속조항에 관한 헌재의 합헌판단에 대한 비판 —」, 『법학연구』 24-1, 충남대학교 법학연구소, 2013, 155쪽 이하 참조.

88) 헌재 2003.7.24. 2002헌바82, 판례집 15-2(상), 141쪽; 헌재 2012.2.23. 2011헌가13, 판례집 24-1(상), 42쪽 참조.

89) 한편 헌법재판소는 위임의 명확성원칙으로서의 포괄위임금지원칙과 일반적 명확성원칙을 분별하고 있지 못하다. 즉 헌법재판소는 포괄위임금지원칙의 준수여부를 판단함에 있어서 "행정부에 의한 입법권의 행사는 수권법률이 명확하다는 전제하에서만 가능한 것이다. 헌법 제75조는 행정부에 입법을 위임하는 수권법률의 명확성원칙에 관한 것으로서, 법률의 명확성원칙이 행정입법에 관하여 구체화된 특별규정이다."(헌재 2003.7.24. 2002헌바82, 판례집 15-2(상), 141쪽)라는 이해에서 출발하면서도, 정작 그 판단은 일반론의 관점에서 "누구라도" 당해 법률로부터 피수권규범인 행정입법에 규정될 내용의 대강을 예측할 수 있어야 한다고 일관되게 설시하고 있는바(헌재 2003.7.24. 2002헌바82, 판례집 15-2(상), 141-142쪽; 헌재 2014.4.24. 2012헌바412, 판례집 26-1(하), 73쪽), 이러한 헌법재판소의 입장은 수권법률이 과연 얼마만큼 "구체적으로 범위를 정하여 위임"해야 하는지에 관한 판단을 피수권기관의 관점이 아니라, 일반국민의 관점에서 구하고 있다는 점에서 포괄위임금지원칙의 본질을 곡해하고 있다는 비판으로부터 자유롭기 어렵다(이에 관해서는 김해원, 앞의 글(주 22), 168-169쪽).

확성원칙'과 '신뢰보호원칙('좁은 의미의 신뢰보호원칙' 및 '소급효금지원칙')'을 도출할 수 있는 헌법적 근거로서 법치주의는 기본권심사에서 고유한 의미를 갖게 된다.

3. 기본권심사구조에서 독립된 심사기준으로서 법치주의의 위상

보다 헌법문언에 밀착된 논증을 통한 주장의 설득력과 확실성을 높이고 헌법적 논증의 합리성 제고라는 측면을 고려한다면, 추상적이고 불문 헌법적 가치라고 할 수 있는 법치주의가 심사기준으로 남용되는 것은 억제되어야 할 것인바,[90] 법치주의와 관련성이 있거나 혹은 법치주의로부터 도출할 수 있는 기본권심사기준이라고 하더라도 만약 해당 기준이 헌법 명시적 규정으로부터 직접 도출될 수 있다면, 가급적 법치주의를 기본권심사기준으로 원용하지 않는 것이 마땅할 것이다. 따라서 기본권심사에서 법치주의는 심사대상인 국가행위가 기본권주체인 일반인들의 관점에서 예측가능성을 담보하고 있는지 여부를 심사하는 기준 — 물론 이러한 기준은 명확성원칙과 신뢰보호원칙(소급효금지원칙과 좁은 의미의 신뢰보호원칙)이라는 보다 구체적 기준으로 등장한다. — 으로 국한해서 원용되어야 할 것이다. 이러한 관점에서 본다면, 결국 법치주의는 기본권심사 제2단계(정당성심사)에 놓여있는 제한의 한계영역(Schrankenschrankenbereich)의 검토(즉, 허용된 기본권침범에 대한 헌법적합성심사)와 관련하여 특히 실질적 헌법적합성 심사과정에서 사용되는 심사기준이라고 하겠다.[91] 왜냐하면 실질적 헌법적합성심사는 기본권적 보호법익 — 기본권침범과 더불어 기본권적 보호법익은 기본권구성요건이 된다. 그리고 기본권적 보호법익은 크게 인적 구성요소(기본권주체)와 물적 구성요소로 분별하여 살필 수 있다.[92] — 과의 관련 속에서 심사대상인 공권력 작용(기본권침범: Grundrechtseingriff)의 헌법적합성여부를 면밀하게 검토하는 활동이라고 할 수 있을 터인데,[93] '법치주의'를 통해서 달성하려는 것은 기본권의 인적 구성요건인 기본권주체의 법적 안정성 확보이기 때문이다. 그리고 기본

---

90) 기본권심사기준으로서 법치주의가 남용된 구체적 사례 및 이러한 사례들에 대한 비판적 검토는 위 목차 Ⅲ. 참조.

91) 전체 기본권심사구조의 조망은 위 목차 Ⅱ. 참조.

92) 이에 관해서는 김해원, 앞의 글(주 10), 289－292쪽.

93) 반면에 제한의 한계영역(즉, 허용된 기본권침범에 대한 헌법적합성심사)에서 행해지는 형식적 헌법적합성심사는 (기본권적 보호법익과의 관련 속에서 헌법이 요청하고 있는 심사기준들에 대한 검토가 아니라) 심사대상인 기본권침범의 권한·절차·형태가 헌법이 요청하는 규준에 부합하는지 여부를 검토하는 활동이다(이에 관해서는 김해원, 앞의 글(주 19), 238－243쪽).

권주체가 누려야 할 기본적인 법적 안정성은 (특정한 생활영역 내지는 특정한 기본권 구성요건에 국한된 것이 아니라) 모든 기본권관계에서 달성될 수 있어야 한다는 점에서, 법치주의는 목적의 정당성·비례성원칙·본질내용침해금지원칙·자기책임의 원칙·평등원칙 등과 함께 실질적 헌법적합성심사에서 항상 검토되어야만 하는 일반적 심사기준이라고 하겠다.

Ⅵ. 마치는 글

1. 헌법에서 '법치주의(혹은 법치국가)'가 명시되어 있는 것은 아니지만, '법에 의한 지배'(즉, 법치주의)는 모든 법적 논증참여자들이 공유하고 있는 기본적 전제이자 논증의 출발점이다. 따라서 '헌법에 의한 지배'(혹은 헌법국가의 구현)를 의미하는 실질적 법치주의는 헌법적 논증에 있어서 헌법적 차원의 규준이 될 수 있을 것인바, 기본권심사에서 심사대상인 국가행위를 통제/평가하는 심사기준으로 원용될 수 있겠다.

2. 그러나 '법치주의' 그 자체는 매우 불확정적·추상적·포괄적 개념이란 점에서 객관적 신뢰성을 담보할 수 있는 고유한 독립된 심사기준으로 법치주의를 활용하기 위해서는 무엇보다도 법치주의의 구체적 내용이 확정되어야 하며, 헌법 명시적 조항으로부터 도출되는 다른 기본권심사기준과의 중첩문제가 해소되어야 한다.

3. 법에 의한 지배, 즉 법치주의를 통해 달성하려는 바는 결국 규범현실에서 정의·합목적성·법적 안정성이라는 법이념(법의 목적) 구현에 있는 것인바, 이러한 이념들을 구현하기 위한 구체적 규준들은 법치주의의 내용으로 잠정 승인할 수 있겠다.

4. 하지만 기본권관계에서 정의는 기본권심사를 둘러싸고 행해지는 기본권최대보장자와 기본권최대제한자 상호 간의 질서정연한 논증다툼을 통해서 얻어지는 것이며, 합목적성은 헌법 제37조 제2항 "필요한 경우에 한하여"로부터 도출될 수 있는 심사기준인 비례성원칙을 통해서 달성될 수 있는 이념인바, 결국 법적 안정성 확보를 위한 규준인 명확성원칙과 신뢰보호원칙(소급효금지원칙 및 좁은 의미의 신뢰보호원칙)이 기본권심사기준으로서의 법치주의의 고유한 내용이 된다고 하겠다. 그리고 바로 이러한 지점에서 법치주의는 헌법문언이 누락하고 있는 일반적 심사기준들의 산파로서 자신의 존재를 부각시킨다.

5. 헌법재판소는 기본권심사에서 '법치주의'나 '법치주의로부터 도출해낸 규준'들을 심사기준으로 원용해서 심사대상인 국가행위를 통제/평가하고, 경우에 따라서는 해당 국가행위에 대해 위헌을 선언하고 있다. 그러나 무엇보다도 ① 법치주의의 헌법적 근거 내지는 헌법적 논증에서 법치주의를 활용할 수 있는 이유를 밝히고 있지 않다는 점, ② 법치주의로부터 어떤 심사기준들이 어떠한 이유에서 도출될 수 있는지에 관한 이유나 설명이 부실하거나 없다는 점, ③ 법치주의 혹은 법치주의로부터 도출한 규준들과 헌법명문에 근거하는 다른 기본권심사기준들과의 관계 및 중첩문제를 도외시하거나, 헌법 명시적 규정을 소홀히 하고 있다는 점 등은 비판되어야 한다.

6. 이러한 비판은 헌법적 논증에 있어서 보다 높은 설득력과 신뢰성 확보라는 과제를 적극적으로 수행하기 위해서도 주목받아야 하겠지만, 무엇보다도 불문의 추상적·불확정적 개념인 법치주의를 구체화한다는 미명하에 헌법재판관이 자의적으로 법치주의의 내용(혹은 법치주의로부터 파생될 수 있는 규준)을 확정하여 상대적으로 우월한 민주적 정당성에 기초하고 있는 국가기관의 공권력활동을 적극적으로 통제하려는 위험성을 줄이고, 관련 오해를 불식시키기 위해서도 필요한 활동이라고 생각된다.

7. '재판의 적정성'이나 '흠결 없는 권리구제절차의 형성' 등은 헌법 제27조 제1항에 근거하는 재판청구권의 보호영역에 해당된다는 점에서, 구체적인 기본권관계에서 재판청구권을 기본권으로 주장함으로써 해결될 수 있는 문제이다. 따라서 헌법재판소와 같이 '재판의 적정성'이나 '흠결 없는 권리구제절차의 형성' 등을 법치주의로부터 도출되는 독립된 기본권심사기준으로 원용하는 것은 적절치 않다. 그리고 책임주의원칙(혹은 자기책임의 원리)은 헌법 제13조 제3항("모든 국민은 자기의 행위가 아닌 친족의 행위로 인하여 불이익한 처우를 받지 아니한다.")에, 의회유보원칙은 헌법 제40조("입법권은 국회에 속한다.")에 직접 근거하는 것이며, 비례의 원칙(과잉금지원칙)은 헌법 제37조 제2항 "필요한 경우에 한하여"로부터, 법률유보원칙은 헌법 제37조 제2항 "법률로써"로부터 각각 도출될 수 있는 바, 기본권심사에서 책임주의원칙(혹은 자기책임의 원리)·의회유보원칙·비례성원칙·법률유보원칙 등을 근거지우기 위해서 헌법재판소가 법치주의(혹은 법치국가)를 활용한 것은 헌법 명시적 규정을 소홀히 취급한 것일 뿐만 아니라, 무엇보다도 추상적인 법치주의의 내용을 특별한 기준 없이 임의로 그때그때마다 확장해 가고 있다는 비판으로부터 자유롭기 어려울 것이다.

8. 결국 전체 기본권심사구조에서 법치주의는 기본권심사 제2단계(정당성심

사 단계)에 위치하고 있는 제한의 한계영역의 검토(즉, 허용된 기본권침범에 대한 헌법적합성심사)와 관련하여 특히 실질적 헌법적합성심사과정에서 기본권주체의 예측가능성 보장을 통한 '법적 안정성' 구현을 위해 항상 검토되어야 하는 일반적 심사기준 — 보다 구체적으로는 심사대상인 법률조항이 기본권주체의 관점에서 '규율대상과 관련된 예측가능성을 담보하고 있는가?'(즉, 명확성원칙의 준수여부)와 '시간적 효력범위에 대한 예측가능성을 담보하고 있는가?'(즉 소급효금지원칙과 좁은 의미의 신뢰보호원칙을 포함하는 신뢰보호원칙의 준수여부)를 심사하는 기준 — 으로 국한해서 이해해야 할 것이다. 이러한 이해는 기본권심사기준으로서 법치주의의 의미를 한정하고 구체화하는 것이란 점에서 추상적이고 불확정적이며 불문헌법적 개념인 법치주의를 매개해서 헌법재판소가 심사대상인 국가행위를 자의적으로 통제하려고 한다는 의심으로부터 벗어나는 데 도움 될 것이며, 헌법명문의 규정에 대한 존중 및 헌법적 논증의 합리화에 기여할 것으로 판단된다.

9. 아울러 기본권심사에서 법치주의로부터 도출될 수 있는 기본권심사기준인 명확성원칙과 신뢰보호원칙의 준수여부는 기본권주체인 일반 국민의 관점에서 요구되는 예측가능성이 담보되고 있는지 여부를 기준으로 삼아야 한다. 따라서 헌법재판소를 비롯한 사법기관은 심사대상인 국가행위가 법치주의(특히 명확성원칙과 신뢰보호원칙)에 위반되는지 여부를 판단함에 있어서 일반인 집단의 법인식능력 내지는 예측능력 등을 적극 탐지하여 이를 자신이 내리는 판단의 주요한 논거로서 적극 활용할 필요성이 높다고 하겠다. 바로 이러한 지점에서 헌법재판과정에서도 일반인 참여의 활성화를 위한 제도적 방안을 적극 고민해볼 필요가 있겠다. 이는 법치를 통한 실질적 민주주의를 도모하는 과정으로서 무엇보다도 사법의 민주화에 기여할 것이며, 헌법재판소 또한 주권자인 국민의 입장에서는 통제받아야 하는 한낱 공권력기관에 지나지 않는다는 점을 확인하는 과정이기도 하다.

§ 13. 일반적 심사기준으로서 평등원칙*

Ⅰ. 시작하는 글

헌법해석은 구체적인 헌법현실에 추상적인 헌법규범을 끌어와서 그 규범의 의미와 내용을 밝히고 분쟁을 해결하는 실천적 활동이다.[1] 그런데 이러한 활동에 있어서 헌법상 '평등'(특히, 헌법 제11조 제1항)은 매우 빈번히 원용되고 있음에도 불구하고,[2] 그 규범적 의미와 구조에 대하여 기본적 합의조차 이루어지지 못하고 있을 만큼 헌법학의 난제로 평가되고 있다.[3] 다만 구체적 문제 상황을 회피할 수 없는 헌법재판소는 일련의 판결들을 통해서 그동안 평등에 관한 논의를 주도해오고 있는데,[4] 특히 심사기준을 "자의금지원칙에 따른 심사"와 "비례성원

---

* 이 글은 김해원, 「'평등권'인가 '평등원칙'인가?」, 『헌법학연구』 제19권 제1호, 한국헌법학회, 2013, 223-259쪽에 수록된 글과 김해원, 「일반적 평등원칙의 심사구조와 심사강도」, 『공법학연구』 제14권 제2호, 한국비교공법학회, 2013, 175-225쪽에 수록된 글을 종합하여 수정·보완한 것이다.

1) 헌법해석의 구체적 사건관련성에 대해서는 Vgl. K. Hesse, Grundzüge des Verfassungsrechts der Bundesrepublik Deutschland, C. F. Müller, 20. Aufl., 1999, Rn. 64; 해석과정에서 판단자의 관점 및 논거의 설정방식은 이명웅, 「위헌여부 판단의 논증방법」, 『저스티스』 106, 한국법학원, 2008, 329-338쪽.

2) 한수웅 교수는 헌법재판에서 가장 빈번하게 사용되는 심사기준으로 평등을 언급하고 있다(한수웅, 『헌법학』, 법문사, 2011, 542쪽). 실제로 헌법재판소판례검색시스템에서 검색어로 '평등'을 입력하여 검색하면 1,764건의 판례가 나타난다(http://www.ccourt.go.kr/home/search/sch.jsp, 검색일: 2012.12.12.). 한편 헌법상 평등은 법률의 제정·개정 등에 있어서 평등에 반하는 내용을 담고 있는 경우(예컨대, 헌재 1990.10.8. 89헌마89, 판례집 2, 332쪽 이하), 자의적인 검찰권 행사와 같이 집행부의 차별적인 법집행의 경우(예컨대, 헌재 1992.6.26. 92헌마46, 판례집 4, 476쪽 이하) 혹은 구체적인 분쟁에 있어서 사법부가 법을 차별적으로 해석·적용한 경우 등과 같이 입법·행정·사법 등 모든 국가작용에서 문제될 수 있다(이준일, 『차별금지법』, 고려대학교 출판부, 2007, 65-66쪽). 하지만 행정작용과 사법작용은 행위의 여지를 부여받은 경우에만 독자적으로 동등대우 혹은 차등대우를 할 수 있는 가능성을 보유하고 있으며(정태호, 「일반적 평등권 침해여부의 심사」, 고시계 47-9, 『고시계사』, 2002, 31쪽), 자의적인 행정처분은 주로 행정소송제도를 통해서 구제받게 되는 점, 그리고 법원의 재판에 대한 헌법소원은 극히 예외적인 경우에만 받아들여지고 있는 헌법현실(이에 대한 비판적 검토 및 대안은, 특히 김해원, 「기본권 원용의 양상과 기본권이론」, 『헌법학연구』 17-2, 한국헌법학회, 2011, 420-423쪽)등을 고려한다면 헌법재판에서 평등이 문제되는 가장 전형적인 경우는 입법작용에 의한 차별취급문제라고 할 수 있다.

3) 이준일, 「평등원칙」, 『안암법학』 8, 안암법학회, 1999, 2쪽; 홍강훈, 「평등권 심사원칙 및 강도에 관한 연구: 간접적 차별의 법리를 중심으로」, 『공법연구』 41-1, 한국공법학회, 2012, 254쪽.

4) 김주환, 「평등권 심사 기준과 방법의 구조화: 일반적 평등원칙을 중심으로」, 『헌법실무연구』 9, 헌법실무연구회, 2008, 259쪽.

칙에 따른 심사"로 이원화한 소위 '제대군인 가산점'결정[5]을 계기로 평등문제를 고전적인 자의통제를 넘어서서 기준분화와 영역특화에 기초한 검증척도의 다양화 및 단계화를 통해서 해결하려는 노력을 보여주고 있다.[6] 하지만 이러한 과정에서 나타나는 헌법재판소의 논증들이 얼마나 논리적이고 이성적 설득력을 확보하고 있는 것인지, 그리고 무엇보다도 우리 헌법규범체계에 부합되면서도 일관성이 있어서 豫測 및 追隨가능성 같은 법치국가적 합리성의 요청에 얼마나 잘 부응하는 것인지에 관해서는 의문이 든다.[7] 왜냐하면 헌법재판소가 '제대군인 가산점'결정 이후 기본적으로 평등문제에 있어서 비례성심사와 자의성심사를 각각 엄격한 심사와 완화된 심사의 의미로 사용하고 있지만 양자 간의 관계 및 경계설정에 관해서 막연한 기준만 언급할 뿐 구체적 사안에서 일관성 있게 적용할 수 있는 논리적 타당성을 구비한 명쾌한 기준을 제시하고 있지 못하며,[8] 나아가 비례성심사 안에서 다시 완화된 심사와 엄격한 심사의 구분을 시도[9]함으로써 개념사용의 혼란을 스스로 야기하고 있을 뿐만 아니라,[10] 무엇보다도 평등을 기본권으로 이해하고 있음에도 불구하고 평등심사에 있어서 헌법 제37조 제2항 ― 특히, 전단의 "필요한 경우에 한하여", 후단의 본질내용침해금지 ― 의 적용여부에 관해서 명확한 입장을 보여주고 있지 못하기 때문이다.[11] 그리고 판례 및 학설

---

5) 헌재 1999.12.23. 98헌마363 결정, 판례집 11－2, 770－799쪽.

6) 김삼룡, 「독일 기본법에서의 '일반적 평등권'에 대한 연방헌법재판소의 해석 변화」, 『공법연구』 40－1, 한국공법학회, 2011, 93쪽; 김주환, 앞의 글, 259쪽.

7) 김주환, 「일반적 평등원칙의 심사 기준과 방법의 합리화 방안」, 『공법학연구』 9－3, 한국비교공법학회, 2008, 201－202쪽.

8) 기본적으로 헌법재판소는 ① "헌법에서 특별히 평등을 요구하고 있는 경우"와 ② "차별적 취급으로 인하여 관련 기본권에 대한 중대한 제한을 초래"하는 경우에는 엄격한 심사기준을 적용하여 차별취급의 목적과 수단 간에 엄격한 비례관계가 성립하는지 여부를 기준으로 판단한다(특히, 헌재 1999.12.23. 98헌마363 결정, 판례집 11－2, 787－788쪽). 이러한 기준에 대한 강력한 비판으로는 특히, 유은정, 「평등권 침해여부의 심사척도에 대한 소고」, 『법학』 20－1, 서울대학교 법학연구소, 2012, 15쪽: "헌법재판소가 미연방대법원의 심사척도와 독일의 비례성원칙의 개념을 함께 쓰면서 아직 정리가 안 된 것으로 보인다."; 허영, 『한국헌법론』, 박영사, 2011, 343－344쪽; 정주백, 「제대군인가산점제도에 관한 재론」, 『강원법학』 33, 강원대학교 비교법학연구소, 2011, 75－77쪽; 이준일, 「법적 평등과 사실적 평등: 제대군인 가산점 제도에 관한 헌법재판소의 결정을 중심으로」, 『안암법학』 12, 안암법학회, 2001, 14－15쪽; 김진욱, 「헌법상 평등의 이념과 심사기준 ― 헌법재판소의 평등심사기준 다시쓰기」, 『저스티스』 134, 한국법학원, 2013, 57－58쪽.

9) 특히, 헌재 2001.2.22. 2000헌마25 결정, 판례집 13－1, 405쪽.

10) 김주환, 앞의 글(주 4), 266－267쪽.

11) 이러한 문제에 주목하고 있는 문헌으로는 특히, 정문식, 「평등위반 심사기준으로서 비례원칙」, 『법학연구』 51－1, 부산대학교 법학연구소, 2010, 28－37쪽; 배보윤, 「헌법재판실무연구회 제83회 발표회 토론요지」, 『헌법실무연구』 9, 헌법실무연구회, 2008, 299쪽.

이 보여준 기존의 논의들은 헌법재판실무상의 곤혹스러운 문제라고 할 수 있는 평등심사와 기본권심사 간의 경합문제[12] 및 헌법재판소의 평등심사가 기본권영역에 한정되는 것인지, 아니면 법률적 차원 내지는 사실적 차원의 영역까지도 포함하는 것인지의 문제[13] 등에 관한 명확한 대답을 못하고 있다.

이러한 헌법재판소 논증의 미흡함 및 헌법상 평등을 해석함에 있어서 발생되는 어려움들의 상당 부분은 평등의 개념과 규정형식에 대한 면밀한 검토 없이, 평등을 무리하게 권리로 구성하려는 시도에서 비롯된 것으로 생각된다. 여기에서는 우선 평등에 관한 기본규정인 헌법 제11조에 주목하여 평등의 개념 및 규정방식을 정리한 다음(Ⅱ.), 기본권심사에서 헌법상 평등이 헌법적 차원의 권리, 즉 기본권으로 원용될 수 있는지에 관한 근본적인 성찰을 통하여 '평등' 그 자체는 권리가 아니라 명확성원칙이나 비례성원칙 혹은 본질내용침해금지원칙 등과 같이 기본권보호영역에 감행된 특정 국가행위의 헌법적 정당성여부를 판단함에 있어서 일반적으로 검토되어야 할 헌법원칙 내지는 심사기준으로 이해되어야 함을 주장하고, 이러한 주장이 구체적 헌법소송에서 갖는 실천적 의미에 관해서 논할 것이다(Ⅲ.). 그리고 기본권심사기준으로서 헌법상 평등은 과연 어떠한 구조와 단계 속에서 어떻게(Ⅳ.) — 이는 평등심사와 관련된 논증형식 및 논증부담에 관한 문제이다. —, 그리고 얼마나 강력하게(Ⅴ.) — 이는 평등심사와 관련된 논증의 질에 관한 문제이다. — 활용될 수 있는 헌법원칙인지를 상세하게 논하고자 한다.[14]

Ⅱ. 헌법상 평등의 개념과 규정방식

1. 평등의 개념: 절대적 평등과 상대적 평등

"권리, 의무, 자격 등이 차별 없이 고르고 한결같음"이라는 평등의 사전적

12) 배보윤, 앞의 글, 300쪽.

13) 김현철, 「헌법재판실무연구회 제83회 발표회 지정토론문」, 『헌법실무연구』 9, 헌법실무연구회, 2008, 288쪽.

14) 기본권이 아니라 기본권심사도구 내지는 헌법원칙으로 이해된 평등은 어떠한 구조와 단계 속에서 어떤 논증과정을 거치면서 활용될 수 있는지(평등심사구조 및 평등심사에서 논증부담의 문제)를 탐구하는 것이 목차 Ⅳ.의 주제라면, 목차 Ⅴ.에서는 구체적인 평등심사를 지도할 수 있는 심사강도에 관한 일반적인 규준들을 정립하고 이를 정돈하는 문제(평등심사강도에 관한 문제)를 다룬다.

의미에 주목한다면,[15] 평등은 어떤 대상들을 차이를 두어 구별하지 않고 '모든 상황에서 동일하게 대우'한다는 의미로 이해될 수 있다.[16] 그리고 이렇게 '절대적 무차별' 내지는 오직 '동등대우'만으로 이해된 평등은 문헌에서 대개 '절대적 평등'으로 명명되고 있다.[17] 하지만 이러한 절대적 평등의 관념은 적어도 헌법상 평등을 이해함에 있어서는 원천적으로 배제되어야 한다.[18] 왜냐하면 시간과 공간을 포함하여 모든 표지가 일치하는 대상들은 논리적으로도, 헌법현실적으로도 존재할 수 없기 때문에 모든 사람들을 어떤 경우에나 똑같이 대우하는 것은 애당초 가능하지 않으며,[19] 설령 가능하다고 하더라도 그것은 모든 사람들을 균일화(혹은 동일화)하는 것이므로 바람직하지도 않기 때문이다.[20] 따라서 평등의 관계적 의미 ─ "평등은 둘 이상의 대상들이 일정한 비교의 관점에서 볼 때 비록 여전히 서로 구별되는 표지들을 가지고 있긴 하지만, 그 비교의 관점을 구성하는 표지들에 있어서 서로 일치하는 관계를 표현하기 위해서 사용되는 관계개념이다."[21] ─ 에 주목하여, 헌법상 평등을 절대적 평등이 아닌 상대적 평등으로 이해해야 한다.[22] 이러한 점에서 헌법 제11조 제1항 제1문에 의해 명령된 "평등"은 특정한 비교상황에서 일응 '같은 것을 같게 대우(동등대우)하고, 다른 것을 다르게 대우(차등대우)한다'는 의미로, 헌법 제11조 제1항 제2문에 의해 금지된 "차별"은 특정한 비교상황에서 일응 '같은 것을 다르게 대우(차등대우)하고, 다른 것을 같게 대우(동등대우)한다'는 의미로 이해되어야 할 것이다.[23][24] 헌법재판소 또

---

15) 국립국어원 표준대사전(http://stdweb2.korean.go.kr/search/List_dic.jsp), 검색어: 평등·차별·차이·고르다·한결같다, 검색일: 2013.1.8.

16) 이준일, 앞의 책(주 2), 18쪽.

17) 특히, 계희열, 『헌법학(中)』, 박영사, 2004, 229쪽; 이준일, 앞의 글(주 8), 4쪽.

18) 이준일, 앞의 책(주 2), 30쪽.

19) 특히, 계희열, 앞의 책(주 17), 229쪽.

20) 이준일, 앞의 책(주 2), 30쪽; '오직 대상들 간의 동등대우'만을 뜻하는 '절대적 평등'은 논리적으로는 결국 대상들 간의 동일함(identity)을 의미하게 된다. 이러한 관점에서 '절대적 평등'이라는 표현 자체의 문제점을 지적하는 견해로는, 오승철, 「상대적 평등론의 재검토: 같은 것은 같게, 다른 것은 다르게?」, 『민주법학』 48, 민주주의 법학연구회, 2012, 386쪽.

21) 계희열, 앞의 책(주 17), 230쪽.

22) 평등의 상대적·관계적 의미에 관해서는 Vgl. P. Kirchhof, "Der allgemeine Gleichheitssatz", in: J. Isensee/P. Kirchhof (Hrsg.), HbStR, Bd. Ⅴ, 1992, § 124 Rn. 276.

23) 이준일, 앞의 글(주 3), 3쪽; 이준일, 앞의 글(주 8), 4쪽.

24) 이러한 점에서 본 글에서 '동등대우'와 '차등대우'는 중립적인 개념으로 사용된다. 즉 '동등대우'도 '차등대우'도 헌법상 평등에 부합되는 행위(평등취급)일 수도 있고, 헌법상 평등에 부합되지 않는 행위(차별취급/불평등취급)일 수도 있다. 해당 국가행위가 합헌적인 평등취급에 해당하는 것인지, 위헌적인 차별취급(불평등취급)에 해당하는 것인지는 (평등)심사를 통해서 판단될 일이다.

한 "평등은 […] 절대적 평등을 의미하는 것이 아니라 […] 상대적 평등을 뜻"함을 수차례 명시적으로 밝히고 있다.[25]

상대적 평등의 이념에 입각한다면, 헌법상 평등은 동등대우의 근거로도 차등대우의 근거로도 원용될 수 있다.[26] 따라서 평등에 관한 논증은 다양한 관점과 가치관/선이해에 따라 상대적이며 가변적일 수 있는 '(비교상황에서 도대체 무엇이 같은 것이며, 무엇이 다른 것인지에 대한) 평가의 과정' 내지는 '논증게임의 과정'이라고 할 수 있으며, 헌법상 평등위반여부는 비교대상이 놓여있는 구체적이고 개별적인 조건과 상황을 고려한 논증의 합리성 및 설득력의 정도에 좌우되게 된다.[27]

2. 일반적 평등규정으로서 헌법 제11조 제1항

입법·행정·사법 등 모든 공권력을 지도하는 대국가적 행위규범으로서 헌법은 산재되어있는 관련 규정들을 통해서 국가에게 적극적으로 평등을 명령하거나 소극적으로 차별을 금지하고 있다.[28] 이러한 규정들 중에는 특정 대상에 대한 특별한 취급을 규정함으로써 간접적으로 평등이념과 관련성을 갖는 조항들(헌법 제8조 제3항·제4항, 제11조 제2항·제3항, 제27조 제2항, 제29조 제2항, 제32조 제5항·제6항, 제33조 제2항·제3항, 제44조, 제45조, 제84조, 제86조 제3항, 제87조 제4항 등) 뿐만 아니라, 명시적으로 "평등"이나 "균등", 혹은 "차별" 등과 같은 표현을 사용하고 있는 조항들(헌법 전문과 헌법 제11조 제1항, 제31조 제1항, 제32조 제4항, 제36조 제1항, 41조 제1항, 제67조 제1항, 제116조 제1항)도 존재한다.[29]

---

25) 특히, 헌재 2001.6.28. 99헌마516, 판례집 13-1, 1393, 1406쪽; 헌재 1999.5.27, 98헌바26. 판례집 11-1, 627-628쪽; 헌재 1998.9.30. 98헌가7등, 판례집 10-2, 503-504쪽; 헌재 2003.12.18. 2001헌바91, 판례집 15-2(하), 420쪽; 헌재 2010.4.29. 2008헌마622, 판례집 22-1(하), 134쪽.

26) 이준일, 앞의 글(주 8), 5쪽; 헌재 1998.9.30, 98헌가7등, 판례집 10-2, 504쪽: "[…] 상대적 평등을 뜻하고 따라서 합리적 근거가 있는 차별 또는 불평등은 평등의 원칙에 반하는 것이 아니다."

27) 이준일, 앞의 책(주 2), 32-34쪽.

28) 물론 당위의 양식에는 '명령'과 '금지'외에도 '허용'이 존재한다. 따라서 헌법상 평등이념이 허용이란 당위의 양식을 통해서 국가에 대한 행위지도적 기능과 행위평가적 기능을 수행하는 점을 고려해볼 수도 있을 것이다. 하지만 허용규범은 국가에게 일정한 '자유의 공간(재량)'을 허락해주고 있다는 점에서, 이 공간에서 행해지는 국가행위는 원칙적으로 헌법적합성이 심사되어야만 하는 '사법적 판단'의 대상으로 취급되기보다는, 민주주의 원칙에 따라 결정되는 '정치적 판단'의 대상으로 다루어짐이 바람직하다(김해원, 「국가행위의 적헌성 판단에 있어서 헌법규범의 적용방식에 관한 연구」, 『헌법학연구』 16-3, 한국헌법학회, 2010, 505-506쪽). 따라서 기본권에 감행된 국가행위의 헌법적합성 여부를 판단함에 있어서 헌법상 평등이념의 원용방식에 관해서 논하고 있는 본 글에서는 평등과 관련된 헌법규범의 의미가 평등명령 혹은 차별금지로 이해되는 경우에 국한한다.

29) 전광석, 『한국헌법론』, 집현재, 2011, 255-256쪽; 이명웅, 「평등원칙: 역사적 배경 및 위헌성 심

그런데 명시적 평등관련 헌법규정들 중에서 제31조 제1항은 교육영역에서, 제36조 제1항은 "혼인과 가족생활"영역에서, 제41조 제1항과 제67조 제1항 및 제116조 제1항은 선거영역과 관련해서 각각 평등(혹은 균등)을 규정하고 있다는 점에서, 헌법상 평등관련 기본규정 내지는 일반조항은 헌법 제11조 제1항이라고 할 수 있을 것이다. 그런데 헌법 제11조 제1항 제2문의 차별금지 사유를 열거규정으로 이해하는 입장에서는 헌법 제11조 제1항 제1문과 제2문을 분리하여 전자를 일반적 평등원칙으로 후자를 개별적 평등원칙 내지는 제1문에 대한 특별규정으로 파악하고 있다.[30] 하지만 정치·경제·사회·문화 등 모든 생활영역을 망라해서 차별금지영역을 규정하고 있는 헌법 제11조 제1항 제2문의 차별금지 사유를 단지 명시된 "성별·종교 또는 사회적 신분"으로만 국한시키는 것은 너무 편협한 해석이라고 생각된다.[31] 뿐만 아니라 설사 헌법 제11조 제1항 제2문에 명시된 차별금지 사유를 열거규정으로 이해하더라도, 다수설과 헌법재판소의 입장과 같이 "사회적 신분"에 후천적 신분까지도 포함되는 것으로 이해할 경우 사실상 헌법현실에서 사회적 신분 아닌 신분이 없게 되는바,[32] 실질적으로 거의 모든 사항들이 헌법 제11조 제1항 제2문의 차별금지 사유에 포착될 수 있게 된다. 따라서 헌법 제11조 제1항 제1문과 제2문을 분리하지 않고 제1항 전체를 특정 사항이나 특정 생활영역에 한정해서 적용되는 규정이 아니라 평등 혹은 차별과 관련된 모든 경우에 포괄적으로 적용되는 일반규정으로 이해하는 것이 바람직할 것이다.

문제는 헌법 제11조 제1항 제1문과 제2문이 실질적으로 동일한 의미를 갖는 평등에 관한 일반조항으로 이해될 때, 과연 제1문과 제2문 둘 중 하나는 굳이 존재할 필요가 없는 무의미한 조항인가 하는 점이다.[33] 물론 제1문과 제2문은 같

사기준」, 『고시계』 48-11, 고시계사, 2003, 13-14쪽.

30) 특히, 김주환, 「평등권 심사 기준의 체계화」, 『강원법학』 31, 강원대학교 비교법학연구소, 2010, 37-38쪽; 정종섭, 『헌법학원론』, 박영사, 2010, 444-445쪽; 황도수, 「헌법재판의 심사기준으로서의 평등」, 서울대학교 법학박사학위논문, 1996, 142쪽; 한수웅, 앞의 책(주 2), 560쪽; 이욱한, 「차별금지원칙과 실질적 평등권」, 『공법학연구』 6-3, 한국비교공법학회, 2005, 119쪽.

31) 학계의 다수견해 또한 같은 입장이다. 특히, 김철수, 『헌법학신론』, 박영사, 2010, 458-459쪽; 권영성, 『헌법학원론』, 법문사, 2010, 394쪽; 홍성방, 『헌법학(中)』, 박영사, 2010, 62쪽; 장영수, 『헌법학신론』, 홍문사, 2011, 584-585쪽; 성낙인, 『헌법학신론』, 법문사, 2012, 440쪽; 박진완, 「불평등대우의 헌법적 정당화심사기준으로서 일반적 평등원칙: 독일의 경우를 참조해서」, 『세계헌법연구』 15-3, 국제헌법학회, 2009, 214쪽.

32) 임지봉, 「헌법 제11조」, 『헌법주석서 Ⅰ』, 법제처, 2010, 421-422쪽; 헌재 1990.9.3. 89헌마120, 판례집 2-1, 295-296쪽; 헌재 1995.2.23. 93헌바43, 판례집 7-1, 235-236쪽.

33) 이러한 규범적 내용의 공동화 현상에 대한 문제의식으로는, 특히 김주환, 앞의 글(주 30), 37쪽; 한

은 규범적 내용을 다른 방식으로 규정하고 있다는 점에서 이러한 지적은 일면 타당한 측면이 있다. 하지만 각각 규정된 헌법 제11조 제1항 제1문과 제2문으로부터 다음과 같은 점이 보다 분명하게 확인될 수 있다: ① 우선 제1문과 제2문이 동일한 의미내용을 상이한 당위의 양식 — "모든 국민은 […] 평등하다."라고 규정하고 있는 헌법 제11조 제1항 제1문은 명시적인 평등명령규범이고, "누구든지 […] 차별을 받지 아니한다."라고 규정하고 있는 헌법 제11조 제1항 제2문은 명시적인 차별금지규범이다. — 으로 규정하고 있다는 점에 주목해야 한다. 물론 헌법상 평등명령과 차별금지가 갖는 규범적 의미는 본질적으로 다르지 않겠지만,[34] 국가행위가 '작위'이든, '부작위'이든 가리지 않고 '헌법상 평등'의 요청에 부합되어야 한다는 점을 헌법 제11조 제1항 제1문과 제2문이 보다 분명하게 각각 보여주고 있다. 즉, 평등문제에 있어서 국가는 대국가적 부작위요구규범인 방어권적 기본권과 관련해서는 차별금지규범(제2문)을, 대국가적 작위요구규범인 급부권적 기본권과 관련해서는 평등명령규범(제1문)을 준수해야 한다.[35] ② 평등을 명령(제1문)하고 차별을 금지(제2문)하고 있는 헌법의 규정방식은 특정한 비교상황에서 문제된 국가행위를 평가함에 있어서 일반적으로 "평등"은 합헌적인 공권력행사를, "차별"은 위헌적인 공권력행사를 포착하는 용어임을 뚜렷하게 보여준다.[36] 따라서 "합리적 근거가 있는 차별은 평등의 원칙에 반하는 것이 아니

수웅, 앞의 책(주 2), 561－562쪽.

34) 특정한 비교상황에서 '같은 것을 같게, 다른 것을 다르게' 대우하라는 것(평등명령)과 '같은 것을 다르게, 다른 것을 같게' 대우하지 말라는 것(차별금지)은 같은 규범적 의미를 행위의 작위와 부작위적 측면에서 각각 표현한 것이 된다(물론 이러한 관점에는 상대적 평등이 전제되어있다. 이에 관해서는 위 목차 Ⅱ. 1.). 규범논리적으로도 적극적 규범내용(평등)을 명령하는 것은 소극적 규범내용(차별)을 금지하는 것과 다르지 않다(이준일, 앞의 글(주 3), 11쪽; 같은 맥락에서 헌법 제11조 제1항을 "차별금지명령"으로 일컫는 이욱한 교수의 표현 또한 이해될 수 있을 것이다(이욱한, 앞의 글(주 30), 113쪽). 따라서 평등명령규범(제1문)만 존재하여도 헌법해석상 차별금지규범의 도출이 가능할 것이며, 반대로 차별금지규범(제2문)만 존재한다고 하더라도 헌법상 평등명령규범의 도출이 부정되는 것은 아니다.

35) 이러한 기본권의 기능적 이해에 관해서는 특히, 이준일, 「기본권의 기능과 제한 및 정당화의 세 가지 유형」, 『공법연구』 29－1, 한국공법학회, 2000, 102쪽 이하.

36) 합헌적인 '평등'의 대립어로서 위헌적인 '차별'을 사용(예컨대, 송석윤, 「차별의 개념과 법의 지배」, 『사회적 차별과 법의 지배』(정인섭 編), 박영사, 2004, 3쪽)하는 것은 기본권보호영역에 감행된 특정 국가행위를 심사한 다음, 그 행위가 합헌적인 것으로 판단되면 "제한(Schranken)"이란 표현을, 위헌적인 것으로 판단되면 "침해(Verletzung)"라는 용어를 사용하는 점(특히, 헌법 제37조 제2항)과 비견된다(김해원, 「기본권의 잠정적 보호영역에 관한 연구」, 『헌법학연구』 15－3, 한국헌법학회, 2009, 293－294쪽). 한편 법의 매개수단이자 헌법국가의 요소인 언어는 담론공동체(Diskursgemeinschaft)로서의 국가형성에 있어서 큰 의미를 가진다(Vgl. J. Isensee, Staat im Wort — Sprache als Element des Verfassungsstaates, in: J. Ipsen/H.－W. Rengeling/M. Mössner/A.

다."[37] 등과 같은 헌법재판소의 표현은 '합리적 근거가 있는 차등대우(혹은 동등대우)는 평등의 원칙에 반하는 것이 아니다.'로 고쳐져야 한다.[38] ③ 무엇보다도 헌법 제11조 제1항 제1문과 제2문은 법적 평등과 사실적 평등의 헌법적 근거를 각각 뚜렷하게 마련해준다.[39] 요컨대 "법 앞에 평등"을 규정하고 있는 헌법 제11조 제1항 제1문은 규범적 차원에서의 평등(법적 평등), 즉 기회 또는 가능성의 평등(형식적 평등)에 대한 근거조항이라면,[40] "[…] 생활의 모든 영역에 있어서 차별을 받지 아니한다."라고 규정하고 있는 헌법 제11조 제1항 제2문은 "정치적·경제적·사회적·문화적 생활의 모든 영역에 있어서" 개인이 처한 구체적 상황을 고려한 사실적 차원에서의 평등, 즉 실제적 결과에서의 평등의 근거조항으로 이해할 수 있다. 이러한 이해는 헌법 제11조 제1항 제1문과 제2문을 분리하지 않고 양자 모두를 헌법상 평등에 관한 일반조항으로 받아들여도 제1문과의 관계에서 제2문의 규범내용이 공동화된다는 우려를 덜어주고, 그동안 불명확했던 사실적 평등의 헌법적 근거를 분명하게 제시해준다는 장점도 있다.[41]

결국 헌법 제11조 제1항은 일반평등규정으로, 그 밖의 평등관련 헌법규정들은 개별평등규정으로 이해된다. 그런데 일반평등규정과 개별평등규정의 관계와

Weber (Hrsg.), Verfassungsrecht im Wandel, Carl Heymanns, 1995, S. 571ff.). 따라서 헌법적 논증에 있어서 정확한 용어와 표현을 사용하는 것은 대단히 중요하다. 하지만 우리 헌법재판소는 이러한 점에 대한 인식이 미흡한 것으로 판단된다.

37) 특히, 헌재 2001.6.28. 99헌마516, 판례집 13－1, 1406쪽.

38) 한편, 본 글에서 '(헌법상) 평등'은 맥락에 따라 평등명령과 차별금지를 함께 아우르는 표현으로도 사용된다. 한편 이준일 교수는 같은 취지에서 평등원칙을 평등명령과 차별금지를 아우르는 표현으로 사용한다(이준일, 앞의 글(주 3), 3쪽).

39) '법적 평등'과 '사실적 평등'은 이준일, 앞의 글(주 8), 7－15쪽; 이준일, 앞의 글(주 3), 13－16쪽.

40) 한수웅, 앞의 책(주 2), 543쪽.

41) 헌법에서 규정한 평등조항(헌법 제11조 제1항)이 법적 평등을 의미한다는 점에는 의문이 없지만, 여기에 사실적 평등이 포함되는지에 관해서는 의견이 분분한 상황이다. 즉, 사실적 평등을 "평등원칙"의 한 모습으로 이해하려는 입장(평등조항으로부터 도출된다는 입장: Vgl. R. Alexy, Theorie der Grundrechte, Suhrkamp, 3. Aufl., 1996, S. 378f.)과 "사회국가원리"의 한 모습으로 이해하려는 입장(사회적 기본권으로부터 도출된다는 입장: 한수웅, 앞의 책(주 2), 543쪽)이 대립되고 있다. 하지만 어느 견해에 의하든 헌법상 사실적 평등이 인정된다는 것에는 의문이 없다(이준일, 앞의 글(주 8), 10쪽; 이준일, 앞의 글(주 3), 14쪽). 뿐만 아니라 규범적 차원에서의 평등도 사실의 영역(헌법현실)에서 관철되어야 하며, 사실적 차원에서의 평등도 규범을 통해서 보장되어야 한다는 점을 고려한다면, 기회의 평등(규범적 평등)과 결과에서의 평등(사실적 평등)은 그 본질적으로 분리될 수 없는 동전의 양면과도 같은 것인바, 헌법 제11조 제1항 제1문으로부터 사실적 평등이 그리고 헌법 제11조 제1항 제2문으로부터 규범적 평등이 도출될 수 없는 것은 아니라고 해야 할 것이다. 다만 상대적으로 헌법 제11조 제1항 제1문은 규범적 차원에서의 평등을, 헌법 제11조 제1항 제2문은 사실적 차원에서의 평등을 보다 뚜렷하게 징표하고 있다는 것이다.

관련하여 양자를 일반법과 특별법의 관계로 이해하고, 개별평등규정이 적용되는 경우에는 일반평등규정의 적용이 배제된다는 견해가 있다.[42] 그러나 구체적 헌법현실에서 개별평등규정과 일반평등규정의 경합이 문제될 경우에 개별평등규정이 갖는 의미가 특별히 주목되어야 함은 분명하겠지만, 그렇다고 해서 일반평등규정의 적용이 배제되는 것으로 이해하는 것은 평등의 규범적 의미에 대한 오해에서 비롯된 것으로 보인다. 왜냐하면 각각의 고유한 보호영역을 갖고 있는 기본권들 간의 경합과는 달리,[43] 평등 그 자체는 고유한 보호영역을 갖고 있지 않아서 애당초 경합될 수 있는 고유한 적용영역을 특정할 수 있을지도 의문이며,[44] 일반평등규정(헌법 제11조 제1항)에 비해서 개별평등규정들은 개별적인 정당화요건 — 예컨대, 능력주의(헌법 제31조 제1항), 우대명령(헌법 제32조 제6항), 특별한 보호요청이나 특별한 차별금지(헌법 제8조 제3항과 제4항, 제32조 제4항과 제5항, 제41조 제1항, 제67조 제1항) 등 — 을 비교상황의 특수성을 감안해서 규정하고 있으므로,[45] 개별평등규정이 일반평등규정의 적용을 배척하는 것으로 이해하기보다

42) 김주환, 「양성평등원칙의 구체화」, 『공법학연구』 8－3, 한국비교공법학회, 2007, 201쪽; 김경제, 「평등권·평등원칙의 검토방안 — 신상공개에 관한 헌재 2003.6.26. 2002헌가14, 청소년의성보호에관한법률 제20조 제2항 제1호 등 위헌제청 결정과 관련하여」, 『공법연구』 32－4, 한국공법학회, 2004, 96쪽.

43) 특정 기본권주체에 감행된 특정 국가행위로 인해서 해당 기본권주체가 동시에 복수의 기본권구성요건에 중첩적으로 해당되는 경우, 문제되는 모든 기본권을 다 검토할 것이냐의 문제(기본권경합의 문제)가 갖는 실천적 의미는 결국 헌법소송에서의 경제성 및 논증의 수월성에 있다. 따라서 원칙적으로 위헌결정을 내릴 경우에는 문제된 모든 기본권을 전부 검토하지 않아도 되겠지만, 합헌결정을 내릴 경우에는 가급적 문제가 되는 모든 기본권들을 모두 검토하는 것이 바람직하다. 왜냐하면 판단유탈의 문제가 발생할 수 있기 때문이다. 관련하여 헌법재판소는 “[…] 기본권경합의 경우에는 […] 사안과 가장 밀접한 관계가 있고, 또 침해의 정도가 큰 주된 기본권을 중심으로 해서 그 제한의 한계를 따져 보아야 할 것이다.”라는 일반원칙을 제시한 바 있고(헌재 2004.5.27. 2003헌가1등, 판례집 16－1, 683쪽), 보다 구체적인 경우로는 행복추구권과 다른 기본권이 경합할 경우에는 행복추구권에 대해서 따로 판단할 필요가 없다고 판시한 바 있으며(헌재 2009.3.26. 2006헌마526, 판례집 21－1(상), 632쪽; 헌재 2003.9.25. 2002헌마519, 판례집 15－2(상), 472쪽), 공무원의 단결권이 문제된 사안에서 노동3권을 우선적으로 적용하면서 결사의 자유나 행복추구권을 별도로 검토하지 않은 경우(헌재 2008.12.26. 2006헌마462, 판례집 20－2(하), 765쪽)도 있다.

44) 정태호, 앞의 글(주 2), 33－34쪽; 김해원, 앞의 글(주 36), 310－311쪽; 이욱한, 「자유권과 평등권의 사법적 심사구조」, 『사법행정』 44－3, 한국사법행정학회, 2003, 12쪽; 이준일, 앞의 글(주 35), 105쪽, 118－119쪽.

45) 물론 개별평등조항들이 특정한 생활영역(예컨대, 교육영역, 혼인/가족 생활영역, 선거영역 등등)과 결부되어 등장하기도 하지만, 원래 ‘평등’은 그 성격상 고유한 보호영역이 존재하지 않는다는 점에서, 결부된 특정 생활영역, 그 자체를 개별평등조항들의 고유한 보호영역이라고 할 수는 없다. 즉 특정한 생활영역을 보호법익으로 삼아서 국가에게 일정한 행위를 요구하는 기본권과는 달리, 평등은 (특정한 생활영역과 관련되어 등장할 수는 있겠지만) 명확성원칙·비례성원칙 등과 마찬가지로 국가행위, 그 자체를 겨냥한 헌법적 요청으로 이해해야 한다. 따라서 ‘일반적 평등이냐, 개별적 평

는, 오히려 개별평등규정이 문제되는 경우에도 항상 개별평등규정의 취지와 내용을 고려하여 일반평등규정인 헌법 제11조 제1항에 의한 심사가 행해져야 하는 것으로 이해하는 것이 바람직하기 때문이다.[46] 바로 이러한 이유에서 일반평등규정인 헌법 제11조 제1항이 평등심사의 중심에 놓이게 되는 것이다.[47]

Ⅲ. 기본권심사에서 원용되는 평등의 의미

1. 헌법상 평등의 기본권적 이해에 대한 비판

가. 서두

상대적 평등에 입각해서 '특정한 비교상황에서 같은 것을 같게 대우(동등대우)하고 다른 것을 다르게 대우(차등대우)'해야 한다는 의미로 받아들여지고 있는 헌법상의 평등(특히, 헌법 제11조 제1항)을 학설과 판례는 별다른 어려움 없이 헌법적 차원의 권리, 즉 기본권(평등권)으로 이해하고 있다.[48] 하지만 아래와 같은 이

등이냐'는 특정한 비교상황에 놓이게 된 국가행위를 평가/지도함에 있어서 '일반적 정당화 요건을 제시(혹은 도출)할 수 있느냐, 그렇지 않으면 일반적 정당화 요구를 수정/보완하는 개별적인 정당화 요건을 제시하고 있느냐'하는 차이로 이해되어야 한다. 특히, 일반평등규정과 관련하여 박진완 교수는 다음과 같이 언급한다(박진완, 앞의 글(주 31), 204쪽): "다른 기본권보다 시간과 문화종속적 성격이 강한 개방적 내용의 일반적 평등원칙은 자신의 독자적인 기본적인 보호영역을 확보하지 못하고, 항상 다른 기본권의 보호영역에서의 불평등 대우의 정당화 기준으로서의 성격을 가진다."

46) 정태호, 앞의 글(주 2), 33-34쪽: "[…] 따라서 특별평등규정이 불평등대우를 금지하지 않는 경우에도 항상 일반적 평등규정에 의한 심사가 이루어져야 한다."

47) 평등심사에 관한 본격적인 내용들(특히, 평등심사구조 및 평등심사강도)은 각각 아래 목차 Ⅳ. 및 Ⅴ. 참조.

48) 이에 대한 증거들은 새삼 거론치 않아도 될 만큼 너무 많다. 특히 헌법재판소는 주관소송인 헌법소원심판에서 침해여부가 문제된 기본권으로서 매우 빈번하게 '평등권'을 검토하고 있다(http://search.ccourt.go.kr/ths/pr/selectThsPr0101List.do, 사건유형: 헌마, 검색어: 평등권, 검색일: 2013.1.15.). 한편 이준일 교수는 "헌법 제11조 제1항에서 '모든 국민은 법 앞에 평등하다'고 규정하여 다른 해석가능성 없이 모든 국민에게 '일반적 평등권'을 보장하고 있음이 분명하다."라고 단정하고 있다(이준일, 앞의 책(주 2), 27쪽). 물론 '평등권'이란 표현 대신에 '평등원칙'이라는 표현들도 헌법재판소의 결정문이나 문헌들 속에 자주 등장하지만, 이러한 표현을 사용하는 견해들 또한 헌법상 평등이 기본권으로 원용되는 것을 부정하는 것이 아니라, '평등권'과 '평등원칙'이란 표현을 맥락에 따라 혼용하여 사용하고 있을 뿐이다(예컨대, 김주환, 앞의 글(주 4), 259쪽 이하; 김경제, 앞의 글(주 42), 91쪽 이하; 정문식, 앞의 글(주 11), 37쪽; 이욱한, 앞의 글(주 44), 11쪽 이하; 한상운/이창훈, 「현행 헌법상 평등심사기준에 관한 연구: 헌법재판소 판례를 중심으로」, 『성균관법학』 20,성균관대학교 법학연구소, 2008, 66쪽; 박진완, 앞의 글(주 31), 203, 207쪽).

유 및 사태들 때문에 헌법이론상으로도 헌법실무상으로도 헌법상 '평등'이 기본권으로 원용되는 것은 적절치 않다고 생각한다.

나. 권리개념상의 이유

보장수준이 헌법적 차원에 있다는 점, 그리고 권리보유자변수와 권리상대방변수에 각각 국민(기본권주체)과 국가(기본권수범자)가 대응한다는 점에서 특수성을 가질 뿐, 기본권 또한 권리임에는 틀림없다.[49] 그런데 헌법상 평등, 그 자체를 권리라고 하거나 권리로 원용하는 것은 오늘날 권리의 본질과 근거 및 개념에 관한 양대이론인 이익설의 관점에서도, 의사설의 관점에서도 부합되기 어렵다.[50]

우선 권리의 본질적인 속성은 '법적으로 보호되는 이익'에 있다는 이익설의 입장[51]에서 본다면 평등은 매우 이질적인 개념이다. 왜냐하면 '특정한 비교상황에서 같은 것을 같게 대우(동등대우)하고 다른 것을 다르게 대우(차등대우)'하라는 의미인 평등은 비교대상들 간의 지위의 상대적 관계(동등성 혹은 차등성)에만 주목하고 있을 뿐 ㅡ 즉, '형식적 성격의 법원리'로서 양태적 측면에서 국가의 특정 행위방식과 관련될 뿐 ㅡ, 그 지위의 내용에 대해서는 개방되어 있는바, 그 자신의 독자적인 고유한 보호영역 내지는 보호이익을 설정할 수 없기 때문이다.[52] 설사

49) 권리보유자변수(a), 권리상대방변수(b), 권리대상(내용)변수(G)라는 세 가지 변수들의 三價關係는 권리(R)의 공통기본구조이다. 따라서 일반적으로 "a는 b를 향하여 G에 대한 권리를 보유한다."라는 권리문장은 RabG로 기호화 된다. 이에 관해서는 김도균, 『권리의 문법 ㅡ 도덕적 권리·인권·법적 권리』, 박영사, 2008, 4-5쪽; 김해원, 앞의 글(주 2), 392-393쪽; 헌법적 차원의 권리로서 기본권에 관해서는 특히, R. Alexy, 앞의 책(주 41), S. 258.

50) 물론 권리의 양대이론(의사설과 이익설) 외에 제3의 이론들도 있다. 하지만 이들은 의사설과 이익설 어느 하나에 부속된 또는 이들 이론을 각각 보완하려는 이론으로 평가되고 있으며(김도균, 앞의 책(주 49), 48쪽), 특히 많은 문헌들에서 언급되고 있는 절충설(특히, 권리법력설)은 의사설과 이익설 간의 화해 가능성을 제시할 뿐, 그렇게 보는 이유에 관해서는 명확한 해명 없이 궁금증만을 남기고 있는 상황이다(최봉철, 「권리의 개념에 관한 연구: 의사설과 이익설의 비교」, 『법철학연구』 6-1, 한국법철학회, 2003, 51쪽). 관련하여 H. L. A. Hart는 유사한 맥락에서 절충설을 "무의미한 조합이나 병렬적 설명"으로 평가했으며(H. L. A. Hart, Bentham on Legal Rights, in: A. W. B. Simpson, Oxford essays in jurisprudence, Oxford, 1973, p. 201), H. Steiner는 의사설과 이익설 외의 제3의 가능성을 부인하고, 단지 의사설과 이익설 중에서 결함이 덜한 입장을 선택할 수 있을 뿐(H. Steiner, Working Rights, in: M. H. Kramer/N. E. Simmonds/H. Steiner, A Debate over Rights Philosophical Enquiries, Oxford, 2002, p. 298)이라는 견해를 피력하고 있다.

51) 김도균, 앞의 책(주 49), 46쪽, 53쪽, 56-59쪽; 최봉철, 앞의 글(주 50), 56쪽.

52) Vgl. G. Müller, Der Gleihheitssatz, in: VVDStRL 47, 1989, S. 40; B. Pieroth/B. Schlink, Grundrechte: Staatsrecht Ⅱ, C. F. Müller, 22. Aufl., 2006, Rn. 430; 한수웅, 「평등권의 구조와 심사기준」, 『헌법논총』 9, 헌법재판소, 1998, 102쪽; 이욱한, 앞의 글(주 44), 12쪽; 정태호, 앞의 글(주 2), 18쪽; '평등'의 고유한 보호영역을 부정하는 국내외의 문헌들은 매우 많고, 그러한 부정설이 일반적인 입장이다. 관련하여 긍정설과 부정설의 소개 및 긍정설에 대한 비판은 김해원, 앞

평등주장을 통해서 특정한 영역 내지는 특정한 이익이 관철되는 것처럼 보여도, 이는 사실 평등과 결부되어 등장한 특정한 권리(방어권 혹은 급부권)의 내용일 뿐이다.[53] 따라서 고유한 실체적 내용이 없어서 텅 비어있는 형식적 개념인 평등[54]이 이익설의 관점에서 권리로 구성되기는 어려울 것이다.

의 글(주 36), 309−312쪽; 한편 김주환 교수는 "헌법상의 평등권은 각 개인이 공동체 내부에서 타인과 비교될 수 있는 상대적 지위에서 맺게 되는 인적·물적 생활관계의 동등성을 실질적 보호대상으로 한다."(김주환, 「평등권의 다차원적 성격」, 『인권과 정의』 334, 대한변호사협회, 2004, 126−127쪽)라고 언급하다가, 그 후 다른 글에서는 보다 분명하게 "평등권은 보호영역이 없는 기본권이 아니라, 이 관계적 지위가 비교의 관점에 따라 매우 다양하게 설정되기 때문에 보호영역을 특정할 수 없는 기본권일 뿐이다."(김주환, 앞의 글(주 7), 207쪽)라는 견해를 피력하고 있다. 하지만 이러한 견해는 평등이 문제될 수 있는 상황, 그 자체를 평등의 고유한 보호영역 내지는 보호대상으로 오해한 것 — 예컨대, 마치 헌법 제12조 제1항의 "신체의 자유"의 보호영역 내지는 보호대상으로 '(구체적 체포과정에서의) 신체의 완전성'을 언급하는 것이 아니라, '경찰이 나를 체포한 상황', 그 자체를 언급하는 것과 다르지 않다. — 이거나, 권리의 보호내용(대상)과 권리기능에 대한 오해에서 비롯된 것으로 보인다; 이준일 교수는 "[…] 엄격하게 말하자면 평등권의 보호법익은 없다."라고 하면서도 "평등원칙이 논증부담규칙으로서 불평등을 주장하는 사람에게 논증부담을 지우는 요청으로 이해된다면 평등권은 그에 상응하여 논증부담에 관한 보호법익을 갖는 주관적 권리를 뜻한다."라고 언급하고 있다(이준일, 『헌법학강의』, 홍문사, 2011, 404쪽). 하지만 이러한 견해는 이준일 교수 스스로도 지적하고 있듯이 결국 헌법상 평등은 "실체적 권리가 아니라 […] 논증게임에서 상대방의 논증부담을 주장할 수 있는 절차적 권리에 지나지 않는"것임을 수인하는 것이다. 그런데 기본권은 실체법영역과 절차법영역을 모두 아우르는 헌법적 차원의 권리라는 점에서, 평등을 헌법상의 주관적 권리(기본권)로 인정하면서도 단지 절차적 권리로 국한하여 이해하는 것이 과연 타당할지가 의문이며, 무엇보다도 평등에 관한 이러한 이해는 기본권심사와 관련된 논증부담의 의무를 국가에게 지우고 있는 헌법 제10조 제2문(확인의무)의 취지(이에 관해서는 김해원, 「기본권관계에서 국가의 의무 — 확인의무·보장의무·보호의무를 중심으로 —」, 『공법학연구』 12−4, 한국비교공법학회, 2011, 95−97쪽)와도 부합되지 않는다.

53) 이러한 점에서 평등에 결합되는 어떤 실체가 방어권적 기본권이라면 국가의 소극적 행위(부작위)가 분배의 대상이 되며(즉, 국가의 적극적 행위가 평등위반여부로 다투어지게 되며), 결합되는 어떤 실체가 급부권적 기본권이라면 국가의 적극적 행위가 분배의 대상이 될 뿐이다(즉, 국가의 소극적 행위가 평등위반여부로 다투어질 뿐이다). 이에 관해서는 이준일, 앞의 글(주 35), 118−119쪽; 김해원, 앞의 글(주 36), 310쪽; Vgl. V. Epping, Grundrechte, Springer, 4. Aufl., 2009, S. 336f.

54) P. Westen, The empty Idea of Equality, Hav. L. Rev. Vol. 95., 1982, p. 577−578; 이러한 평등개념의 형식성과 관련하여 황도수 교수는 자신의 박사학위 논문(황도수, 앞의 글(주 30), 53쪽)에서 다음과 같이 쓰고 있다: "평등개념의 형식성은 다양하고 수많은 실질적인 사회적 가치를 평등조항에 연결할 수 있는 일종의 論理的 鑄型형식을 평등개념에 부여하고, 그를 통하여 결과적으로 평등조항에 실질적 내용을 부여할 수 있는 도구개념을 제시하기 때문이다. 평등개념은 일정한 형태의 문제의식을 평등문제로 파악하게 하고, 그 문제의 실질적인 해결은 당시의 상황에 따라 채워질 수 있는 것이다. 평등의 형식을 통하여 시공을 초월한 궁극적인 가치가 아닌, '시공에 현존한 실체적 가치'가 현실의 규범에서 실제적 의미를 가지게 되는 것이다. 즉 평등개념 자체가 가치세계에 대하여 열려 있음으로 인하여, 헌법상의 평등조항은 헌법이 처해 있는 시대와 상황을 평등조항에 반영할 수 있게 된다는 유연성과 지속성을 지니게 되는 것이다. 평등개념의 내용 자체가 공허하기 때문에, 그 개념을 요소로 하는 평등원칙이나 평등조항은 오히려 시공 속의 현실을 담아, 시공을 초월하여 생명을 가질 수 있는 것으로 이해되는 것이다."

한편 '권리의 본질적인 요소는 그 귀속주체의 의사 내지는 선택에 있는 것으로서, 이러한 의사나 선택을 보호하는 것'이 권리의 존재이유라는 의사설[55]의 관점에 터 잡아 헌법상 평등을 개인이 국가에 대해 요구할 수 있는 주관적 권리로 구성하는 것 또한 타당하지 않다. 왜냐하면 무엇보다도 기본권 같은 公權을 설명함에 있어서 의사설 그 자체가 적절치 않은 권리이론인 데다가,[56] 의사설의 관점에서 평등을 기본권으로 이해하게 되면 헌법적 차원의 소송제도인 헌법소원심판에 필연적으로 내재된 요청인 '소의 이익'[57]이 무시된 결과가 강요될 가능성이 크기 때문이다. 즉, 의사설의 관점에서 권리로 구성된 헌법상 평등은 '귀속주체 ―"모든 국민"은 헌법상 평등의 귀속주체가 될 수 있다(헌법 제11조 제1항). ― 의 구체적인 특정 이익의 증진과는 상관없이 귀속주체의 의사에 따라서 국가에게 평등준수의무의 이행을 강제할 수 있는 헌법적 차원의 힘'으로 이해될 수 있을 것이므로,[58] 경우에 따라서는 특정 국가행위와 관련해서 애당초 정당한 소의 이익이 없는 사람(예컨대, 기본권침범적 법률의 경우에 그 법률의 적용을 받지 않는 사람, 혹은 수혜적 법률의 경우에 그 수혜범위에 포함되어 있는 사람)[59]도 구체적 비교상황에서 자신의 이익과 배치되는 의사의 관철을 위해서 평등을 기본권으로 원용하여 해당 국가행위(등등대우 혹은 차등대우)의 위헌성 여부를 주관소송(특히, 헌법소원)을 통해서 다툴 수 있는 가능성이 생기기 때문이다.[60]

55) 김도균, 앞의 책(주 49), 48－52쪽, 56－59쪽; 최봉철, 앞의 글(주 50), 55－57쪽.

56) 이에 관한 상세한 설명은 김도균, 앞의 책(주 49), 53－56쪽.

57) 이에 관해서는 김현철, 『판례 헌법소송법』, 전남대학교출판부, 2011, 431쪽; 헌법재판소는 헌법소원심판의 적법요건으로 검토되는 소의 이익(권리보호이익)을 "헌법소원제도의 목적상 필수적 요건"이라고 하였다(헌재 2001.9.27. 2001헌마152, 판례집 13－2, 454쪽). 따라서 이러한 '소의 이익'이라는 헌법소원심판의 적법요건은 헌법재판소법 제40조 제1항에 의하여 준용되는 민사소송법 내지 행정소송법 규정들에 대한 해석으로도 확인될 수 있는 헌법적 차원의 일반적인 소송원리로 이해되어야지, 법률을 통해서 창설되는 법률적 차원의 개념이라고 할 수는 없을 것이다. 이런 점에서 "민사소송법 내지 행정소송법 규정들에 대한 해석상 인정되는 일반적인 소송원리"라고 표현한 헌법재판소의 태도(헌재 2001.9.27. 2001헌마152, 판례집 13－2, 454쪽)는 수정되어야 한다.

58) 이러한 이해는 의사설의 공통핵심명제(김도균, 앞의 책(주 49), 52쪽 참조)로부터 도출된다.

59) 다음의 경우를 생각해볼 수 있다: 의무적 병역징집대상이 아닌 여성이 남자에게 병역의무를 지우고 있는 관련 병역법이 남성과 여성(자신)을 달리 취급하여 자신의 평등권을 침해했다고 주장하거나, 국가로부터 최저생계비나 의료보호를 받고 있는 甲이 자신과 동일한 혜택을 국가가 자신과 유사한 처지에 있는 乙에게 부여하고 있지 않음을 문제 삼아서 관련 법률이나 공권력활동이 甲 자신의 평등권을 침해했다고 주장하면서 이를 헌법소원의 형식으로 다투는 경우 등등.

60) 물론 이러한 관점은 실체법적 사항과 절차법적 사항을 기본적으로 동일한 차원에서 취급하고 있다는 점에서 의문을 제기할 수 있을 것이다. 하지만 적어도 위 맥락에서 실체법적인 것과 절차법적인 것, 양자를 다른 차원에서 논한다는 것은 결국 의사설적 관점에서 권리로 구성된 헌법상 평등이 '절차법적으로 관철될 수 있는 기본권(소구 가능한 기본권)으로서의 평등'과 '애당초 절차법적

요컨대 법적 논증의 엄격함과 높은 논리적 설득력의 확보라는 측면을 고려한다면 권리이론상(특히, 의사설의 관점에서도 이익설의 관점에서도) 권리의 개념요소로 포착되기에 어려운 헌법상 '평등'을 권리로 이해하거나, 권리로 원용하는 것은 비논리적인 무리한 시도라고 생각된다.[61]

다. 헌법문언상의 이유

헌법상 평등(헌법 제11조 제1항)을 헌법적 차원의 권리(기본권)로 이해하는 것은 헌법문언의 태도 — 헌법은 평등을 권리형식으로 규정하고 있지 않다. — 와도 부합되지 않는다.[62] 즉, 우리 헌법제정권자는 기본권과 관련해서는 원칙적으로 주관주의적 관점에서 권리귀속주체에게 명시적으로 고유한 지위·내용을 "[…] 가진다."[63]라고 표현(능동적 규정양식)하거나, 혹은 "[…] 침해받지 아니한다."[64]라는 표현(수동적 규정양식)을 사용하고 있는 반면에,[65] 평등은 헌법원칙 내지는 객관규범형식 — 헌법 제11조 제1항은 특정한 지위/내용을 언급하지 않고 단지

으로 관철될 수 있는 가능성도 없는 기본권(소구 불가능한 기본권)으로서의 평등'으로 구분될 수 있음을 긍정하는 것이 된다. 즉, 헌법상 기본권은 소구 가능한 기본권과 소송법적으로 관철시키는 것이 불가능한 기본권으로 구분될 수 있음을 긍정하는 것이다. 기본권에 관한 이러한 이해는 절차법과 실체법을 모두의 상위규범으로서 이들을 지도하고 통제하는 '헌법적 차원으로서의 권리'라는 기본권의 기본적 속성에 반하는 것이라 받아들일 수 없을 것이다.

61) 한편 이준일 교수는 "차별과 인권침해는 문제의 본질이 전혀 다르다. 이 점을 놓치면 차별이 인권침해인 것처럼, 인권침해가 차별인 것처럼 매우 혼란스러워 보일 수도 있다. 하지만 차별과 인권침해를 구분하는 경우에만 사회적 약자가 그 중심에 서 있는 사회적 이슈들에 대하여 합리적이고 효과적인 대안이 제시될 수 있다."라는 입장을 피력했다(이준일, 『인권법: 사회적 이슈와 인권』, 홍문사, 2012, 머리말 vii−viii). 여기서 언급된 차별과 인권침해의 혼동은 바로 헌법상 평등이 권리로 이해되었기 때문에 야기되는 현상이라고 할 수 있다. 따라서 필자는 "차별과 인권침해를 구분"하는 것은 결국 평등을 권리로 이해할 것인지 여부에 달려있다고 생각한다.

62) 이러한 헌법문언의 규정방식은 독일 또한 마찬가지이다. 독일에서도 헌법상 평등원칙으로부터 주관적 공권으로서의 평등권이 도출될 수 있는지 여부가 논란이 되고 있다. 관련하여 평등은 객관적 법규범으로서 개인적 공권이 아니라는 견해로는 특히, Vgl. G. Jellinek, System der subjekitiven öffentlichen Rechte, Mohr Siebeck, 2. Aufl., 1919, S. 135; N. Luhmann, Grundrechte als Institution. Ein Beitrag zur politischen Soziologie (SÖR, Bd. 24), Duncker & Humblot, 1965, S. 167; 반면에 평등의 주관적 공권성을 인정하는 견해로는 특히, Vgl. M. Sachs, "Zur dogmatischen Struktur der Gleichheitsrechte als Abwehrrechte", in: DÖV, 1984, S. 411ff.

63) 예컨대, 헌법 제10조 제1문, 제12조 제1항 제1문·제4항 제1문·제6항, 제14조, 제15조, 제19조, 제20조 제1항, 제21조 제1항, 제22조 제1항, 제24조, 제25조, 제26조 제1항, 제27조 제1항·제3항, 제31조 제1항, 제32조 제1항 제1문, 제33조 제1항·제2항, 제34조 제1항, 제35조 제1항 등. 한편 같은 맥락에서 "가진다."라는 명시적 표현은 없지만, 명시적으로 기본권주체의 "권리"를 표현하고 있는 규정도 있다(헌법 제12조 제5항: "변호인의 조력을 받을 권리").

64) 예컨대, 헌법 제16조, 제17조, 제18조 등.

65) 김해원, 「헌법적 논증에서 객관헌법과 주관헌법」, 『헌법학연구』 16−1, 한국헌법학회, 2010, 179−180쪽; 김해원, 앞의 글(주 2), 392−393쪽; 김해원, 앞의 글(주 36), 311쪽 주 125).

기본권 주체("모든 국민" 혹은 "누구든지")가 "평등하다."(제1문) 혹은 "차별을 받지 아니한다."(제2문)라고 규정하고 있다. ― 으로 규정하고 있다.[66] 평등을 기본권으로 원용하는 견해 또한 기본적으로 우리 헌법상 평등은 주관적 권리규정형식이 아니라 객관적 원칙규정형식임을 긍정하면서, "주관적 공권으로서의 평등권"은 "개별적인 주체와 구체적인 청구권의 내용을 전제"로 삼고 "구체적인 법적 사건에서 각각의 평등규범을 주관화한 결과로서 도출되는 것"으로 이해하고 있다.[67] 하지만 객관규범을 주관화하여 권리를 도출하는 것이 불가능한 것은 아니라고 하더라도,[68] 적어도 평등과 관련해서는 받아들이기 힘들다. 왜냐하면 권리와 의무 사이의 "기우뚱한 대응관계(asymmetrical correlativity: '권리가 있으면 항상 그에 상응하는 의무가 존재한다'는 추론은 성립하지만, '의무가 있으면 언제나 그에 상응하는 권리가 존재한다'는 추론은 성립하지 않는다)"[69]를 고려한다면, 평등이 갖는 특수성에 주목하지 않고 (국가에게 일정한 행위의무 ― 특히, 비교대상들 간의 동등대우 혹은 차등대우 ― 를 부과하고 있는) 객관헌법규범[70]인 헌법상 평등을 별다른 숙고 없이 주관화해서 기본권으로 취급하는 것은 일반적인 권리이론과도 부합되지 않으며, 설사 구체적인 경우에 헌법상 평등원칙을 주관화해서 도출될 수 있는 어떤 내용이나 이익이 있다고 하더라도 그것은 '평등권'의 내용이 아니라,[71] 국가의 평등취급(동등대우 혹은 차등대우)의 대상이 되는 구체적인 특정 기본권 내지는 청구권의 내용이기 때문이다. 같은 맥락에서 우리는 헌법적 차원의 원칙 내지는 객관규범이라고 할 수 있는 명확성원칙, 형벌불소급원칙 및 이중처벌금지원칙(헌법 제13조 제1항), 소급입법금지원칙(헌법 제13조 제2항), 검열금지(헌법 제21조 제2항), 무죄추정

66) 이러한 점에서 헌법상 기본권은 권리의 공통기본구조(이에 관해서는 주 49) 참조) 중에서 특히 권리대상(내용)변수에 주목하여 유형화된 것으로 이해할 수 있을 것이다. 그런데 평등은 자신의 고유한 대상(혹은 내용)을 갖고 있지 않다는 점에서 권리로 규정하기에 매우 이질적인 개념이다.

67) 관련하여 특히, 김주환, 앞의 글(주 52), 124쪽: "주관적 공권으로서의 평등권은 언제나 그 법적 근거를 이루는 객관적 법규범으로서의 평등권규범으로부터 도출되기 때문에, […]"

68) 예컨대, 헌법 제111조 제1항 제5호에 규정되어 있는 헌법소원심판제도로부터 구체적인 경우에 헌법소원을 청구할 수 있는 주관적 공권이 도출될 수 있을 것이다. 객관규범으로부터 주관적 권리의 도출에 관해서는 특히 김해원, 앞의 글(주 65), 182-183쪽; 정종섭, 「기본권조항 이외의 헌법규정으로부터의 기본권 도출에 대한 연구」, 『헌법논총』 5, 헌법재판소, 1994, 239쪽 이하.

69) 권리와 의무의 '기우뚱한 대응관계'에 대해서는 김도균, 앞의 책(주 49), 22쪽.

70) 객관규범의 개념 및 구체적인 객관헌법규정들의 적시는 김해원, 앞의 글(주 65), 173-179쪽.

71) 왜냐하면 '기본권'과는 달리 '평등'은 고유한 보호영역 내지는 이익을 가지고 있지 않기 때문이다(위 주 52) 참조). 이러한 점에서 침범(Eingriff)의 정도가 문제되는 기본권과 달리, 평등이 문제된 경우에는 평등침해나 평등제한이란 용어보다는 평등(원칙)에 대한 '위반' 내지는 '위배'라는 표현이 보다 적절하다(이에 관해서는 한수웅, 앞의 글(주 52), 103쪽).

원칙(헌법 제27조 제4항), 법률유보원칙·비례성원칙·본질내용침해금지원칙(헌법 제37조 제2항), 포괄적 위임입법금지의 원칙(헌법 제75조) 등등을 그 자체로서 권리 내지는 기본권으로 이해하지 않는다.[72] 구체적으로 이러한 헌법원칙들이 문제가 될 경우에도 헌법원칙들 그 자체가 헌법소송(특히 헌법소원심판)에서 주관화되어 권리로서 원용되는 것이 아니라, 구체적 상황에서 관련된 실체적 내용이 있는 권리들(예컨대, 불명확한 법률규정으로 인해서 훼손되는 특정 기본권, 신체의 자유, 참정권, 재산권, 언론의 자유 등등)이 원용되는 것이고,[73] 이를 심사하는 헌법재판소는 원용된 구체적 기본권과 관련해서 국가가 각종 헌법상의 원칙들을 준수하고 있는지 여부를 심사할 뿐이다. 요컨대, 구체적인 경우에 귀속주체로부터 주장되는 권리인 '기본권'과 기본권에 감행된 국가행위의 헌법적합성 여부를 판단하는 척도인 '기본권심사기준'은 헌법이론상으로도, 헌법소송상으로도 다른 개념이며, 또 달리 취급되고 있다.[74] 이러한 점에서 헌법상 평등 또한 '기본권'이라기보다는 '기본권심사기준'으로 이해되어야 한다.

라. 평등을 매개로한 모든 권리의 기본권화 현상 방지

만약 구체적인 비교상황에서 단지 국가에게 동등대우나 차등대우를 요구하는 것, 그 자체를 기본권(평등권)으로 구성하여 국가를 상대로 주장할 수 있게 된다면, 헌법적 차원의 것이 아닌, 단순한 법률적 차원의 가치나 이익들도 헌법상

---

72) 이들을 우리는 '법률을 명확하게 제정하도록 요구할 권리', '이중처벌금지를 요구할 권리', '소급입법금지를 요구할 권리', '검열금지를 요구할 권리', '법률유보를 요구할 수 있는 권리', '비례성원칙을 준수할 것을 요구할 권리', '본질내용을 침해하지 않을 것을 요구할 권리', '포괄적 위임입법을 하지 않을 것을 요구할 권리'등과 같이 칭하거나 독립적인 기본권으로 이해하고 있지 않다. 한편, 같은 맥락에서 객관헌법조항인 영토조항(헌법 제3조)을 주된 근거로 삼아서 헌법소원의 대상이 될 수 있는 주관적 공권인 기본권으로서의 국민의 영토권이 인정될 수 있음을 피력하고 있는 헌법재판소의 입장(헌재 2001.3.21. 99헌마139, 판례집 13-1, 694-695쪽; 2009.02.26. 2007헌바35, 판례집 21-1(상), 82-83쪽)에 대한 비판(김해원, 앞의 글(주 65), 182쪽) 또한 이해될 수 있을 것이다.

73) 같은 맥락에서 굳이 헌법문언의 태도를 벗어나서 고유한 보호영역을 가지고 있지 않은 비교적·상대적 관계규범인 평등으로부터 실체적 내용이 있는 소위 '평등권'을 도출시킬 필요가 있을지도 의문이다. 왜냐하면 구체적인 상황에서 기본권주체인 국민은 평등을 주장할 필요 없이, 문제된 기본권적 보호영역을 통해서 포착될 수 있는 실체적 권리를 기본권으로 주장하면 족하기 때문이다. 같은 맥락에서 P. Westen은 '평등조항이 가질 수 있는 내용은 평등 이외의 다른 가치기준, 즉 일반권리의 내용 속에 논리적으로 이미 포함되어 있는 것이므로, 이러한 권리의 내용을 다시 평등이라는 개념으로 변형하여 적용하려는 노력은 불필요한 것이고 오히려 혼동만을 초래할 뿐'이라고 하였다(P. Westen, 앞의 글(주 54), 542쪽).

74) 헌법소송에서 청구인이 주장하는 권리가 기본권인지여부는 적법요건단계에서, 기본권에 감행된 국가행위가 기본권심사기준을 준수하고 있는지 여부는 본안판단단계에서 다루어진다.

평등규정을 매개하여 실질적으로 기본권적 가치로 등극하게 되고, 또 그 가치들이 헌법소원심판의 형식을 통해서 관철될 수 있는 계기가 마련된다는 점에서 평등의 기본권적 이해 ― 소위, 평등권 ― 는 바람직하지 않다. 왜냐하면 다른 공권이나 권리들과 뚜렷하게 구별되는 기본권의 핵심적 특성인 '헌법적 차원의 권리(Rechte von Verfassungsrang)'[75]가 유명무실해질 뿐만 아니라, 엄격한 의미에서 모든 국가행위는 평등의 문제(동등취급 내지는 차등취급의 문제)를 유발시킨다는 점[76]에서 결국 모든 권리와 가치의 기본권화 현상이 초래되기 때문이다.[77] 이러한 점에서 주민투표권 그 자체의 기본권성을 부정하면서도, 비교집단과의 관계를 고려하여 헌법상 평등위반의 문제로 구성하여 ― 즉, 평등권을 언급하면서 ― 헌법소원심판의 적법요건이 충족되었다고 판단한 헌법재판소의 태도[78]는 비판되어야 한다.

마. 모든 기본권의 평등권화 현상 방지

뿐만 아니라 "차별 또는 무차별은 입법자가 일정한 목적을 달성하기 위해 객관적 생활관계를 규율할 때 언제나 발생하는 필연적 현상"[79]인데 헌법상 평등(헌법 제11조 제1항)을 기본권으로 구성하여 소위 '평등권'이란 개념을 긍정하게 되면, 기본권심사에서 고유한 보호영역이 없는 평등권과 다른 기본권들과의 경합문제가 일상적으로 발생하게 되어 논증의 합리성과 경제성이 저하될 뿐만 아니라, 자칫하다간 법률적 차원의 권리가 평등을 매개해서 기본권화 되는 수준을 넘어서서,[80] 모든 기본권적 문제가 평등권의 문제로 귀착되어버릴 위험이 상존하게 된다. 실제로 헌법상 평등을 기본권으로 이해하고 있는 헌법재판소의 확고한 입장 때문에 평등권과 다른 기본권들과의 관계 및 논증방법, 특히 기본권심사를 둘러싸고 헌법재판실무상 곤혹스러운 문제들이 야기되고 있다.[81]

바. 헌법 제37조 제2항과의 관계

그 밖에도 헌법상 평등을 기본권으로 이해하게 되면 헌법 제37조 제2항과의

75) R. Alexy, 앞의 책(주 41), 258쪽.

76) 관련하여 김주환, 앞의 글(주 4), 304쪽: "국가가 입법활동을 할 때에는 입법활동 그 자체만으로 이미 평등권문제가 발생한다."

77) 정문식, 앞의 글(주 11), 32쪽 주 143).

78) 헌재 2007.6.28. 2004헌마643, 공보 129, 755쪽 이하.

79) 김주환, 앞의 글(주 7), 213쪽.

80) 이에 관해서는 위 목차 Ⅲ. 라.

81) 특히, 배보윤, 앞의 글(주 11), 300쪽.

관계에서 발생하는 부조화를 설명하기 어렵다. 즉, 헌법전 어디에도 등장하지 않는 용어로서 강학상 개념인 '기본권'은 헌법 제10조에 등장하는 "기본적 인권"의 준말로 이해될 수 있으며,[82] 통상 헌법 제2장의 표제어에 등장한 "권리"혹은 헌법 제37조 제1항과 제2항에서 등장하는 "자유와 권리"의 동의어로서 국가에 대해 개인이 갖는 헌법적 차원의 개별 권리들을 총칭하는 개념으로 이해되고 있으므로,[83] 헌법상 평등을 기본권으로 구성하면, "국민의 모든 자유와 권리"라고 표현하고 있는 헌법 제37조 제2항이 평등심사에서도 적용되어야 함이 마땅하다.[84] 그런데 헌법 제37조 제2항 후단의 본질내용침해금지 규정과 관련하여, 평등은 비교상황 속에서 상대적으로 활용되는 관계규범이라는 점에서 과연 자신의 고유한 본질내용이 존재할 수 있을지가 의문이다. 설사 존재한다고 하더라도 관계규범으로서 평등의 고유한 본질내용은 필연적으로 비교적·상대적 관점에서 얻어질 수밖에 없을 터인데, 이는 헌법 제37조 제2항 후단의 "본질적인 내용"을 절대설적 관점에서 이해하는 다수설과 헌법재판소 판례의 기본적 입장[85]과도 조화되기 어렵다.

2. 헌법원칙으로서 헌법상 평등이 갖는 의미

가. 미시적 차원: 자유와 권리의 분배기준으로서 평등

이처럼 헌법상 평등을 기본권으로 구성하는 것이 바람직하지 않다면, 문제는 '과연 헌법상 평등을 무엇으로 이해할 것인가?'이다. 이와 관련하여 필자는 헌법적 가치인 "평등"이 헌법현실에서 정치적 구호의 차원에서 권리로 원용될 때 가질 수 있는 긍정적인 측면을 부정하는 것은 아니지만,[86] 적어도 기

---

82) 허완중, 「자유와 권리 그리고 기본적 인권」, 『성균관법학』 20−3, 성균관대학교 법학연구소, 2008, 555쪽.

83) 김해원, 앞의 글(주 52), 92−93쪽.

84) 평등을 권리로 구성하면서도 헌법 제37조 제2항의 "모든 자유와 권리"에 평등이 포함되지 않는다고 해석하는 견해가 있다(특히, 한수웅, 앞의 글(주 52), 102−103쪽; 김주환, 「입법자의 평등에의 구속과 그에 대한 통제」, 『헌법논총』 11, 헌법재판소, 2000, 443쪽). 하지만 이러한 해석은 "모든"이라는 수식어를 사용하고 있는 헌법 제37조 제2항의 문언과 상치되는 것으로서, 적어도 평등을 기본권으로 구성하는 한 받아들이기 어렵다. 평등을 기본권으로 이해하고 있는 우리 헌법재판소의 입장 또한 명시적으로 평등심사에 있어서 헌법 제37조 제2항이 적용되어야 함을 밝힌 바 있다(헌재 1992.2.25. 90헌가69, 91헌가5, 90헌바3 병합, 122쪽).

85) 이에 관해서는 특히 김대환, 『기본권제한의 한계』, 법영사, 2001, 194−196쪽.

86) 이글은 이념으로서 혹은 사회적 맥락에서 '평등'이 갖는 의미보다는, 실정헌법규범으로서의 '평등'이 어떠한 내용과 의미를 가지며, 어떻게 활용될 수 있는지에 주목하고 있다.

본권으로 규율되는 일정한 생활영역(기본권보호영역)에 대해 감행된 특정 국가 행위(Grundrechtseingriff)가 합헌적인 기본권 제한(Schranken)인지, 그렇지 않으면 위헌적인 기본권 침해(Verletzung)인지 여부를 司法的 見地에서 엄격하게 판단하여, 그 결과에 대해서 가능한 한 높은 이성적 설득력과 합리성을 담보해야 할 기본권심사[87]에서는, 헌법상 평등은 독자적인 기본권(헌법 제37조 제2항의 "자유와 권리")으로 원용될 것이 아니라, 기본권보호영역에 작위 혹은 부작위로 개입하는 국가가 기본권적 가치("자유와 권리")의 분배와 관련하여 다른 기본권주체의 상황을 고려하여 비교적·상대적 관점에서 준수해야 할 헌법원칙[88] 내지는 구체적인 경우에 이러한 헌법원칙의 준수여부를 판단하는 잣대 혹은 심사기준 — 정확하게는 '정당성심사기준'[89] — 으로 이해되어야 한다고 생각한다.[90] 헌법상 평등을 기본권("자유와 권리")이 아니라, 기본권("자유와 권리")의 분배기준으로 이해하고 있는 이러한 견해는 자유를 향유하기위한 분배조건으로 평등을 바라보고 있는 R. Norman이나,[91] "평등문제는 바로 자유의 중요성 주장에 대한 보충물" 혹은 "자유는 평등의 가능한 적용영역에 속하고 평등은 자유의 가능한 분배유형"으로 이해하고 있는 A. Sen으로부터도 지지받을 수 있을 것이며,[92] 같은 맥락에서 평등 그 자체를 '목적적 가치' 즉 기본권이라고 이해하기보다는 자유와 권리의 신장에 밀접한 연관을 가지고 있는 수단이란 차원에서 자유를 운반하는 수레(zum Vehikel der Freiheit)로 이해하는 K. Hesse로부터도 긍정적으로 평가받을 수 있을

87) 기본권심사의 개념에 관해서는 김해원, 「급부권적 기본권의 심사구조 — 국회입법부작위를 중심으로 —」, 『공법학연구』 13-2, 한국비교공법학회, 2012, 263-264쪽.

88) 특히, 홍강훈, 앞의 글(주 3), 259-260쪽: "보호영역을 가지는 일반적인 기본권과는 달리 평등권은 권리로서의 성질보다는 헌법질서 전체를 관통하여 준수되어야만 하는 원칙"

89) 전체 기본권심사구조의 일별을 통해서 '정당성심사'가 차지하는 위상과 그 의미를 설명하고, 여러 정당성심사기준들 중의 하나로서 평등원칙을 언급하고 있는 문헌으로는 특히, 김해원, 「방어권적 기본권의 정당성 심사구조」, 『공법학연구』 10-4, 한국비교공법학회, 2009, 30-31쪽; 한편 기본권심사기준들 중에서 헌법상 평등은 비교적·상대적 관점에서 국가행위의 헌법적합성을 심사한다는 점에서 명확성원칙, 법률유보원칙, 비례성원칙, 본질내용침해금지원칙 등등과 같은 다른 기본권심사기준들과는 근본적으로 상이한 특성을 갖고 있다.

90) 이러한 이해는 헌법의 평등규정형식과도 부합할 뿐만 아니라, 무엇보다도 앞서 논의한 기본권으로서 이해된 평등이 갖는 문제점으로부터도 벗어날 수 있게 된다. 한편 "국가가 […] 준수해야 할 헌법원칙"이란 표현은 국가의무규정 내지는 대국가적 행위규범으로서의 헌법상 평등을, "헌법원칙의 준수여부를 판단하는 잣대 혹은 심사기준"이란 표현은 대국가적 평가규범(통제규범)으로서 헌법상 평등을 각각 고려한 표현이다. 관련하여 김해원, 앞의 글(주 28), 498-499쪽 참고.

91) R. Norman, Free and Equal: A Philosophical Examination of Political Values, Oxford Uni. Press, 1987, p. 132.

92) A. Sen, Inequality Reexamined, Oxford Uni. Press, 1992, pp. 22-23.

것이다.[93)]

나. 거시적 차원: 보편성과 다원성을 운반하는 수레로서 평등

한편 이렇게 이해된 헌법상 평등은 앞서 설명한 평등에 대한 상대적 이해 — 특히, 헌법상 평등은 동등대우의 근거로도 차등대우의 근거로도 활용될 수 있다. —[94)]와 결합하여 헌법규범상으로도 헌법현실상으로도 매우 중요한 의미를 갖는다. 즉, 헌법현실에 존재하는 대상들 서로 간에는 완전히 같은 것도, 완전히 다른 것도 존재할 수 없다는 점 — 단지 어떠한 관점에 따라 같은 측면도 있을 수 있고, 다른 측면도 있을 수 있을 뿐이다. — 에서,[95)] 헌법상 평등을 원용해서 특정 비교대상들을 모든 측면에서 '완전히 같게 취급(완전한 동등취급)'되도록 하는 것도, '완전히 다르게 취급(완전한 차등취급)'되도록 하는 것도 원초적으로 불가능하다. 따라서 헌법상 평등은 특정 국가행위가 '비교대상들 간의 완전한 동등대우 혹은 완전한 차등대우를 구현하고 있는지 여부'를 심사하는 기준이 아니라, '같고 다름을 결정하는 특정한 관점(혹은 기준)에 주목하여 비교대상들 간의 같은 측면(공통점)은 같게 취급하고, 다른 측면(상이점)은 다르게 취급하고 있는지 여부'를 심사하는 기준이라는 의미를 갖는다. 오히려 특정 국가행위가 비교대상 간의 상이점을 완전히 말살시키고 오직 비교대상 간의 공통점만을 부각해서 양자를 동일시하거나, 혹은 비교대상 간의 공통점을 망각하고 오직 상이점에 집중해서 양자를 완전히 다르게 취급하려는 시도로 이해된다면, 해당 국가행위는 원칙적으로 헌법상 평등에 위반되는 공권력활동으로 평가될 가능성이 많다.[96)] 이러한 점에서 심사기준으로서 평등을 원용한다는 것은 미시적 차원에서는 헌법현실에서 특정 국가행위와 관련된 비교대상들(기본권주체들) 상호 간의 공통된 특성과 상이

---

93) K. Hesse(著,) 계희열(譯), 『헌법의 기초이론』, 박영사, 2001, 211-214쪽; Vgl. G. Leibholz, Verfassungsrecht und Arbeitsrecht, in: A. Hueck/G. Leibholz, Zwei Vorträge zum Arbeitsrecht, C. H. Beck, 1960, S. 36; H.-R. Lipphardt, Die Gleihheit der politischen Parteien vor der öffentlichen Gewalt (SÖR, Bd. 271), Duncker & Humblot, 1975, S. 88.

94) 위 목차 Ⅱ. 1. 참고.

95) 헌법현실에서 시간과 공간을 포함한 모든 측면에서 완전히 같은 것이 있다면(이는 '평등'이 아니라 '동일성'이다), 그것은 그 대상 자신을 의미할 뿐이다. 또한 모든 측면과 관점에서 완전히 다른 대상 또한 존재하지 않는다. 심지어 아메바와 인간도 생물이란 점에서는 같은 존재이다. 특히 일반평등조항인 헌법 제11조는 명문으로 평등대우의 대상을 '국민'으로 규정하고 있는바, 기본적으로 헌법상 평등의 규율대상은 모두 기본권주체라는 공통점을 갖고 출발하게 된다. 이러한 점에서 "복수의 사물은 모든 관점(in every respect)에서는 같을 수 없고(모든 관점에서 같다면 동일물이다), 어떤 면에서는(in some respect) 항상 같을 수" 있다(황도수, 앞의 글(주 30), 55쪽).

96) 왜냐하면 전자는 평등의 요청으로서 차등대우('다른 점은 다르게 취급해야 한다')에, 후자는 평등의 요청으로서 동등대우('같은 점은 같게 취급해야 한다')에 각각 부합되기 어렵기 때문이다.

한 특성이 공존하며 조화를 이루고 있는지 여부를 검토한다는 의미를 갖게 되겠지만, 보다 거시적 차원에서는 한편으로는 비교대상들(기본권주체들) 상호 간의 공통된 속성에 기초하여 사회적 공감대 및 보편성을 확장해나갈 수 있는 계기를 마련[97]하는 것이면서, 동시에 다른 한편으로는 기본권주체들 상호 간의 상이한 속성에 기초해서 각각의 개별성과 개성의 존중 및 사회의 다양성과 다원화의 증대에 기여[98]하는 토대를 구축한다는 '이중적 의미'[99]를 획득하게 된다.

다. 헌법소송적 차원: 본안판단에서 활용되는 심사기준으로서 평등

뿐만 아니라 권리(기본권)가 아니라 국가행위의 헌법적합성여부를 판단하는 심사기준으로 이해된 헌법상 평등은 헌법소송과 관련해서도 다음과 같은 실천적 의미를 갖는다: 국가의무 내지는 기본권심사기준으로 이해된 헌법상 평등은 주

---

97) 따라서 평등은 보편주의적으로 결정을 내려야 하는 실무(universalistischen Entscheidungspraxis)에서 준수되어야 할 공준(Postulat)으로 이해될 수 있다(Vgl. R. Alexy, 앞의 책(주 41), 361쪽).

98) 평등과 다원화된 사회에 관한 논의로는 M. Walzer(著), 정원섭 외(譯), 『정의와 다원적 평등』, 철학과현실사, 1999, 30쪽; 박진완, 「평등과 다원성」, 『헌법학연구』 6-1, 한국헌법학회, 2000, 182쪽 이하; 문성원, 「현대성과 보편성(2): 자유주의와 공동체주의」, 『시대와 철학』 9-1, 한국철학사상연구회, 1998, 185-186쪽; 선우현, 『평등』, 책세상, 2012, 30쪽; 한편 평등이 함의하고 있는 '차이의 존중'에 기초해서 '강력한 다원주의적 평등'을 강조하는 Taylor의 입장은 특히, C. Taylor, The Politics of Recognition, A. Gutmann(ed.), Muliculturalism, Princeton Uni. Press, 1994, p. 29-34, 38, 50.

99) 기본권심사의 어려움이 기본권보장규범과 기본권제한규범 간의 갈등에서 기인하는 것처럼, 평등심사에서 발생하는 어려움의 상당 부분 또한 상대적으로 이해된 평등이 갖는 이러한 이중적 의미 — 보다 분명한 표현으로는 평등의 개념 속에 내재된 모순인 '동등대우의 근거로서 평등'과 '차등대우의 근거로서 평등' 간의 갈등양상 — 로부터 비롯된다. 물론 헌법상 평등이 갖는 이중적·모순적 의미에는 '동등대우의 근거로서 평등'과 '차등대우의 근거로서 평등'의 대립상황뿐만 아니라, '형식적 차원에서의 평등(법적 평등, 기회의 평등)'과 '사실적·실제적 차원에서의 평등(결과에서의 평등)'의 대립상황도 함께 포함되어 있다(Vgl. R. Alexy, 앞의 책(주 41), 379쪽; 이준일, 앞의 글(주 8), 11쪽). 하지만 형식적 차원에서의 평등과 사실적·실제적 차원에서의 평등이 대립하는 문제(예컨대, 형식적·법적 차원에서 동등대우를 했음에도 불구하고 사실적·결과적 차원에서 차등대우가 발생하여 이것이 평등문제로 다투어지는 경우)도 결국은 '동등대우의 근거로서 평등'과 '차등대우의 근거로서 평등'의 대립상황으로 환원될 수 있다. 왜냐하면 법적 차원에서의 평등과 실제적 결과에서의 평등이 충돌하는 상황에서는 법적 차원의 동등대우에 유리한 논증은 사실적 차원의 동등대우에 불리한 논증이며 반대로 사실적 차원의 동등대우에 유리한 논증은 법적 차원의 동등대우에 불리한 논증이므로(관련하여 이준일, 앞의 글(주 8), 11쪽 참고), 사실적·결과적 차원에서 차등대우를 주장하는 사람은 형식적·법적 차원에서 동등대우를 주장할 것이며, 반대로 사실적·결과적 차원에서 동등대우를 주장하는 사람은 형식적·법적 차원에서 차등대우를 주장할 것이기 때문이다(즉, '형식적·법적 차원에서 동등대우를 주장하는 자'와 '형식적·법적 차원에서 차등대우를 주장하는 자' 서로 간의 논증 다툼 혹은 '사실적·결과적 차원에서 차등대우를 주장하는 자'와 '사실적·결과적 차원에서 동등대우를 주장하는 자' 서로 간의 논증 다툼으로 환원시켜 살펴볼 수 있다). 따라서 필자는 '동등대우의 근거로서 평등'과 '차등대우의 근거로서 평등'이 갖는 이중적 의미에 특히 주목한다.

관적 공권인 기본권과 구별되는 객관규범인 헌법원칙이란 점 — 즉, 헌법상 평등은 헌법재판소법 제68조 제1항이 규정하고 있는 "헌법상 보장된 기본권"이 아니라는 점 — 에서 기본권침해가능성을 요구하는 헌법재판소법 제68조 제1항이 정한 헌법소원심판청구의 고유한 사유가 될 수 없다.[100][101] 따라서 구체적인 기본권침해의 가능성 없이 단지 평등위반이라는 주장은 원칙적으로 기본권침해에 대한 구제수단인 헌법소원심판의 적법요건을 충족시키지 못하므로 각하되어야 한다.[102] 이러한 점에서 헌법소원심판에서 평등위반여부는 독자적으로 문제되는 것이 아니라, 다른 정당성심사기준들(명확성원칙·기본권침범 목적의 정당성·비례성원칙·본질내용침해금지원칙 등등)과 마찬가지로 적법요건을 충족한 기본권적 주장과 결부되어 본안에서 검토되는 것인바,[103] 우리는 특정 국가행위가 "헌법상 평등권을 침해했는지 여부"라는 기존의 문제의식과는 절연하고, "헌법상 평등원칙을 위반하여 특정 기본권이 침해되었는지 여부" — 기본권심사에서 이러한 검토는 정당성심사단계에서 행해진다.[104] — 라는 문제의식에 입각해야 한다.[105] 한

---

100) 객관헌법규범(헌법원칙)은 헌법소원심판청구의 고유한 사유가 아니라는 점에 대해서는 장석조, 「헌법과 민사소송법」, 『민사소송』 9-1, 한국민사소송법학회, 2005, 60쪽; 김현철, 앞의 책(주 57), 356쪽; 헌법재판소 또한 기본권적 주장이 아닌, "단순히 일반 헌법규정이나 헌법원칙에 위반된다는 주장은 기본권침해에 대한 구제라는 헌법소원의 적법요건을 충족시키지 못하는 것"이라고 명시적으로 판단한 바 있다(헌재 2006.02.23. 2005헌마268, 판례집 18-1(상), 304쪽; 같은 취지로는, 헌재 1995.02.23. 90헌마125, 판례집 7-1, 243쪽; 헌재 1998.10.29. 96헌마186, 판례집 10-2, 606쪽). 하지만 몇몇 결정들 중에는 청구인이 주장하는 기본권침해를 부인하면서도 객관적인 헌법원칙의 위반을 이유로 인용결정을 한 경우도 있는바, 이러한 태도는 비판받아야 한다(이러한 판례들에 대한 적시 및 비판적 분석으로는 김현철, 앞의 책(주 57), 358-360쪽).

101) 물론 객관헌법규범인 평등원칙을 주관화하여 기본권(소위 평등권)을 도출하여 "헌법상 보장된 기본권"이라는 헌법소원심판의 적법요건을 충족시켜보려는 시도를 생각해볼 수도 있다. 하지만 이런 시도는 적어도 평등과 관련해서는 적절치 않음을 이미 앞서 설명하였다(목차 Ⅲ. 1. 다.).

102) 그렇기 때문에 헌법소원심판에서 평등심사를 하기 위해서는 문제된 국가행위로 인한 '청구인의 기본권침해가능성'에 대한 검토가 선행되어야 한다.

103) 바로 이러한 관점에서 "평등이란 기본권(방어권 또는 급부권)의 평등을 의미한다. 따라서 평등의 내용이 되는 기본권의 청구대상이 소극적 행위(방어권)인지 아니면 적극적 행위(급부권)인지에 따라 제한의 방식도 달라진다."라는 이준일 교수의 견해(이준일, 앞의 글(주 35), 118쪽)는 타당하다.

104) 김해원, 앞의 글(주 89), 29-31쪽.

105) 이러한 점에서 기존 특허청 경력공무원 중 일부에게만 구법규정을 적용하여 변리사자격이 부여되도록 규정한 변리사법(2000.1.28. 법률 제6225호로 개정된 것) 부칙 제3항의 평등위반여부를 기본권(직업의 자유)과 결부시키지 않고 독립적으로 검토한 헌법재판소의 논증방식(헌재 2001.09.27. 2000헌마208, 판례집 13-2(상), 377-378쪽)은 '평등원칙을 위배하여 직업의 자유를 침해한 것인지 여부'를 검토하는 방식으로 수정되어야 한다(유사한 맥락에서 신뢰보호원칙이라는 정당성심사기준에 주목하여 이 사건(2000헌마208)의 논증방식에 대한 비판적 검토를 행하고 있는 문헌으로는 김현철, 앞의 책(주 57), 360쪽).

편, 헌법재판소법 제68조 제2항의 헌법소원심판과 객관소송인 위헌법률심판에서도 기본권심사가 행해질 수 있으나, 이러한 규범통제형 헌법소송에서는 헌법상 평등이 주관적인 권리로서 원용될 가능성은 애당초 존재하지 않는다.[106] 그러므로 규범통제형 헌법소송에서도 헌법상 평등은 하위규범의 위헌성 여부를 판단하는 심사기준으로서,[107] 본안판단에서 본격적으로 검토될 헌법규범(헌법원칙)이라고 하겠다. 요컨대, 헌법소송에서 헌법상 평등은 원칙적으로 적법요건 단계에서 검토될 사항이 아니라, 다른 정당성심사기준들과 마찬가지로 본안판단에서 국가행위의 정당성 여부를 판단하는 '독립된 심사기준'으로 활용되어야 한다. 여기서 다른 심사기준들에 비해서 기본권심사기준으로서 평등이 갖는 독자성 내지는 특수성은 무엇보다도 특정 기본권관계에서 기본권침범자인 국가(α)와 그 상대방인 특정 기본권주체(β)라는 단수관계를 넘어서서 해당 기본권관계 외부에 있는 또 다른 기본권주체(γ)를 상정한 복수관계 속에서 심사대상인 국가행위(기본권침범)를 비교적·상대적 관점에서 통제하려는 심사기준이라는데 있다.[108]

3. 소결

권리개념상의 이유, 헌법문언상의 이유, 권리로 이해된 평등을 매개로 한 모든 권리의 기본권화 현상 및 모든 기본권적 문제의 평등권적 문제화 현상을 방지하기 위한 이유, 그리고 기본권의 본질내용침해금지를 규정하고 있는 헌법 제37조 제2항 후단과의 관계 등을 이유로 하여 기본권심사에서 헌법상 평등은 개인이 주관적으로 원용할 수 있는 권리(기본권)가 아니라, 기본권관계에 (작위 혹은 부작위로) 개입하려는 국가가 준수해야 할 헌법상 국가의무규정 내지는 기본권심사에 있어서 활용되는 정당성심사기준이라는 점을 확인했다.[109] 그리고 이처럼

106) 이 경우(규범통제형 헌법소송)에는 '기본권'조차도 주관적 공권으로서가 아니라, 객관적 헌법규범으로서 등장한다. 따라서 엄격하게 표현한다면, 이 경우 기본권심사는 객관적 가치질서로서의 기본권(규범)에 영향을 미치는 하위규범(특히, 법률)의 헌법적합성여부를 판단하는 활동이라고 할 수 있을 것이다(기본권의 객관성과 주관성에 관해서는 김해원, 앞의 글(주 65), 171－182쪽).

107) 규범통제형 헌법소송에서는 기본권을 포함한 헌법의 모든 규정이 하위규범(특히, 법률)의 합헌성 여부를 판단하는 심사기준으로 활용될 수 있다(이에 관해서는 김현철, 앞의 책(주 57), 162쪽).

108) 즉, 헌법상 평등은 'α 와 β 가 이루는 단수관계'가 아니라, 'α 와 β 의 관계'와 'α 와 γ 의 관계'를 종합한 복수관계에서 활용될 수 있는 심사기준이라는 것이다. 그리고 이러한 평등은 심사대상인 α 의 행위(국가행위)가 비교적 상대적 관점에서 헌법적 정의가 관철되고 있는지 여부를 평가하는 잣대라는 것이다.

109) 헌법규범은 한편으로는 대국가적 행위규범으로서, 다른 한편으로는 국가행위를 심사하는 평가규범

기본권(주관헌법규범)이 아니라 헌법원칙(객관헌법규범)으로 이해된 평등은 평등에 대한 상대적 이해와 결부되어 미시적 차원(구체적인 개별사안)에서는 "자유와 권리"(기본권)의 분배기준 내지는 심사기준으로서, 거시적 차원에서는 헌법현실에서 상반된 가치인 보편성과 다원성을 동시에 운반할 수 있는 수레로서 기능하며, 헌법소송에서는 적법요건이 아니라, 본안판단에서 검토되어야 할 헌법규범이라는 의미를 갖는다는 점 또한 확인했다.[110] 이제부터는 본격적으로 기본권심사에서 심사기준으로 헌법상 평등이 원용되는 구조(평등심사구조)와 강도(평등심사강도)에 관해서 살펴본다.

Ⅳ. 평등심사구조

1. 서두

평등심사 ─ 구체적 비교상황에서 특정 국가행위가 같은 것은 (그 특성에 따라) 같게, 다른 것은 (그 특성에 따라) 다르게 취급하고 있는지 여부를 면밀하게 따져서 해당 국가행위의 헌법적합성 여부를 검토하는 활동이다. ─ 의 틀 내지는 얼개를 의미하는 평등심사구조를 논한다는 것은 평등심사의 요소나 대상, 내용 등을 조직·배치하고 정돈할 수 있는 양식(방식)을 구축한다는 의미를 갖는다.[111] 그런데 이러한 평등심사구조의 구축에 있어서는 우선 선결문제로서 심사대상인 국가행위를 비교대상들 간의 관련 속에서 특정할 수 있어야 하며, '동등대우의 근거이면서 동시에 차등대우의 근거이기도 한 평등'이 갖고 있는 고유한 의미 또한 고려해야 한다.[112] 하지만 평등심사 또한 다양한 관점과 가치관 혹은 先理解에

내지는 통제규범으로서 기능한다(김해원, 앞의 글(주 28), 498－499쪽; 헌재 1997.05.29. 94헌마33, 판례집 9－1, 553－554쪽; 헌재 2001.04.26 2000헌마390, 판례집 13－1, 989쪽). 헌법상 평등과 관련하여 전자의 경우에는 특히 국가의무로서 헌법상 평등이, 후자의 경우에는 특히 정당성심사기준으로서 평등이 상대적으로 보다 더 부각될 것이다.

110) 이러한 결론 및 결론도출과정에 관한 독립된 개별 연구로는 김해원, 「'평등권'인가, '평등원칙'인가?」, 『헌법학연구』 19－1, 한국헌법학회, 2013, 223－259쪽.

111) '심사구조'의 의미에 관해서는 김해원, 앞의 글(주 89), 31쪽.

112) 특히 기본권("자유와 권리")에 관한 논증구조는 보호영역과 침범(Eingriff)을 둘러싼 논증게임인 반면에, 평등에 관한 논증구조는 비교를 둘러싼 논증게임이란 점에서 양자의 근본적인 차이가 존재한다(이준일, 「헌법재판실무연구회 제83회 발표회 지정토론문」, 『헌법실무연구』 9, 헌법실무연구회, 2008, 282쪽). 이러한 점에서 "차별과 인권침해는 문제의 본질이 전혀 다르다."고 할 수 있다(이준일, 앞의 책(주 61), 머리말 vii). 하지만 기본권에 관한 논증구조도 평등에 관한 논증구조도 문제된 국가행위를 헌법에 근거하여 평가하기 위한 일종의 틀이며, 궁극적으로는 헌법적 논증에

따라 상대적이며 가변적일 수 있는 평가의 과정 내지는 논증게임의 과정이라는 점에서,[113] 평등심사과정이 헌법적 논증참여자나 심사자(특히, 헌법재판관)들의 의지가 반영된 결단이나 심리적 차원의 결심이 아니라,[114] 논증과 반대논증 간의 토론을 통한 더 많은 이성적 설득력을 담보하기 위한 합리적인 판단과정이 될 수 있도록 심사구조를 구축하는 것이 무엇보다도 중요한 문제라고 하겠다.[115] 따라서 이하에서는 특정 국가행위로 인해 발생되는 비교집단들 간의 공통점에 주목해서 동등대우를 주장하는 진영(A 진영)과 상이점에 주목해서 차등대우를 주장하는 진영(B 진영) 간의 논증다툼에 주목해서 평등심사구조를 규명하고자 한다.[116][117]

있어서 더 높은 설득력과 합리성을 확보하기 위한 도구란 점에서 다르지 않다.

113) 이준일, 앞의 책(주 2), 34−36쪽.

114) 김해원, 앞의 글(주 28), 528쪽.

115) 왜냐하면 (평등)심사구조는 (평등)심사에 참여하는 행위자들(특히, 헌법재판관)의 논증과정을 구속하는 틀이기 때문이다. 물론 행위자들이 스스로 구조를 형성하거나 만들기도 하지만, 그러한 방법으로 새롭게 등장한 구조에 의해서 기존의 구조가 대체되거나 극복되기 전까지는 여전히 기존의 구조가 행위자들을 제약하는 요인이다. 이러한 점은 일반적인 실천적 논증대화에 비해서 '현행법에 대한 구속·선례의 고려·법해석학상의 이론적 체계(Dogmatik) 및 소송규칙들'에 의한 제약 하에 이루어지는 법적논증대화에서 더욱 중요한 의미를 갖는다(Vgl. R. Alexy, Theorie der juristischen Argumentation: Die Theorie des rationalen Diskurses als Theorie der juristischen Begründung, Suhrkamp, 2. Aufl., 1991, S. 261ff.). 왜냐하면 (평등)심사구조는 헌법적 논증참여자들을 제약하는 (평등)도그마틱에 해당하기 때문이다.

116) 이는 기본권적 논증의 합리성과 설득력을 높이기 위해서 기본권심사를 기본권최대보장자와 기본권최대제한자 간의 논증다툼으로 구성하는 것과 같은 맥락이다. 이러한 구성에 관해서는 특히, 김해원, 앞의 글(주 89), 36쪽 주 44); 김해원, 앞의 글(주 36), 279쪽.

117) 물론 헌법상 평등이 갖는 이중적·모순적 의미에는 '동등대우의 근거로서 평등'과 '차등대우의 근거로서 평등'의 대립상황뿐만 아니라, '형식적 차원에서의 평등(법적 평등, 기회의 평등)'과 '사실적·실제적 차원에서의 평등(결과에서의 평등)'의 대립상황도 함께 포함되어 있다(Vgl. R. Alexy, 앞의 책(주 41), 379쪽; 이준일, 앞의 글(주 8), 11쪽). 하지만 형식적 차원에서의 평등과 사실적·실제적 차원에서의 평등이 대립하는 문제(예컨대, 형식적·법적 차원에서 동등대우를 했음에도 불구하고 사실적·결과적 차원에서 차등대우가 발생하여 이것이 평등문제로 다투어지는 경우)도 결국은 '동등대우의 근거로서 평등'과 '차등대우의 근거로서 평등'의 대립상황으로 환원될 수 있다. 왜냐하면 법적 차원에서의 평등과 실제적 결과에서의 평등이 충돌하는 상황에서는 법적 차원의 동등대우에 유리한 논증은 사실적 차원의 동등대우에 불리한 논증이며 반대로 사실적 차원의 동등대우에 유리한 논증은 법적 차원의 동등대우에 불리한 논증이므로(이준일, 앞의 글(주 8), 11쪽), 사실적·결과적 차원에서 차등대우를 주장하는 사람은 형식적·법적 차원에서 동등대우를 주장할 것이며, 반대로 사실적·결과적 차원에서 동등대우를 주장하는 사람은 형식적·법적 차원에서 차등대우를 주장할 것이기 때문이다(즉, '형식적·법적 차원에서 동등대우를 주장하는 자'와 '형식적·법적 차원에서 차등대우를 주장하는 자' 서로 간의 논증 다툼 혹은 '사실적·결과적 차원에서 차등대우를 주장하는 자'와 '사실적·결과적 차원에서 동등대우를 주장하는 자' 서로 간의 논증 다툼으로 환원시켜 살펴볼 수 있다.). 따라서 평등심사구조를 논함에 있어서 본 논문에서는 형식적 차원에서의 평등(법적 평등, 기회의 평등)과 사실적·실제적 차원에서의 평등(결과에서의 평등) 간의 모순관계에 대해서는 별도로 주목하기보다는, 모든 경우를 포괄하여 설명할 수 있는 방법으로서 '동등대우를

이를 위해서 먼저 '평등'이란 심사기준을 활용하기 위한 선결조건에 관해서 살펴본 다음(Ⅳ. 2.), 논의의 편의상 국가의 차등대우가 문제되어 평등심사가 행해지는 경우(Ⅳ. 3.)와 국가의 동등대우가 문제되어 평등심사가 행해지는 경우(Ⅳ. 4.)로 구분하여 각각의 경우에 심사대상인 국가행위를 사이에 두고 벌어지는 'A 진영'과 'B 진영' 간의 논증다툼이 어떻게 구조화될 수 있는지를 검토할 것이며, 여기에 덧붙여 A·B 진영 간의 논증부담의 문제(Ⅳ. 5.)를 간단히 언급하고자 한다. 이러한 검토를 통해서 궁극적으로 심사대상인 국가행위의 평등위반여부를 판단하는 논증과정과 단계 및 구조가 자연스럽게 드러나게 될 것이다.

2. 평등심사의 선결조건으로서 비교적상의 현존

가. 서두

기본권심사에서 헌법상 평등은 공권력의 행사·불행사에 대한 헌법적합성여부를 판단하는 정당성심사기준으로 활용된다.[118] 그런데 여타의 정당성심사기준들(예컨대, 소급입법금지원칙, 명확성원칙, 포괄적 위임입법금지원칙, 신뢰보호원칙, 법률유보원칙, 비례성원칙, 본질내용침해금지원칙 등등)은 대체로 구체적 사안에서 공권력의 행사·불행사로 인하여 자신의 기본권적 가치가 침범(Eingriff)당하고 있는 특정 기본권주체(甲)와 국가 간의 단수관계에서 해당 국가행위(E)의 헌법위반여부를 검토하는 잣대로 활용되는 반면에, 평등은 이러한 단수관계를 넘어선 복수관계, 즉 비교대상으로서 다른 기본권주체(乙)를 상정하여 해당 국가행위(E) — 작위·부작위를 불문한다. — 에 직·간접적으로 관련된 기본권주체들(甲과 乙)의 처지를 상대적·비교적 관점에서 평가[119]하여 문제된 국가행위의 헌법적합성을 검토하는 잣대로 활용된다는 점에서 차이가 있다. 따라서 기본권심사에서 평등이란 심사기준을 합리적으로 활용하기 위해서는 ① (평등은 정당성심사단계에서 활용되는 심사기준이란 점에서) 정당성심사 이전 단계인 기본권의 잠정적 보호영역에 대한 검토가 선행되어야 하며,[120] ② 특정 국가행위로 인해 야기되는 복수의 대립항, 즉

주장하는 진영'과 '차등대우를 주장하는 진영'으로 구분하여 살펴본다.

118) 이에 관한 상세한 논증은 김해원, 앞의 글(주 110), 246−248쪽.

119) 직접차별과 간접차별에 관해서는 특히, 이준일, 앞의 책(주 2), 69−72쪽; 홍강훈, 앞의 글(주 3), 262−269쪽.

120) 전체 기본권심사구조 및 단계에서 '정당성심사'가 차지하는 위상과 그 의미를 설명하고, 여러 정당성심사기준들 중의 하나로서 평등원칙을 언급하고 있는 문헌으로는 김해원, 앞의 글(주 89), 30−31쪽; 기본권의 잠정적 보호영역에 관해서는 김해원, 앞의 글(주 36), 279쪽 이하.

비교집단이 추출되어있어야 한다. 왜냐하면 이러한 평등심사의 사전준비단계(① 과 ②)를 통해서 평등심사구조의 3요소라고 할 수 있는 특정 국가행위(E)와 여기에 영향을 받는 두 대립항(甲과 乙)이 고정[121]될 수 있기 때문이다.[122]

그런데 평등심사구조의 3요소 중에서 심사대상인 국가행위(E)와 기본권주체인 甲은 구체적 사안에서 관련된 기본권보호영역을 잠정적으로 확인하는 단계(①)를 통하여 이미 특정되어 심사자 앞에 놓여있게 되는 반면에,[123] 해당 국가행위(E)와 관련해서 甲의 상황에 대립되는 비교대상(乙)의 추출을 통하여 본격적으로 평등심사를 진행하기 위한 비교상황 — 필자는 이를 '比較適狀'[124]이라 칭한다. — 을 옹골지게 형성하는 활동(②)은 평등심사와 관련해서 새롭게 등장하는 문제이다. 비교적상의 형성과 관련해서 특히 고려되어야 할 사항들을 아래에서 살핀다.

나. 심사대상(E)과 관련하여 비교대상(甲·乙)이 대립할 것

평등심사는 비교의 관점에서 심사대상인 국가행위(E)의 위헌성여부를 검토하는 활동이다. 따라서 서로 상이한 공권력 주체와 결부되어 등장한 국가행위와 같이 동일하지 않은 국가행위(작위/부작위)에 의해 야기된 대상들을 대립항으로 설정하여 평등심사를 진행하는 것 — 예컨대, A지방자치단체의 a조례에 대한 평등위반여부를 검토하면서 A지방자치단체에서 a조례의 적용을 받는 甲과 B지방자치단체에서 b조례의 적용을 받는 乙을 대립항으로 설정하거나, A국립대학교의 a학칙에 대한 평등심사를 진행하면서 a학칙의 적용을 받는 甲과 B국립대학교의 b학칙의 적용을 받는 乙을 비교대상으로 대립시키는 경우 — 은 논리적으로 가능하지 않다.[125] 왜냐하면 평등심사는 국가행위들 간의 비교(특정 국가행위(E)와 또

121) 이러한 고정의 원리 내지는 정립의 원리(Prinzip der Position)는 합리적 사고의 출발점이다. 이에 관해서는 김해원, 앞의 글(주 36), 280-282쪽.

122) 물론 평등심사에서 상이한 복수의 국가행위가 동시에 등장하기도 하며, 무엇보다도 비교대상들이 단순히 두 대립항에 그치는 것이 아니라 여럿 등장할 수 있다. 따라서 여기서 특정 국가행위(E)와 두 대립항(甲, 乙)이라는 표현은 평등심사의 요소들을 단순하게 유형화한 이념형을 의미한다. 이러한 이념형이 다양한 경우의 평등심사에 일반적으로 응용·활용될 수 있음은 물론이다.

123) 여기서 등장하는 '① 단계'는 평등심사에서만 문제되는 것이 아니라, 모든 기본권심사에서 공통적으로 이루어지는 단계이다. '① 단계'가 갖는 의미 및 구체적 사안에서 E와 甲을 설정하는 문제에 관해서는 이미 다른 문헌(특히, 김해원, 앞의 글(주 36), 279쪽 이하)을 통해서 자세한 논의가 이루어진 바 있으므로, 평등심사에 집중하고 있는 본 글에서는 별도로 논하지 않는다.

124) 평등심사를 진행하기 위한 전제조건에 해당하는 비교상황을 뜻하는 '비교적상(Vergleichslage)'이란 표현은 민사법에서 상계(민법 제492조~제499조)를 하기 위한 사정, 즉 일정한 요건을 갖춘 채권의 대립상태를 의미하는 '相計適狀(Aufrechnungslage)'이란 표현(곽윤직, 『채권총론』, 박영사, 2002, 280쪽)으로부터 착상되었다.

125) Vgl. BVerfGE 33, 224(231); U. Fastenrath, Inländerdiskriminierung, in: JZ, 1987, S. 173;

다른 국가행위(E')와의 비교)가 아니라, 특정 국가행위(E)로 인해서 영향을 받은 대상들 간의 비교를 통해서 심사대상인 해당 공권력의 '행사 혹은 불행사'(E)의 위헌성 여부를 검토(즉, 구체적인 비교상황에서 E가 '같은 것은 같게, 다른 것은 다르게' 취급하고 있는지 여부를 검토)하는 활동이기 때문이다.[126] 이러한 점에서 평등심사의 비교적상에 위치하게 되는 甲과 乙은 직접적으로든, 간접적으로든 공통된 국가행위(E)와 관련되어야 하며, 심사대상인 E를 사이에 두고 상호 대립되는 존재이어야 한다.

다. 비교대상(甲·乙)은 기본권 주체일 것

헌법 제11조는 "모든 국민"이 평등하고(제1항), "누구든지" 차별을 받지 아니한다고(제2항) 규정하고 있다. 따라서 비교적상에 위치하는 비교대상인 甲과 乙은 원칙적으로 기본권 주체이어야 한다.[127] 이러한 점에서 "국가를 상대로 하는 재산권의 청구에 관하여는 가집행의 선고를 할 수 없다."라는 부분의 평등위반여부가 문제 되었던 소송촉진등에관한특례법 제6조의 위헌심판사건(헌재 88헌가7)에서 비교대상으로서 민사소송의 당사자인 '사인'과 '국가'를 비교적상에 올려둔 헌법재판소의 태도[128]는 가집행과 관련해서 '국가를 상대로 재산권을 청구하는 국민(甲)'과 '사인을 상대로 재산권을 청구하는 국민(乙)'을 비교대상으로 설정하여 해당 법률의 평등위반여부를 검토하는 것으로 수정되어야 하며, 같은 맥락에서 국유재산법 제5조 제2항("국유재산은 민법 제245조의 규정에 불구하고 시효취득의 대상이 되지 아니한다.")의 평등위반여부가 문제되었던 사건(헌재 89헌가97) 또한 평등심사의 비교대상으로서 '국민'과 '국가'를 설정할 것이 아니라[129] '사인의 재산에 대해 시효취득(민법 제245조)을 원인으로 소유권을 주장하는 국민'과 '국유잡종재산에 대해 시효취득(민법 제245조)을 원인으로 소유권을 주장하는 국민'을 서로 비교집단으로 설정하고 해당 법률의 평등위반여부를 검토했어야 한

F. Krömmelbein, Der versicherungsrechtliche Gleichbehandlungsgrundsatz zwischen Deregulierung und Diskriminierung, VVW, 2007, S. 322; H. Gersdorf, Grundversorgung im Öffentlichen Recht: Verfassungsprozessrecht und Verfassungsmäßigkeitsprüfung, C. F. Müller, 2. Aufl., 2005, S. 82; S. Boysen, Gleichheit im Bundesstaat, Mohr Siebeck, 2005, S. 168.

126) 즉, 국가행위(E)는 비교대상이 아니라, 심사대상일 뿐이다. 헌법 제11조는 "모든 국민은 법 앞에 평등하다."라고 규정함으로써 평등대우의 대상은 "모든 국민"임을 명시적으로 표현하고 있다.

127) 이러한 점에서 평등심사를 위한 비교적상에 원칙적으로 외국인이 상정되기는 어려울 것이다. 관련하여 김해원, 앞의 글(주 52), 94−95쪽.

128) 헌재 1989.01.25, 88헌가7, 판례집 1−1, 3쪽.

129) 헌재 1991.05.13, 89헌가97, 판례집 3−1, 215쪽.

다.[130] 관련하여 최근 국채의 원금 및 이자의 소멸시효를 5년 단기로 규정한 국채법 제17조의 위헌소원사건에서 헌법재판소는 종래의 태도(헌재 89헌가97 사건)와는 달리, '국채 채권자(국민)'와 '민사 일반채권자/회사채 채권자(국민)'를 비교대상으로 설정하였다.[131]

아울러 비교적상에 위치할 수 있는 비교대상들은 기본권주체이어야 한다는 점에서 기본권주체와 동물 혹은 사물과의 비교 또한 허용되지 않는다(비교금지). 이러한 비교는 헌법 제10조가 규정하고 있는 "인간으로서의 존엄과 가치"에도 부합되기 어려울 것이다.

라. 비교대상의 범위에 관한 문제

평등심사의 선결조건인 비교적상을 형성함에 있어서 특별히 어려운 점은 심사대상인 국가행위(E)를 확인하는데 있는 것이 아니라, 비교대상(甲과 乙)을 확정하는데 있다. 왜냐하면 심사대상인 E는 문제된 사안에서 위헌성 여부가 다투어지고 있는 구체적인 국가행위 — 즉, 헌법소원심판에서는 "공권력의 행사 또는 불행사", 위헌법률심판에서는 "법률" — 라는 점에서 이미 특정되어 가시적으로 드러나 있는 반면에, 특정 국가행위를 사이에 두고 대립되는 비교대상들의 범위는 사실상 무제한적으로 확장될 수 있기 때문이다. 이러한 비교대상의 확장과 관련된 어려움은 특히, 위헌법률심판 과정에서 평등심사가 행해지는 경우에 극대화된다. 왜냐하면 헌법소원심판에서 평등심사가 문제된다면, E뿐만 아니라 甲도 적

130) 물론 위 두 헌법재판에서 헌법재판소는 각각 민사소송이나 사경제활동에 있어서 국가와 국민은 서로 대등하게 대립되는 당사자란 점에 기초하여 평등심사에서 국가와 국민을 비교대상으로 설정했지만, 이러한 헌법재판소의 판단은 논리적이지 않다. 왜냐하면 '(사인과의 관계에서) 국가도 국고작용으로 인한 법률관계라면 사인과 대등한 입장에서 권리/의무를 향유해야 한다는 점'(헌재 1989.01.25, 88헌가7, 판례집 1-1, 3쪽)과 국고작용을 규율하는 국가행위(E)에 대한 평등심사가 문제된 경우에 비교적상에 위치할 수 있는 비교집단을 설정하는 문제, 즉 '국고작용에 대한 평등심사에서 국가도 기본권주체가 될 수 있는지 여부의 문제'는 별개의 사항 — 전자는 私法的 關係의 문제이고, 후자의 문제는 公法的 關係(기본권관계)의 문제 — 이기 때문이다. 오히려 '국가업무를 담당하는 기관인 공법인은 지극히 예외적인 경우라면 기본권주체가 될 수 있다'라는 견해조차도 해당 공법인이 국가로부터 법적으로 독립된 조직에서 고유 업무를 수행하고 기본권이 보장되어야 할 필요가 있는 경우에 한하여 겨우 긍정될 수 있는 상황임을 고려한다면(김승환, 「기본권의 인적 효력범위」, 『공법학연구』 9-4, 한국비교공법학회, 2008, 123-128쪽; 이준일, 『헌법학강의』, 홍문사, 2013, 319-320쪽), 공법관계인 기본권관계에서 국가 그 자체가 '법인격을 가진다'라고 하거나 '기본권주체가 될 수 있다'라는 주장은 국가법인설에 기초하지 않는 한, 배척되고 있는 것으로 보인다(관련하여 김해원, 앞의 글(주 89), 35쪽 주 40) 참고). 나아가 특별한 헌법적 근거 없이, 평등심사에서 국가와 국민을 대립시켜 대등하게 비교하는 것, 그 자체도 목적적 가치인 인간과 수단적 가치인 국가의 대등비교란 점에서 헌법 제10조("인간으로서의 존엄과 가치")에 부합되기 어렵다.

131) 헌재 2010.04.29, 2009헌바120 등, 판례집 22-1(하), 68쪽.

법요건 단계(혹은 기본권의 잠정적 보호영역을 확인하는 과정)에서 이미 특정되며, 이렇게 드러난 E와 甲을 활용하여 乙 — 乙은 E를 사이에 두고 甲과 대립되는 존재이다. — 에 대입될 수 있는 대상들 또한 해당 사건과 관련하여 비교적 수월하게 구체화될 가능성이 상대적으로 높은 반면에, 위헌법률심판에서 평등심사가 문제되는 경우에는 乙뿐만 아니라 甲을 설정하는 문제까지도 폭넓게 개방되어 있기 때문이다.[132)]

그런데 이러한 비교대상(甲과 乙)의 범위를 설정하는 문제는 상당 부분 사고의 개념적 고정작용이라는 인간의 직관적 인식활동에 의존되어있으며,[133)] 무엇보다도 규범 외부에서 근본적으로 충돌되는 두 가치관 내지는 입장차이의 대립(즉, '가능한 한 많은 비교집단을 설정하여 평등심사의 엄밀성과 폭넓은 설득력을 확보하고자 하는 입장' — 이러한 입장에서는 대체로 심사대상인 국가행위의 평등위반을 적극적으로 논증하고자 할 가능성이 많다. — 과, '가능한 한 적은 비교집단을 검토함으로써 평등심사의 수월성과 경제성을 꾀하고자 하는 입장' — 이러한 입장에서는 대체로 심사대상인 국가행위의 평등위반에 여부에 대해서 소극적인 견해를 취할 가능성이 많다. — 간의 갈등)으로부터 기인한다는 점에서 엄격한 규범논리적 사고를 통해서 통제되거나 해결되기에는 상당한 한계를 지니고 있을 수밖에 없다.[134)] 따라서 결국 "무엇을 비교할 수

---

132) 이러한 문제의식과 관련해서는 특히 2008. 4. 4.에 개최된 '헌법실무연구회 제83회 발표회'에서 김주환 교수의 발표(논제: "평등권 심사 기준과 방법의 구조화")에 대해 지정토론을 맡았던 김현철 교수의 다음과 같은 예리한 질문이 기억되어야 한다(김현철, 앞의 글(주 13), 286－287쪽): "청구인들은 헌법재판 절차에서 평등권 침해 또는 평등원칙 위반을 주장하면서 가능한 많은 비교집단을 설정하여 자신의 주장을 관철하려 합니다. 심지어는 자신이 속해 있는 집단(A그룹)과 비교대상 집단(B그룹)과의 차별/무차별 대우를 논하는 외에 전혀 다른 집단인 C그룹과 D그룹 간의 차별/무차별 대우를 논하기도 합니다. 그리고 이는 헌법재판소의 판례에서도 나타납니다. 예컨대 헌재 1996.12.26, 96헌가18(자도소주 구입명령제) 사건에서 제청신청인은 주류판매업자였는데, 헌법재판소는 '소주판매업자(A그룹)와 다른 상품의 판매업자(B그룹)'를 비교대상으로 하는 외에 '소주제조업자(C그룹)와 다른 상품의 제조업자(D그룹)'도 비교집단으로 설정하여 판단을 하고 있습니다. 이에 대한 전제로 헌법재판소는 '헌법재판소는 헌법 제107조 제1항, 제111조 제1항 제1호에 의한 위헌법률심판절차에 있어서 규범의 위헌성을 제청법원이나 제청신청인이 주장하는 법적 관점에서만이 아니라 심판대상규범의 법적 효력을 고려하여 모든 헌법적인 관점에서 심사한다. 법원의 위헌제청을 통하여 제한되는 것은 오로지 심판의 대상인 법률조항이지 위헌심사의 기준이 아니다'라고 설시하였습니다(판례집 8－2, 680, 690－691). 이러한 헌법재판소의 견해에 따를 때, 헌법재판소는 청구인이 속한 그룹이 아니더라도 가능한 모든 비교집단을 찾아내어 그들 사이의 평등권침해 여부도 심사하여야 하는 부담을 안게 되는데, 이에 대한 발제자의 의견을 듣고 싶습니다."

133) 이정호/김성환/홍건영, 『철학의 이해』, 한국방송통신대학교, 2009, 326－327쪽; 김해원, 앞의 글(주 36), 280－281쪽.

134) 이러한 점에서 평등심사를 위한 비교대상의 범위를 확정하는 문제는 기본권의 잠정적 보호영역을 도출함에 있어서 대립되는 두 진영인 '넓은 구성요건이론'과 '좁은 구성요건이론' 간의 논쟁상황으로부터 많은 시사점을 얻을 수 있을 것으로 생각된다(특히, 김해원, 앞의 글(주 36), 296－303쪽).

있고 무엇을 비교할 수 없느냐 하는 물음은 엄격하게 논리적으로 대답될 수는 없으며, 비교사례집단의 가치적 평가들을 통해 귀납적으로만 대답될 수"[135] 있는 문제라고 하겠다. 다만 우리가 목표로 삼고 있는 헌법적 논증의 합리성과 이성적 설득력의 제고라는 관점에서 본다면, (기본권의 잠정적 보호영역을 설정함에 있어서 일응 넓은 구성요건이론이 지지받는 것과 유사하게) 평등심사의 비교대상의 범위를 가급적 폭넓게 설정하여 본격적으로 평등심사를 진행할 수 있는 기회를 제공한 다음, (이하에서 살펴볼 평등심사의 구조나 강도에 관한 논의에 기초한) 그 심사결과에 따라 최종적으로 심사대상인 국가행위의 평등위반여부를 판단함에 있어서 얼토당토아니한 결론들을 자연스럽게 배척해내는 길을 모색하는 것이 바람직하다 할 것이므로,[136] 처음부터 얼토당토아니하다고 하면서 특정 대상을 평등심사의 비교대상에서 아예 누락시켜버림으로써 심사의 기회를 봉쇄하려는 태도는 지양되는 것이 바람직할 것이다.

관련하여 논증의 합리성과 폭넓은 설득력의 확보라는 관점에서 우리 헌법재판소의 관련 판례들을 살펴보면 실망스러운 부분이 많다. 왜냐하면 평등심사를 위한 비교대상의 특정 및 그 범위설정과 관련해서 헌법재판소는 그저 "동질적인(혹은 본질적으로 동일한) 비교집단이 존재해야"한다는 막연한 주장만 되풀이할 뿐,[137] 비교대상 간의 '동질성(혹은 본질성)'의 여부를 판단할 수 있는 기준이나 방법에 관해서 설득력 있는 해명을 제시하고 있지 못하며, 오히려 비교적상의 형성과 관련해서 비교대상으로 주장되거나 언급된 집단들을 상세한 설명이나 논증 없이 혹은 매우 부실한 설명과 함께 그저 평등위반여부를 논할 "비교집단이 되지 않는다."라고 하거나,[138] "본질적으로 동일한 비교집단이라고 볼 수 없다."[139]라는 동어반복 식의 주장을 통하여 평등위반여부에 관한 심사, 그 자체

135) 김삼룡, 앞의 글(주 6), 80－81쪽. 다만 김삼룡 교수는 비교적상 형성에 관한 문제를 형성된 비교적상을 바탕으로 해서 행해지는 평등심사 — 특히, 제1단계 심사인 국가의 비교기준 선택행위에 대한 평등심사 — 와 분별하지 않고 있다. 하지만 비교적상 형성의 문제는 평등심사의 선결조건으로 이해되어야 한다는 점에서, 양자는 다른 차원의 문제이다. 따라서 여기서 언급되고 있는 (비교집단 설정과정에서 국가가 행한) "비교사례집단의 가치적 평가"에 대한 헌법적 심사는 후술할 '국가의 비교기준 선택행위'에 대한 심사과정(목차 Ⅳ. 3. 나. 및 Ⅳ. 4. 나. 참고)에서 행해진다.

136) 이러한 주장에 관한 상세한 논거와 설명은 김해원, 앞의 글(주 36), 296－303쪽.

137) 헌재 2010.06.24, 2010헌마167, 판례집 22－1(하), 665쪽; 헌재 2010.03.25, 2009헌바83, 공보 162, 5쪽; 헌재 2011.03.31. 2009헌바351, 판례집 23－1(상), 354쪽.

138) 헌재 2010.05.27. 2008헌바110, 판례집 22－1하, 240쪽.

139) 헌재 2012.02.23. 2011헌마233, 공보 185, 524; 헌재 2012.04.24. 2010헌마605, 판례집 24－1(하), 204쪽: "지방공사와 지방자치단체, 지방의회의 관계에 비추어 볼 때, 지방공사 직원의 직을 겸할 수 없도록 함에 있어 지방의회의원과 국회의원은 본질적으로 동일한 비교집단이라고 볼 수 없으므

를 진행하지 않음으로써 평등심사의 복잡성과 어려움을 피해가고 있다는 의혹으로부터 자유롭지 않기 때문이다. 만약 엄밀한 논증을 거치지 않고 심사자의 직관이나 결단 혹은 결심 등으로 특정 대상이 비교대상(甲 혹은 乙)으로 포착되지 못하여, 결국 비교적상에서 누락되거나 거부된다면, 애당초 평등심사가 행해질 여지조차 없어진다는 점에서 국가행위를 통제하는 헌법적 차원의 빗장이라고 할 수 있는 헌법상 평등이 形骸化 되거나 심사자의 자의적인 통제수단으로 전락하게 될 위험성이 증대된다. 따라서 비교대상의 특정 및 그 범위설정에 관한 기존 헌법재판소의 태도는 보다 전향적으로 변화되어야 할 것이다.

마. 비교적상의 현존에 대한 논증부담의 문제

권리의 존재를 주장하는 자는 해당 권리의 권리근거사실(성립요건)에 대하여 논증을 부담하고, 그 상대방이 권리장애사실, 권리행사저지사실, 권리소멸사실 등에 대하여 논증을 부담하는 것이 일반적인 논증부담의 법리에 부합한다.[140] 그런데 평등심사에서 비교적상의 현존에 관한 문제는 평등심사가 가능한지 여부를 살펴보는 선결문제, 즉 평등심사의 성립요건이라고 할 수 있다. 따라서 원칙적으로 평등이란 심사기준을 원용해서 해당 국가행위를 평가하려는 자 — 일반적으로 특정 국가행위가 평등위반이라고 문제제기할 진영일 가능성이 많다. — 가 비교적상의 현존에 관해서 논증을 부담하는 것이 합리적일 것이다.[141]

3. 국가의 차등대우가 문제된 경우

가. 서두

평등심사에서 국가의 차등대우가 심사대상이 된 경우는 '특정 국가행위(E)

로, 이를 달리 취급하였다고 할지라도 이것이 지방의회의원인 청구인의 평등권을 침해한 것이라고 할 수는 없다."

140) 오석락, 『입증책임론』, 일신사, 1996, 51-57쪽; 이시윤, 『민사소송법』, 박영사, 1999, 572-573쪽.

141) 다만, 헌법소송기능이 주관적 권리구제에 그치는 것이 아니라, 객관적 헌법수호도 아우른다는 점에서 대외적으로는 헌법재판소에 의한 직권탐지주의가 관철되어야 할 필요성이 높으며, 무엇보다도 국가의 기본권확인의무(헌법 제10조)에 터 잡아 변론주의가 아닌 폭넓은 직권탐지주의를 채택하고 있는 현행 헌법소송구조를 고려한다면(이에 관해서는 김해원, 앞의 글(주 52), 96-97쪽), 헌법재판에서 논증부담의 문제가 현실적으로 실천적인 의미를 확보하기에는 곤란한 측면이 많다. 하지만 이러한 논증부담의 문제가 헌법재판소 내부의 논증게임(특히 헌법재판관들의 합의과정)에서 응용된다면, 해당 논증과정이 보다 합리적이고 질서정연해지는데 도움 될 수 있을 것으로 기대한다. 왜냐하면 헌법재판실무라는 것도 결국은 구체적 사안에서 심사대상인 국가행위를 합헌적 관점에서 평가하는 헌법재판관과 위헌적 관점에서 평가하는 헌법재판관 상호 간의 논증다툼 내지는 설득력확보과정이라고 할 수 있기 때문이다.

가 본질적으로 같은 존재라고 평가될 수 있는 비교대상들(甲과 乙)을 달리 취급(차등대우)하고 있다'는 인식에 기초해서 E의 평등위반여부를 다툴 경우에 주로 문제된다. 이 경우 문제된 국가의 차등대우가 합헌적인 '평등'에 해당하는 것인지, 그렇지 않으면 위헌적인 '차별'에 해당하는 것인지를 밝히는 것이 평등심사의 목적이 된다. 그런데 헌법상 평등은 구체적인 비교상황에서 '같은 것은 같게 취급하고, 다른 것은 다르게 취급할 것'을 요구한다는 점에서, E를 평가함에 있어서 동등대우의 근거로서도, 차등대우의 근거로서도 활용될 수 있다.[142] 따라서 국가의 차등대우가 문제된 경우에 행해지는 평등심사는 결국 다음과 같은 논증다툼의 과정이다: 'E의 평등위반을 논증하려는 자'는 비교대상들 간의 공통점에 주목해서 동등대우를 주장하는 진영(A 진영)에, 그리고 'E의 합헌성을 논증하려는 자'는 비교대상들 간의 상이점에 주목해서 차등대우를 주장하는 진영(B 진영)에 각각 위치해서 더 많은 설득력을 확보하기 위해 벌이는 상호 간의 논증다툼.[143]

그런데 기본권심사기준으로서 헌법상 평등은 비교대상들이 일정한 관점에서 공통점(같은 점)이 있음에도 불구하고 합리적 이유 없이 달리 취급(차등취급)되고 있거나, 일정한 관점에서 상이점(다른 점)이 있음에도 불구하고 합리적 이유 없이 같게 취급(동등취급)되고 있다는 인식 속에서 등장하는 문제임을 고려한다면, 위와 같은 A·B 두 진영 간의 논증다툼 속에는 다음과 같은 두 가지 쟁점이 도사리고 있다: ① '비교대상들인 甲과 乙이 일정한 관점에서(즉, 본질적으로) 같은 존재냐? 다른 존재냐? — 甲과 乙은 모든 관점에서 같거나 다른 존재일 수는 없다. — 의 문제'를 둘러싸고 벌어지는 A 진영과 B 진영의 논증다툼,[144] ② 본질적으로 甲과 乙이 다른 존재임이 긍정되어 차등대우가 불가피하

---

142) 김해원, 앞의 글(주 110), 227-229쪽, 248-249쪽.

143) E는 헌법상 평등 외에도 헌법이 요구하는 다른 모든 정당성심사기준들을 충족해야하기 때문에, E의 위헌성 여부는 평등심사만을 통해서 결정될 수 있는 것은 아니다. 하지만 적어도 평등심사와 관련해서는 'A 진영'은 위헌론, 'B 진영'은 합헌론의 입장에 놓인다. 그러므로 국가의 차등대우가 문제된 상황에서 국가는 대체로 'B 진영'에 서서 자신의 문제된 행위(E)가 헌법상 평등에 위배되지 않았음을 논증하려고 할 것이며, 반면에 E로 인한 특정 기본권의 침해를 주장하면서 헌법소송을 제기한 측은 'A 진영'에 위치해서 'B 진영'에 대립되는 논증을 펼치는 것이 일반적인 현상이다.

144) 관련하여 "평등권 침해 여부에 관하여 보건대, 평등권은 당해 공권력의 행사가 본질적으로 같은 것을 다르게, 다른 것을 같게 취급하고 있는 경우에 침해가 발생하는 것이지, 본질적으로 같지 않은 것을 다르게 취급하는 경우에는 차별 자체가 존재한다고 할 수 없다."라고 하면서 해당 사안에서 평등침해가능성 자체를 부인한 헌법재판소의 태도(헌재 2006.01.17. 2005헌마1214, 공보 제112호, 217쪽; 헌재 2010.04.29. 2008헌마622, 판례집 22-1(하), 134쪽) 또한 같은 맥락 — 즉, 평등심사에서 국가의 비교기준 선택행위에 대한 심사가 우선 행해져야 한다는 의미 — 에서 이해될 수

다면(혹은 허용되어 있다면), '구체적인 경우에 행한 국가의 차등대우의 정도 내지는 방식이 헌법상 평등에 부합되는 것인지 여부'를 둘러싸고 벌어지는 A 진영과 B 진영의 논증다툼.[145] 그리고 이와 같은 두 쟁점(①, ②)에서 행해지는 평등심사

있을 것이다. 다만, "본질적으로 같지 않은 것을 다르게 취급하는 경우에는 차별 자체가 존재한다고 할 수 없다."라고 하여 '본질적으로 같지 않은 것을 다르게 취급하는 경우'에는 더 이상의 평등심사가 진행될 필요가 없는 취지로 표현한 헌법재판소의 태도는 정확하지 않은 것으로서 오해의 소지가 다분하다. 왜냐하면 '본질적으로 같지 않은 대상들을 다르게 취급(즉, 본질적으로 다른 대상들을 다르게 취급)'하여도 그 취급의 정도가 너무 강력하여 해당사안과 관련해서 존재하는 비교대상들 간의 의미 있는 공통점이 완전히 形骸化된다면 동등대우의 근거로서의 평등원칙에 위반되어 헌법상 평등원칙에 부합되기 어려울 가능성도 있는바, 이에 관한 평등심사가 계속 진행되어야 하기 때문이다(이에 관해서는 아래 목차 Ⅳ. 3. 다. 참조).

145) 학설과 판례 또한 다소 표현상의 차이가 있긴 하지만, 대체로 필자의 견해와는 다소 상이한 맥락에서 평등심사를 '2단계'로 구성하고 있다. 특히, 헌법재판소는 최근 치료감호법 제4조 제1항 위헌확인 사건(헌재 2010.04.29. 2008헌마622, 판례집 22－1(하), 134쪽)에서 "평등권에서는 '차별취급이 존재하는가', '이러한 차별취급이 헌법적으로 정당화되는가'의 2단계 심사를 거치게 된다."라고 판단하였다. 정문식 교수도 "평등원칙에 대한 위반여부는 기본적으로 두 가지 심사단계로 구분된다. 첫째는 법적으로 불평등한 대우가 있었는지를 심사하는 단계이며, 둘째는 그러한 불평등대우가 정당화될 수 있는 것인지를 심사하는 단계이다."라는 입장을 피력하고 있으며(정문식, 앞의 글(주 11), 5쪽), 같은 취지에서 이욱한 교수는 평등심사구조는 "1차적으로 본질적으로 같은 것을 다르게 취급했는지를 확정하는 것과 2차적으로 그 차별취급에 자의성 또는 합리적 근거존재여부의 확정으로 구성된다."라고 하고 있으며(이욱한, 앞의 글(주 44), 11쪽), 허영 교수와 조소영 교수는 2단계("Ⅰ. 차별성 검토"와 "Ⅱ. 정당성 검토")로 평등위반을 검토하는 사례해결모형을 제안하고 있다(허영/조소영, 『사례헌법학』, 신조사, 2013, 30쪽). 이부하 교수는 "차별대상의 본질적 동일성 여부 및 차별취급의 존재여부"와 "차별의 헌법적 정당성 여부"라는 2단계로 평등원칙위반여부를 판단하고 있고(이부하, 『헌법사례형해설』, 진원사, 2012, 247－252쪽), 한수웅 교수는 평등심사와 관련하여 "첫째, 본질적으로 동일한 것을 다르게 취급하고 있는가 하는 차별대우의 확인과 둘째, 차별대우가 헌법적으로 정당화되는 가"라는 두 단계의 판단구조를 옹호하고 있다(한수웅, 앞의 책(주 2), 547쪽). 평등심사와 관련된 이러한 2단계 심사는 독일에서도 일반적으로 지지되고 있는 것으로 보인다(Vgl. V. Epping, 앞의 책(주 53), 372－373쪽; B. Pieroth/B. Schlink, 앞의 책(주 52), 122쪽, 방주 501). 한편 김주환 교수는 평등심사를 3단계 — (a) 비교집단 사이에 본질적으로 '공통점 혹은 상이점'이 있는가? (b) 차등대우 혹은 동등대우의 확인: 비교집단이 국가기관에 의해 '서로 다른 것 혹은 서로 같은 것'으로 다뤄지고 있는가? (c) 차등대우 혹은 동등대우가 헌법적 정당화될 수 있는가? — 로 구성하고 있다(김주환, 앞의 글(주 4), 262－263쪽; 김주환, 앞의 글(주 7), 208쪽; H. Gersdorf, 앞의 책(주 17), 82쪽). 하지만 비교대상에 대한 비교를 통해 공통점 혹은 상이점을 확인하는 과정(a)은 순수한 경험적인 인식의 과정이 아니라 이미 그 과정에 규범적인 평가 — 즉, 차등대우인지 동등대우인지 여부에 대한 판단(b) — 가 개입된다는 점에서 (a)와 (b)는 동시에 진행되는 것으로 이해될 수 있으므로(이준일, 앞의 글(주 112), 283쪽), 결국 김주환 교수의 '3단계' 심사는 언급된 기존의 '2단계' 심사에서 행해지는 첫 번째 심사단계를 (a)와 (b)로 세분화했을 뿐, 양자는 본질적으로 다르지 않은 것으로 평가될 수 있을 것이다(사실 김주환 교수도 헌법재판실무연구회 제83회 발표회에서 자신의 "3단계 모델은 2단계 모델을 평면적으로 다시 해체한 것에 불과합니다."라고 언급한 바 있다. 이에 관해서는 김주환, 「헌법재판실무연구회 제83회 발표회 토론요지」, 『헌법실무연구』 9, 헌법실무연구회, 2008, 292쪽). 여하튼 평등심사와 관련하여 이러한 기존의 학설과 판례가 보여주고 있는 태도들은 평등심사의 선결조건인 '비교적상의 확인'과 확인된 비교적상을 기반으로 행해지는 구체적인 국가행위에 대한 평가인 '평등심사'에 대한 분별이 미흡할

는 각각 '국가의 비교기준 선택행위'와 '선택된 비교기준에 따른 국가행위'를 심사대상으로 삼게 된다. 이하에서는 ①과 ② 각각의 단계에서 벌어지는 A·B 두 진영 간의 논증다툼을 형식(구조)에 주목해서 살핀다.

나. 제1단계: '국가의 비교기준 선택행위'에 대한 심사

'같은 것은 같게, 다른 것은 다르게'를 의미하는 평등의 문제는 항상 '같고 다름'을 결정짓는 기준(비교기준)의 문제를 내포하고 있는데, 이 기준은 원칙적으로 비교대상이 갖고 있는 특성들 가운데에서 선택되는바,[146] 헌법상 평등에 부합되는 방식으로(혹은 위반되지 않으면서도) 비교대상(甲과 乙)들 간의 차등대우를 꾀하는 국가는 우선 甲·乙 간의 상이점을 기준으로 내세우면서, 甲·乙 간의 차등대우 그 자체가 헌법적으로 정당화될 수 있는 — 즉, "본질적으로 같은 것을 자의적으로 다르게, 본질적으로 다른 것을 자의적으로 같게 취급하는 것을 금하는" 헌법상 평등원칙[147]에 부합될 수 있는 — 기반을 마련하고자 한다. 그런데 국가가 마련하려는 이러한 기반은 구체적 사안에서 비교기준으로 선택된 甲·乙 간의 상

뿐만 아니라, 무엇보다도 각각의 심사단계에서 심사되어야할 심사대상인 구체적인 국가행위가 각각 무엇이며, 또 어떻게 구별될 수 있는지가 분명하게 부각되지 않는다는 점에서 심사단계별 구조화된 이해를 어렵게 한다. 이에 필자는 평등심사에서 비교적상 확인에 관한 문제를 분리하여 평등심사의 선결문제로 취급한 다음(이에 관해서는 위 목차 Ⅳ. 2.), 확인된 비교적상 그 자체에 대한 평가라는 의미(이에 관해서는, 아래 주 151) 참조)를 갖고 있는 '국가의 비교기준 선택행위'에 대한 심사(평등심사 제1단계: 아래 목차 Ⅳ. 3. 나. 및 Ⅳ. 4. 나.)와 확인된 비교적상의 구체적 활용 내지는 이에 기초하여 행해지는 구체적인 국가행위라고 할 수 있는 '선택된 비교기준에 따른 국가행위'에 대한 심사(평등심사 제2단계: 아래 목차 Ⅳ. 3. 다. 및 Ⅳ. 4. 다.)라는 두 단계 심사구조를 제안한다.

146) 물론 비교기준으로 선택 가능한 특성들은 사실상 한계를 정할 수 없을 만큼 무수히 많다. 관련하여 임의영 교수는 "평등은 어떤 '기준'을 근거로 판별된다. 일반적으로 그 기준은 개인이 가지고 있는 '특성'들 가운데 선택된다. […] 판단의 기준으로 선택 가능한 특성들은 성이나 연령 같은 자연적 속성들, 학력, 직업, 종교, 사회집단 같은 사회적 배경들, 사회계층이나 사회계급 같은 구조적 특성들, 업적이나 시험성적과 같은 능력 관련 특성들, 전염병이나 불치병과 같은 병리적 속성들 등 그 수를 헤아릴 수 없을 정도로 많다. 여기에 덧붙여 각각의 특성들을 평등을 판단하기 위한 기준으로 삼을 때, 그 기준들은 다양한 요인에 의해 폭이 넓어지거나 좁혀질 수 있다. 따라서 각 특성의 정도의 변화가능성은 평등 판단의 기준들이 무한하다는 것을 의미한다."라고 지적한바 있다(임의영, 「형평성의 개념화」, 서울행정학회 동계학술대회 발표논문집, 2011, 186쪽). 요컨대 '같은 것은 같게, 다른 것은 다르게' 취급함에 있어서, 같고 다름을 분별할 비교기준으로 활용될 수 있는 특성들의 가짓수는 실제로 관점에 따라 무한히 추출될 수 있을 뿐만 아니라, 그 특성들이 갖는 변화무쌍함으로 인해서 한편으로는 국가의 비교기준 선택행위에 대한 구조화된 심사가 어렵게 되며, 다른 한편으로는 비교기준 선택행위에 대해서 국가가 광범위한 활동의 여지를 가질 수 있는 단초가 마련된다(이 경우 국가활동 통제의 정도에 관한 문제는 이하 목차 Ⅴ. 참조).

147) 헌재 2001.10.25. 2010헌바134, 판례집 23-2(상), 867쪽; 한편 비교대상들이 모든 점에서 같거나, 모든 점에서 다를 수는 없기 때문에(김해원, 앞의 글(주 110), 227-229쪽), 결국 '같은 것은 같게, 다른 것은 다르게'로 일컬어지는 평등명제는 보다 엄밀히 말하면 '본질적으로 같은 것은 같게, 본질적으로 다른 것은 다르게'로 표현될 수 있다.

이한 특성이 해당 사안에서 비본질적인 사유라고 평가받는 경우에는 (즉, '본질적으로 같은 대상들이 다르게 취급'된다는 평가를 받는 경우에는) 붕괴된다.[148] 따라서 평등심사에서는 국가가 선택한 비교기준에 따른 구체적인 국가행위(차등대우)의 정도나 방식에 대한 검토 이전에, 비교집단 설정행위와 결부된 비교기준 선택행위에 대한 헌법적 정당성이 확인되어야 한다.[149] 헌법재판소도 일찍이 "평등원칙은 [···] 선택한 차별의 기준이 객관적으로 정당화될 수 없을 때에는 그 기준을 법적 차별의 근거로 삼는 것을 금지한다."[150]라고 하여 (비교기준에 따른 구체적인 국가의 차등대우 뿐만 아니라) 비교기준 (선택행위) 그 자체 또한 평등심사에서 검토되어야 할 독립된 심사대상임을 명확히 밝힌 바 있다.

그런데 헌법현실에서는 대개 '비교기준 및 비교기준에 따른 비교대상 설정행위'[151]는 분명하게 드러나지 않고 구체적인 특정 국가행위로 일체화되어 표출

---

148) 예컨대, 형사수용시설에 수용되어 있는 자들의 종교행사 참석의 구체적 방법 내지는 빈도와 관련하여 재판확정 전 증거인멸 등의 가능성을 예방하기 위해서(혹은 수용자들의 법적 지위에 상응하는 대우를 하기 위해서) 수용자들을 형이 확정되었는지 여부를 기준으로 구분(혹은 무죄추정원칙의 적용을 받을 수 있는지 여부를 기준으로 구분) — 즉, 기결수와 미결수로 구분 — 하여 차등대우의 가능성을 열어두는 것, 그 자체를 국가의 자의적인 활동이라고 보기는 어렵겠지만, '수용자들이 보유하고 있는 부동산의 액수를 기준'으로 수용자들을 분리 내지는 구분하는 것은 '수용시설 내에서 종교행사참석을 통한 증거인멸의 가능성 차단' 혹은 '수용시설 내에서 수용자들의 법적 지위'와는 무관한 비본질적인 사유로 인해 '종교의 자유의 주체이면서 동시에 수용되어 있다'는 측면에서 본질적으로 같은 존재들이 달리 취급(차등대우)되는 것이라고 말할 수 있을 것이다.

149) 헌법현실에서는 비교기준 및 비교기준에 따른 비교대상 설정행위는 분명하게 드러나지 않고, 이들이 일체화되어 구체적인 특정 국가행위(차등·동등대우)로 표출되는 것이 일반적이다. 하지만 규범논리적 활동(연역적 방법)에 기대어 가능한 한 더 많은 설득력을 확보하고자 하는 법적 논증활동으로서의 평등심사에서는 표출된 구체적인 국가행위(차등·동등대우)이면에 도사리고 있는 비교기준을 확인하여 차등·동등대우 그 자체 — 즉, 비교집단 설정행위 — 에 대한 헌법적 판단을 시도해야만 한다. 왜냐하면 연역 논리적으로는 비교기준에 근거해서 비교대상이 설정되고, 그러한 설정에 따라서 대상들을 (차등·동등)대우할 수 있는 가능성이 마련되기 때문이다. 이러한 논증작업이 엄밀하면 엄밀할수록 논리적 설득력의 확보에는 도움이 될 것이다.

150) 헌재 2000.08.31. 97헌가12, 판례집 12-2, 180쪽. 한편 위 판례에서 "차별의 기준", "차별의 근거"란 표현은 각각 중립적인 표현인 "차등대우의 기준", "차등대우의 근거"로 고쳐지는 것이 바람직하다(김해원, 앞의 글(주 110), 232쪽: "평등을 명령(제1문)하고 차별을 금지(제2문)하고 있는 헌법의 규정방식은 특정한 비교상황에서 문제된 국가행위를 평가함에 있어서 일반적으로 "평등"은 합헌적인 공권력행사를, "차별"은 위헌적인 공권력행사를 포착하는 용어임을 뚜렷하게 보여준다. 따라서 "합리적 근거가 있는 차별은 평등의 원칙에 반하는 것이 아니다." 등과 같은 헌법재판소의 표현은 '합리적 근거가 있는 차등대우는 평등의 원칙에 반하는 것이 아니다'로 고쳐지는 것이 보다 바람직할 것이다.").

151) 엄밀히 말하면 비교기준의 선정에 따라 비교대상의 범위가 달라지므로(한수웅, 앞의 책(주 2), 547쪽), 비교대상의 설정행위는 비교기준에 좌우된다고 할 것이다. 이러한 점에서 국가의 비교기준 선택행위에 대한 심사는 확인된 비교적상 — 평등심사의 선결조건이다. — 그 자체에 대한 평가라는 의미를 갖게 된다.

된다는 점에서, 정작 문제되는 것은 심사대상인 국가의 비교기준 — 보다 정확히는 '비교기준 선택행위' — 을 분명하게 그리고 사안과 관련해서 구체적으로 확인하는 작업이라고 할 수 있다.[152] 국가의 차등대우와 관련하여 이러한 작업, 즉 차등대우의 근거로 활용되는 비교기준인 비교대상들 간의 '상이점'이 무엇인지를 특정하는 것은 당해 국가행위 — 특히, 입법(법률)[153] — 의 "의미와 목적"을 통해서 확인될 수 있는바,[154] 결국 A 진영과 B 진영 간의 논증다툼은 우선 당해 국가행위의 "의미와 목적"에 대한 해석다툼으로부터 시작된다.[155] 그리고 이러한 해석다툼과정을 통해서 확인된 비교기준을 평가함에 있어서 A 진영에서는 가급

152) 비교기준에 해당하는 비교대상들 간의 상위개념(Oberbegriff)이 추상적으로 확인되면 확인될수록, 합리적이고 구조화된 심사는 어려워진다(Vgl. V. Epping, 앞의 책(주 53), 341－342쪽).

153) 헌법상 평등은 법률의 제정·개정 등에 있어서 평등에 반하는 내용을 담고 있는 경우(예컨대, 헌재 1990.10.08. 89헌마89, 판례집 2, 332쪽 이하), 자의적인 검찰권 행사와 같이 집행부의 차별적인 법집행의 경우(예컨대, 헌재 1992.06.26. 92헌마46, 판례집 4, 476쪽 이하) 혹은 구체적인 분쟁에 있어서 사법부가 법을 차별적으로 해석·적용한 경우 등과 같이 입법·행정·사법 등 모든 국가작용에서 문제될 수 있다(이준일, 앞의 책(주 5), 65－66쪽). 하지만 행정작용과 사법작용은 행위의 여지를 부여받은 경우에만 독자적으로 동등대우 혹은 차등대우를 할 수 있는 가능성을 보유하고 있으며(정태호, 앞의 글(주 2), 31쪽), 자의적인 행정처분은 주로 행정소송제도를 통해서 구제받게 되는 점, 그리고 법원의 재판에 대한 헌법소원은 극히 예외적인 경우에만 받아들여지고 있는 헌법현실(이러한 헌법현실에 대한 비판적 검토 및 규범적 대안은, 특히 김해원, 앞의 글(주 2), 420－423쪽) 등을 고려한다면 헌법재판에서 평등이 문제되는 전형적인 경우는 입법작용(법률)에 의한 차별취급문제라고 할 수 있다(김해원, 앞의 글(주 110), 224－225쪽).

154) 헌재 1996.12.26. 96헌가18, 판례집 8－2, 701쪽; 헌재 2001.11.29. 99헌마494, 판례집 13－2, 728쪽: "서로 비교될 수 있는 사실관계가 모든 관점에서 완전히 동일한 것이 아니라 단지 일정 요소에 있어서만 동일한 경우에, 비교되는 두 사실관계를 법적으로 동일한 것으로 볼 것인지 아니면 다른 것으로 볼 것인지를 판단하기 위하여는 어떠한 요소가 결정적인 기준이 되는가가 문제된다. 두 개의 사실관계가 본질적으로 동일한가의 판단은 일반적으로 <u>당해 법률조항의 의미와 목적</u>에 달려 있다."; 김삼룡, 앞의 글(주 6), 81쪽: "많은 사례들이 우선 목적의 법률적 규율 그 자체, 소위 목적프로그램이 어떠한 집단들을 상이하게 취급하는지를 알려 주기 때문에, 입법자의 법률적 규율목적이 결정적으로 중요하다."

155) 왜냐하면 A·B 진영에서는 각각 자신의 논증에 유리한 방식으로 국가행위의 "의미와 목적"을 이해하고, 그러한 이해에 기초해서 국가가 선택한 비교기준을 특정하여 제시하려고 하기 때문이다. 즉, 국가의 차등대우를 가급적 위헌으로 평가하려는(혹은 甲·乙 간의 동등대우를 주장하려는) A 진영에서는 국가가 선택한 비교기준을 가급적 헌법상 정당화되기 어려운 기준으로 이해/특정하여 가능한 한 손쉽게 자신의 주장이 타당함을 밝히려고 노력할 것이지만, 이와 반대논증을 펼치는(혹은 국가의 차등대우를 가능한 한 합헌적으로 평가하려고 애쓰는) B 진영에서는 가급적 국가가 선택한 비교기준이 헌법상 손쉽게 정당화될 수 있는 것으로 이해/특정하려고 할 경향성을 갖기 때문이다(이와 관련된 A·B 진영 간의 논증부담의 문제는 아래 목차 Ⅳ. 5. 참조). 그런데 전체 기본권심사과정을 주목한다면, 기본권침범(Grundrechtseingriff)으로서의 국가행위인 차등대우의 의미와 목적은 엄밀히 말하면 전체 기본권심사과정에서 행해지는 '목적의 정당성심사' — 이는 헌법 제37조 제2항 전단에 근거한다. — 과정에서 확인될 사안이지, 평등심사에서 독립적으로 확인될 사안은 아니다. 따라서 국가의 비교기준 선택행위와 관련하여 평등심사에서는 주로 목적의 정당성심사를 통해서 확인된 비교기준에 대한 평가활동이 행해진다.

적 甲과 乙의 공통점에 주목하면서 국가가 선택한 비교기준 그 자체가 헌법에 부합되기 어렵다는 논증을 펼치려고 하는 반면에, B 진영에서는 甲과 乙의 상이점에 주목하면서 국가가 선택한 비교기준이 헌법에 부합됨을 논증하려고 애쓰게 된다.[156] 이러한 논증다툼 — 여기서는 국가의 비교기준 선택행위를 얼마나 엄밀하게 통제할 것인지의 문제가 실질적인 관심사항이자 핵심적 쟁점이 된다. 이와 관련된 일반론은 아래 목차 'Ⅴ. 3. 나. 평등심사 제1단계에서의 심사강도'에서 상세하게 다룬다. — 에서 만약 A 진영이 승리한다면, 그것은 헌법상 용납되기 어려운 기준에 의거해서 차등대우가 행해졌다는 것을 의미한다. 따라서 이 경우에는 아래(목차 Ⅳ. 3. 다.)에서 논할 차등대우의 정도 및 방법 등에 관한 평등심사(평등에서의 비례성심사)가 행해질 필요도 없이 해당 국가행위는 헌법상 평등원칙에 위반되었다는 평가를 피할 수 없게 되며, 평등심사는 종료된다. 반면에 B 진영이 승리하게 되면, 평등심사는 드디어 선택된 비교기준(甲·乙 간의 상이점)에 따른 국가행위의 헌법적합성심사 — 소위 '평등에서의 비례성심사' — 로 본격적으로 넘어가야 한다. 이에 관한 검토는 아래에서 계속된다.

다. 제2단계: '선택된 비교기준에 의거한 국가행위'에 대한 심사

제1단계 심사('국가의 비교기준 선택행위'에 대한 평등심사)를 통하여 국가에 의해서 선택된 비교기준 그 자체가 헌법에 부합되는 것으로 판단되면, 이제는 선택된 비교기준에 의거한 구체적 국가행위에 대한 평등심사가 본격적으로 진행되어야 한다. 그런데 통상 기본권에 감행된 국가행위의 헌법적합성여부를 판단하는 일반적인 심사 — 특히, 헌법 제37조 제2항에 근거한 비례성심사 — 는 국가(특히,

---

156) 평등심사 제1단계(국가의 '비교기준 선택행위')는 평등심사 제2단계인 평등에서의 비례성심사 — 이에 관해서는 특히 아래(목차 Ⅳ. 3. 다.)에서 논한다. — 를 위한 필터기능(Filterfunktion)을 한다는 점에서, 일반적인 기본권심사에서 검토되어야 할 기본권침범의 '목적의 정당성심사' — '목적의 정당성심사'는 헌법 제37조 제2항 전단의 "국가안전보장·질서유지 또는 공공복리를 위하여"에 근거한다. — 와 비견될 수 있을 것이다(비례성심사의 필터기능으로서 '목적의 정당성심사'에 관해서는 특히, Vgl. K. Stern, in: dirs, Das Staatsrecht der Bundesrepublik Deutschland, Bd. Ⅲ/2, C. H. Beck, 1994, S. 777; R. Dechsling, Das Verhältnismäßigkeitsgebot: Eine Bestandsaufnahme der Literatur zur Verhältnismäßigkeit staatlichen Handelns, Vahlen, 1989, S. 79). 하지만 헌법 제37조 제2항의 "국민의 모든 자유와 권리"에 평등이 포함되는 것으로 이해되기 어려울 뿐만 아니라 — 헌법상 평등은 기본권으로 이해되기 어렵다(김해원, 앞의 글(주 110), 223쪽 이하). —, 무엇보다도 헌법 제37조 제2항으로부터 근거하는 목적의 정당성심사는 합목적성(Zweckmäßigkeit)심사인 반면에, 평등심사에서 행해져야 할 국가의 비교기준 선택행위에 대한 검토는 기본적으로 비교적상에 놓여있는 대상에 대한 인식 내지는 관점(즉, 해당 국가의 차등대우와 관련하여 甲·乙을 구별 지을 수 있는 본질적 상이점이 무엇이냐?)에 대한 평가의 문제라는 점에서 차이가 있다. 따라서 '국가의 비교기준 선택행위'에 대한 평등심사는 '본질적으로 같은 것은 같게, 본질적으로 다른 것은 다르게'로 이해되는 헌법상 평등, 그 자체로부터 근거 지을 수 있다.

입법자)가 추구하는 공익과 그로 말미암아 훼손되는 개인의 사익(기본권) 간의 공존 및 조화관계를 평가함으로써 실체적 정의를 추구한다는 의미를 갖는 반면에,[157] "한편으로는 성질 혹은 특성을 가리키며, 동시에 다른 한편으로는 대우를 의미"하는 평등[158]을 기본권심사기준으로 활용하는 평등심사는 특정 국가행위 ─ 구체적인 차등대우 혹은 동등대우 ─ 로부터 영향을 받는 비교대상 간의 공통된 특성(공통점)과 상이한 특성(상이점)이 적절히 공존 및 조화될 수 있는지 여부를 검토하여 상대적·비교적 관점에서 헌법적 정의를 추구한다는 의미를 갖고 있다.[159] 뿐만 아니라 평등심사에서 자신의 행위를 합헌적으로 평가받고자 하는 국가는 자신의 차등대우와 관련해서는 비교대상들(甲과 乙) 간의 상이점을, 자신의 동등대우와 관련해서는 비교대상들(甲과 乙) 간의 공통점을 각각 비교기준으로 내세우게 된다는 점에서,[160] (비교기준 그 자체에 대한 헌법적 정당성이 확인[161]된 이후에 행해지는) 평등심사 제2단계에서는 문제된 특정 국가행위(E: 차등대우 혹은 동등대우)를 가운데에 두고 국가(특히, 입법자)에 의해서 선택된 비교기준(甲·乙 상호 간의 상이점 혹은 공통점)과 국가(특히, 입법자)에 의해서 선택되지 못한 비교기준(甲·乙 상호 간의 공통점 혹은 상이점) 간의 조화로운 공존에 관한 평가가 행해지는바, 이는 심사대상인 국가행위에 따라 다음과 같은 A·B 진영 간의 논증다툼으로 각각 표현될 수 있다: ① 국가의 차등대우(E)와 관련해서는 비교대상(甲과 乙) 상호 간의 '다름'에 주목해서 甲·乙 간의 상이점에 기인한 대우를 가능한 한 최대화하려는 입장(B 진영)과 이러한 상이점에 대한 강조로 인해서 불가피하게 발생하는 甲·乙 간의 공통점 및 공통점에 기인한 대우의 훼손을 가능한 한 최소화하려는 입장(A 진영) 간의 논증다툼, ② 국가의 동등대우(E)와 관련해서는 비교대상(甲과 乙) 상호 간의 '같음'에 주목해서 甲·乙 간의 공통점에 기인한 대우를 가능한 한 극대화하려는 입장(A 진영)과 이러한 공통점에 대한 강조로 인해서 불가피하게 초래되는 甲·乙 간의 상이점 및 상이점에 기인한 대우의 훼손을 가능한 한 최소화하려는 입장(B 진영) 간의 논증다툼.

그런데 이러한 A 진영과 B 진영 간의 논증다툼은 복수의 대립되는 목적 ─ 즉, 甲·乙 간의 공통점(K2) 추구와 상이점(K1) 추구 ─ 에 관련된 하나의 수단(E)

---

157) 정문식, 앞의 글(주 11), 27쪽.

158) 선우현, 앞의 책(주 98), 28쪽.

159) 기본권심사에서 원용되는 평등의 의미에 관해서는 특히 김해원, 앞의 글(주 110), 235-252쪽.

160) 위 목차 Ⅳ. 3. 나.

161) 이는 평등심사 제1단계에서 행해진다(위 목차 Ⅳ. 3. 나.).

— 즉, 국가의 차등대우 혹은 동등대우 — 을 평가하는 과정이란 점에서 비례성원칙이라는 논증도구를 통해서 구조화될 수 있는바,[162)163)] 이를 우선 국가의 차등

162) 비례성원칙은 "두 개"의 목적항과 "한 개"의 수단항이 이루는 "세 개"의 관계를 전제로 하여 활용되는 논증도구이다. 이에 관한 상세한 설명은 이준일, 「기본권제한에 관한 결정에서 헌법재판소의 논증도구」, 『헌법학연구』 4-3, 한국헌법학회, 1998, 276-277쪽.

163) 한편 평등심사에서 비례성원칙의 적용여부와 관련해서 기존의 학설은 세부적인 설명이나 입장에 있어서 다소 차이가 있긴 하지만, 기본적으로 크게 적용부정설(한수웅, 「헌법 제37조 제2항의 과잉금지원칙의 의미와 적용범위」, 『저스티스』 95, 한국법학원, 2006, 26-27쪽: "평등권은 수단과 목적의 연관관계를 통하여 국가행위의 위헌성을 판단하고자 하는 것이 아니라, 둘 이상의 기본권 주체의 법적 지위를 서로 비교하고자 하는 것이다. […] 따라서 평등권과 자유권의 본질적인 구조적 차이 및 기능에 비추어, 그리고 평등권은 보호범위를 가지고 있지 않다는 점에 비추어 원칙적으로 평등권에 과잉금지원칙을 적용할 수 없다."; 한편 이준일 교수는 처음에는 "비례성심사의 구조를 충돌하는 두 개의 목적과 하나의 수단이 서로 이루는 '관계삼각형'으로 이해할 때 평등심사에서도 '충분한 근거'의 재구성을 통해서 비례성심사의 구조를 갖는다는 점을 확인할 수 있다."라는 견해를 피력하고(이준일, 앞의 글(주 3), 21쪽), 나아가 평등심사에서 활용되는 비례성원칙과 일반적인 기본권심사에서 활용되는 비례성원칙 간에는 "충돌하는 목적의 분명한 등장여부에 따라 차이가 있을 뿐" "평등원칙에서 요청되는 내용은 (일반적인) 비례성원칙에서 요청되는 내용과 동일한 것"이라는 입장(이준일, 「헌법재판의 법적 성격 — 헌법재판소의 논증도구인 비례성원칙과 평등원칙을 예로 —」, 『헌법학연구』 12-2, 한국헌법학회, 2006, 337-338쪽)을 취했지만, 최근에는 적용부정설을 취하고 있다. 즉, "자유권에 대한 제한의 정당성을 판단하는 기준인 비례성원칙은 원칙적으로 평등권에 적용될 수 없다. 특히 평등권은 보호법익이 없어 제약이 불가능하다는 점에서 보호법익이 있어 제약이 가능한 자유권에만 적용될 수 있는 비례성원칙은 평등권에는 애초에 적용될 수 없다."라고 하면서 종래의 입장을 변경했다(이준일, 「헌법재판소의 평등심사기준과 국가인권위원회의 차별판단기준」, 『세계헌법연구』 18-2, 국제헌법학회 2012, 348쪽; 특히 이준일, 앞의 책(주 130), 414쪽 주 6): "필자는 종래에 평등원칙은 비례성원칙으로 환원될 수 있다고 주장하였는데 이 견해는 평등원칙의 독자적 의미를 부정할 뿐만 아니라 기본권을 제약하는 모든 사안을 평등사안으로 보게 될 위험성이 있기 때문에 이를 변경하기로 한다.")과 적용긍정설(비례성원칙이 적용되는 경우와 자의금지원칙이 적용되는 경우를 나름의 기준 — 이에 대한 비판은 아래 목차 Ⅳ. 2. 참조 — 에 따라 분별하고 있는 헌법재판소의 태도(특히, 헌재 1999.12.23. 98헌마363결정, 판례집 11-2, 787-788쪽)도 또한 기본적으로 적용긍정설의 입장으로 평가할 수 있을 것이다. 학설상 확인되는 적용긍정설은 특히, 박진완, 앞의 글(주 31), 223쪽; 정문식, 앞의 글(주 11), 25쪽 이하, 27쪽: "평등심사의 비례원칙은 자유권심사의 비례원칙과 그 심사내용에 있어서 차이가 있으나, 헌법 제37조 제2항의 기본권제한을 정당화하는 '필요한 경우'의 판단기준으로서 동일하게 볼 수 있다."; 정종섭, 앞의 책(주 30), 379쪽; 전광석, 앞의 책(주 29) 266쪽; 김주환, 앞의 글(주 7), 218쪽)로 대별할 수 있을 것이다. 그런데 적용부정설은 평등심사 또한 두 개의 대립되는 '목적항'과 한 개의 '수단항'으로 이루어지는 관계구조 속에서 행해진다는 점을 간과했다는 점에서, 적용긍정설은 평등심사에서 비례성원칙이 갖는 특수성에 대한 인식이 부족하다는 점에서 각각 비판되어야 한다. 즉, 평등심사에서 활용되는 비례성원칙은 그 목적항(K1·K2)에 비교대상들의 객관적 특성(혹은 사태) — 즉, 상이점·공통점 — 이 위치한다는 점에서, 그 목적항에 원칙적으로 주관적 이익 — 즉, 국가가 추구하는 공익과 훼손되는 개인의 사익(기본권) — 이 위치하게 되는 일반적인 기본권심사에서의 비례성원칙과는 차이점이 있다. 이러한 차이점을 간과하면 평등에서의 비례성원칙과 일반적인 기본권심사에서의 비례성원칙이 분별없이 뒤섞여서 혼동을 초래할 가능성 — 즉, 평등의 문제가 자유/권리의 문제로, 자유/권리의 문제가 평등의 문제로 상호 환원될 가능성 — 이 상존하며, 전체 기본권심사과정에서 논증 상의 중복이 발생하고 평등심사의 독자성이 훼손될 우려가 높다. 이러한 우려는 특히, 제대군인지원에관한법률 제8조 제1항 등 위헌확인 사건(헌재 1999.12.23. 98

대우와 관련하여 정리하면 다음과 같다: 심사대상인 국가의 차등대우(예컨대, 공

헌마363결정, 판례집 11-2, 770-799쪽)에서 나타난 헌법재판소의 결정을 통해서 현실화되고 있다. 이 사건에서 헌법재판소는 "제대군인가산점제도의 위헌여부"와 관련하여 "평등위반성"여부를 판단함에 있어서 심사대상인 '제대군인가산점제도'라는 국가의 차등대우와 그로 인해서 달성하고자 하는 입법목적인 '제대군인 지원이라는 공익', 그리고 제대군인가산점제도로 인해서 제약되는 가치인 '여성 및 제대군인이 아닌 남성의 공무담임권(기본권)'이라는 3요소로 형성된 삼각관계를 기초로 하여 (평등에서의) 비례성심사를 진행하여 제대군인가산점제도가 헌법상 평등에 위배된다는 판단을 한 다음(헌재 1999.12.23. 98헌마363결정, 판례집 11-2, 788-796쪽), 별도로 목차를 바꾸어 검토한 또 다른 쟁점인 제대군인가산점제도의 "공무담임권의 침해여부"와 관련하여 평등에서의 비례성심사와 실질적으로 동일한 비례성심사를 간략하긴 하지만 다시 검토함으로써 ① 논증의 중복을 초래했을 뿐만 아니라, ② 국가의 차등(혹은 동등)대우로 인해서 특정 기본권의 훼손이 문제된 경우에 헌법 제11조의 위반여부(헌법상 평등원칙 위반여부)를 판단함에 있어서 행해지는 비례성심사(평등심사 제2단계: '선택된 비교기준에 의거한 국가행위'의 평등심사)와 헌법 제37조 제2항에 근거하여 행해지는 비례성심사(일반적인 기본권심사에서의 비례성심사)가 갖는 각각의 독립된 의미를 훼손시켰다. 이는 특히 헌법재판소가 이 사건에서 공무담임권침해여부를 논증하면서도 이미 앞서 검토한 평등심사(평등에서의 비례성심사)를 그대로 답습 내지는 원용하고 있는 부분 — 즉, "가산점제도에 의한 공직취임권의 제한은 위 평등권침해 여부의 판단부분에서 본바와 마찬가지 이유로 그 방법이 부당하고 그 정도가 현저히 지나쳐서 비례성원칙에 어긋난다." — 을 통해서 분명히 확인된다. 아울러 이러한 헌법재판소의 입장은 불필요한 의문 — 즉, 평등이 문제가 된 구체적인 기본권심사에서 실질적으로 똑같은 논증작업을 헌법 제11조가 규정하고 있는 '헌법상 평등'위반여부에 대한 검토에서 해야 하는가? 그렇지 않다면 헌법 제37조 제2항의 "국민의 모든 자유와 권리"에 대한 침해여부에 대한 검토에서 해야 하는가?에 관한 의문(이러한 의문은, 특히 2008. 4. 4.에 개최된 '헌법실무연구회 제83회 발표회'에서 김주환 교수의 발표에 대해 토론한 배보윤·황치연 헌법연구관의 다음과 같은 표현에서도 분명히 확인된다: "[…] 자유권측면에서 심사를 하면 되는데 그것을 합쳐서 그냥 평등권심사방식으로 전이하다보니까 오히려 이런 형식으로 가서 이것이 마치 평등권심사하고 자유권심사에서 비례의 원칙하고 이게 혼동될 여지도 있을 수 있고, 그것이 오히려 합해서는 안 될 부분을 오히려 합치다가 오히려 문제점을 더 야기시키는 점은 없는지 그 점이 평소에 의문이었습니다.(배보윤, 앞의 글(주 11), 300쪽)", "헌법 11조 1항에 의한 평등원칙이 있고 37조 2항에 의한 비례의 원칙이 있다 이렇게 생각합니다. 그러니까 주기본권과 평등권과의 문제가 되었을 때 주기본권에 대한 어떤 심사에서 비례의 원칙심사에서 위헌결정이 나면 평등권심사는 불필요하고 주기본권심사에서 비례원칙심사가 통과되었을 때 다시 또 평등권 심사할 필요가 그때 존재한다 이렇게 생각합니다(황치연, 「헌법재판실무연구회 제83회 발표회 토론요지」, 『헌법실무연구』 9, 헌법실무연구회, 2008, 302쪽)." — 을 유발시키고 있다. 그런데 이러한 의문들은 평등에서의 비례성심사와 헌법 제37조 제2항에서 근거한 비례성심사 간의 차이점을 분명히 인식하고, 선행연구에서 밝힌 것처럼 헌법상 평등을 기본권으로 여기지 않고, 소급입법금지원칙·명확성원칙·포괄적 위임입법금지원칙·비례성원칙·본질내용침해금지원칙 등등과 마찬가지로 기본권심사에서 검토되어야 할 독립된 심사기준으로 이해(김해원, 앞의 글(주 110), 246-248쪽)하면 해소된다. 요컨대, 통상의 기본권심사에서 일반적으로 활용되는 (헌법 제37조 제2항 "필요한 경우에 한하여"에 근거한) 비례성원칙은 충돌하는 가치(이익)인 '공익'과 '사익(기본권)'이라는 상호관계 속에 놓여있는 국가행위(Grundrechtseingriff)의 헌법적합성 여부를 심사하는 논증도구라면, 평등심사에서 적용되는 비례성원칙 — 헌법상 평등을 기본권이 아닌 헌법원칙으로 이해할 경우, 평등심사에서의 비례성원칙을 활용할 수 있는 헌법적 근거는 헌법 제37조 제2항의 "필요한 경우에 한하여"라는 문언에서 근거지울 것이 아니라, 법치국가원리나 국가행위의 합리성원칙 등으로부터 도출해내는 것이 보다 타당할 것으로 생각된다(Vgl. A. v. Arnauld, Die normtheoretische Begründung des Verhältnismäßigkeitsgrundsatzes, in: JZ, 2000, S. 276ff.). — 은 비교대상(비교집단)들 상호관계 속에서 포착된 '공통점'과 '상이점'이라는 대립된 특성들 가운데 놓여있는 국가행

무원채용시험에서 제대군인에게 가산점을 부여하는 행위)를 E, 비교대상(예컨대, 제대군인인 사람: 甲과 제대군인이 아닌 사람: 乙)들 간의 상이점(예컨대, 군 복무 여부)을 K1, 공통점(예컨대, 공무담임권이라는 기본권의 주체)을 K2라고 하면, 평등심사 제2단계에서는 ① E와 K1 간의 적합성심사(E는 甲·乙 간의 상이점(K1)을 두드러지게 하는 적합한 수단인가?)[164], ② E와 K2 간의 필요성심사(E는 甲·乙 간의 공통점(K2)에 대한 훼손을 필요한 만큼만 혹은 최소화하는 수단인가?) 그리고 ③ K1과 K2 간의 균형성심사(E는 甲·乙 간의 상이점(K1)과 공통점(K2)을 상호 균형 있게 또는 조화롭게 만드는 수단인가?)가 행해진다. 따라서 우리는 이러한 평등심사 제2단계('선택된 비교기준에 의거한 국가행위'에 대한 평등심사)에서 행해지는 '① E와 K1 간의 적합성심사, ② E와 K2 간의 필요성심사, ③ K1과 K2 간의 균형성심사'를 아울러서 '평등에서의 비례성심사'라고 불러도 좋을 것이다.[165][166]

한편 가장 이상적인 논증참여자들(즉, 대립된 A 진영과 B 진영)을 상정한다면, '평등에서의 비례성심사'의 3가지 쟁점들(①, ②, ③)을 사이에 두고 동등대우를 옹호하는 ― 즉, 국가행위(차등대우)의 평등위반을 논증하려는 ― A 진영과 차등대우를 옹호하는 ― 즉, 국가의 차등대우가 평등원칙에 부합됨을 논증하려는 ― B 진영은 평등위반 여부와 관련하여 각각 위헌론과 합헌론의 입장에서 대립된 논증을 펼치게 된다. 하지만 평등에서의 비례성심사는 A·B 진영 간의 논증구조 및 논증되어야 할 대상들이 무엇인지를 보여주는 형식적 논증도구로서의 의미를

위(차등대우 혹은 동등대우)의 헌법적합성 여부를 심사하는 논증도구라는 점에서 양자는 독립적으로 취급되어야 할 것이다.

164) 관련하여 정문식, 앞의 글(주 11), 10쪽: "공권력에 의한 불평등대우가 비교집단 간 차별의 근거(차이)를 나타나는데 적합한가를 심사한다."

165) 이러한 이해에 기초한다면 위 주 163)에서 언급된 "제대군인가산점제도"의 평등위반 여부에 관한 헌법재판소의 논증구도(헌재 1999.12.23. 98헌마363결정, 판례집 11－2, 785쪽 이하)는 비판받아야 한다. 즉, 이 사건에서 헌법재판소는 비례성원칙이라는 논증도구를 활용하여 '제대군인가산점제도'의 평등위반여부를 검토함에 있어서 다음과 같은 논증구도를 형성했다: ① '제대군인가산점제도'와 '제대군인의 사회복귀 지원(제대군인 지원이라는 공익)' 간의 적합성심사, ② '제대군인가산점제도'와 '고용상의 남녀평등·장애인에 대한 차별금지(여성 및 제대군인이 아닌 남성의 공무담임권)' 간의 필요성심사, ③ '제대군인의 사회복귀 지원(제대군인 지원이라는 공익)'과 '고용상의 남녀평등·장애인에 대한 차별금지(여성 및 제대군인이 아닌 남성의 공무담임권)' 간의 균형성심사. 하지만 이러한 헌법재판소의 논증구도는 다음과 같이 수정 내지는 재구성 되어야 한다: ① 적합성심사 ― '제대군인가산점제도'(E)가 '군 복무 여부'라는 비교대상들 간의 상이점(K1)을 존중하는데 적합한 수단인가? ② 필요성심사 ― '제대군인가산점제도'(E)가 '공무담임권의 주체'라는 비교대상들 간의 공통점(K2)에 대한 훼손을 필요한 만큼만(혹은 최소한으로)하는 수단인가? ③ 균형성심사 ― "제대군인가산점제도"(E)가 헌법현실에서 비교대상들 간의 상이점('군 복무 여부': K1)과 공통점('공무담임권의 주체': K2)의 균형 있는 공존 내지는 조화를 가능케 하는 수단인가?

166) 이를 그림으로 표현하면 다음과 같다.

가질 뿐, 구체적인 논증의 질 내지는 강도에 관해서는 아무런 정보를 제공해주고 있지 않다.167) 이에 관한 일반적 규준을 마련하는 문제는 아래에서(목차 Ⅴ. 3. 다.) 논한다.

4. 국가의 동등대우가 문제된 경우

가. 서두

평등심사에서 국가의 동등대우가 심사대상이 된 경우는 '특정 국가행위(E)가 본질적으로 다른 존재라고 평가되는 비교대상들(甲과 乙)을 같게 취급(동등대우)하고 있다'는 의혹에 기초해서 E의 평등위반 여부를 다툴 경우에 주로 문제된다.168) 이러한 다툼 또한 '비교대상들 간의 공통점에 주목해서 동등대우를 주장하는 진영'(A 진영)과 '비교대상들 간의 상이점에 주목해서 차등대우를 주장하는 진영'(B 진영) 간의 논증다툼으로 구성될 수 있다는 점에서, 앞서 논한 국가의 차등대우가 문제된 경우의 평등심사와 구조적으로 다르지 않다. 따라서 자세한 설명은 앞서 논한 부분으로 갈음하고,169) 여기에서는 결론에 해당하는 사항, 즉 심사대상으로서 국가의 동등대우가 문제된 경우에 어떠한 구조/단계 속에서 행해지는 논증다툼으로 평등심사가 구조화되고 진행될 수 있는지를 간단히 언급한다.

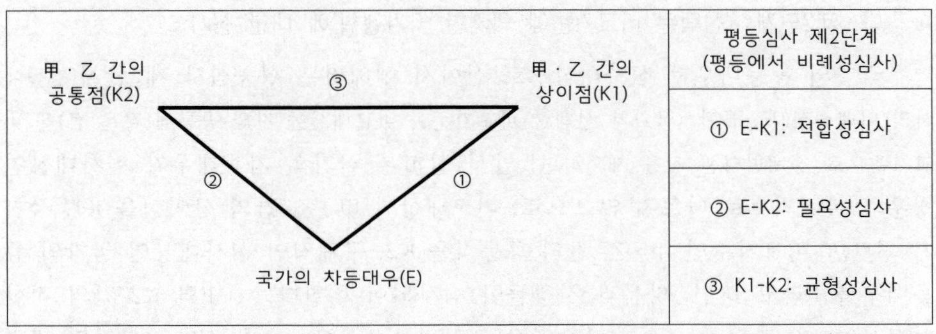

167) 헌법적 논증에 있어서 논증도구로 활용되는 비례성원칙은 논증의 질 내지는 실질을 담보하는 수단이 아니라, 논증의 형식과 구조를 보여주는 형식적 통제기준이다. 이에 관해서는, 김해원, 앞의 글(주 28), 520-524쪽 참조.

168) 예컨대, 헌재 2010.07.29. 2009헌바40, 판례집 22-2(상), 344쪽: "[…], 청구인의 주장의 요지는 국·공립학교에 비하여 청구인과 같은 사립학교의 경우는 급식시설 설치·유지비를 부담하기 어려워 결국 위탁급식을 실시할 수밖에 없어, 국·공립학교와 비교하여 서로 <u>본질적으로 다른 것을 같이 취급한 것이 불합리하다는 것이므로, 평등원칙 위반 여부를 우선 살펴보기로 한다.</u>"; 헌재 2010.11.25. 2010헌바93, 판례집 22-2(하), 446쪽: "[…], 이 사건 법률조항이 명예퇴직수당의 환수에 있어서 합리적 이유 없이 양자를 동일하게 취급하고 있어 평등의 원칙에 반한다고 주장한다."

169) 위 목차 Ⅳ. 3.

나. 제1단계: '국가의 비교기준 선택행위'에 대한 심사

우선 문제된 당해 국가행위(E)의 의미와 목적으로부터 추단될 수 있는 국가의 비교기준 선택행위(혹은 국가에 의해 선택된 비교기준)에 대한 평등심사(평등심사 제1단계)에서는 'A 진영'은 가급적 합헌론의 입장에서 국가(특히, 입법자)가 선택한 비교기준(甲·乙 간의 공통점)이 헌법에 부합된다는(혹은 헌법상 용납될 수 있다는) 주장을 펼치는 반면에, 'B 진영'은 가급적 위헌론의 입장에서 甲·乙 간의 상이점에 주목해서 국가의 비교기준 선택행위(혹은 국가에 의해 선택된 비교기준: 甲·乙 간의 공통점)가 헌법에 부합되기 어렵다는 논증을 하게 된다.[170] 여기서 만약 B 진영이 승리한다면, 그것은 본질적으로 상이한 존재인 甲과 乙이 헌법상 용납되기 어려운 기준/관점에 근거하여 동등하게 취급받았다는 것을 의미하는바, 평등에서의 비례성심사(평등심사 제2단계)를 거칠 필요도 없이 해당 국가행위는 헌법상 평등에 위반되었다는 평가를 피할 수 없게 되며, 평등심사는 종료된다. 반면에 A 진영이 승리한다면, 이제 본격적으로 국가(특히, 입법자)로부터 선택된 비교기준(甲·乙 간의 공통점)과 선택되지 못한 비교기준(甲·乙 간의 상이점), 그리고 그 사이에 위치한 심사대상인 국가행위(E)가 형성하는 삼각관계 속에서 E의 헌법적합성(평등위반성) 여부에 대한 평등심사(평등심사 제2단계: 평등에서의 비례성심사)로 넘어가야 한다.

다. 제2단계: '선택된 비교기준에 의거한 국가행위'에 대한 심사

국가의 동등대우를 심사대상으로 삼아서 행해지는 평등심사 제2단계(평등에서의 비례성심사) 또한 (국가가 선택한 비교기준이 비교대상들 간의 공통점(같은 점)을 비교기준으로 선택한다는 점을 제외하면) 앞서 살펴본 국가의 차등대우가 심사대상인 경우와 본질적으로 다르지 않으므로, 비교대상인 甲·乙 간의 상이점을 K1, 국가가 선택한 비교기준인 甲·乙 간의 공통점을 K2, 구체적인 심사대상인 국가의 동등대우를 E라고 하면, 다음과 사항들이 심사되어야 한다: ① E와 K2 간의 적합성심사(E는 K2를 강화 혹은 고착화시키는데 적합한 수단인가?), ② E와 K1 간의 필요성심사(E는 K1의 약화 내지는 훼손을 최소화 내지는 필요한 정도만 하는 수단인가?), ③ K2와 K1 간의 균형성심사(E는 K2와 K1의 조화로운 공존 내지는 균형을 가능케 하는 수단인가?).[171] 그리고 이러한 'K1 − E − K2'로 형성되는 삼각관계구조 속에서 甲

---

170) 이러한 논증에서 국가의 '비교기준 선택행위'에 대한 통제강도는 목차 Ⅴ. 3. 나. 참고.

171) 이를 그림으로 표현하면 다음과 같다.

과 乙의 동등대우를 옹호하는 A 진영과, 차등대우를 옹호하는 B 진영은 각각 합헌론의 입장과 위헌론의 입장에서 상호 대립되는 논증을 펼치게 된다. 물론 이러한 논증다툼의 정도 내지는 질에 관한 일반론은 평등심사강도를 논하고 있는 아래에서(목차 Ⅴ. 3. 다.)에서 검토될 사안이다.

5. 평등심사에서 논증부담의 문제

지금까지 헌법상 '평등'은 '동등대우의 근거이면서, 동시에 차등대우의 근거로도 활용될 수 있다는 점'에 착안하여, 문제된 국가행위에 대한 평등심사를 비교대상들 간의 동등대우를 주장하는 진영(A 진영)과 차등대우를 주장하는 진영(B 진영) 간의 논증다툼에 주목해서 구조화해보았다. 여기서는 이러한 구조 속에서 행해지는 A·B 진영 간의 논증부담의 문제에 관해서 간략히 언급한다.[172)]

관련하여 이준일 교수는 R. Alexy의 『기본권이론』(Theorie der Grundrechte, 2. Aufl., Suhrkamp: Frankfurt am Main, 1994)을 인용하면서 헌법상 평등조항을 차등대우(원문의 "Ungleichbehandlung"을 이준일 교수는 불평등(대우)로 번역하고 있다.)주장이 아니라, 동등대우(원문의 "Gleichbehandlung"을 이준일 교수는 평등(대우)로 번역한다.)주장에 유리한 논증부담규칙 ─ 즉, 동등대우를 주장하는 진영(A 진영)이 아니라, 차등대우를 주장하는 진영(B 진영)이 자신의 주장을 뒷받침할 수 있는 설득력 있는 논거를 제시하고 이를 먼저 논증해야 할 부담을 부과하는 규칙 ─ 이라고 설명하고 있다.[173)] 하지만 이러한 이해는 "모든 국민은 법 앞에 평등하다."라고 규정하고 있는 우리 헌법 제11조 제1항 제1문과 "모든 사람들은 법 앞에 동

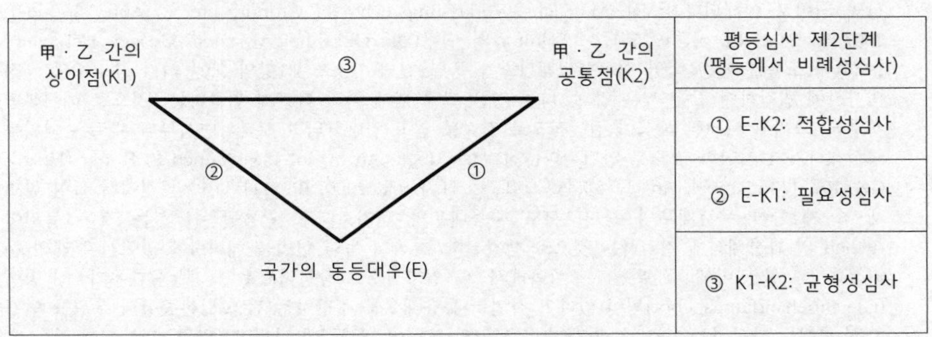

172) 기본권심사가 행해지는 헌법소송에서 논증부담의 문제가 갖는 한계와 의미는 위 주 141) 참조.

173) 이준일, 「소수자와 평등원칙」, 『헌법학연구』 8-4, 한국헌법학회, 2002, 231쪽; 이준일, 앞의 책(주 130), 405-406쪽; Vgl. R. Alexy, 앞의 책(주 41), 371-373쪽.

등하다(gleich)."라고 규정하고 있는 독일 헌법(Grundgesetz) 제3조 제1항 간의 문언상의 상이함을 간과한 것에서 비롯된 것으로 보인다. 즉, 독일 헌법 제3조 제1항은 명시적으로 '동등한(gleich)' 대우를 요청하고 있으므로, '동등하지 아니한 혹은 차등(ungleich)' 대우를 주장하는 쪽에서 논증의 부담을 지는 것으로 해석될 수 있겠으나, 우리 헌법은 ① 독일 헌법이 알지 못하는 '동등대우'와 '차등대우'를 함께 포괄할 수 있는 용어인 "평등"을 사용하고 있으며,[174] 동시에 ② 제11조 제1항 제2문에서 '차등'이 아니라 "차별(Diskriminierung)" — "차별"은 평등에 위반된 '동등대우 혹은 차등대우', 즉 불평등을 의미한다. — 을 평등에 대한 대립어로 선택하고 있다는 점에서,[175] 동등주장과 차등주장 간의 논증다툼에 있어서 우리 헌법상 평등을 특별한 이유 없이 당연하게 동등대우에 유리한 논증부담규칙으로 해석하는 것은 다소 성급한 것으로 생각된다. 오히려 상대적 의미로 이해되는 평등은 동등대우의 근거이자, 동시에 차등대우의 근거라는 점에서, 원칙적으로 A 진영과 B 진영 간의 논증다툼에서 중립적인 게임의 규칙으로 이해되는 것이 마

174) "개념의 고향인 어원을 추적하는 것은 개념에 대한 보다 깊은 성찰을 가능케 한다." 독일어 'gleich'는 모양이 같음 혹은 일치나 닮음의 의미를 갖고 있는 영어의 "like"와 어원을 같이 한다는 점에서(Vgl. F. Kluge, Etymologisches Wörterbuch der deutschen Sprache, de Gruyter, 21. Aufl., 1975, S. 260), 원래부터 '차등' 혹은 '다름'이라는 의미가 내포되어있었던 것은 아닌 듯하다. 이러한 점에서 '동등'과 '차등'의 의미를 함께 내포하고 있는 개념인 한국어 "평등(같은 것은 동등하게 대우하고, 다른 것은 차등하게 대우함)"이 독일어 'gleich'의 명사형인 'Gleichheit'와 완전히 일치되는 개념이라고 전제하고, 별다른 고민 없이 한국 헌법 제11조 제1항 제1문과 독일 헌법 제3조 제1항이 완전히 동일한 의미를 갖는다고 평가하는 것은 다소 성급한 측면에 있다. 오히려 평등은 '공정/정의/공평'을 의미하는 라틴어 'aequitas'에서 비롯된 개념으로서, 본래 공정성이나 정의, 공평성 등과 내적으로 밀접히 연관되어 있는 것으로 보인다(선우현, 앞의 책(주 98), 28쪽). 반면에 독일헌법사적 맥락에서 '동등(Gleihheit)'은 원래 지역적으로 분열된 법질서 내에서의 동일한 법규의 형성(Herstellung gleicher Rechtsvorschriften) 및 신분제 국가체제의 타파를 위한 법적용상의 의미로 이해되다가(Vgl. M. Sachs, Verfassungsrecht Ⅱ: Grundrechte, 2. Aufl., Springer, 2003, S. 214, Rn. 5), 1925년 G. Leibholz의 연구(Die Gleichheit vor dem Gesetz, Liebmann, 1925)에 도움을 받은 독일 연방헌법재판소가 독일 헌법 제3조 제1항의 "동등하다(gleich)"를 "정의사상에 입각하여 같은 것은 같게, 다른 것은 그 특성에 따라 다르게 취급하는" 것으로 해석하면서부터, 그리고 이러한 해석이 전반적으로 지지를 얻고 일반화되기 시작하면서부터 새로운 의미를 형성해나가기 시작한 것으로 판단된다(Vgl. M. Gubelt, Art. 3, in: I. v. Münch/P. Kunig (Hrsg.), GG, Bd. 1. Präambel. Art. 1-19, 5. Aufl., C. H. Beck, 2000, Rn. 11). 이러한 점에서 독일 헌법 제3조 제1항이 동등대우의 근거로서도 차등대우의 근거로서도 활용될 수 있는 것은 독일어 "gleich"의 확장해석에 기인하는 것으로 생각된다. 따라서 독일 헌법을 해석함에 있어서 본래의 문리적 표현/의미에 우선 주목해서 일차적으로(잠정적으로) 동등대우가 명령(Gleichbehandlungsgebot)되어 있다고 하면서 동등대우를 주장하는 진영에 논증상의 우위를 인정하는 견해는 타당성을 가질 수 있겠지만, 문언의 표현이 "동등"이 아니라 "평등"으로 되어 있는 우리 헌법을 해석함에 있어서 다른 합당한 논거 없이 독일의 논의에 기대어 헌법상 평등을 당연히 동등대우에 유리한 논증부담으로 이해하는 것은 재검토될 여지가 있을 것으로 생각된다.

175) 위 주 150) 참조.

땅한바, 헌법 제11조 제1항의 평등규정이 당연히 어느 일방에게 논증부담상의 우세 혹은 열세를 내포하고 있다고 볼 아무런 이유가 없다고 판단된다.[176]

이처럼 A·B 양 진영 중 어느 일방에게 논증상의 이익을 부여하는 것이 타당하지 않다면, 기본권심사기준인 평등을 둘러싸고 발생하는 논증다툼에서 조정되어야 할 논증부담의 문제 또한 전체 기본권심사과정을 고려한 일반적인 관점에서 해명하는 것이 바람직할 것으로 생각된다. 이는 다음과 같이 정리될 수 있을 것이다: ① 우선 평등심사를 가능케 하는 전제조건이라고 할 수 있는 '비교적상 현존'에 관한 논증부담의 문제는 앞서 언급한 바와 같이 '평등'이란 심사기준을 활용하여 동등 혹은 차등 대우를 문제 삼고자 하는 자가 논증을 부담하는 것이 합리적이다.[177] ② 헌법상 기본권의 규정형식 및 그 이념은 '원칙적 보장과 예외적 제한'이며 기본권심사에서 평등은 이미 확인된 기본권적 보호영역에 대해 감행된 국가행위(Eingriff)의 헌법적합성여부를 비교적·상대적 관점에서 평가하는 심사기준(정당성심사기준)이란 점을 고려한다면, 본격적인 평등심사(평등심사 제1단계와 제2단계)에서는 문제된 해당 국가행위를 정당화하려는 자 — 즉, 예외적인 기본권의 제한을 추구하는 자(문제된 국가행위가 합헌이라고 주장하는 자) — 가 논증을 부담하는 것이 타당할 것이다. 따라서 원칙적으로 국가의 차등대우가 문제된다면 이를 합헌으로 주장하려는 B 진영이, 반대로 국가의 동등대우가 문제된다면 이를 합헌으로 주장하려는 A 진영이 각각 논증을 부담해야 한다.[178] 기본권심사기준인 '평등'을 활용하여 특정 기본권에 감행된 국가행위를 평가함에 있어서, 해당 국가행위를 옹호하려는 진영(즉, 문제된 국가의 차등대우 혹은 동등대우가 합헌이라고 주장하려는 진영)이 논증의 부담을 진다는 것은 우리 헌법의 규정(특히, 헌법 제10조 제2문의 확인의무)의 취지와도 부합한다. 즉, 국가(특히, 헌법재판소)는

---

176) 굳이 우리 헌법 문언상의 태도를 고려하지 않더라도, 동등대우 그 자체가 차등대우에 비해서 더 정의롭다거나 혹은 그 반대로 차등대우가 동등대우에 비해서 더 불공정한 것이라고 말할 수는 없는바, 동등대우를 옹호하는 주장이든 반대로 차등대우를 옹호하는 주장이든 간에 어느 한 주장이 당연히 논증상의 우위를 갖는다고 평가할 수는 없을 것이다. 관련해서는 특히, Vgl. S. Huster, Gleichheit und Verhältnismäßigkeit, in: JZ, 1994, S. 547.

177) 위 목차 Ⅳ. 2. 마.

178) 이러한 점에서 평등심사에서의 논증부담의 문제는 기본권심사를 기본권최대보장자와 기본권최대제한자 간의 논증다툼으로 구성할 경우의 논증부담의 문제(이에 관해서는 김해원, 앞의 글(주 89), 50쪽)와 본질적으로 다르지 않다. 한편 평등심사에서 문제된 국가의 행위(동등대우 혹은 차등대우)가 평등원칙 외에도 다른 정당성심사기준들을 충족시켜야 비로소 합헌적인 공권력 활동으로 평가받을 수 있게 된다는 점에서, 해당 국가행위가 위헌임을 논증하려는 진영에서는 여러 정당성심사기준들 중에서 가급적 위헌임을 논증하기 쉬운 심사기준에 대해서 우선적으로 반대논증을 펼치는 것이 보다 합리적일 것이다.

기본권관련 구체적 분쟁에서 단순히 기본권보호영역과 그 내용을 구체화할 것을 넘어서서 기본권심사과정 전체를 주도적으로 논증해야 할 헌법상 의무가 있기 때문이다.[179)]

V. 평등심사강도

1. 서두

지금까지 평등심사구조에 관하여 상세한 논의를 진행하였다. 그런데 이러한 논의들은 평등심사가 행해지는 과정 내지는 단계, 그리고 논증되어야 할 사항들이 무엇인지를 뚜렷하게 보여줌으로써 심사의 절차적 합리성(Procedural Rationality)을 도모하고 평등심사에 관여하는 논증참여자들을 지도하는 외부적·형식적 틀로서 중요한 의미를 갖지만, 심사구조 그 자체가 내용적 합리성(Substantive Rationality)[180)]을 담보할 수 있는 어떠한 판별기준을 갖고 있는 것은 아니라는 점에서 정작 심사

179) 김해원, 앞의 글(주 52), 96－97쪽.

180) '적절한 대안/해법이 선택되는 정도'와 관련되어 있는 내용적 합리성은 전적으로 의사결정시 사용하는 지식 타당성의 함수이다(김영평, 「정책오차의 수정에 대한 정당성」, 『한국행정학보』 16, 한국행정학회, 1982, 213쪽). 하지만 불완전한 지식이 지배적인 현실세계 — 심지어 인간은 유한한 존재라는 점에서 절대지식을 아는 것은 애당초 불가능하며, 특히 학의 영역에서 항구적·절대적 지식은 존재하지 않는바, 학문상의 모든 성취는 언제나 낡은 것이 되고 극복되어져가는 진보의 과정 속에 편입되어 있는 것이다(Vgl. M. Weber, Wissenschaft als Beruf (1919), in: J. Winckelmann (Hrsg.), Gesammelte Aufsätze zur Wissenschaftslehre, 5. Aufl., J.C.B. Mohr, 1988, S. 592f.). — 에서는 내용적/실질적 합리성은 불가피하게 제약받을 수밖에 없다. 관련하여 H. Simon은 목표달성을 위한 최적의 대안을 선택하기 위한 내용적 합리성은 인간 인지능력의 제약, 대안 탐색과 선택을 위해 소모되는 시간과 비용, 대안의 추진 가능성 등으로 인해서 실제로는 인간들에 의해 포기되고 있으며, 단지 만족할 만한 대안을 선택하기 위한 절차적 합리성이 추구되고 있음을 지적하고 있다(H. Simon, Rationality as Process and as Product of Thought, The American Economic Rev. Vol. 68, No. 2, 1978, p. 8－9; 정정길 外, 『정책학원론』, 대명출판사, 2010, 441－442쪽). 이러한 점에서 내용적/실질적 합리성은 하나의 '이상'일 것이다. 하지만 종국적 효력과 결부된 실체적 판단을 염두 해야 하는 법적 논증에서 가능한 한 더 질 좋고 우수한 최선의 결론(내용적 합리성)을 추구해야 하는 것 또한 포기할 수 없는 과제라고 하겠다. 만약 기본권적 논증에서 '내용적 합리성'이 전적으로 배제되거나 포기된다면, 이는 완전한 형식주의 내지는 법률주의를 뜻하는바, 헌법과 법률의 구분이 무의미해질 뿐만 아니라, 규범적 개념으로서의 기본권이 정치적 차원의 민주주의에 의해서 완전히 대체된다는 것을 의미한다는 점에서 헌법의 규범력에 대한 승인을 전제하고 진행되는 헌법적 논증에서는 받아들일 수 없는 태도이며, '헌법' 그 자체가 일정한 가치와 이념을 담고 있는 내용체계라는 점에서 기본권심사에 있어서 '내용적 합리성'이 전적으로 배제되거나 포기되는 것은 애당초 불가능한 요청이라 하겠다. 따라서 법적 논증에 있어서 가능한 한 더 탁월한 실체적 규준을 발굴해내고자 하는 내용적 합리성에 대한 탐구는 헌법학(기본권학)의 영역에서도 포기할 수 없는 영원한 과제라고 할 것이다.

대상인 국가행위를 어떠한 정도/강도로(혹은 얼마나 강력하게) 통제할 수 있는지에 관해서는 유의미한 실체적 정보를 제공해주지는 않는다. 오히려 논증의 형식적 틀인 평등심사구조가 구축됨으로 인해서 이를 실제적으로 활용하기 위한 내용적 규준이 요청되는바, 심사대상인 국가행위에 대한 통제수준 내지는 심사강도에 대한 일반적 규준[181]을 마련 — 이를 '평등심사강도론'의 본래적 과제라고 할 수 있을 것이다. — 해야 할 필요성이 본격적으로 대두되는 것이다. 왜냐하면 '평등심사강도'를 논한다는 것은 구축된 평등심사의 구조 및 단계 속에서 심사대상인 국가행위(차등대우 혹은 동등대우)를 얼마나 강하게 통제(엄격심사)할 것인지 혹은 얼마나 약하게 통제(완화된 심사)할 것인지 여부를 지도할 수 있는 실질적 논거들을 발굴해내고, 또 이러한 논거들에 기대어 심사강도를 가능한 한 계층화·범주화함으로써 한편으로는 심사대상인 국가행위를 보다 체계적이고 정교하게 평가할 수 있는 내용적 기반을 제시하고, 다른 한편으로는 형성된 평등심사의 구조 및 단계에 따라 심사를 진행한다는 외관을 갖추었지만 그 실질에 있어서는 자의적으로 혹은 논리적 일관성이 결여된 임기응변식 대처를 통하여 결론을 이끌어 낼 가능성이 있는 심사자(특히, 헌법재판관)들을 실질적으로(내용적으로) 통제할 수 있는 내적·외적 장치를 마련한다는 의미를 갖기 때문이다. 그런데 평등심사강도(혹은 '평등심사기준'[182])에 관한 기존의 논의들은 평등심사강도론의 본래적 과제를 해결하는데 미흡함이 많은 것으로 생각되는바, 여기에서는 우선 평등심사강도에 관한 논의를 주도해오고 있는 헌법재판소[183]의 태도를 비판적으로 검토함으로써

---

181) 이러한 규준을 헌법재판소와 학계는 일반적으로 "(평등)심사기준" 혹은 "심사척도"라고 칭하고 있다(관련 증거들은 일일이 나열할 수 없을 정도로 매우 많다. 몇 가지 최근의 예를 든다면, 헌재 2013.03.21. 2012헌마569, 결정문, 13－14쪽; 헌재 2012.11.29. 2011헌바137, 공보 194, 1835쪽; 헌재 2012.10.25. 2011헌마307, 공보 193, 1763쪽; 헌재 2012.08.23. 2010헌마328, 공보 191, 1651쪽; 김진욱, 앞의 글(주 8), 54쪽 이하; 유은정, 앞의 글(주 8), 12쪽; 이준일, 앞의 글(주 173), 334쪽 이하; 정문식, 앞의 글(주 11), 5쪽 이하). 그런데 헌법적 논증(특히, 헌법재판)에서 판단(심판/심사)기준은 "헌법"이란 점에서(김경제, 「헌법상재판에서 심판의 기준」, 『헌법실무연구』 9, 헌법실무연구회, 2008, 205쪽), 국가행위를 심사하는 기준인 헌법 제11조의 '평등'을 활용해서 문제된 국가행위를 어떠한 정도(혹은 강도)로 규제할 것인지에 관한 잣대 내지는 규준을 지칭함에 있어서는 '심사기준(혹은 심사척도)'이라는 표현보다는, '심사강도 — 보다 정확히는 강도결정기준 — '라는 표현이 더 바람직할 것이다. 요컨대, 기본권심사에서 헌법상 '평등'은 그 자체가 '(정당성)심사기준'이고, '심사기준'인 평등을 활용하는 정도 내지는 활용강도를 지도하는 잣대(규준)가 '(평등)심사강도결정기준'이다.

182) '(평등)심사기준'이란 용어사용에 관해서는 위 주 181) 참조.

183) 실제로 충분한 학문적 연구와 토론을 통해서 혹은 이론과 판례의 활발한 상호작용을 통해서 헌법상 평등의 의미와 내용이 정립되고, 이것이 판례로 축적되고 있다기보다는, 적어도 평등문제에 관한 한 헌법재판소가 주도권을 쥐고 자신의 결정을 통해서 이를 선도해나가고 있는 실정이다. 이에 관해서는, 김주환, 앞의 글(주 7), 202쪽.

평등심사강도를 논함에 있어서 특별히 고려되어야 할 사항들에 대해 주의를 환기시킨 다음(Ⅴ. 2.), 평등심사가 행해지는 각 단계별로 심사강도를 결정지을 수 있는 일반적 규준 및 그러한 규준들을 뒷받침할 수 있는 논거들을 살펴본다(Ⅴ. 3.).

2. 헌법재판소와 평등심사강도

완벽한 일관성을 보여주는 것은 아니지만, 평등심사와 관련된 헌법재판소의 원칙적 태도는 소위 1999. 12. 23. '제대군인 가산점 결정(98헌마363)'을 기점으로 해서 구분될 수 있다.[184] 즉, 헌법재판소는 '제대군인 가산점 결정' 이전에는 '평등'이란 심사기준을 원용해서 국가(특히, 입법자)행위를 통제함에 있어서 기본적으로 "자의금지원칙"이라는 단일기준에 입각하여 심사대상인 국가의 동등대우 혹은 차등대우를 정당화할 수 있는 합리적 근거나 이유가 있는지 유무를 기준(척도)으로 삼았다면,[185] '제대군인 가산점 결정'에서부터는 입법형성권의 정도에 주목해서 평등위반여부에 대한 검증척도(심사강도결정기준)를 다양화 및 계층화하려는 노력을 하고 있는바, 특히 그 척도를 "엄격한 심사척도"와 "완화된 심사척도"로 2원화하여,[186] 전자는 "비례성원칙에 따른 심사"와 후자는 "자의금지원칙에 따른 심사"와 각각 동일시하는 것이 헌법재판소의 '기본적 입장'이다.[187]

---

184) 특히, 김진욱, 앞의 글(주 8), 68－78쪽; 김삼룡, 앞의 글(주 6), 93쪽; 김주환, 앞의 글(주 4), 259쪽; 정문식, 앞의 글(주 11), 25－26쪽.

185) 헌재 1997.01.16. 90헌마110, 판례집 9－1, 115－116쪽: "평등원칙은 행위규범으로서 입법자에게, 객관적으로 같은 것은 같게 다른 것은 다르게, 규범의 대상을 실질적으로 평등하게 규율할 것을 요구하고 있다. 그러나 헌법재판소의 심사기준이 되는 통제규범으로서의 평등원칙은 단지 자의적인 입법의 금지기준만을 의미하게 되므로 헌법재판소는 입법자의 결정에서 차별을 정당화할 수 있는 합리적인 이유를 찾아볼 수 없는 경우에만 평등원칙의 위반을 선언하게 된다. 즉 헌법에 따른 입법자의 평등실현의무는 헌법재판소에 대하여는 단지 자의금지원칙으로 그 의미가 한정축소된다. […] 따라서 헌법재판소가 행하는 규범에 대한 심사는 그것이 가장 합리적이고 타당한 수단인가에 있지 아니하고 단지 입법자의 정치적 형성이 헌법적 한계내에 머물고 있는가 하는 것에 국한시켜야 하며, 그럼으로써 입법자의 형성의 자유와 민주국가의 권력분립적 기능질서가 보장될 수 있다. 따라서 평등원칙의 위반 여부에 대한 헌법재판소의 판단은 단지 자의금지의 원칙을 기준으로 차별을 정당화할 수 있는 합리적인 이유가 있는가의 여부만을 심사하게 된다." 그 밖에도 헌재 1989.01.25. 88헌가1, 판례집 1, 1쪽; 헌재 1989.11.20. 89헌가102, 판례집 1, 329쪽; 헌재 1994.02.24. 92헌바43, 판례집 6－1, 75쪽 등등 참조.

186) 물론 이러한 '이분론'은 논리필연적인 사항이 아니라 사법기관이 편의상 구분해낸 평등심사강도결정기준일 뿐이다(이명웅, 앞의 글(주 29), 19쪽).

187) 헌재 1999.12.23, 98헌마363결정, 판례집 11－2, 787－788쪽: "평등위반 여부를 심사함에 있어 엄격한 심사척도에 의할 것인지, 완화된 심사척도에 의할 것인지는 입법자에게 인정되는 입법형성권의 정도에 따라 달라지게 될 것이다. 먼저 헌법에서 특별히 평등을 요구하고 있는 경우 엄격한 심

그런데 평등심사강도와 관련된 헌법재판소의 태도에 대해서 그간 학계에서는 여러 가지 설득력 있는 비판들을 많이 제기해왔는바,[188] 이러한 학계의 평가들에 대해 기본적 인식을 같이하면서,[189] 특히 여기에서는 다음과 같은 두 가지

사척도가 적용될 수 있다. 헌법이 스스로 차별의 근거로 삼아서는 아니되는 기준을 제시하거나 차별을 특히 금지하고 있는 영역을 제시하고 있다면 그러한 기준을 근거로 한 차별이나 그러한 영역에서의 차별에 대하여 엄격하게 심사하는 것이 정당화된다. 다음으로 차별적 취급으로 인하여 관련 기본권에 대한 중대한 제한을 초래하게 된다면 입법형성권은 축소되어 보다 엄격한 심사척도가 적용되어야 할 것이다. […] 이와 같이 가산점제도에 대하여는 엄격한 심사척도가 적용되어야 하는데, 엄격한 심사를 한다는 것은 자의금지원칙에 따른 심사, 즉 합리적 이유의 유무를 심사하는 것에 그치지 아니하고 비례성원칙에 따른 심사, 즉 차별취급의 목적과 수단간에 엄격한 비례관계가 성립하는지를 기준으로 한 심사를 행함을 의미한다."; 평등심사강도결정기준과 관련하여 이러한 2원화된 기준을 확인하고 있는 다른 사례들로는 특히, 헌재 2004.12.26. 2003헌바78, 판례집 16－2(하), 486－487쪽; 헌재 2012.08.23. 2010헌마328, 공보 191, 1651쪽; 헌법재판소의 기본적 태도를 김진욱 헌법연구관은 다음의 3가지 원칙으로 정리하고 있다(김진욱, 앞의 글(주 8), 72쪽): "① 어느 심사기준에 따라 평등심사를 할 것인지는 입법자에게 인정되는 입법형성권의 정도에 따라 달라진다는 원칙, ② 구체적으로 헌법에서 특별히 평등을 요구하고 있는 경우와 차별적 취급으로 인하여 관련 기본권의 중대한 제한을 초래하게 되는 경우에는 입법형성권은 축소되어 엄격한 심사를 하게 되고, 그렇지 않은 경우에는 완화된 심사를 한다는 원칙, ③ 엄격심사는 비례성원칙, 즉 차별취급이 목적과 수단 간에 엄격한 비례관계가 성립하는지를 기준으로 한 심사이고, 완화된 심사(자의금지원칙에 따른 심사)는 (차별취급에) 합리적 이유가 있는지 유무의 심사라는 원칙"; 물론 예외적 경향을 엿볼 수 있는 사례들도 있다. 특히 소위 '완화된 비례심사'라는 새로운 유형의 척도를 제시하고 있는 경우가 주목된다(헌재 2001.02.22. 2000헌마25, 판례집 13－1, 405쪽: "[…] 이 사건 가산점제도의 경우와 같이 입법자가 국가유공자와 그 유족 등에 대하여 우선적으로 근로의 기회를 부여하기 위한 입법을 한다고 하여도 이는 헌법에 근거를 둔 것으로서, 이러한 경우에는 입법자는 상당한 정도의 입법형성권을 갖는다고 보아야 하기 때문에, 이에 대하여 비례심사와 같은 엄격심사를 적용하는 것은 적당하지 않은 것으로 볼 여지가 있다. 그러나 이 사건의 경우는 비교집단이 일정한 생활영역에서 경쟁관계에 있는 경우로서 국가유공자와 그 유족 등에게 가산점의 혜택을 부여하는 것은 그 이외의 자들에게는 공무담임권 또는 직업선택의 자유에 대한 중대한 침해를 의미하게 되는 관계에 있기 때문에, 헌법재판소의 위 결정에서 비례의 원칙에 따른 심사를 하여야 할 두 번째 경우인 차별적 취급으로 인하여 관련 기본권에 대한 중대한 제한을 초래하게 되는 경우에는 해당한다고 할 것이다. 따라서 자의심사에 그치는 것은 적절치 아니하고 원칙적으로 비례심사를 하여야 할 것이나, 구체적인 비례심사의 과정에서는 헌법에서 차별명령규정을 두고 있는 점을 고려하여 보다 완화된 기준을 적용하여야 할 것이다.").

188) 특히 김문현 外, 「기본권 영역별 위헌심사의 기준과 방법」, 『헌법재판연구』 19, 헌법재판소, 2008, 270－278쪽; 한수웅, 앞의 글(주 52), 84쪽; 유은정, 앞의 글(주 8), 15쪽; 김진욱, 앞의 글(주 8), 71－78쪽; 이준일, 앞의 글(주 8), 14－15쪽.

189) 특히 자의금지원칙이라는 단일기준에 의한 헌법재판소의 평등심사와 관련해서는 한편으로는 '자의금지'라는 것이 너무 불명확하고 내용이 없어서 구체적이며 적합한 기준을 제시할 수 없게 되어, 민주적 정당성이 취약한 심사자(특히, 헌법재판관)가 자신의 주관적 평가로 입법자의 평가를 대체해버리는 결과를 초래할 가능성이 크다는 지적(홍강훈, 앞의 글(주 3), 256쪽)을, 다른 한편으로는 "[…] 입법자가 자신의 행위를 정당화할 수 없을 정도로 그렇게 명백하게 객관적 근거를 결여하고 있는 법률은 거의 존재하지 않으며, 또한 입법자가 교묘한 입법형식을 취하면 취할수록, 입법자의 평등위반을 확인할 수 있는 가능성은 그만큼 더 줄어들 것이기 때문이다. 이와 같은 상황에서는, 헌법재판소가 자의심사를 명목으로 하고 실제로는 입법자의 행위를 엄격하게 통제하지 않

사항들을 추가적으로 덧붙인다. 첫째, '제대군인 가산점 결정' 이전의 헌법재판소 판시사항과 관련해서는 무엇보다도 평등심사강도를 지도할 수 있는 규준으로서 매우 추상적인 '단일기준'이 제시되었다는 점이 비판되어야 한다. 왜냐하면 헌법재판소의 '단일기준'은 평등이 문제되는 구체적 사안들의 다양한 층위를 고려하기 어려울 뿐만 아니라,[190] 무엇보다도 심사강도에 관한 논의는 '존재'에 관한 문

는 한, 자의금지의 명백성통제는 필연적으로 일반적 평등원칙의 규범적 의미를 공동화시키고 말 것이다."라는 지적(김주환, 앞의 글(주 84), 452쪽; Vgl. H. Scholler, Die Interpretation des Gleichheitssatzes als Willkürverbot oder als Gebot der Chancengleichheit, Duncker & Humblot, 1969, S. 33ff.)을 경청해야 한다. 그리고 평등심사강도를 자의금지원칙에 의한 완화된 심사와 비례성원칙에 의한 엄격한 심사로 2원화하면서, ① "헌법이 스스로 차별의 근거로 삼아서는 아니되는 기준을 제시하거나 차별을 특히 금지하고 있는 영역" 혹은 "헌법에서 특별히 평등을 요구하고 있는 경우"와 ② "차별적 취급으로 인하여 관련 기본권에 대한 중대한 제한을 초래"한 경우에는 엄격심사를 해야 한다는 헌법재판소의 입장에 대해서(헌재 1999.12.23. 98헌마363결정, 판례집 11-2, 787-788쪽)는 특히 다음과 같은 비판이 기억되어야 한다: 우선 ①과 관련해서는 엄격심사를 해야 할 경우 내지는 영역이 불명확할 뿐만 아니라 — 예컨대, 헌법 제11조 제2문은 차별의 근거로 삼아서는 안 되는 기준으로서 "성별·종교 또는 사회적 신분"을 언급하고 있지만, 일반적 이해에 따라 "사회적 신분"에 '후천적 신분'까지도 포함되는 것으로 이해한다면, 현실적으로 사회적 신분이 아닌 신분은 사실상 없게 되는바(임지봉, 앞의 책(주 32), 422쪽), 결국 모든 경우에 있어서 엄격심사를 해야 한다는 결론에 이르게 됨으로써 엄격심사와 완화된 심사의 분별을 무의미하게 된다. — , 무엇보다도 헌법에 명시된 차별금지사유를 제한적·열거적인 것으로 해석할 수는 없고, 예시적인 것으로 해석해야한다는 비판(이준일, 앞의 책(주 130), 419쪽)을 기억해야 한다. 그리고 ②와 관련해서는 심사 후 비로소 규명될 수 있는(혹은 심사의 결론에 해당하는) 사항인 "관련 기본권에 대한 중대한 제한 초래" 여부를 심사강도결정기준으로 언급했다는 점에서 논리적 모순을 범하고 있다는 의견이 기억되어야 한다(관련하여 특히, 김진욱, 앞의 글(주 8), 76-77쪽; 이준일, 앞의 글(주 8), 15쪽). 나아가 심사강도를 2원화한 헌법재판소 스스로도 구체적 사안에서 '자의금지원칙'에 따라야 하는 것인지, 혹은 '비례성원칙'에 따라야 하는 것인지에 관해서 의견이 분분한 상황이다. 이러한 점은 특히 형사소송법 제224조 등 위헌소원사건(헌재 2011.02.24. 2008헌바56, 판례집 23-1(상), 12쪽 이하)에서 4인의 합헌의견은 "이 사건 법률조항이 재판절차진술권의 중대한 제한을 초래한다고 보기는 어려우므로, 이 사건 법률조항이 평등원칙에 위반되는지 여부에 대한 판단은 완화된 자의심사에 따라 차별에 합리적인 이유가 있는지를 따져보는 것으로 족하다."라는 의견을 피력한 반면에, 5인의 위헌의견은 "이 사건 법률조항으로 인하여 비속의 재판절차청구권은 중대한 제한을 받게 된다 할 것이므로 위헌심사의 기준은 엄격한 심사척도에 의하여야 한다."라는 의견을 내린 점을 통해서도 확인된다. 또한 헌법재판소의 기본적 입장에 의하면 헌법 제11조 제1항 제2문의 "사회적 신분"이나 "성별" 등과 같이 "헌법이 스스로 차별의 근거로 삼아서는 아니되는 기준"에 해당하여 엄격심사가 행해져야 할 것으로 보임에도 불구하고 헌법재판소가 엄격심사를 하지 않고 완화된 심사를 한 경우도 있다(예컨대, 헌재 2001.09.27. 2001헌마152, 판례집 13-2, 453쪽: "헌법재판에 있어서 변호사강제주의가 변호사라는 사회적 신분에 의한 재판청구권 행사의 차별이라 하더라도 그 차별에 합리성이 결여된 것이라고는 할 수 없을 것"; 헌재 2010.11.25. 2006헌마328, 판례집 22-2(하), 454쪽: "성별에 의한 차별취급이 곧바로 위헌의 강한 의심을 일으키는 사례군으로서 언제나 엄격한 심사를 요구하는 것이라고 단정짓기는 어렵다.").

190) 관련하여 구체적 상황의 다양한 층위를 고려하여 심사강도를 계층화·다중화하려는 미국 연방대법원의 노력에 주목할 필요가 있다. 현재 미국 연방대법원의 기본적 태도는 3중기준, 즉 '합리성심사(rational basis test)-중간심사(intermediate level scrutiny)-엄격심사(strict scrutiny)'라고 할 수

제가 아니라, 상대적·비교적 관점에서 해명될 수 있는 '정도'에 관한 문제라는 점에서,[191] 통제정도에 상응하는 계층화된 복수의 기준이 마련되어야 비로소 실질적이고 유의미한 검증척도로서의 기능을 기대할 수 있다는 점을 간과한 것이기 때문이다. 즉, 복수의 (계층화된) 심사강도결정기준이 마련되어야 비로소 구체적 사안에서 심사자(특히, 헌법재판관)는 마련된 기준들 중에서 '왜 특정 기준을 선택하고, 왜 그 기준에 따라 통제강도(심사강도)를 조절했는지'에 관하여 논증해야 할 상황을 맞이할 수 있는바, 이를 통해서 심사자의 자의성이 통제되고, 심사결과에 대한 납득가능성을 높일 수 있는 계기가 마련될 수 있기 때문이다.[192] 아

있지만, 이러한 3중기준론을 일탈해서 '5중기준론'이나 '슬라이딩스케일이론(Sliding Scale Theory)' 등과 같이 보다 상세하게 심사강도를 구분하려는 시도들 또한 계속되고 있다(이에 관한 상세한 소개는 특히 김현철, 『미국헌법상 평등보호와 한국헌법재판소의 위헌심사기준』, 전남대학교출판부, 2012, 228−248쪽). 독일연방헌법재판소(제1재판부) 또한 '새로운 정식(die neue Formel)' 혹은 '최신의 정식(die neueste Formel)' 등과 같은 모형을 제시하면서 평등심사강도의 판단기준을 계층화 하려는 시도를 보이고 있다(Vgl. BVerfGE 55, 72ff.; BVerfGE 88, 87ff.).

191) 즉, 평등심사강도에 관한 문제는 '평등'이란 심사기준을 원용할 것인지 혹은 어떤 구조에서 어떤 단계를 밟아가며 심사를 진행할 것인지 여부에 관한 문제가 아니라, 구축된 심사구조/단계 속에서 헌법상 '평등'이란 심사기준을 활용하여 특정 사안에서 등장한 구체적인 국가행위를 어느 정도('얼마나' 강력하게 혹은 '얼마나' 약하게)로 통제할 수 있느냐에 관한 문제이다.

192) '제대군인 가산점 결정' 이전에 헌법재판소가 취한 '단일기준'은 심사자(헌법재판관)에게는 일관된 기준에 따른 판단이라는 허울 좋은 외형을 제공해줌으로써 논증의 불철저함 내지는 미흡함에 대한 罪障感으로부터 손쉽게 도피할 수 있는 심리적 안식처로서 혹은 합리적 판단을 가장한 자의적·직관적 판단으로 안내하는 계기로서 활용될 위험성이 높았던 것으로 생각된다. 왜냐하면 특정 행위에 대한 통제강도를 결정하는 기준이 다른 영역에 비해서 훨씬 추상적일 수밖에 없는 (헌)법적 논증 — 예컨대, 100미터 달리기에서 '20초 이내에 결승점 통과' 등과 같은 합격기준은 사실적 차원의 문제로서 매우 구체적이고 분명하게 마련될 수 있겠지만, 가치적·규범적 판단을 위해 마련코자하는 기준은 구체화·객관화하기가 어렵다. 특히 한편으로는 다른 규범들에 비해서 상대적으로 높은 추상성과 개방성을 주요한 특징으로 하는 헌법에 의존해서 행해져야 하고, 또 다른 한편으로는 정치·경제·사회·문화·규범·이념·도덕 등등의 복합적 차원의 활동을 통해 민주적 정당성을 확보하고 있는 공권력 작용을 심사대상으로 삼아서 규범적·사법적 통제를 행해야 하는 헌법적 논증에서 심사대상인 국가행위에 대한 통제강도결정기준을 구체화하여 제시하는 것은 사실상 거의 불가능에 가깝고, 실제로는 단지 선택된 통제수준(강도)에 대한 상대적 납득가능성을 고양시킬 수 있는 논거들이 제시될 수 있을 뿐이다. — 에서 그 통제강도결정기준이 다양화·계층화·범주화되지 않고 오직 단일기준으로 제안된다면, 어떠한 정도로 심사대상을 통제할 것인지에 관한 논의가 너무나도 불명확하고 추상적인 단일기준의 준수여부에 관한 문제로 치환되어버리는바, 결국 해당 통제기준은 실질적으로 아무런 예측가능성을 제공해주지도 못하고, 심사자에 대한 유의미한 통제장치로서도 기능하기가 어렵게 된다. 이와 관련해서 박진완 교수는 '자의금지원칙'에 대해서 다음과 같은 우려를 표명하고 있다(박진완, 「자의금지와 비례성의 원칙」, 『헌법판례연구』 5, 한국헌법판례연구학회, 2003, 135−136쪽): "[…] 정의의 문제의 이면으로서 일반적 평등원칙의 문제를 자의금지라는 기준을 가지고 객관성을 빙자한 공허한 내용으로 일관하게 되면, 자의금지원리는 실체법적인 면에서나 절차법적인 면에서나 기존의 질서의 인정을 전제로 하는 수동적 원리로 전락하고 만다. 이것은 결과적 통제척도로서 헌법 제11조의 일반적 평등원칙의 적용을 입법자의 형성의 자유의 존중이라는 명제를 통해서 회피하는 계기가 되기도 한다."

울러 계층화된 심사강도결정기준들이 활용된 사례들이 축적되면 축적될수록 한편으로는 개별 사안의 해결에 급급하여 거시적 차원에서 논리적 일관성이 결여되거나 자기 모순적 상황에 빠질 우려가 있는 심사자(헌법재판관)들을 제어할 수 있는 논거들이 보다 정교해지고,[193] 다른 한편으로는 심사자의 판단결과에 대한 예측가능성이 고양됨으로써 사전에 자신의 행위를 헌법상 평등원칙에 위반되지 않도록 조정하려는 국가에게 보다 의미 있는 도움이 될 수 있다는 점 또한 언급할 수 있을 것이다. 둘째, 평등심사의 구조적 차원에서 등장한 논증도구인 비례성원칙[194]을 활용하여 행해진 평등심사, 그 자체를 엄격심사로, 그렇지 않은 경우를 완화된 심사로 이해한 '제대군인 가산점 결정'과 그 이후의 헌법재판소 태도와 관련해서는 논증의 형식적 차원인 '심사구조에 관한 문제'와 논증의 실체적(내용적)차원인 '심사강도에 관한 문제'를 분별하지 못하고 양자를 뒤 섞어서 혼란을 초래하고 있다는 점이 비판되어야 한다. 왜냐하면 ① (앞서 살펴본 것처럼) 평등심사에서 비례성원칙은 평등심사 제2단계('선택된 비교기준에 의거한 국가행위'의 평등심사)에서 항상 활용되는 논증도구라는 점에서, 비례성원칙 그 자체가 활용되었는지 여부로 심사강도를 세분화하는 것은 부적절할 뿐만 아니라,[195][196] 무

193) 관련하여 헌법재판소법 제23조 제2항 제2호가 특히 주목될 수 있을 것이다(특히 허완중, 「헌법재판소결정의 선례적 구속력」, 『저스티스』 110, 한국법학원, 2009, 5쪽 이하).

194) 이에 관해서는 위 목차 Ⅳ. 3. 다. 및 Ⅳ. 4. 다. 참조.

195) 즉, 비례성원칙이란 것은 하나의 수단이 복수의 대립되는 목적에 관여할 때 이들 간의 관계맺음을 정서하는 형식적 차원의 논증도구일 뿐(이준일, 앞의 글(주 162), 276－277쪽), 그 자체가 어떤 실질적/내용적 규준을 제시하는 것이 아니라는 점에서 통제강도 결정기준으로서 활용되기에는 적당치 않다. 실제로 비례성원칙에 의한 심사를 한다고 하면서도 구체적인 통제강도는 다양하게 나타난다. 예컨대, 비례성원칙을 아주 엄격하게 적용하여 국가행위를 통제하려는 진영에서는 비례성원칙의 세부구성요소인 적합성·필요성·균형성을 각각 최대화명령·최소화명령·최적화명령으로 이해하기도 하며(이준일, 「원칙으로서의 기본권과 비례성 명령」, 『공법연구』 28－1, 한국공법학회, 1999, 85쪽), 반대로 국가행위에 대한 통제 정도를 약하게 하거나, 혹은 비례성원칙을 유연하게 활용하여 세부구성요소들 중에서 특정 요소만을 엄격하게 혹은 완화해서 적용하는 경우(관련하여 공진성, 「최적화명령으로서 비례성원칙과 기본권심사의 강도」, 『3사논문집』 53, 육군3사관학교, 2001, 210쪽, 279쪽)도 가능하다. 헌법재판소도 평등심사와 관련하여 이미 국가유공자예우및지원에관한법률 제34조 제1항 위헌확인 사건(헌재 2001.02.22. 2000헌마25, 판례집 13－1, 405쪽)에서 "[…] 자의심사에 그치는 것은 적절치 아니하고 원칙적으로 비례심사를 하여야 할 것이나, 구체적인 비례심사의 과정에서는 헌법에서 차별명령규정을 두고 있는 점을 고려하여 보다 완화된 기준을 적용하여야 할 것이다."라고 하여 비례성원칙을 적용하면서도 그 적용강도에 있어서는 기존의 엄격심사 외에 새로운 유형인 "보다 완화된 기준"을 언급하고 있는바, 이는 비례성원칙에 따른 심사 그 자체가 심사강도를 결정할 수 있는 척도가 되기 어렵다는 것을 자인하는 구체적 예라고 할 수 있을 것이다.

196) 한편, 같은 맥락에서 "자의금지원칙에 따른 심사" 내지는 "합리적 이유의 유무를 심사하는 것"을 별다른 설명 없이 "완화된 심사척도"로 이해하고 있는 헌법재판소의 태도 또한 비판되어야 한다

엇보다도 ② 기본권심사에서 정당성심사기준인 '평등'을 활용해서 심사대상인 구체적 국가행위를 '강하게 통제(엄격심사)해야 하는 것인지 혹은 약하게 통제(완화된 심사)해야 하는 것인지'에 대한 판단은 형식적 차원의 구성물인 논증도구 그 자체의 활용여부에 달려있는 것이 아니라, 기본적으로 해당 사안에 관여하는 논증참여자(특히, 심사자/헌법재판관)들의 태도나 입각점에 좌우되고,[197] 논증참여자들이 내세우는 논거의 질을 통해서 평가되기 때문이다.[198]

이러한 점에서 '평등심사강도'를 살펴본다는 것은 결국 헌법상 평등에 근거해서 심사대상인 국가행위를 강하게 통제(엄격심사)할 것인지, 그렇지 않으면 약하게 통제(완화된 심사)할 것인지 여부를 지도할 수 있는 설득력 있는 논거들을 발굴해내고, 또 이러한 논거들에 기대어 심사강도를 가능한 한 계층화함으로써 한편으로는 심사대상인 국가행위를 보다 정밀하고 촘촘하게 평가할 수 있는 내용적 기반을 마련한다는 의미를, 그리고 다른 한편으로는 형성된 평등심사구조에 따라 심사를 진행한다는 외관을 갖추었지만 그 실질에 있어서는 자의적으로 혹은 논리적 일관성이 결여된 그때그때마다의 임기응변식 대처를 통하여 결론을 이끌어낼 가능성이 있는 심사자(특히, 헌법재판관)들을 실질적으로(내용적으로) 통제할 수 있는 계기를 마련한다는 의미를 갖고 있다. 이러한 의미에 주목해서 아래에서는 평등심사에서 동등대우를 옹호하는 진영(A 진영)과 차등대우를 옹호하는 진영(B 진영) 간의 논증다툼구조분석(위 목차 Ⅳ.)을 통해서 확인된 각각의 평등심사단계별로 심사강도를 결정지을 수 있는 규준 및 이를 계층화할 수 있는 논거들을 탐색해본다.

(특히, 헌재 1999.12.23. 98헌마363결정, 판례집 11-2, 787-788쪽). "자의금지원칙에 따른 심사" 혹은 "합리적 이유의 유무"라는 기준 또한 구체적 활용에 있어서는 엄격하게/강하게 혹은 완화되어/약하게 사용될 수 있기 때문이다(이와 같은 취지로는 특히, 이준일, 「헌법실무연구회 제126회 월례발표회 토론문」, 헌법실무연구회(헌법재판소, 2013.4.11.) 참조).

197) 즉, 구체적 사안에서 문제된 국가행위에 대해서 평등위반을 주장하는 진영에서는 가급적 심사를 엄격하게 진행(엄격심사)할 가능성이 높은 반면에, 그에 대립하여 반대논증을 펼치는 진영에서는 심사강도를 가급적 완화(완화된 심사)하는 것을 선호할 가능성이 높을 것이다.

198) 이러한 점에서 평등심사구조에 관한 논의는 심사를 함에 있어서 논증참여자들이 준수해야 할 '틀'을 형성하는 활동이라고 할 수 있는바, 형성된 평등심사구조(심사 틀)는 평등심사에 관여하는 논증참여자들에 대한 형식적 통제장치로서의 성격을 갖는 반면에, 평등심사강도에 관한 논의는 형성된 심사구조(심사 틀)를 어떻게 구체적으로 활용할 것인지를 판단할 수 있는 내용적 규준을 만드는 작업이라고 할 수 있다는 점에서 평등심사에 관여하는 논증참여자들의 실질적 통제장치로서 기능하게 된다. 이는 기본권심사에 관여하는 논증참여자들에 대해 비례성원칙이 형식적 통제장치로 활용되고, 형량법칙 혹은 우위결정법칙이 실질적 통제장치로 사용되는 것과 견줄 수 있을 것이다(이에 관해서는, 김해원, 앞의 글(주 28), 497쪽 이하).

3. 평등심사단계와 평등심사강도

가. 서두

논증다툼에 있어서 가장 합리적인(이상적인) 대립진영을 상정한다면, 평등심사에서 국가의 차등대우가 문제될 경우 '(합헌적 관점에서) 심사대상인 국가의 차등대우를 옹호하는 진영'(B 진영)은 기본적으로 국가행위 — 즉, ① 국가의 비교기준 선택행위(위 목차 Ⅳ. 3. 나.)와 ② 선택된 비교기준에 의거한 국가행위(위 목차 Ⅳ. 3. 다.) — 를 약하게 통제하려는 경향을 보이게 되는 반면에, '(위헌적 관점에서) 국가의 동등대우를 옹호하는 진영'(A 진영)은 국가행위를 상대적으로 강하게(엄격하게) 통제하려는 입장과 친화적일 것이다. 같은 맥락에서 국가의 동등대우가 문제된 평등심사에서는 심사대상인 국가행위(동등대우)를 A 진영은 가급적 약하게 통제(완화된 심사)하려고 할 것이며, 반대로 B 진영은 강한 통제(엄격심사)를 꾀할 가능성이 높을 것이다. 바로 이러한 점에서 평등심사에서 행해지는 A 진영과 B 진영 간의 논증다툼은 실질적으로는 문제된 '국가의 비교기준 선택행위' 및 '선택된 비교기준에 의거한 구체적 국가행위(동등대우·차등대우)'를 얼마나 엄밀하게 통제할 것인지의 문제, 즉 통제강도 내지는 심사강도에 대한 입장(태도)차이로 모아진다. 그런데 어떠한 태도가 바람직할 것인지 여부는 결국 구체적인 경우에 각 진영의 입장을 뒷받침할 수 있는 논거의 질 내지는 설득력의 정도를 통해서 평가받게 될 것인바,[199] 여기에서는 평등심사단계에 주목해서 나름의 논거제시를 통해 평등심사강도를 지도할 수 있는 규준들을 제안하고 이를 계층화·서열화하려는 시도를 한다.[200]

---

199) 일반적 논증대화와 마찬가지로 (헌)법적 논증에 있어서도 보다 높은 설득력을 확보하기 위해서는 논증자의 신뢰가능성이란 측면(Ethos)과 논증 상대방의 감성적 측면(Pathos)에 대한 고려 또한 무시될 수 없겠지만, 그럼에도 불구하고 논리적·이성적 측면(Logos)에서의 고려가 무엇보다도 중요함은 물론이다(이에 관해서는 이계일, 수사학적 「법이론의 관점에서 본 법적 논증의 구조」, 『법철학연구』 13－1, 한국법철학회, 2010, 75－80쪽; 김해원, 앞의 글(주 28), 512쪽). 본 글에서는 특히 Logos적 측면에서의 설득력 확보에 주목하고 있다.

200) 물론 이러한 시도는 규범적·가치적 차원의 규준정립활동이란 점에서 경험과학에서의 방식처럼 수치적으로 혹은 객관적 명확성을 갖는 규준으로 제시되기는 어려울 것이다(위 주 192). 그럼에도 불구하고 이러한 시도는 상대적으로 구체화된 언어적 해명과정을 통해서 보다 우수한 직관의 통제장치를 마련해나가는 끊임없는 과정의 일환이란 점에서 그 고유한 의미가 상실되지는 않을 것이다. 오히려 이러한 시도들을 통해서 점차적으로 법적 논증의 이성적 설득력(Logos)이 높아져가는 계기들이 마련될 수 있을 것이다.

나. 평등심사 제1단계에서의 심사강도

이미 살펴본 것처럼,[201] 평등심사 제1단계에서는 '국가의 비교기준 선택행위'에 대한 헌법적 통제가 행해진다. 그런데 국가는 구체적 사안에서 비교기준을 선택함에 있어서 비교대상들(甲·乙) 상호 간에 개념 필연적으로 존재하는 모든 공통된 속성(같은 점)과 모든 상이한 속성(다른 점)들을 무제한적·절대적으로 고려하는 것이 아니라, 이를 구체적 개별사안과의 관련 속에서 항상 상대적으로 고려할 수 있을 뿐이다.[202] 따라서 국가의 차등대우가 문제된 경우 국가에 의해서 차등대우의 근거로 선택된 구별기준(비교기준)은 헌법현실에서 甲과 乙이 각각 갖고 있는 상이한 특성들 중 '특정 관점에서 부각된 특정 측면'으로서의 '상이점' 이란 의미를, 국가의 동등대우가 문제된 경우 국가에 의해서 동등대우의 근거로 선택된 구별기준은 甲과 乙이 각각 지니고 있는 공통된 특성들 중에서 '특정 관점에서 부각된 특정 측면'으로서의 '공통점'이란 의미를 갖는바, 헌법현실에서 '어떠한 관점에 입각하여' 비교대상들이 지니고 있는 여러 특성들 중 '어떠한 측면을 부각시킬 것인지'(즉, 비교대상들 상호 간의 공통된 속성에 기초하여 사회적 공감대 및 보편성을 확장해나갈 수 있는 계기를 마련할 것인지, 그렇지 않으면 비교대상들 상호 간의 상이한 속성에 기초해서 각각의 개별성과 개성의 존중 및 사회의 다양성과 다원화의 증대에 기여할 수 있는 단초를 마련할 것인지)[203]는 기본적으로 민주적 정당성에 기초해서 적극적 행위를 담당하는 국가기관(특히, 광범위한 형성의 여지를 가진 입법자)의 몫이라고 할 수 있을 것이다.[204]

결국 국가(특히, 입법자)가 선택한 구별기준이 평등에 위배되는지 여부(평등심사

---

201) 위 목차 Ⅳ. 3. 나. 및 Ⅳ. 4. 나. 참조.

202) Vgl. K. Hesse, Der allgemeine Gleichheitssatz in der neueren Rechtsprechung des BVerfG zur Rechtsetzungsgleichheit, in: P. Badura/R . Scholz (Hrsg.), FS für P. Lerche zum 65. Geburtstag, C. H. Beck, 1993, S. 121; 박진완, 앞의 글(주 98), 188쪽.

203) 김해원, 앞의 글(주 110), 246－249쪽.

204) 왜냐하면 구체적 헌법현실 및 일정한 상황조건 속에서 기본권주체인 비교대상들(甲·乙)이 지니는 특성들을 '어떠한 관점'에서 바라보고, 또 '어떠한 측면'을 부각시켜 구별기준(비교기준)으로 내세울 것인지는 기본적으로 엄격한 규범적·사법적 판단과정이라기보다는, 정치적·세계관적 가치투쟁으로 點綴될 수 있는 사회과학적 판단과정인데다가 ― 헌법재판소 또한 평등심사에서 국가가 선택한 비교기준은 "권리와 의무를 분배함에 있어서 적용할 가치평가의 기준"임을 분명히 한 바 있다(헌재 2000.08.31. 97헌가12, 판례집 12－2, 180쪽). 그런데 정치는 바로 이러한 '가치의 권위적 배분(the authoritative allocation of values)'을 의미한다(D. Easton, The Political System: An Inquiry Into the State of Political Science, 2nd ed.(New York: Knopf, 1971), p. 129). ― , 무엇보다도 이러한 판단이 규범영역으로 전환되어 사법심사의 대상으로 편입되기 위한 사전 준비활동을 헌법은 입법자(국회)에게 부여하고 있기 때문이다(특히, 헌법 제40조).

제1단계)를 판단함에 있어서 요청되는 심사강도는 무엇보다도 국가의사(특히, 입법자)에 대한 가능한 한 최대한의 존중이 기억되는 가운데,[205] 헌법재판소가 판시한 바와 같이 '규율대상과 구별기준의 특성을 고려하여 구체적으로 결정된다.'[206]라고 말할 수 있을 것이다. 이러한 점에서 현실적으로는 평등심사 제1단계에서는 '문제된 구체적 국가행위의 의미와 목적에 대한 해석다툼을 통해서 확인/특정될 수 있는 비교기준'[207]이 애당초 헌법상 용납되지 않는 차별취급을 의도한 것이라고 판단될 경우와 같이 악의성이 다분할 경우 혹은 비교기준으로 선택된 甲·乙의 특성이 헌법현실에서 전혀 존중될 가치가 없는 경우에 비로소 헌법상 평등원칙에 위반되는 것으로 선언될 수 있을 것으로 판단된다. 그리고 평등심사강도의 계층화에 주목해서 살핀다면 '국가의 비교기준 선택행위'에 대한 통제인 평등심사 제1단계에서의 심사강도는 평등심사 제2단계에서의 심사강도에 비해서, 상대적으로 더욱 약하게 행해져야 한다고 말할 수 있을 것이다(가장 완화된 심사). 왜냐하면 평등심사 제2단계는 국가의 비교기준 선택 이후에 행해진 보다 구체적인 국가행위에 대한 통제(평등심사)라는 의미를 갖고 있는바, 심사대상인 국가행위가 평등위반에 다가가면 다가갈수록 그것에 대한 통제의 정도 또한 상대적으로 강해져야 하는 것이 합리적이기 때문이다.[208]

---

205) B. Pieroth/B. Schlink, 앞의 책(주 52), 45쪽 방주 183: "민주적 입법자는 헌법이 허용하는 범위 안에서 특권을 창설하거나 시민들을 무방비상태에 그리고 고립무원의 상태에 빠뜨리지 않는 한 <u>사회적 상황을 불균형적으로도(비대칭적으로도/기우뚱하게: asymmetrisch) 형성할 수 있는 정당한 권한을 가지고 있다</u>. 그리하여 입법자는 임차인과 임대인의 이익들을 철저하게 다르게 평가할 수 있다. 사법권도 이와 같은 입법자의 평가에 구속된다."

206) 헌재 2000.08.31. 97헌가12, 판례집 12-2, 180쪽; 다만 헌법재판소는 97헌가12 사건의 결정문에서 "차별기준"이란 표현을 쓰고 있으나, 이는 '차등대우의 기준' 혹은 본문의 표현과 같이 '구별기준'이나 '비교기준' 등과 같은 중립적 용어로 고쳐져야 한다. 왜냐하면 "차별"은 평등심사가 다 끝난 후 확인될 수 있는 위헌적인 공권력행사를 의미하는 용어이기 때문이다. 헌법 제11조 제1항 제2문은 "[…] 차별을 받지 아니한다."라고 함으로서 "차별"은 헌법상 용납되지 않는(금지되는) 행위임을 분명하게 밝히고 있다. 이에 관해서는 김해원, 앞의 글(주 110), 232쪽.

207) 위 목차 Ⅳ. 3. 나. 및 Ⅳ. 4. 나. 참조.

208) 물론 '비교기준 선택행위'와 '선택된 비교기준에 따른 행위'는 명확하게 구별되지 않고 일체화되어 등장하는 경우가 일반적이며, 오히려 많은 경우에는 후자의 행위(즉, 구체적인 국가의 동등대우 혹은 차등대우)로부터 전자의 행위(즉, 국가의 '비교기준 선택행위')가 추단될 것이다. 그러나 원칙적으로 연역 논리적 방법에 기초해서 행해지는 법적 논증(특히, 사법심사)에서는 비교기준 선택행위와 그에 따른 구체적 국가행위로 논리적 선후가 분별될 수 있을 것이다. 그리고 바로 이러한 점에서 평등심사 제1단계에서의 심사(국가의 비교기준 선택행위에 대한 심사) 그 자체는 엄격히 말한다면 실제적으로 표출되어 드러난 국가행위에 대한 통제라기보다는 국가의사에 대한 통제라는 의미를 내포하고 있는바, 정치판단이 아닌 사법판단으로서의 평등심사에서는 '의사'에 대한 통제보다는 '행위'에 대한 통제가 보다 강해야(혹은 엄격해야) 함이 원칙이라고 할 것이다.

다. 평등심사 제2단계에서의 심사강도

1) 서두

평등심사 제1단계를 통해서 국가의 비교기준 선택행위 그 자체에 대한 헌법적 정당성이 확인되었다면, 평등심사 제2단계에서는 '국가가 선택한 비교기준에 의거한 구체적인 국가의 차등대우 혹은 동등대우'에 대한 통제가 행해진다. 그런데 이러한 통제는 앞서 살펴본 것처럼 비례성원칙이라는 논증도구 — 평등에서 비례성원칙은 비교대상들(甲 · 乙) 상호관계 속에 포착된 공통점(K2)과 상이점(K1)이라는 대립된 특성들 가운데 놓여있는 국가행위(E)를 정서하는 논증도구이다.[209] — 의 활용을 통해서 행해지는바,[210] 평등심사 제2단계에서의 심사강도를 우선 비례성원칙의 세부 내용들 — 적합성심사·필요성심사·균형성심사 — 이 형성하는 관계 구조적 측면에서 상대적으로 고찰해본 다음(Ⅴ. 3. 다. 2)), 개별적·독립적 측면에서 심사강도를 지도할 수 있는 규준을 모색해본다(Ⅴ. 3. 다. 3)).

2) 비례성원칙의 활용과정과 심사강도결정기준

평등심사 제2단계에서의 심사강도와 관련해서는 우선 다음과 같은 방향성을 제안할 수 있을 것이다: ① (국가의 차등대우가 심사대상인 경우에는 E와 K1의 관계에서, 국가의 동등대우가 심사대상인 경우에는 E와 K2의 관계에서 검토되는) 적합성심사와 (국가의 차등대우가 심사대상인 경우에는 E와 K2의 관계에서, 국가의 동등대우가 심사대상인 경우에는 E와 K1의 관계에서 검토되는) 필요성심사에서의 심사강도는 (E가 甲 · 乙의 관계 속에서 포착된 특성인 K1과 K2를 상호 균형 있게 혹은 조화롭게 만드는 수단인지 여부를 검토하는) 균형성심사에서의 심사강도에 비해서 상대적으로 완화되어야 한다. 왜냐하면 평등심사 또한 상대적으로 높은 민주적 정당성을 확보하고 있는 적극적 국가기관(특히, 입법자)의 행위를 무엇보다도 심사자(특히, 헌법재판관)가 규범(특히, 헌법 제11조)에 의존해서 평가/통제하는 규범적 논증 — (헌)법적 논증 — 의 일환이란 점에서, 사실적 · 경험적 차원의 논거에 기대어 국가행위를 통제하는 경우에 비해서 규범논리적 논거에 기대어서 행해지는 통제의 강도가 상대적으로 더 강할 수밖에 없을 터인데,[211] (비례성원칙이 활용되는 평등심사 제2단계에서) 적합

---

209) 목차 Ⅳ. 3. 다. 및 Ⅳ. 4. 다. 참조.

210) 이러한 심사가 행해지는 구조 및 단계에 관해서는 위 목차 Ⅳ. 3. 다. 및 Ⅳ. 4. 다. 참조.

211) 물론 규범적 논증에서도 사실적 · 경험적 차원에 기초한 규범현실에 대한 고려가 무시되는 것은 아니다. 오히려 헌법규범의 역사성과 추상성 및 개방성을 고려한다면, 다른 규범의 경우에 비해서 헌법규범의 해석 · 적용에 있어서는 헌법현실에 대한 훨씬 높은 고려와 평가가 행해져야 할 것이다.

성심사 및 필요성심사는 '사실적·경험적 차원의 판단'을 본질로 하고 있는 반면에, 균형성심사는 '규범적·가치적 차원의 판단'을 본질로 하고 있기 때문이다.[212] 뿐만 아니라 헌법현실에 대한 사실적·경험적 차원의 판단은 입법부/행정부가 주도적으로 담당하고, 규범적 차원의 판단은 사법기관(특히, 헌법재판소)에 의해서 주도되는 것이 헌법상 국가기관의 권한분장원칙에 부합된다는 점을 고려한다면,[213] 평등심사 제2단계에서 적합성심사와 필요성심사의 경우에 비해서 균형성심사의 경우에 심사대상인 국가행위가 보다 엄격하게 통제될 수 있다는 주장은 더욱 설득력을 가질 수 있을 것으로 생각된다. ② (적합성심사와 필요성심사는 양자 모두 본질적으로 국가 — 특히, 입법자 — 의 사실적·경험적 차원의 판단에 대한 평가라는 점에서 공통점이 있긴 하지만) 적합성심사에서의 심사강도는 필요성심사에서의 심사강도에 비해서 상대적으로 완화되어야 한다. 왜냐하면 (심사대상인 국가행위가 차등대우이건 동등대우이건 상관없이) 적합성심사에서의 심사대상은 헌법현실에서 존중되어야 할 비교대상들 — 甲·乙 모두 기본권 주체이다. — 각각이 지니고 있는 특성(국가의 동등대우와 관련해서는 K2, 차등대우와 관련해서는 K1)에 대한 긍정적인 작용을 하는 국가행위인 반면에, 필요성심사에서의 심사대상은 헌법현실에서 존중되어야 할 비교대상들 각각 지니고 있는 특성(국가의 동등대우와 관련해서는 K1, 차등대우와 관련해서는 K2)에 대한 부정적인 작용을 하는 국가행위이기 때문이다.[214]

하지만 그럼에도 불구하고 법적 논증으로서의 헌법적 논증의 본질은 사실적·경험과학적 논증으로 대체될 수 없는 가치적·규범적 논증이다(같은 취지로는 Vgl. R. Alexy, 앞의 책(주 41), 32쪽 이하). 따라서 심사대상인 국가행위에 대한 통제가 사실적·경험적 근거에 의한 경우에 비해서 규범논리적 근거에 의한 경우에 심사기준인 헌법규범은 보다 더 엄격하고 강력하게 활용될 수 있는 기반이 마련된다고 해야 할 것이다.

212) 비례성원칙의 세 가지 부분원칙들(적합성·필요성·균형성)과 각각의 심사과정에서 판단되는 내용의 대상으로서 경험적 사항과 규범적 사항에 관해서는 특히 이준일, 앞의 글(주 163), 326-330쪽; L. Clérico, Die Struktur der Verhältnismäßigkeit, Nomos, 2001, S. 28ff., 74ff., 140ff.

213) 헌법 제40조, 제66조 제4항, 제101조 제1항, 제111조 제1항 참고.

214) 비교대상들 서로 간 공통된 속성이 건, 상이한 속성이건 상관없이 양자 모두 기본권주체가 갖고 있는 특성이란 점에서 기본적으로 헌법현실에서는 모두 존중될 수 있어야 함이 원칙이다. 예컨대, '제대군인 가산점 결정(헌재 1999.12.23. 98헌마363, 판례집 11-2, 770-799쪽)'에서 비교대상인 '제대군인'과 '제대군인이 아닌 자' 상호 간 포착된 상이점은 '군복무 여부', 공통점은 '공무담임권의 주체'라는 특성일 터인데, 상이점인 군 복무를 통한 공동체에 대한 헌신도, 공통점인 공무담임권의 주체라는 지위도 각각 모두 존중되어야 하는 것이다. 그런데 공무원시험에서 제대군인에게 가산점을 부여하는 제도는 ㉠ '군 복무'라는 비교대상들 간의 상이점의 진흥에는 긍정적인 작용을, ㉡ '공무담임권의 주체'라는 비교대상들 간의 공통점의 진흥에는 부정적인 역할을 하는바, ㉠이 검토되는 적합성심사에서의 심사강도는 ㉡이 검토되는 필요성심사에서의 심사강도에 비해서 상대적으로 완화된다고 말할 수 있을 것이다. 한편 거시적 측면에서 살펴보면, 비교대상들 간의 공통점에 대한

3) 비례성원칙의 부분 요소들과 심사강도결정기준

적합성심사에 비해서는 필요성심사에서, 필요성심사에 비해서는 균형성심사에서 심사대상인 국가행위를 통제하는 심사자의 태도가 상대적으로 엄격해야 함이 밝혀졌다면, 이제 남은 쟁점은 적합성심사·필요성심사·균형성심사 각각의 경우에 그 심사강도를 어느 정도로 — 즉, 얼마나 강하게(엄격하게) 혹은 얼마나 약하게(완화해서) — 조절할 수 있을 것인지에 관해 일반적 규준을 마련하는 문제로 수렴된다. 이는 보다 구체적으로는 ① 적합성심사와 관련해서는 '비교대상들(甲·乙) 상호관계 속에 포착된 공통점(K2) 혹은 상이점(K1)에 감행된 심사대상인 국가행위(E)의 긍정적 기여가 적합하다고 평가받기 위해서는 국가는 과연 어느 정도까지 행위 해야만 하는가?', ② 필요성심사와 관련해서는 '불가피하게 K1 혹은 K2를 훼손하는 E가 필요한 만큼만 감행되었다고 평가받기 위해서는 국가는 과연 어느 정도까지 행위할 수 있는가?', 그리고 ③ 균형성심사와 관련해서는 '상호 제약적 관계인 K1과 K2 사이에서 E가 K1과 K2 양자를 균형 있게 조정하고 있다고 평가받기위해서는, 국가는 과연 어느 정도까지 행위 해야만 하는가?'라는 정도의 물음에 대답해야 하는 심사자(특히, 헌법재판관)의 태도를 지도할 수 있는 기준을 제안하는 문제라고 할 수 있을 것이다. 그런데 평등심사에서 비례성원칙이 포괄하고 부분 원칙들에 대한 심사(즉, 적합성심사·필요성심사·균형성심사)는 모두 심사대상인 '국가행위'와 헌법현실에서 '비교대상들이 갖고 있는 특성/여건' 간의 관계 속에서 이루어진다는 점에서, 국가행위에 대한 통제의 강도는 결국 구체적인 경우에 '주목되는 비교대상들의 특성이 무엇인가?' 그리고 '그러한 특성들에 대해서 국가행위가 어떻게 관계하느냐?'라는 두 요소에 의해서 좌우된다고 할 것이다. 이 지점에서 필자는 '주목되는 비교대상들의 특성(K·K´)[215]'과 관련해서

진흥을 통해서 구현될 수 있는 보편성의 확대도, 상이점에 대한 진흥을 통해서 구현될 수 있는 다양성의 확대도, 한편으로는 서로 갈등하는 상호 제약적 관계이긴 하지만, 다른 한편으로는 각각 모두 존중되어야 하는 가치라는 점에서, 이러한 각각의 가치들에 긍정적인 영향을 미치는 국가행위보다는 부정적인 영향을 끼치는 국가행위일수록 보다 더 엄격하게 심사하는 것이 합리적일 것으로 생각된다.

215) 여기서 기호 'K'는 비교대상들(甲·乙)이 갖고 있는 특성들 중에서 국가의 동등대우 혹은 차등대우로 인해서 적극적으로 부각되는 특성을 의미한다. 따라서 기호 'K'는 국가의 동등대우가 문제될 경우에는 甲·乙 간의 공통된 특성(K2)을, 국가의 차등대우가 문제될 경우에는 甲·乙 간의 상이한 특성(K1)을 의미한다. 반면에 기호 'K´'는 비교대상들(甲·乙)이 갖고 있는 특성들 중에서 국가의 동등대우 혹은 차등대우로 인해서 소극적으로 부각(은폐)되는 특성을 의미한다. 따라서 기호 'K´'는 국가의 동등대우가 문제될 경우에는 甲·乙간의 상이한 특성(K1)을, 국가의 차등대우가 문제될 경우에는 비교대상들 간의 공통된 특성(K2)을 의미한다.

는 '헌법현실에서 비교대상인 기본권주체의 노력을 통한 변화가능성'이란 표지에,[216] 그리고 '주목된 비교대상들의 특성에 영향을 끼치는 국가행위(동등대우 혹

216) 평등심사강도를 지도할 수 있는 기준을 마련하기 위해서 비교대상들 상호 간의 관계 속에서 발견되는 특성(공통점·상이점)들을 유형화할 수 있는 표지를 제안하려는 시도와 관련해서는 특히 독일연방헌법재판소의 논의에 주목해볼 필요가 있다 — 한편 미국연방대법원은 평등심사와 관련해서 비교대상들 상호 간의 관계 속에서 발견되는 특성(공통점·상이점)들에 대해서 특별한 관심을 가져오고 있긴 하지만, 사회적·경제적 상황에서 비교대상이 갖고 있는 지위나 처지, '성(gender)', '적출여부(illegitimacy)', '외국인(alienage)', '인종(race)', '혈통(national origin)' 등등과 같이 구체적인 경우에 비교대상들 상호 간의 관계 속에서 주목되는 여러 특성들을 그때그때마다 나열하여, 각각의 경우에 상응하는 심사척도를 판례를 통해서 집적해오고 있다는 점에서(미국연방대법원에서의 평등심사강도결정기준에 대한 개관으로는 김현철, 앞의 책(주 190), 82쪽 이하), 비교대상들 상호 간의 관계 속에서 발견되는 다양한 특성(공통점·상이점)들을 일정한 관점에서 일반화·유형화할 수 있는 표지를 마련하는 문제는 회피 내지는 포기하고 있는 것으로 보인다. — . 독일연방헌법재판소는 '인적관련표지'와 '사항관련표지'에 기초해서 평등심사강도를 세분화하려는 일련의 시도들을 보여주고 있는데(소위 '자의금지(Willkürverbot)공식 – 새로운 공식(die neue Formel) – 최신의 공식(die neuest Formel)'에 이르기까지의 독일연방헌법재판소의 평등심사강도결정기준의 변천에 관한 소개로는 특히 한수웅, 앞의 글(주 52), 52 – 65쪽; 김주환, 앞의 글(주 84), 445 – 464쪽; 김진욱, 앞의 글(주 8), 58 – 60쪽), 이러한 독일연방헌법재판소의 경향성은 다음과 같이 정리될 수 있다: 평등심사에 있어서 구체적인 국가행위(차등대우·동등대우)가 사항관련표지에 기초해서 비교대상에게 부정적인 영향을 끼치는 경우에는 기본적으로 관대한 심사(자의금지원칙에 따른 심사)가(Vgl. BVerfGE 55, 72(89); BVerfGE 60, 329(346); BVerfGE 93, 99(111)), 그리고 인적관련표지에 기초하여 비교대상들에게 부정적 영향을 끼치는 경우에는 엄격한 심사가 행해지는 것이 원칙이겠지만(Vgl. BVerfGE 55, 72(88f.); BVerfGE 85, 191(207); BVerfGE 92, 91(109)), 비교대상들 간의 사항관련표지에 기초한 국가행위라고 하더라도 그것이 간접적으로 비교대상의 인적관련표지에 대한 부정적 영향을 초래할 경우에는 "엄격한 비례성심사가 요구되는 것도 아니고 단순한 자의통제로 충분한 것도 아닌" 소위 중간단계의 심사(혹은 소위 완화된 기준을 적용한 비례성심사)가 행해져야 한다(이에 관한 상세한 소개는 홍강훈, 앞의 글(주 3), 266 – 269쪽; Vgl. BVerfGE 89, 365(376); BVerfGE 62, 256(274)). 그런데 모든 순수한 사항관련표지는 그 표지와 관련된 인적집단을 내세우면 손쉽게 바로 인적관련표지로 전환될 수 있으므로 아주 문제가 많은(äußerst problematisch) 구별기준이란 점에서(Vgl. M. Sachs, 앞의 책(주 174), 220쪽 방주 24; M. Gubelt, 앞의 책(주 174), Art. 3. 방주 14.), 독일연방헌법재판소가 제안·기초하고 있는 '인적관련표지'와 '사항관련표지'는 구체적인 경우에 평등심사강도결정기준을 마련할 수 있는 실질적으로 유의미한 표지가 되기는 어려울 것으로 생각된다. 바로 이 지점에서 필자는 독일연방헌법재판소가 제안한 '인적관련표지'와 '사항관련표지'가 갖고 있는 양자의 실질적 구별불가능성이란 문제점을 완화하면서도, '인적관련표지'와 '사항관련표지'가 갖고 있는 장점들을 유연하게 활용하기 위한 의도로서 '헌법현실에서 비교대상인 기본권주체의 노력을 통한 변화가능성'이라는 새로운 표지를 제안한다. 그리고 이러한 제안과 관련해서 우선적으로 해명되어야 할 두 가지 물음 — ① 과연 어떠한 헌법적 근거에 기초해서 '헌법현실에서 비교대상인 기본권주체의 노력을 통한 변화 가능성'이란 표지가 주목될 수 있는가?, ② '헌법현실에서 기본권주체의 노력을 통한 변화가능성'이 높은 혹은 낮은 특성들은 대체로 어떠한 것들이라고 할 수 있겠는가? — 에 대해 간단한 대답을 덧붙인다: ① '법은 불가능한 것을 요구할 수 없다'라는 것은 법치주의의 최소한의 내용이자 합리적인 법체계가 반드시 갖추어야 할 기본적 전제라는 점에서(이와 관련해서는 특히, L. L. Fuller, The Morality of Law, Yale Univ. Press, 1964, p. 85 – 93), '헌법현실에서 비교대상인 기본권주체의 노력을 통한 변화가능성'이란 표지에 주목해서 국가행위를 통제할 수 있는 규준들을 모색해보는 것은 무엇보다도 헌법상 법치국가원리로부터 옹호된다. 왜냐하면 상대적으로 개인의 노력으로 달성·변화시키는

은 차등대우: E)'와 관련해서는 '기여(혹은 훼손)'이라는 표지에 주목한 후, 특성(K·K´)이 고정변수(혹은 E가 유동적 변수)인 경우와 국가행위(E)가 고정변수(혹은 K·K´이 유동적 변수)인 경우로 구분하여 각각의 경우에 부합되는 심사강도결정기준(α, β)을 제안한 다음, 이들의 결합을 통해서 양 변수(E와 K·K´) 모두가 유동적인 경우를 설명할 수 있는 새로운 심사강도결정기준(γ)을 제안한다.[217)]

것이 거의 불가능하거나 혹은 매우 어려운 요인들에 대해 부정적으로 작용하는 국가행위는 그렇지 않은 국가행위에 비해서 상대적으로 보다 더 엄격하게 심사되는 것이 법치주의의 원리에 부합하기 때문이다. ② 비교대상인 기본권주체가 갖고 있는 특성들 중에서 일반적으로 기본권주체의 노력을 통해서 개선 혹은 변화될 수 있는 헌법현실적 가능성이 지극히 낮은 것으로 평가될 수 있는 특성들로는 무엇보다도 '인간의 본질적 특성 내지는 인간 고유성에 해당하는 특성'들(예컨대, 성별·인종·피부색·유전자·선천적 장애·나이·출신지 등등) — 이는 소위 '인적관련표지'와 밀접한 관련이 있다. — 을 언급할 수 있을 것이며, 반대로 학력이나 시험성적 같은 능력관련 특성, 재산이나, 사회·경제적 지위 등등과 같은 사회계층·구조적 특성들 — 이는 소위 '사항관련표지'와 밀접한 관련이 있다. — 은 대체로 기본권주체의 노력을 통해서 개선 혹은 변화될 가능성이 상대적으로 높다고 하겠다. 하지만 헌법현실에서 사회적 양극화와 부의 고착화 현상들이 진행되면 진행될수록, 재산이나 사회·경제적 지위 등과 결부된 비교대상들의 특성 내지는 여건들도 개인의 노력을 통해 개선 및 변화가 초래될 수 있는 가능성이 낮아지게 되는바, 이 경우 특히 '결과에서의 평등'이란 이념과 '국가의 적극적 평등실현조치'가 중요한 의미를 갖게 된다.

217) 변수인 K·K´와 E가 모두 고정된 경우와 모두 고정되지 않은 경우에도 평등심사강도결정기준을 생각해볼 수 있을 것이다. 하지만 K·K´와 E가 모두 고정변수인 경우는 헌법현실에서 존재하기도 어려울 뿐만 아니라, 무엇보다도 모든 변수가 고정된 가운데 제안된 판단기준은 필연적으로 고정된 기준일 수밖에 없다는 점에서, 유동적 판단(정도의 판단)을 위한 기준으로 활용하려는 심사강도결정기준 그 자체가 실질적(혹은 내용적)으로 고정화되어버린다는 문제점이 있다. 즉, 심사강도결정은 비교적·상대적 관점에서 검토될 수 있는 정도의 문제 — 즉, 심사대상인 국가행위를 얼마나 강하게, 혹은 얼마나 약하게 통제할 것이냐의 문제 — 라는 점에서 관련 변수 모두를 고정시켜둔 상태로 심사강도결정기준을 제안하는 것은 원칙(Prinzip)규범적 특성을 가져야 하는 심사강도결정기준을 규칙(Regel)규범적 특성을 갖도록 변질시키는 작업이므로 받아들이기 어려울 것이다(규칙과 원칙에 관해서는 특히, R. Alexy, 앞의 책(주 41), 71쪽 이하). 반면에 변수인 K·K´와 E를 모두 고정하지 않고 이들 모두를 유동적 변수로 두고 평등심사강도결정기준을 모색한다면, 이는 헌법현실의 상황에는 보다 잘 부합하는 태도라고 할 수는 있겠지만, 고정변수가 없으므로 사법심사에서 활용할 수 있는 안정된 유의미한 심사강도결정기준이 제안되기는 어려울 것이며, 설사 제안된다고 하더라도 그 기준이 심사자의 직관을 통제하고 합리적 납득가능성을 증대할 수 있는 유의미한 판단척도로서 역할을 하기에는 어려운 점이 많을 것으로 생각된다. 왜냐하면 모든 변수가 유동적인 상황 속에서 제안된 판단기준은 그 자체가 유동적인 모습으로 혹은 아주 추상화된 표현으로 자신의 유동성을 은폐시킨 모습으로 등장할 수밖에 없기 때문이다. 따라서 심사강도결정에 관계하는 요소들 모두를 동시에 유동적 변수로 내버려둔 채, 상대적으로 보다 안정되고 비교적 구체화된 기준을 요구하는 사법심사기준으로서의 평등심사강도결정기준 — 특히, 입법자가 헌법상 평등원칙을 실천하는 것과 사법기관(헌법재판소)이 국가행위에 대해 평등심사를 진행하는 것은 다른 맥락이란 점을 고려한다면(이명웅, 앞의 글(주 29), 17쪽), 입법자가 평등원칙을 실천함에 있어서 활용될 기준에 비해서 사법심사에서 활용될 기준으로서의 평등심사강도결정기준을 제안함에 있어서는 그 기준이 상대적으로 더 견고하고 안정성을 가질 수 있도록 노력해야한다. — 을 도출하는 것은 일정한 한계가 있다고 하겠다. 다만 여기에서는 이러한 한계를 인식하되, 국가행위(E)만이 유동적 변수인 경우와 특성(K·K´)만이 유동적 변수인 경우를 각각 구분해서 살펴본 다음,

(α) 우선 특성(K·K´)이 고정변수인 경우에 심사강도결정기준은 다음과 같다: ① 적합성심사에서는 E가 K에 '긍정적으로 이바지하는 정도(기여도)'가 높으면 높을수록 적합도가 증대되는 방향으로 나아가기 때문에, E에 대한 심사강도(통제강도)는 상대적으로 약해져야(혹은 완화되어야) 한다. ② 필요성심사에서는 E가 K´에 '부정적으로 이바지하는 정도(훼손도)', 즉 K´의 훼손의 정도가 높으면 높을수록 필요한 정도를 넘어서는 훼손일 가능성이 많으므로 E에 대한 통제강도는 상대적으로 강해져야(혹은 엄격해져야) 한다. 그리고 ③ 균형성심사에서는 K에 비해서 K´가 상대적으로 헌법현실에서 기본권주체의 노력으로 개선 혹은 변화되기가 어려운 특성이라면, K에 대한 E의 기여도에 비해서 K´에 대한 E의 훼손도가 크면 클수록 E에 대한 통제강도는 상대적으로 강해져야(혹은 엄격해져야) 한다.

(β) 다음으로 국가행위(E)가 고정변수인 경우에 심사강도결정기준은 다음과 같다: ① 적합성심사와 관련해서는 K가 헌법현실에서 비교대상인 기본권주체(甲·乙)의 노력으로 개선 혹은 변화되기가 어려우면 어려울수록, K에 기여하고 있는 E에 대한 심사강도는 상대적으로 더 완화되어야 한다.[218] ② 필요성심사와 관련해서는 K´가 헌법현실에서 기본권주체의 노력으로 개선 혹은 변화되기가 어려우면 어려울수록, K´를 훼손하는 E에 대한 심사강도는 상대적으로 더 엄격해져야 한다. ③ 균형성심사와 관련해서는 K에 비해서 K´가 헌법현실에서 기본권주체의 노력으로 개선 혹은 변화되기가 어려운(혹은 기본권주체가 노력을 통해서 넘나드는 것이 어려운) 특성이라고 평가되면 평가될수록, K와 K´사이에 놓여서 양자의 조화로운 균형을 꾀해야 할 E에 대한 심사강도는 상대적으로 더 엄격해져야 한다.

(γ) 양 변수(E와 K·K´) 모두가 유동적인 경우의 심사강도결정기준은 다음과 같다: ① 적합성심사: K에 대한 E의 '기여도'가 높으면 높을수록, 그리고 동시에 K가 헌법현실에서 비교대상인 기본권주체의 노력으로 개선 혹은 변화되기가 어려우면 어려울수록, E와 K 간의 적합성심사는 그렇지 않은 경우에 비해서 상대적으로 더 완화되어야 한다. ② 필요성심사: E를 통한 K´의 '훼손도'가 높으면 높을수록, 그리고 동시에 K´가 헌법현실에서 비교대상인 기본권주체의 노력으로 개선 혹은 변화되기가 어려우면 어려울수록, E와 K´ 간의 필요성심사는 그렇지 않은

이들의 결과를 결합하는 방식을 통하여 변수인 K·K´와 E가 모두 유동적 변수인 경우에 평등심사강도결정기준을 지도할 수 있는 추상화된 일반적 규준을 모색해본다.

218) 즉, 기본권주체 스스로의 노력을 통해서 비교기준으로 주목된 특성을 넘나들 수 있는 정도가 녹록하지 않으면 녹록하지 않을수록, 그러한 특성에 긍정적으로 이바지하는 국가행위에 대한 통제는 상대적으로 완화되어야 한다.

경우에 비해서 상대적으로 더 엄격해져야 한다. ③ 균형성심사: K에 비해서 K´가 헌법현실에서 기본권주체의 노력으로 개선 혹은 변화되기가 어려우면 어려울수록, 그리고 동시에 K에 대한 E의 '기여도'에 비해서 K´에 대한 E의 '훼손도'가 높으면 높을수록, K와 K´사이에 놓여서 양자의 조화로운 균형을 꾀해야 할 E에 대한 균형성심사는 그렇지 않은 경우에 비해서 상대적으로 더 엄격해져야 한다.

4. 소결

지금까지 평등심사강도에 관한 논의를 주도해온 헌법재판소의 태도를 비판적으로 살펴본 다음, 평등심사가 이루어지는 각 단계에 주목하여, 심사강도를 지도할 수 있는 일반적인 규준을 마련하려는 시도를 해보았다. 결과적으로 평등심사 제1단계에 비해서는 평등심사 제2단계에서 심사대상인 국가행위를 통제하는 심사자의 태도가 상대적으로 더 엄격해야 하며, 비례성원칙이 활용되는 평등심사 제2단계에서는 적합성심사, 필요성심사, 균형성심사로 나아가면 나아갈수록 국가행위가 상대적으로 보다 더 엄격하게 통제될 수 있다는 점을 논증하였다. 그리고 적합성심사·필요성심사·균형성심사 각각의 경우에 심사대상인 국가행위에 대한 통제의 강도는 '주목되는 비교대상들의 특성'과 여기에 관계하는 '국가행위의 정도'라는 변수에 따라 좌우된다는 점에 주목하여 일반적으로 활용할 수 있는 심사강도결정기준을 제안하였다. 하지만 평등심사강도론 그 자체는 심사대상인 국가행위의 평등위반여부에 관한 종국적 결론을 알려주는 것이 아니라,[219] 단지 심사대상인 국가행위를 얼마나 엄격하게 혹은 얼마나 관대하게 심사할 것인지에 관한 심사자들의 태도 내지는 방향성 정립에 대한 지침 내지는 나침반으로서 기능할 뿐이란 점에서, 여기서 제안된 평등심사강도의 계층화 및 단계화에 관한 시도 및 심사강도결정기준들 또한 고정된 유일한 기준이 아니라, 구체적 사안에서 문제되는 다양한 요구와 헌법현실적 상황을 고려하여 연속적이고 탄력적인 유연한 척도로서 활용되어야 할 것이다.[220]

---

219) 즉, 평등심사에서 엄격한 심사척도가 심사대상인 국가행위의 위헌성을, 완화된 심사척도가 심사대상인 국가행위가 평등에 위배되지 않았음을 나타내는 것은 아니다. 실제로 헌법재판소가 완화된 심사척도(자의금지원칙)에 따른 심사를 하면서도 심사대상인 국가행위에 대해서 평등위반을 선언한 경우도 적지 않다(특히, 헌재 1989.01.25, 88헌가7, 판례집 1, 1쪽; 헌재 1996.12.26, 96헌가18, 판례집 8－2, 680쪽; 헌재 1998.09.30, 98헌가7등, 판례집 10－2, 484쪽). 한편 미국 연방대법원은 평등심사척도를 입증책임 분배의 문제와 관련시키고 있다(김현철, 앞의 책(주 190), 89쪽, 123쪽).

220) 실제로 평등심사척도는 "아주 관대한 심사에서 아주 엄격한 심사에 이르는 연속체"로서의 성격을

Ⅵ. 마치는 글

지금까지 평등에 관한 종래의 일반적인 견해와 헌법재판실무의 상황을 면밀하게 비판하고 헌법상 평등의 개념과 규정방식 및 기본권심사에서 원용되는 평등의 의미를 새로운 시각에서 살펴봄으로써 헌법상 평등은 기본권으로 원용될 것이 아니라, 기본권심사기준 내지는 헌법원칙으로 원용되어야 한다는 점을 뚜렷하게 밝혔다. 그리고 이러한 시각에 기초하여 기본권심사에서 심사기준으로서 평등이 활용되는 구조(평등심사구조)를 새롭게 제안했다. 요컨대 비교적상의 현존이라는 선결조건이 충족된 후 행해질 수 있는 본격적인 평등심사는 국가의 비교기준 선택행위를 심사하는 과정(제1단계)과 선택된 비교기준에 따라서 이루어진 국가행위를 심사하는 과정(제2단계)으로 단계화되는데, 특히 제2단계에서는 비교대상 상호 간 공통된 특성과 상이한 특성 사이에서 심사대상인 국가행위(동등대우 혹은 차등대우)에 대한 평가가 비례성원칙이라는 논증도구를 활용하여 행해져야 한다는 점을 주장했다. 아울러 기존에 활용되고 있던 평등심사강도결정기준이 갖고 있는 비합리성을 지적한 후, 평등심사가 행해지는 각 단계에서 심사의 내용적 합리성과 설득력을 높일 수 있는 새로운 심사강도결정기준을 제안하였다. 이러한 제안들에 대해서는 여전히 많은 보완과 다각적 검토가 필요하며 무엇보다도 헌법현실에서 구체적 사례를 통한 검증과정이 행해져야 할 것이다.[221] 관련하여 특히 학문공동체의 아낌없는 질정을 기대한다.

갖고 있다(Vgl. H. D. Jarass/B. Pieroth, Grundgesetz für die Bundesrepublik Deutschland Kommentar, 8. Aufl, C. H. Beck, 2006, Art. 3 Rn. 17).

221) 구체적 사례를 통한 검증과정으로는 김해원, 「일반적 평등원칙의 구체적 적용 — 제대군인지원에 관한 법률 제8조 제1항 등 위헌확인 사건(헌재 1999.12.23. 98헌마363 전원재판부)을 중심으로 — 」, 『한양법학』 25-1, 한양법학회, 2014, 225-252쪽 참조.

§ 14. 개별적 심사기준의 체계와 내용*

Ⅰ. 起: 기본권심사구조와 실질적 헌법적합성심사

기본권심사는 기본권을 통해서 규율되는 생활영역을 잠정적으로 확인하는 과정과 기본권적 보호법익에 감행된 국가행위의 정당성여부를 검토하는 과정으로 단계화할 수 있다.[1] 그리고 기본권심사의 두 번째 단계인 정당성심사 또한 심사대상인 국가행위(기본권침범: Grundrechtseingriff)가 헌법적 차원에서 허용될 수 있을 것인지 여부를 살펴보는 영역(제한영역: Schrankenbereich)과 허용된 기본권침범의 헌법적합성여부를 규명하는 영역(제한의 한계영역: Schrankenschrankenbereich)으로 분별해서 검토할 수 있다.[2] 뿐만 아니라 제한의 한계영역에서 행해지는 기본권침범의 헌법적합성심사 또한 심사대상인 국가행위(기본권침범)의 형식이 '헌법상 정당한 권한 있는 자의 정당한 권한범위 안에서 정당한 절차에 따라 헌법이 요구하고 있는 형태를 갖추고 있는지 여부'를 검토하는 형식적 차원에서의 심사(형식적 헌법적합성심사)와 그 형식이 담아내고 있는 실질적 내용에 대한 헌법적합성 여부를 검토하는 심사(실질적 헌법적합성심사)로 대별해서 살펴볼 수 있다.[3] 따라서 합리적인 기본권심사과정 내지는 기본권심사를 진행하는 사고의 시간적 흐름을 고려한다면, 본 글에서 주목하고 있는 실질적 헌법적합성심사는 전체 기본권심사구조에 있어서 아래와 같이 가장 마지막에 위치하게 된다.

---

* 이 글은 김해원, 「기본권심사에서 실질적 헌법적합성심사의 구조와 개별적 심사기준의 체계화에 관한 연구 — 기본권적 보호법익과 결부된 심사기준을 중심으로 —」, 『헌법학연구』 제23권 제2호, 한국헌법학회, 2017, 199－244쪽에 수록된 글과 김해원, 「헌법상 적법절차원칙과 영장주의 — 문재인 정권의 공법적 과제와 관련하여 —」, 『공법학연구』, 제18권 제3호, 한국비교공법학회, 2017, 57－81쪽에 수록된 글을 대폭 수정 및 보완하여 재구성한 것이다.

1) 김해원, 「기본권의 잠정적 보호영역에 관한 연구」, 『헌법학연구』 15－3, 한국헌법학회, 2009, 283쪽; 이렇게 기본권심사를 2단계로 구성하는 것은 소송 구조적 차원에서도 합리성이 있다. 왜냐하면 심사1단계라고 할 수 있는 기본권 보호영역의 잠정적 확인은 실제로 기본권심사가 행해지는 가장 전형적인 소송이라고 할 수 있는 헌법소원심판의 적법요건 판단단계에서 행해지며(헌법재판소법 제68조 제2항 참고), 심사2단계(정당성심사)는 본안판단단계에서 행해지기 때문이다.

2) 김해원, 「방어권적 기본권의 정당성 심사구조」, 『공법학연구』 10－4, 한국비교공법학회, 2009, 29－30쪽.

3) 김해원, 「기본권심사에서 형식적 헌법적합성심사에 관한 연구 — 법률에 의한(druch Gesetz) 규율을 중심으로 —」, 『헌법학연구』 21－1, 한국헌법학회, 2015, 240－241쪽.

기본권심사구조에서 실질적 헌법적합성심사의 위치

Ⅰ. 심사1단계: 기본권 보호영역의 잠정적 확인

Ⅱ. 심사2단계: 정당성심사
 1. 제한영역: 기본권침범의 허용가능성(침범근거)
 2. 제한의 한계영역: 허용된 기본권침범에 대한 헌법적합성심사
  (1) 형식적 헌법적합성심사
   ① 권한심사
   ② 절차심사
   ③ 형태심사
  (2) 실질적 헌법적합성심사

하지만 기본권심사1단계(기본권 보호영역의 잠정적 확인)는 기본권침해여부와 관련된 논증다툼을 진행하기 위한 최소한의 전제조건이 갖추어졌는지 여부를 확인하는 단계로서 기본권구성요건 — 일반적으로 기본권구성요건은 '기본권적 보호법익'과 '기본권침범'으로 이루어지며, 기본권적 보호법익은 '인적 구성요건'과 '물적 구성요건'으로 대별하여 살펴볼 수 있다.[4] — 의 포착 및 해석에 관한 다툼[5]이 심사의 본질을 이루고 있다는 점에서[6] 심사대상인 국가행위(기본권침범)가 합헌적인 기본권제한인지 혹은 위헌적인 기본권침해인지 여부에 관한 본격적인 논증이 이루어지는 곳이라고 평가하기는 어려울 것이며, 심사대상인 기본권침범의 헌법 직·간접적 근거를 확인하는 '기본권침범의 허용가능성에 관한 심사'와 허용된 기본권침범이 (권한·절차·형태와 관련하여) 헌법에 부합되는 형식으로 행해졌는지 여부를 검토하는 '형식적 헌법적합성심사'는 기본권적 보호법익에 대한 고려보다는 심사대상인 기본권침범 그 자체에 주목해서 헌법이 요청하고 있는 각종 심사기준들 — 예컨대 기본권침범의 허용가능성과 관련해서는 일반적으로 법률유보원칙의 준수여부가, 법률유보의 한계적 상황에서는 예외적으로 헌법유보원칙이 준수되고 있는지 여부가 심사기준으로 등장하며, 허용된 기본권침범의 형식적 헌법적합성심사에서는 특히 의회유보원칙, 포괄위임금지원칙 및 입법절차와 관련된 헌법상 각종원칙 등등이 주요한 심사기준으로 등장한다.[7] — 이 준

---

4) 김해원, 앞의 글(주 1), 2009, 290−296쪽.

5) 이러한 다툼은 특히 일반적으로 지지되고 있는 넓은 구성요건이론에 입각할 경우에 상당 부분 완화될 수 있을 것으로 생각된다.

6) 이에 관한 상세한 설명은 김해원, 앞의 글(주 1), 312쪽.

7) 김해원, 앞의 글(주 3), 244−248쪽; 김해원, 「기본권관계에서 "대통령을 수반으로 하는 정부"에게

수되고 있는지 여부를 살피는데 집중할 뿐 기본권적 보호법익에 대한 진지한 고려는 도외시되고 있는바,[8] 결국 전체 기본권심사구조에서 기본권최대보장자와 기본권최대제한자 상호 간 논증다툼이 본격적으로 행해지는 부분은 '기본권적 보호법익'과 여기에 감행된 '기본권침범'의 상호관련성에 주목해서 헌법이 마련해두고 있는 각종 (실질적) 심사기준들이 준수되고 있는지 여부를 판단해야 하는 '실질적 헌법적합성심사' 단계라고 할 수 있을 것이다.

Ⅱ. 承: 실질적 헌법적합성심사의 구조

헌법적 차원의 권리인 기본권에는 실질적 지위와 형식적 지위가 함께 편입되어 있다.[9] 하지만 기본권심사에서 형식적 지위보장에 관한 문제는 형식적 헌법적합성심사를 통해서 규명되어야 하는 반면에,[10] 기본권규범에 내포된 실질적 지위보장에 관한 문제는 실질적 헌법적합성심사의 핵심과제라고 할 수 있다. 따라서 실질적 헌법적합성심사에서는 기본권의 인적·물적 구성요건을 의미하는 기본권적 보호법익에 대해 심사대상인 기본권침범이 미치는 영향 내지는 작용에 주목해서 헌법이 마련해둔 각종 심사기준(실질적 심사기준)들의 준수여부가 집중적으로 검토되어야 한다. 그런데 이러한 활동에 있어서 판단자의 자의성과 불합리성을 억제하여 헌법적용의 통일성과 합리성을 유지하고 구체적 사례검토의 편리성 및 예측가능성을 높이며, 올바른 판단이 무엇인지를 지도하고 이를 평가할 수 있는 구조적 틀을 마련해두는 것은 매우 긴요한 작업이라고 할 것인바,[11] 이하에서는 우선 실질적 심사기준들을 적절히 조직·배치하고 정돈함으로써 실질적 헌법적합성심사의 구조를 개관한 다음, 여기서(특히 목차 Ⅲ.) 집중적으로 정리

입법권을 수권하는 법률에 대한 권한법적 통제」, 『법학논총』 35-1, 전남대법학연구소, 120쪽, 137쪽 참조.

8) 실제로 '기본권침범의 허용가능성에 대한 심사'와 '허용된 기본권침범에 대한 형식적 차원에서의 헌법적합성심사'에서 활용되고 있는 각종 심사기준들은 원칙적으로 심사대상인 기본권침범 그 자체에만 집중하고 있을 뿐, 심사대상인 기본권침범이 기본권적 보호법익에 미치는 영향을 주목하고 있는 것은 아니다.

9) Vgl. S. Lenz/P. Leydecker, Kollidierendes Verfassungsrecht: Verfassungsrechtliche Maßstäbe der Einschränkbarkeit vorbehaltloser Freiheite, in: DÖV, 58(20), 2005, S. 845f.

10) 이에 관해서는 김해원, 앞의 글(주 3), 238쪽 이하.

11) 기본권심사구조를 구축해야 할 필요성 및 의미에 관해서는 특히 김해원, 「급부권적 기본권의 심사구조」, 『공법학연구』 13-2, 한국비교공법학회, 2012, 264쪽.

하려는 개별 특유한 심사기준들이 실질적 헌법적합성심사에서 어떠한 구조적 위치를 갖고 있는지를 확인해본다.

기본권관계[12]에서 각각의 심사기준이 갖고 있는 의미 및 적용조건을 고려한다면, 실질적 헌법적합성심사에서 검토되어야 하는 심사기준(실질적 심사기준)들은 무엇보다도 모든 기본권관계에서 검토될 수 있는(혹은 검토되어야 하는) '일반적 심사기준'과 몇몇 특별한 기본권관계에서 추가적으로 검토여부를 따져보아야 하는 '개별적 심사기준'으로 크게 대별해볼 수 있겠다. 그리고 일반적 심사기준 또한 심사대상인 특정 국가행위(기본권침범)로 인해서 '국가와 직면하여 맞서게 된 기본권주체'와 '기본권수범자인 국가' 상호 간의 관계(단수관계)에 주목해서 헌법이 마련해둔 심사기준과 '국가와 직면하여 맞서게 된 기본권주체(a)' 외에 비교적·상대적 관점에서 '또 다른 기본권주체(b)'를 상정한 복수의 기본권관계(복수관계)[13]에서 심사대상인 국가행위(기본권침범)의 헌법적합성 여부를 따져 묻는 심사기준으로 분별할 수 있을 터인데, 전자인 단수관계와 관련하여 헌법이 명시적으로 마련해두고 있는 실질적 심사기준으로는 무엇보다도 헌법 제37조 제2항 전단 "국가안전보장·질서유지 또는 공공복리를 위하여"로부터 도출되는 '목적의 정당성'과 "필요한 경우에 한하여"로부터 도출되는 '비례성원칙', 헌법 제37조 제2항 후단 "자유와 권리의 본질적인 내용을 침해할 수 없다."로부터 도출되는 '본질내용침해금지' 및 헌법 제13조 제3항 "모든 국민은 자기의 행위가 아닌 친족의 행위로 인하여 불이익한 처우를 받지 아니한다."로부터 도출될 수 있는 '책임주의'[14] 등을 언급할 수 있을 것이며, 헌법 명시적 조항으로부터 도출되는 것은 아니지만 모든 헌법적 논증의 전제조건이란 점에서 불문 헌법적 가치라고 할 수 있는 법치주의로부터 그 근거를 마련할 수 있는 '명확성원칙'과 '(좁은 의미의) 신뢰보호원칙' 및 '소급효금지원칙' 등과 같은 기준들 또한 단수관계에서 검토되어야 하는

12) 기본권관계의 의미에 관해서는 허완중, 「기본적 인권을 확인하고 보장할 국가의 의무」, 『저스티스』 115, 한국법학원, 2010, 69－70쪽.

13) 여기서 복수의 기본권관계라는 것은 '국가와 직면하여 맞서게 된 기본권주체(a)'와 기본권수범자인 국가 상호 간의 권리의무관계로서의 기본권관계와 비교적·상대적 관점에서 a에 대비하여 설정된 '또 다른 기본권주체(b)'와 기본권수범자인 국가 상호 간의 권리의무관계로서의 기본권관계를 뜻한다.

14) 자기책임의 원칙 혹은 연좌제금지원칙 등으로 불리기도 한다(관련해서는 이 책 목차 § 11. 참조). 한편 헌법재판소는 책임주의의 헌법적 근거로 헌법 제10조와 법치주의를 언급하면서 헌법 제13조 제3항은 법치주의에 내재된 자기책임의 원리의 한 표현으로 이해하고 있다(특히, 헌재 2001.9.29. 2010헌마68, 공보 180, 1482, 1486쪽). 하지만 책임주의를 보다 뚜렷하고 직접적이며 명시적으로 징표하고 있는 헌법조항인 헌법 제13조 제3항을 주된 근거조항으로 원용하는 것이 보다 바람직할 것이다.

실질적 심사기준이라고 할 수 있겠다.[15] 그리고 후자인 복수관계에서 심사대상인 국가행위(기본권침범)의 헌법적합성여부를 따져 묻는 실질적 심사기준으로는 헌법 제11조로부터 도출되는 '평등원칙'을 언급할 수 있겠다.[16] 이러한 내용은 아래와 같이 도식화할 수 있다.

실질적 헌법적합성심사의 구조와 개별적 심사기준의 위치

A. 일반적 심사기준
 1. 단수관계
  (1) 헌법 명시적 심사기준
   ① 헌법 제37조 제2항: ⓐ 목적의 정당성, ⓑ 비례성원칙, ⓒ 본질내용침해금지원칙
   ② 헌법 제13조 제3항: 자기책임의 원칙(책임주의)
  (2) 불문 헌법적 심사기준
   법치주의 → ① 명확성원칙, ② 신뢰보호원칙, ③ 소급효금지원칙
 2. 복수관계: 헌법 제11조 평등원칙

B. 개별적 심사기준

그런데 실질적 헌법적합성심사에서 검토되어야 할 심사기준들 중에서 일반적 심사기준에 해당하는 규준들에 관해서는 이미 많은 연구가 축적되어 있지만, 개별 특유한 심사기준들을 종합하고 있는 본격적인 연구는 찾아보기 쉽지 않다. 물론 개별 특유한 심사기준들을 각각의 개별 특유한 기본권관계 속에서 독립적으로 검토한 연구는 적지 않지만, 이러한 연구들이 각각의 개별 특유한 심사기준들 전체를 구조화하여 체계적이고 일목요연하게 정리하고 있는 것으로 보이지는 않는다. 따라서 이하에서는 기본권관계에서 행해지는 실질적 헌법적합성심사에서 그동안 일반적 심사기준에 비해서 상대적으로 간과되어온 개별적 심사기준에 대해 주목한다. 즉, 헌법전 곳곳에 산재되어 있는 '실질적 헌법적합성심사에서 검토되어야 할 개별적 심사기준'이라고 평가할 수 있는 헌법적 차원의 각종 규준들을 체계적으로 정돈하고 일반적 심사기준과의 차별성을 드러낼 것이다. 이러한 작업은 실질적 헌법적합성심사에서 검토되어야 하는 개별 특유한 심사기준들

15) 기본권심사에서 법치주의가 갖는 의미 및 법치주의로부터 파생될 수 있는 기본권심사기준들은 김해원, 「기본권심사에서 법치국가원칙의 의미」, 『헌법학연구』 23-1, 한국헌법학회, 2017, 143-148쪽 참조.

16) 기본권이 아니라 기본권심사기준으로서 헌법상 평등을 이해하는 견해에 대해서는 특히 김해원, 「'평등권'인가 '평등원칙'인가?」, 『헌법학연구』 19-1, 한국헌법학회, 2013, 250-252쪽.

을 한편으로는 종합하고, 다른 한편으로는 분석함으로써 결국 실질적 헌법적합성심사는 물론이고 전체 기본권심사의 합리화와 체계화에 기여하는 과정이라고 하겠다.

Ⅲ. 轉: 실질적 헌법적합성심사와 개별적 심사기준

1. 서두: 헌법문언으로부터 확인되는 개별적 심사기준

실질적 헌법적합성심사에서 검토되어야 할 심사기준들을 체계화하는 가장 중요한 이유는 무엇보다도 구체적인 기본권관계에서 검토되어야 할 심사기준들이 무엇인지를 미리 일목요연하게 정돈하여 조망할 수 있도록 함으로써 심사기준을 선별하는 과정에서 개입할 수 있는 그때그때마다의 직관을 가능한 한 통제하고 심사과정에서 특정 심사기준에 대한 검토가 누락되거나 그로 인한 판단의 유탈이 발생할 가능성을 미연에 억제하며, 나아가 구체적 기본권관계에서 어떠한 심사기준의 위반 여부를 우선적으로 검토하는 것이 효율적인지 여부(즉, 효율적인 심사기준 검토의 우선순위)를 계획할 수 있는 계기를 마련하여 궁극적으로 보다 합리적이고 납득가능한 심사를 진행하기 위함이다.[17] 따라서 실질적 헌법적합성심사에서 활용될 수 있는 각종 기본권심사기준들 중에서 어떠한 심사기준들이 모든 기본권관계에서 검토되어야 하는 심사기준(일반적 심사기준)인지 혹은 특정한 기본권관계에서만 별도로 검토될 수 있는 심사기준(개별적 심사기준)인지 여부를 분별해두는 것은 실질적 헌법적합성심사의 구조를 형성하는데 중추적 역할을 할 뿐만 아니라, 기본권심사기준들의 체계적 이해라는 점에서도 아주 중요한 의미를 갖는다.

---

17) 헌법재판에서 기본권심사기준이 무엇인지와 상관없이 기본권심사기준위반의 효과는 심사대상인 국가행위의 효력을 상실시킨다는 점에서 원칙적으로 동일하다. 따라서 기본권심사에서 판단의 유탈에 관한 문제는 특히 심사대상인 국가행위에 대해서 '헌법에 위반되지 않는다'라는 판단을 내릴 경우에 더욱 심각해진다. 왜냐하면 검토에서 누락된 심사기준으로 인해서 합헌판단의 정당성여부가 새롭게 다투어질 수 있기 때문이며, 이 경우 해당 합헌판단은 재심의 사유가 되는지 여부라는 복잡한 문제를 유발시키기 때문이다. 같은 맥락에서 검토되어야 할 기본권심사기준들 상호 간의 검토우선순위를 계획하는 활동 또한 합헌판단보다는 위헌판단의 경우에 보다 중요한 의미를 갖는다. 왜냐하면 검토할 심사기준들의 우선순위를 계획함에 있어서 여러 심사기준들 중에서 위헌의 의심이 가장 뚜렷해 보이는 심사기준을 우선적으로 검토하여, 특정 심사기준에 위반되어 심사대상인 기본권침범에 대해 헌법위반(혹은 기본권침해)을 선언하게 되면, 다른 기본권심사기준의 위반 여부를 검토해야할 실천적 의미가 감소되기 때문이다.

그런데 헌법적 논증의 첫 출발점은 무엇보다도 명시적 헌법규범이 되어야 한다는 점을 고려한다면, 실질적 헌법적합성심사에서 활용되는 심사기준들 중에서 무엇이 모든 기본권관계에서 검토되어야 하는 일반적 심사기준에 해당하는 것이며, 무엇이 특별한 기본권적 보호법익 내지는 기본권침범과 관련해서 검토될 수 있는 개별적 심사기준에 해당되는 것인지를 확인하는 것 또한 일차적으로는 헌법문언의 표현으로부터 출발하는 것이 마땅하다고 하겠다. 따라서 기본권심사기준을 도출하는 근거로서 헌법이 명시하고 있지 않은 불문헌법적 가치들에 대한 주목은 보충적 차원에서 검토되는 것이 바람직할 것이다. 실제로 앞서 도식화하여 적시한 일반적 심사기준들 또한 일차적으로는 헌법문언에 대한 주목을 통해서, 그리고 보충적으로 불문헌법적 가치에 대한 고려를 통해서 확인하고 이를 정돈한 것이다.[18] 이러한 맥락에서 지금부터는 본격적으로 개별적 심사기준들은 어떠한 것들이 있으며, 또 이들은 어떻게 체계화할 수 있는지에 관한 문제를 검토한다. 그런데 이러한 검토 또한 일반적 심사기준의 경우와 마찬가지로 헌법문언의 명시적 표현으로부터 출발되어야 할 것인바, 무엇보다도 헌법이 명시하고 있는 기본권구성요건 — 기본권적 보호법익과 기본권침범 — 들에 주목해야 할 것이다. 왜냐하면 개별적 심사기준은 특정한 기본권구성요건과 결부되어 있는 관계로 모든 기본권관계에서 항상 검토될 수 있는 기준이 아니라 특정 기본권관계에서 검토여부가 문제될 수 있는 심사기준이기 때문이다. 따라서 이하에서는 우선 헌법문언에 주목해서 특정 기본권적 보호법익과 결부되어 있는 개별적 심사기준들(목차 Ⅲ. 2.)과 특정 기본권침범과 결부되어 있는 개별적 심사기준들(목차 Ⅲ. 3.)로 분별해서 개별적 심사기준들을 체계화해본다. 그리고 보충적으로 불문헌법적 기준으로부터 개별적 심사기준을 도출하는 문제에 관해서 간단히 언급한다(목차 Ⅲ. 4.).

---

18) 즉 헌법 제37조 제2항은 명시적으로 "국민의 모든 자유와 권리"를 규율대상으로 하고 있으므로, 헌법 제37조 제2항으로부터 도출되는 심사기준들인 '목적의 정당성', '비례성원칙', '본질내용침해금지' 등은 모든 기본권관계에서 준수되어야 하는 심사기준(즉, 일반적 심사기준)으로 이해되어야 하며, 헌법 제11조 및 헌법 제13조 또한 특정한 기본권구성요건 — 기본권구성요건은 기본권적 보호법익과 해당 기본권적 보호법익에 감행되는 심사대상인 국가행위인 기본권침범으로 이루어진다. — 과 결부됨 없이 "모든 국민"과의 관계에서 국가가 준수해야만 하는 사항을 규율하고 있다는 점에서 이들로부터 도출되는 '평등원칙'과 '자기책임의 원칙' 또한 일반성을 갖고 모든 기본권관계에서 적용되어야 하는 심사기준(일반적 심사기준)으로 평가되어야 한다는 것이다. 그리고 이러한 심사기준들로는 완전히 대체하기 어려운 '명확성원칙', '(좁은 의미의) 신뢰보호원칙', '소급효금지원칙' 등과 같은 심사기준은 불문헌법적 가치인 법치주의로부터 도출될 수 있는 일반적 심사기준으로 평가될 수 있다는 것이다. 왜냐하면 법치주의는 모든 헌법적 논증의 전제조건이기 때문이다(상세한 논증은 김해원, 앞의 글(주 15), 142－143쪽).

2. 기본권적 보호법익과 결부된 개별적 심사기준

가. 서두

기본권의 잠정적 보호영역을 징표 하는 총체적 사태를 의미하는 기본권 구성요건은 기본권적 보호법익과 기본권침범으로 대별된다. 여기서 기본권을 통해서 규율되고 보장되는 법익(기본권적 보호법익)은 크게 인적인 것(인적 구성요건)과 물적인 것(물적 구성요건)으로 구분해서 살펴볼 수 있고, 특히 전자는 대체로 기본권 주체라는 개념으로 논의되고 있다. 그런데 기본권 주체를 의미하는 인적 보호법익과 관련해서 헌법은 원칙적으로 "(모든) 국민"이 기본권 주체임을 선언하고 있을 뿐,[19] 정당성심사단계에서 검토되어야 할 국가행위통제규준을 특정 인적 보호법익과 결부해서 규율하고 있지는 않다. 따라서 기본권보호영역을 잠정적으로 확인하는 단계에서 헌법상 "국민"의 개념을 어디까지 확장 혹은 축소할 수 있는지에 관한 문제(즉 법인이나 기타 결사·외국인·북한주민·태아나 배아를 비롯한 형성중의 생명·수형자·미성년자·공무원 등등이 기본권주체인지 여부에 관한 문제)가 인적 보호법익과 관련하여 주된 쟁점이 되고 있을 뿐이다.[20] 반면에 헌법은 기본권에 의해서 보호되는 개인의 자유와 행동들(예컨대 집회, 의사표현, 직업행사 등등), 단순한 상태 및 공간(예컨대 헌법 제16조 "주거"), 일정한 법적 지위(예컨대 헌법 제23조 제1항 "재산권")[21] 등을 아우르는 개념인 물적 보호법익과 결부된 특별한 국가행

---

19) 헌법은 일정한 경우에 기본권의 귀속주체를 "누구든지(헌법 제12조 제4항·제5항·제6항)", "근로자(헌법 제33조)", "형사피고인(헌법 제27조 제4항, 제28조)", "형사피해자(헌법 제27조 제5항)", "형사피의자(헌법 제28조)" 등과 같이 표기하기도 한다. 하지만 기본권제한에 관한 일반적 법률유보조항인 헌법 제37조 제2항에서 기본권주체를 "국민"이라고 규정하고 있다는 점에서, 원칙적으로 국민들 중에서 누구든지, 그리고 국민인 근로자·형사피고인·형사피해자·형사피의자 등으로 이해하는 것이 타당할 것으로 생각된다. 외국인이나 법인 등이 기본권주체가 될 수 있는지 여부는 이러한 "국민" 개념을 얼마나 확장할 수 있는지 여부에 관한 문제로 보아야 할 것이다. 관련해서는 특히 공진성, 「출입국관리법상 '보호' 및 '강제퇴거'와 외국인의 기본권 보호」, 『공법학연구』 14-1, 한국비교공법학회, 2013, 227쪽 이하.

20) 김승환, 「기본권이 인적 효력범위」, 『공법학연구』 9-4, 한국비교공법학회, 2008, 114쪽 이하; 공진성, 앞의 글, 226-230쪽.

21) 헌법상 재산권은 일정한 주체가 재산(즉, 경제적 가치가 있는 모든 대상)에 대해서 갖는 법적 지위(즉, "재산을 취득·사용·수익·처분할 수 있는 배타적인 법적지위")를 보호법익으로 삼는다(이준일, 「재산권에 관한 법이론적 이해 — 규칙/원칙 모델(rule/principle model)을 중심으로 —」, 『공법학연구』 7-2, 한국비교공법학회, 2006, 224-225쪽). 이러한 법적 지위는 법적 행위의 가능성을 보장한다는 점에서 단순히 행위의 가능성을 보장하는 다른 자유들과는 구별된다(이준일, 『헌법학강의』, 홍문사, 2015, 633쪽).

위통제규준들을 마련해두고 있다.[22] 예컨대, 헌법은 기본권주체의 언론·출판·집회·결사 행위에 대하여 허가나 검열을 금지하고 있으며, 일정한 선거와 관련해서 국가에게 '보통·평등·직접·비밀 선거'라는 규준을 마련해두고 있다. 그리고 일정한 재산권관계에서는 정당한 보상을 지급할 의무를, 청원권관계에서는 심사할 의무를 헌법이 국가에게 명시적으로 부담시키고 있다. 이러한 국가행위통제규준들은 정당성심사단계에서 국가행위의 실질적 헌법적합성여부를 검토하는 독립된 심사기준으로 활용되어야 한다. 이러한 심사기준들을 아래에서 보다 구체적으로 살펴본다.

나. (언론·출판·집회·결사의 자유에 결부된) 허가 혹은 검열 금지

헌법은 별도의 독립된 조항(헌법 제21조 제2항)에서 명시적으로 "언론·출판에 대한 허가나 검열과 집회·결사에 대한 허가는 인정되지 아니한다."라고 규정하고 있다. 따라서 언론·출판·집회·결사의 자유에 직·간접적으로 관여하는 국가의 허가나 검열 행위가 구체적인 기본권관계에서 헌법 제37조 제2항에 근거하는 비례성원칙이나 본질내용침해금지 등에 위반되지 않는다고 하더라도, 해당 허가나 검열 행위는 그 자체로서 위헌이 된다.[23] 즉 구체적인 기본권관계에서 기본권수범자인 국가가 언론·출판·집회·결사에 대한 허가나 검열을 통해서 헌법 제37조 제2항 전단의 "국가안전보장·질서유지 또는 공공복리"에 부합되는 어떤 구체적인 이익(공익)을 달성할 수 있다고 하더라도, 이러한 이익(공익)과 특정 기본권주체가 언론·출판·집회·결사의 자유를 통해서 누릴 수 있는 이익(기본권적 보호법익)을 서로 형량해서 해당 허가나 검열을 정당화하려는 시도는 물론이고,[24] 설사 언론·출판·집회·결사에 대해 행해지는 검열이나 허가가 아주 경미해서 언론·출판·집회·결사의 자유의 본질적인 내용을 침해한다고 볼 수 없는 경우라고 하더라도 해당 검열이나 허가는 헌법 제21조 제2항에 의해서 금지된다는 것이다.[25] 그리고 바로 이러한 지점에서 개별적 심사기준으로서 '(언론·출판·

22) 김해원, 앞의 글(주 1), 291쪽.

23) 물론 언론·출판·집회·결사의 자유에 대한 허가나 검열 행위가 헌법 제77조 제3항 "특별한 조치"에 해당될 경우에는 허용될 수도 있겠다(이준일, 앞의 책(주 21), 926쪽).

24) 김배원, 「언론·출판의 자유와 사전검열금지원칙」, 『공법학연구』 16-1, 한국비교공법학회, 2015, 75-76쪽.

25) 헌재 2005.2.3. 2004헌가8, 판례집 17-1, 59쪽: "헌법 제21조 제2항이 언론·출판에 대한 검열금지를 규정한 것은 비록 헌법 제37조 제2항이 국민의 자유와 권리를 국가안전보장·질서유지 또는 공공복리를 위하여 필요한 경우에 한하여 법률로써 제한할 수 있도록 규정하고 있다고 할지라도, 언론·출판의 자유에 대하여는 검열을 수단으로 한 제한만은 법률로써도 허용되지 아니한다는 것

집회·결사에 대한) 허가나 검열 금지'는 실질적 헌법적합성심사에서 항상 검토되어야 하는 일반적 심사기준들과 뚜렷하게 구별될 수 있을 뿐만 아니라, 독립된 심사기준으로서 그 고유한 의미를 확보할 수 있게 된다.[26)]

언론·출판·집회·결사의 자유에 개입하는 국가행위의 헌법적 정당성여부를 판단함에 있어서 독립된 고유한 개별적 심사기준으로 검토되어야하는 '허가 혹은 검열 금지'와 관련하여, 정작 중요한 문제는 과연 「"허가" 혹은 "검열"의 개념이 무엇인가(혹은 어떤 국가행위가 헌법 제21조 제2항이 명시하고 있는 "허가" 혹은 "검열"에 해당할 수 있는가)?」하는 점이다.[27)] 왜냐하면 헌법이 허가나 검열의 의미나 요건 등을 직접 규율하고 있지 않을 뿐만 아니라,[28)] 무엇보다도 헌법 제21조 제2항 "허가" 혹은 "검열"이라는 개념으로 포착할 수 있는 대상들의 범위가 확대되면 확대될수록 심사대상인 국가행위가 여타의 다른 기본권심사기준들 — 특히 실질적 헌법적합성여부를 판단하기 위한 일반적 심사기준인 비례성원칙이나 본질내용침해금지 등 — 에 위반되었음을 논증해야 할 현실적 필요성이 감소되며, 기본권심사기준들 상호 간 중첩적용과 그로 인한 논증의 중복이 증대하여 헌법 제21조 제2항에 근거한 개별적 심사기준인 '허가 혹은 검열 금지'가 갖고 있는 고

을 밝힌 것이다."; 한편 허영 교수는 언론·출판에 대한 허가나 검열을 인정하고 있지 않은 헌법 제21조 제2항을 언론·출판의 자유의 본질적 내용을 분명히 밝힌 조항으로 이해하고 있다(허영, 『한국헌법론』, 박영사, 2015, 599쪽). 하지만 이러한 견해는 헌법이 달리 규정하고 있는 헌법 제21조 제2항 "허가나 검열"과 헌법 제37조 제2항 후단 "본질적인 내용"을 언론·출판과 관련하여 동일시하는 것으로서 양자를 분별하고 있는 헌법문언의 취지에 부합하지 않을 뿐만 아니라, 무엇보다도 국가행위를 통제할 수 있는 기본권심사기준들 중 하나를 실질적으로 무의미하게 한다는 점에서 비판되어야 할 것으로 본다.

26) 관련하여 특히 김배원 교수는 헌법 제21조 제2항 "허가나 검열"을 기본권 제한의 일반적 한계원칙에 대한 특칙적 한계이자 언론·출판의 자유의 제한에 대한 우선적·절대적 한계원칙으로 이해하고 있다(김배원, 앞의 글(주 24), 75−77쪽); 한편 집회의 자유와 관련하여 독립된 심사기준으로서 헌법 제21조 제2항 허가금지가 갖는 의미와 취지에 대해서는 특히 헌재 2009.9.24. 2008헌가25, 판례집 21−2(상), 440쪽: "[…] 헌법 자체에서 직접 집회의 자유에 대한 제한의 한계를 명시하고 있으므로 기본권 제한에 관한 일반적 법률유보조항인 헌법 제37조 제2항에 앞서서, 우선적이고 제1차적인 위헌심사기준이 되어야 하는 것이다. 따라서, 집회의 자유를 제한하는 법률규정이 비록 헌법 제37조 제2항이 정하고 있는 기본권제한의 요건을 갖추고 있다고 하더라도, 그것이 허가제의 방식을 취하고 있다면 그 법률규정은 이 사건 헌법규정에 위반되는 것이어서 허용될 수 없는 것이다."

27) 헌법 제21조 제2항은 언론·출판·집회·결사의 자유와 관련하여 허가나 검열이 "인정되지 아니한다."고 명시하고 있다. 따라서 헌법 제21조 제2항 위반여부와 관련해서는 '허가'나 '검열'의 강도 내지는 그로 인한 언론·출판·집회·결사 등과 같은 기본권적 보호법익의 훼손 정도가 중요한 문제는 아니라고 해야 한다. 왜냐하면 언론·출판·집회·결사에 대한 허가나 검열은 헌법 제77조 제3항 등과 같이 특별한 헌법적 근거에 기초하지 않는 한 원칙적으로 그 자체로서 금지되기 때문이다.

28) 같은 인식으로는 김배원, 앞의 글(주 24), 72쪽.

유한 의미와 기능이 경시될 우려가 커지기 때문이다.[29] 관련하여 학설과 판례는 대체로 언론·출판에 대해 헌법 제21조 제2항이 금지하고 있는 허가와 검열을 동일개념으로 파악하고[30] "발표되기 이전에 예방적 조치로서 그 내용을 심사, 선별하여 발표를 사전에 억제하는, 즉 허가받지 않은 것의 발표를 금지하는" 사전검열이 헌법적으로 금지되는 것이라고 이해하면서,[31] 보다 구체적으로는 심사대상인 국가행위가 다음 4가지 요건을 모두 갖춘 경우에만 헌법 제21조 제2항에 의해서 절대적으로 금지[32]되는 "허가나 검열"의 개념에 해당한다고 한다: ① 허가를 받기 위한 표현물 제출의무의 존재, ② 행정권이 주체가 된 사전심사절차의 존재,[33] ③ 허가를 받지 아니한 의사표현의 금지, ④ 심사절차를 관철할 수

---

29) 예컨대 헌법 제21조 제2항이 명시하고 있는 "허가" 혹은 "검열"을 언론·출판·집회·결사의 자유의 본질적인 내용을 침해하는 행위로 이해한다면(특히 허영, 앞의 책(주 25), 599쪽), 언론·출판·집회·결사의 자유와 관련하여 '허가 혹은 검열 금지'는 헌법 제37조 제2항에 근거를 둔 심사기준인 '본질내용침해금지'와 중복된 심사기준이 된다. 따라서 개별적 심사기준으로서 '허가 혹은 검열 금지'는 본질내용침해금지라는 일반적 심사기준의 한 형태 내지는 구체적 표현으로 이해됨으로써, 자신의 고유성 내지는 독자성이 퇴색된다. 모든 기본권관계에서 검토되어야 하는 일반적 심사기준들(예컨대 헌법 제37조 제2항, 헌법 제13조 제3항 등)뿐만 아니라, 특별한 기본권관계에 국한해서 검토될 것을 예정하고 있는 개별적 심사기준들 또한 헌법이 곳곳에서 별도로 마련해두고 있다는 점을 고려한다면, 개별적 심사기준들을 성급하게 일반적 심사기준의 한 표현 내지는 구체화 등으로 편입시키는 헌법해석보다는 각각의 고유성 내지는 독자성에 주목하여 기본권심사기준들 상호 간 분별을 뚜렷하게 하는 헌법해석이 헌법문언의 태도에 보다 잘 부합된다고 생각한다. 후자는 헌법문언의 태도를 보다 예민하게 살피는 헌법해석이란 점에서 헌법적 논증의 합리성과 설득력을 높이는데 기여한다는 의미도 있겠지만, 무엇보다도 심사대상인 국가행위를 평가 및 통제할 수 있는 규범적 무기를 보다 다양하게 확보하고 이를 더욱 정교하게 만드는 활동이란 점에서 궁극적으로 국민의 기본권보장에도 도움 될 것이다.

30) 헌재 2001.5.31. 2000헌바43등, 판례집 13-1, 1179쪽: "제21조 제2항 […] 위 조항 전단의 '허가'와 '검열'은 본질적으로 같은 것이라고 할 것이며 위와 같은 요건에 해당되는 허가·검열은 헌법적으로 허용될 수 없다."; 정종섭, 헌법학원론, 박영사, 2016, 625쪽; 이준일, 앞의 책(주 21), 554쪽: "검열의 개념에는 허가가 포함되어 있으므로 허가와 검열을 분리하여 이해할 필요는 없다. 그리고 검열의 개념상 표현되기 이전의 검열만 금지되기 때문에 헌법상 금지되는 것은 '사전검열'이다."; 헌법 제21조 제2항 "허가나 검열"의 분별과 관련된 보다 상세한 검토는 한수웅, 『헌법학』, 법문사, 2016, 761-762쪽.

31) 헌재 2001.5.31. 2000헌바43등, 판례집 13-1, 1179쪽; 헌재 1996.10.4. 93헌가13등, 판례집 8-2, 222쪽; 헌재 1996.10.31. 94헌가6, 판례집 8-2, 402쪽.

32) 헌재 2015.12.23. 2015헌바75, 판례집 27-2(하), 639: "현행 헌법이 사전검열을 금지하는 규정을 두면서 1962년 헌법과 같이 특정한 표현에 대해 예외적으로 검열을 허용하는 규정을 두고 있지 아니한 점, 이러한 상황에서 표현의 특성이나 이에 대한 규제의 필요성에 따라 언론·출판의 자유의 보호를 받는 표현 중에서 사전검열금지원칙의 적용이 배제되는 영역을 따로 설정할 경우 그 기준에 대한 객관성을 담보할 수 없어 종국적으로는 집권자에게 불리한 내용의 표현을 사전에 억제할 가능성을 배제할 수 없게 된다는 점 등을 고려하면, 현행 헌법상 사전검열은 예외 없이 금지되는 것으로 보아야 한다."

33) 특히 헌재 2001.8.30. 2000헌바36, 판례집 13-2, 229쪽: "헌법 제21조 제2항에서 규정한 검열금지

있는 강제수단의 존재.[34] 그리고 같은 맥락에서 집회·결사의 자유와 관련해서는 헌법 제21조 제2항이 금지하고 있는 "허가"를 "행정권이 주체가 되어 집회 이전에 예방적 조치로서 집회의 내용·시간·장소 등을 사전심사 하여 일반적인 집회금지를 특정한 경우에 해제함으로써 집회를 할 수 있게 하는 제도, 즉 허가를 받지 아니한 집회를 금지하는 제도"[35] 혹은 "행정권이 주체가 되어 예방적 조치로 단체의 설립 여부를 사전에 심사하여 일반적인 단체 결성의 금지를 특정한 경우에 한하여 해제함으로써 단체를 설립할 수 있게 하는 제도, 즉 사전 허가를 받지 아니한 단체 결성을 금지하는 제도"[36]라고 이해하고 있다.[37]

이러한 학설과 판례의 이해에 대해서 허가와 검열을 같은 개념으로 이해하는 것은 양자를 구분하여 표현하고 있는 헌법 제21조 제2항의 법문("허가나 검열")에 부합되지 않는다고 지적하거나,[38] 헌법 제21조 제2항에 의해서 금지되는 행위인 허가나 검열을 행정권의 관점에서만 바라보는 것은 합리적이지 않다고 비판할 수 있겠다.[39] 그럼에도 불구하고 헌법 제21조 제2항의 허가나 검열의 개

의 원칙은 모든 형태의 사전적인 규제를 금지하는 것이 아니고 단지 의사표현의 발표 여부가 오로지 행정권의 허가에 달려있는 사전심사만을 금지하는 것을 뜻하므로, 이 사건 법률조항에 의한 방영금지가처분은 행정권에 의한 사전심사나 금지처분이 아니라 개별 당사자간의 분쟁에 관하여 사법부가 사법절차에 의하여 심리, 결정하는 것이어서 헌법에서 금지하는 사전검열에 해당하지 아니한다."

34) 헌재 2010.7.29. 2006헌바75, 판례집 22-2(상), 252-253쪽; 헌재 2005.2.3. 2004헌가8, 판례집 17-1, 59쪽; 헌재 2008.6.26. 2005헌마506, 판례집 20-1하, 397, 410; 헌재 1996.10.4. 93헌가13 등, 판례집 8-2, 212, 222-223쪽.

35) 헌재 2009.9.24. 2008헌가25, 판례집 21-2(상), 442쪽; 헌재 2001.5.31. 2000헌마43, 판례집 13-1, 1179쪽 ; 헌재 2008.6.26. 2005헌마506, 판례집 20-1하, 410쪽.

36) 헌재 2012.3.29. 2011헌바53, 판례집 24-1(상), 546쪽.

37) 헌재 2012.3.29. 2011헌바53, 판례집 24-1(상), 546쪽: "[…], 헌법 제21조 제2항 후단의 결사에 대한 허가제 금지에서의 '허가'의 의미 역시 같은 조항상의 표현에 대한 '검열'이나 '허가', 집회에 대한 '허가'의 의미와 다르지 아니하며, […]."

38) 한수웅, 앞의 책(주 30), 762쪽; 이러한 지적은 헌법상 기본권침범에 대한 심사기준으로서 허가금지와 검열금지 양자 모두와 결부되어 있는 언론·출판의 자유보다는 오직 허가금지와 결부되어 있는 집회·결사의 자유와 관련해서 보다 중요한 의미를 갖게 된다. 관련하여 필자는 '특정 물리적 공간에 다수 회합이 갖는 위험성' 혹은 '체계를 갖춘 조직된 집단 형성이 갖는 위험성'에 주목해서 집회나 결사를 사전에 억제하는 행위는 허가금지라는 심사기준의 적용에 관한 문제로, 집회나 결사를 통해서 표출하려는 의사에 주목해서 집회나 결사를 사전에 억제하는 행위는 언론·출판에 대한 검열금지라는 심사기준의 적용에 관한 문제로 분별하는 것이 헌법문언에 보다 부합한다고 생각한다(김해원, 「집회의 자유에 대한 헌법재판소의 판단 — 헌법재판소 판례에 대한 비판적 분석을 중심으로 —」, 『헌법재판연구』 4-1, 헌법재판소 헌법재판연구원, 2017, 78-80쪽).

39) 우선 헌법은 행정기관만을 구속하는 것이 아니라 모든 국가기관을 구속한다. 그리고 헌법 제21조 제2항이 금지하고 있는 허가나 검열과 관련하여 헌법은 행정권을 입법권이나 사법권과 달리 취급

념을 가급적 축소하여 해석하려는 경향성만큼은 다음과 같은 이유들 때문에 존중되어야 할 것으로 생각한다: ① 다른 기본권심사기준들과의 적용 및 논증 상의 중복을 가급적 회피하고 개별적 심사기준으로서 헌법 제21조 제2항이 갖고 있는 독자성이 보다 부각될 수 있다. ② 헌법 제21조 제2항의 허가나 검열에 해당하는 국가행위는 절대적으로 금지되는 위헌적 국가행위란 점에서 기본권심사기준으로서 언론·출판·집회·결사의 자유에 대한 허가 혹은 검열 금지는 구체적 타당성과 유연한 활용을 기대하기 어려운 아주 경직되고 강력한 심사기준이다.[40] ③ 허가나 검열의 개념이 축소되어 심사대상인 특정 국가행위가 헌법 제21조 제2항에 근거한 심사기준으로 통제하기 어렵다고 하더라도 해당 국가행위는 여전히 헌법 제37조 제2항에 근거하는 비례성원칙이나 본질내용침해금지 등과 같은 일반적 심사기준을 통해서 통제될 가능성이 열려있다.

하고 있지 않다. 예컨대 국회가 언론·출판·집회·결사와 관련하여 허가나 검열이 가능한 법률을 만든다면, 이러한 법률정립행위인 입법권의 행사 또한 헌법 제21조 제2항에 위반되는 것이다. 실제로 헌법재판소는 2014.4.24. 2011헌가29 사건에서 "헌법 제21조 제2항의 '허가'는 '행정청이 주체가 되어 집회의 허용 여부를 사전에 결정하는 것'으로서 행정청에 의한 사전허가는 헌법상 금지되지만, 입법자가 법률로써 일반적으로 집회를 제한하는 것은 헌법상 '사전허가금지'에 해당하지 않는다(헌재 2001.5.31. 2000헌바43)."라는 선례를 인용하면서도 "법률적 제한이 실질적으로는 행정청의 허가 없는 옥외집회를 불가능하게 하는 것이라면 헌법상 금지되는 사전허가제에 해당"된다고 함으로써 입법권이 헌법 제21조 제2항의 허가금지를 위반할 수 있음을 확인하고 있다(헌재 2014.4.24. 2011헌가29, 판례집 26-1상, 579-580쪽). 이러한 맥락에서 필자는 집회 및 시위에 관한 법률 제10조 등 위헌제청 사건에서 재판관 민형기·목영준의 헌법불합치의견에 나타난 "헌법 제21조 제2항의 '허가'는 '행정청이 주체가 되어 집회의 허용 여부를 사전에 결정하는 것'으로서 행정청에 의한 사전허가는 헌법상 금지되지만, 입법자가 법률로써 일반적으로 집회를 제한하는 것은 헌법상 '사전허가금지'에 해당하지 않는다."라는 주장(헌재 2009.9.24. 2008헌가25, 판례집 21-2(상), 447쪽)에 동의하지 않는다. 한편 미국 연방대법원은 언론에 대한 사법부의 금지명령도 사전제한에 해당하는 것으로 판단한 바 있다(Near v. Minnesota, 283 U.S. 6971931); New York Times Co. v. United States, 403 U.S. 713(1971)). 행정권에 의한 사전제한과 사법권에 의한 사전제한의 본질은 동일함에도 불구하고 헌법재판소가 행정권에 의한 사전제한만 헌법 제21조 제2항에서 규정하는 검열로 이해하고, 사법권에 의한 사전제한은 헌법 제21조 제2항이 규정하는 검열이 아니라고 판단한 것은 치밀하지 못한 논리구성이라는 비판에 대해서는 이인호, 「표현의 자유와 검열금지의 원칙: 헌법 제21조 제2항의 새로운 해석론」, 『법과 사회』 15, 법과 사회이론학회, 1997, 260쪽; 헌법상 금지되는 검열은 주로 행정기관에 의하여 행해지는 것이 보통이지만 그렇다고 해서 검열의 주체를 행정기관으로 한정시킬 이유는 없고 국가와 공권력의 주체, 곧 일반적으로 국가기관으로 이해하는 것이 타당하다는 견해는 남궁승태, 「영화에 대한 등급보류와 표현의 자유」, 『아·태공법연구』 6, 아·태공법학회, 1999, 121쪽.

40) 한편 이인호 교수는 헌법 제21조 제2항의 검열금지를 절대적 금지가 아니라, 표현매체의 특성에 따라 유연하게 활용할 수 있는 심사기준으로 보고 있다(이인호, 앞의 글(주 39), 261쪽). 하지만 이런 견해는 헌법 제21조 제2항 "인정되지 아니한다."라는 문언과 일치하기 어려울 뿐만 아니라, 헌법 제37조 제2항 "필요한 경우에 한하여"로부터 도출될 수 있는 비례성원칙이라는 심사기준과 본질적으로 다르지 않다는 점에서 양자를 분별하여 규정하고 있는 헌법의 태도와도 부합하기 어렵다.

다. (재산권관계에서) 국가의 정당보상의무

1) 서두: 근거

헌법은 재산권과 관련해서 다른 기본권규정들에서는 찾아볼 수 없는 특별한 사항들을 제23조에서 규율하고 있다. 하지만 헌법 제23조 제1항은 재산권의 보호영역을 법률로 정하도록 하는 규정이란 점에서 여기서 주목하고 있는 실질적 헌법적합성심사와는 직접적 관련이 없다.[41] 그리고 헌법 제23조 제2항 또한 재

41) 기본권이라면 적어도 그 내용이나 한계 둘 중 하나는 헌법으로부터 도출될 수 있어야 한다. 왜냐하면 기본권은 헌법적 차원의 권리이기 때문이다. 그런데 우리 헌법제정권자는 유독 재산권과 관련해서는 제2문에서 "그 내용과 한계는 법률로 정한다."라고 명시하고 있다. 즉 재산권과 관련해서는 그 내용도 법률로 정하도록 하고 있으며, 그 한계도 법률로 정하도록 명시하고 있는 것이다. 재산권의 내용과 한계 양자 모두를 헌법은 법률제정권자가 정하도록 명시하고 있다는 점에서 과연 헌법상 재산권이 고유한 의미의 기본권으로 평가될 수 있는지 여부에 관해서는 보다 엄밀한 검토가 필요하다. 헌법상 재산권의 의미 및 체계와 심사구조 등에 대해서는 추후 다른 글을 통해서 보완키로 한다. 하지만 분명한 것은 헌법 제23조 제1항은 실질적 헌법적합성심사 이전에 검토되어야 할 사항이란 점이다. 관련하여 여기에서는 다음과 같은 점을 밝혀둔다: 「우리 헌법전 전체에서 헌법 제23조 제1항에 단 한 번 등장하는 "한계"는 헌법전 곳곳에 등장하는 "제한"과는 구별되어야 할 것으로 생각된다. 우선 헌법도 달리 표현하고 있고 일상적인 언어사용에서도 분별되는 것처럼, 기본권이론에서도 내부로부터 설정되는 경계를 의미하는 "한계"와 외부로부터 설정되는 경계를 포착하는 "**제한**"은 서로 분별되는 개념이기 때문이다(특히 이준일, 앞의 책(주 21), 338쪽). 즉, 기본권적 보호법익에 개입하는 기본권침범을 심사하여 그 행위가 정당한 경우에 붙이는 용어가 "제한"이며 기본권침범이 정당하지 않다고 판단된 경우에 붙이는 용어가 "**침해**"라면(이에 관해서는 특히 김해원, 앞의 글(주 1), 293쪽, 주 51) 참조), "**한계**"는 기본권침범에 대한 정당성심사 이전에 기본권으로 규율될 수 있는 생활영역을 (기본권의 인적·물적 구성요건을 의미하는) 기본권적 보호법익의 관점에서 설정 혹은 한정하는 경계선 내지는 기본권적 보호법익이 뻗어 다다를 수 있는 테두리를 의미한다. 실제로 기본권이해와 관련하여 내재이론에서는 주로 "한계"를 외재이론에서는 주로 "제한"이란 용어를 선택하고 있다(이준일, 앞의 책(주 21), 337쪽). 그렇다면 헌법 제23조 제1항 제2문은 외부에서 감행되는 재산권에 대한 침범(Eingriff)을 직접 규율 내지는 통제하는 조항이 아니라, 재산권으로 규율될 수 있는 생활영역의 범위를 재산권침범(Eigentumsrechtseingriff)에 대한 고찰 이전에 잠정적으로 설정하는 규정으로 보아야 한다는 것이다. 즉 (기본권은 헌법적 차원의 권리라는 점에서) 기본권의 잠정적 보호영역은 헌법으로부터 얻어져야 함이 마땅함에도 불구하고, 헌법제정권자는 다른 기본권들과는 달리 유독 재산권의 경우에는 예외적으로 그 잠정적 보호영역이 헌법으로부터 직접 얻어질 것을 염두에 두지 않고(즉, 고유한 의미에서의 헌법적 차원의 권리로 규정한 것이 아니라), 오히려 헌법 제23조 제1항 제2문을 통해서 법률제정권자에게 재산권의 잠정적 보호영역을 규율하도록 맡겨놓고 있는 것이다. 그렇다면 모든 기본권에 대한 일반적 제한조항(헌법 제37조 제2항)을 갖고 있는 우리 헌법체계상 원칙적으로 모든 기본권관계는 외재이론의 관점에서 이해되는 것이 합리적이겠지만(이에 관해서는 특히 이준일, 앞의 책(주 21), 340−341쪽), 재산권은 다른 기본권들과는 달리 예외적으로 내재이론의 관점에서 이해되어야 하는 것은 아닌가 하는 의문을 제기해볼 수 있을 것이며, 바로 이 점에서 재산권을 과연 고유한 의미의 기본권으로 볼 수 있을 것인지에 관한 의문이 제기된다는 것이다. 그리고 같은 맥락에서 독일 헌법 제19조와 우리 헌법 제37조 및 독일 헌법 제14조와 우리 헌법 제23조의 구조적 차이에 관한 면밀한 분석 없이 주로 독일의 논의들을 차용해서 우리 헌법상 재산권에 관한 이해를 시도하고 있는 기존의 많은 논의들은 비판적으로 검토되어야 한다고 생각한다. 이

산권을 행사하는 주체에게 공공복리에 적합할 의무를 근거지우고 있을 뿐이란 점에서, 해당 조항 그 자체로부터 실질적 헌법적합성심사에서 국가행위를 통제할 수 있는 심사기준이 직접 도출된다고 보기는 어려울 것이다.[42] 따라서 (재산에 대해 갖는 기본권주체의 법적 지위를 보호법익으로 하는) 재산권에 대한 국가의 개입, 즉 재산권침범(Eigentumsrechtseingriff)의 위헌성 여부를 판단함에 있어서 '실질적 헌법적합성심사' 단계에서 별도로 주목해야 할 것은 무엇보다도 국가가 헌법 제23조 제3항이 규정하고 있는 "정당한 보상을 지급하여야"할 의무를 준수하고 있는지 여부(즉, 국가의 '정당보상의무' 준수여부)라고 하겠다. 그리고 바로 이 지점에서 "정당한 보상"의 의미와 정당한 보상을 지급하여야 할 경우는 언제인지(즉, 정당보상의무의 적용범위)가 규명되어야 한다. 이러한 문제에 대한 대답을 구하는 것은 재산권과 결부된 개별·특유한 심사기준인 '정당보상의무'의 고유한 의미를 확보하여 여타의 다른 심사기준들 — 특히 기본권제한에 있어서 일반적 법률유보조항인 헌법 제37조 제2항으로부터 도출되는 '비례성원칙' — 과 '정당보상의무'의 분별을 뚜렷하게 하는 과정이기도 하다. 이하에서는 "정당한 보상"의 의미와 심사기준으로서 '정당보상의무'가 활용될 수 있는 경우를 간단히 정리해둔다.

러한 문제점은 무엇보다도 독일 헌법 제19조 제1항 "Soweit [···] eingeschränkt werden kann, [···]"은 "[···] 제한될 수 있는 한, [···]"으로 번역하면서, 독일 헌법 제14조 제1항 제2문("Inhalt und Schranken werden durch die Gesetz bestimmt.")을 '내용과 제한은 법률에 의하여 정해진다.'라고 번역하지 않고 성급하게 우리 헌법 제23조 제1항 제2문에 상응시켜 "그 내용과 한계는 법률로 정한다."라고 번역하는 것에서부터 출발하고 있는 것으로 보인다(특히 홍강훈, 「헌법 제37조 제2항의 "공공복리"와 제23조 제3항의 "공공필요"의 관계에 관한 연구 — 헌재 2014.10.30. 2011헌바172등 결정에 대한 평석 —」, 『공법연구』 45-1, 한국공법학회, 2016, 188쪽 참조).

42) 물론 정당성심사에서 기본권침범의 허용가능성 여부(즉, 기본권침범의 근거)를 검토하는 단계에서 헌법직접적 근거규정에 의한 재산권제한의 가능성에 관한 문제로서 헌법 제23조 제2항을 주목할 수는 있을 것이다. 하지만 이러한 헌법유보에 의한 기본권제한에 관한 문제는 재산권에 국한된 문제라고 볼 수 없을 뿐만 아니라, 무엇보다도 헌법 제37조 제2항에 근거한 법률유보가 한계에 도달한 지점이나 극단적인 경우 등과 같은 아주 예외적인 경우에 검토될 수 있는 문제임을 기억할 필요가 있다(이에 관해서는 김해원, 앞의 글(주 2), 45-49쪽). 아울러 헌법 제37조 제2항은 헌법 제23조의 재산권을 포함한 "국민의 모든 자유와 권리"에 적용되는 조항임은 그 문언상 명백한바, 재산권을 공공복리에 적합하게 행사할 의무를 부과할 경우에도 헌법 제37조 제2항에 근거한 법률이 요구된다고 해야 할 것이다. 즉 국가는 원칙적으로 헌법 제37조 제2항에 근거한 법률 없이 헌법 제23조 제2항("재산권의 행사는 공공복리에 적합하도록 하여야 한다.")에 직접 근거해서 국민의 재산권행사를 방해하거나 일정한 불이익 내지 의무(재산권행사의 공공복리적합의무)를 부과할 수는 없는 것이다(이러한 점은 예컨대 헌법이 제38조와 제39조에서 각각 납세의 의무와 국방의 의무를 규율하고 있지만, 관련 법률 없이 국가가 헌법에 직접 근거해서 국민에게 조세부과나 병역을 강제할 수 없다는 것과 다르지 않다). 국가는 헌법 제23조 제2항 및 제37조 제2항 등을 고려해서 미리 법률을 정립한 다음, 이에 기초해서 국민에게 재산권행사의 공공복리적합의무를 부과할 수는 있다.

2) "정당한 보상"의 의미

헌법 제23조 제3항의 "정당한 보상"은 일반적으로 '시장가격에 의한 완전한 시가보상'이나 '실제가액에 해당하는 완전한 보상에 가까운 보상' 혹은 '객관적인 재산가치를 완전하게 보상하는 완전보상' 등을 의미하는 것으로 이해되고 있다.[43)44)] 하지만 헌법상 "정당한 보상"은 헌법 제23조 제3항뿐만 아니라 무죄추정을 깨뜨린 국가의 경솔한 구금에 대한 피해전보조치로도 등장한다는 점(헌법 제28조)을 고려한다면, "정당한 보상"의 의미를 '실재가액' 혹은 '객관적인 재산가치' 등과 같이 기본권주체의 재산적·경제적 관점에만 주목해서 파악하는 것은 온전치 않다. 실제로 "정당한 보상"은 '이치에 맞아 올바르고 마땅한 보상'을 의미하는바,[45)] 기본적으로 헌법 제23조 제3항의 "정당한 보상"은 재산권침범으로 인해서 발생된 기본권주체의 재산적 피해를 충분히 전보할 수 있을 정도의 객관적 보상 내지는 실재가액으로 이해되어야 하겠지만, 경우에 따라서는 정신적 피해를 전보할 수 있는 보상도 예외적으로 추가될 수 있을 것으로 본다. 그리고 같은 맥락에서 헌법 제23조 제3항 "보상"을 한정하는 "정당한"이라는 규준은 한편으로는 일정한 재산권침범에 상응하여 지급되어야 하는 '보상의 정도'에 대한 헌법적 통제규준이면서, 다른 한편으로는 '보상 그 자체'에 대한 통제규준으로도 이해될 수 있을 것인바, "정당한 보상"의 의미를 파악함에 있어서 구체적인 경우에 문제된 심사대상인 재산권침범의 관점 내지는 의도 또한 고려될 필요가 있을 것이다. 즉 (헌법 제23조 제3항이 명시하고 있는 "공공필요에 의한 재산권의 수용·사용 또는 제한"에 해당되는 재산권침범이라고 하더라도) 문제된 재산권침범에 대해 국가가 보상을 지급하는 것 그 자체가 보상의 원인이 된 국가행위(재산권침범)가 과잉침범을 증명하는 것이 되거나, 혹은 보상을 지급하는 것 그 자체가 문제된 재산권침범의 목적과 양립할 수 없어서 이치합당하지 않은 경우에는 국가가 보상을 지급하지 않는 것이 헌법 제23조 제3항의 "정당한 보상"에 부합된다는 것이다. 예

---

43) 이러한 태도는 학설의 다수견해이며 헌법재판소와 대법원의 입장이기도 하다. 예컨대 이준일, 앞의 책(주 21), 648쪽; 허영, 앞의 책(주 25), 521－521쪽; 김성수, 『일반행정법 — 행정법이론의 헌법적 원리 —』, 홍문사, 2014, 730쪽; 헌재 1995.4.20. 93헌바20등; 헌재 1999.12.23. 98헌바13등; 헌재 2001.4.26. 2000헌바31; 헌재 2009.6.25. 2007헌바104; 헌재 2013.12.26. 2011헌바162; 대판 2001.9.25. 2000두2426: "헌법 제23조 제3항에 따른 정당한 보상이란 원칙적으로 피수용재산의 객관적인 재산가치를 완전하게 보상하여야 한다는 완전보상을 뜻하는 것이다."

44) 헌법 제23조 제3항의 "정당한 보상"을 완전보상이 아니라 상당보상으로 이해하는 견해 및 절충적 견해에 대해서는 특히 김성수, 앞의 책, 730－731쪽 참조.

45) 국립국어원 표준국어대사전(http://stdweb2.korean.go.kr/search/List_dic.jsp), 검색어: '정당하다', 검색일: 2017.5.24.

컨대 헌법 제59조에 근거하여 반대급부 없이 부과할 수 있는 "조세"나 일탈된 행위에 대한 제재 내지는 징벌(즉, 헌법 제12조 및 제13조의 "처벌")로서 부과되는 과태료·벌금, 부당이득 환수를 위한 과징금, 국가의 일정한 급부에 대한 반대급부로서 부과되는 공공요금(수수료와 사용료)이나 부담금 등등을 국가가 기본권주체에게 부과하는 경우, 이러한 부과에 필연적으로 수반되는 기본권주체의 재산적·경제적 손해에 대해서 국가가 일정한 보상을 지급하는 행위는 헌법 제23조 제3항 "정당한 보상을 지급"하는 행위로 평가되지 않을 뿐만 아니라, 이 경우 보상을 하지 않는 것(혹은 0원으로 보상하는 것)이 오히려 "정당한 보상"이 된다는 것이다.[46)]

그리고 헌법 제23조 제3항에 근거하는 심사기준인 '정당보상의무'를 준수했는지 여부에 관한 판단에서는 심사대상인 재산권침범을 통해서 달성하고자 하는 이익(공익)의 크기는 도외시되는 반면에, 헌법 제37조 제2항에서 도출될 수 있는 심사기준인 '비례성원칙'의 위반여부에 관한 판단에서는 심사대상인 재산권침범을 통해서 얻을 수 있는 이익(공익)의 크기를 고려하여 그 이익(공익)과 훼손되는 기본권주체의 법익(재산에 대한 사적유용성과 배타성) 상호 간 비교·형량이 행해진다는 점에서 '정당보상의무'와 '비례성원칙'은 서로 분별되는 심사기준이라고 하겠다. 이러한 분별은 특히 재산권침해여부가 문제된 구체적 사안에서 심사대상인 국가행위(재산권침범)가 비례성원칙을 준수했다고 하더라도, 해당 재산권침범에 상응하여 지급되어야 할 보상이 행해지지 않거나 혹은 보상을 지급했다고 하더라도 그 보상이 기본권주체의 손해를 전보하기에 미흡해서 '정당보상의무'에 위배했다고 판단할 경우[47)]에 보다 뚜렷하게 부각되며, 바로 이 지점에서 '정당보

---

46) 물론 국가가 조세·벌금·과태료·과징금·공공요금·부담금 징수 등과 같은 재산권침범에 상응하여 일정한 보상을 지급했다고 하더라도, 그러한 보상을 지급한 행위 그 자체가 재산권을 침해하여 위헌이라고 볼 것은 아니다(보상의 지급을 근거지우는 법률은 경우에 따라서는 위헌법률심판 등을 통해서 통제될 수 있는 가능성은 있다.). 다만 이 경우 보상을 지급한 행위 그 자체가 아니라, 조세·벌금·과태료·과징금·공공요금·부담금 징수 등과 같은 기본권침범이 헌법 제37조 제2항에 근거하는 비례성원칙이나 본질내용침해금지 등에 반하여 위헌으로 평가될 가능성이 높을 것이다. 요컨대 국가가 상응된 보상을 지급하지 않고 조세·벌금·과태료·과징금·공공요금·부담금 등을 징수하는 행위는 헌법 제23조 제3항 '정당보상의무'를 통해서 통제되기는 어렵겠지만(물론 이러한 재산권침범에 대해서 국가가 기본권주체에게 지급해야 할 "정당한 보상"은 0원이라고 해석하여 헌법 제23조 제3항 '정당보상의무'가 준수되었다고 해석할 수 있는 여지는 있겠지만, 지급해야할 정당보상금액이 0원이란 것은 보상 없는 재산권침범에 대한 통제수단으로서 '정당보상의무'가 적극적 의미를 갖지 못함을 의미한다), 비례성원칙이나 본질내용침해금지 등과 같은 다른 심사기준들을 통해서 통제될 수 있는 것이다.

47) 특히 비례성원칙의 한 부분원칙인 '침해최소성'(혹은 필요성)원칙은 일반적으로 최소화명령으로 이해되지 않는다(김해원, 앞의 글(주 2), 44쪽 주 78) 참조). 오히려 입법자에게는 수단의 선택에 있

상의무'는 재산권관계에서 헌법이 특별히 마련해둔 별도의 개별적 심사기준으로서 그 독자성을 뚜렷하게 확인받게 된다.

3) 정당보상의무의 적용범위

'정당보상의무'는 재산권침해여부를 판단함에 있어서 검토되어야 할 독립된 심사기준이란 점을 확인했다고 하더라도, 구체적인 경우에 '정당보상의무'라는 심사기준이 적용될 수 있는 경우를 확정하는 것은 쉽지 않다. 물론 헌법 제23조 제3항에 따르면 "공공필요에 의한 재산권의 수용·사용 또는 제한"은 "법률로써 하되, 정당한 보상을 지급"하여야 함으로, 정당한 보상을 지급하여야 할 경우(심사기준으로서 정당보상의무가 적용되는 범위)는 「"공공필요에 의한 재산권의 수용·사용 또는 제한"에 해당하는 재산권침범의 위헌성 여부가 문제되는 경우」라고 할 수 있겠다.

하지만 기본권제한과 관련하여 일반적 유보조항(헌법 제37조 제2항)을 갖고 있는 우리 헌법체제에서는 특히 재산권과 관련하여 헌법 제23조 제3항에 근거한 심사기준인 '정당보상의무'가 적용될 수 있는 영역과 헌법 제37조 제2항에 근거한 심사기준인 '비례성원칙' 및 '본질내용침해금지'가 적용될 수 있는 영역과의 분별에 관한 문제가 잘 정돈되어야 한다. 왜냐하면 한편으로는 헌법 제23조 제3항의 "공공필요에 의한 재산권의 수용·사용 또는 제한"을 위한 경우와 헌법 제37조 제2항이 명시하고 있는 "국가안전보장·질서유지 또는 공공복리를 위하여 필요한 경우"가 본질적으로 분별되지 않는 동일한 경우로 이해될 수 있는 반면에, 다른 한편으로는 양자는 문면의 표시처럼 상이한 경우로도 이해될 수 있기 때문이다. 만약 전자의 경우라면 '국가의 정당보상의무'는 재산권침해여부가 문제된 모든 경우에 비례성원칙 및 본질내용침해금지와 함께 항상 준수되어야 하는 심사기준으로 이해될 수 있는 반면에, 후자의 경우라면 '국가의 정당보상의무'는 「"공공필요에 의한 재산권의 수용·사용 또는 제한"을 위한 경우가 아닌, "국가안전보장·질서유지 또는 공공복리를 위하여 필요한 경우"에 행해지는 재산권에 대한 침범(Eingriff in Eigentumsrechte)의 경우」에는 적용여지가 없게 된다는 점에서 분별의 실익이 있다. 이러한 분별의 문제는 본질적으로 헌법 제23조 제3항 "공공필요"와 기본권침범목적의 정당성 여부를 판단하는 일반적 심사기준('목적의 정당성')인 헌법 제37조 제2항 "국가안전보장·질서유지 또는 공공복리를 위

어서도 넓은 형성의 자유가 인정되는바, 경우에 따라서 침해최소성원칙은 '수단의 선택은 자의적이어서는 안 된다'는 의미로 축소될 수 있다(한수웅, 앞의 책(주 30), 490쪽). 따라서 정당보상이란 심사기준에 따른 보상수준과 비례성원칙에 따른 보상수준이 상이할 가능성이 크다.

하여 필요한 경우"가 전형적인 불확정 개념이란 점에 기인한다. 그런데 사전적 의미에서 "공공(公共)"은 "국가와 사회의 구성원에 두루 관계되는 것"을 뜻하며, "필요(必要)"는 "반드시 요구되는 바가 있음"을 의미하는바, "공공필요"는 국가나 사회의 구성원에 두루 관계되는 것들 중 반드시 요구되는 것을 말한다고 볼 수 있겠다.[48] 그리고 "국가안전보장"은 일반적으로 국가외부로부터의 존립과 안전을, "질서유지"는 내부로부터의 존립과 안전 및 평온유지 내지는 이를 위한 규범의 형성과 유지를, "공공복리"는 국가나 사회의 구성원들의 행복과 이익을 각각 의미한다는 점에서[49] "국가안전보장·질서유지 또는 공공복리를 위하여 필요한 경우"가 바로 국가나 사회 구성원들에게 두루 관련되는 것들 중 반드시 요구되는 "공공필요"와 다르지 않다고 생각한다. 즉 헌법 제37조 제2항 "국가안전보장·질서유지 또는 공공복리를 위하여 필요"를 한 단어로 줄여 쓰면 "공공필요"로 볼 수 있다는 것이다. 그리고 재산권에 대해서 행해지는 수용이나 사용은 제한의 한 형태 내지는 예시로 생각되는바, 헌법 제23조 제3항 "수용·사용 또는 제한"은 헌법 제37조 제2항 "제한"에 상응하는 것이라고 볼 수 있겠다. 따라서 「헌법 제37조 제2항 "국가안전보장·질서유지 또는 공공복리를 위하여 필요한 경우"에 행해지는 재산권에 대한 침범(Eingriff in Eigentumsrechte)」과 「헌법 제23조 제3항 "공공필요"를 위해서 행해지는 재산권에 대한 침범(소위 공용수용·공용사용·공용제한)」은 서로 다르지 않다고 해야 할 것인바, 헌법 제23조 제3항에 근거하는 '국가의 정당보상의무'가 심사기준으로 원용될 수 있는 영역과 헌법 제37조 제2항에 근거하는 심사기준(즉, 비례성원칙 및 본질내용침해금지)이 원용될 수 있는 영역은 기본적으로 동일하다고 해야 할 것이다. 결국 '국가의 정당보상의무'는 재산권침해여부가 문제된 경우에 심사대상인 국가행위(재산권침범)의 위헌성여부를 판단하는 심사기준으로서 비례성원칙 및 본질내용침해금지 등과 함께 활용될 수 있

---

48) 국립국어원 표준국어대사전(http://stdweb2.korean.go.kr/search/View.jsp), 검색어: '공공'·'필요', 검색일: 2017.2.13.; 한편 법의 매개수단이자 헌법국가의 요소인 언어가 법적 논증에 있어서 상호이해의 지평을 벗어나서 유대감과 신뢰성을 잃고 자의적으로 사용된다면 이는 담론공동체로서의 국가 형성과 유지에 장애사유가 된다(김해원, 「헌법적 논증에서 객관헌법과 주관헌법」, 『헌법학연구』 16-1, 한국헌법학회, 2010, 174쪽). 따라서 불명확하고 불확정적인 개념들과 마주할 경우에는 법적 논증의 특수성을 해치지 않는다면, 언어공동체 내부에서 활용되는 용법에 주목하는 것이 마땅하다. 바로 이러한 이유에서 "공공", "공공필요", "공공복리" 등등에 대한 사전적 의미가 주목되어야 하는 것이다.

49) 한수웅, 앞의 책(주 30), 474쪽; 전광석, 『한국헌법론』, 집현재, 2017, 258-259쪽; 국립국어원 표준국어대사전(http://stdweb2.korean.go.kr/search/View.jsp), 검색어: 공공'·'복리', 검색일: 2017.2.13.; 헌재 1992.2.25. 89헌가104, 90쪽; 헌재 1990.8.27. 89헌가118, 222쪽.

는 심사기준이 된다.[50)]

4) 소결

재산권침범에 대한 심사기준으로서 헌법 제23조 제3항에 근거하는 '정당보상의무'의 독자성에 주목하여 지금까지 논의한 바를 정리하면 다음과 같다: 헌법 제23조 제3항 "공공필요"와 헌법 제37조 제2항 "국가안전보장·질서유지 또는 공공복리를 위하여 필요"는 본질적으로 동일한 의미인바, 심사대상 국가행위인 재산권침범이 비례성원칙에 위반되지 않았을 뿐만 아니라 재산권의 본질적인 내용을 침해하지 않았다고 하더라도, 재산권침범으로 인한 기본권주체의 일정한 피해에 대해서 국가는 그 피해가 갖는 현실 경제적 가치 — 이러한 가치는 오늘날 대체로 실제 거래가액(즉, 시가)으로 포착되는 경우가 많을 것이다. — 와 해당 재산권침범의 의도를 고려하여 기본권주체의 피해를 올바르게 전보할 수 있는 보상(즉, "정당한 보상")을 법률로써[51)] 마련하고 이를 지급하여야 한다. 다만 헌법 제23조 제3항 "보상"을 한정하고 있는 "정당한"은 국가가 행해야 할 보상의 정도뿐만 아니라 국가의 보상행위 그 자체에 대한 통제규준으로도 이해되기 때문에,[52)] 헌법 제23조 제3항이 국가에게 요구하고 있는 "정당한 보상을 지급"할 의무에 「'보상을 지급하는 것, 그 자체'가 '보상의 원인이 된 재산권침범의 목적과 양립할 수 없는 경우'에 해당되거나 혹은 '보상의 원인이 된 재산권침범이 과잉침범임을 증명하는 것이 되는 경우'에도 국가가 보상을 지급해야할 의무」까지도 포함되는 것으로 볼 것은 아닌바, 이러한 경우(예컨대, 조세나 벌금, 과태료, 공공요

---

50) 이에 관한 보다 상세한 논증을 위해서는 헌법 제37조 제2항과 제23조의 관계 및 헌법이 재산권을 규정하고 있는 독특한 구조 전반에 대한 이해가 전제되어야 한다. 아울러 독일 헌법과 우리 헌법의 규정태도가 다름에도 불구하고 재산권과 관련하여 독일 헌법을 전제로 정립된 분리이론 및 경계이론에 관한 논의를 무비판적으로 우리 헌법해석에 활용함으로써 초래된 많은 오해와 불필요한 논쟁에 대한 종합적 고찰이 필요하다. 특히 재산권 조항의 해석을 둘러싼 견해의 대립은 "여전히 공법학의 최고난제영역 중의 하나"로 이해되고 있다(홍강훈, 「분리이론·경계이론을 통한 헌법 제23조 재산권조항의 새로운 구조적 해석」, 『공법연구』 42－1, 한국공법학회, 2013, 616쪽).

51) 관련하여 재산권침범근거인 법률에 재산권보상규정(정당보상규정)을 반드시 결합시켜야 하는가의 문제, 즉 헌법 제23조 제3항을 결부조항으로 이해해야하는지를 둘러싼 견해의 대립이 있다(이와 관련해서는 특히 홍강훈, 앞의 글(주 50), 634－636쪽 참조). 하지만 이러한 문제는 엄격하게 본다면 실질적 헌법적합성심사와 관련된 문제가 아니라 재산권침범근거법률의 형식에 관한 문제인바, 형식적 헌법적합성심사와 관련된 쟁점이라고 할 것이다.

52) 헌법 제23조 제3항 문면은 "공공필요에 의한 재산권의 수용·사용 또는 제한"에 대해서 '보상을 지급하여야 한다'라고 하지 않고 "정당한 보상을 지급하여야 한다."라고 규정하고 있다. 즉 국가가 지급해야 할 "보상"을 "정당한"이란 규준을 통해서 통제하고 있는 것이다. 따라서 때로는 특정 기본권침범에 상응한 보상이 행해지지 않은 경우(혹은 보상한 금액이 0원인 경우)가 "정당한 보상"에 해당되는 경우도 있을 것이다.

금 등을 부과하는 경우)에는 보상이 행해지지 않았다고 하더라도 그러한 재산권침범이 헌법 제23조 제3항 "정당한 보상을 지급하여야"할 의무에 위반된 공권력작용이라고 평가할 수는 없을 것이다. 물론 조세나 벌금, 과태료, 공공요금 등등과 같은 재산권침범은 헌법 제37조 제2항으로부터 도출되는 법률유보원칙·비례성원칙·본질내용침해금지 등은 물론이고 법치주의로부터 도출되는 명확성원칙·신뢰보호원칙·소급효금지원칙(특히 헌법 제13조 제2항) 등등과 같은 다른 심사기준들을 통해서 통제될 수 있다는 점은 기억되어야 한다.

한편 헌법 제23조 제3항 "공공필요"는 헌법 제37조 제2항 "국가안전보장·질서유지 또는 공공복리를 위하여 필요"와 본질적으로 같은 의미임을 밝히고, 헌법 제23조 제3항 "보상"을 한정하고 있는 "정당한"의 규범적 의미를 새롭게 조명한 것은 궁극적으로 기본권관계로서의 재산권관계에서 헌법이 특별히 마련해둔 개별적 심사기준인 '국가의 정당보상의무'가 어떤 경우에 어떻게 활용될 수 있는 심사기준인지를 규명하기 위함이었다. 하지만 이상의 논의들은 언어는 법의 매개수단이자 헌법국가의 구성요소라는 점에 입각하여 무엇보다도 헌법문언의 표현에 주목한 결과인바, 「'반드시 보상이 필요한 재산권침범'과 '보상이 행해지지 않아도 되는 재산권침범'을 분별함에 있어서 한국헌법과 독일헌법이 갖고 있는 문언의 상이함 및 본질적인 구조적 차이를 간과한 채 독일적 논의(소위 분리이론과 경계이론)를 무분별하게 수용해온 그동안의 논의상황」[53]에 대한 성찰로서의 의미 또한 함께 갖는다고 하겠다.

라. (선거권관계에서) 선거원칙

헌법 제41조 제1항은 "국회는 국민의 보통·평등·직접·비밀선거에 의하여 선출된 국회의원으로 구성한다."라고 명시되어 있으며, 헌법 제67조 제1항은 "대통령은 국민의 보통·평등·직접·비밀선거에 의하여 선출한다."라고 규정하고 있다. 따라서 국회의원선거 및 대통령선거와 관련하여 적어도 국가는 '보통·평

53) 헌법상 재산권의 제한체계를 설명할 때 학계에서는 일반적으로 독일헌법 제19조와 한국헌법 제37조 및 독일헌법 제14조와 한국헌법 제23조를 상응시키고 있다. 하지만 우리 헌법 제37조 제2항은 독일헌법에는 존재하지 않는 모든 기본권에 대한 일반적·가중적 법률유보조항(헌법 제37조 제2항)이란 점을 간과해서는 안 된다. 그리고 무엇보다도 그 동안의 논의상황과 관련하여 홍강훈 교수의 다음과 같은 지적은 의미심장하다(홍강훈, 앞의 글(주 41), 189쪽): "우리헌법 제37조 제2항은 모든 기본권의 제한목적으로 국가안전보장·질서유지·공공복리를 규정하고 있음에 반해, 독일기본법 제19조에는 기본권제한의 목적조항이 존재하지 않는다. 따라서 이미 언급한 독일연방헌법재판소와 학계는 기본법 제14조 제3항의 '공공복리(Wohl der Allgemeinheit)'와 일반 학문적 개념인 '공익(öffentliches Interesse)'을 비교하고 있는 것이다. 그에 반해 우리헌법재판소와 학계는 실정헌법상 개념인 제23조 제3항의 '공공필요'와 제37조 제2항의 '공공복리'를 비교하고 있다."

등·직접·비밀선거'라는 규준을 준수해야만 하는바, 이러한 규준들은 헌법 제24조("모든 국민은 법률이 정하는 바에 의하여 선거권을 가진다.")가 보장하고 있는 '선거권'은 물론이고 헌법 제25조가 명시하고 있는 공무담임권의 보장내용에 포함되어 있는 '피선거권'에 개입하는 국가행위의 헌법적합성여부를 판단하는 심사기준이 된다.[54] 즉 국가는 헌법적 차원의 권리인 국민의 선거권·피선거권에 대해서 직·간접적으로 개입할 수 있겠지만, 이러한 개입은 법률유보원칙을 준수해야 하며 비례성원칙이나 본질내용침해금지원칙, 그리고 법치국가원칙으로부터 파생될 수 있는 명확성원칙이나 신뢰보호원칙 및 소급효금지원칙 등등과 같은 일반적 기본권심사기준들을 위반해서는 안 됨은 물론이고, 이와는 별도로 '보통·평등·직접·비밀선거'라는 규준 또한 함께 준수해야만 한다는 것이다.[55] 다만 보통선거 — 국민이라면 누구나 선거에 참여할 수 있어야 하고 또 선거를 통하여 선출될 수 있는 선거를 의미하는 것으로서 제한선거의 대립개념이다. — 와 평등선거 — 선거권자와 피선거권자 모두 선거에 있어서 차별 없는 참여와 영향력 행사 및 기회를 보장받아야 한다는 것으로서 차별선거의 대립개념이다. — 는 헌법 제11조로부터 도출될 수 있는 일반적 심사기준인 평등원칙이 선거영역의 특수성을 고려하여 구체화된 표현이란 점에서, 선거권 및 피선거권과 관련하여 다른 심사기준으로 대체하기 어려운 독립된 특유의 고유한 심사기준으로는 무엇보다도 직접선거 — 간접선거에 대한 대립개념으로서 선거의 결과가 중간선거인 등의 개입 없이 선거권자의 선거행위에 의해서 직접 결정될 것을 요청하는 선거를 의미한다. — 와 비밀선거 — 공개선거에 대한 대립개념으로서 선거인의 선거행위와 관련된 의사결정에 대한 비밀이 보장되어야 할 것을 요청하는 선거를 의미한다. — 를 거론할 수 있겠다.[56]

---

54) 헌재 1996.6.26. 96헌마200, 판례집 8-1, 557쪽; 한수웅, 앞의 책(주 30), 879쪽: "헌법은 제24조에서 단지 '선거권'을 보장하고 있을 뿐이고, 그 외에 다른 조항에서 피선거권을 명시적으로 언급하고 있지 않으므로, 헌법재판소의 판례와 학계의 다수견해는 공무담임권의 보장내용에 '피선거권'도 포함시키고 있다."

55) 한편 이부하 교수는 "선거권과 관련한 헌법재판에서 기본권 침해와 관련하여, 비례의 원칙 위반여부로 판단하기 보다는 선거원칙(보통선거원칙이나 평등선거원칙, 직접선거원칙 등)을 위반했는지 여부를 심사함이 바람직해 보인다."라는 의견을 피력하고 있다(이부하, 「선거원칙에 대한 논의와 선거권과 관련한 헌법재판의 심사기준」, 『법학논총』 31, 숭실대 법학연구소, 2014, 188-190쪽). 하지만 비례성원칙 대신에 선거원칙을 심사기준으로 사용하자는 견해는 기본권심사기준으로서 비례성원칙과 선거원칙은 각각 독립된 심사기준일 뿐만 아니라, 헌법 제37조 제2항으로부터 도출되는 비례성원칙은 "국민의 모든 자유와 권리"가 문제된 경우에 국가가 준수해야만 하는 일반적 규준이란 점을 간과한 것으로 생각된다.

56) 보통·평등·직접·비밀선거 각각의 개념 및 의미에 관해서는 이부하, 앞의 글(주 55), 172쪽,

한편 기본권심사기준으로서 '보통·평등·직접·비밀선거'는 언론·출판·집회·결사에 대한 허가나 검열 금지 등과 같이 '관철되거나 관철되지 않거나'라는 양자택일의 결과를 요구하는 심사기준이 아니라, 다른 헌법적 가치들과의 갈등 상황 속에서 '조화롭게 가능한 한 최대한 구현될 것'을 요청하는 심사기준으로 보아야 한다. 왜냐하면 헌법 제41조 제1항과 제67조 제1항은 심사대상 국가행위를 겨냥하면서 명시적으로 금지를 표현하고 있는 것이 아니라 단지 "국민의 보통·평등·직접·비밀선거에 의하여"라고 규정하고 있을 뿐이며,[57] 무엇보다도 헌법이 제시하고 있는 '보통·평등·직접·비밀선거'는 논리적 일관성과 체계를 갖춘 통일된 규준이 아니라 서로 충돌하거나 대립되기도 하는 독립된 개별 규준들이란 점에서 선거영역에서 준수되어야 할 보통·평등·직접·비밀이라는 각각의 규준들은 애당초 완벽하게 관철될 것을 상정하지 않고 단지 헌법현실에서 서로 조화를 이루면서 가능한 한 최대한 구현될 것을 목표로 하는 규준으로 이해되기 때문이다.[58]

176－177쪽, 182－183쪽; 한수웅, 앞의 책(주 30), 154－169쪽; 이준일, 앞의 책(주 21), 236－239쪽.

57) 관련하여 언론·출판·집회·결사에 대한 허가나 검열과 관련해서 헌법은 제21조 제2항에서 "인정되지 아니한다."라는 표현으로 강력한 금지의 의사를 뚜렷하게 드러내고 있다.

58) 예컨대 공직선거법 제157조 제7항은 시각 또는 신체의 장애로 인하여 자신이 기표할 수 없는 선거인은 그 가족 또는 본인이 지명한 2인을 동반하여 투표를 보조하게 할 수 있도록 규정하고 있는데, 이러한 법률조항은 '보통선거'의 실질적 보장을 위해서 '직접선거'나 '비밀선거'를 일부 양보한 것으로 이해될 수 있다. 모사전송 시스템을 이용한 선상부재자투표와 관련하여 "투표 절차나 전송 과정에서 비밀이 노출될 우려가 있다 하더라도, 이는 국민주권 원리나 보통선거원칙에 따라 선원들이 선거권을 행사할 수 있도록 충실히 보장하기 위한 불가피한 측면이라 할 수도 있으므로, 이를 두고 섣불리 헌법에 위반된다 할 수 없다."라고 하면서 "국민주권의 원리를 실현하고 국민의 근본적인 권리인 선거권의 행사를 보장하려면, 비밀선거의 원칙에 일부 저촉되는 면이 있다 하더라도, [···] '선거권' 내지 '보통선거원칙'과 '비밀선거원칙'을 조화적으로 해석하여 이들 관계를 합리적으로 조정할 필요가 있다."라고 판단한 헌법재판소의 판단 또한 같은 맥락이다(헌재 2007.6.28. 2005헌마772, 판례집 19－1, 909－910쪽). 즉 헌법 제41조 제1항 및 제67조 제1항에서 언급된 규준들은 상호 간 조화가 요청되는 것이며, 특히 직접선거와 비밀선거는 일정 부분 후퇴될 수 있다는 것이다. 이러한 점은 헌법 제41조 제1항 및 제67조 제1항의 보통선거나 평등선거의 경우 또한 다르지 않다. 우선 '보통선거'가 ('가능한 한 최대한 구현될 것'을 요구하는 소위 원칙적 성격의 규범(Prinzip)이 아니라) '관철되거나 관철되지 않거나'라는 양자택일의 방식으로 적용되는 규칙적 성격의 규범(Regel)이라면, 헌법현실에서 행해지고 있는 연령이나 거주기간 혹은 수형자 등과 같은 사회적 신분에 기초하여 선거권 및 피선거권을 부여하고 있는 제도들(특히 「공직선거법」 제15조~제19조 참조)은 모두 헌법상 정당화되기 어렵게 되며, 극단적으로 태어난 지 100일 된 아기에게도 선거권 및 피선거권이 제도적으로 보장되어야 헌법상 보통선거에 부합된다는 결론에 도달하게 된다. 하지만 이러한 결론에 대해서는 동의하기 어렵다. 왜냐하면 선거제도는 국민주권을 실현하기 위한 수단이란 점에서(특히, 헌재 2007.6.28. 2005헌마772, 판례집 19－1, 906쪽) 선거제도의 근간을 이루는 규준들은 주권론과 결부해서 이해되어야 할 뿐만 아니라 — 주권론은 국가권력에 대한 참여의 규범적 기초이다(성낙인, 『프랑스憲法學』, 법문사, 1995, 159쪽 참조).

마. (청원권관계에서) 심사 및 통지의무

헌법은 "모든 국민은 법률이 정하는 바에 의하여 국가기관에 문서로 청원할 권리를 가진다."라고 규정하면서(제26조 제1항), 동시에 국민의 청원권 행사에 상

—, 무엇보다도 다른 헌법조항의 명시적 태도와도 충돌하기 때문이다. 즉, 헌법은 기본적으로 대한민국 주권의 보유자인 국민을 보통선거와 친화성을 갖는 '구체적 개개인의 총합으로서의 국민(Peuple)'이 아니라 제한선거와 친화성을 갖는 역사적·추상적·이념적 통일체로서의 국민(Nation) — 특히 헌법 전문의 "유구한 역사와 전통에 빛나는 우리 대한국민" — 으로 이해하고 있을 뿐만 아니라(성낙인, 『헌법학』, 법문사, 2017, 134－138쪽; 이준일, 앞의 책(주 21), 168쪽: "국민주권에서 말하는 국민은 '이념적 통일체' 또는 관념적 크기에 불과하며 실제로 주권을 행사하는 주체가 아니라는 주장은 타당하다."; 한편 주권의 귀속주체로서 Nation과 Peuple의 의미와 내용 및 선거제도와의 관계에 대해서는 성낙인, 『프랑스憲法學』, 법문사, 1995, 164－185쪽), 특히 제67조 제3항에서 "대통령으로 선거될 수 있는 자는 […] 선거일 현재 40세에 달하여야 한다."라고 함으로써 대통령 피선거권과 관련하여 연령에 따른 제한조건을 마련해두고 있는바, 헌법 제41조 제1항 및 제67조 제1항이 명시하고 있는 보통선거를 어떠한 양보나 후퇴 없이 완벽하게 관철되어야 하는 규준으로 이해하는 것은 성급한 태도라는 것이다. 오히려 헌법은 자유위임에 기초한 대의제(특히 헌법 제7조 제1항·제44조·제45조·제46조 제2항 등)와 권력분립원칙에 입각한 입헌주의(특히 헌법 제40조·제66조 제4항·제101조 제1항·제111조 등등)를 채택함으로써 Nation주권론의 원칙적 승리를 인정하면서도 대의제의 미흡함을 보완하려는 직접민주제적 요소의 일부 도입(특히 헌법 제72조·제130조)과 보통선거(헌법 제41조 제1항·제67조 제1항)를 수용하는 방법으로 Peuple주권론이 기능할 수 있는 현실적 공간을 확보함으로써 Nation주권론과 Peuple주권론 각각이 갖고 있는 헌법현실적 불합리성과 위험성을 교정·보완하려고 하는바(성낙인, 『프랑스憲法學』, 법문사, 1995, 178쪽: "Peuple주권이론의 귀결은 Nation주권과 마찬가지로 유토피아적인 성격을 띠고 있다. 따라서 이 두 개 이론에 입각한 논리를 궁극적으로 실현할 경우 매우 위험한 불합리성을 초래하게 된다. 바로 이러한 위험성이 프랑스 헌법사의 과정에서 체험되었던 것도 사실이다. 특히 프랑스 혁명사에 이러한 주권론에 기초한 제도의 현실화 과정에서 엄청난 문제점을 제시한 역사적 체험에 따라 혁명과 나폴레옹 황제 이후에 이러한 Peuple주권과 Nation주권에의 지나친 논리조작에 기초한 헌법적 체험이 중지되어야만 하기에 이르렀다."; 성낙인, 『헌법학』, 법문사, 2017, 138쪽: "그것은 수세기에 걸친 Nation－Peuple주권론의 논리가 이제 하나의 융합되고 통합된 타협적 헌법체제로 정착되었음을 의미한다."), 평등·직접·비밀선거 등과 함께 헌법 제41조 제1항 및 제67조 제1항이 규정하고 있는 보통선거는 Nation주권론에 의해 견인되어 온 제한선거와 완전한 결별이 불가능할 뿐만 아니라 비합리적이란 점을 승인하면서도 가능한 한 Peuple주권론과 결부되어 온 보통선거의 확대를 추구해야 한다는 당위적 요청을 드러낸 표현으로 이해되어야 할 것으로 생각한다. 그리고 헌법 제41조 제1항 및 제67조 제1항이 명시하고 있는 '평등선거' 또한 '보통선거'와 마찬가지로 내적 모순을 내포하고 있는 일반적 평등원칙(헌법 제11조 제1항) — 헌법상 평등은 동등대우의 근거이면서 동시에 차등대우의 근거일 뿐만 아니라, 기회평등의 근거이면서 동시에 결과평등의 근거이기도 한다(헌법상 평등이 갖고 있는 이러한 내적 모순에 관해서는 김해원, 앞의 글(주 16), 249쪽 주 102) 참조). — 의 특수한 형태 내지는 특별한 적용방식이라는 점에서 규칙(Regel)이 아닌, 원칙(Prinzip)으로 이해되는 것이 마땅하다. 한편 헌법재판소는 국회의원 선거구 인구편차에 대한 평등선거 위반여부를 판단함에 있어서 처음에는 평균인구수 기준 상하 50%의 편차를 기준으로 삼았다가(헌재 2001.10.25. 2000헌마92 등, 판례집 13－2, 502－503쪽) 나중에 그 기준을 상하 $33\frac{1}{3}$%의 편차로 변경했는데(헌재 2014.10.30. 2012헌마192 등, 판례집 26－2상, 669－670쪽), 이러한 판례의 변화는 '평등선거'라는 심사기준이 고정되어 있는 것이 아니라 헌법현실적 상황과 조건에 따라서 완화 혹은 강화될 수 있는 원칙적 성격의 규준임을 뚜렷하게 확인시켜준 것이라고 하겠다.

응하여 국가에게 "심사할 의무"를 명시적으로 부과하고 있을 뿐만 아니라(제26조 제2항), 해당 청원의 심사가 "정부에 제출 또는 회부된 정부의 정책에 관계되는" 것일 때에는 국무회의의 심의를 거치도록 하고 있다(제89조 제15호). 따라서 국가기관은 구체적인 청원사항을 심사 혹은 심의하여 "청원인에게 그 청원을 어떻게 처리하였거나 처리하려 하는지를 알 수 있는 정도로 결과를 통지"해야 할 헌법상 의무가 있다고 해야 하며,[59] 만약 이러한 의무를 위반한 국가행위는 설사 비례성원칙이나 법률유보원칙 등과 같은 다른 심사기준들에 저촉되지 않았다고 하더라도 위헌임을 면할 수 없을 것인바, 청원권관계에서 청원사항에 대한 국가의 심사의무 및 심사결과통지의무는 국가행위의 위헌성 여부를 판단하는 독립된 심사기준이라고 하겠다.

3. 기본권침범에 결부된 심사기준

가. 서두

작위·부작위를 불문하고 국가에 의해 감행된 기본권적 보호법익에 대한 부정적 개입을 의미하는 기본권침범(Grundrechtseingriff)은 기본권적 보호법익과 함께 기본권의 잠정적 보호영역을 징표 하는 총체적 사태인 기본권구성요건의 한 부분이다.[60] 헌법은 몇몇 조항들에서 일정한 기본권침범과 관련하여 국가가 준수해야만 하는 특별한 규준들을 추가적으로 마련해두고 있다. 이하에서는 이러한 규준들을 전체 기본권심사구조와 그 체계에 주목해서 간략히 정리해둔다.[61]

나. "적법한 절차"에 대한 요청(적법절차원칙)

1) 서두: 근거

헌법은 제12조 제1항 제2문에 "모든 국민은 […], 법률과 적법한 절차에 의

---

59) 물론 청원에 대한 심사 및 통지의무는 재판청구권 및 기타 준사법적인 구제청구와 그 성질을 달리하므로 이러한 의무는 청원사항의 처리결과에 심판서나 재결서에 준하여 이유를 명시하여 통지해야 할 의무까지도 포함된 것은 아니라고 할 것이다. 이에 관해서는 헌재 1994.2.24. 93헌마213등, 판례집 6-1, 190쪽; 헌재 2000.6.1. 2000헌마18, 판례집 12-1, 737쪽.

60) 이에 관한 상세한 논증은 김해원, 앞의 글(주 1), 293-296쪽; Vgl. R. Alexy, Theorie der Grundrechte, Suhrkamp, 2. Aufl., 1994, S. 276.

61) 기본권심사에서 특정 기본권적 보호법익 및 특정 기본권침범과 결부되어 있는 개별적 심사기준들의 의미와 내용에 관한 문제는 기본적으로 해당 개별 기본권에 주목하고 있는 기본권각론에서 다루어져야 할 연구대상이다. 따라서 여기에서는 개별적 심사기준들 각각에 대한 의미와 내용 및 구체적으로 활용되는 실태들을 본격적으로 검토하기보다는 전체 기본권심사구조 안에서 개별적 심사기준의 특수성 및 독립성을 확보하는 데 주목하도록 한다.

하지 아니하고는 처벌·보안처분 또는 강제노역을 받지 아니한다."고 규정하고 있으며, 제12조 제3항 제1문에서 "체포·구속·압수 또는 수색을 할 때에는 적법한 절차에 따라 검사의 신청에 의하여 법관이 발부한 영장을 제시하여야 한다."라고 명시하고 있다. 즉 일정한 국가작용과 관련하여 헌법은 "적법한 절차"를 명시적으로 요구하고 있는 것이다. 그런데 헌법상 "적법한 절차"를 입법·행정·사법 등을 포함한 모든 국가작용 및 신체의 자유·재산권·참정권 등을 포함한 기본권에 감행된 공권력의 절차적 측면만을 심사하는 기준으로 이해하는 견해,[62] 신체의 자유에 감행된 공권력행사의 절차적 측면만을 심사하는 기준으로 이해하는 견해,[63] 형사소송 관련 법규범과 그 집행절차에 한정해서 적용되어야 하는 기준으로 이해하는 견해[64] 등도 있지만, '국민의 기본권에 개입하는 입법·행정·사법 등 모든 국가작용은 절차적으로 형식적 적법성을 가져야 할 뿐 아니라 국가작용의 행사근거인 법률의 실체적 내용도 합리성과 정당성을 갖추어야 한다는 실질적 의미를 가진 헌법원리 내지는 심사기준'으로 이해하는 것이 헌법재판소의 판례와 문헌상 확인되는 학계의 대체적인 입장인 것 같다.[65][66]

---

62) 임종훈, 「한국헌법상의 적법절차원리에 대한 비판적 고찰」, 『헌법학연구』 14-3, 한국헌법학회, 2008, 380쪽.

63) 한수웅, 앞의 책(주 30), 638쪽.

64) 이준일, 앞의 책(주 21), 486쪽.

65) 헌재 2012.6.27. 2011헌가36, 판례집 24-1(하), 711쪽; 헌재 2001.11.29. 2001헌바41, 판례집 13-2, 704쪽; 헌재 1992.12.24. 92헌가8, 판례집 4, 877쪽; 헌재 1993.7.29. 90헌바35, 판례집 5-2, 30쪽; 헌재 1998.5.28. 96헌바4, 판례집 10-1, 617-618쪽: "현행 헌법에 규정된 적법절차의 원칙을 어떻게 해석할 것인가에 대하여 표현의 차이는 있지만 대체적으로 적법절차의 원칙이 독자적인 헌법원리의 하나로 수용되고 있으며 이는 절차의 적법성뿐만 아니라 절차의 적정성까지 보장되어야 한다는 뜻으로 이해하는 것이 마땅하다. 다시 말하면 형식적인 절차뿐만 아니라 실체적 법률내용이 합리성과 정당성을 갖춘 것이어야 한다는 실질적인 의미로 확대 해석하고 있다. 이러한 적법절차의 원리가 형사절차 이외 행정절차에도 적용되는가에 관하여 우리 헌법재판소는 이 적법절차의 원칙의 적용범위를 형사소송절차에 국한하지 않고 모든 국가작용에 대하여 문제된 법률의 실체적 내용이 합리성과 정당성을 갖추고 있는지 여부를 판단하는 기준으로 적용된다고 판시하고 있다."; 전광석, 앞의 책, 327쪽; 성낙인, 『헌법학』, 법문사, 2017, 1124-1127쪽; 허영, 앞의 책(주 25), 371쪽; 계희열, 『헌법학(중)』, 박영사, 2004, 303쪽; 정종섭, 앞의 책(주 30), 506-507쪽; 공진성, 앞의 글, 231쪽; 임종훈, 앞의 글, 363-372쪽 참조.

66) 한편 헌법재판소는 대통령 탄핵심판사건에서 "국가기관이 국민에 대하여 공권력을 행사할 때 준수하여야 하는 법원칙으로 형성된 적법절차의 원칙을 국가기관에 대하여 헌법을 수호하고자 하는 탄핵소추절차에 직접 적용할 수 없다."라고 판단한 바 있다(헌재 2004.5.14. 2004헌나1, 판례집 16-1, 631-632쪽; 헌재 2017.3.10. 2016헌나1, 공보 245). 하지만 이러한 판단은 적법절차원칙을 "국가작용으로서 기본권제한과 관련되든 관련되지 않든 모든 입법작용 및 행정작용에도 광범위하게 적용"되는 것으로 이해해온 기존의 헌법재판소의 입장(위 주 65)에 적시된 판례들 특히 헌재 1992.12.24. 92헌가8, 판례집 4, 877쪽 참조)과는 이질적인 것이다. 이러한 이질성을 헌법재판소법 제23조 제2항 제2호에 따른 판례변경의 결과로 이해할 수 있을 것인지는 의문이다.

하지만 대한민국헌법의 규범체계 전체에 대한 체계정합적인 고려 없이 지나치게 헌법상 적법절차원칙을 확장하여 적용하거나 헌법적 차원의 일반적 규준으로 이해하면 이해할수록 헌법 제12조 제1항 및 제3항에서 특정한 기본권침범과 결부하여 특유하게 규정하고 있는 "적법한 절차"의 고유의미를 포착하는데 방해될 뿐만 아니라,[67] 무엇보다도 헌법의 개별규정이나 다른 심사기준들(특히, 법치국가원칙이나 헌법 제37조 제2항으로부터 도출될 수 있는 비례성원칙) 혹은 개별 기본권 그 자체에 내포되어 있는 절차권적 요청들과 중복될 가능성이 많아진다. 이는 한편으로는 헌법이 독립된 조항에서 별도로 마련해두고 있는 각각의 기본권심사기준들의 독자성과 고유성이 주목받고 면밀하게 검토될 수 있는 기회를 방해하는 것일 뿐만 아니라, 무엇보다도 실익 없는 심사기준의 중복 내지는 통합적용으로 귀결됨으로써 기본권심사기준 활용의 합리성과 엄밀성의 저해 및 다양한 심사기준들을 통해서 국가폭력을 예리하게 통제하고 평가할 수 있는 기회의 차단으로 이어질 가능성이 높다는 점에서 문제의 심각성이 있으며,[68] 다른 한편으로는 기본권심사기준의 기본권화를 유발함으로써 그동안 어렵게 정립해온 기본권이론을 대안 없이 무너뜨리는 계기를 마련하고 설득력 있는 헌법적 논증체계의 구축에 혼란을 가중시킨다는 점에서 문제의 위험성이 있다.[69] 실제로 헌법재판소는 "적법절차의 원칙은 독자적인 헌법원리의 하나"라고까지 말하면서도[70] 정작 구체적 사건에서 심사대상인 국가행위를 통제함에 있어서는 적법절차원칙을 한편으로는 헌법 제37조 제2항으로부터 도출될 수 있는 '과잉금지원칙'과 동일시하거나 분별 없이 중복적용 함으로써 헌법 제12조가 명시하고 있는 "적법한 절차"가 독자적

---

67) 적법절차원칙은 미국헌법상의 대원칙으로서(이에 관해서는 임종훈, 앞의 글, 358-363쪽) 기본적으로 대륙법계에 입각해있는 우리 헌법체계에서는 이질적인 요소이다(이준일, 앞의 책(주 21), 476쪽).

68) 같은 취지의 견해로는 특히 이준일, 앞의 책(주 21), 478쪽; 한수웅, 앞의 책(주 30), 638쪽: "헌재가 종래 다수의 결정에서 '과잉금지원칙과 적법절차원리' 또는 '공정한 재판을 받을 권리와 적법절차원리'를 동시에 언급하면서 양자를 모두 심판대상인 공권력행위의 위헌성을 판단한 심사기준으로 삼는 것은 단지 심사기준의 명칭만을 달리 하여 동일한 심사의 관점과 기준을 근거로 중복적으로 판단한다는 것을 의미한다."

69) 헌법 제12조 "적법한 절차"를 독립된 기본권으로 구성하려는 시도로는 특히 정해성, 「헌법 제12조의 적법절차조항과 형사법」, 『법학논총』 24-1, 조선대학교 법학연구소, 2017, 59-66쪽을 참고할 만하다. 하지만 이러한 시도는 무엇보다도 헌법문언(특히 헌법 제12조 제3항)에 부합되기 어려울 뿐만 아니라, 헌법적 차원의 권리(기본권)와 헌법적 차원의 국가행위통제규준 내지는 심사기준의 분별 — 실제로 우리는 비례성원칙·명확성원칙·무죄추정원칙 등등을 바로 권리로 원용하고 있지도 않다. — 을 훼손하는 것이다(이에 관해서는 김해원, 앞의 글(주 16), 241-244쪽 참조).

70) 헌재 1998.5.28. 96헌바4, 판례집 10-1, 617쪽; 헌재 2001.3.15. 2001헌가1, 판례집 13-1, 472쪽.

인 기본권심사기준으로서 실효적으로 기능하거나 발전할 수 있는 기회를 억압하고 있으며,[71] 다른 한편으로는 헌법 제12조의 "적법한 절차"를 헌법 제27조 '재판을 받을 권리'와 동일시하고 적법절차위반 여부에 관한 판단을 노골적으로 생략하기도 한다.[72] 따라서 기본권관계 일반에 관한 규정 내지는 일반적 헌법원칙에 기초해서 도출될 수 있는 기본권심사기준들(예컨대 헌법 제37조 제2항에 근거를 두고 있는 비례성원칙·본질내용침해금지 혹은 법치국가원칙으로부터 도출될 수 있는 명확성원칙·신뢰보호원칙 등등)은 애당초 모든 기본권관계에서 폭넓게 활용되도록 설계된 규준이라고 할 수 있는 반면에, 헌법상 "적법한 절차"는 특정한 기본권관계와 결부되어 있는 규준이란 점에 주목해서, 심사기준으로서 "적법한 절차"가 활용될 수 있는 영역은 물론이고, 활용되는 "적법한 절차"의 의미를 헌법 제12조 제1항 및 제3항의 문언에 입각해서 가급적 축소이해하려는 태도[73]가 우리 헌법의 규정형식 및 체계에 보다 부합되는 것이라고 하겠다.[74]

---

71) 헌법재판소는 특히 형사소송법 제122조 단서 위헌소원 사건에서 "절차적 권리에 관한 법률이 합리성과 정당성을 상실하여 적법절차원칙 등 헌법상 포기할 수 없는 원리를 무시하거나, 헌법 제37조 제2항이 정하는 과잉금지원칙에 위배되는 내용의 절차를 형성하는 것이 아닌 한 헌법에 위반되는 것이라고 볼 수 없다(헌재 2011.3.31. 2009헌바351, 판례집 23-1(상), 347, 354 등 참조). 그러므로 결국 이 사건 법률조항이 적법절차원칙에 위배되는지 여부는, 위와 같은 기준에 비추어서 이 사건 법률조항에 의하여 형성된 절차의 내용이 적법절차원칙에서 도출되는 절차적 요청을 무시하였는지 여부 또는 비례의 원칙이나 과잉금지원칙을 위반하여 합리성과 정당성을 상실하였는지 여부에 달려 있다."라고 하여, 적법절차원칙 위배여부를 판단하는 방법의 하나로 과잉금지원칙을 들고 있다(헌재 2012.12.27. 2011헌바225, 판례집 24-2(하), 476쪽).

72) 헌재 2011.3.21. 2009헌바31, 판례집 23-1(상), 353쪽: "<u>적법절차의 원칙은</u> 법률이 정한 형식적 절차와 실체적 내용이 모두 합리성과 정당성을 갖춘 적정한 것이어야 한다는 실질적 의미를 지니고 있는 것으로서 특히 형사소송절차와 관련시켜 적용함에 있어서는 형사소송절차의 전반을 기본권보장의 측면에서 규율하여야 한다는 기본원리를 천명하고 있는 것으로 이해하여야 하므로(헌재 1996.12.26. 94헌바1, 판례집 8-2, 808, 819), 결국 <u>포괄적, 절차적 기본권으로 파악되고 있는 재판청구권의 보호영역과 사실상 중복되는 것</u>이어서, <u>신속한 재판을 받을 권리의 침해 여부에 대한 판단 속에는 적법절차의 원칙 위반 여부에 대한 판단까지 포함되어 있다고 할 것</u>이고, 인간의 존엄과 가치 및 행복추구권을 침해하였다는 주장에 대한 판단 또한 이 부분 판단 속에 모두 포함된다고 할 것이다. 따라서 위 주장들에 대하여는 따로 판단하지 아니하기로 한다."

73) 헌법상 적법절차 조항의 의미 확대나 존재의 불필요성을 강조하는 견해로는 특히 표명환, 「현행 헌법상의 적법절차조항의 규범적 의미와 가치」, 『토지공법연구』 56, 토지공법학회, 2012, 524쪽.

74) 설사 헌법 제12조 "적법한 절차"의 의미와 적용영역을 축소이해한 결과 국가권력을 통제하는데 공백이 발생한다고 하더라도, 이러한 공백은 일반적 심사기준들의 확장을 통해서 메워야 할 일이라고 하겠다. 물론 헌법상 적법절차원칙의 확대적용 그 자체가 심사기준의 흠결을 가져오는 것은 아니다(공진성, 앞의 글, 231쪽). 하지만 헌법 제12조 "적법한 절차"를 무분별하게 확대해석하거나 확대 적용하여 일반적 심사기준으로 접근하면 접근할수록, 헌법상 "적법한 절차"에 주목하여 이를 면밀하게 활용할 수 있는 계기나 기회의 상실로 이어질 가능성이 높아지며, 나아가 적법절차원칙이 비례성원칙(과잉금지원칙)이나 법치국가원칙으로 대체되거나 동일시될 위험성이 커진다는 것이다.

2) 적용영역 및 의미

물론 헌법 제12조 제1항 및 제3항이 명시하고 있는 “적법한 절차”에 대한 요청(적법절차원칙)이 적용될 수 있는 영역 및 그 의미를 축소하여 이해한다고 하더라도, 이러한 요청은 헌법이 명시하고 있는 “처벌·보안처분 또는 강제노역”을 부과하는 경우(헌법 제12조 제1항)와 “체포·구속·압수 또는 수색을 할 때에는”(헌법 제12조 제3항) 준수되어야 할 헌법적 차원의 규준이란 점은 부정할 수는 없다. 다만 후자의 경우(헌법 제12조 제3항)에는 “적법한 절차”가 후술하게 될 영장주의와 결부된 규준이란 점에서 차이가 있다.[75] 그리고 헌법 제12조에 명시된 처벌·보안처분·강제노역·체포·구속·압수·수색 등과 같은 국가행위는 법률적 차원이 아닌 헌법적 차원의 개념[76]일 뿐만 아니라 무엇보다도 신체의 자유·재산권·공

75) 헌법 제12조 제1항의 경우 문언표현상 “적법한 절차”는 처벌·보안처분 또는 강제노역을 부과하는 경우에 갖추어야 할 규준임은 의심의 여지가 없다. 문제는 헌법 제12조 제3항의 “적법한 절차”이다. 즉 헌법 제12조 제3항의 문언표현상 부사구인 “적법한 절차에 따라”는 ① 검사가 법관에게 영장발부를 신청할 경우에 준수해야 하는 규준인지, ② 법관이 집행기관에게 영장을 발부할 경우에 준수해야 하는 규준인지, ③ 집행기관이 기본권주체에게 영장을 제시할 경우에 준수해야 하는 규준인지가 모호하다는 것이다. 물론 ①·②·③ 어떤 경우라고 하더라도 헌법 제12조 제3항 문언표현상 “체포·구속·압수 또는 수색을 할 때에는” “적법한 절차에 따라”야 함을 부정할 수는 없는바, (직접적이든 간접적이든 간에) 적법절차원칙은 일정한 기본권관계에서 국가행위를 통제하는 규준이 된다는 점을 부정할 수는 없겠지만, 만약 “적법한 절차”가 ① 혹은 ②의 경우(즉, 영장신청행위 혹은 영장발부행위)에 준수되어야 할 규준이라면 적법절차원칙은 일차적으로 국가기관 상호 간 준수되어야 할 규준(특히, 검사의 ‘영장신청’이나 법관의 ‘영장발부’를 통제하는 규준)이라는 점이 우선적으로 부각되면서 국가권력기관들 상호 간 권한배분의 문제(특히, 영장신청권한을 둘러싼 경찰과 검찰의 권한다툼 및 검사신청 없는 법관 직권에 의한 영장발부의 가능성 등)와 결부되어 활용될 수 있는 규준이 되겠지만, 헌법 제12조 제3항의 “적법한 절차”가 ③의 경우(즉, 영장제시행위)에 적용되는 국가행위통제규준이라면 기본권관계(특히 체포·구속·압수 또는 수색을 위해 영장을 제시하는 국가기관과 제시된 영장을 확인할 대상자인 기본권주체의 관계)에서 준수되어야 할 기본권심사기준이란 점이 보다 직접적으로 드러나게 된다는 점에서 ①·②·③을 분별하는 실익이 없다고는 할 수 없다. 그런데 헌법국가구현이란 관점에서 본다면 국가행위에 대한 헌법적 통제의 가능성을 특별한 이유 없이 축소할 필요는 없을 것으로 생각되며, 무엇보다도 헌법현실에서 중의적 의미를 갖거나 추상성과 모호함이 큰 헌법문언의 의미를 구체화해야 할 제1차적 담당기관이라고 할 수 있는 국회의 행위가능성(특히, 헌법 제40조)을 염두에 둔다면 일단 “체포·구속·압수 또는 수색을 할 때”라는 헌법 제12조 제3항의 상황과 결부된 국가의 영장신청행위·영방발부행위·영장제시행위 모두를 통제할 수 있는 헌법적 차원의 규준으로 헌법 제12조 제3항의 “적법한 절차”를 이해하는 것이 바람직하다고 본다. 다만 본 글에서는 논의의 편의상 영장신청행위와 영장발부행위를 통제하는 규준으로서의 “적법한 절차”는 ‘영장주의’를 논할 때 주목하기로 하고(목차 Ⅲ. 3. 다. 참조), 여기에서는 “적법한 절차”가 기본권관계에서 보다 직접적으로 문제되는 경우라고 할 수 있는 영장제시행위에 주목하도록 한다.

76) 헌법 제12조 제1항의 “**처벌**”은 일탈된 행동에 대해 부과되는 벌 혹은 제재를 의미하는 것으로 폭넓게 이해할 수 있다. 그런데 여기서 일탈된 행동을 형법상 개념인 형벌의 원인인 범죄로만 국한해서 이해하는 것은 헌법상 개념이 아무런 근거 없이 법률상 개념을 통해서 정의되어버리는 것인바, 받아들일 수 없다. 같은 맥락에서 헌법상 “**보안처분**” 또한 형사법 영역에서 규율하고 있는 보

무담임권·주거의 자유·사생활의 비밀과 자유 등등 여러 기본권관계에서도 심사 대상으로 등장할 수 있는 기본권침범(Grundrechtseingriff)인바,[77] 헌법상 적법절차 원칙이 형사사법절차나 신체의 자유에 국한해서 적용되어야 한다는 주장[78]에 대해서도 동의하기 어렵다. 하지만 기본권관계에서 국가행위를 통제하는 규준으로서 "적법한 절차"는 모든 국가행위를 통제하는 규준이 아니라 처벌·보안처분·강제노역·체포·구속·압수·수색에 해당하는 특정 기본권침범의 위헌성여부를 심사하는 기준으로 국한해서 이해되어야 한다는 것이다.

그렇다면 남은 문제는 헌법 제12조의 "적법한 절차"가 과연 무엇을 의미하는가 하는 점이다. 우선 "節次"는 일반적으로 어떤 일을 치르는데 거쳐야 하는 순서나 방법 내지는 일정한 목적을 달성하기 위해서 취해지는 일련의 과정을 의미하며,[79] "절차"를 수식하는 "適法한"은 '법에 맞는' 혹은 '법에 부합되는'이란 뜻이다. 그리고 여기서 '법'은 법률이나 정의관념 내지는 자연법적 차원에서의 법이 아니라 헌법을 의미하는 것으로 생각된다. 왜냐하면 "적법한"의 "법"을 법률로 이해하면 헌법 제12조 제1항의 "법률과 적법한 절차"는 '법률과 법률에 맞는 절차'라는 의미를 갖게 되는바 "적법한 절차"는 동어반복 내지는 주의적 표현에

호관찰제도·사회봉사명령·보안관찰·치료감호 등과 같은 범죄예방처분에 국한되는 것이 아니라 사회안전을 유지·보호하기 위해 행해지는 각종 강제처분을 포괄하는 개념으로, "**강제노역**"을 형법상 벌금형에 대한 환형처분으로서의 노역장유치에 국한시키지 않고 자유의사에 의하지 않고 행해지는 노동력의 제공 등과 같이 폭넓게 이해해야 할 것이다. 마찬가지로 헌법 제12조 제3항의 체포·구속·압수·수색 또한 헌법하위규범에서 사용하는 용어가 무엇인지를 불문하고, 그 의미가 기본권주체의 자유의사에 반하여 '직접적으로 물리적 강제력을 행사하는 강제처분'으로서(헌재 2012.12.27. 2010헌마153, 판례집 24-2(하), 550쪽; 헌재 2006.7.27. 2006헌마277, 판례집 18-2, 287쪽; 헌재 1997.3.27. 96헌가11, 판례집 9-1, 258쪽 참조) 기본권주체를 일정한 장소에 引致하는 행위라면 "**체포**", 일정한 장소에 인치된 기본권주체에게 그 장소 밖으로 나가는 것을 금지하는 행위라면 "**구속**", 물건의 점유를 취득하는 행위라면 "**압수**", 무엇을 발견 혹은 확인하기 위해 신체나 물건 또는 장소 등을 뒤지는 행위라면 "**수색**"으로 보아야 할 것이다(예컨대 출입국관리법 제51조에서는 "보호"라는 용어를 사용하고 있지만, 그 본질은 인신 구속적 강제처분이라는 점에서 헌법 제12조 제3항의 체포 혹은 구속에 해당한다).

77) 처벌·보안처분·강제노역·체포·구속·압수·수색 등으로 인해서 신체의 자유에 대한 침해여부만이 문제된다고 보는 것은 성급한 태도이다. 예컨대 "처벌"로 과태료나 벌금을 부과하는 경우에는 재산권침해여부가, 자격정지나 자격상실을 부과하는 경우에는 공무담임권이나 직업의 자유에 대한 침해여부가, 체포나 구속의 경우에는 거주이전의 자유가 압수나 수색의 경우에는 주거의 자유나 사생활의 비밀과 자유 등과 같은 기본권들의 침해여부 또한 문제될 수 있다.

78) 이준일, 앞의 책(주 21), 486쪽.

79) 국립국어원 표준국어대사전(http://stdweb2.korean.go.kr/search/List_dic.jsp), 검색어: '절차'·'방법', 검색일: 2017.4.24.; 홍성방, 『헌법학(중)』, 박영사, 2010, 87쪽; 강승식, 「절차적 적법절차의 본질에 관한 연구」, 『미국헌법연구』 25-2, 미국헌법학회, 2014, 3쪽: "여기서 말하는 절차란 정부가 법률에서 제시된 법적 기준이나 요구사항을 특정인에게 적용하는 과정이다."

불과한 것[80]으로 전락하게 되어 1987년 헌법개정을 통해서 새롭게 "적법한 절차"를 명시하고 있는 헌법의 태도를 경시하는 것이 되며, 그렇다고 하여 이를 실정법이 아니라 추상과 이념의 세계에 놓여 있는 정의관념 내지는 자연법적 차원의 개념으로 이해[81]하면 적법절차원칙을 통한 국가행위의 통제는 실정헌법의 영역을 벗어나는 것이 되기 때문이다.[82] 따라서 헌법상 "적법한 절차"는 "처벌·보안처분 또는 강제노역"을 부과하거나 "체포·구속·압수 또는 수색을 할 때" 마련해야 할 '헌법적 차원의 순서 내지는 과정'[83]이라고 할 수 있겠다. 그리고 바로 이 지점에서 제기되는 보다 현실적인 의문은 「기본권관계에서 행해지는 처벌·보안처분·강제노역·체포·구속·압수·수색 등과 관련하여 도대체 과연 어떠한 조치가 어느 정도로 마련되어야 헌법상 적법절차원칙에 부합된다고 볼 수 있는가?」하는 점이다. 이와 관련하여 "구체적으로 어떠한 절차를 어느 정도로 요구하는지는 일률적으로 말하기 어렵고, 규율되는 사항의 성질, 관련 당사자의 사익(私益), 절차의 이행으로 제고될 가치, 국가작용의 효율성, 절차에 소요되는 비용, 불복의 기회 등 다양한 요소들을 형량하여 개별적으로 판단할 수밖에 없을 것"이나,[84] 그럼에도 불구하고 헌법상 적법절차원칙은 원래 영국과 미국을 중심으로 발전해온 법리(due process of law)가 1987년 헌법개정을 계기로 대륙법계 전통에 입각해있는 우리 법체계 안으로 뒤늦게 들어온 이질성이 강한 규준이란 점[85]에서 헌법 제12조 "적법한 절차"의 모범이 된 영미법적 전통의 핵심적 가치(즉, 절차적 차원에서의 적절한 방어기회의 제공)[86]를 헌법문언의 허용범위 내에서 수

---

80) 이러한 견해로는 양건, 「새 헌법의 기본권조항」, 『고시계』 369, 고시계사, 1987, 37쪽 참조.

81) 이러한 입장으로는 홍성방, 앞의 책, 87쪽.

82) 물론 이러한 견해가 적법절차원칙의 이념적 배경으로서 정의관념 내지는 자연권 사상을 부정하는 것은 아니다. 다만 정의관념 내지는 자연권 사상에 상응하는 각종 가치들이 헌법을 통해 이미 실정규범에 스며들어있는 상황에서는 굳이 그 존재와 근거가 불명확하고 모호한 정의관념 혹은 자연권 사상을 실정 헌법을 기초로 행해지는 헌법적 논증과정에서 직접 원용할 필요성은 없다고 본다.

83) "적법한 절차"에서 "법"을 '법률'이 아니라 '헌법'으로 이해한다는 것은 무엇보다도 다음과 같은 의미가 있다: 「기본권관계에서 요청되는 절차에 관해는 1차적으로 입법자가 헌법적 가치를 고려하여 구체적으로 마련해야 한다. 하지만 입법자가 적정한 절차를 마련하고 있지 않다는 의심이 제기된 경우에, 헌법규정(특히 헌법 제12조 "적법한 절차")에 근거해서 입법자의 (작위 혹은 부작위에 해당하는) 입법행위의 위헌성여부를 심사할 수 있게 된다.」 물론 이러한 이해가 개별 기본권이 갖고 있는 급부권적 성격으로부터 '국가가 기본권보장을 위한 일정한 절차를 마련해야 한다는 요청'을 도출할 수 있음을 부정하는 것은 아니다.

84) 헌재 2003.7.24. 2001헌가25, 판례집 15-2(상), 18쪽.

85) 적법절차원칙의 기원 및 한국적 수용에 관해서는 유희일, 「미국 헌법상 적법절차 조항의 한국적 수용」, 『미국헌법연구』 16-1, 미국헌법학회, 2005, 56-58쪽.

86) 적법절차, 특히 절차적 차원에서의 적법절차의 요체는 고지와 청문과 같은 방어기회의 제공이다

용하면서도 동시에 그 이질성이 적절하게 통제되어 다른 헌법조항들과 조화를 이룰 수 있게끔 체계 정합적으로 이해되어야 할 것인바,[87] 헌법 제12조가 명시하고 있는 "적법한 절차"의 요청은 '실체적 차원에서의 적법한 절차'가 아니라 '절차적 차원에서의 적법한 절차'를 요청하는 것으로서 특히 「처벌·보안처분·강제노역·체포·구속·압수·수색과 관련하여 기본권주체에게 고지·청문·변명 등과 같은 방어기회를 제공하는 합리적인 절차 내지는 과정이 구비되어야 한다는 요청」으로 잠정 국한해서 이해하는 것이 현재로서는 바람직하다고 본다.[88]

(강승식, 앞의 글, 11쪽; 윤영미, 「절차적 적법절차의 적용대상」, 『법학논총』 24-2, 한양대학교 법학연구소, 2007, 128쪽: "미국의 헌법과 판례로 확립된 절차적 적법절차원리는 개인의 생명, 자유, 재산을 국가가 박탈할 때 고지·청문을 핵심으로 하는 공정한 절차를 거쳐야 한다는 것이다. 물론 적법절차원리는 나아가 내용의 공정성, 실체적 정당화까지 요구하는 실체적 적법절차원리로까지 확장되고 실체적 적법절차원리는 많은 비판에도 불구하고 오늘날까지 유지되고 있으나, 절차적 적법절차원리보다 더 큰 비중을 가진다고는 할 수 없다."). 특히 헌법재판소는 "적법절차원칙에서 도출할 수 있는 가장 중요한 절차적 요청 중의 하나로, 당사자에게 적절한 고지(告知)를 행할 것, 당사자에게 의견 및 자료 제출의 기회를 부여할 것"을 언급하고 있다(헌재 1994.7.29. 93헌가3 등, 판례집 6-2, 11쪽; 헌재 1996.1.15. 95헌가5, 판례집 8-1, 16-17쪽; 헌재 2002.6.27. 99헌마480, 판례집 14-1, 634쪽 참조). 한편 미국 판례에서 쟁점이 된 절차보장의 형태를 검토하고 있는 윤영미 교수는 적법절차와 관련해서 요구되는 가장 일반적인 요소로 ① 공정한 심판자, ② 고지, ③ 청문, ④ 형량심사를 들고 있다(윤영미, 「절차적 적법절차의 적용방법」, 『안암법학』 25, 안암법학회, 2007, 103-109쪽). 그런데 윤영미 교수가 제시하고 있는 요소들 중 '공정한 심판자'와 '형량심사'는 헌법 제12조의 "적법한 절차"에 주목하지 않고서도 다른 조항을 통해서 상당 부분 검토될 수 있는 사항으로 생각된다. 즉 '공정한 심판자'라는 요소는 재판과 관련해서는 헌법 제27조 "헌법과 법률이 정한 법관에 의하여 법률에 의한 재판을 받을 권리"를 통해서, '형량심사'는 헌법 제37조 제2항으로부터 혹은 법치주의로부터 도출될 수 있는 비례성원칙의 적용을 통해서 다루어질 수 있다는 것이다.

87) 이준일, 앞의 책(주 21), 476쪽: "적법절차원칙은 미국법의 대원칙으로서 대륙법계를 따르는 우리 법체계에서 이질적인 원칙이기 때문에 '체계정합적인 해석'이 요구된다."

88) 1215년 영국 대헌장(Magna Carta)에서부터 비롯되었으며 특히 미국헌법 및 미국연방대법원 판례를 중심으로 형성되고 발전되어 온 적법절차는 크게 법 적용의 절차 내지는 과정이 적정할 것(즉, 절차 자체에 공정성이 존재할 것)을 요청하는 '절차적 적법절차'와 적용될 법의 내용이 합리성과 정당성을 갖출 것을 요구하는 '실체적 적법절차'로 분별된다. 그런데 우리 헌법은 제10조에서 인간존엄 및 행복추구권이라는 포괄적 기본권을 규정하고 제37조 제2항에서 기본권침범입법의 일반적 한계를 정하고 있다는 점에서 적법절차를 실체적 적법절차까지 포함하는 것으로 이해할 필요는 없다고 본다(정해성, 앞의 글, 83쪽: "만일 우리 헌법 제12조 적법절차조항을 여전히 미국 수정헌법의 그것으로 이해하려 한다면 그것은 권리강화에 결코 기여하지 못한 채 오히려 기본권제한의 정당화 구성만을 어지럽힘으로써 권리구제에 역행하는 결과에 이르게 될 뿐이다."). 관련하여 미국 연방대법원이 적법절차의 의미를 실체적 적법절차로 확대해석 하고 있는 이유는 헌법에 명시되지 않은 기본권의 근거를 적법절차조항에서 도출하고 기본권제한입법의 일반적 한계를 정하기 위함이었음을 기억할 필요가 있겠다(강승식, 앞의 글, 2-3쪽; 권혜령, 「미국 연방헌법상 헌법에 열거되지 아니한 권리의 분석방법 — 실체적 적법절차론과 수정 제9조에 의한 분석론 —」, 『공법학연구』 10-1, 한국비교공법학회, 2009, 5-10쪽). 그리고 절차적 적법절차의 위반여부에 관한 문제는 결국 「'어떤 상황'에서 '어떤 형식'의 절차적 보호 조치가 마련되어 있어야 하는가?」라는 물

물론 헌법 제12조 "적법한 절차"의 적용영역과 의미를 가급적 축소하려는 이러한 이해가 기본권관계에 침투하는 국가행위에 대해 폭넓고 견고한 방어제도의 구축 — 국가로부터 감행되는 각종 공격에 대해 기본권주체가 방어하기 위해서는 우선 공격의 이유를 알아야 하고, 필요한 경우 일정한 도움을 받을 수 있어야 하며, 공격에 대한 반론이 가능해야 하며, 공격과 방어가 공정한 규칙과 심판관에 의해서 관리되어야 한다. — 을 방해하거나 폄훼하려는 시도로 치부되어서는 안 된다. 오히려 헌법 제12조 "적법한 절차"의 요청을 「'절차적 적법절차'의 관점에서 단지 헌법 제12조 제1항 및 제3항이 명시하고 있는 국가행위와 관련된 방어기회제공으로 잠정 국한시켜 이해하고자 하는 입장」은 고문금지(제12조 제2항)·영장주의(제12조 제3항 및 제16조)·체포 또는 구속 관련 고지 및 통지(제12조 제5항)·자백의 증거능력 및 증명력 제한(제12조 제7항)·무죄추정원칙(제27조 제4항) 등과 같은 규준들은 물론이고 진술거부권(제12조 제2항)·변호인의 조력을 받을 권리(제12조 제4항)·구속적부심사청구권(제12조 제6항)·재판을 받을 권리(제27조) 등과 같은 기본권들을 마련하여 곳곳에서 "적법한 절차"의 이념을 구체화하거나 실현하고자 하는 헌법의 태도를 존중하는 것이라고 해야 한다. 왜냐하면 헌법현실에서 헌법 제12조에 근거한 "적법한 절차"의 요청을 보다 확대하여 활용해야 할 필요성이 발생한다고 하더라도, 그 전에 "적법한 절차"의 이념을 구체화하거나 실현하기 위해 헌법 곳곳에 마련되어 있는 여러 규준들의 활용여부를 먼저 검토해본 다음, 그럼에도 불구하고 발생되는 국가행위 통제의 공백이 있다면, 이러한 공백을 매우는 보충적 차원에서 헌법 제12조 제1항 및 제3항에 명시된 "적법한 절차"의 적용을 고민해보는 순서를 밟는 것은 헌법규범 곳곳에 산재되어 있는 개개의 규준들이 경시되는 것을 막고 이들이 보다 섬세하고 예리하게 활용될 수 있는 계기를 넓혀나가는 것이기 때문이다.

다. 영장주의

영장(令狀)은 명령의 뜻을 기록한 서장을 의미한다. 헌법은 "체포·구속·압

음으로 모아진다는 점에서(강승식, 앞의 글, 8−13쪽 참조), 헌법상 적법절차원칙 위반여부는 다음과 같은 물음으로 집약된다고 하겠다: ① '처벌·보안처분·강제노역·체포·구속·압수·수색과 관련된 상황'에서 ② 기본권주체에게 '고지와 청문 등과 같은 방어의 기회 내지는 형식'이 제공되고 있는가? 왜냐하면 "적법한 절차"가 준수되어야 하는 상황과 관련해서는 헌법 제12조 제1항 및 제3항이 특별히 특정 행위들을 나열하고 있으며, 적법절차원칙의 본질적 계기인 절차적 적법절차의 요체는 고지와 청문이기 때문이다(주 86) 참조); 김해원, 「'내부증언자 면책제도'에 관한 헌법적 검토 — 형사소송법 개정 법률안(의안번호 제12633호) 제247조의2를 중심으로—」, 『공법학연구』 17−2, 한국비교공법학회, 2016, 73−74쪽 참조.

수 또는 수색을 할 때에는"[89] "적법한 절차에 따라 검사의 신청에 의하여 법관이 발부한" "영장을 제시하여야 한다."라고 규정하면서(제12조 제3항 제1문), "현행범인인 경우와 장기 3년 이상의 형에 해당하는 죄를 범하고 도피 또는 증거인멸의 염려가 있을 때에는 사후에 영장을 청구할 수 있다."라고 명시하고 있다(제12조 제3항 제2문).[90] 즉 헌법상 사후에 영장을 청구하는 것이 허용된 경우가 아니라면, 기본권적 보호법익에 감행되는 국가의 체포·구속·압수·수색과 같은 기본권침범이 정당화되기 위해서는 원칙적으로[91] 체포·구속·압수·수색을 명령(혹은 허용)하는 서장을 체포·구속·압수·수색을 할 때에 제시해야 하는데, 이와 관련해서 헌법은 영장신청권한을 "검사"에게 영장발부권한을 "법관"에게 부여하면서 검사의 영장신청행위와 법관의 영장발부행위가 "적법한 절차에 따라"야 함을 요구하고 있는 것이다.[92] 따라서 '검사의 영장신청권한'도 '법관의 영장발부권한'도

---

89) 한편 헌법 제12조 제3항의 영장주의가 준수되어야 하는 경우는 '직접적으로 물리적 강제력을 행사하는 강제처분'으로서의 체포·구속·압수·수색을 할 때인바(체포·구속·압수·수색의 개념에 관해서는 위 주 76) 참조), 직접적이고 현실적인 강제력의 행사가 아니라 사후적인 제재를 통하여 심리적·간접적인 강제를 수단으로 사용하는 경우에는 영장주의가 관철되어야 한다고 볼 수 없다(관련하여 특히 한수웅, 앞의 책(주 30), 643쪽: "개인에게 불리한 법적 의무가 부과되는 모든 경우에 대하여 법관이 발부한 영장을 요구하는 것은 현실적으로 불가능할 뿐 아니라 헌법적으로 요청되지도 않는다. 개인에게 국가기관에 의하여 직접 물리적 강제력이 행사되는 것이 아니라 불리한 의무가 부과되는 경우에는, 당사자는 이를 거부하고 법치국가적 권리구제절차를 통하여 의무부과의 합헌성과 합법성을 물을 수 있는 가능성을 가지고 있다."). 같은 맥락에서 헌법재판소는 기본권주체의 협력이 필요한 음주측정·지문채취·소변채취에는 영장주의가 적용되지 않는다는 판단을 거듭 내리고 있다(헌재 1997.3.27. 96헌가11, 판례집 9-1, 258쪽; 헌재 2004.9.23. 2002헌가17 등, 판례집 16-2(상), 388쪽; 헌재 2006.7.27. 2005헌마277, 287쪽). 물론 소위 'BBK 사건' — 즉, '한나라당 대통령후보 이명박의 주가조작 등 범죄혐의의 진상규명을 위한 특별검사의 임명 등에 관한 법률 위헌확인 사건'(헌재 2008.1.10. 2007헌마1468, 판례집 20-1(상), 1쪽 이하 참조) — 에서 헌법재판소의 재판관 다수의견(5인)이 형벌이라는 사후제재에 의하여 동행명령을 강제하는 것은 영장주의에 위배된다고 판단한 바 있긴 하지만(이 사건의 심사대상인 동행명령조항에 대해서 재판관 8인이 위헌의견을 냈는데, 과잉금지원칙 위반과는 달리 영장주의 위반에 대해서는 재판관 5명만이 찬성했다.), 이러한 판단은 헌법재판소법 제23조 제2호 소정의 판례변경을 위한 정족수를 충족하지 못한 것이었다는 점에서 영장주의의 적용범위에 대한 선례의 입장이 'BBK 사건'으로 바뀌었다고 볼 것은 아니라고 하겠다.

90) 물론 헌법은 제12조 제3항과는 별도로 "주거에 대한 압수나 수색을 할 때에는 검사의 신청에 의하여 법관이 발부한 영장을 제시하여야 한다."라는 규정(헌법 제16조 제2문)을 마련해두고 있다. 하지만 "주거에 대한 압수나 수색" 또한 헌법 제12조 제3항 "압수 또는 수색"에 당연히 포함될 수 있는 것이라 하겠다. 따라서 주거에 대한 압수나 수색의 경우에는 "적법한 절차에 따라"야 할 필요가 없다고 주장하는 것이 아니라면 영장주의와 관련해서 헌법 제16조 제2문을 별도로 주목해야 할 실익은 없다고 하겠다.

91) 헌법은 비상계엄이 선포된 때에는 영장제도와 관련해서 특별한 조치를 할 수 있는 근거를 마련해두고 있다(헌법 제77조 제3항 참조).

92) 물론 앞서 언급한 바와 같이 헌법 제12조 제3항의 "적법한 절차에 따라"는 ① '검사의 영장신청행

헌법상 절대적으로 인정되는 무제한적 권한이 아니라 적법절차원칙에 의해서 통제되는 것이 헌법문언의 취지라는 점에 주목해서 심사대상 국가행위를 평가할 필요가 있다고 본다.

관련하여 헌법재판소는 영장주의의 본질을 '법관에 의한 발부'로 파악하고 법관의 직권에 의한 영장발부에 검사의 신청이 불필요하다는 입장을 피력하고 있는 반면에,[93] 학설은 헌법재판소의 입장을 지지 혹은 보강하는 견해[94]와 헌법

위'나 ② '법관의 영장발부행위'뿐만 아니라 ③ '체포·구속·압수·수색을 하는 기관의 영장제시행위' 또한 함께 통제하는 규준으로 이해되어야 하겠지만(위 주 75) 참조), ③의 경우는 적법절차원칙을 논하는 부분에서 이미 살펴보았으므로 여기에서는 ①과 ②의 경우에 주목하도록 한다.

93) 헌재 1997.3.27. 96헌바28등, 판례집 9-1, 320-323쪽: "영장주의란 형사절차와 관련하여 체포·구속·압수 등의 강제처분을 함에 있어서는 사법권 독립에 의하여 그 신분이 보장되는 법관이 발부한 영장에 의하지 않으면 아니 된다는 원칙이고, 따라서 영장주의의 본질은 신체의 자유를 침해하는 강제처분을 함에 있어서는 중립적인 법관이 구체적 판단을 거쳐 발부한 영장에 의하여야만 한다는 데에 있다고 할 수 있다. 수사단계이든 공판단계이든 수사나 재판의 필요상 구속 등 강제처분을 하지 않을 수 없는 경우는 있게 마련이지만 강제처분을 받는 피의자나 피고인의 입장에서 보면 심각한 기본권의 침해를 받게 되므로 헌법은 강제처분의 남용으로부터 국민의 기본권을 보장하기 위한 수단으로 영장주의를 천명한 것이다. 특히 강제처분 중에서도 중립적인 심판자로서의 지위를 갖는 법원(우리나라 형사소송의 구조는 원칙적으로 당사자주의 구조이다. 헌재 1995.11.30. 선고, 92헌마44 결정 참조)에 의한 강제처분에 비하여 수사기관에 의한 강제처분의 경우에는 범인을 색출하고 증거를 확보한다는 수사의 목적상 적나라하게 공권력이 행사됨으로써 국민의 기본권을 침해할 가능성이 큰 만큼 수사기관의 인권침해에 대한 법관의 사전적·사법적 억제를 통하여 수사기관의 강제처분 남용을 방지하고 인권보장을 도모한다는 면에서 영장주의의 의미가 크다고 할 것이다(이러한 면에서 법원이 직권으로 발부하는 영장과 수사기관의 청구에 의하여 발부하는 구속영장의 법적 성격은 같지 않다. 즉, 전자는 명령장으로서의 성질을 갖지만 후자는 허가장으로서의 성질을 갖는 것으로 이해되고 있다). […] 앞서 본 영장주의의 본질과 헌법 제12조 제3항의 연혁을 종합하여 살펴보면, 영장주의는 헌법 제12조 제1항 및 제3항의 규정으로부터 도출되는 것이고, 그중 헌법 제12조 제3항이 "[…] 구속 […] 을 할 때에는 […] 검사의 신청에 의하여 법관이 발부한 영장 […]"이라고 규정한 취지는 수사단계에서의 영장주의를 특히 강조함과 동시에 수사단계에서의 영장신청권자를 검사로 한정한 데 있다고 해석된다(공판단계에서의 영장발부에 관한 헌법적 근거는 헌법 제12조 제1항이다). 그렇지 아니하고 헌법 제12조 제3항의 규정 취지를 공판단계에서의 영장발부에도 검사의 신청이 필요한 것으로 해석하는 것은 신체의 자유를 보장하기 위한 사법적 억제의 대상인 수사기관이 사법적 억제의 주체인 법관을 통제하는 결과를 낳아 오히려 영장주의의 본질에 반한다고 할 것이기 때문이다."; 헌재 2012.6.27. 2011헌가36, 판례집 24-1(하), 709-710쪽: "영장주의는 인신의 자유를 제한하는 강제수사의 경우 사법권 독립에 의하여 신분이 보장되는 법관의 사전적·사법적 억제를 통해 수사기관의 강제처분 남용을 방지하고 국민의 기본권을 보장하는 것을 그 본질로 한다(헌재 1997.3.27. 96헌바28등, 판례집 9-1, 313, 320-321; 헌재 2004.9.23. 2002헌가17등, 판례집 16-2상, 379, 388 참조). 즉 영장주의의 본질은 강제수사의 요부 판단권한을 수사의 당사자가 아닌 인적·물적 독립을 보장받는 제3자인 법관에게 유보하는 것으로서, 법치국가의 사법질서 확립을 위해서는 수사절차에서의 사법통제가 반드시 필요한 것임을 선언한 것이다."

94) 특히 김선택, 「영장청구주체의 헌법규정의 해석론 및 개정론」, 『공법연구』 38-2, 한국공법학회, 2009, 261쪽; 천진호, 「영장청구권의 귀속 주체에 관한 검토」, 『법학논고』 26, 경북대학교 법학연구원, 2007, 342쪽.

재판소의 입장은 헌법의 문면에 반한다고 하면서 헌법상 영장주의는 '검사의 신청'과 '법관의 발부'로 구성된다고 해석하는 것이 타당하다는 견해로 대립되어 있다.[95] 하지만 이러한 견해들은 검사의 영장신청행위와 법관의 영장발부행위를 통제하는 규준인 "적법한 절차에 따라"를 간과한 것 — 헌법 제12조 제3항의 "적법한 절차에 따라"는 집행기관의 영장제시행위뿐만 아니라, 검사의 영장신청행위와 법관의 영장발부행위 모두를 수식하고 있는바, 영장의 신청·발부·제시행위 모두를 통제하는 헌법적 차원의 심사기준이 된다.[96] — 으로 보인다. 즉 체포·구속·압수·수색을 할 때 검사의 영장신청과 법관의 영장발부 그 자체가 적법한 절차에 부합되기 어렵다고 판단될 만한 사정이 있는 경우에는 검사의 영장신청권한과 법관의 영장발부권한 양자 모두 양보될 수 있는 가능성을 헌법이 봉쇄하고 있다고 단정하는 것은 성급한 해석이라는 것이다. 오히려 「"적법한 절차"를 준수하면서 검사가 영장을 신청하거나 법관이 영장을 발부할 수 있는 규범적·현실적 전제조건이 무너진 경우」에도 검사가 영장신청권한을 독점한다거나 법관이 영장발부권한을 독점하는 것으로 이해하는 것은 헌법 제12조 제3항 "적법한 절차에 따른"이라는 문언에 부합되는 해석이라고 할 수 없을 뿐만 아니라,[97] 무엇보다도 헌법상 "적법한 절차"에 대한 요청(즉, 적법절차원칙)은 영장주의를 관철하기 위한 수단이 아니라 영장주의를 통해서 달성하고자 하는 이념이란 점[98]에 주

95) 특히 문재완, 「우리 헌법상 영장조항과 영장청구주체에 관한 연구」, 『세계헌법연구』 19-1, 국제헌법학회, 2013, 72쪽, 89쪽; 이효원, 「검사의 공익적 기능」, 『형사법의 신동향』 35, 대검찰청, 2012, 94쪽: "체포·구속·압수 또는 수색을 할 때에는 반드시 검사의 신청을 경유하도록 하여 법관이 임의대로 영장을 발부하는 것을 허용하지 않는다는 것에 헌법규범적 의미가 있다."; 한편 헌법 제12조 제3항이 "검사의 신청에 의하여 법관이 발부한 영장"이라고 표현하고 있다고 해서 법관이 영장을 발부하기 위해서는 반드시 검사의 신청을 경유해야만 하는 것으로 이해하는 견해는 '구체적인 형사재판에서 검사의 영장신청 없이 법관이 금고나 징역 등과 같은 형벌 — 이러한 형벌은 헌법 제12조의 구속에 해당된다(위 주 76) 참조). — 을 내리는 것은 헌법상 영장주의에 위반'이라는 결론에 도달하게 되어, 결국 법관의 양형판단권한을 검사의 신청에 내맡기는 것과 다름 아니게 되고, 무엇보다도 헌법 제103조 "법관은 […] 독립하여 심판한다."와 조화를 이룰 수 없게 되므로 배척되어야 한다.

96) 이에 관해서는 위 주 75) 및 주 92) 참조.

97) '법은 불가능한 것을 요구할 수 없다'라는 것은 법치주의의 최소한의 내용이자 합리적인 법체계가 반드시 갖추어야 할 기본적 전제이기도 하다(이에 관해서는 특히 L. L. Fuller, The Morality of Law, Yale Univ. Press, 1964, p. 85-93). 따라서 만약 "적법한 절차"에 대한 요청을 준수할 수 없는 현실적 상황에서도 영장을 신청하는 검사와 영장을 발부하는 법관에게 적법한 절차에 따를 것을 강요하는 것은 헌법적 논증의 전제조건이라고 할 수 있는 법치주의의 이념(이에 관해서는 김해원, 앞의 글(주 15), 142-143쪽)과도 부합되기 어렵다고 하겠다.

98) 특히 헌법재판소는 헌법 제12조 제1항을 적법절차원칙의 일반조항으로 이해하고 헌법 제12조 제3항을 "헌법 제12조 제1항의 적법절차원칙의 특별규정"으로 이해하고 있는데(헌재 2012.6.27. 2011

목해서 헌법 제12조 제3항에 근거하고 있는 영장주의를 이해해야 할 것으로 생각한다.[99)]

따라서 「체포·구속·압수·수색의 대상이 검사 혹은 검찰권을 향하고 있는 경우에도 검사가 영장신청권한을 독점하거나 검사의 영장신청을 경유해서만 영장발부가 가능하다는 것은 강제수사의 대상자 혹은 그 대상자와 특수 관계에 있는 기관이 강제수사 여부를 결정하는 것이 되는바,[100)] 이는 공격과 방어가 공정하게 관리되어야 한다는 헌법상 이념인 적법절차원칙에 부합되기 어렵다는 점」에 주목해서 일정한 경우에 입법자가 검사의 영장신청권한을 일부 제한 내지는 배제하는 법률을 제정하는 것이 헌법 제12조 제3항에 근거하는 영장주의에 위반된다고 단언할 수는 없을 것이며,[101)] 같은 맥락에서 공판단계에서 (검사의 영장신청을 경유하지 않고) 행해지는 법관 직권에 의한 영장발부에 대해 합헌성을 인정함에 있어서도 "영장"이란 말조차 등장하고 있지 않은 헌법 제12조 제1항을 합헌

헌가36, 판례집 24-1(하), 711쪽: "헌법 제12조 제1항은 적법절차원칙의 일반조항이고, 제12조 제3항의 적법절차원칙은 기본권 제한 정도가 가장 심한 형사상 강제처분의 영역에서 기본권을 더욱 강하게 보장하려는 의지를 담아 중복 규정된 것이라고 해석함이 상당하다. 이와 같이 본다면, 이 사건 법률조항은 헌법 제12조 제1항의 적법절차원칙의 특별규정인 헌법 제12조 제3항의 영장주의원칙에 위배되고, 헌법 제12조 제1항의 적법절차원칙에도 위배된다."), 이러한 이해에는 일반적 적법절차원칙(헌법 제12조 제1항)을 특정 영역에서 구현하기 위한 수단 내지는 방법으로 헌법 제12조 제3항이 영장제도를 마련해두고 있다는 사고가 내포되어 있는 것으로 보인다. 실제로 헌법재판소는 헌법 제12조 제3항에 근거하고 있는 영장주의를 헌법 제12조 제1항의 적법절차원칙에서 도출되는 원리로 이해하고 있으며(헌재 2012.5.31. 2010헌마672, 판례집 24-1(하), 655-656쪽: "헌법 제12조 제1항은 […] 적법절차의 원칙에 따라야 함을 선언하고 있다. 나아가 헌법 제12조 제3항은 […] 영장주의를 천명하고 있는바, 영장주의란 위 적법절차원칙에서 도출되는 원리"), 학설의 일반적 태도 또한 영장제도를 적법절차원칙을 구현하기 위한 수단 내지는 적법절차원칙의 한 표현으로 이해하고 있는 것으로 보인다. 특히 성낙인 교수는 헌법 제12조 제3항을 "적법절차에 입각한 영장주의"를 규정한 조항으로 이해하고 있다(성낙인, 「헌법상 적법절차에 관한 연구」, 성낙인, 『절차적 정의와 법의 지배』(이창희/장승화 編, 박영사, 2003, 9쪽).

99) 이러한 이해는 헌법상 '적법한 절차에 대한 요청'과 헌법상 영장제도(특히, "검사의 신청에 의하여 법관이 발부한 영장") 상호 간 규범 조화적 해석에 기초한 것이다.

100) 관련하여 (검찰청법 개정으로 '검사동일체의 원칙'이 '검찰사무에 관한 지휘·감독'으로 변경되었으며, 검사 직급이 검찰총장과 검사로 일원화되었음에도 불구하고) 여전히 중앙집권형 검찰조직 체계 내에서 검사동일체원칙이 실질적으로 구현되고 있으며 특히 '검사-수석검사-부부장검사-부장검사-차장검사-검사장-고등검사장-검찰총장'으로 이어지는 서열과 승진구조 및 내부결재와 보고제도로 인해서 사실상의 검사직급이 여전히 존재하고 있는 헌법현실을 주목할 필요가 있다(이에 관해서는 김용태, 「검찰권의 헌법적 의미와 통제」, 고려대학교 법학박사학위논문, 2013, 71-83쪽).

101) 요컨대 법률을 제·개정하여 검사나 검찰수사관 등의 범죄행위와 관련된 영장신청권한을 경찰도 행사할 수 있도록 하거나 혹은 가칭 '고위공직자비리수사처' 등과 같은 기관을 창설하여 검사의 독점적 영장신청권한을 완화하는 것을 현행 헌법이 절대적으로 금지하고 있는 것은 아니라는 것이다.

의 근거로 제시하고 있는 헌법재판소의 입장[102]보다는 「헌법상 적법절차원칙(특히, 헌법 제12조 제3항 "적법한 절차에 따라")을 구현하기 위해 "검사의 신청에 의하여 법관이 발부한 영장"이라는 헌법이 예정하고 있는 '영장'의 원칙적 모습이 일부 양보될 수 있다고 하면서, 공판단계에서 법관 직권에 의한 영장발부의 합헌성을 논증하는 것」이 보다 헌법문언에 밀착된 설득력 있는 논증으로 생각된다. 마찬가지로 (헌법재판소가 영장주의의 본질로 평가하고 있는) '중립적인 심판자로서의 지위를 갖고 있는 법관의 구체적 판단에 기초한 영장발부'[103] 또한 법관이 공정한 중립적 심판자로서 기능하기 어려운 상황에서는 일부 양보되거나 적용되지 않을 수 있을 것으로 생각된다. 예컨대 목전의 급박한 위험을 극복하기 위한 즉각적 조치가 필요한 행정상 즉시강제의 일환으로 행해지는 체포·구속·압수·수색의 경우라면 (검사의 영장신청행위는 물론이고) '체포·구속·압수·수색을 위해서 영장발부를 원하는 국가기관'과 '당장의 체포·구속·압수·수색을 피하기 위해서 영장발부를 원하지 않는 기본권주체' 상호 간의 갈등상황에서 법관이 중립적 심판자로서 영장을 발부할 수 있는 시간적 여유가 주어지지 않는다고 보아야 할 것인바,[104] 행정상 즉시강제의 일환으로 행해지는 '체포·구속·압수·수색을 할 때'에 "법관이 발부한 영장을 제시"하지 않는 것이 헌법 제12조 제3항에 반하여 예외 없이 위헌이라고 단정하는 것은 성급한 판단이라는 것이다.[105][106] 뿐만 아

102) 헌재 1997.3.27. 96헌바28 등, 판례집 9-1, 323쪽: "공판단계에서의 영장발부에 관한 헌법적 근거는 헌법 제12조 제1항이다."

103) 헌법재판소는 "강제처분을 함에 있어서는 중립적인 법관이 구체적 판단을 거쳐 발부한 영장에 의하여야만 한다는 데" 영장주의의 본질이 있다는 입장을 피력하고 있다(특히 헌재 1997.3.27. 96헌바28 등, 판례집 9-1, 320쪽).

104) 이 경우에는 법관이 영장을 발부하건 영장을 발부하지 않건 상관없이 법관의 영장발부행위는 당장의 체포·구속·압수·수색을 피하기 위해서 영장발부를 원하지 않는 기본권주체의 손을 들어주는 것이 된다. 뿐만 아니라 목전의 급박한 위험을 제거하기 위한 체포·구속·압수·수색인지 여부에 관해 검토하는 순간, 이미 목전의 급박한 위험이 현실화되어 버리는 모순상황으로부터 법관은 벗어날 수 없는바, 이러한 모순상황에 법관을 빠트린 다음 법관에게 신속하고 공정한 판단을 요구하는 것은 법관 입장에서는 애당초 기대가능하지 않거나 불가능한 것을 요구하는 것이라고 하겠다.

105) 관련하여 헌법재판소는 "영장주의가 행정상 즉시강제에도 적용되는지에 관하여는 논란이 있으나, 행정상 즉시강제는 상대방의 임의이행을 기다릴 시간적 여유가 없을 때 하명 없이 바로 실력을 행사하는 것으로서, 그 본질상 급박성을 요건으로 하고 있어 법관의 영장을 기다려서는 그 목적을 달성할 수 없다고 할 것이므로, 원칙적으로 영장주의가 적용되지 않는다고 보아야 할 것이다."라고 판단한 바 있다(헌재 2002.10.31. 2000헌가12, 판례집 14-2, 359쪽). 하지만 급박성을 요건으로 하고 있는 행정상 즉시강제의 목적달성이란 관점에서 영장주의의 적용을 배제하고 있는 헌법재판소의 태도는 행정법적 차원의 개념인 '행정상 즉시강제'에 의해서 헌법적 차원의 개념인 '영장제도'(혹은 영장주의)의 적용범위를 결정한 것이란 점에서 논리적 타당성이 의심스럽다. 따라서 행정상 즉시강제의 목적달성이란 관점이 아니라, 헌법 제12조 제3항 "적법한 절차에 따라"라는 규준에

니라 현행범인에 대한 체포·구속·압수·수색인 경우에는 해당 범인이 어떤 범죄를 범했는지를 불문하고 사후에 영장을 청구할 수 있도록 규정하고 있는 헌법 제12조 제3항 제2문은 「현행범인에 대한 체포·구속·압수·수색인 경우에도 "검사의 신청에 의하여 법관이 발부한 영장"을 미리 준비해서 제시하도록 할 경우 공격과 방어가 공정하게 관리될 것을 요구하는 헌법상 적법절차의 이념(특히, 헌법 제12조 제3항 "적법한 절차에 따라")이 관철되기 어렵다는 현실적 상황(특히, 즉각적 조치가 필요한 목전의 범죄행위에 대해서 법관이 중립적인 공정한 심판자로서 기능하기 어렵다는 현실적 상황)」을 반영한 조항으로도 이해될 수 있다. 따라서 (헌법상 영장제도는 적법절차원칙을 구현하려는 장치로 이해하는 것이 헌법체계에 부합된다는 점을 염두에 두고) 헌법 제12조 제3항 제1문의 "적법한 절차에 따라"라는 문언에 입각해서 ('집행기관의 영장제시행위'는 물론이고) '검사의 영장신청행위'와 '법관의 영장발부행위'까지도 적극 통제하는 해석적 시도와 함께 적법절차원칙의 실질적 구현을 위해서 사후에 영장을 청구할 수 있는 근거를 마련해두고 있는 헌법 제12조 제3항 제2문에 주목한다면, 영장신청 및 영장발부와 관련된 검사와 법관의 독점적 권한에 균열을 이끌어내어 헌법이 제시하고 있는 영장의 원칙적 모습인 "검

의해서 헌법 제12조 제3항이 예정하고 있는 영장제도의 원칙적 모습 — 헌법 제12조 제3항이 예정하고 있는 영장제도의 원칙적 모습은 "검사의 신청에 의하여 법관이 발부한 영장"을 사후가 아닌 "체포·구속·압수 또는 수색을 할 때에" 제시하여야 한다는 것이다. — 이 수정되거나 배제될 수 있다고 해석하는 것이 보다 합리적이고 논리적이라고 하겠다.

106) 물론 이러한 주장이 '행정상 즉시강제에 대해서 헌법상 영장주의는 항상 배제되어야 한다는 의견'으로 오해되어서는 안 된다. 오히려 행정상 즉시강제는 "법치국가적 요청을 회피하는 우회수단으로 악용된 역사와 현실적 여지"를 갖고 있을 뿐만 아니라, 무엇보다도 "의무 불이행이라는 행정강제의 본질적 요소가 포함되지 않으면서도, 행정청의 집행력의 실현으로 오인되어 국민의 기본권을 위축시키는 결과를 야기"하고 있는바, 헌법상 체포·구속·압수 또는 수색에 해당하는 행정상 즉시강제에 대해서도 헌법상 영장주의의 이념이 관철되어야 함이 원칙이라고 할 것이다. 실제로 헌법재판소는 행정상 즉시강제에는 영장주의가 적용되지 않는다고 단언하고 있는 것이 아니라 "원칙적으로 영장주의가 적용되지 않는다고 보아야 할 것"이라고 말하고 있을 뿐이며(헌재 2002.10.31. 2000헌가12, 판례집 14-2, 359쪽), 대법원은 "사전영장주의 원칙은 인신보호를 위한 헌법상의 기속원리이기 때문에 인신의 자유를 제한하는 국가의 모든 영역(예컨대, 행정상의 즉시강제)에서도 존중되어야 하고, 다만 사전영장주의를 고수하다가는 도저히 그 목적을 달성할 수 없는 지극히 예외적인 경우에만 형사절차에서와 같은 예외가 인정된다."라고 판단한 바 있다(대법원 1995.6.30. 선고 93추83 판결 참조). 따라서 헌법현실에서는 무엇보다도 입법자인 국회가 "적법한 절차"에 대한 요청을 고려하는 가운데 "영장주의의 구체적 내용(영장의 종류)과 절차(신청 및 발급 상의 특성)"에 행정상 즉시강제가 갖는 효율성 및 실효성이란 장점을 반영할 수 있는 입법 기술적 대응가능성을 높이기 위해서 애써야 할 것으로 본다. 그리고 행정상 즉시강제가 합헌적인 행위로 평가받기 위해서는 영장주의 위반여부 뿐만 아니라, 법률유보원칙·보충성원칙·비례성원칙 등의 준수여부 또한 별도로 엄격히 심사되어야 함은 물론이다(관련된 상세한 설명은 최봉석, 「행정상 즉시강제의 안착(安着)을 위한 법치국가적 과제」, 『유럽헌법연구』 20, 유럽헌법학회, 2016, 423-428쪽, 454쪽; 헌재 2002.10.31. 2000헌가12, 판례집 14-2, 345쪽 이하 참조).

사의 신청에 의하여 법관이 발부한 영장"외의 다른 가능성을 엿볼 수 있을 것이며, 나아가 엄격한 요건 하에 행정상 즉시강제의 일환으로 행해지는 체포·구속·압수·수색의 경우에는 사후에 영장을 청구할 수 있게끔 하는 입법적 조치를 보다 설득력 있게 합헌으로 평가할 수 있는 계기를 마련함으로써 별도의 독립된 심사기준인 영장주의와 과잉금지원칙(비례성원칙)을 분별하지 못하고 양자를 뒤섞어 중복 논증하고 있는 헌법재판소의 태도를 개선하는데 기여할 수 있을 것으로 본다.[107)]

라. 고지·통지 의무

기본권주체에 대한 체포 또는 구속에 해당하는 기본권침범과 관련하여 헌법 제12조 제5항은 국가에게 일정한 고지 및 통지 의무를 부과하고 있다. 즉 체포 또는 구속의 대상인 기본권주체에게 국가는 "체포 또는 구속의 이유와 변호인의 조력을 받을 권리가 있음을 고지"해야 하며, "체포 또는 구속을 당한 자의 가족 등 법률이 정하는 자에게는 그 이유와 일시·장소가 지체 없이 통지"되도록 해야만 하는 것이다. 국가의 체포 또는 구속 행위에 대한 통제규준으로서 헌법이 마련해두고 있는 이러한 고지의무 및 통지의무는 기본권주체에게 적절한 방어기회를 제공해야 한다는 취지로 볼 수 있을 것인바, 헌법 제12조 제1항 및 제3항이 명시하고 있는 "적법한 절차"에 대한 요청(적법절차원칙)을 구현하기 위한 장치로 이해할 수 있겠다.

마. 신문행위와 관련된 통제규준들

고문(拷問)은 고통을 주어서 신문(訊問)한다는 의미이며, 신문은 일정한 사실을 캐어묻는다는 뜻이다.[108)] 헌법은 일정한 진술을 받아내기 위한 국가의 신문행

---

107) 관련하여 헌법재판소는 관계행정청이 등급분류를 받지 아니하거나 등급분류를 받은 게임물과 다른 내용의 게임물을 발견한 경우 관계공무원으로 하여금 이를 수거·폐기하게 할 수 있도록 한 법률조항(2001. 5. 24. 법률 제6473호로 개정되기 전의 음반·비디오물및게임물에관한법률 제24조 제3항 제4호 중 게임물에 관한 규정 부분)에 의한 행정상 즉시강제가 헌법상 허용될 수 있는지 여부에 대해 판단하면서 "만일 어떤 법률조항이 영장주의를 배제할 만한 합리적인 이유가 없을 정도로 급박성이 인정되지 아니함에도 행정상 즉시강제를 인정하고 있다면, 이러한 법률조항은 이미 그 자체로 과잉금지의 원칙에 위반되는 것으로서 위헌이라고 할 것이다."라고 강조한 다음, "이 사건 법률조항은 앞에서 본 바와 같이 급박한 상황에 대처하기 위한 것으로서 그 불가피성과 정당성이 충분히 인정되는 경우이므로, 이 사건 법률조항이 영장 없는 수거를 인정한다고 하더라도 이를 두고 헌법상 영장주의에 위배되는 것으로는 볼 수 없다."고 판단했다(헌재 2002. 10. 31. 2000헌가12, 판례집 14-2, 359쪽). 이러한 헌법재판소의 판단은 서로 분별되는 별도의 독립된 심사인 '기본권침범 목적의 정당성여부에 관한 심사' 및 '과잉금지원칙 준수여부에 관한 심사'와 '영장주의 위반여부에 관한 심사'를 분별하지 못하고 뒤섞어서 논증하고 있다는 점에서 비판되어야 한다.

위와 관련해서 '고문'이란 수단을 특별히 금지하고 있을 뿐만 아니라(헌법 제12조 제2항 전단), 더 나아가서 고문의 결과물인 "피고인의 자백"을 "유죄의 증거로 삼거나 이를 이유로 처벌할 수 없다."는 점을 명시하고 있다(헌법 제12조 제7항). 그런데 헌법의 체계적 해석을 고려한다면, 헌법이 명시하고 있는 고문은 단순한 고통을 수반하는 신문행위를 의미하는 것이 아니라, 인간의 존엄과 인격을 정면으로 훼손하는 비인간적이고 잔혹한 방법으로 행해지는 아주 높은 수준의 학대를 의미한다고 보아야 한다. 왜냐하면 모든 고통을 수반하는 신문행위를 금지한다면 헌법이 예정하고 있는 체포나 구속 혹은 사형 등도 애당초 용납되지 않는 것이 되므로 불합리하기 때문이다. 그리고 헌법은 형사사법 영역에서 행해진 신문과 관련해서는 특별히 해당 신문이 고문에 이른 것은 아니라고 하더라도, 신문대상자인 기본권주체에게 불리한 진술을 강요하지 못하도록 규율하고 있는데(헌법 제12조 제2항 후단), 이러한 '형사상 자신에게 불리한 진술의 강요금지'는 다른 어떤 영역에 비해서 기본권적 가치가 훼손될 가능성과 심각성이 큰 형사사법영역의 특수성을 고려해서 추가적으로 마련된 헌법적 차원의 규준이라고 할 수 있겠다.[109)]

한편 국가의 신문행위 그 자체는 일반적으로 헌법 제10조 행복추구권에서 도출되는 일반적 행동자유권의 한 내용으로서의 침묵의 자유 내지는 진술거부권에 대한 침범으로 평가되겠지만,[110)] 신문의 방법 내지는 과정에서 육체적 고통이나 강제가 수반된다면 헌법 제12조 제1항 신체의 자유에 대한 침해여부가, 정신

---

108) 국립국어원 표준국어대사전(http://stdweb2.korean.go.kr/search/View.jsp), 검색어: '고문'·'신문', 검색일: 2017.5.4.

109) 특히 헌재 1997.3.27. 96헌가11, 판례집 9-1, 256쪽: "헌법이 진술거부권을 국민의 기본적 권리로 보장하는 것은 첫째, 피고인 또는 피의자의 인권을 실체적 진실발견이나 사회정의의 실현이라는 국가이익보다 우선적으로 보호함으로써 인간의 존엄성과 가치를 보장하고, 나아가 비인간적인 자백의 강요와 고문을 근절하려는데 있고(헌법재판소 1990.8.27. 선고, 89헌가118 결정 참조), 둘째, 피고인 또는 피의자와 검사 사이에 무기평등(武器平等)을 도모하여 공정한 재판의 이념을 실현하려는 데 있다. 이와 같은 의미를 지닌 진술거부권은 현재 피의자나 피고인으로서 수사 또는 공판절차에 계속중인 자 뿐만 아니라 장차 피의자나 피고인이 될 자에게도 보장되며, 형사절차뿐 아니라 행정절차나 국회에서의 조사절차 등에서도 보장된다. 또한 진술거부권은 고문 등 폭행에 의한 강요는 물론 법률로써도 진술을 강요당하지 아니함을 의미한다."

110) 헌법상 언론·출판의 자유에는 소극적 표현의 자유로서 자신의 의견을 표명하지 아니할 자유를 보장하므로(한수웅, 앞의 책(주 30), 740쪽) 경우에 따라서는 진술거부권을 헌법 제21조 제1항을 통해서도 근거지울 수 있을 것이다. 한편 헌법재판소는 다른 특별한 설명 없이 "헌법 제12조 제2항의 진술거부권"이란 표현을 사용하고 있다(헌재 1997.3.27. 96헌가11, 판례집 9-1, 256쪽). 하지만 이러한 헌법재판소의 태도는 특별한 보장 논거 없이 권리규정형식과는 다소 거리가 있는 헌법 제12조 제2항 — 헌법 제12조 제2항은 권리규범의 핵심이라고 할 수 있는 고유한 권리내용변수(보호이익)을 뚜렷하게 명시하고 있지는 않다. — 에서 기본권인 진술거부권을 바로 도출시키고 있다는 점에서 아쉬움이 있다.

적 고통이 가해진다면 헌법 제19조 양심의 자유나 헌법 제20조 종교의 자유 등과 같은 정신적 기본권의 침해여부가, 캐어묻는 내용이 내밀한 사생활에 관한 것이라면 헌법 제17조 사생활의 비밀과 자유 혹은 헌법 제18조 통신의 비밀 등과 같은 기본권들 또한 함께 문제될 것인바, 고문금지와 형사상 자기에게 불리한 진술의 강요금지는 특정 기본권적 보호법익과 결부된 규준이라기보다는 국가가 기본권주체를 대상으로 행하는 신문행위를 통제하는 독립된 헌법적 차원의 심사기준으로 이해하는 것이 타당하다.[111] 따라서 설사 구체적인 경우에 신문을 통해서 얻을 수 있는 공익적 가치가 아주 높아서 국가의 신문행위가 헌법 제37조 제2항 전단으로부터 도출될 수 있는 비례성원칙에 위반된다고 볼 수 없다고 하더라도,[112] 해당 신문이 '고문' 혹은 '형사상 자기에게 불리한 진술의 강요'에 해당되면 이는 헌법 제12조 제2항에 의해서 금지되는 위헌적 행위라고 해야 한다. 다만 구체적인 기본권관계에서 기본권심사기준으로서 특히 고문금지는 다른 어떤 기준들보다도 헌법 제37조 제2항 후단이 규율하고 있는 일반적 심사기준인 '본질내용침해금지'와 중복될 가능성이 많은바, 양자 간의 분별에 관해서는 보다 많은 연구와 세심한 검토가 필요할 것으로 생각된다.

한편 헌법은 신문행위가 고문에 해당하는 정도에 이른 경우는 물론이고, 설사 고문까지는 이르지 않았다고 하더라도 신문행위로 인한 피고인의 자백이 "폭행·협박·구속의 부당한 장기화 또는 기망 기타의 방법에 의하여 자의로 진술된 것이 아니라고 인정될 때"에는 애당초 해당 자백의 증거능력을 배제하고 있으며, 자의로 진술된 임의성 있는 자백이라고 하더라도 그것이 "정식재판에 있어서" 자백을 한 피고인에게 "불리한 유일한 증거일 때"에는 이를 유죄의 증거로 삼거나 이를 이유로 처벌할 수 없다는 점을 명시하고 있다(헌법 제12조 제7항). 이처럼 헌법이 명시적으로 일정한 자백에 대해서 증거능력과 증명력을 제한하고 있는 것은 한편으로는 수사활동 혹은 증거수집활동이라는 미명하에 자의를 가장한 혹은 자의성이 결여된 자백을 받아내는 국가의 신문행위를 억제하고 법관의 자유

111) 물론 헌법 제12조 제2항 "모든 국민은 고문을 받지 아니하며"를 권리, 즉 기본권으로 구성해서 소위 '고문을 받지 아니할 권리'라고 표현할 수도 있을 것이다(예컨대 한수웅, 앞의 책(주 30), 638쪽; 이준일, 앞의 책(주 21), 472쪽). 하지만 헌법상 고문금지를 기본권으로 구성할 경우 국민의 모든 자유와 권리에 대해서 제한 가능성을 열어두고 있는 헌법 제37조 제2항에 의해서 그 규범적 가치가 상대화될 수 있다는 점을 고려해야만 한다.

112) 관련하여 극단적인 경우에 행해지는 구조고문(Vgl. G. Wagenländer, Zur strafrechtliche Beurteilung der Rettungsfolter, Duncker & Humblot, 2005, S. 25ff.)과 같은 신문행위를 언급할 수 있겠다.

심증주의를 통제한다는 소극적 의미를 갖지만, 다른 한편으로는 유죄판단이나 처벌을 위해서는 자백(혹은 진술)에만 의존하지 말고 추가적인 보강증거들을 확보하라는 적극적 의미 또한 함께 갖는 것이라고 하겠다.[113] 그리고 바로 이러한 점에서 기본권심사기준으로서 헌법 제12조 제7항에 근거하는 '자백의 증거능력 및 증명력 제한'이 갖고 있는 독자적 의미가 부각된다.[114]

바. 이중처벌금지

헌법 제13조 제1항은 "모든 국민은 […], 동일한 범죄에 대하여 거듭 처벌받지 아니한다."라고 규정하고 있다. 즉 기본권주체의 범죄행위에 상응하여 국가가 기본권주체에게 일정한 불이익 내지는 고통이 되는 일정한 제재를 부과함에 있어서 헌법은 "동일한 범죄에 대하여 거듭 처벌"하지 못하도록 국가행위를 명시적으로 통제하고 있는바, 이중처벌금지는 범죄에 대한 징벌로 행해지는 국가의 처벌[115]이 합헌적인 기본권제한인지 위헌적인 기본권침해인지 여부를 판단하기 위한 기준(심사기준)이 된다. 그런데 기본권주체에 대한 국가의 "처벌"과 관련하여 헌법은 이중처벌금지 외에도 앞서 언급한 '적법절차원칙'이나 '자백의 증거능력 및 증명력 제한' 등과 같은 개별적 심사기준들을 명시적으로 마련해두고 있는

113) 바로 이러한 점에서 공범의 자백에 대해 자백보강법칙이 적용되지 않는 것으로 이해하는 현재의 법실무는 자백보강법칙을 요청하고 있는 헌법 제12조 제7항 후문의 내용을 잠탈하는 결과를 초래할 가능성이 농후하다고 본다. 이에 관해서는 김해원, 앞의 글(주 88), 84쪽; 윤동호, 「수사협조범죄자 기소면제 및 형벌감면 법제화 비판」, 『비교형사법연구』 13-2, 한국비교형사법학회, 2011, 326쪽 참조.

114) 물론 이러한 이해가 자백의 증거능력 및 증명력 제한을 규율하고 있는 헌법 제12조 제7항은 헌법 제12조 제1항 및 제3항으로부터 도출되는 심사기준인 '적법절차원칙'이나 헌법 제12조 제2항으로부터 도출되는 심사기준인 '고문금지' 등과 긴밀한 내적인 연관관계에 있다는 점을 부정하는 것은 아니다(한수웅, 앞의 책(주 30), 657쪽; 이준일, 앞의 책(주 21), 472쪽 참조).

115) 일반적으로 헌법재판소 판례와 학계의 다수의견은 「헌법 제13조 제1항에서 말하는 '처벌'에는 범죄에 대한 국가의 '형벌권 실행으로서의 과벌'을 의미하는바, 국가가 행하는 일체의 제재나 불이익처분을 모두 그 '처벌'에는 포함시킬 수 없다」는 입장이나, 이러한 입장에 따르면 "처벌"이라는 헌법상 개념이 형법 등과 같은 법률에 의하여 그 내용이 정해지는 것이 되어 법률에 대한 헌법우위 내지는 법률에 대한 합헌성통제를 어렵게 한다(이에 관해서는 박경철, 「최근의 성범죄 대응방안의 헌법적 문제점 — 현행 신상등록제도와 신상공개제도를 중심으로 —」, 『강원법학』 33, 강원대학교 비교법학연구소, 2011, 35-36쪽 참조). 따라서 헌법 제13조 제1항의 "처벌"을 '형벌권의 실행으로서의 과벌'로 이해할 것이 아니라, '범죄에 대한 제재로서 가해지는 일체의 징벌 내지는 과벌'로 이해하는 것이 타당할 것이다(같은 취지로는 특히 김승대, 「이중처벌 금지원칙에 대한 헌법해석의 재검토」, 『공법연구』 35-4, 한국공법학회, 2007, 395쪽: "우리 헌법상 이중처벌의 문제를 고찰함에 있어서는 형벌 이외에 법률상 인정되는 불이익처분으로서 실제로 어떠한 처분들이 본질상 징벌에 해당되어 헌법 제13조 후단에서 정한 '처벌'에 해당할 것인지 여부를 구체적으로 판단하는 것이 중요한 과제가 된다.")

바, '이중처벌금지'와 다른 기본권심사기준들의 중복적용을 억제하고 동시에 독립된 심사기준으로서 '이중처벌금지'의 고유성을 뚜렷하게 확보하기 위해서는 무엇보다도 헌법 제13조 제1항의 명문에 주목해서 '이중처벌금지'의 의미와 적용영역을 합리적으로 통제할 필요가 있다고 본다.

관련하여 헌법 제13조 제1항의 "동일한 범죄"는 일반적으로 기본적 사실관계가 동일한지 여부를 통해서 확인되고 있다.[116] 그리고 "거듭 처벌"은 「동일 절차 내에서 이루어지는 이중부담으로서의 처벌」이 아니라 절차적 이중부담을 전제하여 행해지는 처벌을 의미하는바, 「'동일한 처벌규정에 의한 절차적 이중부담' 혹은 '복수의 절차에 의한 실체적 이중부담'으로서의 처벌」로 이해되어야 할 것이나,[117] 헌법 제13조 제1항에 의해 금지되는 처벌은 오직 "범죄에 대하여" 행해진 처벌이란 점에서 범죄에 대한 징벌이라고 볼 수 없는 불이익 부과 내지는 제재들 — 예컨대 부당이득환수 목적으로 행해지는 과징금이나 공적 비용 회수라는 성격을 갖고 있는 과태료 등 — 은 원칙적으로 헌법 제13조 제1항의 "처벌"에서 제외된다고 보아야 할 것이다.[118]

사. 무죄추정원칙

1) 서두: 근거

'형사피고인 혹은 형사피의자[119]를 유죄판결확정시까지 어떻게 대우해야 할 것인가?'와 관련하여 헌법은 제27조 제4항("형사피고인은 유죄의 판결이 확정될 때까지는 무죄로 추정된다.")에서 '무죄추정'이라는 규준을 마련해두고 있다. 이러한 규준을 '무죄추정권' 혹은 '무죄추정을 받을 권리'라고 지칭하면서 기본권주체가 주관적으로 원용할 수 있는 개인의 기본권으로 구성하려는 시도가 있지만,[120] 무죄추정 그 자체가 독자적인 고유한 보호영역 내지는 보호이익과 결부되어 있는 것

---

116) 헌재 2011.10.25. 2009헌바140, 등, 공보 제181호, 1564쪽; 이준일, 앞의 책(주 21), 487쪽.

117) 상세한 설명은 김승대, 앞의 글, 387-395쪽 참조.

118) 물론 부과된 불이익의 명칭이 '과징금' 혹은 '과태료'인지 여부를 불문하고 그 본질이 범죄에 대한 징벌 내지는 응보로 이해될 경우에는 헌법 제13조 제1항의 "처벌"이라고 보아야 한다. 이에 관해서는 특히 김승대, 앞의 글, 395-399쪽 참조.

119) 헌법문언은 "형사피고인"만 언급하고 있으나, 평등원칙에 비추어 볼 때 "공소가 제기된 형사피고인에게 무죄추정의 원칙이 적용되는 이상, 아직 공소제기조차 되지 아니한 형사피의자에게 무죄추정의 원칙이 적용되는 것은 너무도 당연한 일"이다(헌재 1992.1.28. 91헌마111, 판례집 4, 58쪽).

120) 김철수, 『헌법학신론』, 박영사, 2008, 499-501쪽; 이준일, 앞의 책(주 21), 466쪽; 헌재 1998.9.30. 97헌바51, 판례집 10-2, 551쪽; 헌재 1998.12.24. 94헌바46, 판례집 10-2, 853쪽; 헌재 2011.2.24. 2009헌마209, 판례집 23-1(상), 168쪽.

은 아니며 무엇보다도 헌법문언이 무죄추정을 권리형식으로 규정하고 있지 않다는 점[121)]에서 법관의 유죄판결 확정이라는 공권력행사로 깨어지는 무죄추정이란 가치를 무리하게 권리로 구성해서 기본권이해의 혼란을 초래할 필요는 없다고 본다.[122)] 따라서 헌법상 무죄추정은 국가행위를 통제하기 위한 객관적 규준으로서, 특히 기본권심사와 관련해서는 유죄인정 효과로서 부과되는 일정한 불이익이 형사피고인 혹은 형사피의자의 특정 기본권(예컨대 신체의 자유[123)]·인간으로서의 존엄과 가치에서 유래하는 인격권과 행복추구권 및 공정한 재판을 받을 권리[124)]·양심의 자유[125)]·직업의 자유[126)]·공무담임권[127)] 등등)을 침해하여 위헌인지 여부를 판단하는 과정에서 법률유보원칙·비례성원칙·명확성원칙·평등원칙 등등과 함께 활용될 수 있는 독립된 심사기준으로 이해해야 할 것이다. 그런데 헌법은 제28조에서 유죄의 판결이 확정되지 않은 형사피의자 또는 형사피고인이 구금될 수 있는 가능성을 명시적으로 열어두고 있다는 점에서,[128)] 헌법 제27조 제4항의 무죄추정은 절대적으로 관철되어야 하는 규칙적 성격의 규준(Regel)이 아니라, 적어

---

121) 특정 헌법상 개념을 기본권으로 구성함에 있어서 고려해야 할 요소로서 권리개념적 요소와 헌법문언의 표현에 관한 상세한 내용은 김해원, 「'평등권'인가 '평등원칙'인가?」, 『헌법학연구』 19－1, 한국헌법학회, 2013, 236－244쪽.

122) 헌법상 무죄추정이 문제된 대부분의 사건에서 헌법재판소는 "무죄추정의 원칙"이란 표현을 사용하고 있을 뿐만 아니라, 학계의 다수 견해 또한 헌법상 무죄추정을 독자적인 기본권으로 구성하는 것에 소극적인 입장을 취하고 있는 것으로 보인다(관련 문헌들의 적시는 김현철, 「무죄추정원칙에 관한 헌법재판소 판례 검토 — 헌재 2010.9.2. 2010헌마418결정에 대한 평석을 중심으로 —」, 『법학논총』 32－2, 전남대학교 법학연구소, 2012, 14－18쪽 참조); 한편 고일광 헌법연구관은 헌법상 무죄추정을 기본권으로 파악하면 소위 '무죄추정권'을 원용하면서 헌법소원심판을 청구할 수 있다는 점을 지적하고 있으며(고일광, 「지방자치법 제111조 제1항 제3호 위헌확인」, 『헌법재판소결정해설집』, 헌법재판소, 2011, 387쪽), 김현철 교수는 헌법상 무죄추정의 법적 성격을 규명하는 실익은 헌법재판소 결정문의 논증구조에 있다는 점을 지적하고 있다(김현철, 앞의 글, 19쪽). 그런데 헌법상 무죄추정에 위반되는 구체적인 어떤 조치가 행해진다면, 그러한 조치로 인해 침탈되는 기본권주체의 구체적인 이익 내지는 생활영역과 결부되어 있는 특정 기본권을 원용하여 헌법소원심판을 청구한 후, 논증과정에서 무죄추정원칙을 심사기준으로 활용해서 심사대상인 국가행위의 위헌성 여부를 평가하면 족하다고 본다. 왜냐하면 헌법은 생활영역에 주목해서 각종 기본권들을 다양하게 마련해두고 있을 뿐만 아니라, 행복추구권 등과 같은 포괄적 기본권 또한 규정하고 있는바, 굳이 '무죄추정권'이란 이름의 기본권을 무리하게 도출해낼 필요는 없다고 생각하기 때문이다.

123) 헌재 2003.11.27. 2002헌마193, 판례집 15－2(하), 311쪽.

124) 헌재 1999.5.27. 97헌마137 등, 판례집 11－1, 654쪽.

125) 헌재 2002.1.31. 2001헌바43, 판례집 14－1, 50쪽.

126) 헌재 2014.4.24. 2012헌바45, 판례집 26－1(하), 41쪽.

127) 헌재 2011.4.28. 2010헌마474, 판례집 23－1(하), 126쪽.

128) 헌법 제28조 형사피의자 또는 형사피고인으로서 구금되었던 자가 법률이 정하는 불기소처분을 받거나 무죄판결을 받은 때에는 법률이 정하는 바에 의하여 국가에 정당한 보상을 청구할 수 있다.

도 구금이나 구금에 미치지 못하는 불이익은 유죄확정판결 이전에도 부과될 수 있는 가능성이 열려있는 원칙적 성격의 규준(Prinzip)으로 이해되어야 한다.[129] 헌법재판소 또한 유죄확정판결 이전에 유죄인정의 효과로서의 불이익을 부과하는 것이 예외적으로 허용될 수 있음을 전제하고 있다.[130] 바로 이러한 점에서 심사대상인 국가행위가 헌법상 무죄추정원칙에 위반되는지 여부에 관한 문제는 결국「유죄확정판결 이전에 행해지는 '유죄인정의 효과로서의 불이익 부과'는 과연 어떤 경우에 어느 정도까지 허용될 수 있는가?」하는 의문으로 모아진다.

이러한 의문에 대한 대답은 물론 구체적 헌법현실을 고려하여 각각의 사안에 따라 개별적으로 행해져야하겠지만, 무죄추정원칙은 '유죄판결확정시까지 형사피의자 혹은 형사피고인의 처우와 관련된 헌법적 차원의 원칙'으로서 그 본질은 '유죄인정의 효과로서의 불이익을 부과하는 공권력의 행사·불행사 그 자체에 대한 통제규준'이 아니라,[131] '유죄인정의 효과로서의 불이익을 부과함에 있어서 유죄확정판결을 선취하는 국가행위에 대한 통제규준'이란 점에서 무죄추정원칙의 적용범위 및 위반여부에 관한 문제는 다음과 같이 정리할 수 있겠다.

2) 적용범위

무죄추정원칙은 "증거법에 국한된 원칙이 아니라 수사절차에서 공판절차에 이르기까지 형사절차의 전 과정을 지배하는 지도원리"로서 기능할 수는 있겠지만,[132] 헌법 제27조 제4항이 "형사피고인"에 대한 "유죄의 판결"과 결부시켜서

---

129) 규칙과 원칙에 관해서는 이준일, 앞의 책(주 21), 24-25쪽; 한편 헌법 제28조는 "구금"만을 명시하고 있다는 점에서 유죄확정판결 이전에 "구금"을 넘어서는 불이익을 부과하는 것은 허용될 수 없다고 하겠다.

130) 헌재 2010.9.2. 2010헌마418, 판례집 22-2(상), 542쪽: "무죄추정의 원칙이라 함은, 아직 공소제기가 없는 피의자는 물론 공소가 제기된 피고인이라도 유죄의 확정판결이 있기까지는 원칙적으로 죄가 없는 자에 준하여 취급하여야 하고 불이익을 입혀서는 안 되며 가사 그 불이익을 입힌다 하여도 필요한 최소한도에 그쳐야 한다는 원칙을 말한다(헌재 1990.11.19. 90헌가48, 판례집 2, 393, 402; 헌재 1997.5.9. 96헌가17, 판례집 9-1, 509, 517; 헌재 2009.6.25. 2007헌바25, 판례집 21-1하, 784, 798)."; 특히 지방자치단체장이 공소 제기된 후 구금상태에 있는 경우 부단체장으로 하여금 그 권한을 대행하도록 한 규정이 무죄추정원칙에 위배되는지가 문제된 사건에서 "무죄추정의 원칙상 금지되는 불이익, 즉 범죄사실이나 유죄의 인정을 전제로 하는 불이익도 필요한 최소한도에 그치도록 비례의 원칙이 존중되었다면 예외적으로 허용되는 경우가 있을 수 있다."라고 판단한 재판관 4인(이공현·민형기·이동흡·박한철)의 기각의견 참조(헌재 2011.4.28. 2010헌마474, 판례집 23-1(하), 149쪽).

131) 기본권관계에서 유죄인정의 효과로서의 불이익을 부과하는 공권력의 행사·불행사에 대한 헌법적 통제는 무엇보다도 헌법 제37조 제2항에 근거하는 비례성원칙이나 본질내용침해금지 등과 같은 심사기준을 통해서 행해진다. 관련하여 헌법재판소는 구체적 사건에서 무죄추정원칙과 비례성원칙을 분별하지 않고 뒤섞어서 논증하고 있다는 비판으로부터 자유롭지 못하다.

무죄추정원칙을 규정하고 있다는 점에서 헌법이 예정하고 있는 형사사법체계를 벗어난 영역에서까지 무죄추정원칙이 당연히 적용될 수 있는 것은 아니라고 해야 한다. 따라서 행정소송에 관한 판결이 확정되기 전에 과징금 등을 부과하는 행정청의 제재처분에 대하여 공정력과 집행력을 인정하는 것이 무죄추정원칙에 당연히 위반된다고 단정할 수는 없다.[133] 오히려 행정청의 제재처분이나 기타의 각종 조치들이 실질적으로 범죄에 대한 제재로서의 의미(즉, 범죄사실의 인정 또는 유죄를 전제로 그에 대하여 법률적·사실적 측면에서 유형·무형의 사회적 비난 내지는 응보적 의미의 차별취급을 가하는 "유죄인정의 효과로서의 불이익"을 부과하는 행위[134])를 갖는 경우에 비로소 헌법 제27조 제4항에 근거한 무죄추정원칙이 적용된다고 보아야 할 것이다.[135]

---

132) 헌재 2009.6.25. 2007헌바25, 판례집 21－1(하), 798쪽; 헌재 2003.11.27. 2002헌마193, 판례집 15－2(하), 311, 320쪽; 바로 이러한 점에서 헌법으로부터 수권 받아서 폭력(Gewalt)을 행사하는 국가는 형사절차상 유죄가 확정되기 이전까지 형사피의자 및 형사피고인에 대해 유죄라는 선입견을 가지고 취급해서는 안 되며, 원칙적으로 불구속수사와 불구속재판을 진행해야 하며(헌재 2003.11.27. 2002헌마193, 판례집 15－2(하), 320－321쪽: "무죄추정의 원칙은 증거법에 국한된 원칙이 아니라 수사절차에서 공판절차에 이르기까지 형사절차의 전과정을 지배하는 지도원리로서 인신의 구속 자체를 제한하는 원리로 작용한다. 신체의 자유를 최대한으로 보장하려는 헌법정신 특히 무죄추정의 원칙으로 인하여 수사와 재판은 불구속을 원칙으로 한다. 그러므로 구속은 예외적으로 구속 이외의 방법에 의하여서는 범죄에 대한 효과적인 투쟁이 불가능하여 형사소송의 목적을 달성할 수 없다고 인정되는 경우에 한하여 최후의 수단으로만 사용되어야 하며 구속수사 또는 구속재판이 허용될 경우라도 그 구속기간은 가능한 한 최소한에 그쳐야 하는 것이다."), 미결수를 기결수와 동일하게 行刑하거나 — 예컨대, 미결수용자에게 재소사용 의류를 입게 하거나(헌재 1999.5.27. 97헌마137), 검사조사실에 소환된 피의자에 대해 계호교도관이 포승으로 청구인의 팔과 상반신을 묶고 양손에 수갑을 채운 상태에서 피의자조사를 받도록 하는 것(헌재 2005.5.26. 2001헌마728.) — , 범죄사실에 대한 유죄의 입증책임을 기소자인 검사가 부담하지 않고, 피의자에게 무죄의 입증을 요구하는 것 혹은 수사기관이 피의자의 피의사실을 함부로 공표하여 피의자의 명예를 훼손하는 것 등은 헌법상 용납되지 않는다고 하겠다. 뿐만 아니라 헌법현실에서 범죄혐의로 수사를 받거나 구속되었다거나 심지어 무죄판결을 받는다고 하더라도 많은 경우 여론으로부터 행해지는 '유죄판결'로부터 벗어나기 어렵다는 점을 고려하여 수사기관을 비롯한 국가권력담당자는 신중하게 업무를 처리해야 할 의무를 갖는다고 하겠다(김용태, 앞의 글, 126－127쪽; 김해원, 앞의 글(주 88), 85－86쪽).

133) 헌재 2015.2.26. 2012헌바435, 판례집 27－1(상), 97－98쪽; 헌재 2003.7.24. 2001헌가25, 판례집 15－2(상), 14쪽; 관련하여 헌법재판소는 명의신탁이 증여세 회피 목적으로 이용되는 경우에 증여세를 부과하도록 한 규정이 무죄추정원칙에 위반되는지 여부와 관련하여 증여세는 형벌이 아니라 법률이 규정한 세금의 하나라는 점에서 무죄추정원칙이 적용될 수 없다고 판단한 바 있다(헌재 2005.6.30. 2004헌바40등, 판례집 17－1, 946－947쪽).

134) 관련해서는 특히 헌재 2005.5.26. 2002헌마699등, 판례집 17－1, 744쪽, 751쪽.

135) 관련하여 헌법재판소 재판관 5인의 위헌의견은 "형이 확정될 때까지의 불확정한 기간 동안 자치단체장으로서의 직무를 정지시키는 불이익"은 "유죄의 확정판결이 내려질 개연성이 높다는 전제에서 당해 피고인을 죄가 있는 자에 준하여 불이익을 입히고 있는 것"이라고 하면서 헌법상 무죄추정원칙에 근거하여 금지되는 불이익으로 이해하고 있다(헌재 2010.9.2. 2010헌마418, 판례집 22－2

3) 적용요건 및 통제규준

유죄인정의 효과로서의 불이익[136]부과는 원칙적으로 유죄확정판결시점 이후로 미루어져야 하며, 설사 유죄판결확정시점 이전에 유죄의 개연성을 전제로 일정한 불이익을 부과한다고 하더라도 그러한 불이익 부과는 예외적 조치라는 점에서 해당 불이익 부과는 가능한 한 억제될 수 있도록 통제되어야 할 것인바,[137] 다음과 같은 요건들이 준수되어야 한다.

① 유죄확정판결을 선취하는 행위에 대한 통제: '구체적인 경우에 유죄확정판결을 선취함(즉, 유죄추정)으로써 얻을 수 있는 공적 가치(예컨대 재판의 신속한 진행이나 범죄에 대한 효과적인 투쟁 및 형사소송목적 달성의 용이함[138] 등등)'와 '유죄확정판결을 선취하지 않음(즉, 무죄추정)으로써 얻을 수 있는 공적 가치(예컨대, 오판으로 인한 형사사법신뢰가 훼손될 가능성을 줄이고 형사피의자 및 형사피고인에 대한 효과적인 방어권 보장을 통한 공정한 재판 및 인권보장사상에 입각한 형사사법체계 구축의 용이함 등등)'를 비교형량하여 전자가 후자 보다 더 큰 경우 — 관련하여 구체적인 경우에 형사피의자 혹은 형사피고인에 대해서 유죄의 판결이 확정될 가능성이 높으면 높을수록, 그리고 유죄확정판결을 선취해야 할 필요성이 높으면 높을수록 유죄확정판결을 선취하는 국가행위가 무죄추정원칙에 위배되지 않는다고 판단될 가능성이 높을 것이다. — 일 것.[139]

(상), 542쪽); 같은 맥락에서 구 독점규제및공정거래에관한법률 제24조의2 위헌제청 사건에서 김영일 재판관의 반대의견 참조(헌재 2003.7.24. 2001헌가25, 판례집 15-2(상), 35-36쪽: "이 사건 과징금부과절차에서 적어도 공정거래위원회에 집행정지를 신청할 수 있는 당사자의 절차적 권리를 배제한 것은 무죄추정원칙의 정신에 위배된다고 할 것이다. 또한 본질상 형벌적 성격을 가지고 있는 이 사건 과징금을 부과함에 있어서 위와 같은 형사절차의 인권보호적 기능을 무시하고, 이러한 절차적 불이익을 감수하게 함을 정당화할 수 있는 특별한 사유가 존재한다고도 볼 수 없으므로 이는 비례의 원칙에도 어긋나는 것이다. 따라서 이 사건 과징금은 그 부과절차의 면에서 의무위반사실에 대한 확정판결이 있기 전에 의무위반사실에 대한 불이익을 가하고 있으므로 무죄추정의 원칙에 반한다고 할 것이다.").

136) 위 주 134) 참조.

137) 헌재 2003.11.27. 2002헌마193, 판례집 15-2(하), 320-321쪽.

138) 형사피의자 또는 형사피고인이 유죄확정판결 이전에 구금될 수 있음을 헌법이 전제하고 있는 것(헌법 제28조 참조)은 형사소송의 목적 달성을 위함이라고 생각된다. 관련하여 특히 헌재 2003.11.27. 2002헌마193, 판례집 15-2(하), 320-321쪽: "[…] 무죄추정의 원칙으로 인하여 수사와 재판은 불구속을 원칙으로 한다. 그러므로 구속은 예외적으로 구속 이외의 방법에 의하여서는 범죄에 대한 효과적인 투쟁이 불가능하여 형사소송의 목적을 달성할 수 없다고 인정되는 경우에 한하여 최후의 수단으로만 사용되어야 하며 구속수사 또는 구속재판이 허용될 경우라도 그 구속기간은 가능한 한 최소한에 그쳐야 하는 것이다."

139) 무죄추정원칙의 핵심은 유죄확정판결을 선취하는 국가행위를 통제하는데 있다. 따라서 무죄추정원칙 위반여부와 관련해서는 유죄인정의 효과로서 기본권주체에게 부과된 불이익의 크기나 그 정도

② 선취한 유죄확정판결에 기초한 불이익부과에 대한 통제: 유죄확정판결 이전에 기본권주체에게 부과되는 유죄인정의 효과로서의 불이익은 유죄확정판결을 선취한 결과인바, 해당 불이익은 유죄확정판결을 통해서 기본권주체가 받게 될 불이익보다는 크지 않을 것.[140)]

③ 오판으로 인한 불이익부과에 대한 사후적 통제: 판결이 유죄로 확정되지 않을 가능성이 상존하고 있음에도 불구하고 오판하여 무죄추정원칙을 후퇴시킨(즉, 확정판결을 기다리지 않고 유죄인정의 효과로서의 불이익을 성급하게 부과한) 국가행위 또한 통제되어야 할 것인바, 유죄확정판결을 선취하여 기본권주체(형사피의자 또는 형사피고인)에게 유죄인정의 효과로서의 불이익을 부과하려는 국가는 오판에 기인한 불이익 부과로 초래될 기본권주체의 피해를 회복하거나 구제 내지는 전보할 수 있는 적정한 조치를 미리 마련해두고 이를 형사피의자 또는 형사피고인에게 불이익을 부과할 때 고지할 것.[141)]

에 관한 문제보다는, 유죄확정판결을 선취하는 행위 그 자체를 우선 주목해야 하는바, 구체적인 경우에 '유죄판결이 확정될 가능성'과 '유죄확정판결을 선취해야 할 필요성'이 중심문제가 된다. 여기서 유죄판결이 확정될 가능성은 구체적인 사실관계와 기존 법원의 판례 등을 고려해서 개별적으로 검토되어야 할 것이며, 유죄확정판결을 선취해야 할 필요성 또한 구체적 사안을 고려해서 개별적으로 판단하되 특히 무죄추정을 완화하지 않는다면 형사소송을 통한 실체적 진실발견이나 범죄에 대한 대응이 아주 어렵게 되거나 유죄의 판결이 확정되더라도 그 실효성 담보가 어렵게 될 만한 사정이 있는지 여부가 주목될 필요가 있겠다.

140) 유죄확정판결을 선취하여 유죄인정의 효과로서 불이익을 부과해서 얻을 수 있는 공익과 그러한 불이익 부과로 인해서 훼손되는 기본권주체의 기본권적 보호법익 상호 간의 비교·형량에 대한 문제는 심사기준으로서 무죄추정원칙을 활용해서 검토될 사안이 아니라, 헌법 제37조 제2항 전단의 "필요한 경우에 한하여"로부터 도출될 수 있는 비례성원칙을 활용해서 검토될 사안으로 생각된다. 관련하여 헌법재판소는 심사기준으로서 헌법 제27조 제4항에 근거하고 있는 무죄추정원칙과 헌법 제37조 제2항에 근거하고 있는 비례성원칙을 뚜렷하게 분별하지 못하고, 구체적인 심사에서 무죄추정원칙의 위반여부와 비례성원칙의 위반여부를 뒤섞어서 논증하고 있다는 의심으로부터 자유롭지 않다(특히 변호사법 제102조의 위헌성 여부가 문제되었던 헌재 2014.4.24. 2012헌바45, 판례집 26-1(하), 판례집 49쪽 참조).

141) 관련하여 헌법 제28조는 "형사피의자 또는 형사피고인으로서 구금되었던 자가 법률이 정하는 불기소처분을 받거나 무죄판결을 받은 때에는 법률이 정하는 바에 의하여 국가에 정당한 보상을 청구할" 수 있는 권리를 기본권(소위 형사보상청구권)으로 보장하고 있다. 형사보상청구권의 행사요건에 해당되지 않는다고 하더라도 형사피의자 또는 형사피고인이 유죄확정판결 이전에 유죄인정의 효과로서의 일정한 불이익을 받았다면, 그러한 불이익으로 인한 피해를 회복 내지는 보상받을 수 있는 적정한 조치를 마련하는 것은 헌법 제27조 제4항의 무죄추정원칙 뿐만 아니라 헌법 제28조에 내포되어 있는 가치를 구체화하는 것이라고도 할 수 있을 것이다. 같은 맥락에서 유죄인정의 효과로서의 불이익을 확정판결 이전에 부과할 경우 그 대상자인 형사피고인 또는 형사피의자에게 오판에 기초한 불이익 부과에 대해 구제 내지는 손해를 전보할 수 있는 방안들을 알려주도록 하는 것은 헌법 제12조 제1항 및 제3항이 명시하고 있는 "적법한 절차"에 대한 요청을 구체화하고 있는 헌법 제12조 제5항 고지제도의 또 다른 표현이라고도 이해할 수 있겠다.

아. 기타 심사기준들

원칙적으로 금지되는 농지 소작제도를 수정하여 "농지의 임대차와 위탁경영"을 허용하려는 국가행위와 관련해서 헌법은 "농업생산성의 제고와 농지의 합리적인 이용을 위하거나 불가피한 사정"이라는 추가적인 통제요건을 마련해두고 있으며(제121조), "사영기업을 국유 또는 공유로 이전하거나 그 경영을 통제 또는 관리"하는 행위와 관련해서 헌법은 "국방상 혹은 국민경제상 긴절한 필요"라는 추가적인 통제요건(가중요건)을 규정하고 있다(제126조).

4. 보론

가. 개별적 심사기준과 일반적 심사기준의 관계

헌법재판소는 기본권심사에서 개별적 심사기준이 일반적 심사기준에 우선해서 검토되어야 한다는 입장을 갖고 있는 것으로 보인다. 예컨대 집회의 자유에 대한 침해여부가 문제된 사건에서 특별한 설명 없이 집회에 대한 허가 금지는 "일반적 법률유보조항인 헌법 제37조 제2항에 앞서서, 우선적이고 제1차적인 위헌심사기준이 되어야 한다."라고 판시한 바 있다.[142] 그리고 이러한 헌법재판소의 입장은 학계에서도 대체적으로 지지되고 있는 것으로 보인다.[143] 하지만 동등한 서열을 갖는 헌법하위규범들 상호 간의 적용순위에 관한 규준인 소위 '일반규정에 대한 특별규정 우선의 법칙'이 헌법규범들 상호 간의 적용순위에 관한 규준으로 당연히 활용될 수 있는 것은 아니며, 무엇보다도 기본권심사에서 심사대상 국가행위가 헌법에 위반되지 않는다고 판단하기 위해서는 헌법이 마련해둔 모든 심사기준들이 검토되어야 한다는 점에서[144] 구체적 사안에서 가능한 한 일반적 심사기준과 개별적 심사기준 모두가 검토되는 것이 바람직하다는 것 외에, 심사기준 원용의 순서(심사순서)에 관한 헌법적 차원의 규준이 있다고는 생각되지 않는다. 오히려 심사대상 국가행위는 헌법에 마련된 각종 심사기준들 중에서 단 하

---

142) 헌재 2009.9.24. 2008헌가25, 판례집 21-2(상), 440쪽.

143) 예컨대 김배원, 앞의 글(주 24), 75쪽; 홍강훈, 앞의 글(주 41), 190쪽 주 51): "개별조항(제23조 제3항)의 요건심사 후 일반조항(제37조 제2항)의 요건심사를 각 단계별로 모두 거쳐야 하는 것은 법적용의 기본원칙이다. 그리고 그 각 단계(제23조 제3항의 요건, 과잉금지의 원칙, 본질내용침해금지)는 서로 독립적으로 단계에 따라 순차적으로 심사되어진다."

144) 왜냐하면 판단유탈이 발생할 수 있기 때문이다(관련해서는 위 주 17) 참조).

나에 위반되어도 위헌임을 피할 수 없다는 점에서 구체적 사안에서 위헌을 빨리 확인할 수 있는 심사기준을 먼저 검토하는 것이 논증의 합리성과 효율성에 도움된다고 하겠다. 다만 구체적 사안에서 심사대상인 기본권침범에 대해 위헌 심증을 형성하게 하는 특별한 심사기준이 발견되지 않는다면, 가급적 심사대상 국가행위(기본권침범)가 개별적 심사기준에 저촉되는지 여부를 먼저 살핀 후, '개별적 심사기준들을 통해서 통제하기 어려운 공백에 대해서 일반적 심사기준의 적용여부를 적극 고민해보는 것'이 보다 바람직하다고 본다. 왜냐하면 폭넓은 확장성을 갖고 있는 비례성원칙이나 법치국가원칙 등과 같은 일반적 심사기준들을 구체적 사건에서 우선적으로 검토하여 심사대상 국가행위를 적극적으로 통제하는 것은 개별·특유한 기본권관계의 특수성을 반영하여 헌법이 마련해둔 개별적 심사기준이 주목될 수 있는 영역을 축소시킬 가능성이 많은바, 이는 개별·특유한 기본권관계의 특수성을 반영하여 일반적 심사기준 외에 개별적 심사기준을 추가하고 있는 헌법의 태도와는 거리가 있기 때문이다.

나. 불문헌법으로부터 개별적 심사기준을 도출하는 문제

구체적 현실에서 발생되는 법적 문제의 해결을 위해서는 "법문의 가능한 의미" 안에서 이루어지는 법조문의 구체화 작업(법 해석)뿐만 아니라, '법의 일반원칙' 내지는 '법질서의 정신' 등과 같은 법원리에 기대어 법문으로 표출되지 않은 법제정권자의 의사를 확인·실현하는 활동(법의 흠결을 보충하는 활동) 또한 행해질 필요가 있겠으나,[145] 법적 논증 및 논결을 위해서 제시된 논거[146]가 명시적 법문으로부터 멀어지면 멀어질수록, 그리고 제시된 논거의 추상성이 높아지면 높아질수록 해당 주장의 설득력은 취약해지고 불확실성은 증대하며 정당성에 대한 의심은 깊어질 수밖에 없을 것인바,[147] 법적 논증에 참여하는 자들은 주장의 설득력과 확실성을 높이기 위해서 가급적 자신의 논증 및 논결을 명시적 법문에 가능한 한 밀착시켜야 하며, 부득이 불문법적 규준에 기대어야 하는 경우라고 하더라도 해당 규준을 활용할 수밖에 없는 현실적 불가피성 및 규범적 근거를 뚜렷하게 밝히고 그 내용을 가급적 구체화함으로써, 자신의 판단이 심리적 결심 내지는 정치적 결단 혹은 자의적인 결정이 아니라 엄격한 법적 추론과정의 산물임을 끊임없이 입증해나가야 한다.[148] 그러므로 기본권심사에서 법원리나 불문헌

145) 김영환, 『법철학의 근본문제』, 홍문사, 2006, 244쪽 및 272쪽 이하.
146) 김성룡, 『법적 논증의 기초』, 경북대학교출판부, 2006, 4쪽.
147) 관련하여 특히 김영환, 앞의 책, 230쪽.

법 등을 거론하면서 개별적 심사기준의 창설을 시도하는 것은 가급적 억제되어야 할 것이다. 뿐만 아니라 불문헌법으로부터 개별적 심사기준이 도출되는 것을 억제하는 태도는 한편으로는 심사자(헌법재판관)의 자의에 기초해서 창설된 심사기준에 의해서 민주적 정당성에 기초한 국가행위가 자의적으로 통제될 위험성을 줄이는데 기여한다는 의미를 가지며, 다른 한편으로는 (모든 기본권관계에서 활용될 수 있는 일반적 심사기준들 — 특히 일반적 법률유보조항인 헌법 제37조 제2항에 근거하는 목적의 정당성·비례성원칙·본질내용침해금지와 불문헌법적 가치로서 헌법적 논증이 전제조건이라고 할 수 있는 법치국가원칙에서 파생되는 명확성원칙·신뢰보호원칙·소급효금지원칙 등등 — 이 이미 잘 구축되어있다는 점에서 굳이 불문헌법으로부터 개별적 심사기준을 도출할 현실적 필요는 크지 않겠지만) 헌법이 명시하고 있지 않은 개별적 심사기준을 추가할 필요가 있다고 하더라도 일반적 심사기준의 확대적용을 통한 해결책을 먼저 궁리할 것을 요청한다는 의미를 갖는다. 불문법에 비해서 성문법을 우선하는 이러한 태도는 성문헌법체제에서는 극히 당연한 것이기도 하다.

Ⅳ. 結: 요약·정리

여기에서는 지금까지 개별 특유한 기본권심사기준들을 각각의 개별 특유한 기본권관계 속에 고립시켜 고찰해온 그동안의 논의상황을 탈피하여 전체 기본권심사구조 속에서 개별적 심사기준들을 조망하고 이를 분석 및 종합하려는 시도가 행해졌다. 우선 기본권심사가 행해지는 전체 구조를 개관하고 실질적 헌법적합성심사의 체계적 위치를 확인한 후, 실질적 헌법적합성심사에서 원용될 수 있는 심사기준들은 모든 기본권관계에서 검토될 수 있는 '일반적 심사기준'과 특정한 기본권구성요건과 결부되어 있어서 특정 기본권관계에서만 활용될 수 있는 '개별적 심사기준'으로 분별될 수 있다는 점을 지적했다. 그리고 헌법문언에 주목해서 개별적 심사기준들을 특정 기본권적 보호법익과 결부된 심사기준들(허가/검열금지·국가의 정당보상의무·선거원칙·국가의 심사 및 통지의무 등)과 특정 기본권침범과 결부된 심사기준들(적법절차원칙·영장주의·고지/통지 의무·고문 및 형사상 불리한 진술의 강요 금지와 자백의 증거능력 및 증명력 제한·이중처벌금지·무죄추정원칙 등)로 대별해서 체계화하고 해당되는 각각의 심사기준들을 기존의 견해와는 다른

---

148) 김해원, 앞의 글(주 15), 117−118쪽.

관점에서 새롭게 설명해보았다. 아울러 일반적 심사기준과 개별적 심사기준의 관계 및 불문헌법으로부터 개별적 심사기준을 도출하는 문제에 관해서도 살펴보았다. 이러한 논의를 통해서 헌법이 마련해두고 있는 각종 기본권심사기준들이 전체 심사구조 속에서 국가행위통제라는 공통의 목표달성을 위해 상호 긴밀한 관련을 가지면서도, 각각의 독자성을 뚜렷하게 확보하여 불필요한 중복적용 없이 예리하고 질서정연하게 활용되는데 도움 될 수 있기를, 그리고 보다 궁극적으로는 기본권심사 및 헌법적 논증의 합리화와 설득력확보에 기여할 수 있기를 기대한다.

제 3 부

급부권적 기본권의 심사구조

제 1 장 입법부작위가 심사대상인 경우
제 2 장 행정·사법부작위가 심사대상인 경우

■ 헌법적 차원의 권리인 기본권은 대국가적 금지규범으로서의 성격을 갖는 방어권적 기본권과 대국가적 명령규범으로서의 성격을 갖는 급부권적 기본권으로 분별해서 살펴볼 수 있다. 구체적인 기본권관계에서 방어권적 기본권의 침해여부를 판단해야 하는 기본권심사에서는 국가의 작위행위가 심사대상인 기본권침범으로 특정되겠지만, 급부권적 기본권의 침해여부를 판단해야 하는 기본권심사에서는 국가의 (진정 혹은 부진정) 부작위행위가 심사대상인 기본권침범이 된다. 전자와 관련된 기본권심사의 문제는 제2부에서 이미 살펴보았다. 여기에서는 후자와 관련된 기본권심사의 문제를 본격적으로 살핀다. 그런데 국가의 기능을 입법·행정·사법으로 분립하고 있는 헌법의 기본적 태도를 고려한다면, 급부권적 기본권관계에서 심사대상이 되는 국가의 부작위행위 또한 기본적으로 입법부작위·행정부작위·사법부작위로 분별해서 살필 수 있을 것이다. 다만 일반적이고 추상적인 규범정립활동인 입법과는 달리 입법의 결과물을 구체적으로 구현하는 행위인 행정과 사법은 합헌적인 입법에 구속된다는 공통점이 있으며, 입법은 헌법(기본권)에 직접 구속되어야 하는 법률정립행위와 정립된 합헌적 법률에 구속되어야 하는 법률하위규범정립행위로 분별될 수 있다는 점 또한 함께 주목될 필요가 있다. 왜냐하면 기본권관계에서 심사대상인 공권력의 행위가 무엇인지에 따라서 헌법에 구속되는 구조와 강도에 있어서 일정한 차이가 발생하기 때문이다. 따라서 [제3부 급부권적 기본권의 심사구조] [제1장 입법부작위가 심사대상인 경우]는 법률정립과 관련된 입법부작위가 심사대상인 경우(§ 15.)와 법률하위규범정립과 관련된 입법부작위가 심사대상인 경우(§ 16.)로 구분하였으며, 행정·사법부작위가 심사대상인 경우는 입법부작위가 심사대상인 경우와 분리하여 [제2장 행정·사법부작위가 심사대상인 경우]에서 별도로 다루었다(§ 17.). 한편 급부권적 기본권의 심사 및 심사구조와 관련된 본격적이고 깊이 있는 연구 성과들이 아주 빈약할 뿐만 아니라, 있다고 하더라도 대체로 구체적 사건들을 해결하는 과정에서 헌법재판소가 밝히고 있는 논리들을 소개 내지는 정리하고 있는 정도에 그친 경우가 대부분이다. 그 결과 헌법적 관점에서 평가되고 통제되어야 할 공권력활동들 중의 하나에 불과한 헌법재판소의 구체적 재판활동에 의해서 급부권적 기본권의 심사와 관련된 일반이론의 정립이 선도되고 있는 실정이다. 따라서 여기에서는 무엇보다도 관련된 헌법재판소의 논증 및 입장과 대결하면서, 급부권적 기본권의 심사구조 및 관련 이론들을 새롭게 형성하는데 집중하였다. 이러한 노력들은 무엇보다도 저자의 관련 논문 3개 — "급부권적 기본권의 심사구조: 국회입법부작위를 중심으로"(공법학연구 제13권 제2호, 한국비교공법학회, 2011.06.), "급부권적 기본권의 심사구조: 행정·사법 권력에 의한 입법부작위를 중심으로"(헌법재판연구 제4권 제2호, 헌법재판소 헌법재판연구원, 2017.02.), "행정·사법부작위에 의한 기본권침해 판단구조: 헌법재판소 결정에 대한 비판을 중심으로"(법학논총 제38집 제1호, 전남대학교 법학연구소, 2018.02.) — 를 수정 및 보완하여 차례대로 수록하는 방식으로 행해졌음을 밝혀둔다.

제 1 장

입법부작위가 심사대상인 경우

§ 15. 법률정립과 관련된 입법부작위가 심사대상인 경우

Ⅰ. 시작하는 글
Ⅱ. 급부권적 기본권
1. 의미와 인정여부
2. 분류
3. 기본권심사에서의 특징
Ⅲ. 기본권심사구조
1. 개념과 의미
2. 일반론
Ⅳ. 제1단계: 잠정적 보호영역 확인
1. 급부권적 기본권에서 잠정적 보호영역의 존재여부
2. 급부권적 기본권의 구성요건과 구성요건이론
3. 구체적 기본권관계에서 공권력주체의 작위의무불이행상황 검토
Ⅴ. 제2단계: 정당성심사
1. 서두
2. 진정입법부작위
3. 부진정입법부작위
Ⅵ. 마치는 글

§ 16. 법률하위규범정립에 관한 입법부작위가 심사대상인 경우

Ⅰ. 시작하는 글
Ⅱ. 제1단계: 보호영역의 잠정적 확인
1. 서두
2. 공권력주체(행정·사법입법권자)의 작위의무불이행상황
Ⅲ. 제2단계: 정당성심사
1. 서두
2. 진정입법부작위
3. 부진정입법부작위
Ⅳ. 보론: 기본권심사구조와 쟁송방법
Ⅴ. 마치는 글

§ 15. 법률정립과 관련된 입법부작위가 심사대상인 경우*

Ⅰ. 시작하는 글

기본권심사는 다양한 기본권이론들이 어우러져 활용되는 과정이면서, 동시에 구체적 기본권관계[1]에서 발생된 각종 분쟁들을 해결하고 이를 평가하는 과정이기도 하다. 따라서 기본권심사는 기본권이론의 영역에서도, 기본권실천의 영역에서도 핵심적인 의미를 갖는다. 그런데 기본권심사에 관한 기존의 논의들은 대체로 방어권적 기본권('대국가적 부작위요구권'으로서의 기본권)에 집중하여 국가작위행위를 심사하고 있을 뿐, 국가부작위행위를 심사대상으로 삼는 급부권적 기본권('대국가적 작위요구권'으로서의 기본권)에 관해서는 등한시해왔다.[2] 이에 필자

---

* 김해원, 「급부권적 기본권의 심사구조 — 국회입법부작위를 중심으로 —」, 『공법학연구』 제13권 제2호, 한국비교공법학회, 2012, 257 – 293쪽에 수록된 글을 수정 · 보완한 것이다.

1) 이에 관해서는 김해원, 「기본권관계에서 국가의 의무 — 확인의무 · 보장의무 · 보호의무를 중심으로 —」, 『공법학연구』 12 – 4, 한국비교공법학회, 2011, 85쪽; 허완중, 「기본적 인권을 확인하고 보장할 국가의 의무」, 『저스티스』 115, 한국법학원, 2010, 69 – 70쪽.

2) 아마도 이러한 이유는 헌법상 기본권목록이 기본권의 기능을 고려함 없이 헌법의 사회적 과제 내지는 생활영역에 따라 체계화 · 법전화(특히, 허영, 『한국헌법론』, 박영사, 2011, 327 – 328쪽) 되어 있어서 — 예컨대, 방어권인 환경침해배제청구권, 급부권인 환경조성청구권 등과 같이 기능적으로 세분화될 수 있음에도 불구하고 헌법은 제35조 제2항에서 단순히 "환경권"이라고 규정하고 있을 뿐이다. 이는 다른 기본권의 경우에도 마찬가지이다. — 구체적인 기본권심사에서 기본권의 기능적 중요성이 간과되기 쉬웠을 뿐만 아니라, 무엇보다도 개인생활영역에 대한 국가권력의 개입을 방어하는 것이 기본권의 본질적인 의미라는 점(특히, 전광석, 『한국헌법론』, 집현재, 2011, 185 – 186쪽)이 지금까지 특별히 부각되어왔기 때문으로 생각된다. 하지만 기본권심사에서 고려되어야 할 내용/요소들인 심사대상, 심사기준 그리고 논증도구의 의미가 기본권 기능에 따라 상이하다는 점 — 즉, 방어권적 기본권과 관련해서는 국가의 작위행위가, 급부권적 기본권과 관련해서는 국가의 부작위행위가 기본권심사의 대상인 기본권침범행위이다. 그리고 방어권적 기본권은 대국가적 부작위요구권이고 급부권적 기본권은 대국가적 작위요구권이란 점에서 심사기준으로서 활용되는 기본권의 의미 또한 상이하다. 뿐만 아니라 심사에 있어서 핵심적으로 사용되는 논증도구인 비례성원칙은 방어권적 기본권과 관련해서는 과잉금지원칙으로, 급부권적 기본권과 관련해서는 과소금지원칙으로 이해되고 있다(이준일, 「기본권의 기능과 제한 및 정당화의 세 가지 유형」, 『공법연구』 29 – 1, 한국공법학회, 2000, 115 – 120쪽; 서경석, 「국가의 기본권보호의무 비판」, 『헌법학연구』 9 – 3, 한국헌법학회, 2003, 417쪽; 김해원, 앞의 글(주 1), 99쪽). — 에서, 기본권심사구조를 형성함에 있어서 기본권의 방어권적 측면과는 별도로 급부권적 성격 또한 주목되어야 할 것이다. 한편 기본권심사에 있어서 급부권적 기본권에 대한 깊이 있는 고민이 결여되고 있음은 독일의 경우에도 크게 다르지 않은 것으로 보인다. 즉, 거의 대부분의 문헌에서 방어권적 기본권과 관련한 심사구조 내지는 심사단계는 풍부하게 설명되고 있는 반면에, 급부권적 기본권과 관련해서는 충분한 설명을 찾아보기가 어렵다. 다만, B. Pieroth/B. Schlink는 급부권적 기본권의 심사는 일정한 국가행위가 기본권에 의거하여 요구될 수 있는지 여부(즉, 특정 법적 효과가 기본권적 요구권

는 기존의 연구 성과에 기대어 급부권적 기본권의 심사 및 심사구조의 특수성에 주목하고자 한다. 다만 공권력이 헌법(기본권)에 구속되는 실체법적 구조[3]와 기본권구제를 위한 소송절차법적 구조[4]가 공권력주체(국회·정부·법원/헌법재판소)들 간에 상이하여 모든 공권력주체의 부작위를 일률적으로 고찰하기가 어려운 관계로, 여기에서는(§ 15.) 우선 심사대상으로서 법률정립과 관련된 국회입법부작위가 문제된 경우에 국한해서 급부권적 기본권의 심사구조를 논할 것이

에 포함되어 있는지 여부)만을 묻는 단일단계심사(Ein－Schritt－Prüfung)라고 간략히 언급하고 있으며(B. Pieroth/B. Schlink, Die Grundrechte. Staatsrecht Ⅱ, C. F. Müller, 24. Aufl., 2008, S. 3 Rn. 11; 한편 정태호 교수는 급부권적 기본권의 심사와 관련해서 B. Pieroth/B. Schlink의 단일단계심사를 독일의 지배적 견해라고 소개하고 있다. 이에 관해서는 정태호, 「자유권적 기본권의 제한에 관한 고찰 — 이른바 사실상의 기본권제약을 중심으로 —」, 『헌법논총』 13, 헌법재판소, 2002, 566쪽 주 120)), V. Epping은 별다른 설명 없이 급부권적 기본권의 심사를 2단계(보호영역 확인 － 급부권 침해여부 심사)로 구성하면서 과소금지를 급부권적 기본권이 침해되었는지 여부를 판단하는 척도로 이해하고 있다(V. Epping, Grundrechte, Springer, 4. Aufl., 2010, S. 60f.).

3) 기본권민주주의(Grundrechtsdemokratie)를 지향하는 오늘날 헌법국가의 법체계는 행정작용 및 사법작용이 일단 합법(률)적이기만 하면, 처음부터 위헌적인 기본권침해가 발생되지 않을 것이라는 이념에 기초해서 형성되어있는바, 행정권 및 사법권에 있어서 기본권구속은 원칙적으로 입법의 헌법(특히, 기본권)에 대한 구속과 협동을 통해서, 즉 합헌적 법률에 대한 구속을 통해서 실현된다. 우리 헌법은 기본적으로 국가기능을 입법·행정·사법으로 분립한 다음, 이들의 핵심적 내용을 각각 국회·정부·법원(혹은 헌법재판소)이라는 공권력주체에게 담당케 하되, 국회입법작용은 직접 헌법에, 그 밖의 국가권력작용들(예컨대, 행정·사법입법작용, 집행작용, 사법작용 등)은 원칙적으로 국회입법작용의 결과물인 (합헌적) 법률에 직접 기속되도록 하여 공권력주체들 간의 견제와 균형을 통한 실질적 법치국가구현을 도모하고 있다(관련하여 특히, 헌재 2004.2.26. 2001헌마718, 판례집 16－1, 313쪽). 이러한 점에서 국회입법작용과는 달리 행정작용과 사법작용에 대한 기본권 구속은 간접적/매개적이다(Vgl. M. Sachs, Verfassungsrecht Ⅱ: Grundrechte, 2. Aufl., 2003, S. 54－55, 57, 60). 이를 행정과 사법에 대한 '법률우위', (국회)입법인 법률에 대한 '헌법우위'라고 표현할 수 있을 것이다. 관련하여 독일 기본법 제20조 제3항은 "입법은 헌법질서에 구속되고, 집행과 사법은 법률과 법에 구속된다(Die Gesetzgebung ist an die verfassungsmäßige Ordnung, die vollziehende Gewalt und die Rechtsprechung sind an Gesetz und Recht gebunden)."라고 명시하고 있다. 우리 헌법재판소 또한 이를 확인하고 있다. 관련된 결정으로는 특히, 헌재 2004.2.26. 2001헌마718, 판례집 16－1, 320쪽; 헌재 1990.9.3. 89헌가95, 판례집 2, 267쪽: "생각건대, 민주법치국가에서 모든 행정(과 재판)이 법률에 근거를 두어야 하며 […]"; 다만, 헌법에 명시적인 근거가 있는 경우(헌법 제76조의 대통령의 긴급재정·경제명령권, 긴급명령권 등)에는 국회입법작용 이외의 공권력 활동이라고 하더라도 예외적으로 법률적 근거와 상관없이 직접 헌법에 근거해서 행사될 수 있음은 물론이다.

4) 국회입법작용이 문제된 경우에는 헌법재판소를 통한 헌법소송(특히, 헌법소원심판)이 기본권구제를 위한 가장 원칙적인 방법인 반면에, 행정권력작용이 문제된 경우에는 헌법재판소법 제68조 제1항이 규정하고 있는 보충성요건 및 재판소원금지규정 때문에 행정소송에 의하여 권리구제를 받을 수 없거나 행정소송을 거친다 하더라도 구제받을 수 있는 기대가능성이 없어 보충성의 원칙의 예외가 인정되는 경우에야 비로소 헌법소원심판이 가능하다(김현철, 『판례 헌법소송법』, 전남대학교 출판부, 2011, 273－274쪽). 그리고 사법작용(재판)의 경우에는 헌법재판소법 제68조 제1항의 재판소원금지규정으로 인해서 원칙적으로 헌법소원심판을 통한 기본권구제가 받아들여지기 어려운 상황이다.

다.[5] 그리고 이러한 논의가 이루어지는 장으로서는 무엇보다도 헌법재판소에서 행해지는 소송활동(특히, 헌법소원심판)에 주목하고자 한다. 왜냐하면 모든 기본권적 논증대화 중에서 국가행위의 합헌성 여부를 종국적으로 판단해야하는 사법작용에서 행해지는 기본권심사가 보다 현실적이고 구체적인 의미를 가지는데다가, 우리 법체계에서 국회입법부작위에 의한 기본권침해의 가장 기본적이고 원칙적인 구제절차는 헌법재판(헌법소원심판)이기 때문이다.[6]

이를 위해서 우선 논의의 기초로서 방어권적 기본권과 구별되는 급부권적 기본권의 특성을 조망하고(Ⅱ.), 기본권심사구조에 관한 일반적 논의들을 간략히 정리한다(Ⅲ.). 그런 다음, 기본권심사의 기본구조(Grundstruktur)는 두 단계로 구성될 수 있다는 점[7]을 고려하여 급부권적 기본권의 보호영역을 잠정적으로 확인하는 단계(Ⅳ.)와 여기에 감행된 '법률정립과 관련된 국회입법부작위'의 정당성을 심사하는 단계(Ⅴ.)로 구분하여 급부권적 기본권의 심사구조를 논하면서, 관련된 헌법재판소의 결정들을 비판적으로 검토할 것이다. 그리고 합리적인 기본권 논증이란 관점에서 행해진 이상의 논의들에 기초해서 헌법재판소의 태도변화를 촉구하는 것으로 글을 갈무리한다(Ⅵ.).

Ⅱ. 급부권적 기본권

1. 의미와 인정여부

기본권은 실정법인 헌법을 통하여 보장되는 국가에 대한 개인의 기본적 권리[8]라는 점에서 헌법적 차원의 대국가적 행위요구권이라고 할 수 있다.[9] 그런데 이념적·발생사적 관점에서 기본권은 우선적으로 국가에게 부작위행위를 요구하는 방어권으로 이해되어온 관계로,[10] 국가에게 작위행위를 요구하는 권리, 즉 급

---

5) 심사대상으로서 행정권력에 의한 부작위(정부의 집행·입법부작위)와 사법권력(법원, 헌법재판소)에 의한 부작위(재판부작위)가 문제된 급부권적 기본권의 심사구조에 관해서는 이 책 § 17., 그리고 법률하위규범정립과 관련된 입법부작위(즉, 행정·사법입법부작위)로 인한 (급부권적) 기본권의 침해여부를 판단하는 심사구조 및 심사과정에 관해서는 이 책 § 16. 참조.

6) 이준일, 『헌법학강의』, 홍문사, 2011, 355쪽.

7) Vgl. S. G. Kielmansegg, Die Grundrechtsprüfung, in: JuS 48(1), 2008, S. 23; 김해원, 「기본권의 잠정적 보호영역에 관한 연구」, 『헌법학연구』 15-3, 한국헌법학회, 2009, 281-282쪽.

8) 한수웅, 『헌법학』, 법문사, 2011, 354쪽.

9) 게오르크 옐리네크 外/김효전(譯), 『독일 기본권이론의 이해』, 법문사, 2004, 38쪽.

10) R. Alexy, Theorie der Grundrechte, Suhrkamp, 1996, S. 395.

부권으로도 이해될 수 있는지에 관해서 논란이 있어왔다.[11] 특히 독일에서는 독일 헌법상 일부 기본권 조항(특히, 제6조 제1항과 제4항, 제19조 제4항 제1문)들의 문언이 급부권적 성격을 징표하는 형식으로 규정되어있음에도 불구하고,[12] H. H. Klein은 기본권이 동시에 국가적 행동(Aktion)에 대한 요구(작위요구)와 거부에 대한 요구(부작위요구)가 될 수 없다고 하면서 기본권의 급부권적 성격을 받아들이는데 부정적인 입장을 보였다.[13] 그러나 오늘날 기본권주체인 국민이 국가를 상대로 부작위요구뿐만 아니라 작위요구 또한 기본권으로서 주장할 수 있다는 것에 대해서는 학설과 판례를 통해서 광범위한 합의가 이루어져 있는 것으로 판단된다.[14]

특히 헌법현실에서 기본권적 가치가 실질적으로 구현되기 위해서는 '자유' 그 자체를 향유하기 위해 국가에게 간섭하지 말 것을 요구(부작위요구)할 수 있어야 할 뿐만 아니라, 자유를 누리기 위한 필수적인 전제조건의 마련 또한 요구(작위요구)할 수 있어야 한다는 점,[15] 사적 폭력행사의 원칙적 금지와 국가의 폭력독점이 관철되고 있는 오늘날의 헌법국가에서는 개인이 자신보호를 위해 국가의 적극적 행위를 요구할 수 있어야 함이 마땅하다는 점,[16] 우리 헌법제정권자는 단순히 국가목표규정을 통해서 국가에게 사회경제적 질서형성의 객관적 과제를 부과하는 경우[17]를 넘어서서 포괄적인 급부요구적 성격을 강력하게 징표하는 기본권(특히, 헌법 제34조 제1항)을 마련하고 있을 뿐만 아니라, 처음부터 국가의 새로운 과제(적극적인 과제)를 개인의 기본권 형태로 보장하는 방법을 취해왔다는 점[18]에서 우선적으로 방어권에 지향된 서구의 시민적－법치국가적 헌법과는 그 발생사적 측면에서도 상이하다는 점, 그리고 헌법문언에서 기본권은 기본적으로 생활영역에 주목하여 적극적으로 "[…] 권리를(혹은 자유를) 가진다."라고 규정되어 있거나, 혹은 소극적으로 "[…] 침해받지 아니한다."라고 규정되어 있을 뿐,

---

11) Vgl. I. v. Münch, Vorb. Art. 1－19, in: MüK, Bd. I, C. H. Beck, 5. Aufl., 2000, Rn. 18.
12) V. Epping, 앞의 책, 5쪽.
13) H. H. Klein, Die Grundrechte im demokratischen Staat, 2. Aufl., W. Kohlhammer, 1974, S. 65.
14) 상세한 설명은 특히, V. Epping, 앞의 책, 5－6쪽; R. Alexy, 앞의 책, 401－402쪽; 문언이 기본권의 급부적 성격을 징표하지 않는 경우에도 해석으로 급부권적 기본권을 도출하고 있는 경우로는 Vgl. BVerfGE 31, 1(41); BVerfGE 35, 79(113); BVerfGE 7, 198(205).
15) 이러한 작위요구권이 부정되면 해당 자유는 무가치해진다(Vgl. BVerfGE 33, 303(331)).
16) Vgl. V. Epping, 앞의 책, 50쪽.
17) 특히, 헌법 제119조; Vgl. Art. 20 Abs. 1 GG; Art. 28 Abs. 1 GG.
18) 이에 관해서는 전광석, 앞의 책, 16－17쪽.

기본권주체가 기본권을 원용하는 방식 — 즉, 특정 기본권을 대국가적 부작위요구권으로 원용할 것인지, 아니면 대국가적 작위요구권으로 원용할 것인지 — 에 관해서는 침묵하고 있으므로, 기본권을 방어권적으로 구성하는데 별도의 근거가 요구되지 않는다면, 급부권적으로 구성함에 있어서도 별도의 근거가 요구되지 않는다고 이해하는 것이 논리적이며, 무엇보다도 모든 기본권적 가치가 존중되도록 해석되어야 함이 마땅함으로 개별 기본권들을 구체적 기본권관계에서 기본권주체가 부작위요구권으로 원용하든, 혹은 작위요구권으로 원용하든 모두 가능해야 한다는 점에서 헌법의 기본권조항들로부터 대국가적 부작위요구권(방어권적 기본권)과는 구별되는 대국가적 작위요구권(급부권적 기본권) 또한 어렵지 않게 도출될 수 있을 것이다.[19]

2. 분류

대국가적 작위행위요구권인 급부권적 기본권은 헌법상 '평등'과 결부되어 주장되는지 여부에 따라 '본래적 의미의 급부권(originäres Leistungsrecht)'과 참여권(Teilhaberecht)이라고도 불려지는 '파생적 급부권(derivatives Leistungsrecht)'으로 구분되기도 하지만,[20] 요구되는 작위행위의 내용에 따라 '사실적 급부권'과 '규범적 급부권'으로 분류하는 것이 일반적이다.[21] 국가에게 현금·현물·시설·서비스 등과 같은 사실적 급부의 제공을 요구하는 사실적 급부권은 기본적으로 권리가 실현될 때 그것이 어떤 형태로 행해지는지 여부에는 관심을 두지 않는 반면에, 규범적 급부권은 행위수행의 법적 형태 내지는 과정에 주목하고 있다는 점에서 차이가 있다.[22] 이런 점에서 일반적으로 사실적 급부권은 주로 구체적 집행행위를 담당하는 행정부를 겨냥하고 있는 것으로, 규범적 급부권은 국가의 규범제정행

---

19) 이러한 점에서 "헌법 제10조의 행복추구권은 국민이 행복을 추구하기 위하여 필요한 급부를 국가에게 적극적으로 요구할 수 있는 것을 내용으로 하는 것이 아니라, 국민이 행복을 추구하기 위한 활동을 국가권력의 간섭 없이 자유롭게 할 수 있다는 포괄적 의미의 자유권으로서의 성격"을 가진다고 하면서 행복추구권을 급부권적으로 구성하는 것에 대해서 반대하고 있는 헌법재판소의 태도(헌재 2011.6.30. 2009헌바199, 판례집 23-1(하), 532쪽; 헌재 2002.12.18. 2001헌마546, 판례집 14-2, 902쪽)는 비판받아야 할 것이다. 같은 맥락에서 "자유권으로 분류되는 개별적 기본권들 안에서도 사회적 기본권의 기능을 도출할 수 있다."라고 일갈하고 있는 이준일 교수의 주장(이준일, 앞의 책, 293쪽)을 헌법재판소는 주목해야할 것이다.

20) Vgl. V. Epping, 앞의 책, 6-7쪽, 336쪽; M. Sachs, 앞의 책, 40쪽.

21) 이준일, 앞의 책, 293쪽; R. Alexy, 앞의 책, 402쪽 이하.

22) R. Alexy, 앞의 책, 180쪽.

위와 관련해서는 입법부(혹은 행정입법자)를, 구체적 사안에서 규범을 해석·적용하여 규범관계를 확정/선언하는 행위와 관련해서는 사법부를 주로 겨냥하고 있는 것으로 이해될 수 있을 것이다.[23)]

3. 기본권심사에서의 특징

기본권심사에서 방어권적 기본권에 비해서 급부권적 기본권이 갖는 특징은 무엇보다도 기본권침범[24)]으로 작동하는 국가행위의 상이성에서 찾을 수 있다. 즉, 방어권적 기본권과 관련해서는 '금지'라는 당위의 양식으로 표현되는 부작위의무(소극적 행위의무)가, 급부권적 기본권과 관련해서는 '명령'이라는 당위의 양식으로 표현되는 작위의무(적극적 행위의무)가 국가에게 부과되어 있어서,[25)] 전자의 경우에는 국가의 작위행위가, 후자의 경우에는 국가의 부작위행위가 기본권침범으로 등장한다.[26)] 그런데 기본권적 가치를 방해하거나 훼손하는 행위가 금지되어 있다면 이러한 방해나 훼손을 초래하는 모든 국가행위는 용납되지 않는 반면에, 기본권적 가치를 촉진하는 것이 명령되어있는 경우에는 이러한 촉진을 가져올 수 있는 모든 행위가 마련되어야만 하는 것은 아니고, 오히려 국가는 그 명령을 실현하기 위해 무엇을 선택할 것인지에 관하여 일정한 자유의 공간 속에 놓이게 된다.[27)] 따라서 대국가적 금지규범인 방어권적 기본권의 심사에서는 원칙적으로 문제된 당해 국가행위만을 심사대상으로 고려하여 위헌성 여부를 판단하면 되겠지만, 대국가적 명령규범인 급부권적 기본권의 심사에서는 문제된 특정 국가행위만을 고려하는 것으로는 충분치 않고, 반드시 해당 기본권관계에 관

---

23) 이러한 점에서 통상 사실적 급부권은 개인이 충분한 재정적 수단을 가지고 있고, 시장에서 공급만 충분하다면 시장의 사인으로부터 구매할 수 있는 것을 대상으로 하여 국가에게 청구하는 권리, 즉 사회적 기본권으로 이해되고 있는 반면에(관련하여 특히, R. Alexy, 앞의 책, 206쪽 이하; 이준일, 「사회적 기본권」, 『헌법학연구』 10－1, 한국헌법학회, 2004, 449쪽 이하), 국가가 동등한 법적 주체 상호 간의 관계와 관련하여 기본권을 존중하면서 법질서를 일정한 방식으로 형성하며 조정하도록 요구하는 권리(보호권: Recht auf Schutz)와 조직과 절차에 관한 기본권은 규범적 급부권에 속하는 것으로 이해되고 있다(이준일, 「조직과 절차에 관한 기본권」, 『아·태공법연구』 9, 아·태공법학회, 2001, 133쪽 이하; 이준일, 「기본권으로서 보호권과 기본권의 제3자효」, 『저스티스』 65, 한국법학원, 2002, 67－68쪽; R. Alexy, 401쪽 이하, 411쪽, 428쪽 이하).

24) 개념에 관해서는 아래 주 32) 참조.

25) 김해원, 「국가행위의 적헌성 판단에 있어서 헌법규범의 적용방식에 관한 연구」, 『헌법학연구』 16－3, 한국헌법학회, 2010, 501쪽.

26) 이준일, 앞의 글(주 2), 102－105쪽.

27) 이에 관한 상세한 설명은 Vgl. R. Alexy, 앞의 책, 420쪽.

한 법체계 및 국가 활동 전반을 고려해서 국가행위의 위헌성 여부를 검토해야 한다.[28] 그리고 소극적 측면에서의 국가활동규제를 의미하는 방어권적 기본권의 심사를 통해서는 국가활동의 한계가 밝혀지는 반면에, 적극적 측면에서의 국가활동규제를 의미하는 급부권적 기본권의 심사를 통해서는 국가활동의 목적이 구체화된다는 점에서,[29] 급부권적 기본권에 감행된 국가의 기본권침범행위를 심사함에 있어서는 헌법재판이라는 사법절차에 의한 민주적 정치과정의 대체 내지는 국가권력구조의 변질에 각별히 유의해야 하고,[30] 광범위한 입법형성권에 대한 존중이 더욱 강조되어야 한다.[31]

Ⅲ. 기본권심사구조

1. 개념과 의미

기본권으로 규율되는 일정한 생활영역(기본권 보호영역)에 대해서 감행된 특정 국가행위(기본권침범/Grundrechtseingriff)[32]가 합헌적인 기본권 제한(Schranken)인지, 그렇지 않으면 위헌적인 기본권 침해(Verletzung)인지 여부를 판단하는 활동을 '기본권심사(Grundrechtsprüfung)'라고 하며,[33] 일정한 정합성을 부여하기 위해 부분이나 요소를 조직·배치하는 방식 혹은 부분이나 요소가 어떤 전체를 짜 이룬 형태 그 자체를 '구조(構造/Struktur)'라고 한다.[34] 그러므로 '기본권심사구

---

28) 관련하여 헌재 2002.11.28. 2001헌바50, 판례집 14－2, 668－669쪽: "국가가 근로관계의 존속을 보호하기 위한 최소한의 보호조치를 취하고 있는지의 여부는 당해 법률조항에만 의할 것이 아니라, 노사관계에 관한 법체계 전반을 통하여 판단하여야 할 것인바, […]"

29) 이에 관해서는 R. Alexy, 앞의 책, 404쪽.

30) 관련하여 서경석, 앞의 글, 417쪽.

31) 관련하여 기본권 적대자로서의 국가를 전제하고 있는 방어권적 기본권과 달리 급부권적 기본권은 기본권 우호자로서의 국가를 전제로 하고 있다는 점을 언급할 수 있겠다(Vgl. V. Epping, 앞의 책, 50－51쪽). 한편 급부권적 기본권과 관련하여 발생하는 헌법재판소와 입법자 간의 권한배분의 문제는 특히, R. Alexy, 앞의 책, 405쪽.

32) 제한(Schrnaken)이나 침해(Verletzung)와는 구별되는 개념인 독일어 'Eingriff'의 번역어로 선택된 '침범'의 의미와 내용에 관해서는 김해원, 앞의 글(주 7), 293－294쪽, 주 51).

33) Vgl. S. G. Kielmansegg, 앞의 글, 23쪽 이하; R. Schmidt, Grundrechte sowie Grundzüge der Verfassungsbeschwerde, Dr. Rolf Schmidt, 10. Aufl., 2008, S. 45f.; B. Pieroth/B. Schlink, 앞의 책, 3쪽, 59쪽 이하; R. Zippelius/T. Würtenberger, Deutsches Staatsrecht, C. F. Beck, 32. Aufl., 2008, S. 204; A. Katz, Staatsrecht — Grundkurs im öffentlichen Recht, C. H. Beck, 17. Aufl., 2007, S. 308ff.; V. Epping, 앞의 책, 11쪽 이하; 김해원, 앞의 글(주 7), 281쪽.

34) 국립국어원 표준국어대사전, http://stdweb2.korean.go.kr/search/View.jsp, 검색어: 구조, 검색일:

조'는 기본권심사에서 고려되어야 할 요소나 내용들(특히 심사대상인 국가의 구체적인 기본권침범행위, 원용되는 특정 기본권, 그리고 비례성원칙·본질내용침해금지 혹은 평등원칙 등등과 같은 각종 심사기준들 등)을 헌법에 모순되지 않게 조직·배치하여 정돈하는 방식 내지는 짜임새(얼개)라고 정의할 수 있을 것이다. 이러한 기본권심사구조는 그 자체가 기본권적 논증의 질을 담보할 수 있는 어떤 실질적 내용이라고 할 수는 없겠지만, 구체적 사안에서 올바른 판결이 무엇인지를 지도하고 이를 평가하는 틀을 제공하여 사례검토의 편리성을 꾀하고, 판단자의 자의성과 불합리성을 방지하여 (헌)법적용의 통일성과 합리성을 유지하며 구체적인 기본권관계에서 예측가능성을 높여준다는 점에서 중요한 의미를 갖는다.

2. 일반론

기본권심사 및 심사구조와 관련한 다양한 시도들[35]이 있어왔음에도 불구하고 현재까지 보편타당한 기본권 도그마틱은 존재하지 않는다.[36] 하지만 가변적이고 동태적인 헌법현실 속에서 구체적인 경우에 '어떤 기본권('X 기본권'이라고 하자)이 확정적으로 보장된다.'라고 주장하기 위해서는 무엇보다 우선적으로 행해져야 할 작업은 일련의 조작을 통해서 'X 기본권'에 해당하는 속성들과 그 'X 기본권'이 놓여있는 구체적 상황들을 일반적인 것으로 추출하여 특정한 고정치로 추상화 혹은 개념화하고, 그 개념들의 연관을 나타내는 판단으로써 'X 기본권'의 잠정적 보호영역을 확인해야 하며(제1단계: 잠정적 보호영역 확인), 이어서 'X 기본권'에 감행된 각종 침범(Eingriff)들에 대한 정당성심사를 거쳐 구체적이고 개별적인 상황에서 'X 기본권'의 확정적 보호영역이 발견될 수 있도록 해야 한다(제2단계: 정당성심사).[37] 특히 기본권은 헌법적 차원에서 보장되는 권리[38]라는 점에서 기본권에 대해 감행된 국가의 구체적 침범행위가 헌법적 정당성을 획득하려면

2012.3.9.; Encyclopedia Britannica online – Korea, http://preview. britannica.co.kr/bol/topic.asp?article_id=b02g2259a, 검색일: 2010.3.9.

35) 이에 관한 문헌들의 적시는 특히, 김해원, 앞의 글(주 7), 283쪽, 주 14) 참고.

36) A. Katz, 앞의 책, 310 쪽; 한편 도그마틱(Dogmatik: "법해석학상 이론적 체계")의 의미에 관해서는, P. Badura(著)/변무웅(譯), 「국가법 영역에서 변천하는 법해석학상 이론적 체계 곧 도그마틱의 양상 — 비스마르크 제국으로부터 바이마르 공화국을 거쳐 현재 독일 연방공화국까지 —」, 『한양법학』 17, 한양법학회, 2005, 293쪽 이하.

37) 김해원, 앞의 글(주 7), 281–282쪽.

38) R. Alexy, 앞의 책, 258쪽.

우선 해당 기본권침범이 헌법적 차원에서 허용되고 있는지 여부 ― 즉, 침범의 헌법적 근거 ― 를 살피고,[39] 이어서 허용된 구체적 침범이 모든 관점에서 ― 즉, 형식적으로도 실질적으로도 ― 헌법적합성을 인정받을 수 있는지 여부가 검토되어야 한다.[40]

이하에서는 이러한 일반적인 기본권심사단계 및 선행연구에 기대어서 급부권적 기본권의 심사구조에 관해서 살펴보되,[41] 특히 방어권적 기본권과 구별되는 '대국가적 작위행위요구'라는 측면에 주목할 것이다.

Ⅳ. 제1단계: 잠정적 보호영역 확인

1. 급부권적 기본권에서 잠정적 보호영역의 존재여부

기본권보호영역의 존재가 인정되는데 이설이 없는 방어권적 기본권과는 달리 급부권적 기본권에서는 과연 고유한 보호영역이 존재하는지 여부에 관해서 긍정설과 부정설이 대립하고 있다. 부정설은 '국가의 작위행위에 의해 제한되는 방어권적 기본권과는 달리, 급부권적 기본권은 국가의 작위행위를 통해서 구현될 수 있다는 점'에 주목하고 있다. 즉, 방어권적 기본권에서는 국가의 적극적 행위 이전의 상태인 (잠정적) 보호영역이 전제되어 있지만, 급부권적 기본권에는 국가의 적극적 행위 이전의 고유한 영역 ― 즉, (잠정적) 보호영역 ― 이 존재하지 않는다고 한다.[42] 이러한 부정설에 의하면 급부권적 기본권은 개인이 국가에 대하여 확정적으로 요구할 수 있는 것만을 포함하고 있을 뿐, 방어권적 기본권처럼 정당화요건을 충족하면서 제한될 수 있는 부분이 없으므로, 그 심사구조는 국가

---

39) 이러한 심사가 행해지는 영역을 독일문헌들은 보통 '제한영역(Schranken－Bereich)'이라고 칭한다. 제한영역에서는 헌법유보와 법률유보가 다루어진다. 상세한 내용은 특히, 김해원, 「방어권적 기본권의 정당성 심사구조」, 『공법학연구』 10－4, 한국비교공법학회, 2009, 29－30쪽, 43－47쪽.

40) 김해원, 앞의 글(주 39), 29－30쪽; 기본권침범의 형식적 헌법적합성심사에서는 일반적으로 침범의 권한·절차·형태가 검토되며, 실질적 헌법적합성심사에서는 비례성원칙·본질내용침해금지·평등원칙·법치국가적 요청 등과 같은 헌법이 요구하고 있는 실체적 가치들의 준수여부가 검토된다. 한편 이러한 침범의 헌법적합성심사가 행해지는 영역을 독일문헌들은 보통 '제한의 한계 영역(Schrankenschranken－Berich)'이라고 칭한다. Vgl. H. W. Kim, Schranken und Schrankenschranken grundrechtlicher Abwehrrechte, Logos, 2009, S. 7, 247ff.

41) 특히 심사 제1단계(잠정적 보호영역 확인)와 관련해서는 김해원, 앞의 글(주 7), 279쪽 이하; 심사 제2단계(정당성심사)와 관련해서는 김해원, 앞의 글(주 39), 29쪽 이하.

42) 김해원, 앞의 글(주 7), 306쪽.

의 작위행위가 관련된 기본권에 의해서 요구될 수 있는지 — 즉, 법적효과가 기본권규범에 내포된 청구권에 포함되어있는지 — 여부를 묻는 단일단계로 이루어진다고 한다.[43] 하지만 이러한 부정설은 헌법 제37조 제2항을 통해서 모든 기본권에 대한 제한가능성을 열어두고 있는 우리 헌법의 태도와 부합하기 어려울 뿐만 아니라,[44] 무엇보다도 확정적 보호영역 도출을 위한 개념적 전제 혹은 사고의 시초로서 '고정의 원리'[45]에 근간하여 인정되는 관념적 모상인 잠정적 보호영역의 존재에 관한 문제와, 확인된 잠정적 보호영역의 성격에 관한 문제를 혼동한 결과로 판단된다.[46] 왜냐하면 급부권적 기본권에서 문제되는 국가부작위는 단순한 '부작위' 그 자체가 아니라 국가가 헌법으로부터 명령받은 '해야 할 어떤 것'을 '하지 않음' 혹은 '불완전하게 행한 특정 작위(즉, '해야 할 어떤 것'에 대한 진정부작위 혹은 부진정부작위)'를 의미하는바,[47] 구체적인 급부권적 기본권의 심사에서는 가장 먼저 헌법이 국가에게 부과하고 있는 작위의무의 내용 — 즉, 구체적 상황에서 '국가가 해야 할 어떤 것' — 을 헌법해석을 통해서 일차적으로 확인하는 작업이 필요한데, 이러한 작업의 결과로 얻어지는 것이 바로 급부권적 기본권의 잠정적 보호영역이기 때문이다.[48]

2. 급부권적 기본권의 구성요건과 구성요건이론

급부권적 기본권의 잠정적 보호영역을 확인하는 작업은 기본권침범이 국가의 부작위로 행해진다는 점을 제외하고는 기본적으로 방어권적 기본권의 경우와 다르지 않다. 따라서 급부권적 기본권의 잠정적 보호영역을 확인함에 있어서 인식의 재료가 되는 사태들의 총체인 급부권적 기본권의 구성요건 또한 방어권적

---

43) B. Pieroth/B. Schlink, 앞의 책, 3쪽; 정태호, 앞의 글, 566쪽 주 120); 김해원, 앞의 글(주 7), 306쪽.

44) 왜냐하면 급부권적 기본권은 '개인이 국가에 대하여 확정적으로 요구할 수 있는 것만을 포함하고 있을 뿐, 방어권적 기본권처럼 정당화요건을 충족하면서 제한될 수 있는 부분이 없다'고 이해하고 있는 부정설의 입장에 선다면, 급부권적 기본권은 결국 "사실적 가능성과 법적 가능성의 테두리 안에서 확정된 것을 포함"하는 규범, 즉 규칙(Regeln)으로 평가될 수 있는바(Vgl. R. Alexy, 앞의 책, 76쪽), 헌법 제37조 제2항의 요건을 준수하면서 제한할 수 있는 부분이 애당초 존재하지 않기 때문이다.

45) 이에 관해서는 이정호/김성환/홍건영, 『철학의 이해』, 한국방송통신대학교, 2009, 326－327쪽; L. Geldsetzer, Logik, Aalen, 1987, S. 59; 김해원, 앞의 글(주 7), 280－281쪽, 287쪽.

46) 김해원, 앞의 글(주 7), 307쪽.

47) 김일환, 「사회적 기본권의 법적 성격과 보호범위에 관한 고찰」, 『헌법학연구』 4－3, 한국헌법학회, 1998, 141－142쪽; 이준일, 앞의 글(주 2), 103－104쪽.

48) 김해원, 앞의 글(주 7), 306－307쪽.

기본권의 경우와 마찬가지로 기본권적 보호법익(인적 구성요건과 물적 구성요건)과 기본권침범으로 구성된다고 해야 하며(보호법익/침범-구성요건)[49], 그 범위 또한 논증의 합리성과 설득력 확보라는 관점에서 원칙적으로 넓게 이해되어야 할 것이다(넓은 구성요건이론).[50] 다만 방어권적 기본권의 경우와는 달리 급부권적 기본권관계에서 국가는 기본적으로 어떤 방법을 선택할 것인지에 관해서 광범위한 자유의 영역에 놓여있으므로,[51] 급부권적 기본권의 보호영역을 확정함에 있어서는 원칙적으로 국가행위(작위)의 구체적 방법보다는, 작위를 통해서 달성하려는 가치의 내용(목표)이나 수준에 훨씬 더 주목해야 한다.

3. 구체적 기본권관계에서 공권력주체의 작위의무불이행상황 검토

가. 서두

기본권의 잠정적 보호영역은 '기본권적 보호법익'은 물론이고, '기본권침범'의 관점에서도 영향을 받기 때문에,[52] 기본권침범행위를 구체적으로 밝혀 드러내는 것은 기본권의 잠정적 보호영역을 확인하는데 매우 중요한 작업이다. 그런데 방어권적 기본권의 심사와는 달리 급부권적 기본권의 심사에서는 심사대상인 국가의 구체적인 기본권침범(부작위)을 특정하기 위해서는 '구체적 기본권관계에서 특정 공권력주체의 작위의무불이행상황' — 즉, ① 구체적 기본권관계에서 특정 국가기관에게 기본권에서 비롯되는 특정 작위의무가 잠정적으로 존재한다는 점[53]과 ② 상당한 시간이 지났음에도 불구하고 해당 국가기관이 그러한 작위의무를 해태(부작위)하고 있다는 점 — 에 대한 적극적인 논증이 요구된다.[54] 왜냐하

---

49) R. Alexy, 앞의 책, 276쪽.

50) 상세한 논증은 김해원, 앞의 글(주 7), 284-305쪽; R. Alexy, 앞의 책, 280-306쪽 참조.

51) R. Alexy, 앞의 책, 420쪽.

52) 따라서 기본권구성요건은 기본권적 보호법익(인적·물적 구성요건)과 기본권침범으로 구성된다(보호법익/침범-구성요건). 이와 관련해서는, 김해원, 앞의 글(주 7), 293-296쪽; R. Alexy, 앞의 책, 276쪽; BVerfGE 32, 54(68ff.).

53) 구체적인 급부권적 기본권관계에서 요청되는 특정 국가작위가 '확정적 국가의무'인지 여부는 정당성심사(아래 목차 Ⅴ.)를 통해서 규명된다. 헌법재판소는 이에 관한 인식이 결여되어 있다. 관련하여 헌법재판소의 논증방식에 대한 비판은 아래 목차 Ⅳ.3.나. 참조.

54) 기본권침범으로서 부작위가 문제된 경우에 헌법재판소 또한 기본적으로 '작위의무불이행상황'을 검토하고 있다. 특히, 헌재 2011.8.30. 2008헌마648, 공보 179, 1324-1326쪽; 헌재 2011.8.30. 2008헌마788, 공보 179, 1293-1294쪽; 헌재 2011.12.29. 2009헌마621, 공보 183, 211-212쪽; 헌재 1998.7.16. 96헌마246, 판례집 10-2, 305-307쪽; 헌재 1994.12.29. 89헌마2, 판례집 6-2, 405-406쪽; 헌재 2000.6.1. 2000헌마18, 판례집 21-1, 738-739쪽; 헌재 2004.2.26. 2001헌마718, 판례집 16-1, 320-321쪽; 헌재 1995.7.21. 94헌마136, 판례집 7-2, 174-175쪽; 헌재

면 대국가적 금지규범인 방어권적 기본권의 경우에는 기본권침범이 국가의 작위행위이므로 가시화된 해당 작위행위를 지적하면서 문제된 기본권과의 관련성을 주장하는 것만으로도 구체적인 기본권관계에서 권리상대방인 공권력주체뿐만 아니라 기본권침범의 내용이 자연스럽게 특정되지만, 대국가적 명령규범인 급부권적 기본권의 경우에는 기본권침범이 국가의 부작위행위이므로 '어떤 국가기관'이 구체적으로 '어떤 기본권침범행위'를 감행했는지가 가시화되어 직접 드러나는 것이 아니라, 기본권관계에서 특정 공권력주체의 구체적인 작위의무불이행상황을 통해서 간접적으로 확인될 수 있기 때문이다.[55] 따라서 이하에서는 심사대상으로서 국회입법부작위가 문제된 경우 급부권적 기본권의 잠정적 보호영역을 확인함에 있어서 검토되어야 할 '작위의무불이행상황'을 살펴본다.

나. 기본권에서 비롯되는 작위의무가 잠정적으로 인정될 것

급부권적 기본권관계에 있어서 국회의 입법부작위가 인정되기 위해서는 무엇보다도 '특정 기본권적 가치를 구현하기 위해서 국회가 적극적으로 입법을 해야 할 의무가 있음'이 '잠정적'으로 인정될 수 있어야 한다.[56] 이는 결국 구체적인 경우에 문제된 관련 기본권의 해석을 통해서 확인될 수 있을 것이다.[57] 그런

2004.5.27. 2003헌마851, 판례집 16－1, 702－703쪽; 헌재 1993.2.2. 93헌마2, 판례집 5－1, 6쪽; 헌재 2004.10.28. 2003헌마898, 판례집 16－2(하), 219쪽; 헌재 2002.7.18. 2000헌마707, 판례집 14－2, 75－76쪽; 헌재 1989.3.17. 88헌마1, 판례집 1, 16－17쪽; 헌재 1991.9.16. 89헌마163, 판례집 3, 513쪽, 515－516쪽; 헌재 2008.8.19. 2008헌마505, 공보 143, 1213쪽; 헌재 2009.7.30. 2006헌마358, 판례집 21－2(상), 299－300쪽; 헌재 2009.11.26. 2008헌마385, 판례집 21－2(하), 657－658쪽, 660－661쪽.

55) 요컨대, (기본권적 가치를 방해하거나 훼손하는 행위가 금지되어 있다면, 이러한 방해나 훼손을 초래하는 모든 국가행위는 기본적으로 용납되지 않는다는 점에서) 방어권적 기본권의 경우에는 기본권적 보호법익에 대하여 이미 발생한(또는 임박한) 방해를 통하여 성립된 배제청구권(혹은 중지청구권)의 범위나 기본권침범의 발생을 명확하게 특정할 수 있는데 반하여, (기본권적 가치를 촉진하는 것이 명령되어있는 경우에는 이러한 촉진을 가져올 수 있는 모든 행위가 마련되어야 하는 것은 아니고, 오히려 국가는 그 명령을 실현하기 위해 무엇을 선택해야 할 것인지에 관해서는 일정한 재량을 갖는다는 점에서) 급부권적 기본권의 경우에는 문제되는 국가의무를 더 상세히 확정할 수 있게 하는 준거가 전반적으로 결여되어 있다(Vgl. M. Sachs, 앞의 책, 39쪽; R. Alexy, 앞의 책, 420쪽).

56) 만약 구체적인 헌법소송에서 이러한 국회의 '잠정적 입법의무'가 부정된다면, 헌법재판소는 적법요건판단에서 해당 訴를 각하해야한다. 입법의무가 잠정적으로도 존재하지 않음에도 불구하고 헌법재판소가 문제된 국회부작위를 심사하여 위헌판단을 한다면, 이는 사법심사에 의한 민주주의의 완전한 파괴를 의미하는바, 결코 용납될 수 없을 것이다.

57) 급부권적 기본권의 잠정적 보호영역을 확인하는 단계(심사 제1단계)에서 기본권에서 비롯되는 국가의 입법의무를 얼마나 인정할 것인지의 문제는 기본권해석, 특히 기본권구성요건이론과 직결되어있다. 만약 논증의 합리성과 설득력이란 관점에서 넓은 구성요건이론을 지지한다면(김해원, 앞

데 이러한 확인과정에서 나타난 헌법재판소의 논증방식과 그 내용에는 많은 문제가 있다.

우선 헌법재판소는 국회의 작위의무(입법의무)의 존재여부를 확인함에 있어서 대체로 관련 기본권을 특정하지 않는바,[58] 이는 기본권심사가 아니라는 점에서 비판받아야한다. 즉, 구체적인 헌법소송(특히, 헌법소원심판)에서 급부권적 기본권의 잠정적 보호영역을 확인하는 작업은 심판대상을 확정해야 하는 적법요건판단에서 행해지는데,[59] 헌법재판소는 국회입법부작위가 문제된 헌법소원심판사건의 적법요건판단에 있어서 '헌법에서 기본권보장을 위해 법령[60]에 명시적으로 입법위임을 하였을 때' 혹은 '헌법해석상 특정인에게 구체적인 기본권이 생겨 이를 보장하기 위한 국가의 입법의무가 발생하였음이 명백한 경우'에 국회의 작위의무(입법의무)가 인정된다고 하면서도,[61] 정작 '어떤 기본권보장'을 위한 입법위임인지, 혹은 헌법해석상 특정인에게 '어떤 구체적인 기본권'이 생겼는지에 관해서 — 즉, 문제된 국회입법부작위로 인해서 침해될 우려가 있는 구체적인 기본권이 무엇인지에 관해서 — 상세한 논증을 하지 않고 입법재량이나 입법정책의 문

의 글(주 7), 284－305쪽; R. Alexy, 앞의 책, 280－306쪽), 국가의 입법의무 또한 일단 폭넓게 인정될 수 있을 것이다. 하지만 이러한 국가의무는 정당성심사(심사 제2단계)를 거쳐 확정되기 전에는 여전히 '잠정적'인 국가의무일 뿐이다.

58) 구체적 근거로는 아래 주 64)에서 적시된 헌법재판소결정 참조; 한편 국회입법부작위의 위헌성여부를 판단함에 있어서 헌법재판소가 관련 기본권을 특정하여 심사를 진행한 경우로는 특히, 아래 주 62)에서 적시된 헌법재판소결정 참조.

59) 이러한 점에서 기본권의 잠정적 보호영역을 확인하는 작업을 "대상심사"라고 불러도 좋을 것이다(김해원, 앞의 글(주 7), 312쪽).

60) 국회입법부작위가 문제된 사안에서 국회입법의무의 근거로서 헌법재판소는 일반적으로 헌법이 "법령"에 명시적으로 입법위임한 경우를 언급하고 있는데, 위임받는 자가 국회란 점에서 여기서 "법령"은 "법률"로 고쳐져야만 한다. 관련하여 주취자를 보호하는 법률을 제정하지 아니한 입법부작위가 문제된 최근의 사건에서는 종래의 일반적 표현과는 달리 "법령"이란 단어를 삭제하고, 단지 "헌법에서 기본권보장을 위해 명시적인 입법위임을 하였음"이라고 표현하고 있다(헌재 2011.6.30. 2009헌바199, 판례집 23－1(하), 345쪽). 한편 헌법에서 기본권보장을 위해 명시적으로 입법위임을 하고 있는 경우로는 헌법 제12조 제4항, 제22조 제2항, 제23조 제1항과 제3항, 제24조, 제25조, 제26조, 제27조 제1항과 제5항, 제28조, 제29조, 제30조, 제33조 제2항, 제35조 제2항 등등을 언급할 수 있겠다.

61) 관련하여 헌법재판소의 가장 전형적인 표현방식은 다음과 같다: "헌법에서 기본권보장을 위하여 법령에 명시적인 입법위임을 하였음에도 불구하고 입법자가 이를 이행하지 아니한 경우이거나, 헌법해석상 특정인에게 구체적인 기본권이 생겨 이를 보장하기 위한 국가의 행위의무 내지 보호의무가 발생하였음이 명백함에도 불구하고 입법자가 아무런 입법조치를 취하지 아니한 경우에 한하여 입법자에게 입법의무를 인정한다고 할 것이다(헌재 2003.6.26. 2000헌마509, 판례집 15－1, 749쪽; 헌재 2000.6.1. 2000헌마18, 판례집 12－1, 738－739쪽; 헌재 2001.6.28. 2000헌마735, 판례집 13－1, 1437쪽 참조)."

제 혹은 헌법재판소와 입법자 간의 과제배분 내지는 헌법재판소의 재판관할권 등과 같은 권한법적 언급으로 작위의무(입법의무)의 '잠정적 존재'를 손쉽게 부정하고 있다.[62] 그 결과 해당 訴는 극히 예외적인 경우[63]를 제외하고는 본안판단을 통해 면밀한 정당성 심사를 거칠 기회도 없이 손쉽게 각하되어 버렸다.[64] 이

---

62) 구체적 근거로는 아래 주 64)에서 적시된 헌법재판소결정 참조; 물론 헌법재판소가 구체적인 기본권을 특정한 다음 이로부터 문제된 국회의 행위의무(입법의무)가 (잠정적으로) 도출될 수 있는지 여부를 검토하고 있는 경우도 찾아볼 수 있다. 관련하여 특히, '강제집행권의 발동을 구하는 공법상의 권능인 강제집행청구권'은 헌법 제23조 제3항의 재산권에 해당하지 않으므로, 헌법상 재산권에 기대어 외국의 대사관저에 대한 강제집행이 불가능한 경우 국가가 그 손실을 보상하는 법률을 제정할 행위의무를 도출시킬 수 없다고 판시한 사례(헌재 1998.5.28. 96헌마44, 판례집 10-1, 693-694쪽), 주민투표에 관련된 구체적인 절차와 사항에 관한 법률을 제정하지 않은 입법부작위가 기본권(참정권)을 침해한 것인지 여부가 다투어진 사안에서, 헌법재판소는 헌법상 참정권의 내용에는 주민투표권이 포함되지 않는다고 하면서 해당 소를 각하는 사례(헌재 2001.6.28. 2000헌마735, 판례집 13-1, 1439쪽) 등을 언급할 수 있을 것이다. 하지만 이러한 헌법재판소의 태도는 기본권의 해석을 통해서 비교적 손쉽게 관련된 국회의 행위의무를 부정할 수 있는 경우 중에서 발견되고 있다. 한편 죽음에 임박한 환자를 위하여 '연명치료의 중단에 관한 법률'을 제정하지 않은 입법부작위의 위헌성여부가 다투어진 사안에서도 헌법재판소는 관련되는 기본권(자기결정권)을 특정하고 있지만, 국회입법의무가 인정되는지 여부를 논함에 있어서는 자기결정권으로부터 해당 입법의무가 도출될 수 있는지를 검토하는 것이 아니라, 권한법적 언급 ― 특히, 입법부작위에 대한 헌법재판소의 재판관할권 내지는 입법자와 헌법재판소 간의 관계 등 ― 을 통해서 국회입법의무를 부정했다(헌재 2009.11.26. 2008헌마385, 판례집 21-2(하), 660-661쪽).

63) 헌법재판소는 조선철도(주) 주식의 보상금청구에 관한 헌법소원사건에서 군정법령에 따른 보상절차가 이루어지지 않은 단계에서 조선철도의통일폐지법률에 의하여 군정법령을 폐지하고 그 보상에 관하여 아무런 입법조치를 취하지 않은 국회입법부작위가 위헌이라고 판단하였다(헌재 1994.12.29. 89헌마2, 판례집 6-2, 395쪽 이하). 하지만 이 사건에서 헌법재판소는 적법요건판단에 있어서 해당 국회입법부작위로 인해서 침해가능성이 문제된 기본권(재산권)을 구체적·명시적으로 특정하고 있지 않을 뿐만 아니라, 적법요건판단이 아니라 본안판단에서 문제된 국회입법부작위가 해당 헌법소원사건의 대상적격이 있음을 논증하고 있다는 점에서 비판받아야 할 것이다.

64) 관련하여 특히 최근 주취자를 보호하는 법률을 제정하지 아니한 입법부작위가 문제된 사건(헌재 2011.6.30. 2009헌바199, 판례집 23-1(하), 345쪽)을 예로 들 수 있겠다. 이 사건에서 헌법재판소는 주취자의 생명권 같은 기본권을 특정하지도 않고, 별다른 논증도 없이 그저 '주취자를 보호하는 내용의 입법'에 관하여 헌법에 명시적인 입법위임이 없음이 명백하고, 나아가 헌법해석상으로 국회에게 이러한 입법을 해야 할 의무가 발생하였다고 볼 수 없다고 하면서 해당 訴를 부적법하다고 각하해버렸다. 그러나 헌법재판소는 주취자의 기본권 ― 예컨대, 생명권 ― 을 특정한 다음, 이러한 기본권을 보장하기 위한 국가(국회)의 적극적 의무가 잠정적으로 인정될 수 있는지 여부에 관한 적극적인 검토를 적법요건판단(혹은 기본권의 잠정적 보호영역을 확인하는 단계)에서 했어야만 했다. 즉, 헌법재판소는 '헌법에서 명시적인 입법위임을 했느냐?' 혹은 '헌법해석상 구체적인 국회의 입법의무가 도출될 수 있는가?'라는 물음에 대해서 고민하기 전에, '특정 기본권에 근거하여 입법자에게 일정한 작위(입법)를 일단(혹은 잠정적으로) 요구할 수 있느냐?'에 관한 물음에 대해서 먼저 고민해야 하고, 그 다음에 기본권침범인 부작위를 특정/확인해야 한다. 그리고 이러한 작업들이 완료되면 비로소 본안판단(혹은 정당성심사 단계)에서 다른 헌법적 가치들과의 고려(특히, 형량)를 통해서 잠정적으로 인정된 국가의 작위의무가 구체적인 경우에 확정적 의무로 평가될 수 있는지에 관해서 논증하는 순서를 밟았어야 하는 것이다. 이러한 취지에서 비판할 수 있는 다른 헌법재판소의 결정들로는, 헌재 1989.9.29. 89헌마13, 판례집 1, 296쪽; 헌재 1991.11.25. 90헌

는 기본권의 내용으로서 국가행위(작위)의무를 확인하고 ― 즉, 기본권으로부터 특정 국가작위행위를 끌어내고 ―, 문제된 국가행위(부작위)를 기본권에 비추어서 평가하는 급부권적 기본권심사과정이 권력분립 내지는 국가기관들 간의 권한배분의 관점에서 국회입법의무(작위의무)의 존재여부를 검토하는 과정으로 완전히 대체되었음을 의미하는바, 기본권심사라고 할 수 없을 것이다.[65] 뿐만 아니라 이러한 헌법재판소의 논증방식은 기본권보장이라는 목적을 달성하기 위한 수단적 가치라고 할 수 있는 국가기관들 간의 권한배분의 문제를 전면에 내세움으로써, 심사과정에서 목적적 가치인 기본권이 은폐되거나 망각되기 쉬운 구조를 만들고 있다는 점에서 비논리적일 뿐만 아니라, 심지어 교활하기까지 하다.[66]

그리고 헌법재판소는 급부권적 기본권의 심사에 있어서 국가의 잠정적 의무와 확정적 의무를 구별하지 않음으로써 미리 심사의 결론을 내려놓고, 이를 수사적으로 치장하고 있다는 의혹으로부터도 자유로울 수 없다. 이러한 의혹은 특히 '기본권에서 비롯되는 작위의무가 잠정적으로 인정되는지 여부의 확인'을 통해서 급부권적 기본권의 심사대상을 확정해야 하는 적법요건판단에서 헌법재판소가 "헌법해석상 특정인의 기본권을 보호하기 위한 국가의 입법의무가 발생하였음이 명백"한 경우인지 여부를 검토하고 있는 점에서 분명하게 나타난

마19, 판례집 3, 603－604쪽; 헌재 1992.12.24. 90헌마174, 판례집 4, 938쪽; 헌재 2006.5.25. 2005헌마362, 공보 116, 849쪽; 헌재 1993.11.27. 90헌마209, 판례집 5－2, 442－443쪽; 헌재 1995.5.25. 90헌마196, 판례집 7－1, 676－677쪽; 헌재 2003.3.27. 2001헌마116, 판례집 15－1, 307－308쪽; 헌재 2007.11.29. 2006헌마876, 판례집 19－2, 662－663쪽; 헌재 2003.6.26. 2000헌마509, 판례집 15－1, 749－750쪽; 헌재 2010.3.25. 2007헌마933, 판례집 22－1(상), 503－504쪽; 헌재 2010.7.29. 2008헌마664, 판례집 22－2(상), 437－438쪽; 헌재 1993.3.11. 89헌마79, 판례집 5－1, 101－102쪽; 헌재 2000.6.1. 2000헌마18, 판례집 12－1, 738－739쪽.

65) 요컨대, 구체적인 경우에 국회의 입법의무(작위의무)가 존재하는지 여부를 확인하는 헌법재판소의 논증과정에서 기본권관련성이 분명히 드러나고 있지 않다는 점이 문제이다.

66) 왜냐하면 국회입법부작위에 의한 기본권침해여부를 심사하는 구체적 논증과정에서 헌법재판소가(기본권을 통해서 도출시킬 수 있는 잠정적인 작위의무(국회입법의무)를 종국적으로 배척시키는 논리구성이 어렵거나 성가시다고 판단될 경우에) 문제된 기본권을 전면에 등장시켜 기본권적 쟁점을 검토하지 않고, 단지 국가기관들(특히, 헌법재판소와 입법자) 간의 권한·과제배분의 문제로 쟁점을 교묘하게 왜곡시켜 심사를 진행할 수 있는 계기가 마련되었기 때문이다(관련하여, 헌재 2009.11.26. 2008헌마385, 판례집 21－2(하), 660쪽; 헌재 2003.6.26. 2000헌마509, 판례집 15－1, 749쪽 참조). 이러한 점에서 일본군으로 강제 징집되었던 피징용부상자의 청구권의 보상과 관련하여 국회입법부작위의 문제가 다투어진 입법부작위위헌확인사건(헌재 1996.11.28. 95헌마161, 공보 19, 93쪽 이하)에서 나타난 반대의견 ― 반대의견은 다수의견과 달리 이 사안에서 문제되는 기본권이 재산권이라고 특정한 다음, 재산권으로부터 국가의 구체적 작위의무(입법의무)가 해당 사안에서 도출될 수 있음을 논증하고, 이에 상응한 국가의 작위가 없다는 점을 언급하면서 본안판단을 해야 한다고 주장한다(헌재 1996.11.28. 95헌마161, 공보 19, 98－100쪽). ― 의 논증구조에 주목할 필요가 있다.

다.[67] 왜냐하면 국회입법의무가 "명백함"에도 불구하고 해당 입법의무를 이행하지 않으면 그 자체로서 해당 공권력작용은 위헌이 될 것인데, 이는 본안판단(혹은 정당성심사단계)을 통해서 얻어질 수 있는 기본권심사의 결론에 해당하기 때문이다. 따라서 헌법재판소의 해당 표현은 '[…] 입법의무가 발생하였음이 객관적으로(혹은 잠정적으로) 인정될 수 있는 경우'로 수정되거나, 적어도 "명백"이란 표현은 삭제되어야 할 것이다.[68]

다. 상당한 시간의 경과와 작위의무의 해태: 부작위

1) 서두

기본권에서 비롯되는 국가작위의무가 잠정적으로 인정된 상황에서 상당한 시간이 지났음[69]에도 불구하고, 국가가 해당 의무에 상응하는 어떠한 반응도 전혀 하지 않은 경우 ― 즉, 진정부작위 ― 에는 이러한 국가의 태도(여기서는 국회의 진정입법부작위)를 급부권적 기본권의 침범으로 이해하는데 아무런 어려움이 없다. 하지만 문제는 잠정적인 국가작위의무상황에서 반응한 국가행위가 작위로도 평가될 수 있고, 부작위로도 평가될 수 있는 '이중적 의미의 행위(Doppelrelevantes Verhalten)' ― 즉, 부진정부작위 ― 인 경우이다. 왜냐하면 이러한 이중적 의미의 행위는 기본권심사에서 행위의 작위적 측면을 강조해서 방어권적 기본권에 대한 침범으로도 구성할 수 있고, 행위의 부작위적 측면을 강조해서 급부권적 기본권에 대한 침범으로도 구성할 수 있기 때문이다.[70] 이하에서는 우선 진정부작위와 부진정부작위 간의 구별기준을 살펴보고, 기본권심사에서 부진정부작위를 어떻

---

67) 구체적 근거로는 위 주 64)에서 적시된 헌법재판소결정 참조.

68) "악마는 세부사항 속에 있다(The devils is in the details)."라는 서양속담이 있다. 실제로 헌법재판소가 "명백함"의 의미나 판단기준 등에 대해서 아무런 설명 없이 국가의 입법의무를 부정함으로써, 訴가 각하된 경우가 많다. 특히 헌재 1993.3.11. 89헌마79, 판례집 5-1, 102쪽; 헌재 1993.11.27. 90헌마209, 판례집 5-2, 442-443쪽; 헌재 2003.3.27. 2001헌마116, 판례집 15-1, 307-308쪽; 헌재 2010.3.25. 2007헌마933, 판례집 22-1(상), 503-504쪽; 헌재 2010.7.29. 2008헌마664, 판례집 22-2(상), 437-438쪽 등등.

69) 관련하여 우리 헌법재판소는 조선철도(주) 주식의 보상금청구에 관한 헌법소원사건에서 "[…] 폐지법률이 시행된 지 30년이 지나도록 입법자가 전혀 아무런 입법조치를 취하지 않고 있는 것"은 보상청구권이 확정된 자의 헌법상 보장된 재산권을 침해하는 것이므로 위헌이라고 판단하였다(헌재 1994.12.29. 89헌마2, 판례집 6-2, 396쪽, 413쪽).

70) 이러한 문제는 기본권침범으로서의 부진정부작위를 기존의 '방어권적 기본권의 심사구조'라는 틀 ― 관련하여 심사 제1단계로서 방어권적 기본권의 보호영역을 잠정적으로 확인하는 문제에 대해서는 김해원, 앞의 글(주 7), 280-305쪽; 심사 제2단계인 정당성심사와 관련해서는 김해원, 앞의 글(주 39), 29쪽 이하 참조. ― 속에서 심사할 것인지, 그렇지 않다면 본 논문에서 논하고 있는 '급부권적 기본권의 심사구조'라는 틀 속에서 심사할 것인지를 결정하는 문제와 직결되어 있다.

게 처리할 것인지에 관해서 논한다.

2) 기본권침범으로서 진정부작위와 부진정부작위의 구별

입법자에게 기본권에서 비롯되는 작위의무가 (잠정적으로) 존재함에도 불구하고 입법자가 전혀 활동하지 않는 경우를 의미하는 진정입법부작위와 불충분한 법률의 제정 내지 사후 입법개선의 해태를 본질로 하는 부진정입법부작위의 구별[71]은 '기본권 침범이 존재하는가?' 혹은 '적법한 헌법소원의 대상이 존재하는가?'라는 문제에 있어서는 큰 의미를 갖지 않는다.[72] 하지만 구체적인 입법에서 불완전·불충분·불공정한 부분만을 분리하여 입법의무의 존재 여부를 문제 삼는 경우에는 언제든지 부진정입법부작위가 진정입법부작위의 문제로 전환될 수 있는바, 이 지점에서 판단자(특히, 헌법재판소)가 그때그때 사안에 따라 자의적으로 양자의 경계를 설정할 위험성이 발생한다.[73][74] 이러한 위험성은 특히 '헌법상 입법의무가 있는 어떤 사항에 관하여 입법이 존재했느냐'의 여부에 따라 진정입법부작위와 부진정입법부작위를 구분하면서, 부진정입법부작위를 결국 작위형태의 기본권침범으로 구성[75]하고 있는 헌법재판소의 다수견해에 따를 경우에 더욱 증대된다.[76] 생각건대 기본권구성요건은 '기본권적 보호법익(기본권의 인적·물적 구성요건)'과 여기에 감행된 일체의 불리한 국가작용을 의미하는 '기본권침범'으로 이루어지는데,[77] 문제된 급부권적 기본권관계에서 전자, 즉 기본권적 보호법익

---

71) 진정입법부작위와 부진정입법부작위의 개념에 관해서는 김현철, 앞의 책, 265쪽; 이준일, 앞의 책, 1026-1028쪽; 헌재 1996.11.28. 95헌마161, 공보 19, 96쪽.

72) 왜냐하면 진정부작위, 부진정부작위 모두 기본권침범에 해당하므로 양자 모두 헌법소원을 통해 다툴 수 있기 때문이다. Vgl. C. Hillgruber/C. Goos, Verfassungsprozessrecht, C. F. Müller, 2. Aufl., 2006, Rn. 150.

73) 이준일, 앞의 책, 1028쪽: "입법의무의 부존재가 어느 정도 명확한 사안에서는 진정입법부작위로 분류하여 입법의무의 부존재를 이유로 각하하고, 입법의무의 부존재가 명확하지 않은 사안에서는 부진정입법부작위로 보아 마찬가지로 각하해 버릴 가능성이 크다."

74) 이중적 의미의 행위에서 작위와 부작위의 구별에 관해서는 그동안 주로 형사법 영역에서 다양한 학설들과 함께 논의되어 왔다(이와 관련해서는 특히, 이석배, 「형법상 이중적 의미를 가지는 행위의 작위·부작위 구별과 형사책임의 귀속」, 『형사법연구』 25, 한국형사법학회, 2006, 55쪽 이하; 김성돈, 「형법상 작위와 부작위의 구별」, 『성균관법학』 14-1, 성균관대학교 법학연구소, 2002, 75쪽 이하; 이세화, 「작위와 부작위의 단계적 고찰」, 『형사법연구』 19-2, 한국형사법학회, 2007, 23쪽 이하).

75) 이는 헌법재판소의 일관된 입장이다 즉, 헌법재판소는 부진정입법부작위가 문제된 경우에는 헌법재판소법 소정의 청구기간을 준수하면서, 해당 입법규정 그 자체를 대상으로 하여 적극적인 헌법소원을 제기하여야 한다고 한다(관련하여 특히, 헌재 1996.11.28. 95헌마161, 공보 19, 96쪽; 헌재 1989.7.28, 89헌마1, 판례집 1, 163-164쪽).

76) 헌법재판소의 다수견해 및 이에 대한 소수견해의 비판은 특히, 헌재 1996.11.28. 95헌마161, 공보 19, 96쪽, 99쪽.

77) R. Alexy, 앞의 책, 276쪽; 김해원, 앞의 글(주 7), 306-307쪽; 위 목차 Ⅳ.2. 참조.

(기본권의 인적·물적 구성요건)에 관한 포착이 전혀 행해지지 않은 경우는 '진정부작위'로,[78] 전자에 관한 포착 내지는 고려가 문제된 규율상황에서 불충분·불공정한 경우 — 특히, 기본권적 보호법익 중 일부만이 포착된 경우 —[79] 혹은 기본권적 보호법익에 대한 포착은 존재했음에도 불구하고 그에 대한 기여의 미흡함, 즉 침범의 정도가 문제되는 경우[80]에 해당하는 기본권침범으로서의 부작위는 '부진정부작위'로 이해하는 것이 바람직할 것으로 판단된다.[81]

---

78) 한편 이러한 포착 내지는 포섭활동의 명백한 거부표시는 '작위'로 이해된다. 관련하여 헌법재판소는 공권력 주체의 거부처분에 대해서는 해당 거부처분의 취소를 구하는 적극적인 헌법소원심판청구를 허용할 뿐, 공권력의 불행사를 이유로 부작위위헌확인을 구하는 심판청구를 허용하지 않는다(특히, 헌재 1993.5.10. 93헌마92, 판례집 5－1, 225쪽). 같은 맥락에서 특정 법률의 폐지를 내용으로 하는 폐지입법의 제정은 '작위'로 이해되어야 할 것이다. 문제는 명시적인 거부의 표시가 아닌 "거부한다는 입법자의 소극적 응답"이다. 헌법재판소는 이를 부진정부작위로 이해하고 기본권심사에서는 이를 작위적으로 구성하고 있다(헌재 1996.11.28. 95헌마161, 공보 19, 97－98쪽). 하지만 이러한 입장은 "소극적 응답"인지 여부를 확인하는 기준이 불명확하다는 점에서 비판되어야 할 것이다.

79) 이 경우에는 특히 '헌법상 평등'과 결합하여 불충분한 해당 입법을 문제 삼을 수 있다. '같은 것은 같게, 다른 것은 다르게 취급할 것'을 의미하는 평등은 비교집단에 대한 일정한 취급을 전제하고 있다는 점에서 원칙적으로 진정부작위와는 결합되기 어렵겠지만, 사실적 평등이 문제가 된 경우에는 '헌법상 평등'이 진정부작위와도 결합될 수 있을 것이다.

80) 즉, '보다 더 많은 국가작위'가 문제되는 경우이다.

81) 한편 진정부작위와 부진정부작위의 구별에 있어서 기본권구성요건에 주목하고 있는 필자의 입장 — 위에서 밝힌 것처럼 필자는 구체적인 급부권적 기본권관계에서 입법자가 기본권적 보호법익에 대한 포착활동을 전혀 행하지 않은 경우를 진정입법부작위로 이해한다. 그런데 기본권적 보호법익에 대한 입법자의 포착은 입법과정에서 규율대상을 확정하는 작업이란 점에서, 이러한 포착이 전혀 행해지지 않았다면, 이는 바로 '입법의 부존재'를 의미하게 된다. 왜냐하면 규율대상 없는 입법은 존재하지 않기 때문이다. 이러한 점에서 필자는 '입법의 부존재'를 진정입법부작위로 파악하는 헌법재판소의 다수의견(법정의견)과 기본적 인식을 같이한다. 다만 입법의 부존재를 의미하는 "입법행위의 흠결(Lücke)"과 존재하는 입법의 불충분성을 의미하는 "입법행위에 결함(Fehler)이 있는 경우"를 기준으로 진정부작위와 부진정부작위 간의 구별을 시도하고 있는 헌법재판소의 다수의견은 그 구별기준이 매우 불명확하여 오해의 소지가 많다는 점에서 비판되어야 한다. 그리고 필자는 헌법재판소의 소수의견에 따를 경우, 기본권심사에 있어서 작위적으로 구성할 수 없는 진정부작위가 너무 늘어나서 입법권이 과도하게 훼손될 우려가 있음을 경계하고 있다(이에 관해서는 아래 목차 Ⅳ.3.다.3). 참조). 요컨대 헌법재판소의 소수의견이 진정부작위로 평가한 "일부의 입법사항에 대하여는 규율하면서 나머지 일부의 입법사항에 관하여서는 전혀 규율하고 있지 아니한 경우"를 필자의 입장에서 바라본다면, 이는 기본권의 인적·물적 구성요건(기본권적 보호법익) 중 일부만 포착되었다고 할 수 있는 경우라는 점에서 부진정부작위로 평가되는 것이다(헌법재판소의 다수의견과 소수의견에 관해서는 특히, 헌재 1996.11.28. 95헌마161, 공보 19, 96－99쪽). — 에서도 양자의 경계문제가 완전히 해소되었다고는 말할 수 없을 것이다. 왜냐하면 기본권침범인 '이중적 의미의 행위'를 작위 혹은 부작위로 가리는 작업은 단순히 '물리적 현상의 유무' — 예컨대, 에너지투입설: '에너지가 투입되었느냐?' — 를 통해서 해결될 수 있는 자연과학적 문제가 아니라, 언어적으로 해명해내는데 일정한 한계가 존재할 수밖에 없는 판단자의 선이해(Vorverständnis)에 기대어 도출될 수 있는 일종의 가치평가의 문제라는 점에서, 양자(작위와 부작위)의 구별은 결국 결정(Entscheidung)과 논증(Argumentation)의 제한적 상호작용을 통해서 얻어질 수 있기 때문이다(특

한편 진정부작위와 부진정부작위 간의 구별에 있어서 특별히 주의해야 할 점은 문제된 해당 국가행위(입법부작위)에만 집중할 것이 아니라 법체계 전반을 고려해서 판단해야한다는 점이다.[82] 즉 법체계 전반을 고려해보아도 완전한 立法死角地帶라고 할 수 있을 만큼 도무지 문제된 급부권적 기본권관계에서 기본권적 보호법익(기본권의 인적·물적 구성요건)에 대한 입법자의 포착활동 내지 법적 기여가 전혀 존재하지 않을 때(혹은 이러한 작위적 기여를 논증해낼 수 없을 때) 비로소 해당 국가부작위는 진정부작위로 평가되는 것이고, 그렇지 않다면 관련된 불충분한 입법사항을 대상으로 부진정부작위에 의한 기본권침범을 문제 삼아야 한다는 것이다.[83] 법체계 전반에 관한 고려를 통해서 급부권적 기본권에 대한 침

히 이상돈, 『치료중단과 형사책임』, 법문사, 2003, 55-66쪽 참조). 따라서 구체적 헌법소송에서 양자의 구별에 관한 논증이 한계에 도달한 지점에서는 결국 헌법재판관들 간의 합의를 통해 해결될 것이다. 그런데 급부권적 기본권의 심사가 행해지는 헌법소송에서 진정부작위와 부진정부작위의 구별은 구체적인 경우에 기본권침범이 무엇인지를 특정하여 심사대상을 확정하는 활동이므로 적법요건판단에서 해결될 문제이다. 따라서 이에 관한 헌법재판관들 사이의 합의는 본안판단 전에 도출되는 것이 보다 합리적이라고 생각된다. 물론 이는 헌법재판실무의 합의방식이 현재의 주문별 합의방식에서 쟁점별 합의방식으로 바뀌어야 가능한 일이다(관련하여 공진성, 「헌법재판 합의방식의 개선방안」, 『헌법학연구』 17-2, 한국헌법학회, 2011, 121쪽 이하).

82) 급부권적 기본권은 대국가적 명령규범이란 점에서 심사과정에서 법체계 전반에 대한 고려는 필수적이다. 이에 관해서는 위 목차 Ⅱ. 3. 및 주 27), 주 55) 참조.

83) 구체적 예로써 주취자를 보호하는 법률을 제정하지 아니한 입법부작위가 문제된 최근의 사안(헌재 2011.6.30. 2009헌마199, 판례집 23-1(하), 345쪽)을 재구성해본다: 이 사안에서 우선 주취자의 기본권(특히, 생명권 혹은 신체의 자유 등)으로부터 비롯되는 국가(입법자)의 작위의무가 잠정적으로 인정됨을 밝힌 다음, 구체적인 기본권침범을 특정함에 있어서 가칭 '주취자 보호 등에 관한 법률'이 존재하지 않는다고 해서 문제된 부작위를 손쉽게 진정부작위로 평가할 것이 아니라, 다른 법률규정 — 예컨대, 경찰관직무집행법 제4조 제1항: "① 경찰관은 수상한 거동 기타 주위의 사정을 합리적으로 판단하여 다음 각호의 1에 해당함이 명백하며 응급의 구호를 요한다고 믿을 만한 상당한 이유가 있는 자를 발견한 때에는 보건의료기관 또는 공공구호기관에 긴급구호를 요청하거나 경찰관서에 보호하는 등 적당한 조치를 할 수 있다. 1. 정신착란 또는 <u>술취한 상태로 인하여 자기 또는 타인의 생명·신체와 재산에 위해를 미칠 우려가 있는 자</u>와 자살을 기도하는 자 2. 미아·병자·부상자등으로서 적당한 보호자가 없으며 응급의 구호를 요한다고 인정되는 자. 다만, 당해인이 이를 거절하는 경우에는 예외로 한다." — 이 해당 기본권관계에서 주취자의 기본권(예컨대, 생명권 혹은 신체의 자유)을 실현하는데 관련되는 입법인지 여부를 검토한 후, 만약 이것이 긍정된다면 해당 법률규정(예컨대, 경찰관직무집행법 제4조 제1항)의 불충분·불완전성을 전면에 내세워서 부진정부작위에 의한 주취자의 기본권침범을 문제 삼는 방향으로 논증을 진행해야 하는 것이다(물론 이 과정에서 법률규정이 예로든 '경찰관직무집행법 제4조 제1항'과 같이 구체적인 집행과정에서 재량을 부여하고 있는 경우라면 — 구체적인 헌법소송에서는 문제된 집행행위 그 자체를 소송대상으로 삼아 권리구제절차를 밟는 것은 별론으로 하더라도 — 원칙적으로 법률에 대한 헌법소원심판은 직접성요건이 인정되기 어려워서 訴가 각하될 가능성이 많을 것이다. 이에 관해서는 김현철, 앞의 책, 380쪽; 헌재 1998.4.30. 97헌마141, 판례집 10-1, 503-504쪽). 이 사건에서 헌법재판소는 주취자를 보호하는 법률의 제정을 요구하는 것이 (잠정적으로) 주취자의 기본권에서 비롯될 수 있는 작위요구인지 여부를 검토하지도 않고, 상세한 논증도 없이 "주취자 보호에 관한

범으로서의 부작위가 상당 부분 부진정부작위로 평가될 수 있다면, 이는 부진정부작위를 작위적으로 구성해야 한다는 아래의 논의와 결합하여 국회입법형성권에 대한 존중 내지는 헌법재판소가 급부권적 기본권의 심사를 통해서 실질적인 입법자가 되어버린다는 의혹[84]을 감소시키는데 중요한 의미를 갖는다.

3) 기본권심사에서 기본권침범인 부진정부작위의 처리방식

급부권적 기본권에 대한 침범(Eingriff)이 부진정부작위로 평가된 경우에는, 기본권심사에서 이러한 부진정부작위를 작위적으로 구성하여 방어권적 기본권에 대한 침범으로도 평가할 수 있고, 부작위적으로 구성하여 급부권적 기본권에 대한 침범으로도 평가할 수 있다.[85] 예컨대, 국민이 헌법 제34조 제1항의 "인간다운 생활"을 누리기 위해서는 헌법현실에서 적어도 매달 100만 원은 필요하다는 것이 헌법해석을 통해 얻어진 잠정적 결론이라고 하자. 그리고 국가가 아무런 소득이 없는 국민(甲)에게 매달 70만 원을 지급하는 것을 내용으로 하는 법률 'A'를 제정함으로써, 이 법률 'A'의 위헌성 여부가 다투어지고 있다고 가정해보자. 여기서 기본권심사대상인 국가행위를 작위적으로 구성한다는 것은 '甲에게 매달 70만원을 지급하는 것'을 내용으로 하는 적극적인 입법조치를 甲의 기본권("인간다운 생활을 할 권리")에 대한 침범으로 이해하고, 그 행위의 정당성 여부를 심사하겠다는 것이다. 이러한 구성은 (불충분·불완전한) 국가의 작위가 침범대상으로 주목되었다는 점에서 방어권적 기본권의 심사구조와 본질적으로 다르지 않다. 반면에 부작위로 구성한다는 것은 甲에게 매달 지급되는 70만 원이 아니라, (잠정적으로) 부족한 30만 원에 주목한다는 의미이다. 즉, 상당한 기간이 경과했음에도 불구하고 매달 30만 원을 추가적으로 지급하기 위한 적극적 조치를 하고 있지 않는 국가(입법)부작위를 헌법 제34조 제1항의 "인간다운 생활을 할 권리"에 대한 기본권침범으로 특정하고 그에 대한 정당성 여부를 심사하겠다는 것으로서, 결국 기본권심사구조는 진정부작위에 의한 기본권침범의 경우와 본질적으로 다르지 않게 된다.[86]

법령을 제정함으로써 청구인의 기본권을 보호하여야 할 행위의무 또는 보호의무"가 발생하였다고 볼 수 없다고 하면서 해당 訴를 각하해버렸다. 이러한 헌법재판소의 논증방식에 관한 비판은 위 목차 Ⅳ. 3. 나. 참조.

84) 특히, 헌재 2010.3.25. 2007헌마933, 판례집 22-1(상), 503쪽.

85) 위 목차 Ⅳ. 3. 다. 1).

86) 기본권침범유형에 따라 원용되는 기본권의 의미 — 즉, 방어권적 기본권(대국가적 부작위요구권)이냐? 급부권적 기본권(대국가적 작위요구권)이냐? — 가 달라진다는 것은, 기본권심사구조가 별도로 검토될 수 있는 계기를 제공한다.

그런데 기본권침범으로서의 부진정부작위를 어떠한 방식으로 처리할 것인지에 관한 문제는 기본권심사에서 어떤 심사 틀을 사용할 것인지의 문제(즉, 기존이 '방어권적 기본권의 심사구조'라는 틀 속에서 검토할 것인지, 그렇지 않으면 여기서 본격적으로 논하고 있는 '급부권적 기본권의 심사구조'라는 틀 속에서 검토할 것인지의 문제)와 직결되어 있을 뿐만 아니라,[87] 무엇보다도 구체적 헌법소송에서 헌법재판소법 제69조가 규정하고 있는 청구기간의 적용여부와 관련하여 논의의 실익이 있고,[88] 헌법실체법적으로도 논증과정상의 차이를 야기한다는 점에서 중요한 의미를 갖는다. 즉, 부진정부작위에 의한 기본권침범을 작위로 구성하면 가시화되어 드러난 국가행위와 문제된 기본권과의 관련성을 주장하는 것 — 언급된 예에서 살펴보면, 입법자인 국회가 (불충분·불완전한) 법률 'A'의 제정이라는 적극적 행위로 인해서 甲의 인간다운 생활을 할 권리가 훼손되고 있다고 주장하는 것 — 만으로도 구체적인 기본권관계에서 권리상대방인 공권력주체와 심사대상인 기본권침범이 자연스럽게 특정될 수 있는데 반하여, 부작위로 구성하게 되면 '구체적 기본권관계에서 특정 공권력주체의 작위의무불이행상황'[89]에 대한 적극적인 논증 — 언급된 예에서 살펴보면, ① '헌법에서 甲의 인간다운 생활을 할 권리의 보장을 위해 입법자에게 매달 추가적으로 30만 원을 더 지급할 것을 내용으로 하는 명시적 입법위임을 규정'하고 있거나, 혹은 ② '구체적인 경우에 甲이 매달 국가에게 추가적으로 30만 원을 더 지급할 것을 요구할 수 있는 기본권이 생겼다는 점과 이를 보장하기 위한 입법자의 입법의무가 헌법해석을 통해서 확인됨'에도 불구하고, 상당한 시간이 경과될 때까지 ① 혹은 ②에 상응하여 입법자(국회)가 아무런 입법조치를 취하고 있지 않다는 상황에 대한 논증 — 이 필요하게 된다. 과연 기본권침범으로서의 부진정부작위는 어떠한 방식으로 구성되어야 할 것인가?

생각건대, 기본권심사에서 부진정부작위에 의한 기본권침범은 다음과 같은 이유에서 작위로 구성되어야 할 것이다: ① 부작위적 구성은 잘못된 논리적 선후관계를 전제하고 있다. 왜냐하면 (부진정부작위에 대한 작위적 구성은 문제된 기본

87) 주 70) 참조.

88) 즉, 헌법소원심판에서 기본권침범으로서의 부진정부작위를 작위적으로 구성하면, 그 불완전한 입법규정 자체가 헌법위반이라는 적극적인 헌법소원을 제기해야 할 것이므로 헌법재판소법 제69조 제1항 소정의 청구기간의 적용을 받겠지만(헌재 1996.10.31. 94헌마204, 공보 18, 648쪽; 김현철, 앞의 책, 419쪽), 부진정부작위를 부작위적으로 구성함으로써 심사구조에 있어서 결국 진정부작위의 경우와 본질적으로 다르지 않게 된다면, 논리적으로 그 부작위에 대한 헌법소원심판은 불행사가 계속되는 한 기간의 제약 없이 적법하게 청구할 수 있게 된다(헌재 1994.12.29. 89헌마2, 판례집 6-2, 395쪽, 408쪽 참조).

89) 이에 관해서는 위 목차 Ⅳ. 3. 가. 참조.

권의 보호영역을 잠정적으로 설정한 다음, 여기에 감행된 미흡하다고 다투어진 국가의 작위행위가 헌법적으로 정당화될 수 있는지 여부를 소극적 관점에서 검토함으로써 구체적인 경우에 기본권으로부터 확정적으로 규율될 수 있는 생활영역을 간접적으로 도출해나가는 과정을 밟는데 반하여) 부진정부작위에 대한 부작위적 구성은 구체적인 기본권관계에서 기본권심사의 결론이라고 할 수 있는 확정적 보호영역을 미리 전제하고, 거기에 기초해서 일정한 추가적인 국가의 작위의무 — 언급된 예에서 살펴보면, 甲에게 (헌법현실에서 관철되어야 하는 헌법 제34조 제1항 "인간다운 생활"의 구체적 수준을 미리 월 100만 원이라고 전제한 다음, 현실에서 지급되고 있는 월 70만 원을 공제한 금액인) 30만 원을 매달 추가적으로 지급하는 것을 내용으로 하는 구체적인 입법조치에 관한 국회의 적극적 입법의무 — 가 헌법에서부터 도출될 수 있는지 여부를 적극적으로 검토하는 과정을 밟기 때문이다.[90] ② 작위적 구성이 기본권심사의 수월성과 안정성을 높이는데 훨씬 우수하다. 왜냐하면 작위적 구성에서는 기본권심사의 대상인 기본권침범이 가시화되어 분명히 드러나는데 반하여, 부작위적 구성에서는 기본권심사의 대상인 기본권침범이 은폐되어있거나 불명확하기 때문이다. ③ 부작위적 구성에 비해서 작위적 구성은 입법권에 대한 존중 및 사법의 소극성과 권력분립원칙에 더 부합하는 방식이다. 왜냐하면 부작위적 구성을 취한다는 것은 헌법재판소가 입법자의 적극적 활동에 기반을 두지 않고서도 입법자를 심사할 수 있다는 의미이므로 사법의 소극성과 부합되기 어렵고, 무엇보다도 부작위적 구성에서 헌법재판소가 행한 위헌판단은 실질적으로 입법자에게 적극적인 입법의무를 부과하는 것이 되는바, 헌법재판소가 사실상 입법자의 지위를 겸하게 된다는 의혹으로부터 자유로울 수 없기 때문이다.[91] 학설과 헌법재판소의 일관된 태도 또한 부진정부작위에 의한 기본권침범의 문제를 작위적으로 구성하고 있다.[92]

---

90) 같은 맥락에서 급부권적 기본권은 개인이 국가에 대하여 확정적으로 요구할 수 있는 것만을 포함하고 있을 뿐, 방어권적 기본권처럼 정당화요건을 충족하면서 제한될 수 있는 부분이 없기 때문에, 심사구조는 국가의 작위행위가 관련된 기본권에 의해서 요구될 수 있는지 — 즉, 법적효과가 기본권규범에 내포된 청구권에 포함되어있는지 — 여부를 묻는 단일단계로 이루어진다고 주장하는 견해(B. Pieroth/B. Schlink, 앞의 책, 3쪽; 정태호, 앞의 글(주 120), 566쪽) 또한 잘못된 논리적 선후관계에 기초하고 있다고 비판할 수 있을 것이다. 관련하여 앞 목차 Ⅳ. 1. 참조.

91) 즉, 구체적 헌법소송에서 부작위적 구성을 통해서 헌법재판소는 국가작위행위의 수준(강도)뿐만 아니라, 국가작위행위의 대상 또한 스스로 결정해서 입법자를 기속(헌법재판소법 제75조 제1항)할 수 있게 된다. 반면에 작위적 구성에서는 이미 국회가 행한 적극적 행위의 결과물에 대해 헌법재판소는 단지 소극적 측면에서의 이를 심사할 뿐이다.

92) 관련하여 특히, 이준일, 앞의 책, 1031쪽; 헌재 1996.11.28. 95헌마161, 공보 19, 96쪽; 헌재 1989.7.28. 89헌마1, 판례집 1, 163－164쪽; 헌재 2000.6.1. 2000헌마18, 판례집 12－1, 739쪽;

V. 제2단계: 정당성심사

1. 서두

구체적 기본권관계에서 국회의 작위의무불이행상황에 대한 검토를 통해서 기본권침범에 해당하는 국회입법부작위가 특정되고, 관련된 급부권적 기본권의 보호영역이 잠정적으로 드러났다면, 이제는 본격적으로 기본권심사대상인 국회입법부작위가 과연 헌법적으로 정당화될 수 있는지 여부에 관해서 심사가 이루어져야 한다. 왜냐하면 이러한 정당성심사를 거쳐야 비로소 기본권침범에 해당하는 국회입법부작위가 합헌적인 기본권제한인지, 아니면 위헌적인 기본권침해인지 여부가 가려질 수 있으며, 그 결과 개별적이고 구체적 상황에서 특정 급부권적 기본권을 통해서 규율될 수 있는 생활영역을 확정 지을 수 있기 때문이다.[93]

아래에서는 국회입법부작위를 진정부작위와 부진정부작위로 구분하여 정당성심사를 구성하는 두 영역 ─ (1) 침범의 근거, 즉 기본권침범이 헌법적으로 허용되는지 여부를 심사하는 영역(제한영역: Schranken-Bereich), (2) 침범의 형식적·실질적 헌법적합성을 심사하는 영역(제한의 한계영역: Schrankenschranken-Bereich) ─[94]에 대해서 살펴보되, 상세한 논의는 기존의 연구 성과들[95]로 갈음하고, 여기서는 급부권적 기본권이 갖는 특수성에 주목하면서 결론적인 내용만을 간단히 정리한다.

2. 진정입법부작위

가. 제한영역: 진정입법부작위의 헌법적 근거

방어권적 기본권의 경우와 마찬가지로 급부권적 기본권에 대한 침범의 헌법적 근거 또한 헌법이 직접 국가에게 기본권침범으로서의 부작위를 명령·허용하

"[…] 기본권 보장을 위한 법규정이 불완전하여 보충을 요하는 경우에는 그 불완전한 법규자체를 대상으로 하여 그것이 헌법위반이라는 적극적인 헌법소원을 청구함은 별론으로 하고, 입법부작위를 헌법소원의 대상으로 삼을 수는 없는 것이다."

93) 기본권보호영역에 주목해서 기본권심사를 적극적으로 구성한다면 기본권심사단계는 기본권의 잠정적 보호영역을 확인하는 단계와 기본권침범에 대한 정당성심사를 거쳐서 확정적 보호영역을 도출하는 단계로 구분된다. 이에 관해서는 특히, 김해원, 앞의 글(주 39), 29쪽; 김해원, 앞의 글(주 7), 283쪽.

94) 김해원, 앞의 글(주 39), 30쪽; 위 목차 Ⅲ. 2. 참조.

95) 특히, 김해원, 앞의 글(주 25), 515쪽 이하; 김해원, 앞의 글(주 39), 29쪽 이하.

고 있는 경우(헌법유보: 헌법직접적 제한규범)와 헌법이 간접적으로 — 즉, 법률을 통해서 — 이러한 부작위를 명령·허용하고 있는 경우(법률유보: 헌법간접적 제한규범)로 대별된다.[96] 그런데 기본권적 보호법익에 대한 입법자의 포착이 전혀 이루어지지 않은 진정입법부작위에서는 국가의 부작위를 근거지울 수 있는 관련 입법이 존재하지 않으므로, 침범근거로서 법률유보는 검토될 여지가 없다.[97] 따라서 진정입법부작위가 문제된 경우에는 (일반적) 법률유보를 규정하고 있는 헌법 제37조 제2항이 적용될 여지가 없고, 오직 헌법유보를 통한 기본권제한의 가능성 —즉, 국회의 진정입법부작위를 헌법직접적으로 근거지울 수 있는지 여부 — 만이 검토된다. 만약 기본권침범에 해당하는 국회의 진정입법부작위가 용납될 수 있는 성문 혹은 불문의 헌법직접적 근거를 마련하지 못한다면, 해당 기본권침범(국회의 진정입법부작위)은 아무런 근거 없이 헌법적 차원의 권리인 급부권적 기본권에 대해 감행된 공권력의 불행사에 해당하여 헌법적합성여부에 대한 심사를 거칠 필요도 없이 바로 위헌적인 기본권 침해(Verletzung)로 평가받게 되고, 이 지점에서 기본권심사는 종료된다.

그런데 급부권적 기본권에 대한 침범으로서 국회입법부작위는 헌법적 차원에서 일반적으로 허용된다고 해야 한다. 왜냐하면 대국가적 금지규범인 방어권적 기본권과는 달리, 기본권적 가치를 촉진하는 것이 명령되어있는 급부권적 기본권의 경우에는 이러한 촉진을 가져올 수 있는 모든 행위가 마련되어야만 하는 것은 아니고, 오히려 국가(입법자)는 구체적인 작위의무불이행상황을 종합적으로 고려하여 기본권적 명령에 부응하기 위해 무엇을 얼마나 어느 정도로 언제 선택할 것인지에 관하여 일정한 자유의 공간 속에 놓여있기 때문이다.[98] 관련하여 국회의 (진정 혹은 부진정) 입법부작위에 대한 보다 구체적인 헌법직접적 근거로서는 무엇보다도 헌법 제10조 제2문을 언급할 수 있다. 즉, 기본권이 인정목적에 맞게 실현되도록 하거나 그 내용이 훼손되는 것을 막아야 할 헌법적 의무가 국가에게 주어져 있으므로, 국가는 기본권충돌상황에서 타인의 (방어권적) 기본권보장을 위해서 일정한 경우에 부작위를 할 수 있는 것이다.[99] 그밖에도 구체적인 경우에 일정한 국가목적달성을 위해서 국가의 부작위가 요청되는 경우가 있다면 헌법상 국가목적규정들 또한 국가부작위의 헌법적 근거로서 활용될 수 있을 것

96) 전광석, 앞의 책, 221–224쪽 참조; 김해원, 앞의 글(주 39), 30쪽, 43쪽, 45쪽.

97) 위 주 81) 참조.

98) 위 목차 Ⅱ. 3. 참조.

99) 관련하여 김해원, 앞의 글(주 39), 46쪽.

이다.[100] 따라서 진정입법부작위에 의한 기본권침범, 그 자체의 헌법적 근거를 마련하는 작업은 (헌법)규범이론을 통해서도 실정헌법규범의 해석을 통해서도 어렵지 않게 긍정될 수 있을 것인바, 이제 남은 문제는 허용된 기본권침범으로서 국회의 진정입법부작위가 헌법적합성을 인정받을 수 있는지 여부이다.

나. 제한의 한계영역: 진정입법부작위에 대한 헌법적합성심사

1) 형식적 헌법적합성심사

허용된 기본권침범이라고 하더라도 항상 정당화되는 것이 아니라 모든 관점에서, 즉 형식적으로도 실질적으로도 헌법에 적합해야한다. 그런데 기본권침범으로서 국회의 진정입법부작위가 문제된 경우에는 침범근거로서 헌법유보만이 문제될 수 있는바, 침범의 권한·절차·형태가 심사되는 형식적 헌법적합성심사에서는 헌법제·개정권자가 헌법에 규정된 헌법개정절차(헌법 제128조~제130조)를 준수하면서 만든 형식적 의미에서의 헌법인지 여부가 검토되어야 한다.[101] 그런데 이러한 형식적 헌법적합성심사는 헌법규범 그 자체의 정당성여부가 논란이 되지 않은 정상헌법국가에서는 크게 문제되지 않을 것이다.

2) 실질적 헌법적합성심사

급부권적 기본권에 감행된 헌법유보에 근거한 기본권침범의 실질적 헌법적합성심사에서는 법률유보에 의한 기본권심사를 규정하고 있는 헌법 제37조 제2항이 적용될 여지가 없다는 점을 주목해야 한다. 즉, 기본권관계에서 대국가적 작위요구를 뜻하는 헌법규범인 급부권적 기본권과 이에 대한 제한규범으로 작동하여 기본권침범의 근거가 되는 헌법규범(혹은 헌법적 가치)들 ― 급부권적 기본권관계에서는 대국가적 부작위요구규범을 의미한다. ― 간의 우위관계가 법률이란 중간 매개물 없이 법체계 전반에 대한 고려 속에서 개별적이고 구체적으로 판정되어야 한다는 점, 침범이 헌법에 직접 근거하고 있기 때문에 헌법 제37조 제2항 전단에서 규정하고 있는 국가안전보장·질서유지·공공복리 같은 침범목적의 정당성에 대한 검토는 불필요하다는 점, 그리고 경우에 따라서는 급부권적

---

100) 예컨대, 헌법 제119조 제1항의 "대한민국의 경제질서"의 해석을 통해서 사적경제영역에 대한 국가의 원칙적 불개입 같은 국가부작위를 끌어내거나, 외국공권력에 의한 기본권적 법익의 훼손으로부터 무력을 동원한 국가의 적극적인 기본권보호가 요구된 경우에 헌법 제5조에서 규정하고 있는 침략전쟁의 부인 같은 평화국가원리로부터 국가부작위를 근거지우는 경우를 생각해볼 수 있을 것이다; 헌법상 국가목적규정들에 관해서는 특히, 김해원, 「헌법적 논증에서 객관헌법과 주관헌법」, 『헌법학연구』 16－1, 한국헌법학회, 2010, 179쪽.

101) 김해원, 앞의 글(주 39), 30쪽.

기본권의 최소지위(기본권의 “본질적인 내용”) 또한 훼손될 수 있다는 점 등이 고려되어야 한다.[102)]

결국 국회의 진정입법부작위가 관련된 급부권적 기본권의 최소지위(본질내용)에 감행된 기본권침범이라면,[103)] 이는 헌법규범충돌상황에서 절대적 우위관계가 문제되는 경우로서 ‘우위결정법칙’에 따라 해당 국회의 진정입법부작위의 위헌성 여부가 판단되어야 한다. 따라서 대국가적 명령규범(작위요구규범)인 급부권적 기본권의 최소지위가 기본권침범의 근거로서 대국가적 금지규범(부작위요구규범)으로 기능하는 헌법적 가치의 최소치와 충돌하는 경우[104)]에는 부작위의무를 우선해야 한다는 우위결정 제2법칙에 의해 국가는 금지규범을 이행해야 하므로, 해당 기본권침범(국회입법부작위)은 합헌적인 공권력의 불행사로 평가될 것이지만, 급부권적 기본권의 최소지위가 기본권침범의 근거가 되는 헌법적 가치의 최소치초과 부분과 충돌하는 경우[105)]에는 최소지위를 우선적으로 관철시켜야 한다는 우위결정 제1법칙이 적용되어야 하는바, 해당 기본권침범(국회입법부작위)은 위헌적인 공권력의 불행사로 판단되어야 한다.[106)] 반면에 급부권적 기본권의 최소지위초과에 해당하는 부분에 감행된 기본권침범으로서의 국회의 진정입법부작위[107)]는 구체적인 경우에 해당 기본권침범(부작위)을 요구하는 헌법

102) 우리 헌법상 기본권의 본질내용침해금지(제37조 제2항 후단)는 법률유보와 결부되어 있는바, 헌법직접적 기본권침범(헌법유보)이 문제된 경우에는 기본권의 최소지위에 해당하는 본질내용 또한 훼손될 수 있는 가능성이 열려있다(H. W. Kim, 앞의 책, 242쪽).

103) 이는 ‘규범충돌상황표’에서 기본권침범으로서 진정입법부작위가 B−1(D−1), B−3(D−2), F−1(H−1) 영역에 해당하는 경우이다. ‘규범충돌상황표’ 및 관련한 상세한 설명은 김해원, 앞의 글(주 25), 515쪽 이하; 김해원, 「헌법적 논증에서 정치와 사법 ― 헌법재판에서 사법심사의 가능성과 한계를 중심으로 ―」, 『법학논고』 36, 경북대학교 법학연구원, 2011, 16−22쪽.

104) 이는 ‘규범충돌상황표’에서 기본권침범으로서 진정입법부작위가 B−1(D−1) 영역에 해당하는 경우이다(김해원, 앞의 글(주 25), 515쪽).

105) 이는 ‘규범충돌상황표’에서 기본권침범으로서 진정입법부작위가 B−3(D−2), F−1(H−1) 영역에 해당하는 경우이다(김해원, 앞의 글(주 25), 515쪽).

106) 우위결정법칙과 이를 통한 기본권심사의 구체적 例에 관해서는, 김해원, 앞의 글(주 103), 21−22쪽; 김해원, 앞의 글(주 39), 49쪽.

107) 이는 ‘규범충돌상황표’에서 B−2(D−3), B−4(D−4), F−2(H−2) 영역에 놓인다(김해원, 앞의 글(주 25), 515쪽). 한편 진정입법부작위는 기본권적 요구에 상응하는 아무런 행위도 하지 않았다는 점에서 문제되는 급부권적 기본권의 최소지위 내지는 본질내용을 훼손하는 것으로 이해되는 것이 일반적이겠지만, 구체적 상황에서 진정입법부작위가 급부권적 기본권의 최소지위를 초과하는 부분에 감행된 기본권침범으로 평가받을 수도 있을 것이다. 관련하여 완전한 입법사각지대라는 전제하에 다음의 例들을 생각해볼 수 있을 것이다: 기본적인 소득을 누리며 큰 어려움 없이 살고 있는 사람이 적어도 1년에 한 번은 해외여행을 하면서 살아갈 권리 또한 헌법 제34조 제1항의 “인간다운 생활을 할 권리”의 내용이 된다고 주장하면서 해외여행을 위한 국가보조금지급을 내용으로 하

적 가치의 수준 내지는 정도에 따라 '우위결정법칙' 혹은 '형량법칙'에 따라 그 위헌성 여부가 판단되어야 한다. 따라서 급부권적 기본권의 최소지위초과 부분(기본권의 본질내용을 상회하는 부분)과 이에 대한 침범(부작위)을 요구하는 헌법규범의 최소치가 충돌하는 경우[108]에는 국가는 우위결정 제1법칙에 의해 규범의 최소치를 관철시켜야 하므로 해당 국회입법부작위는 합헌적인 공권력의 불행사로 평가받을 수 있겠지만, 급부권적 기본권의 최소지위초과 부분이 침범을 요구하는 헌법규범의 최소치초과 부분과 충돌하는 경우[109]에는 (급부권적 기본권의 관점에서) 과소금지원칙으로 이해되는 구체적인 형량작업을 거쳐서 그 위헌성 여부가 개별적으로 판정되어야 한다.[110] 이러한 내용은 아래 표와 같이 정리될 수 있다.

급부권적 기본권 / 침범근거인 헌법규범		명령규범(급부권적 기본권)의 요구수준	
		최소지위보장 (기본권의 "본질적 내용")	최소지위초과보장
금지규범의 요구수준	최소지위보장 (기본권의 "본질적 내용")	우위결정 제2법칙 - 부작위의무 우선 - (진정입법부작위: 합헌적인 공권력의 불행사)	우위결정 제1법칙 - 최소지위보장규범 우선 - (진정입법부작위: 합헌적인 공권력의 불행사)
	최소지위초과보장	우위결정 제1법칙 (진정입법부작위: 위헌적인 공권력의 불행사)	형량법칙 (진정입법부작위: 과소금지원칙에 따라 평가)

는 법률제정을 입법자에게 요구한 경우, 헌법 제35조의 환경권이나 헌법 제36조에서 도출할 수 있는 보건권 등을 원용하면서 충치예방을 위해 수돗물에 불소나 혹은 특수한 약품을 투입할 것을 내용으로 하는 법률제정을 요구한 경우, 헌법 제14조의 거주이전의 자유를 원용하면서 고속철도 같은 대중교통망형성이나 개인차량과 기사를 제공하는 것을 내용으로 하는 법률제정을 요구한 경우 등등. 물론 이러한 주장은 좁은 구성요건이론에 기대어서 관련 기본권의 보호영역을 잠정적으로 확정하는 단계에서부터 손쉽게 내칠 수 있을 것이다. 하지만 논증의 합리성과 폭넓은 이성적 설득력 확보란 관점에서 넓은 구성요건이론을 견지하거나, 헌법적 논증과정에서 일견 '터무니없이 황당한 주장'처럼 보이는 것도 왜 받아들여질 수 없는 주장인지에 관해서 합리적 설명이 요청될 때에는, 기본권침범을 가급적 정당성심사단계로 끌어와서 보다 정밀하게 검토하고자 하는 필자의 이러한 논증방식은 의미 있는 참고가 될 수 있을 것으로 판단된다.

108) 이는 '규범충돌상황표'에서 기본권침범으로서 진정입법부작위가 B-2(D-3) 영역에 해당하는 경우이다(김해원, 앞의 글(주 25), 515쪽).

109) 이는 '규범충돌상황표'에서 기본권침범으로서 진정입법부작위가 B-4(D-4), F-2(H-2) 영역에 해당하는 경우이다(김해원, 앞의 글(주 25), 515쪽).

110) 관련하여 우위결정법칙의 도출 및 적용 例는 김해원, 앞의 글(주 25), 528-531쪽; 형량법칙의 도출은 Vgl. N. Jansen, Die Struktur rationaler Abwägungen, in: ARSP Beiheft 66: Ethische und Strukturelle Herausforderungen des Rechts, 1997, S. 158-166.

3. 부진정입법부작위

앞서 논한 바와 같이 급부권적 기본권에 대한 침범으로 특정된 부진정부작위는 기본권심사에서 '작위'로 구성되어야 한다. 따라서 기본권심사에 있어서 사용될 '심사 틀'로서는 기존의 '방어권적 기본권의 심사구조'가 적용되어야 하는 바, 특히 '주관규범과 객관규범의 분리', '추상적 주관과 구체적 주관의 분리'라는 이중의 분리를 내용으로 하는 분리논증을 통해서 방어권적 기본권의 정당성심사구조의 합리화를 꾀하고 있는 기존의 연구 성과(이 책 제2부 제2절 제2관 § 10.)가 활용될 수 있을 것이다.[111] 따라서 불가피하게 헌법에 근거한 기본권침범(헌법유보)을 검토해야 하는 극단적인 경우[112]를 제외하고는 부진정부작위에 의한 기본권침범의 정당성심사에서는 헌법 제37조 제2항이 준수되어야 한다.[113][114]

다만, 국회의 부진정입법부작위의 위헌성 여부를 판단함에 있어서 방어권적 기본권의 심사구조가 활용된다는 것이 정당성심사 — 특히, 실질적 헌법적합성심사 — 에서 '대국가적 작위요구권'으로서의 급부권적 기본권이 갖는 특수성이 완전히 무시된다는 의미는 아니다. 정당성 심사에서 방어권적 기본권과 구별되는 급부권적 기본권이 갖는 특수성은 헌법 제37조 제2항이 규정하고 있는 심사기준에 대한 이해 및 논증순서에 있어서 분명히 드러나는바, 특히 다음 두 가지를 언급할 수 있을 것이다: (1) 헌법 제37조 제2항 전단의 "필요한 경우에 한하여"는 방어권적 기본권의 정당성심사에서는 '과잉금지원칙'으로 이해되는 반면에, 급부권적 기본권의 정당성심사에서는 '과소금지원칙'으로 이해된다.[115] 따라서 과소금지원칙에 의한 구체적인 형량작업이 행해져야 할 급부권적 기본권의 정당성심사에서는 방어권적 기본권의 정당성심사에 비해서 입법형성권에 대한 훨씬 높은

---

111) '방어권적 기본권의 심사구조' 및 '분리논증을 통한 정당성심사구조' 등에 관한 자세한 논의는 김해원, 앞의 글(주 39), 41쪽 이하 참조.

112) 극단적인 경우는 법률유보에 주목해서 행해진 심사가 한계에 도달한 경우 혹은 불가능한 경우로서, 불가피하게 헌법직접적 기본권침범(헌법유보)을 검토해야 하는 경우이다(관련 상세한 설명 및 극단적인 경우에서 기본권심사에 관해서는 김해원, 앞의 글(주 39), 48－49쪽).

113) 기본권침범으로서 국회의 부진정입법부작위가 문제된 경우에, 법률유보를 전제한 기본권심사규정인 헌법 제37조 제2항이 우선적으로 적용될 수 있는 이유는 ① 기본권침범적 법률(국회의 부진정입법부작위의 결과물인 불충분한(미흡한) 법률)이 존재하여 침범근거로서 법률유보가 검토될 기반이 마련되어 있다는 점, ② 헌법유보와 법률유보의 공존상황에서는 법률유보가 우선적으로 검토되어야 한다는 점(이에 관한 상세한 이유는, 김해원, 앞의 글(주 39), 47쪽) 때문이다.

114) 이에 대한 상세한 설명은 특히, 김해원, 앞의 글(주 39), 43－45쪽.

115) 이준일, 앞의 글(주 2), 111쪽, 115쪽.

존중과 고려가 있어야만 한다.[116] 왜냐하면 소극적 측면에서의 국가활동규제를 의미하는 '과잉금지원칙'이란 심사기준을 사용하는 경우에 비해서, 적극적 측면에서의 국가활동규제를 의미하는 '과소금지원칙'이라는 심사기준을 사용할 경우에는 기본권영역과 관련된 국가의 목표지향적 과제 — 이러한 과제의 구체적 구현은 전형적인 정치의 소관이다. — 가 실질적으로 헌법재판소에 의해 구체적으로 구현됨을 의미하는바, 이는 강한 자기폐쇄적 구조를 가진 사법절차에 의한 민주적인 정치과정의 대체 내지는 변질을 야기하기 때문이다.[117] (2) 국가에게 부작위요구 내지는 더 경미한 작위(국가개입)를 요구하는 방어권적 기본권의 경우에는 헌법 제37조 제2항 후단의 본질내용침해금지 — 방어권적 기본권과 관련해서는 법률유보를 통한 최대개입의 절대적 한계로 이해된다. — 를 심사하기 전에, 헌법 제37조 제2항 전단의 "필요한 경우에 한하여" — 방어권적 기본권과 관련해서는 '과잉금지원칙'으로 이해된다. — 라는 심사기준을 준수했는지 여부를 심사하는 것이 사고의 과정상 합리적이겠지만,[118] 국가에게 작위요구 내지는 더 많은 작위(국가개입)를 요구하는 급부권적 기본권의 경우에는 적어도 헌법이 요구하는 국가개입의 최소치는 충족되었는지 여부를 판단하는 심사기준인 헌법 제37조 제2항 후단의 본질내용침해금지에 대한 검토가 선행된 후에, 헌법 제37조 제2항 전단의 "필요한 경우에 한하여" — 급부권적 기본권과 관련해서는 '과소금지원칙'으로 이해된다. — 라는 심사기준을 준수했는지 여부를 검토하는 것이 합리적이다. 왜냐하면 최소개입에도 해당하지 않는 국가의 불충분한 작위(부진정입법부작위)에 대해서 '과소금지원칙'으로 이해되는 형량작업[119]을 진행하는 것은 무의미하기 때문이다.

이러한 점에서 기본권의 기능에 따른 헌법 제37조 제2항의 상이한 의미는 다음과 같이 정리될 수 있다:

---

116) 김해원, 앞의 글(주 1), 99쪽.

117) 서경석, 앞의 글, 417쪽; 김해원, 앞의 글(주 1), 99쪽.

118) 왜냐하면 기본적으로 '더 적은 작위'가 과잉금지원칙의 검토를 통해서 위헌적인 공권력의 행사로 판단되면, 방어권적 기본권의 본질내용을 훼손하는 '더 많은 작위'는 계속 검토할 필요도 없이 위헌적인 공권력이라는 평가를 받는 반면에, 특정 기본권침범(작위행위)이 헌법 제37조 제2항 후단의 본질내용침해금지에 저촉되지 않는다고 하여, 그 작위행위가 당연히 헌법 제37조 제2항 전단의 "필요한 경우에 한하여"라는 심사기준을 충족한다고는 할 수 없기 때문이다.

119) 비례성원칙의 또 다른 표현인 과소금지원칙은 상대적 우위가 문제되는 급부권적 기본권관계에서 국가의 작위가 너무 적으면 안 된다는 의미를 갖는다. 이에 관해서는 김해원, 앞의 글(주 1), 99쪽; 이준일, 앞의 글(주 2), 115쪽.

헌법 제37조 제2항 \ 기본권의 기능적 분류		방어권적 기본권 (대국가적 부작위요구권)	급부권적 기본권 (대국가적 작위요구권)
전단	"필요한 경우에 한하여"의 의미	과잉금지원칙	과소금지원칙
후단	'본질내용침해금지'의 의미	국가개입의 최대치 (국가작위행위의 상한)	국가개입의 최소치 (국가작위행위의 하한)

Ⅵ. 마치는 글

앞서 살펴본 바와 같이 급부권적 기본권관계에서 국회입법부작위에 의한 기본권침범의 위헌성 여부를 판정함에 있어서 헌법재판소는 적법요건판단에서 관련되는 기본권에 대한 검토를 성실하게 행하고 있지 않으며 — 즉, 대부분의 경우에 침해여부가 문제되는 기본권이 무엇인지를 명확하게 특정하고 있지 않다. —[120] 대개의 경우 별다른 논증 없이 간단한 권한법적 언급만으로 문제된 구체적인 국가작위의무를 성급하게 부정함으로써 해당 訴는 각하되었고, 그 결과 심사대상인 특정 국가부작위가 본안판단(특히, 정당성심사)을 통해서 정밀하게 검토될 수 있는 기회 자체가 봉쇄되어버렸다.[121] 결국 문제된 입법부작위는 거의 대부분의 경우에 손쉽게 합헌적인 공권력의 행사로 취급되어버렸다.[122] 뿐만 아니라 이러한 헌법재판소의 판단은 국가의 잠정적 의무와 확정적 의무를 구별하지 않는 상황에서 얻어진 결론이란 점에서, 미리 심사의 결론을 내려놓고 이를 수사적으로 치장하고 있다는 의혹으로부터도 자유로울 수 없게 되었다.[123]

그런데 헌법재판소가 보여준 이러한 기본권적 논증의 비합리성과 논리적 비약 및 성급함 이면에는 물론 급부권적 기본권의 심사에 관한 학계의 빈약한 논의상황도 자리 잡고 있겠지만,[124] 무엇보다도 국가의 적극적인 활동을 요구하는 급부권적 기본권에 대한 적극적인 사법심사의 결과가 가져올 파장(즉, 헌법재판을 통한 '사법의 정치화'와 '정치의 사법화'에 대한 우려[125])에 대한 두려움이 도사리고 있

120) 위 주 64) 참조.
121) 위 목차 Ⅳ. 3. 나. 참조.
122) 예외적인 경우로는 위 주 63) 참조.
123) 위 목차 Ⅳ. 3. 나. 참조.
124) 위 주 2) 참조.
125) 이에 관해서는 김해원, 앞의 글(주 103), 2−3쪽.

는 것으로 판단된다.[126] 하지만 이러한 우려와 두려움은 앞서 설명한 바와 같이 한편으로는 진정부작위와 부진정부작위의 구별기준을 보다 선명히 하고, 법체계 전반에 대한 적극적인 고려를 통해서 거의 대부분의 부작위를 부진정부작위로 이해한 다음, 이를 작위적으로 구성하여 국가행위에 대한 소극적 통제방식이라고 할 수 있는 방어권적 기본권의 심사구조가 활용될 수 있도록 함으로써,[127] 다른 한편으로는 적법요건판단이 아니라 정당성심사 ― 특히, 실질적 헌법적합성심사 ― 가 이루어져야 하는 본안판단에서 국가의 부작위(불개입)를 근거지울 수 있는 헌법적 가치들(예컨대, 충돌하는 방어권적 기본권, 국회의 입법형성권, 민주주의 원칙, 헌법상 보충성의 원리[128] 등등)에 대한 적극적 고려를 통해서[129] 상당부분 불식될 수 있을 것으로 생각된다. 뿐만 아니라 정당성심사에서 관련되는 급부권적 기본권의 본질내용 또한 헌법직접적인 기본권침범(헌법유보)의 경우에는 훼손될 수 있는 가능성이 우리 헌법(특히, 헌법 제37조 제2항) 해석상 열려있다는 점과 국가에게 작위의무를 부과하고 있는 급부권적 기본권과 부작위의무를 부과하는 헌법규범 간의 극단적인 충돌상황에서는 우위결정 제2법칙에 의해서 '대국가적 부작위 요구규범'으로서의 헌법규범이 우선해야 한다는 점에 주목한다면,[130] 설사 진정입법부작위가 문제된다고 하더라도 "헌법재판소가 입법자의 지위에 갈음하게 되어"[131]버린다는 걱정을 상당부분 떨쳐낼 수 있을 것으로 판단된다.

따라서 헌법재판소는 헌법재판활동으로 인해서 불가피하게 수반되는 소극적

---

126) 이러한 두려움은 다음 판결(헌재 2009.11.26. 2008헌마385, 판례집 21－2(하), 660쪽)을 통해서 분명히 확인된다: "만일 법을 제정하지 아니한 것이 위헌임을 탓하여 이 점에 관하여 헌법재판소의 위헌판단을 받아 입법당국으로 하여금 입법을 강제하게 하는 것이 일반적으로 허용된다면 결과적으로 헌법재판소가 입법자의 지위에 갈음하게 되어 헌법재판의 한계를 벗어나게 된다고 할 것이다. 따라서 헌법상의 권력분립원칙과 민주주의원칙은 입법자의 민주적 입법형성의 자유를 보장하기 위하여 입법자의 헌법적 입법의무는 예외적으로만 이를 인정하고, 되도록이면 헌법에 명시적인 위임이 있는 경우만으로 제한할 것을 요구한다. 결국 입법부작위에 대한 헌법재판소의 재판관할권은 극히 한정적으로 인정할 수밖에 없다고 할 것이다."

127) 위 목차 Ⅳ. 3. 다. 2)와 Ⅳ. 3. 다. 3) 참조.

128) 정치적 공동체 내에서 권한배분에 관한 헌법적 원리에 해당하는 보충성 원리에 관해서는, 특히 홍성방, 「헌법상 보충성의 원리」, 『공법연구』 36－1, 한국공법학회, 2007, 602쪽 이하.

129) 한편, 헌법재판소는 급부권적 기본권의 심사에 있어서 대체로 국회의 부작위를 근거지울 수 있는 국회입법형성권이나 민주주의 원칙 등과 같은 헌법적 가치들에 대한 고려를 적법요건판단단계에서 검토함으로써(많은 사례들 중에서 특히, 헌재 2009.11.26. 2008헌마385, 판례집 21－2(하), 660－661쪽), 국회의 작위의무가 잠정적으로도 긍정될 수 있는 여지를 처음부터 배제하고 있는바, 이는 결국 다양한 가치들 간의 우위관계를 통해서 합리적인 기본권심사가 행해질 수 있는 여지가 성급하게 봉쇄되었음을 의미한다.

130) 이에 관해서는 위 목차 Ⅴ. 2. 나. 2). 참조.

131) 헌재 2009.11.26. 2008헌마385, 판례집 21－2(하), 660쪽.

입법자의 지위를 넘어서서 스스로가 적극적 입법자의 지위에까지 올라서게 된다는 두려움 때문에 급부권적 기본권관계에 대한 본격적인 심사를 회피 — 특히, 적법요건판단에서 문제된 국가작위의무를 성급하게 부정함으로써 訴의 각하를 유도 — 해온 지금까지의 태도에서 벗어나서, 보다 면밀하게 급부권적 기본권의 심사에 임함으로써 논증의 합리성과 설득력을 높일 수 있는 방향을 모색해야 할 것이다. 그리고 설사 구체적인 경우에 질서정연한 기본권심사체계의 구축과 논증의 합리화를 위한 헌법재판소의 노력이 한계에 도달한다고 하더라도, 헌법재판소는 이러한 노력을 포기할 것이 아니라 그동안 개발해온 변형결정(특히, 문제된 국회입법부작위에 대해서 법률개선 내지는 법률제정촉구결정이 포함된 헌법불합치결정)을 적극적으로 활용하는 방법을 선택해야할 것이다. 헌법재판소는 헌법현실에서 '최대정의'를 구현하기 위한 기관이 아니라, 헌법적 '최소정의'를 확인하는 사법기관일 뿐이다.[132] 따라서 논란이 되는 사안에서 설득력이 약한 궁색한 논리나 恣意, 혹은 직관적 통찰에 기초해서 기본권심사(특히, 정당성심사)를 회피할 것이 아니라, 오히려 기본권심사체계를 논리적이고 정교하게 구축하고, 구축된 심사체계에 스스로를 엄격하게 구속시키는 방향으로 나아가야 할 것이다. 이러한 헌법재판소의 태도변화에 이 글(§ 15.)이 도움 될 수 있기를 기대한다.

---

132) 헌법재판소의 사법기관성(헌법이 정당성을 부여한 특별한 법원)에 관해서는 특히, 허완중, 「헌법재판소의 지위와 민주적 정당성」, 『고려법학』 55, 고려대학교 법학연구원, 2009, 13쪽 이하.

§ 16. 법률하위규범정립에 관한 입법부작위가 심사대상인 경우*

Ⅰ. 시작하는 글

여기에서는 행정·사법 권력의 입법부작위로 인해서 기본권침해 여부가 문제된 경우에, 이를 판단하기 위한 기본적인 사고의 틀(심사구조)을 구축한다. 여기서 공권력의 부작위가 심사대상이란 점에서 원용되는 기본권은 대국가적 작위요구규범으로서의 성격을 갖는 급부권적 기본권인바, 이 글(§ 16.)은 기본권관계[1]에서 '법률정립과 관련된 국회입법부작위의 위헌 여부를 판단하기 위한 기본구조'를 검토한 선행작업(§ 15.)[2] 및 '행정·사법부작위에 의한 기본권침해 여부를 판단하기 위한 심사구조'를 검토한 후행작업(§ 17.)과 더불어 급부권적 기본권의 심사구조를 종합적이고 체계적으로 정립하기 위한 계속된 노력의 일환이기도 하다. 따라서 한편으로는 선행작업(§ 15.)에 기대어서, 다른 한편으로는 선행작업(§ 15.)과의 차이점에 주목하면서 논의를 진행할 것이다. 특히 두 단계 — 기본권의 잠정적 보호영역을 확인하는 단계와 정당성심사 단계 — 로 이루어지는 기본권심사구조에 관한 일반론[3]은 물론이고 급부권적 기본권의 개념 및 인정 여부와 기

---

* 김해원, 「급부권적 기본권의 심사구조 — 행정·사법 권력에 의한 입법부작위를 중심으로 —」, 『헌법재판연구』 제4권 제2호, 헌법재판소 헌법재판연구원, 2017, 221－250쪽에 수록된 글을 수정·보완한 것이다.

1) 이에 관해서는 김해원, 「기본권관계에서 국가의 의무 — 확인의무·보장의무·보호의무를 중심으로 —」, 『공법학연구』 12－4, 한국비교공법학회, 2011, 85쪽; 허완중, 「기본적 인권을 확인하고 보장할 국가의 의무」, 『저스티스』 115, 한국법학원, 2010, 69－70쪽; 허완중, 「기본권관계－기본권문제를 바라보는 객관적이고 합리적인 틀」, 『공법연구』 43－1, 한국공법학회, 2014, 137－138쪽.

2) 특히 김해원, 「급부권적 기본권의 심사구조 — 국회입법부작위를 중심으로 —」, 『공법학연구』 13－2, 한국비교공법학회, 2012, 257쪽 이하; 한편 기본권관계에서 행정·사법입법부작위를 논하고 있는 선행연구들은 많지 않을 뿐만 아니라, 확인되는 문헌들의 다수는 주로 행정법학적 관점에 입각해 있는 것으로 보인다. 직·간접적으로 관련된 문헌들 중에서는 함인선, 「공권력의 부작위에 대한 헌법소원심판 — 헌재 결정례를 중심으로 —」, 『법학논총』 22－2, 전남대학교 법학연구소, 2002, 120－124쪽 및 130－131쪽; 서보국, 「행정입법부작위에 대한 행정소송」, 『법학연구』 25－2, 충남대학교 법학연구소, 2014, 87쪽 이하; 정남철, 「행정입법부작위에 대한 사법적 통제 — 당사자소송에 의한 규범제정요구소송의 실현가능성을 중심으로 —」, 『저스티스』 110, 한국법학원, 2009, 194쪽 이하 등을 주목해볼 수 있겠다.

3) 이에 관해서는 김해원, 「기본권의 잠정적 보호영역에 관한 연구」, 『헌법학연구』 15－3, 한국헌법학회, 2009, 283쪽 주 14); 김해원, 앞의 글(주 2), 264－265쪽.

본권심사에서 급부권적 기본권이 갖는 특수성 등에 관한 기본적 내용들은 본 글의 전개를 위해서 불가피한 경우를 제외하고는 가급적 재론하지 않고 선행연구에 의존하되,[4] 법률제정과 관련된 국회입법권과는 분별되는 행정·사법 권력의 특수성에 주목하면서 헌법적 논증의 대표자라고 할 수 있는 헌법재판소의 태도를 비판적 관점에서 검토하고 나름의 대안을 모색해보고자 한다.[5]

한편 우리 헌법은 기본적으로 국가기능을 입법·행정·사법으로 분립하면서,[6] '일반적이고 추상적인 규범정립'을 의미하는 입법과 관련하여 "입법권은 국회에 속한다."라고 명시함으로써 국회가 원칙적 입법권자임을 분명히 밝히고 있다(헌법 제40조). 하지만 헌법은 정부나 법원, 헌법재판소, 선거관리위원회, 지방자치단체 등과 같이 기본적으로 행정이나 사법을 담당하는 공권력기관(행정·사법기관)[7]에게도 일정한 경우에는 법률하위규범을 정립하는 권한으로서의 입법권을 행사할 수 있는 가능성을 열어두고 있는바,[8] 이러한 공권력기관(행정·사법기관)의 입법을 각종 문헌들은 대체로 '행정입법' 혹은 '사법입법'이란 용어로 포착하고 있다.[9] 물론 국가권력구조를 형성하는 주요 범주인 국가기능(권력작용)과 국가기관(권력기관)이 일대일대응 관계가 아니라는 점에서 이러한 용어포착에 오해의 소지가 있음을 부정할 수는 없겠지만,[10] 여기서는 기존의 관행과 논의의 편의를 고려하여 국회규칙을 포함한 법률하위규범정립으로서의 입법을 '행정·사법입법'이란 용어로 통칭하고, 이와 관련된 부작위(행정·사법입법부작위)로 인해서 특정 기본권의 침해여부가 문제된 경우에 이를 판단하기 위한 사고과정(심사구조)을 체계적이고 단계적으로 살펴본다.

---

4) 관련된 설명은 특히 김해원, 앞의 글(주 2), 260-265쪽.

5) 헌법적 논증의 대표자로서의 헌법재판소에 관한 언급으로는 이준일, 「헌법재판소가 이해하는 명확성원칙의 비판적 재구성」, 『헌법학연구』 7-1, 한국헌법학회, 2001, 274쪽 주 11) 참조; Vgl. R. Alexy, Grundrechte in der demokratischen Verfassungsstaat, FS für A. Peczenik, 1997, S. 27f.

6) 헌재 1992.4.28. 90헌바24, 판례집 4, 229쪽.

7) 특히 헌법 제66조 제4항: "행정권은 대통령을 수반으로 하는 정부에 속한다."; 헌법 제101조 제1항: "사법권은 법관으로 구성된 법원에 속한다."

8) 헌법 제75조, 제95조, 제108조, 제113조 제2항, 제114조 제6항, 제117조 제1항 참조.

9) 특히 김성수, 『일반행정법 — 행정법이론의 헌법적 원리 —』, 홍문사, 2014, 339쪽; 정태호, 「제68조 제1항」, 『주석 헌법재판소법』, 헌법재판소 헌법재판연구원, 2015, 1014쪽, 1050-1051쪽.

10) '행정입법'이라는 표현보다는 '본질적으로 행정권을 담당하는 기관에 의한 입법'이, '사법입법'이라는 표현보다는 '본질적으로 사법권을 담당하는 기관에 의한 입법'이 보다 적확한 용어라고 생각한다.

II. 제1단계: 보호영역의 잠정적 확인

1. 서두

급부권적 기본권의 보호영역을 확인함에 있어서 인식의 재료가 되는 사태들의 총체인 기본권구성요건은 방어권적 기본권의 경우와 마찬가지로 기본권적 보호법익(인적 구성요건과 물적 구성요건)과 기본권침범(Grundrechtseingriff)으로 구성되며(보호법익/침범−구성요건),[11] 그 범위 또한 논증의 합리성과 설득력 확보라는 관점에서 원칙적으로 넓게 이해하는 것(즉, 넓은 구성요건이론에 입각하는 것)이 바람직하다는 점에서 급부권적 기본권의 잠정적 보호영역을 확인하는 작업은 방어권적 기본권의 보호영역을 잠정적으로 확인하는 경우와 본질적으로 다르다고 할 수는 없을 것이다.[12] 다만 구체적인 기본권관계에서 심사대상인 국가행위(기본권침범: Grundrechtseingriff)를 특정 하는 것과 관련하여 방어권적 기본권에 대한 침해 여부가 문제되는 경우와는 달리, 급부권적 기본권의 심사에서는 '구체적 기본권관계에서 특정 공권력주체의 작위의무불이행상황'에 대한 적극적인 논증이 요구된다. 왜냐하면 대국가적 금지규범인 방어권적 기본권의 경우에는 기본권침범이 국가의 작위행위이므로 가시화된 해당 작위행위를 지적하면서 문제된 기본권과의 관련성을 주장하는 것만으로도 구체적인 기본권관계에서 권리상대방인 공권력주체뿐만 아니라 기본권침범의 내용이 자연스럽게 특정될 수 있겠지만, 대국가적 명령규범인 급부권적 기본권의 경우에는 기본권침범이 부작위행위이므로 '어떤 국가기관'이 구체적으로 '어떤 기본권침범'을 감행했는지가 가시화되어 직접 드러나는 것이 아니라, 기본권관계에서 특정 공권력주체의 구체적인 작위의무불이행상황을 통해서 심사대상(기본권침범)이 간접적으로 확인될 수 있기 때문이다.[13] 따라서 이하에서는 심사대상으로서 행정·사법입법부작위가 문제된 경우 급부권적 기본권의 잠정적 보호영역을 확인함에 있어서 검토되어야 할 '작위의무불이행상황'을 살펴보되, 법률정립과 관련된 국회입법부작위와는 달리 행정·사법입법부작위에 있어서 기본권구속은 원칙적으로 입법의 헌법(특히, 기본권)에 대한 구속과 협동을 통해서(즉, 합헌적 법률에 대한 구속을 통해서) 실현된다는 점[14]이 추가적으로 주목될 것이다.

---

11) Vgl. R. Alexy, Theorie der Grundrechte, Suhrkamp, 1996, S. 276.
12) 이에 관해서는 김해원, 앞의 글(주 2), 265−267쪽; 김해원, 앞의 글(주 3), 300−303쪽, 306−307쪽.
13) 김해원, 앞의 글(주 2), 267−268쪽.
14) 상세한 설명은 김해원, 앞의 글(주 2), 258−259쪽 주3) 참조.

2. 공권력주체(행정·사법입법권자)의 작위의무불이행상황

가. 기본권침해가능성: 기본권으로부터 적극적 입법요구가 도출될 것

구체적 기본권관계에서 기본권침해가능성에 기초한 기본권적 문제 제기는 기본권심사의 계기이자 출발이다. 따라서 특정 행정·사법입법부작위가 기본권심사의 대상이 되기 위해서는 무엇보다도 해당 행정·사법입법부작위가 특정 기본권을 통해서 규율되는 생활영역 내지는 보호법익에 대한 침범(Eingriff)이라는 점이 제기되어야 한다. 예컨대 헌법 제14조 "거주·이전의 자유"로 규율될 수 있는 생활영역 안에 장애인의 이전의 자유(이동권)도 포함된다고 하면서 '장애인을 위한 휠체어 전용도로의 지정 및 운영에 관한 대통령령'을 제정해달라는 적극적 요구나 '헌법과목을 의무교육과정의 필수 과목으로 지정하는 대통령령'을 제정하지 않은 입법부작위로 인해서 헌법 제31조 제1항 "교육을 받을 권리"가 침해될 가능성이 있다는 주장[15] 등과 같이 구체적 문제 상황에서 일정한 기본권을 특정한 후 해당 기본권에 근거해서 공권력주체(행정·사법입법권자)에게 일정한 적극적 행위(행정·사법입법)를 요구할 수 있는 기본권적 차원의 가능성 내지는 문제된 행정·사법입법부작위로 인하여 기본권주체의 특정 기본권이 침해될 수 있다는 가능성(즉, 급부권적 기본권의 침해가능성)이 확인되어야 한다는 것이다.[16] 그리고 구체적인 경우에 이러한 기본권침해의 가능성은 헌법현실에 대한 고려 속에서 헌법이 명시하고 있는 기본권규범의 문언에 대한 해석을 통해서 확인될 수 있을 것이며, 이때 기본권구성요건이론은 기본권규범의 해석을 지도하는 규준으로서 중요한 역할을 하게 된다.[17]

문제는 기본권심사가 행해지는 가장 전형적인 소송형태라고 할 수 있는 헌법소원심판에서 행정·사법입법부작위로 인한 급부권적 기본권의 침해가능성을

15) 헌재 2011.9.29. 2010헌바66, 판례집 23-2(상), 588-589쪽.

16) 물론 적극적으로 행해지는 가치의 권위적 배분과정(즉, 정치과정)에서 기본권이 원용되는 경우에는 대체로 전자인 '특정 행정·사법입법을 요구할 수 있는 기본권적 차원의 가능성'이 주목되는데 반하여, 헌법소원심판 등과 같은 사법심사의 관점에서 기본권이 원용될 경우에는 주로 후자, 즉 '구체적으로 문제된 행정·사법입법부작위로 인한 특정 기본권의 침해가능성'을 확인하는 활동이 주목될 것이다. 한편 심사대상으로 행정입법부작위가 아니라 행정부작위가 문제된 사건이긴 하지만, 기본권적 문제제기 없는 단순한 부작위 주장은 헌법소원으로서 부적법하다는 점을 밝히고 있는 헌법재판소의 태도 또한 같은 맥락에서 이해할 수 있겠다. 관련하여 특히 헌재 1996.11.28. 92헌마237, 판례집 8-2, 606쪽; 김현철, 『판례 헌법소송법』, 전남대학교 출판부, 2016, 343쪽 참조.

17) 이 경우 넓은 구성요건이론에 입각할수록 기본권침해의 가능성을 인정하는 것이 상대적으로 수월해질 것이다(김해원, 앞의 글(주 3), 299-303쪽 참조).

검토하고 있는 헌법재판소의 태도가 질서정연하지 않다는 것이다. 물론 '지방자치단체가 사실상 노무에 종사하는 공무원의 범위를 정하는 조례를 제정하지 아니한 부작위'에 의해서 청구인(지방공무원)들의 기본권이 침해되는지 여부가 다투어진 헌법소원심판사건[18]에서 헌법재판소는 적법요건을 검토하며 "헌법 제33조 제2항과 지방공무원법 제58조 제1항 단서 및 제2항에 의하면, 조례에 의하여 '사실상 노무에 종사하는 공무원'으로 규정되는 지방공무원은 단결권·단체교섭권 및 단체행동권을 가진다."라고 하면서 "해당 조례가 어떻게 제정되는지에 따라 그들이 향유할 수 있는 근로3권의 범위에 차이가 발생할 가능성이 있으므로, 그 조례를 제정조차 하지 않은 이 사건 부작위에 의하여 기본권이 침해될 가능성이 있고, 아울러 이 사건 심판청구에 관한 자기관련성도 인정된다."[19]는 언급으로 기본권침해의 가능성을 확인한 다음, 본안판단에서 "이 사건 부작위는 헌법상 의무를 위반하여 청구인들이 노동3권을 부여받을 기회 자체를 사전에 차단하거나 박탈하였다."는 점을 논증한 후 "이 사건 입법부작위는 청구인들의 근로3권을 침해"한다는 결론을 도출하고 있다.[20] 이러한 헌법재판소의 태도는 심사대상인 입법부작위('지방자치단체가 사실상 노무에 종사하는 공무원의 범위를 정하는 조례를 제정하지 아니한 부작위')와 관련하여 대국가적 작위요구규범으로 원용된 특정 기본권(헌법 제33조 제2항 "단결권·단체교섭권 및 단체행동권")의 침해가능성을 기본권심사의 첫 단계(적법요건판단 단계)에서부터 확인해야 함을 실제로 보여주는 것이라고 하겠다. 하지만 이러한 헌법재판소의 태도가 일관성 있다거나 철저하다고는 할 수 없다. 오히려 헌법재판소는 많은 헌법소원심판사건들에서 문제된 특정 기본권과 심사대상인 행정·사법입법부작위와의 관련성에 대한 검토(즉 심사대상인 행정·사법입법부작위로 인한 특정 기본권의 침해가능성에 대한 검토)를 간과 내지는 소홀히 하거나, 혹은 이러한 검토를 헌법소원심판의 적법요건판단이 아닌 본안판단에서 행함으로써 심사의 논리성과 합리성을 훼손했다는 비판으로부터 자유롭지 않다.[21] 예컨대 "대통령령에서 교육대학원 등의 초등교사양성과정 개설 등에 관

18) 헌재 2009.7.30. 2006헌마358, 판례집 21-2, 292-310쪽.

19) 헌재 2009.7.30. 2006헌마358, 판례집 21-2, 297-298쪽.

20) 헌재 2009.7.30. 2006헌마358, 판례집 21-2, 300-303쪽.

21) 헌법재판소는 기본권관계에서 심사대상인 행정·사법입법부작위로 인한 기본권침해가능성에 대한 검토를 면밀하게 하지 않고 단지 초기 헌법재판에서 헌법재판소 스스로가 정립한 입장을 별다른 반성적 고려 없이 계속해서 고수해오고 있는 것으로 보인다. 헌법재판소는 일찍이 사법입법이라고 할 수 있는 대법원규칙인 사법서사법시행규칙에 관한 헌법소원심판사건에서 "입법부작위에 대한 헌법재판소의 재판관할권은 극히 한정적으로 인정할 수밖에 없다고 할 것인바, 생각건대 헌법에서

하여 규정하지 아니한 행정입법부작위"로 인하여 청구인의 기본권(직업선택의 자유)이 침해되는지 여부가 문제된 헌법소원심판사건에서 헌법재판소는 청구인이 주장하고 있는 직업선택의 자유로부터 '교육대학원 등의 초등교사양성과정 개설 등에 관한 대통령령'을 정립해달라는 요구를 도출할 수 있는지 여부에 관한 검토는 회피한 채 권력분립의 원칙 내지는 법치행정의 원칙을 언급하면서 단순히 "대통령령에서 교육대학원등의 초등교사 양성과정 개설 등에 관하여 규정하지 아니한 행정입법부작위는 그와 같은 내용의 입법을 제정할 명시적 법률위임이 있다고 볼 수 없으므로 헌법소원의 대상이 되는 행정입법부작위라 할 수 없다." 라고 하면서 해당 심판청구가 부적법하다고 판단[22]했으며 — 즉, '특정 기본권으로부터 공권력주체(행정·사법입법권자)에 대한 적극적 행위요구(작위요구)가 도출될 수 있는지 여부'(혹은 '심사대상인 행정·사법입법부작위로 인하여 특정 기본권이 침해될 수 있는 가능성이 있는지 여부')를 확인하지 않고, 단지 아래[23]에서 계속 살펴볼 요건인 '행정·사법입법의 주체에게 입법행위와 관련된 적극적 권한(작위행위)이 부여되고 있는지 여부'에 관한 문제만 검토한 후 해당 소를 각하했으며 —,[24]

기본권보장을 위해 법령에 명시적인 입법위임을 하였음에도 입법자가 이를 이행하지 않을 때, 그리고 헌법 해석상 특정인에게 구체적인 기본권이 생겨 이를 보장하기 위한 국가의 행위의무 내지 보호의무가 발생하였음이 명백함에도 불구하고 입법자가 전혀 아무런 입법조치를 취하고 있지 않은 경우가 여기에 해당될 것이며, 이때에는 입법부작위가 헌법소원의 대상이 된다고 봄이 상당할 것이다."라고 주장하면서 그 논거로 막연한 "헌법재판의 한계"를 언급하고 있을 뿐(헌재 1989.3.17. 88헌마1, 판례집 1, 16－17쪽), 해당 주장의 근거나 이유를 밝히거나 혹은 해당 주장을 피력하는데 도움 된 국내외 문헌이나 선례 등을 적시하고 있지도 않다. 다만 해당 헌법재판소의 주장은 독일연방헌법재판소 판례의 영향을 받은 것이라고 추측하거나 헌법재판소의 주장 중에서 "헌법해석상 특정인에게 구체적인 기본권이 생겨"라는 표현은 기본권의 주체가 존재하는 한 기본권이 인정되는 것이지 구체적 상황에 따라 기본권이 갑자기 생기는 것이 아니라는 점에서 오해의 소지가 있다는 점 등이 학계를 통해 지적되고 있는 상황이다(특히 한수웅, 「제68조 제1항」, 『주석 헌법재판소법』, 헌법재판소 헌법재판연구원, 2015, 996－997쪽; 한수웅, 「입법부작위에 대한 헌법소원」, 『현대헌법학이론』(우제 이명구 박사 화갑기념논문집 Ⅰ), 고시연구사, 1996, 667－690쪽 참조). 해당 헌법재판소의 주장이나 취지는 단순히 행정·사법입법부작위로 인한 기본권침해 여부가 다투어진 경우에 국한하여 반복 인용되는 것에 그치는 것이 아니라, 국회의 법률정립부작위를 포함한 모든 입법부작위로 인한 기본권침해여부가 다투어진 경우에도 활용되고 있다(한병호, 「입법부작위에 대한 헌법소원심판에 관한 일고찰 — 헌재 1994.12.29. 89헌마2 결정과 관련하여 —」, 『인문사회과학논총』 6, 한국해양대학교, 1999, 213쪽; 김해원, 앞의 글(주 2), 269－272쪽 참조).

22) 헌재 2013.2.28. 2010헌마438, 판례집 25－1, 130－131쪽.

23) 목차 Ⅱ. 2. 나.

24) 같은 맥락에서 법무부장관이 사법시험의 '성적세부산출 및 그 밖에 합격결정에 필요한 사항'에 관한 법무부령(이하 '이 사건 법무부령'이라고 한다)을 제정하지 않은 입법부작위(이하 '이 사건 입법부작위'라고 한다)로 인해서 청구인(사법시험 제2차 시험에 응시하여 커트라인을 상회하는 평균점수를 얻고도 한 과목 이상의 시험과목에서 과목별 합격최저점수인 4할을 얻지 못하여 불합격처리된 사람)들의 공무담임권·직업선택의 자유·행복추구권 등이 침해되었는지 여부가 문제된 헌

군법무관의 봉급과 그 밖의 보수를 법관 및 검사의 예에 준하여 지급하도록 하는 대통령령을 제정하지 않은 것이 청구인인 군법무관의 기본권(직업의 자유, 평등권, 재산권, 행복추구권)을 침해하는지 여부가 문제된 헌법소원심판사건에서 헌법재판소는 적법요건판단에서 청구인들이 제기한 기본권들로부터 해당 대통령령을 제정해달라는 요구를 끌어낼 수 있는지 혹은 이 사건 대통령령을 제정하지 않은 입법부작위로 인해서 청구인들의 해당 기본권들이 침해될 가능성이 있는지 여부 등에 관해서는 아무런 검토를 하지 않고,[25] 본안판단에서 이 사건 입법부작위로 인하여 청구인들의 기본권(직업의 자유와 평등권 및 행복추구권)이 침해될 가능성이 있는지 혹은 그러한 침해 여부를 독자적으로 판단할 필요가 있는지 여부 등을 검토[26]하면서 해당 대통령령을 제정하지 아니하는 입법부작위는 청구인들의 재산권을 침해하여 위헌임을 확인했다.[27] 이러한 헌법재판소의 태도는 단순히 기

법소원심판사건(헌재 2005.12.22. 2004헌마66) 또한 주목해볼 수 있겠다. 이 사건의 적법요건판단에서 헌법재판소는 청구인들이 주장한 기본권들로부터 이 사건 법무부령을 제정해달라는 요구가 도출될 수 있는지 혹은 이 사건 입법부작위로 인하여 청구인들이 주장한 기본권들이 침해될 가능성이 있는지 여부에 관한 검토는 하지 않고, 단지 피청구인인 행정청에게 이 사건 법무부령을 제정해야 할 입법의무가 있는지 여부와 이러한 입법의무가 이행되었다면 청구인들이 사법시험 제2차 시험에서 합격할 수 있었을 것이라고 볼 수 있는지 여부(권리보호의 이익이 있는지 여부)만을 검토한 후 청구인들의 헌법소원심판청구를 각하했다(헌재 2005.12.22. 2004헌마66, 공보 111, 148–150쪽). 물론 이러한 헌법재판소의 태도는 기본권침해의 가능성을 묵시적으로 인정한 다음 다른 적법요건들을 살핀 것이라고 볼 수도 있을 것이다. 하지만 기본적으로 기본권구제를 위한 주관소송의 성격을 갖고 있는 헌법소원심판에서 문제되는 기본권을 특정한 후 심사대상 국가행위(이 사건 입법부작위)와 특정된 기본권과의 관련성을 적법요건판단에서 간략하게나마 명시적으로 확인하지 않고 있는 헌법재판소의 태도는 기본권적 논증의 성실성과 엄밀성이란 측면에서 비판되어야 한다.

25) 헌재 2004.2.26. 2001헌마718, 판례집 16–1, 318–319쪽.

26) 헌법재판소는 다음과 같이 언급하고 있다(헌재 2004.2.26. 2001헌마718, 판례집 16–1, 322–323쪽): "시행령이 제정되지 않아 법관, 검사와 같은 보수를 받지 못한다 하더라도, 직업의 자유에 '해당 직업에 합당한 보수를 받을 권리'까지 포함되어 있다고 보기 어려우므로 청구인들의 직업선택이나 직업수행의 자유가 침해되었다고 할 수 없다. 또한 이 사건 입법부작위가 평등권을 침해한다고 보기도 어렵다. 군법무관이 처음부터 법관, 검사와 똑같은 보수를 받을 권리를 가진다고 전제하기 어렵고, 달리 시행령 제정상의 차별이라는 비교 관점도 성립하기 어려운 것이다. […] 한편 청구인들은 행복추구권 침해를 주장하나, 동 기본권은 일반조항적 성격을 지니며, 보충적 성격을 지닌 기본권이므로 같은 사항에 대하여 재산권 침해를 판단한 이상 행복추구권의 침해 여부를 독자적으로 판단할 필요는 없는 것이다." 하지만 이러한 헌법재판소의 언급은 기본권구성요건에 주목하여 직업의 자유나 평등권 등의 보호영역을 잠정 확인하여 해당 기본권들의 침해가능성을 살피고 본격적으로 검토되어야 할 기본권들을 정서하기 위해서 거론된 기본권들 상호 간 경합문제를 정리한 것인바, 헌법소원심판의 본안판단이 아닌 적법요건판단에서 행해졌어야 한다.

27) 이 사건의 본안판단에서 헌법재판소는 군법무관의 봉급과 그 밖의 보수를 법관 및 검사의 예에 준하여 지급하도록 하는 대통령령을 제정하지 않은 것(이하 '이 사건 입법부작위'라고 한다)이 청구인들의 재산권을 침해한다고 판단했다. 하지만 헌법재판소는 본안판단에서 재산권의 보호영역을

본권심사가 행해지는 논증의 형식적 차원에서의 비합리성을 징표 하는 것에 그치는 것이 아니다. 헌법재판소가 '청구인에 의해서 원용된 특정 기본권과 심사대상인 행정·사법입법부작위와의 관련성에 대한 검토(즉 심사대상인 행정·사법입법부작위로 인한 특정 기본권의 침해가능성에 대한 검토)'를 간과 내지는 소홀히 함으로써 '기본권의 내용으로서 국가행위의무를 확인하고 — 즉, 기본권으로부터 특정 국가작위행위를 끌어내고 —, 문제된 국가행위(부작위)를 기본권에 비추어 평가하는 급부권적 기본권의 심사과정'이 '권력분립 내지는 국가기관들 간의 권한배분의

잠정확인하기 위한 검토(예컨대 헌법상 재산권의 의미와 이 사건에서 문제된 보수청구권이 재산권의 내용으로 인정될 수 있는지 여부 등에 관한 검토)만 했을 뿐, 정작 심사대상인 이 사건 입법부작위가 어떠한 기본권심사기준(예컨대, 비례성원칙·본질내용침해금지 혹은 법률유보원칙 등등)에 위반되어서 위헌적인 재산권침해로 평가될 수 있는지 여부에 관해서는 아무런 검토를 하지 않았다(헌재 2004.2.26. 2001헌마718, 판례집 16-1, 322-323쪽: "헌법 제23조 제1항은 '모든 국민의 재산권은 보장된다. 그 내용과 한계는 법률로 정한다.'고 규정한다. 우리 헌법이 보장하고 있는 재산권은 경제적 가치가 있는 모든 공법상·사법상의 권리를 뜻한다(헌재 1992.6.26. 90헌바26, 판례집 4, 362, 372쪽). 법 제6조 내지 구법 제5조 제3항은 군법무관의 보수를 법관, 검사의 예에 의할 것이라고 규정하고 다만 그 구체적 내용을 시행령에 위임하고 있다. 이러한 법조항들은 군법무관의 보수의 내용을 법률로써 일차적으로 형성한 것이고, 이 법률들에 의하여 상당한 수준의 보수(급료)청구권이 인정되는 것이라 해석될 여지가 있다. 그렇다면 그러한 보수청구권은 단순한 기대이익을 넘어서는 것으로서 법률의 규정에 의하여 인정된 재산권의 한 내용으로 봄이 상당하다. 따라서 대통령이 정당한 이유 없이 해당 시행령을 만들지 않아 그러한 보수청구권이 보장되지 않고 있다면 이는 재산권의 침해에 해당된다고 볼 것이다."). 결국 심사대상 국가행위가 헌법이 요구하는 각종 심사기준들을 준수하고 있는지 여부에 관한 면밀한 논증이 행해져야 하는 헌법소원심판의 본안판단이 적법요건판단에서 행해졌어야 하는 기본권침해가능성에 관한 검토 내지는 기본권보호영역을 잠정 확인하는 활동으로 대체되었고, 정작 행해졌어야 하는 논증은 실종되어 버렸다. 같은 맥락에서 비판되어야 하는 헌법재판소의 다른 결정들도 여럿 있다. 예컨대 헌법재판소는 노동부장관이 평균임금을 정하여 고시하지 아니하는 행정입법 부작위가 청구인들의 기본권을 침해하여 헌법에 위반된다고 판단한 헌법소원심판사건(평균임금결정·고시부작위 위헌확인 사건: 헌재 2002.7.18. 2000헌마707)의 적법요건판단에서 청구기간·보충성·자기관련성 및 권리보호이익 등과 같은 소송법적 요건만 살펴보았을 뿐 기본권침해가능성에 관한 검토는 하지 않은 채 본안판단으로 넘어간 다음(헌재 2002.7.18. 2000헌마707, 판례집 14-2, 71-73쪽), 정작 본안판단에서는 심사대상 부작위(노동부장관이 평균임금을 정하여 고시하지 않은 부작위)로 인해서 청구인들의 재산권 및 인간다운 생활을 할 권리 등이 침해될 가능성이 있음을 밝히고 있을 뿐, 심사대상 부작위가 어떠한 심사기준들을 위반하여 청구인들의 기본권(재산권 및 인간다운 생활을 할 권리 등)을 훼손하고 있는지 여부에 관하여 의미 있는 논증을 행하지는 않았다(헌재 2002.7.18. 2000헌마707, 판례집 14-2, 77-78쪽). 또 보건복지부장관이 의료법과 전문의의수련및자격인정등에관한규정의 위임에 따라 치과전문의자격시험제도를 실시할 수 있는 절차를 마련하지 아니하는 입법부작위가 (치과의사 면허를 받은 자들로서 치과전문의가 되고자 하는) 청구인들의 기본권을 침해하는지 여부를 다툰 헌법소원심판사건에서도 헌법재판소는 '보건복지부장관의 입법부작위로 인해서 청구인들에 의해 주장된 기본권들(행복추구권·평등권·직업의 자유·학문의 자유·재산권·보건권 등)이 침해될 가능성이 있는지 여부'에 관한 검토를 적법요건판단이 아닌 본안판단에서 행하고 있으며(헌재 1998.7.16. 96헌마242, 판례집 10-2, 295-311쪽), 정작 본안판단에서 행해졌어야 하는 '보건복지부장관의 입법부작위가 헌법이 요청하고 있는 각종 심사기준들에 위반된 것은 아닌지 여부에 대한 면밀한 검토'는 경시되었다.

관점에서 작위의무의 존재여부를 검토하는 과정'으로 변질되었고 나아가 청구인이 제기한 기본권적 주장이 은폐 혹은 망각되기 쉬운 구조를 구축했다는 점에서 문제의 중차대함이 있으며,[28] 행정·사법입법부작위가 다투어지고 있는 급부권적 기본권관계에서 기본권침해가능성에 대한 검토가 적법요건에서 행해져야 할 사항인지, 아니면 본안에서 행해져야 할 사항인지 여부를 둘러싸고 최고 재판기관인 헌법재판소의 입장이 동요함으로써 소송 절차적 차원에서의 혼란 야기뿐만 아니라, 그로 인한 헌법재판의 결론인 주문이 달라질 수 있는 가능성을 드러내어 결국 헌법재판에 대한 신뢰훼손으로 나아가는 계기를 축적한다는 점에서 문제의 심각성이 있다고 하겠다.[29]

나. 행정·사법입법의 주체에게 입법권한이 부여되어 있을 것

규범적으로 가능하지 않은 것을 요구하여 규범적 책임이나 의무를 부과하고자 하는 것은 법적 논증의 전제이자 합리적인 법체계가 반드시 갖추어야 할 기본적 전제인 법치주의 원칙에 위반되는바,[30] 입법부작위로 인한 기본권침해여부를 다투는 구체적 기본권관계에서 입법권한을 보유하고 있지 않은 기관을 (급부권적 기본권관계에서 기본권침범 및 기본권침범주체를 특정하기 위한 논리적 매개물인) '작위의무불이행상황' 속으로 집어넣는 것은 허용되지 않는다. 관련하여 국회의 법률정립부작위가 다투어지는 급부권적 기본권관계에서는 기본권침해가능성이

---

28) 실제로 특정 기본권과 심사대상인 행정·사법입법부작위와의 관련성에 대한 검토(즉 심사대상인 행정·사법입법부작위로 인한 특정 기본권의 침해가능성에 대한 검토)를 헌법재판소가 간과 내지는 소홀히 한 것으로 보이는 헌법소원심판사건에서 해당 소(訴)는 거의 대부분 본안판단에도 나아가지 못하고 적법요건판단에서 부적법한 것으로 평가되어 각하되었다(관련하여 특히, 헌재 2013.2.28. 2010헌마438, 판례집 25-1, 122쪽 이하; 헌재 2005.12.22. 2004헌마66, 공보 111, 146쪽 이하; 헌재 1998.11.26. 97헌마310, 판례집 10-2, 782쪽 이하 참조); 같은 맥락에서 특히 김해원(주 2), 270-271쪽 참조.

29) 헌법소원심판에서 적법요건이 충족되지 않는다는 견해에 대해서 다수 헌법재판관이 동의한 경우에는 해당 헌법소원심판 청구는 '각하'된다. 하지만 다수의 헌법재판관이 적법요건이 충족된 것으로 판단한 경우에는 본안판단으로 나아가게 되는바, 이 경우 해당 청구는 '기각'되거나 재판관 6인 이상의 찬성으로 '인용'된다. 따라서 어떤 사항이 적법요건사항인지 아니면 본안사항인지 여부에 따라서 헌법소원심판의 결론, 즉 주문이 달라질 수 있게 된다. 관련하여 특히 헌법재판에서 적법요건사항과 본안사항을 구별하지 않고 일괄적으로 주문에 대한 의견을 제시하여 표결하는 주문별 합의방식을 채택하여 판결을 내리고 있는 현재 헌법재판소의 합의방식 및 그러한 합의방식이 갖고 있는 문제점이 함께 주목될 필요가 있겠다(관련하여 공진성, 「헌법재판 합의방식의 개선방안」, 『헌법학연구』 17-2, 한국헌법학회, 2011, 121쪽 이하 참조).

30) '법은 불가능한 것을 요구할 수 없다'라는 것은 법치주의의 최소한의 내용이자 합리적인 법체계가 반드시 갖추어야 할 기본적 전제이다. 이에 관해서는 특히 Lon L. Fuller, The Morality of Law, Yale Univ. Press, 1964, pp. 85-93; 헌법적 논증의 전제로서 법치주의에 관해서는 김해원, 「기본권심사에서 법치국가원칙의 의미」, 『헌법학연구』 23-1, 한국헌법학회, 2017, 142-143쪽.

인정되면 원칙적으로 국회에게 입법의무가 있다는 점이 잠정 확인될 수 있겠지만,[31] 기본적으로 행정이나 사법을 담당하는 공권력기관(행정·사법기관)의 입법부작위가 문제되는 급부권적 기본권관계에서는 설사 행정·사법입법부작위로 인한 기본권침해가능성이 구체적 헌법현실에서 인정될 수 있다고 하더라도,[32] 그러한 기본권침해가능성으로부터 바로 행정·사법입법권자의 입법의무를 이끌어낼 수 있는 것은 아니다.[33] 왜냐하면 헌법으로부터 직접 입법권을 부여받은 국회는 다른 규범적 매개물 없이 헌법상 기본권을 직접 원용하여 법률을 제정·개정·폐지하는 방법으로 기본권적 가치질서에 부응해야 하지만, 현대 법치국가에서의 행정·사법기관은 원칙적으로 법률우위와 법률유보를 핵심개념으로 하는 법률적합성원칙에 입각하여 법률이라는 규범적 매개를 통해서(보다 정확히는, '법률적 차원의 규범을 매개해서') 기본권적 요청에 응답할 수 있기 때문이다.[34][35] 요컨대 기본권관계에 영향을 미치는 행정·사법기관의 입법권한은 원칙적으로 헌법을 통해서 직접 부여받는 것이 아니라 헌법적 가치를 구체화하고 있는 법률을 매개해서 부여받을 수 있는 것이며,[36] 만약 행정·사법기관이 법률을 매개하지 않고 직접 헌법에 근거해서 기본권관계를 규율하는 규범을 정립하는 활동을 하는 것은 (이러한 활동이 설사 기본권침해가능성에 대응하기 위한 행위라고 하더라도) 특단의 경우[37]가 아닌 한 헌법으로부터 부여받은 자신의 권한을 유월하여 국회 입법권을 무시하고 이를 선점하는 위헌적인 공권력활동으로 평가된다는 것이다. 이러한 점은

31) 이와 관련된 헌법재판소 논증의 문제점에 관해서는 김해원, 앞의 글(주 2), 268－272쪽.

32) 이에 관해서는 위 목차 Ⅱ. 2. 가.

33) 물론 헌법 제76조 제1항 및 제2항에 근거해서 대통령이 발하는 명령이나 법률하위규범정립의 근거로서 헌법유보가 검토될 수 있는 극단적인 경우(이에 관해서는 김해원, 「방어권적 기본권의 정당성 심사구조」, 『공법학연구』 10－4, 한국비교공법학회, 2009, 48－49쪽 참조) 및 (헌법 제117조 제1항에 근거하는 지방의회유보원칙이나 헌법 제8장 "지방자치"에 내포된 보충성원칙이 관철되어) 국회입법권한이 미치지 않고 지방의회가 입법권한을 독점하는 경우(이에 관해서는 김해원, 「국회와 지방자치단체 상호 간 입법권한 배분에 관한 헌법적 검토 ― 국회의 입법권 수권행위에 대한 헌법적 통제를 중심으로 ―」, 『지방자치법연구』 16－2, 한국지방자치법학회, 2016, 344－345쪽 참조)와 관련된 입법부작위 등과 같은 예외가 있긴 하다.

34) 김해원, 「기본권 원용의 양상과 기본권이론 ― 사법질서에서 기본권의 효력을 중심으로 ―」, 『헌법학연구』 17－2, 한국헌법학회, 2011, 406－407쪽.

35) 바로 이러한 점에서 기본권심사에서 행정·사법입법부작위가 심사대상이 된 경우와 법률정립과 관련된 국회입법부작위가 심사대상이 된 경우는 그 심사구조에서 큰 차이가 있게 된다. 이러한 차이점은 행정부작위와 사법부작위가 기본권심사대상으로서의 공권력으로 등장하는 경우에도 다르지 않을 것이다(제3부 제2장 § 17. 참조).

36) 예외적인 경우로는 위 주 33) 참조.

37) 위 주 33) 참조.

무엇보다도 기본권관계에서의 법률유보원칙을 선언하고 있는 헌법 제37조 제2항 "법률로써"를 통해서도 근거 지울 수 있을 것이며,[38] 국회를 원칙적 입법권자로 전제하고 있는 헌법 제40조와 헌법 다음가는 서열의 규범인 법률정립과 관련된 독점적 의결권한을 국회에게 부여하고 있는 헌법 제53조, 그리고 대외적으로 영향을 미치는 사항을 규율하기 위한 행정·사법기관의 입법권한은 원칙적으로 법률의 위임이 있거나 법률의 범위 안에서 가능하도록 규율하고 있는 헌법 제75조·제95조·제108조·제113조 제2항·제114조 제6항·제117조 제1항 등을 통해서도 뒷받침되고 있다.

따라서 행정·사법입법부작위로 인한 기본권침해여부를 검토하기 위한 기본구조를 구축해야 하는 우리는 바로 이 지점에서 '행정·사법입법의 주체에게 기본권관계를 규율할 수 있는 권한이 법률을 통해서[39] 부여되고 있는지 여부'를 추가적으로 확인해야만 한다.[40] 그런데 국회가 법률을 통해서 행정·사법입법의 주체에게 행정·사법입법과 관련된 적극적 행위권한(입법권한)을 부여하는 방법은 명령(Gebot)이란 당위의 양식을 활용하여 작위의무(입법의무)를 부담시키는 경우뿐만 아니라, 허용(Erlaubnis)이란 당위의 양식으로 일정한 입법재량을 부여하는 경우가 있을 수 있는데,[41] 이와 관련하여 헌법재판소는 지금까지 행정·사법입법의 주체에게 작위의무가 있는지 여부에만 집중하고 있다는 의심으로부터 자유롭지 않다. 즉 헌법재판소는 행정(·사법)입법부작위로 인한 기본권침해여부가 다투어진 사건들에서 "행정입법의 지체가 위법으로 되어 그에 대한 법적 통제가 가

---

38) 헌법 제37조 제2항의 "법률로써"는 법률이란 수단을 통해서 국회가 기본권침범에 스스로 직접 참여하는 경우(법률에 의한 규율)뿐만 아니라, 법률에 법률하위입법권자가 개입할 수 있는 근거를 마련하는 방식으로 관여하는 경우(법률에 근거한 규율)까지도 포함되는 것으로 해석되는데(이에 관해서는 김해원, 「기본권심사에서 형식적 헌법적합성심사에 관한 연구 — 법률에 의한(durch Gesetz) 규율을 중심으로 —」, 『헌법학연구』 21-1, 한국헌법학회, 2015, 244-246쪽), 여기서는 특히 후자(법률에 근거한 규율)의 경우가 문제된다.

39) 물론 헌법 제6조 제1항에 의해 인정될 수 있는 법률과 같은 효력을 갖는 조약이나 국제법규, 그리고 헌법 제76조 제1항 및 제2항이 규율하고 있는 "법률의 효력을 가지는 명령" 등도 함께 고려되어야 할 것인바, 여기서 등장하는 '법률'에는 '법률적 차원의 규범'도 포함되는 것으로 이해되어야 한다.

40) 이러한 맥락에서 "행정과 사법은 법률에 기속되므로(헌재 1990.9.3. 89헌가95, 판례집 2, 245, 267쪽), 국회가 특정한 사항에 대하여 행정부에 위임하였음에도 불구하고 행정부가 정당한 이유 없이 이를 이행하지 않는다면 권력분립의 원칙과 법치국가 내지 법치행정의 원칙에 위배되는 것이다."라는 헌법재판소의 판단 또한 이해될 수 있겠다(헌재 2004.2.26. 2001헌마718, 판례집 16-1, 320쪽).

41) 당위의 양식으로서 명령·허용·금지에 관해서는 김해원, 「국가행위의 적헌성 판단에 있어서 헌법규범의 적용방식에 관한 연구」, 『헌법학연구』 16-3, 한국헌법학회, 2010, 500-502쪽, 특히 주 10) 참조.

능하기 위하여는, 우선 행정청에게 시행명령을 제정(개정)할 법적 의무가 있어야"[42]한다는 점은 언급하면서도, 행정·사법입법의 주체에게 행정·사법입법을 정립할 수 있는 재량권한이 법률을 통해서 부여되고 있는지 여부에 관해서는 침묵하고 있다.[43] 이러한 헌법재판소의 태도는 원칙적 입법권자인 국회로부터 일정한 입법권을 행사할 수 있는 재량권한을 법률을 통해 행정·사법입법의 주체가 부여받았음에도 불구하고,[44] 자신이 부여받은 입법재량을 부작위란 방식으로 일탈·남용함으로써 초래될 수 있는 기본권침해의 가능성을 도외시한 것일 뿐만 아니라, 행정·사법입법의 주체가 '기본권관계에서 헌법상 작위의무를 이행해야 한다는 것'과 '국회와의 관계에서 법률상 작위의무를 이행해야 한다는 것'을 분별하지 못한 것이란 점에서 논리적 타당성도 의심스러우며, 무엇보다도 기본권관계에서 행정·사법입법의 주체가 '법률로부터 명령받은 입법을 하지 않아서 문제된 입법부작위'인지 혹은 '허용된 입법권한을 행사하지 않아서 문제된 입법부작위'인지에 따라서 기본권심사구조 및 활용되는 기본권심사기준에 있어서 일정한 차이가 있다는 점을 간과한 것이란 점에서 문제의 심각성이 있다고 하겠다.[45]

---

42) 헌재 2005.12.22. 2004헌마66, 공보 111, 149쪽; 헌재 1998.7.16. 96헌마246, 판례집 10-2, 305-306쪽; 헌재 2013.2.28. 2010헌마438, 판례집 25-1, 130쪽: "행정명령의 제정 또는 개정의 지체가 위법으로 되어 그에 대한 법적 통제가 가능하기 위하여는, 행정청에게 시행명령을 제정 또는 개정할 법적 의무가 있어야 하고 또 상당한 기간이 지났음에도 불구하고 명령제정 또는 개정권이 행사되지 않아야 한다."

43) 관련하여 법무부장관이 사법시험의 '성적세부산출 및 그 밖에 합격결정에 필요한 사항'에 관한 시행규칙(법무부령)을 제정하지 아니한 입법부작위(진정입법부작위)가 청구인들의 기본권(공무담임권, 직업선택의 자유, 행복추구권 등)을 침해하는지 여부가 문제된 헌법소원심판 사건을 주목해볼 필요가 있다(헌재 2005.12.22. 2004헌마66, 공보 111, 146쪽 이하). 이 사건에서 헌법재판소는 (사법시험법 제11조 제2항으로부터 위임받아) '성적의 세부산출방법 및 그 밖에 합격결정에 필요한 사항'을 법무부령으로 정하도록 수권하고 있는 법시행령(대통령령) 제5조 제5항의 취지를 "법의 시행과정에서 필요한 사항이 있으면 법무부령으로 정하도록 하는 집행명령의 위임"으로 이해하고 있는바(헌재 2005.12.22. 2004헌마66, 공보 111, 149쪽), 결국 헌법재판소는 피청구인인 법무부장관이 법률에 근거하여 정립된 대통령령으로부터 (사법시험시행규칙에 해당하는 법무부령을 제정해야 할 작위의무를 부여받은 것이 아니라) 헌법현실에서 구체적으로 필요한 사항이 있다면 사법시험시행규칙에 해당하는 법무부령을 제정할 수 있는 권한(즉, 일정한 입법재량권한)을 수권 받고 있는 것으로 이해했음에도 불구하고, 단지 "피청구인에게 '성적의 세부산출방법'에 관한 법시행규칙을 제정하여야 할 헌법적 작위의무가 있다고 보기 어렵다."라고만 언급하고 있다.

44) 물론 의회유보원칙이나 포괄위임금지원칙 등과 같은 심사기준에 주목하면서 기본권관계에서 입법재량을 부여하고 있는 법률 그 자체를 통제하는 문제는 별개의 문제로 고민되어야 할 사항이다(이에 관해서는 김해원, 「수권법률에 대한 수권내용통제로서 의회유보원칙 ― 기본권심사를 중심으로 ―」, 『공법학연구』 16-2, 한국비교공법학회, 2015, 85쪽 이하; 김해원, 「수권법률에 대한 수권방식통제로서 포괄위임금지원칙 ― 기본권심사를 중심으로 ―」, 『헌법학연구』 21-2, 한국헌법학회, 2015, 159쪽 이하).

45) 아래(특히 목차 Ⅲ. 2. 가. 및 나.)에서 보다 자세하게 설명하겠지만, 일정한 기본권관계에서 행정·

뿐만 아니라 헌법재판소는 행정·사법입법부작위로 인한 기본권침해여부가 다투어진 헌법소원심판에서 해당 행정·사법입법의 주체에게 입법권한이 부여되고 있는지 여부에 관한 검토를 적법요건에서 해야 하는 것인지, 아니면 본안판단에서 행해야 하는 것인지에 관해서 그 입장이 오락가락하고 있다. 예컨대 사법시험성적산출방법 등에 관한 입법부작위 위헌확인사건,[46] 국가유공자인 지방공무원에 대한 우선보직·우선승진의 시행에 관한 행정입법을 제정하지 않은 행정자치부장관의 입법부작위 위헌확인사건[47] 등에서는 문제된 입법작위의무의 존재를 적법요건에서 검토했지만, 군법무관 봉급 등에 관한 행정입법부작위 확인사건,[48] 평균임금 고시 의무 해태사건,[49] '사실상 노무에 종사하는 공무원의 범위'를 정하는 조례 제정과 관련된 부작위위헌확인사건[50] 등에서는 문제된 입법작위의무의 존재 여부를 본안에서 검토했다.[51] 생각건대 앞서 논한 행정·사법입법부작위로 인한 기본권침해가능성과 마찬가지로 행정·사법입법의 주체에게 입법권한이 부여되어 있는지 여부는 구체적으로 문제되는 헌법현실에서 급부권적 기본권의 보호영역을 잠정 확인하기 위한 사고의 과정이므로 아래에서 검토할 작위의무해태(부작위)와 함께 기본권심사의 첫 단계에서 다루어져야 할 쟁점인바, 헌법소원심판이란 소송과정에서는 마땅히 적법요건 단계에서 검토되어야 할 사항이라고 하겠다.[52]

한편 '행정·사법입법의 주체에게 기본권관계를 규율할 수 있는 권한이 법률

사법입법의 주체가 입법을 해야 할 법률상 작위의무가 있음에도 불구하고 하지 않은 진정입법부작위는 정당성심사의 한 영역인 제한영역에서 법률유보원칙 위반으로 평가되어 위헌적인 기본권침해로 판단되어야 하는 반면에, 행정·사법입법의 주체가 입법할 수 있는 재량권한을 부여받고 있음에도 불구하고 입법을 하지 않은 진정입법부작위는 경우에 따라서는 제한의 한계영역에서 행해지는 헌법적합성심사를 거쳐서 종국적으로 합헌적인 기본권제한으로 평가될 수도 있게 된다. 바로 이러한 점은 행정·사법입법부작위로 인한 기본권침해여부를 판단하는 과정에서 행정·사법입법의 주체에게 일정한 기본권관계를 규율할 수 있는 권한(입법권)을 국회가 법률로써 수권함에 있어서 '명령(Gebot)이란 당위의 양식을 활용하여 작위의무(입법의무)를 부담시키는 경우'와 '허용(Erlaubnis)이란 당위의 양식을 활용하여 입법재량을 부여하는 경우'를 분별 — 물론 이러한 분별은 수권법률의 해석을 통해서 밝혀질 문제이다 — 해야 할 중요한 실익이 있다는 점을 뚜렷하게 보여준다고 하겠다.

46) 헌재 2005.12.22. 2004헌마66, 공보 111, 149쪽.
47) 헌재 2003.7.24. 2002헌마378, 판례집 15-2(상), 153쪽.
48) 헌재 2004.2.26. 2001헌마718, 판례집 16-1, 320쪽.
49) 헌재 2002.7.18. 2000헌마707, 판례집 14-2, 75쪽.
50) 헌재 2009.7.30. 2006헌마358, 판례집 21-2(상), 299쪽.
51) 정태호, 앞의 글(주 9), 1015쪽.
52) 같은 입장으로는 정태호, 앞의 글(주 9), 1016쪽.

을 통해서 부여되고 있는지 여부'를 확인하는 과정에서 포착된 수권법률(행정·사법 권력에게 기본권관계를 규율할 수 있는 권한을 수권하는 법률)에 대해 위헌의 의심이 든다면, 우선 해당 법률의 위헌여부를 확인해야 한다. 왜냐하면 행정·사법입법의 주체가 보유한 입법권이 위헌인 법률에 근거한 것이라면, 해당 행정·사법입법의 주체는 합헌적인 입법권한을 갖지 않은 것으로 이해되어 기본권관계에서의 작위의무불이행상황으로부터 벗어날 수 있게 되기 때문이다.[53]

---

53) 물론 위헌인 授權法律에 영향을 받는 기본권침범(Grundrechtseingriff)인 행정·사법입법부작위가 미흡한 행정·사법입법을 의미하는 '부진정부작위'인지, 아니면 해당 입법의 부존재를 의미하는 '진정입법부작위'인지에 따라서 기본권심사과정에서 작위의무불이행상황이 실제로 문제되는지 여부와 구체적인 소송의 구조 및 결론이 달라질 수 있다. 예컨대 행정·사법입법부작위로 인한 기본권침해여부를 다투는 헌법소원심판에서 '행정·사법입법의 주체에게 입법권을 수권하는 법률(수권법률)'에 대해 위헌이라는 판단이 들 경우, 만약 심사대상인 행정·사법입법부작위가 기본권심사에서 작위적으로 구성될 수 있는 '부진정입법부작위'라면(이에 관해서는 김해원, 앞의 글(주 2), 276－278쪽; 아래 목차 Ⅱ. 2. 다.) 헌법재판소는 심사대상인 미흡한 행정·사법입법(부진정 행정·사법입법부작위)이 위헌법률에 근거하고 있는 공권력의 행사로서의 기본권침해에 해당된다는 이유로 해당 헌법소원심판청구를 인용하면서 헌법재판소법 제75조 제5항("[…] 헌법재판소는 공권력의 행사 또는 불행사가 위헌인 법률 또는 법률의 조항에 기인한 것이라고 인정될 때에는 인용결정에서 해당 법률 또는 법률의 조항이 위헌임을 선고할 수 있다.")에 따라 수권법률에 대해서도 위헌을 선고할 수 있을 것이다. 하지만 헌법소원심판에서 심사대상인 행정·사법입법부작위가 만약 (기본권심사에서 작위적으로 구성될 수 없는) 입법의 부존재를 의미하는 '진정입법부작위'라면 해당 행정·사법기관에게 입법권한을 부여하는 법률(수권법률)에 대해서 위헌이라는 판단이 들어도 법률(수권법률) 그 자체를 위헌이라고 선언할 수는 없을 것이다. 왜냐하면 해당 행정·사법기관은 애당초 기본권관계에서의 작위의무불이행상황에 놓여 있지 않게 되는바, 문제된 행정·사법입법부작위(진정부작위)를 대상으로 하는 헌법소원심판은 부적법하여 각하되는 것으로 판단되어야 하므로 헌법재판소법 제75조 제5항이 적용될 여지가 없기 때문이다(헌법재판소법 제75조 제5항이 규율하고 있는 법률 또는 법률의 조항에 대한 위헌 선고는 해당 헌법소원심판청구에 대한 인용결정과 결부되어 있다). 관련하여 특히 '국회가 법률로써 대통령에게 군법무관의 봉급과 그 밖의 보수를 법관 및 검사의 예에 준하여 지급하도록 하는 대통령령을 제정할 의무를 부과했는데, 대통령이 해당 법률에 상응하는 대통령령을 제정하지 않은 진정입법부작위가 군법무관인 청구인들의 기본권을 침해하는지 여부가 다투어진 헌법소원심판사건'에서 보여준 권성 재판관의 다음과 같은 반대의견을 (행정·사법입법권자의 진정입법부작위와 결부시켜서) 주목할 수 있겠다(헌재 2004.2.26. 2001헌마718, 판례집 16－1, 324－325쪽): "[…] 위헌법률의 아래에 존재하는 행정입법은 다른 점을 더 따질 것도 없이 바로 위헌이 되는 것이다. 결국 위헌의 법률은 그 아래에 행정입법을 거느릴 수 없고 거느려서도 안되는 것이다. 그러므로 어떤 법률의 아래에 그 시행을 위한 행정입법이 존재하지 아니하는 경우에 이러한 행정입법의 부존재를 행정입법부작위로 논단(論斷)하려면 그 전제로 먼저 모법인 법률의 합헌이 확인되어야만 한다. 물론 모법의 합헌성이 명백히 인정되거나 전혀 도전받지 않는 경우에는 그 합법성의 논증이 사실상 생략될 것이고 이러한 생략은 별다른 문제가 없을 것이다. 그러나 법률의 합헌 여부가 명백하다고 보기 어렵거나 그것이 의심되는 경우에는 행정입법의 부존재를 위헌적인 입법부작위로 논난(論難)하기 전에 먼저 법률의 위헌 여부를 검토하여야만 한다. 이러한 이치는 헌법재판에 있어서는 당연한 일이다. 왜냐하면 위헌법률의 아래에 시행령이 없는 것을 위헌적인 입법부작위라고 헌법재판소가 선언하는 것은 위헌법률의 집행을 행정부에 대하여 명령하는 것인데(헌법재판소법 제47조 제1항 참조) 이것은 헌법을 수호하고 헌법질서의 정합적(整合的)인 체계를 유지할 책임을 가진 헌법재

다. 상당한 시간의 경과와 부작위

특정 기본권으로부터 특정 공권력주체(행정·사법기관)를 겨냥한 적극적 입법 요구가 긍정될 수 있는 경우(즉 기본권침해의 가능성이 존재하는 경우)[54]에 해당 공권력주체가 합헌적 법률로부터 입법권한을 부여받고 있음에도 불구하고[55] 상당한 시간이 경과될 때까지 요구된 입법을 하지 않고 있다면(즉, 입법부작위를 하고 있다면), 해당 공권력주체는 구체적 기본권관계에서의 작위의무불이행상황에 놓이게 되며, 이러한 작위의무불이행상황을 구성하는 공권력주체의 입법부작위는 문제된 급부권적 기본권에 대한 침범(즉 기본권심사의 대상)이 된다. 그리고 이렇게 심사대상으로 특정된 기본권침범으로서의 입법부작위는 아래에서 계속 살펴볼 정당성심사[56]를 거쳐 종국적으로 합헌적인 기본권제한(Grundrechtsschranken)으로 평가받을 것인지 혹은 위헌적인 기본권침해(Grundrechtsverletzung)로 일컬어질 것인지 여부가 판가름된다.

물론 급부권적 기본권에 대한 침범으로서 행정·사법입법부작위는 행정·사법입법권자가 문제되는 급부권적 기본권관계에서 기본권적 보호법익에 대한 포착을 전혀 행하지 않은 경우(입법의 부존재)를 의미하는 진정입법부작위와 입법을 하였으나 문제된 규율상황에서 기본권적 보호법익에 대한 포착 내지는 고려가 미흡한 경우를 의미하는 부진정입법부작위로 분별해서 살필 수 있고,[57] 이 경우 기본권심사에서 심사대상인 부진정부작위는 작위적으로 구성하여 방어권적 기본

판소에 부여된 권한이 아니기 때문이다. 요컨대 합헌적인 법률의 시행이 행정입법의 부존재로 인하여 부당하게 지연되는 경우에 그 행정입법의 부작위가 위헌임을 선언하여 행정부로 하여금 법률을 제대로 집행하도록 조치하는 것은 헌법재판소의 권한이고 책임이지만, 위헌의 법률이 집행되지 않는 경우에 이것까지를 집행하도록 조치하는 일은 헌법재판소의 권한이 아니기 때문이다. 그러므로 행정입법의 부작위가 위헌인지 여부를 다루는 헌법재판에서 그 행정입법의 근거가 되는 법률의 합헌 여부가 의심되는 때에는 헌법재판소로서는 당연히 직권으로 그 법률의 위헌 여부를 먼저 심리하여야 하고 그 결과 법률의 위헌성이 확인될 경우에는, 헌법재판소의 권한에 속하지 않는 사항에 대한 재판을 요청하는 부적법한 청구임을 이유로 하여, 사건을 각하하여야 할 것이다. 이것은 헌법재판소법 제75조 제5항을 원용하여 심판대상을 확장하는 것과는 전혀 차원이 다른 것이다. 또한 이것은 행정입법의 부존재에 무슨 정당한 사유가 있었는가 여부를 다루는 본안의 문제도 아닌 것이다."

54) 이에 관해서는 위 목차 Ⅱ. 2. 가.

55) 이에 관해서는 위 목차 Ⅱ. 2. 나.

56) 이에 관해서는 아래 목차 Ⅲ.

57) 진정부작위와 부진정부작위의 개념 및 양자의 분별에 관해서는 김해원, 앞의 글(주 2), 273－275쪽; 양자를 분별해야 하는 헌법소송법적 차원의 실익과 헌법실체법적 차원의 실익에 관해서는 김해원, 앞의 글(주 2), 277쪽.

권에 대한 침범으로 취급하는 것[58]이 합리적이라고 하겠다.[59] 따라서 급부권적 기본권의 심사구조가 갖는 고유성은 (부진정입법부작위가 심사대상으로 특정될 경우에 비해서) 진정입법부작위가 심사대상으로 특정될 경우에 훨씬 부각된다고 하겠다.

Ⅲ. 제2단계: 정당성심사

1. 서두

행정·사법입법권자의 작위의무불이행상황을 검토함으로써 대국가적 작위요구규범으로 원용될 수 있는 특정 기본권의 보호영역이 잠정 확인되고 심사대상인 행정·사법입법부작위가 구체적으로 특정되었다면, 특정된 심사대상인 기본권침범(행정·사법입법부작위)이 헌법이 요구하고 있는 각종 규준(기본권심사기준)들에 위반되어 헌법적 차원에서 정당화될 수 없는 기본권침해인지, 아니면 기본권심사기준들에 부합되는 합헌적인 기본권제한인지에 대한 심사(정당성심사) — 정당성심사는 다음 두 영역을 포괄하는 개념이다: ① 침범(Eingriff)의 근거, 즉 기본권제한의 허용가능성(Zulässigkeit einer Beschränkung von Grundrechten)을 심사하는 '제한영역(Schrankenbereich)'[60]과 ② 허용된 기본권침범에 대한 형식적·실질적

---

58) 이러한 취급이 가능한 것은 부진정부작위는 '이중적 의미의 행위(Doppelrelevantes Verhalten)'이기 때문이다. 이에 관해서는 김해원, 앞의 글(주 2), 272쪽.

59) 그 이유는 다음과 같다: ① 부진정부작위를 부작위적으로 구성하는 것은 잘못된 논리적 선후관계를 전제한 것이다. ② 부진정부작위를 작위적으로 구성하는 것이 기본권심사의 수월성과 안정성을 높이는데 훨씬 우수하다. ③ 부진정부작위를 부작위적으로 구성하는 것에 비해서 작위적 구성은 입법권에 대한 존중 및 사법의 소극성과 권력분립원칙에 더 부합되는 방식이다. 이에 관한 상세한 설명은 김해원, 앞의 글(주 2), 278쪽; 한편 헌법재판소의 일관된 태도 또한 부진정부작위에 의한 기본권침범의 문제를 작위적으로 구성하고 있다. 행정·사법입법부작위와 관련해서는 특히 헌재 2011.9.29. 2010헌바66, 판례집 23-2(상), 589쪽: "초·중등교육법 제23조 제3항 및 동법 시행령 제43조가 초·중등학교의 교육과목을 규정함에 있어 헌법 과목을 필수과목으로 규정하고 있지 않다 하더라도, 이는 입법행위에 결함이 있는 '부진정 입법부작위'에 해당하므로 결함이 있는 당해 입법규정 그 자체를 대상으로 하여 적극적인 헌법소원을 제기하여야 하지, 그 입법부작위를 헌법소원의 대상으로 삼을 수는 없다(헌재 1989.7.28. 89헌마1, 판례집 1, 157, 163-164쪽; 헌재 1993.3.11. 89헌마79, 판례집 5-1, 92, 101-102쪽; 헌재 2000.4.11. 2000헌마206, 공보 45, 412-413쪽 등 참조). 따라서 이 부분 심판청구는 허용되지 않는 것을 대상으로 한 것으로서 부적법하다."

60) 기본권은 헌법적 차원에서 보장되는 권리라는 점에서 기본권적 보호법익에 대한 침범(기본권침범) 또한 헌법적 차원에서 허용될 수 있어야 하는바, 기본권침범의 헌법적 근거가 제한영역에서 확인되어야 한다. 관련하여 심사대상인 기본권침범의 근거로 헌법을 직접 원용하는 것을 '헌법직접적 유보(헌법유보)', 헌법으로부터 수권 받은 헌법하위규범을 원용하는 것을 '헌법간접적 유보'라고

헌법적합성(formelle · materielle Verfassungsmäßigkeit)을 심사하는 '제한의 한계영역(Schrankenschrankenbereich)'[61] — 가 본격적으로 행해져야 한다.[62] 그런데 지금까지의 논의를 종합·정리하면 정당성심사의 대상이 되는 행정·사법입법부작위는 아래 영역(A−1·A−2·B−1·B−2 영역)들 중 한 곳에 위치하게 된다.

부작위 유형 / 입법권한 부여방식	진정입법부작위	부진정입법부작위
명령규범: 작위의무 부과	A-1 영역	B-1 영역
허용규범: 재량부여	A-2 영역	B-2 영역

따라서 이하에서는 심사대상인 행정·사법입법부작위가 진정부작위인 경우와 부진정부작위인 경우로 구분하여 각각의 경우에 법률이 행정·사법입법권자에게 입법권한을 어떠한 방식으로 부여했는지에 주목하여 논의를 계속 진행하도록 한다.

2. 진정입법부작위

가. 'A-1 영역'에 위치하고 있는 경우

국회가 법률로써 특정 행정·사법입법권자에게 기본권관계를 규율하기 위한 일정한 행정·사법입법을 제정·개정할 의무를 부과하고 있음에도 불구하고 해당 행정·사법입법권자가 상당한 시간이 경과되었음에도 아무런 입법적 조치를 취하지 않은 행정·사법입법의 부존재(진정입법부작위)가 심사대상인 기본권침범으로 특정된 경우라면, 해당 진정입법부작위는 법률적 근거가 없는 공권력의 불행사로서의 기본권침범에 해당된다.[63] 따라서 심사대상인 행정·사법입법권자의 진

할 수 있을 것이며, 후자의 방식 중에서 가장 대표적인 것이 헌법 제37조 제2항 "법률로써"에 근거를 둔 '법률유보'라고 할 수 있겠다.

61) V. Epping, Grundrechte, Springer, 3. Aufl., 2007, S. 16; C. Degenhart, Klausurenkurs im Staatsrecht, C. F. Müller, 4. Aufl., 2007, S. 11f.; R. Schmidt, Grundrechte sowie Grundzüge der Verfassungsbeschwerde, Dr. Rolf Schmidt, 10. Aufl., 2008, S. 45f., 63; 김해원, 앞의 글(주 3), 282쪽.

62) 김해원, 앞의 글(주 2), 265쪽; 김해원, 앞의 글(주 30), 120쪽.

63) 물론 다른 법률조항에 기대어 행정·사법입법권자가 자신의 입법부작위행위에 대한 법률적 근거를 제시할 수 있는 가능성을 생각해볼 수 있다. 하지만 이 경우는 행정·사법입법권자에게 '입법의무를 부과하는 법률(입법을 명령하는 법률)'과 '입법부작위를 허용 혹은 명령하는 법률' 상호 간 충돌문제로서 일반적인 법률해석의 원칙(특히 '일반법에 대한 특별법우선 원칙'이나 '신법우선원칙'

정입법부작위는 기본권침범에 관한 헌법간접적 근거부여 방식인 기본권관계에서의 법률유보원칙을 규정하고 있는 헌법 제37조 제2항 "법률로써"에 위반되는 공권력의 불행사가 되며[64] 헌법상 허용될 수 없는(헌법적 근거 없는) 기본권침해로 확정된다. 그리고 해당 기본권침범에 대한 형식적·실질적 헌법적합성여부를 검토하는 제한의 한계영역에서의 심사는 무의미한 것이 되어 기본권심사는 종료된다.[65]

그런데 헌법재판소는 행정·사법입법권자의 진정입법부작위가 문제된 헌법소원심판사건에서 헌법이 기본권관계에서의 국가행위통제규준(즉, 기본권심사기준)으로 마련해둔 법률유보원칙을 간과함으로써 기본권심사과정상의 혼란과 논증 상의 모순을 유발하고 있다. 예컨대 국회가 법률로써 대통령에게[66] 군법무관의 봉급과 그 밖의 보수를 법관 및 검사의 예에 준하여 지급하도록 하는 대통령령을 제정할 의무를 부과했는데,[67] 대통령이 해당 법률에 상응하는 대통령령을 제정하지 않은 진정입법부작위[68]가 군법무관인 청구인들의 기본권을 침해하는지 여부가 다투어진 헌법소원심판사건의 본안판단에서[69] 심사대상인 '대통령의

등)에 따라 해결될 일이다. 만약 구체적으로 문제된 사안에서 '입법의무를 부과하는 법률'을 밀어내고 '입법부작위를 허용 혹은 명령하는 법률'이 종국적으로 적용되는 것으로 판단된다면, 문제된 행정·사법입법부작위는 애당초 'A－1 영역'에 위치하지 않는 것이 된다.

64) 물론 기본권침범인 행정·사법입법부작위의 근거를 직접 헌법으로부터 가져오는 논증방식인 헌법유보를 고민해 볼 수도 있겠지만, 특단의 경우가 아닌 한 이러한 고민은 무의미하다고 하겠다(특단의 경우와 관련해서는 위 주 33) 참조). 왜냐하면 현대 법치국가에서의 행정·사법기관은 헌법에 직접 대답할 수 있는 것이 아니라, 법률(보다 정확히는, '법률적 차원의 규범')을 매개해서 기본권적 요청에 응답할 수 있기 때문이다(이에 관해서는 위 목차 Ⅱ. 2. 나. 참조).

65) 여기서 주의할 것은 행정·사법입법권자의 모든 진정입법부작위에 대해 법률유보원칙 위반여부가 바로 검토되는 것은 아니라는 점이다. 이러한 검토를 위해서는 앞서 논한 작위의무불이행상황에 대한 검토가 선행되어야 한다. 따라서 행정·사법입법권자가 법률로부터 일정한 기본권관계를 규율해야 할 입법의무 부여받고 있다는 점이 확인되지 않은 상황에서 행정·사법입법권자의 진정입법부작위를 문제 삼으면서 법률유보원칙위반여부를 논단할 수는 없다고 하겠다.

66) 이 사건 결정문에는 피청구인이 "대통령"으로 기재되어 있다(헌재 2004.2.26. 2001헌마718, 판례집 16－1, 315쪽).

67) 헌법재판소도 이 사건에 있어서 대통령령의 제정의무는 구 군법무관임용법 제5조 제3항("군법무관의 대우는 법관 및 검사의 대우에 준하여 대통령령으로 정한다.") 내지 법 제6조("군법무관의 봉급과 그 밖의 보수는 법관 및 검사의 예에 준하여 대통령령으로 정한다.")에 의한 위임에 의하여 부여된 것이라고 밝히고 있다(헌재 2004.2.26. 2001헌마718, 판례집 16－1, 320쪽).

68) 이 사건에서 헌법재판소는 명시적으로 심사대상 부작위를 "부진정 입법부작위가 아니라 진정 입법부작위에 해당되는 것"이라고 밝히고 있다(헌재 2004.2.26. 2001헌마718, 판례집 16－1, 319쪽).

69) 이 사건의 적법요건판단에서 헌법재판소는 대통령령 제정과 관련하여 대통령의 작위의무불이행상황에 대한 검토를 했어야 했다. 하지만 이 사건에서 헌법재판소의 법정의견은 심사대상으로 대통령의 진정입법부작위를 특정한 것 외의 대통령의 작위의무불이행상황에 대한 검토는 본안판단에서 행했다. 이에 관해서는 위 목차 Ⅱ. 2. 가. 및 나; 헌재 2004.2.26. 2001헌마718, 판례집 16－1, 318－323쪽 참조.

진정입법부작위'는 (법률상 근거가 없는 공권력의 불행사이기 때문에)[70] 법률유보원칙에 위반하여 청구인들의 기본권을 침해하여 위헌이라고 판단하고 심사를 종료했으면 족했을 터인데, 헌법재판소는 주목했어야 할 법률유보원칙의 위반여부에 대한 검토는 도외시한 채 단지 "행정부가 위임입법에 따른 시행명령을 제정하지 않거나 개정하지 않은 것에 정당한 이유가 있었다면 그런 경우에는 헌법재판소가 위헌확인을 할 수는 없을 것이다."라고 하면서, "그러한 정당한 이유가 인정되기 위해서는 그 위임입법 자체가 헌법에 위반된다는 것이 누가 보아도 명백하거나, 위임입법에 따른 행정입법의 제정이나 개정이 당시 실시되고 있는 전체적인 법질서 체계와 조화되지 아니하여 그 위임입법에 따른 행정입법 의무의 이행이 오히려 헌법질서를 파괴하는 결과를 가져옴이 명백할 정도는 되어야 할 것이다."라는 입장을 피력한 다음, 이러한 입장에 기초해서 심사대상인 대통령의 진정입법부작위가 정당성이 있는지 여부를 확인한 후 "[…] 입법부가 일단 해당 시행령의 제정을 아무런 유보조항 없이 행정부에 명한 이상, 대통령(소관 국방부장관)은 그 시행령을 제정하여야 할 헌법상의 의무가 있는 것이다."라는 결론을 이끌어내고 있다.[71] 그러나 이러한 헌법재판소의 입장은 어떤 헌법적 근거에서 비롯된 것인지도 의심스러울 뿐만 아니라, 무엇보다도 다음과 같은 이유들 때문에 비판되어야 한다: ① 심사대상인 대통령의 진정입법부작위에 대해 정당성 유무를 검토한 결과가 정당성 유무를 검토하기 위한 전제조건이라고 할 수 있는 기본권관계에서의 입법의무(즉, "대통령이 문제된 시행령을 제정해야 할 헌법상 의무")에 대한 확인으로 귀결되었다는 점에서 결론이 생뚱맞거나 비논리적이다.[72] ② 헌법재판소는 행정·사법입법권자에게 입법의무를 부과하고 있는 법률(위임법률) 그 자체가 헌법에 위반될 경우에는 그 위임법률에 따른 행정·사법입법권자의 입법의무의 불이행(입법부작위)에 대해서 정당한 이유가 존재하는 것으로 이해하고 있다. 하지만 위임법률 그 자체가 헌법에 위반되는 것으로 판단된다면 위헌인 법률

70) 물론 이 경우 법률적 근거를 마련하지 않은 국회의 입법부작위를 심사대상으로 삼아서 헌법재판소에 헌법소원심판을 청구할 수 있는 가능성에 관한 검토는 별개의 논의이다.

71) 헌재 2004.2.26. 2001헌마718, 판례집 16-1, 321-322쪽.

72) 실제로 이 사건에서 헌법재판소는 "행정입법 부작위의 정당성 유무"에 대한 판단이전에 이미 "군법무관의 보수의 지급에 관하여 대통령령을 제정하여야 하는 것은 헌법에서 유래하는 작위의무를 구성한다."라는 결론을 도출해놓았음에도 불구하고, 이어진 "행정입법 부작위의 정당성 유무"에 대한 판단에서도 "[…], 대통령(소관 국방부장관)은 그 시행령을 제정하여야 할 헌법상의 의무가 있는 것이다."라는 동일한 결론을 반복하고 있다(헌재 2004.2.26. 2001헌마718, 판례집 16-1, 321-322쪽 참조). 결국 이 사건에서 "행정입법 부작위의 정당성 유무"에 관한 헌법재판소의 논의는 별다른 실익 없이 오해의 소지만 유발시키는 것이 되어버렸다.

로부터 입법의무를 부여받은 행정·사법입법권자는 작위의무불이행상황에 놓여 있다는 의심으로부터 해방되는바,[73] 엄격하게 본다면 문제된 진정입법부작위는 정당성심사의 대상이 되는 기본권침범으로 포착되지 않게 된다.[74] 따라서 애당초 심사대상으로 포착될 수 없는 행정·사법입법권자의 입법부작위에 대해서 정당성 유무를 검토하는 것은 논리적 오류이다.[75] ③ 결국 이 사건에서 헌법재판소는 심사대상인 대통령의 입법부작위(진정입법부작위)에 대해서 "정당한 이유 없이 청구인들의 재산권을 침해한 것으로서 헌법에 위반"된다는 판단을 내렸음에도 불구하고, 정작 왜 정당한 이유가 없는지(즉, 어떠한 기본권심사기준에 위반되어 청구인들의 재산권이 침해된 것인지)에 관한 논거를 제시하지 못했다.[76] 이러한 문제점들은 무엇보다도 헌법재판소가 행정·사법입법권자의 진정입법부작위로 인한 기본권침해 여부를 검토하면서 '법률유보원칙 위반여부'에 대한 검토를 간과한 것에서부터 비롯된 것으로 생각된다.[77]

나. 'A-2 영역'에 위치하고 있는 경우

1) 제한영역에서의 심사

국회가 법률로써 행정·사법입법권자에게 일정한 기본권관계를 규율하기 위한 행정·사법입법을 제정·개정할 수 있도록 허용하고 있는(즉, 재량을 부여하고 있는) 상황에서 해당 행정·사법입법권자가 상당한 기간이 경과될 때까지 아무런 입법적 조치를 취하지 않은 행정·사법입법의 부존재(즉, 진정입법부작위)가 심사대상인 기본권침범으로 특정된 경우(즉, 'A－2 영역'이 문제되는 경우)라면, 해당 진

---

73) 위 주 53) 참조.

74) 따라서 해당 헌법소원심판청구는 각하되어야 한다. 이에 관해서는 위 주 53) 참조.

75) 이러한 문제는 기본권심사에서의 논증부담과 관련해서도 중요한 의미를 갖게 된다. 어떤 공권력의 행사 및 불행사가 기본권침범으로 특정될 수 있는지 여부에 관한 다툼에서는 기본권최대보장자가 적극적으로 논증의 부담을 져야 하겠지만, 이미 기본권침범으로 특정된 후 행해지는 정당성심사에서는 기본권최대제한자가 심사대상인 기본권침범의 정당성 여부에 대해 논증을 부담하는 것이 합리적이다. 이러한 논증부담에 관해서는 특히 김해원, 앞의 글(주 3), 312－313쪽.

76) 물론 이 사건에서 헌법재판소는 법률유보원칙을 도외시했다고 하더라도, 재산권침해여부와 관련해서 헌법 제37조 제2항 "필요한 경우에 한하여"로부터 도출될 수 있는 심사기준인 비례성원칙(과소금지원칙)의 위반여부를 검토하여 대통령의 진정입법부작위가 정당한 이유가 없는 공권력의 불행사임을 논증할 수 있는 기회가 있었다(특히 헌재 2004.2.26. 2001헌마718, 판례집 16－1, 322－323쪽). 하지만 헌법재판소는 이 사건에서 비례성원칙 위반여부에 관해서 본격적인 검토를 하지 않았다.

77) 왜냐하면 이 사건에서 헌법재판소가 법률유보원칙에 대한 검토를 간과한 상황에서 심사대상인 대통령의 진정입법부작위(대통령령의 부존재)가 정당하지 않다는 점을 밝히려고 애쓴 과정이 결국 논증 상의 오류와 논거제시의 미흡함으로 귀결되었기 때문이다.

정입법부작위는 입법부작위할 수 있는 가능성을 열어두고 있는 법률에 근거한 행위로서 일응 허용된 행위라고 볼 수 있을 것이다.[78] 따라서 원칙적으로 'A－2 영역'에 위치하고 있는 행정·사법입법권자의 진정입법부작위를 헌법 제37조 제2항 "법률로써"에 근거하는 기본권관계에서의 법률유보원칙에 위반된다고 평가할 것은 아닌바,[79] 허용된 기본권침범에 대한 헌법적합성여부를 검토하는 제한의 한계영역에서의 심사로 나아가야 한다.

2) 제한의 한계영역에서의 심사(허용된 침범에 대한 헌법적합성심사)

허용된 기본권침범이라고 하더라도 항상 정당화되는 것은 아니다. 오히려 해당 기본권침범이 모든 관점에서 — 즉, 형식적으로도 실질적으로도 — 헌법에 적합해야만 비로소 정당화될 수 있다. 그런데 기본권침범으로서 행정·사법입법권자의 진정입법부작위가 문제되는 경우에는 심사대상에 대한 형식적 헌법적합성심사는 무의미하다. 왜냐하면 행정·사법입법의 부존재가 문제되는 경우이므로 심사되어야 할 외형(형식) 또한 애당초 존재하지 않기 때문이다.[80] 따라서 제한의 한계영역에서 행해지는 행정·사법입법권자의 진정입법부작위에 대한 헌법적합성심사는 실질적 헌법적합성심사 — 심사대상인 기본권침범과 기본권적 보호법익과의 관련성에 주목해서 헌법이 요청하고 있는 각종 심사기준(실질적 헌법적합성심사기준)들이 준수되고 있는지 여부를 구체적 기본권관계에서 검토하여 기본권침범의 헌법적합성여부를 판단하는 심사 — 로 모아지게 된다.[81] 관련하여 만약 실질적 헌법적합성심사 과정에서 심사대상인 행정·사법입법권자의 진정입

78) 관련하여 특히 위 주 43)에서 언급한 '헌재 2005.12.22. 2004헌마66 사건'을 참고할 수 있을 것이다. 이 사건에서 사법시험법 제11조 제2항에 근거해서 피청구인인 법무부장관에게 입법권한을 수권하고 있는 사법시험시행령(대통령령) 제5조 제5항을 "법의 시행과정에서 필요한 사항이 있으면 법무부령으로 정하도록 하는 집행명령의 위임"으로 이해하고 있는 헌법재판소의 입장을 받아들인다면(헌재 2005.12.22. 2004헌마66, 공보 111, 149쪽), 심사대상인 「법무부장관이 사법시험의 '성적세부산출 및 그 밖에 합격결정에 필요한 사항'에 관한 시행규칙(법무부령)을 제정하지 아니한 입법부작위(진정입법부작위)」는 'A－2 영역'에 위치하는 기본권침범으로 이해해야 할 것이다. 이와 관련된 헌법재판소의 통찰이 미흡함은 앞서 언급한 바와 같다(위 목차 Ⅱ. 2. 나. 참조).

79) 요컨대 기본권심사가 행해지는 논증다툼에서 심사대상인 행정·사법입법권자의 진정입법부작위가 헌법에 위반되지 않는다고 주장하는 자는 「해당 진정입법부작위는 (입법의무를 부과하고 있는 법률이 아니라) 입법할 수 있는 권한을 부여하고 있는 '법률'에 직·간접적으로 근거한 행위(즉, 법률유보원칙을 준수한 공권력의 불행사)」라고 항변할 수 있다는 것이다.

80) 물론 행정·사법입법권자의 진정입법부작위가 아니라, 행정·사법입법권자에게 입법권한을 부여하고 있는 법률 그 자체에 대한 권한·절차·형태를 검토하는 형식적 헌법적합성심사는 가능하다. 이에 관한 자세한 논의는 김해원, 앞의 글(주 38), 237쪽 이하.

81) 실질적 헌법적합성심사와 형식적 헌법적합성심사의 구별에 관해서는 특히 김해원, 앞의 글(주 38), 241쪽.

법부작위로 인해 야기될 기본권적 보호법익에 대한 실질적 훼손의 정도에 비해서 민주적 정당성을 갖춘 행정·사법입법권자의 입법재량권에 대한 존중이 더 크게 요청된다고 판단될 수 있는 경우에는 심사대상인 행정·사법입법권자의 진정입법부작위는 헌법 제37조 제2항 "필요한 경우에 한하여"로부터 비롯되는 비례성원칙(과소금지원칙) — 급부권적 기본권의 심사에서는 비례성원칙은 과소금지원칙으로 이해된다 — 에 부합되는 것으로서 헌법상 정당화될 수 있는 기본권제한으로 평가될 수 있는 가능성이 높을 것으로 생각된다.[82] 이러한 점은 "[…], 만일 하위 행정입법의 제정 없이 상위 법령의 규정만으로도 집행이 이루어질 수 있는 경우라면 하위 행정입법을 하여야 할 헌법적 작위의무는 인정되지 아니한다."라고 판단한 헌법재판소의 태도를 통해서도 지지될 수 있을 것으로 본다.[83] 왜냐하면 해당 헌법재판소의 입장은 「법률로부터 입법권한을 수권 받은 행정입법권자가 일정한 기본권관계를 규율하는 입법을 하지 않았다고 하더라도 행정권이 다른 규범에 기대어 기본권보장을 위한 구체적인 집행을 할 수 있어서 실제로 기본권적 보호법익에 대한 훼손으로 이어지지 않을 수 있거나 혹은 그러한 훼손을 최소화할 수 있는 상황이라면, 그렇지 않은 상황에 비해서 행정입법을 할 것인지 여부에 대한 행정입법권자의 입법재량권이 보다 폭넓게 인정될 수 있다는 것」으로 이해될 수 있기 때문이다.[84]

---

82) 실질적 헌법적합성 여부를 판단하기 위한 심사기준들은 여러 가지가 있지만, 헌법 제11조에 근거하고 있는 '평등원칙'이나 헌법 제37조 제2항으로부터 도출될 수 있는 '목적의 정당성', '비례성원칙', '본질내용침해금지' 외의 다른 심사기준들을 통해서 진정입법부작위를 통제할 수 있을지는 의문이다. 왜냐하면 대부분의 실질적 헌법적합성심사를 위한 기준들은 주로 작위에 의한 기본권침범을 염두하고 마련된 것이기 때문이다(실질적 헌법적합성심사와 관련된 심사기준들에 대한 일별은 김해원, 앞의 글(주 30), 122쪽; 김해원, 「기본권심사에서 실질적 헌법적합성심사의 구조와 개별적 심사기준의 체계화에 관한 연구 — 기본권적 보호법익과 결부된 심사기준을 중심으로 —」, 『헌법학연구』 23-2, 한국헌법학회, 2017, 206쪽 이하). 따라서 진정입법부작위에 대한 통제규준으로서 무엇보다 주목될 수 있는 기본권심사기준으로는 과소금지원칙으로서의 비례성원칙을 언급할 수 있겠다.

83) 헌재 2005.12.22. 2004헌마66, 공보 111, 149쪽.

84) 한편 헌법재판소는 '행정입법의 부작위로 인한 법령의 공백을 대법원 판례가 대신하고 있는 것'을 행정입법의무불이행의 정당화 사유로 인정하는데 소극적이다(이에 관해서는 헌재 2002.7.18. 2000헌마707, 판례집 14-2, 76쪽: "행정입법 부작위로 인한 법령의 공백을 대법원 판례가 대신하고 있어 실질적으로는 평균임금 산정방법이 불가능한 경우가 없게 되었다고 하더라도, 이것은 노동부장관의 행정입법 부작위로 인하여 법령의 공백상태가 발생함으로써 이를 메우기 위하여 부득이 법원의 판례가 형성되었던 것에 불과하므로 그러한 사유로는 노동부장관의 행정입법 작위의무가 면제된다고 볼 수 없다."). 하지만 법령의 공백을 판례가 대신하고 있다는 점을 일률적으로 고려하여 정당성 여부를 판단할 것이 아니라, 입법의무를 부과하는 근거 규범의 규정형식 및 헌법현실에서 입법공백이 미치는 영향 등을 종합적으로 고려하여 구체적으로 검토해야 할 것으로 본다.

3. 부진정입법부작위

행정·사법입법권자가 기본권관계를 규율하는 일정한 규범을 정립하긴 했지만, 정립된 규범이 관련된 기본권보장에 미흡하거나 불충분·불완전하다는 이유로 행정·사법입법권자의 입법행위(부진정입법부작위) — 보다 정확히는, '부진정입법부작위의 결과물인 규범' — 를 기본권심사의 대상으로 특정한 경우는 지금까지 살펴본 급부권적 기본권의 심사구조에 따라 기본권심사가 진행되지 않는다. 왜냐하면 기본권심사에서 심사대상인 부진정부작위는 작위적으로 구성한 후(즉, 방어권적 기본권에 대한 침범으로 구성한 후)[85] 방어권적 기본권의 심사구조를 활용해야 하기 때문이다.[86]

다만 행정·사법입법권자의 부진정입법부작위의 위헌성 여부를 판단함에 있어서 방어권적 기본권의 심사구조를 활용한다는 것이 정당성심사(특히 실질적 헌법적합성심사)에서 대국가적 작위요구권으로서의 급부권적 기본권의 특수성을 완전히 무시한다는 것을 의미하는 것은 아니다.[87] 관련하여 특히 다음 두 가지를 주목할 수 있겠다: ① <비례성원칙의 의미> 헌법 제37조 제2항 전단의 "필요한 경우에 한하여"로부터 도출되는 기본권심사기준인 비례성원칙은 ('과잉금지원칙'으로 이해되는 방어권적 기본권의 심사에서와는 달리) 급부권적 기본권관계에서는 기본권적 보호법익을 위한 국가의 작위적 개입이 너무 부족하면 비례적합하지 않다는 의미에서의 '과소금지원칙'으로 이해된다. 그리고 구체적 사안에서 행해지는 '과소금지원칙'에 입각한 형량과정 — 즉 심사대상인 행정·사법입법권자의 부진정입법부작위로 인해서 훼손되는 기본권적 보호법익의 정도 내지는 크기와 해당 부진정입법부작위로 인해서 얻을 수 있는 공익 내지는 민주적 정당성을 갖춘 행정·사법입법권자의 입법형성권한 상호 간의 형량과정 — 에서 행정·사법입법권자는 입법의무가 부과된 'B−1 영역'이 문제되는 경우에 비해서 'B−2 영역'이 문제될 경우에 상대적으로 폭넓은 입법형성권한을 인정받을 수 있을 것이다. ② <비례성원칙과 본질내용침해금지 상호 간 검토 순서> 헌법 제37조 제2항 후단에 근거하는 심사기준인 본질내용침해금지는 방어권적 기본권의 심사에서는 심사대상인 기본권침범이 국가개입의 최대치(국가작위의 상한)를 벗어난 것은 아닌지 여부를 판단하는 기준으로 활용되겠지만, 급부권적 기본권의 심사에서는

85) 관련된 상세한 논의는 김해원, 앞의 글(주 2), 276−278쪽; 위 목차 Ⅱ. 2. 다. 참조.
86) 방어권적 기본권의 정당성 심사구조에 관해서는 특히 김해원, 앞의 글(주 33), 29쪽 이하 참조.
87) 김해원, 앞의 글(주 2), 284쪽.

심사대상인 기본권침범이 국가개입의 최소치(국가작위의 하한)에 미달된 것은 아닌지 여부를 판단하는 기준으로 원용된다. 따라서 (과잉금지원칙으로 이해되는 비례성원칙 위반여부에 대한 검토 이후 심사대상인 기본권침범이 본질내용침해금지에 위반되는지 여부를 살펴보는 것이 사고의 과정상 합리적이라고 할 수 있는 방어권적 기본권에 대한 심사에서와는 달리) 급부권적 기본권의 심사에서는 심사대상인 기본권침범이 비례성원칙(과소금지원칙)에 위반되는지 여부에 대한 검토 이전에 본질내용침해금지에 위반되는지 여부를 살펴보는 것이 합리적이라고 하겠다. 왜냐하면 최소개입에도 해당하지 않는 국가의 불충분한 입법행위(부진정입법부작위)에 대해서 '과소금지원칙'으로 이해되는 형량작업을 진행하는 것은 무의미하기 때문이다.[88]

Ⅳ. 보론: 기본권심사구조와 쟁송방법

기본권심사구조는 기본권침해 여부를 다투는 모든 기본권적 논증에서 활용될 수 있겠지만, 사법심사의 관점에서는 무엇보다도 구체적 쟁송과 결부해서 논증다툼을 지도하고 안내하는 구조 내지는 틀로 활용될 경우에 보다 실천적 의미를 갖게 된다. 그런데 행정·사법입법부작위로 인한 기본권침해여부가 다투어질 경우에 해당 행정·사법입법부작위가 진정입법부작위인지 혹은 부진정입법부작위인지 여부를 불문하고 현행 쟁송방법상 법원은 행정·사법입법부작위를 직접적인 소송대상으로 삼아서 재판할 수 있는 권한(즉, 행정·사법입법에 대한 직접적·본원적 규범통제권한)을 갖고 있지 않다.[89] 법원은 단지 구체적 사건의 심판을 위한 선결문제로서 행정·사법입법의 위헌·위법성이 다투어진 경우에 당해 사건에 대한 적용 여부의 판단을 구할 수 있을 뿐이다.[90] 같은 맥락에서 행정·사법권력기관의 고의 또는 과실이 인정되면 행정·사법입법부작위로 인해 기본권을 침

88) 김해원, 앞의 글(주 2), 285쪽 참조.

89) 이것은 대법원의 일관된 입장이기도 하다. 특히 대법원 1992.5.8. 선고 91누11261 판결; 대법원 1991.8.27. 선고 91누1738 판결; 대법원 1992.3.10. 선고 91누12639 판결; 서보국, 앞의 글(주 2), 89－91쪽, 정남철, 앞의 글(주 2), 194쪽.

90) 이 경우에도 헌법은 명령·규칙이 헌법이나 법률에 위반되는지 여부가 재판의 전제가 되는 경우에 인정되는 '구체적 규범통제'만을 인정하고 있으므로(헌법 제107조 제2항) 부진정입법부작위의 결과물인 명령·규칙의 효력 자체를 상실시킬 수는 없다. 이에 관해서는 이준일, 『헌법학강의』, 홍문사, 2015, 972－973쪽 참조.

해받은 자가 국가배상을 청구할 수 있는 가능성을 생각해볼 수 있겠으나,[91] 이러한 소송 또한 행정·사법입법부작위 그 자체를 직접 대상으로 하여 그 효력을 다툴 수 있는 기본권구제절차가 아니라 사후적·보충적 구제수단에 그친다.[92] 따라서 현재의 헌법현실에서 행정·사법입법부작위로 인한 기본권침해여부를 다투는 쟁송으로는 헌법재판소에 의한 헌법소원심판이 주목될 수 있을 뿐이다.[93] 그런데 기본권관계에서 행정·사법입법권자의 부진정입법부작위는 작위적으로 구성해서 적극적인 헌법소원심판을 제기해야 하므로,[94] 결국 지금까지 논의한 급부권적 기본권의 심사구조는 행정·사법입법권자의 진정입법부작위로 인한 기본권침해여부를 다투는 헌법소원심판에서 특별히 주목을 받으며 활용될 수 있다고 하겠다.

Ⅴ. 마치는 글

행정·사법 권력에 의한 입법부작위(행정·사법입법부작위)로 인해 특정 기본권이 침해되었는지 여부를 판단하기 위한 일반적인 심사구조를 정립하는 활동은 이론적·실천적 중요성에도 불구하고 그동안 학계에서 체계적이고 심도 있게 논의된 바가 거의 없었던 것으로 보인다.[95] 무엇보다도 지금까지 발표된 관련 연구 성과들이 매우 적을 뿐만 아니라, 있다고 하더라도 구체적 사건들을 해결하는

---

91) 대법원 2008.5.29. 2004다33469 판결: "상당한 기간이 경과하도록 고의 또는 과실로 이러한 입법의무를 이행하지 아니하는 등 극히 예외적인 사정이 인정되는 사안에 한정하여 국가배상법 소정의 배상책임이 인정될 수 있으며, [···]."

92) 관련하여 특히 헌재 1998.7.16. 96헌마246, 판례집 10-2, 300-301쪽.

93) 바로 이러한 맥락을 고려한다면(즉, 행정·사법입법부작위에 대한 기본권침해 여부가 문제된 경우에 이를 사법적으로 해결할 수 있는 쟁송방법으로 헌법소원심판 이외의 다른 적절한 수단이 현재 존재하지 않다는 점을 고려한다면), 「국회가 법률을 통해서 행정·사법입법의 주체에게 행정·사법입법과 관련된 입법권한을 '허용이란 당의의 양식'으로 부여해주고 있는 상황에서 행정·사법입법권자의 진정입법부작위가 심사대상으로 문제가 된 경우(즉, A-2 영역)」를 헌법소원심판 과정에서 전혀 고민하고 있지 않은 헌법재판소의 태도(이에 관해서는 위 목차 Ⅱ. 2. 나.)가 변화되어야 할 필요성은 더욱 크다고 하겠다.

94) 관련하여 특히 헌재 2011.9.29. 2010헌바66, 판례집 23-2(상), 589쪽: "[···] 이는 입법행위에 결함이 있는 '부진정입법부작위'에 해당하므로, 결함이 있는 당해 입법규정 그 자체를 대상으로 하여 적극적인 헌법소원을 제기하여야 하지 그 입법부작위를 헌법소원의 대상으로 삼을 수는 없다."

95) 급부권적 기본권의 심사구조에 관한 논의가 매우 적을 뿐만 아니라, 있다고 하더라도 대부분 국회의 법률정립과 관련된 부작위를 심사대상으로 하는 경우나 행정·사법부작위를 심사대상으로 하는 경우가 대부분이다. 관련된 문헌으로는 위 주 2) 참조.

과정에서 헌법재판소가 밝히고 있는 논리들을 소개 내지는 정리하고 있는 정도에 그친 경우가 대부분이다. 그 결과 관련 사건들에 대한 헌법재판소 결정이 갖고 있는 논리적 흠결이나 문제점 내지는 한계 등에 대한 합리적 비판이나 대안제시 등이 활발하게 이루어지고 있지 못하며, 심지어 (주권자인 국민이 보유하고 있는 헌법적 차원의 권리인 기본권적 관점에서는 통제되고 평가되어야 할 공권력 기관들 중의 하나에 불과한) 헌법재판소의 재판활동에 의해 기본권심사구조에 관한 일반이론의 정립이 선도되고 있는 경향이 행정·사법입법부작위를 심사대상으로 삼는 기본권심사와 관련해서 특히 강화되고 있음을 부인하기 어려운 상황이다.

하지만 이러한 필자의 상황인식은 역설적으로 본 연구를 촉진하는 계기이자 추동하는 힘이 되었음을 부인할 수 없다. 그 결과 지금까지 살펴본 바와 같이 (구체적인 기본권관계에서 문제된 기본권의 보호영역을 잠정 확인하는 과정과 이러한 과정을 통해서 특정된 심사대상인 기본권침범에 대한 헌법적 정당성여부를 검토하는 과정으로 진행되는) 기존의 기본권심사구조[96]에 입각하면서도 공권력의 부작위를 심사대상으로 삼고 있는 대국가적 작위요구규범으로서의 급부권적 기본권이 갖고 있는 특수성과 기본권수범자인 행정·사법 권력기관이 갖고 있는 권한법적 특성을 반영하여 '행정·사법입법부작위로 인한 기본권침해여부를 판단하기 위한 심사구조'를 새롭게 제안하고, 제안된 심사구조에 입각하여 구체적 사건을 해결하는 과정에서 관련 논의들을 선도해오고 있는 헌법재판소의 입장을 분석 및 비판해볼 수 있었다. 이러한 논의들이 보다 합리적이고 설득력 있는 기본권심사구조를 구축하기 위한 논의과정에서 토론의 계기가 되고 질정 혹은 극복의 대상이 될 수 있기를 기대한다.

---

96) 이에 관해서는 특히 김해원, 앞의 글(주 33), 30－31쪽, 특히 주 9) 참조.

제 2 장

행정·사법부작위가 심사대상인 경우

§ 17. 행정·사법부작위가 심사대상인 경우*

Ⅰ. 시작하는 글

국가기능을 입법·행정·사법으로 분립하고 있는 헌법의 기본적 태도를 고려한다면,[1] '대국가적 작위요구권'으로서의 성격을 갖는 급부권적 기본권의 침해여부가 다투어지는 기본권관계[2]에서 심사대상으로 특정될 수 있는 국가권력의 부작위 또한 입법부작위·행정부작위·사법부작위로 분별하여 살필 수 있을 것이다. 그런데 이미 선행작업들을 통해서 기본권관계에서 '법률정립과 관련된 입법부작위'[3]와 '법률하위규범정립과 관련된 입법부작위'[4]로 인해서 기본권침해여부가 문제된 경우에 이를 판단하기 위한 기본적인 사고의 틀(심사구조)을 구축한 바 있다(이 책 § 15. 및 § 16.). 따라서 여기에서는 선행연구들에서 상당부분 정리가 된 입법부작위로 인한 기본권침해 여부에 관한 검토는 생략하되, 기본권관계에서 '행정부작위'가 심사대상이 된 경우(Ⅱ)와 '사법부작위'가 심사대상이 된 경우(Ⅲ)에 주목하여 각각의 경우에 급부권적 기본권의 심사구조를 설명하면서 관련 논의들을 주도하고 있는 헌법재판소의 태도를 비판적으로 검토한 후,[5] 합리적인

---

* 김해원, 「행정·사법부작위에 의한 기본권침해 판단구조 — 헌법재판소 결정에 대한 비판을 중심으로 —」, 『법학논총』 제38권 제1호, 전남대학교 법학연구소, 2018, 257-295쪽에 수록된 글을 수정·보완한 것이다.

1) 헌재 1992.4.28. 90헌바24, 판례집 4, 229쪽.

2) 김해원, 「기본권관계에서 국가의 의무 — 확인의무·보장의무·보호의무를 중심으로 —」, 『공법학연구』 12-4, 한국비교공법학회, 2011, 85쪽; 허완중, 「기본적 인권을 확인하고 보장할 국가의 의무」, 『저스티스』 115, 한국법학원, 2010, 69-70쪽; 허완중, 「기본권관계 — 기본권문제를 바라보는 객관적이고 합리적인 틀」, 『공법연구』 43-1(한국공법학회), 2014, 137-138쪽.

3) 김해원, 「급부권적 기본권의 심사구조 — 국회입법부작위를 중심으로 —」, 『공법학연구』 13-2, 한국비교공법학회, 2012, 257쪽 이하.

4) 김해원, 「급부권적 기본권의 심사구조 — 행정·사법 권력에 의한 입법부작위를 중심으로 —」, 『헌법재판연구』 4-2, 헌법재판소 헌법재판연구원, 2017, 221쪽 이하.

5) 우리 헌법규범체제에서 행정부작위 및 사법부작위로 인한 기본권침해여부를 판단하기 위한 심사구조를 본격적으로 논하고 있는 연구들은 많지 않을 뿐만 아니라, 해당 연구들 또한 주로 헌법재판소가 구축한 심사구조들을 소개 내지는 정리하면서 몇몇 관점들을 부각시킨 정도에 그치고 있는 것이 대부분이다. 관련하여 특히 함인선, 「공권력의 부작위에 대한 헌법소원심판 — 헌재 결정례를 중심으로 하여 —」, 『법학논총』 22-2, 전남대학교 법학연구소, 2002, 116-131쪽; 전학선, 「행정부작위에 대한 헌법소원 — 헌법재판소 판례를 중심으로 —」, 『공법연구』 30-3, 한국공법학회, 2002, 245쪽 이하; 사봉관, 「행정청의 부작위로 인한 기본권 침해의 구제 — '한일 청구권협정'에 따른 중재요청불이행 위헌확인 사건에 대한 헌법재판소 결정(98헌마206)의 검토를 포함하여

기본권논증이란 관점에서 이러한 논의가 갖는 중요성을 강조하는 것으로 글을 갈무리 하고자 한다(Ⅳ).

다만 공권력의 부작위가 심사대상이란 점에서 대국가적 작위요구규범으로서 급부권적 기본권이 갖고 있는 심사구조상의 기본적 특징은 행정부작위 및 사법부작위에 의한 기본권침해여부가 문제된 경우에도 공통적으로 유지된다고 할 것인바, 급부권적 기본권의 심사구조에 관한 일반론의 상당 부분은 본 글의 전개를 위해서 불가피한 경우를 제외하고는 가급적 재론하지 않고 선행연구에 의존하되,[6] 심사대상인 행정부작위 및 사법부작위는 양자 모두 (일반적이고 추상적인 규범정립활동인 입법과 관련된 부작위가 아니라) 입법의 산물인 규범을 구체적인 경우에 실현하는 공권력작용이란 점에서 원칙적으로 규범이 전제되어야 비로소 문제 삼을 수 있는 부작위란 점이 특별히 주목될 것이다.[7]

Ⅱ. 행정부작위

1. 서두

행정은 입법의 결과물인 규범을 구체적인 현실에서 적극적·능동적·미래지향적으로 실현하는 활동 내지는 그러한 공권력 작용을 의미하는바,[8] 행정권력의 작용(행사/작위 혹은 불행사/부작위)[9]에는 직접적이든 간접적이든 간에 특정 규범

—」, 『헌법학연구』 13－4, 한국헌법학회, 2007, 127쪽 이하; 홍일선, 「행정부작위에 대한 헌법소원심판 — 2006헌마788 사건과 관련하여 —」, 『헌법학연구』 18－3, 한국헌법학회, 2012, 601쪽 이하; 성중탁, 「행정부작위 헌법소원에서의 작위의무와 국가의 기본권보호의무 — 헌재 2011.8.30. 2006헌마788 결정【대한민국과 일본국 간의 재산 및 청구권에 관한 문제의 해결과 경제협력에 관한 협정 제3조 부작위 위헌확인】에 대한 판례평석을 겸하여 —」, 『저스티스』 140, 한국법학원, 2014, 60쪽 이하 참조.

6) 이에 관해서는 김해원, 앞의 글(주 3), 264－265쪽; 김해원, 「기본권심사에서 법치국가원칙의 의미」, 『헌법학연구』 23－1, 한국헌법학회, 2017, 119－122쪽.

7) 왜냐하면 급부권적 기본권에서 문제되는 국가부작위는 단순한 '부작위' 그 자체가 아니라 국가가 헌법으로부터 명령받은 '해야 할 어떤 것'을 하지 않음 혹은 불완전하게 행한 특정 작위를 의미하는바(김해원, 앞의 글(주 3), 266쪽), 기본권관계에서 심사대상으로 다투어지는 행정부작위나 사법부작위는 행정작위 혹은 사법작위를 규율하고 있는 규범의 요구를 해태함으로써 발생되는 부작위이기 때문이다.

8) 행정의 개념에 관해서는 김성수, 『일반행정법 — 행정법이론의 헌법적 원리 —』, 홍문사, 2014, 9－10쪽.

9) 법률적 차원에서는 '부작위'의 개념이 정의된 경우가 있다(예컨대 행정소송법 및 행정심판법 제2조 제1항 참조). 그리고 헌법재판소법 제68조 제1항은 공권력의 '행사'의 경우와 함께 공권력의 '불행

이 전제되어 있다. 그런데 민주적 법치국가를 지향하는 헌법국가에서 외부효를 갖는 행정권력 작용에는 특단의 경우가 아닌 한 법률(적 차원의 규범)이 전제되어 있어야 한다는 점[10]에서 기본권관계에 영향을 미치는 행정(권력)작용의 근거규범은 원칙적으로 법률(적 차원의 규범)을 의미하는 것이라고 하겠다.[11] 이러한 점은 무엇보다도 기본권관계에서의 법률유보원칙을 규율하고 있는 헌법 제37조 제2항 "법률로써"를 통해서 뚜렷하게 뒷받침되고 있다.[12] 따라서 기본권관계에서 '행정부작위가 심사대상이 된 경우'에 행해지는 기본권심사의 구조를 구축함에 있어서도 심사대상인 기본권침범이 '부작위'란 형태로 행해진다는 점뿐만 아니라, 심사대상인 기본권침범의 주체(기본권수범자)는 법률 혹은 법률적 차원의 규범적 매개물을 경유해서 헌법적 요청에 응답할 수 있는 공권력기관이라는 점이 함께 고려되어야 한다.[13] 즉 행정부작위로 인한 특정 기본권의 침해여부를 심사함에 있

사'를 명시하고 있다. 바로 이런 점에 주목하여 '부작위'와 '불행사'의 구별을 시도하는 견해가 있다(특히 함인선, 앞의 글(주 5), 101-104쪽). 하지만 현재의 법률체계 내에서 양자를 분별해야 할 실익은 크게 없을 뿐만 아니라(전학선, 앞의 글(주 5), 247-248쪽), 무엇보다도 (법률적 차원이 아닌, 헌법적 차원의 관계인) 기본권관계에서 심사대상인 공권력의 적극적 작용에 대립되는 소극적 작용을 포착하기 위한 용어로서 '부작위'와 '불행사'를 달리 취급할 필요는 더더욱 없다고 본다.

10) 관련된 예외 내지는 특단의 경우로는 국회입법권의 침투가 금지된 영역이나 국회입법권의 적시(適時) 침투가 불가능한 영역에서 행해지는 행정작용을 생각해볼 수 있겠다. 전자와 관련해서는 지방의회유보원칙이나 보충성원칙이 관철되는 영역에서 지방자치단체가 정립한 "자치에 관한 규정"을 실현하는 행정작용(이에 관해서는 김해원, 「국회와 지방자치단체 상호 간 입법권한 배분에 관한 헌법적 검토 — 국회의 입법권 수권행위에 대한 헌법적 통제를 중심으로 —」, 『지방자치법연구』 16-2, 한국지방자치법학회, 2016, 345-357쪽 참조)을, 후자와 관련해서는 헌법 제76조 제1항에 근거한 "재정·경제상의 처분"을 언급할 수 있겠다.

11) 영국에서 유래하는 법의 지배(rule of law)와 독일에서 유래하는 법치국가(Rechtsstaat)의 전통을 헌법현실의 변화 속에서 종합적으로 수용하여 헌법국가를 구현하고자 하는 우리 헌법체제(이에 관해서는 김해원, 앞의 글(주 6), 124-125쪽)에서 법치주의의 핵심적 내용요소로는 무엇보다도 입법에 대한 헌법우위(Vorrang der Verfassung)와 행정에 대한 법률우위(Vorrang der Gesetzes) 및 사법의 법률기속성 등을 언급할 수 있겠다. 그리고 행정에 대한 법률우위 및 사법의 법률기속성은 무엇보다도 '법률유보원칙', '행정의 합법률성 원칙' 및 '헌법과 법률에 의한 재판' 등과 관련된 헌법규정들(특히, 헌법 제37조 제2항, 제59조, 제75조, 제96조, 제103조, 제107조 제2항 및 제3항 등등)을 통해서 보다 뚜렷하게 확인된다.

12) 물론 헌법 제37조 제2항 "법률로써"는 법률에 의한(durch Gesetz) 기본권침범과 법률에 근거한(auf Grund eines Gesetzes) 기본권침범 양자 모두를 포괄하고 있다(이에 관해서는 김해원, 「기본권심사에서 형식적 헌법적합성심사에 관한 연구 — 법률에 의한(durch Gesetz) 규율을 중심으로 —」, 『헌법학연구』 21-1, 한국헌법학회, 2015, 244-248쪽).

13) 바로 이러한 점에서 심사대상인 기본권침범이 부작위란 점에서 공통점이 있음에도 불구하고 「다른 규범적 매개물 없이 헌법적 요청에 직접 응답할 수 있는 '국회의 법률정립과 관련된 입법부작위'가 기본권침범이 된 경우」(이와 관련해서는 김해원, 앞의 글(주 3), 267-278쪽 참조)와 「'행정·사법부작위' 혹은 '행정·사법입법부작위'가 기본권침범이 된 경우」는 기본권심사구조를 구축함에 있어서 중요한 차이점이 있다고 하겠다(이와 관련해서는 특히 김해원, 앞의 글(주 4), 231-235쪽).

어서도 ① 첫 출발점인 '기본권의 보호영역을 잠정확인 하는 단계'에서는 가시적으로 드러나지 않는 부작위를 특정하기 위해 행정권력의 '작위의무불이행상황'을 적극적으로 확인해야 하는데,[14] 그 과정에서 기본권수범자인 특정 행정권력기관이 법률로부터 일정한 작위권한을 부여받고 있는지 여부를 함께 살펴야하며,[15] ② 심사의 두 번째 단계인 정당성심사에서는 심사대상인 부작위의 유형과 법률이 행정권력기관에게 작위권한을 수권하고 있는 방식(즉, 명령규범인지 허용규범인지에 여부)에 주목하여 심사를 진행하되,[16] 심사대상인 행정부작위가 작위적으로 구성될 수 있는 부진정부작위인 경우에는 기본적으로 방어권적 기본권의 심사구조가 원용되어야 한다는 것이다.[17]

이하에서는 행정부작위로 인한 기본권침해여부를 심사하는 구조를 선행연구들에 기대어 개관하면서 구체적 사례에서 드러난 헌법재판소의 입장[18]을 비판적

---

14) 관련된 상세한 논의는 김해원, 앞의 글(주 3), 267쪽 이하 준용.

15) 관련된 상세한 논의는 김해원, 앞의 글(주 4), 231－235쪽 준용.

16) 관련된 상세한 논의는 김해원, 앞의 글(주 4), 236－237쪽 준용.

17) 기본권관계에서 기본권침범이 부진정부작위인 경우에는 방어권적 기본권의 심사구조가 원용되어야 한다는 점은 김해원, 앞의 글(주 3), 276－278쪽; 방어권적 기본권의 심사구조에 관해서는 김해원, 「방어권적 기본권의 정당성 심사구조」, 『공법학연구』 10－4, 한국비교공법학회, 2009, 29쪽 이하 참조.

18) 관련하여 특히 토지조사부 등에 대한 열람·복사 신청에 대하여 거부의 의사표시도 하지 않고 방치해 버린 사실상의 부작위 — 한편 거부행위 내지는 거부처분은 공권력의 불행사가 아니라 공권력의 행사에 해당한다고 판단된다. 관련하여 헌법재판소는 거부처분을 공권력의 불행사(부작위)에 해당된다고 한 경우도 있으나(헌재 2004.8.26. 2003헌마916, 공보 96, 908쪽 이하), 대체로 거부처분을 공권력의 행사로 파악하는 듯하다(헌재 1999.6.29. 97헌마315, 판례집 11－1, 802쪽 이하; 헌재 2000.2.24. 97헌마13등, 판례집 12－1, 252쪽 이하; 헌재 2006.2.23. 2004헌마414, 판례집 18－2(상), 248쪽 이하). — 가 청구인의 알권리를 침해하는지 여부가 문제된 헌재 1989.9.4. 88헌마22, 판례집 1, 176－196쪽; 공정거래위원회의 고발권 불행사로서의 부작위가 청구인의 재판절차진술권을 침해하는지 여부가 문제된 헌재 1995.7.21. 94헌마136, 판례집 7－2, 169－194쪽; 정부가 재일 한국인 피징용부상자들의 보상청구권이 협정에 의해서 타결된 것인지 여부에 관한 한·일 양국 간의 의견차이를 해소하기 위하여 중재회부를 하여야 할 구체적 작위의무가 있는지 여부가 문제된 헌재 2000.3.30. 98헌마206, 판례집 12－1, 393－403쪽; 일본군 위안부와 원폭피해자의 일본국에 대한 배상청구권이 각기 '대한민국과 일본국 간의 재산 및 청구권에 관한 문제의 해결과 경제협력에 관한 협정' 제2조 제1항에 의하여 소멸되었는지 여부에 관한 한·일 양국 간 해석상 분쟁을 해당 협정 제3조가 정한 절차에 따라 해결하지 아니하고 있는 부작위가 청구인들의 인간으로서의 존엄과 가치 및 행복추구권, 재산권 등을 침해하는지 여부가 문제된 헌재 2011.8.30. 2006헌마788, 판례집 23－2(상), 366－401쪽; 헌재 2011.8.30. 2008헌마648, 판례집 23－2(상), 417－449쪽; 부산광역시장이 임야에 관하여 도시계획시설(공원)로 결정한 후 55년간 도시계획사업을 시행하지 아니하면서 도시계획결정을 취소하지 않고 있는 공권력의 불행사로서의 부작위가 청구인의 재산권 및 행복추구권을 침해하는지 여부가 문제된 헌재 1999.11.25. 99헌마198, 공보 40, 936－938쪽; 규제개혁위원회의 권고결정을 따르지 아니한 환경부장관의 부작위(공권력의 불행사)가 청구인의 영업의 자유 등 헌법상 기본권을 침해하는지 여부가 문제된 헌재

으로 검토하는데 집중하기로 한다. 아울러 기본권심사구조는 행정부작위로 인한 기본권침해여부를 다투는 모든 기본권적 논증에서 활용될 수 있겠지만, 사법심사의 관점에서는 무엇보다도 구체적 쟁송과 결부해서 논증다툼을 지도하는 구조 내지는 틀로 활용될 경우에 보다 실천적 의미를 갖는다는 점[19]에서 행정부작위로 인한 기본권침해에 대한 쟁송상의 구제방안 또한 간략히 언급될 것이다.

2. 제1단계: 보호영역의 잠정적 확인

가. 서두

기본권관계에서 행정부작위가 심사대상인 기본권침범으로 특정된 경우에 해당 기본권침범의 위헌성 여부를 판단함에 있어서 가장 먼저 해야 할 것은 구체적으로 관련된 기본권의 보호영역을 잠정적으로 확인하는 활동이다. 그런데 (관련된 기본권은 급부권적 성격을 갖고 있다는 점에서) 이러한 활동은 기본권수범자인 행정주체의 작위의무불이행상황을 적극적으로 논증하는 과정으로 행해지는바,[20] 무엇보다도 다음 3가지 쟁점들이 검토되어야 한다: ① 특정 기본권으로부터 행정권력을 겨냥한 적극적 행위(작위) 요구가 도출될 수 있을 것, ② 법률로부터 행정주체에게 일정한 적극적 행위(작위) 권한이 부여되어 있을 것, ③ 상당한 시간의 경과와 행정주체의 부작위가 존재할 것.[21] 이하에서는 위 3가지 쟁점들에 주목하면서 관련된 헌법재판소의 입장을 검토한다.

나. 공권력주체의 작위의무불이행상황

1) 기본권침해가능성: 기본권으로부터 적극적 행정작용을 겨냥한 작위요구가 도출될 것

구체적 기본권관계에서 기본권침해가능성에 기초한 기본권적 문제 제기는 기본권심사의 계기이자 출발인바, 구체적 문제 상황에서 일정한 기본권을 특정한 후 해당 기본권에 근거해서 공권력주체(행정권력)에게 일정한 적극적 행위(행

2007.2.22. 2003헌마600, 판례집 19－1, 118－158쪽; 퇴임한 헌법재판소 재판관 후임자를 선출하지 아니하여 재판관의 공석 상태를 방치하고 있는 국회의 부작위가 공정한 재판을 받을 권리를 침해하고 있는지 여부가 문제된 헌재 2014.4.24. 2012헌마2, 판례집 26－1, 209－222쪽; 국회가 금융실명거래및비밀보장에관한긴급재정경제명령을 발한 대통령에 대하여 헌법 제65조에 의한 탄핵소추의결을 하지 않은 부작위가 기본권을 침해하는지 여부가 문제된 헌재 1996.2.29. 93헌마186, 판례집 8－1, 111－125쪽 참조.

19) 김해원, 앞의 글(주 4), 244쪽.

20) 상세한 논의는 김해원, 앞의 글(주 3), 267쪽 이하.

21) 상세한 논의는 김해원, 앞의 글(주 4), 226－237쪽 준용.

정작위)를 요구할 수 있는 기본권적 차원의 가능성 내지는 문제된 행정부작위로 인하여 기본권주체의 특정 기본권이 침해될 수 있다는 가능성이 확인되어야 한다.[22] 관련하여 헌법재판소는 임야조사서 및 토지조사부 등과 같은 문서의 열람·복사신청에 불응한 경기도 이천 군수(피청구인)의 부작위로 인해서 청구인의 기본권 침해여부가 다투어진 헌법소원심판사건(이하 '88헌마22 사건'이라 한다)에서 "피청구인의 열람 또는 사본 발급 불응으로 청구인이 침해받은 헌법상 기본권이 무엇인가에 대하여 살펴보기로 한다."라고 하면서 헌법 제21조에 규정된 언론·출판의 자유 또는 표현의 자유에서 파생된 국가에 대한 정보접근권으로서의 '알 권리'를 특정한 후,[23] 이 사건에서 청구인의 알 권리가 침해되고 있는지 여부를 본격적으로 논했으며,[24] 공정거래법위반행위에 대하여 형사처벌을 위한 고발을 하지 아니한 행정주체의 행정부작위(공정거래위원회의 고발권불행사)가 청구인의 기본권을 침해하는지 여부가 문제된 헌법소원심판사건(이하 '94헌마136 사건'이라 한다)에서는 "헌법소원심판청구인은 심판의 대상인 공권력작용에 대하여 자신이 스스로 법적인 관련을 가져야 한다."라고 하면서 문제된 해당 사건에서 공정거래위원회의 고발권불행사로 인하여 청구인의 헌법상 보장된 재판절차진술권이 침해될 수 있다는 점을 논증한 후, 본안에 대한 판단으로 나아갔다.[25] 그리고 임기만료로 퇴임한 헌법재판관의 후임자를 선출하지 아니하여 재판관의 공석 상태를 방치하고 있는 국회의 행정부작위로 인한 기본권침해여부를 다툰 헌법소원심판사건(이하 '2012헌마2 사건'이라 한다)에서도 헌법재판소의 판단은 사안과 관련하여 침해가능성 있는 기본권(공정한 헌법재판을 받을 권리)을 특정하는 것으로부터 시작되고 있다.[26]

---

22) 상세한 논의는 김해원, 앞의 글(주 4), 226-227쪽; 헌법재판소 또한 기본권적 문제제기 없는 단순한 부작위 주장("부작위 때문에 피해를 입었다는 단순한 일반적인 주장")만으로 제기된 헌법소원심판청구는 부적법하다는 점을 밝히고 있다(헌재 1996.11.28. 92헌마237, 판례집 8-2, 606쪽; 헌재 1991.9.16. 89헌마163, 판례집 3, 513쪽 참조).

23) 헌재 1989.9.4. 88헌마22, 판례집 1, 188-190쪽.

24) 하지만 이 사건에서 헌법재판소는 기본권침해가능성에 대한 검토를 헌법소원심판의 적법요건이 아닌 본안판단에서 행하고 있는 것은 비판되어야 할 것으로 본다. 왜냐하면 이러한 태도는 기본권심사의 첫 출발로서 기본권침해가능성에 대한 검토를 경시한 것일 뿐만 아니라, 헌법소원심판청구의 적법요건을 규율하고 있는 헌법재판소법 제68조 제1항(특히, "헌법상 보장된 기본권을 침해받은 자")에 부합하지 않기 때문이다. 이 사건에서 반대의견을 피력한 최광률 재판관은 적법요건판단단계에서 기본권(알 권리)의 침해여부를 검토하고 있다(이에 관해서는 헌재 1989.9.4. 88헌마22, 판례집 1, 193-196쪽).

25) 헌재 1995.7.21. 94헌마136, 판례집 7-2, 175-177쪽.

26) 헌재 2014.4.24. 2012헌마2, 판례집 26-1(하), 214쪽.

하지만 위 사건들에서 보여준 헌법재판소의 입장은 오히려 예외적인 것으로 생각된다. 왜냐하면 기본권관계에서 문제된 행정주체의 작위의무불이행상황을 검토함에 있어서 헌법재판소가 확립한 논증방식 내지는 일반적 태도는「특정 기본권으로부터 행정주체를 겨냥한 적극적 행위(작위)요구를 연역해낼 수 있는지 여부(즉, 문제된 상황에서 공권력주체에게 구체적인 작위행위를 요구하는 것이 특정 기본권의 보호영역 내지는 특정 기본권의 내용으로 잠정 승인될 수 있는지 여부)에 관한 검토는 경시한 채(즉, 기본권주장에 따른 의무이행여부를 논증하기보다는 거꾸로), (작위)의무로부터 권리(기본권)를 이끌어내는 시도를 함으로써 기본권적 주장을 은폐하고 기본권심사의 본질을 왜곡하는 것」이라고 평가될 수 있기 때문이다. 이러한 평가는 무엇보다도 "행정권력의 부작위에 대한 헌법소원은 공권력의 주체에게 헌법에서 유래하는 작위의무가 특별히 구체적으로 규정되어 이에 의거하여 기본권의 주체가 행정행위 내지 공권력의 행사를 청구할 수 있음에도 공권력의 주체가 그 의무를 해태하는 경우에 허용된다고 하는 것이 우리 재판소의 확립된 판례"라는 헌법재판소결정문의 표현으로부터 뚜렷하게 확인될 수 있으며,[27] 구체적 사건들과 결부해서는 아래와 같은 언급들을 통해서도 뒷받침될 수 있겠다.

ⓐ 조선총독부 고시 제14호에 의하여 고시된 도시계획결정을 취소하지 않은 부산광역시장(피청구인)의 공권력의 불행사가 심판대상이 된 헌법소원심판사건(이하 '99헌마198 사건'이라 한다)에서 청구인들은 심판대상 공권력의 불행사로 인해서 재산권·행복추구권·평등권 등이 침해되었다고 주장했으나, 헌법재판소는 "헌법이나 도시계획법상 피청구인에게 이 사건 임야에 관한 도시계획결정을 취소하여야 할 작위의무가 구체적으로 규정되어 있거나 청구인이 직접 그 도시계획결정의 취소를 청구할 수 있는 권리가 있다고 볼 근거가 없으므로, 이 사건 헌법소원심판청구는 피청구인의 단순한 공권력의 불행사를 대상으로 한 것으로서 허용될 수 없다."라고 하면서 심판청구를 각하했다.[28] 이러한 헌법재판소의 태도는「청구인이 주장하고 있는 기본권들로부터 '문제된 해당 상황에서 행정주체(부산광역시장)에게 도시계획결정의 취소를 요구할 수 있는 권리'가 잠정적으로도 도출될 수 없다는 점」을 적극적으로 논증하면서 각하결정을 뒷받침하고 있는 것이 아니라는 점에서 비판되어야 한다. 특히 헌법재판소는 "공권력의 불행사에 대한 헌법소원은 공권력의 주체에게 헌법에서 유래하는 작위의무가 특별히 구체적으

---

27) 헌재 2000.3.30. 98헌마206, 판례집 12-1, 401쪽; 헌재 1991.9.16. 89헌마163, 판례집 3, 505; 1994.4.28. 92헌마153, 판례집 6-1, 415; 1994.6.30. 93헌마161, 판례집 6-1, 700등 참조.

28) 헌재 1999.11.25. 99헌마198, 공보 제40호, 937-938쪽.

로 규정되어 있어서 이에 따라 기본권의 주체가 행정행위를 청구할 수 있음에도 공권력의 주체가 그 의무를 게을리 하는 경우에 허용된다고 할 것이고, 그렇지 아니한 경우에 단순한 공권력의 불행사에 대하여는 헌법소원심판청구를 할 수 없는 것이다."라는 점을 각하판단의 논거로 들고 있는데,[29] 이러한 태도는 청구인이 제기한 기본권적 주장에 대한 검토를 "공권력의 주체에게 헌법에서 유래하는 작위의무가 특별히 구체적으로 규정"되어 있는지 여부에 관한 문제로 변질시킨 것과 다름 아니라고 하겠다. 뿐만 아니라 공권력주체에게 일정한 헌법적 차원의 의무가 인정된다고 해서, 해당 의무에 상응하는 헌법적 차원의 권리(기본권)가 기본권주체에게 당연히 인정된다고 볼 수 있는 것은 아니라는 점에서[30] '공권력주체에게 작위의무가 인정되어야 기본권주체의 권리주장이 허용된다'는 취지의 헌법재판소 판시사항은 논리적으로도 납득하기 어렵다.

ⓑ 자원의절약과재활용촉진에관한법률시행규칙과 관련한 규제개혁위원회의 권고결정을 이행하지 않은 환경부장관의 부작위(공권력의 불행사)로 인해서 (합성수지 재질의 1회용 도시락 용기를 사용할 수 없게 된) 식품접객업 사업자인 청구인들의 영업의 자유 및 평등권이 침해된 것인지 여부가 다투어진 헌법소원심판사건(이하 '2003헌마600 사건'이라 한다)에서도 헌법재판소는 「청구인들의 기본권(영업의 자유·평등권 등)으로부터 행정주체에게 일정한 작위행위를 요구할 수 있는 권리(즉, 환경부장관에게 규제개혁위원회의 권고결정을 이행할 것을 요구할 수 있는 권리)를 연역해낼 수 있는지 여부」에 관해서는 아무런 검토를 하지 않은 채, 문제된 상황에서 행정주체인 환경부장관이 규제개혁위원회의 권고결정에 따라야 할 법률적 차원(특히, 행정규제기본법 제14조)의 작위의무가 없다는 점만 논증하면서 해당 청구를 각하했다.[31] 그 결과 청구인들이 제기한 기본권적 쟁점들은 실종되어 버렸다.

ⓒ 일제강점기 한국인 '원폭피해자' 및 '일본군위안부 피해자'가 일본국에 대하여 가지는 원폭피해자로서의 혹은 일본군위안부로서의 배상청구권이 소멸되었는지 여부에 관한 한·일 양국 간 해석상 분쟁을 '대한민국과 일본국 간의 재산 및 청구권에 관한 문제의 해결과 경제협력에 관한 협정' 제3조가 정한 절차에 따

---

29) 헌재 1999.11.25. 99헌마198, 공보 제40호, 937-938쪽.

30) 권리가 있으면 권리에 상응하는 의무가 당연히 존재하지만, 의무가 있다고 해서 해당 의무에 상응하는 권리가 당연히 존재하는 것은 아니다. 즉 권리와 의무는 상호 간 소위 '기우뚱한 대응관계(asymmetrical correlativity)'에 있다(이에 관해서는 특히 김도균, 『권리의 문법 — 도덕적 권리·인권·법적 권리』, 박영사, 2008, 22-23쪽 참조).

31) 헌재 2007.2.22. 2003헌마600, 판례집 19-1, 134-135쪽.

라 해결하지 아니하고 있는 피청구인(외교통상부장관)의 부작위가 청구인(한국인 '원폭피해자' 및 '일본군위안부 피해자')들의 기본권(특히 재산권)을 침해하고 있는지 여부가 문제된 사건들(이하 '2008헌마648 및 2006헌마788 사건'이라 한다)[32]의 적법요건판단에서 헌법재판소는 청구인들의 기본권으로부터 피청구인에 대한 작위요구를 연역해내거나 혹은 피청구인의 부작위로 인해서 청구인들의 기본권이 침해될 가능성이 있는지 여부를 검토하면서 기본권침해의 가능성을 확인한 것이 아니라, 위 협정 제3조에서 정한 절차에 따라 분쟁해결의 절차로 나아가야할 피청구인의 의무가 헌법에서 유래하는 작위의무로 평가될 수 있는지 여부를 검토한 후, 이러한 작위의무를 이행하지 않은 행위에 대해서 별다른 논증 없이 바로 청구인들의 기본권침해가능성을 인정하고 있다.[33] 그 결과 헌법재판소는 기본권심사의 첫 단계에서 과연 청구인들의 어떤 기본권이 어떤 이유에서 침해될 가능성이 있는지 여부에 관한 문제를 도외시했거나 은폐했다는 평가로부터 자유롭지 않게 되었다. 실제로 위 사건들에서 헌법재판소는 청구인들이 일본에 대하여 가지는 배상청구권은 헌법상 보장된 재산권에 해당된다는 점과 이러한 배상청구권의 실현을 가로막고 있는 피청구인의 부작위는 헌법상 재산권 침해문제와 관련 있다는 점을 본안판단단계에서 비로소 명시적으로 확인하고 있을 뿐이다. 이러한 헌법재판소의 태도는 기본권심사의 첫 단계에서부터 개인이 국가에 대해 갖는 헌법적 차원의 주관적 공권으로서의 기본권이 침해된 것인지 여부에 관한 문제를 객관적 차원의 국가의무존재여부에 관한 문제로 변질시킨 것일 뿐만 아니라,[34]

---

32) 원폭피해자로서의 배상청구권이 문제된 사건으로는 헌재 2011.8.30. 2008헌마648, 판례집 23-2(상), 417쪽 이하; 일본군위안부로서의 배상청구권이 문제된 사건으로는 헌재 2011.8.30. 2006헌마788, 판례집 23-2(상), 366쪽 이하.

33) 이 사건들에서 헌법재판소는 청구인들의 구체적 기본권에 주목해서 국가의 작위의무 존재여부를 확인하고 있는 것이 아니라, 일반적인 국가의무 내지는 국가과제의 근거로서 인간존엄성을 실현해야 할 것을 규정하고 있는 헌법 제10조와 "국가의 재외국민에 대한 보호의무"를 규정하고 있는 헌법 제2조 제2항, 그리고 "3·1운동으로 건립된 대한민국임시정부의 법통"의 계승을 명시하고 있는 헌법 전문 등을 언급하면서 피청구인인 외교통상부장관의 작위의무가 존재한다는 점을 밝히고 있다. 그 결과 <u>기본권침해가능성에 관한 문제가 국가의 작위의무 존부에 관한 문제에 종속되어 버렸고, 교묘한 논리적 모순을 유발시켰다</u>(즉, 권리가 있으면 그 권리에 상응하는 의무는 당연히 존재하는 것인바(김도균, 앞의 책(주 30), 22-23쪽), 급부권적 기본권의 존재가 인정되면 그에 상응하는 국가의 작위의무는 당연히 존재하는 것이고, 존재하는 의무의 해태가 정당화될 수 있는 권리제한인지 혹은 정당화될 수 없는 권리침해인지 여부는 별도로 검토되어야 할 문제이다). 이러한 점은 무엇보다도 이 사건 '적법요건에 대한 판단'의 결론을 통해서 뚜렷하게 확인된다(헌재 2011.8.30. 2008헌마648, 판례집 23-2(상), 436쪽; 헌재 2011.8.30. 2006헌마788, 판례집 23-2(상), 386쪽): "피청구인은 헌법에서 유래하는 작위의무가 있음에도 이를 이행하지 아니하여 청구인들의 기본권을 침해하였을 가능성이 있다."

34) 이러한 변질은 문제된 기본권을 전면에 드러내지 않고 은폐하고 있다는 비판뿐만 아니라, 피청구

헌법소원심판청구가 적법하기 위한 요건으로서 헌법재판소법 제68조 제1항이 명시하고 있는 "공권력의 행사 또는 불행사로 인하여 헌법상 보장된 기본권을 침해받은 자"에 대한 검토를 적법요건판단 단계에서 누락한 것이기도 하다.[35] 따라서 이 사건들에서 헌법재판소가 청구인들이 주장한 기본권인 재산권이 심사대상인 외교통상부장관의 부작위로 인해서 침해될 가능성이 있는지 여부를 적법요건판단단계에서 먼저 확인했으면 보다 질서정연한 기본권심사구조를 구축하는데 이바지했을 뿐만 아니라, 헌법논증에 있어서 보다 높은 설득력 확보에 도움 되었을 것이다.[36]

2) 법률로부터 행정주체에게 적극적 행정권한이 부여되어 있을 것

'법은 불가능한 것을 요구할 수 없다'라는 법치주의의 기본적 전제를 고려한다면,[37] 특정 행정부작위로 인한 특정 기본권의 침해여부가 다투어진 경우에 애당초 해당 기본권관계에 개입할 수 있는 규범적 가능성 내지는 작위권한을 보유하고 있지도 않은 특정 행정주체를 (급부권적 기본권관계에서 기본권침범 및 기본권침범주체를 특정하기 위한 논리적 매개물인) '작위의무불이행상황' 속으로 집어넣어 기본권적 주장에 상응하는 의무를 부과하거나 법적인 책임을 묻는 것은 허용될 수 없을 것이다.[38] 그런데 특단의 경우가 아닌 한,[39] 기본권관계에서 행정권을 적극적으로 행사하려는 공권력기관은 그 권한을 헌법으로부터 직접 부여받을 수 있는 것이 아니라 헌법매개규범인 법률(혹은 법률적 차원의 규범)로부터 부여받는다.

인의 부작위로 인해서 침해될 우려가 있는 기본권을 특정하는 것으로부터 논증을 시작하지 않고, 피청구인의 헌법상 의무로부터 청구인의 헌법상 권리(기본권)를 도출하려는 방식이란 점에서 논리적으로도 타당하지 않다(이에 관해서는 위 주 30) 참조).

35) 헌법소원심판에서 기본권침해가능성에 대한 검토를 적법요건판단에서 누락한 것은 경우에 따라서는 아주 심각한 문제를 초래할 수 있다. 왜냐하면 어떤 사항이 적법요건판단에서 검토될 사항인지, 아니면 본안판단에서 검토될 사항인지 여부에 따라 헌법재판의 결론이 달라질 수 있기 때문이다. 이러한 위험성은 주문별 합의방식을 채택하여 판결을 내리고 있는 현재 헌법재판소의 합의방식에 의하면 더 가중된다고 해야 할 것이다.

36) 위 사건들(헌재 2011.8.30. 2006헌마788 사건과 헌재 2011.8.30. 2008헌마648 사건)은 헌재 1989.9.4. 88헌마22 사건과 함께 헌법재판소가 행정부작위에 대하여 기본권침해를 확인한 아주 드문 결정들이면서, 관련 결정들 중에서 비교적 최근의 결정들이다. 이 사건들을 계기로 행정부작위에 의한 기본권침해여부를 판단하는 구조를 정립할 수 있는 좋은 기회를 가질 수 있었으나, 결과적으로 헌법재판소는 이러한 기회를 충분히 활용하여 보다 설득력 있는 기본권심사구조 구축에 기여했는지는 의문이다(이와 관련해서는 특히 홍일선, 앞의 글(주 5), 603－604쪽 참조).

37) 이에 관해서는 특히 Lon L. Fuller, The Morality of Law, Yale Univ. Press, 1964, p. 85－93; 헌법적 논증의 전제로서 법치주의에 관해서는 김해원, 앞의 글(주 6), 142－143쪽.

38) 관련하여 김해원, 앞의 글(주 4), 231－233쪽 참조.

39) 위 주 10) 참조.

이러한 점은 행정의 법률기속성[40] 및 기본권관계에서의 법률유보원칙[41] 등을 통해서도 뒷받침된다. 따라서 특정 행정주체의 특정 행정부작위로 인해서 일정한 기본권이 침해될 수 있는 가능성이 확인되었다고 하더라도, '합헌적 법률(혹은 법률적 차원의 규범)'[42]이 해당 행정주체에게 일정한 행정작위를 명령(Gebot)하여 행정권을 적극적으로 행사해야 할 의무를 부과하고 있거나 혹은 허용(Erlaubnis)이란 당위의 양식으로 특정 행정주체에게 행정작위 할 수 있는 일정한 재량을 부여하고 있는지 여부를 추가적으로 확인해야만 한다.[43] 요컨대 원칙적으로 법률(적 차원의 규범)이 행정주체에게 행정작위를 명령 혹은 허용하는 경우에야 비로소 기본권관계에 행정주체가 적극적으로 개입할 수 있는 작위행위권한 내지는 작위행위가능성을 갖게 되는바,[44] 이러한 권한 내지는 가능성을 행정주체가 보

40) 특히 헌재 1990.9.3. 89헌가95, 판례집 2, 267쪽: "민주법치국가에서 모든 행정(과 재판)이 법률에 근거를 두어야 하며 […]"; 헌재 2004.2.26. 2001헌마718, 판례집 16－1, 320쪽: "행정과 사법은 법률에 기속되므로 […]" 참조.

41) 헌법 제37조 제2항 "법률로써" 참조.

42) 여기서 행정주체가 한 적극적 행정행위(행정작위)의 근거인 법률이 합헌적이어야 한다는 것에 주목할 필요가 있다. 만약 행정주체의 작위의무불이행상황을 확인하는 과정에서 해당 행정주체에게 행정작위를 가능케 하는 근거법률 혹은 근거법률조항에 대해 위헌이라는 의심이 든다면 어떻게 해야 할 것인가? 이 경우에는 심사대상인 행정부작위의 위헌성여부를 판단하기 전에 행정작위의 근거법률 혹은 근거법률조항이 위헌인지 여부를 먼저 판단해야 할 것이다. 따라서 이러한 문제가 부작위위법확인소송 등과 같은 재판과정에서 제기될 경우, 해당 법원은 재판을 정지하고 행정주체에게 행정작위를 가능케 하는 근거법률 혹은 근거법률조항에 대해 헌법재판소에 위헌 여부 심판을 제청해야 할 것이다(헌법재판소법 제41조 및 제42조). 반면에 이러한 문제가 만약 헌법소원심판과정에서 제기된다면, 심사대상인 행정부작위가 진정부작위인지 혹은 부진정부작위인지에 따라서 논증구조 및 결론이 다음과 같이 달라질 수 있을 것으로 생각된다(이에 관한 보다 상세한 설명은 김해원, 앞의 글(주 4), 235－236쪽, 주 53) 참조): ① 만약 헌법소원심판의 대상인 행정부작위가 작위적으로 구성될 수 있는 '부진정부작위'라면, 헌법재판소는 심사대상인 '미흡한 행정작위(부진정부작위)'가 위헌법률에 근거하고 있는 공권력의 행사로서의 기본권침해에 해당된다는 이유로 해당 헌법소원심판청구를 인용하면서 헌법재판소법 제75조 제5항에 따라 '미흡한 행정작위(부진정부작위)'의 근거법률 또는 근거법률조항에 대해서도 위헌을 선고할 수 있을 것이다. ② 만약 헌법소원심판의 대상인 행정부작위가 '진정부작위'라면 문제된 행정주체에게 적극적인 행정행위를 가능케 하는 근거법률 또는 근거법률조항에 대해서 설사 위헌이라는 판단이 들어도 그 법률 혹은 법률조항에 대해서 위헌을 선언할 수는 없을 것이다(왜냐하면 위헌법률로부터 행정작위권한을 부여받고 있는 헌법소원심판의 피청구인인 행정주체는 애당초 기본권관계에서의 작위의무불이행상황에 놓이지 않게 되는 것이므로 해당 행정주체의 행정부작위를 대상으로 행해진 헌법소원심판은 부적법하여 각하되어야 할 것인바, 헌법소원심판의 인용결정과 결부되어 있는 헌법재판소법 제75조 제5항이 적용될 여지가 없기 때문이다).

43) 당위의 양식으로서 명령·허용·금지에 관해서는 김해원, 「국가행위의 적헌성 판단에 있어서 헌법규범의 적용방식에 관한 연구」, 『헌법학연구』 16－3, 한국헌법학회, 2010, 500－502쪽, 특히 주 10) 참조.

44) 만약 법률이 행정주체에게 행정작위의무를 부과하거나 혹은 행정작위할 수 있는 권한을 부여하고 있지 않는 경우라면, 행정주체에 의한 기본권침해의 문제가 아니라 법률정립권자에 의한 기본권침

유하고 있는지 여부에 대한 확인은 행정부작위에 의한 기본권침해여부를 본격적으로 논증하기 전에 선행되어야 한다는 것이다. 이러한 점은 몇몇 헌법재판소결정들을 통해서도 확인된다. 예컨대 공정거래법위반행위에 대한 공정거래위원회의 고발권불행사로 인해서 청구인의 기본권인 재판절차진술권이 침해된 것인지 여부가 문제된 '94헌마136 사건'에서 헌법재판소는 "[…]의 죄는 공정거래위원회의 고발이 있어야 공소를 제기할 수 있다."라고 규정하고 있는 공정거래법 제71조를 적시하며 공정거래위원회는 "공정거래법위반행위에 대하여 일응 고발을 할 것인가의 여부를 결정할 재량권을 갖는다."라는 점을 밝힌 후,[45] 해당 사건에서 공정거래위원회가 재량권을 남용하여 청구인의 기본권을 침해하고 있는지 여부를 검토했으며,[46][47] '2008헌마648 및 2006헌마788 사건'에서는 "이 사건 협정(즉, '대한민국과 일본국 간의 재산 및 청구권에 관한 문제의 해결과 경제협력에 관한 협정')은 헌법에 의하여 체결·공포된 조약으로서 헌법 제6조 제1항에 따라 국내법과 같은 효력을 가진다."라고 하면서 해당 협정이 법률적 차원의 규범임을 암시한 후,[48] 법률과 마찬가지의 효력을 갖는 이 사건 협정 제3조에 근거하여 행정주

해의 문제로 다투어야 할 것이다.

45) 헌재 1995.7.21. 94헌마136, 판례집 7-2, 178-179쪽.

46) 헌재 1995.7.21. 94헌마136, 판례집 7-2, 180쪽.

47) 한편 행정부작위에 의한 기본권침해여부를 다투는 기본권관계에서 행정주체에게 행정작위 할 수 있는 규범적 가능성이 존재하는지 여부에 관한 검토는 특정 급부권적 기본권의 보호영역을 잠정 확인하기 위한 과정의 일환이다. 따라서 이러한 검토는 헌법재판소법 제68조 제1항에 의한 헌법소원심판과정에서는 적법요건판단단계에서 행하는 것이 마땅하다고 하겠다. 헌법재판소 또한 이러한 검토를 주로 적법요건판단단계에서 행하고 있다(헌재 1999.11.25. 99헌마198, 공보 제40호, 938쪽; 헌재 2007.2.22. 2003헌마428등, 판례집 19-1, 134-135쪽; 헌재 2000.3.30. 98헌마206, 판례집 12-1, 401-403쪽; 헌재 2011.8.30. 208헌마648, 판례집 23-2(상), 435쪽; 헌재 2011.8.30. 2006헌마788, 판례집 23-2(상), 382-384쪽). 하지만 이 사건('94헌마136 사건')에서는 이러한 검토를 본안판단단계에서 행하고 있다는 점(헌재 1995.7.21. 94헌마136, 판례집 7-2, 179쪽)에서 비판되어야 할 것으로 본다(홍일선, 앞의 글(주 5), 618쪽: "부작위에 대한 헌법소원심판절차에서 작위의무의 존재 여부는 심판대상인 부작위의 개념 자체에 포함되는 것으로 적법요건단계에서 판단할 문제라고 할 것이다."). 독일 연방헌법재판소 또한 부작위에 대한 헌법소원심판절차에서 작위의무의 존재여부는 적법요건심사단계에서 검토하고 있다(이에 관해서는 Vgl. BVerfGE 2, 287(290); BVerfGE 6, 257(263 ff.); BVerfGE 56, 64(68 f.); BVerfGE 77, 170(215)).

48) 헌법재판소가 '2008헌마648 및 2006헌마788 사건'의 결정문에서 뚜렷하게 밝히고 있지 않아서 아쉬움이 있으나, 조약 제172호인 '대한민국과 일본국 간의 재산 및 청구권에 관한 문제의 해결과 경제협력에 관한 협정'(이하 '이 사건 협정'이라고 한다)은 제55회 국무회의의 의결을 거쳐 1965.6.22. 체결되었고 1965.8.14. 제52회 국회 제12차 본회의에서 국회의 비준동의를 얻었으며 1965.12.18. 비준서 교환으로 발효되었다는 점은 부인할 수 없는 명백한 사실이다(관보, 1965.12.18. 17쪽 참조). 요컨대 '이 사건 협정'은 헌법 제60조 제1항에 따라 국회의 동의를 받은 법률적 차원의 규범으로서의 조약에 해당된다는 것이다.

체인 피청구인(외교통상부장관)에게 「일제강점기 한국인 '원폭피해자' 및 '일본군 위안부 피해자'들(청구인들)의 일본에 대한 배상청구권이 소멸되었는지 여부에 관한 해석상의 분쟁을 해결하기 위하여 소정의 분쟁해결절차로 나아갈 의무」가 있다는 점을 논증한 다음 비로소 피청구인이 이러한 의무를 이행하지 아니하여 청구인들의 기본권이 침해되고 있는지 여부를 검토했다.[49] 문제는 이러한 헌법재판소의 태도가 일관성 있다거나 행정부작위에 의한 기본권침해여부를 판단하는 원칙적 태도라고 평가할 수 없다는 것이다. 실제로 행정부작위에 의한 기본권침해여부를 판단함에 있어서 헌법재판소는 특정 행정주체가 문제된 행정과 관련된 일정한 권한 내지는 작위의무를 법률(혹은 법률적 차원의 규범)로부터 부여받고 있는지 여부에 관한 검토를 자주 경시하고 있으며, 특히 행정작위와 관련된 재량권한을 보유하고 있는지 여부에 관한 검토를 간과한 경우가 많다. 이러한 점을 아래에서 구체적으로 확인해 본다.

ⓐ '88헌마22 사건'에서 헌법재판소는 임야조사서 및 토지조사부 등과 같은 문서에 대해 정당한 이해관계가 있는 청구인의 열람·복사신청에 불응한 피청구인(행정청: 이천 군수)의 부작위는 청구인의 '알 권리'를 침해하여 위헌이라고 판단했음에도 불구하고, 해당 피청구인이 청구인의 열람·복사신청에 응해야만 하거나 응할 수 있는 법률적 차원의 근거를 제시하기는커녕, 오히려 "공문서의 개시의무에 관한 법률상 명문규정은 찾아볼 수 없"[50]다는 점을 밝히고 있다.[51] 공문서 개시라는 적극적 행정행위(행정작위)를 근거지울 수 있는 법률이 없다는 점을 인정하면서도 피청구인인 행정주체(이천 군수)가 해당 행정작위인 공문서 개시를 불이행(행정부작위)한 것에 대해 위헌임을 선고한 헌법재판소의 태도는 외부효를 갖는 행

---

49) 헌재 2011.8.30. 2008헌마648, 판례집 23-2(상), 433-436쪽; 헌재 2011.8.30. 2006헌마788, 판례집 23-2(상), 382-384쪽.

50) 헌재 1989.9.4. 88헌마22, 판례집 1, 185쪽.

51) 만약 이 사건에서 행정주체(이천 군수)가 청구인의 열람·복사신청에 응해야만 하거나 응할 수 있는 직·간접적 근거로서의 법률(적 차원의 규범)이 전혀 존재하지 않는 것으로 확인된다면, 이는 법률정립과 관련된 국회의 입법부작위로 인한 기본권침해여부에 관한 문제로 다투어야 할 것으로 생각된다. 실제로 이 사건 이후인 1996.12.31. 법률 제5242호로 '공공기관의 정보공개에 관한 법률'이 제정되었다는 점을 고려한다면, 이 사건에서 청구인이 (행정주체인 이천 군수를 피청구인으로 삼아서 행정부작위에 의한 기본권침해여부를 다투는 것은 물론이고) 국회 또한 피청구인으로 특정하여 국회입법부작위에 의한 기본권침해여부를 함께 다투는 헌법소원심판을 청구했으면 보다 좋았을 것으로 보인다. 그리고 만약 이 사건에서 공문서의 열람·복사신청을 한 청구인이 행정소송법 제36조의 "처분의 신청을 한 자로서 부작위의 위법의 확인을 구할 법률상 이익이 있는 자"에 해당된다면, 헌법소원심판이 아니라 행정소송법에 의한 부작위위법확인소송을 통해서 구제받아야 할 것으로 생각된다(관련하여 헌재 1989.9.4. 88헌마22, 판례집 1, 193-196쪽 재판관 최광률의 반대의견 참조).

정작용은 법률에 근거를 두어야 한다는 '행정의 법률기속성'[52]을 망각한 것일 뿐만 아니라, 무엇보다도 피청구인인 행정주체에게 법률의 매개 없이도[53] 헌법규정을 적극적으로 실현하도록 강요하는 것과 다름 아니라는 점에서 비판되어야 한다.

ⓑ '99헌마198 사건'에서 헌법재판소는 공권력의 불행사에 대한 헌법소원이 허용되기 위해서는 "공권력의 주체에게 헌법에서 유래하는 작위의무가 특별히 구체적으로 규정되어"야 한다는 점을 전제하면서도,[54] 정작 이 사건에서 다투어진 도시계획결정을 취소하지 않은 부산광역시장(피청구인)의 공권력의 불행사와 관련해서는 "헌법이나 도시계획법상 피청구인에게 이 사건 임야에 관한 도시계획결정을 취소하여야 할 작위의무가 구체적으로 규정되어" 있는지 여부에 주목하고 있다.[55] 그런데 이 사건에서 (「헌법재판소는 피청구인의 작위의무에만 주목하고 있을 뿐, 문제된 행정과 관련하여 피청구인에게 일정한 재량이 부여되고 있는지 여부에 관한 검토는 소홀히 하고 있다」라고 비판하는 것은 일단 논외로 하더라도) 헌법과 도시계획법을 선택적으로 언급하고 있는 헌법재판소의 태도는 행정부작위에 의한 기본권침해여부를 판단함에 있어서 '행정주체가 문제된 행정과 관련된 일정한 권한 내지는 작위의무를 법률(혹은 법률적 차원의 규범)로부터 부여받고 있는지 여부에 관한 검토'를 중요하게 생각하고 있지 않다는 점을 단적으로 보여주는 것이라고 하겠다. 왜냐하면 해당 표현은 '법률(특히 도시계획법)이 행정주체에게 작위의무를 부과하지 않는다고 하더라도, 헌법으로부터 해당 행정주체의 작위의무를 직접 근거 지운 다음 해당 행정주체에게 이러한 작위의무위반에 따른 책임을 물을 수 있다는 것'으로 오해될 수 있기 때문이다.[56] 따라서 권력분립원칙에 기초한 행정

---

52) 특히 헌재 1990.9.3. 89헌가95, 판례집 2, 267쪽.

53) 실제로 이 사건에서 헌법재판소가 별다른 논거 없이 "열람·복사 민원의 처리는 법률의 제정이 없더라도 불가능한 것이 아니라 할 것"이라고 전제한 다음, 단지 (헌법 제75조 "법률에서 구체적으로 범위를 정하여 위임받은 사항"에 관하여 대통령이 발한 대통령령이라고 할 수 없는) 정부공문서규정(1984.11.23 대통령령 제11547호) 제36조 제2항을 이 사건에서 문제된 공문서 공개의 근거로 제시하고 있을 뿐이다(헌재 1989.9.4. 88헌마22, 판례집 1, 189쪽: "'알 권리'의 법적 성질을 위와 같이 해석한다고 하더라도 헌법 규정만으로 이를 실현할 수 있는가 구체적인 법률의 제정이 없이는 불가능한 것인가에 대하여서는 다시 견해가 갈릴 수 있지만, 본건 서류에 대한 열람·복사 민원의 처리는 법률의 제정이 없더라도 불가능한 것이 아니라 할 것이고, 또 비록 공문서 공개의 원칙보다는 공문서의 관리·통제에 중점을 두고 만들어진 규정이기는 하지만 "정부공문서 규정" 제36조 제2항이 미흡하나마 공문서의 공개를 규정하고 있는 터이므로 이 규정을 근거로 해서 국민의 알권리를 곧바로 실현시키는 것이 가능하다고 보아야 할 것이다.").

54) 헌재 1999.11.25. 99헌마198, 공보 제40호, 937-938쪽.

55) 헌재 1999.11.25. 99헌마198, 공보 제40호, 938쪽.

56) 이러한 오해('법률을 매개하지 않고 행정주체가 직접 헌법에 응답할 수 있다는 점을 일반적으로 받아들여서 헌법으로부터 행정주체의 일정한 작위의무를 직접 연역해낸 후 법률 없이도 해당 의

의 법률기속성 원칙을 존중하여 이 사건에서 헌법재판소는 "헌법이나 도시계획법상 […] 작위의무가 구체적으로 규정되어"있는지가 아니라, 헌법재판소 스스로가 언급하고 있는 전제에 상응하도록 '헌법(보다 분명한 표현으로는, 청구인의 기본권)으로부터 유래하는 일정한 작위의무(즉 피청구인에게 이 사건 임야에 관한 도시계획결정을 취소하여야 할 작위의무)가 도시계획법 등과 같은 법률에 특별히 구체적으로 규정되어있는지 여부'에 주목했어야 했다.

ⓒ 구 행정규제기본법 제14조에 근거한 규제개혁위원회의 권고결정을 이행하지 않은 환경부장관의 부작위로 인한 기본권침해여부가 다투어진 '2003헌마600 사건'에서 헌법재판소는 구 행정규제기본법 제14조 제1항에 따른 권고를 받은 관계 중앙행정기관의 장은 특별한 사유가 없는 한 이에 따라야 하며 그 처리결과를 규제개혁위원회에 제출하도록 규정하고 있는 구 행정규제기본법 제14조 제2항을 언급하면서 "규제개혁위원회의 위와 같은 권고결정이 있었다 하더라도 환경부장관에게 이에 따라야 할 법적 의무 즉 작위의무가 발생한다고 할 수 없어, 환경부장관이 위 규제개혁위원회의 삭제 권고대로 이행하지 아니하였더라도 그것이 위 청구인들의 기본권을 침해하는 공권력의 불행사에 해당한다고 할 수 없"다고 하면서 이 사건 헌법소원심판청구를 각하했다.[57] 하지만 구 행정규제기본법 제14조를 헌법재판소와 같이 해석하여 '환경부장관이 규제개혁위원회의 권고결정에 따라야 할 법적 의무(작위의무)가 없다는 점'을 받아들인다고 하더라도, 적어도 환경부장관이 규제개혁위원회의 권고결정에 따른 조치를 취할 수 있는 법률상의 권한 내지는 재량이 있다는 점은 "[…] 권고할 수 있다."라고 되어 있는 법문의 명시적 표현상 부인할 수 없다.[58] 따라서 이 사건에서 헌법재판소는 적법요건판단에서 환경부장관이 규제개혁위원회의 권고결정에 따른 조취를 취할 수 있는 법률상 권한 내지는 재량이 있음에도 불구하고 상응하는 행위를 하지

무를 행정주체에게 강제할 수 있다'는 오해)가 갖는 위험성은 헌법이 갖고 있는 개방성과 추상성 및 넓은 구성요건이론에 입각해서 기본권규정을 이해하는 것이 합리적이란 점(이에 관해서는 김해원, 「기본권의 잠정적 보호영역에 관한 연구」, 『헌법학연구』 15-3, 한국헌법학회, 2009, 279쪽 이하)을 고려할 때 더욱 증대된다. 왜냐하면 구체적인 기본권관계에서 문제되는 행정주체의 거의 모든 활동이 헌법상 의무로 손쉽게 편입될 수 있으며, 이러한 행정주체의 활동을 규율해야할 법률정립권자의 권한이 유명무실해질 것이기 때문이다.

57) 헌재 2007.2.22. 2003헌마600, 판례집 19-1, 129쪽, 134-135쪽.

58) 구 행정규제기본법(법률 제5368호) 제14조 (개선권고) ① 위원회는 제12조 및 제13조의 규정에 의한 심사결과를 필요하다고 인정하는 경우에는 관계 중앙행정기관의 장에게 당해 규제의 신설 또는 강화를 철회하거나 개선하도록 권고할 수 있다. ② 제1항의 규정에 의하여 권고를 받은 관계 중앙행정기관의 장은 특별한 사유가 없는 한 이에 따라야 하며, 그 처리결과를 대통령령이 정하는 바에 따라 위원회에 제출하여야 한다.

않아서(부작위 해서) 이 사건의 청구인들의 기본권을 침해할 가능성이 있다는 점(즉, 기본권관계에서의 작위의무불이행상황에 놓여 있다는 점)을 확인한 후, 본안판단으로 나아가서 환경부장관이 자신의 권한을 남용 혹은 재량을 일탈한 것인지 여부를 판단했어야 했다. 결국 이 사건은 행정부작위로 인한 기본권침해가능성을 확인함에 있어서 '헌법재판소가 행정주체에게 작위의무가 부여되어 있는지 여부에만 주목하고 있을 뿐, 행정주체가 작위행위를 할 수 있는 권한 내지는 재량이 있는지 여부에 관한 검토는 간과하고 있다는 점'을 뚜렷하게 보여주는 구체적 사례라고 하겠다.[59)]

3) 상당한 시간의 경과와 부작위

구체적인 기본권관계에서 특정 기본권으로부터 특정 행정주체를 겨냥한 적극적 행정행위에 대한 요구를 연역해낼 수 있는 경우(기본권침해가능성이 존재하는 경우)[60)]에 해당 행정주체가 합헌적 법률로부터 행정작위권한을 부여받고 있음에도 불구하고[61)][62)] 상당한 시간 — 무엇이 상당한 시간(기간)인가는 일률적으로 판

---

59) 심지어 헌법재판소는 때로는 행정부작위로 인한 기본권침해여부가 다투어진 헌법소원심판사건에서 행정주체가 작위행위할 수 있는 권한 내지는 재량이 있다는 점을 확인하고도 이를 무시하고 오직 작위의무가 부여되어 있는지 여부에만 집중하여 해당 헌법소원심판청구를 각하한 경우도 있다. 특히 '재일 한국인 피징용부상자들의 보상청구권이 협정에 의해서 타결된 것인지 여부에 관한 한·일 양국 간의 의견차이를 해소하기 위하여 중재회부를 하지 않고 있는 정부의 부작위'로 인한 기본권침해여부가 다투어진 헌법소원심판사건에서 헌법재판소는 법률적 수준의 조약이라고 할 수 있는 이 사건 협정 제3조를 적시한 후, 다음과 같이 판단했다(헌재 2000.3.30. 98헌마206, 판례집 12-1, 402-403쪽): "이 사건 협정의 해석 및 실시에 관한 분쟁을 해결하기 위하여 외교상의 경로를 통할 것인가 아니면 중재에 회부할 것인가에 관한 우리나라 정부의 재량범위는 상당히 넓은 것으로 볼 수밖에 없고, 따라서 이 사건 협정당사자인 양국간의 외교적 교섭이 장기간 효과를 보지 못하고 있다고 하여 재일 한국인 피징용부상자 및 그 유족들인 청구인들과의 관계에서 정부가 반드시 중재에 회부하여야 할 의무를 부담하게 된다고 보기는 어렵고, 마찬가지 이유로, 청구인들에게 중재회부를 해달라고 우리나라 정부에 청구할 수 있는 권리가 생긴다고 보기도 어렵다. 그리고 국가의 재외국민보호의무(헌법 제2조 제2항)나 개인의 기본적 인권에 대한 보호의무(헌법 제10조)에 의하더라도 여전히 이 사건 협정의 해석 및 실시에 관한 한·일 양국간의 분쟁을 중재라는 특정 수단에 회부하여 해결하여야 할 정부의 구체적 작위의무와 청구인들의 이를 청구할 수 있는 권리가 인정되지도 아니한다. 결국, 우리나라 정부가 일본국 정부에 대하여 중재를 요청하지 아니하였다고 하더라도 이는 공권력의 주체에게 헌법에서 유래하는 작위의무가 특별히 구체적으로 규정되어 이에 의거하여 기본권의 주체가 행정행위 내지 공권력의 행사를 청구할 수 있음에도 공권력의 주체가 그 의무를 해태하는 경우에 해당되지 않으므로, 헌법소원의 대상이 될 수 없는 것이다."

60) 이에 관해서는 위 목차 Ⅱ. 2. 나. 1).

61) 이에 관해서는 위 목차 Ⅱ. 2. 나. 2).

62) 만약 행정주체가 위헌의 의심이 있는 법률로부터 행정작위권한을 부여받은 경우라면, 위 주 42) 참조.

단하기 어려우나 행정주체에게 요구된 작위행위의 성질, 내용, 유사사안에 대한 종래의 대처 경험 및 헌법현실적 상황 등을 종합적으로 고려하여 구체적으로 판단해야 할 것이다.[63] — 이 경과될 때까지 요구된 행정행위(행정작위)를 하지 않고 있다면(행정부작위를 하고 있다면), 해당 행정주체는 구체적 기본권관계에서의 작위의무불이행상황에 놓이게 되며, 이러한 작위의무불이행상황을 구성하는 공권력주체의 행정부작위는 문제된 급부권적 기본권에 대한 침범으로서의 기본권심사대상이 된다. 그리고 이렇게 심사대상으로 특정된 기본권침범으로서의 행정부작위는 아래에서 계속 살펴볼 정당성심사를 거쳐 종국적으로 합헌인 기본권제한인지 혹은 위헌인 기본권침해인지 여부가 판가름 난다.[64]

물론 급부권적 기본권에 대한 침범으로서 행정부작위는 행정주체가 문제되는 급부권적 기본권관계에서 기본권적 보호법익에 대한 고려를 전혀 하지 않은 경우(행정의 부존재)를 의미하는 진정행정부작위와 문제된 구체적 상황에서 기본권적 보호법익에 대한 고려가 미흡한 경우를 의미하는 부진정행정부작위로 분별해서 살필 수 있고, 이 경우 기본권심사에서 심사대상인 부진정부작위는 작위적으로 구성하여 방어권적 기본권에 대한 침범으로 취급하는 것이 합리적이라고 하겠다. 따라서 급부권적 기본권의 심사구조가 갖는 고유성은 부진정행정부작위가 심사대상으로 특정될 경우에 비해서 진정행정부작위가 심사대상으로 특정될 경우에 훨씬 부각된다고 하겠다.[65]

3. 제2단계: 정당성심사

가. 서두

행정주체의 작위의무불이행상황을 검토함으로써 대국가적 작위요구규범으로 원용될 수 있는 특정 기본권의 보호영역이 잠정 확인되고 심사대상인 행정부작위가 구체적으로 특정되었다면, 특정된 심사대상인 기본권침범(행정부작위)이 헌법이 요구하고 있는 각종 규준(기본권심사기준)들에 위반되어 헌법적 차원에서 정당화될 수 없는 기본권침해인지, 아니면 기본권심사기준들에 부합되는 합헌적인 기본권제한인지에 대한 심사(정당성심사)가 행해져야 한다.[66] 그런데 이러한

---

63) 朴載賢, 「처분의 부작위로 인한 침해에 대한 구제수단」, 『공법학연구』 10-1, 한국비교공법학회, 2009, 377쪽 참조.

64) 김해원, 앞의 글(주 4), 236쪽.

65) 김해원, 앞의 글(주 4), 236-237쪽.

66) 김해원, 앞의 글(주 4) 237쪽.

정당성심사는 일반적으로 ① 기본권침범의 근거, 즉 기본권 침범의 허용 가능성을 심사하는 '제한영역'과 ② 허용된 기본권침범에 대한 형식적·실질적 헌법적 합성을 심사하는 '제한의 한계영역'으로 분별하여 살펴볼 수 있다.[67] 그리고 지금까지의 논의를 종합·정리하면 정당성심사의 대상이 되는 행정부작위는 아래 영역(A-1·A-2·B-1·B-2 영역)들 중 한 곳에 위치하게 된다.

행정부작위의 유형 / 행정권한 부여방식	진정행정부작위	부진정행정부작위
명령규범: 작위의무 부과	A-1 영역	B-1 영역
허용규범: 재량부여	A-2 영역	B-2 영역

따라서 이하에서는 심사대상인 행정부작위가 진정부작위인 경우와 부진정부작위인 경우로 구분하여 각각의 경우에 법률이 행정주체에게 행정권한을 어떠한 방식으로 부여했는지에 주목하면서 관련 헌법재판소의 입장을 비판적으로 살핀다.[68]

나. 진정부작위

1) 'A-1 영역'에 위치하고 있는 경우

특정 행정주체에게 기본권관계에 적극적으로 개입하도록 일정한 행정의무를 법률적 차원의 규범이 부과하고 있음에도 불구하고 해당 행정주체가 상당한 시

---

67) V. Epping, Grundrechte, Springer, 3. Aufl., 2007, S. 16; C. Degenhart, Klausurenkurs im Staatsrecht, C. F. Müller, 4. Aufl., 2007, S. 11f.; R. Schmidt, Grundrechte sowie Grundzüge der Verfassungsbeschwerde, Dr. Rolf Schmidt, 10. Aufl., 2008, S. 45f., 63; 김해원, 앞의 글(주 56), 282쪽; 김해원, 앞의 글(주 4), 237쪽.

68) 기본권심사가 행해지는 가장 전형적인 소송이라고 할 수 있는 헌법소원심판에서 정당성심사는 본안판단단계에서 행해진다. 그런데 행정부작위가 헌법소원심판의 대상이 된 경우에 헌법재판소는 대부분의 헌법소원심판청구를 적법요건판단단계에서 각하했다. 또 '특정 공문서의 열람·복사 신청에 불응한 행정주체의 부작위'로 인한 기본권침해여부가 다투어진 '88헌마22 사건'에서 헌법재판소는 헌법소원심판청구의 적법성을 판단한 후 본안에 관한 판단을 했지만(헌재 1989.9.4. 88헌마22, 판례집 1, 185-192쪽), 이 사건에서 헌법재판소가 본안판단단계로 나아간 것 그 자체에 대한 타당성이 의심스럽다. 왜냐하면 이 사건에서 헌법재판소는 스스로 적법요건판단에서 "공문서의 개시의무에 관한 법률상 명문규정은 찾아볼 수 없"다는 점을 확인하고 있기 때문이다(이에 관해서는 위 목차 Ⅱ. 2. 나. 2) ⓐ 참조). 따라서 여기에서 주로 검토하려는 사건들은 '행정부작위가 헌법소원심판의 대상이 된 경우에 헌법재판소에서 본안판단단계까지 나아가서 기본권침해여부를 검토'한 사건들이다. 예컨대, 헌재 1989.9.4. 88헌마22, 판례집 1, 176쪽 이하; 헌재 1995.7.21. 94헌마136, 판례집 7-2, 169쪽 이하; 헌재 2011.8.30. 2006헌마788, 판례집 23-2(상), 366쪽 이하; 헌재 2011.8.30. 2008헌마648, 판례집 23-2(상), 417쪽 이하.

간이 경과되었음에도 아무런 작위행위를 하지 않고 있는 행정의 부존재(진정행정부작위)가 심사대상인 기본권침범으로 특정된 경우라면, 해당 진정행정부작위는 법률적 근거가 없는 공권력의 불행사로서의 기본권침범(Grundrechtseingriff)에 해당된다.[69] 따라서 심사대상인 행정주체의 진정행정부작위는 기본적으로 기본권침범에 관한 헌법간접적 근거부여방식인 기본권관계에서의 법률유보원칙을 규정하고 있는 헌법 제37조 제2항 "법률로써"에 위반되는 공권력의 불행사가 되어,[70] 헌법상 허용될 수 없는 기본권침해가 된다.[71] 그리고 이러한 진정행정부작위에 대한 형식적·실질적 헌법적합성여부를 검토하는 제한의 한계영역에서의 심사는 무의미한 것이 되어 기본권심사는 종료된다.[72]

그런데 헌법재판소는 법률(혹은 법률적 차원의 규범)로부터 행정작위의무를 부여받은 행정주체의 진정행정부작위로 인한 기본권침해여부가 다투어진 헌법소원심판사건에서 헌법이 기본권관계에서의 국가행위통제규준(심사기준)으로 마련해 둔 법률유보원칙을 간과하고 있다. 예컨대 '2008헌마648 및 2006헌마788 사건'의 적법요건판단에서 헌법재판소는 「피청구인인 외교통상부장관에게 법률적 차원의 규범이라고 할 수 있는 '대한민국과 일본국 간의 재산 및 청구권에 관한 문제의 해결과 경제협력에 관한 협정' 제3조에 따라 분쟁해결의 절차로 나아갈 의무가 있다는 점」과 「피청구인인 외교통상부장관이 사건 협정 제3조에 의한 분쟁해결절차에 해당하는 아무런 조치를 취하지 않아서 청구인들의 기본권이 침해하였을 가능성이 있다는 점」을 확인하고 있는바,[73] 이 사건의 본안판단에서 헌법재판소는 피청구인인 외교통상부장관의 진정행정부작위는 법률상 근거 없는 공권력의 불행사이기 때문에 헌법 제37조 제2항에 근거하는 법률유보원칙에 위반하여 청구인들의 기본권을 침해하여 위헌이라고 판단하고 심사를 종료했으면 족

---

69) 물론 다른 법률조항에 기대어 행정주체가 자신의 행정부작위에 대한 법률적 근거를 제시할 수 있는 가능성을 생각해볼 수 있다. 하지만 이 경우는 행정주체에게 '행정작위를 명령하는 법률'과 '행정부작위를 허용 혹은 명령하는 법률' 상호 간 충돌문제로서 일반적인 법률해석의 원칙에 따라 해결될 일이다. 만약 구체적으로 문제된 사안에서 '행정작위를 명령하는 법률'을 밀어내고 '행정부작위를 허용 혹은 명령하는 법률'이 종국적으로 적용되는 것으로 판단된다면, 문제된 행정부작위는 애당초 'A-1 영역'에 위치하지 않는 것이라고 해야 한다(관련하여 김해원, 앞의 글(주 4), 238쪽, 주 63) 참조).

70) 물론 헌법유보가 문제되는 특단의 경우가 있긴 하다. 이에 관해서는 위 주 10) 참조.

71) 김해원, 앞의 글(주 4), 238쪽.

72) 김해원, 앞의 글(주 4), 238쪽.

73) 헌재 2011.8.30. 2006헌마788, 판례집 23-2(상), 382-385쪽; 헌재 2011.8.30. 2008헌마648, 판례집 23-2(상), 433-436쪽.

했을 것이다. 그러나 이 사건에서 헌법재판소는 심사대상인 외교통상부장관의 부작위에 대한 법률적 차원의 근거가 존재하는지 여부는 살피지도 않고(즉, 법률유보원칙 위반여부에 관해서는 검토하지도 않고) 바로 비례성원칙에 입각한 심사를 진행한 후,[74] 외교통상부장관의 부작위는 헌법에 위반하여 청구인들의 기본권을 침해하는 것이라고 판단했다.[75] 이러한 헌법재판소의 태도는 기본권심사, 특히 정당성심사와 관련하여 기본권침범의 근거 내지는 허용가능성에 대한 검토('제한영역'에서의 심사)를 간과하고 바로 허용된 기본권침범에 대한 헌법적합성여부에 대한 검토('제한의 한계영역'에서의 심사)로 넘어갔다는 점에서 주도면밀하지 못한 성급한 논증이라고 하겠다. 이러한 논증상의 성급함은 무엇보다도 헌법이 마련해두고 있는 각종 기본권심사기준들 중 하나인 법률유보원칙을 무의미하게 만들 뿐만 아니라, 경우에 따라서는 헌법재판의 결론을 달리하는 계기로 이어질 수 있다는 점에서 문제의 심각성 또한 적지 않을 것으로 생각된다.

2) 'A-2 영역'에 위치하고 있는 경우

법률(혹은 법률적 차원의 규범)이 특정 행정주체에게 일정한 기본권관계에 적극적으로 개입하기 위한 행정작위를 허용하고 있는(즉, 재량을 부여하고 있는) 상황에서 해당 행정주체가 상당한 기간이 경과될 때까지 아무런 조치도 취하지 않고 있는 행정의 부존재(진정행정부작위)가 심사대상인 기본권침범으로 특정된 경우(즉, 'A－2 영역'이 문제되는 경우)라면, 해당 진정행정부작위는 행정부작위할 수 있는 가능성을 열어두고 있는 법률에 근거한 행위로서 일응 허용된 행위라고 할 수 있다.[76] 따라서 원칙적으로 'A－2 영역'에 위치하고 있는 행정주체의 진정행정부작위를 헌법 제37조 제2항 "법률로써"에 근거하는 기본권관계에서의 법률유보원칙에 위반된다고 평가할 것은 아닌바, 허용된 기본권침범이 형식적으로도

---

74) 이 사건에서 헌법재판소는 심사대상인 행정부작위로 인한 기본권침해여부를 "침해되는 기본권의 중대성", "기본권 침해 구제의 절박성", "기본권의 구제가능성", "진정으로 중요한 국익에 반하는지 여부"에 주목해서 판단하고 있다(헌재 2011.8.30. 2006헌마788, 판례집 23－2(상), 389－392쪽; 헌재 2011.8.30. 2008헌마648, 판례집 23－2(상), 439－441쪽). 이러한 판단은 기본적으로 심사대상인 행정부작위(M)와 이를 통해서 달성하려는 공익(Z1), 그리고 행정부작위로 인해 훼손되는 기본권(Z2)의 관계에 기초한 것이라고 할 수 있는바, 특정 수단(M)이 복수의 목적(Z1, Z2)에 관계될 경우에 그 수단 및 목적들 상호 간의 관계맺음을 정서하는 논증도구라고 할 수 있는 비례성원칙에 따른 심사를 진행한 것이라고 할 수 있을 것이다(비례성원칙의 개념과 구조에 관해서는 특히 이준일, 「헌법재판의 법적 성격 — 헌법재판소의 논증도구인 비례성원칙과 평등원칙을 예로」, 『헌법학연구』 12－2, 한국헌법학회, 2006, 321－334쪽 참조).

75) 헌재 2011.8.30. 2006헌마788, 판례집 23－2(상), 389－392쪽; 헌재 2011.8.30. 2008헌마648, 판례집 23－2(상), 439－441쪽.

76) 김해원, 앞의 글(주 4), 241쪽.

실질적으로도 헌법이 요청하고 있는 각종 규준들에 부합되는지 여부(헌법적합성 여부)를 검토하는 '제한의 한계영역'에서의 심사로 나아가야 한다. 그런데 기본권 침범으로서 진정행정부작위가 문제되는 경우는 심사되어야 할 기본권침범의 외형(형식)이 애당초 존재하지 않는다는 점에서, 이 경우 제한의 한계영역에서의 심사는 결국 심사대상인 진정행정부작위와 기본권적 보호법익과의 관련성에 주목해서 헌법이 요청하고 있는 각종 심사기준들(실질적 헌법적합성심사기준들)이 준수되고 있는지 여부를 구체적 기본권관계에서 검토하여 기본권침범의 헌법적합성여부를 판단하는 심사(실질적 헌법적합성심사)로 모아지게 된다.[77] 그리고 이러한 실질적 헌법적합성심사에서는 무엇보다도 (헌법 제37조 제2항 "필요한 경우에 한하여"로부터 도출되는 과소금지원칙으로서의) 비례성원칙이 핵심적인 심사기준으로 원용된다는 점에서 다음과 같이 말할 수 있을 것이다: 구체적 기본권관계에서 특정 행정주체의 진정행정부작위로 인해 야기될 기본권적 보호법익에 대한 실질적 훼손의 정도에 비해서 진정행정부작위를 한 해당 행정주체의 재량권에 대한 존중이 더 크게 요청된다고 판단되는 경우라면, 심사대상인 진정행정부작위는 비례성원칙에 부합되는 것으로서 헌법상 정당화될 수 있는 기본권제한으로 평가될 수 있는 가능성이 높아진다.[78]

관련하여 오해의 소지가 없는 것은 아니지만, 무엇보다도 공정거래법 위반행위에 대하여 형사처벌을 위한 고발을 하지 아니한 행정주체의 진정행정부작위(공정거래위원회의 고발권불행사)가 청구인의 기본권을 침해했는지 여부가 문제된 '94헌마136 사건'을 주목해볼 수 있겠다. 이 사건에서 헌법재판소는 공정거래법 제71조를 적시하며 "공정거래위원회는 [···] 공정거래법위반행위에 대하여 일응 고발을 할 것인가의 여부를 결정할 재량을 갖는다."는 점을 확인한 후,[79] 심사대상인 공정거래위원회의 고발권불행사로 훼손된 청구인의 기본권적 보호법익의 정도와 공정거래위원회의 재량권 및 그로 인한 공익달성의 정도 등을 구체적으로 고려하여 다음과 같이 판단하고 있다: "[···] 모든 행정청의 행정재량권과 마찬가지로 전속고발제도에 의한 공정거래위원회의 고발재량권도 그 운용에 있어 자의가 허용되는 무제한의 자유재량이 아니라 그 스스로 내재적인 한계를 가지는 합목적적 재량으로 이해하지 아니하면 안 된다고 할 것이다. 만약 공정거래위원회가 대폭의 가격인상카르텔 등의 경우와 같이 그 위법성이 객관적으로 명백

77) 김해원, 앞의 글(주 4), 242쪽.
78) 김해원, 앞의 글(주 4), 242쪽.
79) 헌재 1995.7.21. 94헌마136, 판례집 7-2, 178-179쪽.

하고 중대한 공정거래법 위반행위를 밝혀내고서도 그에 대한 고발을 하지 아니한다면 법집행기관 스스로에 의하여 공정하고 자유로운 경쟁을 촉진하고 소비자를 보호한다는 법목적의 실현이 저해되는 결과가 되어 부당하기 때문이다. […] 그러나 청구외 회사의 위 불공정거래행위는 청구인과의 가구대리점계약이라는 개별적이고 구체적인 거래관계를 대상으로 한 단 1회의 거래거절행위로서 가구시장의 경쟁질서에 끼친 해악의 정도가 그리 중하다고만 할 수 없을 뿐 아니라, 위와 같이 청구외 회사에 의하여 대리점계약이 해지됨으로써 입은 청구인의 경제적 손실은 공정거래법상의 손해배상청구권을 행사하거나 민법상의 채무불이행 혹은 불법행위에 기한 손해배상청구를 통하여 충분하게 전보될 수 있다고 보여지므로, 이를 객관적으로 보아 형벌을 가할 정도로 중대한 공정거래법위반행위로 보기는 어렵다고 할 것이다. 그렇다면 공정거래위원회가 위와 같은 청구외 회사의 불공정거래행위에 대하여 시정조치를 하는 것만으로도 법목적의 실현이 가능하다고 판단하여 형사처벌을 위한 고발권을 행사하지 아니하였다고 하더라도 이를 고발권의 남용이라거나 고발권을 행사하여야 할 작위의무의 위반으로서 명백히 자의적인 조치라고 단정할 수 없다고 판단되므로 이로써 청구인의 헌법상 보장된 기본권이 침해되었다고 볼 수도 없다."[80][81]

다. 부진정부작위

기본권관계에서 행정주체가 일정한 행정행위를 하긴 했지만, 그러한 행위가 기본권보장에 미흡하거나 불충분·불완전하다는 이유로 행정주체의 행정행위(부진정행정부작위)를 기본권심사의 대상으로 특정한 경우에는 급부권적 기본권의 심사구조에 따라 기본권심사가 진행되지 않는다.[82] 왜냐하면 기본권심사에서 심사대상인 부진정부작위는 작위적으로 구성한 후(즉, 방어권적 기본권에 대한 침범으로 구성한 후) 방어권적 기본권의 심사구조를 활용해야하기 때문이다.[83] 다만 행정주체의 부진정행정부작위의 위헌성 여부를 판단함에 있어서 방어권적 기본권의 심사구조를 활용한다는 것이 정당성심사에서 대국가적 작위요구권으로서의 급부

80) 헌재 1995.7.21. 94헌마136, 판례집 7-2, 179-180쪽.

81) 한편 이 사건에서 헌법재판소는 공정거래위원회의 고발권불행사로 인해 청구인의 재판절차진술권이 침해될 수 있다는 점을 인정하면서도, 정작 고발권불행사로 인하여 재판절차진술권이 얼마나 훼손되고 있는지 여부는 살피지 않고 청구인의 경제적 손실의 정도에 주목하고 있다. 이러한 논증상의 미흡함은 무엇보다도 헌법재판소가 이 사건에서 비례성원칙 위반여부를 주도면밀하게 검토하지 않은 탓으로 생각된다.

82) 이에 관해서는 김해원, 앞의 글(주 4), 243쪽.

83) 이에 관해서는 김해원, 앞의 글(주 4), 243쪽.

권적 기본권의 특수성을 완전히 무시한다는 것은 아닌바, 정당성심사에서 활용되는 중핵적인 심사기준인 비례성원칙은 과잉금지원칙이 아니라 과소금지원칙에 입각한 형량과정으로 이해되어야 한다. 따라서 본질내용침해금지(헌법 제37조 제2항 후단)에 위반되는지 여부에 대한 검토 이후에 비례성심사(헌법 제37조 제2항 전단)를 진행하는 것이 사고의 과정상 합리적이라고 생각되며, 비례성원칙의 심사강도는 행정주체에게 작의의무가 부과된 'B－1 영역'이 문제되는 경우에 비해서 재량이 부여된 'B－2 영역'이 문제될 경우에 상대적으로 완화될 수 있다고 해야 할 것이다.[84)]

4. 보론: 쟁송방법

행정주체의 미흡한 행정행위(부진정행정부작위)로 인해서 기본권침해여부가 문제될 경우에 만약 미흡한 행정행위가 행정소송법 제2조 제1항 제1호가 명시하고 있는 "행정청이 행하는 구체적 사실에 관한 법집행으로서의 공권력의 행사 또는 그 거부와 그 밖에 이에 준하는 행정작용"(이하 "처분"이라 한다)에 해당된다면, 법원에 행정소송을 제기해서 다툴 수는 있겠지만 헌법재판소에 헌법소원심판을 청구해서 다투는 것은 원칙적으로 가능하지 않다.[85)] 마찬가지로 행정주체의 진정행정부작위로 인해서 기본권침해여부가 문제될 경우에도 만약 해당 진정행정부작위가 행정소송법 제2조 제1항 제2호에 명시된 "행정청이 당사자의 신청에 대하여 상당한 기간내에 일정한 처분을 하여야 할 법률상 의무가 있음에도 불구하고 이를 하지 아니하는 것"에 해당된다면 법원에 행정소송(부작위위법확인소송)을 제기해서 다툴 수 있겠지만, 헌법재판소에 헌법소원심판을 청구해서 다투는 것은 원칙적으로 차단되어 있다. 반면에 미흡한 행정행위(부진정행정부작위)가 행정소송법상의 "처분"에 해당되지 않거나(예컨대 권력적 사실행위) 형사소송법상의 재정신청절차를 통해서 다툴 수 있는 불기소처분이 아닌 경우[86)]라면 법원의 재판을 통해서 구제받을 수 없으므로 헌법재판소에 헌법소원심판을 청구해서 다툴 수 있을 것이며, 같은 이유에서 진정행정부작위가 처분 부작위에 해당되지

---

84) 이에 관해서는 김해원, 앞의 글(주 4), 243－244쪽.

85) 이에 관해서는 헌법소원심판의 적법요건으로서 "법원의 재판을 제외"하고 있으면서, 동시에 보충성의 원칙("다른 법률에 구제절차가 있는 경우에는 그 절차를 모두 거친 후")을 규정하고 있는 헌법재판소법 제68조 제1항 참조.

86) 이에 관한 상세한 설명은 정태호, 「제68조 제1항」, 『주석 헌법재판소법』, 헌법재판소 헌법재판연구원, 2015, 1021－1026쪽.

않는 '신청을 전제로 하지 않은 행정작용의 부작위'인 경우에도 헌법재판소에 헌법소원심판을 청구해서 구제받을 수 있을 것이다.[87)]

한편 행정부작위로 인한 손해 등이 발생할 경우에 국가배상청구를 통해서 구제받을 수 있는 가능성이 있긴 하지만, 이러한 방법은 행정부작위를 직접 대상으로 하여 그 효력을 다툴 수 있는 권리구제절차가 아니라 사후적·보충적 구제수단에 지나지 않는다.

Ⅲ. 사법부작위

1. 서두

사법은 입법의 결과물인 규범을 구체적 사건과 관련하여 소극적·수동적·보수적으로 실현하는 활동(혹은 공권력 작용)을 의미하는바,[88)] 행정권력의 작용과 마찬가지로 사법권력의 작용(행사/작위 혹은 불행사/부작위)에도 직접적이든 간접적이든 간에 특정 규범이 전제되어 있다. 그리고 헌법은 기본권침범주체인 사법주체의 활동에 전제되어야 하는 근거규범으로도 법률 혹은 법률적 차원의 규범을 상정해두고 있다. 이러한 점은 무엇보다도 기본권관계에서의 법률유보원칙을 선언하고 있는 헌법 제37조 제2항 "법률로써"를 통해서 뚜렷하게 확인되며, 헌법상 권력분립원칙 및 민주주의원칙을 통해서도 뒷받침된다.[89)] 특히 헌법은 모든 사법권력을 법원에 독점시킨 것은 아니지만 원칙적으로 사법권은 법관으로 구성된 법원에 속하도록 하면서,[90)] 가장 중핵적인 사법권력작용이라고 할 수 있는 법관

87) 홍일선, 앞의 글(주 5), 609−610쪽; 사봉관, 앞의 글(주 5), 130쪽, 함인선, 앞의 글(주 5), 105−106쪽.

88) 실질적 사법의 특징 및 개념요소에 관해서는 허완중, 「헌법재판소의 지위와 민주적 정당성」, 『고려법학』 55, 고려대 법학연구원, 2009, 14−15쪽.

89) 헌법은 국가권력을 기본적으로 입법권·행정권·사법권으로 분장하고 있다. 따라서 행정권력이나 사법권력이 입법권력을 무시 혹은 배제하고 직접 헌법적 가치에 대답하는 것은 헌법 제40조(입법권은 국회에 속한다)에 위반된다는 점에서 권력분립원칙에 부합되기 어렵다. 그리고 국민으로부터 직접 선출되지 않고 임명된다는 점에서 민주적 정당성이 상대적으로 취약한 사법기관이 국민으로부터 직접 선출된 국회의원으로 구성된 국회의 권한을 무시 혹은 배제한다는 것은 민주주의원칙에도 부합되기 어렵다.

90) 헌법 제101조 제1항은 "사법권은 법관으로 구성된 법원에 속한다."라고 규정되어 있다. 하지만 헌법은 법원 외에도 헌법재판소를 규정하면서 특히 헌법 제111조 제1항에 규정된 사항과 관련된 사법권은 헌법재판소가 관장토록 하고 있으며, 실질적 사법에 해당되는 국회의 국회의원 자격심사나 징계 및 제명의 처분에 대하여는 법원에 제소할 수 없도록 규정하고 있다(헌법 제64조 제2항∼제

의 "심판"(심리와 재판)[91]이 ('헌법 혹은 법률'이 아니라) "헌법과 법률에 의하여" 행해지도록 규정함으로써[92] 법관이 법률 혹은 법률적 차원의 규범적 매개물을 경유하지 않고 헌법을 직접 원용하여 심판하는 것을 원칙적으로 차단하고 있다.[93] 바로 이러한 점에서 기본권관계에서 '사법부작위가 심사대상이 된 경우'와 앞서 검토한 '행정부작위가 심사대상이 된 경우'에 적용되는 기본권심사구조는 본질적으로 차이가 없을 것으로 생각된다.[94] 왜냐하면 양자 모두 심사대상인 기본권침범은 '부작위'로 행해지며, 심사대상인 기본권침범의 주체(기본권수범자)는 법률 혹은 법률적 차원의 규범적 매개물을 경유해서 헌법적 요청에 응답할 수 있는 권력기관이기 때문이다. 따라서 이하에서는 위 목차 Ⅱ. 2. 및 3.의 설명을 반복하면서 사법부작위에 의한 기본권침해여부를 판단하는 심사구조(제1단계: 보호영

4항). 따라서 헌법 제101조 제1항의 사법권은 원칙적 사법권으로 이해되어야 하며, 헌법 제101조 제1항은 법원 중심의 사법원칙을 규정한 것이라고 해야 한다.

91) 일반적으로 심판은 '어떤 문제와 관련된 일이나 사람에 대하여 잘잘못을 가려 결정을 내리는 일'로 이해되지만, 법 개념으로서 심판은 심리와 재판을 아울러 이르는 말이다(국립국어원 표준대사전, http://stdweb2.korean.go.kr/search/List_dic.jsp, 검색어: 심판, 검색일: 2018.1.3. 참조). 그리고 심리는 재판의 기초가 되는 사실 및 법률관계 등을 명확히 하기 위해 법원이 조사하는 행위를 의미하고, 재판은 재판기관의 관념적 판단이나 의사를 법정의 형식으로 표시한 것으로서 이에 따라 일정한 법적 효과가 발생하는 법원의 소송행위로서 행위주체와 성립절차 등 형식적 차이에 따라서 대개 판결·결정·명령으로 분별된다(이에 관한 보다 상세한 설명은 허완중, 「헌법재판소 종국결정의 본질」, 『영남법학』 제30호, 영남대학교 법학연구소, 2010, 60-61쪽). 한편 헌법재판소는 "재판이라 함은 구체적 사건에 관하여 사실의 확정과 그에 대한 법률의 해석적용을 그 본질적인 내용으로 하는 일련의 과정이다."라고 하고 있는바(헌재 1995.9.28. 92헌가11등 판례집 7-2, 278쪽), 이러한 이해에 기초한다면 재판과 심리의 분별이 모호해지고, 그 결과 헌법에 각각 등장하는 "심판"과 "재판"의 분별도 모호해진다.

92) 헌법 제103조 법관은 헌법과 법률에 의하여 그 양심에 따라 독립하여 심판한다.

93) 법관이 행하는 심판의 근거는 헌법과 법률에 동시 존재해야 한다는 원칙으로서 헌법 제103조 및 이에 대한 예외에 관해서는 김해원, 「기본권 원용의 양상과 기본권이론 — 사법질서에서 기본권의 효력을 중심으로 —」, 『헌법학연구』 17-2, 한국헌법학회, 2011, 414-417쪽 참조.

94) 물론 양자 즉, 기본권관계에서 '행정이 심사대상이 된 경우'와 '사법이 심사대상이 된 경우'가 기본권심사에서 완전히 동일한 취급을 받는다고 볼 수는 없을 것이다. 왜냐하면 행정과 사법은 그 기능이 상이할 뿐만 아니라(기본적으로 입법의 결과물인 규범을 적극적·미래지향적으로 실현하는 활동인 행정에 비해서 사법은 상대적으로 소극적이며 보수적인 성격을 갖고 있다), 행정주체와 사법주체가 갖고 있는 민주적 정당성의 크기가 상이할 경우(예컨대 법관과 같은 사법주체는 선출된 행정주체 — 특히 대통령, 교육감 등 — 에 비해서 상대적으로 민주적 정당성이 약하다)가 많을 것인바, 행정과 사법, 각 공권력마다 인정되는 재량권의 광협에서 차이가 발생하기 때문이다(함인선, 앞의 글(주 5), 105쪽 참조). 하지만 이러한 차이점은 기본권심사에서 심사구조에 영향을 미치는 것이라기보다는, 주로 심사강도에 영향을 미칠 수 있는 요소로 생각된다. 생각건대 기본권심사에서 심사대상 공권력을 작위와 부작위로 분별하는 것은 주로 심사구조의 관점에서, 그리고 심사대상 공권력을 입법·행정·사법으로 분별하는 것은 주로 심사강도의 관점에서 그 의미를 찾을 수 있다고 본다.

역의 잠정적 확인, 제2단계: 정당성심사)에 관한 일반적 내용을 장황하게 되풀이하기 보다는, 본래적 의미의 사법이라고 할 수 있는 법관의 심판·재판부작위(혹은 재판의 지연)[95]로 인한 기본권침해여부가 구체적으로 다투어진 경우에 나타난 헌법재판소의 입장을 비판적으로 검토하는데 집중하기로 한다.

2. 제1단계: 보호영역의 잠정적 확인

가. 서두

기본권관계에서 재판부작위(재판의 지연)가 심사대상인 기본권침범으로 특정된 경우에도 기본권수범자인 사법주체의 작위의무불이행상황을 적극적으로 논증함으로써 구체적으로 문제되는 대국가적 작위요구권으로서의 급부권적 기본권의 잠정적 보호영역이 확인될 수 있는바, 다음 3가지 쟁점들이 검토되어야 한다: ① 특정 기본권으로부터 사법권력을 겨냥한 적극적 행위요구(작위요구: 재판청구)가 도출될 수 있을 것, ② 법률적 차원의 규범으로부터 사법주체가 적극적 행위권한(작위권한: 재판권한)을 부여받고 있을 것, ③ 상당한 시간의 경과와 사법주체의 부작위(재판의 지연)가 존재할 것.[96] 이러한 쟁점들에 주목하면서 헌법재판소의 입장을 살펴본다.

나. 공권력주체의 작위의무불이행상황

1) 기본권침해가능성: 기본권으로부터 적극적 행위요구로서 재판청구가 도출될 것

재판부작위(재판의 지연)로 인하여 침해될 우려 있는 기본권으로 행복추구권과 같은 일반적·포괄적 기본권이나 해당 재판을 통해서 얻고자 하는 실체적인 이익을 보호법익으로 담아낼 수 있는 특정 기본권도 언급될 수 있겠지만,[97] 사

---

95) 심판은 심리와 재판을 아우르는 개념으로 이해된다(위 주 90) 참조). 따라서 엄밀하게 본다면, 심판부작위는 심리부작위와 재판부작위로 분별할 수도 있을 것이다. 하지만 재판의 기초가 되는 사실 및 법률관계 등을 명확히 하기 위해 법원이 조사하는 행위인 심리는 결국 재판(판결·결정·명령)에 흡수·포함된다는 점에서 기본권관계에 있어서 재판부작위와 분별되는 심리부작위를 별도로 고민할 실익은 거의 없을 것으로 생각된다. 같은 맥락에서 재판장의 소송지휘권의 행사에 관한 사항 또한 재판에 흡수·포함되는 것으로 이해할 수 있을 것이다(정태호, 앞의 글(주 86), 1041쪽 참조). 따라서 이하에서는 관례에 따라 '재판부작위' 혹은 '재판의 지연'이라는 용어를 사용하기로 한다(이러한 용어사용은 정태호, 앞의 글(주 86), 1048쪽; 함인선, 앞의 글(주 5), 126쪽; 김현철, 『판례 헌법소송법』, 전남대학교 출판부, 2016, 369쪽).

96) 위 목차 Ⅱ. 2. 가. 참조.

97) 예컨대 법원의 민사재판 지연행위와 관련하여 해당 민사재판에서 승소할 경우에 얻을 수 있는 권

법주체에 대한 작위행위요구로서의 사법행위청구(재판청구)를 보다 직접적이고 뚜렷하게 근거지울 수 있는 기본권은 무엇보다도 헌법 제27조 제1항 및 제3항이 명시하고 있는 "재판을 받을 권리" 내지는 "신속한 재판을 받을 권리"이다. 실제로 재판부작위(재판의 지연)로 인한 기본권침해여부가 문제된 구체적인 헌법소원심판사건들에서 청구인들은 거의 예외 없이 헌법 제27조 제1항 및 제3항이나 "재판을 받을 권리" 혹은 "신속한 재판을 받을 권리"를 공통적으로 주장하고 있으며, 헌법재판소 또한 재판의 지연으로 인해 침해될 우려가 있는 기본권을 명시적으로 특정하거나 전제할 경우에 "재판청구권" 내지는 "(신속한) 재판을 받을 권리"(헌법 제27조 제1항·제3항)를 언급하고 있다.[98)][99)]

다만 헌법재판소는 재판부작위(재판의 지연)로 인해서 재판을 받을 권리의 침해여부가 문제될 수 있음을 인식하고 있음에도 불구하고, 좁은 구성요건이론에 입각해서 재판을 받을 권리의 보호영역을 별다른 논거나 이유 없이 애당초 축소하고 있다거나 혹은 '재판부작위로 인해 침해될 우려가 있는 기본권을 특정하는

리주체의 재산적 이익을 헌법 제23조 제1항 재산권의 보호법익으로 포착하여 재산권의 침해가능성을 주장하거나 혹은 법원의 형사재판지연과 관련하여 해당 형사재판과 관련된 형사피해자가 헌법 제27조 제5항에 근거하는 재판절차진술권의 침해가능성을 주장하는 경우 등을 생각해볼 수 있다는 것이다.

98) 예컨대 헌재 1999.9.16. 98헌마75, 판례집 11－2, 367－371쪽; 헌재 1998.5.28. 96헌마46, 결정문 2쪽(공보·판례집 미수록); 헌재 1994.6.30. 93헌마161, 판례집 6－1, 704－705쪽; 헌재 2011.7.19. 2011헌마356, 결정문 1쪽(공보·판례집 미수록); 헌재 1993.11.25. 92헌마169, 판례집 5－2, 492－494쪽.

99) 재판지연으로 인한 기본권침해여부가 다투어진 사건들 중에서 헌법재판소는 침해 우려가 있는 기본권을 특정하지 않고 재판지연을 다투는 헌법소원을 헌법재판소법 제68조 제1항에 의하여 금지된 재판에 대한 헌법소원으로 이해하여 각하하거나(예컨대 헌재 1998.6.26. 98헌마163; 헌재 1998.5.28. 96헌마46, 공보·판례집 미수록, 결정문 2쪽: "청구인이 기본권침해사유로 주장하는 재판의 지연은 결국 법원의 재판절차에 관한 것이므로 헌법소원의 대상이 될 수 없는 것이다."), 권리보호이익이 없다고 하면서 각하한 경우(헌재 1993.11.25. 92헌마169, 판례집 5－2, 493－494쪽)도 있다. 그런데 만약 법원의 재판지연을 헌법재판소법 제68조 제1항이 명시하고 있는 "법원의 재판"에 해당되는 것으로 본다면, 원칙적으로 법원의 재판지연에 대한 헌법소원심판청구는 '헌법소원심판의 대상이 될 수 없는 것에 대한 헌법소원심판청구'라는 점에서 부적법하다고 하는 것이 논리적이다. 하지만 법원의 재판지연행위(재판부작위)는 헌법재판소법 제68조 제1항이 제외하고 있는 법원의 재판 그 자체가 아니라 헌법에서 유래하는 재판의무를 법원이 해태하는 상태라고 이해될 수 있을 뿐만 아니라(정태호, 앞의 글(주 86), 1048쪽; 헌재 1994.6.30. 93헌마161, 판례집 6－1, 704쪽), 헌법재판소법 제68조 제1항 "법원의 재판"은 한정 해석될 필요가 있다는 점(이에 관해서는 김해원, 앞의 글(주 93), 420－423쪽; 김하열, 「법률해석과 헌법재판: 법원의 규범통제와 헌법재판소의 법률해석」, 『저스티스』 108, 한국법학원, 2008, 39－44쪽 참조)에서 재판의 지연과 같은 재판부작위를 헌법소원심판의 대상성에서 일방적으로 제외시키는 것은 바람직하지 않다고 본다. 한편 헌법재판소의 입장은 동요하고 있다(관련된 헌법재판소 결정들의 적시 및 이에 대한 비판적 분석으로는 함인선, 앞의 글(주 5), 126－130쪽 참조).

문제'를 '문제된 특정 사법주체에게 구체적인 재판권한 내지는 재판의무가 법률을 통해서 부여되어 있는지 여부에 관한 문제'로 대체한 것은 아닌가 하는 의심으로부터 자유롭지 못하다. 예컨대 보안관찰처분의 취소를 구하는 사건들에 대하여 피청구인인 법원(서울고등법원과 대법원)이 보안처분의 효력이 만료되는 시점까지 판결을 선고하지 않음으로써 청구인들의 기본권이 침해되었는지 여부가 다투어진 헌법소원심판사건(이하 '98헌마75 사건'이라 한다)에서 헌법재판소는 피청구인들이 이 사건에서 문제된 보안처분의 효력이 만료되기 전까지 판결을 선고해야 할 작위의무가 있는지 여부를 먼저 검토한 후, 그러한 '작위의무의 존재가 긍정될 경우에 비로소 이에 의거하여 청구인들이 피청구인들에게 신속한 재판을 청구할 수 있는 권리가 인정될 수 있다'는 입장을 밝히면서[100] "[…] 판결을 선고해야 할 구체적인 행위를 요구할 수 있는 청구인들의 권리가 헌법 제27조 제3항 제1문상의 신속한 재판을 받을 권리로부터 발생하지 아니한다고 할 것이다." 라는 결론을 이끌어내고 있다.[101] 이러한 판단은 ⓐ 헌법 제27조 제1항 및 제3항에 근거하는 재판청구권의 보호영역을 아주 좁게 파악한 결과 — 즉, 이 사건에서 문제된 구체적인 작위행위요구(즉 '보안처분들의 효력이 만료되기 전까지 판결을 선고해달라는 요구')는 헌법 제27조 제1항 및 제3항에 근거하는 재판청구권의 보호영역에 포함되지 않는다는 입장 — 에서 비롯된 것이 아니라면, ⓑ '기본권주체의 입장에서 제기되는 기본권침해가능성에 관한 문제'와 '기본권침범주체(기본권수범자)의 입장에서 제기되는 기본권적 주장에 상응하는 적극적 행위를 할 수 있는 권한이 존재하는지 여부에 관한 문제(특히, 법률로부터 사법주체에게 일정한 작위권한(재판권한)이 부여되어 있는지 여부에 관한 문제)'를 혼동하고 이를 뒤섞어서 논증한 결과에서 비롯된 것으로 생각된다. 그런데 헌법재판소의 입장이 만약 전자(ⓐ)로부터 비롯된 것이라면 그 입장에 대한 평가는 좁은 구성요건이론에 대한 비판을 통해서 갈음될 수 있을 것이며,[102] 만약 후자(ⓑ)에서 기인하는 것이라면 권리로부터 의무를 연역해내는 것이 아니라 권리존부에 관한 문제를 의무존부에 관한

---

100) 헌재 1999.9.16. 98헌마75, 판례집 11-2, 369-370쪽: "위 보안관찰처분들의 취소청구에 대해서 피청구인들이 그 처분들의 효려기 만료되기 전까지 신속하게 판결선고를 하지 아니한 것에 대한 헌법소원이 적법하기 위해서는 공권력의 주체인 피청구인들이 청구인들의 재판청구에 대하여 신속하게 판결을 선고해야 하는 <u>헌법상의 작위의무나 법률상의 작위의무가 존재하고, 이에 의거하여 청구인들이 피청구인들에게 신속한 재판을 청구할 수 있어야</u> 하고 이를 하였음에도 피청구인들이 그 작위의무를 해태하고 있어야 한다."

101) 헌재 1999.9.16. 98헌마75, 판례집 11-2, 371쪽.

102) 김해원, 앞의 글(주 56), 300-303쪽.

문제로 대체하여 기본권수범자의 의무로부터 기본권을 연역해내는 시도를 하고 있다는 점에서 논증의 출발점에서부터 논리적 모순을 내포하고 있는 것이라고 비판할 수 있겠다.[103)]

2) 법률로부터 사법주체에게 적극적 행위권한(재판권한)이 부여되어 있을 것

특정 사법주체(특히 재판기관)의 구체적인 사법부작위(재판의 지연)로 인해서 기본권주체의 신속한 재판을 받을 권리 등과 같은 기본권이 침해될 수 있다는 점이 인정되었다고 하더라도, 해당 사법주체가 법률로부터 문제된 분쟁과 관련하여 (신속하게) 재판할 수 있는 권한을 부여받고 있다는 점이 확인되어야 비로소 문제된 재판의 지연에 대한 책임을 해당 사법주체에게 직접 묻고 신속한 재판을 요구할 수 있게 된다. 특히 민주적 법치국가에서 모든 재판은 법률에 근거를 두어야 하며[104)] 행정과 마찬가지로 사법 또한 법률에 기속되어야 한다는 점[105)]을 고려한다면, 일정한 분쟁과 관련하여 법률로부터 재판권한을 부여받지 못한 사법주체 내지는 공권력기관에게 사법부작위(재판의 지연)에 대한 책임을 묻는 것은 오히려 헌법상 권력분립원칙 및 민주주의원칙에도 부합되기 어렵다. 따라서 '법률이 규정하지 않은 분쟁 내지는 재판청구행위에 대해 재판을 하지 않은 사법주체의 사법부작위'나 혹은 '법률로부터 사법권한을 부여받지 않은 공권력주체의 사법부작위'로 인한 기본권침해여부가 다투어진 경우에 (헌법상 보장된 기본권인 재판청구권을 실현하기 위해 적절한 입법적 조치를 하지 않은 법률제정권자의 입법행위 내지는 그러한 법률을 심판대상으로 삼아서 헌법소원심판이나 위헌법률심판을 청구하는 것은 별론으로 하더라도)[106)] 사법부작위를 심판대상으로 삼아서 제기된 헌법소원심판청구는 부적법하여 각하된다고 해야 할 것이다. 헌법재판소 또한 "법원은 […] 법

---

103) 이러한 논리적 모순은 무엇보다도 권리와 의무 상호 간의 기우뚱한 대응관계를 간과한 것에서 비롯된 것으로 보인다(이에 관해서는 김도균, 앞의 책(주 30), 22−23쪽 참조).

104) 헌재 1990.9.3. 89헌가95, 판례집 2, 267쪽.

105) 헌재 2004.2.26. 2001헌마718, 판례집 16−1, 320쪽.

106) 문제된 공권력기관(사법주체)에게 재판권한을 부여하지 않거나 미흡하게 부여하고 있는 법률(혹은 법률정립권자의 입법행위)을 대상으로 재판을 받을 권리 등과 같은 기본권침해여부를 다투는 것은 가능할 것이다. 하지만 이러한 다툼은 여기서 논하고 있는 사법부작위에 의한 기본권침해에 관한 문제가 아니라, 입법(법률정립)과 관련된 작위 혹은 부작위에 의한 기본권침해에 관한 문제이다. 관련하여 특히 헌재 2006.1.26. 2005헌마108 사건을 주목할 수 있겠다(이 사건은 재심을 청구한 지 1년 가까이 되도록 재심개시 여부에 대한 법원의 결정이 없자, 주위적으로 형사소송법이 재심개시결정의 기한에 관하여 "상당한 기간 내에"라고 규정하지 않은 입법부작위를, 예비적으로 재심개시결정의 기한을 두지 않은 형사소송법 제435조 제1항을 각 심판 대상으로 하여 위 입법부작위 또는 형사소송법 제435조 제1항이 헌법상 보장된 청구인의 재판을 받을 권리, 평등권, 신체의 자유 및 행복추구권을 침해한다고 주장하면서 제기된 헌법소원심판 사건이다).

령에 정한 국민의 정당한 재판청구행위에 대하여만 재판을 할 의무를 부담한다고 할 것이고, 법령이 규정하지 아니한 재판청구행위에 대하여 까지 헌법상의 재판청구권에서 유래한 재판을 할 작위의무가 법원에 있다고 할 수는 없다."라는 전제 하에서,[107] "종국판결이 상소기간 도과로 확정된 후 동 판결선고 전에 청구의 인낙이 있었다는 이유로 하는 기일지정신청은 법이 예상한 바 아니어서 법령에 이를 규정한 바 없고, 그러한 경우에 기일지정신청을 인정하는 법리도 없다. 따라서 그러한 기일지정신청은 법원에 대하여 아무런 의미도 부여하는 것이 아니어서 법원이 이에 대하여 재판 특히 재판에 의한 소송종료선언을 하여야 할 의무를 부담하지 않는다."고 하면서 청구인들이 신청한 기일지정신청에 대하여 재판하지 않고 있는 재판부작위를 대상으로 한 헌법소원심판청구를 각하했다.[108]

그런데 법률제정권자는 각종 법률들(법원조직법·군사법원법·각급 법원의 설치와 관할구역에 관한 법률·민사소송법·형사소송법·행정소송법·가사소송법·소송촉진 등에 관한 특례법 등등)을 통해서 각종 분쟁들과 관련하여 일정한 공권력기관에게 사법권을 행사할 수 있는 권한을 부여하고 있는바, 실제 사법부작위로 인한 기본권침해여부에 관한 문제는 주로 일정한 분쟁에 대해서 재판권한을 부여받은 사법주체가 부여 받은 재판권한을 적극적으로 행사하여 신속하게 재판하지 않고 있는 사법부작위, 즉 재판의 지연을 둘러싸고 발생하고 있다. 이와 관련하여 헌법재판소는 특정 사법주체(법원)에게 신속한 재판을 해야 할 "법률상의 작위의무"가 있는지 여부에만 주목할 뿐, 해당 사법주체가 법률을 통해서 신속한 재판을 할 수 있는 권한 내지는 재량을 부여받고 있는지 여부에 관한 검토를 간과하고 있다는 비판으로부터 자유롭지 않다. 특히 '98헌마75 사건'에서 헌법재판소는 피청구인인 법원이 보안처분의 효력이 만료되기 전까지 "신속하게 판결을 선고하여야 할 법률상의 작위의무가 구체적으로 존재하는지"를 살피면서 「"헌법 제27조 제3항 제1문에 의거한 국민의 신속한 재판을 받을 권리를 보장하기 위한 법규정으로는 민사소송법 제184조[109]를 들 수 있다. 이 법규정은 심리를 신속히 진행함으로써 판결의 선고를 소가 제기된 날로부터 5월내에, 항소심 및 상고심에 있어서는 기록의 송부를 받은 날부터 5월내에 하도록 규정하고 있다. 이 법규정은 행정소송

107) 헌재 1994.6.30. 93헌마161, 판례집 6-1, 705쪽; 다만 여기서 헌법재판소가 적시하고 있는 "법령"은 '법률 혹은 법률에 근거한 명령'으로 이해되어야 하며, "재판을 할 의무를 부담한다."라는 표현은 '재판을 할 권한을 갖는다'라는 표현으로 수정되어야 할 것이다.

108) 헌재 1994.6.30. 93헌마161, 판례집 6-1, 705-706쪽.

109) 현재 민사소송법 제199조(판결은 소가 제기된 날부터 5월 이내에 선고한다. 다만, 항소심 및 상고심에서는 기록을 받은 날부터 5월 이내에 선고한다.)에 상응하는 조항이다.

법 제8조 제2항에 의거하여 위 처분취소사건들의 경우에도 준용된다. 그러나 이 법규정 소정의 판결선고기간을 직무상의 훈시규정으로 해석함이 법학계의 지배적 견해이고, 법원도 이에 따르고 있으므로, 위 기간 이후에 이루어진 판결의 선고가 위법으로 되는 것은 아니다. 따라서 피청구인은 민사소송법 제184조에서 정하는 기간 내에 판결을 선고하도록 노력해야 하겠지만, 이 기간 내에 반드시 판결을 선고해야 할 법률상의 의무가 발생한다고는 볼 수 없다. 그리고 이 법규정외에는 청구인이 기본권의 주체로서 신속한 판결선고를 청구할 수 있는 다른 법률상의 근거도 존재하지 아니한다. 그렇다면 이 사건에서 피청구인들이 청구인들에 대한 위 보안처분들의 효력이 만료되는 시점까지 판결을 선고해야 할 법률상의 작위의무가 있다고는 볼 수 없다."」라고 한 다음, 이 사건 헌법소원심판청구를 각하했다.[110] 그러나 민사소송법상의 종국판결 선고기간을 훈시규정으로 이해하는 것이 바람직한지 여부는 논외로 하더라도,[111] 적어도 피청구인인 법원은 이 사건에서 문제된 재판을 민사소송법상의 종국판결 선고기간 내에 선고할 수 있는 권한을 법률을 통해서 부여받고 있음은 틀림없다. 따라서 이 사건에서 헌법재판소는 청구인의 헌법소원심판청구를 각하하기보다는 본안판단으로 나아가서 청구인의 신속한 재판을 받을 권리와 이를 강조할 경우에 훼손될 수 있는 또 다른 가치들(예컨대 공정한 재판을 받을 권리나 사법권의 독립 및 법관의 재판권한 등등)을 비교형량한 후, 종국적으로 피청구인인 법원이 자신에게 부여된 권한이나 재량을 남용 혹은 일탈하여 청구인의 재판을 받을 권리를 과도하게 훼손한 것은 아닌지 여부를 살폈어야 했다. 결국 헌법재판소는 피청구인(법원)에게 신속한 재판을 해야 할 "법률상의 작위의무"가 있는지 여부에만 주목했을 뿐, 피청구인이 법률상 신속한 재판을 할 수 있는 권한 내지는 재량을 부여받고 있는지 여부에 관한 검토를 도외시함으로써 본안판단으로 나아갈 수 있는 기회를 잃어버렸다.[112]

---

110) 헌재 1999.9.16. 98헌마75, 판례집 11-2, 370-371쪽.

111) 만약 민사소송법상의 종국판결 선고기간이 강행규범으로 이해된다고 하더라도, 구체적 재판과 관련하여 해당 기간이 재판의 공정성 등과 같은 또 다른 헌법적 가치를 담보하는데 너무 짧다고 판단되면 법원은 선고기간을 규정하고 있는 해당 법률조항의 위헌여부에 관한 심판을 헌법재판소에 제청할 수 있을 것이다(헌법재판소법 제41조 참조).

112) 이러한 취지의 비판은 국회의 행정부작위로 인한 기본권침해여부가 문제된 '2012헌마2 사건'에 대해서도 유효하다. 다만 '2012헌마2 사건'에서 국회가 공석인 헌법재판관의 후임자를 선출함에 있어서 준수해야 할 기간을 헌법재판소법 제6조 제3항 내지 제5항이 규정하고 있는 기간이 아니라, 헌법 제27조, 제111조 제2항 및 제3항의 입법취지와 공석인 재판관 후임자의 선출절차 진행에 소요되는 기간 등을 고려한 상당한 기간이라고 판단하고 있는 헌법재판소의 입장(헌재 2014.4.24.

3) 상당한 시간의 경과와 부작위

기본권관계에서 심사대상인 기본권침범으로 특정될 수 있는 사법부작위(재판부작위) 또한 문제되는 급부권적 기본권관계에서 사법주체가 '(신속한) 재판을 받을 이익' 등과 같은 기본권주체의 기본권적 보호법익에 대한 고려를 전혀 하지 않은 경우를 의미하는 '진정사법부작위'(예컨대, 재판의 지연 등과 같은 재판의 부존재)와 문제된 구체적 상황에서 기본권적 보호법익에 대한 고려가 미흡한 경우를 의미하는 '부진정사법부작위'(예컨대, 재판에서 판단을 유탈하거나 탈루한 경우 등과 같은 불완전한 재판)[113]로 분별해서 살필 수 있겠다. 하지만 급부권적 기본권의 심사구조가 갖는 고유성은 진정사법부작위가 심사대상으로 특정될 경우에 보다 부각될 수 있을 것이다.[114]

한편 보안처분들의 효력이 만료되는 시점까지 판결을 선고하지 아니한 재판지연행위(사법부작위)로 인한 기본권침해여부가 다투어진 '98헌마75 사건'에서 헌법재판소는 "피청구인들이 신속한 재판을 해야 할 어떠한 법률상의 의무나 헌법상의 의무도 존재하지 않으므로, 위 보안처분들의 효력이 만료되는 시점까지 판결을 선고하지 아니한 것은 피청구인들의 공권력의 불행사라고는 할 수 없다."라고 하면서 재판관 전원의 일치된 의견으로 "이 사건 심판청구는 공권력의 불행사가 존재하지 아니하여 부적법"하다고 판단했다.[115] 이러한 헌법재판소의 판단은 신속한 재판을 해야 할 의무가 존재하지 않으므로, 심사대상인 재판지연행위를 공권력의 불행사로 볼 수 없다는 것인바, 도저히 납득할 수 없는 것이라고 하겠다. 왜냐하면 당위론적 차원에서 논증되어야 할 의무존부에 관한 문제와 존재론적 차원에서 확인되어야 할 심사대상(공권력의 불행사: 부작위)의 존부에 관한 문제를 뒤섞고, 서로를 부당하게 결부시킨 것이기 때문이다.

2012헌마2, 판례집 26-1(하), 215쪽)에 대해서는 비판이 추가되어야 한다. 왜냐하면 법률제정권자인 국회도 새로운 입법을 하지 않는 한 자신이 스스로 정립한 법률을 준수해야 함이 마땅하다고 할 것인바, '국회의 퇴임재판관 후임자선출'과 관련하여 국회 스스로가 이미 정립해둔 헌법재판소법상의 소정의 기간을 무시하고, 직접 헌법으로부터 '상당한 기간'을 도출해내서 자신의 행정부작위(후임재판관을 선출하지 않고 있는 부작위)를 정당화하는 것은 타당하지 않기 때문이다.

113) 정태호, 앞의 글(주 86), 1050쪽.

114) 이에 관해서는 김해원, 앞의 글(주 4), 236-237쪽.

115) 헌재 1999.9.16. 98헌마75, 판례집 11-2, 371-372쪽.

3. 제2단계: 정당성심사

구체적인 기본권관계에서 사법주체의 작위의무불이행상황을 검토함으로써 특정 기본권(특히, 헌법 제27조 "재판을 받을 권리")의 보호영역이 잠정 확인되고 심사대상인 사법주체의 사법부작위가 구체적으로 특정되었다면, 행정부작위가 심사대상이 된 경우[116]와 마찬가지로 '사법주체에게 권한이 부여된 방식'과 '특정된 사법부작위의 유형'에 주목해서 심사대상인 사법부작위를 아래 영역들 중 한 곳에 위치시켜놓고 해당 사법부작위가 헌법적 차원에서 정당화될 수 있는지 여부에 관한 검토(정당성심사)를 본격적으로 진행할 수 있게 된다.

사법부작위의 유형 / 사법권한 부여방식	진정사법부작위	부진정사법부작위
명령규범: 작위의무 부과	A-1 영역	B-1 영역
허용규범: 재량부여	A-2 영역	B-2 영역

그리고 기본권관계에서 사법부작위가 심사대상이 된 경우에 행해지는 정당성심사 또한 행정부작위로 인한 기본권침해여부가 다투어진 경우에 행해지는 정당성심사의 경우와 본질적으로 다르지 않을 것인바,[117] 그 심사의 내용 및 결론은 다음과 같이 정리된다: ① 만약 심사대상인 사법부작위가 'A－1 영역'에 위치하게 되면, 해당 사법부작위는 법률유보원칙(헌법 제37조 제2항 "법률로써")에 위반되는 공권력의 불행사가 되어 헌법상 허용될 수 없는 기본권침해로 평가받게 되고 기본권심사는 종료된다. ② 만약 심사대상인 사법부작위가 'A－2 영역'에 위치하게 되면, 무엇보다도 진정사법부작위(재판부작위: 재판의 지연)로 인해서 훼손되는 기본권적 가치(특히, 신속한 재판을 받을 권리)와 심사대상인 진정사법부작위로 인해서 얻고자 하는 또 다른 가치들(예컨대 공정한 재판을 받을 권리 및 사법주체의 재판권한 보장 등등) 상호 간의 비교형량을 핵심으로 하는 비례성원칙(헌법 제37조 제2항 "필요한 경우에 한하여")이 심사대상인 사법부작위의 위헌성 여부를 판단하는 주요한 심사기준으로 주목받게 될 것인바, 구체적인 경우에 재판의 신속성에 대한 사법주체의 재량권에 대한 존중이 더 크게 요청되면 요청될수록, 심사대

116) 위 목차 Ⅱ. 3. 참조.

117) 위 목차 Ⅱ. 3. 나. 및 다. 참조.

상인 사법부작위(재판부작위: 재판의 지연)는 헌법상 정당화될 수 있는 기본권제한으로 평가될 가능성이 높아진다고 볼 수 있을 것이다.[118] ③ 만약 심사대상인 사법부작위가 'B－1 영역' 혹은 'B－2 영역'에 위치하게 되면, 심사대상인 부진정사법부작위는 작위적으로 구성하여 방어권적 기본권에 대한 침범으로 취급되어야 하므로 방어권적 기본권의 정당성심사구조가 활용되어야 한다.[119]

4. 보론: 쟁송방법

진정사법부작위로 인한 기본권침해여부가 문제될 경우에 법원에서 다툴 수 있는 특별한 방법이 존재하지 않는다면, 헌법재판소에 헌법소원심판을 청구해서 구제받을 수 있는지 여부를 검토할 수 있을 것이다.[120] 이와 관련하여 헌법재판소는 어떤 경우에는 재판부작위(재판의 지연)를 헌법재판소법 제68조 제1항에 의해서 금지된 재판에 대한 헌법소원심판청구로 이해하여 각하한 경우도 있고,[121] 그렇지 않은 경우도 있다.[122] 하지만 법원의 재판지연행위(재판부작위)는 헌법재판소법 제68조 제1항이 제외하고 있는 법원의 재판 그 자체가 아니라 헌법과 법률로부터 유래하는 재판의무를 법원이 해태하고 있는 상태라고 볼 수 있을 뿐만 아니라,[123] 무엇보다도 이를 다툴 수 있는 적당한 쟁송방법이 마련되어 있지 않다는 점에서 재판부작위(재판의 지연)에 대한 헌법소원심판청구 또한 원칙적으로 허용되는 것으로 이해하는 것이 바람직할 것이다.

부진정사법부작위로 인한 기본권침해여부가 문제될 경우에는 만약 그것이

---

118) 바로 이러한 관점에서 다른 구체적인 조건들을 고려하지 않는다면, 일반적으로 '확정판결을 선고하는 재판'을 지연하는 사법기관의 재판부작위는 '확정판결이 있기까지 현상의 진행을 그대로 방치한다면 권리자에게 현저한 손해를 입게 하거나 급박한 위험에 처하는 등 소송의 목적을 달성하기 어려운 경우에 요청되는 임시적인 조치와 관련된 재판(예컨대 가처분 결정)'에 대한 지연행위(재판부작위)에 비해서 상대적으로 헌법상 정당화될 수 있는 가능성이 보다 높다고 할 것이다. 같은 맥락에서 일반적으로 죽음에 임박한 사람을 당사자로 하는 재판을 지연하는 행위는 그렇지 않은 경우에 행해지는 재판지연보다도 재판을 받을 권리에 대한 훼손이 더 심각할 것으로 생각되는바, 이 경우에는 재판의 신속성과 관련하여 사법주체의 재량권이 상대적으로 축소된다고 생각된다.

119) 방어권적 기본권의 정당성 심사구조는 김해원, 앞의 글(주 17), 29쪽 이하 참조.

120) 헌법재판소법 제68조 제1항("공권력의 행사 또는 불행사로 인하여 헌법상 보장된 기본권을 침해받은 자는 법원의 재판을 제외하고는 헌법재판소에 헌법소원심판을 청구할 수 있다. 다만, 다른 법률에 구제절차가 있는 경우에는 그 절차를 모두 거친 후에 청구할 수 있다.").

121) 예컨대 헌재 1998.6.26. 98헌마163; 헌재 1998.5.28. 96헌마46.

122) 예컨대 헌재 1993.11.25. 92헌마169; 헌재 1994.6.30. 93헌마161; 헌재 1999.9.16. 98헌마75. 하지만 현재까지 헌법재판소가 재판부작위를 위헌으로 확인한 사례는 없다.

123) 정태호, 앞의 글(주 86), 1048쪽.

행정소송법 제2조 제1항 제1호가 명시하고 있는 "행정심판에 대한 재결"[124]이라면 법원에 행정소송을 청구하여 다툴 수 있을 것이며, 만약 그것이 법원의 재판(불완전한 재판)일 경우에는 상소·재심·비상상고 등을 통하여 다툴 수 있을 것이다. 한편 기본권보장에 미흡하다는 이유로 법원의 (불완전한) 재판에 대하여 헌법재판소에 헌법소원심판을 청구할 수 있는지 여부가 문제되는데, 현재 우리 헌법재판소법은 원칙적으로 법원의 재판에 대한 헌법소원을 제외하고 있으며(헌법재판소법 제68조 제1항), 헌법재판소 또한 특단의 경우[125]를 제외하고는 법원의 재판에 대한 헌법소원심판청구를 허용하고 있지 않다. 하지만 법원의 재판에 대해 원칙적으로 헌법소원심판청구가 가능하여 과잉헌법화가 문제되는 독일과는 달리 법원의 재판에 대해 헌법소원심판청구가 원칙적으로 차단되어 있어서 과소헌법화가 문제되고 있는 우리 법체계를 고려하여 헌법재판소법 제68조 제1항 "법원의 재판"을 한정 해석하는 것이 바람직할 것인바, 법원의 재판을 대상으로 한 모든 헌법소원심판청구를 무조건 차단하는 것은 합리적이지 않다고 생각한다.[126]

Ⅳ. 마치는 글

기본권관계에서 행정·사법부작위에 의한 기본권침해여부를 판단하는 심사구조는 법률하위규범정립과 관련된 입법부작위로 인한 기본권침해여부를 판단하는 구조[127]와 본질적으로 다르지 않은 점에 주목해서, 지금까지 관련된 헌법재판소의 결정 및 논증들을 구조적 차원에서 분석 및 비판했다. 그 결과 헌법재판소는 행정부작위 및 사법부작위에 의한 기본권침해여부를 논증함에 있어서 특정 기본권으로부터 행정주체 및 사법주체를 겨냥한 적극적 행위(작위)요구를 연역해낼 수 있는지 여부에 관한 검토(즉, 급부권적 기본권의 침해가능성에 대한 검토)는 경시한 채, 기본권수범자인 행정주체 및 사법주체의 의무로부터 기본권주체의 권리

---

124) 실질적 의미에서의 사법에 해당된다. 이러한 점은 헌법은 제107조 제3항("재판의 전심절차로서 행정심판을 할 수 있다. 행정심판의 절차는 법률로 정하되, 사법절차가 준용되어야 한다.")을 통해서도 뒷받침된다.

125) 헌법재판소가 위헌으로 선언한 법령을 적용하여 기본권을 침해하는 재판에 대하여는 헌법소원이 가능하다는 것이 헌법재판소의 입장이다(헌재 1997.12.24. 96헌마172등).

126) 이에 관한 상세한 설명 및 헌법소원심판의 대상으로 삼을 수 있는 법원의 재판에 대해서는 김해원, 앞의 글(주 93), 420－423쪽; 김하열, 앞의 글(주 99), 39－44쪽 참조.

127) 이에 관해서는 김해원, 앞의 글(주 4), 221－250쪽.

(기본권)를 이끌어내는 논리역진적인 시도를 함으로써 기본권적 주장을 은폐하고 기본권심사의 본질을 왜곡했다는 비판으로부터 자유롭지 않다는 것을 확인했다. 그리고 문제된 구체적 사안에서 급부권적 기본권의 침해가능성을 확인했다고 하더라도 헌법재판소는 기본권수범자인 행정주체 및 사법주체가 문제된 행정 및 사법과 관련된 일정한 권한(재량) 내지는 작위의무를 법률(혹은 법률적 차원의 규범)로부터 부여받고 있는지 여부에 관한 검토를 자주 경시했으며, 특히 문제된 행정 및 사법과 관련된 재량권한을 보유하고 있는지 여부에 관한 검토는 거의 대부분 간과했다는 것도 알 수 있었다. 이러한 헌법재판소의 태도는 마땅히 본안판단단계로 나아가서 보다 면밀하게 기본권침해여부를 살폈어야 하는 많은 사건들을 애당초 적법요건판단단계에서 부적법하다는 이유로 각하해버리는 결과를 초래했으며, 본안판단단계로 나아갔다고 하더라도 주요한 정당성심사기준으로 활용되었어야 하는 법률유보원칙이나 비례성원칙을 기능부전에 이르게 하는 계기를 마련했다는 점에서 문제의 심각성이 적지 않다고 본다. 합리적인 기본권심사구조를 구축하고 헌법재판소에 의한 헌법소송 및 헌법소송실무에 대한 신뢰를 제고하기 위해서라도 이러한 헌법재판소의 입장은 수정되어야 할 것으로 생각된다. 본 글이 헌법재판소의 입장변화를 견인할 수 있는 계기가 되었으면 한다.

제 4 부

결론: 요약 및 정리

■ [제4부 결론: 요약 및 정리]에서는 지금까지 살펴본 내용들을 간추리고(「제1장 요약」), 현행 대한민국헌법 곳곳에 흩어져 있는 각종 기본권심사기준들을 기본권심사가 진행되는 논리적 과정에 따라 질서정연하게 배치하고 정돈하여 기본권심사의 전 과정과 쟁점들을 일목요연하게 간파할 수 있는 '기본권심사구조도'를 방어권적 기본권의 경우와 급부권적 기본권의 경우로 구분하여 각각 제시한다(「제2장 정리: 기본권심사구조도」). 결론을 갈음하고 있는 이러한 요약과 정리는 구체적 기본권관계에서 심사대상인 국가행위를 평가하고 통제하는데 필수적인 지식들을 기억하고 기억된 지식들을 수월하게 헌법현실로 소환하기 위한 실천적 도구이면서, 동시에 더 합리적이고 더 우수한 『기본권심사론』을 구축하기 위한 새로운 출발점을 두드러지게 하는 이론적 징표이기도 하다.

제 1 장

요약

§ 1. 기본권 체계

§ 2. 객관헌법과 주관헌법

§ 3. 기본권관계와 기본권원용의 양상

§ 4. 기본권관계에서 국가의 의무

§ 5. 일반론: 헌법규범충돌과 헌법규범의 적용방식

§ 6. 특수론: 헌법적 논증에서 정치와 사법

§ 7. 기본권의 잠정적 보호영역

§ 8. 법률유보와 헌법유보

§ 9. 침범형식(권한 · 절차 · 형태)에 대한 헌법적합성심사

§ 10. 심사구조 · 분리논증 · 헌법 제37조 제2항

§ 11. 일반적 심사기준으로서 자기책임의 원칙

§ 12. 일반적 심사기준으로서 법치국가원칙

§ 13. 일반적 심사기준으로서 평등원칙

§ 14. 개별적 심사기준의 체계와 내용

§ 15. 법률정립과 관련된 입법부작위가 심사대상인 경우

§ 16. 법률하위규범정립에 관한 입법부작위가 심사대상인 경우

§ 17. 행정 · 사법부작위가 심사대상인 경우

§ 1. 기본권 체계

(1) 기본권 체계는 개별 기본권들을 일정한 원리에 따라 통일적으로 조직한 지식의 총체로서 기본권에 관한 중요한 일반론을 집약하고 간취할 수 있어야 하며, 헌법현실에서 발생되는 다양한 기본권적 문제들을 일관되게 설명하고 합리적으로 해결하는데 구체적인 도움을 제공할 수 있어야 한다.

(2) 하지만 그동안 진행된 기본권체계화에 관한 많은 논의들은 기본권이론화경향을 강하게 띠면서 산만하게 전개되었을 뿐만 아니라, 기본권이해에 있어서 추상성을 높이고 해석자의 자의가 개입될 수 있는 여지를 키웠다는 비판으로부터도 자유롭지 않았다.

(3) § 1. 에서는 헌법적 차원의 권리인 기본권을 활용함에 있어서 공통적으로 제기되는 실천적 물음들에 주목해서 기본권 체계의 내용을 다음 4가지 쟁점들을 중심으로 정리하였다:

① 기본권의 본질(기본권은 자연권인가? 실정권인가?),

② 기본권의 효력(기본권은 구체적 권리인가? 추상적 권리인가?),

③ 기본권의 성격(기본권은 주관적인 것인가? 객관적인 것인가?),

④ 제도와 기본권의 상호관계.

(4) 결론적으로 기본권은 실정헌법상의 권리이며 구체적 권리로 이해되어야 한다는 점과 개인인 국민이 국가에 대해 특정한 행위를 요구할 수 있는 주관적 권리이면서 동시에 구체적인 헌법적 논증참여자들의 외부에 별도로 독립해서 존재하는 객관규범으로서의 성격도 함께 지니고 있다는 점(이중적 성격)을 확인했다. 그리고 제도와 기본권의 상호관계를 둘러싸고 행해진 독일에서의 논의를 일별하면서, 헌법상 제도규범과 기본권규범을 상호 융합된 것으로 파악하려는 견해(융합론)를 옹호했다.

---

§ 2. 객관헌법과 주관헌법

§ 2.에서는 헌법적 논증에 있어서 빈번하게, 그리고 다양한 표현으로 사용되고 있으면서도 그 의미가 명확하지 않은 '객관(헌법)'과 '주관(헌법)'의 개념을 적극적으로 정의한 후, 구체적으로 어떠한 헌법규범들이 객관규범 혹은 주관규범에 해당될 수 있는지를 검토했다. 그리고 이러한 (주관 · 객관)헌법규범들은 헌법적 논증에 있어서 가장 중요한 토포스(Topos) 혹은 논거라는 점을 뚜렷하게 밝히면서, 헌법적 논증의 합리성을 제고하고 더 우수한 설득력을 확보하기 위해서 객관헌법규범과 주관헌법규범을 분리해서 논증해야한다는 점을 밝혔다. 바로 이러한 점에서 § 2.는 기본권심사에서 정당성심사구조(특히 실질적 헌법적합성심사 구조)를 보다 합리적으로 구축하기 위한 시도인 '분리논증'에 대한 이론적 기초가 된다.

---

§ 3. 기본권관계와 기본권원용의 양상

§ 3.에서는 기본권주체(국민)와 기본권수범자(국가) 간의 관계를 의미하는 '수직관계', 기본권주체들 상호 간의 관계를 의미하는 '수평관계', 그리고 이러한 관계들의 결합 — 즉, 수평관계에 관여하는 국가 — 으로 이루어진 '삼각관계'라는 3가지 규범구조 속에서 행해지는 기본권 원용의 양상 및 원용의 방법, 그리고 그 강도에 관해서 살펴보았고, 특히 기본권이 법관을 통해서 사법영역에 방사해 들어가는 현상에 주목했다. 그 결과 다음과 같은 점들이 확인되었다:

(1) 기본권보장(보호)청구권은 수평관계에서 국가의 개입을 요구하는 헌법적 근거로 작동함으로써 삼각관계를 형성하는 계기를 마련해준다.

(2) 기본권의 제3자적 효력의 본질은 결국 기본권수범자인 국가가 사법질서의 형성(입법)과 집행(행정) 및 분쟁해결(사법)과 관련하여 기본권적 가치질서를 고려하여 행한 활동이 사인들 간의 권리 및 의무관계(법률관계)에 미치는 영향을 의미하는 것이다.

(3) 사법적 분쟁은 대체로 법원(특히, 민사법원)으로 수렴되기 때문에, 사법질서에 있어서 기본권효력에 관한 문제의 중심에는 사법상 분쟁의 심판자로서의 법관이 놓이게 된다.

(4) 법관은 간접적용이란 방식으로 기본권적 가치가 사법질서에서도 구현될 수 있도록 해야 하며, 그 과정에서 발생되는 불가피한 헌법적 가치들의 충돌문제는 형량법칙과 우위결정법칙이라는 심사기준에 따라서 해소되어야 한다.

(5) 법관의 기본권존중의무 해태에 대한 구제방안으로서 사법작용의 본질 및 재판에 관한 정밀한 분석에 기초하여 헌법재판소법 제68조 제1항 "법원의 재판"을 전향적으로 해석하는 것이 기본권의 제3자효와 관련된 논의의 실천력을 높이는데 도움이 될 것이다.

이러한 논의들은 기본권심사가 행해지는 헌법현실적 전제조건이라고 할 수 있는 실제적 '담론의 장'을 보다 분명하게 드러내어서, 기본권적 논증의 건전성과 설득력 제고 및 기본권관계에 적극적으로 혹은 소극적으로 개입하는 국가행위에 대한 헌법적 통제를 담보하려는 시도에서 비롯되었다.

---

§ 4. 기본권관계에서 국가의 의무

기본권관계에서 국가의무준수여부를 판단함에 있어서 사용되는 척도(심사기준)들에 대해서는 지금까지 많은 연구가 행해져 왔고 그 성과 또한 상당히 축적되어 있지만, 정작 '국가의무' 그 자체에 관한 연구는 소홀했다. 뿐만 아니라 학설과 헌법재판소의 태도는 헌법상 명시된 국가의무를 독일적 맥락(국가의 기본권보호의무: die grundrechtliche Schutzpflicht des Staates)에서만 파악하려는 시도로 보인다. 이러한 문제의식 기초하여 § 4.에서는 헌법전의 문리적 표현에 주목하여 기본권관계에서 국가의무를 기본권심사기준들과의 관련 속에서 탐구하였다.

헌법 제10조 제2문에 근거한 '확인의무'와 '보장의무', 그리고 헌법 제11조와 결부되어 이해된 헌법 제2조 제2항으로부터 근거지울 수 있는 '보호의무'는 모든 기본권관계에서 각각 준수되어야 할 일반적 국가의무이다. 우선 '확인의무'는 기본권심사에서 국가에게 논증부담의무를 부과하는 근거가 된다. 따라서 기본권심사가 행해져야 하는 헌법소송을 완전한 당사자주의로 변경하려는 시도는 확인의무와 조화되기 어려울 것이다. 그리고 헌법현실에서 기본권적 가치의 무제한적 관철은 규범적으로도, 현실적으로도 불가능하다는 전제에서 출발하여, 국가에게 구체적인 경우에 기본권이 상대적으로 가능한 한 최대한 실현될 수 있도록 행위(작위/부작위)할 것을 요구하는 '보장의무'는 기본권관계에서 국가행위의 상한에 관련되는 것으로서, 그 준수여부의 판단에 있어서는 헌법 제37조 제2항 전단 "필요한 경우에 한하여"로부터 도출되는 '과잉금지원칙'과 '과소금지원칙'이 각각 방어권적 기본권관계와 급부권적 기본권관계에서 핵심적인 심사기준으로 등장하는바, 헌법규범의 적용방식으로서 '형량'이 특별한 의미를 갖는다. 반면에 "법률이 정하는 바에 의하여" 기본권적 가치의 훼손은 원칙적으로 가능하다는(혹은 불가피할 수밖에 없다는) 전제에서 출발하지만, 그럼에도 불구하고 이 경우 국가에게 해당 기본권적 가치의 최소치는 절대적으로 구현될 수 있도록 행위(작위/부작위)할 것을 요구하는 '보호의무'는 기본권관계에서 국가행위의 하한에 관련되는 것으로서, 그 준수여부의 판단에 있어서는 헌법 제37조 제2항 후단의 '본질내용침해금지'가 방어권적 기본권관계든, 급부권적 기본권관계든 불문하고 핵심적인 심사기준으로 등장하는바, 헌법규범의 적용방식으로서 '우위결정'이 특별한 의미를 갖는다.

---

§ 5. 일반론: 헌법규범충돌과 헌법규범의 적용방식

(1) 특정한 국가행위를 심사하는 헌법규범들(혹은 헌법적 가치들) 간의 충돌이 부존재한 경우는 '포섭(Subsumtion)'이, 그렇지 않는 경우는 충돌양상에 따라 '형량(Abwägung)' 혹은 '우위결정(Vorrangentscheidung)'이 헌법규범의 본질적인 적용방식이 된다. § 5.에서는 규범충돌상황을 면밀하면서도 축약하여 설명하기 위한 도구로서 <규범충돌상황표>가 제시되었으며, 규범논리적 추론을 통하여 사법영역과 정치영역의 구별이 시도되었다.

(2) 포섭활동의 설득력을 높이는 문제는 포섭통제의 문제로 집약된다. 형식적 포섭통제와 관련해서는 '법적 삼단논법'에 따른 추론과정을 정교하게 만드는 것이 중요하고, 실질적 포섭통제와 관련해서는 포섭이 가지고 있는 심리적 강제력을 극대화시키는 방안을 모색하는 것이 중요하다.

(3) 최소지위초과보장을 요구하는 헌법규범들 간의 충돌상황에 위치하고 있는 국가행위의 헌법적합성(적헌성) 판단에 있어서는 '형량'이 헌법규범의 본질적인 적용방식이 된다. 이 경우 형량의 합리성과 설득력을 담보하기 위해서는 무엇보다도 형량통제에 주목해야 한다. 형식적 형량통제 장치로 기능하는 '비례성원칙'은 형량이 행해지기까지의 사고과정을 질서정연하게 만들어

주고, 구체적 상황에서 형량을 통해서 논증되어야 할 대상과 그 범위가 무엇인지를 분명하게 보여준다. 실질적 형량통제를 위해서는 무엇보다도 '형량법칙'의 준수가 중요하다.

(4) 최소지위보장과 관련된 헌법규범충돌상황에 위치하고 있는 국가행위의 적헌성 판단에 있어서는 '우위결정'이 헌법규범의 본질적인 적용방식이 된다. 우위결정은 (변형된) 비례성원칙이란 구조 속에서 행해짐으로써 형식적 통제가 가능해 진다. 실질적 우위결정통제를 위해서 형량법칙에 대응하는 '우위결정법칙'이 준수되어야 한다.

(5) 규범충돌상황에서 헌법규범이 적용되는 두 가지 방식인 '형량'과 '우위결정'은 결국 규범충돌상황을 종식시키고, 구체적인 특정 상황에서 종국적으로 적용될 수 있는 확정적 규범을 도출하기 위한 활동이다. 따라서 '형량'과 '우위결정'이 끝나고 나면 명시적으로든 묵시적으로든 '포섭'이 행해진다.

---

§ 6. 특수론: 헌법적 논증에서 정치와 사법

(1) § 6.에서는 정치와 사법이 결렬된 가장 극단적인 규범충돌상황에서 발생될 수 있는 구체적인 기본권사례문제에 대한 풀이와 대답이 제시되었다. 이를 통해서 무엇보다도 기본권적 가치의 최소치(특히, 헌법 제37조 제2항 "자유와 권리의 본질적인 내용") 조차도 배척할 수 있는 헌법유보에 의한 기본권침범문제를 본격적으로 논해야 하는 '기본권심사의 특수론'(극단적인 경우에서의 기본권침범문제)이 주목될 수 있었다. § 6.의 중요성은 구체적인 기본권관계에서 기본권심사가 '일반론'에서 '특수론'으로 전환되는 과정 내지는 기본권심사의 우선순위를 다루고 있는 제2부 제2장 § 8. 및 § 10.과 결부될 때 더욱 부각될 수 있을 것이다.

(2) 사법심사를 염두에 둔 헌법적 논증(헌법재판)에 있어서 정치 고유의 영역과 사법 고유의 영역을 뚜렷하게 밝힘으로써, 앞으로 헌법재판소가 사법과 정치의 긴장관계 속에 놓여있는 헌법문제를 취급함에 있어서 정치진영에서 제기될 수 있는 '정치의 사법화'라는 비판, 그리고 사법진영에서 제기될 수 있는 '사법의 정치화'라는 비판으로부터 벗어나서 논증의 합리성과 설득력 높이고, 나아가 헌법재판의 공신력을 확보할 수 있는 계기 또한 § 6.을 통해서 마련될 수 있었다. 왜냐하면 § 6.에서는 사법심사의 한계와 관련된 기존의 학설 및 판례의 태도를 비판적으로 검토한 다음, 헌법으로부터 사법심사의 한계에 해당하는 '정치영역'과 사법심사가 행해져야 하는 '사법영역'을 도출하려는 적극적인 시도를 했기 때문이다. 이러한 시도는 특히 사법심사의 성문헌법적 한계와 불문헌법적 한계로 구분해서 행해졌는데, 전자(사법심사의 성문헌법적 한계)와 관련해서는 심사대상인 국가행위의 규범적 허용근거를 확보하기 위한 개념인 '헌법유보'와 '법률유보'가, 후자(사법심사의 불문헌법적 한계)와 관련해서는 규범으로서 헌법은 명령·허용·금지라는 당위의 양식을 통해서 대국가적 행위지도적 기능과 행위평가적 기능을 수행한다는 점이 주목되었다.

---

§ 7. 기본권의 잠정적 보호영역

(1) 기본권심사를 기본권최대보장자와 기본권최대제한자간의 논증다툼으로 구성하고, 그 과정을 사고의 개념적 고정 작용(고정의 원리)에 기대어 '잠정적 보호영역을 확인하는 단계'와 정당성심사를 통한 '확정적 보호영역을 도출하는 단계'로 구축하여 기본권심사의 합리화를 도모하려는 활동과 관련하여 특히, § 7.에서는 잠정적 보호영역 확인에 관한 문제를 다루었다.

(2) 자신의 고유영역 없이 오직 비교적·상대적 관점에서 국가행위를 통제하는 규준인 평등에서는 보호영역에 관한 문제가 발생하지 않겠지만, 방어권적 기본권이나 급부권적 기본권의 침해여부를 검토함에 있어서는 무엇보다도 구체적인 기본권관계를 형성하는데 관련된 기본권구성요건에 주목함으로써 문제된 특정 기본권의 보호영역을 잠정적으로 포착할 수 있다.

(3) 잠정적 보호영역을 징표 하는 사태들의 총체인 기본권구성요건에는 기본권적 보호법익(인적 보호법익 및 물적 보호법익)뿐만 아니라, 거기에 감행되는 국가의 침범도 마땅히 포함되는 것으로 이해해야 한다(보호법익/침범-구성요건). 그리고 기본권구성요건은 가급적 폭넓게 취급되어서, 확정적 보호영역의 도출을 목적으로 하는 정당성심사에서 부당하게 누락되는 주장이나 사태들이 없도록 해야 한다(넓은 구성요건이론).

(4) 한편 잠정적 보호영역을 확인하는 과정에서 작동하는 헌법규범의 전형적인 적용방식은 포섭이며, 이 과정에서 기본권보장을 주장하는 자가 해당 구체적 사실이 특정한 기본권의 규율영역에 해당된다는 것과, 여기에 부정적으로 작용하는 국가의 개입(기본권침범: Grundrechtseingriff)이 존재한다는 점을 주도적으로 논증해야 한다. 이 경우 넓은 구성요건이론은 기본권 주장자의 논증 부담을 완화시키는 역할을 한다. 하지만, 이러한 논증이 성공한다고 하여도 그것을 통해서 보장되는 생활영역은 여전히 잠정적이다. 왜냐하면 확정적 보호영역을 도출하기 위한 기본권심사의 제2단계, 즉 정당성심사(① 기본권침범의 허용가능성 심사: 헌법상 근거 있는 기본권침범인가?, ② 허용된 기본권침범에 대한 형식적·실질적 헌법적합성심사)가 아직 남아있기 때문이다.

---

§ 8. 법률유보와 헌법유보

기본권은 헌법적 차원에서 보장되는 권리라는 점에서 기본권적 보호법익에 대한 침범(기본권침범) 또한 헌법적 차원에서 허용될 수 있어야 하는바, 기본권침범의 헌법적 근거가 정당성심사의 첫 번째 영역인 제한영역에서 확인되어야 한다. 관련하여 심사대상인 기본권침범의 근거로 헌법을 직접 원용하는 것을 '헌법직접적 근거에 의한 침범(헌법유보)', 헌법으로부터 수권 받은 헌법하위규범을 원용하는 것을 '헌법간접적 근거에 의한 침범'이라고 할 수 있다. 기본권관계에서의 헌법간접적 유보로서 가장 일반적인 것이 바로 헌법 제37조 제2항 "법률로써"에 근거를 둔 '법률유보'이다. 여기서 "법률"은 실질적 의미로 이해되며, "법률로써"는 '법률에 의한 규율'은 물론이고, '법률에 근거한 규율'까지도 포함하고 있는 것으로 이해된다. 기본권침범근거로서 법률유보와 헌법유보가 경합하는 경우를 생각해볼 수 있겠으나, 원칙적으로 법률유보가 우선적으로 검토되어야 한다. 따라서 우선 법률유보에 주목해서 기본권심사가 진행되어야 하며, 헌법유보에 관한 문제는 법률유보가 한계에 도달한 지점이나, 극단적인 경우에 예외적으로 검토될 수 있을 뿐이다. 헌법유보에 기초한 기본권침범의 정당성여부를 심사함에 있어서는 헌법이 법률유보와 결부해서 마련해둔 각종 기본권심사기준들이 무력화되는바, 경우에 따라서는 "자유와 권리의 본질적인 내용"에 대한 훼손도 합헌적인 기본권침범으로 평가될 수 있다.

---

§ 9. 침범형식(권한 · 절차 · 형태)에 대한 헌법적합성심사

(1) 구체적 헌법현실에서 문제되는 기본권침범의 '외적 특성의 총체' 내지는 '존재방식', 그 자체에 주목해서 행해지는 헌법적 판단인 기본권침범의 형식적 헌법적합성 여부를 심사한다는 것은 기본권침범의 실질적 내용(알맹이)을 담아내고 있는 형식(껍데기)이 헌법상 '정당한 권한 있는 자의 정당한 권한범위 안'에서 '정당한 절차'에 따라 '헌법이 요구하고 있는 형태'로 만들어져 있는지 여부(즉, 침범의 권한 · 절차 · 형태와 관련된 헌법적합성여부)를 면밀하게 살펴보는 활동을 의미한다. 기본권심사의 수월성과 경제성 및 논증의 합리성을 고려한다면, 형식적 헌법적합성심사는 헌법이 요청하고 있는 헌법적합성 판단의 실질적 심사기준들(예컨대, 비례성원칙 · 본질내용침해금지 · 법치국가적 요청 · 평등원칙 등등) — 이러한 기준들은 심사대상인 기본권침범이 기본권의 인적 · 물적 구성요건을 의미하는 기본권적 보호법익에 미치는 영향에 특히 주목하여 헌법이 마련해둔 심사기준들이다. — 이 준수되고 있는지 여부를 검토하는 실질적 헌법적합성심사 이전에 행해지는 것이 바람직할 것인바, 원칙적으로 제한의 한계영역에 대한 검토에서 가장 먼저 고려되어야 할 사항이라고 해야 할 것이다. 하지만 전체 기본권심사과정 중에서 기본권침범의 형식적 헌법적합성심사에 관한 체계적 연구는 그 중요성에도 불구하고, 그동안 간과되어 왔거나 실질적 헌법적합성심사에 관한 연구들에 비해서 상대적으로 소홀히 취급되어 왔다. 따라서 § 9.에서는 관련 내용들을 풍부하면서도 상세하고 치밀하게 정리하였다.

(2) 우선 기본권침범을 '헌법간접적 근거에 의해서 행해진 침범'과 '헌법직접적 근거에 의해서 행해진 침범(헌법유보에 의한 침범)'으로 구분한 다음, 특히 전자와 관련해서는 헌법 제37조 제2항 "법률로써" 행해진 기본권침범을 '법률에 의해서 규율'되는 경우와 '법률에 근거해서 규율'되는 경우로 분별하여 각각의 경우에 권한 · 절차 · 형태와 관련된 헌법적 통제규준을 밝히고 이를 정돈 하였다.

(3) 심사대상인 법률(母法)이 행정권을 보유하고 있는 정부에 속해있는 공권력주체에게 일정한 규범정립권한을 부여할 경우에 준수되어야 하는 피수권기관 및 피수권규범과 관련된 헌법적

권한통제규준을 정립하기 위해서는 우선 헌법 제66조 제4항이 규정하고 있는 "수반"에 대한 이해가 전제되어야 한다는 점에 주목했다. 그리고 헌법 제75조 및 제95조는 '대통령을 수반으로 하는 정부'에 국한하여 적용되는 조항임을 논증함으로써 '대통령을 수반으로 하지 않는 정부'에 해당하는 소위 독립행정기관들에게는 헌법 제75조 및 제95조가 적용되지 않을 수 있는 이론적 토대를 마련하였다. 그런 다음, 국회와 정부 간의 권력분립원칙 및 헌법기관충실원칙, 대통령을 수반으로 하는 정부 내부의 엄격한 계서질서의 존중, 그리고 헌법이 전제하고 있는 규범서열체계의 혼란방지 등과 같은 헌법적 가치에 주목하여 헌법 제75조 및 제95조에 명시된 피수권기관(대통령·국무총리·행정각부의 장) 및 피수권규범(대통령령·총리령·부령)이 예시된 것으로 이해하는 견해(예시설)가 갖고 있는 문제점들을 정밀하게 비판함으로써 열거설의 타당성을 논증하였다.

(4) 의회유보원칙은 입법권을 수권하는 국회의 법률정립행위(수권법률 정립행위)에 대한 수권내용통제로 기능하는 헌법적 심사기준이다. 그럼에도 불구하고 의회유보원칙은 심사기준으로서 그 동안 간과되었거나 혹은 아주 소홀히 취급되어왔다. 여기서는 기본권심사와 관련하여 의회유보원칙이 갖는 심사구조 상의 체계적 위치를 확인하여 의회유보원칙이 어떤 구조와 단계 속에서 언제 다루어져야 하는 심사기준인지를 논하였다. 이러한 논의의 결론은 다음과 같이 요약된다:

① 의회유보원칙은 국회중심입법원칙을 실질적으로 구현하려는 의도에서 위임금지사항과 위임가능사항의 분별을 통하여 국회의 법률정립권한을 통제하기 위한 헌법적 차원의 심사기준인바, 의회유보원칙에 따라서 국회의 법률정립권한을 통제함에 있어서는 무엇보다도 국회입법권의 실질적 보장과 형식적 보장 상호 간의 조화로운 구현을 고려해야 한다.

② 의회유보원칙의 헌법적 근거는 헌법 제40조("입법권은 국회에 속한다.")라고 할 수 있는바, 헌법 제37조 제2항 "법률로써"에서 비롯되는 기본권관계에서의 법률유보원칙과는 분별되어야 한다.

③ 기본권심사에서 의회유보원칙은 정당성심사의 두 번째 차원(제한의 한계영역: 기본권침범에 대한 헌법적합성심사)에서 가장 먼저 행해져야 할 형식적 헌법적합성심사 중, 권한법적 차원에서의 헌법적 통제기준이라는 의미를 갖고 있다. 따라서 의회유보원칙은 정당성심사의 첫 번째 차원(제한영역: 기본권침범의 헌법적 근거)과 관련된 심사기준으로 활용되는 법률유보원칙과는 구별된다.

④ 의회유보원칙의 구체적 활용을 위해서는 무엇보다도 국회의 기능적 특성에 주목해서 위임금지사항과 위임가능사항의 분별이 시도되어야 한다. 따라서 헌법현실에서 여론환기성이나 정치적 쟁점이 큰 사안 혹은 다수의 다양한 이해관계가 첨예하게 대립하는 사안 등을 규율하는 법률일수록 의회유보원칙을 통한 통제강도는 그렇지 않은 경우에 비해서 상대적으로 높아진다고 하겠다.

⑤ 위임금지사항과 위임가능사항의 분별기준으로서 기존의 학설과 판례가 언급해오고 있는 "규율대상의 기본권적 중요성"은 폐기되어야 한다. 왜냐하면 "규율대상의 기본권적 중요성" 여부는 결국 실질적 헌법적합성심사를 통해서 규명될 사항이란 점에서, 아직 행해지지 않은 실질적 헌법적합성심사의 결론을 미리 선취하여 형식적 헌법적합성심사의 한 부분인 의회유보원칙의 준수여부를 위한 판단기준으로 활용하는 것은 비논리적이기 때문이다.

(5) 포괄위임금지원칙은 기본권관계에서 입법권을 수권하는 법률(수권법률)에 대한 수권방식통제로서 기능하는 헌법적 심사기준이다. 이와 관련해서는 무엇보다도 다음과 같은 점들이 중요하게 기억되어야 한다:

① 전체 기본권심사구조에서 포괄위임금지원칙은 정당성심사의 한 내용인 제한의 한계영역(즉, 헌법적합성심사)에 위치하고 있는 국가행위에 대한 헌법적 통제장치로서, 보다 구체적으로는 형식적 헌법적합성심사의 일환으로 행해지는 권한심사 중에서 특히, 수권법률에 대한 수권방식 차원의 헌법적 통제장치 내지는 심사기준으로 이해된다.

② 포괄위임금지원칙의 준수여부에 관한 판단은 헌법재판소의 태도와 같이 '일반인의 관점'에서 행할 것이 아니라, '법에 대해 전문적 능력을 갖추고 있는 피수권기관의 규범인식가능성 내지는 예측가능성의 관점'에서 객관적으로 행해져야 한다. 따라서 기본권주체인 일반인의 인식가능성의 관점에서 판단하는 '일반적 명확성원칙'과 피수권기관의 인식가능성의 관점에 주목하고 있는 '위임의 명확성원칙'으로서의 포괄위임금지원칙은 뚜렷하게 분별된다.

③ 포괄위임금지원칙을 통해서 국회의 입법권수권행위를 통제하는 강도는 헌법규범 및 헌법현실을 고려하여 구체적으로 조정하되, 특히 '수권내용과 관련하여 수권기관인 국회의 전문성 내지는 규율능력을 기대하는 것에 대한 어려움'이 많거나, '피수권기관의 전문성 및 정당성확보능력에 국회가 의존해야 할 필요성'이 높은 경우 혹은 '국회입법기술상 구체성이 강화된 규율방식으로는 해당 수권목적을 달성하는 것에 대한 곤란함' 등이 크면 클수록 그 심사강도는 그렇지 않은 경우에 비해서 상대적으로 완화되어야 한다.

④ 포괄위임금지원칙의 심사강도를 결정함에 있어서 '기본권적 보호법익의 훼손정도 내지는 기본권제한의 정도'를 기준으로 삼고 있는 헌법재판소의 태도는 포괄위임금지원칙의 본질에 대한 오해로부터 비롯된 것일 뿐만 아니라, 미리 심사의 결론을 예단하여 이를 판단의 논거로 삼았다는 점에서 논리적 비약과 오류를 내포하고 있다.

⑤ 헌법상 포괄위임금지원칙은 입법권을 수권하는 법률의 헌법적합성여부를 심사함에 있어서 일반적으로 적용되어야 하는 헌법적 차원의 심사기준으로 이해될 수 있다. 왜냐하면 포괄위임금지원칙으로 달성하려는 '수권법률과 관련된 위임의 명확성'에 대한 요청은 헌법 제75조뿐만 아니라, 헌법상 법치국가원칙으로부터도 근거지울 수 있기 때문이다.

⑥ 의회유보원칙은 위임과 무관하게 법률제정권자가 준수해야만 하는 원칙이지만, 포괄위임금지원칙은 일정한 사항을 위임하는 입법권자가 준수해야 하는 원칙이다. 또 입법권을 수권하는 법률에 대한 헌법적 통제와 관련하여 의회유보원칙은 '수권내용통제장치'로서의 의미를 갖고 있는 반면에, 포괄위임금지원칙은 '수권방식통제장치'라고 할 수 있는바, 양자는 전체 기본권심사과정에서 단계적으로 각각 검토되어야 한다.

(6) 「조직/편제상 헌법 제4장 정부에 소속되어 있으면서도 "대통령을 수반으로 하는 정부"의 계서질서로부터 벗어나있는 기관」(즉, '독립행정기관')에게 국회가 일정한 규범정립권을 부여하는 법률(수권법률)을 정립한 경우, 이러한 수권법률에 대한 형식적 헌법적합성심사에서 검토되어야 할 권한법적 통제(권한통제)를 위해서는 다음과 같은 사항들이 기억되어야 한다:

① 무엇보다도 국회가 법률을 통해서 특정 독립행정기관을 창설 혹은 형성할 수 있는지 여부에 관한 헌법적 판단이 선행되어야 한다. 이와 관련해서 행정권의 핵심영역에 해당하는 업무는 "대통령을 수반으로 하는 정부"에 속하는 기관에 의해 처리되어야 하겠지만(헌법 제66조 제4항), 행정권의 핵심영역에 해당하지 않는 업무를 처리하기 위한 경우(소극적 요건) 혹은 헌법으로부터 특별히 독립행정기관의 성립을 근거지울 수 있는 경우(적극적 요건)라면 입법권자인 국회는 법률로써 독립행정기관을 창설 · 형성할 수 있다고 하겠다. 이 경우 국회는 부여된 독립적인 권한을 독립행정기관이 자율적으로 행사할 수 있고, 그러한 권한행사에 상응하는 책임성이 담보될 수 있도록 독립행정기관의 조직/구성 및 운영과 관련된 법질서를 정비해야 한다.

② 헌법 제75조 및 제95조에 언급된 피수권기관 및 피수권규범을 열거된 것으로 이해한다고 하더라도 이러한 규정들은 기본적으로 "대통령을 수반으로 하는 정부"와 결부되어 적용되는 조항이라는 점, 그리고 헌법 제40조에 기초하고 있는 국회가 보유하고 있는 광범위한 입법형성권을 고려한다면, 합헌적으로 평가되는 독립행정기관 및 이러한 독립행정기관에 의해 정립된 규범을 각각 피수권기관과 피수권규범으로 삼아서 입법권을 수권하는 법률은 특단의 사정이 있거나 대단히 기이한 경우가 아닌 한, 적어도 피수권기관 및 피수권규범 특정 그 자체와 관련해서는 권한법적 차원에서의 위헌성 문제를 별도로 야기하지 않을 것이다.

③ 독립행정기관에게 입법권을 수권하는 법률 또한 대통령을 수반으로 하는 정부에게 입법권을 수권하는 법률의 경우와 마찬가지로 수권내용과 관련해서는 헌법 제40조로부터 도출될 수 있는 의회유보원칙을, 수권방식과 관련해서는 법치국가원칙으로부터 도출되는 '위임의 명확성원칙(포괄위임금지원칙)'을 준수해야 한다. 다만 의회유보원칙 및 포괄위임금지원칙의 준수여부를 심사하는 강도는 구체적으로 등장한 피수권기관인 독립행정기관의 기능 · 조직법적 특성 및 전문성 등을 고려하여 개별 사안별로 적절하게 조정되어야 한다.

(7) 지방자치단체에게 입법권을 수권하는 법률이 기본권침범의 근거로 원용된 경우에 형식적 헌법적합성심사와 관련하여 특히 다음과 같은 점들이 기억되어야 한다:

① 지방자치단체 차원에서의 입법의사는 지방자치단체의 의회(지방의회)가 대표한다. 따라서 지방의회에 의해 정립된 "자치에 관한 규정"을 매개하지 않고 직접 지방자치단체 내부의 다른 기관(특히, 지방자치단체의 장 혹은 교육감 등)에게 자치에 관한 규정의 정립권한을 배타적으로 부여해주는 법률(수권법률)을 정립하는 국회의 입법행위는 헌법상 권력분립원칙에 부합되기 어렵다. 같은 맥락에서 '법령과 조례가 위임한 범위에서'라고 하지 않고, "법령이나 조례가 위임한 범위에서" 지방자치단체의 장에게 규칙제정권한을 부여하고 있는 지방자치법 제23조는 위헌의 의심으로부터 자유롭기 어렵다.

② 지방자치단체는 헌법 제117조 제1항에 근거하여 "자치에 관한 규정"을 제정할 수 있는바, '국가사무 혹은 다른 지방자치단체의 사무에 관한 규정'을 정립할 수 있는 권한은 갖고 있지 않다. 따라서 관할 구역의 자치사무에 해당하지 않는 사항에 대한 규율권한을 수권하는 법률 및 그러한 수권법률에 근거하여 제정된 자치에 관한 규정(특히, 위임조례)은 헌법에 합치되기 어렵다.

③ 자치권의 본질 내지는 핵심영역에 해당하는 사항에 대해서는 지방의회가 배타적 입법권을 갖는바, "자치에 관한" 사항은 헌법상 지방자치의 본질을 침해하지 않는 한도 내에서 법률유보 아래에 놓여 있을 수 있다. 따라서 지방의회유보원칙은 지방자치영역에 침투하는 국회의 입법권행사와 관련된 최외곽 한계선으로 기능한다.

④ 반면에 지방자치를 헌법규범 안으로 밀어 넣은 정당화 근거 내지는 당위성에 관한 논거이자 헌법현실에서 지방자치단체의 업무처리능력에 주목하여 국가와 지방자치단체 상호 간 헌법적 차원의 권한 · 기능 분배규준으로 활용되는 보충성원칙은 자치영역에 개입하는 국회의 입법활동에 대한 제1차적 차단막으로 기능한다.

⑤ 국회의 입법권과 지방자치단체의 입법권이 공존할 수 있는 영역에서는 '법률유보원칙'에 기초한 국회와 '조례(보다 정확히는 자치에 관한 규정)유보원칙'에 기초한 지방자치단체(특히, 지방의회) 상호 간 권한충돌이 발생할 수 있다. 하지만 이러한 갈등은 헌법 제117조 제1항 문언에 근거하여 도출될 수 있는 법률우위원칙이 관철됨으로써 해소될 수 있다.

⑥ 법률유보원칙은 국회 입법권한이 미치는 영역에서 활용될 수 있는 규준인바, 지방의회유보원칙과 보충성원칙에 의해서 국회 입법권이 침투할 수 없는 영역(즉, 지방의회의 배타적 입법권이 인정되는 영역)에 대해서는 법률유보원칙이 관철되지 않는다. 따라서 지방자치법 제22조 제2문이 (헌법 제37조 제2항에 근거하는 기본권관계에서의 법률유보원칙을 확인하는 법률조항으로서) 헌법에 합치되기 위해서는 국회의 입법권과 지방자치단체의 입법권이 공존할 수 있는 영역(즉, '자치에 관한 규정'에 대해 '법률'의

우위가 관철될 수 있는 있는 영역)에 국한해서 적용되는 조항으로 한정 해석되어야 한다.

---

§ 10. 심사구조·분리논증·헌법 제37조 제2항

§ 10.에서는 기본권적 논증에서 보다 높은 설득력을 도모하기 위해서 방어권적 기본권의 정당성심사구조를 새롭게 구축해보았다. 우선 헌법재판소의 결정들을 논증의 합리성과 엄밀성이란 관점에서 비판적으로 분석한 다음, 이중의 분리(즉, 객관헌법규범과 주관헌법규범의 분리·구체적 주관과 추상적 주관의 분리)를 핵심으로 하는 새로운 논증구도, 즉 분리논증을 제안하였다. 그리고 제안된 분리논증을 통해서 기본권침범상황을 재구성한 다음, 헌법간접적 기본권침범이 문제된 경우(법률유보가 문제된 경우)와 헌법직접적 기본권침범이 문제된 경우(헌법유보가 문제된 경우)로 분별하여 각각의 경우에 정당성심사구조와 심사과정을 새롭게 형성했다.

법률유보가 문제된 경우에는 헌법 제37조 제2항에 따라서 정당성심사가 진행된다. 따라서 비례성원칙과 본질내용침해금지가 주요한 심사기준으로 등장한다. 하지만 이러한 심사기준들이 한계(극단적인 경우)에 도달하면 헌법유보의 문제를 검토해야한다. 물론 일반적 법률유보제한체계를 취하고 있는 우리 헌법에서 통상 기본권심사와 관련하여 헌법유보가 문제되는 경우는 아주 드물다고 하겠다. 그러나 국가에 대한 부작위명령과 작위명령이 법률유보의 한계점에서 혹은 법률(혹은 법률적 차원의 규범)이란 중간지대 없이 서로 직접 충돌하는 경우에는 헌법직접적 기본권침범으로서 소위 헌법유보가 독자적인 의미를 갖게 된다. 이 경우에는 우위결정법칙이 적용되므로, 국가는 최소지위초과보장명령과 최소지위보장명령이 충돌하는 경우에는 최소지위보장명령을, 최소지위보장명령으로서의 부작위명령과 최소지위보장명령으로서의 작위명령이 충돌하는 경우에는 부작위명령을 이행해야 한다.

---

§ 11. 일반적 심사기준으로서 자기책임의 원칙

(1) 헌법 제13조 제3항에 근거하는 자기책임의 원칙은 모든 기본권침해여부를 심사함에 있어서 검토되어야 하는 일반적 심사기준이다. 하지만 병역법에 따른 병역부과 등과 같이 타인의 행위조차도 매개되지 않는 경우에 과해지는 불이익을 통제하는 심사기준으로 당연히 원용될 수 있는 것은 아니다.

(2) 헌법 제13조 제3항의 “자기의 행위가 아닌 친족의 행위”는 자연적 혹은 물리적 차원의 개념이 아니라, 규범적 관점에서 재정의 되어야할 대상이다.

(3) 기본권심사기준으로 자기책임의 원칙을 원용하여 심사대상인 국가행위를 통제하는 강도(심

사강도)는 구체적인 기본권관계에서 "불이익한 처우"의 원인행위에 대한 기본권주체의 지배능력 내지는 지배가능성이 높으면 높을수록 완화된다고 할 수 있을 것인바, 이 경우에는 상대적으로 심사대상인 국가행위(기본권침범: "불이익한 처우")는 자기책임의 원칙에 위반되지 않았다고 판단될 가능성이 높아진다.

---

§ 12. 일반적 심사기준으로서 법치국가원칙

헌법이 '법치주의(법치국가)'를 명시하고 있는 것은 아니지만, '법에 의한 지배'는 모든 법적 논증참여자들이 공유하고 있는 기본적 전제이자 논증의 출발점이다. 따라서 '헌법에 의한 지배'를 의미하는 실질적 법치주의는 헌법적 논증에 있어서 헌법적 차원의 규준이 될 수 있을 것인바, 기본권심사에서 심사대상인 국가행위를 통제/평가하는 심사기준으로 원용될 수 있겠다. 그러나 '법치주의' 그 자체는 매우 불확정적·추상적·포괄적인 불문헌법적 개념이란 점에서 객관적 신뢰성을 담보할 수 있는 고유한 독립된 심사기준으로 법치주의를 활용하기 위해서는 무엇보다도 법치주의의 구체적 내용이 확정되어야 하며, 헌법 명시적 조항으로부터 도출되는 다른 기본권심사기준들과의 중첩문제가 해소되어야 한다. 헌법재판소는 기본권심사기준으로서 법치주의를 원용하면서 불문의 추상적·불확정적 개념인 법치주의를 구체화한다는 미명하에 자의적으로 법치주의의 내용을 확정한 다음, 상대적으로 우월한 민주적 정당성에 기초하고 있는 국가기관의 공권력활동을 적극적으로 통제하고 있다는 의심으로부터 자유롭지 않다. 기본권심사기준으로서 법치주의를 합리적으로 활용하기 위해서 필자는 우선 법이념에 주목하였다. 왜냐하면 법에 의한 지배, 즉 법치주의를 통해 달성하려는 바는 규범현실에서 정의·합목적성·법적 안정성이라는 법이념 구현에 있는 것인바, 일단 이러한 이념들을 구현하기 위한 구체적 규준들을 법치주의의 내용으로 잠정 승인할 수 있기 때문이다. 하지만 기본권관계에서 정의는 기본권심사를 둘러싸고 행해지는 논증참여자들 상호 간의 질서정연한 논증다툼을 통해서 얻어질 수 있는 것이며, 합목적성은 헌법 제37조 제2항 "필요한 경우에 한하여"로부터 도출될 수 있는 비례성원칙을 통해서 달성될 수 있는 이념인바, 결국 법적 안정성 확보를 위한 규준인 명확성원칙과 신뢰보호원칙(소급효금지원칙 및 좁은 의미의 신뢰보호원칙)이 기본권심사기준으로서의 법치주의의 고유한 내용이 된다. 결국 전체 기본권심사구조에서 법치주의는 기본권심사 제2단계(정당성심사 단계)에 위치하고 있는 제한의 한계영역의 검토와 관련하여 특히 실질적 헌법적합성심사과정에서 기본권주체의 예측가능성 보장을 통한 '법적 안정성' 구현을 위해 항상 검토되어야 하는 일반적 심사기준으로 활용되어야 한다. 이러한 결론은 기본권심사가 행해지는 구체적 헌법재판에서 심사대상인 국가행위가 법치주의(특히, 명확성원칙 및 신뢰보호원칙)에 위반되는지 여부를 판단함에 있어서 헌법재판소가 심사대상 국가행위에 대한 일반인들의 예측력 및 인식능력을 적극적으로 탐지해야 하며, 나아가 헌법재판과정에서도 일반인 참여의 활성화를 위한 제도적 방안이 적극 모색될 필요가 있음을 환기시킨다.

---

§ 13. 일반적 심사기준으로서 평등원칙

(1) 권리개념상의 이유와 헌법문언상의 이유, 그리고 헌법상 평등을 매개로 모든 권리가 기본권으로 등극하게 되거나, 모든 기본권적 문제가 평등권적 문제로 치환되는 현상을 방지하기 위해서, 또 헌법 제37조 제2항 후단(본질내용침해금지)과의 조화로운 해석을 위해서라도 헌법상 평등은 개인이 주관적으로 원용할 수 있는 권리, 즉 기본권이 아니라, 기본권관계에서 국가가 준수해야 할 헌법원칙 내지는 기본권심사에서 원용되어야 하는 정당성심사기준으로 이해되어야 한다.

(2) 기본권(주관헌법규범)이 아니라 헌법원칙(객관헌법규범)으로 이해된 평등은 평등에 대한 상대적 이해 — 구체적인 경우에 같은 것은 같게, 다른 것을 다르게 취급할 것을 의미하는 헌법상 평등은 동등대우의 근거이자, 차등대우의 근거이다. — 와 결부되어 미시적 차원(구체적인 개별사안)에서는 “자유와 권리”(기본권)의 분배기준 내지는 심사기준으로서, 거시적 차원에서는 헌법현실에서 보편성과 다양성이라는 상반된 가치들을 동시에 운반하는 수레로서 기능하며, 헌법소송에서는 적법요건이 아니라, 본안판단에서 검토되어야 할 헌법규범이라는 의미를 갖게 된다.

(3) 객관적 헌법원칙으로서 헌법상 평등은 비교적 · 상대적 관점에서 국가행위의 헌법적합성 여부를 따져 묻는 (정당성)심사기준으로 원용되는바, 평등심사라고 하면 구체적 비교상황에서 ‘문제된 특정 국가행위가 비교대상들 상호 간의 같은 점은 (그 특성에 따라) 같게, 다른 점은 (그 특성에 따라) 다르게 취급하고 있는지 여부’를 면밀하게 따져서 심사대상인 국가행위의 헌법적합성 여부를 검토하는 활동이라고 말할 수 있다. 이러한 활동이 행해지는 구조(평등심사구조)와 심사대상인 국가행위에 대한 통제강도(평등심사강도)를 동등대우의 근거이자 차등대우의 근거인 평등의 내재적 모순에 주목해서 살펴본 결론은 아래와 같이 정리된다.

① 본격적인 평등심사가 진행되기 위해서는 평등심사의 선결조건인 비교적상의 현존이 확인되어야 한다.

② 심사대상인 국가행위에 주목한다면, 본격적인 평등심사는 ‘국가의 비교기준 선택행위’에 대한 심사(평등심사 제1단계)와 ‘선택된 비교기준에 의거한 구체적 국가행위’에 대한 심사(평등심사 제2단계)로 단계화할 수 있다.

③ 국가가 선택한 비교기준(비교대상들 간의 공통점 혹은 상이점)에 대한 헌법적합성여부가 검토되는 평등심사 제1단계는 평등심사의 선결조건으로 등장한(혹은 제안된) 구체적인 비교적상, 그 자체에 대한 헌법적 평가라는 의미를 갖고 있다.

④ 평등심사 제2단계에서는 비교대상들 상호관계 속에 포착된 공통점(K2)과 상이점(K1)

사이에서 심사대상인 국가행위(E)의 헌법적합성여부가 검토된다는 점에서, 2개의 목적항(K2, K1)과 1개의 수단항(E)이 이루는 3개의 관계에서 활용되는 논증도구인 비례성원칙에 따라 심사가 진행되어야 한다.

⑤ 통상의 기본권심사에서 일반적으로 활용되는 비례성원칙은 충돌하는 가치(이익)인 '공익'과 '사익(기본권)'이라는 상호관계 속에 놓여있는 국가행위의 헌법적합성여부를 심사하는 논증도구라면, 평등심사에서의 비례성원칙은 비교대상들 상호관계 속에 포착된 '공통점'과 '상이점'이라는 대립된 특성 가운데 놓여있는 국가행위(동등대우·차등대우)를 심사하는 논증도구라는 점에서 일정한 차이를 갖는다.

⑥ 평등심사에서 심사대상인 국가행위를 상대적으로 강하게 통제(엄격심사)할 것인지, 혹은 상대적으로 약하게 통제(완화된 심사)할 것인지에 관한 기준(평등심사강도결정기준) 그 자체는 국가행위의 평등위반여부에 관한 종국적 결론을 제시하는 것이 아니라, 심사대상인 국가행위를 어떠한 정도로(즉, 얼마나 강하게 혹은 얼마나 약하게) 통제할 것인지에 관한 심사자(특히, 헌법재판관)의 태도에 관여함으로써 심사자의 자의성을 통제하고 심사결과의 납득가능성을 높일 수 있는 실질적 논거를 마련한다는 의미를 갖는바, 평등심사강도와 관련해서는 구체적 사안의 다양한 층위를 고려할 수 있는 계층화·단계화된 복수의 기준이 마련되어야 한다.

⑦ 평등심사강도를 지도할 수 있는 일반적인 규준 내지는 논거는 논증의 형식적 차원과 논증의 질적 차원에서 다음과 같이 각각 마련될 수 있다.

㉠ 논증의 형식적 차원: 평등심사 제1단계에 비해서는 평등심사 제2단계에서 심사대상인 국가행위가 보다 엄격하게 통제되며, 비례성원칙이 활용되는 평등심사 제2단계에서는 적합성심사에 비해서는 필요성심사에서, 필요성심사에 비해서는 균형성심사에서 심사대상인 국가행위가 상대적으로 보다 더 엄격하게 통제된다.

㉡ 논증의 질적 차원: 평등심사 제1단계에서의 심사는 실제적으로 표출되어 드러난 국가행위에 대한 심사라기보다는 국가의도에 대한 심사라는 측면이 강하다는 점에서 평등심사 제2단계에서의 심사에 비해서 그 심사강도가 완화되는 것이 바람직할 것이며, '비교대상들 상호관계 속에 포착된 특성(공통점 혹은 상이점)'과 그러한 특성들에 관계하는 '국가행위'에 따라서 심사강도가 결정되는 평등심사 제2단계에서는 특히 비교대상들이 갖고 있는 특성과 관련해서는 '기본권주체의 노력을 통한 변화가능성'이란 표지에, 국가행위와 관련해서는 '기여(혹은 훼손)의 정도'란 표지에 주목해서 제안된 심사강도결정기준이 주목되어야 한다.

§ 14. 개별적 심사기준의 체계와 내용

§ 14.에서는 개별 특유한 기본권심사기준들을 각각의 개별 특유한 기본권관계 속에 고립시켜 고찰해온 그동안의 논의상황을 탈피하여 전체 기본권심사구조 속에서 개별적 심사기준들을 조망하고 이를 분석 및 종합하려는 시도가 행해졌다. 우선 기본권심사가 행해지는 전체 구조를 개관하고 실질적 헌법적합성심사의 체계적 위치를 확인한 후, 실질적 헌법적합성심사에서 원용될 수 있는 심사기준들은 모든 기본권관계에서 검토될 수 있는 '일반적 심사기준'과 특정한 기본권구성요건과 결부되어 있어서 특정 기본권관계에서만 활용될 수 있는 '개별적 심사기준'으로 분별될 수 있다는 점을 지적했다. 그리고 헌법문언에 주목해서 개별적 심사기준들을 특정 기본권적 보호법익과 결부된 심사기준 — 허가/검열금지(제21조 제2항)·국가의 정당보상의무(제23조 제3항)·선거원칙(제41조 제1항 및 제67조 제1항)·국가의 심사 및 통지의무(제26조 제2항) 등 — 과 특정 기본권침범과 결부된 심사기준 — 적법절차원칙(제12조 제1항 및 제3항)·영장주의(제12조 제3항 및 제16조)·고지/통지 의무(제12조 제5항)·고문 및 형사상 불리한 진술의 강요 금지와 자백의 증거능력 및 증명력 제한(제12조 제2항 및 제7항)·이중처벌금지(제13조 제1항)·무죄추정원칙(제27조 제4항) 등 — 으로 대별해서 체계화하고 해당되는 각각의 심사기준들을 기존의 견해와는 다른 관점에서 그리고 다른 심사기준들과의 분별에 주목해서 새롭게 설명해보았다. 아울러 일반적 심사기준과 개별적 심사기준의 관계 및 불문헌법으로부터 개별적 심사기준을 도출하는 문제에 관해서도 살펴보았다.

이러한 논의들은 헌법이 마련해두고 있는 각종 기본권심사기준들이 전체 심사구조 속에서 국가행위통제라는 공통의 목표달성을 위해 상호 긴밀한 관련을 가지면서도, 각각의 독자성을 뚜렷하게 확보하여 불필요한 중복적용 없이 예리하고 질서정연하게 활용되는데 도움 될 것이며, 보다 궁극적으로는 기본권심사 및 헌법적 논증의 합리화와 설득력확보에 기여할 수 있을 것으로 본다.

---

§ 15. 법률정립과 관련된 입법부작위가 심사대상인 경우

§ 15.에서는 그 동안 등한시해왔던 급부권적 기본권의 심사에서 고려되어야 할 요소들을 빠짐없이, 또 질서정연하게 검토할 수 있는 심사구조를 구축하고자 하는 시도를 국회의 법률정립과 관련된 입법부작위로 인한 기본권침범에 주목해서 행하였다. 방어권적 기본권의 경우와 마찬가지로, 급부권적 기본권의 심사 또한 문제된 기본권관계에서 기본권의 보호영역을 잠정적으로 확인하는 단계와 확인된 잠정적 보호영역에 감행된 국가행위(기본권침범)의 헌법적 정당성을 심사하는 단계로 구성된다. 하지만 급부권적 기본권에 대한 침범은 부작위로 이루어진다는 점에서, 기본권심사에 있어서 방어권적 기본권과는 구별되는 다음과 같은 특수성이 있다: (1) 급

부권적 기본권의 보호영역을 잠정적으로 확정함에 있어서 기본권침범이 가시화되어 직접 드러나지 않으므로, '작위의무불이행상황'에 대한 적극적인 검토가 필요하다. (2) 헌법 제37조 제2항 전단에서 비롯되는 비례성심사는 과소금지원칙으로 이해되고, 후단의 본질내용침해금지는 전단의 비례성심사보다 먼저 검토되는 것이 합리적이다.

헌법재판소는 국회입법부작위의 위헌성 여부를 판단함에 있어서 스스로가 입법자의 지위에 갈음하게 되어 헌법상 권력분립원칙 및 민주주의의 훼손을 초래하지 않을까 하는 우려를 하고 있다. 이러한 우려 때문에 급부권적 기본권을 심사함에 있어서 헌법재판소는 기본권도그마틱(Grundrechtsdogmatik)에 따라 사안을 해결하려는 것 같은 외관을 갖추지만 실제로는 납득되지 않는 직관적 호오판단을 그러한 외관으로 감추고 있거나, 교묘한 논리적 왜곡 및 수사적 치장을 통해서 쟁점을 은폐함으로써 손쉽게 제기된 訴를 각하해버리는 경향이 짙은 것으로 판단된다. 하지만 이러한 헌법재판소의 우려는 한편으로는 기본권침범에 해당하는 진정부작위와 부진정부작위를 보다 선명한 기준과 법체계 전반에 대한 고려를 통해 분별해내고, 부진정부작위를 작위적으로 구성하여 국가행위에 대한 소극적 통제장치인 방어권적 기본권의 심사구조를 적극적으로 원용해오는 방법을 모색함으로써, 다른 한편으로는 정당성심사에서 상대적 우위관계가 문제된 경우에는 국가의 부작위를 근거지울 수 있는 헌법적 가치들을 형량과정에서 적극적으로 활용하고, 절대적 우위관계가 문제되는 경우에는 우위결정법칙에 따라 심사를 진행함으로써 상당부분 불식될 수 있는 것으로 판단된다. 그럼에도 불구하고 만약 헌법재판소가 구체적인 경우에 적극적 판단을 함에 있어서 일정한 한계상황에 부닥치게 된다면, 종국결정으로써 헌법불합치결정을 활용하면 될 것이지, 기본권심사 그 자체를 처음부터 회피하거나 불성실한 논증으로써 기본권심사체계의 훼손을 초래해서는 안 될 것이다. 헌법재판소는 무엇보다도 헌법문언과 규범이론적 논리체계에 스스로를 엄격하게 구속시킬 때 비로소 사법기관으로서의 자신의 지위를 공고히 하고, 판단의 중립성과 독립성에 대한 신뢰를 높일 수 있는 것이다.

§ 16. 법률하위규범정립에 관한 입법부작위가 심사대상인 경우

(1) 행정·사법 권력에 의한 입법부작위(행정·사법입법부작위)로 인해 특정 기본권이 침해되었는지 여부를 심사하는 과정 또한 구체적인 기본권관계에서 문제된 기본권의 보호영역을 잠정확인하는 과정(제1단계: 기본권보호영역의 잠정적 확인)과 이러한 과정을 통해서 특정된 심사대상인 기본권침범에 대한 헌법적 정당성여부를 검토하는 과정(제2단계: 정당성심사)으로 단계화하여 살펴볼 수 있다는 점에서 기존의 기본권심사구조 내지는 기본권심사단계와 본질적으로 다르다고 할 수는 없다.

(2) 하지만 (공권력의 작위를 심사대상으로 하고 있는 방어권적 기본권의 경우와는 달리) 공권력의 부작위를 심사대상으로 하고 있다는 점에서 대국가적 작위요구규범으로서의 급부권적 기

본권이 갖고 있는 특수성과 기본권침범주체로서 행정·사법 권력기관이 갖고 있는 권한법적 특수성이 심사구조 형성에 있어서 고려되어야 한다. 특히 전자의 특수성과 관련해서는 기본권의 보호영역을 잠정 확인하는 과정이 '구체적 기본권관계에서 공권력주체(행정·사법권력기관)의 작위의무불이행상황에 대한 적극적 논증'으로 갈음된다는 점이, 후자의 특수성과 관련해서는 행정·사법권력기관의 작위의무불이행상황을 검토함에 있어서 국회가 정립한 법률로부터 행정·사법 권력기관이 입법권한을 부여받고 있는지 여부를 적극적으로 살펴야 한다는 점이 주목되어야 한다.

(3) 따라서 행정·사법입법부작위로 인한 기본권침해여부를 심사하는 첫 단계(즉, 문제된 특정 기본권의 보호영역을 잠정 확인하는 단계)에서는 행정·사법입법권자의 작위의무불이행상황에 대한 적극적인 논증이 행해져야 하는바, 이러한 논증은 다음 3가지의 쟁점들에 대한 적극적인 검토를 요구한다:

① 특정 기본권으로부터 공권력주체인 행정·사법입법권자를 겨냥한 적극적 입법요구가 도출될 수 있을 것(기본권침해의 가능성에 대한 검토).

② 기본권침범주체로 특정된 행정·사법권력기관이 법률로부터 입법권한을 부여받고 있을 것.

③ 상당한 시간의 경과와 부작위.

(4) 이상의 3가지 쟁점들과 관련하여 헌법재판소의 태도에 대해서 다음과 같은 비판을 할 수 있겠다:

① 헌법재판소는 '청구인에 의해서 원용된 특정 기본권과 심사대상인 행정·사법입법부작위와의 관련성에 대한 검토(즉 심사대상인 행정·사법입법부작위로 인한 특정 기본권의 침해가능성에 대한 검토)'를 간과 내지는 소홀히 함으로써 '기본권의 내용으로서 국가행위의무를 확인하고 — 즉, 기본권으로부터 특정 국가작위행위를 끌어내고 —, 문제된 국가행위(부작위)를 기본권에 비추어 평가하는 급부권적 기본권의 심사과정'이 '권력분립 내지는 국가기관들 간의 권한배분의 관점에서 작위의무의 존재여부를 검토하는 과정'으로 변질되는 계기를 마련했을 뿐만 아니라, 결과적으로 청구인이 제기한 기본권적 주장이 은폐 혹은 망각되기 쉬운 심사구조를 구축하고 있다.

② 행정·사법입법부작위에 의한 기본권침해여부를 다투는 헌법소원심판에서 헌법재판소는 기본권침해가능성에 대한 검토를 적법요건에서 행할 것인지, 아니면 본안에서 행할 것인지 여부를 둘러싸고 그 입장이 동요하고 있다. 이는 단순히 소송절차적 차원에서의 혼란을 야기하는데 그치는 것이 아니라, 헌법재판의 결론인 주문이 달라질 수 있는 가능성을 내포하고 있다는 점에서 문제의 심각성이 있다.

③ 국회가 법률을 통해서 행정·사법입법의 주체에게 행정·사법입법과 관련된 적극적 행위권한(입법권한)을 부여하는 방법은 명령(Gebot)이란 당위의 양식을 활용하여 작위의무(입법의무)를 부담시키는 경우뿐만 아니라, 허용(Erlaubnis)이란 당위의 양식으로 일정한 입법재량을 부여하는 경우가 있을 수 있는데, 이와 관련하여 헌법재판소는 지

금까지 행정·사법입법의 주체에게 작위의무가 있는지 여부에만 집중하고 있다는 의심으로부터 자유롭지 않다. 즉 헌법재판소는 "행정입법의 지체가 위법으로 되어 그에 대한 법적 통제가 가능하기 위하여는, 우선 행정청에게 시행명령을 제정(개정)할 법적 의무가 있어야"한다는 점은 언급하면서도, 행정·사법입법의 주체에게 행정·사법입법을 정립할 수 있는 재량권한이 법률을 통해서 부여되고 있는지 여부에 관해서는 침묵하고 있다. 이러한 헌법재판소의 태도는 원칙적 입법권자인 국회로부터 일정한 입법권을 행사할 수 있는 재량권한을 법률을 통해 행정·사법입법의 주체가 부여받았음에도 불구하고, 자신이 부여받은 입법재량을 부작위란 방식으로 일탈·남용함으로써 초래될 수 있는 기본권침해의 가능성을 도외시한 것이다.

(5) 행정·사법입법권자의 작위의무불이행상황을 검토함으로써 대국가적 작위요구규범으로 원용될 수 있는 특정 기본권의 보호영역이 잠정 확인되고 심사대상인 행정·사법입법부작위가 구체적으로 특정되었다면, 특정된 심사대상인 기본권침범(행정·사법입법부작위)이 헌법이 요구하고 있는 각종 규준(기본권심사기준)들에 위반되어 헌법적 차원에서 정당화될 수 없는 기본권침해인지, 아니면 기본권심사기준들에 부합되는 합헌적인 기본권제한인지에 대한 심사(정당성심사)가 행해진다. 이러한 정당성심사의 대상이 되는 행정·사법입법부작위는 기본적으로 진정입법부작위와 부진정입법부작위로 분별한 다음, 각각의 경우에 법률이 행정·사법입법권자에게 입법권한을 명령이란 당위의 양식으로 부과(즉, 작위의무를 부과)한 경우와 허용이란 당위의 양식으로 부과(즉, 일정한 입법재량을 부과)한 경우로 나누어 살펴볼 수 있다. 하지만 부진정입법부작위는 작위적으로 구성하여 심사하는 것이 합리적이란 점에서 방어권적 기본권의 심사구조가 원용될 것인바, 급부권적 기본권의 심사구조가 갖는 고유성은 진정입법부작위가 심사대상으로 특정될 경우에 부각된다고 하겠다.

(6) 국회가 법률로써 특정 행정·사법입법권자에게 기본권관계를 규율하기 위한 일정한 행정·사법입법을 제정·개정할 의무를 부과하고 있음에도 불구하고 해당 행정·사법입법권자가 상당한 시간이 경과되었음에도 아무런 입법적 조치를 취하지 않은 행정·사법입법의 부존재(진정입법부작위)가 심사대상인 기본권침범으로 특정된 경우라면, 해당 진정입법부작위는 법률적 근거가 없는(법률유보원칙에 위반되는) 공권력의 불행사로서의 기본권침해에 해당된다. 그런데 헌법재판소는 이러한 행정·사법입법권자의 진정입법부작위가 문제된 헌법소원심판사건에서 헌법이 기본권관계에서의 국가행위통제규준(기본권심사기준)으로 마련해둔 법률유보원칙을 간과함으로써 심사과정상의 혼란과 논증상의 모순을 유발하고 있다.

(7) 국회가 법률로써 행정·사법입법권자에게 일정한 기본권관계를 규율하기 위한 행정·사법입법을 제정·개정할 수 있도록 허용하고 있는(재량을 부여하고 있는) 상황에서 해당 행정·사법입법권자가 상당한 기간이 경과될 때까지 아무런 입법적 조치를 취하지 않은 행정·사법입법의 부존재(진정입법부작위)가 심사대상인 기본권침범으로 특정된 경우라면, 해당 진정입법부작위는 입법부작위할 수 있는 가능성을 열어두고 있는 법률에 근거한 행위로서 일응 허용된 행위

라고 볼 수 있을 것이다. 따라서 해당 행정·사법입법권자의 진정입법부작위를 헌법 제37조 제2항 "법률로써"에 근거하는 기본권관계에서의 법률유보원칙에 위반된다고 평가할 것은 아닌바, 허용된 기본권침범에 대한 헌법적합성여부를 검토하는 제한의 한계영역에서의 심사로 나아가야 한다. 이와 관련하여 만약 실질적 헌법적합성심사 과정에서 심사대상인 행정·사법입법권자의 진정입법부작위로 인해 야기될 기본권적 보호법익에 대한 실질적 훼손의 정도에 비해서 민주적 정당성을 갖춘 행정·사법입법권자의 입법재량권에 대한 존중이 더 크게 요청된다고 판단될 수 있는 경우에는 심사대상인 행정·사법입법권자의 진정입법부작위는 헌법 제37조 제2항 "필요한 경우에 한하여"로부터 비롯되는 비례성원칙(과소금지원칙)에 부합되는 것으로서 헌법상 정당화될 수 있는 기본권제한으로 평가될 수 있는 가능성이 있다.

---

§ 17. 행정·사법부작위가 심사대상인 경우

§ 17.에서는 '기본권관계에서 행정·사법부작위에 의한 기본권침해여부를 판단하는 심사구조'는 '법률하위규범정립과 관련된 입법부작위로 인한 기본권침해여부를 판단하는 구조'와 본질적으로 다르지 않은 점에 주목해서, 관련된 헌법재판소의 결정 및 논증들을 구조적 차원에서 분석 및 비판했다. 그 결과 헌법재판소는 행정부작위 및 사법부작위에 의한 기본권침해여부를 논증함에 있어서 특정 기본권으로부터 행정주체 및 사법주체를 겨냥한 적극적 행위(작위)요구를 연역해낼 수 있는지 여부에 관한 검토(즉, 급부권적 기본권의 침해가능성에 대한 검토)는 경시한 채, 기본권수범자인 행정주체 및 사법주체의 의무로부터 기본권주체의 권리(기본권)를 이끌어내는 논리역진적인 시도를 함으로써 기본권적 주장을 은폐하고 기본권심사의 본질을 왜곡했다는 비판으로부터 자유롭지 않다는 것을 확인했다. 그리고 문제된 구체적 사안에서 급부권적 기본권의 침해가능성을 확인했다고 하더라도 헌법재판소는 기본권수범자인 행정주체 및 사법주체가 문제된 행정 및 사법과 관련된 일정한 권한(재량) 내지는 작위의무를 법률(혹은 법률적 차원의 규범)로부터 부여받고 있는지 여부에 관한 검토를 자주 경시했으며, 특히 문제된 행정 및 사법과 관련된 재량권한을 보유하고 있는지 여부에 관한 검토는 거의 대부분 간과했다는 것도 알 수 있었다. 이러한 헌법재판소의 태도는 마땅히 본안판단단계로 나아가서 보다 면밀하게 기본권침해여부를 살폈어야 하는 많은 사건들을 애당초 적법요건판단단계에서 부적법하다는 이유로 각하해버리는 결과를 초래했으며, 본안판단단계로 나아갔다고 하더라도 주요한 정당성심사기준으로 활용되었어야 하는 법률유보원칙이나 비례성원칙을 기능부전에 이르게 하는 계기를 마련했다는 점에서 문제의 심각성이 적지 않다고 본다. 합리적인 기본권심사구조를 구축하고 헌법재판소에 의한 헌법소송 및 헌법소송실무에 대한 신뢰를 제고하기 위해서라도 이러한 헌법재판소의 입장은 수정되어야 한다.

제 2 장

정리: 기본권심사구조도

제1절 방어권적 기본권의 심사구조도*

<table>
<tr><th colspan="3">심사단계</th><th colspan="3">심사내용 및 심사기준</th></tr>
<tr><td colspan="3">I 단계 잠정적 보호영역의 확인 (§ 7.)</td><td colspan="3">확인의 단초: 기본권구성요건

기본권구성요건 = 기본권보호법익 (인적 / 물적 보호법익) + 심사대상(기본권침범)

확인의 규준: 구성요건이론</td></tr>
<tr><td rowspan="5">II 단계

정당성 심사</td><td colspan="2" rowspan="2">제한영역:
기본권침범의
허용가능성심사 (§ 8.)</td><td colspan="2">일반적 경우(원칙):
헌법간접적 근거에 의한 기본권침범
(법률유보원칙: 헌37② "법률로써"행해진 침범)</td><td rowspan="2">극단적/예외적
경우: 헌법직접적
근거(헌법유보)에
의한 기본권침범</td></tr>
<tr><td>'법률에 의한' 침범</td><td>'법률에 근거한' 침범</td></tr>
<tr><td rowspan="3">제한의
한계영역:

허용된
기본권침범에
대한 헌법적
합성심사</td><td>형식적
헌법적합성심사:

권한/절차/형태
심사
(§ 9.)</td><td>정당한 법률정립권자가
정당한 권한범위 안에서
합헌적 절차에 따라
정립한 규범으로서
법률의 형태를 갖춘
규범에 의한 침범인가?</td><td>수권법률과
피수권규범에 대한
권한심사 · 절차심사 · 형태
심사(※ 상세한 사항은 아래
「입법권 수권관계에 따른
심사내용 및 심사기준
정리표」 참조)</td><td>정당한
헌법정립권자가
헌법개정절차를
준수하면서 정립한
헌법의 형태를
갖춘 규범에 직접
근거한 침범인가?</td></tr>
<tr><td rowspan="2">실질적
헌법적합성심사</td><td colspan="2">일반적 심사기준
A. 단순관계
(1) 헌37②: 목적의 정당성/비례성원칙/본질내용 침해금지(§ 10.)
(2) 헌13③: 자기책임의 원칙(§ 11.)
(3) 법치국가원칙 → 법적 안정성에 대한 요청: 명확성원칙/소급효금지원칙/신뢰보호원칙(§ 12.)
B. 복수관계 - 헌11①: 평등원칙(§ 13.)</td><td rowspan="2">헌법규범충돌
상황에서
국가행위통제규준
(§ 5. 및 § 6.):

A. 구조통제:
(변형된)
비례성원칙

B. 내용통제:
- 형량법칙
- 우위결정법칙</td></tr>
<tr><td colspan="2">개별적 심사기준 (§ 14.)
A. 특정 기본권보호법익과 결부된 심사기준들
(1) 헌21②: 허가금지 · 검열금지
(2) 헌23③: 정당보상의무
(3) 헌26②: 심사의무 · 통지의무
(4) 헌41①/헌67①: 선거원칙
B. 특정 기본권침범과 결부된 심사기준들
(1) 헌12①/헌12③: 적법절차원칙
(2) 헌12②: 고문 및 불리한 진술강요 금지
(3) 헌12③/헌16: 영장주의
(4) 헌12⑤: 고지의무 · 통지의무
(5) 헌12⑦: 자백의 증거능력/증명력 제한
(6) 헌13①: 이중처벌금지
(7) 헌27④: 무죄추정원칙</td></tr>
</table>

* 좌변(심사단계) 아래의 각 내용은 우변(심사내용 및 심사기준) 아래의 각 내용에 각각 상응한다. 그리고 부분 기호(§)와 함께 결부된 숫자번호는 해당 '심사단계' 내지는 '심사내용 및 심사기준'에 상응하는 이 책의 목차를 가리킨다. 아울러 '헌'이란 글자를 사용해서 대한민국헌법의 특정 조항을 적시했다(예컨대, 헌법 제37조 제2항: 헌37②).

※ 「입법권 수권관계에 따른 심사내용 및 심사기준 정리표」

A. 수권법률에 대한 형식심사

<table>
<tr><td colspan="2" rowspan="2">수권대상
심사영역</td><td colspan="2">정부</td><td rowspan="2">국회 및
국회내부기관</td><td rowspan="2">법원</td><td rowspan="2">헌법재판소</td><td rowspan="2">중앙선거관리위원회</td><td rowspan="2">지방자치단체</td><td rowspan="2">무소속기관</td><td rowspan="2">공공단체 등</td></tr>
<tr><td>대통령을 수반으로 하는 정부</td><td>대통령을 수반으로 하지 않는 정부
(독립행정기관)</td></tr>
<tr><td rowspan="6">권한심사</td><td>수권대상통제</td><td>피수권기관 및 피수권규범 열거규정인 헌75, 헌95</td><td>독립행정기관 형성관련 헌법적 통제규준</td><td>국회내부기관 형성관련 헌법적 통제규준</td><td colspan="3">피수권기관 및 피수권규범 열거규정인 헌108, 헌113②, 헌114⑥</td><td>피수권기관: 지방의회
피수권규범: 자치에 관한 규정</td><td colspan="2">무소속기관/공공단체 등 형성관련 헌법적 통제규준</td></tr>
<tr><td rowspan="4">수권내용통제</td><td colspan="9">의회유보원칙(근거: 헌40)</td></tr>
<tr><td rowspan="3">수권내용 한정조항: 헌75, 헌95</td><td rowspan="3">타 헌법기관 권한침해금지 및 위장기관화 방지</td><td>수권내용 한정조항: 헌64①</td><td colspan="3" rowspan="3">수권내용 한정조항: 헌108, 헌113②, 헌114⑥</td><td>수권내용한정조항: 헌117①</td><td colspan="2" rowspan="3">타 헌법기관 권한침해금지 및 위장기관화 방지</td></tr>
<tr><td rowspan="2">타 헌법기관 권한침해금지 및 위장기관화 방지</td><td>보충성원칙</td></tr>
<tr><td>지방의회유보원칙</td></tr>
<tr><td>수권방식통제</td><td colspan="9">포괄위임금지원칙(근거: 헌75 및 법치국가원칙)</td></tr>
<tr><td colspan="2">절차심사
형태심사</td><td colspan="9">합헌적 절차에 따라 정립한 규범으로서 법률의 형태를 갖춘 규범인가?</td></tr>
</table>

B. 피수권규범에 대한 형식심사

권한심사	권한 있는 기관이 수권법률로부터 부여받은 권한범위 내의 사항을 규율하고 있는가?
절차심사 형태심사	피수권규범 정립절차 및 정립형태가 헌법이나 수권법률에 위반되지 않는가?

제2절 급부권적 기본권의 심사구조도

[표 1] 법률정립부작위가 심사대상인 경우(§ 15.)*

<table>
<tr><th colspan="3">심사단계</th><th colspan="2">심사내용 및 심사기준</th></tr>
<tr><td colspan="3">I 단계 잠정적 보호영역의 확인:
(공권력주체의
작위의무불이행상황 검토)</td><td colspan="2">① 특정 기본권으로부터 도출되는 작위의무(법률정립의무)가 잠정 확인될 것
- 확인의 단초: 기본권구성요건(기본권적 보호법익 + 기본권침범: 부작위)
- 확인의 규준: 구성요건이론
② 상당시간의 경과와 부작위</td></tr>
<tr><td rowspan="4">II 단계

정당성
심사</td><td colspan="2">심사대상 / 심사영역</td><td>진정부작위
(완전한 立法死角地帶)</td><td>부진정부작위</td></tr>
<tr><td colspan="2">제한영역:
기본권침범의
허용성가능성심사</td><td>- 법률유보원칙 위반여부는 문제 안 됨.
- 헌법직접적 근거(헌법유보)에 의한 기본권침범가능성 확인</td><td rowspan="3">※ 방어권적 기본권의
심사구조 원용</td></tr>
<tr><td rowspan="2">제한의
한계영역:
허용된
기본권침범에
대한 헌법적
합성심사</td><td>형식
심사</td><td>정당한 헌법정립권자(헌법제 · 개정권자)가 헌법이 규정한 헌법개정절차를 준수하면서 헌법이란 형태로 정립한 규범인가?</td></tr>
<tr><td>실질
심사</td><td>헌법규범충돌상황에서 국가행위통제규준:
A. 구조통제: (변형된) 비례성원칙
B. 내용통제: 형량법칙/ 우위결정법칙</td></tr>
</table>

* 아래 심사구조도의 좌변(심사단계) 아래의 각 내용은 우변(심사내용 및 심사기준) 아래의 각 내용에 각각 상응한다. [표 1]은 이 책 목차 § 15.에 해당한다.

[표 2] 법률하위규범정립 부작위(§ 16.) 및 행정·사법 부작위(§ 17.)가 심사대상인 경우**

<table>
<tr><th colspan="2">심사단계</th><th colspan="3">심사내용 및 심사기준</th></tr>
<tr><td colspan="2">I 단계 잠정적 보호영역의 확인:
(공권력주체의
작위의무불이행상황 검토)</td><td colspan="3">① 특정 기본권으로부터 공권력주체를 겨냥한 적극적 행위요구가 잠정 확인될 것
- 확인의 단초: 기본권구성요건(기본권적 보호법익 + 기본권침범: 부작위)
- 확인의 규준: 구성요건이론
② 법률로부터 해당 공권력주체에게 일정한 적극적 행위권한이 부여되어 있을 것
③ 상당시간의 경과와 부작위</td></tr>
<tr><td rowspan="5">II 단계
정당성
심사</td><td>심사대상 작위권한 / 부여방식</td><td colspan="2">진정부작위</td><td>부진정부작위</td></tr>
<tr><td>명령규범: 작위의무부과</td><td colspan="2">제한영역 심사: 법률유보원칙에 위반됨.
☞ 위헌적인 기본권침해 (심사종료)</td><td rowspan="4">※ 방어권적 기본권의 심사구조 원용</td></tr>
<tr><td rowspan="3">허용규범: 행위재량부여</td><td>제한영역심사</td><td>법률유보원칙(에 부합됨)</td></tr>
<tr><td rowspan="2">제한의 한계 영역 심사</td><td>외형 없는 진정부작위에 대한 형식심사(형식적 헌법적합성심사)는 무의미함.</td></tr>
<tr><td>- 실질심사(실질적 헌법적합성심사)에서는 헌37②에서 도출되는 심사기준들(목적의 정당성, 과소금지원칙으로서의 비례성원칙, 본질내용침해금지) 및 헌11① 평등원칙 등이 특히 주목됨.

- 헌23③에 근거하는 정당보상의무 등과 같은 개별적 심사기준들도 경우에 따라서는 활용될 수 있을 것임.</td></tr>
</table>

** 좌변(심사단계) 아래의 각 내용은 우변(심사내용 및 심사기준) 아래의 각 내용에 각각 상응한다. 아울러 '헌'이란 글자를 사용해서 대한민국헌법의 특정 조항을 적시했다(예컨대 헌법 제37조 제2항: 헌37②). [표 2]는 이 책 목차 § 16. 및 § 17.에 해당한다.

참고문헌

§ 1. 기본권 체계

계희열, 「헌법관과 기본권이론 — 기본권의 성격변화에 관한 고찰」, 『공법연구』 11, 한국공법학회, 1983.

곽상진, 「기본권으로서의 참여권」, 『헌법학연구』 9-1, 한국헌법학회, 2003.

권영성, 『헌법학원론』, 법문사, 1997.

김대환, 「제도보장에 있어서 핵심영역의 보호 — 기본권의 본질적 내용과 관련하여 —」, 『헌법학연구』 6-4, 한국헌법학회, 2000.

김명재, 「자유권적 기본권이 본질내용」, 『공법연구』 30-5, 한국공법학회, 2002.

김선택, 「기본권체계」, 『헌법논총』 10, 헌법재판소, 1999.

김주환, 「P. Häberle의 제도적 기본권이론의 기초 — 특히 M. Hauriou의 제도이론과 제도개념을 중심으로 —」, 『고시연구』 19-10, 고시연구사, 1992.

김철수, 「기본권의 체계」, 『법학』 10, 서울대학교 법학연구소, 1968.

김철수, 「기본권의 체계」, 『고시계』 28-11, 고시계사, 1983.

김철수, 「현행헌법상 기본권의 법적성격과 체계」, 『헌법논총』 8, 헌법재판소, 1997.

김철수, 『헌법학신론』, 박영사, 2006.

김해원, 「방어권적 기본권의 정당성 심사구조」, 『공법학연구』 10-4, 한국비교공법학회, 2009.

박규환, 「사법질서로의 기본권효력 확장구조와 그 한계」, 『공법연구』 33-3, 한국공법학회, 2005.

박일경, 『제6공화국 헌법』, 법률출판사, 1990.

서경석, 「스멘트학파와 기본권이론 — 스멘트, 헷세, 해벌레를 중심으로 —」, 인하대학교 박사학위논문, 1999.

서경석, 「기본권의 객관법적 성격」, 『헌법학연구』 9-1, 한국헌법학회, 2003.

성낙인, 「기본권의 개념과 범위 — 일반이론」, 『기본권의 개념과 범위에 관한 연구』, 헌법재판소, 1995.

성낙인, 『헌법학』, 법문사, 2004.

성정엽, 「기본권의 객관적 성격에 관한 고찰 — 독일기본법의 판례와 이론을 중심으로」, 『인제논총』 13, 인제대학교, 1997.

연세대학교 언어정보개발연구원(編), 『연세한국어사전』, 두산동아, 2002.

오동석, 「제도적 보장론 비판 서설」, 『헌법학연구』 6-2, 한국헌법학회, 2000.

이강혁, 「근본원칙규범으로서의 기본권」, 『공법연구』 19, 한국공법학회, 1991.

전광석, 「기본권의 객관적 성격과 헌법이론」, 『고시계』 429, 고시계사, 1992.

정극원, 「독일에서의 사회국가적 기본권이론의 성립과 내용」, 『공법연구』 29-1, 한국공법학회, 2000.

정극원, 「제도보장론의 성립과 현대적 전개」, 『헌법학연구』 4-3, 한국헌법학회, 1998.

정태호, 「기본권보호의무」, 『현대헌법학의 재조명』, 김남진교수정년기념논문집, 1997.

정태호, 「사회적 기본권과 헌법재판소의 판례」, 『헌법논총』 9, 헌법재판소, 1998.

정종섭, 「기본권조항 이외의 헌법규범으로부터의 기본권 도출에 대한 연구」, 『헌법논총』 5, 헌법재판소, 1994.

정종섭, 『헌법연구 3』, 박영사, 2001.

정종섭, 「기본권의 개념에 관한 연구」, 『법학』 44-2, 서울대학교 법학연구소, 2003.

한국철학사상연구회(編), 『철학대사전』, 동녘, 1994.

한수웅, 「헌법소송을 통한 사회적 기본권 실현의 한계 — 법적 권리설로부터의 결별 —」, 『인권과 정의』 245, 대한변호사협회, 1997.

허 영, 『헌법이론과 헌법』, 박영사, 2006.

홍성방, 『헌법학』, 현암사, 2004.

홍성방, 「기본권의 본질과 기본권이론」, 『공법연구』 27-2, 한국공법학회, 1999.

홍성방, 「헌법재판소결정례에 나타난 사회적 기본권」, 『서강법학』 4, 서강대학교 법학연구소, 2002.

Alexy, R., Theorie der Grundrechte, 3. Aufl., Frankfurt am Main, 1996.

Alexy, R., Grundrechte als subjektive Rechte und als objektive Normen, in: ders, Recht, Vernunft, Diskurs. Studien zur Rechtsphilosophie, Frankfurt am Main, 1995.

Bleckmann, A., Staatsrecht Ⅱ: Die Grundrechte, 3. Aufl., Köln/Berlin/Bonn/München, 1989.

Böckenförde, E.-W., Grundrechtstheorie und Grundrechtsinterpretation, in: NJW, 1974.

Canaris, C.-W., Systemdenken und Systembegriff in der Jurisprudenz: Entwickelt am Beispiel des deutschen Privatrechts, 2. Aufl., Berlin, 1983.

Coing, H., Zur Geschichte des Privatrechtssystems, Frankfurt am Main, 1962.

Dürig, G., Der Grundrechtssatz von der Menschenwürde. Entwurf eines praktikablen Wertsystems der Grundrechte aus Art.1 Abs.Ⅰ in Verbindung mit Art Art.19 Ⅱ des Grundgesetzes, in: AöR 81, 1956.

Dürig, G., Art. 1. Abs.1, in: Maunz/Dürig (Hrsg.), Grundgesetz. Kommentar, Bd.1, (Erstbearbeitung), München, 1958.

Häberle, P., Die Wesensgehaltgarantie des Art. 19 Abs. 2 GG, 3. Aufl., Heidelberg, 1983.

Hesse, K., Grundzüge des Verfassungsrechts der Bundesrepublik Deutschland, 20. Aufl., Heidelberg, 2000.

Huber, H., Über die Konkretisierung der Grundrechte, in: Der Staat als Aufgabe, GS für M. Imboden, Basel/Stuttgart, 1972.

Kant, I., Kritik der reinen Vernunft, Hamburg, 1956.

Luhmann, N., Grundrechte als Institution, Berlin, 1965.

Ossenbühl, F., Grundrechtsschutz im und durch Verfahrensrecht, in: Georg Müller (Hrsg.), Staatsorganisation und Staatsfunktionen im Wandel : Festschrift für Kurt Eichenberger zum 60. Geburtstag, Basel, 1982.

Peters, H./Salzwedel, J./Erbel, G., Geschichtliche Entwicklung und Grundfragen der Verfassung, Berlin Heidelberg, 1969.

Prechtl, P./Burkard, F.－P., Metzler Lexikon Philosophie, 3. Aufl., Stuttgart Weimar, 2008.

Savigny, F., System des heutigen römischen Rechts, Bd. 1, Berlin, 1840.

Scheuner, U., Pressefreiheit, in: VVDStRL 22, 1965.

Schmitt, C., Inhalt und Bedeutung des zweiten Hauptteils der Reichsverfassung, in: G. Anschütz/R. Thoma (Hrsg.), Handbuch des Deutschen Staatsrechts, Bd. Ⅱ, 1932.

Schmitt, C., Verfassungslehre, Berlin, 1954.

Schmitt, C., Freiheitsrechte und institutionelle Garantien, in: ders., Verfassungsrechtliche Aufsätze aus den Jahren 1924－1954, Berlin, 1958.

Smend, R., Verfassung und Verfassungsrecht, in: ders., Staatsrechtliche Abhandlungen und andere Aufsätze, 3. Aufl., Berlin, 1994.

Smend, R., Das Recht der freien Meinungsäußerungen, in: ders., Staatsrechtliche Abhandlungen, 2.Aufl. Berlin, 1968.

Starck, C., Art. 1 Abs. 3., in: Mangoldt/Klein/Starck, Kommentar zum Grundgesetz, Bd. 1, München, 2005.

Stern, K., Idee und Elemente eines Systems der Grendrechte, in: J. Insensee und P. Kirchhof (Hrsg.), Handbuch des Staatsrechts, Bd. V, 2. Aufl., Heidelberg, 2000.

Stern, K., Das Staatsrecht der Bundesrepublik Deutschland, Bd. Ⅲ/1, München, 1988.

Thoma, R., Die juristische Bedeutung der grundrechtlichen Sätze der deutschen Reichsverfassung im allgemeinen, in: H. C. Nipperdey (Hrsg.), Die Grundrechte und Grundpflichten der Reichsverfassung, Bd. Ⅰ, Berlin, 1929.

Wawchter, K., Einrichtungsgarantien als Dogmatische Fossilien, in: Die Verwaltung, 29(1), 1996.

Wolff, M., Reichsverfassung und Eigentum, in: Festgabe der Berliner Juristischen Fakultät für Wilhelm Kahl zum Doktorjubiläum am 19. April 1923, Tühbingen, 1923.

Zeh, W., Parlamentarismus und Individualismus, in: Grundrechtsdemokratie und Verfassungsgeschichte, K. Waechter (Hrsg.), Univ. Halle－Wittenberg, 2009.

§ 2. 객관헌법과 주관헌법

강진철, 「법에서의 객관성과 주관성문제 ― 법치주의냐 인치주의냐 ―」, 『강원법학』 7, 강원대학교 비교법학연구소, 1995.

계희열, 『헌법학(상)』, 박영사, 2004.

김경제, 「간통처벌규정에 대한 합헌결정이 가지는 헌법적 문제점」, 『헌법학연구』 15－2, 한국헌법학회, 2009.

김명재, 「자유권적 기본권의 본질내용」, 『공법연구』 30－5, 한국공법학회, 2002.

김백유, 『헌법학: 기본권론』, 한성대학교출판부, 2009.

김성룡, 『법적 논증의 기초』, 경북대학교출판부, 2006.

김영환, 「법적 논증이론의 전개과정과 그 실천적 의의」, 『현대법철학의 흐름』(심헌섭/오병선 외 12인), 법문사, 1997.

김일환, 「우리나라 헌법상 기본권의 대사인적 효력 논의의 비판적 고찰」, 『헌법학연구』 6−2, 한국헌법학회, 2000.

김철수, 『헌법학(상)』, 박영사, 2008.

김하열, 「입법절차의 하자를 다투는 헌법소원」, 『고려법학』 55, 고려대학교 법학연구원, 2009.

김해원, 「기본권의 잠정적 보호영역에 관한 연구」, 『헌법학연구』 15−3, 한국헌법학회, 2009.

김해원, 「방어권적 기본권의 정당성 심사구조」, 『공법학연구』 10−4, 한국비교공법학회, 2009.

김혜숙, 「소피스트 수사학에서 나타나는 인식론 및 언어관」, 『독일어문학』 23, 한국독일어문학회, 2003.

명재진, 「헌법학의 토대로서의 국가, 인권 그리고 사회영역의 자율성에 관하여」, 『법학연구』 9−2, 충남대학교 법학연구소, 1999.

박규환, 「사법질서로의 기본권효력 확장구조와 그 한계」, 『공법연구』 33−3, 한국공법학회, 2005.

박규환, 「사법질서와 헌법심사」, 『공법연구』 38−2, 한국공법학회, 2009.

박우수, 『수사적 인간』, 민, 1995.

박이문, 「객관성」, 『우리말 철학사전 5』(우리사상연구소 編), 지식산업사, 2007.

방승주, 「교통사고처리특례법과 국가의 기본권보호의무」, 『헌법소송사례연구』, 박영사, 2002.

송기춘, 「국가의 기본권보장의무에 관한 연구」, 서울대학교 박사학위논문, 1999.

송병우, 「설득 담화 속의 개념적 은유」, 『국어국문학』 150, 국어국문학회, 2008.

신승환, 「학문」, 『우리말 철학사전 5』(우리사상연구소 編), 지식산업사, 2007.

양태종, 「키케로의 수사학 교본 Partitiones oratoriae 연구」, 『독어학』 10, 한국독어학회, 2004.

이부하, 「헌법영역에서 기본권보호의무」, 『공법학연구』 8−3, 한국비교공법학회, 2008.

이부하, 『헌법학원론』, 신론사, 2008.

이승우, 「국가의 기본권보호의무」, 『균재 양승두 교수 화갑기념논문집 I : 현대공법과 개인의 권익보호』, 홍문사, 1994.

이정우, 『개념사: 개념 — 뿌리들 2』, 철학아카데미, 2004.

이정호/김성환/홍건영, 『철학의 이해』, 한국방송통신대학교출판부, 2009.

이준일, 『헌법학강의』, 홍문사, 2008.

전광석, 「기본권의 객관적 성격과 헌법이론」, 『고시계』 429, 고시계사, 2001.

전광석, 『한국헌법론』, 법문사, 2009.

정문식, 『독일헌법 — 기본권일반론』, 전남대학교출판부, 2009.

정문식, 「생명윤리법상 국가의 기본권 보호의무」, 『공법학연구』 8−3, 한국비교공법학회, 2008.

정종섭, 『헌법연구3』, 박영사, 2001.

정종섭, 「기본권조항 이외의 헌법규정으로부터의 기본권 도출에 대한 연구」, 『헌법논총』 5, 헌법재판소, 1994.

차근배,『설득커뮤니케이션 이론 — 실증적 연구입장』, 서울대학교출판부, 1997.

한국철학사상연구회(編),『철학대사전』, 동녘, 1989.

허완중,「기본권보호의무에서 과소보호금지원칙과 과잉금지원칙의 관계」,『공법연구』 37-1(2), 한국공법학회, 2008.

허 영,『헌법이론과 헌법』, 박영사, 2006.

헌법재판소(編),『헌법재판실무제요』, 2008.

E. Clément et al.(著)/이정우(譯),『철학사전』, 동녘, 1996.

R. Amossy(著)/장인봉 외 5인(譯),『담화 속의 논증』, 동문선, 2003.

R. Barthes(著)/김성택(譯),「수사학」,『옛날의 수사학(김현 編)』, 문학과지성사, 1985.

M. Kriele(著)/홍성방(譯),『법발견론』, 한림대학교출판부, 1995.

Alexy, R., Theorie der juristischen Argumentation: Die Theorie des rationalen Diskurses als Theorie der juristischen Begründung, 2. Aufl., Frankfurt am Main, 1991.

Alexy, R., Grundrechte als subjektive Rechte und als objektive Normen, in: ders, Recht, Vernunft, Diskurs, Suhrkmap Studien zur Rechtsphilosophie, Frankfurt am Main, 1995.

Alexy, R., Theorie der Grundrechte, 3. Aufl., Frankfurt am Main, 1996.

Anschütz, G., Die Verfassung des Deutschen Reiches vom 11. August 1919: ein Kommentar für Wissenschaft und Praxis, 14. Aufl., Berlin, 1933.

Battis, U., Art. 33, in: M. Sachs, Grundgesetz Kommentar, 4. Aufl., München, 2007.

Dreier, H., Dimensionen der Grundrechte, Hannover, 1993.

Dreier, H., Vorb., in: ders., Grundgesetz Kommentar, Bd. Ⅰ, 2.Aufl. 2004.

Epping, V., Grundrechte, 4. Aufl., Berlin Heidelberg, 2010.

Fechner, E., Rechtsphilosophie: Soziologie und Metaphysik des Rechts, 2. Aufl., Tübingen, 1962.

Gostomzyk, T., Grundrechte als objektivrechtliche Ordnungsidee, in: JuS, 2004.

Hellermann, J., Art. 28, in: V. Epping/C. Hillgruber (Hrsg.), Grundgesetz Kommentar, München, 2009.

Hesse, K., Grundzüge des Verfassungsrechts der Bundesrepublik Deutschland, 20. Aufl., Heidelberg, 1999.

Isensee, J., Staat im Wort – Sprache als Element des Verfassungsstaates, in: J. Ipsen/H.-W. Rengeling/J. M. Mössner/A. Weber (Hrsg.), Verfassungsrecht im Wandel, Köln Berlin Bonn München, 1995.

Kaufmann, A., Über den Wesensgehalt der Grund- und Menschenrechte, in: ARSP: Archiv für Rechts- und Sozialphilosophie, 1984.

Kriele, M., Theorie der Rechtsgewinnung, entwickelt am Problem der Verfassungsinterpretation (SÖR, Bd. 41), Berlin, 1967.

Mackinnon, C. A., Feminism, Marxism, Method, and the State: Toward Feminist Jurisprudence, in: K. T. Bartlett/R. Kennedy, ed., Feminist Legal Theory: Reading in Law and Gender, 1991.

Masing, J., Art. 33, in: H. Dreier, Grundgesetz Kommentar, Bd. Ⅱ, 2.Aufl. 2006.

Mastronardi, P., Verfassungslehre: Allgemeines Staatsrecht als Lehre vom guten und gerechten Staat, Bern Stuttgart Wien, 2007.

Neumann, U., Juristische Argumentationslehre, Wiss. Buchges., Darmstadt, 1986.

Perelman, C., Das Reich der Rhetorik: Rhetorik und Argumentation, München, 1980.

Pieroth, B./Schlink, B., Grundrechte: Staatsrecht Ⅱ, 22. Aufl., Heidelberg, 2006.

Prechtl, P./Burkard, F.－P. (Hrsg.), Metzler Lexikon Philosophie, 3. Aufl., Stuttgart Weimar, 2008.

Ritter, J./Gründer, K. (Hrsg.), Historisches Wörterbuch der Philosophie, Bd. 6, Basel/Stuttgart, 1984.

Ritter, J./Gründer, K. (Hrsg.), Historisches Wörterbuch der Philosophie, Bd. 10, Base/Stuttgart, 1988.

Schlaich, K./Korioth, S., Das Bundesverfassungsgericht: Stellung, Verfahren, Entscheidungen, 7. Aufl., München, 2007.

Stern, K., Einleitung: Die Hauptprinzipien des Grundrechtssystems des Grundgesetzes, in: Grundrechte－Kommentar [Die Grundrechte des Grundgesetzes mit ihren europäischen Bezügen], ders/F. Becker (Hrsg.), Köln, 2010.

Terwiesche, M., Die Begrenzung der Grundrechte durch objektives Verfassungsrecht, Dr. Kovač, Hamburg, 1999.

Viehweg, T., Topik und Jurisprudenz, 5. Aufl., München, 1974.

Zeh, W., Parlamentarismus und Individualismus, in: K. Waechter (Hrsg.), Grundrechtsdemokratie und Verfassungsgeschichte, Univ. Halle－Wittenberg, 2009.

§ 3. 기본권관계와 기본권원용의 양상

곽윤직(편집대표), 『민법주해[Ⅰ] 총칙(1)』, 박영사, 2010.

곽윤직, 『민법총칙』, 박영사, 1995.

권영성, 『헌법학원론』, 법문사, 2010.

김대환, 「사법질서에서의 기본권의 효력 ― 독일에서의 논의를 중심으로」, 『헌법학연구』 16－4, 한국헌법학회, 2010.

김도균, 『권리의 문법 ― 도덕적 권리·인권·법적 권리』, 박영사, 2008.

김백유, 『행정법치론(1)』, 동방문화사, 2010.

김백유, 『헌법학(Ⅱ): 기본권론』, 조은, 2010.

김선택, 「사법질서에 있어서 기본권의 효력」, 『고려법학』 39, 고려대학교 법학연구원, 2002.

김성수, 『일반행정법 ― 행정법이론의 헌법적 원리 ―』, 법문사, 2007.

김주환, 「기본권의 규범구조와 '제3자적 효력'」, 『사법행정』 42－11, 한국사법행정학회, 2001.

김철수, 『헌법학신론』, 박영사, 2010.
김하열, 「법률해석과 헌법재판: 법원의 규범통제와 헌법재판소의 법률해석」, 『저스티스』 108, 한국법학원, 2008.
김해원, 「헌법적 논증에서 객관헌법과 주관헌법」, 『헌법학연구』 16－1, 한국헌법학회, 2010.
김해원, 「방어권적 기본권의 정당성 심사구조」, 『공법학연구』 10－4, 한국비교공법학회, 2009.
김해원, 「국가행위의 적헌성 판단에 있어서 헌법규범의 적용방식에 관한 연구」, 『헌법학연구』 16－3, 한국헌법학회, 2010.
김해원, 「'평등권'인가 '평등원칙'인가?」, 『헌법학연구』 19－1, 한국헌법학회, 2013.
박규환, 「사법질서로의 기본권효력 확장구조와 그 한계」, 『공법연구』 33－3, 한국공법학회, 2005.
박규환, 「사법질서와 헌법심사 — 법원재판의 헌법심사에 관한 현실진단과 그 대안 그리고 향후과제들 —」, 『공법연구』 38－2, 한국공법학회, 2009.
박윤흔, 『행정법강의(상)』, 박영사, 2004.
방승주, 「사법질서에 있어서 기본권의 효력: 독일의 이론과 판례를 중심으로」, 『청암정경식박사화갑기념논문집: 법과 인간의 존엄』, 박영사, 1997.
방승주, 「헌법실무연구회 제91회 발표회 토론요지」, 『헌법실무연구』 10, 헌법실무연구회, 2009.
방승주, 「사법질서에 있어서 국가의 기본권보호의무 — 최근 독일 연방헌법재판소 판례의 분석을 중심으로 —」, 『공법학연구』 7－5, 한국비교공법학회, 2006.
서경석, 「기본권의 객관법적 성격」, 『헌법학연구』 9－1, 한국헌법학회, 2003.
성정엽, 「기본권의 객관적 성격에 관한 고찰」, 『인제논총』 13, 인제대학교 법학연구소, 1997.
송기춘, 「환경권의 대사인적 효력」, 『공법연구』 28－3, 한국공법학회, 2000.
송오식, 「환경오염과 사법적 구제」, 『비교사법』 5－2, 한국비교사법학회, 1998.
송오식, 「조망방해와 사법적 구제」, 『비교사법』 14－2, 한국비교사법학회, 2007.
양　건, 『헌법강의』, 법문사, 2011.
이노홍, 「기본권 대사인적 효력에 관한 미연방대법원의 심사기준 — 공적 기능이론(Public Function theory)을 중심으로 —」, 『미국헌법연구』 15－1, 미국헌법학회, 2004.
이부하, 『헌법학원론』, 신론사, 2008.
이부하, 「헌법영역에서 기본권보호의무」, 『공법학연구』 8－3, 한국비교공법학회, 2008.
이상영/김도균, 『법철학』, 한국방송통신대학교, 2006.
이승우, 「국가의 기본보호의무」, 『균재 양승두 교수 화갑기념논문집 I: 현대공법과 개인의 권익보호』, 홍문사, 1994.
이인호, 「사기업 근로자의 표현의 자유 — 미국의 이론과 판례를 중심으로 —」, 『미국헌법연구』 16－1, 미국헌법학회, 2005.
이준상, 「헌법실무연구회 제91회 발표회 지정토론문」, 『헌법실무연구』 10, 헌법실무연구회, 2009.
이준일, 『헌법학강의』, 홍문사, 2008.
이준일, 「기본권의 대사인적 효력의 적용」, 『헌법실무연구』 10, 헌법실무연구회, 2009.
이준일, 「기본권의 기능과 제한 및 정당화의 세 가지 유형」, 『공법연구』 29－1, 한국공법학회,

2000.
장영수, 『헌법학』, 홍문사, 2010.
장영수, 「기본권의 대사인적 효력과 기본권의 충돌」, 『고려법학』 38, 고려대학교 법학연구원, 2002.
장영철, 「기본권의 제3자적 효력과 기본권보호의무」, 『공법연구』 29-2, 한국공법학회, 2001.
장영철, 「기본권의 제3자적(대사인적) 효력에 관한 이론적 연구」, 『공법연구』 37-3, 한국공법학회, 2009.
전광석, 『한국헌법론』, 법문사, 2010.
정문식, 「생명윤리법상 국가의 기본권 보호의무」, 『공법학연구』 8-3, 한국비교공법학회, 2008.
정종섭, 『헌법소송법』, 박영사, 2008.
정태호, 「기본권보호의무」, 『김남진교수 정년기념논문집: 현대공법학의 재조명』, 고려대학교 법학연구소, 1997.
정하명, 「미국법에서의 공법과 사법의 구별」, 『공법연구』 37-3, 한국공법학회, 2009.
조한상, 「기본권의 효력 — 기본권의 수규자, 주장 및 관철의 문제」, 『청주법학』 32-2, 청주대학교 법학연구소, 2010.
한수웅, 『헌법학』, 법문사, 2011.
허 영, 『한국헌법론』, 박영사, 2010.
허완중, 「헌법재판소결정의 기속력과 결정이유 — 헌재 2008.10.30. 2006헌마1098등 결정에 대한 평석을 중심으로 —」, 『인권과 정의』 399, 법조협회, 2009.
허완중, 「기본권보호의무에서 과소보호금지원칙과 과잉금지원칙의 관계」, 『공법연구』 37-1(2), 한국공법학회, 2008.
허완중, 「헌법재판소의 지위와 민주적 정당성」, 『고려법학』 55, 고려대학교 법학연구원, 2009.
허완중, 「관습법과 규범통제 — 관습법에 관한 헌법재판소결정과 대법원 판결의 정당성을 중심으로 —」, 『공법학연구』 10-1, 한국비교공법학회, 2009.
허완중, 「한국헌법에 따른 헌법재판소법 제47조 제2항의 해석」, 『공법연구』 37-4, 한국공법학회, 2009.
허완중, 「헌법재판소 종국결정의 본질」, 『영남법학』 30, 영남대학교 법학연구소, 2010.
홍성방, 『헌법학(上)』, 박영사, 2010.
Montesquie(著)/고봉만(譯), 『법의 정신』, 책세상, 2009.

Alexy, R., Theorie der Grundrechte, 3. Aufl., Frankfurt am Main, 1996.
Alexy, R./Kunig, P./Heun, W./Hermes, G., Verfassungsrecht und einfaches Recht – Verfassungsgerichtsbarkeit und Fachgerichtsbarkeit, in: VVDStRL, Bd. 61, 2002.
Badura, P., Staatsrecht: Systematische Erläuterung des Grundgesetzes für die Bundesrepublik Deutschland, 1986.
Böckenförde, E.-W., Zur Lage der Grundrechtsdogmatik nach 40 Jahren Grundgesetz, Privatdruck(Carl Friedrich von Siemens Stiftung), 1989.

Canaris, C.−W., Grundrechte und Privatrecht − eine Zwischenbilanz −, de Gruyter, 1999.

Dürig, G., Art. 1., in Maunz/Dürig/Herzog/Scholz (Hrsg.), Grundgesetz Kommentar, 1994,

Guckelberger, A., Die Drittwirkung der Grundrechte, in: JuS, Heft 2, 2003.

Hesse, K., Grundzüge des Verfassungsrechts der Bundesrepublik Deutschland, 20. Aufl., Heidelberg, 1999.

Jansen, N., Die Struktur rationaler Abwägungen, in: ARSP, Beiheft 66: Ethische und Strukturelle Herausforderungen des Rechts, 1997.

Leisner, W., Grundrechte und Privatrecht, 1960.

Lenz, S., Vorbehaltlose Freiheite: Stellung und Funktion vorbehaltloser Freiheite in der Verfassungsordnung, 2006.

Lenz, S./Leydecker, P., Kollidierendes Verfassungsrecht: Verfassungsrechtliche Maßstäbe der Einschränkbarkeit vorbehaltloser Freiheite, in: DÖV, 2005.

Münch, I. v., Grundbegriffe des Staatsrechts, Bd. Ⅰ, 4. Aufl., 1986.

Nipperdey, H. C., Grundrechte und Privatrecht, FS Erich Molitor zum 75, Geburtstag, 1962.

Pieroth, B./Schlink, B., Grundrechte: Staatsrecht Ⅱ, 22. Aufl., 2006.

Sachs, M., Verfassungsrecht Ⅱ: Grundrechte, 2. Aufl., 2003.

Schwabe, J., Die sogenannte Drittwirkung der Grundrechte. Zur Einwirkung der Grundrechte auf den Privatverkehr, 1971.

Stern, K., Das Staatsrecht der Bundesrepublik Deutschland, Bd. Ⅲ/1, 1988.

Weber, M., Politik als Beruf (Oktober 1919), in: GPS, J. Winckelmann (Hrsg.), 5. Aufl., 1988.

Zeh,W., Parlamentarismus und Individualismus, in: K. Waechter (Hrsg.), Grundrechtsdemokratie und Verfassungsgeschichte, Univ. Halle−Wittenberg, 2009.

§ 4. 기본권관계에서 국가의 의무

계희열, 『헌법학(중)』, 박영사, 2007.

공진성, 「외국인에 대한 지방선거권부여의 헌법합치성」, 고려대학교 석사학위논문, 1998.

김대환, 『기본권제한의 한계』, 법영사, 2003.

김대환, 「사법질서에서의 기본권의 효력 ― 독일에서의 논의를 중심으로 ―」, 『헌법학연구』 16−4, 한국헌법학회, 2010.

김도균, 「법적 이익형량의 구조와 정당화문제」, 『법학』 48−2, 서울대학교 법학연구소, 2007.

김도균, 『권리의 문법 - 도덕적 권리·인권·법적 권리』, 박영사, 2008.

김상환, 「국가의 기본권 보장의무와 법원의 역할」, 『헌법학연구』 14−4, 한국헌법학회, 2008.

김선택, 「기본권체계」, 『헌법논총』 10, 헌법재판소, 1999.

김승환, 「기본권의 인적 효력범위」, 『공법학연구』 9−4, 한국비교공법학회, 2008.

김일환, 「사회적 기본권의 법적 성격과 보호범위에 관한 고찰」, 『헌법학연구』 4-3, 한국헌법학회, 1998.

김철수, 『헌법학신론』, 박영사, 2006.

김해원, 「기본권의 잠정적 보호영역에 관한 연구」, 『헌법학연구』 15-3, 한국헌법학회, 2009.

김해원, 「방어권적 기본권의 정당성 심사구조」, 『공법학연구』 10-4, 한국비교공법학회, 2009.

김해원, 「기본권 체계」, 『법학논고』 32, 경북대학교 법학연구원, 2010.

김해원, 「국가행위의 적헌성 판단에 있어서 헌법규범의 적용방식에 관한 연구」, 『헌법학연구』 16-3, 한국헌법학회, 2010.

김해원, 「헌법적 논증에서 객관헌법과 주관헌법」, 『헌법학연구』 16-1, 한국헌법학회, 2010.

김해원, 「헌법적 논증에서 정치와 사법 — 헌법재판에서 사법심사의 가능성과 한계를 중심으로 —」, 『법학논고』 36, 경북대학교 법학연구원, 2011.

김해원, 「기본권 원용의 양상과 기본권 이론 — 사법질서에서 기본권의 효력을 중심으로 —」, 『헌법학연구』 17-2, 한국헌법학회, 2011.

박규하, 「헌법국가에 있어서의 국가의 기본권보호의무와 입법부작위에 관한 소고 — 헌법소원과 관련하여 —」, 『외법논집』 19, 한국외국어대학교 법학연구소, 2005.

박일경, 『제5공화국헌법』, 일명사, 1983.

방승주, 「헌법 제10조」, 『헌법주석서 Ⅰ』, 법제처, 2010.

서경석, 「국가의 기본권보호의무 비판」, 『헌법학연구』 9-3, 한국헌법학회, 2003.

송기춘, 「국가의 기본권보장의무에 관한 연구」, 서울대학교 박사학위논문, 1998.

오석락, 『입증책임론』, 일신사, 1996.

유진오, 『헌법해의』, 일조각, 1959.

이부하, 「헌법영역에서 기본권보호의무」, 『공법학연구』 8-3, 한국비교공법학회, 2007.

이승우, 「국가의 기본권보호의무」, 『균재 양승두 교수 화갑기념논문집 Ⅰ: 현대공법과 개인의 권익보호』, 홍문사, 1994.

이시윤, 『민사소송법』, 박영사, 1999.

이준일, 「기본권제한에 관한 결정에서 헌법재판소의 논증도구」, 『헌법학연구』 4-3, 한국헌법학회, 1998.

이준일, 「'원칙'으로서의 기본권과 비례성 '명령'」, 『공법연구』 28-1, 한국공법학회, 1999

이준일, 「기본권의 기능과 제한 및 정당화의 세 가지 유형」, 『공법연구』 29-1, 한국공법학회, 2000.

이준일, 「법학에서 최적화」, 『법철학연구』 3-1, 한국법철학회, 2000.

이준일, 『헌법학강의』, 홍문사, 2008.

이준일, 「헌법상 비례성원칙」, 『공법연구』 37-4, 한국공법학회, 2009.

장용근, 「헌법 제2조」, 『헌법주석서 Ⅰ』, 법제처, 2010.

전광석, 『한국헌법론(제6판)』, 법문사, 2010.

정문식, 「생명윤리법상 국가의 기본권 보호의무」, 『공법학연구』 8-3, 한국비교공법학회, 2007.

표명환, 「입법자의 기본권보호의무와 헌법적 통제」, 『헌법학연구』 11-2, 한국헌법학회, 2005.

허 영, 『한국헌법론』, 박영사, 2010.

허완중, 「자유와 권리 그리고 기본적 인권」, 『성균관법학』 20-3, 성균관대학교 법학연구소, 2008.

허완중, 「기본권보호의무에서 과소보호금지원칙과 과잉금지원칙의 관계」, 『공법연구』 37-1(2), 한국공법학회, 2008.

허완중, 「기본적 인권을 확인하고 보장할 국가의 의무」, 『저스티스』 115, 한국법학원, 2010.

허완중, 「인권과 기본권의 연결고리인 국가의 의무 ― 기본권의 의무적 고찰을 위한 토대 ―」, 『저스티스』 124, 한국법학원, 2011.

Alexy, R., Theorie der Grundrechte, 3. Aufl., Frankfurt am Main, 1996.

Alexy, R., Grundrechte im demokratischen Verfassungsstaat, in: A. Aarnio/R. Alexy/G. Bergholtz (Hrsg.), Justice, Morality and Society. Festschrift für Aleksander Peczenik, Lund, 1997.

Arnauld, A. v., Die normtheoretische Begründung des Verhältnismäßigkeitsgrundsatzes, in: JZ, 2000.

Bethge, H., Der Grundrechtseingriff, in: VVDStRL 57, 1998.

Böckenförde, E.-W./Grawert, R., Kollisionfälle und Geltungsproblem im Verhältnis von Bundesrecht und Landesrecht, in: DÖV, 1971.

Hesse, K., Grundzüge des Verfassungsrechts der Bundesrepublik Deutschland, 20. Aufl., 1999.

Isensee, J., Staat im Wort – Sprache als Element des Verfassungsstaates, in: J. Ipsen/H.-W. Rengeling/J. M. Mössner/A. Weber (Hrsg.), Verfassungsrecht im Wandel, 1995

Jarass, D., Vorbemerkungen vor Art.1, in: D. Jarass/B. Pieroth (Hrsg.), Grundgesetz-Kommentar, 8. Aufl., 2006.

Kielmansegg, S. G., Die Grundrechtsprüfung, in: JuS 48(1), 2008.

Pieroth, B./Schlink, B., Grundrechte. Staatsrecht Ⅱ, 19.Aufl. 2003.

Ruffert, M., Art. 12 GG, in: V. Epping/C. Hillgruber (Hrsg.), Grundgesetz Kommentar, 2009.

Schwabe, J., Problem der Grundrechtsdogmatik, Darmstadt 1997.

Stern, K., Einleitung: Die Hauptprinzipien des Grundrechtssystems des Grundgesetz, in: ders/F. Becker (Hrsg.), Grundrechte-Kommentar, 2010.

Zeh, W., Parlamentarismus und Individualismus, in: K. Waechter (Hrsg.), Grundrechtsdemokratie und Verfassungsgeschichte, Univ. Halle-Wittenberg, 2009.

§ 5. 일반론: 헌법규범충돌과 헌법규범의 적용방식

계희열, 『헌법학(中)』, 박영사, 2004.

공진성, 「최적화명령으로서 비례성원칙과 기본권심사의 강도」, 『3사논문집』 53, 육군3사관학교, 2001.

김도균, 「법적 권리에 대한 연구(I)」, 『법학』 43-4, 서울대학교 법학연구소, 2002.

김도균, 「법적 이익형량의 구조와 정당화문제」, 『법학』 48-2, 서울대학교 법학연구소, 2007.

김영환, 『법철학의 근본문제』, 홍문사, 2008.

김학태, 「법률해석의 한계 — 판례에서 나타난 법해석방법론에 대한 비판적 고찰 —」, 『외법논집』 22, 한국외국어대학교 법학연구소, 2006.

김해원, 「방어권적 기본권의 정당성 심사구조」, 『공법학연구』 10-4, 한국비교공법학회, 2009.

김해원, 「헌법적 논증에서 객관헌법과 주관헌법」, 『헌법학연구』 16-1, 한국헌법학회, 2010.

김해원, 「헌법적 논증에서 정치와 사법 — 헌법재판에서 사법심사의 가능성과 한계를 중심으로」, 『법학논고』 36, 경북대학교 법학연구원, 2011.

김혁기, 「법적 추론의 기능에 대한 고찰」, 『법철학연구』 13-1, 한국법철학회, 2010.

박은정, 「'정치의 사법화'와 민주주의」, 『법학』 51-1, 서울대학교 법학연구소, 2010.

박진애, 「헌법에 합치하는 사면제도의 모색」, 『헌법학연구』 15-3, 한국헌법학회, 2009.

소흥렬, 「당위명제의 논리적 관계」, 『철학』 17-봄, 한국철학회, 1982.

심헌섭, 『분석과 비판의 법철학』, 법문사, 2003.

양천수, 「삼단논법적 법률해석론 비판 — 대법원 판례를 예로 하여 —」, 『영남법학』 28, 영남대학교 법학연구소, 2009.

양천수, 「법적 추론과 논증」, 『사회과학연구』 30-1, 영남대학교 사회과학연구소, 2010.

이계일, 「수사학적 법이론의 관점에서 본 법적 논증의 구조」, 『법철학연구』 13-1, 한국법철학회, 2010.

이국운, 「자유민주주의의 정상화 문제(Ⅱ) — 참여자의 관점 —」, 『법과 사회』 34, 법과사회이론학회, 2008.

이부하, 「인간의 존엄에 관한 논의와 개별적 문제에의 적용」, 『헌법학연구』 15-2, 한국헌법학회, 2009.

이상영/김도균, 『법철학』, 한국방송통신대학교, 2006.

이준일, 「기본권제한에 관한 결정에서 헌법재판소의 논증도구」, 『헌법학연구』 4-3, 한국헌법학회, 1998.

이준일, 「기본권의 기능과 제한 및 정당화의 세 가지 유형」, 『공법연구』 29-1, 한국공법학회, 2000.

이준일, 『법학입문』, 박영사, 2004.

이준일, 「헌법재판의 법적 성격 — 헌법재판소의 논증도구인 비례성원칙과 평등원칙을 예로 —」, 『헌법학연구』 12-2, 한국헌법학회, 2006.

이준일, 『헌법학강의』, 홍문사, 2008.

이준일, 「헌법상 비례성원칙」, 『공법연구』 37-4, 한국공법학회, 2009.

전광석,『한국헌법론』, 법문사, 2009.

정태호,「사회적 기본권과 헌법재판소의 판례」,『헌법논총』 9, 헌법재판소, 1998.

차동욱,「정치·사회적 관점에서 본 헌정 60년 — 개헌의 정치와 '헌정공학'의 타당성」,『법과 사회』 34, 법과사회이론학회, 2008.

홍성방,『헌법학(上)』, 박영사, 2010.

홍성방,「국민의 기본의무 — 독일에서의 논의를 중심으로 —」,『공법연구』 34-4(1), 한국공법학회, 2006.

田中成明(著), 박병식(譯),『현대법 이론』, 동국대학교출판부, 2007.

A. Kaufmann(著), 김영환(譯),『법철학』, 나남, 2007.

R. Alexy(著), 정종섭/박진완(譯),「중요도 공식」,『법학』 44-3, 서울대학교 법학연구소, 2003.

Alexy, R., Theorie der Grundrechte, 3. Aufl., Frankfurt am Main, 1996.

Arnauld, A. v., Die normtheoretische Begründung des Verhältnismäßigkeitsgrundsatzes, in: JZ, 2000.

Bethge, H., Der Grundrechtseingriff, in: VVDStRL 57, 1988.

Brugger, W., Vom unbedingten Verbot der Folter zum bedingten Recht auf Folter?, in: JZ 55, 2000.

Buchwald, D., Konflikte zwischen Prinzipien, Regeln und Elemente im Rechtssystem, in: B. Schilcher u.a. (Hrsg.), Regeln, Prinzipien und Elemente im System des Rechts, Verl. Österreich, 2000.

Clérico, L., Die Struktur der Verhältnismäßigkeit, Kiel, 2001.

Creifelds, C./Weber, K., Rechtswörterbuch, München, 2004.

Dreier, H., Grundgesetz Kommentar, Bd. I, 2. Aufl., Tübingen, 2004.

Dworkin, R., Taking Rights Seriously, Harvard Uni. Press, 1977.

Gast, W., Die sechs Elemente der juristischen Rhetorik: Das Modell rhetorischer Kommunikation bei der Rechtsanwendung, in: Rouven Soudry (Hrsg.), Rhetorik: Eine interdisziplinäre Einführung in die rhetorische Praxis, 2. Aufl., Heidelberg, 2006.

Herberger, M./Simon, D., Wissenschafts für Juristen: Logik, Semiotik, Erfahrungswissenschaften, Frankfurt am Main, 1980.

Hesse, K., Grundzüge des Verfassungsrechts der Bundesrepublik Deutschland, 20. Aufl., Heidelberg, 1995.

Hohfeld, W. N., Fundamental Legal Conceptions as Applied in Judicial Reasoning, New Haven Lodon, 1966.

Isensee, J., Die verdrängten Grundpflichten, in: DÖV, 1982.

Jansen, N., Die Struktur rationaler Abwägungen, in: ARSP Beiheft 66: Ethische und Strukturelle Herausforderungen des Rechts, 1997.

Jellinek, G., System der subjektiven öffentlichen Rechte, 2. Aufl., Tübingen, 1905 (Neudruck 1979).

Kim, H. W., Schranken und Schrankenschranken grundrechtlicher Abwehrrechte: Ein rechtsvergleichende Studie über die Verfassungsmäßigkeit von Eingriffen des Gesetzgebers im deutschen und südkoreanischen Verfassungsrecht, Hannover, 2009.

Kloepfer, M., Die Entfaltung des Verhältnismäßigkeitsprinzips, in: E. Schmidt-Aßmann u.a. (Hrsg.), FS 50 Jahre Bundesverwaltungsgericht, 2003.

Koch, H.-J., Die normtheoretische Basis der Abwägung, in: R. Alexy u.a. (Hrsg.), Elemente einer juristischen Begründungslehre, 2003.

Lenz, S./Leydecker, P., Kollidierendes Verfassungsrecht: Verfassungsrechtliche Maßstäbe der Einschränkbarkeit vorbehaltloser Freiheite, in: DÖV, 2005.

Lenz, S., Vorbehaltlose Freiheite: Stellung und Funktion vorbehaltloser Freiheite in der Verfassungsordnung, 2006.

Lindner, J. F., Die Würde des Menschen und Sein Leben — Zum Verhältnis von Art. 1 Abs. 1 Satz 1 GG und Art. 2 Abs. 2 Sätze 1 und 3 GG, in: DÖV 59, 2006.

Loewenstein, K., Verfassungslehre, 4. Aufl., 2000.

Michael, L., Grundfälle zur Verhältnismäßigkeit, in: JuS 7, 2001.

Mathis, K., Eiffizienz statt Gerechtigkeit?, 2. Aufl., 2006.

Müller, F., Ökonomische Theorie des Rechts, in: S. Buckel u.a. (Hrsg.), Neue Theorien des Rechts, 2. Aufl., 2009.

Philipps, L., Sinn und Struktur der Normlogik, in: ARSP 53, 1966.

Riehm, T., Abwägungsentscheidungen in der praktischen Rechtsanwendung: Argumentation - Beweis - Wertung, 2006.

Steinacher, B., Staatspflichten und Grundgesetz — Eine verfassungstheoretische Untersuchung —, Tübingen, 1986.

Stober, R., Grundpflichten und Grundgesetz, Berlin, 1979.

Wagenländer, G., Zur strafrechtliche Beurteilung der Rettungsfolter, Berlin, 2005.

Weiß, W., Privatisierung und Staatsaufgaben: Privatisierungseintscheidung im Lichte einer grundrechtlichen Staatsaufgabenlehre unter dem Grundgesetz, Tübingen, 2002.

Weinberger, C./Weinberger, O., Logik, Semantik, Hermeneutik, München, 1979.

Wittreck, F., Menschenwürde und Folterverbot — zum Dogma von der ausnahmslosen Unabwägbarkeit des Art. 1 Abs. 1 GG —, in: DÖV 56, 2003.

Wolff, H. J./Bachof, O., Verwaltungsrecht Ⅱ: Organisations- und Dienstrecht, 4. Aufl., München, 1976.

§ 6. 특수론: 헌법적 논증에서 정치와 사법

강현호, 「통치행위에 대한 소고」, 『토지공법연구』 28, 한국토지공법학회, 2005.

고문현, 「통치행위에 관한 소고」, 『헌법학연구』 10-3, 한국헌법학회, 2004.

권영성, 『헌법학원론』, 법문사, 2009.

김배원, 「국가정책, 관습헌법과 입법권에 대한 헌법적 고찰 — 신행정수도 건설특별법 위헌확인결정 2004헌마554·566(병합)사건을 중심으로 —」, 『공법학연구』 5-3, 한국비교공법학회, 2004.

김백유, 「통치행위와 사법심사의 한계」, 『성균관법학』 16-1, 성균관대학교 법학연구소, 2004.

김선택, 「통치행위의 법리와 사법적 구제가능성」, 『고시연구』 32-1, 고시연구사, 2005.

김선화, 「통치행위의 인정여부와 판단기준 소고」, 『공법연구』 33-1, 한국공법학회, 2004

김종철, 「'정치의 사법화'의 의의와 한계 — 노무현정부전반기의 상황을 중심으로 —」, 『공법연구』 33-3, 한국공법학회, 2005.

김철수, 「통치행위」, 『고시계』 48-3, 고시계사, 2003.

김철수, 『헌법학개론』, 박영사, 2010.

김철용, 「우리 헌법과 통치행위」, 『법정』, 법정사, 1964.

김학성, 『헌법학원론』, 박영사, 2011.

김해원, 「방어권적 기본권의 정당성 심사구조」, 『공법학연구』 10-4, 한국비교공법학회, 2009.

김해원, 「헌법적 논증에서 객관헌법과 주관헌법」, 『헌법학연구』 16-1, 한국헌법학회, 2010.

김해원, 「국가행위의 적헌성 판단에 있어서 헌법규범의 적용방식에 관한 연구」, 『헌법학연구』 16-3, 2010.

박명림, 「헌법개혁과 정치개혁 — '헌법'과 '정치'의 연결지점에 대한 심층분석과 대안」, 『역사비평』 90, 역사비평사, 2010.

박승호, 「이른바 통치행위(정치문제)에 대한 헌법재판」, 『헌법학연구』 16-3, 한국헌법학회, 2010.

박은정, 「'정치의 사법화'와 민주주의」, 『법학』 51-1, 서울대학교 법학연구소, 2010.

박진애, 「헌법에 합치하는 사면제도의 모색」, 『헌법학연구』 15-3, 한국헌법학회, 2009.

성낙인, 『헌법학』, 박영사, 2004.

송기춘, 「헌법상 사면권의 본질과 한계」, 『공법연구』 30-5, 한국공법학회, 2002.

신평, 『헌법재판법』, 법문사, 2007.

양천수, 「경제정책에 대한 사법심사 가능성, 기준 및 한계 — 헌법재판을 예로 본 법이론적 분석—」, 『공법학연구』 11-1, 한국비교공법학회, 2010.

오승용, 「민주화 이후 정치의 사법화에 관한 연구」, 『기억과 전망』 20, 민주화운동기념사업회, 2009.

오승용, 「한국 민주주의의 위기와 법의지배: 정치의 사법화를 중심으로」, 『민주주의와 인권』 10-3, 전남대학교 5·18 연구소, 2010.

이국운, 「자유민주주의의 정상화 문제(Ⅱ) — 참여자의 관점」, 『법과사회』 34, 법과사회이론학회, 2008.

이부하, 「헌법재판에 있어서 사법적 자제 — 입법자와 헌법재판소간의 권한 획정과 관련하여 —」, 『공법연구』 33-3, 한국공법학회, 2005.

이상영/김도균, 「법철학」, 한국방송통신대학교, 2006.

이정희 外, 『정치학이란』, 인간사랑, 2005.

이준일, 「기본권제한에 관한 결정에서 헌법재판소의 논증도구」, 『헌법학연구』 4－3, 한국헌법학회, 1998.

이준일, 「헌법재판소가 이해하는 명확성원칙의 비판적 재구성」, 『헌법학연구』 7－1, 한국헌법학회, 2001.

이준일, 『헌법학강의』, 홍문사, 2008.

장영수, 『헌법학』, 홍문사, 2010.

장영수/김수갑/차진아, 『국가조직론』, 법문사, 2010.

전광석, 『한국헌법론』, 법문사, 2009.

정연주, 「통치행위에 대한 사법심사」, 『저스티스』 95, 한국법학원, 2006.

정종섭, 『헌법소송법』, 박영사, 2008.

정종섭, 『헌법학원론』, 박영사, 2010.

조선일보, http://www.chosun.com/politics/news/200411/200411120108. html: "수도이전 위헌결정은 사법쿠데타" 검색일: 2011.4.2.

차동욱, 「정치·사회적 관점에서 본 헌정 60년 ― 개헌의 정치와 '헌정공학'의 타당성」, 『법과사회』 34, 법과사회이론학회, 2008.

함재학, 「헌법재판의 정치성에 대하여 ― "헌법적 대화" 모델을 위한 제언 ―」, 『헌법학연구』 16－3, 한국헌법학회, 2010.

허　영, 『한국헌법론』, 박영사, 2009.

허　영, 『헌법소송법론』, 박영사, 2010.

허완중, 「헌법재판소의 지위와 민주적 정당성」, 『고려법학』 55, 고려대학교 법학연구원, 2009.

허완중, 「헌법재판소 종국결정의 본질」, 『영남법학』 30, 영남대학교 법학연구소, 2010.

헌법재판소(編), 『헌법재판실무제요』, 2008.

홍성방, 『헌법학(上)』, 박영사, 2010.

A. Kaufmann(著)/김영환(譯), 『법철학』, 나남, 2007.

Andrew Heywood(著)/조현수(譯), 『정치학 ― 현대정치의 이론과 실천』, 성균관대학교 출판부, 2009.

K. Hesse(著)/계희열(譯), 「헌법재판의 기능적 한계」, 『헌법의 기초이론』, 박영사, 2001.

Alexy, R., Theorie der Grundrechte, 3. Aufl., Frankfurt am Main, 1996.

Alexy, R., Grundrechte im demokratischen Verfassungsstaat, in: A. Aarnio/R. Alexy/G. Bergholtz (Hrsg.), Justice, Morality and Society. Festschrift für Aleksander Peczenik, Lund, 1997.

Brugger, W., Vom unbedingten Verbot der Folter zum bedingten Recht auf Folter?, in: JZ 55, 2000.

Dworkin, R., Taking Rights Seriously, Harvard Uni. Press, 1977.

Easton, D., The Political System, New York: Alfred A. Knopf, 1971.

Jansen, N., Die Struktur rationaler Abwägungen, in: ARSP Beiheft 66: Ethische und Strukturelle Herausforderungen des Rechts, 1997.

Lenz, S., Vorbehaltlose Freiheitsrechte: Stellung und Funktion vorbehaltloser Freiheitsrechte in der Verfassungsordnung, 2006.

Lindner, J. F., Die Würde des Menschen und Sein Leben — Zum Verhältnis von Art. 1 Abs. 1 Satz 1 GG und Art. 2 Abs. 2 Sätze 1 und 3 GG, in: DÖV 59, 2006.

Loewenstein, K., Verfassungslehre, 4. Aufl., Tübingen, 2000.

Schlaich, K./Korioth, S., Das Bundesverfassungsgericht, 7. Aufl., München, 2007.

Wagenländer, G., Zur strafrechtliche Beurteilung der Rettungsfolter, Berlin, 2005.

Wittreck, F., Menschenwürde und Folterverbot — zum Dogma von der ausnahmslosen Unabwägbarkeit des Art. 1 Abs. 1 GG —, in: DÖV 56, 2003.

Zippelius, R./Würtenberger, T., Deutsches Staatsrecht, 32. Aufl., München, 2008.

Zuck, R., Political Question Doktrin, Judicial Self-restraint und das Bundesverfassungsgericht, in: JZ, Heft 29, 1974.

§ 7. 기본권의 잠정적 보호영역

강태수, 「기본권의 보호영역, 제한 및 제한의 한계」, 『한국에서의 기본권이론의 형성과 발전: 정천허영박사화갑기념 논문집』, 박영사, 1997.

권영성, 『헌법학원론』, 법문사, 1997.

김백유, 「기본권의 내재적 한계」, 『성균관법학』 13-2, 성균관대학교 법학연구소, 2001.

김승환, 「국가와 사회의 구별」, 『공법연구』 26-1, 한국공법학회, 1998.

김승환, 「기본권의 인적 효력범위」, 『공법학연구』 9-4, 한국비교공법학회, 2008.

김승환, 「기본권제한적 법률유보와 기본권형성적 법률유보」, 『현대법의 이론과 실재: 금랑김철수교수화갑기념 논문집』, 박영사, 1993.

김일환, 「기본권의 제한과 침해의 구별필요성에 관한 고찰」, 『공법연구』 27-2, 한국공법학회, 1999.

김일환, 「사회적 기본권의 법적 성격과 보호범위에 관한 고찰」, 『헌법학연구』 4-3, 한국헌법학회, 1998.

김철수, 『헌법학신론』, 박영사, 2008.

명재진, 「헌법학의 토대로서의 국가, 인권 그리고 사회영역의 자율성에 관하여」, 『법학연구』 9-2, 충남대학교 법학연구소, 1999.

박진완, 「가변적이고 예측 불가능한 상황에서의 헌법해석 — 헌법재판소 92헌바6 결정을 중심으로」, 『헌법실무연구』 2, 헌법실무연구회, 2001.

성정엽, 「기본권규범의 법적 구조 — 기본권의 구성요소, 제한, 보호영역」, 『인제논총』 9-1, 인제대학교, 1993.

송석윤, 『헌법과 사회변동』, 경인문화사, 2007.

신우철, 『헌법과학: 새로운 방법론의 탐색』, 동현출판, 2002.

오석락, 『입증책임론』, 일신사, 1996.

윤재만, 「헌법과 현실의 관계 소고」, 『사회과학연구』 1, 대구대학교 사회과학연구소, 1995.
윤재만, 「기본권구성요건 개념」, 『헌법학연구』 9-1, 한국헌법학회, 2003.
이발래, 「국회입법형성권의 한계와 통제에 관한 연구 — 헌법재판소 판례를 중심으로 —」, 건국대학교 박사학위논문, 1999.
이시윤, 『민사소송법』, 박영사, 1999.
이욱한, 「국가에 의한 정보제공행위의 기본권심사구조와 법률유보」, 『공법학연구』 10-1, 한국비교공법학회, 2009.
이욱한, 「자유권과 평등권의 사법적 심사구조」, 『사법행정』 44-3, 한국사법행정학회, 2003.
이준일, 「기본권논증체계의 새로운 구성 — 기본권에 관한 3단계(구성요건-제한-정당화) 논증체계 —」, 『고시계』 626, 고시계사, 2009.
이준일, 「기본권의 기능과 제한 및 정당화의 세 가지 유형」, 『공법연구』 29-1, 한국공법학회, 2000.
이준일, 『헌법학강의』, 홍문사, 2008.
이준일, 「평등원칙」, 『안암법학』 8, 안암법학회, 1998.
이재상, 『형법총론』, 박영사, 1995.
이정호/김성환/홍건영, 『철학의 이해』, 한국방송통신대학교, 2009.
정만희, 「국회의권의 면책특권」, 『동아법학』 10, 동아대학교 법학연구소, 1990.
정태호, 「자유권적 기본권의 제한에 관한 고찰 — 이른바 사실상의 기본권제약을 중심으로 —」, 『헌법논총』 13, 헌법재판소, 2002.
정태호, 「사회적 기본권과 헌법재판소의 판례」, 『헌법논총』 9, 헌법재판소, 1998.
정태호, 「일반적 평등권 침해여부의 심사」, 『고시계』 547, 고시계사, 2002.
최갑선, 「자유권적 기본권의 침해여부 판단구조 및 판단기준」, 『헌법논총』 10, 헌법재판소, 1999.
허 영, 『헌법이론과 헌법』, 박영사, 2003.
허 영, 『한국헌법론』, 박영사, 2003.
허완중, 「기본권보호의무에서 과소보호금지원칙과 과잉금지원칙의 관계」, 『공법연구』 37-1(2), 한국공법학회, 2008.
헌법재판소(編), 『헌법재판실무제요』, 2008.
홍성방, 『헌법학』, 현암사, 2004.

Alexy, R., Theorie der Grundrechte, 2. Aufl., Frankfurt am Main, 1994.
Borowski, M., Prizipien als Grundrechtsnormen, in: ZÖR 53, 1998.
Degenhart, C., Klausurenkurs im Staatsrecht, Heidelberg, 4. Aufl., 2007.
Dreier, H., Vorbemerkungen vor Artikel 1 GG, in: ders. (Hrsg.), Grundgesetz Kommentar Bd. 1, 2. Aufl., Tübingen, 2004.
Epping, V., Grundrechte, 3. Aufl., Berlin, 2007.
Geldsetzer, L., Logik, Aalen, 1987.
Hesse, K., Grundzüge des Verfassungsrechts der Bundesrepublik Deutschland, Heidelberg,

20. Aufl., 1995.

Höfling, W., Grundrechtstatbestand — Grundrechtsschranken — Grundrechtsschrankenschrankenschranken, in: Jura, 1994.

Huber, P. M., Allgemeines Verwaltungsrecht, Heidelberg, 2. Aufl., 1997.

Huber, P. M, Die Informationstätigkeit der öffentlichen Hand: ein grundrechtliches Sonderregime aus Karlsruhe?, in: JZ, 2003.

Isensee, J., Das Grundrecht als Abwehrrecht und als staatliche Schutzpflicht, in: ders./Paul Kirchhof (Hrsg.), Handbuch des Staatsrechts der Bundesrepublik Deutschland, Bd. Ⅴ., Heidelberg, 2. Aufl., 2000.

Isensee, J., Wer definiert die Freiheitsrecht? Selbstverständnis der Grundrechtsträger und Grundrechtsauslegung des Staates, Heidelberg, 1980.

Jarass, H. D., Vorbemerkungen vor Art. 1, in: ders./B. Pieroth, Grundgesetz für die Bundesrepublik Deutschland Kommentar, München, 10. Aufl., 2009.

Katz, A., Staatsrecht: Grundkurs im öffentlichen Recht, München, 17. Aufl., 2007.

Klement, J. H., Der Vorbehalt des Gesetzes für das Unvorhersehbare, in DÖV, 2005.

Kloepfer, M., Grundrechtstatbestand und Grundrechtsschranken in der Rechtsprechung des Bundesverfassungsgerichts, in: C. Starck (Hrsg.), Bundesverfassungsgericht und Grundgesetz, Bd. Ⅱ, Tübingen, 2. Aufl., 1976.

Lenz, S., Vorbehaltlose Freiheitsrechte : Stellung und Funktion vorbehaltloser Freiheitsrechte in der Verfassungsordnung, 2006.

Lindner, J. F., Grundrechtseingriff oder grundrechtswidriger Effekt, in: DÖV, 2004.

Lübbe-Wolff, G., Die Grundrechte als Eingriffsabwehrrechte, Baden-Baden, 1998.

Manssen, G., Staatsrecht Ⅰ: Grundrechtsdogmatik, München, 1995.

Maurer, H., Staatsrecht, München, 1999.

Müller, F., Die Positivtät der Grundrechte, Berlin, 1969.

Müller, F., Freiheit der Kunst als Problem der Grundrechtsdogmatik, Berlin, 1969.

Münch, I. v., Vor. Art. 1-19, in: ders./P. Kunig (Hrsg.), Grundgesetz - Kommentar, Bd. Ⅰ, München, 5. Aufl., 2000.

Pieper, S. U., Verfassungsrecht der Bundesrepublik Deutschland, Wiesbaden, 2008

Pieroth, B./Schlink, B., Die Grundrechte. Staatsrecht Ⅱ, Heidelberg, 24. Aufl., 2008.

Rauschnig, D., Aussprache, in: Der Grundrechtseingriff, VVDStRL 57, 1998.

Rüfner, W., Grundrechtskonflikte, in: C. Starck (Hrsg.), Bundesverfassungsgericht und Grundgesetz, Bd. 2, Tübingen, 1976.

Sachs, M., Verfassungsrecht Ⅱ Grundrechte, Heidelberg, 2. Aufl., 2003.

Sachs, M., Der Gewährleistungsgehalt der Grundrechte, in: K. Stern (Hrsg.), Das Staatsrecht der Bundesrepublik Deutschland, Bd. Ⅲ/2, München, 1994.

Schmidt, R., Grundrechte sowie Grundzüge der Verfassungsbeschwerde, Dr. Rolf Schmidt, 10. Aufl., Bremen, 2008.

Starck, C., Die Grundrechte des Grundgesetzes, in: JuS, 1981.

Weber-Dürler, B., Der Grundrechtseingriff, in: VVDStRL 57, 1998.

Wermke, M./Kunkel-Razum, K./Scholze-Stubenrecht, W. (Hrsg.), Das Bedeutungswörterbuch, Mannheim, 3. Aufl. 2002.

Westen, P., "The empty Idea of Equality", Hav. L. Rev. Vol. 95., 1982.

Zippelius, R./Würtenberger, T., Deutsches Staatsrecht, München, 32. Aufl., 2008.

§ 8. 법률유보와 헌법유보

강태수, 「기본권의 보호영역, 제한 및 제한의 한계」, 『한국에서의 기본권이론의 형성과 발전: 정천허영박사화갑기념논문집』, 박영사, 1997.

김도균, 「법적 이익형량의 구조와 정당화문제」,『법학』 48-2, 서울대학교 법학연구소, 2007.

김해원, 「기본권의 잠정적 보호영역에 관한 연구」, 『헌법학연구』 15-3, 한국헌법학회, 2009.

김해원, 「방어권적 기본권의 정당성 심사구조」, 『공법학연구』 10-4, 한국비교공법학회, 2009.

김해원, 「기본권 원용의 양상과 기본권이론 — 사법질서에서 기본권의 효력을 중심으로 —」, 『헌법학연구』 17-2, 한국헌법학회, 2011.

김해원, 「국회와 지방자치단체 상호 간 입법권한 배분에 관한 헌법적 검토 — 국회의 입법권 수권행위에 대한 헌법적 통제를 중심으로 —」, 『지방자치법연구』 16-2, 한국지방자치법학회, 2016.

변재옥, 「헌법재판권」, 『법학연구』 6-2, 한국법학회, 1963.

이부하, 「헌법유보와 법률유보」, 『공법연구』 36-3, 한국공법학회, 2008.

정극원, 「헌법질서에 의한 기본권제한」, 『공법연구』 30-2, 한국공법학회 2001.

허완중, 「기본권보호의무에서 과소보호금지원칙과 과잉금지원칙의 관계」, 『공법연구』 37-1(2), 2008.

Alexy, R., Theorie der Grundrechte, Baden-Baden, 1985.

Bethge, H., Der Grundrechtseingriff, in: VVDStRL 57, 1998.

Di Fabio, U., Grundrechte im präzeptoralen Staat am Beispiel hoheitlicher Informationstätigkeit, in: JZ, 1993.

Gersdorf, H., Grundversorgung im Öffentlichen Recht: Verfassungsprozessrecht und Verfassungsmäßigkeitsprüfung, Heidelberg, 2. Aufl., 2005.

Kielmansegg, S. G., Die Grundrechtsprüfung, in: JuS 48(1), 2008.

Lenz, S., Vorbehaltlose Freiheitsrechte: Stellung und Funktion vorbehaltloser Freiheitsrechte in der Verfassungsordnung, 2006.

Lenz, S./Leydecker, P., Kollidierendes Verfassungsrecht: Verfassungsrechtliche Maßstäbe der Einschränkbarkeit vorbehaltloser Freiheite, in: DÖV, 58(20), 2005.

Schwabe, J., Problem der Grundrechtsdogmatik, Darmstadt, 1997.

Wolff, H. J., Rechtsgrundsätze und verfassunggestaltende Grundentscheidungen als Rechtsquellen, in: Forschungen und Berichte aus dem öffentlichen Recht – GS für W. Jellinek, München, 1955.

§ 9. 침범형식(권한·절차·형태)에 대한 헌법적합성심사

강승식, 「미국에서의 독립규제위원회와 권력분립」, 『한양법학』 13, 한양법학회, 2002.

강승식, 「대통령제와 복수 행정부제 결합의 문제점과 그 한계」, 『미국헌법연구』 21-1, 미국헌법학회, 2010.

강승식, 「정부형태 평가기준으로서의 권력분립」, 『법학논총』 23-2, 국민대학교 법학연구소, 2011.

고영훈, 「행정상의 고시의 법적 문제점과 개선방향에 관한 연구」, 『공법연구』 29-1, 한국공법학회, 2000.

고영훈, 「'법규명령형식의 행정규칙'과 '행정규칙형식의 법규명령'의 문제점과 개선방안」, 『공법학연구』 5-3, 한국비교공법학회, 2004.

권영성, 『헌법학원론』, 법문사, 2010.

김기진, 「행정입법의 정비에 관한 연구」, 『헌법판례연구』 13, 한국헌법판례연구학회, 2012.

김명식, 「지방자치의 본질과 자치입법권에 관한 재고찰」, 『공법학연구』 16-4, 한국비교공법학회, 2015.

김명재, 「자유권적 기본권의 본질내용」, 『공법연구』 30-5, 한국공법학회, 2002.

김민호, 「법률유보의 한계와 위임입법」, 『공법연구』 28-4(2), 한국공법학회, 2000.

김배원, 「헌법적 관점에서의 지방자치의 본질」, 『공법학연구』 9-1, 한국비교공법학회, 2008.

김배원, 「언론·출판의 자유와 사전검열금지원칙」, 『공법학연구』 16-1, 한국비교공법학회, 2015.

김봉채, 「행정입법에 대한 소고」, 『공법연구』 37-1(2), 한국공법학회, 2008.

김상겸, 「정부자문위원회에 관한 헌법적 연구」, 『헌법학연구』 11-2, 한국헌법학회, 2005.

김상겸, 「헌법 제82조」, 『헌법주석서 Ⅲ』, 법제처(編), 2010.

김선택, 「대통령'직'의 헌법적 의무 — 차기정부의 헌법적 과제에 대한 총론적 조망 —」, 『헌법학연구』 19-1, 한국헌법학회, 2013.

김성수, 『일반행정법 — 일반행정법이론의 헌법적 원리 —』, 홍문사, 2014.

김성호, 「조례제정권의 범위와 한계」, 『법과 정책연구』 4-1, 한국법정책학회, 2004.

김소연, 『독립행정기관에 관한 헌법학적 연구』, 경인문화사, 2013.

김연태, 「자금조성에 있어서 법률유보」, 『안암법학』 4, 안암법학회,1996.

김영수, 『한국헌법사』, 학문사, 2001.

김영환, 『법철학의 근본문제』, 홍문사, 2012.

김윤정, 「입법과정에 대한 헌법적 고찰」, 『서강법학』 8, 서강대학교 법학연구소, 2006.

김종서, 「세월호 사건을 계기로 본 헌법학의 과제」, 『저스티스』 146-3 (2015.2. 한국법률가대회 특집호Ⅱ), 한국법학원, 2015.

김종철, 「대통령의 헌법상의 지위와 권력비판의 올바른 방향」, 『언론과 법』 4-2, 한국언론법학회, 2005.

김주영, 「한국지방자치제도의 입법사적 고찰 — 「헌법」과 「지방자치법」을 중심으로 —」, 『공법학연구』 11-2, 한국비교공법학회, 2010.

김주환, 「입법절차상 하자에 대한 헌법재판소의 통제」, 『강원법학』 39, 강원대학교 비교법학연구소, 2013.

김중권, 「'성전환자의 성별정정허가신청사건 등 사무처리지침'의 문제점」, 『법률신문』 3493, 2006.09.25.

김중권, 「행정규칙과 헌법소원심판: 헌법실무연구회 제77회(2007. 7. 6) 발표문」, 『헌법실무연구』 8, 박영사, 2007.

김진곤, 「사회보장법영역에서 포괄위임입법금지원칙의 적용과 그 한계」, 『사회보장법학』 3-1, 한국사회보장법학회, 2014.

김진한, 「지방자치단체 자치입법권의 헌법적 보장 및 법률유보 원칙과의 관계 — 헌법재판소 결정례의 비판적 분석을 중심으로 —」, 『헌법학연구』 18-4, 한국헌법학회, 2012.

김철수, 『헌법학신론』, 박영사, 2013.

김철용/홍준형/송석윤, 『위임입법의 한계에 관한 연구』, 『헌법재판연구』 8, 헌법재판소, 1996.

김하열, 「헌법재판: 입법절차의 하자를 다투는 헌법소원」, 『고려법학』 55, 고려대학교 법학연구원, 2009.

김하열, 「명령·규칙에 대한 사법심사 — 헌법재판의 관점에서 본 —」, 『헌법판례연구』 9, 한국헌법판례연구학회, 2008.

김하열, 『헌법소송법』, 박영사, 2014.

김해원, 「기본권의 잠정적 보호영역에 관한 연구」, 『헌법학연구』 15-3, 한국헌법학회, 2009.

김해원, 「방어권적 기본권의 정당성 심사구조」, 『공법학연구』 10-4, 한국비교공법학회, 2009.

김해원, 「국가행위의 적헌성 판단에 있어서 헌법규범의 적용방식에 관한 연구」, 『헌법학연구』 16-3, 한국헌법학회, 2010.

김해원, 「기본권관계에서 국가의 의무 — 확인의무·보장의무·보호의무를 중심으로 —」, 『공법학연구』 12-4, 한국비교공법학회, 2011.

김해원, 「급부권적 기본권의 심사구조 — 국회입법부작위를 중심으로 —」, 『공법학연구』 13-2, 한국비교공법학회, 2012.

김해원, 「집회 사전신고제로 인한 집회의 자유 침해여부 — '집회 및 시위에 관한 법률' 제6조(옥외집회 및 시위의 신고 등)의 위헌성 여부를 중심으로」, 『인권법평론』 13, 전남대학교 법률행정연구소 공익인권법센터, 2014.

김해원, 「기본권심사에서 형식적 헌법적합성심사에 관한 연구 — 법률에 의한(durch Gesetz) 규율을 중심으로 —」, 『헌법학연구』 21-1, 한국헌법학회, 2015.

김해원, 「기본권관계에서 "대통령을 수반으로 하는 정부"에게 입법권을 수권하는 법률에 대한 권한법적 통제 — 수권법률제정권자의 피수권기관 및 피수권규범 특정에 관한 헌법적 통제를 중심으로 —」, 『법학논총』 35-1, 전남대학교 법학연구소, 2015.

김해원, 「수권법률에 대한 수권내용통제로서 의회유보원칙 — 기본권심사를 중심으로 —」, 『공법학연구』 16－2, 한국비교공법학회, 2015.

김해원, 「수권법률에 대한 수권방식통제로서 포괄위임금지원칙 — 기본권심사를 중심으로 —」, 『헌법학연구』 21－2, 한국헌법학회, 2015.

김해원/조홍석, 「헌법상 대통령의 겸직금지에 관한 고찰 — '국가과학기술위원회 개편방안'을 중심으로 —」, 『한양법학』 25－2, 한양법학회, 2014.

김현철, 『판례 헌법소송법』, 전남대출판부, 2012.

류지태, 「행정입법과 헌법재판: 헌법실무연구회 제54회(2005. 4. 1) 발표문」, 『헌법실무연구』 6, 박영사, 2005.

류지태/박종수, 『행정법신론』, 박영사, 2011.

문상덕, 「법령의 수권에 의한 행정규칙(고시)의 법적 성격과 그 통제」, 『행정법연구』 1, 행정법이론실무학회, 1997.

문상덕, 「조례와 법률유보 재론 — 지방자치법 제22조 단서를 중심으로 —」, 『행정법연구』 19, 행정법이론실무학회, 2007.

민병로, 「국가보안법의 과거, 현재, 그리고 미래」, 『법학논총』 19, 전남대학교 법학연구소, 2000.

박균성, 『행정법강의』, 박영사, 2013.

박영도, 『위임입법에 관한 연구』, 한국법제연구원, 1999.

박영도, 「독일의 위임입법제도에 관한 연구」, 『외법논집』 7, 한국외국어대학교 법학연구소, 1999.

박영도, 「의회유보 · 행정유보의 의미와 입법적 시사점」, 『법제』 12, 법제처, 2010.

박재윤, 「위임명령을 통한 행정의 통제와 조종 — 헌법재판소 2011. 6. 30. 선고 2008헌바166 등 결정 —」, 『공법연구』 41－3, 한국공법학회, 2013.

박정훈, 『공정거래법의 공적 집행: 행정법적 체계정립과 분석을 중심으로, 공정거래와 법치』 (권오승 編), 법문사, 2004.

박정훈, 「헌법실무연구회 제54회(2005. 4. 1) 발표회 지정토론문」, 『헌법실무연구』 6, 박영사, 2005.

박종보, 「법령에 대한 헌법소원」, 서울대학교 박사학위논문, 1994.

박진완, 「위임입법 · 인간다운 생활을 할 권리」, 『고시계』 58－4, 고시계사, 2013.

박찬주, 「법률의 효력발생과 효력상실」, 『저스티스』 118, 한국법학원, 2010.

박찬주, 「행정명령」, 『법학논고』 31, 경북대학교 법학연구원, 2009.

방승주, 「중앙정부와 지방자치단체와의 관계 — 지방자치에 대한 헌법적 보장의 내용과 한계를 중심으로 —」, 『공법연구』 35－1, 한국공법학회, 2006.

방승주, 「법률유보와 의회유보: 헌법실무연구회 제89회(2008.11.14.) 발표문」, 『헌법실무연구』 10, 박영사, 2009.

배영길, 「대학의 법적 지위와 국가 감독의 한계」, 『공법학연구』 3－1, 한국비교공법학회, 2004.

성낙인, 『헌법학』, 법문사, 2014.

송동수, 「중요사항유보설과 의회유보와의 관계」, 『토지공법연구』 34, 한국토지공법학회, 2006.
양건, 『헌법강의』, 법문사, 2013.
오동석, 「국가인권위원회의 민주주의적 정당성과 그 정당화 과제」, 『아 · 태공법연구』 9, 아세아태평양공법학회, 2001.
오수정, 「입법권위임의 헌법적 한계에 관한 연구」, 중앙대학교 석사학위논문, 2006.
옥무석/최승원, 「국가와 지방자치단체와의 관계 — 중앙과 지방간의 행정의 일관성과 독자성」, 『지방자치법연구』 2－2, 한국지방자치법학회, 2002.
유은정, 「소위 수익적 법률에서 위임입법의 헌법적 한계 — 특수임무수행자보상에 관한 법률 제2조 및 동법 시행령 제2조를 중심으로 —」, 『공법학연구』 14－3, 한국비교공법학회, 2013.
유진식, 「대통령직속기관의 설치와 직무범위 — 헌재 1994.4.28. 89헌마221 [각하 · 합헌]을 소재로 하여 —」, 『공법연구』 30－1, 한국공법학회, 2001.
윤재만, 「자치입법권의 국가입법권에 의한 제한」, 『공법학연구』 14－1, 한국비교공법학회, 2013.
이기우, 『지방자치이론』, 학현사, 1996.
이기우, 「부담적 조례와 법률유보에 관한 비판적 검토」, 『헌법학연구』 13－3, 한국헌법학회, 2007.
이명웅, 「위임입법의 위헌심사기준 및 위헌결정사례 분석」, 『저스티스』 96, 한국법학원, 2007.
이명웅, 「입법원칙으로서 법률유보 · 의회유보 · 비례의 원칙」, 『법제』 11, 법제처, 2004.
이부하, 「헌법유보와 법률유보」, 『공법연구』 36－3, 한국공법학회, 2008.
이석연, 「정부조직법이 사문화되고 있다」, 매일경제신문, 2004.7.22.
이승우, 「대통령의 국법상 행위의 유형과 책임에 관한 연구」, 『헌법학연구』 14－2, 한국헌법학회, 2008.
이승우, 『헌정사의 연구방법론』, 두남, 2011.
이승환, 「지방자치단체 자치권의 본질과 범위」, 『지방자치법연구』 11－3, 한국지방자치법학회, 2011.
이욱한, 「한국방송공사법 제35조등 위헌소원판결에 관한 소고」, 『사법행정』 45－4, 한국사법행정학회, 2004.
이준일, 「기본권논증체계의 새로운 구성」, 『고시계』 626, 고시계사, 2009.
이준일, 『헌법학강의』, 홍문사, 2015.
이준일, 「사회보장 영역에서 법률유보원칙 — 의회유보원칙을 중심으로 —」, 『사회보장법학』 3－1, 한국사회보장법학회, 2014.
이철환, 『행정법 일반이론』, 전남대출판부, 2011.
임석진 外 40인, 『철학사전』, 중원문화, 개정4판, 2012.
임종훈/박수철, 『입법과정론』, 박영사, 2006.
장영수, 「현행헌법상의 정부형태와 대통령의 지위 및 권한에 관한 연구」, 『공법학연구』 9－1, 한국비교공법학회, 2008.
장영수, 『헌법학』, 홍문사, 2015.
전광석, 『한국헌법론』, 집현재, 2016.
전종익, 「포괄위임금지원칙의 심사기준」, 『아주법학』 7－3, 아주대학교 법학연구소, 2013.

정극원, 「헌법상 보충성의 원리」, 『헌법학연구』 12－3, 한국헌법학회, 2006.

정극원, 「헌법재판에서의 포괄적 위임입법금지 원칙의 적용」, 『헌법학연구』 15－3, 한국헌법학회, 2009.

정남철, 「헌법소원의 대상으로서 소위 법령보충적 행정규칙」, 『헌법논총』 16, 헌법재판소, 2005.

정남철, 「고시형식의 법규명령의 내용 및 법적 문제점」, 고시연구, 고시연구사, 2006.

정종섭, 『헌법연구 5』, 박영사, 2005.

정종섭, 『헌법학원론』, 박영사, 2016.

정호경, 「행정규칙의 헌법소원 대상성: 헌법실무연구회 제77회(2007.7.6) 발표문」, 『헌법실무연구』 8, 박영사, 2007.

정 훈, 「고등교육법상 교육부장관의 국립대학에 대한 지도·감독조치의 정당성에 관한 행정법적 고찰」, 『공법연구』 42－2, 한국공법학회, 2013.

조성규, 「지방자치제의 헌법적 보장의 의미」, 『공법연구』 30－2, 한국공법학회, 2001.

조성규, 「지방자치단체의 고유사무」, 『공법학연구』 5－2, 한국비교공법학회, 2004.

조성규, 「행정규칙의 법적 성질 재론」, 『행정법연구』 31, 한국행정법연구소, 2011.

조정환, 「자치입법권 특히 조례제정권과 법률우위와의 관계문제」, 『공법연구』 29－1, 한국공법학회, 2000.

조재현, 「헌법상 연령차별의 문제와 극복방안」, 『공법학연구』 5－3, 한국비교공법학회, 2004.

조태제, 「법률의 유보원칙 — 본질성이론에 근거한 의회유보를 중심으로 —」, 『한양법학』 1, 한양법학회, 1990.

차진아, 「공포는 법률의 효력발생요건인가? — 헌재 2001.4.26. 98헌바79등 결정에 대한 평석 —」, 『저스티스』 99, 한국법학원, 2007

차진아, 「권한쟁의심판과 위헌법률심판의 충돌에 관한 고찰」, 『헌법학연구』 15－1, 한국헌법학회, 2009.

최영규, 「행정주체 및 공공단체의 개념과 범위 — 공공단체의 개념과 행정주체성을 중심으로 —」, 『공법학연구』 5－1, 한국비교공법학회, 2004.

최영규, 「행정기관의 개념과 종류 — 행정조직법의 기초개념 재검토 —」, 『행정법연구』 37, 한국행정법연구소, 2013.

한수웅, 『헌법학』, 법문사, 2015.

한수웅, 「본질성이론과 입법위임의 명확성원칙」, 『헌법논총』 14, 헌법재판소, 2003.

허완중, 「법률과 법률의 효력」, 『공법학연구』 11－1, 한국비교공법학회, 2010.

허완중, 「명령·규칙에 대한 법원의 위헌·위법심사권」, 『저스티스』 135, 한국법학원, 2013.

허완중, 「헌법기관충실원칙」, 『공법연구』 42－2, 한국공법학회, 2013.

허 영, 『한국헌법론』, 박영사, 2013.

허 영, 『헌법소송법론』, 박영사, 2012.

허 영/조소영, 『사례헌법학』, 신조사, 2013.

홍석한, 「위임입법의 헌법적 한계에 관한 고찰 — 헌법재판소의 위헌심사기준에 대한 분석 및 평가를 중심으로 —」, 『공법학연구』 11－1, 한국비교공법학회, 2010.

홍성방, 「헌법상 보충성의 원리」, 『공법연구』 36-1, 한국공법학회, 2007.
홍성방, 『헌법학(상)』, 박영사, 2010.
홍완식, 「헌법과 사회보장법에 있어서의 보충성의 원리」, 『공법연구』 28-4(2), 한국공법학회, 2000.
홍완식, 「체계정당성의 원리에 관한 연구」, 『토지공법연구』 29, 토지공법학회, 2005.
홍완식, 「헌법재판소에 의한 입법절차 통제」, 『공법학연구』 12-2, 한국비교공법학회, 2011.
홍정선, 『新지방자치법』, 박영사, 2013.
홍정선, 『행정법특강』, 박영사, 2014.
홍준형, 『행정법총론』, 한울아카데미, 2001.
황도수, 『헌법재판실무연구』, 지구촌, 2003.
법제처(編), 『법령 입안·심사 기준』, 2012.
국립국어원, 표준국어대사전: http://stdweb2.korean.go.kr/search/View.jsp
법제업무편람: http://edu.klaw.go.kr/StdInfInfoR.do?astClsCd=700103&astSeq=347

Achterberg, N./Schulte, M., Art. 44, in: H. v. Mangoldt/F. Klein/C. Starck (Hrsg.), Kommentar zum Grundgesetz, 5. Aufl., München, 2005.
Alexy, R., Theorie der Grundrechte, Baden-Baden, 1985.
Busch, B., Das Verhältnis des Art. 80 Abs. 1 S. 2 GG zum Gesetzes- und Parlamentsvorbehalt, SÖR 610, Berlin, 1992.
Creifelds, C./Weber, K., Rechtswörterbuch, München, 2004.
Degenhart, C., Klausurenkurs im Staatsrecht Ⅱ, Heidelberg, 5. Aufl., 2010.
Degenhart, C., Systemgerechtigkeit und Selbstbindung des Gesetzgebers als Verfassungspostulat, München, 1976.
Ehlers, D., Die verfassungsrechtliche Garantie der kommunalen Selbstverwaltung, in: DVBl, 2000.
Epping, V., Grundrechte, Berlin, Heidelberg, 3. Aufl, 2007.
Fuller, L. L., The Morality of Law, Yale Univ. Press, 1964.
Gersdorf, H., Grundversorgung im Öffentlichen Recht: Verfassungsprozessrecht und Verfassungsmäßigkeitsprüfung, München, 2. Aufl., 2005.
Herzog, R., Gesetzgebung und Einzelfallgerechtigkeit, in: NJW, 1999.
Hesse, K., Grundzüge des Verfassungsrechts der Bundesrepublik Deutschland, Heidelberg, 20. Aufl., 1995.
Katz, A., Staatsrecht - Grundkurs im öffentlichen Recht, Heidelberg, 17. Aufl., 2007.
Kielmansegg, S. G., Die Grundrechtsprüfung, in: JuS 48(1), 2008.
Kloepfer, M., Der Vorbehalt des Gesetzes im Wandel, in: JZ, 1984.
Kyu-hwan, P., Die Drittwirkung der Grundrechte des GG im Vergleich zum koreanischen Verfassungsrecht, Diss., Halle(Saale), 2004.
Löwer, W., Art. 28, in: Münch/Kunig (Hrsg.), Grundgesetz-Kommentar, 3. Aufl.,

München, 1995.
Maurer, H., Staatsrecht Ⅰ: Grundlagen·Verfassungsorgane·Staatsfunktionen, 6. Aufl., München, 2010.
Nierhaus, M., Art. 28., in: M. Sachs, Grundgesetz Kommentar, 4. Aufl., München, 2007,
Oppermann, T., Die erst halb bewältigte Sexualerziehung, in: JZ, 1978.
Oppermann, T., Gutachten C, in: Verhandlungen des 51. Deutschen Juristentages, München, 1976.
Ossenbühl, F., Vorrang und Vorbehalt des Gesetzes, in: Josef Isensee/Paul Kirchhof (Hrsg.), Handbuch des Staatsrechts, Bd.3, 2. Aufl., Heidelberg, 1996.
Papier, H.－J., Der Vorbehalt des Gesetzes und seine Grenzen, in: Götz/Klein/Stark (Hrsg.), Die öffentliche Verwaltung zwischen Gesetzgebung und richterlicher Kontrolle, München, 1985.
Peine, F.－J., Systemgerechtigkeit, Baden－Baden, 1985.
Pieroth, B. /Schlink, B., Die Grundrechte. Staatsrecht Ⅱ, Heidelberg, 24. Aufl., 2008.
Sachs, M., Grundgesetz Kommentar, 6. Aufl., München, 2011.
Schmidt, R., Grundrechte sowie Grundzüge der Verfassungsbeschwerde, Dr. Rolf Schmidt, 10. Aufl., Bremen, 2008.
Schmidt－Aßmann, E., Kommunalrecht, in: ders. (Hrsg.), Besonderes Verwaltungsrecht, 11. Aufl., Berlin, 1999.
Sodan, H./Ziekow, J., Grundkurs Öffentlichen Recht, München, 2. Aufl., 2007.
Stern, K., Das Staatsrecht der Bundesrepublik Deutschland, Bd. Ⅰ, 2. Aufl., München, 1984.
Winterhoff, C., Das Verfahren der Bundesgesetzgebung, in: JA, 1998.
Wolff, B., Die Ermächtigung zum Erlaß von Rechtsverordnung nach dem Grundgesetz, in: AöR 78., 1952
Zippelius, R./Würtenberger, T., Deutsches Staatsrecht, 32. Aufl., München, 2008.

§ 10. 심사구조 · 분리논증 · 헌법 제37조 제2항

강진철, 「법에서의 객관성과 주관성 문제」, 『강원법학』 7, 강원대학교 비교법학연구소, 1995.
강태수, 「기본권의 보호영역, 제한 및 제한의 한계」, 『한국에서의 기본권이론의 형성과 발전: 정천허영박사화갑기념 논문집』, 박영사, 1997.
고민수, 「SNS를 이용한 선거운동에 대한 헌법재판소 결정의 논증구조 분석 — 헌법재판소 결정(2007헌마1001) 논증구조에 대한 비판적 분석을 중심으로 —」, 『헌법학연구』 18－3, 한국헌법학회, 2012.
공진성, 「최적화명령으로서 비례성원칙과 기본권심사의 강도」, 『3사논문집』 53, 육군3사관학교, 2001.

권영성, 『헌법학원론』, 법문사, 1997.
김경제, 「간통처벌규정에 대한 합헌결정이 가지는 헌법적 문제점」, 『헌법학연구』 15－2, 한국헌법학회, 2009.
김대환, 「제도보장에 있어서 핵심영역의 보호 ― 기본권의 본질적 내용과 관련하여 ―」, 『헌법학연구』 6－4, 한국헌법학회, 2000.
김대환, 『기본권제한의 한계』, 법영사, 2001.
김도균, 「법적 이익형량의 구조와 정당화문제」, 『법학』 48－2, 서울대학교 법학연구소, 2007.
김명재, 「자유권적 기본권의 본질내용」, 『공법연구』 30－5, 한국공법학회, 2002.
김세진, 「헌법과 제도」, 『공법연구』 34－4(2), 한국공법학회, 2006.
김주환, 「입법자의 평등에의 구속과 그에 대한 통제」, 『헌법논총』 11, 헌법재판소, 2000.
김철수, 『헌법학신론』, 박영사, 2003.
김해원, 「기본권의 잠정적 보호영역에 관한 연구」, 『헌법학연구』 15－3, 한국헌법학회, 2009.
방승주, 「독일 연방헌법재판소의 입법자에 대한 통제의 범위와 강도」, 『헌법논총』 7, 헌법재판소, 1996.
변재옥,「헌법재판권」, 『법학연구』 6－2, 한국법학회, 1963.
서경석, 「기본권의 객관법적 성격」, 『헌법학연구』 9－1, 한국헌법학회, 2003.
성정엽, 「기본권의 객관적 성격에 관한 고찰」, 『인제논총』 13, 인제대학교, 1997.
오동석, 「제도적 보장론 비판 서설」, 『헌법학연구』 6－2, 한국헌법학회, 2000.
이명웅, 「비례의 원칙과 판례의 논증방법」, 『헌법논총』 9, 헌법재판소, 1998.
이강혁, 「근본원칙규범으로서의 기본권」, 『공법연구』 19, 한국공법학회, 1991.
이정우, 『개념 ― 뿌리들 2』, 철학아카데미, 2004.
이준일, 「기본권논증체계의 새로운 구성」, 『고시계』 626, 고시계사, 2009.
이준일, 『헌법학강의』, 홍문사, 2008.
이준일, 「기본권의 기능과 제한 및 정당화의 세 가지 유형」, 『공법연구』 29－1, 한국공법학회, 2000.
이준일, 「원칙으로서의 기본권과 비례성 명령」, 『공법연구』 28－1, 한국공법학회, 1999.
임 웅, 『형법총론』, 법문사, 2002.
전광석, 『한국헌법론』, 법문사, 2009.
전광석, 「기본권의 객관적 성격과 헌법이론」, 『고시계』 429, 고시계사, 2001.
정극원, 「제도보장론의 성립과 현대적 전개」, 『헌법학연구』 4－3, 한국헌법학회, 1998.
정극원, 「헌법규범의 근거로서의 타인의 권리」, 『헌법학연구』 6－2, 한국헌법학회, 2000.
정극원, 「헌법질서에 의한 기본권제한」, 『공법연구』 30－2, 한국공법학회, 2001.
정종섭, 「기본권조항 이외의 헌법규범으로부터의 기본권 도출에 대한 연구」, 『헌법논총』 5, 헌법재판소, 1994.
조홍석, 「헌법상 환경권 논쟁」, 『헌법학연구』 12－1, 한국헌법학회, 1996.
한국철학사상연구회(편), 『철학대사전』, 동녘, 1989.
허완중, 「기본권보호의무에서 과소보호금지원칙과 과잉금지원칙의 관계」, 『공법연구』 37－1(2), 한국공법학회, 2008

홍성방, 『헌법학』, 현암사, 2005.

Alexy, R., Theorie der Grundrechte, Baden-Baden, 1985.

Alexy, R., Grundrechte als subjektive Rechte und als objektive Normen, in: Der Staat, Bd. 29, 1990.

Alexy, R., Recht, Vernunft, Diskurs, Frankfurt am Main, 1995.

Arnauld, A. v., Die normtheoretische Begründung des Verhältnismäßigkeitsgrundsatzes, in: JZ, 2000.

Bethge, H., Der Grundrechtseingriff, in: VVDStRL 57, 1998.

Böckenförde, E.-W., Zur Lage der Grundrechtsdogmatik nach 40 Jahren Grundgesetz, Privatdruck(Carl Friedrich von Siemens Stiftung), 1989.

Clérico, L., Die Struktur der Verhältnismäßigkeit, Baden-Baden, 2001.

Epping, V., Grundrechte, Berlin, Heidelberg, 3. Aufl., 2007.

Dechsling, R., Das Verhältnismäßigkeitsgebot, München, 1989.

Dolderer, M., Objektive Grundrechtsgehalte, Berlin, 2000.

Dworkin, R., Taking Rights Seriously, Harvard Uni. Press, 1977.

Di Fabio, U., Grundrechte im präzeptoralen Staat am Beispiel hoheitlicher Informationstätigkeit, in: JZ, 1993.

Gersdorf, H., Grundversorgung im Öffentlichen Recht: Verfassungsprozessrecht und Verfassungsmäßigkeitsprüfung, Heidelberg, 2. Aufl., 2005.

Heidegger, M., Sein und Zeit, 14. Aufl., Tübingen, 1977.

Heintzen, M., Die einzelgrundrechtlichen Konkretisierungen des Grundsatzes der Verhältnismäßigkeit, in: DVBl., 119(12), 2004.

Hesse, K., Grundzüge des Verfassungsrechts der Bundesrepublik Deutschland, 20. Aufl., Heidelberg, 1999.

Hillgruber, C./Goos, C., Verfassungsprozessrecht, 2. Aufl., Heidelberg, 2006.

Kaufmann, A., Über den Wesensgehalt der Grund- und Menschenrechte, in: ARSP, 1984.

Kaufmann, A., Die Geschichtlichkeit des Rechts im Lichte der Hermeneutik, in: Beiträge zur Juristischen Hermeneutik sowie weitere rechtsphilosophische Abhandlungen, 2. Aufl., Köln, 1993.

Kielmansegg, S. G., Die Grundrechtsprüfung, in: JuS 48(1), 2008.

Kloepfer, M., Die Entfaltung des Verhältnismäßigkeitsprinzips, in: E. Schmidt- Aßmann/D. Sellner/G. Hirsch/G.-H. Kemper/H. Lehmann-Grube (Hrsg.), Festgabe 50 Jahre Bundesverwaltungsgericht, Köln, 2003.

Lenz S./Leydecker, P., Kollidierendes Verfassungsrecht: Verfassungsrechtliche Maßstäbe der Einschränkbarkeit vorbehaltloser Freiheite, in: DÖV, 58(20), 2005.

Lenz, S., Vorbehaltlose Freiheitsrechte: Stellung und Funktion vorbehaltloser Freiheitsrechte in der Verfassungsordnung, Tübingen, 2006.

Mathis, K., Eiffizienz statt Gerechtigkeit?, 2. Aufl., Berlin, 2006.
Maurer, H., Staatsrecht Ⅰ, München, 5. Aufl., 2007.
Michael, L., Grundfälle zur Verhältnismäßigkeit, in: JuS 7, 2001.
Müller, F., Ökonomische Theorie des Rechts, in: Neue Theorien des Rechts, S. Buckel/R. Christensen/A. Fischer－Lescano (Hrsg.), 2. Aufl., Stuttgart, 2009.
Pieroth, B./Schlink, B., Die Grundrechte. Staatsrecht Ⅱ, Heidelberg, 24. Aufl., 2008.
Schmidt, R., Grundrechte sowie Grundzüge der Verfassungsbeschwerde, Dr. Rolf Schmidt, 10. Aufl., Bremen, 2008.
Schoch, F., Übungen im Öffentlichen Recht Ⅰ, de Gruyter, Berlin, 2000.
Schwabe, J., Problem der Grundrechtsdogmatik, Darmstadt, 1997.
Sodan, H./Ziekow, J., Grundkurs Öffentliches Recht, München, 2. Aufl., 2007.
Spielmann, C., Konkurrenz von Grundrechtsnormen, Baden－Baden, 2008.
Terwiesche, M., Die Begrenzung der Grundrechte durch objektives Verfassungsrecht, Dr. Kovač, Hamburg, 1999.
Wichert, P., Zum Problem der Kunstfreiheitsgarantie: Art. 5 Abs. 3 GG als Grundrecht, Diss., Uni. Heidelberg, 1973.
Wolff, H. J., Rechtsgrundsätze und verfassunggestaltende Grundentscheidungen als Rechtsquellen, in: Forschungen und Berichte aus dem öffentlichen Recht － GS für W. Jellinek, Isar－Verl., 1955.
Zeh, W., Parlamentarismus und Individualismus, in: K. Waechter (Hrsg.), Grundrechtsdemokratie und Verfassungsgeschichte, Univ. Halle－Wittenberg, 2009.
Zippelius, R./Würtenberger, T., Deutsches Staatsrecht, München, 32. Aufl., 2008.

§ 11. 일반적 심사기준으로서 자기책임의 원칙

계희열, 『헌법학(중)』, 박영사, 2007.
김해원, 「기본권심사에서 실질적 헌법적합성심사의 구조와 개별적 심사기준의 체계화에 관한 연구 ― 기본권적 보호법익과 결부된 심사기준을 중심으로 ―」, 『헌법학연구』 23－2, 한국헌법학회, 2017.
김해원, 「기본권심사에서 법치국가원칙의 의미」, 『헌법학연구』 23－1, 한국헌법학회, 2017.
성낙인, 『헌법학』, 법문사, 2018.
이준일, 『헌법학강의』, 홍문사, 2015.
전광석, 『한국헌법론』, 집현재, 2018.
정종섭, 『헌법학원론』, 박영사, 2016.
허 영, 『한국헌법론』, 박영사, 2015
田中成明(著), 박병식(譯), 『현대법이론』, 동국대학교출판부, 2007

Marx, K./Engels, F., Die Deutsche Ideologie, MEW 3, Berlin, 1978.

§ 12. 일반적 심사기준으로서 법치국가원칙

강진철, 「법에서의 객관성과 주관성 문제」, 『강원법학』 7, 강원대학교 비교법학연구소, 1995.
강태수, 「기본권의 보호영역, 제한 및 제한의 한계」, 『한국에서의 기본권이론의 형성과 발전: 정천허영박사화갑기념 논문집』, 박영사, 1997.
김성룡, 『법적 논증의 기초』, 경북대학교출판부, 2006
김영환, 『법철학의 근본문제』, 홍문사, 2006.
김정오/최봉철/김현철/신동룡/양천수, 『법철학: 이론과 쟁점』, 박영사, 2012.
김해원, 「기본권의 잠정적 보호영역에 관한 연구」, 『헌법학연구』 15-3, 한국헌법학회, 2009.
김해원, 「방어권적 기본권의 정당성 심사구조」, 『공법학연구』 10-4, 한국비교공법학회, 2009.
김해원, 「기본권관계에서 국가의 의무 — 확인의무·보장의무·보호의무를 중심으로 —」, 『공법학연구』 12-4, 한국비교공법학회, 2011.
김해원, 「급부권적 기본권의 심사구조 — 국회입법부작위를 중심으로 —」, 『공법학연구』 13-2, 한국비교공법학회, 2012.
김해원, 「'평등권'인가 '평등원칙'인가?」, 『헌법학연구』 19-1, 한국헌법학회, 2013.
김해원, 「기본권심사에서 형식적 헌법적합성심사에 관한 연구 — 법률에 의한(durch Gesetz) 규율을 중심으로 —」, 『헌법학연구』 21-1, 한국헌법학회, 2015.
김해원, 「기본권관계에서 "대통령을 수반으로 하는 정부"에게 입법권을 수권하는 법률에 대한 권한법적 통제 — 수권법률제정권자의 피수권기관 및 피수권규범 특정에 관한 헌법적 통제를 중심으로 —」, 『법학논총』 35-1, 전남대학교 법학연구소, 2015.
김해원, 「수권법률에 대한 수권내용통제로서 의회유보원칙 — 기본권심사를 중심으로 —」, 『공법학연구』 16-2, 한국비교공법학회, 2015.
김해원, 「수권법률에 대한 수권방식통제로서 포괄위임금지원칙 — 기본권심사를 중심으로 —」, 『헌법학연구』 21-2, 한국헌법학회, 2015.
박규환, 「기본권 기능의 발전과정 분석을 통한 법치주의 이론의 재구성」, 『공법학연구』 5-1, 한국비교공법학회, 2004.
성정엽, 「민주적 법치국가의 관점에서 본 기본권의 의미와 기능」, 『민주법학』 52, 민주주의법학연구회, 2013.
이준일, 「기본권제한에 관한 결정에서 헌법재판소의 논증도구」, 『헌법학연구』 4-3, 한국헌법학회, 1998.
이준일, 「법치국가원리의 '이론적' 이해」, 『안암법학』 10, 안암법학회, 1999.
이준일, 「헌법재판소가 이해하는 명확성원칙의 비판적 재구성」, 『헌법학연구』 7-1, 한국헌법학회, 2001.
이준일, 『법학입문』, 박영사, 2004.
이준일, 『헌법학강의』, 홍문사, 2015.

이헌환, 「21세기 법치주의의 신경향」, 『공법연구』 44－1, 한국공법학회, 2015.

최대권, 『법치주의와 민주주의』, 서울대학교출판문화원, 2013.

최 선, 「사법권력의 증대와 통제 — 민주주의와 법치주의의 관계를 중심으로 —」, 『헌법학연구』 21－1, 한국헌법학회, 2015.

최호동/정주백, 「진정소급입법 금지원칙의 예외 — 친일재산귀속법상 귀속조항에 관한 헌재의 합헌판단에 대한 비판 —」, 『법학연구』 24－1, 충남대학교 법학연구소, 2013.

최종고, 『법철학』, 박영사, 2009.

한수웅, 『헌법학』, 법문사, 2016.

허완중, 「기본적 인권을 확인하고 보장할 국가의 의무」, 『저스티스』 115, 한국법학원, 2010.

F. Saliger(著)/윤재왕(驛), 『라드브루흐 공식과 법치국가(Radbruchsche Formel und Rechtsstaat)』, 세창출판사, 2011.

Alexy, R., Grundrechte im demokratischen Verfassungsstaat, in: A. Aarnio/R. Alexy/G. Bergholtz (Hrsg.), Justice, Morality and Society. Festschrift für Aleksander Peczenik, Lund, 1997

Alexy, R., Theorie der Grundrechte, Baden－Baden, 1985.

Epping, V., Grundrechte, Berlin, Heidelberg, 3. Aufl., 2007.

Heidegger, M., Sein und Zeit, Tübingen, 1993.

Katz, A., Staatsrecht — Grundkurs im öffentlichen Recht, München, 17. Aufl., 2007.

Schmidt, R., Grundrechte sowie Grundzüge der Verfassungsbeschwerde, Dr. Rolf Schmidt, 10. Aufl., Bremen, 2008.

§ 13. 일반적 심사기준으로서 평등원칙

계희열, 『헌법학(中)』, 박영사, 2004.

공진성, 「최적화명령으로서 비례성원칙과 기본권심사의 강도」, 『3사논문집』 53, 육군3사관학교, 2001.

곽윤직, 『채권총론』, 박영사, 2002.

권영성, 『헌법학원론』, 법문사, 2010.

김경제, 「평등권·평등원칙의 검토방안 — 신상공개에 관한 헌재결 2003.6.26. 2002헌가14, 청소년의성보호에관한법률 제20조 제2항 제1호 등 위헌제청 결정과 관련하여」, 『공법연구』 32－4, 한국공법학회, 2004.

김경제, 「헌법상재판에서 심판의 기준」, 『헌법실무연구』 9, 헌법실무연구회, 2008.

김대환, 『기본권제한의 한계』, 법영사, 2001.

김도균, 『권리의 문법 — 도덕적 권리·인권·법적 권리』, 박영사, 2008.

김문현 外, 『기본권 영역별 위헌심사의 기준과 방법』, 『헌법재판연구』 19, 헌법재판소, 2008.

김삼룡, 「독일 기본법에서의 '일반적 평등권'에 대한 연방헌법재판소의 해석 변화」, 『공법연구』 40－1, 한국공법학회, 2011.

김승환, 「기본권의 인적 효력범위」, 『공법학연구』 9-4, 한국비교공법학회, 2008.
김영평, 「정책오차의 수정에 대한 정당성」, 『한국행정학보』 16, 한국행정학회, 1982.
김진욱, 「헌법상 평등의 이념과 심사기준: 헌법재판소의 평등심사기준 다시쓰기」, 『저스티스』 134, 한국법학원, 2013.
김주환, 「입법자의 평등에의 구속과 그에 대한 통제」, 『헌법논총』 11, 헌법재판소, 2000.
김주환, 「평등권의 다차원적 성격」, 『인권과 정의』 334, 대한변호사협회, 2004.
김주환, 「양성평등원칙의 구체화」, 『공법학연구』 8-3, 한국비교공법학회, 2007.
김주환, 「평등권 심사 기준과 방법의 구조화: 일반적 평등원칙을 중심으로」, 『헌법실무연구』 9, 헌법실무연구회, 2008.
김주환, 「일반적 평등원칙의 심사 기준과 방법의 합리화 방안」, 『공법학연구』 9-3, 한국비교공법학회, 2008.
김주환, 「헌법재판실무연구회 제83회 발표회 토론요지」, 『헌법실무연구』 9, 헌법실무연구회, 2008.
김주환, 「평등권 심사 기준의 체계화」, 『강원법학』 31, 강원대학교 비교법학연구소, 2010.
김철수, 『헌법학신론』, 박영사, 2010.
김해원, 「기본권의 잠정적 보호영역에 관한 연구」, 『헌법학연구』 15-3, 한국헌법학회, 2009.
김해원, 「방어권적 기본권의 정당성 심사구조」, 『공법학연구』 10-4, 한국비교공법학회, 2009.
김해원, 「국가행위의 적헌성 판단에 있어서 헌법규범의 적용방식에 관한 연구」, 『헌법학연구』 16-3, 한국헌법학회, 2010.
김해원, 「헌법적 논증에서 객관헌법과 주관헌법」, 『헌법학연구』 16-1, 한국헌법학회, 2010.
김해원, 「기본권 원용의 양상과 기본권이론 — 사법질서에서 기본권의 효력을 중심으로 —」, 『헌법학연구』 17-2, 한국헌법학회, 2011.
김해원, 「기본권관계에서 국가의 의무 — 확인의무 · 보장의무 · 보호의무를 중심으로 —」, 『공법학연구』 12-4, 한국비교공법학회, 2011.
김해원, 「급부권적 기본권의 심사구조 — 국회입법부작위를 중심으로 —」, 『공법학연구』 13-2, 한국비교공법학회, 2012.
김해원, 「'평등권'인가, '평등원칙'인가?」, 『헌법학연구』 19-1, 한국헌법학회, 2013.
김해원, 「일반적 평등원칙의 구체적 적용 — 제대군인지원에 관한 법률 제8조 제1항 등 위헌확인 사건(헌재 999.12.23. 98헌마363 전원재판부)을 중심으로 —」, 『한양법학』 25-1(45), 한양법학회, 2014.
김현철, 「헌법재판실무연구회 제83회 발표회 지정토론문」, 『헌법실무연구』 9, 헌법실무연구회, 2008.
김현철, 『판례 헌법소송법』, 전남대학교출판부, 2011.
김현철, 『미국헌법상 평등보호와 한국헌법재판소의 위헌심사기준』, 전남대학교출판부, 2012.
문성원, 「현대성과 보편성(2): 자유주의와 공동체주의」, 『시대와 철학』 9-1, 한국철학사상연구회, 1998.
박진완, 「평등과 다원성」, 『헌법학연구』 6-1, 한국헌법학회, 2000.
박진완, 「자의금지와 비례성의 원칙」, 『헌법판례연구』 5, 헌법판례연구학회, 2003.

박진완, 「불평등대우의 헌법적 정당화심사기준으로서 일반적 평등원칙: 독일의 경우를 참조해서」, 『세계헌법연구』 15－3, 국제헌법학회 한국학회, 2009.
배보윤, 「헌법재판실무연구회 제83회 발표회 토론요지」, 『헌법실무연구』 9, 헌법실무연구회, 2008.
선우현, 『평등』, 책세상, 2012.
성낙인, 『헌법학신론』, 법문사, 2012.
송석윤, 「차별의 개념과 법의 지배」, 『사회적 차별과 법의 지배』(정인섭 編), 박영사, 2004.
오석락, 『입증책임론』, 일신사, 1996.
오승철, 「상대적 평등론의 재검토: 같은 것은 같게, 다른 것은 다르게?」, 『민주법학』 48, 민주주의 법학연구회, 2012.
유은정, 「평등권 침해여부의 심사척도에 대한 소고」, 『법학』 20－1, 서울대학교 법학연구소, 2012.
이계일, 「수사학적 법이론의 관점에서 본 법적 논증의 구조」, 『법철학연구』 13－1, 한국법철학회, 2010.
이명웅, 「평등원칙: 역사적 배경 및 위헌성 심사기준」, 『고시계』 48－11, 고시계사, 2003.
이명웅, 「위헌여부 판단의 논증방법」, 『저스티스』 106, 한국법학원, 2008.
이부하, 『헌법사례형해설』, 진원사, 2012.
이시윤, 『민사소송법』, 박영사, 1999.
이욱한, 「자유권과 평등권의 사법적 심사구조」, 『사법행정』 44－3, 한국사법행정학회, 2003.
이욱한, 「차별금지원칙과 실질적 평등권」, 『공법학연구』 6－3, 한국비교공법학회, 2005.
이정호/김성환/홍건영, 『철학의 이해』, 한국방송통신대학교, 2009.
이준일, 「기본권제한에 관한 결정에서 헌법재판소의 논증도구」, 『헌법학연구』 4－3, 한국헌법학회, 1998.
이준일, 「원칙으로서의 기본권과 비례성 명령」, 『공법연구』 28－1, 한국비교공법학회, 1999.
이준일, 「평등원칙」, 『안암법학』 8, 안암법학회, 1999.
이준일, 「기본권의 기능과 제한 및 정당화의 세 가지 유형」, 『공법연구』 29－1, 한국공법학회, 2000.
이준일, 「법적 평등과 사실적 평등: '제대군인 가산점 제도'에 관한 헌법재판소의 결정을 중심으로」, 『안암법학』 12, 안암법학회, 2001.
이준일, 「소수자와 평등원칙」, 『헌법학연구』 8－4, 한국헌법학회, 2002.
이준일, 「헌법재판의 법적 성격 — 헌법재판소의 논증도구인 비례성원칙과 평등원칙을 예로」, 『헌법학연구』 12－2, 한국헌법학회, 2006.
이준일, 『차별금지법』, 고려대학교 출판부, 2007.
이준일, 「헌법재판실무연구회 제83회 발표회 지정토론문」, 『헌법실무연구』 9, 헌법실무연구회, 2008.
이준일, 『헌법학강의』, 홍문사, 2011.
이준일, 『인권법: 사회적 이슈와 인권』, 홍문사, 2012.
이준일, 「헌법재판소의 평등심사기준과 국가인권위원회의 차별판단기준」, 『세계헌법연구』

18－2, 국제헌법학회, 2012.
이준일,『헌법학강의』, 홍문사, 2013.
이준일,「헌법실무연구회 제126회 월례발표회 토론문」,『헌법실무연구』 14, 헌법실무연구회, 2013.
임의영,「형평성의 개념화」, 2011 서울행정학회 동계학술대회 발표논문집, 2011.
임지봉,「헌법 제11조,『헌법주석서 Ⅰ』, 법제처, 2010.
장석조,「헌법과 민사소송법」,『민사소송』 9－1, 한국민사소송법학회, 2005.
전광석,『한국헌법론』, 집현재, 2011.
장영수,『헌법학신론』, 홍문사, 2011.
정문식,「평등위반 심사기준으로서 비례원칙」,『법학연구』 51－1, 부산대학교 법학연구소, 2010.
정정길 外,『정책학원론』, 대명출판사, 2010.
정종섭,「기본권조항 이외의 헌법규정으로부터의 기본권 도출에 대한 연구」,『헌법논총』 5, 헌법재판소, 1994.
정종섭,『헌법학원론』, 박영사, 2010.
정주백,「제대군인가산점제도에 관한 재론」,『강원법학』 33, 강원대학교 비교법학연구소, 2011, 75－77쪽.
정태호,「일반적 평등권 침해여부의 심사」,『고시계』 47－9, 고시계사, 2002,
최봉철,「권리의 개념에 관한 연구: 의사설과 이익설의 비교」,『법철학연구』 6－1, 한국법철학회, 2003.
한상운/이창훈,「현행 헌법상 평등심사기준에 관한 연구: 헌법재판소 판례를 중심으로」,『성균관법학』 20, 성균관대학교 법학연구소, 2008.
한수웅,「평등권의 구조와 심사기준」,『헌법논총』 9, 헌법재판소, 1998.
한수웅,「헌법 제37조 제2항의 과잉금지원칙의 의미와 적용범위」,『저스티스』 95, 한국법학원, 2006.
한수웅,『헌법학』, 법문사, 2011.
허 영,『한국헌법론』, 박영사, 2011.
허 영/조소영,『사례헌법학』, 신조사, 2013.
허완중,「자유와 권리 그리고 기본적 인권」,『성균관법학』 20－3, 성균관대학교 법학연구소, 2008.
허완중,「헌법재판소결정의 선례적 구속력」,『저스티스』 110, 한국법학원, 2009.
홍강훈,「평등권 심사원칙 및 강도에 관한 연구: 간접적 차별의 법리를 중심으로」,『공법연구』 41－1, 한국공법학회, 2012.
홍성방,『헌법학(中)』, 박영사, 2010.
황도수,「헌법재판의 심사기준으로서의 평등」, 서울대학교 박사학위논문, 1996.
황치연,「헌법재판실무연구회 제83회 발표회 토론요지」,『헌법실무연구』 9, 헌법실무연구회, 2008.
K. Hesse(著)/계희열(譯),『헌법의 기초이론』, 박영사, 2001.

M. Walzer(著)/정원섭 外 (譯), 『정의와 다원적 평등』, 철학과현실사, 1999.

Alexy, R., Theorie der Grundrechte, 3. Aufl., Frankfurt am Main, 1996.

Alexy, R., Theorie der juristischen Argumentation: Die Theorie des rationalen Diskurses als Theorie der juristischen Begründung, 2. Aufl., Frankfurt am Main, 1991.

Arnauld, A. v., Die normtheoretische Begründung des Verhältnismäßigkeitsgrundsatzes, in: JZ, 2000.

Boysen, S., Gleichheit im Bundesstaat, Tühbingen, 2005.

Clérico, L., Die Struktur der Verhältnismäßigkeit, Baden-Baden, 2001.

Dechsling, R., Das Verhältnismäßigkeitsgebot: Eine Bestandsaufnahme der Literatur zur Verhältnismäßigkeit staatlichen Handelns, München, 1989.

Easton, D., The Political System: An Inquiry Into the State of Political Science, 2nd ed.(New York: Knopf), 1971.

Epping, V., Grundrechte, 4. Aufl., Berlin Heidelberg, 2009.

Fastenrath, U., Inländerdiskriminierung, in: JZ, 1987.

Fuller, L. L., The Morality of Law, Yale Univ. Press, 1964.

Gersdorf, H., Grundversorgung im Öffentlichen Recht: Verfassungsprozessrecht und Verfassungsmäßigkeitsprüfung, 2. Aufl., Heidelberg, 2005.

Gubelt, M., Art. 3, in: I. v. Münch/P. Kunig (Hrsg.), GG, Bd. 1. Präambel. Art. 1-19, 5. Aufl., München, 2000.

Hart, H. L. A., Bentham on Legal Rights, in: A. W. B. Simpson, Oxford essays in jurisprudence, Oxford, 1973.

Hesse, K., Der allgemeine Gleichheitssatz in der neueren Rechtsprechung des BVerfG zur Rechtsetzungsgleichheit, in: FS für P. Lerche zum 65. Geburtstag, 1993.

Hesse, K., Grundzüge des Verfassungsrechts der Bundesrepublik Deutschland, Heidelberg, 20. Aufl., 1999.

Huster, S., Gleichheit und Verhältnismäßigkeit, in: JZ, 1994.

Isensee, J., Staat im Wort - Sprache als Element des Verfassungsstaates, in: J. Ipsen/H.-W. Rengeling/M. Mössner/A. Weber (Hrsg.), Verfassungsrecht im Wandel, Köln, 1995.

Jarass, H. D./Pieroth, B, Grundgesetz für die Bundesrepublik Deutschland Kommentar, 8.Aufl, München 2006.

Jellinek, G., System der subjekitiven öffentlichen Rechte, 2. Aufl., Tübingen, 1919.

Kirchhof, P., Der allgemeine Gleichheitssatz, in: J. Isensee/P. Kirchhof (Hrsg.), Handbuch des Staatsrechts der Bundesrepublik Deutschland, Bd. Ⅴ, Heidelberg, 1992.

Kluge, F., Etymologisches Wörterbuch der deutschen Sprache, de Gruyter, 21. Aufl., Berlin, 1975.

Krömmelbein, F., Der versicherungsrechtliche Gleichbehandlungsgrundsatz zwischen

Deregulierung und Diskriminierung, Frankfurt am Main, 2007.
Leibholz, G., Verfassungsrecht und Arbeitsrecht, in: A. Hueck/G. Leibholz, Zwei Vorträge zum Arbeitsrecht, München, 1960.
Lipphardt, H.－R., Die Gleihheit der politischen Parteien vor der öffentlichen Gewalt (SÖR, Bd. 271), Berlin, 1975.
Luhmann, N., Grundrechte als Institution. Ein Beitrag zur politischen Soziologie (SÖR, Bd. 24), Berlin, 1965,
Müller, G., Der Gleihheitssatz, in: VVDStRL 47, 1989.
Norman, R., Free and Equal: A Philosophical Examination of Political Values, Oxford Uni. Press, 1987.
Pieroth,B./Schlink, B., Grundrechte: Staatsrecht Ⅱ, 22. Aufl., Heidelberg, 2006.
Sachs, M., Verfassungsrecht Ⅱ: Grundrechte, 2. Aufl., Berlin Heidelberg, 2003.
Sachs, M., Zur dogmatischen Struktur der Gleichheitsrechte als Abwehrrechte, in: DÖV, 1984.
Scholler, H., Die Interpretation des Gleichheitssatzes als Willkürverbot oder als Gebot der Chancengleichheit, Berlin, 1969.
Sen, A., Inequality Reexamined, Oxford Uni. Press, 1992.
Simon, H., Rationality as Process and as Product of Thought, The American Economic Rev. Vol. 68, No. 2, 1978.
Steiner, H., Working Rights, in: M. H. Kramer/N. E. Simmonds/H. Steiner, A Debate over Rights Philosophical Enquiries, Oxford, 2002.
Stern, K., in: K. Stern, Das Staatsrecht der Bundesrepublik Deutschland, Bd. Ⅲ/2, München, 1994.
Taylor, C., The Politics of Recognition, A. Gutmann(ed.), Muliculturalism, Princeton Uni. Press, 1994.
Weber, M., Wissenschaft als Beruf (1919), in: Gesammelte Aufsätze zur Wissenschaftslehre, J. Winckelmann (Hrsg.), 5. Aufl.,, Tübingen, 1988.
Westen, P., The empty Idea of Equality, Hav. L. Rev. Vol. 95., 1982.

§ 14. 개별적 심사기준의 체계와 내용

강승식, 「절차적 적법절차의 본질에 관한 연구」, 『미국헌법연구』 25－2, 미국헌법학회, 2014.
계희열, 『헌법학(중)』, 박영사, 2007.
공진성, 「출입국관리법상 '보호' 및 '강제퇴거'와 외국인의 기본권 보호」, 『공법학연구』 14－1, 한국비교공법학회, 2013.
권혜령, 「미국 연방헌법상 헌법에 열거되지 아니한 권리의 분석방법 — 실체적 적법절차론과 수정 제9조에 의한 분석론 —」, 『공법학연구』 10－1, 한국비교공법학회, 2009.

김배원, 「언론·출판의 자유와 사전검열금지원칙」, 『공법학연구』 16－1, 한국비교공법학회, 2015.

김선택, 「영장청구주체의 헌법규정의 해석론 및 개정론」, 『공법연구』 38－2, 한국공법학회, 2009.

김성룡, 『법적 논증의 기초, 경북대학교출판부』, 2006.

김성수, 『일반행정법 — 행정법이론의 헌법적 원리 —』, 홍문사, 2014.

김승대, 「이중처벌 금지원칙에 대한 헌법해석의 재검토」, 『공법연구』 35－4, 한국공법학회, 2007.

김승환, 「기본권이 인적 효력범위」, 『공법학연구』 9－4, 한국비교공법학회, 2008.

김영환, 『법철학의 근본문제』, 홍문사, 2006.

김용태, 「검찰권의 헌법적 의미와 통제」, 고려대학교 박사학위논문, 2013.

김해원, 「기본권의 잠정적 보호영역에 관한 연구」, 『헌법학연구』 15－3, 한국헌법학회, 2009.

김해원, 「방어권적 기본권의 정당성 심사구조」, 『공법학연구』 10－4, 한국비교공법학회, 2009.

김해원, 「헌법적 논증에서 객관헌법과 주관헌법」, 『헌법학연구』 16－1, 한국헌법학회, 2010.

김해원, 「급부권적 기본권의 심사구조 — 국회입법부작위를 중심으로 —」, 『공법학연구』 13－2, 한국비교공법학회, 2012.

김해원, 「'평등권'인가 '평등원칙'인가?」, 『헌법학연구』 19－1, 한국헌법학회, 2013.

김해원, 「기본권심사에서 형식적 헌법적합성심사에 관한 연구 — 법률에 의한(druch Gesetz) 규율을 중심으로 —」, 『헌법학연구』 21－1, 한국헌법학회, 2015.

김해원, 「기본권관계에서 "대통령을 수반으로 하는 정부"에게 입법권을 수권하는 법률에 대한 권한법적 통제」, 『법학논총』 35－1, 전남대학교 법학연구소, 2015.

김해원, 「'내부증언자 면책제도'에 관한 헌법적 검토 — 형사소송법 개정 법률안(의안번호 제12633호) 제247조의2를 중심으로—」, 『공법학연구』 17－2, 한국비교공법학회, 2016.

김해원, 「기본권심사에서 법치국가원칙의 의미」, 『헌법학연구』 23－1, 한국헌법학회, 2017.

김해원, 「집회의 자유에 대한 헌법재판소의 판단 — 헌법재판소 판례에 대한 비판적 분석을 중심으로 —, 『헌법재판연구』 4－1, 헌법재판소 헌법재판연구원, 2017.

김해원, 「기본권심사에서 실질적 헌법적합성심사의 구조와 개별적 심사기준의 체계화에 관한 연구 — 기본권적 보호법익과 결부된 심사기준을 중심으로 —」, 『헌법학연구』 23－2, 한국헌법학회, 2017.

남궁승태, 「영화에 대한 등급보류와 표현의 자유」, 『아·태공법연구』 6, 아시아태평양공법학회, 1999.

문재완, 「우리 헌법상 영장조항과 영장청구주체에 관한 연구」, 『세계헌법연구』 19－1, 국제헌법학회, 2013.

성낙인, 『프랑스憲法學』, 법문사, 1995.

성낙인, 「헌법상 적법절차에 관한 연구」, 『절차적 정의와 법의 지배』(이창희/장승화 編), 박영사, 2003.

성낙인, 『헌법학』, 법문사, 2017.

양건, 「새 헌법의 기본권조항, 『고시계』 369, 고시계사, 1987.

유희일, 「미국 헌법상 적법절차 조항의 한국적 수용」, 『미국헌법연구』 16－1, 미국헌법학회, 2005.

윤영미, 「절차적 적법절차의 적용대상」, 『법학논총』 24－2, 한양대학교 법학연구소, 2007.

윤영미, 「절차적 적법절차의 적용방법」, 『안암법학』 25, 안암법학회, 2007.

이부하, 「선거원칙에 대한 논의와 선거권과 관련한 헌법재판의 심사기준」, 『법학논총』 31, 숭실대학교 법학연구소, 2014.

이인호, 「표현의 자유와 검열금지의 원칙: 헌법 제21조 제2항의 새로운 해석론」, 『법과 사회』 15, 법과사회이론학회, 1997.

이준일, 「재산권에 관한 법이론적 이해 — 규칙/원칙 모델(rule/principle model)을 중심으로 —」, 『공법학연구』 7－2, 한국비교공법학회, 2006.

이준일, 『헌법학강의』, 홍문사, 2015.

이효원, 「검사의 공익적 기능, 『형사법의 신동향』 35, 대검찰청, 2012.

임종훈, 「한국헌법상의 적법절차원리에 대한 비판적 고찰」, 『헌법학연구』 14－3, 한국헌법학회, 2008.

전광석, 『한국헌법론』, 집현재, 2017.

정종섭, 『헌법학원론』, 박영사, 2016.

정해성, 「헌법 제12조의 적법절차조항과 형사법」, 『법학논총』 24－1, 조선대학교 법학연구소, 2017.

천진호, 「영장청구권의 귀속 주체에 관한 검토」, 『법학논고』 26, 경북대학교 법학연구원, 2007.

최봉석, 「행정상 즉시강제의 안착(安着)을 위한 법치국가적 과제」, 『유럽헌법연구』 20, 유럽헌법학회, 2016.

표명환, 「현행 헌법상의 적법절차조항의 규범적 의미와 가치」, 『토지공법연구』 56, 한국토지공법학회, 2012.

한수웅, 『헌법학』, 법문사, 2016.

허　영, 『한국헌법론』, 박영사, 2015.

허완중, 「기본적 인권을 확인하고 보장할 국가의 의무」, 『저스티스』 115, 한국법학원, 2010.

홍강훈, 「분리이론·경계이론을 통한 헌법 제23조 재산권조항의 새로운 구조적 해석」, 『공법연구』 42－1, 한국공법학회, 2013.

홍강훈, 「헌법 제37조 제2항의 "공공복리"와 제23조 제3항의 "공공필요"의 관계에 관한 연구 — 헌재 2014. 10. 30. 2011헌바172등 결정에 대한 평석 —」, 『공법연구』 45－1, 한국공법학회, 2016.

홍성방, 『헌법학(중)』, 박영사, 2010.

국립국어원, 표준국어대사전: http://stdweb2.korean.go.kr/search/View.jsp

Alexy, R., Theorie der Grundrechte, Frankfurt am Main, 2. Aufl., 1994.

Fuller, L. L., The Morality of Law, Yale Univ. Press, 1964.

Lenz, S./Leydecker, P., Kollidierendes Verfassungsrecht: Verfassungsrechtliche Maßstäbe

der Einschränkbarkeit vorbehaltloser Freiheite, in: DÖV, 58(20), 2005.
Wagenländer, G., Zur strafrechtliche Beurteilung der Rettungsfolter, Berlin, 2005.

§ 15. 법률정립과 관련된 입법부작위가 심사대상인 경우

공진성, 「헌법재판 합의방식의 개선방안」, 『헌법학연구』 17－2, 한국헌법학회, 2011.
김성돈, 「형법상 작위와 부작위의 구별」, 『성균관법학』 14－1, 성균관대학교 법학연구소, 2002.
김일환, 「사회적 기본권의 법적 성격과 보호범위에 관한 고찰」, 『헌법학연구』 4－3, 한국헌법학회, 1998.
김해원, 「기본권의 잠정적 보호영역에 관한 연구」, 『헌법학연구』 15－3, 한국헌법학회, 2009.
김해원, 「방어권적 기본권의 정당성 심사구조」, 『공법학연구』 10－4, 한국비교공법학회, 2009.
김해원, 「헌법적 논증에서 객관헌법과 주관헌법」, 『헌법학연구』 16－1, 한국헌법학회, 2010.
김해원, 「국가행위의 적헌성 판단에 있어서 헌법규범의 적용방식에 관한 연구」, 『헌법학연구』 16－3, 한국헌법학회, 2010.
김해원, 「헌법적 논증에서 정치와 사법 — 헌법재판에서 사법심사의 가능성과 한계를 중심으로 —」, 『법학논고』 36, 경북대학교 법학연구원, 2011.
김해원, 「기본권관계에서 국가의 의무 — 확인의무 · 보장의무 · 보호의무를 중심으로 —」, 『공법학연구』 12－4, 한국비교공법학회, 2011.
김현철, 『판례 헌법소송법』, 전남대학교출판부, 2011.
서경석, 「국가의 기본권보호의무 비판」, 『헌법학연구』 9－3, 한국헌법학회, 2003.
이상돈, 『치료중단과 형사책임』, 법문사, 2003.
이석배, 「형법상 이중적 의미를 가지는 행위의 작위 · 부작위 구별과 형사책임의 귀속」, 형사법연구 25, 한국형사법학회, 2006.
이세화, 「작위와 부작위의 단계적 고찰」, 『형사법연구』 19－2, 한국형사법학회, 2007.
이정호/김성환/홍건영, 『철학의 이해』, 한국방송통신대학교, 2009.
이준일, 「기본권의 기능과 제한 및 정당화의 세 가지 유형」, 『공법연구』 29－1, 한국공법학회, 2000.
이준일, 「조직과 절차에 관한 기본권」, 『아·태공법연구』 9, 아시아태평양공법학회 2001.
이준일, 「기본권으로서 보호권과 기본권의 제3자효」, 『저스티스』 65, 한국법학원, 2002.
이준일, 「사회적 기본권」, 『헌법학연구』 10－1, 한국헌법학회, 2004.
이준일, 『헌법학강의』, 홍문사, 2011.
전광석, 『한국헌법론』, 집현재, 2011.
정태호, 「자유권적 기본권의 제한에 관한 고찰 — 이른바 사실상의 기본권제약을 중심으로 —」, 『헌법논총』 13, 헌법재판소, 2002.
한수웅, 『헌법학』, 법문사, 2011.
허 영, 『한국헌법론』, 박영사, 2011.

허완중, 「기본적 인권을 확인하고 보장할 국가의 의무」, 『저스티스』 115, 한국법학원, 2010.
허완중, 「헌법재판소의 지위와 민주적 정당성」, 『고려법학』 55, 고려대학교 법학연구원, 2009.
홍성방, 헌법상 보충성의 원리, 『공법연구』 36-1, 한국공법학회, 2007.
G. Jellinek 外(著)/김효전(譯), 『독일 기본권이론의 이해』, 법문사, 2004.
P. Badura(著)/변무웅(譯), 국가법 영역에서 변천하는 법해석학상 이론적 체계 곧 도그마틱의 양상 — 비스마르크 제국으로부터 바이마르 공화국을 거쳐 현재 독일 연방공화국까지 —」, 『한양법학』 17, 한양법학회, 2005.

Alexy, R., Theorie der Grundrechte, 3. Aufl., Frankfurt am Main, 1996.
Epping, V., Grundrechte, 4. Aufl., Berlin Heidelberg, 2010.
Geldsetzer, L., Logik, Aalen, 1987.
Hillgruber, C./Goos, C., Verfassungsprozessrecht, 2. Aufl., Heidelberg, 2006.
Jansen, N., Die Struktur rationaler Abwägungen, in: ARSP Beiheft 66: Ethische und Strukturelle Herausforderungen des Rechts, 1997.
Katz, A., Staatsrecht — Grundkurs im öffentlichen Recht, 17. Aufl., München, 2007.
Kielmansegg, S. G., Die Grundrechtsprüfung, in: JuS 48(1), 2008.
Kim, H. W., Schranken und Schrankenschranken grundrechtlicher Abwehrrechte, Berlin, 2009.
Klein, H. H., Die Grundrechte im demokratischen Staat, 2. Aufl., Stuttgart, 1974.
Münch, I. v., Vorb. Art. 1-19, in: MüK, Bd. Ⅰ, 5. Aufl., München, 2000.
Pieroth, B./Schlink, B., Die Grundrechte. Staatsrecht Ⅱ, 24. Aufl., Heidelberg, 2008.
Sachs, M., Verfassungsrecht Ⅱ: Grundrechte, 2. Aufl., Berlin, 2003.
Schmidt, R., Grundrechte sowie Grundzüge der Verfassungsbeschwerde, Dr. Rolf Schmidt, 10. Aufl., Bremen, 2008.
Zippelius, R./Würtenberger, T., Deutsches Staatsrecht, 32. Aufl., München, 2008.

§ 16. 법률하위규범정립에 관한 입법부작위가 심사대상인 경우

공진성, 「헌법재판 합의방식의 개선방안」, 『헌법학연구』 17-2, 한국헌법학회, 2011.
김성수, 『일반행정법 — 행정법이론의 헌법적 원리 —』, 홍문사, 2014.
김해원, 「기본권의 잠정적 보호영역에 관한 연구」, 『헌법학연구』 15-3, 한국헌법학회, 2009.
김해원, 「방어권적 기본권의 정당성 심사구조」, 『공법학연구』 10-4, 한국비교공법학회, 2009.
김해원, 「국가행위의 적헌성 판단에 있어서 헌법규범의 적용방식에 관한 연구」, 『헌법학연구』 16-3, 한국헌법학회, 2010.
김해원, 「기본권 원용의 양상과 기본권이론 — 사법질서에서 기본권의 효력을 중심으로 —」, 『헌법학연구』 17-2, 한국헌법학회, 2011.
김해원, 「기본권관계에서 국가의 의무 — 확인의무 · 보장의무 · 보호의무를 중심으로 —」, 『공법학연구』 12－4, 한국비교공법학회, 2011.

김해원, 「급부권적 기본권의 심사구조 — 국회입법부작위를 중심으로 — 」, 『공법학연구』 13－2, 한국비교공법학회, 2012.

김해원, 「기본권심사에서 형식적 헌법적합성심사에 관한 연구 — 법률에 의한(durch Gesetz) 규율을 중심으로 —」, 『헌법학연구』 21－1, 한국헌법학회, 2015.

김해원, 「수권법률에 대한 수권내용통제로서 의회유보원칙 — 기본권심사를 중심으로 —」, 『공법학연구』 16－2, 한국비교공법학회, 2015.

김해원, 「수권법률에 대한 수권방식통제로서 포괄위임금지원칙 — 기본권심사를 중심으로 —」, 『헌법학연구』 21－2, 한국헌법학회, 2015.

김해원, 「국회와 지방자치단체 상호 간 입법권한 배분에 관한 헌법적 검토 — 국회의 입법권 수권행위에 대한 헌법적 통제를 중심으로 —」, 『지방자치법연구』 16－2, 한국지방자치법학회, 2016.

김해원, 「기본권심사에서 법치국가원칙의 의미」, 『헌법학연구』 23－1, 한국헌법학회, 2017.

김해원, 「기본권심사에서 실질적 헌법적합성심사의 구조와 개별적 심사기준의 체계화에 관한 연구 — 기본권적 보호법익과 결부된 심사기준을 중심으로 —」, 『헌법학연구』 23－2, 한국헌법학회, 2017.

김현철, 『판례 헌법소송법』, 전남대학교 출판부, 2016.

서보국, 「행정입법부작위에 대한 행정소송」, 『법학연구』 25－2, 충남대학교 법학연구소, 2014.

이준일, 「헌법재판소가 이해하는 명확성원칙의 비판적 재구성」, 『헌법학연구』 7－1, 한국헌법학회, 2001.

이준일, 『헌법학강의』, 홍문사, 2015.

정남철, 「행정입법부작위에 대한 사법적 통제 — 당사자소송에 의한 규범제정요구소송의 실현가능성을 중심으로 —, 『저스티스』 110, 한국법학회, 2009.

정태호, 「제68조 제1항」, 『주석 헌법재판소법』, 헌법재판소 헌법재판연구원, 2015.

한병호, 「입법부작위에 대한 헌법소원심판에 관한 일고찰 — 1994. 12. 29. 89헌마2 결정과 관련하여 —」, 『인문사회과학논총』 6, 한국해양대학교 인문사회과학대학, 1999.

한수웅 「제68조 제1항」, 『주석 헌법재판소법』, 헌법재판소 헌법재판연구원, 2015.

한수웅, 「입법부작위에 대한 헌법소원」, 『현대헌법학이론(우제 이명구 박사 화갑기념논문집 Ⅰ)』, 고시연구사, 1996.

함인선, 「공권력의 부작위에 대한 헌법소원심판 — 헌재 결정례를 중심으로 —」, 『법학논총』 22－2, 전남대학교 법학연구소, 2002.

허완중, 「기본적 인권을 확인하고 보장할 국가의 의무」, 『저스티스』 115, 한국법학원, 2010.

허완중, 「기본권관계 - 기본권문제를 바라보는 객관적이고 합리적인 틀」, 『공법연구』 43－1, 한국공법학회, 2014.

Alexy, R., Theorie der Grundrechte, 3. Aufl., Frankfurt am Main, 1996.

Alexy, R., Grundrechte im demokratischen Verfassungsstaat, in: A. Aarnio/R. Alexy/G. Bergholtz (Hrsg.), Justice, Morality and Society. Festschrift für Aleksander Peczenik,

Lund, 1997
Degenhart, C., Klausurenkurs im Staatsrecht, 4. Aufl., Heidelberg, 2007.
Epping, V., Grundrechte, 3. Aufl., Berlin Heidelberg, 2007.
Fuller, Lon L., The Morality of Law, Yale Univ. Press, 1964.
Schmidt, R., Grundrechte sowie Grundzüge der Verfassungsbeschwerde, Dr. Rolf Schmidt, 10. Aufl., Bremen, 2008.

§ 17. 행정·사법부작위가 심사대상인 경우

공진성, 「헌법재판 합의방식의 개선방안」, 『헌법학연구』 17-2, 한국헌법학회, 2011.
김성수, 『일반행정법 — 행정법이론의 헌법적 원리 —』, 홍문사, 2014.
김해원, 「기본권의 잠정적 보호영역에 관한 연구」, 『헌법학연구』 15-3, 한국헌법학회, 2009.
김도균, 『권리의 문법 — 도덕적 권리·인권·법적 권리』, 박영사, 2008.
김성수, 『일반행정법 — 행정법이론의 헌법적 원리 —』, 홍문사, 2014.
김하열, 「법률해석과 헌법재판: 법원의 규범통제와 헌법재판소의 법률해석」, 『저스티스』 108, 한국법학원, 2008.
김해원, 「기본권의 잠정적 보호영역에 관한 연구」, 『헌법학연구』 15-3, 한국헌법학회, 2009.
김해원, 「방어권적 기본권의 정당성 심사구조」, 『공법학연구』 10-4, 한국비교공법학회, 2009.
김해원, 「국가행위의 적헌성 판단에 있어서 헌법규범의 적용방식에 관한 연구」, 『헌법학연구』 16-3, 한국헌법학회, 2010.
김해원, 「기본권 원용의 양상과 기본권이론 — 사법질서에서 기본권의 효력을 중심으로 —」, 『헌법학연구』 17-2, 한국헌법학회, 2011.
김해원, 「기본권관계에서 국가의 의무 — 확인의무·보장의무·보호의무를 중심으로 —」, 『공법학연구』 12-4, 한국비교공법학회, 2011.
김해원, 「급부권적 기본권의 심사구조 — 국회입법부작위를 중심으로 —」, 『공법학연구』 13-2, 한국비교공법학회, 2012.
김해원, 「기본권심사에서 형식적 헌법적합성심사에 관한 연구 — 법률에 의한(durch Gesetz) 규율을 중심으로 —」, 『헌법학연구』 21-1, 한국헌법학회, 2015.
김해원, 「국회와 지방자치단체 상호 간 입법권한 배분에 관한 헌법적 검토 — 국회의 입법권 수권행위에 대한 헌법적 통제를 중심으로 —」, 『지방자치법연구』 16-2, 한국지방자치법학회, 2016.
김해원, 「기본권심사에서 법치국가원칙의 의미」, 『헌법학연구』 23-1, 한국헌법학회, 2017.
김해원, 「급부권적 기본권의 심사구조 — 행정·사법 권력에 의한 입법부작위를 중심으로 —」, 『헌법재판연구』 4-2, 헌법재판소 헌법재판연구원, 2017.
김현철, 『판례 헌법소송법』, 전남대학교 출판부, 2016.
박재현, 「처분의 부작위로 인한 침해에 대한 구제수단」, 『공법학연구』 10-1, 한국비교공법학회, 2009.

사봉관, 「행정청의 부작위로 인한 기본권 침해의 구제 — '한일 청구권협정'에 따른 중재요청불이행 위헌확인 사건에 대한 헌법재판소 결정(98헌마206)의 검토를 포함하여 —」, 『헌법학연구』 13－4, 한국헌법학회, 2007.

성중탁, 「행정부작위 헌법소원에서의 작위의무와 국가의 기본권보호의무 — 헌법재판소 2011. 8. 30.자 2006헌마788 결정【대한민국과 일본국 간의 재산 및 청구권에 관한 문제의 해결과 경제협력에 관한 협정 제3조 부작위 위헌확인】에 대한 판례평석을 겸하여 —」, 『저스티스』 140, 한국법학원, 2014.

이준일, 「헌법재판의 법적 성격 — 헌법재판소의 논증도구인 비례성원칙과 평등원칙을 예로 —」, 『헌법학연구』 12－2, 한국헌법학회, 2006.

전학선, 「행정부작위에 대한 헌법소원 — 헌법재판소 판례를 중심으로 —」, 『공법연구』 30－3, 한국공법학회, 2002.

정태호, 「제68조 제1항」, 『주석 헌법재판소법』, 헌법재판소 헌법재판연구원, 2015.

함인선, 「공권력의 부작위에 대한 헌법소원심판 — 헌재 결정례를 중심으로 하여 —」, 『법학논총』 22－2, 전남대학교 법학연구소, 2002.

허완중, 「헌법재판소의 지위와 민주적 정당성」, 『고려법학』 55, 고려대학교 법학연구원, 2009.

허완중, 「헌법재판소 종국결정의 본질」, 『영남법학』 30, 영남대학교 법학연구소, 2010.

허완중, 「기본적 인권을 확인하고 보장할 국가의 의무」, 『저스티스』 115, 한국법학원, 2010.

허완중, 「기본권관계 — 기본권문제를 바라보는 객관적이고 합리적인 틀」, 『공법연구』 43－1, 한국공법학회, 2014.

홍일선, 「행정부작위에 대한 헌법소원심판 — 2006헌마788 사건과 관련하여 —」, 『헌법학연구』 18－3, 한국헌법학회, 2012.

Degenhart, C., Klausurenkurs im Staatsrecht, 4. Aufl., Heidelberg, 2007.

Epping, V., Grundrechte, 3. Aufl., Berlin Heidelberg, 2007.

Fuller, Lon L., The Morality of Law, Yale Univ. Press, 1964.

Schmidt, R., Grundrechte sowie Grundzüge der Verfassungsbeschwerde, Dr. Rolf Schmidt, 10. Aufl., Bremen, 2008.

찾아보기

ㅊ

저자약력

김해원

학력
하노버대학교(Leibniz Uni. Hannover) 법학박사(Dr. iur.)
경북대학교 법학석사
영남대학교 법학사

경력
현재 부산대학교 법학전문대학원 부교수
한국공법학회 · 한국헌법학회 · 한국비교공법학회 이사
(前)전남대학교 법학전문대학원 전임강사·조교수·부교수
(前)헌법재판소 헌법재판연구원 책임연구관
(前)독일학술교류처(DAAD) 박사과정 장학생

수상
부산대학교 신진연구자상(2018.05.14.)
전남대학교 교육우수상(2015.06.08.)
한국공법학회 신진장려상(2013.06.29.)
한국비교공법학회 우수논문상(2012.07.06.)

저서 및 논문
헌법개정: 개헌의 이론과 현실(한티재, 2017)
Schranken und Schrankenschranken grundrechtlicher Abwehrrechte(Berlin, Logos 2009)
집회의 자유에 대한 헌법재판소의 판단(헌법재판연구 4-1, 2017.6.)
'내부증언자 면책제도'에 관한 헌법적 검토(공법학연구 17-2, 2016.5.)
헌법상 대통령의 겸직금지에 관한 고찰(共著, 한양법학 25-2, 2014.5.)
사회보험수급권의 헌법적 의미(사회보장연구 16-2, 2010.2.)
유럽에서 기본권 제한의 문제(飜譯, 유럽헌법연구 3, 2008.6.) 외 多數

기본권심사론

초판발행 2018년 7월 20일

지은이 김해원
펴낸이 안종만

편 집 김상윤
표지디자인 조아라
기획/마케팅 박세기
제 작 우인도 · 고철민

펴낸곳 (주) 박영사
서울특별시 종로구 새문안로3길 36, 1601
등록 1959. 3. 11. 제300-1959-1호(倫)
전 화 02)733-6771
f a x 02)736-4818
e-mail pys@pybook.co.kr
homepage www.pybook.co.kr
ISBN 979-11-303-3220-8 93360

정 가 36,000원

이 저서는 2013년 정부(교육과학기술부)의 재원으로 한국연구재단의 지원을 받아 수행된 연구입니다(NRF-2013S1A6A4016037).

This work was supported by the National Research Foundation of Korea Grant funded by the Korean Government (NRF-2013S1A6A4016037).